administração
teoria e prática
no contexto brasileiro

administração
teoria e prática no contexto brasileiro

FILIPE SOBRAL | ALKETA PECI

2ª EDIÇÃO

© 2013, 2008 Filipe Sobral e Alketa Peci

Todos os direitos reservados. Nenhuma parte desta publicação poderá ser reproduzida ou transmitida de qualquer modo ou por qualquer outro meio, eletrônico ou mecânico, incluindo fotocópia, gravação ou qualquer outro tipo de sistema de armazenamento e transmissão de informação, sem prévia autorização por escrito da Pearson Education do Brasil.

Diretor editorial e de conteúdo	Roger Trimer
Gerente editorial	Kelly Tavares
Supervisora de produção editorial	Silvana Afonso
Coordenadora de produção gráfica	Tatiane Romano
Coordenador de produção editorial	Sérgio Nascimento
Editor de aquisições	Vinícius Souza
Editora de desenvolvimento	Bruna Toscano
Editora de texto	Cibele Cesario
Editor assistente	Luiz Salla
Preparação	Letícia Scarp
Revisão	Cássia Pires
Índice remissivo	Luiz Salla
Capa	Solange Rennó
Diagramação	Casa de Ideias

Dados Internacionais de Catalogação na Publicação (CIP)
(Câmara Brasileira do Livro, SP, Brasil)

Sobral, Filipe
  Administração: teoria e prática no contexto brasileiro / Filipe Sobral, Alketa Peci. – 2. ed. – São Paulo: Pearson Education do Brasil, 2013.

  Bibliografia
  ISBN 978-85-8143-085-0

  1. Administração 2. Administração - Teoria I. Peci, Alketa. II. Título.

12-14818   CDD-658.001

Índice para catálogo sistemático:
1. Administração: Teoria 658.001

1ª reimpressão – Abril 2014
Direitos exclusivos para a língua portuguesa cedidos à
Pearson Education do Brasil Ltda.,
uma empresa do grupo Pearson Education
Rua Nelson Francisco, 26
CEP 02712-100 – São Paulo – SP – Brasil
Fone: 11 2178-8686 – Fax: 11 2178-8688
vendas@pearson.com

Sumário

Apresentação IX

Parte 1 Fundamentos da administração 1

Capítulo 1 ›› Introdução à administração e às organizações 3

        1.1 ›› As organizações e a administração 4
        1.2 ›› O processo de administração 9
        1.3 ›› As áreas funcionais da organização 12
        1.4 ›› Os administradores e a administração 16
        1.5 ›› A administração no Brasil 21
        1.6 ›› Os desafios da administração 29

Capítulo 2 ›› A evolução do pensamento em administração 45

        2.1 ›› Teorias em administração 46
        2.2 ›› "Organizar" e "administrar" como práticas seculares 48
        2.3 ›› Condições geradoras do pensamento administrativo 50
        2.4 ›› Escola clássica de administração 52
        2.5 ›› A escola comportamental de administração 66
        2.6 ›› A escola quantitativa 74
        2.7 ›› A escola contingencial 78
        2.8 ›› Tendências contemporâneas em administração 84

Capítulo 3 ›› O ambiente organizacional 101

        3.1 ›› Os parâmetros da ação gerencial 102
        3.2 ›› O ambiente das organizações 104
        3.3 ›› O ambiente interno e a cultura organizacional 105
        3.4 ›› O ambiente contextual 112
        3.5 ›› Ambiente operacional 119
        3.6 ›› A relação organização-ambiente 122
        3.7 ›› Análise de *stakeholders* 126
        3.8 ›› Cultura organizacional e ambiente externo 129

Capítulo 4 ›› A tomada de decisão em administração 143

        4.1 ›› Fundamentos da tomada de decisão 144
        4.2 ›› O processo decisório 151
        4.3 ›› Racionalidade e intuição na tomada de decisão 160

4.4 ›› Estilos de tomada de decisão 170
4.5 ›› A tomada de decisão organizacional 173

Parte 2 Funções da administração 191

Capítulo 5 ›› Planejamento e estratégia 193

5.1 ›› Fundamentos de planejamento 194
5.2 ›› Tipos de planos 198
5.3 ›› O papel dos objetivos no planejamento 200
5.4 ›› Administração estratégica 205
5.5 ›› Análise estratégica do ambiente organizacional 213
5.6 ›› Formulação estratégica de nível corporativo 215
5.7 ›› Formulação estratégica de nível de negócio 224
5.8 ›› Formulação estratégica de nível funcional 231
5.9 ›› Implementação e controle estratégico 233

Capítulo 6 ›› Organização 249

6.1 ›› Fundamentos de organização 250
6.2 ›› Elementos do processo de organização 255
6.3 ›› Poder e estrutura organizacional 268
6.4 ›› Desenho estrutural das organizações 272
6.5 ›› Modelos organizacionais 282
6.6 ›› Condicionantes da estrutura organizacional 284

Capítulo 7 ›› Direção 303

7.1 ›› Fundamentos de direção 304
7.2 ›› Bases do comportamento individual nas organizações 307
7.3 ›› Bases do comportamento em grupo nas organizações 314
7.4 ›› Motivação 317
7.5 ›› Liderança 329

Capítulo 8 ›› Controle 357

8.1 ›› Fundamentos de controle 358
8.2 ›› Tipos de controle 363
8.3 ›› Processo de controle 366
8.4 ›› Sistemas de controle 370
8.5 ›› Instrumentos de controle do desempenho organizacional 374
8.6 ›› O fator humano no processo de controle 382
8.7 ›› Tendências contemporâneas de controle 388

Parte 3   Áreas funcionais da administração 405

Capítulo 9 ›› Administração de operações 407

     9.1 ›› Fundamentos da administração de operações 408
     9.2 ›› Planejamento estratégico do sistema de operações 416
     9.3 ›› Planejamento e controle das operações 427
     9.4 ›› O enfoque na qualidade 434
     9.5 ›› Tendências contemporâneas na administração de operações ... 438

Capítulo 10 ›› Administração de marketing 455

     10.1 ›› O marketing e as organizações 456
     10.2 ›› Sistemas de informação e pesquisa de marketing 463
     10.3 ›› Comportamento do consumidor 467
     10.4 ›› Segmentação e posicionamento de marketing 471
     10.5 ›› Mix de marketing 476
     10.6 ›› Administrando os clientes 490
     10.7 ›› Tendências contemporâneas em marketing 493

Capítulo 11 ›› Administração de recursos humanos 507

     11.1 ›› A administração de recursos humanos nas organizações 508
     11.2 ›› Influências ambientais na ARH 512
     11.3 ›› Atraindo trabalhadores competentes 514
     11.4 ›› Desenvolvimento de uma força de trabalho adaptada 522
     11.5 ›› Mantendo uma força de trabalho comprometida e
            satisfeita 530
     11.6 ›› Tendências e desafios contemporâneos da ARH 538

Capítulo 12 ›› Administração financeira 555

     12.1 ›› A administração financeira nas organizações 556
     12.2 ›› Sistema financeiro 564
     12.3 ›› Demonstrações financeiras 568
     12.4 ›› Decisões de investimento 572
     12.5 ›› Decisões de financiamento 577
     12.6 ›› Política de dividendos 583
     12.7 ›› Diagnóstico financeiro da empresa 585

Apresentação

Este livro busca introduzir o leitor à administração, um campo de conhecimento relativamente novo, se comparado com outras áreas, como física, filosofia ou medicina. Pois, mesmo que as práticas de administração tenham acompanhado a vida humana organizada desde os seus primórdios, seu estudo sistemático remonta apenas ao final do século XIX e emerge da necessidade de dar respostas ao desafio de modernização, industrialização e urbanização das sociedades ocidentais, sob os auspícios dos princípios racionais iluministas.

No decorrer de sua trajetória, o campo da administração tem tentado encontrar sua identidade intelectual, buscando a independência intelectual de outras áreas de conhecimento e tentando criar uma nova ciência. No entanto, pode-se perceber que as fronteiras de delimitação entre a administração e as áreas da sociologia, psicologia, economia ou engenharia eram mais tênues do que seus fundadores tinham originalmente presumido e que os princípios gerais de administração eram tão dependentes de situações ou contingências que qualquer tentativa de considerá-los leis ou quase leis era, no mínimo, frustrante.

A ausência de "ciência" na administração não significa, no entanto, que não exista um conhecimento sistematizado e validado por longos anos de pesquisa e de prática gerencial. O lado pragmático da área e sua orientação pela resolução de problemas práticos gerenciais, por vezes, tendem a ofuscar esse conhecimento e a incentivar o peso excessivo atribuído ao senso comum. Presume-se, erroneamente, que um bom administrador "nasce pronto", ou apenas precisa "colocar a mão na massa", e relega-se ao segundo plano o peso atribuído ao estudo sistemático e à aprendizagem orientada à luz de conceitos teóricos.

Essas crenças, contudo, podem ter um preço alto e refletem-se nos inúmeros casos de fracasso gerencial e organizacional. No entanto, esses casos são geralmente ignorados nas publicações de "autoajuda", que surgem abundantemente e atraem milhares de leitores — administradores "sob pressão", em busca de receitas de "apaga fogo" organizacional. Ignoram-se também os resultados de pesquisas que comprovam a benéfica relação teoria-prática, manifestada nos exemplos bem-sucedidos de empresas dirigidas por executivos com forte formação acadêmica. De fato, ao contrário do que o senso comum normalmente defende sobre a inutilidade de conhecimentos teóricos, as pesquisas comprovam que nada é mais prático do que uma boa teoria.

Essa miopia administrativa justifica o trabalho apresentado no presente livro. Sua proposta consiste em olhar o complexo processo de administração a partir das duplas lentes da teoria e da prática. Assim, além de sistematizar e apresentar uma série de conhecimentos acerca do processo de administração, busca ilustrá-los e contextualizá-los, seja por meio de dados consolidados de pesquisa, seja por meio de exemplos de casos gerenciais.

O livro é inspirado na trajetória intelectual de um campo de conhecimento que, mesmo acusado de imediatismo e superficialidade, tem sido capaz de nos brindar com teorias estimulantes, pesquisas sólidas e contribuições práticas relevantes. Partimos da premissa de que o conhecimento sistematizado das teorias administrativa e organizacional é sujeito às circunstâncias e às contingências históricas, às quais um administrador bem preparado deve estar sempre atento. Logo, esta não é uma obra que busca esgotar o conhecimento existente na área, mas que tenta incentivar as reflexões e o olhar crítico do futuro administrador.

Escrevemos este livro com seriedade, mas com leveza, de forma a conciliar o rigor acadêmico com uma linguagem acessível e agradável. Esperamos e acreditamos que você vai achá-lo desafiador e envolvente.

Boa leitura e bons estudos!

Filipe Sobral
Alketa Peci

Estrutura

O livro está orientado por três eixos principais. O primeiro é dedicado a explorar os fundamentos da administração como área de conhecimento e prática profissional, apresentando um enquadramento histórico do campo e revisando suas principais teorias e paradigmas.

O segundo eixo baseia-se em uma visão processual da administração e apresenta as quatro funções principais da atividade de um administrador: planejamento, organização, direção e controle, destacando as contribuições teóricas mais importantes e as aplicações práticas em cada uma dessas funções.

Por fim, o terceiro eixo apresenta uma abordagem da administração a partir das áreas funcionais da administração, entendidas como ramos especializados do campo, e explora os fundamentos, as responsabilidades, as técnicas e os desafios de cada uma das seguintes áreas: operações, marketing, recursos humanos e finanças.

Destaques da 2ª edição

Baseado na excelente receptividade da 1ª edição, tanto por parte de professores, como de alunos, procuramos, nesta 2ª edição de *Administração: teoria e prática no contexto brasileiro*, consolidar suas características distintivas: *foco na realidade brasileira*, sistematizando as contribuições teóricas e empíricas da academia brasileira de administração e apresentando casos gerenciais em organizações brasileiras; *conteúdo atualizado*, refletindo as mais recentes pesquisas dentro do campo de administração; e *enfoque no processo de aprendizagem*, buscando sistematicamente apresentar ilustrações, exemplos e dinâmicas, que ao mesmo tempo buscam relacionar os conceitos teóricos com a prática gerencial e visam incentivar a reflexão e a postura crítica do leitor.

Além disso, buscamos reforçar a didática do livro, introduzindo novos exercícios e dinâmicas de grupo em cada capítulo, e reestruturamos o seu visual gráfico, de forma a lhe conferir mais leveza e elegância.

Entre as principais novidades desta nova edição, destacamos:

- Novos casos introdutórios que retratam a realidade de organizações brasileiras e buscam antecipar os principais conceitos do capítulo e demonstrar sua importância na prática gerencial.
- Mais de 150 minicasos de empresas brasileiras, representativos dos conteúdos discutidos ao longo dos capítulos.
- Destaque dos principais conceitos ao longo dos capítulos, de forma a consolidar as contribuições teóricas apresentadas.

- Box "Mito ou ciência", que confronta ideias originadas do senso comum acerca da administração com evidências científicas que corroboram ou refutam essas ideias preconcebidas.
- Seção "Ponto e contraponto", que sistematiza argumentos que sustentam ou limitam o alcance de uma determinada teoria ou prática administrativa.
- Seção "Dilema ético", que apresenta uma situação que permite ao leitor refletir sobre a complexidade de situações e decisões de natureza ética que ocorrem nas organizações.
- Novos "Exercícios de autoconhecimento", que buscam diagnosticar o perfil e o estilo gerencial de cada leitor para que ele consiga compreender e executar melhor diferentes aspectos das teorias administrativas.
- Seção "Dinâmica de grupo", com exercícios que estimulam a discussão de trabalho em grupo, por meio da aplicação dos conteúdos abordados ao longo de cada capítulo.
- Exercício "Administrando a sua empresa", ao longo do qual os leitores participam de uma simulação relativa à gestão de uma empresa, tomando decisões e acompanhando sua evolução.

No site sv.pearson.com.br, professores e estudantes podem acessar os seguintes materiais adicionais:

Para professores:
- Apresentações em PowerPoint.

Para estudantes:
- Estudos de caso.

Agradecimentos

Muitas pessoas contribuíram direta e indiretamente para tornar possível a realização deste projeto. Gostaríamos de agradecer particularmente a Bernardo Pantaleão, por sua ajuda no desenvolvimento dos exercícios e dinâmicas desta nova edição, e a Liliane Furtado, pelo apoio na atualização do conteúdo e na pesquisa de dados e informações para elaborar os muitos exemplos e casos apresentados ao longo do texto. Suas valiosas contribuições foram essenciais para enriquecer o livro.

Não poderíamos deixar de mencionar a competente e dedicada equipe da Pearson, que tem apoiado esta obra nos últimos cinco anos e que trabalharam tão duramente no desenvolvimento desta última edição. Em especial, gostaríamos de agradecer ao diretor editorial, Roger Trimer, por acreditar desde a nossa primeira conversa deste projeto, e a toda a equipe editorial, composta por Vinicius Souza, Bruna Toscano, Cibele Cesario, Cássia Pires e Luiz Salla, pelo seu excelente trabalho. Do lado da diagramação, agradecemos à Casa de Ideias pelo visual elegante e moderno que confereriram ao livro. Gostaríamos igualmente de agradecer a toda a equipe de marketing e vendas que tem trabalhado na divulgação deste livro desde a primeira edição. Obrigado pela atenção dada a esta obra.

Por último, mas não menos importante, gostaríamos de agradecer às nossas famílias. Aos nossos pais, Tina e Dario Sobral e Elsa e Stavri Peci, que nos deram os fundamentos e os valores sobre os quais construímos nossas trajetórias profissionais e pessoais. E aos nossos filhos, Sofia, Ricardo e Eduardo, que são a grande inspiração e razão de tudo o que fazemos.

Sobre os autores

Filipe Sobral

É professor da Escola Brasileira de Administração Pública e de Empresas da Fundação Getulio Vargas (EBAPE-FGV) e coordenador dos seus cursos de pós-graduação *stricto sensu*. Seus principais interesses de pesquisa incluem negociação e administração de conflitos; tomada de decisão; liderança e influência; ética e valores; e cultura. Participa ativamente de conferências internacionais e já publicou artigos em periódicos como *Management Research, International Journal of Conflict Management, Journal of Business Ethics, Brazilian Administrative Review, Latin American Business Review, Revista de Administração Mackenzie, Revista de Administração de Empresas*, entre outros. Seu trabalho acadêmico tem sido agraciado com diversas premiações tanto de âmbito nacional quanto internacional, onde se destacam a indicação ao Prêmio Jabuti com a 1ª edição deste livro, o Prêmio Salvador Caetano, o Prêmio ANPAD e o Highly Commended Award da editora de periódicos científicos Emerald.

Alketa Peci

É professora da Escola Brasileira de Administração Pública e de Empresas da Fundação Getulio Vargas (EBAPE-FGV) e coordenadora do curso de mestrado profissional em administração pública. Seus principais interesses de pesquisa incluem administração pública e teorias organizacionais, reformas administrativas e regulação de serviços públicos. Publica artigos em várias revistas internacionais e nacionais da área como *Organization, Regulation & Governance, Public Adminitration & Development, Revista de Administração de Empresas, Brazilian Administrative Review, Revista de Administração Contemporânea* e *Revista de Administração Pública*, entre outras. Coordenou diversos projetos de consultoria para organizações como Tribunal de Contas da União, Casa Civil da Presidência da República, Ministério da Defesa e diversos governos estaduais.

Parte 1

Fundamentos da administração

Capítulo 1   Introdução à administração e às organizações

Capítulo 2   A evolução do pensamento em administração

Capítulo 3   O ambiente organizacional

Capítulo 4   A tomada de decisão em administração

Capítulo 1 Introdução à administração e às organizações

Objetivos de aprendizagem

1. Definir os conceitos de administração e de organização.
2. Comparar os conceitos de eficácia e eficiência.
3. Identificar e descrever as atividades básicas do processo de administração.
4. Identificar e descrever as principais áreas funcionais das organizações.
5. Definir os papéis que um administrador desempenha em uma organização.
6. Descrever as habilidades e competências necessárias ao administrador.
7. Compreender as características do estilo brasileiro de administração.
8. Discutir as principais características das organizações brasileiras.
9. Analisar os principais desafios e recompensas da atividade de um administrador.
10. Discutir os impactos das tendências contemporâneas na administração.

As organizações são uma realidade do mundo contemporâneo e quase tudo o que acontece ao nosso redor depende delas. Elas estão presentes ao fornecer meios para o atendimento das necessidades humanas. No entanto, para alcançar seus objetivos, as organizações devem ser capazes de utilizar corretamente seus recursos e, para isso, precisam de administração.

Este capítulo tem por objetivo apresentar a administração como ciência e como prática, procurando justificar a sua necessidade como atividade humana essencial. Exploraremos os conceitos de administração e de organização, destacando o papel da eficácia e da eficiência como medidas para avaliar o desempenho e a qualidade da administração.

Além disso, descreveremos as principais funções da administração – planejamento, organização, direção e controle –, os níveis organizacionais que compõem a hierarquia de uma organização e as principais áreas funcionais em que a organização ou empresa pode ser subdividida. Discutiremos, posteriormente, os papéis que um administrador assume na sua atividade gerencial e examinaremos as habilidades e competências necessárias para o desempenho dessa atividade com sucesso.

Para enquadrar a administração no contexto brasileiro, serão analisados os principais traços culturais do estilo brasileiro de administrar; além disso, algumas características comuns aos administradores do país serão apontadas; serão abordados também alguns elementos característicos das organizações brasileiras, destacando-se os fatores apontados por seus administradores como determinantes para o sucesso ou insucesso dos negócios nesse contexto.

Por fim, tentaremos explicar qual a relevância de se estudar as problemáticas da administração, quais os desafios e recompensas inerentes a uma carreira como administrador, quais são as principais tendências e desafios contemporâneos e quais são os seus impactos na administração do futuro.

>> Caso introdutório

Antônio Ermírio de Moraes, um administrador de sucesso

A história de vida de Antônio Ermírio de Moraes evidencia como a trajetória de sucesso de uma empresa está intimamente ligada às habilidades e competências de seus administradores. Sua carreira profissional, iniciada há mais de 60 anos, apresenta números e marcas impressionantes. O Grupo Votorantim, cujo Conselho de Administração ele preside, tem alcançado faturamento anual de quase 30 bilhões de reais e lucro líquido de cerca de 8 bilhões. Ermírio administra pessoalmente a Companhia Brasileira de Alumínio (CBA), uma das empresas do grupo. Foi ele o responsável por reverter a situação da empresa quando, na década de 1950, ela estava à beira da falência, com 72 protestos em cartório. Na época, prometeu a seu pai, que se encontrava adoentado, que tudo ia dar certo. Depois de muito trabalho e investimentos, a CBA se transformou na maior fábrica de alumínio primário da América Latina e na maior planta industrial integrada do planeta. Os resultados positivos alcançados são por causa da excelência na administração de Antônio Ermírio.

Outro desafio profissional enfrentado e vencido por Antônio Ermírio diz respeito ao Beneficência Portuguesa. Quando foi colocado por seu pai na presidência do então pequeno hospital, este apresentava sérios problemas financeiros. No final de 2007, Antônio Ermírio inaugurou o Hospital São José, quinto edifício que ele juntou ao herdado do pai no complexo hospitalar que dirige. Planejado para ser um modelo de excelência, com equipamentos de última geração, o São José tem mais de 23.000 metros quadrados de área construída. Para construí-lo, ao custo de 60 milhões de reais, Ermírio utilizou recursos próprios da Beneficência Portuguesa, algo extraordinário, porque lá 60% dos pacientes são atendidos pelo Sistema Único de Saúde. E, para a surpresa dos demais diretores do hospital, a promessa é manter essa mesma relação no Hospital São José. Com o perfil empreendedor que possui, não é difícil imaginar que essa meta seja alcançada e mais uma história de sucesso seja incluída no currículo do administrador Antônio Ermírio de Moraes.

Muito trabalho é necessário para atingir os objetivos de forma eficiente e eficaz. Mesmo com todos os êxitos alcançados, Antônio Ermírio continua indo ao hospital todos os dias. Não raras vezes trabalha também aos sábados e domingos. No Beneficência Portuguesa, atualmente um hospital com mais de 5 mil funcionários e corpo clínico de cerca de 1,5 mil profissionais, nem um centavo é gasto sem sua autorização. A CBA é a maior fábrica integrada do mundo e detém a liderança no mercado interno. O Grupo Votorantim é hoje a quarta maior aglomeração empresarial privada do Brasil, presente em mais de 20 países, da América do Sul à Ásia. Antônio Ermírio contribui com o país com muito trabalho e dedicação. "Eu detestaria passar aos meus filhos a imagem de um homem de posses e mais nada, um parasita da nação", afirma ele.[1]

1.1 >> As organizações e a administração

Em um mundo cada vez mais globalizado e competitivo, o sucesso ou o insucesso das organizações depende da qualidade de sua administração. São os administradores que estabelecem objetivos e guiam a organização de forma a alcançá-los. São também eles que preparam a organização para a mudança, procurando adaptá-la a um ambiente cada vez mais dinâmico e imprevisível. Assim, para uma organização ser bem-sucedida, ela depende de seus administradores. Antônio Ermírio de Moraes é um exemplo de administrador de sucesso. Ao longo dos anos, melhorou significativamente o desempenho do Grupo Votorantim, transformando-o em um dos maiores grupos empresariais do Brasil.

É claro que administradores de grandes empresas, como Antônio Ermírio de Moraes, são mais conhecidos e midiáticos; no entanto, não existe um modelo que defina como deve ser um administrador de sucesso. Existem milhares de administradores em diversas organizações espalhadas pelo Brasil e milhões pelo mundo. Eles administram organizações de todos os tamanhos, com as mais diversas finalidades, e podem ser responsáveis pelas organizações como um todo ou apenas por uma unidade ou equipe.

Mas, concretamente, em que consiste o trabalho de um administrador? Por que a administração é uma atividade tão importante? Por que é importante estudar administração? Quais são os desafios que o mundo contemporâneo coloca aos administradores? Para responder a essas e a outras questões, é necessário, inicialmente, definir alguns conceitos básicos.

1.1.1 ›› A organização

> **Organização**
> Grupo estruturado de pessoas que se unem para alcançar objetivos comuns.

As **organizações** são grupos estruturados de pessoas que se juntam para alcançar objetivos comuns. Surgem como resposta à necessidade dos indivíduos de alcançar metas mais ambiciosas, impossíveis de serem atingidas individualmente, em virtude da complexidade e da variedade das tarefas inerentes ao trabalho a se efetuar. Podem ser organizações formais, como no caso de um exército ou de uma empresa, ou informais, como um grupo de amigos que se junta para jogar vôlei na praia. No entanto, independentemente de sua forma e atividade, as organizações compartilham algumas características.

Em primeiro lugar, todas as organizações têm um *propósito* ou uma *finalidade*. Os objetivos são inúmeros, desde produzir um produto, prestar um serviço, atender às necessidades sociais ou espirituais da sociedade, defender um país, entre muitos outros. Entretanto, é esse propósito que confere às organizações uma razão para existir. Em segundo lugar, todas as organizações são compostas por *pessoas*. Sem elas, as organizações não têm quem tome decisões com relação aos objetivos, nem quem realize um conjunto de tarefas de forma a alcançá-los. Além disso, as organizações possuem uma *estrutura* que define e delimita qual é o papel, a autoridade e quais são as responsabilidades de cada um dos seus membros. O desenvolvimento de uma estrutura organizacional envolve a definição de regras e procedimentos internos, a divisão do trabalho, a descrição de funções, o estabelecimento de relações de autoridade entre seus membros, entre outros. Assim, uma organização é uma entidade que possui um propósito; é composta por pessoas ou membros e tem uma estrutura de divisão de trabalho inerente.

Este livro se ocupará principalmente de um tipo de organização: as empresas. As empresas distinguem-se por atuarem sob a lógica das leis de mercado, buscando primeiramente lucros e, assim como outras organizações, são condicionadas por variáveis ambientais que interagem com seu desenvolvimento. Além disso, as empresas não procuram apenas a satisfação das necessidades de seus acionistas e proprietários, mas também a de seus clientes, trabalhadores, administradores, Estado e fornecedores, necessitando gerar excedente ou lucro que permita remunerar o investimento feito pelos seus proprietários ou acionistas, bem como investir na sua autossustentação.

1.1.2 ›› A administração

Com o aparecimento das organizações, surge a necessidade de administrá-las. A administração foi definida por Mary Parket Follet como a arte de produzir bens ou serviços por intermédio de pessoas. Apesar de realçar que o termo significa que os objetivos da organização devem ser alcançados por meio de outros que executam tarefas específicas, a administração é muito mais do que isso.

De forma mais abrangente, podemos definir **administração** como um processo de coordenação do trabalho dos membros da organização e de alocação dos recursos organizacionais para alcançar os objetivos estabelecidos de uma forma eficaz e eficiente. Quatro elementos podem ser destacados nessa definição: processo, coordenação, eficiência e eficácia. Primeiro, *processo* é um modo sistemático de fazer algo. A administração é um processo, pois consiste em um conjunto de atividades e tarefas relacionadas a fim de atingir um objetivo comum. Em segundo lugar, a administração consiste na *coordenação* do trabalho e dos recursos organizacionais para garantir que partes interdependentes funcionem como um todo, procurando alcançar a coerência entre os processos e os objetivos organizacionais. Por último, administração significa realizar as tarefas e os objetivos organizacionais de forma eficaz e eficiente.

A **eficiência** é a capacidade de realização das atividades da organização, minimizando a utilização dos seus recursos, ou seja, é a capacidade de desempenhar corretamente as tarefas sem que o ônus pelo desempenho seja muito alto. É uma medida da relação entre os resultados alcançados e os recursos consumidos. Quanto maior a produtividade da organização, mais eficiente ela será. Sua principal preocupação é com os meios, isto é, com o uso econômico dos recursos organizacionais. Uma vez que os recursos são escassos (tempo, capital, pessoas, equipamentos etc.), a administração tem como função a utilização eficiente desses recursos.

A **eficácia** é a capacidade de realizar as atividades da organização de modo a alcançar os objetivos estabelecidos. Eficácia implica escolher os objetivos certos e conseguir atingi-los; sua principal preocupação é com os fins. A eficácia assume importância decisiva no conceito de administração, já que é a chave para o sucesso de uma organização. Antes de focalizar a eficiência dos processos, é necessário definir os objetivos certos. Veja na Figura 1.1 um esquema representando os elementos "eficiência" e "eficácia".

Apesar das diferenças entre os conceitos de eficiência e eficácia, eles estão correlacionados. Sem eficácia, a eficiência é inútil, pois a organização não consegue realizar o seu propósito. Por outro lado, é fácil ser eficaz quando se é ineficiente, haja vista que muitos recursos são desperdiçados. Nesse caso, as organizações alcançam os seus objetivos, mas o fazem a um custo muito alto. Uma administração de sucesso consiste em obter simultaneamente eficácia e eficiência na utilização dos recursos organizacionais.

> **Administração**
> Processo de coordenação do trabalho dos membros de uma organização e alocação dos recursos organizacionais para alcançar os objetivos estabelecidos de uma forma eficaz e eficiente.

> **Eficiência**
> Capacidade de realização das atividades da organização minimizando a utilização dos seus recursos.

> **Eficácia**
> Capacidade de realizar as atividades da organização de modo a alcançar os objetivos estabelecidos.

Figura 1.1 ›› Eficiência e eficácia

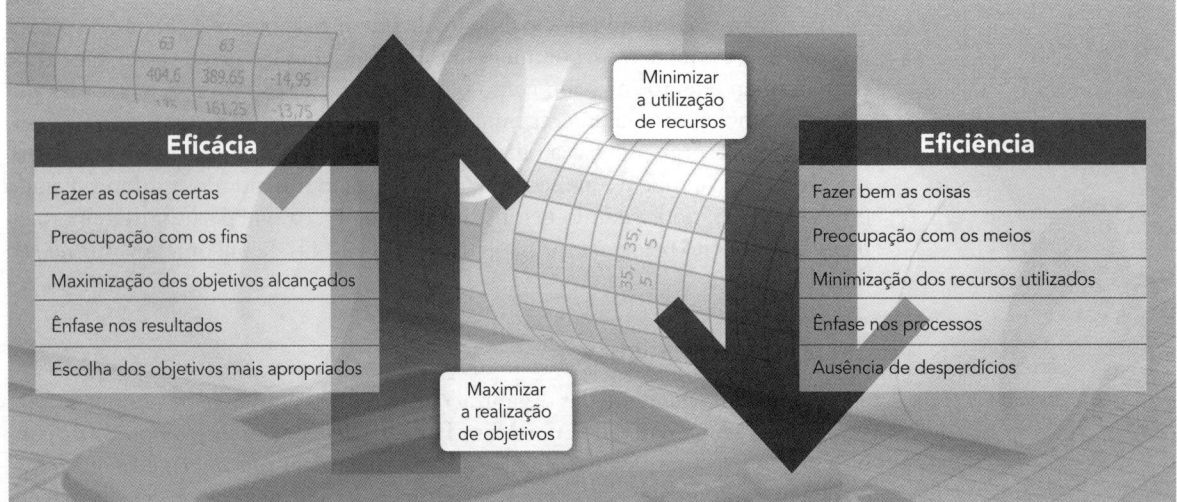

Quando um time de futebol participa de um campeonato, ele primeiramente define os seus objetivos. Alguns querem ser campeões, ao passo que outros pretendem apenas não ser relegados para divisões inferiores. Se ao final da série de jogos da competição os objetivos são alcançados, a equipe foi eficaz. Por outro lado, a eficiência está relacionada com o investimento feito na equipe para que esta alcance os objetivos. Por exemplo, uma equipe como o Real Madrid, que gasta anualmente milhões e milhões de euros em reforços e que paga salários milionários aos seus melhores jogadores, é um exemplo de uma equipe não eficiente, mesmo quando ganha a Liga. Ser eficiente, nesse caso, consiste em conseguir minimizar os desperdícios e aproveitar ao máximo os recursos disponíveis, como faz o Barcelona, ao contratar poucos jogadores e aproveitar os que se formam nas suas camadas jovens.

1.1.3 ›› Os administradores

> **Administradores ou gestores**
> Pessoas que têm como função tomar decisões e coordenar o trabalho de outros de forma a alcançar os objetivos organizacionais.

Os **administradores** ou **gestores** são os membros que têm como função tomar as principais decisões para guiar as organizações de forma a alcançar seu propósito. São os administradores que decidem onde e como aplicar os recursos da organização de forma a assegurar que esta atinja seus objetivos. No entanto, não o fazem sozinhos. Os *administradores* trabalham coordenando e dirigindo as atividades de outras pessoas, ajudando os demais membros a atingir um conjunto de objetivos coerentes para a organização. O que os distingue dos outros membros da organização é que eles coordenam as atividades de outros, que, por essa razão, lhes prestam contas do seu trabalho.

As atividades de administração ou gestão não estão circunscritas ao presidente ou aos diretores da organização. Muitas pessoas da estrutura hierárquica têm funções de administração, como os gerentes, os supervisores, os líderes de equipe, por exemplo. O administrador é também responsável pela execução de algumas tarefas, não limitando sua atuação a planejamento, organização, direção e controle do trabalho de outras pessoas.

Nem todas as pessoas que trabalham em uma organização são administradores. Alguns membros das organizações têm como única responsabilidade a execução de uma tarefa ou trabalho específico, decorrente do processo de divisão de trabalho, sem ter de supervisionar o trabalho de outro. São geralmente chamados subordinados, funcionários, trabalhadores, operários, empregados ou, de acordo com as tendências mais atuais, colaboradores ou parceiros.

1.1.4 ›› Níveis organizacionais

> **Níveis hierárquicos e a administração**
> O que garante o sucesso de uma organização é a integração e a coordenação das ações dos administradores dos três níveis hierárquicos.

Os administradores podem ser classificados pelo *nível* que ocupam na organização e pelo *âmbito* das atividades pelas quais são responsáveis – administradores gerais ou funcionais. Com relação à posição que ocupam na estrutura organizacional, é possível distinguir três **níveis hierárquicos**: estratégico, tático e operacional (veja a Figura 1.2).

O *nível estratégico* é o mais elevado da hierarquia organizacional e é composto pelos administradores de topo – um grupo relativamente pequeno de executivos que é responsável pelas principais decisões da organização. Sua atuação é estratégica e abrange a organização como um todo. São igualmente responsáveis pela interação entre a organização e seu ambiente externo. O presidente do Conselho de Administração do Grupo Votorantim, Antônio Ermírio de Moraes, é um exemplo de administrador de topo. Os administradores de topo de uma organização são: o

Figura 1.2 ›› Níveis organizacionais

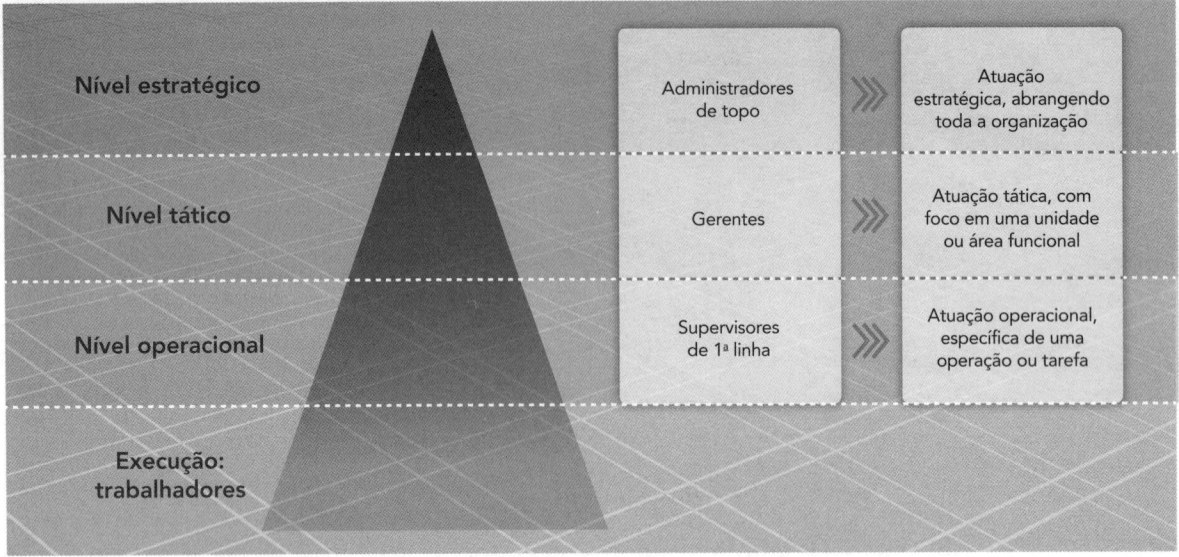

presidente, os vice-presidentes, os membros do Conselho de Administração, o diretor executivo, bem como outros executivos que pertençam à alta administração.

O *nível tático* representa um ponto a seguir na estrutura organizacional. É constituído por um conjunto de executivos responsáveis pela articulação interna entre o nível estratégico e o operacional. Esses administradores coordenam a atividade de outros de níveis mais baixos e são responsáveis pela tradução das políticas e estratégias definidas pelos administradores de topo em ações concretas que os de nível operacional possam implementar. Sua atuação é tática e está orientada para uma unidade de negócio, departamento ou área funcional. Normalmente, os administradores desse nível são os gerentes ou diretores de unidades de negócio, de departamento, de área ou de divisão. Apesar de considerados por muitos como pessoas inflexíveis, burocratas e sem imaginação, que apenas servem como elo entre os administradores de topo e o nível operacional, pesquisas revelam que são os gerentes de nível tático que conseguem balancear a tensão entre a continuidade e a mudança, permitindo à organização alcançar seus objetivos[2].

O *nível operacional* é o mais baixo da hierarquia da organização e é constituído pelos administradores de primeira linha. Eles são responsáveis pela coordenação

Paulo Sérgio Karkinoff, atual presidente da Gol, passou por todos os níveis organizacionais durante a sua carreira. Aos 18 anos, após concluir um curso técnico, ingressou na Volkswagen como estagiário. Cinco anos depois, assumiu o seu primeiro cargo executivo como supervisor regional de vendas em São Paulo. Aos 29 anos, assumiu o cargo de diretor de marketing e vendas, também na Volkswagen, passando a atuar como gerente de nível tático. Com apenas 34 anos, recebeu o convite para ser o presidente da Audi do Brasil, o que o elevou ao nível estratégico, o mais elevado da hierarquia organizacional. A condição para o êxito de sua carreira na indústria automobilística é, segundo ele, sua paixão por carros.[3]

do trabalho dos membros da organização, que, por sua vez, são responsáveis pela execução e realização das atividades e tarefas cotidianas. Os administradores, nesse nível organizacional, têm atuação operacional e de curto prazo, orientada para a execução de atividades operacionais. Os administradores de primeira linha são os supervisores, os líderes de equipe, os coordenadores de projeto, entre outros gestores responsáveis apenas por pequenos grupos de trabalhadores ou de tarefas.

Existem administradores em todos os níveis organizacionais. No entanto, é a coordenação entre estes que garante o sucesso da organização como um todo. Apesar de todos possuírem diferentes funções, elas estão interligadas, e essa sintonia permite à organização alcançar seus objetivos.

1.2 ›› O processo de administração

> **Processo de administração**
> Processo dinâmico que compreende quatro funções: planejamento, organização, direção e controle. Todas as funções são executadas de forma inter-relacionada e não necessariamente sequencial.

A administração foi definida por Henri Fayol, administrador francês do início do século XX, como um processo dinâmico que compreenderia cinco funções interligadas: prever, organizar, comandar, coordenar e controlar. Ainda hoje, livros e manuais de administração são organizados de acordo com essas funções. A única diferença é que as funções de comandar e coordenar foram agregadas para formar uma nova função: dirigir – que está associada aos processos de gestão de pessoas na organização. Os administradores participam do processo de administração executando cada uma das funções identificadas para alcançar os objetivos definidos pela organização. Apesar de serem quatro funções distintas, elas estão relacionadas e são interdependentes e, por isso, os gestores devem considerar os efeitos que cada uma dessas funções têm sobre as outras. Veja na Figura 1.3 um esquema dessas quatro funções.

Figura 1.3 ›› O processo de administração

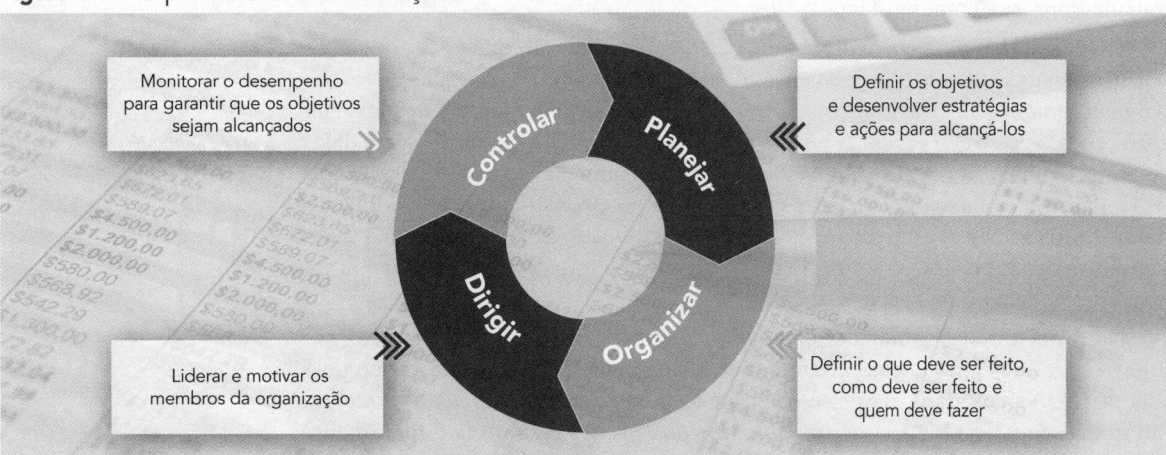

1.2.1 ›› As funções da administração

> **Planejamento**
> Função da administração que consiste na definição dos objetivos e estratégias e no desenvolvimento de planos que integrem e coordenem as atividades da organização.

PLANEJAMENTO ›› O **planejamento** consiste na especificação dos objetivos a serem atingidos, na definição das estratégias e ações que permitem alcançá-los e no desenvolvimento de planos que integrem e coordenem as atividades da organização. O planejamento permite que os administradores e trabalhadores tenham sua ação orientada para determinados objetivos, permitindo-lhes concentrar sua atenção no que é mais importante para a organização.

Para as cervejarias brasileiras, a chegada do verão abre o período com maior número de vendas do ano, que se encerra com o Carnaval. Para conseguir dar conta do maior volume de vendas, as empresas investem forte no planejamento. Algumas, como a AmBev, responsável pelas marcas Skol, Brahma e Antártica, iniciam o planejamento na metade do ano anterior. Para que todos os postos de vendas sejam atendidos durante a época de maior venda sem qualquer intercorrência, a empresa traça um plano abrangente, chamado "plano verão", no final do primeiro semestre do ano anterior. "É quando decidimos quantos caminhões comprar, número de armazéns, compras, entre outros", diz Danilo Gargano, diretor de transportes da AmBev.[4]

ORGANIZAÇÃO ›› A organização é a função da administração que faz a distribuição das tarefas e dos recursos entre os membros organizacionais. É ela que define quem tem autoridade sobre quem e quando e onde devem tomar decisões. A organização procura distribuir o trabalho, a autoridade e os recursos entre os membros organizacionais para que estes alcancem de forma eficiente os objetivos estabelecidos. O resultado do processo de organização é a *estrutura organizacional*.

DIREÇÃO ›› A direção está relacionada com os processos de gestão de pessoas na organização. Dirigir significa liderar, motivar e coordenar os trabalhadores no desenvolvimento de suas tarefas e atividades. Dirigir também significa selecionar os canais de comunicação mais adequados e resolver conflitos entre os subordinados. É uma função que exige mais ação que planejamento ou organização. O responsável por uma equipe ou grupo, o líder, tem a responsabilidade de proporcionar um ambiente propício ao desenvolvimento de um trabalho de qualidade e no qual os trabalhadores se sintam satisfeitos.

CONTROLE ›› O controle é a função da administração que assegura que os objetivos estão sendo alcançados. Consiste no monitoramento e na avaliação do desempenho da organização, na comparação deste com os objetivos planejados e na correção dos possíveis desvios. A função de controle envolve: a definição de medidas de desempenho; a verificação sistemática do desempenho efetivo; a comparação entre os padrões e objetivos planejados e o desempenho efetivamente observado; e, finalmente, o estabelecimento de medidas corretivas (no caso de se verificarem desvios significativos). É por meio da função de controle que a organização se mantém no rumo pretendido ou planeja mudanças.

Na prática, todas as funções da administração são executadas de uma forma inter-relacionada e não necessariamente sequencial, como pode ser sugerido pela Figura 1.3. Na realidade, o que se verifica é uma interação dessas quatro funções, em que a sequência planejamento, organização, direção e controle é meramente didática, visando à melhor compreensão do processo de administração.

1.2.2 ›› A abrangência das funções da administração

A administração é uma prática secular, mas será que suas funções são aplicáveis em todos os contextos e organizações? Será que as funções da administração não variam de acordo com o **nível hierárquico** do administrador ou o tipo de organização? Se a administração é realmente uma disciplina genérica, então as funções que um administrador desempenha devem ser essencialmente as mesmas, independentemente de ser um administrador de topo ou um supervisor ou de a organização ser uma empresa pública sem fins lucrativos ou uma empresa privada.

> **Organização**
> Função da administração que faz a distribuição das tarefas e dos recursos entre os membros organizacionais.

> **Direção**
> Função da administração relacionada com os processos de liderança, motivação e de gestão de pessoas na organização.

> **Controle**
> Função da administração que consiste no monitoramento e na avaliação do desempenho da organização.

> **Nível hierárquico**
> Posição ocupada por um gestor na estrutura organizacional.

Figura 1.4 ›› Funções da administração e nível hierárquico

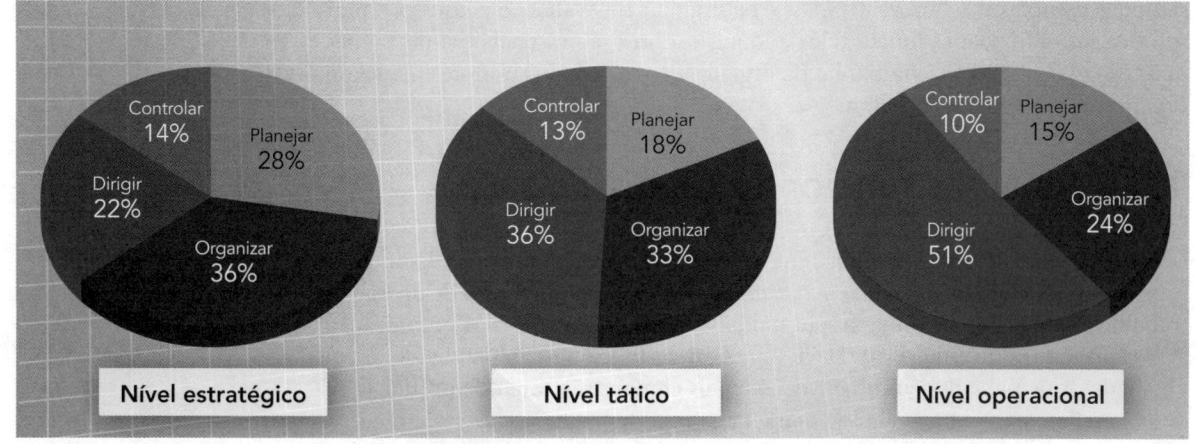

Fonte: Adaptada de MAHONEY, T. A. et al. The job(s) of management, **Industrial Relations 4**, 1965.

NÍVEL ORGANIZACIONAL ›› Como referido anteriormente, o nível hierárquico influencia o trabalho e as atividades de um administrador. No entanto, isso não significa que um administrador de topo e um supervisor não desempenhem, ambos, funções de planejamento, organização, direção e controle. O que acontece é que cada uma dessas funções da administração varia em termos de importância e intensidade de acordo com o nível hierárquico do gestor. À medida que se sobe na hierarquia organizacional, os administradores planejam mais e dirigem menos. Isso porque suas atividades estão mais relacionadas com o estabelecimento de objetivos e estratégias, e menos com a liderança e a motivação dos subordinados na execução de alguma tarefa. Todos os administradores desempenham as quatro funções da administração, porém o tempo que se dedicam a cada uma delas é variável, conforme ilustrado na Figura 1.4. Por outro lado, o conteúdo das atividades desempenhadas pelo administrador também varia de acordo com o nível organizacional. Por exemplo, um administrador de topo tem a responsabilidade de desenhar a estrutura organizacional, ao passo que um supervisor organiza os métodos e os processos de uma atividade ou tarefa.

TIPO DE ORGANIZAÇÃO ›› O tipo de organização também influencia o trabalho de um administrador. Existem algumas diferenças entre o trabalho desempenhado por um gestor público e o de um administrador de uma empresa privada com fins lucrativos. No entanto, seu trabalho partilha mais semelhanças que diferenças. Ambos estabelecem objetivos e estratégias, estruturam suas organizações, equipes de trabalho e processos, lideram e motivam seus subordinados e controlam o desempenho de suas organizações. Talvez a principal diferença seja a forma como medem e avaliam o desempenho da organização. Os administradores de empresas têm como principal indicador de competitividade e desempenho da organização a maximização dos lucros, ao passo que as organizações públicas e não lucrativas respondem a objetivos mais difíceis de medir, como universalização, equidade e justiça.

DIMENSÃO DA ORGANIZAÇÃO ›› A dimensão da organização é outro fator que diferencia o trabalho de um administrador. Como no caso dos níveis hierárquicos, as diferenças estão na importância e na intensidade, não nas atividades do administrador. Um administrador de micro ou pequena organização é mais generalista, pois combina muitas das tarefas de um administrador de topo, como o estabelecimento de objetivos estratégicos, com tarefas rotineiras, normalmente desempenhadas por supervisores. Independentemente do tamanho da organização, os administradores realizam as quatro funções da administração, variando o tempo que dedicam a cada uma e o seu conteúdo. Por exemplo, o planejamento é um processo mais formal e institucionalizado nas grandes organizações, já nas pequenas é informal e menos ritualizado. Além disso, as estruturas das grandes organizações são mais complexas e burocratizadas; e os sistemas de avaliação e controle, mais sofisticados. Todavia, as funções dos administradores são essencialmente as mesmas, isto é, seja qual for o tamanho da organização, os administradores planejam, organizam, dirigem e controlam.

1.3 ›› As áreas funcionais da organização

As organizações estão normalmente divididas em áreas funcionais. Essas áreas representam atividades e tarefas *especializadas*, resultantes do processo de divisão do trabalho, que são desempenhadas por unidades ou departamentos da organização. A organização pode estar dividida em muitas áreas funcionais, dependendo de sua atividade principal e de seus objetivos. As mais comuns são: área de produção ou de operações, área comercial e de marketing, área de finanças e área de recursos humanos (veja a Figura 1.5). Outras áreas funcionais podem existir nas organizações, como a área de pesquisa e desenvolvimento ou a área de compras e aprovisionamento, mas são menos comuns, uma vez que só as grandes organizações possuem dimensão para um departamento de pesquisa e apenas as organizações industriais têm a necessidade de um departamento de compras e de gestão de estoques. A coordenação e a integração de cada uma dessas áreas funcionais são algumas das principais responsabilidades da administração geral.

Figura 1.5 ›› As principais áreas funcionais da organização

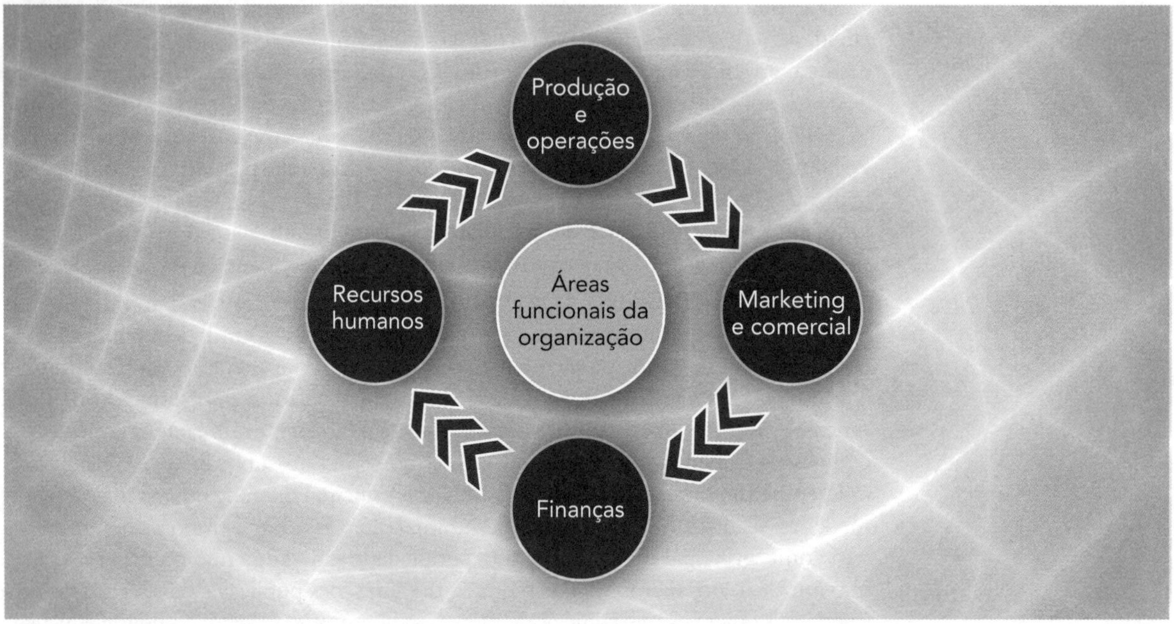

1.3.1 ›› Área de produção ou de operações

A principal razão de ser de uma organização é a produção de bens ou a prestação de serviços. Por esse motivo, o sistema de operações de uma organização é o centro ou o "coração" de sua atividade. O sistema de operações é o conjunto de atividades e operações inter-relacionadas envolvidas na produção de bens ou prestação de serviços de uma organização, representando o modo como esta transforma os insumos em produtos ou serviços, agregando valor de forma a alcançar os objetivos organizacionais. A administração de operações é uma atividade complexa de administração teoria que envolve:

> **Área de operações**
> Área funcional responsável pela gestão do conjunto de atividades e operações inter-relacionadas envolvidas na produção de bens ou prestação de serviços de uma organização.

- *Planejamento do produto:* desenvolvimento de um projeto de produto, por meio da análise de sua exequibilidade tecnológica e do potencial de comercialização.
- *Instalações:* definição das características físicas das instalações, da capacidade produtiva e de sua localização.
- *Processo produtivo:* escolha dos métodos, tecnologias e fluxos dos processos produtivos.
- *Organização do trabalho:* definição da estrutura de cada trabalho ou tarefa – como será realizado e quem vai realizá-lo.
- *Planejamento da produção:* especificação das quantidades a produzir para satisfazer às exigências da organização.
- *Administração de estoques:* determinação das necessidades de recursos e materiais necessários para a produção de forma a minimizar os custos operacionais.
- *Controle:* monitoramento do desempenho do sistema de operações, por exemplo, dos custos de produção, da qualidade e da manutenção dos equipamentos.
- *Compras:* administração da aquisição dos recursos necessários à produção de bens ou à prestação de serviços – em algumas organizações, é uma área funcional independente.

1.3.2 ›› Área comercial e de marketing

> **Área comercial e de marketing**
> Área funcional responsável pela captação e manutenção de clientes, cujo principal foco é a satisfação do cliente.

A área comercial e de marketing está relacionada com as atividades que têm como objetivo captar e manter clientes. Seu principal foco é a satisfação do cliente, procurando influenciar seu comportamento e, assim, alcançar o propósito da organização. Todas as organizações, sejam elas privadas ou públicas, com fins lucrativos ou não, têm necessidade de desenvolver programas de marketing para garantir sua sobrevivência. A área comercial e de marketing é responsável por diversas funções e atividades organizacionais, entre as quais estão:

- *Pesquisa de mercado:* condução de estudos e pesquisas com o objetivo de identificar as necessidades, preferências e tendências do mercado.
- *Produto:* desenvolvimento de produtos adequados às necessidades, com características técnicas, marca, embalagem etc.
- *Preço:* estabelecimento e gestão do preço dos produtos ou serviços de acordo com as políticas comerciais da organização.

Com objetivo de captar novos clientes e fidelizar os atuais, tem crescido o número de empresas que se utilizam de ações de marketing sensorial, que exploram os sentidos dos consumidores nos pontos de venda para proporcionar-lhes uma experiência diferente com a marca, capaz de estimulá-los a repeti-la independente do preço. São fundamentais para isso ações que atraiam a visão, com cores capazes de cativar a atenção, e despertem o olfato e a audição. As emoções desenvolvidas a partir dessas ações são capazes de criar uma forte relação do consumidor com a marca e o ambiente. Grifes já conhecidas, como Osklen, Essencial, Via Mia e Reserva, têm direcionado parcela significativa do seu faturamento em iniciativas de music branding, marketing olfativo, manequins personalizados e até softwares inusitados. Por exemplo, a Osklen, precursora em atitudes desse tipo, apostou na música como estímulo sensorial para fortalecer sua identidade e proporcionar aos clientes uma experiência diferenciada e marcante.[5]

- *Distribuição:* concepção e administração de um sistema de entrega do produto certo, no local certo, no momento certo e nas quantidades certas.
- *Comunicação:* sinalização do público-alvo por meio de ações de publicidade, promoção, propaganda e relações públicas.
- *Vendas:* administração das transações entre a organização e seus clientes – em algumas organizações, é uma área funcional independente.

1.3.3 ›› Área financeira

Se a área de produção e operações é o "coração" da organização, a área financeira é o "sangue" e lida com todos os aspectos que envolvem recursos financeiros. As finanças são uma área de apoio, não estando diretamente relacionadas com a atividade principal da organização. No entanto, têm uma importância decisiva para o desempenho organizacional. Seu principal objetivo consiste em captar e utilizar, de maneira eficaz, os recursos financeiros de forma a alcançar os objetivos organizacionais. A área financeira é responsável pelas seguintes funções:

> **Área financeira**
> Área funcional responsável pela gestão dos recursos financeiros, incluindo sua captaçãp externa e sua aplicação.

- *Informação de gestão:* produção de relatórios e documentos contábeis que traduzam a situação econômica e patrimonial da organização.
- *Análise:* avaliação e controle do desempenho da organização em termos de rentabilidade, equilíbrio financeiro e risco.
- *Investimento:* definição da política de investimentos da organização, escolhendo as melhores alternativas para a aplicação dos recursos financeiros.
- *Financiamento:* definição da política de financiamento, escolhendo as melhores fontes de recurso para o crescimento e a administração da organização.
- *Distribuição de dividendos:* definição da política de distribuição de lucros, decidindo qual será a aplicação dos excedentes financeiros gerados pela atividade da organização.

1.3.4 ›› Área de recursos humanos

Um dos recursos mais importantes em todas as organizações são as pessoas. A área de recursos humanos ou de gestão de pessoas tem como objetivo a administração de comportamentos individuais em função dos objetivos coletivos. Para tal, a organização deve atrair, preparar e desenvolver as pessoas de forma que consigam contribuir para alcançar os objetivos organizacionais. A área de recursos humanos é responsável pelas seguintes funções:

> **Área de recursos humanos**
> Área funcional responsável pelos processos formais de gestão de pessoas, com o intuito de garantir um alinhamento entre os objetivos individuais e organizacionais.

Em 2010, o departamento de recursos humanos da rede de supermercados Pão de Açúcar premiou 900 gerentes com um vultoso bônus de desempenho; cada gerente levou, pela primeira vez, até sete salários extras, quase o dobro da remuneração variável máxima paga até o ano anterior. Esse bônus é o passo mais largo no sentido de ampliar o plano de incentivo criado há cerca de dois anos, quando o Pão de Açúcar decidiu incrementar o programa de remuneração variável para os diretores do grupo. Segundo a vice-presidente de recursos humanos, Cláudia Soares, "o novo modelo de remuneração tem sido fundamental para a melhoria dos resultados", sendo responsável por um aumento de 183% nos resultados líquidos em apenas dois anos.[6]

- *Implementação de políticas e procedimentos que regulem as relações da organização com seus membros:* elaboração de códigos de conduta, implementação de programas de gestão participativa, entre outros.
- *Planejamento dos recursos humanos:* diagnóstico das necessidades da organização em termos de recursos humanos, de forma a responder de maneira eficaz a seus objetivos.
- *Recrutamento e seleção:* processo de localização, atração e contratação de candidatos qualificados para ocupar cargos nas equipes da organização.
- *Treinamento e desenvolvimento:* desenvolvimento de programas e ações para reforçar as competências individuais e melhorar o desempenho e a produtividade coletiva.
- *Avaliação de desempenho:* implementação de mecanismos de avaliação formal, sistemática e periódica dos resultados alcançados pelos membros da organização.
- *Remuneração e compensação:* definição dos sistemas de recompensas e de benefícios para os membros da organização.
- *Melhoria das condições no local de trabalho:* implementação de programas de higiene, de segurança e de saúde no trabalho.

As áreas funcionais representam uma forma de estruturação das atividades, permitindo à organização ganhos com a especialização de seus membros em tarefas e funções específicas. No entanto, como já dissemos, independentemente da área funcional à qual pertencem, os administradores realizam as quatro funções da administração. O Quadro 1.1 apresenta alguns exemplos de ações gerenciais por função da administração e por área funcional.

Quadro 1.1 ›› As áreas funcionais e as funções da administração

	Operações	Marketing	Finanças	Recursos humanos
Planejamento	• Planejamento da produção agregada. • Planejamento do *layout* das instalações.	• Planejamento e previsão de vendas. • Definição da estratégia comercial. • Estabelecimento de objetivos aos vendedores.	• Elaboração de orçamentos. • Elaboração de projetos de investimento.	• Planejamento das necessidades dos recursos humanos. • Estabelecimento de metas de desempenho aos trabalhadores.
Organização	• Organização dos métodos e processos produtivos. • Desenho dos cargos e tarefas.	• Estruturação do departamento de marketing. • Distribuição dos vendedores por área geográfica.	• Composição da estrutura de financiamento. • Aplicação dos recursos financeiros.	• Definição da estrutura de cargos e salários. • Desenho de programas de treinamento.
Direção	• Supervisão dos trabalhadores. • Atribuição de bônus de produtividade.	• Atribuição de prêmios para melhores vendedores. • Concursos de novas ideias de promoção e publicidade.	• Remuneração dos administradores com opções de ações. • Implementação de uma política de participação nos lucros.	• Implementação de políticas de gestão participativa. • Melhoria das condições de trabalho.
Controle	• Controle da qualidade dos bens ou serviços. • Controle dos custos de produção.	• Controle das vendas. • Avaliação da satisfação dos clientes. • Monitoração da fatia de mercado.	Análise e avaliação do desempenho financeiro da organização: rentabilidade, equilíbrio e risco.	• Avaliação do desempenho individual. • Controle dos horários e da assiduidade.

1.4 ›› Os administradores e a administração

Seja qual for o nível organizacional, o tipo/dimensão da organização ou a área funcional, os administradores planejam, organizam, dirigem e controlam. Podem variar a importância e o tempo dedicado a cada uma dessas funções; no entanto, para compreender a essência do trabalho de um administrador, é necessário conhecer quais papéis desempenha na organização, quais aptidões e habilidades necessita possuir e quais competências específicas estão relacionadas com a eficácia e a eficiência de seu desempenho.

1.4.1 ›› Os papéis do administrador

Os administradores desempenham uma variedade de papéis para alcançar os objetivos organizacionais. Uma das pesquisas mais interessantes sobre esse assunto foi desenvolvida por Henry Mintzberg, ao estudar detalhadamente cinco administradores de topo[7]. Ao contrário do que se pensava, os gestores não fazem reflexões metódicas antes de tomar decisões, nem obedecem à sequência teórica das funções da administração. Mintzberg concluiu que os administradores têm pouco tempo para refletir antes de decidir e que suas atividades são muito variadas, não rotineiras e de pequena duração. Ele também concluiu que o trabalho dos administradores é muito similar e propôs uma nova categorização para o trabalho gerencial.

> **Papéis do administrador**
> De acordo com Mintzberg, os administradores desempenham um conjunto de papéis – padrões de comportamentos esperados – na sua ação gerencial. Esses papéis podem ser interpessoais, informacionais ou decisórios.

Mintzberg argumenta que os administradores possuem autoridade formal pelo cargo que ocupam, que, por sua vez, lhes confere *status*. Esse *status* cria uma responsabilidade de estabelecer relações interpessoais com os subordinados, pares, superiores, assim como com indivíduos ou grupos de interesse externos à organização. Essas relações fornecem informações que eles utilizam para tomar as decisões necessárias à sua organização. Desse modo, de acordo com Mintzberg, todos os administradores desempenham papéis interpessoais, informacionais e decisórios, como ilustra a Figura 1.6. Essas três categorias agrupam um conjunto de dez papéis diferentes, mas inter-relacionados. O Quadro 1.2 descreve cada um desses papéis e exemplifica algumas das atividades realizadas pelos administradores em cada caso.

Figura 1.6 ›› Os papéis do administrador segundo Mintzberg

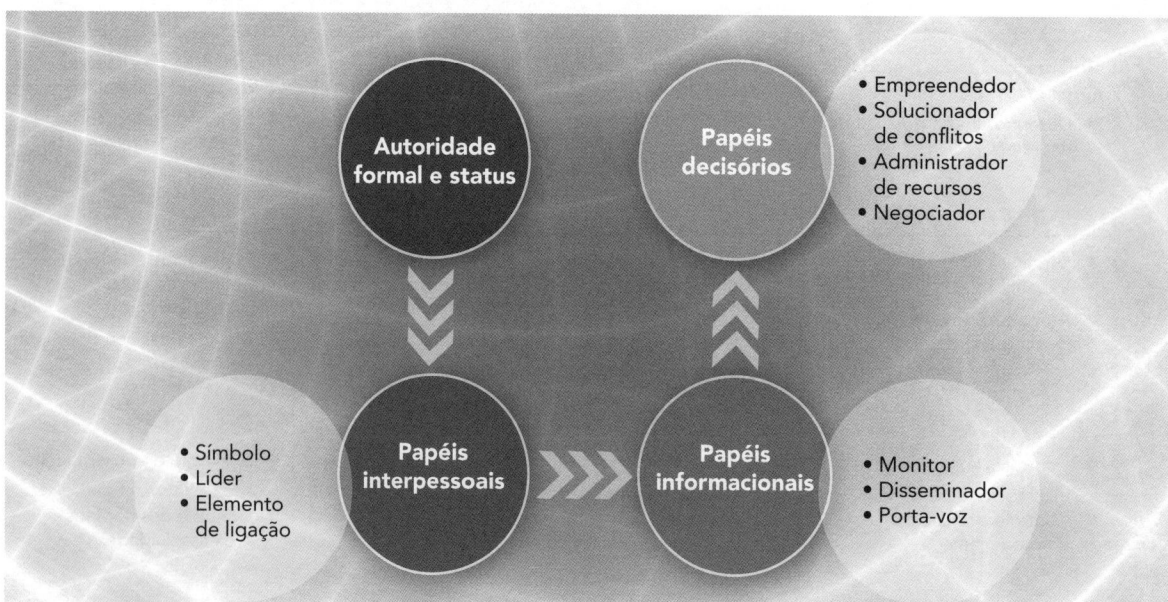

Fonte: Adaptada de MINTZBERG, H. The manager's job: folklore and fact. **Harvard Business Review**, 1990.

Quadro 1.2 ›› Os papéis do administrador

	Papel	Descrição	Exemplo de atividade
Interpessoais	Símbolo	Representação simbólica do grupo ou da organização atuando como referência dela.	Representação da organização em cerimônias e solenidades; assinatura de documentos legais; acompanhamento de visitantes.
	Líder	Direção das atividades dos subordinados, levando-os à realização dos objetivos.	Realização de todas as atividades que envolvam as relações com os subordinados (persuasão, motivação, orientação etc.).
	Elemento de ligação	Desenvolvimento de uma teia de relações que permite o intercâmbio de informação.	Manutenção de redes de contatos com o exterior; acompanhamento da correspondência; construção de coalizões e alianças.
Informacionais	Monitor	Coleta e análise da informação sobre a organização e o seu ambiente.	Leitura de periódicos e de relatórios; manutenção de contatos pessoais; participação em eventos e conferências.
	Disseminador	Partilha de informação com os subordinados por meio de redes de comunicação interna.	Reuniões formais ou informais com o grupo; telefonemas e e-mails informativos; divulgação de memorandos e *newsletters*.
	Porta-voz	Transmissão para o exterior das estratégias, políticas, atividades e resultados da organização.	Comunicados de imprensa; entrevistas à mídia; participação em reuniões de acionistas ou com outros grupos de interesse externo.
Decisórios	Empreendedor	Identificação de oportunidades que potenciem o desenvolvimento da organização.	Reuniões de *brainstorming* com os subordinados; implementação de projetos; desenvolvimento de novas iniciativas empresariais.
	Solucionador de conflitos	Resolução de conflitos ou de problemas que impeçam o desenvolvimento normal da atividade.	Ações corretivas em disputas ou crises; resolução de conflitos entre subordinados; auxílio aos subordinados durante processos de mudança ou crise.
	Administrador de recursos	Alocação dos recursos organizacionais em função dos objetivos e necessidades.	Realização de todas as atividades que envolvam a orçamentação e a programação do trabalho dos subordinados.
	Negociador	Representação da organização ou do grupo nas principais negociações.	Negociação com sindicatos de condições de trabalho; negociação com fornecedores, clientes ou instituições financeiras.

Fonte: Adaptado de MINTZBERG, H. The manager's job: folklore and fact. **Harvard Business Review**, 1990.

PAPÉIS INTERPESSOAIS ›› Os papéis interpessoais envolvem as relações dos administradores com outras pessoas, sejam membros da organização ou indivíduos e grupos externos a esta. Os papéis interpessoais estão relacionados com a forma como o administrador interage e influencia os outros, e incluem os papéis de símbolo ou de representação, de líder e de elemento de ligação.

PAPÉIS INFORMACIONAIS ›› Os papéis informacionais envolvem a coleta, o processamento e a comunicação de informações e representam um dos aspectos mais importantes no trabalho de um administrador. Os administradores realizam três papéis informacionais: a coleta e a análise da informação da organização e de seu ambiente (monitor); a partilha dessa informação com os membros da organização (disseminador); e a transmissão para o exterior de informações sobre a organização (porta-voz).

PAPÉIS DECISÓRIOS ›› Os papéis decisórios envolvem todos os eventos que implicam a tomada de decisão, considerada a essência do trabalho de um administrador. Eles estão relacionados com a forma como o administrador utiliza a informação em suas decisões. Os quatro papéis decisórios identificados por Mintzberg são: empreendedor, solucionador de conflitos, administrador de recursos e negociador.

Diversos fatores condicionam a importância que um administrador atribui a cada um desses papéis gerenciais, tais como nível hierárquico, área funcional, ha-

Todos os dias, Jean Ollier, presidente da Michelin na América do Sul, promove inúmeras reuniões breves e informais com seus principais colaboradores. Se possível, na sala deles. Aproveita todo o tempo para manter contato direto com as pessoas. Assim, diz, consegue coletar e partilhar mais informações do que pelos canais indiretos. Ollier escreve à mão os assuntos que quer discutir com cada diretor e parte para um giro em alta velocidade por três andares da sede da Michelin no Rio, com escalas em diversas mesas e salas. Muitas das conversas duram menos de dez minutos. É desempenhando o papel informacional de monitor e disseminador que Jean Ollier busca detectar tendências, ameaças ou oportunidades para a organização que dirige.[8]

bilidades e competências individuais, tipo e tamanho da organização e características do ambiente organizacional. Por exemplo, algumas pesquisas mostram que o administrador de uma pequena empresa dá mais importância ao papel de porta-voz, direcionando suas ações para o exterior, procurando novas oportunidades ou reunindo-se com fornecedores e clientes. Por outro lado, os administradores de grandes empresas dão mais importância às ações direcionadas para o interior, como a alocação de recursos a equipes e grupos[9]. O nível hierárquico ocupado pelo administrador também influencia os papéis que ele desempenha. Como ilustra a Figura 1.7, à medida que o administrador sobe na hierarquia, a importância do papel de líder, dirigindo e supervisionando o trabalho de seus subordinados, diminui, ao passo que a importância do papel de monitor aumenta, uma vez que o administrador fica mais atento ao ambiente organizacional para detectar tendências, ameaças ou oportunidades para sua organização. Outros papéis recebem a mesma importância, seja qual for a posição hierárquica ocupada, como o papel de porta-voz, que assume a representação do grupo e comunica suas necessidades perante outros.

Figura 1.7 ›› Os papéis dos administradores e os níveis organizacionais

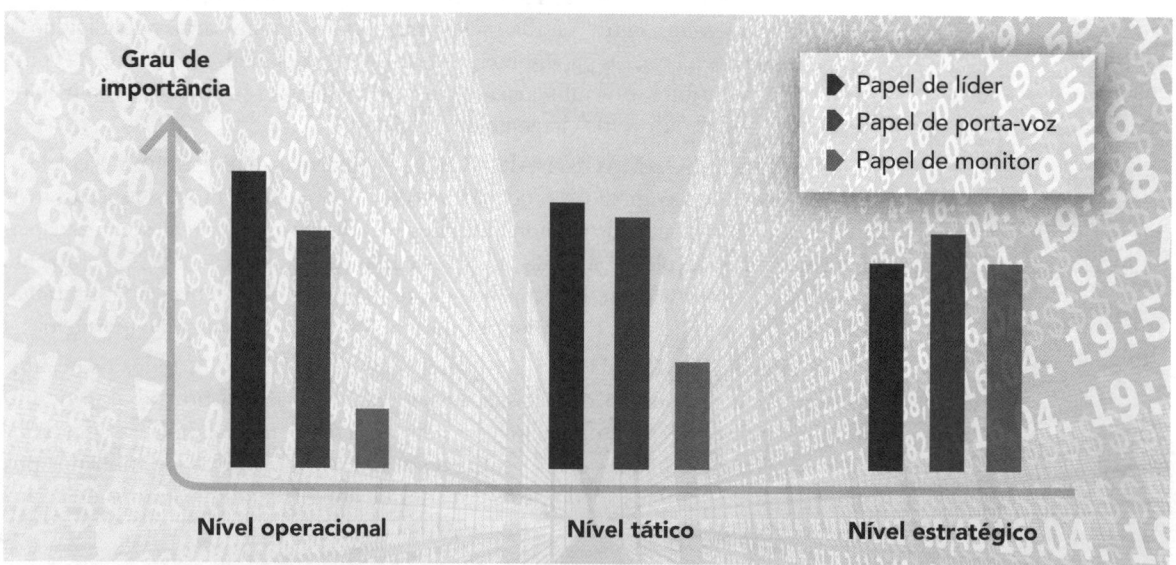

Fonte: Adaptada de KRAUT, A. I.; PEDIGO, P. R.; MCKENNA, D. D.; DUNNETTE, M. The role of the manager: what's really important in different management jobs. **Academy of Management Executive**, v. 19, n. 4, p. 122-129, 2005.

1.4.2 ›› As habilidades do administrador

Para desempenhar os diferentes papéis pelos quais são responsáveis, os administradores devem possuir certas habilidades. A habilidade pressupõe a ideia de potencial de realização, ou seja, a existência de uma relativa facilidade em lidar com determinada tarefa. Robert Katz identificou três tipos básicos de habilidades necessárias para o desempenho de um administrador: as conceituais, as humanas e as técnicas[10]. A Figura 1.8 ilustra o grau de importância de cada uma das habilidades de acordo com o nível organizacional.

HABILIDADES CONCEITUAIS ›› As habilidades conceituais estão relacionadas com a capacidade do administrador em coordenar e integrar todos os interesses e atividades de uma organização ou grupo. São as habilidades conceituais que permitem ao administrador analisar e interpretar situações abstratas e complexas e compreender como as partes influenciam o todo. Representam as habilidades mais sofisticadas e distintivas que um administrador possui. Têm influência na administração porque permitem as tomadas de decisões mais acertadas e inovadoras, compreendendo qual o seu impacto na organização e nas unidades que a compõem. Desse modo, permitem a definição de uma visão e de uma estratégia de sucesso para a organização e possibilitam a identificação de oportunidades que nem sempre são percebidas pelos outros.

HABILIDADES HUMANAS ›› As habilidades humanas dizem respeito à capacidade do administrador em se relacionar com outras pessoas ou grupos. Envolvem a capacidade de trabalhar e se comunicar com outras pessoas, entendendo-as, motivando-as e liderando-as. Já que o trabalho de um gestor consiste na realização de objetivos por meio de outras pessoas, as habilidades humanas são cruciais para seu desempenho. Para um administrador de topo, as habilidades humanas são também importantes para estabelecer relações com grupos de interesse externos da organização e para conseguir agregar os membros internos em torno de uma visão e estratégia para a organização.

HABILIDADES TÉCNICAS ›› As habilidades técnicas estão relacionadas com a capacidade do administrador em usar ferramentas, procedimentos, técnicas e conhecimentos especializados relativos à sua área de atuação específica. Quanto maior a facilidade em desempenhar uma tarefa específica, maiores as habilidades técnicas do administrador. Em um administrador de topo, as habilidades técnicas evidenciam-se no seu conhecimento da indústria, do mercado e dos processos e produtos da organização. Por outro lado, em um administrador de nível tático ou operacional, as habilidades técnicas dizem respeito ao conhecimento especializado de sua área funcional ou das tarefas que desempenha, como elaboração de um orçamento, realização de um teste de produto, entre outras.

> **Habilidades conceituais**
> Capacidade de compreender a complexidade da organização como um todo e integrar o comportamento de suas partes.

> **Habilidades humanas**
> Capacidade de se relacionar, comunicar e compreender as atitudes e motivações das pessoas e liderar grupos.

> **Habilidades técnicas**
> Capacidade de usar ferramentas, procedimentos, técnicas e conhecimentos especializados relativos à sua área de atuação.

Figura 1.8 ›› As habilidades dos administradores

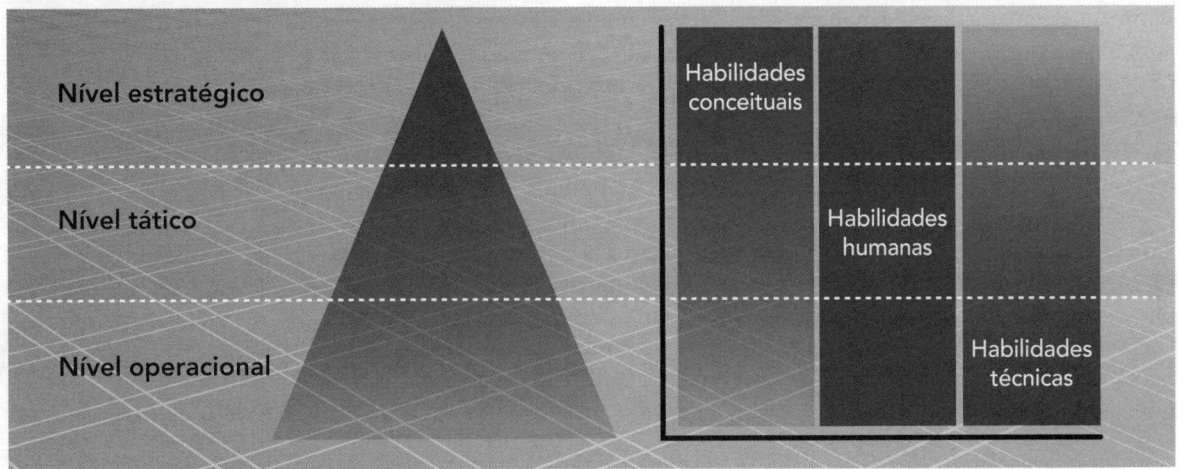

Edson Bueno, presidente da Amil, maior empresa do setor de saúde privada do país, demonstra habilidades gerenciais que impressionam todos aqueles que o conhecem. Foi ele quem identificou a oportunidade e tomou a decisão de comprar a sua concorrente, a Medial Saúde, estratégia de sucesso que fez de sua organização a líder do mercado brasileiro de saúde, evidenciando fortes habilidades conceituais. Demonstra também habilidades humanas, pois direciona atenção especial às relações interpessoais. Edson busca motivar seus colaboradores e tenta mantê-los coesos em torno da sua visão organizacional. Com formação em medicina e cursos da área gerencial, Edson tem ainda amplo conhecimento sobre o mercado em que atua, o que lhe confere habilidades técnicas que o diferenciam de outros gestores do ramo.[11]

Para Katz, apesar de todas as três habilidades serem relevantes para o desempenho de qualquer administrador, sua importância varia de acordo com o nível organizacional que esse administrador ocupa. Assim, para os administradores de nível estratégico, as habilidades conceituais são mais preponderantes, uma vez que os papéis que desempenham dependem de sua capacidade para formular planos e tomar decisões para a organização como um todo. Em contrapartida, as habilidades técnicas são mais importantes nos níveis hierárquicos mais baixos, pois os administradores estão envolvidos com processos e atividades específicas. Por sua vez, as habilidades humanas são igualmente importantes em todos os níveis hierárquicos, já que o trabalho de um administrador envolve, invariavelmente, outras pessoas.

1.4.3 ›› As competências do administrador

Além de habilidades genéricas, os administradores necessitam de certas competências específicas para o desempenho de seus cargos. As competências são definidas como o conjunto de conhecimentos, aptidões e atitudes relacionado com o desempenho eficaz de um administrador. A maior e mais detalhada pesquisa sobre competências gerenciais foi iniciada no Reino Unido pelo Management Charter Initiative (MCI), em 1997, e concluída pelo Management Standards Centre (MSC), em 2004. Esses organismos procuraram mapear quais eram as competências associadas às melhores práticas gerenciais. Como resultado dessa pesquisa, foram identificadas as competências que um administrador deve possuir para desempenhar sua atividade de maneira eficaz. Essas competências variam de acordo com o nível organizacional. O Quadro 1.3 exemplifica algumas das competências requeridas para administradores de topo, gerentes intermediários e supervisores de primeira linha.

> **Competências do administrador**
>
> Conjunto de conhecimentos, aptidões e atitudes relacionado com o desempenho eficaz de um administrador.

Para cada área de competência, são desenvolvidos os elementos que definem o desempenho eficaz do administrador. Por exemplo, a administração de orçamentos é uma competência requerida para administradores de primeira linha. O desenvolvimento com sucesso dessa competência requer que o administrador saiba preparar um orçamento, discuti-lo e negociá-lo com superiores e subordinados, utilizá-lo para monitorar e avaliar o desempenho de sua área de responsabilidade, identificar as causas de desvios e propor revisões desse orçamento, caso seja necessário. São também enumeradas as aptidões, os conhecimentos e as atitudes que um administrador necessita para desenvolver essa competência gerencial.

Quadro 1.3 ›› Competências dos administradores

Nível estratégico	Nível tático	Nível operacional
Manter uma rede de contatos pessoais que permita o acesso à informação ou aos recursos que a organização necessita.	Manter uma rede de contatos pessoais que permita o acesso à informação ou aos recursos de que a sua unidade necessita.	Administrar os recursos pessoais e seu desenvolvimento profissional.
Liderar a organização, comunicando o propósito, os valores e a visão da organização.	Desenvolver e implementar planos operacionais para sua unidade ou departamento.	Liderar sua área de responsabilidade, motivando os subordinados.
Mapear o ambiente no qual a organização opera.	Assegurar o cumprimento de requisitos legais, regulatórios, éticos e sociais na sua unidade.	Promover a igualdade de oportunidades e a diversidade em sua área de responsabilidade.
Encorajar a inovação na organização.	Encorajar a inovação na sua unidade ou departamento.	Encorajar a inovação em sua área de responsabilidade.
Desenvolver e implementar uma estratégia para a organização.	Planejar, liderar e implementar a mudança em produtos, serviços ou processos.	Implementar a mudança em produtos, serviços ou processos.
Desenvolver a cultura da organização em coerência com a sua visão e estratégia.	Recrutar, selecionar e manter trabalhadores motivados.	Administrar os orçamentos para sua área de responsabilidade.
Planejar as necessidades de recursos humanos para que a organização atinja seus objetivos.	Planejar, alocar e avaliar o progresso e a qualidade do trabalho em sua unidade ou departamento.	Planejar, alocar e avaliar o progresso e a qualidade do trabalho em sua área de responsabilidade.
Promover o uso de novas tecnologias na organização.	Desenvolver e manter relações de trabalho produtivas com os subordinados e *stakeholders*.	Assegurar o cumprimento de requisitos de segurança e saúde em sua área de responsabilidade.
Criar e incentivar uma orientação para o cliente em toda organização.	Administrar as relações com os clientes, de forma a alcançar a sua satisfação.	Monitorar e resolver problemas relacionados com o serviço aos clientes.
Monitorar, avaliar e melhorar o desempenho organizacional.	Desenhar e gerir os processos de negócio para sua unidade.	Administrar projetos para sua área de responsabilidade.

Fonte: **Management Standards Centre**, 2004. Disponível em: <http://www.management-standards.org/>. Acesso em: 14 mar. 2012.

O interesse pelas competências gerenciais do MSC tem crescido, e cada vez mais as organizações usam esses padrões para definir as qualificações necessárias de um administrador, assim como para avaliar corretamente seu desempenho.

1.5 ›› A administração no Brasil

A administração é uma prática universal. Nos Estados Unidos, no Japão, na Europa ou no Brasil, as organizações precisam ser administradas, e o trabalho do administrador é basicamente o mesmo: guiar as organizações de forma a alcançar os objetivos. No entanto, as características distintivas das culturas nacionais condicionam o modelo de gestão adotado. Por exemplo, o individualismo e o pragmatismo norte-americano fazem com que seu estilo de gestão seja caracterizado pelo empreendedorismo e pela competitividade. Por outro lado, a cultura japonesa é caracterizada por valores coletivistas, que se refletem em métodos de gestão baseados no consenso e na ênfase no planejamento. Mas quais são os traços característicos da cultura brasileira? Em que medida eles influenciam os comportamentos dos administradores e o perfil das organizações brasileiras?

1.5.1 ›› O estilo brasileiro de administrar

O conhecimento do contexto cultural no qual se desenvolve a atividade empresarial é fundamental para compreender as práticas administrativas e gerenciais brasileiras. A cultura brasileira apresenta alguns traços que lhe permitem distinguir-se de outras culturas nacionais. Esses traços definem um estilo brasileiro de administrar que, em alguns casos, reforçam vantagens comparativas, mas que, em outros, criam dificuldades aos administradores.

Uma das principais pesquisas sobre o estilo brasileiro de administrar foi realizada por Betânia Tanure Barros e Marco Aurélio Prates com 2.500 administradores brasileiros. Esses pesquisadores desenvolveram um modelo de interpretação da cultura brasileira segundo quatro grandes subsistemas: o institucional, o pessoal, o dos líderes e o dos liderados[12]. Das interseções entre os subsistemas, é possível identificar os traços culturais que definem o **sistema de ação cultural brasileiro**. A Figura 1.9 apresenta o modelo completo, com seus subsistemas e interseções.

A interseção dos subsistemas resulta em nove traços culturais característicos dos administradores brasileiros. A análise de cada um desses traços culturais permitirá identificar suas implicações para a administração.

> **Sistema de ação cultural brasileiro**
> Modelo de interpretação dos impactos da cultura brasileira na administração segundo quatro grandes subsistemas: o institucional, o pessoal, o dos líderes e o dos liderados.

Figura 1.9 ›› O sistema de ação cultural brasileiro

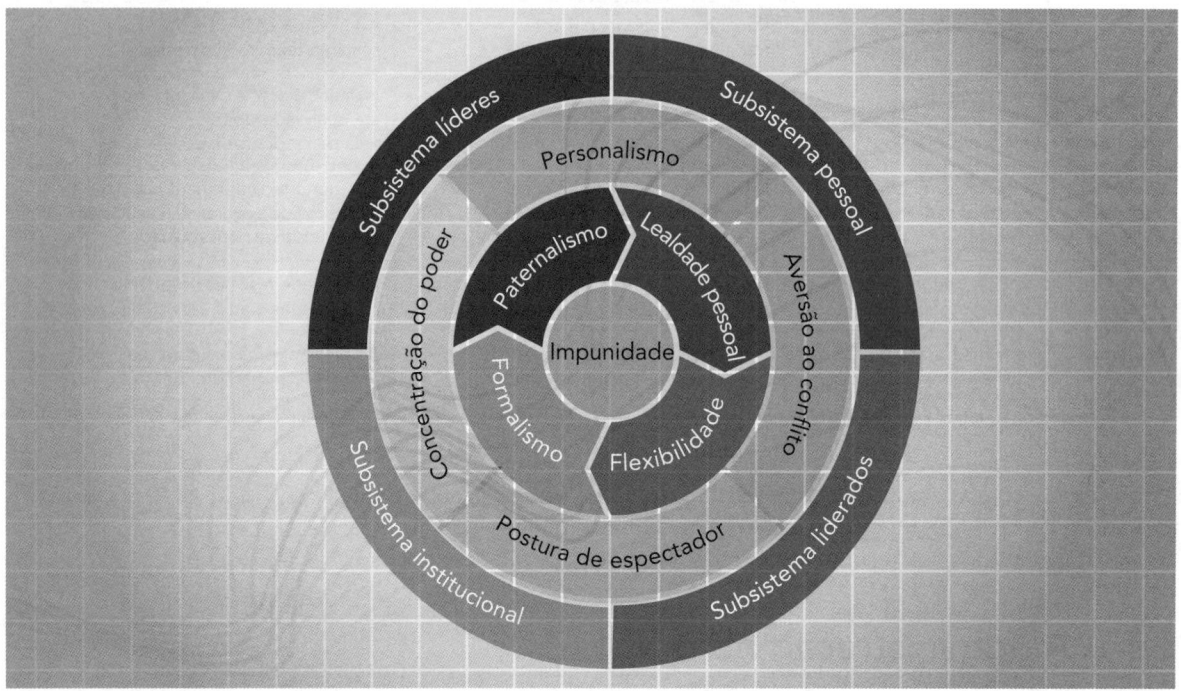

Fonte: Adaptada de BARROS, T.; PRATES, M. **O estilo brasileiro de administrar**. São Paulo: Atlas, 1996.

CONCENTRAÇÃO DO PODER ›› A concentração do poder representa o lado institucional da relação líder-liderado e reflete a tendência das organizações brasileiras para centralizar o poder e a autoridade no líder. As decisões são unilaterais, e os liderados devem cumpri-las sem questioná-las. A principal consequência desse traço cultural para a administração é a elevada distância hierárquica entre os diferentes níveis organizacionais.

PERSONALISMO ›› O personalismo representa o lado pessoal da relação entre líder e liderado e reflete a tendência para cultivar a proximidade e o afeto nas relações interpessoais. As pessoas são consideradas durante o processo decisório, não sendo encaradas apenas como um meio para alcançar um objetivo. Se a concentração de poder reforça a hierarquia, o personalismo atenua-a. A principal implicação do personalismo na administração é o poder que assumem grupos de amizade dentro das organizações, sobrepondo-se à distribuição hierárquica da autoridade formal.

POSTURA DE ESPECTADOR ›› A postura de espectador reflete a passividade e a conformação dos liderados perante o líder. A postura de espectador é um reflexo do protecionismo e da dependência que caracterizaram historicamente a sociedade brasileira. O liderado deve aguardar uma orientação e agir, sem questioná-la. Esse traço cultural é caracterizado pela aceitação passiva da realidade, pela pouca iniciativa e pela transferência de responsabilidade.

AVERSÃO AO CONFLITO ›› A aversão ao conflito reflete a tendência de evitar situações de confronto, normalmente como uma forma de lidar com a concentração de poder, sem pôr a perder as relações pessoais. Desse modo, o conflito é abordado indiretamente e a competição é substituída por processos mais colaborativos. Tem como principal reflexo na administração a fuga à discussão assertiva dos problemas e a procura por soluções mediadas.

FORMALISMO ›› O formalismo é um traço cultural que resulta da intolerância à incerteza e é caracterizado pela necessidade de construir e instituir práticas por meio de leis e regulamentos que prevejam e impeçam desvios comportamentais. É igualmente resultado do elevado grau de desconfiança interpessoal característico da sociedade brasileira. Sua principal consequência para a administração é o excessivo número de normas e regulamentos que inibem o comportamento dos administradores e, consequentemente, diminuem a competitividade das organizações brasileiras.

LEALDADE ÀS PESSOAS ›› A lealdade às pessoas representa a contrapartida do subsistema pessoal ao formalismo do subsistema institucional e configura-se como um mecanismo de integração e coesão interna dos grupos sociais e de mediação da relação entre líder e liderados. A lealdade pessoal permite que o sistema flua por meio das redes de relacionamento pessoais, evitando a rigidez do formalismo institucional. Do ponto de vista organizacional, o principal impacto é a sobrevalorização das necessidades do grupo em relação às da organização.

PATERNALISMO ›› O paternalismo é o traço cultural que permite a articulação entre a concentração de poder e o personalismo do líder perante os liderados, manifestando-se no patriarcalismo – assumindo o papel de pai e protetor, atendendo às necessidades de seu grupo – e no patrimonialismo – assumindo o papel de líder supremo e absoluto, impondo sua vontade aos membros do grupo. A principal consequência para a administração desse traço cultural brasileiro reflete-se na influência das relações pessoais e de confiança nas nomeações para posições e cargos, em detrimento do mérito individual.

FLEXIBILIDADE ›› A flexibilidade é um dos traços mais marcantes da cultura brasileira e caracteriza-se pela facilidade de adaptação a novas situações – o famoso "jeitinho brasileiro". É essa flexibilidade que permite a articulação entre as regras inflexíveis e formais e um estilo de relacionamento caracterizado pela informalidade e amizade. De todos os traços culturais, é o que confere maior vantagem ao administrador brasileiro, uma vez que se configura em agilidade para encontrar soluções inovadoras que ultrapassem as barreiras encontradas. A flexibilidade permite, em contextos empresariais, decisões rápidas e criativas, adaptadas a um ambiente em permanente mudança.

IMPUNIDADE ›› A impunidade é um traço que marca profundamente o comportamento gerencial brasileiro e deve ser considerada no contexto da complexa rede de relações pessoais e institucionais que caracterizam o sistema cultural do Brasil. Esse traço cultural resulta na permissividade à transgressão de normas para proteger as redes e os grupos aos quais o indivíduo pertence (lealdade às pessoas) e na aceitação de outras para evitar o confronto (aversão ao conflito). Para as organizações, a impunidade tem como principal consequência o descrédito no sistema de avaliação das pessoas.

Todos esses traços da cultura são observados nas organizações brasileiras em maior ou menor grau. Alguns conferem aos administradores brasileiros uma vantagem sobre os administradores de outras nacionalidades, porém a maioria tem um impacto negativo no dia a dia das organizações brasileiras. O Quadro 1.4 resume algumas das implicações de cada um desses traços culturais nas práticas administrativas e gerenciais no Brasil.

Quadro 1.4 ›› O estilo brasileiro de administrar

Dimensão cultural	Implicações na administração
Concentração de poder	▪ A autoridade é vista como forma de estabelecer e manter a ordem. ▪ Estilo de liderança autocrático. ▪ Dificuldade de implementação de práticas participativas.
Personalismo	▪ Força das relações pessoais e redes de contato. ▪ Importância de pertencimento a um grupo. ▪ Estilo de liderança carismática. ▪ Mediação entre o individualismo e o coletivismo.
Postura de espectador	▪ Medo da mudança. ▪ Transferência de responsabilidade. ▪ Reduzida capacidade para assumir riscos. ▪ Reduzido espírito de iniciativa. ▪ Práticas empresariais introspectivas.
Aversão ao conflito	▪ Evitamento de situações de confronto. ▪ Resolução de conflitos pela intermediação. ▪ Processo e relações são mais relevantes do que a realização. ▪ Ênfase na competição "cooperativa" ou mediada.
Formalismo	▪ Controle da incerteza por meio de leis e regras. ▪ Excessiva dependência de normas e regulamentos. ▪ Organizações com elevada formalização e normalização. ▪ Maior estabilidade na relação entre líderes e liderados.
Lealdade pessoal	▪ Líder faz a interligação entre os grupos. ▪ Coesão social obtida com a lealdade pessoal. ▪ Informação e comunicação seguem os canais de lealdade. ▪ Relações pessoais preferíveis ao desempenho e à realização.
Paternalismo	▪ Líder reproduz o papel do "pai protetor". ▪ Aceitação da desigualdade de poder. ▪ Preenchimento de cargos por confiança ou relações pessoais. ▪ Distância hierárquica percebida como alta.
Flexibilidade	▪ "Jeitinho brasileiro" de resolver problemas. ▪ Agilidade para se ajustar às mudanças do ambiente. ▪ Criatividade. ▪ Adaptabilidade perante novas situações.
Impunidade	▪ Não punição dos ineficientes ou transgressores. ▪ Não premiação dos mais merecedores. ▪ Tolerância em relação aos que pertencem ao mesmo grupo social. ▪ Clima organizacional de baixa motivação e permissividade.

Fonte: BARROS, T.; PRATES, M. **O estilo brasileiro de administrar**. São Paulo: Atlas, 1996.

1.5.2 ›› Características dos administradores brasileiros

De forma complementar, outros estudos têm procurado identificar quais são os comportamentos e as atitudes características dos administradores brasileiros que definiriam um estilo de gestão nacional. Destaca-se um estudo no qual são identificadas as principais características dos administradores brasileiros[13]:

- Visão imediatista, com priorização do curto prazo.
- Desvalorização do planejamento, em geral, e do planejamento estratégico, em particular.
- Adoção de estruturas organizacionais piramidais, com uma elevada distância hierárquica.
- Adoção de sistemas de tomada de decisão centralizados e autocráticos.
- Uso de sistemas de controle episódico, de caráter punitivo.
- Prática de relações interpessoais baseadas na docilidade e no respeito pelo poder constituído.
- Prevalência de um estilo gerencial marcado por grande distância entre discurso e prática.
- Disfarce das formas autoritárias de poder com uma retórica de participação e envolvimento.
- Domínio de uma conduta gerencial sensível a modas e modismos gerenciais.

As fragilidades e limitações apontadas no modelo de gestão brasileiro, como a impunidade e o paternalismo, a preferência por estilos autocráticos de liderança e controle, a aversão ao risco ou o foco imediatista da gestão, podem induzir à ideia errônea de que a administração brasileira será sempre "refém" desses condicionantes culturais e, portanto, fadada à mera réplica e sustentação do *status quo*.

No entanto, a administração é, por excelência, uma prática voltada para a mudança e para a transformação. Mesmo em contextos de adversidade cultural, existem administradores aptos a guiar suas organizações com eficácia e eficiência, e os brasileiros demonstram isso. É possível encontrar inúmeros exemplos de administradores, como o Barão de Mauá ou Antônio Ermínio de Moraes (veja o caso introdutório), que conseguiram superar as barreiras impostas por seu sistema de ação cultural.

Cabe à administração, na condição de disciplina acadêmica, e por meio dessa ação transformadora, formar pessoas que sejam capazes de superar as adversidades culturais, auxiliando os administradores no desenvolvimento de estilos de gestão únicos que incorporem o melhor da cultura brasileira – a flexibilidade e a informalidade, por exemplo – ao mesmo tempo em que combatem seus traços negativos.

Irineu Evangelista de Sousa, mais conhecido como Barão de Mauá, é justamente considerado o maior empreendedor brasileiro. Mauá foi uma personalidade marcante, influente para o desenvolvimento econômico do Brasil. Banqueiro, industrial, comerciante, fazendeiro e político, seu nome está associado a inúmeros empreendimentos, dos quais se destacam a construção da primeira ferrovia do país; o estabelecimento da primeira fundição; a criação da empresa de iluminação do Rio de Janeiro; a criação da empresa de navegação a vapor no Amazonas; e a viabilização do primeiro cabo submarino, ligando o Brasil à Europa, que possibilitou a comunicação intercontinental por telégrafo. Liberal em um contexto patrimonialista, abolicionista em um país que tinha no trabalho escravo sua mais importante força motriz, industrial em uma economia eminentemente agrária e inovador em uma cultura extrativista e conservadora, Mauá foi sempre alguém que desafiou o *status quo* dominante.[14]

1.5.3 ›› Perfil das empresas brasileiras

Para entender a atividade empresarial no Brasil, é importante conhecer o contexto no qual as organizações atuam, e não apenas as características do sistema cultural. Nesse sentido, são apresentados alguns dados gerais sobre o perfil das organizações e do **ambiente organizacional brasileiro**, bem como os resultados de estudos que analisam os fatores condicionantes do sucesso e do insucesso dessas organizações.

O ambiente organizacional brasileiro é muito peculiar e apresenta diversos obstáculos à criação e à sustentação de negócios, dentre os quais se destacam:

- *Elevada carga tributária:* o Brasil é um dos países com maior carga tributária no mundo (35,13% do PIB de acordo com o Instituto Brasileiro de Planejamento Tributário), muito acima dos países de economias emergentes com os quais compete, como a Argentina (29,3%), o Chile (18,5%) ou a China (20%).

- *Elevados custos de financiamento:* a taxa de juros real brasileira é a maior do mundo, o que torna o custo do financiamento muito elevado para as empresas (de acordo com o Banco Central, a taxa de juros média de operações de crédito para empresas encontra-se próxima dos 30% ao ano), diminuindo assim o número de novos negócios criados e reduzindo os investimentos das organizações em inovação, tecnologia, capacitação da força de trabalho etc.

- *Burocracia ineficaz:* a burocracia brasileira obriga os administradores a estarem mais concentrados em formalidades do que na condução de seus negócios – por exemplo, para a criação de uma empresa no Brasil, são necessários 120 dias e 16 procedimentos, ao passo que nos Estados Unidos o processo burocrático para a abertura de uma empresa demora apenas cinco dias e exige cinco procedimentos. A burocracia faz o Brasil ocupar o 129º lugar no *ranking* elaborado pelo Banco Mundial de locais de maior facilidade (nesse caso, dificuldade) para a realização de negócios.

- *Produtividade reduzida:* de acordo com dados da Organização Internacional do Trabalho (OIT), o valor adicionado por trabalhador empregado no conjunto da economia brasileira em 2010 é apenas 20% do nível de produtividade dos Estados Unidos. E, ao contrário de outros países, como a Coreia do Sul, que tem reduzido esse diferencial de produtividade, no Brasil essa diferença tem-se agravado.

Todos esses fatores têm como consequência uma forte diminuição na competitividade das organizações brasileiras e o crescimento da chamada "economia informal". Atualmente, há mais de 10 milhões de pequenas empresas ou negócios informais no Brasil, que são responsáveis por 13,9 milhões de postos de trabalho e por 18,4% do PIB brasileiro. Nos países mais desenvolvidos, a informalidade ronda os 10% do PIB. Por outro lado, empresas formalmente constituídas são menos da metade – cerca de 5,2 milhões, que empregam 46,7 milhões de pessoas, o que representa 45,5% da população economicamente ativa. Destas, quase 5 milhões de empresas, 45% atuam no setor do comércio, 42% no setor de serviços e apenas 13% no setor da indústria e da construção.

Quanto à dimensão, 98,3% dessas empresas são de micro e pequeno portes, empregando 18,4 milhões de pessoas e sendo responsáveis por 20% do PIB e 1,3% das exportações brasileiras. Por essa razão, as empresas de grande porte representam apenas 0,37% do total de empresas formais, mas, em contrapartida, empregam 22 milhões de pessoas e são responsáveis por uma fatia significativa do PIB e das exportações brasileiras.

Outro fato característico do tecido empresarial brasileiro é a concentração das maiores empresas na região Sudeste – em São Paulo, no Rio de Janeiro, em Minas Gerais e no Espírito Santo. Esses quatro estados concentram 753 das mil maiores empresas brasileiras e 74,5% da receita líquida. A região Sul também apresenta

---

Ambiente organizacional brasileiro

O ambiente organizacional brasileiro é muito peculiar e apresenta diversos obstáculos à criação e à sustentação de negócios, dos quais se destacam: elevada carga tributária, altos custos de financiamento, muita burocracia e baixa produtividade dos trabalhadores.

Quadro 1.5 ›› Perfil das empresas brasileiras

Existem no Brasil cerca de 5,2 milhões de empresas formais e mais de 10 milhões de empresas informais.
As empresas formais empregam um total de 46,7 milhões de pessoas.
As empresas informais empregam aproximadamente 14 milhões de pessoas e são responsáveis por mais de 650 bilhões de reais (em 2011), cerca de 18,4% do PIB brasileiro.
45% das empresas formais atuam no setor do comércio, 42% no setor dos serviços e 13% no setor da indústria e da construção.
98,3% das empresas brasileiras são de micro e pequeno portes.
As empresas de micro e pequeno portes são responsáveis pelo emprego de 18,4 milhões de pessoas – 39,4% do total dos empregos em empresas formais.
Mais da metade das empresas formais concentram-se na região Sudeste – 51,7%.
Os estados do Sudeste concentram 753 das mil maiores empresas brasileiras e 74,5% da receita líquida dessas empresas.
92% dos milionários brasileiros construíram sua própria fortuna (primeira geração).
Apenas 15% dos herdeiros dos maiores empresários do século passado permanecem no mundo dos negócios.
66% das empresas privadas brasileiras que estavam na lista das 50 maiores há 30 anos desapareceram do *ranking*.

Fontes: Sebrae e IBGE.

um número razoável de empresas entre as mil maiores – 122 – e 13,4% da receita líquida; no entanto, as regiões Norte, Nordeste e Centro-Oeste ainda são pouco expressivas tanto no número de empresas como em sua participação na receita líquida – total de 125 empresas e 13,3%.

Por ano, são formalmente constituídas em torno de 720 mil empresas, e cerca de 500 mil empresas encerram suas atividades, o que representa um aumento anual líquido do número de empresas em atividade e dos empregos gerados. No entanto, estima-se que o custo econômico e social anual do encerramento de atividades empresariais seja de 840 mil postos de trabalho e 6,6 bilhões de reais.[15]

Para tentar compreender as causas do sucesso e da mortalidade precoce das empresas brasileiras, o Sebrae tem conduzido diversos estudos em nível nacional, particularmente com micro e pequenas empresas (MPE)[16]. Conforme se observa no Quadro 1.6,

Quadro 1.6 ›› Causas do fechamento das empresas brasileiras

Categoria	Razões do insucesso	%
Falhas gerenciais	■ Falta de capital de giro.	42
	■ Problemas financeiros.	21
	■ Má localização.	8
	■ Falta de conhecimentos gerenciais.	7
Causas econômicas conjunturais	■ Falta de clientes.	25
	■ Dívidas de clientes.	16
	■ Recessão econômica do país.	14
Logística operacional	■ Instalações inadequadas.	3
	■ Falta de mão de obra qualificada.	5
Políticas públicas e legislação	■ Falta de crédito bancário.	14
	■ Problemas de fiscalização.	6
	■ Carga tributária elevada.	1

Fontes: Sebrae e IBGE.

Mito ou ciência

Empresa familiar está fadada ao fracasso!

É comum ouvir de "analistas" e "especialistas" do mercado que o modelo da empresa familiar está fadado ao fracasso. Alegam que as empresas que adotam o modelo de gestão em questão não abrem espaço para a necessária modernização, profissionalização e transparência, atributos que atualmente são muito cobrados pelos mercados.

Entretanto, essa afirmação não é totalmente verdadeira. Quem decretou que as pessoas que criaram a empresa, ou seus descendentes, não têm capacidade de administrá-la? Aproximadamente, 90% dos grandes grupos empresariais brasileiros são de propriedade familiar e a maioria está apresentando bons resultados.[17]

Além disso, recentemente, com a crise econômica mundial, o mercado presenciou o retorno dos donos dos negócios à gestão de suas empresas. São exemplos desse fenômeno a gigante mundial Dell, com seu fundador, Michael Dell, voltando para assumir a direção da companhia, e o grupo Schincariol, com o retorno de Adriano Schincariol ao comando da corporação. Isso sem contar os diversos exemplos de empresas cuja administração é familiar e que mantêm-se sólidas e produtivas, até mesmo em momentos difíceis como a recente crise mundial.

É claro que há também companhias familiares enfrentando problemas, mas, muitas vezes, isso não acontece, necessariamente, em razão do modelo administrativo. Mesmo as empresas familiares podem e devem contar com administrações modernas e preparadas. Para isso, é essencial que seus gestores invistam em modelos de governança corporativa, em instrumentos de transparência administrativa, em uma estrutura com elementos tecnológicos e físicos adequados ao negócio, em constante atualização dos seus gestores e em fontes de assessoramento que sejam referência no processo de tomada de decisões.

No mundo cada vez mais globalizado que vivemos, o sucesso ou o insucesso de uma empresa está diretamente relacionado à qualidade da sua gestão. Uma boa administração é profissional e técnica. Uma forma de profissionalizar a administração é a inclusão de pessoas de fora da família na gestão. Em uma pesquisa, ficou demonstrado que existe uma forte relação entre a utilização de consultores, conselheiros e serviços profissionais especializados com o crescimento e com a prosperidade das empresas familiares.[18]

Assim, muitas empresas buscam a profissionalização por meio da criação de órgãos deliberativos e de gestão que contribuem significativamente para a prevalência de decisões técnicas, com a participação de membros externos, não de executivos da empresa, nem de acionistas. Procedimentos como a auditoria independente podem e devem ser utilizados para dar mais transparência aos familiares, clientes, fornecedores, bancos e à própria sociedade.

O que vale destacar é que não importa quem assume a gestão das empresas, se profissionais de mercado ou a própria família, mas sim a qualidade dessa gestão.

---

encontram-se, em primeiro lugar, entre as causas de fracasso, *falhas gerenciais* na condução dos negócios, a saber: falta de capital de giro (indicando descontrole de fluxo de caixa), problemas financeiros (situação de alto endividamento), localização inadequada (falhas no planejamento inicial) e falta de conhecimentos gerenciais dos empresários. Em segundo lugar, predominam as *causas econômicas conjunturais*, como falta de clientes, dívidas e recessão econômica do país, sendo que o fator "falta de clientes" pressupõe, também, falhas no planejamento inicial da empresa. A falta de crédito bancário é mencionada como um fator condicionador de insucesso por 14% dos empresários entrevistados.

Quanto aos fatores condicionantes do sucesso das empresas que permaneceram em atividade, eles podem ser agrupados em três categorias, conforme apresentado no Quadro 1.7: habilidades gerenciais, capacidade empreendedora e logística operacional. Os primeiros dois fatores indicados integram as chamadas habilidades gerenciais, que refletem a preparação do empresário e sua competência para conduzir o negócio. Um segundo conjunto de fatores, representando uma importante condicionante no sucesso empresarial, foi reunido na categoria capacidade empreendedora, formando um grupo de atributos que destaca a criatividade,

Quadro 1.7 ›› Fatores condicionantes do sucesso empresarial

Categoria	Fator de sucesso	%
Habilidades gerenciais	▪ Bom conhecimento do mercado em que atua. ▪ Boa estratégia de vendas.	49 48
Capacidade empreendedora	▪ Criatividade do empresário. ▪ Aproveitamento das oportunidades de negócio. ▪ Perseverança do empresário. ▪ Capacidade de liderança.	31 29 28 25
Logística operacional	▪ Escolha de um bom administrador. ▪ Uso de capital próprio. ▪ Reinvestimento dos lucros na empresa. ▪ Acesso a novas tecnologias.	31 29 23 17

Fonte: SEBRAE (2004).

a perseverança e a coragem de assumir riscos no negócio. Por último, o terceiro conjunto de fatores condicionantes do sucesso apontado pelos entrevistados foi a logística operacional, ou seja, a capacidade do empresário em utilizar de forma eficiente os fatores de produção – o capital, o trabalho especializado e recursos tecnológicos disponíveis –, reunindo-os na atividade produtiva ou comercial da empresa para a obtenção dos melhores resultados.

1.6 ›› Os desafios da administração

As constantes mudanças no ambiente organizacional alteraram profundamente o trabalho dos administradores. A informação e as ideias substituíram as máquinas e os ativos físicos. A globalização ampliou os mercados, mas também aumentou a concorrência. Os clientes tornaram-se mais exigentes. Novas tecnologias surgem e tornam-se obsoletas a um ritmo cada vez maior. As sociedades passaram a exigir um comprometimento das organizações com a responsabilidade social e a ética. O novo ambiente organizacional coloca grandes desafios aos administradores. E, para compreender esses desafios e oportunidades, é necessário entender qual é a real importância da administração como campo de estudo teórico, quais os desafios e recompensas da atividade de um administrador e como as principais tendências contemporâneas têm influenciado os processos de administração.

1.6.1 ›› A importância da administração como campo de conhecimento

A **importância da administração** como campo de conhecimento teórico está relacionada com a relevância das organizações para as sociedades contemporâneas. As organizações servem à sociedade, permitem a realização de objetivos que, individualmente, não poderiam ser alcançados e proporcionam carreiras e a possibilidade de realização para os membros organizacionais. No entanto, para que as organizações atinjam esses propósitos, é necessária uma administração correta de seus recursos. Assim, como o sucesso das organizações está relacionado com a qualidade de sua administração, essa última tem assumido uma importância crescente como campo de estudo.

Como referido anteriormente, no Brasil, 50% dos novos negócios falham nos dois primeiros anos de atividade, e as principais razões apontadas para essa eleva-

---

Importância da administração

50% dos novos negócios no Brasil falham nos dois primeiros anos de atividade; as principais razões apontadas para essa elevada mortalidade empresarial são falhas gerenciais, cenário que só pode ser melhorado com uma sólida formação em administração.

da mortalidade empresarial são falhas gerenciais. Os custos de uma administração ruim não se limitam a um desperdício de recursos financeiros e de materiais, mas também acarretam elevados custos para a sociedade – estima-se que as falências e o encerramento de empresas representem uma perda de mais de 800 mil postos de trabalho por ano. Enquanto organizações bem geridas, como a Embraer ou a Vale do Rio Doce, crescem e contribuem para o desenvolvimento do país, outras, como a Varig ou a Enron, que empregavam milhares de pessoas e proporcionavam bens e serviços importantes à sociedade, tiveram de se reestruturar ou declarar falência em razão de uma administração de má qualidade. Por tudo isso, há o interesse em melhorar a forma como as organizações são administradas, e isso só é possível com uma sólida formação em administração.

Além disso, uma vez que quase todas as pessoas trabalham em organizações, em algum momento de sua vida elas serão administradas ou administrarão o trabalho de outros. Mesmo aqueles que não têm o objetivo de se tornarem administradores, em algum momento de suas carreiras assumirão algumas responsabilidades de administração, nem que seja de pequenos projetos, equipes ou grupos. Dessa forma, seja para os que planejam construir uma carreira de administrador ou não, o estudo da administração é um valioso instrumento para a melhor compreensão dos processos administrativos e para o desenvolvimento das habilidades gerenciais.

1.6.2 ›› Os desafios e as recompensas de ser um administrador

Hoje em dia, a dinâmica e a complexidade do ambiente organizacional colocam inúmeros desafios aos administradores. Em primeiro lugar, é um trabalho difícil e exigente – os administradores trabalham em média 60 horas por semana, sacrificando, muitas vezes, fins de semana e passando noites sem dormir. Em contrapartida, têm de lidar com pessoas de diferentes personalidades, experiências, conhecimentos e ambições, que precisam ser agregadas em torno de um objetivo comum. Precisam saber motivar seus subordinados, mesmo quando o ambiente é incerto e caótico. Devem tomar decisões difíceis no que tange à distribuição de recursos escassos. Por último, o sucesso e a eficácia de um administrador dependem do desempenho de outros, o que pode ser estressante e, por vezes, ingrato.

Apesar de todos os desafios, o trabalho de um administrador pode ser muito estimulante e recompensador. Os bons administradores são uma "mercadoria rara", e os pacotes de remuneração refletem o valor que o mercado lhes atribui. É claro que nenhum administrador começa com um salário de seis dígitos, mas, à medida que sobe na hierarquia e, por conseguinte, aumenta sua autoridade e responsabilidade, tem a remuneração elevada. Em média, um supervisor ou gerente de nível operacional recebe entre 100 e 250 mil reais por ano, ao passo que um diretor de área funcional ganha em média 500 mil reais por ano. Já os administradores de topo auferem remunerações mais atrativas, normalmente valores próximos a 1 milhão de reais (já incluindo bônus e outros incentivos) – fato, às vezes, criticado em um país com as desigualdades do Brasil.

Os benefícios da carreira de administrador não se limitam a recompensas materiais. A administração é uma atividade que oferece outros incentivos, uma vez que os administradores desempenham o papel mais importante para a organização. São eles que criam as condições para que seus subordinados desempenhem suas funções e, dessa forma, para que os objetivos da organização possam ser alcançados. Cabe também aos administradores ajudar os membros da organização a encontrar um sentido no trabalho. Os administradores têm a chance de inovar, de encontrar formas criativas de aproveitar oportunidades ou resolver problemas. Igualmente, têm a oportunidade de lidar com uma diversidade de pessoas e experiências, enriquecendo assim sua visão do mundo. Além dessas recompensas, há o reconhecimento e o *status* social conferidos à profissão tanto na organização como na comunidade onde ela está inserida, decorrentes do poder atribuído ao papel do administrador para a sociedade.

1.6.3 ›› A administração no contexto contemporâneo

As organizações vivem, atualmente, em um ambiente em constantes mudanças. Tais mudanças têm um impacto determinante no trabalho dos administradores, pois colocam-lhe desafios cada vez maiores. Para enfrentar esses desafios, os administradores precisam reconhecer as tendências do ambiente organizacional, antecipando assim os problemas e aproveitando as oportunidades.

Uma das mudanças que mais têm afetado a forma como as organizações fazem negócios está relacionada com a *globalização*. Atualmente, observa-se um fluxo de ideias, informações, pessoas, capital e produtos que ultrapassa todas as fronteiras nacionais. Os administradores precisam desenvolver uma *visão global do mundo de negócios*, que leve em consideração essa nova realidade e não se limite ao mercado em que tradicionalmente os produtos ou serviços são consumidos. Os clientes, os trabalhadores, os fornecedores e os competidores de hoje são globais e esperam que as organizações atuem globalmente. No entanto, apesar de a globalização proporcionar diversas oportunidades às organizações, como o acesso a novas tecnologias e capital ou o alargamento dos mercados onde possam escoar seus produtos ou serviços, ela também apresenta algumas ameaças. A globalização aumenta a competitividade entre as organizações, como consequência de um maior número de competidores e de uma clientela cada vez mais exigente.

A *diversidade cultural* é outra realidade do futuro da administração com que os administradores têm de aprender a lidar. Eles necessitam entender diferentes modelos culturais, de modo a não ferir os princípios e a respeitar os costumes e tradições das pessoas e grupos com quem interagem. Atualmente, a força de trabalho de uma organização é cada vez mais diversa, visto que as pessoas buscam oportunidades, e as organizações procuram talentos por todo o mundo. No Brasil, essa necessidade de compreensão dos diferentes modelos culturais é ainda mais evidente, uma vez que sua população é extraordinariamente diversificada, o que se reflete em suas organizações.

No que diz respeito às *mudanças estruturais nas organizações*, o foco principal de uma organização passou a ser o conhecimento e a capacidade de se adaptar a novas situações, ou seja, a *flexibilidade* de sua estrutura organizacional e a *rapidez* de suas decisões. As estruturas tendem a ser cada vez mais enxutas e flexíveis, e o relacionamento interfuncional se torna mais relevante. Espera-se que os trabalhadores com maior poder possam aproveitar oportunidades e resolver problemas com maior rapidez. Por outro lado, a organização do trabalho também está mudando. As *redes* e o *trabalho em equipe* tendem a substituir a tradicional hierarquia rígida que separava aqueles que decidiam daqueles que executavam.

As principais fontes de diferenciação e de sustentação da estratégia de uma organização também mudaram. Em uma economia globalizada, todas as organizações têm acesso aos mesmos meios tecnológicos, aos mesmos processos industriais e às mesmas informações. O que torna as organizações mais competitivas e diferenciadas são seus *processos de gestão* e as *pessoas* que deles fazem parte. É cada vez mais importante saber gerir as competências dessas pessoas, de forma que a organização obtenha o sucesso desejado. Assiste-se a uma valorização cada vez maior do *capital humano das organizações* a fim de aproveitar sua criatividade, propondo-se novas formas de trabalho, mais flexíveis e enriquecedoras. A mão de obra barata já não é uma fonte de vantagem competitiva. O exemplo da indústria alemã é elucidativo: possui uma das mãos de obra mais caras do mundo e, no entanto, tem algumas das indústrias mais competitivas do planeta. Essa necessidade de força de trabalho mais qualificada faz com que as organizações apostem cada vez mais no *treinamento* e no *desenvolvimento* de seus trabalhadores como uma forma de se distinguirem de seus competidores.

Verifica-se também o reconhecimento da importância da *satisfação* e da *construção de relacionamentos com os clientes* como o principal objetivo das organizações. Em vez de enfatizar os lucros, os administradores precisam estabelecer conexões com seus clientes, respondendo com rapidez e flexibilidade às suas demandas. Evidentemente, os lucros são uma prioridade, mas não devem ser superestimados, uma vez que são consequência natural da satisfação dos clientes. Para satisfazer consumidores cada vez mais exigentes e com características específicas e diversificadas, a organização deve estar apta a oferecer produtos ou serviços diferenciados, quase por medida, devendo, para isso, investir em *sistemas de produção flexíveis*.

A *cooperação* é outra tendência que tem sido acentuada. As organizações necessitam desenvolver redes de relacionamento com clientes e fornecedores, mas também formas mais sofisticadas de colaboração com a sociedade e até com os concorrentes. Essas formas de cooperação podem assumir a forma de simples parcerias, alianças estratégicas ou *joint ventures*, nas quais as organizações partilham conhecimento, meios tecnológicos ou outros recursos, reduzindo os riscos e aumentando as probabilidades de sucesso.

Nos últimos anos, a *sustentabilidade socioambiental* e a *ética nos negócios* têm assumido um papel determinante na relação entre as organizações e o ambiente. A crescente consciência humanista e ecológica das sociedades modernas, bem como os recentes escândalos em algumas das maiores empresas mundiais, reforçam a relevância dessas temáticas no atual contexto da administração. A adoção de comportamentos baseados em princípios morais passou a ser uma exigência incontornável das sociedades contemporâneas. Cada vez mais, as questões relacionadas com a ética e o moralmente aceitável das práticas empresariais têm ganhado importância como elementos determinantes na tomada de decisão dos administradores.

As organizações contemporâneas vivem em um ambiente de grande turbulência e dinamismo. As transformações tecnológicas e as exigências ambientais obrigam os administradores a desenvolver uma nova visão para as organizações. O aumento da concorrência levou à procura de novos métodos e processos de produção, a fim de possibilitar melhorias de produtividade. A massificação da produção deu lugar à fabricação de produtos sob medida para ir ao encontro de uma clientela mais informada e conhecedora do produto que deseja comprar. As estruturas organizacionais adotaram modelos mais orgânicos e flexíveis, capazes de responder com eficácia e rapidez às exigências dos clientes e dos concorrentes. A necessidade de treinamento dos recursos humanos, a satisfação dos clientes e a flexibilização do processo de fabricação passaram a ser uma condição necessária para a sobrevivência da organização. Os ciclos de vida dos produtos são cada vez mais curtos, obrigando as organizações a uma maior integração de suas áreas funcionais. Para o futuro, essas tendências vão se acentuar, não existindo dúvidas de que influenciarão os métodos de administração das organizações.

>> Resumo do capítulo

Este capítulo teve como objetivo introduzir uma série de conceitos fundamentais e descrever a administração como ciência e prática fundamental à existência das sociedades contemporâneas. A administração consiste na utilização eficaz e eficiente dos recursos de uma organização de forma que esta alcance seus objetivos e, com isso, sirva à sociedade. O processo de administração é composto por quatro atividades inter-relacionadas: o planejamento, a organização, a direção e o controle. Por sua vez, as organizações encontram-se normalmente divididas em áreas funcionais. Essas áreas funcionais são: a produção ou operações, o marketing, as finanças e os recursos humanos.

Para exercer a atividade gerencial, os administradores desempenham uma variedade de papéis interpessoais, informacionais e decisórios. Para isso, precisam ter um conjunto de habilidades e competências, que variam de acordo com a posição do administrador na hierarquia organizacional. As habilidades conceituais são mais importantes para um administrador de topo, ao passo que as habilidades técnicas são mais relevantes para cargos de nível operacional. Administradores de todos os níveis necessitam de habilidades humanas.

Apesar da universalidade dos fundamentos da administração, os estilos e as características dos administradores e o perfil das organizações variam de país para país. No Brasil, o sistema cultural condiciona fortemente o comportamento dos administradores. Apesar de conferir algumas vantagens sobre administradores de outros países, como a capacidade de improvisação, a informalidade e a flexibilidade, a maioria dos traços culturais característicos do estilo brasileiro de administrar tem um impacto negativo na sua atuação, ou seja, a excessiva centralização do poder, a ausência de visão estratégica de longo prazo, a impunidade generalizada, entre outros.

Independentemente do tipo da organização e do país, é importante reconhecer que atualmente se vive em um mundo globalizado e em uma dinâmica de permanente mudança. As principais mudanças e tendências afetam o dia a dia das organizações e trazem novos desafios aos administradores. Para enfrentá-los, os administradores precisam: 1) desenvolver uma nova visão para suas organizações, 2) apostar na flexibilidade e rapidez de resposta, 3) estar atentos à diversidade cultural, 4) considerar a ética e a responsabilidade social nas suas decisões, 5) focalizar a estratégia na satisfação dos clientes e, acima de tudo, 6) investir no treinamento e desenvolvimento contínuo de seu principal ativo: o capital humano de suas organizações.

Questões para discussão

1. Defina os termos "organização" e "administração". Por que os administradores são tão importantes para o sucesso das organizações?
2. Contraste os conceitos de eficácia e eficiência. Qual é mais importante para o desempenho de uma organização?
3. Quais são as funções básicas do processo de administração? Como estas se inter-relacionam?
4. Qual é a relação entre as funções da administração e o nível organizacional de um administrador?
5. Quais são as áreas funcionais da organização? Descreva cada uma delas.
6. Que papéis um administrador desempenha em uma organização? Como esses papéis variam de acordo com o nível organizacional do administrador?
7. Quais são as habilidades necessárias para ser um administrador? Qual é a relação entre estas e o nível em que o administrador atua na organização?
8. Quais são os principais traços culturais do estilo brasileiro de administrar? Quais são as principais características dos administradores brasileiros?
9. Quais são os fatores que condicionam o sucesso e o insucesso das organizações brasileiras?
10. Qual é a importância da administração como campo de estudo científico?
11. Quais são os principais desafios e recompensas de ser administrador?
12. Quais são as principais tendências contemporâneas que influenciam a administração?

Ponto e Contraponto

O "jeitinho brasileiro" de administrar: virtude ou defeito?

Pergunte a algum brasileiro que já morou fora do Brasil, ou a um estrangeiro que aqui reside, se o brasileiro demonstra uma maneira diferente e peculiar de ser, de conviver e de lidar com as situações do dia a dia. A resposta provavelmente será sim, existe um "jeitinho brasileiro" de conduzir a vida, bem diferente de outros povos. Esse jeitinho é constantemente associado à facilidade e à criatividade para driblar obstáculos e solucionar problemas. Isso é positivo, porque faz com que o brasileiro tenha mais facilidade para se adaptar a novos cenários. Desde a infância estamos expostos a atitudes contraditórias, por isso entendemos melhor os paradoxos dos negócios.

Certamente esse traço cultural influencia o comportamento e o estilo pessoal dos gestores brasileiros. Segundo Vera Lúcia Cançado Lima, "A flexibilidade é inerente ao nosso povo. O brasileiro, por sempre enfrentar com criatividade crises financeiras, épocas de alta inflação e violência, aprende a criar soluções inovadoras e a ser ágil ao executar tarefas. Isso ocorre dentro das empresas, com os gestores mudando de rota rapidamente para entregar resultados a curto prazo ou para atender a novas demandas".

Outra característica típica do jeitinho brasileiro observada no contexto organizacional é a facilidade dos gestores em desenvolver relacionamentos interpessoais. A capacidade para desenvolver relações pessoais e amizades com os funcionários propicia um bom ambiente de trabalho, fator importante na satisfação laboral. Quando o superior imediato é compreensivo e amigável, elogia o bom desempenho, ouve as opiniões dos subordinados e mostra interesse pessoal por eles, as chances de se encontrar funcionários satisfeitos no trabalho são grandes. Para Antônio Moreira de Carvalho Neto, "Os líderes brasileiros têm algumas características bem positivas que os diferenciam: são otimistas, sociáveis e têm a cabeça mais aberta para o novo do que povos de outros países. Essas competências são muito positivas e importantes, já que estamos numa época em que é preciso saber lidar com os outros para crescer".

Portanto, as características do "jeitinho brasileiro" moldam um estilo de gestão único do brasileiro, auxiliando e facilitando os administradores a guiar as organizações, especialmente em ambientes dinâmicos, como os que caracterizam o mundo dos negócios nos dias de hoje.[19]

O "jeitinho brasileiro" pode também ter impactos negativos nas práticas administrativas nas organizações brasileiras.

A habilidade na resolução de problemas inesperados e a aguçada capacidade de superação de obstáculos podem levar gestores a diminuir a importância do planejamento, particularmente o planejamento estratégico, com base na máxima: "Não há razão alguma para nos preocuparmos com o amanhã. Para tudo dar-se-á um 'jeito'".

O excesso de personalismo, marcado pela tendência de proximidade entre superior e subordinado, normalmente implica na criação de grupos de amizade e redes de contato que podem, em determinadas situações, comprometer a tomada de decisão. Por exemplo, no momento de uma promoção o gestor pode acabar escolhendo não o empregado mais preparado para o cargo, mas sim a pessoa com a qual tem mais empatia. Essa atitude está errada. A meritocracia deve prevalecer.

Além do favorecimento das pessoas mais próximas, essa lealdade pessoal pode levar ainda à impunidade, uma das características mais negativas do "jeitinho brasileiro". Quando se tem um contexto complexo de rede de relações pessoais dentro de uma organização, a transgressão às regras pode ficar impune se o transgressor pertencer ao grupo do seu superior. Há uma sobrevalorização das necessidades do grupo em relação às da organização, o que cria uma situação de desconfiança no sistema de avaliação pessoal e compromete o desempenho organizacional.

Não obstante todas as complicações que podem ser geradas pelo "jeitinho brasileiro" de administrar, há ainda um aspecto que precisa ser destacado por sua gravidade. A tentativa de encurtar caminhos, característica marcante do "jeitinho brasileiro", pode levar à adoção de comportamentos que se afastam da ética e da legalidade. Assim, a criatividade exacerbada na busca de burlar as leis e as regras para superar os problemas a qualquer custo pode levar os gestores a atitudes que, se por um lado, resolvem o problema, por outro são questionáveis do ponto de vista moral, ético e até legal.

Portanto, no limite, o "jeitinho brasileiro" gera diversas consequências disfuncionais para a administração. Algumas das quais beiram mesmo a ilegalidade.[20]

Dilema ético

›› Vale tudo para ter um talento da empresa concorrente?

Cada vez que a chamada "janela de contratações" é iniciada no mundo do futebol, os times iniciam as buscas por reforços. O objetivo é sempre contratar bons jogadores que possam ajudar a equipe a conquistar campeonatos. Para alcançar essa meta, os dirigentes fazem tudo o que for possível, inclusive contratar jogadores de destaque que atuam no principal rival. E, para isso, desembolsam verdadeiras fortunas. Essa é uma estratégia que, além de reforçar a equipe, enfraquece o adversário. Em função disso, é comum vermos um jogador que um dia beija a camisa de determinado time e depois veste a camisa do arquirrival. Em tempos passados isso não acontecia. Jogadores como Zico, Pelé, Garrincha, entre outros, fizeram história em um mesmo clube e tornaram-se ídolos incontestáveis defendendo o mesmo time por muitos anos.

Nos últimos tempos, essa situação tem sido presenciada também no mundo corporativo. A acirrada disputa que existe entre as organizações de um setor tem dificultado a permanência dos gestores na mesma empresa por muitos anos. Recentemente, o Facebook, ao anunciar a contratação do principal executivo do Google no Brasil, provocou uma discussão que ainda permanece: "roubar" um gestor de sucesso de empresa concorrente é uma conduta ética?

Contratar um alto gestor do rival pode significar um duro golpe. Primeiro, porque esse funcionário provavelmente ocupava uma posição-chave no concorrente. Ao sair, o profissional deixa um vazio difícil de ser preenchido, seja pela sua experiência, seja pelas habilidades de gestão ou por sua mente inovadora. Outro benefício de "roubá-lo" seria ter acesso a informações valiosas do adversário, com as quais seria possível "derrotá-lo". Além disso, ao buscar no concorrente, a empresa contratante economiza tempo em treinamentos e orientações, porque o funcionário já possui o *know-how* necessário e já conhece as especificidades do setor em que atua.

A lista de benefícios é grande, mas existem aspectos negativos. Uma empresa que é recorrente nessa prática pode estar sofrendo de um problema interno. A constante necessidade de recrutar na concorrência é um sinal de que a empresa não está conseguindo criar suas lideranças.

E os executivos infiéis? Até que ponto é ético ir para a concorrência? Eles não deveriam "honrar a camisa que vestem"? Ou pelo menos esperar um tempo antes de ingressar na empresa concorrente?

Apesar de não existir essa regra formalizada, as empresas têm criado cláusulas de "não concorrência" e confidencialidade em seus contratos para manter por maior tempo possível os executivos assediados pela concorrência. Mas, obviamente, os trabalhadores buscam sempre as melhores oportunidades, e se o desejo de sair aparece é porque a empresa na qual trabalha já não representa o melhor lugar para o crescimento profissional. Portanto, seria justo também obrigar a permanência do executivo? Isso não impediria o crescimento profissional e o desenvolvimento na carreira?

Questões para discussão

1. Você acha ético as empresas recrutarem gestores na concorrência?
2. Como você encararia sair de uma organização e ir trabalhar na concorrente?
3. Como as empresas podem impedir que seus administradores "migrem" para um concorrente?

Estudo de caso

›› Quanto "Vale" Roger Agnelli?

O início da carreira do executivo

Roger Agnelli iniciou sua carreira de administrador no Banco Bradesco, em março de 1981, como analista de investimentos, antes mesmo de se formar em economia. Destacou-se nessa organização por seu perfil de negociador agressivo e pela forma como se comunicava interna e externamente. A comunicação foi um importante diferencial, já que ele era uma das poucas pessoas que falavam inglês fluentemente. Isso possibilitou que desempenhasse importante papel no processo de internacionalização do mercado de capitais, tornando-se um funcionário vital no momento em que a integração mundial dos mercados financeiros já era uma realidade.

Por outro lado, Agnelli soube cultivar uma rede de relacionamentos interpessoais, além de aproximar-se de pessoas poderosas, entre os quais o presidente do Bradesco, Lázaro Brandão, conquistando sua admiração e proteção. Também sabia como lidar com as pessoas, e suas palavras eram capazes de influenciá-las, o que demonstrava desde logo sua vocação para a liderança.

Por seu perfil de líder, qualidade e experiência, o executivo trilhou uma carreira de sucesso na instituição financeira. Aos 38 anos, Roger Agnelli tornou-se o mais jovem diretor executivo da história da organização. Enquanto subia na hierarquia do Bradesco, ia adquirindo uma visão global da organização e percebia como se dava a interação do banco com o governo, com os demais agentes financeiros e com os clientes. Em 2000, Agnelli chegou à presidência da Bradespar S/A, um dos cargos que acumulava quando chegou à presidência da Vale do Rio Doce.

Chegada à presidência da Vale

Criada em 1942, durante o Governo Vargas, a então Companhia Vale do Rio Doce nasceu em um contexto de fortalecimento da indústria de base brasileira. Como empresa estatal, a Vale desenvolveu um processo de gestão extremamente burocrático. Como consequência, muitas oportunidades que necessitavam de respostas imediatas eram perdidas. Além disso, as decisões sempre foram muito centralizadas nas mãos dos administradores de topo. Interesses políticos também influenciavam corriqueiramente o ambiente e as decisões na Vale. A manipulação da organização como instrumento político e econômico limitou suas possibilidades de crescimento.

Em 1997, no primeiro governo de Fernando Henrique Cardoso, a Vale foi privatizada no Programa Nacional de Desestatização. Um consórcio formado pelo Banco Bradesco, pelo empresário Benjamin Steinbruch e por outros investidores foi o vencedor do leilão e, a partir daí, diversas medidas foram tomadas para tornar a Vale mais eficiente e lucrativa. As deficiências da empresa, na condição de estatal, eram muitas, e vencê-las demandaria de seus novos administradores empenho e talento. Entre eles estava Roger Agnelli, que assumiu a presidência do Conselho de Administração em 2000 e o cargo de diretor-presidente em 2001. Três altos executivos de outras empresas estavam cotados para assumir esse cargo; contudo, Agnelli surpreendeu o mercado e tomou a decisão de ocupar o cargo executivo na mineradora. Isso causou espanto, já que ele não era um especialista em mineração e nunca havia presidido uma empresa tão grande. Entretanto, todas as dúvidas mostraram-se descabidas quando Agnelli tomou suas primeiras medidas.

A gestão de Agnelli na Vale

Agnelli, desde os primeiros meses de sua gestão, buscou tornar a Vale mais eficiente e produtiva, agilizando os processos, intensificando a comunicação entre os setores e adotando uma estratégia simples o suficiente para que todos entendessem os objetivos organizacionais. O diálogo entre Agnelli e sua cúpula de sete diretores executivos era constante para que sempre se aprimorassem os negócios. Uma medida tomada pelo executivo foi reproduzir na Vale o que já havia experimentado no Bradesco. Ele reuniu toda a diretoria em uma única sala na sede da empresa. Dessa forma, a agilidade na comunicação e na resolução de problemas seria maximizada.

Outra aposta da administração de Agnelli foi a internacionalização das atividades da empresa para poder competir com as maiores mineradoras mundiais. Como uma das maiores mineradoras do mundo, não bastava a Vale crescer no Brasil; era necessário expandir ao máximo seus negócios, a fim de globalizar e diversificar a produção. Defensor dessa política, o executivo, mais uma vez, mostrou sua vocação para as negociações com diversos países espalhados por todo o mundo para fechar acordos de exploração e alargar seu portfólio de minérios.

Na empresa, Agnelli teve a oportunidade de mostrar um perfil empreendedor e um raro senso de oportunidade, tornando a Vale a maior empresa privada brasileira e uma das que mais crescem no país. Desde a privatização da empresa, Agnelli lutou para modificar as características negativas herdadas dos tempos como estatal. Para isso, a elevação da produtividade era uma meta constante em sua gestão, a fim de incentivar sempre os funcionários a agilizar processos. Estimulando a comunicação interna, o executivo buscava acelerar a rapidez da tomada de decisões, garantindo respostas rápidas às oportunidades e aos problemas, o que é vital em um setor globalizado e competitivo como o da mineração.

Os números da gestão de Agnelli na presidência da CVRD são impressionantes. Sob seu comando, a Vale saltou de uma receita operacional de US$ 4 bilhões em 2001 para cerca de US$ 40 bilhões em 2010. No mesmo período, o lucro líquido passou de US$ 3 bilhões para algo em torno dos US$ 15 bilhões. Tudo o que diz respeito à Vale tornou-se superlativo. Em meados de janeiro de 2010, a empresa desbancou a Petrobras como maior exportadora do país, registrando US$ 24 bilhões em vendas externas no ano passado, ante US$ 18 bilhões da petroleira. Desses, US$ 23 bilhões são saldo líquido para a balança comercial, já que a Vale importa apenas US$ 1 bilhão por ano.

Nos dez anos à frente da Vale, Agnelli cultivou a fama de exímio negociador. Em 2005, emplacou um aumento de 70,5% no preço do minério, quebrando o padrão dos ajustes anuais a conta-gotas. Em 2010, introduziu o sistema de reajustes trimestrais. Mostrou-se extremamente agressivo, característica fundamental no mercado de mineração, marcado pela forte concorrência internacional. Não foi por acaso que a Vale saltou da sétima posição para a segunda posição no *ranking* das maiores mineradoras do mundo.

A saída da Vale

Depois de 10 anos à frente da empresa, Roger Agnelli deixou a presidência no primeiro semestre de 2011. A razão apontada para sua saída foi a relação desgastada com o governo federal. Alguns conflitos com o ex-presidente do Brasil Luís Inácio Lula da Silva foram apontados como decisivos para a saída. A demissão de funcionários no período de crise econômica, a compra de navios chineses e de aviões estrangeiros em detrimento dos estaleiros nacionais e da Embraer foram alguns dos episódios que colocaram em choque a visão do governo com a de Agnelli. Críticos ainda mencionaram que a arrogância que ele sustentava e o caráter ditatorial da sua administração também contribuíram para a mudança na presidência. Agnelli foi ainda tachado de "financista", de só querer "minério para exportar", mas sem pagar impostos na proporção do lucro auferido. Foi acusado de dirigir a Vale "como se ela fosse uma empresa estrangeira", de não negociar e de não investir na industrialização do minério. Esses fatos mostram que, apesar do impressionante crescimento e expansão que a Vale alcançou sob o mandato de Roger Agnelli, a saída foi extremamente turbulenta.

Novos caminhos para Roger Agnelli

Assim que a saída de Roger Agnelli foi confirmada, a atenção se voltou para seu futuro. Muitas especulações foram feitas sobre o novo caminho que o executivo percorreria, mas ele limitou-se a dizer que ficaria pelo menos um mês em casa para reaprender "o que é não ter agenda". Não revelou, contudo, os planos futuros. Boatos de que ele assumiria a presidência da Cemig ou iniciaria carreira política foram desmentidos pelo próprio, que apenas sinalizou a intenção de permanecer ativo no mundo dos negócios.

Colocando um ponto final nas especulações sobre seu futuro, Agnelli anunciou no início de 2012 que sua nova empresa, a AGN Participações, irá começar a investir em projetos com foco em biomassa, portos e mineração de médio porte no Brasil e na África. Apesar da interrogação sobre o sucesso dessa nova etapa de sua carreira, uma coisa é certa: com o perfil de administrador habilidoso e o histórico de sucesso, oportunidades não vão faltar. Com apetite voraz de grande realizador, é provável que ele continue a trilhar um caminho de desafios e conquistas. Ao longo de sua carreira, Roger marcou seu nome, sem dúvida, como um dos mais importantes executivos não só do Brasil, como do mundo.[21]

Questões

1. Dê exemplos de cada uma das habilidades gerenciais que, segundo Katz, Roger Agnelli demonstrou possuir na condição de administrador. De que maneira essas habilidades gerenciais foram se tornando mais ou menos relevantes ao longo do percurso profissional de Roger Agnelli?
2. Quais os principais problemas com que Agnelli se deparou após a privatização da Vale? Como os solucionou?
3. Quais os papéis que, segundo Mintzberg, Agnelli representou como administrador da Vale? Dê exemplos de cada um deles.
4. Consideraria Roger Agnelli um típico administrador brasileiro? Que traços do sistema cultural brasileiro são evidentes no seu estilo de gestão?
5. Concorda com a opção do executivo em continuar ligado ao setor de mineração com a AGN Participações?

Exercício de autoconhecimento

Aptidão para a administração

Você se considera apto a administrar um grupo de pessoas em uma grande organização? Analise as afirmativas abaixo e indique em que medida você concorda ou discorda delas, de acordo com a escala. Depois, veja se sua resposta à pergunta acima condiz com o resultado deste teste.

1 Discordo totalmente	2 Discordo ligeiramente	3 Neutro	4 Concordo ligeiramente	5 Concordo plenamente

1. Em geral, tenho uma atitude positiva em relação àqueles que possuem uma posição de autoridade sobre mim (pais, professores, chefes etc.). 1 2 3 4 5
2. Gosto de competir e de ganhar, tanto individualmente como junto de meu grupo de trabalho. 1 2 3 4 5
3. Gosto de dizer aos outros o que devem fazer. 1 2 3 4 5
4. Protejo os integrantes de meu grupo de trabalho. 1 2 3 4 5
5. Gosto de me destacar no meu grupo de trabalho, não me sentindo bem quando passo despercebido. 1 2 3 4 5
6. Estou disposto a realizar tarefas repetitivas para alcançar meus objetivos. 1 2 3 4 5
7. De modo geral, aceito e procuro seguir aquilo que meus pais e professores falam para mim. 1 2 3 4 5
8. Vejo a competição como uma forma de motivação para revelar o que tenho de melhor. 1 2 3 4 5
9. Gosto de assumir a liderança de meu grupo ou equipe. 1 2 3 4 5
10. Gosto de defender minhas opiniões e crenças e de tentar convencer as pessoas que discordam do meu ponto de vista. 1 2 3 4 5
11. Gosto de ser notado e me comporto de maneira a atingir esse objetivo. 1 2 3 4 5
12. Reconheço ser a rotina e a ordem aspectos importantes no ambiente de trabalho e estudo. 1 2 3 4 5
13. Meus pais pagam minhas contas e, portanto, devo respeitá-los. 1 2 3 4 5
14. Faço de tudo para não perder, pois, apesar de as pessoas negarem, sei que os vencedores sempre levam vantagens. 1 2 3 4 5
15. Não tenho problema em punir pessoas sob minha responsabilidade que fazem algo errado. 1 2 3 4 5
16. Sou ativo e faço logo o que tenho que fazer, não deixo nada para depois. 1 2 3 4 5

17. Quando solicitam um voluntário para alguma tarefa, prontamente me disponho. Dessa forma, conseguirei atingir um papel de destaque.	1	2	3	4	5
18. Estou disposto a realizar atividades "meio chatas e cansativas" para manter todas as coisas em ordem.	1	2	3	4	5
19. Sei que, para crescer e me destacar, é preciso cumprir as determinações de quem está acima de mim.	1	2	3	4	5
20. Acho que a competição e a disputa dentro de uma equipe podem levar a melhores resultados do que a simples colaboração, que deixa todos muito acomodados.	1	2	3	4	5
21. Adoro comandar as pessoas, distribuir tarefas, determinar o que devem fazer e verificar se tudo está sendo realizado corretamente.	1	2	3	4	5
22. Não gosto de "enrolar", sou direto e objetivo em minhas informações e atitudes.	1	2	3	4	5
23. Sonho em ser um(a) grande líder e executivo(a), que faça a diferença e tenha sucesso em uma grande organização.	1	2	3	4	5
24. Sei que o caminho para o sucesso não é sempre fácil, por isso estou disposto a cumprir tarefas rotineiras até ser recompensado.	1	2	3	4	5

Análise dos resultados

Nem todas as pessoas estão aptas e motivadas para desempenhar funções de administração. Esse questionário mede as seis dimensões de personalidade consideradas determinantes para explicar o desempenho de cargos gerenciais, especialmente em grandes organizações[22]. As dimensões referidas são:

- atitude favorável perante a autoridade (afirmações 1, 7, 13 e 19);
- desejo de competir (afirmações 2, 8, 14 e 20);
- desejo de exercer poder (afirmações 3, 9, 15 e 21);
- assertividade (afirmações 4, 10, 16 e 22);
- desejo de alcançar uma posição de destaque (afirmações 5, 11, 17 e 23);
- disposição para desempenhar tarefas repetitivas (afirmações 6, 12, 18 e 24).

Para determinar seu resultado, basta adicionar o valor correspondente a cada uma das respostas. A pontuação do teste variará entre 24 e 120. Uma pontuação entre 24 e 55 significa que a pessoa tem reduzida aptidão administrativa; entre 56 e 88, aptidão moderada; e entre 89 e 120, aptidão elevada.

Também podemos avaliar o grau de desenvolvimento de cada uma das dimensões de personalidade em você. Basta somar os valores obtidos nas afirmações relacionadas a cada uma das dimensões e verificar em qual intervalo você se encontra.

Este teste tem como objetivo ajudar a perceber até que ponto uma pessoa se sentirá confortável a realizar atividades administrativas. No entanto, esse instrumento enfatiza as tarefas associadas à administração de organizações grandes e burocráticas. Um resultado de fraca ou moderada aptidão poderá ser um indicador de que a pessoa tem uma predisposição maior para gerir uma pequena empresa, uma empresa orgânica ou para desenvolver iniciativas empreendedoras.

Dinâmica de grupo 1

Em razão de qual função deve viver o administrador?

Eduardo Costa tem 29 anos e é analista de planejamento estratégico da empresa de telefonia Alô. A função de sua área é traçar ações para as equipes de vendas da organização. Foi ele quem formulou os planos para a introdução de quiosques de venda de chips para celulares na praia. "Planejar é a atividade mestra dos administradores. É ela quem guiará todas as demais decisões tomadas, fixando objetivos e traçando estratégias e ações a serem implementadas. Depois disso, tudo fica mais fácil", afirma o analista.

Ana Luiza de Souza, por sua vez, tem 27 anos e é coordenadora de equipes de vendas da mesma empresa. Sua tarefa envolve a divisão dos vendedores e das atividades a serem desempenhadas, bem como a formação de equipes. "Eu divido meus subordinados e distribuo as tarefas de cada um. Depois, eu formo equipes, nomeando um responsável pelos demais. Sem funcionários organizados, não é possível atingir nosso objetivo de aumentar as vendas. Além disso, é necessário formar times eficientes e nomear um líder, que auxiliará os demais e reportará os resultados para mim", conta ela.

O jovem Júlio Alvim é um dos supervisores nomeados por Ana. Com 25 anos, suas atividades estão diretamente relacionadas à gestão dos funcionários da Alô. "Eu tenho ótimo relacionamento com os vendedores e conquistei a confiança deles", disse o supervisor. Durante a ação de vendas de chips em quiosques na praia, ele ficou responsável por liderar o time de Copacabana, que obteve o melhor resultado. "Eu consegui motivar meus subordinados, falando sobre a importância de conquistarmos o primeiro posto dentre as equipes. Essa tarefa de coordenação é vital para o sucesso de todas as atividades da Alô; afinal de contas, nossa empresa é formada por pessoas e, sem alguém para comandá-las, os resultados traçados não poderiam ser alcançados."

Rosângela Castro, a analista sênior de ações externas, tem 35 anos e acumula diversas funções, mas tem como foco principal o controle das atividades de marketing e vendas desempenhadas pelas equipes relacionadas. "Sou eu quem avalia os resultados obtidos pelos times. Para isso, eu determino critérios a serem analisados e traço metas para comparação posterior." Durante a atividade de vendas de chips na praia, por exemplo, Rosângela verificou que os quiosques da área Ipanema/Leblon localizados próximos aos postos no calçadão tinham resultados melhores nos períodos da manhã e pôr do sol, quando as pessoas estavam entrando ou saindo da areia. Por essa razão, ela promoveu uma reordenação dos vendedores nesses horários, aumentando o número de funcionários. Essa medida incrementou ainda mais as vendas nesses períodos. "Analisar os resultados e propor alterações é uma das tarefas mais fundamentais. Isso evita desperdícios e, consequentemente, maximiza a eficiência operacional".

Atividade de grupo

Observou-se, no caso da empresa Alô, que os funcionários discordam quanto à função da administração mais importante. Claramente, cada um procurou defender a tarefa que desempenha na organização, buscando demonstrar sua maior relevância sobre as demais.

E para você? Obviamente todas elas são de extrema importância para a boa gestão de uma organização, mas qual lhe parece ser a função de administração mais importante?

Discuta com os membros do seu grupo as questões anteriores. Apresente à turma os argumentos que sustentam a posição do seu grupo.

Dinâmica de grupo 2

Brasilianismos administrativos

O Cofre Econômico Nacional é uma típica empresa brasileira. Por sua tradição e longevidade, os procedimentos internos são bastante formais e padronizados, tendo sido estruturados há muitos anos e passando por mudanças pontuais ao longo do tempo, apenas para se adequarem às evoluções tecnológicas e a algumas modificações administrativas.

Luiz e Rosa são, respectivamente, subdiretor das agências de Manaus e gerente de uma agência manauara do Cofre Econômico. Os estilos de administrar de ambos são bastante particulares e podem ser considerados muito influenciados pelas características da empresa e pelos traços típicos de comportamento dos gestores brasileiros.

Luiz controla de perto uma rede de 18 estabelecimentos e costuma centralizar a maioria das decisões. Essa é uma característica do banco; as decisões costumam ser tomadas pelos superiores hierárquicos e pouca coisa é delegada. Em função disso, quando empréstimos e transferências de mais de R$ 5 mil são solicitados pelos clientes, cabe a Luiz avaliar e autorizar a transação, apesar de isso tornar o processo bem mais lento.

Outra característica sua é a boa relação que nutre com alguns subordinados, como é o caso de Rosa. Ambos são amigos há algum tempo, desde quando Luiz ainda era o gerente da agência atualmente administrada por Rosa. Pouco após assumir a subdiretoria de Manaus, o gestor promoveu sua colega ao cargo atualmente ocupado por ela. "O outro gerente saiu e o cargo ficou vago. Rosa é competente e 'de minha confiança'; não vejo mal em tê-la promovido", conta Luiz.

Rosa, por sua vez, gerencia uma equipe de 25 pessoas na agência e é muito simpática com todos. "Acredito que a liderança se baseie no carisma do chefe", conta ela, "por essa razão, trato todos como se fossem meus filhos". A gerente também centraliza quase todas as decisões no estabelecimento, cumprindo recomendações do banco. Qualquer pedido de papel-moeda deve passar por ela antes de ser realizado.

Seu comportamento com seu superior também é característico. "Certa vez, discordei de um empréstimo de R$ 60 mil autorizado pelo Luiz, mas não disse nada", conta a administradora. "Ele é meu amigo e chefe, não queria criar nenhum mal-estar entre nós." Outro caso interessante foi quando os três caixas eletrônicos passaram a não dar vazão à demanda na hora do *rush* e as filas da agência ficaram gigantes entre 10 e 12 horas da manhã. "Essa era uma decisão que não cabia a mim, pois o número de máquinas por agência é uma determinação do subdiretor municipal", diz ela. "Diante disso, fiquei aguardando uma solução vinda de cima."

Apesar disso, Rosa não ficou totalmente parada. Após uma semana de "filas quilométricas", a gerente reorganizou a estrutura da agência, transferindo cadeiras, na parte da tarde, dos setores menos demandados para os mais necessitados. Além disso, reordenou a escala de trabalho, trazendo funcionários da tarde para o período de *rush*. Por fim, Rosa instituiu um pioneiro sistema de atendimento com hora marcada, que podia ser agendado por telefone. Dessa maneira, durante os dois meses até a chegada dos novos caixas eletrônicos, a gerente conseguiu contornar o problema e reduzir as filas no horário problemático.

Atividade de grupo

Em grupos de três, identifique os traços típicos dos administradores brasileiros encontrados no caso apresentado e os relacione com passagens do texto.

Administrando a sua empresa

Introdução

Uma das maiores dificuldades dos estudantes de administração é visualizar a aplicação prática daquilo que aprendem nos cursos. Para muitos, os conceitos teóricos e as ferramentas gerenciais apresentados nos livros e nas aulas são pouco úteis e não serão utilizados ao longo de suas vidas profissionais. A grande dinâmica dessa área do conhecimento, em que novas pesquisas estão constantemente sendo realizadas e conceitos nascem a todo o momento, contribui bastante para tal ceticismo por parte dos estudantes.

Somando-se às constantes mudanças nas teorias administrativas o distanciamento entre o discurso teórico e a prática empresarial, aumenta ainda mais a resistência dos alunos aos conteúdos ensinados nas escolas de administração. As matérias apresentadas nos cursos mostram certa independência em relação ao dia a dia das empresas, o que é um grande contrassenso, mas não é devidamente evitado pela academia. Por essa razão, os estudantes não valorizam as teorias aprendidas como deveriam, exatamente por não visualizarem como elas poderão auxiliá-los nas empresas.

Diante dessa constatação, tentamos criar uma nova experiência de ensino. O *Administrando sua empresa* é um exercício de aplicação prática da teoria apresentada no livro, por meio do qual vocês, estudantes, poderão simular a aplicação dos conhecimentos aprendidos ao longo de seu curso. Até então, nenhuma diferença em relação aos tradicionais estudos de caso, em que os alunos usam as informações obtidas em suas aulas e livros para solucionar problemas e analisar decisões tomadas em empresas. No entanto, é exatamente nesse ponto que esse novo modelo de exercício vai além: a aplicação dos conceitos e das ferramentas não se dará numa empresa qualquer, para tomar decisões sem qualquer relação com suas vidas, mas em uma empresa fictícia da qual **vocês** serão os donos. Essa organização enfrentará diversos problemas e oportunidades e precisará que uma série de decisões seja tomada por vocês ao longo dos capítulos, determinando se a organização atingirá o sucesso ou não.

Agora que foram apresentados a esse novo conceito de tarefa, é hora de "arregaçar as mangas" e se preparar, pois as primeiras decisões já terão de ser tomadas e quanto mais vocês demorarem, menos tempo terão para aproveitar as oportunidades e solucionar os problemas que virão pela frente.

Preparativos

Forme um grupo de até cinco pessoas e siga os passos listados a seguir. Atenção! Busque pessoas diferentes de você e com as quais não tenha muito contato. Dessa forma, você poderá conhecer outros membros de seu grupo e as discussões e decisões serão mais criativas e inovadoras. Além disso, tenha em mente que os grupos e os resultados das atividades a seguir serão reutilizados nos capítulos posteriores, ou seja, a empresa e o grupo de sócios permanecerão os mesmos no decorrer de todas as atividades posteriores.

O início da jornada

Imagine que você e seus amigos tenham acumulado uma boa quantia ao longo de suas vidas para que, após este curso, viessem a abrir juntos uma empresa. Decidiram constituir uma **fabricante de jogos**, cujas bases produtivas se localizarão em Campinas (São Paulo) e Manaus (Amazonas). No decorrer dos próximos capítulos, será abordada a evolução desse negócio, com o surgimento de situações comuns a muitas empresas. Caberá a vocês solucioná-las, relacionando as decisões, sempre que solicitado, a conceitos teóricos do estudo da administração. Vamos começar!

Atividades e decisões

1. Escolha o nome e um *slogan* para a empresa de vocês.

2. Vocês comporão, conjuntamente, o Conselho Deliberativo da empresa, responsável por tomar as decisões mais importantes e estratégicas para a organização. Entretanto, cada um será responsável por uma das cinco diretorias da empresa: recursos humanos; marketing; pesquisa e desenvolvimento; programação e produção; e finanças. Discutam quem deve assumir que diretoria, listando as habilidades e competências individuais que permitirão que cada um tenha um bom desempenho na diretoria escolhida.

3. Vocês precisam preencher alguns cargos na companhia. Existem quatro candidatos a três vagas dentro da empresa. Decida quem deve ser contratado para cada uma dessas vagas. Explicite os critérios utilizados nas contratações, relacionando os atributos e características de cada um às funções que desempenharão.

Cargos:

- Um deles terá a função de auxiliar a direção da empresa (no caso, vocês!) a tomar as decisões estratégicas e elaborar os planos futuros que basearão todas as atividades a serem desenvolvidas;

- Outro, de nível mais tático, ficará responsável pela coordenação do setor de recrutamento e seleção, subdivisão do departamento de gestão de pessoas. Suas principais tarefas serão analisar os requisitos necessários para ocupar os cargos e transmiti-los aos subordinados.

- O último, mais operacional, deverá supervisionar diretamente as atividades de chão de fábrica ou a execução dos serviços prestados. Lidará diretamente com as pessoas, devendo tentar motivá-las no curto prazo e manter um bom clima entre os funcionários sob sua responsabilidade.

Candidatos:

- Rafaela Schen é estudante de economia. Ela não se mostrou muito participativa ao longo das entrevistas e dinâmicas de seleção. No entanto, as recomendações de seus antigos estágios foram muito favoráveis e ela lida com facilidade com números e planilhas. Contrastando com seu baixo desempenho interpessoal, ela possui grandes conhecimentos do funcionamento dos mais diversos mercados.

- Luciano Ramos é formado em administração de empresas. Seu rendimento na faculdade foi excelente. Ao ser entrevistado, ficou claro que é uma pessoa muito culta e interessada pelo conhecimento humano. Além disso, ele se mostrou muito perspicaz e rápido no pensamento. Apesar de ter demonstrado grande confiança durante toda a entrevista, Luciano criou dois pequenos conflitos durante a dinâmica de grupo.

- Fernanda Guimarães apresentou um desempenho abaixo da média nos testes de múltipla escolha. Apesar disso, seu desempenho nas dinâmicas de grupo foi excepcional. Comunicativa, ela é capaz de mobilizar seus subordinados e pares rumo a uma meta ou ideal. Bacharel em administração de empresas, ela planeja realizar um curso de mestrado assim que possível.

- Gustavo Alvarez é bacharel em ciências contábeis. Ele demonstrou grande carisma e equilíbrio nas suas declarações na entrevista. Interessado por expandir seus conhecimentos, ele planeja realizar um curso de MBA ou, no mínimo, uma pós-graduação em gestão empresarial. Sua capacidade cognitiva mostrou-se mediana, apesar de já ter grande experiência (antigos estágios) na construção de balanços e formação de análises de mercado.

4. Por último, levando em conta as tendências da administração contemporânea, a conjuntura socioeconômica atual e as oportunidades e riscos do mercado em que a empresa de vocês atua, qual é o maior desafio identificado para a empresa na opinião de vocês?

Notas

1. GUARACY, T. Antônio Ermírio de Moraes: empresário. **Revista Veja São Paulo**, ed. 2039, Seção Especial. Disponível em: <http://vejasp.abril.com.br/revista/edicao-2039/antonio-ermirio-de-moraes-empresario>. Acesso em: 14 mar. 2012.
2. HUY, Q. N. Praise of middle managers. **Harvard Business Review**, set. 2001.
3. LOPEZ, A. Como chegar ao topo da carreira antes dos 35 anos. **iG**, maio 2011. Disponível em: <http://estagio.ig.com.br/guiadocandidato/carreira/como+chegar+ao+topo+da+carreira+antes+dos+35+anos/n1596950991075.html>. Acesso em: 14 mar. 2012.
4. OLIVON, B. Cervejarias se beneficiam de "verão estendido" nesse carnaval. **Exame.com**, mar. 2011. Disponível em: <http://exame.abril.com.br/negocios/empresas/noticias/cervejarias-se-beneficiam-de-verao-estendido-nesse-carnaval>. Acesso em: 14 mar. 2012.
5. MARCOLINO, R. Música, cheiro e tecnologia para aumentar vendas. **Exame.com**, ago. 2010. Disponível em: <http://exame.abril.com.br/marketing/noticias/musica-cheiro-tecnologia-aumentar-vendas-586802?page=1&slug_name=musica-cheiro-tecnologia-aumentar-vendas-586802>. Acesso em: 14 mar. 2012.
6. ARAGÃO, M. Esse pessoal nunca ganhou tanto. **Revista Exame**, ed. 0965, 29 mar. 2010.
7. MINTZBERG, H. The manager's job: folklore and fact. **Harvard Business Review**, 1990.
8. TEIXEIRA, A. Central de informações. **Época Negócios**, fev. 2010. Disponível em: <http://epocanegocios.globo.com/Revista/Common/0,,EMI120587-16380,00-CENTRAL+DE+INFORMACOES.html>. Acesso em: 14 mar. 2012.
9. PAOLLILI, J. G. The manager's self-assessment of managerial roles: small vs. large firms. **American Journal of Small Business**, p. 61-62, jan./mar. 1984.
10. KATZ, R. L. Skills of an effective administrator. **Harvard Business Review**, jan./fev. 1955.
11. ARAGÃO M.; MANO C. Edson de Godoy Bueno, o bilionário da saúde. **Revista Exame**, ed. 984, jan. 2011. Disponível em: <http://exame.abril.com.br/revista-exame/edicoes/0984/noticias/o-bilionario-da-saude>. Acesso em: 15 mar. 2012.
12. BARROS, T.; PRATES, M. **O estilo brasileiro de administrar**. São Paulo: Atlas, 1996.
13. BERTERO, C. O. Gestão à brasileira. **GV Executivo**, v. 3, n. 3, p. 46-52, 2004.
14. BERTERO, C. O.; IWAI, T. Uma visita ao Barão. **RAC**, v. 9, p. 2, 2005.
15. SEBRAE. Fatores condicionantes e taxa de mortalidade de empresas no Brasil. **Relatório de Pesquisa**, Brasília, ago. 2004.
16. SEBRAE. Fatores condicionantes e taxa de mortalidade de empresas no Brasil. **Relatório de Pesquisa**, Brasília, ago. 2004.
17. BETHELEM, A. S. A empresa familiar: oportunidades para pesquisa. **Revista de administração**, v. 29, 1994.
18. LUSSIER, R. N.; SONFIELD, M. C. Family business management activities, styles and characteristics: a correlate. **Mid – American Journal of Business**, v. 19, n. 1, 2004.
19. TOSI, E. Jeitinho brasileiro de gerir. **Revista Você S/A**. ed. 150, dez. 2010. Disponível em: <http://vocesa.abril.com.br/desenvolva-sua-carreira/materia/jeitinho-brasileiro-gerir-615521.shtml>. Acesso em: 15 mar. 2012.
20. TOSI, E. Jeitinho brasileiro de gerir. **Revista Você S/A**. ed. 150, dez. 2010. Disponível em: <http://vocesa.abril.com.br/desenvolva-sua-carreira/materia/jeitinho-brasileiro-gerir-615521.shtml>. Acesso em: 15 mar. 2012.
21. VASSALO, C. No comando da número 1. **Exame**, 840, p. 24-30, 2005; OLIVEIRA, D. Quanto pesa este legado? **Época Negócios**, 31 jan. 2011.
22. Adaptado de MINER, J. B.; SMITH, N. R. Decline and stabilization of managerial motivation over a 20-year period. **Journal of Applied Psychology**, p. 297-305, jun. 1982; MINER, J. B.; EBRAHIMI, B.; WACHTEL, J. M. How deficiencies in motivation to manage contribute to the United States' competitiveness problem (and what can be done about it). **Human Resource Management**, p. 363--386, out. 1995.

Capítulo 2 A evolução do pensamento em administração

Objetivos de aprendizagem

1. Compreender o que são as teorias e sua importância para a prática da administração.
2. Identificar práticas seculares humanas ligadas à administração e organização.
3. Discutir as condições históricas que impulsionaram o surgimento do campo da administração.
4. Descrever as principais contribuições da escola clássica de administração.
5. Analisar o significado da pesquisa de Hawthorne para o estudo da administração.
6. Destacar as principais contribuições e limitações da abordagem comportamental.
7. Explicar em que consiste a escola quantitativa da administração.
8. Analisar a teoria dos sistemas e discutir sua relevância na atualidade.
9. Destacar a contribuição empírica do enfoque contingencial.
10. Discutir as tendências contemporâneas em teoria administrativa e organizacional.

Um breve mergulho na história do pensamento em administração é um estimulante exercício intelectual gerador de compensadoras reflexões. Trata-se da análise dos processos de construção, revisão, crítica e avanço nos conteúdos e nas fronteiras de uma disciplina cuja vida útil é pouco maior que um século. Atualmente, a importância do campo da administração no Brasil é comprovada por mais de 2 mil cursos de graduação em administração e mais de 1 milhão de estudantes de administração em nosso país.[1]

O presente capítulo tem como principal objetivo analisar a evolução do pensamento na administração, destacando as principais teorias que a caracterizam, bem como suas contribuições para a consolidação da disciplina e de sua prática. O estudo das teorias em administração justifica-se pela contribuição que elas trazem para o avanço do campo em termos conceituais e práticos. O atual leitor, atento às teorias administrativas e organizacionais, será o futuro administrador capaz de adaptar os conceitos desenvolvidos no campo teórico às especificidades da empresa onde trabalhará.

A análise privilegiará a contextualização histórica, por meio da qual serão identificados os fatores que influenciaram o surgimento das principais escolas de pensamento administrativo. Busca-se, dessa maneira, mostrar que o que se desenvolve em teoria administrativa e organizacional – logo, o que pode se aplicar na prática administrativa – está sujeito às circunstâncias e às contingências históricas, às quais um administrador bem preparado deve estar sempre atento.

As principais escolas do pensamento administrativo analisadas são: a escola clássica de administração, a escola comportamental, a escola quantitativa e a escola contingencial. Para cada uma dessas escolas, são destacados os pressupostos que lhe servem de base, bem como o foco da análise que desenvolvem, os conceitos-chave construídos e as principais contribuições e limitações. Por fim, são discutidas as tendências contemporâneas em teoria administrativa e organizacional, destacando algumas teorias contemporâneas e o movimento de estudos críticos em administração.

›› Caso introdutório

O recall de gestão da Volks

Os planos de crescimento da Volkswagen no Brasil são audaciosos e ambiciosos. Além de buscar a consolidação da liderança no mercado brasileiro, a empresa quer se tornar a maior empregadora do setor automobilístico e a segunda maior em operação do grupo no mundo.

Essas metas ousadas eram inimagináveis há alguns anos, quando a montadora passou por um período difícil. Entre 1998 e 2006, a companhia registrou prejuízos consecutivos e ainda perdeu a liderança de décadas no Brasil para a Fiat.

As causas detectadas para essa turbulência estavam relacionadas ao modelo de gestão utilizado pela montadora alemã. Segundo especialistas, a Volks mostrava-se uma empresa lenta, conhecida pela rigidez e pela verticalização da gestão, em que a maioria das decisões era tomada de cima para baixo. No período de turbulência, essas características se acentuaram. Para aprovar cada despesa, por exemplo, os gestores dependiam de cinco ou mais assinaturas de executivos.

Em 2007, após uma reestruturação, a empresa voltou a apresentar resultados positivos. A empresa percebeu que a indústria automobilística pede decisões cada vez mais rápidas tanto para corrigir falhas quanto para baixar preços ou lançar campanhas. O modelo burocrático até então adotado não condizia com o novo cenário industrial, levando a Volks a investir em um novo modelo de gestão mais dinâmico e flexível para responder às demandas do mercado. Mais do que competência técnica e austeridade, os altos executivos da empresa perceberam que para continuar na briga pela liderança era necessário implantar um modelo de gestão que se adequasse às características do setor automobilístico.

Além disso, investiu na formação dos seus cerca de 500 gestores. Os gastos em treinamento e desenvolvimento da equipe gerencial cresceram mais de 70% em dois anos. Só em 2009 foram 13,5 milhões de reais.

A mudança não foi simples e muito menos rápida, mas era o caminho para a sobrevivência na indústria automobilística brasileira, que a cada dia que passa se torna mais competitiva.[2]

2.1 ›› Teorias em administração

Como se percebe na descrição do caso, o modelo de gestão conservador e centralizado da Volkswagen no Brasil não estava permitindo à empresa alcançar os resultados pretendidos. Além de resultados negativos, a perda de liderança para a Fiat havia sido um duro golpe na imagem da empresa. Para continuar na briga pela liderança, a Volks reestruturou o seu modelo de gestão, passando a descentralizar as decisões, de forma a responder com rapidez ao mercado, e investiu no desenvolvimento de sua equipe de administradores.

A preocupação em dar uma sólida formação aos seus gestores revela a importância que a Volkswagen atribui às teorias de administração. Claro que muitos livros, artigos ou consultorias vendidos na área de administração trazem consigo a promessa de solucionar problemas complexos de gestão por meio de propostas, por vezes contraditórias, do tipo "descentralizar o processo de tomada de decisão", "integrar verticalmente", "racionalizar os processos", entre outras. Muitas das técnicas e soluções propostas sustentam-se em sólidas teorias administrativas e organizacionais. Entretanto, nem tudo o que se vende em nome da boa administração pode satisfazer o consumidor ávido que busca soluções para a melhoria da organização.

Em termos práticos, o "consumo" de teorias administrativas e organizacionais justifica-se pela necessidade de adotar as melhores práticas que possam contribuir para o aperfeiçoamento do desempenho de dada organização, considerando-se as características únicas de sua inserção no mercado. Afinal, a administração é uma disciplina aplicada na busca de resultados concretos que visem à melhoria de gestão. No entanto, é necessário compreender o que constitui uma boa teoria de administração para uma adaptação seletiva às condições reais da empresa.

Teorias podem ser definidas como conjuntos coerentes de suposições elaboradas para explicar a relação entre dois ou mais fatos observáveis e proporcionar uma base sólida para prever eventos futuros. São afirmações que predizem quais ações vão levar a quais resultados e por quê. As teorias nos permitem fazer previsões acerca do futuro, assim como interpretar o presente.

Os objetivos das teorias encontradas no campo da administração relacionam-se com o próprio objeto de estudo: a *organização*. Na linguagem cotidiana, a palavra organização é usada de duas formas diferentes: pode denotar um ente social baseado na divisão do trabalho e das competências; ou o modo segundo o qual determinado ente social é organizado. Dessa forma, podemos dizer que existem organizações bem e mal estruturadas.

É objetivo das **teorias** administrativas e **organizacionais** compreender as organizações como um fenômeno social, mas também, como toda teoria, o caráter normativo e prescritivo está presente na idealização ou proposta de modelos que

> **Teoria**
> Conjunto coerente de suposições elaboradas para explicar a relação entre dois ou mais fatos observáveis e proporcionar uma base sólida para prever eventos futuros.

> **Teorias organizacionais**
> Teorias que têm como objetivo compreender as organizações como um fenômeno social e desenvolver modelos explicativos ou descritivos de práticas organizacionais.

Mito ou ciência

Um bom administrador se faz na prática!

Apesar de muito difundida, essa afirmação é falsa. A Revolução Industrial teve uma importante contribuição para a consolidação da disciplina de administração. O rápido crescimento e o aumento da complexidade das organizações fabris passaram a demandar um novo tipo de trabalho capaz de ordenar a nova estrutura em expansão. Tornou-se imprescindível que o trabalho de gestão estivesse desvinculado dos trabalhos operacionais.

Um dos primeiros a ressaltar a necessidade e a importância do ensino formal da administração foi Henri Fayol (cujas contribuições veremos a seguir). Ele considerava fundamental que as empresas dirigissem suas atividades de acordo com leis, princípios, técnicas, métodos e teorias. Defendia a ideia de que uma boa administração se dava por meio de indivíduos com conhecimento específico sobre as funções de administração. Fayol ainda ressaltou que, para realizar as cinco funções da administração definidas por ele – prever, organizar, comandar, coordenar e controlar –, o indivíduo precisaria desenvolver um conjunto de habilidades e conhecimentos denominados *capacidades gerenciais*, que poderiam ser adquiridas e desenvolvidas por meio de programas e cursos de formação específica. Essas habilidades seriam o principal diferencial dos indivíduos que ocupam cargos de gestão nas organizações.

Em consonância com os ensinamentos de Fayol, Peter Drucker[3] afirma que a ignorância da função administrativa, no que tange seus preceitos, princípios, parâmetros e responsabilidades, é uma das mais graves deficiências da sociedade empresarial. Ainda para Drucker, o administrador é um elemento dinâmico em uma empresa e um transformador de recursos em resultados; sua presença atuante é a única capaz de prover a uma organização vantagens competitivas no mercado.

Nesse sentido, o trabalho do administrador não pode ser realizado por indivíduos que desconheçam os princípios, os métodos e as teorias administrativas, em suma, que execute um trabalho administrativo pautado pelo empirismo empresarial. É claro que a prática pode ajudar na aplicação da teoria, na escolha mais adequada da ferramenta a ser utilizada, mas é a teoria que fornece "armas" ao administrador. Ela serve como guia para suas decisões e como fonte de compreensão de práticas observadas nas organizações. Assim, um bom administrador precisa, antes de qualquer coisa, conhecer teorias de administração.

sugerem o melhor modo de se organizar, traduzido em instrumentos úteis para a prática organizacional. O debate que caracteriza a classificação das teorias em torno da capacidade explicativa *versus* normativa ou prescritiva que elas trazem está sempre presente na área de estudos administrativos e organizacionais. Vale a pena lembrar a dificuldade de separar a interpretação da prescrição: a fronteira entre o que a organização *é* e o que *deve ser* é muito tênue e depende de diversas interpretações e do uso que se faz das teorias e ideologias apresentadas.

As definições sobre as teorias geralmente privilegiam sua capacidade de previsão e de controle. No entanto, atualmente, é cada vez mais aceito o fato de que a concretização da administração como ciência com capacidade de previsão e de controle está longe de ser alcançada. Vários fatores, como instabilidade e complexidade do contexto em que a organização está inserida, bem como as características internas dessa última, impossibilitam o alcance da tão desejada previsibilidade. Por essa razão, são cada vez mais aceitas visões alternativas a respeito das teorias em administração que privilegiam o papel dos **paradigmas** na construção dessas teorias.[4]

> **Paradigma**
> Conjunto de pressupostos e de premissas implícitas acerca da natureza, do conhecimento e do ser humano, inerentes ao pesquisador.

Mesmo assim, existem várias razões que justificam a análise das principais teorias administrativas e organizacionais apresentadas neste capítulo:

- As teorias influenciam a prática, servindo como guia para as decisões da administração.
- As teorias influenciam a forma como enxergamos as pessoas, as organizações e o ambiente em que elas estão inseridas.
- As teorias servem como fonte de compreensão e/ou previsão de práticas observadas nas organizações.

Podem-se conceitualizar as teorias administrativas e organizacionais que serão analisadas neste capítulo de duas formas:

1. Como teorias *complementares*,[5] que questionam parcialmente conceitos das teorias anteriores e desenvolvem conceitos mais complexos incorporando e aperfeiçoando os existentes.
2. Como teorias *incomensuráveis*,[6] que, baseadas em pressupostos contraditórios entre si, desenvolvem corpos de conhecimento essencialmente diferentes e até antagônicos.

A análise da evolução do pensamento em administração baseia-se no reconhecimento da relação que esse último estabelece com o contexto histórico no qual se insere. Pluralismo, antagonismo e evolução são características que se fazem presentes simultaneamente na trajetória histórica da humanidade. Logo, a coexistência das perspectivas, aparentemente contraditórias com relação às teorias administrativas e organizacionais, deve ser vista como algo inevitável e será destacada no decorrer deste livro. Mesmo que o surgimento das diferentes teorias analisadas neste capítulo não siga uma ordem puramente cronológica, é possível representá-las na Figura 2.1, a partir das épocas aproximadas de surgimento.

2.2 ›› "Organizar" e "administrar" como práticas seculares

Mesmo que o pensamento sistemático acerca da administração possa ser considerado um empreendimento histórico recente, organizar e administrar são práticas humanas seculares. É por meio da organização dos indivíduos em grupos e da adoção de práticas administrativas que os seres humanos superam os

Figura 2.1 ›› Escolas de administração: uma perspectiva temporal

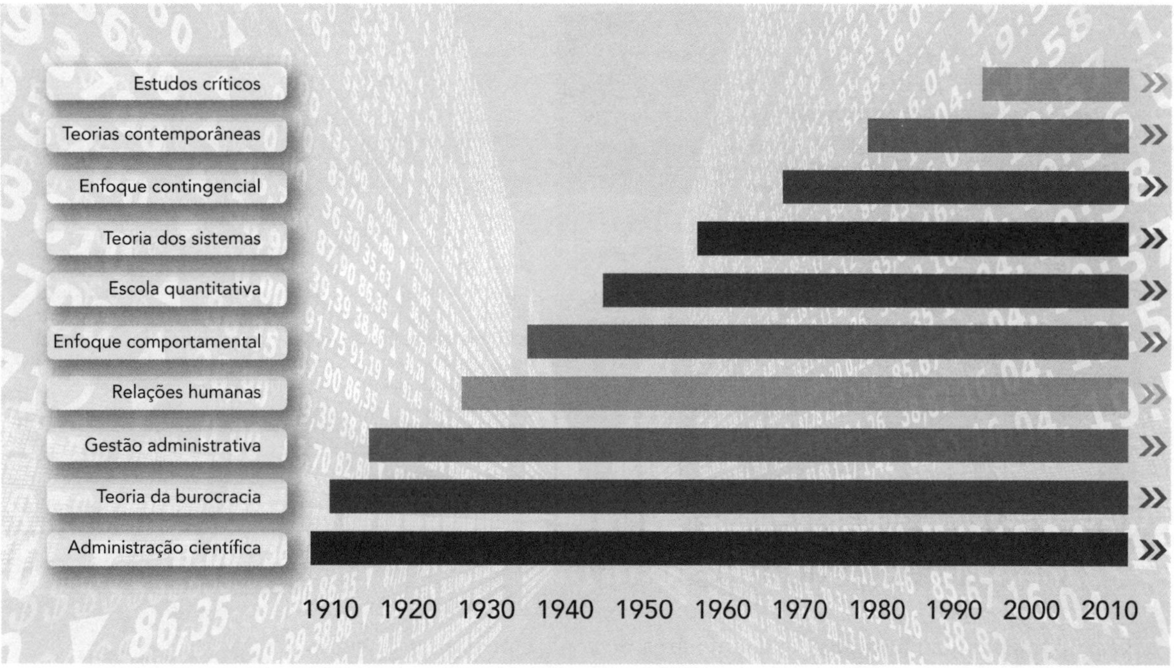

Escola	Período aproximado
Estudos críticos	~1990–2010
Teorias contemporâneas	~1980–2010
Enfoque contingencial	~1960–2010
Teoria dos sistemas	~1950–2010
Escola quantitativa	~1950–2010
Enfoque comportamental	~1940–2010
Relações humanas	~1925–2010
Gestão administrativa	~1915–2010
Teoria da burocracia	~1910–2010
Administração científica	1910–2010

limites de uma ação isolada, na busca de maior sinergia para o alcance de objetivos mais complexos.

A própria palavra "administração" vem do latim *ad* (direção, tendência para) e *minister* (subordinação ou obediência), o que significa que administrar consiste em dirigir as atividades de um grupo de subordinados.

É possível encontrar vários exemplos históricos que demonstram como a administração vem sendo praticada há milhares de anos:

- Registros escritos a respeito de atividades comerciais e governamentais já eram utilizados pelos sumérios por volta de 5.000 a.C.
- As pirâmides egípcias e a Grande Muralha da China são exemplos de projetos de grande escopo e amplitude que envolveram milhares de pessoas e que contaram com o uso de práticas e técnicas administrativas desde 4.000 a.C.
- Técnicas e conceitos administrativos, como organização, disciplina, hierarquia, logística, planejamento e recursos humanos, estavam presentes em organizações militares desde 3.500 a.C.
- A governança do extenso Império Romano, entre VII a.C. e IV d.C., só foi possível por causa da extraordinária capacidade de organização e comunicação.
- A invenção da contabilidade como uma prática administrativa ocorreu no século XVI, durante o Renascimento.
- A constituição da primeira empresa multinacional global, a Companhia das Índias Orientais, foi responsável pelo desenvolvimento do comércio entre países de vários continentes no decorrer do século XVII.

É pela aplicação cotidiana, no decorrer dessa longa trajetória histórica, que práticas administrativas se institucionalizaram, isto é, ganharam durabilidade e persistência, servindo como modelos a serem adotados por novas gerações. Muitas das técnicas usadas até hoje nas organizações evoluíram dessas práticas seculares.

A construção da grande Pirâmide de Quéops envolveu o trabalho de mais de 100 mil homens, durante vinte anos. Foram utilizados 2,3 milhões de blocos, cada um com peso médio de 2,5 toneladas. Sem dúvida, foi necessária uma imensa habilidade administrativa para planejar, coordenar e controlar a construção, o que demonstra que a administração como forma de organizar e gerenciar o trabalho de pessoas vem sendo praticada há milhares de anos.

2.3 ›› Condições geradoras do pensamento administrativo

O pensamento administrativo, enquanto área de conhecimento, surge como consequência da consolidação do capitalismo e, ao mesmo tempo, do processo de modernização das sociedades ocidentais.

2.3.1 ›› A Revolução Industrial e a consolidação do capitalismo

É com a **Revolução Industrial**, no decorrer do século XVIII, que se consolidam as condições para o estudo da administração como uma disciplina autônoma, com fronteiras bem delimitadas. Foi a Revolução Industrial que permitiu a consolidação de um novo modo de produção e organização do trabalho, o capitalismo, estabelecendo assim as condições necessárias para o surgimento dessa nova área do conhecimento, a administração.

> **Revolução Industrial**
> Conjunto de mudanças tecnológicas iniciadas no século XVIII no Reino Unido, com profundo impacto no processo produtivo com implicações econômicas e sociais.

Podem-se distinguir diversas etapas no decorrer desse processo de consolidação do capitalismo. O início, em meados do século XVIII, é marcado pelo fim do feudalismo e caracteriza-se por diversas mudanças, como:

- a limitação do poder do monarca absoluto e surgimento das ideias liberais;
- o fortalecimento das atividades comerciais e surgimento das cidades;
- o surgimento do poder das máquinas e criação da indústria manufatureira;
- a especialização do trabalho e formação dos núcleos de mestres-artesãos e aprendizes, constituindo as corporações de ofícios;
- a centralização do poder, recursos e influências nas mãos dos mestres-artesãos e concentração das indústrias manufatureiras, formando, assim, a burguesia;
- a substituição do sistema de trabalho do artesão pelo trabalho assalariado.

As mudanças marcavam a consolidação de novos princípios relativos à forma de organização e racionalização do trabalho. Adam Smith (1723-1790), na obra *A riqueza das nações*, destaca o princípio de **divisão do trabalho** e sua importância para o desenvolvimento eficiente do capitalismo. A divisão do trabalho refere-se à separação desse último em pequenas e repetitivas tarefas. Usando o exemplo da fábrica de alfinetes, ele observa que dez indivíduos, cada um concentrado na sua tarefa especializada, produziriam 48 mil alfinetes por dia. No entanto, se cada um dos indivíduos trabalhasse de forma separada e independente, esses dez trabalhadores produziriam somente 200 ou até dez alfinetes por dia.

> **Divisão do trabalho**
> Separação de uma atividade em pequenas e repetitivas tarefas especializadas que podem ser executadas de forma separada e independente.

Smith conclui que a divisão e a especialização do trabalho aumentam a produtividade, porque possibilitam melhoria das capacidades de cada trabalhador em desempenhar uma atividade específica, economia de tempo, que geralmente é desperdiçado na troca das tarefas, e criação de condições tecnológicas e inovadoras que possibilitam economias com relação ao uso de mão de obra. No entanto, o pensamento de Smith não se esgota no reconhecimento da importância da divisão e especialização do trabalho. Ele é conhecido como um dos principais expoentes da escola clássica de economia, na defesa dos princípios do liberalismo econômico.

O expressivo crescimento econômico propiciado pela concentração de mão de obra no sistema fabril foi acompanhado também pelo alto custo social. O período inicial da Revolução Industrial em países como a Inglaterra é marcado por conflitos, uma vez que é caracterizado pelo excesso de oferta de mão de obra nas cidades e pelas condições de trabalho muito precárias. No final do século XVIII, eclodem várias revoltas contra o sistema fabril. Em um movimento aparentemente incompreensível sob o olhar contemporâneo, multidões de trabalhadores (entre os quais mulheres e crianças) revoltam-se contra as máquinas e as instalações, identificadas como causas de seu sofrimento. Para enfrentar as condições assustadoras da vida nas primeiras cidades, caracterizadas pela pobreza, sujeira e pelo surgimento de epidemias, como a cólera, iniciam-se os primeiros movimentos sindicalistas, assim como se aprovam as primeiras leis de proteção social. O **capitalismo** estabelece-se como um sistema capaz de se autossustentar por meio da criação de mecanismos de autorregulação.[7]

> **Capitalismo**
> Sistema econômico em que os meios de produção e distribuição são de propriedade privada e têm fins lucrativos. As decisões sobre oferta, demanda, preço, distribuição e investimentos não são feitos pelo governo, mas sim pelos proprietários de capital.

> **Socialismo**
> Sistema econômico que defende a propriedade e a administração pública ou coletiva dos meios de produção e de uma sociedade caracterizada pela igualdade de oportunidades para todos os indivíduos.

Não é por acaso que, nesse contexto, surgem também as primeiras ideias socialistas, conhecidas como **socialismo** utópico, que serviram como fonte de desenvolvimento para várias escolas posteriores de administração, entre as quais podemos destacar o movimento de relações humanas e o movimento da democracia participativa (século XX). Henri de Saint-Simon (1760-1825) e Proudhon (1809-1865) são alguns representantes dessas correntes. Esses autores acreditavam que o capitalismo constituía um sistema irracional, gerador de desigualdades, advogando medidas que variavam desde a intervenção do Estado na economia até a própria extinção desse último e das relações capitalistas baseadas na propriedade privada.

Entre os pensadores que mais marcaram o pensamento crítico ao capitalismo destaca-se Karl Marx (1818-1883), que baseava sua análise da sociedade capitalista em uma abordagem conhecida como materialismo dialético. Marx procurou esclarecer os conflitos típicos da sociedade de classes – especialmente aqueles que caracterizavam esse período histórico –, destacando, entre as fontes principais de tais conflitos, a separação do produtor dos meios de produção, bem como a infiltração da lógica de mercado ou monetária em todas as relações humanas.

2.3.2 ›› O processo de modernização das sociedades ocidentais

O estabelecimento do capitalismo como um novo modo de produção e organização do trabalho não foi caracterizado apenas por mudanças de ordem material, como aquelas descritas na seção anterior. As modificações estruturais das formas de autoridade que serviam de alicerce às sociedades – em um claro movimento de modernização – também influenciaram o surgimento do pensamento administrativo, porque criaram as bases para o fortalecimento e consolidação de uma nova forma de organização do trabalho humano – a burocracia.

O **processo de modernização** refere-se à substituição de estruturas sociais baseadas na autoridade tradicional, como a sociedade medieval, por outras baseadas na autoridade racional-legal e pela emergência de uma lógica de mercado.[8]

> **Processo de modernização**
> Processo de substituição de estruturas sociais baseadas na autoridade tradicional, como a sociedade medieval, por outras baseadas na autoridade racional-legal e pela emergência de uma lógica de mercado.

Diferentemente de outros países, no Brasil, o processo de modernização e industrialização foi induzido pelo Estado, por meio de uma política de substituição de importações em busca do crescimento econômico. Até 1930, o país era caracterizado por uma reduzida atividade industrial, dada a estrutura agroexportadora baseada, predominantemente, na cafeicultura. Surgem então as primeiras empresas estatais em setores de base como siderurgia (a CSN), petróleo (Petrobras) e mineração (CVRD). O processo de industrialização, que teve continuidade durante a ditadura militar, marca o período do "milagre brasileiro", caracterizado pela expansão e pelo crescimento econômico, mas também pelo aumento da dívida externa e da concentração de renda.

De modo geral, pode-se afirmar que a consolidação do capitalismo coincidiu com o movimento de modernização das sociedades ocidentais. Quem mais contribuiu para a elucidação desse processo de modernização da sociedade e das formas de autoridade que lhes servem de base foi Max Weber (1864-1920). Weber tinha como principal objetivo descrever as mudanças nos tipos de autoridade que caracterizam as sociedades modernas – considerando a burocracia como expressão da autoridade racional-legal.

Weber diferenciava os vários tipos de sociedade que existiam com base nos tipos de autoridade que lhes serviam de alicerce:

- *Autoridade tradicional*: baseia-se nos costumes e tradições de uma cultura. É a autoridade representada por patriarcas e anciãos em sociedades antigas, ou pelos senhores feudais. Mitos, costumes e tradições formam a base da legitimação desse tipo de autoridade.
- *Autoridade carismática*: apoia-se nas características pessoais de um indivíduo. Profetas, heróis, líderes, guerreiros são exemplos desse tipo de autoridade. Sua legitimação decorre de qualidades de ordem pessoal e da percepção dessas qualidades pelo grupo.
- **Autoridade racional-legal**: fundamenta-se nas regras e normas estabelecidas por um regulamento reconhecido e aceito por todos os membros da comunidade. É legitimada pela aceitação da regra impessoal.

> **Autoridade racional-legal**
> Autoridade fundamentada nas regras e normas impessoais estabelecidas por um regulamento reconhecido e aceito por todos os membros da comunidade.

Weber considerava que mesmo que os tipos de autoridade pudessem coexistir em dada sociedade, eles eram essencialmente diferentes entre si e que apenas uma dessas autoridades era adequada às mudanças sociais de sua época. Deve-se considerar que Weber viveu em um período de franca expansão do capitalismo na Europa e nos Estados Unidos, caracterizado pela emergência da sociedade de consumo em massa. Weber mostra que a autoridade racional-legal é mais adaptada que outros tipos de autoridade às mudanças sociais de sua época e ao surgimento da sociedade industrial. Para Weber, é a autoridade racional-legal que serve como base ao Estado moderno.

2.4 ›› Escola clássica de administração

O primeiro período que marcou o estabelecimento do capitalismo foi caracterizado pela resposta não sistemática e desordenada aos desafios colocados pelos novos espaços e relações de trabalho, presentes, principalmente, nas fábricas. O

> **Escola clássica de administração**
> Conjunto de contribuições teóricas que buscaram identificar princípios racionais e universais de gestão que tornariam a organização mais eficiente.

crescimento acelerado de produção era limitado pela existência de uma força de trabalho desqualificada. Além disso, esse primeiro estágio de desenvolvimento do capitalismo era caracterizado por uma competição selvagem e condições precárias de trabalho. Foi apenas no final do século XIX, quando o capitalismo entra na fase monopolista, que surgem as primeiras tentativas de constituição de um corpo de conhecimento independente, nas quais se destaca a **escola clássica de administração**.

As principais contribuições da escola clássica de administração foram desenvolvidas por um grupo de autores diretamente envolvidos com a prática gerencial, os quais buscaram desenvolver princípios racionais que tornariam a administração mais eficiente. No entanto, também se inclui nessa escola a contribuição de Max Weber relativa ao conceito de burocracia, considerada pelo autor como a forma de organização ideal da sociedade industrial (período que coincide com a escola clássica de administração). Esses autores institucionalizaram as bases teóricas da administração, por isso fazem parte dessa escola.

A escola clássica de administração pode ser dividida em três grandes correntes:

- Movimento de administração científica.
- Gestão administrativa.
- Teoria da burocracia.

Mas, antes de analisarmos cada uma dessas correntes, vamos primeiro analisar o contexto que criou as condições para esses desenvolvimentos teóricos.

2.4.1 ›› Contextualização

ENTRADA DO CAPITALISMO NA FASE MONOPOLISTA ›› Um dos principais motivos do desenvolvimento da escola clássica de administração é a entrada do capitalismo na fase monopolista, com a consequente adoção de um padrão tecnológico que levava à concentração técnica e financeira e à necessidade de desenvolver novas formas de gestão de trabalho.[9]

Em países como os Estados Unidos, a produção em massa, a redução de custos de transporte – como consequência da expansão rápida da rede ferroviária – e a falta de regulação governamental propiciaram o desenvolvimento de grandes organizações monopolistas. John D. Rockefeller criava o **monopólio** de petróleo com a Standard Oil, Andrew Carnegie ganhava o controle de quase dois terços da indústria de aço, J. P. Morgan passava a controlar a banca, e outros empresários investiam em grandes negócios que demandavam práticas formais de administração.

> **Monopólio**
> Situação de concorrência imperfeita, em que uma empresa detém a totalidade do mercado de um determinado produto ou serviço, impondo preços aos que comercializam esse produto.

Nessa altura, os trabalhadores fabris não tinham a qualificação exigida por suas novas tarefas. Isso limitava o crescimento da produção, pois não havia práticas estabelecidas que a acelerassem. De fato, até a Revolução Industrial, não existiam métodos padronizados de desempenhar o trabalho. Os indivíduos eram responsáveis por tentar diferentes maneiras de completar as tarefas, baseados na sugestão dos outros ou apreendendo com os erros e as falhas no decorrer do processo de trabalho. Essa falta de padronização dificultava o controle e a coordenação do trabalho. Além disso, havia o problema do desperdício. Os recursos não eram empregados de uma forma racional.

Com a indústria monopolista, surgiu então a necessidade de se criar uma maneira de administrar com eficiência e eficácia essa nova forma de trabalho. Era a primeira vez na história que um número grande de pessoas e de capital se juntavam em um só lugar para produzir alguma coisa de forma constante e quase contínua. Os problemas de desperdício e falta de eficiência requeriam respostas sistemáticas e coerentes de administração, foco dos principais representantes da escola clássica de administração.

> Nos Estados Unidos, a construção das grandes ferrovias teve um papel importante para o estabelecimento da fase monopolista do capitalismo nesse país, e não foi apenas por incentivar o comércio interestadual. Como eram grandes empreendimentos, suas construções consumiam enormes quantidades de vários tipos de produtos, principalmente de aço, o que impulsionou a expansão dessa indústria. Não foi coincidência, portanto, o fato de Taylor, o primeiro grande teórico da administração, ter trabalhado em várias empresas da indústria de aço, como a Midvale Steel, a Simonds Rolling Machine e a Bethlehem Steel. Foi pela observação dos trabalhadores nesse setor que Taylor desenvolveu seus princípios de administração científica.

CONCEPÇÕES E ORIENTAÇÕES ACERCA DA NATUREZA, INDIVÍDUO E ECONOMIA ›› Em termos intelectuais, os principais representantes dessa escola foram fortemente influenciados pela concepção mecanicista e empirista da natureza que caracterizava o estágio de desenvolvimento das ciências naturais e físicas. Em outras palavras, uma visão mecanicista significa que as teorias clássicas baseavam-se no pressuposto de que existiam relações claras de causa e efeito que, se consideradas, levariam uma fábrica a funcionar como uma máquina ou um relógio, previsível e constante. Já o **empirismo** está relacionado com a forma como essas teorias foram construídas, com base na observação e mensuração das ocorrências do dia a dia do trabalho, na experiência acumulada no chão de fábrica ou na gestão de grandes empresas.

Além disso, foram também fortemente influenciados por uma filosofia **individualista** e **liberal** dominante nessa altura. É importante destacar aqui o pensamento liberal de Adam Smith, que já tinha apontado os ganhos de eficiência que poderiam ser alcançados pelas nações com a divisão e a especialização do trabalho, ao defender a "mão invisível" do mercado na regulação dos agentes econômicos. O resultado do livre jogo de interesses individuais egoístas levaria ao bem-estar social. Essa concepção individualista do homem caracterizou outros pensadores da época, entre os quais podemos destacar John Locke, Thomas Hobbes e Jeremy Bentham, que defendiam o direito à propriedade individual como um direito natural humano que não poderia ser ameaçado pelo poder do Estado.

Vale ainda ressaltar a contribuição de Max Weber ao demonstrar a influência que a ética protestante – de orientação individualista – tem sobre a consolidação do capitalismo.

Foi nesse contexto material e intelectual que se desenvolveu a escola clássica de administração. O Quadro 2.1 resume as principais características desse contexto.

> **Empirismo**
> Movimento que acredita na experiência e observação do mundo como únicas (ou principais) formadoras de ideias, discordando, portanto, da noção de ideias inatas.

> **Liberalismo**
> Sistema político-econômico baseado na defesa da liberdade individual, nos campos econômico, político, religioso e intelectual, contra as ingerências e atitudes coercitivas do poder estatal.

> **Individualismo**
> Crença de que o indivíduo é que move sua existência, devendo prevalecer sobre a sociedade e o Estado.

Quadro 2.1 ›› Contexto do surgimento da escola clássica de administração

Condições socioeconômicas	Concentração de mercados. Crescimento econômico acelerado. Força de trabalho desqualificada. Desperdício e falta de eficiência.
Bases filosóficas	Ser humano egoísta, na busca de satisfação dos seus desejos e interesses (**Homo economicus**). Concepção mecanicista e empiricista da natureza. Liberalismo econômico. Ética protestante individualista.

> *Homo economicus*
> Crença compartilhada pelos autores da escola clássica de administração de que o ser humano é ser egoísta e racional, orientado exclusivamente por motivações econômicas.

2.4.2 ›› Precursores da escola clássica de administração

Apesar de se considerar que o campo de administração nasce com o movimento de administração científica, seria injusto não falar de alguns autores que precederam esses primeiros estudos formais de administração. Eles viveram no ambiente descrito anteriormente e foram confrontados com diversas questões: O que deveriam priorizar – lucros ou produtividade? Que características buscariam nos trabalhadores? Em que medida deveriam se sentir responsáveis pelo bem-estar dos trabalhadores? Entre os precursores mais relevantes para o campo da administração, destacam-se Robert Owen e Charles Babbage.

Robert Owen (1771-1858) é justamente considerado um dos mais influentes precursores do estudo de administração. Owen foi gestor de fábricas têxtil na Escócia no início do século XIX, em uma época em que as condições de trabalho eram particularmente desumanas. O horário de trabalho estendia-se por 13 horas e era comum encontrar crianças de 5 e 6 anos no chão de fábrica. Owen considerava que, como gestor, tinha a obrigação de reestruturar as condições de trabalho. Para isso, implementou nas quatro fábricas geridas por ele algumas medidas, como a redução da jornada de trabalho para 10 horas e meia e a recusa de contratação de crianças com menos de 10 anos. Curiosamente, justificou essas reformas no ambiente de trabalho não por motivos humanistas, mas sim porque acreditava que isso levaria inevitavelmente ao aumento da produtividade e lucratividade.[10]

Por sua vez, Charles Babbage (1791-1871), um cientista e professor de matemática nascido na Inglaterra, era um grande defensor da divisão do trabalho. Ele acreditava que cada atividade fabril deveria ser analisada de forma a identificar e isolar as habilidades necessárias na sua execução. Assim, cada operário poderia ser treinado em uma única habilidade e ser responsável apenas por uma fração dessa atividade. Babbage acreditava que os custos e o tempo de treinamento seriam reduzidos e a repetição constante da mesma tarefa aumentaria a *expertise* e eficiência dos trabalhadores.[11]

2.4.3 ›› O movimento de administração científica

O movimento de administração científica surgiu como uma resposta eficiente à questão da existência de uma nova força de trabalho, desqualificada e barata. Nos Estados Unidos, essa força é representada pelos imigrantes, que ocupavam um número cada vez maior de vagas na indústria desde o final do século XIX. Na França e em outros países europeus, a mobilização dos homens na guerra fez com que se abrissem frentes de trabalho para mulheres e mão de obra desqualificada

Lênin, um dos principais líderes da revolução soviética, depois de estudar minuciosamente o movimento de administração científica, surpreendeu-se com diversas funções que enxergou como positivas no movimento. Apesar de criticar princípios como a divisão do trabalho, ele apontou a racionalidade e a cientificidade do modelo como uma forma mais rápida e eficaz de transformar os camponeses em operários capazes de consolidar as bases do sistema socialista. O aumento da produtividade do trabalho foi outra função do taylorismo que chamou a atenção do líder soviético, especialmente porque a Rússia enfrentava circunstâncias difíceis, e esse aumento, em curto espaço de tempo, era questão de vida ou morte.[12]

nas fábricas. E mesmo países como a ex-União Soviética adotavam os princípios de administração científica como forma eficaz de treinar camponeses como trabalhadores fabris e, assim, alcançar consideráveis ganhos de produtividade.

Ainda que o potencial de aplicação dos princípios científicos aos processos de trabalho fosse reconhecido a partir do século XVIII por autores como Robert Owen e Charles Babbage, o principal representante do **movimento de administração científica** foi o norte-americano Frederick Winslow Taylor (1856-1915). Sua obra fundamental, *Princípios de administração científica*, de 1911, sintetiza um conjunto de preceitos em busca da gestão eficiente do trabalho, direcionado ao chamado "homem comum", que, por meio de um treinamento rápido e adequado, poderia executar uma tarefa "taylorista" no tempo exato concebido para a execução.[13]

> **Movimento de administração científica**
> Escola pioneira de pensamento administrativo que busca sintetizar um conjunto de princípios de gestão eficiente dos processos operacionais de trabalho, tendo por base a crença de que existe uma única maneira certa de desempenhar cada tarefa.

Nesse livro, Taylor apresenta os quatro princípios fundamentais de sua teoria:

- Desenvolver, para cada elemento do trabalho individual, uma ciência, com normas rígidas para o movimento de cada homem e padronizar todas as ferramentas e condições de trabalho.
- Selecionar cuidadosamente, depois treinar, ensinar e aperfeiçoar o trabalhador (com a exclusão de todos que se recusam a adotar os novos métodos ou são incapazes de segui-los).
- Cooperar cordialmente com os trabalhadores, remunerando-os diariamente e articulando todo o trabalho com os princípios da ciência desenvolvida.
- Manter uma divisão equitativa de trabalho e de responsabilidade entre administradores e operários.

Para Taylor, há uma *única maneira certa para desempenhar cada tarefa*, visando maximizar sua eficiência e assegurando o máximo rendimento ou produtividade. A forma de descobrir essa maneira certa é analisar detalhadamente o trabalho em suas diferentes fases e estudar os movimentos necessários à sua execução, a fim de simplificá-los e reduzi-los ao mínimo. Daí a importância do estudo de tempos e movimentos para otimizar a divisão do trabalho. Eliminando todo esforço desnecessário e buscando uma sequência certa de atividades e tarefas, o trabalho se torna mais rápido, eficiente e, paralelamente, pode ser desempenhado por trabalhadores pouco qualificados, que são passíveis de serem treinados rapidamente e com baixo custo.

A separação do processo de planejamento do trabalho da execução é outra das premissas defendidas por Taylor. Para ele, o operário não tinha capacidade, formação ou meios para analisar cientificamente seu trabalho e estabelecer o método ou o processo mais eficiente. Essa análise deveria ser feita por pessoas do escalão superior, pelos administradores, e seria a estes que deveriam ser confiados os métodos de organização das tarefas e do trabalho.

Taylor é também um dos primeiros a reconhecer a importância de um processo de seleção científica do trabalhador, adaptando suas capacidades e aptidões às características de cada função a ser desempenhada. Ele prevê, igualmente, um conjunto de recomendações relativo à remuneração, de forma a premiar a produtividade. Para Taylor, o trabalhador só é motivado pelos incentivos materiais. Ele elaborou um sistema de remuneração por peça, no qual os operários ganhavam em função do que produziam.

Todas as suas recomendações eram baseadas em uma visão conciliadora dos interesses dos patrões e empregados. Para ele, a administração tem, fundamentalmente, a certeza de que os verdadeiros interesses de ambos são único e o mesmo, tem a certeza de que a prosperidade do empregador não pode existir por muitos anos se não for acompanhada da prosperidade do empregado e vice-versa, tem, ainda, a certeza de que é preciso dar tanto ao trabalhador o que ele mais deseja – altos salários – como ao empregador o que ele realmente almeja – baixo custo de produção.[14]

Taylor era ambicioso nos objetivos que buscava alcançar com seus métodos de organização do trabalho e produção. Ele considerava que o resultado da apli-

Em 1903, quando foi fundada a Ford Motor Company, os automóveis fabricados seguiam os métodos de produção artesanais. Entretanto, Henry Ford (1863-1947), fundador da empresa, entendia que a única forma de se produzir um carro que qualquer pessoa pudesse comprar seria produzi-lo em grande quantidade e a baixo custo. Para isso, concentrou-se na eficiência da produção, mecanizando tudo o que fosse possível e dividindo as tarefas em seus menores componentes, seguindo os princípios da administração científica de Taylor. Em 1908, lançou um carro que revolucionou o conceito de automóvel: o Modelo T. O primeiro modelo T produzido pela Ford levou mais de 12 horas para sair da linha de produção, mas, em 1925, saía um a cada quinze segundos. O modelo de produção fordista deixou uma marca indelével para a indústria automobilística, assinalando o início da era da produção em massa e da sociedade do consumo em massa.[15]

cação de seus métodos não aumentaria apenas a eficiência dentro das fábricas, mas também a eficiência da nação, caracterizada, até então, por grandes desperdícios e mau emprego dos recursos. Taylor dizia ainda que sua nova forma de administração era uma ciência regida por normas, leis e princípios bem definidos e poderia ser aplicada a todos os tipos de atividades humanas.

Outro importante teórico que contribuiu para o movimento de administração científica, complementando os estudos dos tempos de Taylor, foi Frank Gilbreth. Ele se preocupou em estudar os movimentos mais adequados para a realização de cada atividade, dando origem ao que ficou conhecido como "**estudo dos tempos e movimentos**". Enquanto Taylor cronometrava o tempo de execução de cada tarefa, Gilbreth analisava os movimentos executados pelos trabalhadores, a fim de eliminar os movimentos que considerava desnecessários. Assim como Taylor, ele se preocupou com a melhor maneira de executar cada tarefa. Para ele, os movimentos desnecessários eram um sinônimo de fadiga e, portanto, deveriam ser eliminados. Sua esposa, Lilian Gilbreth, mais interessada nas questões relacionadas ao lado humano da empresa, foi responsável pela publicação de *A psicologia de administração*, em 1914, uma das primeiras obras acerca da psicologia em administração.

O Quadro 2.2 resume algumas proposições do movimento de administração científica.

Naturalmente, como todas as teorias de administração, o movimento de administração científica não era isento de críticas. O ponto mais relevante dessas críticas é que o trabalhador era visto como uma máquina, logo seu lado humano não era considerado. De fato, para Taylor, o trabalhador era apenas uma engrenagem do sistema de produção, não tendo seu lado social considerado. Por outro lado, apesar da superespecialização do operário facilitar o treinamento e a supervisão do trabalho, ela contribui para a redução da satisfação do trabalhador e o aliena do processo de trabalho como um todo. Além disso, a administração científica se baseia em pressupostos materiais e simplistas de motivação humana e não considera que possa haver conflito entre objetivos individuais e gerenciais. Por último, embora a administração científica proponha uma abordagem científica para a administração, ela não foi capaz de gerar princípios universais aplicáveis em todos os contextos administrativos.

O Quadro 2.3 resume as principais características da administração científica.

> **Estudo dos tempos e movimentos**
> Esforço sistemático para analisar e cronometrar todos os movimentos necessários para a realização de uma tarefa, eliminando aqueles que, por serem desnecessários, causam fadiga no decorrer da atividade laboral.

Quadro 2.2 ›› Proposições do movimento de administração científica

A eficiência de um empreendimento é medida exclusivamente pela produtividade, estando relacionada exclusivamente à utilização econômica dos recursos, sem considerar os trabalhadores.

Os trabalhadores têm um comportamento racional e apenas deve ser considerada a forma como estes se dirigem logicamente para os seus objetivos.

Os trabalhadores que realizam uma tarefa cooperativa são incapazes de sair da sua função sem informações detalhadas do seu supervisor.

A não ser que sejam definidos e impostos limites claros à ação dos trabalhadores, estes tenderão a se confundir e realizar tarefas no domínio de outros.

As pessoas preferem a segurança de uma tarefa bem definida e não valorizam a liberdade para decidir sua própria abordagem dos problemas.

É possível prever e estabelecer um padrão preciso para as atividades futuras e para os relacionamentos entre estas.

A administração envolve prioritariamente a definição e o planejamento das atividades formais dos trabalhadores.

As atividades de um grupo devem ser encaradas de forma objetiva e impessoal, sem considerar características e problemas pessoais.

Trabalhadores são motivados exclusivamente por necessidades econômicas; sendo assim, os incentivos devem consistir exclusivamente de recompensas monetárias.

As pessoas não gostam de trabalhar, por isso supervisão próxima e responsabilização devem ser enfatizadas.

A coordenação das atividades não será possível, exceto se planejada e dirigida de cima para baixo.

A autoridade tem sua fonte no topo da hierarquia e é delegada de cima para baixo.

Atividades simples são mais facilmente aprendidas e, por isso, levam a uma maior produtividade quando se reduz o escopo de uma atividade.

As funções de administração têm características universais e podem ser desempenhadas da mesma forma, independentemente do ambiente e da qualidade dos trabalhadores.

Fonte: Adaptado de MASSIE, Joseph L. Management Theory. In: MARCH, James G. (ed.). **Handbook of Organizations**, p. 405, 1965.

Quadro 2.3 ›› Resumo da administração científica

Fatores-chave do contexto	Fase monopolista do capitalismo. Elevados desperdícios de recursos e baixa produtividade. Força de trabalho desqualificada.
Pressupostos	*Homo economicus* – ser humano essencialmente egoísta e racional, orientado por motivações materiais. A organização é considerada um sistema fechado – foco nos processos internos. Existe uma ciência de administração capaz de ser universalizada.
Foco de análise	Processos operacionais de trabalho.
Conceitos-chave	Existe uma única maneira certa para o desempenho da cada tarefa. Dissociação da concepção do trabalho da sua execução. Seleção, treinamento e aperfeiçoamento do trabalho com base nos métodos científicos. Cooperação da administração com os trabalhadores. Remuneração baseada em incentivos materiais.
Principais contribuições	Melhoria acentuada da produtividade e eficiência nas fábricas. Introdução de uma forma diferenciada de remuneração, relacionada com a produtividade. Criação da base para o desenvolvimento da linha de montagem que propicia a produção em série.
Limitações e críticas	Enxerga o trabalhador como uma peça de uma máquina, ignorando suas necessidades sociais e psicológicas. Baseia-se em pressupostos motivacionais materiais e simplistas. Não considera a possibilidade de existência de conflitos entre objetivos dos trabalhadores e gerenciais. Concebe a organização como um sistema fechado, não considerando as influências das forças externas na administração. Cria condições propícias para a alienação do trabalhador, por causa da superespecialização e divisão do trabalho.

2.4.4 ›› Gestão administrativa

> **Gestão administrativa**
> Escola de pensamento administrativo que conceituou a administração como um processo de cinco funções e que buscou identificar os princípios gerais de uma administração eficiente.

Enquanto a administração científica procurava leis universalmente válidas para administrar de forma eficiente os processos operacionais de trabalho no chão de fábrica, a **gestão administrativa** abordou os princípios gerais de administração. Henri Fayol (1841-1925) foi o principal representante dessa corrente. Formado em Engenharia de Minas, assumiu, em 1888, a direção de uma empresa de aço que se encontrava em sérias dificuldades, tornando-a, em pouco mais de dez anos, lucrativa e uma das maiores empresas públicas francesas. O seu livro *Administração industrial e geral* resume suas principais ideias acerca da administração, e que, segundo o autor, foram a base de seu sucesso gerencial.

Tal como Taylor, Fayol também acreditava em princípios gerais de administração que poderiam ser identificados e analisados. Acreditava também que o sucesso de uma boa administração residia não em habilidades pessoais inatas do gestor, mas sim na utilização de métodos científicos aplicados à administração. Essa crença foi um avanço no pensamento da administração, uma vez que até 1916 acreditava-se que a capacidade de gestão era inata ao indivíduo, não podendo ser desenvolvida, e que a prática e a experiência seriam apenas úteis para aqueles que já possuíam essas habilidades.

Com base em sua experiência, o autor divide as operações empresariais em seis grupos inter-relacionados:

1. *Operações técnicas*: produção, fabricação e transformação de produtos.
2. *Operações comerciais*: compras, vendas, permutas de matéria-prima e produtos.
3. *Operações financeiras*: procura e gerência de capitais.
4. *Operações de segurança*: segurança e proteção da propriedade e das pessoas.
5. *Operações de contabilidade*: inventários, registros, balanços, custos, estatísticas etc.
6. *Operações de administração*: previsão, organização, comando, coordenação e controle.

Como se pode perceber, a administração é uma das funções da empresa e distingue-se das demais. Fayol enfocou especificamente a administração. Segundo ele, nenhuma das outras funções tem o encargo de formular o programa geral de ação da empresa, de constituir o seu corpo social, de coordenar os esforços, de harmonizar os seus atos. Essas operações não fazem parte das atribuições de caráter técnico e tampouco das funções comercial, financeira, de segurança ou de contabilidade. Elas constituem outra função, designada habitualmente sob o nome de administração, cujas atribuições e esfera de ação eram, na ótica de Fayol, muito mal definidas.[16]

Fayol define então as funções da administração da seguinte maneira:

- *Prever* é traçar um plano de ação que permita à organização atingir seus objetivos.
- *Organizar* é estruturar o duplo organismo, material e social, da empresa.
- *Comandar* é dirigir o pessoal na direção dos objetivos.
- *Coordenar* é ligar, unir e harmonizar todo o fluxo de recursos e atividades.
- *Controlar* é garantir que tudo corra de acordo com as regras estabelecidas e as ordens dadas.

As cinco funções identificadas por Fayol foram posteriormente agrupadas em quatro funções de administração discutidas no Capítulo 1, e a única diferença é que as funções de comandar e coordenar foram agregadas para formar uma nova função: dirigir.

Fayol elaborou ainda o que ele cuidadosamente denominou *princípios de administração* (no lugar de regras ou leis), apresentados no Quadro 2.4.

A atualidade desses princípios de administração, formulados há quase um século, é ainda surpreendente. Basta observar o olhar contingencialista de Fayol quando ele reconhece que o maior ou o menor grau de centralização depende das circunstâncias ou da vontade dos gerentes. Atualmente, o questionamento e a revisão de alguns desses princípios podem ser atribuídos mais às características que algumas organizações contemporâneas apresentam (como estruturas mais enxutas e flexíveis) perante as organizações verticalizadas e hierarquizadas que dominavam o cenário econômico vivenciado pelo autor.

Fayol foi ainda um dos primeiros a propor o ensino formal da administração. Ele defendia que a administração é tão importante que deveria ser ensinada na faculdade de engenharia e em outras.

Quadro 2.4 ›› Os princípios de administração de Fayol

Divisão de trabalho	Especializar funções e separar poderes de forma a obter o máximo proveito do indivíduo e da coletividade em uma organização.
Autoridade e responsabilidade	Fazer uso do direito de mandar e do poder de se fazer obedecer para que as coisas sejam feitas; estabelecer responsabilidades via recompensa ou sanção.
Disciplina	Estabelecer convenções, formais ou informais, entre a empresa e seus agentes, de forma a incentivar a obediência, a assiduidade, a atividade, a presença e os sinais exteriores de respeito.
Unidade de comando	Fazer com que, para a execução de um ato qualquer, um trabalhador possa receber ordens somente de um chefe.
Unidade de direção	Especificar um só chefe e um só programa para um conjunto de operações que visam ao mesmo objetivo.
Subordinação do interesse individual ao geral	Fazer com que o interesse de um agente ou grupo de agentes não possa prevalecer sobre o interesse da empresa, do Estado, da família ou de qualquer outra organização social.
Remuneração do pessoal	Premiar e recompensar os serviços prestados por meio de: a) pagamento por dia; b) pagamento por tarefa; c) pagamento por peça; d) prêmios; e) participação nos lucros.
Centralização	Especificar a importância relativa do papel do superior e do subordinado, levando em conta a vontade dos dirigentes e as circunstâncias.
Hierarquia	Estimular via hierarquia – a série dos chefes que vai da autoridade superior aos agentes inferiores – a comunicação e a unidade de comando.
Ordem	Estabelecer ordem material – "um lugar para cada coisa e cada coisa no seu lugar" –, tendo como objetivo evitar perdas de materiais e de tempo; e ordem social – "um lugar para cada pessoa e cada pessoa em seu lugar" – tendo como objetivo um equilíbrio constante entre as necessidades da empresa e os recursos humanos.
Equidade	Tratar de forma benevolente e justa o pessoal.
Estabilidade de pessoal	Manter as pessoas na mesma função o tempo necessário para iniciar-se e chegar a desempenhá-la bem, evitando a alta rotatividade.
Iniciativa	Promover nos subordinados a liberdade de propor, conceber e executar.
Espírito de equipe	Incentivar o espírito de equipe e a harmonia do pessoal como fontes de vitalidade para a empresa.

Fonte: FAYOL, H. **Administração industrial e geral**. São Paulo: Atlas, 1950 [orig. 1916].

Outros autores que contribuíram para a escola de gestão administrativa são Luther H. Gulick, Lyndall F. Urwick e James D. Mooney:

- Luther H. Gulick, um acadêmico da área de administração pública, é conhecido por propor o conhecido acrônimo POSDCORB, que sintetiza as tarefas do administrador: planejar, organizar, *staff* (administração de pessoal), dirigir, coordenar, reportar e orçar.
- Lyndall F. Urwick, um consultor britânico, teve como principal contribuição estabelecer uma ponte entre os conceitos que orientavam a administração científica e os princípios de Fayol, além de ser o primeiro a introduzir o conceito de *amplitude de controle* na administração.
- James D. Mooney, engenheiro e presidente da GM, ficou conhecido por desenvolver uma abordagem à administração fundada em processos escalares, definições funcionais de serviços e tarefas e coordenação e integração das atividades organizacionais como um todo. Mooney concebia a estrutura organizacional como uma rede interna de relacionamentos entre órgãos e pessoas. Essa rede resulta de uma dupla abordagem: (1) no sentido vertical, relacionada com os vários níveis hierárquicos (cadeia escalar) de autoridade; (2) no sentido horizontal, relacionada com a departamentalização, a divisão em vários departamentos que cuidam das diversas funções e áreas de responsabilidade dentro da organização.

Tal como a administração científica, também a gestão administrativa de Fayol tem algumas limitações. Entre as principais críticas destacam-se o fato de focar no sistema formal da organização, como autoridade, cadeia de comando, entre outros, não levando em consideração o lado informal da empresa. Além disso, tal como a administração científica, continua a enxergar a empresa como um sistema fechado, no qual o mundo exterior à organização, seus competidores, fornecedores, agências reguladoras, entre outros, não são considerados nem analisados. E, por último, devido ao fato de ser formulada com base no conhecimento empírico, critica-se a ausência de fundamentação científica dos métodos e técnicas estudados por Fayol.

O Quadro 2.5 resume as principais características da escola da gestão administrativa.

Quadro 2.5 ›› Resumo da gestão administrativa

Fatores-chave do contexto	Fase monopolista do capitalismo. Existência de empresas altamente verticalizadas e hierarquizadas. Crescente conscientização acerca da importância da função da administração.
Pressupostos	O sucesso da administração reside não nas habilidades pessoais inatas dos gestores, mas sim na utilização de métodos científicos aplicados à administração. Existem princípios gerais de administração possíveis de serem identificados e analisados. Existe a ciência de administração.
Foco de análise	A organização como um todo.
Conceitos-chave	As seis áreas de operações empresariais. As cinco funções da administração. Os quatorze princípios de administração.
Principais contribuições	A administração pode ser vista como uma profissão capaz de ser treinada e desenvolvida. Muitos dos princípios desenvolvidos por Fayol têm validade na atualidade. Marca a forma de compreender a administração enquanto *processo*, composto de funções-chave, visão que prevalece até hoje.
Limitações e críticas	Prevalece a concepção da organização como um sistema fechado, não dando a devida importância aos fatores externos. Foca no sistema formal da organização, como autoridade, hierarquia, entre outros, não levando em consideração o seu lado informal. Os pressupostos motivacionais ainda são de natureza material e simplista.

2.4.5 ›› Teoria da burocracia

O termo "burocracia" é uma conjunção do termo francês *bureau*, que significa "escritório" ou "espaço de trabalho", com o sufixo grego *kratia*, que se refere ao poder, à regra. Logo, burocracia significa "poder do escritório".

Max Weber considerava que um dos traços distintivos das sociedades modernas é seu caráter burocrático. O desenvolvimento dessa nova forma de organização estava presente em todos os setores: Igreja, Estado, partidos políticos, empresas etc. Entre os fatores que permitiram a consolidação da estrutura burocrática é possível destacar:

- a racionalização do direito, que passa a ser escrito e organizado com base em ordenamentos jurídicos em vez dos costumes e tradições não escritos;
- a centralização do poder estatal propiciada pela crescente facilidade de comunicação e transporte, antigamente isolados;
- o surgimento e a consolidação das indústrias nas cidades;
- a consolidação da sociedade em massa como resultado da expansão do capitalismo.[17]

> **Teoria da burocracia**
> Teoria defendida pelo sociólogo Max Weber, sustenta que a burocracia, tendo por base princípios como a impessoalidade e a racionalidade técnica, é o modelo ideal de estruturação das organizações da sociedade capitalista.

Mesmo reconhecendo que a burocracia não é uma nova forma organizacional, uma vez que já existiram estruturas burocráticas no antigo Egito, na China e no Império Romano, Weber encontra no capitalismo (naquele estágio de desenvolvimento) fatores propícios ao desenvolvimento da burocracia. Para Weber, o capitalismo constitui a base mais racional para a administração burocrática, e a organização no sistema capitalista é por excelência uma burocracia.[18]

A burocracia é, segundo Weber, um modelo ideal descritivo cujas características nunca se encontram na sua forma pura na prática. As organizações, na prática, têm diferentes graus de burocratização. Weber identifica então os princípios básicos da burocracia, que são resumidos no Quadro 2.6.

Quadro 2.6 ›› Os princípios da burocracia

Divisão de trabalho	Funções bem definidas, subdivididas racionalmente em tarefas simples e rotineiras.
Impessoalidade	Os membros da organização têm direitos e deveres definidos por regras aplicadas de forma uniforme a todos, de acordo com seu cargo ou sua função.
Hierarquia	A organização dos cargos obedece ao princípio da hierarquia: cada cargo inferior está sob o controle e supervisão do superior.
Profissionalismo	O recrutamento é feito por regras previamente estabelecidas, garantindo a igualdade de oportunidades no acesso à carreira.
Padronização e formalização	Existe um sistema de regras e procedimentos escrito, padronizado e formalizado.
Autoridade	A fonte da autoridade é a regra, a lei. A obediência deve-se à ordem impessoal determinada pela regra.
Separação de domínios público e privado	Os membros do quadro administrativo devem estar completamente separados da propriedade dos meios de produção e administração. Paralelamente, existe completa separação entre o cargo da pessoa e sua vida privada.

Weber considerava que, em uma perspectiva puramente técnica, a burocracia é capaz de atingir o mais alto grau de eficiência e é, nesse sentido, o mais racional e conhecido meio de exercer dominação e controle sobre os trabalhadores. Diferentemente da opinião generalizada na atualidade, a burocracia era vista como uma forma organizacional que apresentava várias vantagens, entre as quais destacam-se:

Várias práticas das organizações públicas e privadas são herança dos preceitos da teoria da burocracia. A escolha de pessoas baseada no mérito e na competência técnica, e não em preferências pessoais, é um dos princípios da burocracia válidos até hoje. No setor público, são milhares de vagas abertas por ano, nas esferas federal, estadual e municipal, preenchidas por meio de concurso público e cobiçadas por mais de 10 milhões de brasileiros, segundo pesquisa realizada pelo IBGE em 2010. Na foto, destaca-se a cerimônia de formatura de mais de 900 guardas municipais no Rio de Janeiro em 2011, aprovados no 6º concurso público da Instituição.[19]

- o predomínio da lógica científica sobre a lógica "mágica", "mística" ou "intuitiva";
- a consolidação de metodologias de análise racionais, possibilitando o aprimoramento dos processos de produção;
- a redução dos favoritismos e clientelismos por meio da igualdade de todos diante da lei e da norma;
- a formalização e a codificação das competências técnicas, permitindo evitar perdas e desperdícios e transmissão de conhecimentos (diferentemente de sociedades baseadas no costume e na tradição);
- a capacidade de isomorfismo, isto é, a transposição de modelos para outras sociedades e culturas, em decorrência do impessoalismo da estrutura burocrática.[20]

Talvez a maior vantagem da burocracia resida em seu componente democrático, uma vez que, por causa da impessoalidade e da imposição de regras legais, possibilita condições iguais de acesso e manutenção ao cargo. É desse prisma que devem ser analisadas as reformas administrativas burocráticas implementadas no serviço público brasileiro, como a reforma do Departamento Administrativo do Setor Público (DASP).

No entanto, em vez de ser reconhecido pela sua vertente democrática, o uso da palavra "burocracia" na atualidade é sinônimo de ineficiência, lentidão e rigidez. Entre as limitações do modelo burocrático, tal como é adotado na prática, é possível destacar:

- *Incapacidade de resposta e adaptação organizacional*: a ênfase na impessoalidade, não considerando os elementos subjetivos presentes nas organizações, pode levar a aderência cega a regras formais em detrimento da criatividade, tornando as organizações inaptas a responder às mudanças dos ambientes dinâmicos com a adequada velocidade.
- *Perda da visão do conjunto dos objetivos organizacionais*: descrições detalhadas das funções e especialização excessiva podem fazer com que os indivíduos percam a visão geral acerca dos objetivos da organização.
- *Processo decisório lento*: a existência de regras excessivas e detalhadas pode influenciar a velocidade do processo de tomada de decisão.
- *Limites de formalização*: as alterações no ambiente em que a organização se insere demandam alteração rápida das tarefas, tornando praticamente impossível sua detalhada formalização.

No Brasil, o modelo de administração burocrática emerge a partir dos anos 1930 e foi consolidado com a criação do DASP – Departamento Administrativo do Serviço Público. Surge no quadro da aceleração da industrialização brasileira, em que o Estado assume papel decisivo, intervindo pesadamente no setor produtivo de bens e serviços. A partir da reforma empreendida no governo Vargas por Maurício Nabuco e Luiz Simões Lopes (na foto), a administração pública sofre um processo de racionalização que se traduziu no surgimento das primeiras carreiras burocráticas e na tentativa de adoção do concurso como forma de acesso ao serviço público. Baseado na premissa de separação entre política e administração, na qual cabe aos políticos a formulação dos objetivos e das políticas públicas e aos administradores a execução das mesmas, a administração pública influencia-se explicitamente pela administração científica de Taylor, tendendo à racionalização mediante a simplificação, padronização e aplicação de métodos científicos na definição de procedimentos e, simultaneamente, pelos princípios da burocracia weberiana, baseados no mérito profissional. Dessa forma, a implantação da administração pública burocrática representou uma clara da emergência de um capitalismo moderno no Brasil.[21]

- *Manutenção do* status quo: pelas razões especificadas anteriormente, o resultado último pode ser a manutenção do *status quo* em detrimento de uma atitude mais proativa da organização.

Vale a pena lembrar que Weber já tinha antecipado as **disfunções da burocracia** quando salientou que estas poderiam facilmente ganhar uma lógica própria, tornando-se fins em vez de meios, na busca de objetivos predefinidos.

O Quadro 2.7 sintetiza as principais características da teoria da burocracia.

> **Disfunções da burocracia**
> Conjunto de problemas originados pela obediência cega aos princípios burocráticos que causam ineficiência, lentidão e rigidez na gestão de uma organização.

Quadro 2.7 ›› Resumo da teoria da burocracia

Fatores-chave do contexto	Consolidação da autoridade racional-legal nas sociedades ocidentais. Racionalização do direito. Centralização do poder estatal. Expansão do capitalismo e surgimento de uma sociedade de massas. Industrialização e racionalidade técnica presente em grandes empresas verticalizadas e hierárquicas.
Pressupostos	Trata-se de um modelo ideal, impossível de ser encontrado na prática na sua forma pura.
Foco de análise	A organização como um todo.
Conceitos-chave	Os princípios da burocracia.
Principais contribuições	Predomínio da lógica científica. Consolidação de metodologias de análise racionais. Caráter democrático, mediante redução dos favoritismos e clientelismos. Desencadeamento de uma série de reformas de cunho democrático em sociedades capitalistas em expansão. Concepção de uma forma racional e eficiente de organização sob as condições de existência de atividades rotineiras.
Limitações e críticas	Prevalece a concepção da organização como um sistema fechado, não dando a devida importância aos fatores externos. As disfunções da burocracia, dentre as quais a rigidez pela excessiva formalização e abuso de poder tecnocrático (limitações essas já previstas por Weber).

2.4.6 ›› Considerações finais

A escola clássica, analisada neste capítulo, marca os primeiros estudos sistematizados acerca da administração, dando início à sua demarcação como uma nova disciplina. Incorporando as características do período no qual surge, o principal aspecto da escola é a busca contínua de métodos e técnicas científicas e racionais, de caráter universal, isto é, passíveis de serem aplicados em todas as situações com dado rigor. Não é de se estranhar, então, que o resultado imediato dessa escola seja a busca contínua da melhor forma de administrar e organizar, uma busca que o posterior desenvolvimento das teorias administrativas mostrou ser inviável.

No entanto, as teorias incluídas sob a denominação "escola clássica de administração" também apresentam importantes diferenças entre si. O Quadro 2.8 busca identificar as semelhanças e as diferenças mais relevantes entre os trabalhos de Taylor, Fayol e Weber, que compõem o principal referencial dessa escola.

As descrições e prescrições teóricas desenvolvidas por esses autores só fazem sentido se vistas da perspectiva histórica. As teorias foram úteis às condições de consolidação do capitalismo, na sua fase monopolista, caracterizada pela concentração de mercados, presença de hierarquias fortes e verticalizadas e uma sociedade de consumo em massa em franca expansão.

A crítica aos modelos desenvolvidos pela escola clássica de administração partem das premissas da sociedade contemporânea, dinâmica e marcada por outra configuração, à luz das quais se constroem os argumentos críticos. Hoje em dia, é difícil encontrar organizações caracterizadas por tarefas simples e repetitivas, que operam em ambientes estáveis e que oferecem produtos caracterizados por longos ciclos de vida, características estas que serviram como pressupostos ao desenvolvimento das ideias da primeira escola de administração. Pode-se afirmar que, onde esses pressupostos ainda estão presentes, as técnicas oferecidas pelos primeiros teóricos de administração ainda se mostram válidas.

A evolução do pensamento, no entanto, não se dá de forma linear e progressiva. Mesmo na contemporaneidade de Taylor e Fayol, autores como Chester Barnard e Mary Parker Follet (como veremos em seguida) antecipavam, em muitos anos, as bases das escolas que se desenvolveriam depois, sob novas condições históricas. A escola comportamental e a teoria dos sistemas devem muito aos desenvolvimentos teóricos antecipados por esses autores.

Quadro 2.8 ›› Comparação entre os principais autores da escola clássica de administração

	Administração científica	Gestão administrativa	Teoria da burocracia
Orientação do modelo teórico	Prescritiva	Prescritiva	Descritiva
Pressuposto básico	Existe uma ciência de administração, com capacidade de universalização.	Existem princípios gerais de administração, com capacidade de universalização.	Burocracia é um modelo ideal, impossível de ser encontrado na prática.
Foco de análise	Processos operacionais de trabalho.	Organização como um todo.	Organização como um todo.
Principal conclusão	Existe uma melhor maneira de administrar e organizar.	Existe uma melhor maneira de administrar e organizar.	A burocracia é a forma organizacional mais eficiente.
Principal crítica	Foco interno, em detrimento da análise do ambiente.	Foco interno, em detrimento da análise do ambiente.	Foco interno, em detrimento da análise do ambiente.
Principais autores	Frederick Taylor	Henri Fayol	Max Weber

2.5 ›› A escola comportamental de administração

Mesmo encontrando suporte nas ideias de alguns dos autores citados anteriormente, a incorporação das dimensões humanas no estudo da administração não foi algo imediato. Apenas a partir da década de 1930, os pesquisadores de fenômenos organizacionais reconheceram o papel que as pessoas desempenham nas organizações. Essas correntes de pensamento que desafiaram os pressupostos simplistas da natureza humana integram a chamada escola comportamental de administração.

Desde essa época, várias teorias abordaram diversos aspectos de comportamento humano nas organizações. A **escola comportamental** é uma denominação genérica do conjunto das contribuições teóricas e empíricas que buscam analisar o impacto do comportamento humano nas organizações.

> **Escola comportamental**
> Conjunto das contribuições teóricas e empíricas do campo de administração que buscam analisar o impacto do comportamento humano nas organizações.

Dentro da escola comportamental, é possível identificar várias correntes de pensamento desenvolvidas no decorrer do tempo, abrangendo desde o movimento de relações humanas nos anos 1930, a dinâmica de grupos e relações industriais nos anos 1940 e 1950, o humanismo organizacional representado por autores como McGregor, Herzberg e Argyris, que marcaram os anos 1960 e 1970, até as preocupações com o empreendedorismo presentes nos anos 1990.

O que vai diferenciar uma corrente da outra é o crescimento da complexidade nas abordagens acerca do ser humano e que vão orientar as pesquisas. As primeiras abordagens, como o movimento de relações humanas, reconhecem que os seres humanos não são apenas influenciados por estímulos econômicos, mas respondem a outros fatores de ordem social e psicológica (contrapondo ao *Homo economicus*, o conceito de **homem social**). As abordagens posteriores vão além desse conceito de homem social, para compreender o indivíduo como um ser complexo que tem outras necessidades ligadas ao seu ego, desenvolvimento pessoal, autorrealização e autonomia de pensamento – o homem complexo.

> **Homem social**
> Crença compartilhada pelos autores do movimento das relações humanas de que o ser humano é um ser motivado por fatores de ordem social e psicológica.

Apesar de ser possível enumerar outras correntes de pensamento dentro da escola comportamental, vamos nos atentar às duas mais marcantes para o desenvolvimento desse novo enfoque de pesquisa, centrado no lado humano e subjetivo das organizações:

- Movimento das relações humanas.
- Abordagem comportamental.

Antes, porém, vamos identificar que condições permitiram o desenvolvimento teórico dessa nova escola.

2.5.1 ›› Contextualização

A análise contextual privilegiará os fatores que influenciaram o surgimento da preocupação com o lado humano nas organizações em sua fase inicial, isto é, no início dos anos 1930.

RESULTADOS INSATISFATÓRIOS DA ESCOLA CLÁSSICA DA ADMINISTRAÇÃO ›› A abordagem clássica, voltada para estruturas e processos de trabalho, negligenciava o fator humano ou considerava-o totalmente controlável ou previsível. A prática da administração, contudo, estava mostrando, cada vez mais, que há sempre um considerável grau de incerteza associado à gestão de pessoas, que deveria lidar de modo mais eficaz com o "lado humano" nas organizações.

Por outro lado, além de se basear em pressupostos motivacionais simplistas, a escola clássica defendia que os interesses dos trabalhadores e da organização eram os mesmos, o que as pesquisas estavam demonstrando ser um pressuposto errado.

De fato, o enfoque comportamental nasce a partir de dados de pesquisas realizadas dentro das premissas defendidas pela administração científica e que foram implementadas no decorrer dos anos 1930. Essas pesquisas buscavam formas de aumentar a produtividade e depararam-se com a influência do fator humano nesse processo.

O IMPACTO DA SOCIOLOGIA E PSICOLOGIA NO ESTUDO DAS ORGANIZAÇÕES » Os fundadores das duas primeiras teorias da escola clássica eram engenheiros fortemente influenciados por uma perspectiva mais técnica e mecânica da administração e das organizações. Já na escola comportamental, a maioria das pesquisas na área de administração foi conduzida por cientistas sociais, influenciados principalmente pelo desenvolvimento da sociologia e psicologia, que consideravam o indivíduo como produto da sociedade e dos grupos sociais aos quais se filiava. Em função desse fato, o trabalhador passou a ser visto não apenas como uma peça mecânica de uma engrenagem, mas como uma individualidade que tem características mais complexas.

Entre os psicólogos que contribuíram com suas teorias para a escola comportamental, vale destacar Sigmund Freud, cuja teoria do inconsciente modificou a maneira como o ser humano era visto e influenciou os estudos comportamentais.

Entre os sociólogos, as ideias de Émile Durkheim e Vilfredo Pareto destacam-se como algumas das que mais influenciaram o estudo dos fatores humanos na administração. Para Durkheim, a coesão e o consenso entre os indivíduos eram indispensáveis para o bom funcionamento e equilíbrio da sociedade como um todo, e essas ideias estão presentes no movimento de relações humanas, conforme veremos a seguir. Para Pareto, o homem não é um ser racional, mas um ser que raciocina e que muitas vezes é levado pelos sentimentos. Ele defendia a ideia de superioridade da elite e sua legitimidade para conduzir a sociedade. Daí a legitimidade atribuída pelo movimento de relações humanas à elite de administradores capazes de dirigir de forma construtiva as organizações e a indústria.

Mesmo que os cientistas inicialmente envolvidos no movimento de relações humanas privilegiassem o grupo primário (e não o indivíduo) como unidade básica da sociedade, a preocupação com o indivíduo aguça-se com a consolidação e crescente aceitação das contribuições das ciências sociais.

RESPOSTA ÀS CRISES ECONÔMICAS DA DÉCADA DE 1930 » Os períodos de grande expansão econômica, típicos da primeira fase monopolista do capitalismo, foram seguidos por violentas crises econômicas e sociais que colocaram em dúvida as teses do capitalismo liberal. Especificamente em países como os Estados Unidos, o fim da Primeira Guerra Mundial provocou a retração da economia, uma vez que a indústria de guerra diminuiu o ritmo de produção. Por outro lado, os soldados que voltavam da guerra não eram absorvidos pelo mercado de trabalho, criando uma forte instabilidade social. Entre 1919 e 1921, o país viveu a "pequena crise", acompanhada por um breve período de proliferação econômica e desenvolvimento tecnológico, mas também por um surto especulativo, um dos fatores que desencadearam a **Grande Depressão** de 1929, com consequências não apenas para a economia norte-americana, como também para o restante do mundo (com exceção da ex-União Soviética, que se desenvolvia com base nos preceitos de uma economia planejada e fechada).

O resultado direto das crises foi o questionamento das bases sobre as quais se consolidaram as ideias da escola clássica de administração e o surgimento dos primeiros movimentos sindicalistas organizados. Os primeiros sindicatos foram criados já no início do século XIX, mas sua expansão maior ocorreu como influência de ideias de autores como Karl Marx e Friedrich Engels na segunda metade do século XIX. Os trabalhadores organizavam greves para reivindicar jornadas reduzidas de oito horas diárias e melhoria das condições de trabalho.

Grande Depressão
Maior e mais longa crise econômica mundial do século XX, que se iniciou em 1929 e terminou apenas com a Segunda Guerra Mundial. Ela provocou altas taxas de desemprego, diminuição da produção industrial, falência de muitas empresas e queda do preço de ações em diversos países.

No início do século XX, as greves voltaram-se contra o movimento taylorista, exigindo o cancelamento da medição de tempos e movimentos e outras formas de controle da atividade dos trabalhadores. Os conflitos capital-trabalho, bem como a penetração das ideias socialistas contrapostas ao utilitarismo e darwinismo social no campo das ciências sociais, influenciaram o surgimento de novas respostas das teorias administrativas.

Os precursores dos movimentos das relações humanas, Mary Parker Follet e Chester Barnard (que veremos em seguida), já vinham criando um terreno propício para o desenvolvimento de novas teorias mais voltadas para o indivíduo e o grupo nas organizações.

2.5.2 ›› Precursores da escola comportamental

Um conjunto de autores que coexistiu com os principais pensadores da escola clássica de administração apresentou várias ideias e conceitos que precederam muitas das escolas de administração desenvolvidas. Entre eles destacam-se principalmente Mary Parker Follet (1868-1933) e Chester Barnard (1886-1961).

No auge do taylorismo, Mary Parker Follet deu grande importância às relações interpessoais dos trabalhadores e analisou seus padrões de comportamento, partindo do pressuposto de que ninguém poderia se realizar como pessoa se não fizesse parte de um grupo. Defendia que as pessoas se influenciavam mutuamente, e que as divergências e conflitos entre elas poderiam ser construtivos.

Ela foi a primeira autora a analisar as bases do conflito organizacional e a propor métodos de resolução baseados na força (coerção e utilização de ameaças), na barganha (negociação política entre as partes) e na integração (uso de ferramentas administrativas baseadas na participação).

A visão do poder, para Follet, não se limitava à autoridade hierárquica, mas era também uma capacidade que poderia ser desenvolvida e incentivada pelos gestores por meio da delegação, antecipando assim muitas proposições sobre participação e liderança democrática.

Follet também supera seus contemporâneos na visão mais dinâmica das organizações, as quais concebe como uma teia complexa de relações sociais dinâmicas e circulares. Ela introduz a expressão **lei da situação** para se afastar dos princípios universalmente válidos. Para ela, uma pessoa não deve dar ordens a outra, mas ambas devem concordar e obedecer aos requisitos da situação que é, acima de tudo, reflexo do conjunto de inter-relações que se estabelecem entre os intervenientes. Paralelamente, considerava que o contexto está em constante evolução, exigindo diferentes respostas comportamentais. A autora adianta assim uma concepção mais aberta e dinâmica das organizações.

Chester Barnard foi um importante precursor da escola comportamental, antecipando muitas das ideias da abordagem comportamental. Barnard consolidou uma trajetória como executivo em empresas, como AT&T e Bell Telephone Company, e em cargos públicos, como Presidente da Fundação Nacional de Ciência, entre outros. Na sua obra mais conhecida, *As funções do executivo*, publicada em 1938, em um momento que ainda predominavam os princípios da escola clássica de administração, o autor, um prático e perspicaz observador do fenômeno organizacional, introduziu vários conceitos relacionados com a psicologia e a sociologia das organizações.

Inspirado em Durkheim, Barnard se propõe a apresentar uma **teoria da cooperação** em organizações formais. Para ele, as organizações são sistemas de atividades conscientemente coordenadas de duas ou mais pessoas, que existem porque os indivíduos não podem realizar objetivos individuais de forma isolada.

A ação cooperativa de todos os membros organizacionais (sejam eles funcionários, gerentes ou proprietários) está na base da análise de Barnard. Ele conclui que uma empresa só pode operar com eficiência e sobreviver quando os objetivos da

---

Lei da situação

Princípio gerencial segundo o qual não existem diretrizes gerais para o cumprimento de ordens, dependendo do contexto ou da situação em que são emitidas.

Teoria da cooperação

Tese sustentada por Barnard, que defende que as organizações são sistemas de atividades conscientemente coordenadas de duas ou mais pessoas e que existem porque os indivíduos não podem realizar objetivos individuais de forma isolada.

organização forem mantidos em equilíbrio com os objetivos e as necessidades dos indivíduos que trabalham para ela. Barnard atribui ao gestor a responsabilidade central de estabelecer e administrar um sistema de incentivos capaz de promover a participação ativa de todos em benefício da organização.

Assim, para ele, os papéis centrais dos gestores são a comunicação com os colaboradores e a motivação destes. É pela comunicação que o executivo pode reconciliar forças, instintos, interesses, condições, posições e ideias conflitantes que se fazem presentes em uma organização. Suas ideias são sustentadas no que ele denomina **teoria da aceitação da autoridade**, que defende ser possível alcançar maior aderência dos trabalhadores às orientações gerenciais e aos objetivos da organização, caso eles compreendam o que lhes é solicitado e considerem que as ordens são consistentes não apenas com os objetivos da organização, mas também com os objetivos pessoais.

Barnard reconhece a importância da organização informal como meio de comunicação, coesão e proteção da integridade individual e é um dos primeiros a reconhecer a relação de cooperação com elementos externos da organização (investidores, fornecedores, clientes e outros *stakeholders*), antecipando, assim, a importância do ambiente externo, bem como algumas das ideias do que atualmente é reconhecido como responsabilidade social corporativa.

2.5.3 ›› Movimento de relações humanas

O **movimento de relações humanas** nasce a partir dos resultado de uma pesquisa de campo na fábrica da Western Electric em Hawthorne, um bairro de Chicago, nos Estados Unidos. Essa pesquisa, que gerou as bases para o desenvolvimento do movimento de relações humanas, ficou conhecida como os *experimentos de Hawthorne*.

O objetivo inicial da pesquisa consistia em verificar os efeitos da iluminação no local de trabalho. Os resultados da pesquisa, porém, não foram os esperados. Durante os experimentos realizados, toda vez que se aumentava a intensidade da luz, a produção aumentava. E quando se diminuía a luz, a produção crescia também.

A partir desses resultados, foram realizados outros experimentos, em que se buscou observar o comportamento dos trabalhadores a cada pequena mudança nos lanches, intervalos, incentivos, horários de trabalho etc., e um fator que ninguém esperava foi identificado: os funcionários interpretaram a presença e a atenção que os pesquisadores lhes dedicavam como um aumento de interesse e preocupação com a melhoria de suas condições de trabalho. A partir desse momento, começa-se a se questionar a importância de aspectos técnicos (como a luminosidade) e a valorizar questões relacionais e sociais no ambiente de trabalho.

> **Teoria da aceitação da autoridade**
> Teoria que sustenta que a autoridade é um fenômeno psicológico, que depende, não do supervisor, mas da decisão do subordinado de aceitá-la.

> **Movimento de relações humanas**
> Movimento de reação e oposição à escola clássica de administração, que reconhece os limites do controle burocrático como forma de regulamentação social e que se propõe a valorizar as dimensões relacionais e sociais no ambiente de trabalho.

No final de 1924, o Comitê de Iluminação Industrial encomendou à Universidade de Harvard uma pesquisa sobre os efeitos da iluminação no local de trabalho, em uma empresa que fornecia materiais eletrônicos para empresas de telefonia, situada na cidade de Chicago, no bairro Hawthorne. As pesquisas quase foram abandonadas, pois os pesquisadores não tinham sido capazes de estabelecer nenhuma relação direta entre iluminação e produtividade. Elton Mayo, um dos pesquisadores da equipe, decidiu continuar a pesquisa e descobriu que outros fatores que não estavam sendo controlados exerciam uma influência sobre a produtividade. Os resultados mostraram que, por estarem sendo observados pelos pesquisadores, os funcionários interpretavam esse fato como aumento de interesse e preocupação com a melhoria das condições de trabalho e, assim, se julgavam na obrigação de produzir mais.[22]

Elton Mayo (1880-1949), professor da Universidade de Harvard nessa época e estudioso de lógica, filosofia e medicina, foi envolvido na pesquisa de Hawthorne em 1929, quando visitou pela primeira vez a fábrica. Ele percebeu o impacto que a atitude do pesquisador tinha nos resultados e reorientou a pesquisa de forma a testar os efeitos de uma abordagem mais cooperativa: os supervisores deveriam mostrar uma atitude aberta e amigável perante os trabalhadores, e os pesquisadores deveriam ser menos diretivos em suas entrevistas. Os resultados foram imediatos: o moral dos trabalhadores aumentou e a produtividade também. Mayo concluiu que esses resultados mais eficientes foram decorrentes do interesse pessoal dedicado ao trabalhador e da supervisão mais cooperativa.

Com o tempo, Mayo mudou as interpretações, retirando a eficiência da equação. Para ele, os gerentes pensavam que as respostas aos problemas industriais eram decorrentes da eficiência técnica, quando, na verdade, os problemas eram de ordem humana e social. A autoridade do gerente deveria ser baseada em habilidades interpessoais, capazes de propiciar a cooperação, em vez de focar na *expertise* técnica.

Além de Mayo, a escola de relações humanas teve a colaboração de outros autores, como Fritz Roethlisberger e William Dickson. Durante os experimentos de Hawthorne, Roethlisberger e Dickson observaram durante um tempo um grupo de homens que trabalhavam em uma sala de equipamentos de PABX. Eles verificaram que uma organização industrial é mais do que uma soma de indivíduos agindo apenas em relação a seus interesses econômicos e concluíram que as pessoas têm afetos e sentimentos, uns em relação aos outros, e costumam estabelecer padrões de interação. A maioria dos indivíduos que vivem sob esses padrões e normas de grupo tende a aceitá-los como verdades óbvias e reage de acordo com eles.

Mayo e seus colegas, então, chegaram às seguintes conclusões, que serviram de base ao movimento de relações humanas:

- a integração social do indivíduo é fator determinante de seu nível de produtividade;
- o comportamento do indivíduo é determinado pelas normas de funcionamento do grupo a que pertence;
- as organizações são compostas por diferentes grupos informais, que não coincidem com sua estrutura formal;
- uma supervisão mais cooperativa e preocupada com os trabalhadores aumenta a eficiência organizacional.

Roethlisberger refere-se a Mayo como um aventureiro no mundo das ideias. Para ele, Mayo foi capaz de interpretar os dados e os resultados de Hawthorne de forma inovadora e levantar novas questões e hipóteses que dirigiriam os estudos futuros. Mayo é justamente considerado o fundador do movimento de relações humanas porque desafiou o paradigma dominante do século XIX – o utilitarismo –, rejeitando o conceito de *Homo economicus* e apontando a importância de aspectos subjetivos e emocionais do ser humano. A aplicação das ideias psicológicas para uma melhor compreensão do mundo das organizações teve importante impacto para o desenvolvimento das teorias de motivação e liderança, que compõem o quadro da abordagem comportamental.

Os críticos de Mayo argumentam, no entanto, que ele interpretou os resultados de forma a corroborar sua visão a respeito das organizações e dos indivíduos: a da organização como sistema social. O movimento de relações humanas é ainda criticado por basear-se em uma filosofia simplista nem sempre possível de observar na prática – um trabalhador feliz é um trabalhador produtivo – e por ignorar o lado racional dos trabalhadores e a própria organização formal.

O Quadro 2.9 sintetiza as principais características do movimento de relações humanas.

Quadro 2.9 ›› Resumo do movimento de relações humanas

Fatores-chave do contexto	Resultados insatisfatórios da escola clássica de administração. Impacto das ciências sociais e, especialmente, da sociologia e da psicologia. Questionamentos decorrentes das crises econômicas e sociais da década de 1930.
Pressupostos	A organização é um sistema social. Homem social – homem é movido por fatores de ordem social e psicológica.
Foco de análise	O indivíduo e os grupos informais nas organizações.
Conceitos-chave	Produtividade e eficiência são influenciadas pelos grupos informais de trabalho. A autoridade do gerente deve se basear em competências e habilidades interpessoais e sociais em vez de competência técnica.
Principais contribuições	Inclusão do fator humano na análise organizacional. Alerta sobre o impacto da motivação humana no desempenho das organizações.
Limitações e críticas	Prevalece a concepção da organização como um sistema fechado. A organização é vista exclusivamente como um sistema social, em detrimento de outros aspectos de natureza técnica. Resultados de outras pesquisas comprovam que trabalhadores felizes nem sempre são mais produtivos.

2.5.4 ›› A abordagem comportamental

Os estudos do movimento de relações humanas contribuíram para alertar sobre a importância do fator humano na administração. No entanto, a relação entre a satisfação dos empregados e o aumento de produtividade não é tão óbvia assim, pois depende do tipo de trabalho e das condições sob as quais ele é desenvolvido. Em coerência com a escola clássica de administração, os principais representantes das relações humanas continuavam a considerar o ser humano como um ser passivo que reage de forma padronizada aos estímulos, mesmo sendo esses últimos de natureza social.

Outros estudos vão questionar os pressupostos do "homem social", evoluindo para uma concepção mais complexa do ser humano, considerando-o em contínua busca de autonomia e autodesenvolvimento, propondo uma nova definição da natureza humana: o **homem complexo**.

Consequentemente, esses estudos vão propor um conjunto de medidas de mudanças no trabalho e nas estruturas organizacionais, de forma a alinhar a ne-

> **Homem complexo**
> Crença compartilhada pelos autores da abordagem comportamental de que o ser humano tem necessidades relacionadas ao desenvolvimento pessoal, à autorrealização e à autonomia de pensamento.

As proposições oriundas da abordagem comportamental são muito evidentes na maior loja on-line de sapatos, a Zappos.com. Adquirida em 2009 pela Amazon.com, a companhia mantém a política de agradar os empregados e proporcionar um ambiente de trabalho descontraído. Para a empresa, a felicidade dos funcionários não é questão de "luxo". A empresa oferece comida gratuita, massagens no local de trabalho e até mesmo terapeutas para os seus funcionários. Um funcionário mais satisfeito, assim, rende mais e oferece um atendimento que agrada os clientes. Com isso, os consumidores ficam mais motivados para realizar futuras compras no site.[23]

cessidade de autodesenvolvimento e realização do ser humano com os objetivos organizacionais. Essa corrente de pensamento foi denominada **abordagem comportamental** e focou-se, em uma primeira fase, no desenvolvimento de teorias de motivação e liderança. Atualmente, os estudos dentro dessa abordagem continuam em uma subárea da administração denominada *comportamento organizacional*.

Abraham Maslow (1908-1970) foi um dos primeiros representantes de pesquisas sobre teorias motivacionais. Em um artigo publicado em 1943, ele sugere que os seres humanos têm cinco níveis de necessidades: fisiológicas, de segurança, de pertencimento ao grupo social, de autoestima e de autorrealização. Segundo o autor, as necessidades seguem uma hierarquia, não sendo possível satisfazer as necessidades de escalas mais altas, como de autoestima e de autorrealização, sem antes satisfazer as necessidades mais básicas, como as de ordem fisiológica e de segurança. Caberia aos administradores facilitar esse processo, encorajando ações que satisfaçam, simultaneamente, os objetivos organizacionais e as necessidades das pessoas.

Mais tarde, surgiram outros autores que contribuíram para consolidar as teorias motivacionais. Entre eles, destacam-se McGregor e Herzberg. Esses e outros autores e suas contribuições serão analisadas em detalhes no Capítulo 7.

Douglas McGregor (1906-1964) retoma alguns conceitos de Maslow para desenvolver uma teoria que ele denomina teoria X e teoria Y, na qual relaciona os conceitos de motivação com os conceitos de liderança. O autor analisa as teorias administrativas a partir dos pressupostos que as guiam. A teoria X, que corresponde às propostas da administração científica, assume que as pessoas são preguiçosas e que necessitam de motivação, pois encaram o trabalho como um mal necessário para ganhar dinheiro. A teoria Y, no entanto, baseia-se no pressuposto de que as pessoas querem e necessitam trabalhar, e encara a administração como um processo de criação de oportunidades para o empregado.

Frederick Herzberg (1923-2000), por sua vez, foi um dos primeiros pesquisadores a considerar as opiniões dos trabalhadores nas pesquisas acerca das condições de trabalho. Ele classificou a motivação humana em duas categorias: as necessidades básicas ou fatores higiênicos – que se referem aos fatores necessários, mas não suficientes para o homem trabalhar – e as necessidades de autorrealização ou fatores intrínsecos – com base nos quais é possível obter mais dedicação e comprometimento dos indivíduos com as organizações. O administrador focado apenas nos fatores higiênicos não consegue alcançar maior dedicação e comprometimento dos indivíduos. Para isso, as práticas motivacionais devem se voltar para a busca de satisfação dos fatores intrínsecos ao indivíduo.

> **Abordagem comportamental**
> Escola de pensamento que desenvolve um conjunto de teorias que propõem mudanças na configuração do trabalho e nas estruturas organizacionais de forma a alinhá-las com a necessidades de autodesenvolvimento e realização dos trabalhadores.

Na década de 1960, surgiu nos países escandinavos a corrente da democracia industrial, inspirada nos estudos de Herzberg, principalmente com o exemplo da fábrica Volvo, na Suécia. Essa corrente propõe estruturas organizacionais que possibilitem a participação dos indivíduos nas decisões. A Volvo adotou-a com sucesso, obtendo consideráveis melhorias na produtividade, com o conceito dos grupos semiautônomos de produção, isto é, unidades organizadas em torno da produção de bens específicos, com senso de participação, rodízio de tarefas e autonomia, muitas vezes com estruturas de cogestão entre operários e gerentes que se organizavam a fim de negociar e resolver os problemas específicos de sua seção.

Tal como na análise da motivação humana, a abordagem comportamental contribuiu também com um conjunto de pesquisas voltadas para a compreensão do fenômeno da liderança nas organizações desde a década de 1930. No entanto, é a partir da década de 1950 que começam a ser desenvolvidas teorias de lideranças mais abrangentes e complexas.

A visão acerca da liderança passou por várias modificações, partindo de uma identificação dos traços internos dos líderes, características únicas e singulares que diferenciam-nos de não líderes, para uma questão de atitudes e comportamentos que definiria os estilos de liderança. As teorias mais recentes privilegiam a necessidade de considerar variáveis contingenciais, como as características da tarefa ou a maturidade dos subordinados e sua relação com os estilos de liderança adequados. Essas teorias serão analisadas com profundidade no Capítulo 7.

O Quadro 2.10 resume as principais características da abordagem comportamental.

Quadro 2.10 ›› Resumo da abordagem comportamental

Fatores-chave do contexto	Resposta à visão reducionista do ser humano, presente no movimento de relações humanas. Impacto do desenvolvimento nas ciências sociais a partir da década de 1940.
Pressupostos	Homem complexo – homem é guiado pelo desejo de desenvolvimento e realização. Foco nos indivíduos e na relação desses últimos com o contexto.
Foco de análise	Comportamento de indivíduos e grupos nas organizações.
Conceitos-chave	Motivação e fatores motivacionais. Teorias de liderança.
Principais contribuições	Aumento da complexidade nas teorias de motivação e liderança, incluindo variáveis contingenciais na análise. Promoção da eficiência organizacional via motivação individual. Reconhecimento da importância do desenvolvimento dos recursos humanos. Introdução de práticas como participação, autonomia, iniciativa individual e trabalhos enriquecidos na administração.
Limitações e críticas	Algumas das perspectivas podem ser vistas a partir de um panorama puramente instrumental, de manipulação motivacional do trabalhador. Abordagem essencialmente descritiva, com poucas prescrições para a prática das organizações. Falta de comprovação empírica de algumas das suas teorias. Não consideração de alguns fatores situacionais, como a tecnologia e o ambiente externo, ou variáveis como poder.

2.5.5 ›› Considerações finais

O campo de estudos administrativos e organizacionais não é alheio nem fechado ao desenvolvimento de outras disciplinas. A escola comportamental ilustra bem esse fato, uma vez que surge principalmente como influência de disciplinas como psicologia e sociologia, marcando, assim, a primeira abordagem multidisciplinar da administração.

O resultado imediato dessa abertura intelectual foi a consideração do lado humano nas organizações. O tratamento das questões humanas, que pode parecer óbvio na atualidade, foi algo sistematicamente negligenciado nos primórdios da administração como uma nova disciplina. É o movimento de relações humanas que traz essa nova contribuição, apontando o papel que os indivíduos e grupos informais desempenham nas organizações, embora essa escola seja também criticada por ignorar e desprezar o lado formal da organização, bem como sua função lucrativa.

As primeiras aplicações da abordagem comportamental baseavam-se em pressupostos ainda simplistas sobre o indivíduo, visto apenas como um ser orientado por necessidades sociais. No entanto, o caminho estava aberto para a sistemática abordagem dos aspectos humanos no estudo da administração, marcado pela contribuição das teorias de motivação e liderança. Essas teorias introduzem uma visão mais complexa do ser humano, a qual marca as contribuições de cunho mais psicológico na área de administração até os dias atuais.

Algumas das contribuições mais presentes da abordagem comportamental, embora ela agregue uma diversidade de estudos, são:

- institucionalização da ideia de que as organizações são altamente dependentes do comportamento dos indivíduos que a compõem, assim como dos grupos sociais;
- ênfase na motivação como um fator relevante do comportamento humano no contexto organizacional;
- crescente compreensão das variáveis complexas que influenciam o fenômeno de liderança nas organizações.

Diferentemente da escola clássica de administração, cuja maior contribuição está circunscrita à época do seu surgimento, a escola comportamental é uma perspectiva ainda em construção na área de estudos administrativos e organizacionais.

2.6 ›› A escola quantitativa

A segunda metade do século XX é caracterizada pelo surgimento de novas correntes de administração. Entre elas encontra-se a **escola quantitativa**. Sua principal contribuição foi a introdução de complexos modelos matemáticos na análise de problemas organizacionais. Esses modelos tinham como objetivo auxiliar a tomada de decisão dos administradores.

Vamos começar examinando o contexto que propiciou o surgimento dessa nova corrente de pensamento administrativo.

> **Escola quantitativa**
> Corrente de pensamento que utiliza técnicas matemáticas e estatísticas na análise de modelos complexos, de forma a auxiliar a resolução de problemas organizacionais.

2.6.1 ›› Contextualização

Entre as variáveis contextuais que mais influenciaram o surgimento da escola quantitativa, é possível destacar o impacto da Segunda Guerra Mundial e o surgimento de associações de disseminação da informação para gerentes.

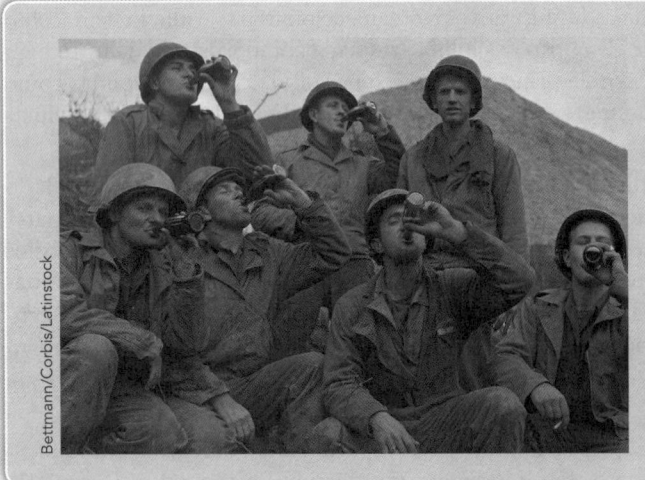

A Segunda Guerra Mundial é considerada um dos fatos históricos que mais influenciaram o mundo contemporâneo. A guerra trouxe também importantes lições para o campo da administração, como o surgimento de grandes corporações transacionais, a entrada definitiva da mulher no mercado de trabalho, o uso intensivo do computador e a Internet. Por exemplo, durante os combates da Segunda Guerra Mundial, foram instaladas 64 pequenas fábricas do refrigerante Coca-Cola espalhadas nos lugares onde existiam os conflitos, para atender os soldados norte-americanos. Depois de 1945, com o fim do conflito, a empresa aproveitou a oportunidade para se estabelecer naquelas localidades onde já se encontravam suas instalações. Essa estratégia deu tão certo que, a partir disso, iniciou-se o processo de globalização e reconhecimento internacional da marca.[24]

IMPACTO DA SEGUNDA GUERRA MUNDIAL » Durante a Segunda Guerra Mundial, os países envolvidos no conflito investiam uma boa parte dos seus orçamentos em pesquisas científicas. Essas pesquisas tinham como objetivo o planejamento e controle de estratégias e operações militares complexas e o desenvolvimento de novas tecnologias que permitissem alcançar vantagens sobre os oponentes.

Dessa forma, constituíram-se equipes com alguns dos mais conceituados matemáticos, físicos, entre outros cientistas, com o objetivo de encontrar soluções matemáticas e quantitativas para problemas militares. Importantes inovações tecnológicas, como os radares, os motores a jato e a bomba atômica, foram desenvolvidas nesse período.

Todo esse investimento governamental em prol da superioridade militar dos países contribuiu substancialmente para o desenvolvimento de diversas ciências, como a teoria da informação, a cibernética, a análise de sistemas, as ciências da computação, entre tantas outras.

Com o fim da guerra, todo esse conhecimento acumulado, que tinha como base a modelagem matemática e a utilização de computadores para apoiar os processos de tomada de decisão, foi sendo incorporado pelas organizações. Além disso, muitos dos especialistas que estiveram envolvidos no planejamento de operações militares deram continuidade a suas pesquisas, agora visando apoiar empresas e governos nos processos de tomada de decisão.

IMPACTO DAS ASSOCIAÇÕES DE DISSEMINAÇÃO DA INFORMAÇÃO PARA GERENTES » Não pense que o surgimento dessa escola deve-se exclusivamente à Segunda Guerra Mundial. Como o campo da administração estava em plena expansão e crescimento, os administradores tinham necessidade de tomar contato com as inovações teóricas que estavam surgindo. O conhecimento em administração ainda estava pouco sistematizado, e os administradores sentiam a necessidade de se organizar.

Dessa forma, no começo dos anos 1950, apareceram as primeiras associações que tinham como objetivo disseminar informações sobre as técnicas quantitativas de apoio à tomada de decisão, desenvolvidas para a área da administração.

Em 1952, foi criada a Sociedade Americana de Pesquisa Operacional. Ela iniciou a publicação de um influente jornal de divulgação de técnicas de gestão de operações e de logística, o *Operations Research*.

No ano seguinte, o Instituto de Ciências de Administração começou a publicar a revista *Management Science*. Os principais objetivos desse instituto eram identificar, expandir e unificar conhecimentos científicos que contribuíssem para a compreensão da prática de administração.

Essas associações de administradores e os respectivos jornais contribuíram para a divulgação de técnicas quantitativas de resolução de problemas organizacionais, fundando as bases para o surgimento de uma nova corrente de pensamento administrativo: a escola quantitativa.

2.6.2 ›› A escola quantitativa

A escola quantitativa utiliza técnicas matemáticas e estatísticas para a análise de modelos complexos, de forma a auxiliar a solução de problemas organizacionais. Para essa abordagem, portanto, a maioria desses problemas pode ser modelada quantitativamente.

Podemos dividir a escola quantitativa em três grandes correntes:

- Pesquisa operacional.
- Gestão de operações.
- Gestão de sistemas de informação.

PESQUISA OPERACIONAL » A primeira corrente da escola quantitativa é a **pesquisa operacional**, que consiste na aplicação de métodos científicos – baseados na modelagem matemática e estatística – a problemas complexos para auxiliar o processo de tomada de decisões gerenciais, como projetar, planejar e operar sistemas em situações que requerem alocações eficientes de recursos escassos.

Os modelos de pesquisa operacional oferecem aos administradores uma forma sistemática e científica de resolução de problemas em ambientes complexos e situações caracterizadas pela incerteza e conflito. A modelagem matemática dos problemas permite aos gestores uma maior compreensão destes e oferece-lhes uma ferramenta para auxiliar a tomada de decisão.

Para a pesquisa operacional, é possível descobrir a melhor forma de fazer qualquer coisa, como prever as vendas futuras, minimizar os custos de armazenamento ou gerir eficientemente filas de espera, poupando assim tempo e dinheiro.

O surgimento de computadores na década de 1950 tornou possível desenvolver e utilizar novos modelos e técnicas para resolver uma grande variedade de problemas organizacionais. Assim, à medida que a capacidade computacional disponível foi crescendo, tornou-se possível resolver problemas cada vez mais complexos.

GESTÃO DE OPERAÇÕES » A **gestão de operações** é uma subespecialização da escola quantitativa. Ela tem como foco a operação e o controle do processo de transformação de materiais, trabalho e capital em produtos ou serviços. Ou seja, busca otimizar as operações e atividades por meio das quais os vários recursos são utilizados para produzir bens e serviços.

Essa corrente da escola quantitativa tem suas raízes na escola clássica de administração, mais especificamente no movimento de administração científica. No entanto, tornou-se uma área de estudo independente após o final da Segunda Grande Guerra.

Tal como o movimento de administração científica, tem como prioridade a produtividade e a qualidade de produtos e serviços, fazendo uso de diversas ferramentas quantitativas para otimizar os processos e atividades operacionais das organizações.

Entre as principais áreas de estudo da gestão de operações destacam-se: o planejamento de capacidade e localização, a organização espacial do ambiente de trabalho, o planejamento de necessidades de materiais, a gestão de estoques, o planejamento de produção e o controle de qualidade.

> **Pesquisa operacional**
> Ramo da escola quantitativa que consiste na aplicação de modelagem matemática e estatística a problemas complexos, para auxiliar o processo de tomada de decisões gerenciais.

> **Gestão de operações**
> Especialização da escola quantitativa que tem como foco a operação e o controle do processo de transformação de materiais, trabalho e capital em produtos ou serviços.

Um bom exemplo da utilização de modelos matemáticos no apoio à tomada de decisão é a empresa brasileira Phynance, administradora de valores mobiliários. A empresa, administrada pelo astrofísico Fabio Bretas (na foto), desenvolveu modelos quantitativos que são traduzidos em softwares, com o objetivo de proporcionar um processo decisório automatizado, com garantia de isenção e ausência de emoção na gestão de seus fundos de investimento. As decisões dos investidores são tomadas com base nos parâmetros definidos nos modelos matemáticos e estatísticos.[25]

> **Sistemas de informação gerenciais**
> Disciplina da escola quantitativa que tem como foco a gestão e o desenvolvimento de sistemas de coleta, processamento e monitoração de informação gerencial.

SISTEMAS DE INFORMAÇÃO GERENCIAIS ›› A disciplina mais recente da escola quantitativa é o campo de gestão de **sistemas de informação gerenciais** (SIG), fortemente influenciado pelo desenvolvimento das ciências da computação.

Um SIG é um sistema computadorizado que tem como objetivo coletar, processar e disseminar dados, de forma a transformá-los em informação útil e acessível a todos os níveis organizacionais.

Os sistemas de informação têm também a função de monitorar as informações e selecionar apenas aquela que tem potencial para tornar-se uma informação gerencial. A importância dos SIGs torna-se mais relevante na atualidade, em face do gigantesco volume de informações a que todo gestor está sujeito no seu dia a dia.

A diminuição dos custos de investimento em novas tecnologias e a ampliação do uso dos computadores nas organizações têm influenciado cada vez mais a sofisticação dos SIGs e sua disseminação por todas as organizações.

Como área de estudo acadêmico, essa disciplina envolve principalmente o desenvolvimento de software integrado dos vários sistemas da organização.

A complexidade das técnicas matemáticas usadas, assim como a não consideração do fator humano, é apresentada como a principal limitação dessa abordagem. Em geral, é possível afirmar que existe uma distância ainda considerável entre a teoria dos modelos e a complexidade dos problemas de fato enfrentados pelos administradores.

O Quadro 2.11 sintetiza as principais características da escola quantitativa.

Quadro 2.11 ›› Resumo da escola quantitativa

Fatores-chave do contexto	Impacto da Segunda Guerra Mundial e de financiamento governamental em pesquisa operacional. Impacto das associações e revistas de pesquisa operacional.
Pressupostos	A maioria dos problemas de administração podem ser modelados quantitativamente. É possível descobrir a melhor forma de solucionar qualquer problema.
Foco de análise	Modelos e técnicas de apoio ao processo de tomada de decisão nas organizações.
Conceitos-chave	Aplicação da análise quantitativa às decisões administrativas. Conjunto de técnicas, como análise de decisão, otimização, simulação, previsão, teoria dos jogos, modelos de rede e de transportes, modelagem matemática, análise de cenários, análise morfológica, alocação de recursos e gestão de projetos.
Principais contribuições	Facilitação dos processos de tomada de decisão nas organizações. Aprimoramento dos métodos quantitativos para a análise dos problemas.
Limitações e críticas	Desconsideração de fatores não quantificáveis. Desconsideração de aspectos subjetivos e emocionais nas organizações. Desenvolvimento de modelos não projetados para lidar com decisões não rotineiras ou imprevisíveis.

2.6.3 ›› Considerações finais

A Segunda Guerra Mundial influenciou o desenvolvimento da área de administração em vários sentidos, sendo a escola quantitativa um resultado imediato da transposição de técnicas de pesquisa operacional, muito usadas no decorrer desse período para o campo da administração. É interessante também perceber o impacto das associações e revistas de pesquisa operacional na perpetuação e divulgação de suas técnicas em várias disciplinas, incluindo a própria administração.

No âmbito da escola quantitativa, inclui-se um conjunto de técnicas que fazem uso dos métodos quantitativos para a resolução de problemas de gestão. Esse conjunto desempenha papel relevante no apoio do processo de tomada de decisão nas organizações, tornando-o mais racional e eficiente.

No entanto, o uso das técnicas quantitativas deve ser visto como mais um instrumento facilitador do processo de tomada de decisão, não esgotando a necessidade de análises qualitativas, nem ignorando as questões relativas ao lado humano nas organizações. A imprevisibilidade inerente às decisões em administração demanda boa capacidade de improvisação e flexibilidade, que apenas os administradores bem preparados são capazes de oferecer.

2.7 ›› A escola contingencial

A escola contingencial é outra corrente de pensamento administrativo que surge na segunda metade do século XX, influenciada pela crescente conscientização do impacto do ambiente externo nas organizações. Os dois principais desenvolvimentos teóricos da escola contingencial são:

- teoria dos sistemas;
- enfoque contingencial.

Antes de analisarmos as contribuições dessas correntes, vamos primeiro destacar as *contingências* ambientais e históricas que estiveram na sua origem.

2.7.1 ›› Contextualização

Entre os fatores que influenciaram o surgimento do pensamento sistêmico e contingencial em administração, podemos destacar a conscientização acerca da interdependência global pós-Segunda Guerra Mundial, o movimento contra a excessiva especialização das disciplinas e a influência da obra de Von Bertalanffy.

CONSCIENTIZAÇÃO ACERCA DA INTERDEPENDÊNCIA GLOBAL PÓS-SEGUNDA GUERRA MUNDIAL ›› A Segunda Guerra Mundial tornou mais visível a questão da interdependência entre os países. Isso porque se percebeu que determinados acontecimentos em um país causavam impactos em diversos outros. A ocupação da Polônia ou da França pelos nazistas não afetava apenas esses países, mas todo o mundo.

Os países passaram a ser vistos não como nações fechadas em si mesmas, mas como parte de um conglomerado mundial. Uma prova disso é a criação da ONU no mesmo ano em que a guerra terminou.

Um de seus objetivos era (e ainda é) manter a paz mundial. Para isso, ela teria de tentar influenciar o comportamento de países em caso de conflitos entre eles, ou até mesmo intervir – dependendo do caso e da gravidade do conflito.

Essa visão sistêmica do mundo passa a influenciar, então, diversas disciplinas. Entre elas, a administração.

MOVIMENTO CONTRA A EXCESSIVA ESPECIALIZAÇÃO DAS DISCIPLINAS ›› A consciência de que tudo está interligado refletiu-se nas concepções de conhecimento e ciência. De repente, verificou-se que existia uma excessiva especialização das diferentes disciplinas científicas. Essa especialização traduzia-se em um isolamento dessas áreas.

O pensamento sistêmico surgiu, assim, como um movimento contrário a essa especialização das disciplinas científicas. Esse movimento entende que muitos avanços conseguidos em um ramo de conhecimento poderiam contribuir para a evolução de outros ramos. A realidade deveria ser analisada a partir de perspectivas complementares, e não restringir-se a uma única abordagem.

Surgem então os primeiros estudos interdisciplinares, partindo do pressuposto que os diferentes ramos de conhecimento científico eram complementares e relacionados e que constituíam um sistema maior.

Passou-se a acreditar, portanto, que existiam regras aplicáveis a todas as áreas de conhecimento.

INFLUÊNCIA DA OBRA DE VON BERTALANFFY ›› O acadêmico que consolidou essa perspectiva sistêmica foi Ludwig von Bertalanffy ao propor uma *teoria geral de sistemas*. Ele foi o primeiro a conceber o modelo do sistema aberto como um complexo de elementos em interação e intercâmbio contínuo com o ambiente.

Os pressupostos que ele definiu em sua obra foram posteriormente apoiados por intelectuais de diferentes áreas, dentre as quais a administração.

Von Bertalanffy criticava também o ponto de vista de que o mundo se divide em diferentes áreas de conhecimento, como física, química, biologia, psicologia etc. Ao contrário, sugeria que esses sistemas deveriam ser estudados de uma perspectiva integrada, de forma a envolver todas as suas interdependências.

Ele considerava que cada um dos elementos, ao serem reunidos para compor uma unidade funcional maior, desenvolvem qualidades que não se encontram em seus componentes isolados. Ou seja, os elementos que formam um sistema são vistos como um todo, sendo praticamente impossível estudá-los separadamente. Qualquer alteração em alguma parte de um sistema pode afetar todo o conjunto.

2.7.2 ›› A teoria dos sistemas

Até então, as teorias administrativas e organizacionais estudadas focavam os aspectos internos da organização. Elas enxergavam a organização como um *sistema fechado*, sem interação com seu ambiente externo. Logo, esperava-se que, com a melhoria dos processos internos, a organização tivesse sucesso.

Paralelamente, todas as teorias analisadas consideravam a organização a partir de uma visão simplificada que não consegue perceber a complexidade e o pluralismo que podem existir dentro da mesma organização. Os subsistemas organizacionais eram analisados separadamente: a administração científica e a escola quantitativa focavam o subsistema técnico, ao passo que as teorias comportamentais lidavam com o subsistema psicossocial. Na verdade, cada uma dessas teorias trouxe importantes contribuições para a organização, porém em "partes", perdendo de vista seu funcionamento como um todo.

A **teoria dos sistemas** surge então como uma nova forma de interpretar as organizações e contribui para uma abertura das visões interna e externa. Essa abordagem vê a organização como um sistema unificado e direcionado de partes inter-relacionadas. Assim, os administradores podem perceber a organização como um todo, composto por partes cuja atividade afeta, de forma inter-relacionada, a atividade de toda a organização e, paralelamente, como parte de um sistema maior: o ambiente externo.

Em outras palavras, a organização passa a ser percebida como um *sistema aberto* em contínua relação com o ambiente em que está inserida. As organizações não são vistas como autossuficientes, pois prescindem de insumos do ambiente (matérias-primas, recursos humanos, capital etc.), além de precisarem escoar seus produtos e serviços. A Figura 2.2 ilustra a perspectiva de um sistema aberto.

> **Teoria dos sistemas**
> Nova forma de interpretar as organizações, que passam a ser vistas como um sistema aberto em contínua relação com o ambiente em que está inserido, sendo ele próprio um sistema complexo composto por diversos subsistemas (técnico, estrutural, psicossocial etc.) em contínua interação.

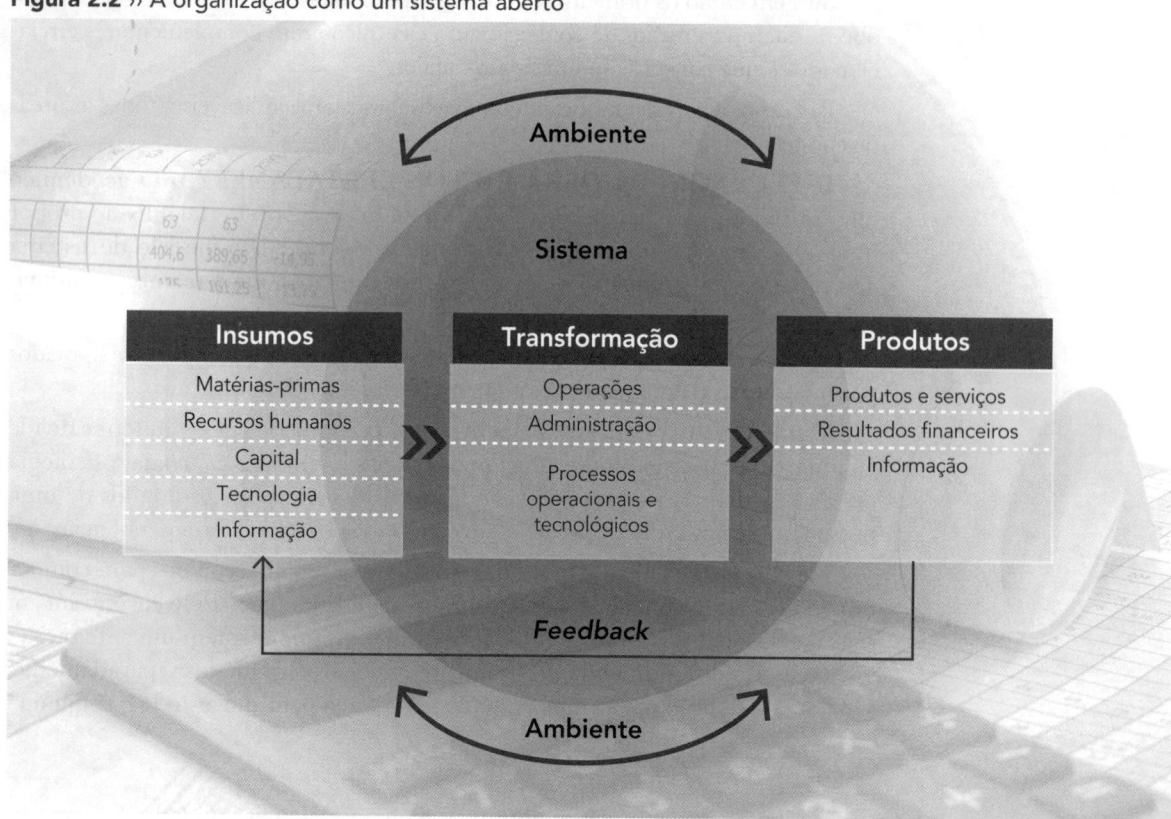

Figura 2.2 ›› A organização como um sistema aberto

```
                            Ambiente

                             Sistema

    ┌─────────────────┐  ┌─────────────────┐  ┌─────────────────┐
    │    Insumos      │  │  Transformação  │  │    Produtos     │
    ├─────────────────┤  ├─────────────────┤  ├─────────────────┤
    │ Matérias-primas │  │    Operações    │  │ Produtos e serviços │
    │ Recursos humanos│»»│  Administração  │»»│ Resultados financeiros │
    │     Capital     │  │    Processos    │  │   Informação    │
    │    Tecnologia   │  │  operacionais e │  │                 │
    │    Informação   │  │   tecnológicos  │  │                 │
    └─────────────────┘  └─────────────────┘  └─────────────────┘

                            Feedback

                            Ambiente
```

Por outro lado, para a teoria dos sistemas, a organização é um sistema complexo composto por diversos subsistemas em contínua interação. Subsistemas de natureza técnica, estrutural, psicossocial, de valores etc. interagem e compõem a organização. Essa perspectiva ajuda a integrar as diversas abordagens de administração estudadas. O trabalho do administrador é assegurar que todas as partes da organização sejam coordenadas internamente, de forma a alcançar os objetivos organizacionais.

Outra diferença em relação às teorias anteriores é que a teoria dos sistemas não enxerga o trabalhador como um homem social ou complexo, mas sim como um **homem funcional**. Em uma organização, as pessoas interagem entre si, funcionando como sistemas abertos. Seu comportamento é influenciado fortemente pelo ambiente, e suas ações visam a objetivos exteriores a elas, ou seja, os objetivos da organização. Para a teoria dos sistemas, as organizações são sistemas de papéis, nas quais o homem funcional executa um determinado papel, administrando suas expectativas e ajustando-se aos novos papéis que lhe são atribuídos.

Outra importante implicação conceitual da teoria dos sistemas tem a ver com o conceito de **equifinalidade**, uma propriedade dos sistemas abertos que se refere às diversas formas possíveis de alcance do mesmo objetivo, contrariando, assim, "a única melhor forma de administrar" da escola clássica ou quantitativa. O administrador pode e deve usar uma pluralidade de formas para alcançar os objetivos.

Vários pesquisadores do campo da administração foram influenciados pelas ideias da teoria dos sistemas e desenvolveram trabalhos a partir de uma visão sistêmica da organização. Entre eles, destacamos os de Eric Trist e Fred Emery, com a abordagem sociotécnica da organização, de Robert Kahn e Daniel Katz, com o modelo de organização como sistema complexo, e, mais recentemente, de Edward Freeman, com a teoria dos *stakeholders* (será analisada no Capítulo 3).

> **Homem funcional**
> Crença de que as pessoas funcionam como sistemas abertos em permanente interação com o ambiente e com outras pessoas, e que seu comportamento visa a objetivos exteriores a elas.

> **Equifinalidade**
> Propriedade dos sistemas abertos que se refere às diversas formas possíveis de alcance do mesmo objetivo.

Dentre as principais críticas à teoria dos sistemas, pode-se destacar a descrença quanto à transposição acrítica ou ineficiente de pressupostos advindos das ciências biológicas e naturais. Argumenta-se que a complexidade e a unicidade da vida social tornam essa transposição difícil e até problemática, uma vez que variáveis inerentes à dinâmica social, como poder e conflitos, não são consideradas de forma adequada. Outra crítica aborda o fato de que a teoria não fornece direcionamento quanto às funções e práticas concretas que o administrador pode adotar.

O Quadro 2.12 resume as principais características da teoria dos sistemas.

Quadro 2.12 ›› Resumo da teoria dos sistemas

Fatores-chave do contexto	Conscientização da interdependência global do pós-Guerra. Movimento contra a excessiva especialização das disciplinas. Influência da obra de Von Bertalanffy.
Pressupostos	As organizações devem ser vistas como sistemas abertos. Homem funcional – sistemas abertos cujo comportamento é influenciado pelo ambiente e suas ações visam a objetivos exteriores a eles.
Foco de análise	A organização, seus subsistemas e a interação com o ambiente em que se insere.
Conceitos-chave	A organização é um sistema aberto, composto de partes interdependentes entre si. A organização está em contínua interação com o ambiente em que se insere, para recolher os insumos e contribuir via produtos e serviços.
Principais contribuições	Percebe relações importantes entre os subsistemas organizacionais que influenciam o alcance dos objetivos da organização. Desmistifica a "solução administrativa ótima", abrindo espaço para soluções alternativas satisfatórias. Expande as fronteiras da organização, reconhecendo a importância da sua relação com o ambiente. Abre o caminho para uma série de pesquisas a serem desenvolvidas para identificar variáveis ambientais que influenciam o desempenho organizacional.
Limitações e críticas	Não oferece direcionamento acerca das funções e práticas concretas gerenciais. Baseia-se em conceitos transpostos de ciências biológicas e naturais que nem sempre levam em consideração a complexidade e a unicidade da vida social.

2.7.3 ›› Enfoque contingencial

> **Enfoque contingencial**
> Conjunto de pesquisas empíricas que buscam identificar as principais contingências, isto é, as características (internas e externas) que podem influenciar a estrutura de uma organização.

O **enfoque contingencial** consolida-se a partir das proposições da teoria dos sistemas. Baseados na concepção da organização como um sistema aberto, em contínua interação com o ambiente em que ela está inserida, refutam os princípios universais de administração e defendem que uma variedade de fatores, tanto internos quanto externos à empresa, podem influenciar seus resultados.

Autores como Taylor e Fayol especificaram princípios de administração baseados no pressuposto de que estes seriam universalmente aplicáveis. Até os teóricos do movimento de relações humanas privilegiaram a universalidade de seus achados empíricos, supervalorizando algumas características de gestão de pessoas que não influenciam positivamente os resultados organizacionais em todas as condições.

A frase "não existe uma única maneira indicada de administrar e organizar" vai marcar a perspectiva contingencial, em uma clara oposição às ideias das escolas clássicas de administração. De fato, os administradores já tinham percebido que métodos e técnicas altamente eficazes em uma situação deixavam de funcionar em outras. Retomando o exemplo introdutório da Volkswagen, a estratégia de descentralização pode não funcionar adequadamente em empresas orientadas para produtos e serviços complexos que requerem soluções sistêmicas, mesmo que apresente resultados satisfatórios em montadoras no Brasil. De acordo com os representantes dessa corrente, é tarefa do administrador analisar a situação e suas

> O enfoque contingencial e seu princípio de que cabe ao administrador adaptar suas organizações às características do ambiente ajuda a explicar a invasão da gastronomia vegetariana e japonesa em estabelecimentos como churrascarias e restaurantes *self-service*. Com o objetivo de agradar ao paladar de um número cada vez maior de clientes que optam por não consumir carnes, as churrascarias e os restaurantes *self-service* estão se adaptando a essa nova característica do ambiente externo, oferecendo cada vez mais aos seus clientes opções de pratos vegetarianos e da culinária japonesa.

circunstâncias específicas para identificar quais técnicas trariam os melhores resultados sob as condições daquela situação.

A perspectiva contingencial, com sua máxima "tudo depende", pode parecer intuitivamente lógica. Afinal, existem milhares de organizações diversas entre si em termos de tamanho, objetivos, tarefas, pessoas, indústrias etc. que podem demandar soluções administrativas mais customizadas. No entanto, a contribuição da perspectiva contingencial não se esgota apenas no reconhecimento dessa diversidade. Os autores da perspectiva da contingência contribuem para os estudos de administração por meio de um conjunto de pesquisas empíricas que identificam as principais contingências, isto é, as características (internas e externas) que podem influenciar a estrutura de uma organização. Por essa razão, essa corrente é também denominada *contingência estrutural*. Entender as contingências ajuda o administrador a compreender quais ações administrativas ou estruturas organizacionais são mais adequadas em determinado conjunto de circunstâncias. Algumas das contingências mais analisadas na literatura são apresentadas no Quadro 2.13.

Entre os principais autores que contribuíram, mediante pesquisa empírica, para a consolidação dessa perspectiva destacam-se Joan Woodward, Tom Burns, G. M. Stalker, Paul Lawrence e Jay Lorsch.

Quadro 2.13 ›› Contingências e sua influência em organizações

Incerteza e complexidade do ambiente externo	O grau de incerteza e complexidade do ambiente em que a organização se insere pode influenciar o processo de administração. Ambientes mais estáveis e previsíveis demandam estruturas mais burocratizadas, com divisões claras de tarefas, papéis e responsabilidades e cadeia definida de comando e controle, ao contrário de ambientes turbulentos, caracterizados pelo alto grau de incerteza e complexidade e que requerem maior grau de inovação, em geral próprio às estruturas organizacionais mais flexíveis e enxutas, marcadas pela delegação de poder.
Tamanho da organização	O tamanho de uma organização pode ser mensurado em número de pessoas, volume de receitas, entre outros. O aumento do tamanho de uma organização traz problemas de coordenação. Por exemplo, o tipo de estrutura organizacional adequado para uma organização de 10 mil empregados seria ineficiente em uma organização composta por 20 indivíduos.
Tecnologia	Tecnologia refere-se ao processo de transformação de insumos em produtos e pode ser diferente de uma organização para outra, variando de tecnologias mais rotineiras até mais complexas e customizadas. Cada uma dessas tecnologias demandará diferentes estilos de liderança, sistemas de controle e estruturas organizacionais.
Tarefa	O tipo de tarefa que uma organização busca realizar também influenciará sua forma de administração. Tarefas complexas requerem estruturas que possam incentivar uma maior coordenação entre os membros da organização, em busca de soluções mais inovadoras e complexas.

Woodward e seus colaboradores reconheceram a relação entre diferentes tipos de tecnologia e as características estruturais de uma organização. Os pesquisadores concluíram, basicamente, que o desempenho da organização estava relacionado com o grau de ajuste entre a tecnologia utilizada e a estrutura organizacional. Já Burns e Stalker diferenciaram o modelo mecânico e o modelo orgânico da organização, sendo o primeiro adequado a situações relativamente estáveis de mercado e tecnologia, ao passo que o segundo é mais indicado a mercados turbulentos. Por sua vez, Lawrence e Lorsch conceituam o próprio ambiente em que a organização se insere como heterogêneo e percebem que há uma relação entre o ambiente externo à organização (grau de incerteza, diversidade, turbulência do meio ambiente) e os níveis internos de integração e diferenciação que caracterizam o grau de especialização de uma empresa. As contribuições desses autores serão detalhadas no Capítulo 6, quando analisaremos os condicionantes da estrutura organizacional.

Resumindo, a perspectiva contingencial alerta que não existe uma melhor maneira de administrar, como também demonstra que há mais de um caminho para atingir os objetivos propostos. Dependendo das variáveis contingenciais, várias estruturas organizacionais e formas de administração são possíveis de ser adotadas. O Quadro 2.14 resume as suas principais características.

Quadro 2.14 ›› Resumo do enfoque contingencial

Fatores-chave do contexto	Influência do pensamento sistêmico.
Pressupostos	As organizações devem ser vistas como sistemas abertos.
Foco de análise	A organização, seus subsistemas e a interação com o ambiente em que esta se insere.
Conceitos-chave	Não existe uma única maneira adequada de administrar. Existem vários caminhos para atingir os objetivos propostos. Identificação de contingências: tarefa, tamanho, tecnologia, ambiente. Cabe ao administrador adaptar suas organizações às características do ambiente.
Principais contribuições	Identificação, via pesquisa empírica, de várias contingências que influenciam o desempenho organizacional. Contestação dos princípios gerais da administração.
Limitações e críticas	A teoria organizacional cai em certo relativismo, uma vez que "tudo depende" do contexto. A pesquisa sobre as contingências ainda não identificadas que podem influenciar a organização é inesgotável.

2.7.4 ›› Considerações finais

A teoria dos sistemas e o enfoque contingencial mudaram substancialmente a forma de ver as organizações e a administração. O conceito-chave para a compreensão dessa mudança é o de *abertura*; afinal, trata-se da abertura das fronteiras da organização no ambiente em que atua, assim como de sua abertura interna, enfocando o impacto que os diversos subsistemas técnicos, sociais, culturais etc. que compõem a organização desempenham em termos de alcance de seus objetivos.

Com base nessa nova perspectiva, a busca da melhor forma de administrar perde sua razão de existência. O gestor encontra-se diante de uma pluralidade de caminhos que podem ser utilizados para alcançar os objetivos organizacionais desejados. Nenhum desses caminhos é o melhor. A otimização encontra seu substituto em um conjunto de alternativas satisfatórias de administração, e cada uma delas pode levar ao encontro dos mesmos objetivos. Cabe ao administrador tomar uma decisão, considerando as características da organização e seu contexto.

O enfoque contingencial tem o mérito de aplicar empiricamente a perspectiva sistêmica, identificando um conjunto de contingências, e cada uma delas pode influenciar o desempenho organizacional. As contingências são múltiplas, internas e externas à organização. Atualmente, novas pesquisas identificam novas contingências, e novas contingências apontam novos desafios para a administração.

Pela primeira vez, a área administrativa e organizacional encontra-se perante o relativismo que lhe é inerente, recorrendo cada vez mais à frase "tudo depende". Os princípios universais de administração perdem sua validade e não encontram nenhum substituto nessa perspectiva situacional. A administração e as organizações revelam-se mais complexas e imprevisíveis do que os primeiros teóricos da área tinham imaginado, e a construção de uma "ciência" administrativa é enxergada como um projeto inacabado.

O que pode parecer o fim da ciência de administração, na verdade, abre caminho para a retomada do papel do administrador e de sua formação. De fato, apenas os seres humanos seriam capazes de enfrentar a multiplicidade e a complexidade dos fatos organizacionais e administrativos. A máquina organizacional não existe; logo, não pode haver nenhum olhar mecânico sobre as organizações e sua administração. Mesmo após anos de especialização e mecanização, a administração precisa resgatar, mais uma vez, o olhar humano: talvez falho, mas também mais sensível e capaz de percepção do que qualquer máquina.

2.8 ›› Tendências contemporâneas em administração

Em 1961, Harold Koontz publicou um artigo no qual analisava a diversidade de perspectivas utilizadas para estudar a administração e as organizações, e concluiu que existia uma "selva" de teorias organizacionais. Para o autor, cada uma das perspectivas tinha algo a oferecer para a teoria administrativa, mas ele chegou à conclusão de que uma perspectiva de *processo* (segundo a qual a administração desempenha as funções de planejamento, organização, comando, coordenação e controle), tal como definida por Fayol, era a mais abrangente e adequada para o estudo da administração. De fato, a maioria dos livros e manuais de administração segue essa estrutura, considerando-a mais adequada para uma visão abrangente da área.

No entanto, existem controvérsias relativas ao estudo das teorias ou tendências contemporâneas em administração, especificamente além da contribuição da teoria da contingência. A maioria dos livros privilegia um enfoque contextual, destacando alguns fatores que influenciam as práticas administrativas, como a globalização, a diversidade da força de trabalho e a ética em administração. Outros privilegiam o tratamento de temas como qualidade, organizações de aprendizagem e empreendedorismo.

Neste livro, apresentam-se alguns desenvolvimentos teóricos no campo de estudos administrativos e organizacionais, analisa-se o movimento de estudos críticos em administração e contextualizam-se os estudos organizacionais no Brasil.

2.8.1 ›› Contextualização

Dentre os fatores que vão influenciar o estágio atual de desenvolvimentos teóricos em administração, é possível destacar a influência do pós-modernismo e o pluralismo paradigmático no campo das ideias.

INFLUÊNCIA DO PÓS-MODERNISMO ›› Pós-modernismo é um termo controverso e de difícil definição. De forma geral, entende-se por pós-modernismo o período contemporâneo, geralmente identificado com mudanças na ordem econômica, cultural, demográfica e social, atribuídas a fatores como:

> **Pós-modernismo**
> Período contemporâneo, geralmente identificado com mudanças na ordem econômica, cultural, demográfica e social, que tem como consequência a crise das ideologias que dominaram o século XX.

- o fim da dicotomia ideológica comunismo *versus* capitalismo;
- o impacto da globalização;
- a crescente importância do setor de serviços;
- o amplo uso das tecnologias de informação;
- o crescimento do terceiro setor e das organizações sem fins lucrativos.

Mesmo que as denominações relativas a essas modificações não sejam uniformes (encontrando, na literatura, termos como modernismo tardio, sociedade pós-industrial, pós-fordismo etc.), o fato é que essas mudanças vão ter um impacto considerável no mundo dos negócios. Existe uma crescente consciência da interdependência em diferentes níveis e domínios, como local-global, público-privado, interorganizacional, entre outros.

Paralelamente, o uso das tecnologias de informação e comunicação vai possibilitar que as empresas trabalhem de forma cada vez mais interligada e integrada. O pós-modernismo também está associado a uma mudança profunda nas *formas de pensamento*, que se apresenta, especialmente, como crítica aos valores do Iluminismo, com sua crença na racionalidade e no progresso científico, e como descrença relativa às verdades absolutas apresentadas por metanarrativas e metateorias dominantes.

Essa mudança na forma de pensar, em favor de mais pluralismo intelectual, se fará presente também na área de estudos administrativos e organizacionais, como é analisado a seguir.

PLURALISMO PARADIGMÁTICO NO CAMPO DAS IDEIAS ›› O fato é que, até a década de 1960, o campo de estudos administrativos e organizacionais era relativamente simples. Com base em apropriações das ciências naturais e biológicas, presenciou-se até essa época o desenvolvimento da ciência da administração e das organizações, principalmente no contexto anglo-saxão, dotado de unidade, homogeneidade e coerência, sendo seu foco de análise as grandes organizações burocráticas inseridas na sociedade moderna. Essa foi uma época em que a teoria das organizações vivia uma fase de desenvolvimento controlado dentro de um único paradigma intelectual (caracterizado como funcionalista e positivista), baseado em um acordo tácito de métodos, metodologias, perspectivas de análise e base epistemológica.[26]

No entanto, esse processo foi abalado pela publicação de livros com base em perspectivas diferentes sobre as organizações. As novas perspectivas mostraram a importância dos processos de se organizar em vez de se focar em entidades fixas denominadas organizações, mostraram a importância também do processo de construção dos objetivos organizacionais por parte de seus membros, dos conflitos e lutas de poder, presentes no espaço organizacional e outras questões até então ignoradas no estudo da administração e das organizações.[27] A contribuição de ideias e conceitos trazidos por outras disciplinas, como economia, sociologia, ciência política, psicologia e filosofia, também foram importantes para a construção de novas perspectivas teóricas. O resultado desse processo foi a pluralidade de alternativas à visão funcionalista dominante até então.[28]

2.8.2 ›› Teorias organizacionais contemporâneas

Dentre as principais teorias organizacionais contemporâneas, é possível destacar a teoria dos custos de transação, a teoria da ecologia populacional e a teoria institucional.

TEORIA DOS CUSTOS DE TRANSAÇÃO ›› A **teoria dos custos de transação** tem origem na economia. Com base no pressuposto do homem racional, que age em função de seus próprios interesses, o principal representante dessa teoria, Oliver Williamson, desenvolve um corpo teórico que aproxima os campos de economia e sociologia, focando nos custos das transações.

Teoria dos custos de transação

A teoria levanta uma hipótese acerca das origens das organizações (hierarquias), vendo-as como resposta aos ambientes incertos e como uma evolução natural das transações que ocorrem livremente no mercado.

A transação refere-se ao intercâmbio de bens e serviços. O custo de transação aparece no desenrolar de um intercâmbio econômico. Por exemplo, a maioria das pessoas que compra ações deve pagar também o custo do agente que vai intermediar o processo (*broker*). Custos de transação podem surgir com relação à informação, negociação, legalização de contratos etc.

As transações podem ocorrer sob a égide do mercado ou da organização. Sob a égide do mercado estão as negociações que se encontram na base das transações. A organização, entretanto, possibilita a existência de contratos, que, por sua vez, permitem uma relação contínua e douradora entre as partes.

A teoria levanta uma hipótese acerca das origens das organizações (hierarquias), vendo-as como resposta aos ambientes incertos, como uma evolução natural das transações que ocorrem livremente no mercado para transações que se realizam sob a hierarquia das organizações.

As organizações existiriam para superar os limites dos mercados imperfeitos, mas essa existência também impõe custos adicionais à transação, custos que podem ser calculados para minimizá-los. As pesquisas baseadas nesse referencial teórico visam encontrar o tipo mais adequado de instituição (firma, mercado, franquia etc.) que poderia ser utilizado para minimizar o custo de transação relativo à produção e distribuição de determinado produto ou serviço. O Quadro 2.15 resume as vantagens e críticas relativas a essa teoria.

Quadro 2.15 ›› Teoria dos custos de transação

Vantagens	A teoria oferece uma tese sobre as origens das organizações. O cálculo e a consequente eliminação de alguns custos de transação podem trazer ganhos de eficiência organizacional. A teoria contribui com mais uma variável – os custo das transações – para a análise organizacional.
Desvantagens	Alguns autores criticam a estrutura de mercados e hierarquias, defendendo que as transações econômicas são, e devem ser vistas como, parte das mais amplas relações sociais.[29]

TEORIA DA ECOLOGIA POPULACIONAL ›› A **teoria da ecologia populacional** (ou teoria da seleção natural) é a utilização mais extrema do ponto de vista ambiental para explicar fenômenos organizacionais. O conceito é emprestado da biologia, em uma referência à dinâmica de populações de espécies e como essas populações interagem com o ambiente.

O foco de análise dessa teoria na área de administração são as populações organizacionais, não as organizações isoladamente. Os fatores ambientais selecionam aquelas características organizacionais que melhor se adaptam ao ambiente. O modelo não supõe que mudanças sejam necessárias para se conseguir organizações mais complexas ou melhores, com base em critérios internos de melhoria organizacional, mas que a direção da mudança seja simplesmente orientada à melhor adaptação ao ambiente. Prevalece, então, a visão determinista, que interpreta o ambiente como o grande determinante do sucesso e da sobrevivência organizacional, retirando da organização a capacidade de escolha de estratégias.

O processo de seleção natural segue três fases: 1) ocorrência de variações (planejadas ou não) nas formas organizacionais; 2) a seleção das formas organizacionais mais adaptadas ao ambiente; 3) a retenção, que tem a ver com preservação, difusão ou reprodução das formas organizacionais mais adaptadas ao ambiente. O papel das escolas de administração, que treinam os futuros gerentes e executivos organizacionais, é destacado especialmente na fase de retenção.

As pesquisas empíricas construídas com base nesse modelo oferecem estudos históricos que têm como objetivo analisar o processo de aparecimento até o desaparecimento (ou mortalidade) organizacional. A teoria incentiva o conceito da

> **Teoria da ecologia populacional**
> Teoria que analisa populações organizacionais, de forma a compreender os fatores e características que levam à melhor adaptação ao ambiente.

eficiência de forma mais relativa, considerando, como um teste final de eficiência, a própria sobrevivência organizacional. Paralelamente, a "morte" organizacional é uma indicação negativa na trajetória de evolução organizacional. O Quadro 2.16 resume as vantagens e críticas relativas a essa teoria.

Quadro 2.16 ›› Teoria da ecologia populacional

Vantagens	Consolida a importância de uma visão histórica da evolução das organizações. Relativiza o conceito de "eficiência", tornando-o mais relacionado com a sobrevivência histórica das organizações. Alerta, mesmo que de forma determinista, sobre a importância de levar em consideração os fatores ambientais.
Desvantagens	Ignora as fontes das variações originais nas organizações, assim como os processos que possibilitam a adaptação entre a organização e o ambiente. Trata-se de um modelo determinista e simplista, que interpreta o ambiente como desprovido de atores humanos, uma vez que não aborda o processo gerencial.

> **Teoria institucional**
> Conjunto de contribuições teóricas e pesquisas empíricas que busca explicar por que as organizações assumem determinadas formas, que apresentam relativa semelhança entre si, destacando a relevância de fatores de ordem institucional.

TEORIA INSTITUCIONAL ›› Atualmente, a **teoria institucional** representa uma das correntes mais dominantes na área de estudos organizacionais. Trata-se de um conjunto de teorias e pesquisas empíricas que busca explicar por que as organizações assumem formas com relativa semelhança entre si.

A principal unidade da análise dessas pesquisas são os chamados "campos organizacionais", compostos por organizações que, em sua totalidade, constituem uma área reconhecida da vida institucional. Principais fornecedores, consumidores, agências reguladoras e outras organizações que produzem bens ou prestam serviços similares fazem parte do mesmo campo organizacional.

As organizações são cada vez mais homogêneas – isomórficas – no interior dos campos. Existem similaridades entre campos compostos por universidades, lojas de departamento ou linhas aéreas. O "isomorfismo organizacional" é a razão determinante da semelhança existente entre as formas organizacionais. Três motivos são destacados para a compreensão do isomorfismo que existe entre organizações de um mesmo campo:

1. Forças coercitivas do ambiente (como regulação governamental ou expectativas culturais) podem impor dada padronização às organizações. Por exemplo, regulamentos de padrões de higiene podem forçar todos os restaurantes a adotar uma série de medidas de administração.

2. Forças miméticas aumentam à medida que as organizações se deparam com as incertezas e buscam imitar outras organizações do mesmo campo na forma como lidam com as fontes dessas incertezas. O papel das empresas de consultorias na divulgação desses métodos é destacado.

3. Forças normativas, originadas do treinamento profissional, do crescimento e da elaboração de redes profissionais, provocam uma situação na qual os dirigentes de uma empresa dificilmente são diferenciados de outras. A participação de associações profissionais e de redes pode aumentar o grau de padronização de ideias.

Outra contribuição da teoria institucional é a importância atribuída a uma análise simbólica do ambiente em que a organização se insere. Dessa forma, o leque de fatores ambientais que podem influenciar a organização é ampliado para incluir também fatores de ordem simbólica.

Interessantes pesquisas incluídas no âmbito da teoria institucional fazem uso dos pressupostos de construtivismo social (que analisa como os seres humanos constroem o mundo social) para a compreensão dos fenômenos organizacionais, enfatizando as formas como as instituições são construídas e enraizadas nas práticas organizacionais (práticas sociais norteadoras, caracterizadas pela permanência e durabilidade). O Quadro 2.17 resume as vantagens e críticas da teoria institucional.

Quadro 2.17 ›› Teoria institucional

Vantagens	Enfoca a semelhança organizacional e sistematiza explicações relativas à compreensão dos fenômenos de homogeneidade organizacional. Amplia a abrangência dos fatores ambientais que influenciam a organização, incluindo fatores de ordem simbólica. Baseia-se em um amplo conjunto de pesquisas empíricas que estão contribuindo para aprimorar o arcabouço teórico.
Desvantagens	Existe uma tendência de incorporar todos os fenômenos organizacionais sob a denominação "institucional". Pouco contribui para a compreensão da mudança e transformação organizacional e institucional. A existência de mitos institucionais não diminui o impacto de outros fatores "reais", como taxa de juros na organização e nas formas de sua administração.

Atualmente, é possível dizer que a teoria institucional "se institucionalizou", pois absorveu essencialmente as principais contribuições teóricas desde a década de 1990. Os movimentos alternativos em termos teóricos e empíricos no campo de estudos administrativos e organizacionais encontram-se em um estágio muito mais pulverizado.

2.8.3 ›› Movimento de estudos críticos em administração

O movimento de **estudos críticos em administração** é uma corrente pouco articulada, mas cada vez mais presente no campo da administração. Esse movimento tem contribuído para o grau de abertura e pluralismo teórico e empírico presentes em estudos administrativos e organizacionais.

A perspectiva crítica se consolida no Reino Unido, nos anos 1990, com a criação e o desenvolvimento do movimento denominado *Critical management studies,* uma articulação original entre os termos "crítica" e "administração". Os estudos críticos, nessa época, surgem com o objetivo de conferir a palavra aos sujeitos historicamente excluídos das preocupações teóricas da administração. Expondo as faces ocultas, as estruturas de controle e de dominação e as desigualdades nas organizações, a abordagem crítica busca questionar a racionalidade das teorias tradicionais e mostrar que as coisas não são necessariamente aquilo que aparentam no âmbito da administração.[30]

> **Estudos críticos em administração**
> Movimento de natureza crítica cujo principal objetivo é desvendar as relações de dominação e estruturas de controle presentes nas organizações contemporâneas, dando destaque à perspectiva dos atores historicamente excluídos das teorias tradicionais de administração.

Ironicamente, um dos desenvolvimentos mais importantes que impulsionaram os estudos críticos em administração tem a ver com a expansão de escolas de administração, de inspiração norte-americana, no contexto europeu. Muitos acadêmicos,

Alberto Guerreiro Ramos é um dos autores brasileiros com uma contribuição reconhecida internacionalmente no desenvolvimento de novas teorias organizacionais. Diferentemente dos precursores da teoria administrativa, o autor chama a atenção para o fato de que as decisões não acontecem em um espaço abstrato. Ocorrem em um espaço social concreto em que há elementos materiais e sociais, além de influências e pressões da sociedade. Guerreiro Ramos se afasta do conceito tradicional de estrutura organizacional. Ele propõe uma alternativa teórica baseada no conceito de "fato administrativo", um complexo de elementos e de relações entre si, escalonadas em níveis distintos de decisão. Divide o fato administrativo em três elementos: aestruturais, estruturais e estruturantes. Os elementos *aestruturais* referem-se às condições materiais de trabalho, à força de trabalho propriamente dita e às atitudes individuais e coletivas. Esses elementos seriam anárquicos e desintegradores, se entregues à própria sorte. Já os elementos *estruturais* são abstratos e compõem o plano geral da divisão de tarefas e organização das atividades ideais para que certos resultados sejam obtidos. Possuem propriedades configurativas. São aqueles que dão forma aos elementos aestruturais, ou que os aglutinam ou combinam, formando com eles um sistema coerente. Os elementos *estruturantes*, por sua vez, estão na base da dinamicidade do fato administrativo. Eles se referem às decisões, ao elemento que articula os elementos aestruturais e estruturais entre si, e assim, assegura a forma da empresa.[31]

com formação em outras áreas, como sociologia, filosofia, história e psicologia, migraram para a área de administração (cada vez mais recebedora de financiamentos governamentais e privados), trazendo consigo muitos dos conceitos e ideias desenvolvidos em suas áreas de origem. O resultado imediato foi a crítica do que se denominou "managerialismo" e sua ideologia conservadora de manutenção de *status quo*.

De qualquer forma, é importante não levar em conta o movimento de estudos críticos apenas como de exclusiva inspiração de esquerda, na busca de consideração de outros atores "negligenciados" pelas teorias administrativas tradicionais. Uma importante contribuição desse movimento é a abertura intelectual e paradigmática que proporciona, uma vez que elas representam uma abordagem multidisciplinar da problemática da administração e das organizações. Os estudos críticos têm contribuído para trazer enfoques interessantes e inovadores no estudo da administração e das organizações.

2.8.4 ›› Considerações finais

O que caracteriza as novas teorias administrativas e organizacionais analisadas nesta seção do capítulo é um processo reverso daquele que se deu nos primeiros anos de desenvolvimento do campo da administração: em vez de buscar a delimitação de fronteiras que os separem de outras disciplinas, os estudos administrativos e organizacionais abrem-se para a influência dessas últimas, contando com as contribuições advindas da economia, sociologia, psicologia, biologia e assim por diante. Hoje, é difícil distinguir as fronteiras que separam a administração dessas disciplinas. O avanço do conhecimento baseia-se em um processo interdisciplinar, e essa interdisciplinaridade é apontada como uma das principais tendências contemporâneas em administração. No entanto, uma análise crítica das teorias destacadas aqui revela que estas são caracterizadas pelo alto grau de abstração teórica em detrimento de uma relevância prática. A administração nasceu como uma ciência social voltada para a prática, porém os recentes desenvolvimentos teóricos do campo a separam, cada vez mais, disso. Não cabe aqui entrar na análise dos fatores que influenciam tal desenvolvimento, mas a pulverização teórica do campo, assim como critérios acadêmicos que valorizam cada vez mais publicações em revistas científicas em detrimento da comunicação com a prática, parecem influenciar nessa direção.

Outra tendência identificada no desenvolvimento do campo é a consolidação crescente dos estudos críticos em administração. Essa consolidação reflete o pluralismo de ideias característico da pós-modernidade, bem como a crescente preocupação com a contribuição do campo para os atores tradicionalmente excluídos do pensamento administrativo e organizacional. De fato, a abertura intelectual e política do campo da administração não pode ser dissociada dos mais amplos desenvolvimentos sociais analisados nesta seção do capítulo. Pelo contrário, reflete esses desenvolvimentos, dando-lhes forma e conteúdo próprio.

Não por acaso, aqui é destacada a obra de um dos autores brasileiros mais reconhecidos pela sua contribuição teórica no campo da administração: Alberto Guerreiro Ramos. Sua contribuição caracteriza-se, especialmente, pelo posicionamento crítico. A reflexão teórica, mesmo no campo da administração, não pretende se alienar das desigualdades sociais e econômicas que distinguem o Brasil. São esses autores que também conseguem se distanciar do campo da administração em construção no país – caracterizado pela mera reprodução do que se produz fora – para marcar uma presença respeitável no cenário internacional.

>> Resumo do capítulo

O principal objetivo deste capítulo foi apresentar uma breve análise da trajetória da evolução do pensamento em administração. Inicialmente, defendeu-se a relevância do estudo das teorias administrativas organizacionais para o administrador. Em seguida, foram analisadas as seguintes escolas de pensamento: a escola clássica de administração, a escola comportamental, a escola quantitativa e a escola contingencial. Por fim, foram discutidas as tendências contemporâneas em teoria administrativa e organizacional e o movimento de estudos críticos em administração.

O breve mergulho na trajetória da evolução do pensamento administrativo apresentado neste capítulo teve como principal objetivo aguçar a curiosidade acerca da disciplina de administração, apontar a abrangência e os limites que a caracterizam, estimular a reflexão teórica e incentivar a adoção prática dos conceitos apresentados.

A administração como prática e a administração como disciplina seguem duas lógicas substancialmente diferentes: a primeira representa um exercício secular da humanidade, presente em todas as formas de organização de sociedades ocidentais ou primitivas, desenvolvidas ou em desenvolvimento; a segunda, principal foco de análise deste capítulo, tem uma vida útil relativamente breve e uma estreita relação com a dinâmica da história.

Com base na análise histórica, é possível compreender a relação existente entre o estágio inicial de desenvolvimento do capitalismo e o surgimento da escola clássica de administração, o impacto da psicologia na escola comportamental, a influência da Segunda Guerra Mundial na escola quantitativa e na teoria dos sistemas etc. A evolução do pensamento em administração é estreitamente relacionada com as condições socioeconômicas que caracterizam dada sociedade em determinado período.

O pensamento administrativo analisado aqui se caracteriza pela mudança – uma contínua adaptação às condições históricas. O foco nos princípios gerais de administração dos primeiros teóricos da nova ciência administrativa é substituído por um considerável grau de relativismo típico do enfoque contingencial; a negligência relativa ao fator humano nas organizações é substituída pela crescente contribuição dos estudos voltados para a motivação e a liderança; o foco interno à organização é substituído pela abertura das fronteiras organizacionais.

Os objetivos deste capítulo não são, nem pretendem ser, alcançados apenas com base em sua leitura. O exercício do administrar é complexo e desafiador; ele alimenta-se pela prática e é regado pelo contínuo aprofundamento teórico de natureza interdisciplinar.

Questões para discussão

1. Por que é importante estudar as teorias administrativas e organizacionais?

2. Como o contexto histórico influencia o surgimento de cada uma das escolas de pensamento apresentadas neste capítulo? Dê exemplos.

3. Quais as principais diferenças entre as correntes de pensamento que compõem a escola clássica de administração? Concorda que a administração científica e a gestão administrativa sejam estudadas no âmbito da mesma escola?

4. Por que a burocracia é considerada um modelo ideal? Quais são suas principais disfunções?

5. Como os experimentos de Hawthorne contribuíram para a consolidação do movimento de relações humanas? Quais são as principais conclusões desse movimento?

6. Qual é a contribuição dos estudos sobre motivação e liderança para a administração? Quais são as principais críticas apontadas à escola comportamental?

7. Qual é a relação existente entre a Segunda Guerra Mundial e o desenvolvimento da escola quantitativa em administração? Qual foi a principal contribuição dessa escola?

8. Concorda com a afirmação de que a teoria dos sistemas revolucionou o pensamento administrativo? Em que as contribuições da teoria dos sistemas diferem das contribuições clássicas de administração?

9. O que é o enfoque contingencial? Quais são as principais contingências identificadas pelas pesquisas nessa área?

10. Em que contexto se inserem as teorias organizacionais contemporâneas? Quais são as principais diferenças existentes entre a teoria de ecologia populacional e a teoria institucional?

Ponto e Contraponto

Burocracia: ainda há espaço para ela nas organizações?

Na linguagem popular, a palavra burocracia é identificada, na maioria das vezes, a uma conotação pejorativa. Burocracia normalmente é associada a ineficiência, ineficácia, atrasos, confusão, autoritarismo, privilégios e a muitos outros aspectos negativos. Entretanto, o verdadeiro sentido do modelo burocrático ideal de Max Weber é a organização eficiente por excelência, alicerçada em princípios técnicos e racionais.

Apesar de refutar a denominação "burocracia", todas as empresas aplicam – em maior ou menor escala – princípios burocráticos na sua prática, o que demonstra que estes funcionam em determinadas situações. Podemos destacar, por exemplo, as seguintes práticas tipicamente burocráticas adotadas em várias organizações que garantem a previsibilidade do seu funcionamento e a equidade entre os seus membros:

- seleção e promoção de funcionários baseadas na meritocracia;
- valorização da competência técnica;
- divisão do trabalho baseada na especialização funcional;
- sistema de regras e regulamentos;
- impessoalidade nas relações e comunicações profissionais;
- hierarquia de autoridade.

De fato, tal como Weber notou, a burocracia tem uma série de vantagens sobre outras formas de organização do trabalho, tais como maior racionalidade em relação ao alcance dos objetivos da organização, maior rapidez e consistência nas decisões, redução de custos e erros, diminuição dos conflitos entre as pessoas e maior confiabilidade no funcionamento da organização, uma vez que as decisões são baseadas em regras e procedimentos previamente definidos.[32]

O que as empresas têm que ter em mente é que para enfrentar o mercado, cada vez mais competitivo, é preciso flexibilidade e capacidade de improvisação. Mas isso é totalmente possível se houver uma base sólida, parte da qual se constitui de práticas burocráticas. Apesar de desgastada nas últimas décadas, algumas dessas práticas ainda são uma boa ferramenta para lidar com a complexidade e a incerteza dos tempos atuais. Além disso, conferem segurança e estabilidade às organizações e aos seus integrantes.

Os princípios inerentes ao modelo burocrático, apesar de terem sido idealizados como meio para o alcance da eficiência das organizações, mostraram-se, na prática, limitados. Muitos destes princípios tornaram-se um empecilho para a agilidade de processos, especialmente devido ao excesso de formalismo que se traduz em baixa eficiência.

Excesso de formalismo, despersonalização dos relacionamentos, inflexibilidade, rigidez, lentidão, autoritarismo, baixo desempenho e ineficiência são algumas das disfunções que a burocracia manifesta na prática.

O que acontece na prática é que as normas e os regulamentos, que deveriam legitimar a burocracia, passam a ser fins em si mesmos e não meios. Passam a ser absolutos e prioritários. Com o tempo, as regras tornam-se sagradas para o funcionário, o que provoca uma limitação em sua liberdade e espontaneidade pessoal. Por outro lado, como tudo na burocracia é rotinizado e padronizado, qualquer mudança na empresa é sujeita a resistências dos seus componentes.[33]

Neste sentido, seja por essas ou outras disfunções, alguns dos princípios do modelo burocrático não encontram mais espaço nas organizações contemporâneas. Algumas das causas das disfunções da burocracia residem basicamente no fato de ela não levar em conta a chamada organização informal, que existe em qualquer tipo de organização, bem como no esquecimento da variabilidade humana (diferenças individuais entre as pessoas), que introduz variações no desempenho das atividades organizacionais.

As disfunções tornam a burocracia um sistema obsoleto, fechado ao cliente externo, que é o seu alvo principal, e impedem inteiramente a inovação e a capacidade criadora da organização. No mundo atual de mudanças imprevisíveis e incontroláveis, as organizações precisam estar preparadas para também mudar constantemente e de forma radical, ou seja, elas precisam ser flexíveis. Nesse quadro de mudanças quase não há mais espaço para organizações rígidas burocraticamente. O modelo do novo século requer agilidade e adaptabilidade. Diante desse panorama, a burocracia perdeu prestígio e está destinada ao desaparecimento.

Dilema ético

›› "Comprar" a motivação ou "ganhar" o funcionário?

Segundo Taylor, o trabalhador é motivado pelas recompensas materiais obtidas do aumento da produtividade. A partir do conceito de *Homo economicus*, a administração científica estabelece que o pagamento do trabalhador deve estar relacionado à sua produtividade, para que ele desenvolva o máximo de produção que é fisicamente capaz. Assim, de acordo com essa visão, os indivíduos são estimulados por recompensas materiais e agem racionalmente para elevar seus ganhos financeiros.

Baseadas nesse princípio, muitas empresas adotam a chamada "remuneração variável", mas o impacto dessa ferramenta sobre o desempenho e o vínculo da pessoa com seu trabalho pode não ser o esperado. A compensação financeira pode até provocar saltos significativos no desempenho das pessoas, mas não consegue sustentá-lo em alta por períodos muito longos. Diferentemente de formas sociais de reconhecimento, o desempenho tende a cair "na espera" de outro estímulo financeiro.

Já a escola comportamental defende a ideia de que as pessoas são motivadas por algo mais do que recompensas materiais. Os pressupostos do homem social e, mais tarde, do homem complexo, sugerem que os trabalhadores têm necessidades de afiliação, integração, desenvolvimento e realização. Pelo seu foco no entendimento das emoções e atitudes dos trabalhadores e pelo contraste com a racionalidade instrumental da administração científica, a escola comportamental costuma ser inocentemente rotulada como uma corrente humanista.

Baseada nesses pressupostos, cabe, portanto, à organização oferecer condições para que o empregado esteja satisfeito com o trabalho, uma vez que isso aumenta sua motivação e, consequentemente, seu desempenho. No entanto, existe um aproveitamento das emoções e atitudes humanas para manipular os trabalhadores com o objetivo de aumentar a produtividade e elevar os lucros das organizações.

Se assim for, a diretriz dessa corrente não é muito diferente da administração científica, modificando apenas o meio utilizado para alcançar o objetivo e podendo, inclusive, ser classificada como maquiavélica em função disso.

O dilema que se coloca é o seguinte: devem as empresas vincular a motivação a recompensas extrínsecas, ou seja, concordam em "comprar" o compromisso do seu funcionário ou usar ferramentas e técnicas gerenciais para manter o trabalhador satisfeito, manipulando assim o seu envolvimento com a organização?

Questões para discussão

1. Das duas alternativas apresentadas, qual considera ser a maneira mais ética para aumentar o desempenho no trabalho?

2. Será que os gestores não têm legitimidade para usar todos os instrumentos ao seu alcance para alcançar os objetivos organizacionais?

3. Existiria uma maneira "mais humana" para elevar a produtividade e os lucros das organizações?

Estudo de caso

›› Desafios da administração no McDonald's no Brasil

O sistema McDonald's

Um cliente que faz seu pedido em um caixa do McDonald's em São Paulo vai encontrar o mesmo produto, caracterizado pela mesma qualidade, com rapidez no serviço e preços baixos que outro cliente em Lisboa, Moscou ou Nova York. No entanto, esses clientes não se dão conta do processo produtivo que está por trás da preparação do Big Mac, da batata frita e até mesmo da bebida que escolheu. O McDonald's possui um processo operacional cientificamente estruturado, que vem passando por contínuas modificações, como resultado do crescimento da empresa e de sua adaptação com o contexto.

O McDonald's foi criado em 1941, quando Dick e Mac McDonald's abriram seu restaurante *drive-in* baseado na padronização dos métodos de preparação de hambúrgueres, com especificações exatas de produto e equipamentos customizados. Por meio de um sistema de franquias, estabelecido em 1955, conseguiram se expandir não apenas nos Estados Unidos, mas em vários países.

O processo operacional do McDonald's tem como objetivo alcançar consistência e uniformidade em todas as lojas. Os tempos e os movimentos de todas as tarefas executadas na cadeia de *fast-food* são rigorosamente cumpridos pelos funcionários. A forma como se colocam os dois hambúrgueres na chapa, a temperatura ideal que ela alcança, a quantidade adequada de alface, queijo, molho especial, cebola e picles e o pão com gergelim são rigorosamente controlados para que o sanduíche esteja pronto dentro daquela caixinha, exatamente como aparece na foto, em qualquer lugar do mundo, salvo pequenas alterações regionais que, recentemente, a rede vem implementando. Até mesmo a quantidade de gelo que deve conter um copo de refrigerante, o tempo que a batata permanece fritando no óleo à determinada temperatura, a quantidade de sal que é colocada, enfim, todos os detalhes são rigorosamente estudados. A forma de atendimento, inclusive, é também rigorosamente controlada: "Bom dia, senhor, qual é o seu pedido?" – sempre com um sorriso no rosto –; "Gostaria de um McSunday para a sobremesa?"; "Uma torta?"; "Obrigado! Tenha um bom apetite e até a próxima!".

O aperfeiçoamento do sistema operacional do McDonald's só foi possível graças à restrição do cardápio em dez itens, fato que possibilitou a especialização e a uniformização padronizada. Todos os procedimentos foram formalizados em um manual de operações, com um total de 750 páginas, que descreve como os operadores devem fazer *milk-shakes*, hambúrgueres grelhados e batatas fritas, especificando detalhes de forma e tempo de preparo. Um dos resultados dessa uniformização é a rapidez exemplar com que os atendimentos são realizados e a qualidade do serviço e dos produtos oferecidos, que são um dos motivos de orgulho da empresa e que a diferencia de seus concorrentes.

Remy Gabalda/AFP

Política de recursos humanos do McDonald's

Uma característica na filosofia do McDonald's é que seus funcionários não são especializados em apenas uma área. Todos são treinados para atuar em todas as tarefas do restaurante, seja como caixa, seja na limpeza ou no atendimento. A escala de trabalho é frequentemente revezada para aumentar a motivação e o interesse pela atividade. Como resultado do incentivo ao estudo e ao aprimoramento profissional, a empresa se orgulha do fato de que mais da metade dos gerentes responsáveis pelos restaurantes começou como atendente, primeiro degrau da hierarquia profissional do McDonald's.

São duas as formas de iniciar uma carreira na empresa: como atendente, sem experiência anterior, ou pelo programa de *trainees* da empresa, reconhecido como um dos mais completos do mercado. Antes de chegar à loja, o atendente deve cumprir um período de treinamento com sucesso. Em seguida, à medida que se destaca em suas atividades, o funcionário pode ser gradativamente promovido a treinador, coordenador de equipe, *trainee* de gerente, segundo assistente, primeiro assistente e gerente operador. Em todas as etapas, são ministrados cursos de reforço nos centros de treinamento regionais.

Para garantir um ambiente de trabalho especial, o McDonald's se vale de uma série de iniciativas para aumentar a motivação dos funcionários e o envolvimento na execução dos serviços. O "Destaque do mês" homenageia um profissional de alta performance, eleito por seus colegas, com uma foto e um bônus de 25% do salário médio da função. A gincana "Na ponta da língua" avalia a compreensão dos atendentes sobre os Compromissos McDonald's por meio de perguntas realizadas mensalmente por telefone. As unidades nas quais o pessoal acerta todas as questões recebem um diploma. Outra competição que premia os profissionais que sabem tudo sobre os conceitos de qualidade, serviço e limpeza é a "All star", que distribui bolsas de estudo aos vencedores.

McDonald's no Brasil

A rede McDonald's conta com mais de 50 mil funcionários no Brasil. As características das tarefas desempenhadas fazem com que as oportunidades oferecidas pela empresa atraiam basicamente jovens na busca de seu primeiro emprego. Do atual quadro de funcionários no país, 91% têm menos de 25 anos e 55% são do sexo feminino. Trata-se de uma força de trabalho pouco qualificada, mas que passa por um sólido treinamento, além de ter plano de carreira e uma série de benefícios. A taxa de rotatividade da força do trabalho no McDonald's é de 116% ao ano. Mesmo alta, ainda é a menor taxa da indústria. Desde 1988, o McDonald's figura entre as "Melhores empresas para se trabalhar no Brasil", segundo o ranking do *Guia Exame*, tendo sido considerada, em 2001, como a "Melhor empresa".

Desde sua criação e os primeiros anos de expansão a partir de franquias, a relação da empresa com seus fornecedores e franqueados também é considerada um dos fatores-chave da administração. No entanto, a relação com os fornecedores nem sempre foi bem-sucedida. Quando, inicialmente, a empresa tentou negociar com os gigantes da indústria de alimentos, como Kraft, Heinz e Swift, recebeu respostas pouco amigáveis. As especificações detalhadas dos produtos demandados atraíram apenas fornecedores de escala menor que, em poucos anos, cresceram como consequência da relação com o McDonald's.

A filosofia do sistema McDonald's é dedicar-se exclusivamente à tarefa de preparar refeições e servi-las aos clientes; por isso, não produz nenhum dos ingredientes que utiliza em seus produtos. Atualmente, o McDonald's Brasil opera com cerca de 200 fornecedores. Alguns dos produtos são fabricados por fornecedores exclusivos, cujas indústrias foram estruturadas de acordo com os exigentes padrões de qualidade do McDonald's. Esse é o caso da Interbakers (fabricante de pães), da Braslo (carnes) e da Vally (fornecedora de tortas). Outros produtos são fornecidos por indústrias destacadas em seus segmentos, como Polenghi, Nestlé e Sadia, que adaptaram parte de suas fábricas para a produção dos ingredientes dentro das especificações do McDonald's.

Conceitos novos, como a criação de Food Town no Brasil, têm como objetivo reunir fornecedor e distribuidor lado a lado. A Food Town – ou Cidade do Alimento – é um complexo de produção e distribuição de produtos McDonald's. Concebida dentro de um conceito moderno e inédito no país para o setor de comércio de alimentos, a Food Town tem como principal vantagem a otimização dos processos, evidente na redução do tempo e do custo de transporte entre o fornecedor e o distribuidor, uma vez que eles estão situados lado a lado. Fruto de um investimento superior a 70 milhões de dólares, ela foi erguida pelas empresas Braslo (processadora de carnes), Martin-Brower (empresa da área de logística e distribuição) e Interbakers (fabricante de pães) em um terreno de 160 mil metros quadrados na região sudeste de São Paulo, no quilômetro 17,5 da rodovia Anhanguera. A Food Town é hoje um centro de referência de qualidade, não apenas no mercado brasileiro, mas também nos outros 119 países onde o McDonald's está presente.

Paralelamente, é pela relação com os franqueados que muitas das inovações da rede, voltadas para satisfazer as características dos mercados locais, nascem. Os orçamentos regionais voltados para a publicidade da rede incentivam as promoções "customizadas" locais e apoiam programas nacionais, como o McDia Feliz no Brasil. A campanha é a maior iniciativa em benefício de crianças e adolescentes vítimas de câncer no país. Criado pelo McDonald's no Canadá, em 1977, o McDia Feliz foi realizado pela primeira vez no Brasil em 1988, na cidade de São Paulo. Em 1989, chegou ao Rio de Janeiro e, a partir de 1990, tornou-se nacional. Todo o dinheiro da venda de sanduíches Big Mac durante o dia (descontados os impostos) é repassado a instituições brasileiras dedicadas ao combate de câncer infantojuvenil.

Para agradar ao paladar dos brasileiros, o McDonald's Brasil desenvolveu dois produtos com ingredientes genuinamente nacionais: a torta de banana – preparada de acordo com a mesma receita da tradicional torta de maçã, mas substituindo-se o recheio pela fruta mais consumida no país – e o McFruit Maracujá – suco desenvolvido por fornecedor nacional usando essa fruta típica do Brasil. O Guaraná e o queijo quente também são produtos diferenciados do cardápio brasileiro.

O futuro do McDonald's

As tendências demográficas têm sido uma fonte de contínua preocupação para a administração. O consumo de hambúrgueres em 1982 caiu 19%, ao passo que, em 1990, registrou uma diminuição de 17%. Os consumidores têm-se tornado mais conscientes a respeito da nutrição e de seus impactos na saúde. Também a área de atuação de McDonald's é caracterizada pela competição cada vez mais acirrada. No Brasil, os competidores do McDonald's englobam desde as outras redes de *fast-food*, como Habib's, Burger King, Giraffas e Bob's, até restaurantes *self-service* e a peso, que oferecem preços econômicos, compatíveis com os dos *fast-foods*, além de maior variedade de cardápio.

Atualmente, o consumidor pode encontrar café da manhã, frango e saladas nos cardápios. A diversificação do menu não tem sido a única resposta da empresa às pressões ambientais. Em 1991, foi introduzido o cardápio econômico, cujo principal objetivo era oferecer ao consumidor preços reduzidos e mais competitivos. O resultado imediato foi um crescimento de 30% na venda de hambúrgueres.

A globalização, a identificação da marca com os valores norte-americanos (que a coloca como alvo dos movimentos antiglobalização) e a pressão para maior consciência nutritiva e ambiental são algumas das questões que a rede enfrenta atualmente. No início do novo século, estará o McDonald's preparado para os novos desafios?[34]

Questões

1. Identifique as teorias de administração cujos elementos e características podem ser utilizados para analisar o caso do McDonald's.

2. Quais princípios da escola clássica de administração se manifestam na administração do McDonald's? Qual é a relação entre a força de trabalho pouco qualificada do McDonald's e o movimento de administração científica?

3. Quais práticas motivacionais, inspiradas na escola comportamental, podem ser identificadas nesse caso? Qual é o resultado da adoção dessas práticas motivacionais?

4. Como a teoria dos sistemas pode ajudar na compreensão do caso McDonald's? Cite algumas das contingências que influenciam a administração do McDonald's no presente caso.

5. Por que, atualmente, o McDonald's oferece um cardápio mais diversificado de produtos do que o cardápio original de dez itens?

Exercício de autoconhecimento

Racionalismo *versus* humanismo

Neste questionário, tem-se por objetivo fazê-lo conhecer um pouco mais suas características atuais de administrador. Para isso, analise as afirmativas abaixo e indique em que medida você concorda ou discorda com essas afirmações, de acordo com a escala.

1 Discordo plenamente (DP)	2 Discordo (D)	3 Neutro (N)	4 Concordo (C)	5 Concordo plenamente (CP)

	DP	D	N	C	CP
1. Creio que, com o treinamento certo, qualquer um pode executar uma tarefa específica.	0	1	2	3	4
2. O comportamento das pessoas é muito influenciado pelo grupo de colegas e familiares em que ela se insere.	4	3	2	1	0
3. Acho que a divisão das tarefas é positiva, pois as torna mais simples de serem executadas por todos.	0	1	2	3	4
4. Os conflitos entre as pessoas é algo natural, que não pode ser evitado, já que elas são diferentes entre si.	4	3	2	1	0
5. Acho que os seres humanos são motivados principalmente pelo dinheiro.	0	1	2	3	4
6. Um bom líder deve passar tarefas e responsabilidades a seus subordinados.	4	3	2	1	0
7. Métodos racionais e quantitativos são as melhores formas de organizar as tarefas e atingir bons resultados.	0	1	2	3	4
8. Decisões em consenso são melhores do que simples ordens.	4	3	2	1	0
9. Acredito que a organização e a hierarquização rígida são vitais para o bom funcionamento de um grupo de trabalho.	0	1	2	3	4
10. A participação de todos os membros de um grupo é importante e o bom líder deve incentivá-la.	4	3	2	1	0
11. Planejar e prever as tarefas são uma forma excelente de garantir o cumprimento das metas.	0	1	2	3	4
12. Para mim, fatores sociais e psicológicos influenciam mais as pessoas do que os bens materiais.	4	3	2	1	0
13. Em uma equipe, é importante que a decisão esteja centralizada em um líder.	0	1	2	3	4
14. Elogiar um bom trabalho é mais importante do que criticar algo malfeito.	4	3	2	1	0
15. Acho melhor ser *excelente* em apenas uma tarefa do que ser *bom* em várias outras.	0	1	2	3	4
16. Os líderes devem ser amigos e se preocupar com o bem-estar da equipe.	4	3	2	1	0
17. Acredito na ordem e na disciplina, sendo elas vitais para um grupo de trabalho.	0	1	2	3	4
18. As pessoas querem e gostam de trabalhar, devendo ser incentivadas e motivadas pelos seus superiores.	4	3	2	1	0
19. Acho que uma pessoa que favorece um colega em detrimento de outro indivíduo mais capacitado deve ser punida.	0	1	2	3	4
20. Padronizar os métodos e processos é vital para atingir os objetivos quando se trabalha em grupo.	4	3	2	1	0

Análise dos resultados

Some, agora, os pontos de cada opção marcada. Após isso, veja a sua posição na linha abaixo.

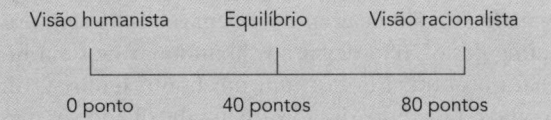

```
Visão humanista      Equilíbrio      Visão racionalista
|--------------------|---------------|
0 ponto              40 pontos       80 pontos
```

Caso sua visão predominante seja a humanista, ou seja, tenha obtido uma pontuação próxima de zero, significa que você é mais direcionado para as pessoas, ou seja, sua preocupação maior é com as relações interpessoais mantidas com elas. A comunicação e o relacionamento com os indivíduos são formas vistas por você de alcançar as metas organizacionais. Aproximando-se dos indivíduos e de seus grupos de amigos, você acredita que conhecerá mais sobre eles e compreenderá seu jeito de ser. Dessa forma, poderá motivá-los de maneira mais eficiente, oferecendo-lhes o que realmente desejam.

Por outro lado, se a visão que predomina sobre você é a racionalista, ou seja, obteve uma pontuação próxima de 80, pode-se dizer que você é uma pessoa mais voltada para as tarefas. Você entende as outras pessoas como outros seres racionais, que se motivam apenas pelos incentivos materiais. Por essa razão, acredita na meritocracia e na impessoalidade, desconsiderando as relações interpessoais existentes, ou deixando-as em segundo plano. Para você, tudo deve ser analisado racionalmente e estruturado, seguindo-se uma lógica formal. A hierarquia e a disciplina são importantes e devem ser mantidas dentro de uma estrutura organizacional.

Dinâmica de grupo 1

Rumo ao título

O América Futebol Atlético Esporte Clube é uma importante equipe de futebol brasileira. Seus resultados vêm surpreendendo a todos, visto que, há menos de cinco anos, ele ainda disputava a 5ª divisão de seu município e, atualmente, já está entre os dez melhores clubes da FBF (Federação Brasileira de Futebol). Para os dirigentes do clube, essa mudança ocorreu graças à contratação do técnico sueco Enrif Aiol. Logo após assumir o cargo, ele implantou vários princípios da gestão administrativa, uma corrente teórica da administração do início do século XX, que lhe trouxeram resultados imediatos.

Primeiramente, Aiol promoveu uma revolução no comportamento individual e coletivo dos jogadores. "Vocês são um time, uma equipe, e precisam agir como tal! Todos devem se comportar como se fossem uma só 'entidade harmônica' e precisam colocar os interesses do grupo e do time acima dos seus próprios!", dizia ele. Além disso, o sueco trabalhou a questão disciplinar: "Os jogadores precisam cumprir os horários e as determinações do clube e devem respeitar as minhas decisões".

Outro ponto importante se deu nas táticas trabalhadas com os jogadores. Enrif Aiol procurou separar o campo em áreas, ordenando os jogadores por setores. Outra mudança interessante foi que cada jogador ficou responsável por uma tarefa específica de cada setor, como cruzar, marcar e chutar. Além disso, o sueco implantou no América um esquema diferenciado de liderança dentro de campo, espelhado nos times de futebol americano. "Comigo, não existe apenas um capitão na equipe, existe o responsável pela defesa, pelo meio campo defensivo, setor de criação e ataque", conta ele. "Todos devem se reportar diretamente a mim, na beira do campo. Dessa forma, fica clara a linha de autoridade existente e a hierarquia do time."

Mas, para que tudo isso funcionasse, era necessário que os jogadores se sentissem bem dentro do clube e motivados para atuar de acordo com tais determinações. O primeiro passo tomado por Aiol foi o fim das regalias aos dois craques do time: Tico Potiguar e Teco Baiano. "Isso desanimava os outros e era inadmissível." Além disso, o sueco Enrif passou a incentivar os comandados a opinarem sobre as escalações e táticas montadas. Por fim, o técnico implantou uma verdadeira revolução no sistema de remuneração do clube, atrelando-a não apenas aos títulos e gols marcados, mas também aos passes certos, desarmes, defesas difíceis e assistências.

Dessa forma, todos os jogadores se empenharam ao máximo e, mesmo com as limitações orçamentárias do América Futebol Atlético Esporte Clube, o clube alcançou importantes resultados.

Atividade de grupo

Em grupos de três, identifique os princípios de Fayol encontrados no caso, relacionando-os a passagens do texto.

Dinâmica de grupo 2

A importância do chopinho pós-trabalho

Felipe Farias tem 34 anos e é o coordenador do departamento de finanças da rede varejista de artigos domésticos Casa & Cozinha. Ele supervisiona uma equipe de cinco analistas, responsáveis pela análise de desempenho das lojas, diagnóstico de viabilidade de projetos e estudo de fontes de financiamento. O grupo conta com 35 lojas espalhadas pelos estados do Sul e Centro-Oeste brasileiros.

Farias não tem grande experiência administrativa, visto que foi recentemente promovido ao cargo após a saída de seu antigo chefe. Sua carreira sempre se deu na área financeira, em que adquiriu grande competência técnica, mas nunca precisou gerenciar ninguém. Agora que assumiu a posição, ele vem tendo dificuldades para motivar os analistas do time e elevar a produtividade do setor. "Sempre me senti motivado por incentivos financeiros, como bônus e participação nos lucros, e, por isso, criei um programa desse tipo para a área", conta Felipe. Entretanto, o ânimo dos analistas para o trabalho não aumentou.

Júlia Fonseca e André Gutierrez, subordinados de Felipe, contam que, desde que foi promovido, Felipe está diferente. "Ele não almoça mais com a gente nem sai na quarta para tomar o 'chopinho do financeiro' com a galera", diz André. "A gente sabe que é prática comum na Casa & Cozinha que os coordenadores saiam para almoçar entre eles, mas o Felipe era nosso amigo, 'pô', não devia nos abandonar de uma hora para a outra. Ele instituiu um bônus na área, mas, como está sempre distante, nem sabe quando as metas estão sendo cumpridas", conta Júlia.

Atividade de grupo

Em grupos de três, procure responder às seguintes questões:

1. Como as conclusões do movimento de relações humanas poderiam explicar a baixa produtividade observada por Felipe?

2. Você acha que os grupos informais devem receber mais atenção dos administradores do que os formais? Por quê?

3. Rodrigo Costa é outro analista da equipe apresentada. Ele acha que seus colegas estão "fazendo corpo mole" para punir o distanciamento de Felipe. Entretanto, resolveu seguir o mesmo comportamento. Como você explicaria esse fato à luz do movimento de relações humanas?

4. Como vocês agiriam para elevar o moral da equipe e aumentar o desempenho nesse caso?

Administrando a sua empresa

Tempo de organização – abril do ano 1

Os primeiros três meses de vida da sua empresa foram difíceis. Parece que faltou planejamento e estruturação ao negócio de vocês, visto que tudo foi pensado e organizado muito rapidamente por causa de "pressões externas". No entanto, ao longo do trimestre, as coisas foram começando a se acertar. Os processos operacionais e administrativos foram se estabelecendo, o número de clientes começou a aumentar e a organização já experimentou um grande aumento das receitas no decorrer dos primeiros meses do ano.

Para vocês, agora, é hora de parar de "apagar incêndios" e começar a resolver problemas realmente importantes. Alguns procedimentos internos e relações externas precisam ser mais bem estruturados e vocês pretendem utilizar esse tempo de tranquilidade para deixar tudo em ordem para os meses que virão.

Primeiramente, é interessante que vocês analisem a evolução financeira de sua empresa, montada pelo departamento de finanças no primeiro trimestre:

Demonstrações Ano 1	Janeiro	Fevereiro	Março
Receitas	R$ –	R$ 7 mil	R$ 20 mil
Despesas operacionais	R$ 20 mil	R$ 25 mil	R$ 30 mil
Despesas financeiras e tributárias	R$ 10 mil	R$ 10 mil	R$ 10 mil
Resultado	(R$ 30 mil)	(R$ 28 mil)	(R$ 20 mil)

No trimestre que se encerrou, vocês montaram o time inicial de sua empresa. Estruturaram-se os setores de recursos humanos e finanças de maneira bem enxuta, tendo, cada um deles, dois funcionários além do diretor-acionista. Já os departamentos de marketing e pesquisa e desenvolvimento receberam mais atenção, pois são vistos como áreas muito estratégicas para a empresa. Foram contratados, respectivamente, três e quatro funcionários.

O setor de programação e fabricação foi o que recebeu mais investimentos. A primeira divisão, localizada em Campinas, já conta com três programadores e um supervisor, e a instalação produtiva da Zona Franca de Manaus tem três operários, um supervisor para organização e controle dos materiais e pessoal e um gerente-geral, incumbido de representar a direção da empresa naquele local.

Ao longo desse primeiro período, um acontecimento tornou-se corriqueiro nas operações em Campinas: os quatro membros de pesquisa e desenvolvimento e os três programadores começaram a entrar em conflito. Todos eles são jovens muito competentes recrutados em duas universidades próximas à empresa. Os pesquisadores vieram do Centro Tecnológico de Campinas, ao passo que os programadores, da Universidade Informacional de São Carlos. De acordo com o supervisor de programação, essas brigas são difíceis de ser controladas, tendo duas causas principais: a rivalidade entre as duas universidades e divergências quanto ao desenvolvimento de novos jogos.

A verdade é que ambos os grupos de funcionários querem influenciar o trabalho do outro. Os programadores querem opinar no processo de geração de ideias e definição gráfica dos *games*, e os pesquisadores desejam remodelar os códigos de computação para melhor representar aquilo que desenvolveram.

Outra questão que chegou ao Conselho Deliberativo refere-se ao processo de produção na Zona Franca de Manaus. A equipe conta com três funcionários, um supervisor e um gerente-geral e é responsável por gravar os jogos nas mídias, montar as caixas, embalá-los e organizar o estoque e distribuição dos produtos. O problema é que, quando a empresa nasceu, os jogos ainda estavam sendo desenvolvidos em Campinas. Portanto, os processos operacionais de fabricação ainda não estavam formalizados e precisaram ser organizados à medida que os modelos de *games* ficaram prontos e os pedidos começaram a chegar.

Um último problema que merece a atenção de vocês é a estratégia de marketing. Quando vocês abriram a empresa, esperavam que as condições de mercado se mantivessem as mesmas e que, por essa razão, conseguissem conquistar clientes por causa dos preços mais baixos praticados por vocês. Entretanto, duas fortes concorrentes, a BraGames e a Lei Jogos, ao perceberem essa prática de sua organização, resolveram reduzir alguns de seus preços, evitando que vocês obtivessem o sucesso esperado para o primeiro trimestre.

Atividades e decisões

Com base nas informações apresentadas e na criatividade e conhecimento de vocês, sigam o roteiro proposto para encontrar soluções e estruturar melhor os negócios de sua empresa.

1. Como vocês tentariam solucionar os conflitos eventuais entre os pesquisadores e programadores de sua empresa? É possível associá-la ao conceito de grupos informais da escola de Relações Humanas?

2. Tente dividir as tarefas e estruturar os processos produtivos desempenhados em Manaus pelos funcionários da empresa lá baseados.

3. Como a teoria dos sistemas poderia ajudar a entender melhor seu negócio?

4. Pode-se considerar que a reação das concorrentes à sua estratégia de marketing foi uma contingência inesperada. Liste outras contingências que poderiam influenciar sua empresa e estabeleça medidas que poderiam ser tomadas para administrá-las.

Notas

1. De acordo com as estatísticas do Censo da Educação Superior, divulgado pelo Ministério da Educação e Cultura do Brasil (MEC) e pelo Instituto Nacional de Estudos e Pesquisas Educacionais Anísio Teixeira (Inep), existiam, em 2009, no país, quase 900 mil alunos matriculados em cursos de Administração. Em 1997, esse número era de apenas 237.414. O curso de Administração representa 17% do número total de alunos matriculados em cursos de ensino superior. Disponível em: <http://www.anaceu.org.br/conteudo/noticias/resumo_tecnico2009.pdf>. Acesso em: março 2012.

2. PENNA, G. **Recall de gestão, publicado em maio de 2010**. Disponível em: <http://vocesa.abril.com.br/desenvolva-sua-carreira/materia/recall-gestao-523647.shtml>. Acesso em: 21 mar. 2012.

3. DRUCKER, P. F. **A prática de administração de empresas**. São Paulo: Pioneira, 1981.

4. KUHN, T. **A estrutura das revoluções científicas**. São Paulo: Perspectiva, 2000; BURRELL, G.; MORGAN, G. **Sociological paradigms and organization analysis**. Londres: Routledge, 1979.

5. Posição defendida por MOTTA, F. P.; VASCONCELOS, I. G. **Teoria geral da administração**. São Paulo: Thomson, 2004.

6. Posição defendida por BURRELL, G.; MORGAN, G. **Sociological paradigms and organization analysis**. Londres: Routledge, 1979.

7. POLANYI, K. **A grande transformação**. Rio de Janeiro: Campus, 2000.

8. MOTTA, F. P.; VASCONCELOS, I. G. **Teoria geral da administração**. São Paulo: Thomson, 2004.

9. HELOANI, R. **Organização do trabalho e administração:** uma visão multidisciplinar. São Paulo: Cortez, 1994.

10. HARRISON, J. **Robert Owen and the owenites in Britain and America:** The Quest for the new moral world. Londres: Routledge, 2009.

11. BABBAGE, C. **Reflections on the decline of science in England, and on some of its causes**. Charleston, SC: Bibliolife, 2009 (Original: 1830).

12. PECI, A. Taylorism in the socialism that really existed. **Organization**, v. 16, n. 2 289-301, 2009.

13. TAYLOR, F. W. **Princípios de administração científica**. São Paulo: Atlas, p. 37, 1948.

14. TAYLOR, F. W. **Princípios de administração científica**. São Paulo: Atlas, p. 14, 1948.

15. **Ford Model T.** Disponível em: <www.ford.com.br>; <http://en.wikipedia.org/wiki/Ford_Model_T>.

16. FAYOL, H. **Administração industrial e geral**. São Paulo: Atlas, 1965.

17. MOTTA, F. P.; VASCONCELOS, I. G. **Teoria geral da administração**. São Paulo: Thomson, 2004.

18. WEBER, M. **Economia e sociedade:** fundamentos da sociologia compreensiva. Brasília: UNB, 1998.

19. **Concurso:** o sonho da estabilidade. Disponível em: <http://www.istoe.com.br/reportagens/46397_CONCURSO+O+SONHO+DA+ESTABILIDADE>.

20. MOTTA, F. P.; VASCONCELOS, I. G. **Teoria geral da administração**. São Paulo: Thomson, 2004.

21. **Brasil.** Plano Diretor da Reforma do Aparelho do Estado. Presidência da República. 2005.

22. MAYO, Elton. **The Human Problems of an Industrial Civilization:** Early Sociology of Management and Organizations, Routledge, 2001. (Orig. 1933).

23. **Como a loja online Zappos faz seus funcionários felizes**. Disponível em: <http://exame.abril.com.br/negocios/gestao/noticias/como-a-loja-online-zappos-faz-seus-funcionarios-felizes>.

24. FREITAS, N. Lições da Segunda Guerra para os negócios. **Exame**, v. 39, n. 9, maio 2005.

25. **Uma cena em extinção.** Disponível em: <http://veja.abril.com.br/especiais/transicao_digital/p_100.html>.

26. BURREL, G. Normal science, paradigms, metaphors, discourses and genealogy of analysis. In: CLEGG, S.; HARDY, C.; NORD, W. **Handbook of organization analysis**. Londres: Sage, 1996.

27. SILVERMAN, D. **The theory of organization**. Londres: Heinemann Educational Books, 1971; WEICK, K. **The social psycology of organizing**. Cambridge: Addison-Wesley, 1969; BRAVEMAN, H. **Trabalho e capital monopolista:** a degradação do trabalho no século XX. Rio de Janeiro: LTC, 1987; BURRELL, G.; MORGAN, G. **Sociological paradigms and organizational analysis:** elements of the sociology of corporate life. Londres: Heinemann, 1979; CLEGG, S.; DUNKERLEY, D. **Organization, class and control:** an insider's guide to politics. Londres: Routledge e Kegan Paul, 1980; MORGAN, G. **Images of organization**. Londres: Sage, 1986.

28. CLEGG, S.; HARDY, C.; NORD, W. **Handbook of organization analysis**. Londres: Sage, 1996.

29. GRANOVETTER, M. Economic action and social structure: the problem of embeddedness. **The American Journal of Sociology**, v. 91, n. 3, 1985, p. 481-510.

30. DAVEL, E.; ALCADIPANI, R. Estudos críticos em administração: a produção científica brasileira nos anos 1990. **Revista de Administração de Empresas**, v. 43, n. 4, p. 72-85, 2003.

31. RAMOS, A. G. **Administração e contexto brasileiro:** esboço de uma teoria geral da administração. Rio de Janeiro: FGV, 1983.

32. WEBER, M. **The theory of social and economic organization**. London: Collier Macmillan Publishers, 1947.

33. MERTON, R. K. **Social theory and social structure**. Glencoe, IL: Free Press, 1957. (Revised edition).

34. Disponível em: <www.mcdonalds.com.br>; UPTON, D. McDonald's Corp. **Harvard Business School Case**, n. 603041, Harvard Business School Press, 2002; GOLDBERG, R. A.; YAGAN, J. D. McDonald's Corp: managing a sustainable supply chain. **Harvard Business School Case**, n. 907414, Harvard Business School Press, 2007.

Capítulo 3 O ambiente organizacional

Objetivos de aprendizagem

1. Contrastar a visão onipotente com a visão simbólica da ação gerencial.
2. Definir o ambiente organizacional e destacar sua importância para a administração.
3. Destacar a cultura organizacional como definidora do ambiente interno da organização.
4. Analisar os principais elementos que definem a cultura organizacional.
5. Identificar e descrever os principais componentes do ambiente contextual.
6. Identificar e descrever os principais componentes do ambiente operacional.
7. Discutir exemplos de como as variáveis ambientais afetam as organizações.
8. Explicar algumas estratégias usadas para administrar a relação organização-ambiente.
9. Apresentar a análise de *stakeholders* como técnica de análise ambiental.
10. Discutir a relação entre a cultura organizacional e o ambiente externo.

A análise do ambiente organizacional reflete o atual estágio de desenvolvimento das teorias organizacionais e administrativas, cada vez mais levando em conta a permeabilidade das fronteiras organização-ambiente. As primeiras escolas organizacionais concentraram sua análise nos processos internos da organização. Esse enfoque interno era compreensível, já que a grande maioria das organizações operava em um contexto de estabilidade e previsibilidade ambientais.

A teoria dos sistemas e, particularmente, a abordagem contingencial tiveram o mérito de diluir as fronteiras da organização e chamar a atenção pela interdependência mútua organização-ambiente. Atualmente, os desafios da mudança ambiental impõem-se às empresas de forma constante, demandando respostas rápidas por parte das organizações e uma permanente adaptação ao ambiente no qual estão inseridas.

Este capítulo tem como objetivo apresentar uma análise dos ambientes interno e externo da organização, situando o papel do gestor e o alcance da ação gerencial no contexto em que as organizações operam e são dinamicamente influenciadas.

Para isso, destacam-se os principais conceitos relativos ao ambiente interno e ao ambiente externo da organização. A análise do ambiente interno privilegiará o papel da cultura da empresa como definidora da identidade de uma organização. Com relação ao ambiente externo, destacam-se a análise do ambiente contextual e a do ambiente operacional. Para cada uma dessas categorias, são identificados e analisados fatores-chave que influenciam de forma direta e indireta as organizações.

A relação entre as empresas e o ambiente também é analisada da perspectiva da incerteza e dependência ambiental, destacando-se, simultaneamente, algumas das estratégias de administração da relação com o ambiente adotadas pelas organizações. Posteriormente, será apresentada a análise dos *stakeholders* como ferramenta de estudo ambiental, cuja principal vantagem é a politização do ambiente organizacional. Por fim, será discutida a relação integrada entre a cultura organizacional e o ambiente externo.

>> Caso introdutório

Brahma fatura com as classes populares

O aumento do poder de compra dos brasileiros das classes C e D nos últimos anos atraiu a atenção das empresas. Hoje, esse público representa mais de 95 milhões de pessoas dispostas a comprar novos produtos e ter novas experiências de consumo. Mas se engana quem pensa que para atingir esse consumidor basta lançar produtos mais baratos. Os brasileiros das classes C e D exigem qualidade e estão dispostos a pagar por isso. Além de disponibilizar bons itens a preços acessíveis, as empresas têm de atender as necessidades desses consumidores.

Pensando em atingir essa massa, a Ambev instalou um quiosque da Brahma na estação de trem Central do Brasil, no centro do Rio de Janeiro. Segundo a própria empresa, esse é o local onde mais se vende chope por metro quadrado em todo o mundo. Em relação à média de bares da marca em todo o país, o local registra o dobro de vendas. A localização privilegiada, em um ponto onde passam cerca de 600 mil pessoas por dia, aliada à qualidade e à tradição da marca ajudam a explicar o sucesso do Quiosque Chopp Brahma na estação de trem.

Se achar que os preços baixos são o suficiente para atrair as classes C e D fosse o pensamento da Ambev, o quiosque na Central do Brasil não teria sido instalado, visto que seus preços não são os mais baratos. Esses consumidores, como os de qualquer outra classe, têm necessidades além do custo do produto, e elas precisam ser avaliadas pelos administradores no momento de traçar as estratégias de venda.

A quantidade de consumidores que formam as classes C e D faz com que qualquer empresa que pense em volume sinta a necessidade de alcançar esse público. Hoje, a classe C representa um percentual de 54% da população brasileira, de acordo com a sétima edição da pesquisa Observador Brasil 2012, feita pela empresa Cetelem BGN, do Grupo BNP Paribas, em parceria com o instituto Ipsos Publics Affairs.[1] Assim, diante da realidade brasileira caracterizada pelo elevado número de pessoas de baixa renda, há um incentivo à atuação nesses segmentos de mercado.

No entanto, não adianta entrar nesse nicho com o pensamento de que basta um produto sem qualidade e com preço baixo para conquistar esse público. Para atingi-los, é preciso estar atento às necessidades e aos comportamentos desses consumidores e aliar qualidade a preços acessíveis.[2]

3.1 >> Os parâmetros da ação gerencial

Quais são os fatores que realmente influenciam o desempenho de uma organização? O sucesso ou o fracasso organizacional dependem de uma boa administração ou são simples consequência de fatores ambientais favoráveis? Será que o sucesso da Brahma deve-se às medidas tomadas por seus administradores ou à realidade brasileira caracterizada pelo crescimento do poder de compra de pessoas de baixa renda?

O estudo e a prática da administração, nas últimas décadas, legitimaram a consolidação da administração como disciplina, mas também influenciaram a visão predominante nas sociedades ocidentais, segundo a qual os administradores são os principais responsáveis pelo alcance dos resultados organizacionais. Essa perspectiva é conhecida como **visão onipotente da administração**. A esta

> **Visão onipotente da administração**
>
> Perspectiva que considera o administrador o principal responsável pelo desempenho da organização, desvalorizando o impacto do ambiente.

> **Visão simbólica da administração**
> Perspectiva que considera os atos do administrador limitados no desempenho da organização, por ele não ter controle sobre as forças ambientais que afetam a organização.

contrapõe-se outra perspectiva, na qual o papel do administrador é limitado por forças internas e externas à organização, que escapam do seu controle, a **visão simbólica da administração**.

A *visão onipotente* da administração reflete um pressuposto básico: os atributos e a competência dos administradores determinam a qualidade de sua gestão, ou seja, o sucesso ou o fracasso de uma organização são consequências da ação dos administradores. As diferenças de eficácia e eficiência entre as organizações são decorrentes das decisões ou das ações de seus administradores. Bons gestores aproveitam as oportunidades, antecipam as mudanças, corrigem os erros e desvios, liderando as organizações na direção de seus objetivos. Eles podem receber bônus, ações ou participação nos lucros em caso de bom desempenho da empresa, assim como podem ser demitidos ou substituídos em um cenário contrário. Foi o que aconteceu a Pedro Madeira, presidente da Nike Brasil. No início de 2007, em razão dos resultados abaixo das expectativas, a Nike decidiu substituir o administrador português pelo argentino Christian Corsi, ex-presidente da filial mexicana da empresa.

Em contrapartida, a *visão simbólica* da administração considera que o impacto do administrador nos resultados organizacionais é mínimo e limitado. Segundo essa perspectiva, os resultados são muito mais condicionados por fatores fora do controle do administrador, como a economia, o mercado, as políticas governamentais, as ações dos concorrentes ou as decisões tomadas por antigos administradores da organização. Nessa perspectiva, a elaboração de planos e a tomada de decisões administrativas são consideradas tentativas ilusórias para dar ordem e sentido à incontrolável confusão ambiental.[3]

> **Visão equalizadora da administração**
> Perspectiva que reconhece que o gerente opera condicionado pelas restrições impostas pelo ambiente; seu papel consiste em equilibrar as interações entre os ambientes externo e interno.

Em uma pesquisa com administradores de topo do setor público brasileiro, procurou-se compreender qual seria o papel da ação gerencial a despeito das condições ambientais e estruturais restritivas. Segundo essa pesquisa, a metáfora que melhor reflete a lógica subjacente à ação gerencial é a **equalização**, referindo-se ao papel do gerente no sentido de compensar, contrabalançar, equilibrar, igualar e estabilizar as interações entre os ambientes externo e interno da organização.[4] A Figura 3.1 resume essa visão.

De fato, a realidade empresarial sugere uma síntese entre as duas visões. O gerente opera condicionado pelas restrições impostas pelos ambientes externo e interno da organização, mas, mesmo assim, sua ação e decisões são fundamentais para lidar com todas as pressões internas e externas a que a organização é sujeita. Apesar de limitarem a ação gerencial do administrador, as restrições ambientais

Figura 3.1 ›› Ação gerencial equalizadora

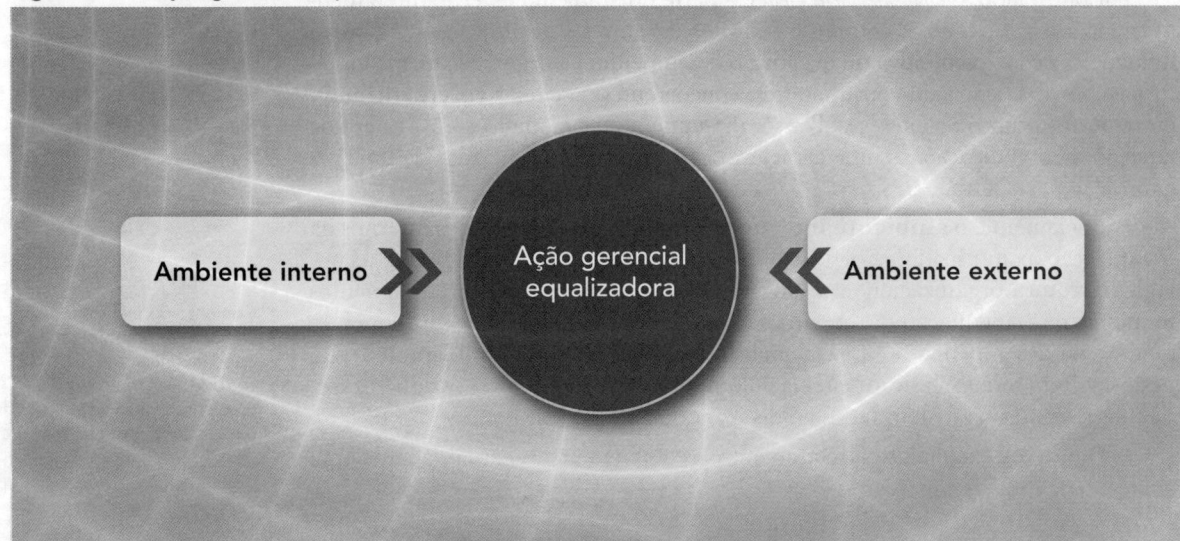

não o impedem de ter poder para influenciar o desempenho e os resultados de sua organização.

3.2 ›› O ambiente das organizações

Independentemente do tipo de organização, o ambiente é uma força poderosa com impacto no sucesso ou no insucesso delas. Cabe aos administradores monitorarem e analisarem o ambiente organizacional para detectar potenciais oportunidades e ameaças para suas organizações, sejam elas externas ou internas. O crescimento ou o declínio da taxa de juros, as mudanças nos estilos de vida dos consumidores e o papel do Estado na vida econômica são apenas alguns dos fatores que podem influenciar a trajetória de uma organização. Para compreender o ambiente e seus efeitos sobre as organizações, os administradores devem fazer uso da **análise ambiental**.

A *análise ambiental* consiste no processo de monitoramento e reflexão estratégica que busca avaliar o impacto do ambiente na organização. O termo **ambiente organizacional**, por sua vez, refere-se ao conjunto de forças, tendências e instituições, tanto externas como internas à organização, que têm potencial para influenciar seu desempenho.

No entanto, nem todos os elementos do ambiente organizacional exercem a mesma influência na organização. Para isso, a análise ambiental distingue entre o ambiente externo e o interno. O **ambiente externo** é o contexto no qual as organizações existem e operam, sendo constituído pelos elementos que se encontram fora dos limites da organização. Como já foi destacado na análise da teoria dos sistemas no Capítulo 2, as organizações estabelecem uma relação de interdependência mútua com o ambiente externo, recebendo recursos e insumos e alimentando-o com produtos e serviços.

O ambiente externo pode ser dividido em dois substratos: o ambiente contextual e o ambiente operacional. O *ambiente contextual* inclui todos os fatores que existem fora dos limites da organização, mas que independem da ação dela, como fatores econômicos, político-legais, socioculturais, demográficos ou tecnológicos. Ele engloba as condições e tendências que podem afetar o desempenho de todas as organizações de determinado setor ou indústria. Por ser constituído por macrotendências gerais independentes da organização, considera-se que o ambiente contextual afeta a organização indiretamente.

Por outro lado, o *ambiente operacional* é a parte do ambiente externo diretamente ligado à organização. É composto pelas forças, atores e instituições que podem influenciar de forma positiva ou negativa o desempenho da organização, incluindo fornecedores, clientes ou consumidores, concorrentes, agências governamentais, entre outros grupos de interesse. Por ser diretamente relacionado com a esfera de atuação da organização, assume características únicas e diferenciadas de uma organização para outra.

Paralelamente, o **ambiente interno** é composto pelos elementos internos da organização, como sua força de trabalho, gestores, cultura organizacional, tecnologia, estrutura organizacional, instalações físicas, entre outros. Esses elementos influenciam a adequação da organização ao ambiente externo e, consequentemente, seu desempenho organizacional. O foco da análise do ambiente interno neste capítulo será exclusivamente na cultura organizacional, uma vez que os elementos restantes serão abordados no decorrer de outros capítulos.

A Figura 3.2 exemplifica a relação entre os ambientes contextual, operacional e interno de uma organização.

Análise ambiental
Processo de monitoramento e reflexão estratégica que busca avaliar o impacto do ambiente na organização.

Ambiente organizacional
Conjunto de forças, tendências e instituições, tanto externas como internas à organização, que têm potencial para influenciar seu desempenho.

Ambiente externo
Contexto no qual as organizações existem e operam, sendo constituído pelos elementos que se encontram fora dos limites da organização.

Ambiente interno
Conjunto de elementos internos da organização que influenciam a sua adequação ao ambiente externo e, consequentemente, seu desempenho organizacional.

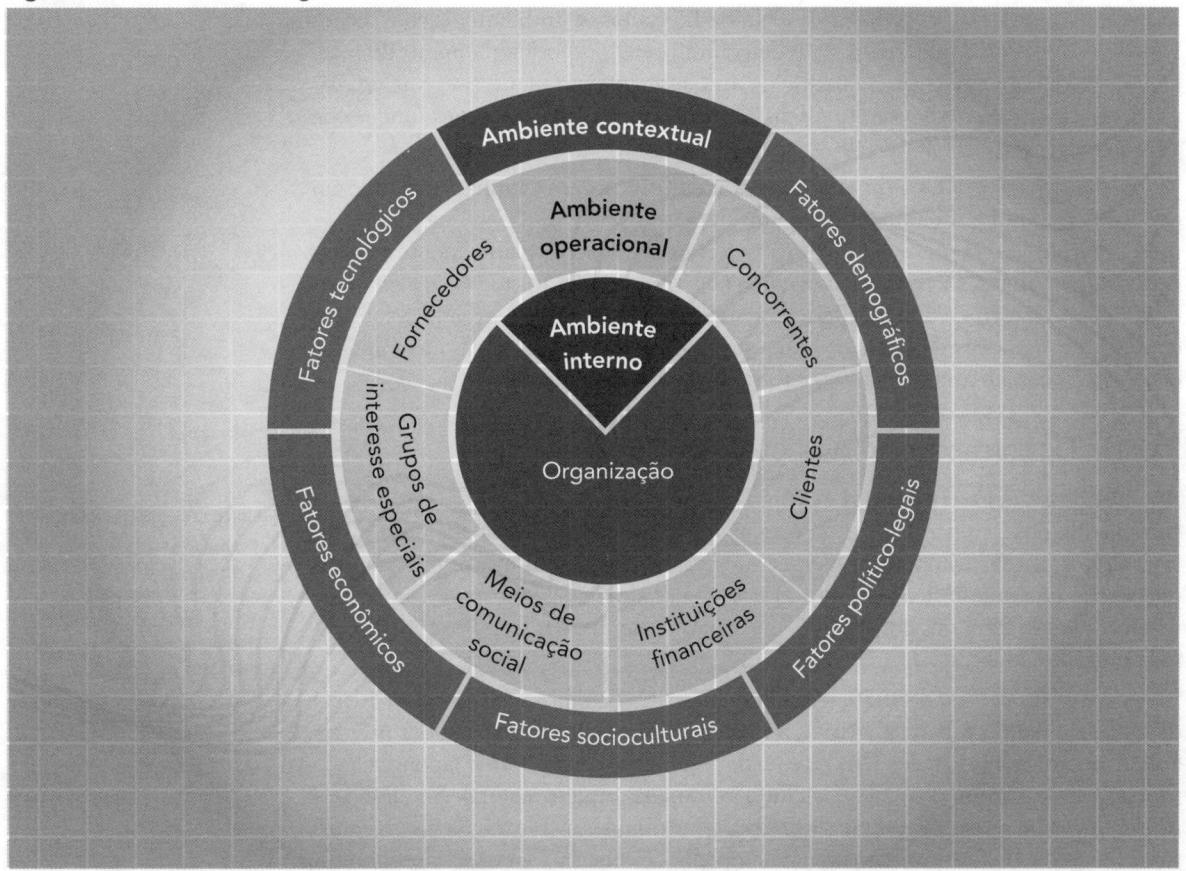

Figura 3.2 ›› O ambiente organizacional

[Diagrama circular com três camadas concêntricas: no centro "Organização / Ambiente interno"; camada intermediária "Ambiente operacional" contendo Fornecedores, Concorrentes, Clientes, Instituições financeiras, Meios de comunicação social, Grupos de interesse especiais; camada externa "Ambiente contextual" contendo Fatores tecnológicos, Fatores demográficos, Fatores político-legais, Fatores socioculturais, Fatores econômicos.]

3.3 ›› O ambiente interno e a cultura organizacional

Mesmo que alguns dos fatores que constituem o ambiente externo possam parecer semelhantes para organizações que fazem parte de um mesmo setor, a influência – potencial ou real – de cada um desses fatores depende da singularidade da organização. Essa singularidade organizacional é definida pelo seu ambiente

A empresa aérea Azul, ao analisar o ambiente organizacional em que opera, se viu diante de um dilema. Pensando no futuro, a empresa promoveu uma grande reestruturação organizacional, a fim de alinhar a equipe e prepará-la para os planos de expansão. Entretanto, o ambiente externo não se mostrou favorável. Os investimentos da empresa aérea esbarraram nos sérios problemas de infraestrutura dos aeroportos brasileiros. Cabe, portanto, aos gerentes da empresa a tarefa de equalizar os ambientes interno e externo da organização a fim de alcançar os resultados planejados.[5]

interno. Os pontos fortes e fracos que caracterizam uma organização, definindo seu ambiente interno, podem ser os recursos humanos, o ambiente físico e tecnológico, a cadeia de comando, o grau de centralização, o posicionamento de marketing, entre outros. De fato, a análise do ambiente interno estará presente em vários capítulos deste livro, visto que seus elementos permeiam as várias funções de administração.

Neste capítulo, o foco da análise será a cultura organizacional, partindo do pressuposto de que a cultura representa uma boa parte da "personalidade" de uma organização, já que se refere a características e traços relativamente permanentes que marcam sua trajetória de atuação e que perpassam todos os elementos do ambiente interno, citados anteriormente.[6] De fato, a cultura organizacional se expressa nas políticas de recursos humanos, nos estilos de liderança, nas tomadas de decisão e até no ambiente físico e tecnológico da organização.

3.3.1 ›› Definição de cultura organizacional

A **cultura organizacional** é definida como o sistema de valores e significados compartilhados pelos membros da organização, transmitidos por meio de histórias, rituais, lendas, símbolos, linguagem e cerimônias. A cultura organizacional diferencia uma organização de outra. Ela se refere à rede de concepções, normas e valores que são tomados por certos e que estão presentes em todos os aspectos da vida organizacional.[7]

> **Cultura organizacional**
> Sistema de valores e significados compartilhados pelos membros da organização, transmitidos por meio de histórias, símbolos, linguagem, entre outros, que diferenciam uma organização da outra.

A partir da década de 1970, o mau desempenho de empresas até então líderes de mercado (como a Pan American, a Chrysler, entre outras) associado à própria crise econômica nos Estados Unidos e ao florescimento da economia japonesa levaram ao fortalecimento da variável "cultura" na análise organizacional. As diferenças no desempenho das empresas começaram a ser atribuídas à cultura. Existiam culturas favoráveis e desfavoráveis ao bom desempenho, e caberia aos consultores organizacionais o uso de teorias antropológicas para diagnosticar as mazelas da empresa.[8]

O fato é que a cultura, apesar de ser uma dimensão organizacional complexa e de difícil identificação, serve de apoio à adaptação da organização ao ambiente externo e à integração eficaz dos processos internos. Dessa forma, reduz a ansiedade perante o desconhecido e a incerteza, além de impactar no desempenho.

Um dos autores que mais avança no estudo da cultura organizacional é Edgar Schein, para quem a cultura é o padrão de crenças e pressupostos básicos compartilhados por um grupo de pessoas e construídos a partir de suas respostas continuadas a problemas de adaptação externa e integração interna, cuja eficácia as torna, no entendimento do grupo, a forma correta de perceber, pensar e sentir esses problemas.[9]

Segundo Schein, a cultura pode ser apreendida em vários níveis (veja a Figura 3.3):

- *Artefatos*: referem-se a estruturas e processos organizacionais visíveis, como o vestuário, os símbolos, os logotipos, o espaço físico, a linguagem, os slogans, os padrões comportamentais etc. Os artefatos são todas as coisas que as pessoas podem ver ou ouvir no dia a dia da organização.
- *Valores*: resultam da crença sobre o que é certo ou errado, normalmente a partir da ação original de um líder. A ação continuada é aceita como valor. São mantidos em um nível consciente e utilizados para justificar e explicar o comportamento dos membros da organização. Podem ser inferidos a partir de histórias, lendas, linguagem e símbolos.
- *Pressupostos básicos*: crenças coletivas inconscientes, fonte original dos valores e da ação dos membros da organização. São valores tão profundamente in-

Figura 3.3 ›› Níveis da cultura organizacional

- **Artefatos** — Visíveis, mas raramente decifráveis (vestuário, símbolos, slogans, layout)
- **Valores** — Ideologia coletiva que condiciona o comportamento
- **Pressupostos básicos** — Verdades inquestionáveis, invisíveis e inconscientes

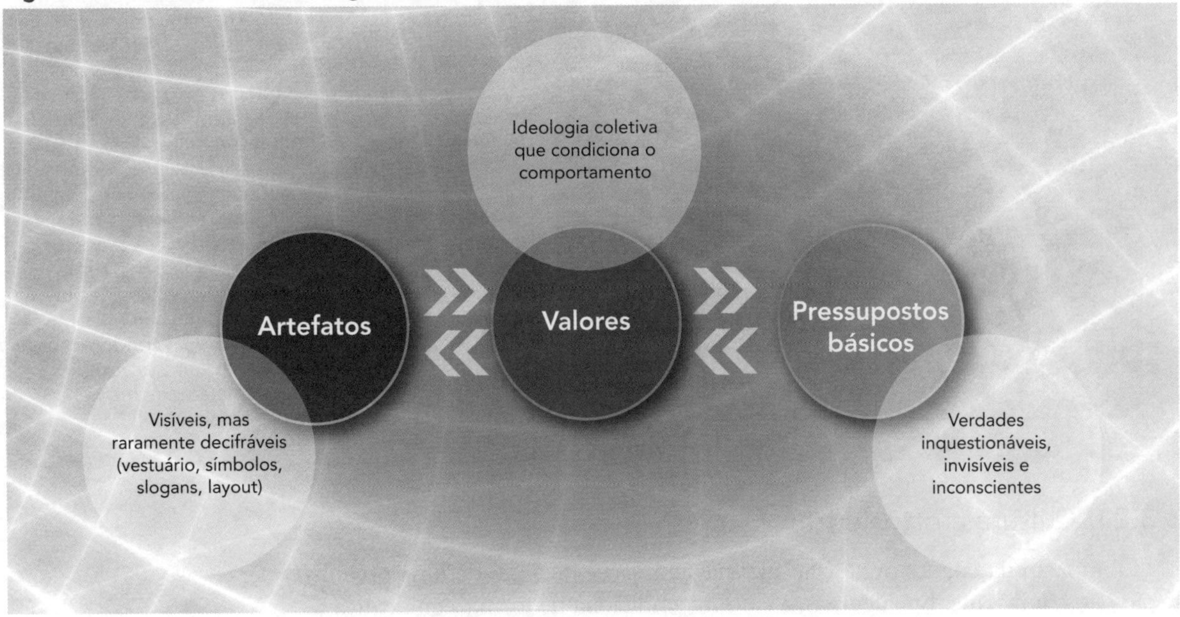

ternalizados que deixam de ter forma explícita, passando a funcionar como uma percepção não questionada da realidade. Os pressupostos básicos determinam como os membros da organização percebem, pensam e sentem. Tal como os valores, podem ser inferidos por meio de linguagem, histórias, lendas e símbolos que os membros organizacionais podem fazer uso.

Diversos autores têm criticado o modelo de Schein, argumentando que a cultura organizacional não é homogênea e uniforme e que existem diversas subculturas organizacionais; além disso, discordam do argumento de que a manutenção da estrutura social é a única função da cultura organizacional. Outros ainda tentam introduzir novas perspectivas no estudo da cultura, mas o fato é que a interpretação de Schein continua sendo uma das mais influentes na compreensão da cultura organizacional.[10]

Mary Jo Hatch[11] critica e expande o modelo de Schein, introduzindo os *símbolos* como um novo nível de análise da cultura e enfatizando as *relações* que existem entre os níveis introduzidos por Schein (pressupostos básicos, valores e artefatos). Slogans, metáforas, logotipo da empresa, história da empresa, expressões visuais, arquitetura, ritos e rituais são apenas alguns exemplos de símbolos organizacionais que, segundo a autora, não podem ser reduzidos à definição de artefatos, uma vez que se apresentam de forma mais dinâmica. Eles se referem a tudo o que representa uma associação consciente ou inconsciente com um conceito ou significado maior, geralmente mais abstrato. Paralelamente, a autora enfatiza as relações que existem entre os elementos da cultura organizacional, dando maior ênfase à interação entre os vários níveis da cultura.

Independentemente da perspectiva, é indiscutível que a cultura condiciona a forma como os membros percebem a organização e como respondem a seus desafios e problemas. A cultura guia o comportamento e as decisões dos membros organizacionais, tendo uma influência direta no desempenho organizacional. Na realidade, a cultura organizacional manifesta-se no estilo de liderança democrático ou autoritário, na centralização ou na descentralização do processo de tomada de decisão, nas práticas motivacionais e em outras dimensões que influenciam diretamente o desempenho organizacional e que serão analisadas no decorrer deste livro.

O final do século passado foi dramático para a IBM com a perda da liderança em todos os mercados nos quais participava. Apesar de ser uma empresa reconhecida por sua cultura organizacional forte, a crise fez com que a empresa se reestruturasse, passando por uma mudança da cultura organizacional. A sucursal brasileira da IBM também procurou acompanhar essas mudanças. No entanto, deparou-se com a existência de diferentes subculturas dentro da empresa. Os grupos diferenciam-se em vários aspectos, desde as formas de se vestir, escolas onde estudaram, classes sociais a que pertencem, estilos de vida, entre outros. Grupos como os gerentes de nível médio, que moravam, em sua maioria, em condomínios da Barra da Tijuca, sentiam-se mais ameaçados com as mudanças e apresentaram uma atitude menos entusiástica e mais crítica em relação a elas.[12]

3.3.2 ›› Culturas fortes e fracas

O impacto da cultura organizacional nas práticas e decisões de uma organização não é uniforme. Em algumas, a cultura condiciona de forma significativa a ação dos trabalhadores e gestores, ao passo que em outras, o impacto da cultura é pouco percebido. Por essa razão se diferenciam as culturas fortes das fracas.

Em uma **cultura organizacional forte**, os valores essenciais da organização são intensamente acatados e amplamente compartilhados. Quanto mais gente aceitar os valores essenciais e quanto maior seu comprometimento com eles, mais forte será a cultura e maior sua influência sobre o comportamento dos membros da organização, pois o alto grau de compartilhamento e intensidade cria um clima interno de alto controle comportamental.

Já nas culturas fracas, os valores da organização não são obedecidos ou não são compartilhados pelos membros organizacionais; logo, seu comportamento é pouco influenciado pela cultura.

Essa categorização que distingue as culturas organizacionais fortes das fracas demonstra o esforço dos teóricos para usar de forma instrumental o conceito da cultura organizacional, a fim de avaliar o impacto da cultura no desempenho organizacional. No entanto, os resultados das pesquisas que buscam testar essa relação são ainda controversos.

> **Cultura organizacional forte**
> Cultura na qual os valores essenciais da organização são intensamente acatados e amplamente compartilhados por todos os membros organizacionais.

A Natura, maior fabricante brasileira de cosméticos, é reconhecida por sua cultura organizacional forte, sustentada por valores como a sustentabilidade ambiental e o bem-estar de seus colaboradores. Em toda a companhia, empregados, fornecedores e revendedores sabem que devem valorizar as pessoas e o meio ambiente. Um bom exemplo é o seu lema: "Bem estar bem". Com os colaboradores completamente inseridos na cultura da empresa, ela os mantém motivados e dispostos a entregar o seu melhor, fato que é comprovado pelo bom desempenho da Natura nos últimos anos.[13]

De maneira geral, os resultados das pesquisas sugerem que empresas com culturas fortes estão associadas a maiores níveis de desempenho organizacional.[14] Por exemplo, uma pesquisa com 392 participantes, escolhidos de forma aleatória, de 26 organizações norte-americanas permitiu concluir que a cultura organizacional influencia o desempenho, depois de isolar a influência dos fatores do ambiente externo.[15] Porém, as variáveis específicas da cultura organizacional que têm algum impacto no desempenho são alvo de questionamentos. Por outro lado, as controvérsias em torno do conceito de cultura organizacional e sua forma de operacionalização dificultam as análises desse tipo.

Mito ou ciência

Cultura organizacional forte reduz a rotatividade

Uma cultura é considerada forte quando os valores essenciais da organização são intensamente compartilhados por todos os seus membros. Quanto mais gente aceitar esses valores, mais forte será a cultura e maior sua influência sobre o comportamento dos membros da organização.

Estudos têm demonstrado que uma cultura organizacional forte é capaz de manter os membros da empresa, pois é por meio da disseminação da cultura organizacional que eles podem ter contato com o grau de concordância sobre o que a organização representa para eles e para a sociedade. Assim, a aceitação dos propósitos por ela cultivados gera coesão, lealdade e comprometimento organizacional. Tais qualidades, por sua vez, reduzem a propensão dos funcionários a deixar a organização.[16] Tal constatação, portanto, torna verdadeira a afirmação de que a cultura organizacional forte reduz a rotatividade nas organizações.

Em um estudo publicado em 2007, pesquisadores canadenses investigaram a relação entre a percepção da cultura organizacional de gerentes e as reações comportamentais deles. Os resultados confirmaram o que foi dito: há uma forte ligação entre a percepção da cultura organizacional e a intenção de permanecer na empresa.[17]

No Brasil, um bom exemplo de empresa com uma cultura forte é a Magazine Luiza. Com o slogan "Vem ser feliz", ela baseia suas ações, sejam elas mercadológicas, sociais ou gerenciais, no objetivo de proporcionar felicidade às pessoas. Todas as segundas-feiras pela manhã, um ritual toma conta das lojas e da sede da empresa: de mãos dadas com os funcionários, a presidenta Luiza Helena Trajano canta o hino nacional, o hino da empresa e recita uma rápida oração. O objetivo é entrosar os empregados, discutir desempenho, metas e resultados e, sobretudo, incorporar o exército de 14 mil vendedores ao jeito de ser da empresa. O resultado desse esforço de criação de uma cultura forte pode ser visualizado nos vários prêmios que a empresa já recebeu, inclusive o de melhor empresa para se trabalhar no Brasil, e nos baixos índices de rotatividade.

Outro exemplo que ilustra bem como a cultura interfere na rotatividade do pessoal é o do Laboratório Sabin, onde a cultura corporativa incentivada pelas fundadoras gera uma administração participativa que contribui para elevar a felicidade dos colaboradores dentro da empresa e ainda evita a rotatividade de pessoal. Em geral, os funcionários dizem estar satisfeitos com as políticas e práticas do laboratório e, em função disso, não encontram motivos para sair.[18]

3.3.3 ›› Processo de aprendizagem da cultura

A cultura organizacional é transmitida por uma diversidade de meios, dentre os quais se destacam as histórias, os rituais, os símbolos e os slogans (ver Figura 3.4). Além de servirem como processos de transmissão cultural, esses elementos podem ser usados para identificar e interpretar a cultura de uma organização.

HISTÓRIAS ›› São narrativas baseadas em eventos reais, que recuperam momentos fundamentais da vida de uma organização, bem como sua inserção no contexto econômico e social. Elas geralmente se referem a eventos ocorridos com fundadores de empresas, quebras de paradigmas ou de regras, sucessos estrondosos, reduções de força de trabalho, recolocações de funcionários, reações a antigos

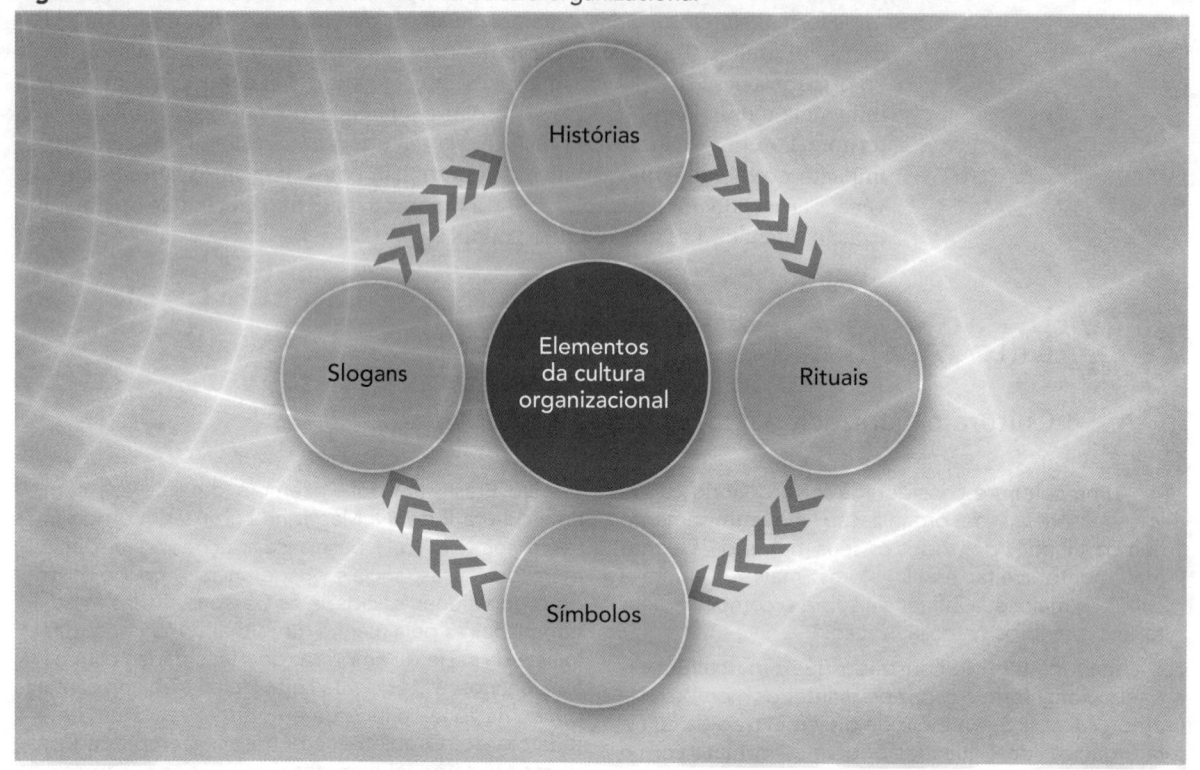

Figura 3.4 ›› Elementos de transmissão da cultura organizacional

erros e *às* estratégias organizacionais. Essas narrativas vinculam o presente ao passado e oferecem explicação e legitimidade para as práticas vigentes.

RITUAIS ›› Referem-se às atividades repetidas que expressam e reforçam os valores-chave da organização. Os programas de treinamento e integração de novos funcionários, cerimônias comemorativas, festas de final de ano, entre outros, desempenham esse papel. Esses rituais transmitem e reforçam os valores e comportamentos desejados.

SÍMBOLOS ›› Podem ser objetos, ações ou eventos que transmitem significados aos membros da organização. A forma como as pessoas se vestem, o tipo de carro que os administradores usam, o *layout* dos escritórios são alguns dos símbolos organizacionais. A posse de um jato para os executivos ou o fato de viajarem em classe executiva ou turística são outros exemplos de símbolos que transmitem os valores da organização para seus membros.

SLOGANS ›› São frases que expressam de forma sucinta valores organizacionais importantes. As empresas podem fazer uso de slogans para facilitar a incorporação de valores. A missão corporativa é um exemplo de declaração pública que retrata os valores defendidos pela organização. Um slogan pode ser: "Os clientes estão sempre em primeiro lugar", indicando a prioridade da organização na satisfação das necessidades dos clientes.

Existem outros elementos de transmissão da cultura organizacional. Dentre eles, podem-se destacar os mitos organizacionais, os tabus, os heróis e os contadores de histórias que perpetuam valores, além de outras figuras, como os fofoqueiros ou os conspiradores.

Todos esses elementos da cultura organizacional podem ser observados nas políticas de recursos humanos, no processo de comunicação e no processo de trabalho. As políticas de recursos humanos, como a seleção, o treinamento e a remuneração, desempenham papel-chave no processo de socialização de novos membros organizacionais e na transmissão da cultura. Além disso, para compreender o universo simbólico da cultura, a comunicação organizacional é muito importante, uma vez que veicula os rituais, os símbolos e os slogans organizacionais. A existência de canais de comunicação do tipo "portas abertas" ou "comunicações internas (CI)" na organização diz muito de seu grau de abertura na relação com os empregados ou seu grau de formalização e burocratização. Por fim, a própria organização do processo de trabalho, na sua componente tecnológica e social, possibilita a manifestação e a integração da cultura organizacional.[19]

Por último, é importante reconhecer que a cultura afeta os administradores, estabelecendo os critérios da ação gerencial. Esses critérios raramente são explícitos e, por vezes, nem mesmo falados. Contudo, estão presentes na organização e os administradores rapidamente percebem o que podem ou não fazer. A cultura organizacional pode condicionar o processo de tomada de decisão em todas as funções de administração, como é exemplificado no Quadro 3.1.

Quadro 3.1 ›› Funções da administração e cultura organizacional

Planejamento	Grau de risco que pode ou não ser assumido. Horizonte temporal do planejamento (orientação para o curto ou longo prazo). Grau de envolvimento dos subordinados no processo de planejamento.
Organização	Nível de autonomia dos trabalhadores. Grau de interação interdepartamental. Grau de rigidez das estruturas organizacionais.
Direção	Estilos de liderança apropriados. Estímulo ao conflito construtivo ou priorização de consensos. Grau de preocupação com a satisfação dos trabalhadores.
Controle	Critérios de avaliação de desempenho utilizados. Preferência por sistemas de controles internos ou externos. Grau de tolerância ao erro e a desvios.

3.3.4 ›› Poder e cultura organizacional

É importante ressaltar que todos esses elementos, ao mesmo tempo em que ordenam e constroem a identidade organizacional, criando as bases para a comunicação e para o consenso, também servem para ocultar e operacionalizar as relações de poder e de dominação presentes nas organizações.

Para alguns autores, a cultura organizacional deve ser analisada em conjunto com as manifestações de poder na organização.[20] Max Pagès e seus colaboradores, na pesquisa para uma filial europeia de uma multinacional norte-americana, perceberam que a empresa se apoia sobre certos aparelhos ideológicos da sociedade, como família, escola e religião, para reforçar símbolos e valores. Assim, o conceito de ideologia vai substituindo o conceito de cultura organizacional, referindo-se às relações de poder entre o indivíduo e a organização. O próprio Schein lista o poder, o *status* e a ideologia como funções adaptativas internas que servem para manter a harmonia e o equilíbrio nas organizações.

Dessa forma, o poder mantém e homologa a cultura da organização. Esse caráter preservador do poder leva ao controle. As organizações são também agentes controladores de seus membros e do ambiente organizacional. É essa face oculta da organização, como controladora e aprisionadora, que influencia a imagem desfavorável do mundo organizacional na sociedade contemporânea.

Pesquisas na área de cultura organizacional também têm enfatizado a resistência à cultura "oficial" organizacional, na expressão de subculturas organizacionais.

Pesquisadores compararam e contrastaram a cultura oficial de uma organização policial com as subculturas coexistentes.[21] A cultura oficial, caracterizada como burocrática, era transmitida pelos administradores de topo, mas não era capaz de se impor a todos os membros da organização. Membros das outras subculturas da organização modificavam substancialmente ou rejeitavam as ordens da alta administração, representando uma cultura de resistência, mesmo em uma cultura aparentemente monolítica, como a burocracia policial.

Em síntese, a compreensão mais profunda da cultura organizacional requer um olhar atento às relações de poder que esta sustenta e uma postura mais prudente sobre os limites do gerenciamento da mudança cultural. A cultura organizacional muda, mas nem sempre como consequência da "vontade" dos administradores ou consultores organizacionais. É a relação complexa estabelecida entre processos dos ambientes interno e externo que cria espaço para um procedimento de mudança cultural da organização.

3.4 ›› O ambiente contextual

O **ambiente contextual** corresponde ao conjunto amplo e complexo de fatores externos à organização que a influenciam, geralmente de forma indireta. Esses fatores criam um contexto no qual a organização se insere e ao qual precisa, em última instância, responder. O ambiente contextual pode ser desagregado em cinco grupos de fatores:[22] demográficos, socioculturais, econômicos, político-legais e tecnológicos. A seguir, serão descritos todos esses fatores, bem como suas potenciais influências para uma organização.

> **Ambiente contextual**
> Conjunto amplo de fatores e tendências externas à organização que podem afetar seu desempenho, geralmente de forma indireta.

3.4.1 ›› Fatores demográficos

A demografia refere-se à composição de dada população e define-se por variáveis como a estrutura etária, a taxa de crescimento, a diversidade de gênero, racial e religiosa, a distribuição geográfica, o tamanho da família, o nível educacional, a ocupação profissional, entre outras. Os fatores demográficos afetam o tamanho do mercado, a composição e a oferta da força de trabalho, assim como as características dos clientes, o que, naturalmente, influencia os produtos ou serviços que a empresa pode oferecer.

Em termos demográficos, o Brasil é considerado um país com muito potencial. Segundo fontes do Instituto Brasileiro de Geografia e Estatística (IBGE), o país situa-se em quinto lugar no ranking da população mundial, com 191 milhões de habitantes.[23] Além do número de habitantes, uma das variáveis a ter em conta na análise das tendências demográficas é a taxa de crescimento populacional. No início dos anos 1970, a taxa de crescimento da população mundial era de 2%; na década seguinte, diminuiu para 1,75%; e na década de 1990 caiu para 1,35%. Atualmente, a taxa de crescimento da população é de cerca de 1,25% ao ano. Muitos países atingiram uma fase de estabilização populacional, com a diminuição progressiva do ritmo de crescimento. A taxa de crescimento do Brasil, comparada ao grupo dos nove países mais populosos, somente é superada pela Índia, Indonésia, Paquistão e Bangladesh. De acordo com as projeções do IBGE, a população do Brasil poderá alcançar 260 milhões de habitantes em 2050, valor este também influenciado pelo aumento da esperança média de vida de 70,4 anos, em 2000, para 81,3 anos, em 2050. Em relação à fecundidade, o número médio de filhos por mulher diminuirá de 2,4 para 1,85, entre 2000 e 2050. Considerando-se a continuidade das tendências verificadas para as taxas de fecundidade e longevidade da população brasileira, as estimativas para o ano de 2020 indicam que a população idosa poderá exceder 30 milhões de pessoas, chegando a representar

O aumento da expectativa de vida dos brasileiros tem gerado novos desafios às empresas. Se em 2008 a média de vida no Brasil era de 72,8 anos, esse número deve saltar para quase 77 nos próximos dez anos. E, se os dados e previsões do IBGE se confirmarem, em 2050 a média de vida de um brasileiro será de aproximadamente 81 anos. Atenta a esses fatores demográficos do ambiente externo, a CVC, uma das maiores operadoras de turismo do Brasil, tem investido em roteiros exclusivos para a chamada "terceira idade". Clientes acima dos 60 anos já representam mais de 20% das vendas totais da empresa e esses números têm crescido ano após ano.[24]

quase 13% da população, passando a ser o 6º país em número de idosos no mundo. Tudo indica que as relações entre variáveis demográficas ao longo dos próximos 50 anos produzirão uma estrutura etária típica de uma população envelhecida, tal como já se verifica em muitos países europeus.

Outra característica demográfica do Brasil é o espaço ocupado pela população urbana. De acordo com os resultados do Censo Demográfico 2010, a população urbana é 5,3 vezes maior que a população rural, confirmando a tendência iniciada na década de 1960. Foi nessa década que o efetivo urbano ultrapassou o rural como resultado da expansão do parque industrial do Sudeste, particularmente de São Paulo, que atraiu uma grande massa de imigrantes originários de áreas de estagnação econômica do Nordeste. No período de 2001-2010, o crescimento das áreas urbanas variou de 5,4% na Região Centro-Oeste a 10,9% na Região Norte. No contexto mundial, o Brasil apresenta um grau de urbanização superior a 84%, compatível com a dos países europeus, da América do Norte e do Japão.[25]

As mudanças na composição demográfica influenciam as empresas de várias formas: o crescimento da população reflete-se no número de trabalhadores que entra no mercado de trabalho, bem como no número de potenciais consumidores; por outro lado, o envelhecimento populacional, acompanhado de menores taxas de natalidade, pode influenciar os custos de aposentadoria, os sistemas de saúde e de educação e, da mesma forma, pode moldar os mercados de produtos e serviços para a população de terceira idade; por sua vez, a densidade e os ritmos de urbanização afetam o crescimento de mão de obra, assim como a base fiscal dos estados, o que pode influenciar na capacidade destes de oferecer incentivos fiscais e apoio às empresas.

Em resumo, as empresas devem continuar monitorando as tendências demográficas para formular e implementar estratégias de recursos humanos, marketing, vendas etc., adaptadas à realidade do ambiente em que estão inseridas.

3.4.2 ›› Fatores socioculturais

Os valores, normas, estilos de vida, hábitos e costumes de uma sociedade compõem os fatores socioculturais. Os administradores devem adaptar suas estratégias à dinâmica sociocultural, uma vez que ela afeta o comportamento e as atitudes de consumidores e trabalhadores.

Os exemplos da influência dos fatores socioculturais nos produtos e serviços oferecidos pelas empresas são numerosos. O culto à forma física e ao corpo influencia o aumento no consumo de refrigerantes *diet*, produtos de alimentação *light* e de produtos e serviços oferecidos por academias de ginástica, centros de es-

> Na década de 1970, o chamado "milagre econômico" permitiu a expansão das atividades da Sadia para além das fronteiras nacionais. Inicialmente, a empresa começou a exportar para Espanha, França, Itália e Portugal, o que motivou a empresa a conhecer os hábitos alimentares de diversos países e aprender novas técnicas de trabalho. Em meados dos anos 1970, a empresa se aventurou a exportar para o Oriente Médio. Fazendo uso da aprendizagem acumulada, a Sadia conseguiu adotar estratégias coerentes com os hábitos alimentares dos países árabes. Os métodos de produção tinham de ser ajustados às exigências do comprador. Por exemplo, a adoção do abate islâmico das aves destinadas à exportação passou a fazer parte normal do negócio.[26]

tética e até centros de cirurgias plásticas. O estilo de vida do brasileiro, compreendido como a expressão das atitudes e dos valores das pessoas, em linhas gerais, tem sido caracterizado pelo crescimento de lares compostos por chefes de família femininos, declínio no número de membros de uma família e de casais legalmente casados e aumento do número de divórcios, especialmente em áreas urbanas. Essas mudanças refletem-se no consumo de produtos como carros menores, no crescimento de lojas especializadas em produtos e serviços para animais domésticos e até no tamanho e na composição de moradias e condomínios.

As empresas devem responder às mudanças socioculturais com estratégias adequadas. Por exemplo, a participação expressiva de mulheres na composição da força de trabalho deve ser acompanhada por uma maior atenção à diversidade nas políticas de recrutamento, retenção, treinamento e motivação. Paralelamente, políticas governamentais de ação afirmativa – como no caso de cotas de acesso à universidade para população afrodescendente – podem influenciar o crescimento de uma força de trabalho multirracial que também demanda políticas adequadas de recursos humanos. Isso quer dizer que, quanto mais acontecerem mudanças socioculturais, mais as empresas precisam estar atentas para se adequar e atender a demanda de novas realidades.

Os fatores socioculturais variam de um país para outro e demandam sensibilidade por parte dos administradores, principalmente no que se refere às atitudes em relação às organizações e ao trabalho. Com relação a essas atitudes, vale relembrar algumas características culturais brasileiras, discutidas no Capítulo 1, como a concentração de poder, o paternalismo, o formalismo e a impunidade.

3.4.3 ›› Fatores econômicos

A tendência de expansão ou recessão da economia, o produto interno bruto, o nível salarial, a tendência inflacionista ou deflacionista, as taxas de câmbio, as tarifas de importação ou exportação, a balança comercial, a taxa de desemprego, os custos energéticos, entre muitos outros, são indicadores econômicos importantes que condicionam o desempenho das empresas em determinada região. Sabendo que as mudanças na economia são, hoje em dia, constantes, os administradores precisam prever e antecipar essas mudanças para melhor prepararem suas organizações.

As condições e as tendências econômicas são as variáveis aparentemente mais críticas ou, pelo menos, mais diretamente observáveis para o desempenho de uma organização. Fatores como salários, políticas fiscais e taxas de juros podem influenciar não apenas os custos de produção dos produtos e dos serviços de uma empresa, como também seu mercado.

Exemplos da influência dos fatores econômicos no desempenho das empresas são inúmeros. Quase todas as organizações dependem, em grande parte, de *financiamentos* e do custo dos empréstimos. No Brasil, as altas taxas de juros são consideradas pelos empresários o segundo maior obstáculo ao crescimento das empresas.[27] O Plano de Estabilização Econômica – Plano Real – é outro exemplo de reforma estrutural da economia com um forte impacto no desempenho das empresas brasileiras. Anunciado em julho de 1994, o Plano Real reverteu o contexto de hiperinflação que caracterizava o país – a inflação passou de quase 2.500%, em 1993, para 6,36%, em 2011 – e estabilizou as taxas de câmbio, abrindo espaço para que as empresas pudessem rever custos e repensar estratégias.

> **Mudança estrutural**
> Modificações transformadoras dos alicerces de funcionamento de uma economia.

Em termos econômicos, é possível diferenciar a mudança econômica do tipo estrutural e a do tipo conjuntural ou cíclico. **Mudança estrutural** refere-se a modificações transformadoras dos alicerces de funcionamento de uma economia. A mudança de uma economia agrária para uma economia industrial é um exemplo de mudança estrutural. No Brasil, como consequência das reformas de liberalização da economia e de privatização, implementadas no decorrer da década de 1990, o eixo produtivo do país deslocou-se de uma economia predominantemente estatal para uma economia predominantemente privada.[28] Essa reforma, aliada aos impactos do Plano Real, possibilitou o aumento de competitividade de empresas até então estatais, como a Vale do Rio Doce e a Petrobras. A Embraer, por exemplo, mesmo com o acirramento da competição com a canadense Bombardier, conseguiu aumentar seu faturamento, subindo as vendas de 311 milhões de dólares, em 1995, para mais de 5 bilhões de dólares, em 2010. Mesmo assim, essa reforma é criticada por acirrar as desigualdades estruturais do país, aumentando os níveis de pobreza e as taxas de desemprego.

> **Mudança conjuntural ou cíclica**
> Oscilações em variáveis econômicas, como aumento ou declínio de taxas de juros ou de câmbio, representando assim a volatilidade natural da economia.

Por sua vez, as **mudanças conjunturais ou cíclicas** correspondem a oscilações em variáveis econômicas, como aumento e declínio de taxas de juros, de câmbio e inflação, representando assim a volatilidade natural da economia. Por exemplo, a oscilação conjuntural da moeda brasileira – a taxa de câmbio chegou a 4 reais por dólar antes da eleição do presidente Luiz Inácio Lula da Silva, em 2002 – teve como consequência o aumento expressivo das exportações das empresas nacionais. Por outro lado, as empresas de turismo saíram prejudicadas, porque os brasileiros perderam poder de compra e não conseguiam viajar para o exterior. Atualmente, vive-se o cenário oposto. Com uma taxa de câmbio perto de 1,7 real por dólar, as exportações brasileiras são prejudicadas; no entanto, o poder de compra do brasileiro que viaja para o exterior aumentou consideravelmente. O administrador deve distinguir esses dois tipos de mudanças e saber quais são seus impactos na organização para conceber respostas estratégicas adequadas.

Em meados de 2011, mudanças conjunturais na economia causaram hesitação nas grandes empresas dos Estados Unidos. Diante da crise norte-americana, da crise da dívida pública da Europa e da tendência de recessão da economia, empresas como Apple, Microsoft e Google resolveram adiar investimentos previstos, além de colocar um freio na política de contratação de pessoal. Essa atitude foi uma estratégia traçada pelos gestores norte-americanos para evitar o risco de ficar sem liquidez.[29]

Um importante aspecto a ser analisado sob o prisma dos fatores econômicos tem a ver com o impacto dos blocos econômicos regionais (como a União Europeia, o Mercosul, a Alca, entre outros), mesmo que estes não possam ser vistos apenas da perspectiva econômica, uma vez que sua evolução depende também de fatores políticos e geográficos.

3.4.4 ›› Fatores político-legais

As variáveis político-legais do ambiente contextual são todas aquelas que resultam de um processo político. As principais são a estabilidade política, o clima ideológico geral, as políticas econômicas (liberais ou restritivas), a legislação laboral, a legislação antimonopólio, a prática de *lobby* e todo o conjunto de regulamentações governamentais que controla, restringe ou incentiva comportamentos empresariais.

De fato, governos intervêm de forma direta e indireta na vida econômica e social, influenciando o rumo das empresas por meio de leis e tributos que: 1) impulsionam ou inibem os investimentos e as barreiras à entrada e à saída de empresas em determinados setores; 2) liberalizam ou não a gestão das relações de trabalho; 3) regulam as relações com os consumidores e os usuários dos produtos e serviços oferecidos por uma empresa; 4) obrigam as empresas a tomar medidas de proteção ao meio ambiente, de segurança do trabalhador e assim por diante. O Quadro 3.2 reúne algumas leis e regulamentações governamentais e seu impacto para a atuação das empresas.

Mesmo que o papel desempenhado pelo Estado brasileiro na vida econômica e social tenha se modificado substancialmente no decorrer da história, é possível afirmar que ele sempre foi um ator de peso, alavancando ou travando o crescimento

Quadro 3.2 ›› Regulamentações governamentais e seu impacto nas organizações

Lei/regulamento	Breve descrição
Lei de Falências e Recuperação de Empresas (Lei n. 1.101, de 2005)	Cria instrumentos e incentivos para as empresas que estão em dificuldade. Com essa legislação, espera-se que as companhias que tenham real probabilidade de se reorganizar não fechem, preservando desse modo os postos de trabalho, os investimentos e a estrutura produtiva como um todo.
Código de Defesa do Consumidor (Lei n. 8.078, de 1990)	Lei abrangente que trata das relações de consumo em todas as esferas: civil, definindo as responsabilidades e os mecanismos para a reparação de danos causados; administrativa, definindo os mecanismos para o poder público atuar nas relações de consumo; e penal, estabelecendo novos tipos de crimes e suas punições.
Lei de Defesa da Concorrência (Lei n. 8.884, de 1994)	Dispõe sobre a prevenção e a repressão às infrações contra a ordem econômica, orientada pelos ditames constitucionais de liberdade de iniciativa, livre concorrência, função social da propriedade, defesa dos consumidores e repressão ao abuso do poder econômico.
SIMPLES (Lei n. 9.317, de 1996)	Institui o SIMPLES (Sistema Integrado de Imposto e Contribuições das Microempresas e das Empresas de Pequeno Porte). O SIMPLES consiste em uma forma simplificada e unificada de recolhimento de tributos, por meio da aplicação de percentuais favorecidos e progressivos, incidentes sobre uma única base de cálculo, a receita bruta.
Lei da Micro e Pequena Empresa (Lei Complementar n. 123, de 2006)	Institui o Estatuto Nacional da Microempresa e da Empresa de Pequeno Porte, estimulando a desburocratização para abertura, funcionamento e fechamento de micros e pequenas empresas.
Microcrédito (Lei n. 10.194, de 2001)	Dispõe sobre a instituição de sociedades de crédito ao microempreendedor, possibilitando o acesso ao crédito a uma parcela desfavorecida do setor privado.
CLT (Decreto-lei n. 5.452, de 1943)	CLT (Consolidação das Leis Trabalhistas). Institui as normas que regulam as relações individuais e coletivas de trabalho, definindo as regras de relacionamento entre as organizações e seus trabalhadores.
Licitações (Lei n. 8.666, de 1993)	Institui normas para licitações e contratos da Administração Pública que definem as regras para participação de empresas privadas em projetos ou parcerias com o setor público.

Em 2010, com a publicação da Lei n. 12.305, que criou a Política Nacional de Resíduos Sólidos (lixo), o Ministério do Meio Ambiente passou a obrigar as empresas a dar um destino final adequado aos resíduos sólidos, incluindo o lixo eletrônico, seguindo critérios de sustentabilidade ambiental. Assim, a partir da promulgação da lei, tanto indústrias como lojas, supermercados, distribuidores, importadores e comércio em geral estão obrigados a implementar sistemas de recuperação de materiais após o consumo, dando continuidade ao seu ciclo de vida como insumo para a fabricação de novos produtos (logística reversa). Essa lei é um bom exemplo de um fator político-legal que interfere diretamente nas atividades das empresas, pois determina um comportamento empresarial sob pena de sanções administrativas e criminais.[30]

da economia. O Estado desenvolvimentista do governo Vargas foi responsável pela entrada do país no caminho da industrialização. No entanto, na década de 1980, o Estado foi um dos principais autores do fraco desempenho da economia brasileira – a chamada "década perdida". Já a década de 1990 foi caracterizada pela implementação das reformas de privatização e liberalização da economia, responsáveis pela entrada de novas empresas privadas em vários setores econômicos. De fato, muitas das variáveis econômicas analisadas anteriormente estão estreitamente relacionadas com mudanças no clima e na postura política dos governos brasileiros.

Pesquisas realizadas por organismos internacionais indicam que é possível destacar diversos fatores político-legais entre os principais obstáculos ao crescimento no Brasil, como pode ser visto na Figura 3.5.

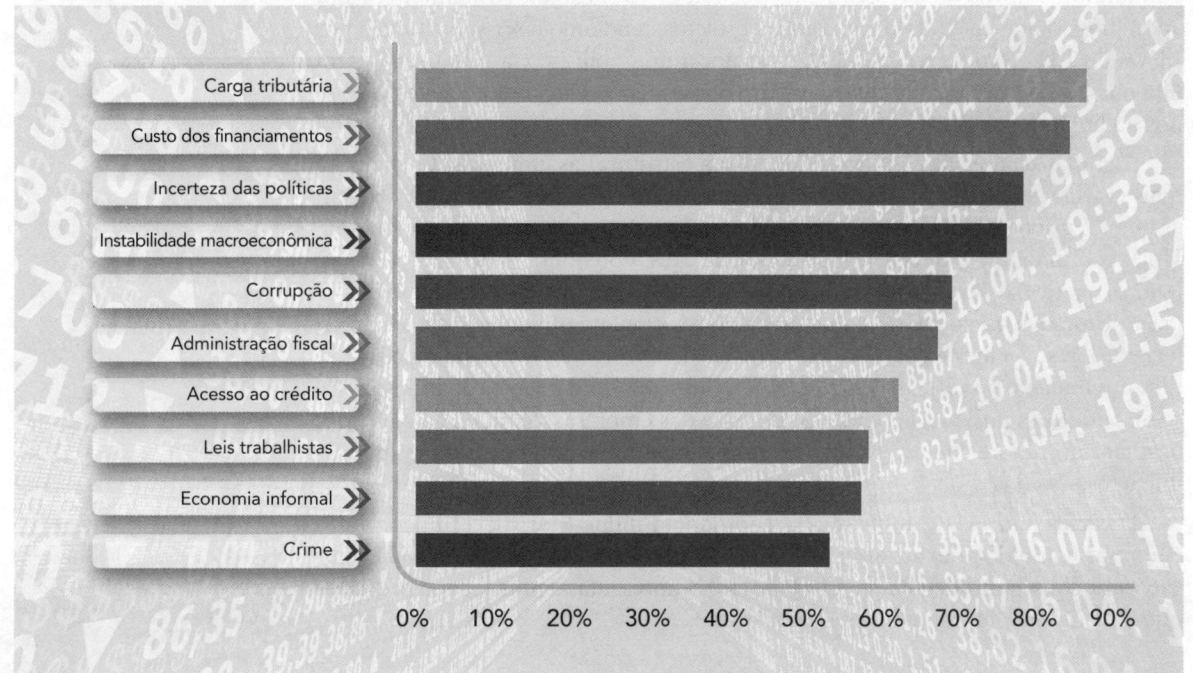

Figura 3.5 ›› Obstáculos ao crescimento no Brasil

Dentre eles, os empresários brasileiros consideram a carga de impostos o principal obstáculo ao crescimento de negócios, seguido pelo elevado custo dos financiamentos bancários, conforme foi discutido no Capítulo 1. Além disso, a falta de investimentos em infraestrutura – especialmente no setor logístico, que compreende os serviços alfandegários, a qualidade das estradas e a oferta de serviços portuários – afeta negativamente a produtividade e o desempenho das exportações nas empresas. Os administradores brasileiros também consideram as frequentes mudanças nas alíquotas de impostos e nas normas fiscais, os processos tributários e a rigidez das penalidades *fiscais* como os três aspectos mais onerosos da administração tributária e um importante obstáculo ao crescimento.[31]

3.4.5 ›› Fatores tecnológicos

Os fatores tecnológicos traduzem o nível de desenvolvimento tecnológico da sociedade ou de um setor. A inovação tecnológica dos produtos, processos e materiais, a legislação sobre proteção de patentes, os programas de incentivo à pesquisa e ao desenvolvimento e as normas internacionais de qualidade são alguns dos exemplos de fatores tecnológicos que influenciam a atividade das organizações. O nível de desenvolvimento tecnológico de uma sociedade influencia os produtos e serviços oferecidos pelas empresas, assim como os recursos e os equipamentos utilizados por elas.

A tecnologia influencia no desempenho de empresas de várias maneiras. Os altos investimentos tecnológicos podem se transformar em uma barreira à entrada de empresas em determinado setor, ao passo que inovações tecnológicas podem derrubá-las. Um exemplo é a abertura à competição do setor de telecomunicações com a invenção da tecnologia de aparelhos que suportam os *chips* de telefonia celular, que, por permitir investimentos mais baratos, possibilitou a multiplicação de empresas atuantes no setor. Paralelamente, as novas tecnologias podem representar oportunidades de desenvolvimento de novos produtos por parte das empresas ou melhorar os processos internos de gestão. A oferta de televisores de tela plana foi substituída pelo lançamento de TVs de plasma, acompanhando os novos desenvolvimentos tecnológicos do setor. Atualmente, esses aparelhos começam a ser considerados obsoletos, tendendo a ser substituídos por LCDs e LEDs com tecnologia 3-D. No setor automobilístico, a robotização tem influenciado o grau de automação e reduzido a dependência de recursos humanos na linha de produção.

Algumas tecnologias impactam de forma estrutural as empresas. O exemplo mais visível encontra-se no uso das tecnologias de informação e comunicação, sem as quais é impossível imaginar a gestão de qualquer organização contemporânea. Hoje, computadores, Internet, intranets, celulares, notebooks, videoconferências, e-mails e redes sociais na Internet são considerados ferramentas essenciais para se fazer negócios e que mudaram a natureza do relacionamento da organização com fornecedores, clientes e concorrentes. Outros desenvolvimentos tecnológicos tiveram um impacto crucial em novos setores industriais. Os exemplos da indústria de semicondutores do Vale de Silício ou do *boom* das empresas de biotecnologia com base nos avanços tecnológicos na área de biologia molecular ilustram bem esses impactos.

Diversos fatores do ambiente externo podem influenciar o desempenho das empresas como descrito até aqui. As empresas precisam estar atentas à sua evolução para conseguir adequar-se. O Quadro 3.3 apresenta alguns fatos e previsões que poderão influenciar as empresas no futuro.

Quadro 3.3 ›› Fatos e previsões para refletir

O comércio internacional como percentual do PIB mundial irá passar de 18% (1990) para 30% (2030).
O número de acordos de comércio regionais passou de 50 (1990) para 300 (2010).
A população acima de 75 anos aumentará, mundialmente, 44% até 2030.
O aumento dos impostos necessário para manter os benefícios atuais na Alemanha será de 90%.
A população com menos de 5 anos no Japão irá diminuir 13% entre 2005 e 2015.
A capacidade computacional de um processador Intel (medida pelo número de instruções por segundo) aumentou de 60 mil em 1971 para 50 bilhões em 2011.
2014 é o ano em que o número de usuários de e-mails móveis chegará a 1 bilhão.
O aumento do tráfego de e-mails entre 1997 e 2005 foi de 215 vezes.
O valor de mercado das principais 150 empresas mundiais aumentou de US$ 4 trilhões em 1994 para US$ 17,5 trilhões em 2012.
Aumento do percentual da riqueza global controlada por milionários chineses de 1986 a 2001: 600%.
Número total de trabalhadores na China em 2010: 750 milhões.
Número de usinas térmicas que a China planeja construir até 2012: 562.
Ano em que 100 milhões de famílias chinesas irão atingir níveis de renda europeus: 2020.
Número de internautas chineses em 2011: 485 milhões.
Ano em que a diferença de renda entre os 5% mais ricos e os 10% mais pobres nos EUA era a maior: 2004.
Proporção de latino-americanos que preferem um ditador em vez de uma democracia, caso ele melhore suas condições de vida: 50%.
Percentual global de islâmicos era de 19% em 2000 e estima-se que aumente para 30% em 2025.
Ano em que se contabilizaram mais guerras e conflitos violentos no mundo desde 1945: 2011.
Ano em que a China irá ultrapassar os EUA como maior emissor de dióxido de carbono: 2025.
Ano em que os níveis de CO_2 irão atingir 500 partículas por milhão: 2050.
Número de anos passados desde que as partículas de CO_2 atingiram pela última vez 500 por milhão: 50 milhões.
Média de anos que uma molécula CO_2, uma vez produzida, precisa para se degradar: 100.
Percentual de executivos que pensam que regulação excessiva é uma ameaça ao crescimento: 61%.

3.5 ›› Ambiente operacional

> **Ambiente operacional**
> Conjunto de forças, atores ou instituições diretamente relacionados com a esfera de atuação da organização que pode influenciar de forma positiva ou negativa seu desempenho.

O **ambiente operacional** é constituído por todos os elementos que interagem de forma mais direta e próxima com a empresa, como os clientes, os fornecedores, os concorrentes, as instituições financeiras, os meios de comunicação social, os sindicatos, entre outros.

3.5.1 ›› Clientes

Os clientes são pessoas ou organizações que adquirem ou poderão adquirir produtos ou serviços da empresa, definindo no seu conjunto a demanda ou o mercado. Basicamente, os clientes definem o sucesso de uma empresa, já que são eles que compram seus produtos e serviços. No entanto, para ter lucro, a empresa deve ser capaz de oferecer valor a seus clientes. Para isso, é necessário conhecê-los e compreendê-los. Uma vez que os clientes se distinguem por terem características diferentes (em virtude de necessidades ou objetivos distintos), é preciso que a empresa consiga conhecer e acompanhar o comportamento dos vários segmentos de

A relação entre a subsidiária brasileira da Bosh – maior fabricante de autopeças do Brasil – e seus fornecedores é um bom exemplo de que é possível criar um ambiente de colaboração entre empresa e fornecedor. Consciente de que se os fornecedores ganharem em produtividade, os custos serão reduzidos, a eficiência aumentará e os benefícios serão repartidos com as empresas clientes, a Bosh destacou uma equipe de nove profissionais do seu quadro para trabalharem como consultores de seus fornecedores. Eles os auxiliaram a desenvolver estratégias para eliminar desperdícios de tempo, espaço e recursos. Antes da implantação do projeto, os fornecedores tinham 80% de acerto na entrega dos pedidos, índice que alcançou 92% após o projeto.[32]

mercado. Só assim ela conseguirá adequar suas decisões gerenciais (por exemplo, sobre o preço ou a qualidade de seus produtos) às necessidades do mercado e, por consequência, oferecer valor a seus clientes.

Uma das principais mudanças no relacionamento entre os clientes e as organizações está relacionada com o impacto que a Internet causou no poder dos clientes. Agora, eles podem comparar e analisar diversas alternativas simultaneamente e com apenas um "clique do mouse". Por isso, ao mesmo tempo em que a Internet possibilita que os clientes causem um impacto direto na organização ao expressarem sua insatisfação com a empresa por meio de redes sociais ou de blogs, ela também possibilita que as organizações os conheçam mais e melhor e que estabeleçam com eles uma relação mais direta e profunda.

3.5.2 ›› Fornecedores

Os fornecedores são os responsáveis pelos insumos utilizados pela empresa para produzir determinados bens ou serviços. Assim, eles são os agentes econômicos que fornecem a todas as empresas as matérias-primas, os serviços, a energia, os equipamentos e o trabalho necessário para seu funcionamento. Uma escola usa vários fornecedores para papel, lápis, alimentos de cantina, computadores, projetores, eletricidade, livros didáticos etc. Grandes empresas dependem de milhares de fornecedores. Só compreendendo seus fornecedores é que as empresas conseguem estabelecer relações que lhes permitam ter vantagens sobre seus concorrentes (como preços mais baixos ou entregas mais rápidas) para oferecer mais valor a seus clientes.

No entanto, o relacionamento entre a organização e os fornecedores tem se alterado. Contrariamente à visão tradicional dos fornecedores como adversários, muitas empresas começam a descobrir as vantagens de uma colaboração estrita com eles, o que lhes têm permitido economizar recursos, aumentar a qualidade dos produtos e diminuir os prazos de entrega.

3.5.3 ›› Concorrentes

Os concorrentes são outras organizações, da mesma indústria ou do mesmo tipo de negócio, que satisfazem ou poderão satisfazer as mesmas necessidades dos clientes, constituindo no seu conjunto a indústria ou a oferta. A capacidade para gerar lucro na criação de valor para os clientes depende da intensidade da competição entre as empresas da indústria e da forma como elas aproveitam as oportunidades existentes. É por essa razão que as empresas precisam conhecer seus concorrentes. Quais são seus recursos e capacidades? Qual é sua estratégia? Quais

Em 1998, quando Walter Faria, o maior distribuidor do Brasil da marca Schincariol, resolveu comprar as cervejarias Petrópolis e Crystal, seus concorrentes, as fabricantes tradicionais não deram muita atenção ao fato. Hoje, elas devem estar arrependidas. Com uma distribuição eficiente, um pequeno investimento em publicidade e preços mais em conta, a fabricante viu suas vendas aumentarem gradualmente. Enquanto a fatia de mercado das marcas Petrópolis e Crystal crescia, a de duas das suas principais concorrentes – a da Kaiser e a da própria Schincariol – reduzia-se. Se elas estivessem atentas à concorrência, talvez esse cenário pudesse ter sido diferente.[33]

são seus objetivos? Só assim, analisando a concorrência, poderão definir uma estratégia que lhes confira uma vantagem competitiva sustentada e que permita oferecer mais valor a seus clientes.

3.5.4 ›› Instituições financeiras

As organizações dependem de uma variedade de instituições financeiras, as quais incluem, entre outras, os bancos comerciais, os bancos de investimento e as seguradoras, que lhes permitem o acesso ao capital necessário para a manutenção ou expansão de seus negócios.

Todas as empresas necessitam de capital de curto prazo, para financiar operações correntes, e de capital de longo prazo, para construir novas instalações ou comprar equipamentos. Por isso, são vitais para o sucesso das organizações o estabelecimento e a manutenção de boas relações com as instituições financeiras.

3.5.5 ›› Meios de comunicação social

Os meios de comunicação social incluem a mídia, de massa ou especializada, e são responsáveis pela comunicação e divulgação das ações da empresa para o público em geral e também pela publicidade dos produtos e serviços da organização.

Mesmo que a evolução da economia e a atividade empresarial em geral sempre tenham tido a cobertura dos meios de comunicação social, uma vez que afetam um conjunto grande de pessoas (trabalhadores, acionistas, meio ambiente etc.), nos últimos anos, como consequência dos movimentos de democratização e das tecnologias da informação, o impacto da mídia é muito mais visível e real. Enquanto a democratização fortaleceu o controle social das empresas, as novas tecnologias de informação e de comunicação têm permitido uma cobertura mais midiática e sofisticada das atividades das empresas, que variam de notícias de caráter generalista a investigações especializadas. Basta lembrar o impacto que uma notícia jornalística pode ter na valorização ou desvalorização das ações de determinada empresa. A criação de departamentos especializados em relações públicas, no caso de grandes empresas, ou a contratação de pessoas para essa finalidade são consequência do reconhecimento, por parte das empresas, da importância das relações com os meios de comunicação social.

Vale a pena lembrar que as relações com os meios de comunicação social têm não só a finalidade de evitar uma má interpretação de alguma ação da empresa, como também podem, e devem, ser aproveitadas para veicular os produtos ou serviços e as atividades promocionais.

A Gradiente, empresa de produtos eletroeletrônicos que, depois de um longo processo de reestruturação, se prepara para reentrar no mercado em 2012, sentiu como os grupos de interesse especiais que fazem parte do ambiente operacional da empresa podem influenciar no desempenho da organização. Depois de atingir a marca de mais de 1.200 processos contra a companhia no Procon de São Paulo, em 2003, a empresa viu sua credibilidade despencar. Ciente de que isso comprometia seu desempenho organizacional, a empresa promoveu a integração da equipe de atendimento ao cliente com as outras áreas da companhia, estabeleceu regras de premiações para os funcionários mais eficientes e criou um grupo especial para lidar com os casos que vão parar no Procon. Isso permitiu reduzir de 173 para 13 dias o prazo de solução dos processos.[34]

3.5.6 ›› Grupos de interesse especiais

Além dos elementos analisados, há um grande número de grupos de interesse com os quais as organizações estabelecem relações, com influência direta em seu desempenho competitivo. São os casos dos *sindicatos* (por exemplo, nas negociações de greves ou de melhoria das condições de trabalho), das *associações empresariais* (por exemplo, na promoção de uma indústria ou de uma região), *associações de defesa do consumidor*, das *associações ecológicas*, *ambientalistas* ou de outras *organizações não governamentais* (ONGs). Todos esses grupos de interesse estabelecem relações com a empresa, e seu monitoramento e análise são necessários para que se possam tomar decisões que permitam maximizar o desempenho organizacional.

O acompanhamento e a fiscalização das organizações pelos meios de comunicação social, associados com a ação fiscalizadora das ONGs e de grupos de interesse, são a base do **controle social**, que, por sua vez, tem fortalecido a responsabilidade social das empresas.

> **Controle social**
> Controle exercido pela sociedade sobre a atuação do governo e das organizações.

3.6 ›› A relação organização-ambiente

Como já destacado anteriormente, os fatores ambientais influenciam de várias formas as empresas, trazendo oportunidades e ameaças que devem ser monitoradas e analisadas pelos gerentes. As empresas devem ter em conta que esses grupos de fatores não são independentes, já que existem relações cruzadas entre eles, e que as tendências verificadas podem ter impacto distinto nas diferentes indústrias, ou mesmo em diferentes empresas da mesma indústria.

A análise ambiental deve ser levada em conta no acompanhamento, na avaliação e na divulgação das tendências observadas no ambiente externo para conseguir maior enquadramento da empresa. O conhecimento das condicionantes ambientais de cada empresa é, portanto, fundamental para seu sucesso e, a longo prazo, para sua sobrevivência. Várias pesquisas têm demonstrado que há uma correlação positiva entre a análise ambiental e o desempenho, isto é, empresas que monitoram as tendências ambientais têm conseguido utilizar mais eficientemente seus recursos, satisfazer melhor as necessidades de seus clientes e, por conseguinte, melhorar seu desempenho competitivo.[35]

De forma a superar as limitações de uma análise ambiental estática, visto que o ambiente sempre se apresenta de forma dinâmica, serão analisados a seguir os conceitos relacionados com a incerteza e a dependência ambiental.

3.6.1 ›› A incerteza e a dependência ambiental

A relação organização-ambiente torna-se mais difícil de gerenciar quando as organizações atuam em um contexto de incerteza ambiental, no qual os administradores não dispõem de informações suficientes sobre os diversos fatores ambientais. Duas dimensões importantes para aferir o grau de incerteza ambiental são: o *ritmo de mudança não planejada* e a *complexidade ambiental*.[36]

O ritmo de mudança não planejada define se a empresa opera em um ambiente estável ou dinâmico, enquanto o grau da complexidade ambiental refere-se ao número de fatores ambientais que afetam a empresa. Uma empresa que opera em um ambiente composto por um pequeno número de fatores ambientais e baixo ritmo de mudança pode dedicar menos atenção às questões externas do que uma empresa que opera em um contexto caracterizado por alto número de fatores ambientais e alto ritmo de mudança. No primeiro caso, trata-se de um contexto de baixa incerteza ambiental, ao passo que, no segundo, a empresa opera em um contexto de alta incerteza (veja a Figura 3.6). Em contextos ambientais de alta incerteza, como é o caso das empresas de base tecnológica, estas precisam se esforçar continuamente para acompanhar e se adequar às mudanças operadas no ambiente. Caso contrário, serão rapidamente ultrapassadas por concorrentes mais ágeis.

Dessa forma, a **incerteza ambiental** refere-se à existência de informações insuficientes sobre os fatores ambientais e é definida pelo número de fatores no ambiente organizacional e pelo ritmo de mudança desses fatores.

A teoria da ecologia populacional e a teoria de dependência de recursos introduzem o grau de dependência[37] como outra importante dimensão da análise ambiental. O conceito de dependência de recursos foi introduzido em 1972 pelo trabalho de Pfeffer, que analisou as fusões entre as empresas como um importante meio pelo qual as organizações administram as interdependências de recursos. As empresas dependem do ambiente para obter recursos, e o grau dessa dependência pode ser maior quando os recursos necessários são escassos ou não são distribuídos de modo uniforme. Assim, o grau de dependência de recursos influencia a relação da empresa com fornecedores, clientes, concorrentes e agências governamentais. A estratégia que a empresa pode adotar para lidar com suas **dependências ambientais** está subordinada à importância relativa que elas têm para a organização.

> **Incerteza ambiental**
> Grau de desconhecimento dos fatores ambientais, determinado pela complexidade e ritmo de mudança desses fatores.

> **Dependência ambiental**
> Grau de dependência de uma organização dos recursos provenientes do ambiente.

Figura 3.6 ›› Incerteza ambiental

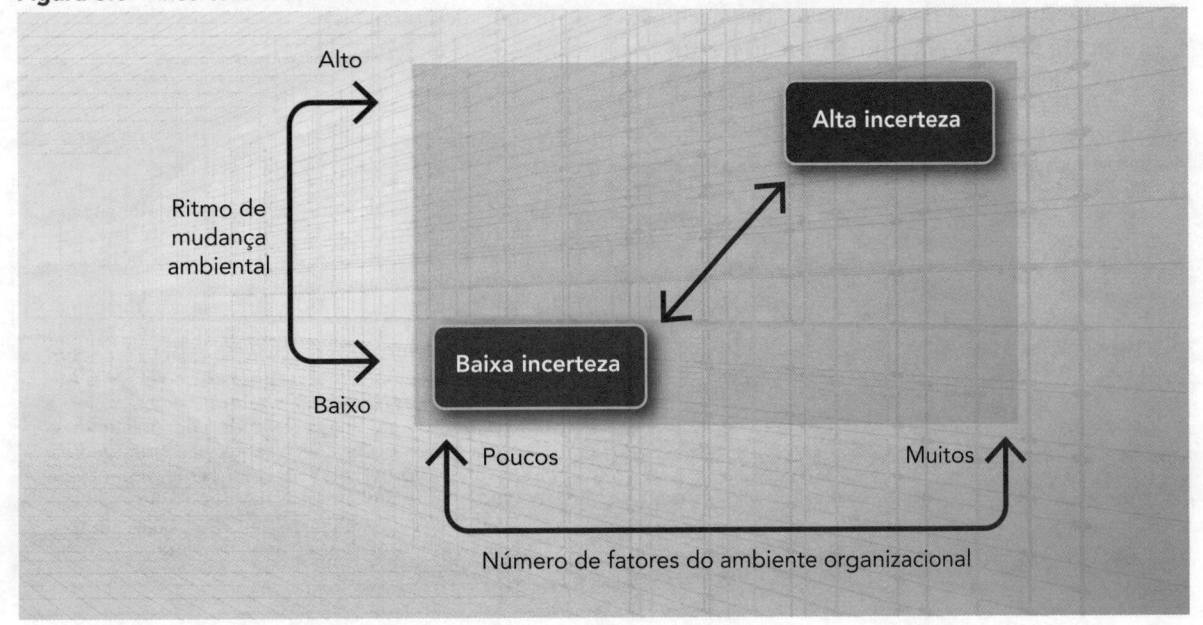

3.6.2 ›› Estratégias de gestão da relação com o ambiente organizacional

O ambiente pode influenciar de forma diferenciada as organizações, mas a forma de lidar com ele também depende da postura do administrador. Assim, as empresas podem adotar estratégias de monitoramento, de adaptação ou de reação ao ambiente.

A estratégia de *monitoramento do ambiente* realiza-se com o objetivo de compreender os primeiros sinais de mudanças nos fatores que vão influenciar a empresa. As fontes do monitoramento são múltiplas e diversificadas e dependem da empresa e de sua postura estratégica, podendo variar de fontes informais e pouco estruturadas a fontes formais e altamente estruturadas.

Algumas empresas fazem uso de redes informais, contatos com administradores de outras organizações, relatórios e estatísticas públicas por fontes oficiais, revistas de negócios, bancos de dados e outros. Grandes empresas podem usar a **inteligência competitiva** para monitorar o ambiente externo. Os profissionais especializados nessa área também fazem uso de bancos de dados, relatórios, artigos da imprensa, sites Web e contatos pessoais para preparar estudos mais sistemáticos que possam apontar oportunidades e ameaças à empresa.

> **Inteligência competitiva**
> Atividade de coletar e analisar, legal e eticamente, informações relativas às capacidades, vulnerabilidades e intenções dos concorrentes, ao mesmo tempo monitorando o ambiente em geral.

Para organizações de menor porte, o contato com empresas especializadas em produção de *clippings* e em consultorias pontuais para pesquisas de mercado é uma das formas alternativas de monitoramento ambiental.

As empresas que enfrentam alto grau de incerteza ambiental podem utilizar várias estratégias de *adaptação ao ambiente*, a saber:

- *Transposição de fronteiras*: refere-se ao desempenho de papéis organizacionais que têm como principal objetivo relacionar a empresa com os principais elementos do ambiente externo. Os transpositores de fronteiras desempenham dois papéis organizacionais: 1) detectam e processam informação sobre as mudanças ambientais e 2) defendem os interesses da organização perante os principais fatores ambientais.[38] Pessoas que trabalham em departamentos como marketing e compras, em contato constante com o mercado e com os clientes da empresa, podem desempenhar esse papel. No entanto, potencialmente, o papel de transposição de fronteiras pode ser desempenhado por qualquer departamento organizacional pela necessidade da adaptação. Por exemplo, os departamentos de engenharia e de pesquisa e desenvolvimento também podem transpor fronteiras em busca de novos incrementos tecnológicos.

Reunir todo tipo de informação veiculada nos locais onde tem atuação e armazená-las em um banco de dados foi a estratégia de sucesso adotada pela Petróleo Ipiranga para monitorar o ambiente. Desde o final da década de 1990 a empresa tem direcionado esforços para levantar dados que possam ser úteis aos seus analistas. Não há restrição quanto à origem e à importância aparente das notícias coletadas. Até mesmo aquelas sem muita relevância, como uma nota publicada em um jornal do interior, relatando a abertura de um posto concorrente, não eram descartadas. Dessa forma, ao investir nessa ferramenta de monitoramento ambiental, a empresa conseguiu detectar mais rapidamente os primeiros sinais de mudanças nos fatores que podem de alguma maneira influenciá-la.[39]

- *Parcerias interorganizacionais*: uma forma cada vez mais utilizada de se adaptar ao ambiente é colaborar com outras empresas como forma de transpor as fronteiras organizacionais. Por meio de parcerias, as empresas podem compartilhar recursos escassos e ganhar competitividade. Assim, os gestores modificam sua posição de adversários para uma relação de parceria, em que se trabalham soluções para conflitos de forma que as duas partes possam lucrar com o relacionamento.
- *Fusões e* joint-ventures: são um passo além das parcerias, mas buscam alcançar o mesmo objetivo, ou seja, a redução da incerteza ambiental. Em uma fusão, duas ou mais empresas se juntam e se tornam uma única. Pfeffer analisou as fusões entre as empresas como um meio pelo qual as organizações administram as interdependências de recursos. Após estudar 854 grandes fusões nos Estados Unidos, realizadas no período de 1948 a 1969, o autor concluiu que, administrando as interdependências por meio das fusões, as empresas reestruturavam sua relação com o ambiente, reduzindo as incertezas.[40] Uma *joint-venture* refere-se a uma aliança ou programa estratégico realizado por duas ou mais organizações. Geralmente, as organizações entram em uma *joint-venture* quando realizam projetos complexos, que demandam capital e conhecimentos, partilhando dessa forma os riscos e incertezas que lhes são inerentes.

No entanto, é importante considerar que as organizações também podem ter responsabilidade pela mudança das condições ambientais, já que sua intervenção pode influenciar, de maneira favorável ou desfavorável, o contexto em que se inserem. Assim, os gestores não devem se limitar a acompanhar as tendências do ambiente ou adaptar suas organizações a ele, e sim tentar igualmente influenciar sua evolução. Normalmente, os administradores se ajustam ao ambiente externo pelo processo de planejamento estratégico. Entretanto, para lidar pontualmente com o ambiente, as empresas podem optar por *reagir* e desenvolver ações que buscam alterar alguns dos componentes do ambiente no qual a organização opera.

Alguns exemplos de ações gerenciais com o objetivo de alterar o ambiente são:

1. *Ações de relações públicas*: práticas promocionais e de propaganda com o objetivo de estabelecer e manter imagens favoráveis na mente de consumidores e da opinião pública. Esse tipo de ação corresponde a uma altamente dependente de recursos financeiros, apenas ao alcance de empresas de médio e grande portes.

A fusão da brasileira TAM com a chilena LAN, em 2011, é um claro exemplo de como as organizações lidam com o ambiente e de que maneira elas podem se adaptar a ele. Nesse caso, a estratégia adotada foi a fusão, reduzindo assim a incerteza ambiental. Ao unir-se com a LAN, a TAM conseguiu tirar de circulação um concorrente que forçava a competição por preços mais baixos e aumentar sua participação no mercado de aviação mundial. As sinergias poderão aumentar a receita operacional da Latam (nome da companhia a ser criada a partir da fusão) entre 600 e 700 milhões de dólares.[41]

2. *Ações de responsabilidade socioambiental*: compromissos voluntários com vários grupos de interesse, visando abordar assuntos sensíveis do ponto de vista social e ambiental. Em uma pesquisa recente, que analisou o setor bancário brasileiro, verificou-se um crescimento exponencial de ações voltadas para a responsabilidade socioambiental dos bancos nos últimos anos como forma de se adaptar às mudanças socioculturais do Brasil e como um meio de investir em marketing e propaganda.[42]

3. *Ações legais*: engajamento em batalhas legais privadas sobre questões de antitruste, de propaganda enganosa etc. Trata-se de medidas tomadas pelas organizações para se defender dos efeitos de algumas variáveis ambientais, como a concorrência, a opinião pública, entre outras, ou então para corrigir ações reveladas incorretas no decorrer do tempo. É uma ação que envolve expressivos recursos financeiros e humanos.

4. *Ações políticas*: esforços para influenciar os representantes eleitos a criar um ambiente de negócios mais favorável. Algumas empresas, especialmente em países como os Estados Unidos e os da Europa, fazem uso de lobistas para influenciar legisladores. No Brasil, a prática ainda não é regulamentada, embora diversos escândalos indiquem que essa prática está presente, sendo muitas vezes utilizada para corromper os políticos ou para limitar a competição.

5. *Cooptação*: prática que consiste na absorção de novos elementos na estrutura diretiva da organização para evitar ameaças à sua estabilidade ou à sua existência. Por exemplo, representantes dos bancos são geralmente chamados para fazer parte da diretoria de empresas. Na Alemanha, os trabalhadores têm um representante na diretoria das empresas que defende suas posições.

6. *Coalizões e associações*: parceria entre duas ou mais empresas com interesses similares para atuarem conjuntamente por algum período. Somente no setor elétrico brasileiro existem pelo menos cinco associações que juntam empresas que atuam no setor de geração e distribuição de energia elétrica, além de produtores independentes e grandes consumidores. As coalizões e as associações podem diminuir os custos de influência no ambiente. As associações industriais e comerciais são também um exemplo desse tipo de ação. Juntas, as organizações aumentam seu poder de barganha perante outros elementos do ambiente externo, como o governo ou os clientes.

3.7 ›› Análise de *stakeholders*

Em geral, a análise do ambiente utiliza uma técnica gerencial denominada análise de **stakeholders**. Os *stakeholders* (ou grupos de interesse) são indivíduos ou grupos direta ou indiretamente afetados pela ação de uma organização,[43] e podem ser externos ou internos. Os primeiros fazem parte do ambiente operacional da organização e incluem grupos e atores como fornecedores, competidores, consumidores, mídia, instituições financeiras, agências governamentais, entre outros, que influenciam ou são influenciados pela organização. Já os *stakeholders* internos incluem grupos como empregados, acionistas e a diretoria da empresa, que também influenciam suas atividades ou são influenciados por elas, mas que fazem parte do ambiente interno da organização. A Figura 3.7 ilustra os principais *stakeholders* de uma organização.

> **Stakeholders**
> Indivíduos ou grupos afetados, direta ou indiretamente, pela ação de uma organização, como os trabalhadores ou os consumidores.

Figura 3.7 ›› *Stakeholders* organizacionais

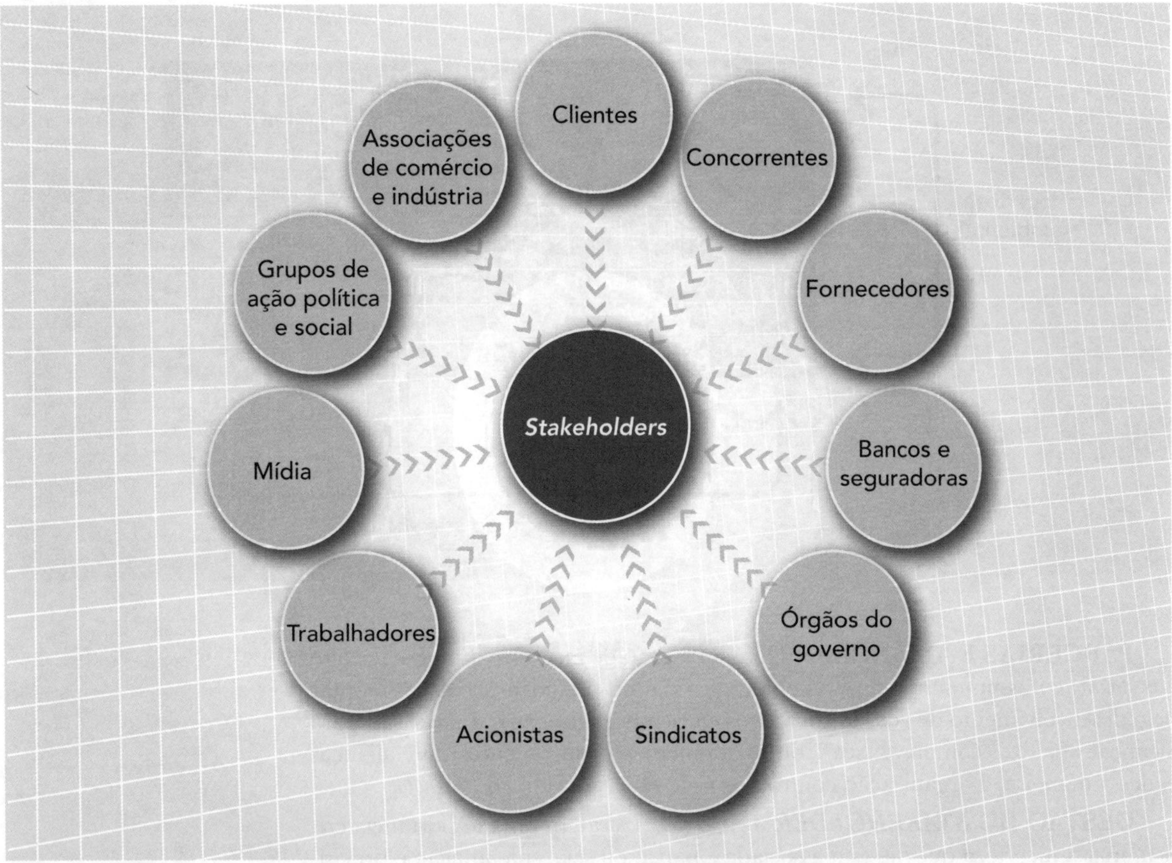

(Diagrama: Stakeholders no centro, cercado por Clientes, Concorrentes, Fornecedores, Bancos e seguradoras, Órgãos do governo, Sindicatos, Acionistas, Trabalhadores, Mídia, Grupos de ação política e social, Associações de comércio e indústria.)

Análise de *stakeholders*
Técnica gerencial que busca identificar os *stakeholders* de uma organização, sua importância e potencial impacto nesta, de forma a prescrever uma maneira para gerenciar a relação com estes.

Em resumo, os stakeholders são todos aqueles que influenciam de forma decisiva ou são importantes para o sucesso da organização. Pela **análise de *stakeholders***, a organização pode identificar os principais atores envolvidos, seus interesses e o modo como esses interesses afetarão os riscos e as chances de sucesso da organização.[44]

Em 1984, quando Freeman introduziu a análise de *stakeholders*, ele a definiu não apenas como uma análise de grupos e indivíduos que afetam a organização, mas também como um comportamento administrativo adotado como resposta a esses grupos e indivíduos. Segundo Freeman, as empresas necessitam administrar suas relações com os *stakeholders* de forma mais proativa. Para isso, devem percorrer as seguintes etapas:

- identificar os *stakeholders* da organização;
- determinar a importância e o impacto de cada *stakeholder* para a organização;
- identificar quais são os *stakeholders* críticos para a organização;
- desenvolver uma abordagem diferenciada para cada um dos *stakeholders* de acordo com sua relevância e características específicas.

Segundo essa perspectiva, a relação da organização com cada *stakeholder* deve considerar sua importância para a organização e o nível de incerteza ambiental associado com a esfera de atuação de cada um deles. A combinação dessas duas dimensões permite identificar a abordagem mais apropriada para administrar a relação com cada um dos *stakeholders*, tal como é ilustrado na Figura 3.8.

Figura 3.8 ›› Matriz de relações com *stakeholders*

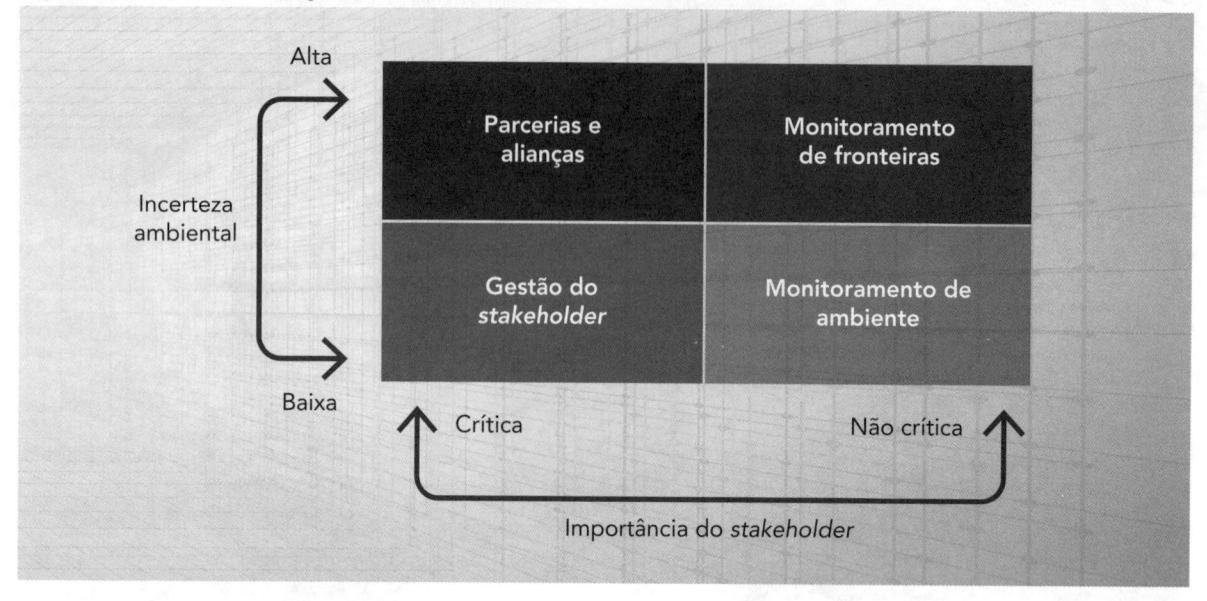

	Crítica	Não crítica
Incerteza ambiental Alta	Parcerias e alianças	Monitoramento de fronteiras
Incerteza ambiental Baixa	Gestão do *stakeholder*	Monitoramento de ambiente

Importância do *stakeholder*

PARCERIAS E ALIANÇAS ›› Quando o grau de incerteza ambiental é alto e o *stakeholder* assume uma importância crítica para a organização, deve-se optar pelo desenvolvimento de acordos proativos entre a organização e o *stakeholder* para alcançar objetivos comuns. Esses acordos admitem a forma de parcerias e alianças e, dessa maneira, a organização controla a incerteza associada ao *stakeholder*.

GESTÃO DO *STAKEHOLDER* ›› Se o *stakeholder* tem uma importância crítica, mas a incerteza que lhe está associada é baixa, ou seja, sua atuação é previsível, a organização deve administrar diretamente sua relação com o *stakeholder*, com o desenvolvimento de ações específicas, como relações públicas ou *lobbying*.

MONITORAMENTO DE FRONTEIRAS ›› Quando o grau de incerteza ambiental é alto e o *stakeholder* não tem uma importância crítica para a organização, ela deve apenas monitorar proativamente sua relação com o *stakeholder*, para coletar e disseminar informação relevante. Nesse caso, a organização não tem necessidade de se engajar diretamente com ele, mas deve ficar atenta ao seu comportamento, visto que este é pouco previsível.

A Vale é um exemplo de como o bom relacionamento de uma empresa e seus *stakeholders* é importante. Em 2006, ela se viu sob os holofotes por não conseguir se entender com os índios que viviam próximo a uma reserva em Carajás, no Pará. Dias antes da aquisição da Inco, 200 índios armados com arco e flecha invadiram as instalações da empresa e fizeram 600 funcionários reféns. O impasse não afetou apenas o caixa da companhia, mas também arranhou sua imagem, sobretudo em um momento em que ela ganhava ares de gigante mundial.[45]

MONITORAMENTO DO AMBIENTE ›› Quando a importância do *stakeholder* não é crítica para a organização e a incerteza de sua atuação é baixa, a organização deve limitar-se a acompanhar as principais tendências e forças do ambiente organizacional, sem desenvolver ações específicas em relação a esse *stakeholder*.

A análise dos *stakeholders* tem como principal contribuição o fato de politizar a análise ambiental, uma vez que localizará no ambiente da organização grupos ou indivíduos com poder ou potencial de influência, o que permite analisar as mudanças ambientais a partir da perspectiva dos interesses que estão em jogo.

3.8 ›› Cultura organizacional e ambiente externo

As análises do ambiente externo e do ambiente interno não devem ser vistas de forma dissociada. Afinal, o processo de administração é um contínuo ajustamento do ambiente interno e da cultura organizacional às tendências, oportunidades e ameaças do ambiente externo.

Tal como as contribuições da teoria de contingência têm demonstrado o impacto de diversas variáveis contingenciais do ambiente externo no desempenho organizacional, também a relação entre o ambiente externo e a cultura organizacional tem sido objeto de diversas pesquisas.

Por exemplo, uma pesquisa procurou analisar a relação entre as características da indústria (tipo de tecnologia e ritmo de crescimento) e a cultura organizacional. Os pesquisadores examinaram essa relação comparando as culturas de 15 empresas de quatro indústrias de serviço, para testar o pressuposto de que as culturas de organizações que fazem parte da mesma indústria seriam mais similares entre si que as organizações de outros setores industriais. Os resultados da pesquisa mostraram que fazer parte da mesma indústria de fato influencia a cultura organizacional, mas também indicam que a tecnologia e o ritmo de crescimento não são as únicas influências nos padrões culturais organizacionais.[46] De qualquer forma, há evidências de que as tecnologias complexas e o rápido crescimento correspondem a alguns padrões culturais, como maiores níveis de inovação e orientação para equipes e menores níveis de estabilidade.

Outra pesquisa conduzida por estudiosos da Universidade de Harvard com 207 empresas norte-americanas descobriu que uma cultura organizacional forte por si só não garante o sucesso da empresa, a não ser que ela incentive uma adaptação saudável ao ambiente externo. O conceito de **cultura organizacional adaptativa** é chave nesse sentido. Nesse tipo de cultura, os administradores prestam mais atenção aos *stakeholders*, especialmente aos clientes, acionistas e funcionários, e iniciam as mudanças consideradas necessárias, mesmo quando implicam riscos elevados. Em contrapartida, nas culturas não adaptativas, os administradores estão limitados pela burocracia e pela política, não assumindo novas estratégias para se ajustar ou reagir ao ambiente externo.[47]

> **Cultura organizacional adaptativa**
> Cultura caracterizada pela maior maleabilidade e flexibilidade frente às mudanças organizacionais, distinguindo-se pela capacidade de inovação e criatividade.

>> Resumo do capítulo

O objetivo principal deste capítulo foi apresentar uma análise do ambiente organizacional. Para isso, situou-se a ação gerencial no contexto do ambiente em que as organizações atuam e destacaram-se as principais definições relativas ao ambiente organizacional. Com relação ao ambiente interno, analisou-se a cultura organizacional, uma vez que ela define a "personalidade" da organização. Os elementos da cultura organizacional, assim como sua relação com o poder, foram destacados. Foram também identificadas as principais dimensões do ambiente externo da organização, diferenciando o ambiente contextual do ambiente operacional. De forma a abordar a dinâmica da relação organização-ambiente, foram introduzidos os conceitos de incerteza e dependência ambiental. A análise de *stakeholders* foi apresentada como uma maneira de politizar o ambiente organizacional, visto que seu principal foco de análise cai nos interesses dos atores e grupos afetados pela ação da organização. Por fim, os conceitos apresentados foram integrados, discutindo-se a relação entre a cultura organizacional, o ambiente externo e o desempenho organizacional.

Desde a contribuição da teoria dos sistemas e da perspectiva contingencial, o papel e a relevância da administração como área de conhecimento foram cercados de certa ambiguidade. Ao mesmo tempo em que os pesquisadores organizacionais descobriam variáveis que influenciavam o desempenho organizacional, também percebiam que o alcance do tão desejável "sucesso" organizacional não era algo trivial. O sucesso ou o fracasso organizacional poderiam ser influenciados pelo ambiente interno, pelas mudanças favoráveis ou desfavoráveis no ambiente externo da organização, ou pela ação simultânea de ambos. Cada vez mais os pesquisadores se tornam conscientes de que as variáveis por eles estudadas podem condicionar o desempenho organizacional, mas não o determinam. Além de serem numerosas, as variáveis ambientais se apresentam de forma dinâmica, sendo a mudança sua principal definição.

Os administradores atuam em um ambiente de incerteza inerente a qualquer organização. A administração é basicamente uma tentativa de diminuir essa incerteza, adotando estratégias de ação e modificando-as de acordo com os condicionantes ambientais. Mais do que analisar essas variáveis, o objetivo principal deste capítulo é alertar o gestor para a importância de exercer continuamente o olhar da análise ambiental – um olhar interno à organização, que busca perceber seus pontos fortes e fracos, aliado a um olhar externo para o ambiente em que a organização se insere, monitorando mudanças e tomando medidas de adaptação e resposta a elas. Esse é o primeiro passo para uma gestão estratégica das organizações, assunto que será analisado nos próximos capítulos.

Mesmo que a administração como ciência tenha fracassado no descobrimento das variáveis que determinam o desempenho organizacional, o papel do administrador como interpretador, balizador e equalizador das interações complexas estabelecidas entre os ambientes interno e externo da organização está cada vez mais evidente.

Questões para discussão

1. Qual a influência do ambiente na ação gerencial? Você concorda mais com a visão onipotente ou simbólica da administração? Justifique.

2. O que é ambiente organizacional? Em que medida a teoria dos sistemas contribui para a sua compreensão e sua importância para a administração?

3. Defina cultura organizacional e explique sua importância. Como ela é aprendida pelos trabalhadores?

4. Como a cultura organizacional afeta a ação gerencial?

5. Identifique os fatores que constituem o ambiente contextual de uma organização. Como eles influenciam uma organização? Dê exemplos.

6. Quais são os principais elementos do ambiente operacional de uma organização? Você concorda que os clientes são o elemento mais importante?

7. Em que o ambiente operacional de uma empresa privada é diferente de uma ONG? Discuta.

8. O que é a incerteza ambiental? De que forma ela afeta as organizações?

9. Que ações uma organização pode desenvolver para influenciar ou alterar seu ambiente organizacional?

10. O que são *stakeholders*? Como uma organização deve administrar sua relação com eles?

Ponto e Contraponto

Mídias sociais: inimigas ou aliadas?

As organizações já não podem mais ignorar as mídias sociais, seja porque os usuários produzem conteúdos relativos às suas marcas, seja para estreitar relacionamento com todos os atores do ambiente operacional que podem influenciar o desempenho da organização: clientes, consumidores, fornecedores, concorrentes, e mesmo os trabalhadores.

As mídias sociais podem ser grandes aliadas das empresas e o braço direito da comunicação organizacional. São uma forma barata e veloz de relacionamento com os *stakeholders*. Dessa forma, as empresas devem desenvolver perfis no Facebook, LinkedIn, Twitter, Orkut, YouTube, entre outras mídias sociais.

Como vantagens da presença das organizações em mídias sociais, podemos destacar:[48]

- *Canal aberto com o mercado* – uma presença nas redes sociais é um canal de interação com os clientes e a sociedade em geral, que funciona 24h por dia, sete dias por semana.
- *Imagem de modernidade da empresa* – as redes sociais fazem parte da vida das pessoas e são associadas à modernidade, futuro, interatividade, valores que podem transmitir uma imagem positiva de qualquer empresa.
- *Bom posicionamento nos motores de busca* – aumenta a posição no ranking de pesquisa no Google e outros motores de busca.
- *Baixo custo* – se considerarmos o potencial de visualizações, cliques, interação com a marca proporcionados pelas redes sociais, conclui-se que o investimento continua a ser "relativamente" mais barato.

Outra característica positiva das mídias sociais é a possibilidade que elas criam de aprimorar e agilizar o levantamento e análise das informações sobre tendências ambientais que influenciam de várias formas, seja positiva ou negativamente.

Para além disso, os números provam que as mídias sociais já são uma realidade no cotidiano das organizações: 65% das empresas brasileiras já estão presentes nas redes sociais, segundo pesquisa do Instituto Brasileiro de Inteligência de Mercado (Ibramerc).

Trata-se de um caminho sem volta, que cria novas oportunidades para as empresas e ajuda de maneira significante sua relação com o ambiente interno e externo.

Nem tudo são rosas em relação às mídias sociais. Elas se tornaram verdadeiras armas para os consumidores cobrarem serviços, demonstrarem indignação e não deixarem nenhum deslize das empresas passar em branco.

Companhias de grande porte como Brastemp, Renault, Mars Brasil e Arezzo estiveram expostas negativamente nas redes sociais e tiveram que trabalhar para contornar o momento de crise.

Esse novo ambiente virtual trouxe mais abrangência e velocidade aos danos de imagem e reputação das marcas, impactando negativamente os clientes.

É possível elencar as seguintes desvantagens das mídias sociais:[49]

- *Consumo de tempo* – é necessário estar constantemente alimentando as páginas e perfis para manter o interesse dos seguidores, além de monitorar e responder os comentários. Isso demanda muito tempo e dedicação.
- *Estratégia difícil de conceber* – as redes sociais são tantas, servem tantos públicos diferentes, utilizam tantas formas de veicular mensagens que se torna difícil decidir o que fazer e com que dimensão.
- *Risco de comentários negativos* – se você usa mídias sociais de forma desleixada, há um risco de uma retroalimentação negativa de seu público, além de danos à sua marca.
- *Falta de controle* – qualquer publicação está aberta a comentários e críticas. Isso oferece uma arena para que as pessoas publiquem comentários negativos sobre sua empresa.

Além disso, é importante ter em mente que a maioria das pessoas que frequentam as redes sociais estão lá por razões pessoais e de lazer. Grande parte não está interessada em ser aliciada para uma compra nesse momento, mas pode estar interessada em saber a opinião dos outros acerca de um produto ou serviço. É preciso que as empresas saibam que podem invadir o espaço pessoal dos membros que aceitaram conviver on-line com elas.

As desvantagens das mídias sociais são muitas e podem realmente comprometer o desempenho das organizações, tornando-se um pesadelo para elas.[50]

Dilema ético

›› Inteligência competitiva ou espionagem?

A temporada de 2007 da mais popular categoria do automobilismo mundial – a Fórmula 1 – foi manchada por um grande escândalo. Em meio ao mais disputado campeonato em mais de duas décadas, com quatro pilotos com chances de conquistar o título até as últimas provas, o circo da Fórmula 1 teve de desviar suas atenções da pista por causa de um escândalo de espionagem envolvendo duas de suas principais escuderias. A suspeita de que a inglesa McLaren teria se aproveitado de informações confidenciais da italiana Ferrari levou à abertura de investigações esportivas e judiciais. Por pouco, o maior caso de espionagem da história da Fórmula 1 não estragou a disputa pelo troféu de campeão.

No curso normal dos negócios das organizações, não é raro obter informações sobre muitas outras organizações, incluindo as concorrentes. Fazê-lo é uma atividade normal nos negócios e não é, em si mesma, falta de ética. Elas coletam informações sobre concorrentes, extraídas de fontes legítimas, para avaliar os méritos relativos de seus próprios produtos, serviços e métodos de marketing.

Portanto, por meio da *inteligência competitiva*, conceituada como processo sistemático de coleta, análise e disseminação de informações que visa descobrir as forças que regem os negócios, reduzir o risco e conduzir o tomador de decisão a agir proativamente, as empresas buscam ampliar o conhecimento do ambiente competitivo da organização.

Contudo, há limites quanto às formas de obtenção e uso, especialmente no caso de informações sobre concorrentes. Nenhuma empresa deveria recorrer a métodos de espionagem, ou seja, práticas ilegais e não éticas, como adquirir segredos comerciais ou informações sigilosas de seus concorrentes, escuta clandestina, propinas e roubo, furto de documentos, mentira a respeito da identidade, infiltração de pessoas nas organizações concorrentes, entre outros.

É importante reconhecer a necessidade de se pautar a função da inteligência competitiva por padrões éticos coerentes com a necessidade de prestação de contas e transparência cobrada pelos *stakeholders* e pela sociedade em geral. As práticas correntes mostram que é muito tênue a fronteira entre a espionagem e a inteligência competitiva. Por isso, muitas dessas ações podem trazer prejuízo para a imagem das organizações, visto que é crescente a cobrança por parte da sociedade em geral a respeito da prestação de contas, da transparência e da conduta "politicamente correta" e "socialmente responsável" das organizações.[51]

Questões para discussão

1. O que marca, na sua opinião, a fronteira entre inteligência competitiva e espionagem industrial?

2. Poderá uma empresa contratar um funcionário de um concorrente ou isso pode ser considerado espionagem?

Estudo de caso

›› O ambiente organizacional da Petrobras

A Petrobras e sua história

A Petrobras é a maior empresa brasileira e uma das maiores do mundo. Essa gigante atua no ramo energético e tem papel preponderante na economia nacional desde os tempos de sua conturbada criação. O processo de nascimento da empresa remete-nos às décadas de 1940 e 1950, quando houve grandes debates sobre a questão do petróleo no Brasil. De um lado estavam os grupos nacionalistas, que defendiam o completo monopólio do Estado brasileiro sobre a produção e refino; do outro, estavam as companhias internacionais, que desejavam a abertura do mercado. As discussões duraram sete anos, até que, em 1953, Getúlio Vargas sancionou a lei que determinava a criação da Petrobras, que monopolizaria todas as etapas produtivas de exploração de petróleo. Ainda hoje, a Petrobras permanece uma empresa estatal, ou seja, o governo brasileiro detém participação majoritária na companhia.

O setor de petróleo sempre foi visto como estratégico pelos governantes brasileiros, já que, ainda hoje, é a principal matriz energética mundial. Além disso, por tratar-se de uma riqueza natural do país, essa *commodity* foi protegida dos interesses das grandes empresas internacionais do ramo. Isso incitou um elevado nacionalismo na população, que se orgulha da Petrobras pela sua relevância no Brasil.

Até 1995, a organização gozou do monopólio de prospecção, exploração e refino do petróleo no país. A ausência de concorrentes permitiu que a empresa experimentasse um crescimento contínuo em suas atividades e ganhos, apesar de não ser incentivada a incrementar sua produtividade e eficiência. A elevação da receita e dos lucros possibilitou que a Petrobras aumentasse seus investimentos, não apenas na área produtiva, mas também em pesquisa e desenvolvimento de novas técnicas.

É importante realçar que a maior parte do petróleo brasileiro não está localizada em terra firme, e sim na plataforma continental brasileira, ou seja, na projeção do território brasileiro sob o Oceano Atlântico. Por isso, a empresa sempre investiu pesadamente em tecnologia para exploração da riqueza energética em águas profundas (mais de 400 metros de profundidade). Com isso, a organização tornou-se a maior exploradora da *commodity* nessas condições no mundo.

O contexto de atuação da Petrobras

O mercado petrolífero da economia mundial sempre foi extremamente conturbado, em virtude de crises políticas e guerras ocorridas nas principais regiões produtoras. Por essa razão, o preço dessa *commodity*, cotado em bolsas internacionais, sofreu oscilações bruscas no decorrer das últimas décadas. Essa conjuntura mundial afetou diretamente a Petrobras e a política de preços acertada com o governo brasileiro. Apesar de ter alcançado a autossuficiência na produção de petróleo em 2006, o Brasil sempre foi importador do produto, e as crises influenciaram diretamente os preços praticados no mercado interno.

Na década de 1970, os preços internacionais do petróleo dispararam, em decorrência da situação geopolítica no Oriente Médio, e a Petrobras foi forçada a elevar o preço dos combustíveis no mercado interno. Essa decisão prejudicou toda a economia nacional, porém era a única solução para enfrentar a alta dos preços da importação do produto.

Na década de 1980, a instabilidade política no Irã e sua guerra com o Iraque geraram nova elevação do preço da *commodity* no mercado internacional. Dessa vez, no entanto, o aumento da produção interna permitiu que a Petrobras, atendendo à política governamental de controle de preços, não repassasse integralmente aos consumidores esse incremento no valor da importação.

A Petrobras, como empresa estatal produtora de importantes matrizes energéticas, segue uma política de preços formulada com o governo brasileiro. A empresa é vista como instrumento do desenvolvimento nacional e, sendo os combustíveis um elemento indispensável para todas as atividades produtivas, os valores cobrados dos consumidores influenciam diretamente o crescimento econômico. Além disso, o preço dessa mercadoria nos postos de combustíveis afeta largamente a inflação brasileira, visto que os valores da gasolina, do diesel e do álcool estão atrelados aos custos de todos os produtos.

Os principais *stakeholders*

A organização sofre, portanto, grande influência governamental, já que, por tratar-se de área estratégica, cujos preços afetam toda a macroeconomia, é necessário certo controle por parte do governo. Não bastando a importância do setor energético para o país, o Estado brasileiro ainda é o principal acionista da Petrobras (detinha, em 2012, 50,85% do capital com direito a voto), além de participações indiretas controladas pelo Governo Federal. O ministro das Minas e Energia é membro da diretoria da organização e toma decisões sobre os investimentos e a estratégia da empresa com outros membros do conselho.

Uma influência muito criticada do governo sobre a empresa é o uso político dos cargos administrativos da Petrobras. Por ser estatal, seu presidente e principais diretores são nomeados pelo presidente da República. Com isso, de quatro em quatro anos, são comuns completas reestruturações do topo da companhia, o que prejudica o planejamento de longo prazo.

Além do governo, a Petrobras possui outros acionistas, atualmente mais de 170 mil. Inicialmente, a empresa só podia ter capital nacional; porém, ao longo do tempo, o nacionalismo exacerbado diminuiu e foi permitido que estrangeiros tivessem participação no capital da empresa. Entretanto, foi apenas em 1999 que eles puderam comprar ações com direito a voto.

No Brasil, as ações da empresa são negociadas na Bolsa de Valores de São Paulo (Bovespa). No entanto, é no exterior que se encontram os principais acionistas privados da Petrobras. As ações preferenciais da empresa vêm sendo negociadas desde 1996 no mercado de balcão. A partir de 2001, essas ações passaram a ser negociadas com as ações ordinárias na Bolsa de Nova York (Nyse), demonstrando a confiança do mercado financeiro internacional na instituição.

Outro grande acionista da empresa é o Banco Nacional de Desenvolvimento Econômico e Social (BNDES). Essa instituição, além de deter boa parcela das ações da Petrobras, por meio da BNDES Participações S.A., é financiadora de vários projetos da organização, como a construção de plataformas e navios, compras e construções de refinarias, além de outros investimentos produtivos.

A Petrobras atende a diversos tipos de consumidores e vende vários produtos. Os produtos da empresa são vendidos a muitos clientes, desde indústrias até proprietários de veículos automotores, passando por distribuidoras de combustíveis e refinarias estrangeiras. Além de petróleo, gás natural e derivados energéticos do petróleo, a petroquímica da organização fornece subprodutos da *commodity* que são utilizados por indústrias de plástico, por exemplo. Sua forte presença em quase todos os setores produtivos tem impacto direto na economia brasileira.

O crescimento organizacional e o grande número de empregados da companhia são usados constantemente pelo governo brasileiro como propaganda política. O aumento da produção e das exportações, além da atuação internacional da Petrobras, é exposto como vitória do Estado. Em 2006, quando a organização atingiu a marca de 1,91 milhão de barris produzidos diariamente, superando a demanda nacional pela *commodity*, houve grande campanha publicitária, com a participação do presidente brasileiro, divulgando a autossuficiência nacional em petróleo. Para muitos, a dificuldade em desvincular a empresa do governo brasileiro impede maiores crescimentos da produtividade e do rendimento da companhia.

A empresa, no entanto, também é vista como patrimônio de todos os brasileiros e como força dinamizadora da economia nacional. Suas compras no mercado interno fortaleceram a indústria naval do país. Porém, suas encomendas não se limitam à indústria nacional. Suas plataformas, petroleiros e navios de suporte vêm de várias partes do mundo, e seus principais fornecedores são grandes estaleiros e conglomerados da indústria de navegação marítima, como o Shipyard Jurong, de Cingapura.

A Petrobras não apenas incentiva a contratação nas indústrias e firmas de serviços complementares, como também ela própria é uma grande empregadora no país e no mundo. Contando com mais de 80 mil funcionários em seus quadros e mais de 300 mil terceirizados, a empresa é motivo de orgulho para eles, que veem na organização a força da economia nacional.

As vagas de emprego na Petrobras são muito disputadas, visto que os cargos técnicos proporcionam planos de carreira atraentes. Além disso, a estabilidade da empresa estatal confere aos funcionários a possibilidade de um trabalho para a vida toda. Esses fatos geram uma lealdade dos funcionários raramente vista em empresas brasileiras.

Esse grande número de funcionários está filiado, consequentemente, a um forte sindicato. O Sindipetro exerce grande influência sobre a organização e o governo. Depois do sindicato dos funcionários das montadoras de veículos, a associação é considerada a que detém maior poder de negociação e pressão. Sendo a Petrobras uma empresa estatal, essa influência recai sobre o Governo Federal, o que aumenta a força do sindicato.

As questões político-econômicas no Brasil e nas nações onde a Petrobras atua, extraindo e refinando petróleo e gás natural, também são de vital importância para a empresa. A estabilidade política é relevante para que os planos de longo prazo sejam traçados. Além disso, ela é imprescindível para a redução dos riscos dos investimentos. As questões econômicas afetam as decisões sobre contratações, aumento da produção e investimentos, tornando a economia local outra variável a que a Petrobras precisa estar atenta.

A internacionalização da Petrobras

Em 1972, foi criada a Petrobras Internacional S.A. (Braspetro) para pesquisar e explorar combustíveis fósseis fora do país. Até então, era a própria Petrobras que negociava e firmava contratos no exterior. Desde a criação dessa subsidiária, a atuação internacional da Petrobras tornou-se cada vez mais importante. A empresa está presente em 23 países e investiu, de 2007 a 2011, mais de 12 bilhões de dólares nas atividades internacionais.

Na década de 1970, a empresa firmou contratos com nações da América, da África e do Oriente Médio, chegando, inclusive, a realizar uma grande descoberta no Iraque. As tensões geopolíticas, no entanto, fizeram-na reduzir seus objetivos naquele país. Na década de 1980, a Petrobras iniciou suas atividades em regiões de menor risco político, como o Golfo do México e o Mar do Norte. Essas atividades não foram tão importantes do ponto de vista produtivo, porém possibilitaram à empresa desenvolver suas atividades no exterior em locais que gozavam de estabilidade, além de permitir o aprimoramento da exploração *offshore* (em águas profundas).

A estabilidade regional, porém, nem sempre é uma constante. A estratégia de internacionalização teve um sério revés em 2006, na Bolívia. Esse país possui enorme reserva de gás natural em seu subsolo e, desde 1996, a Petrobras vem trabalhando na extração dessa matriz energética. Por ser uma fonte energética mais barata e menos poluente, o gás é largamente utilizado nas indústrias brasileiras, que investiram milhões de reais convertendo fornos e máquinas para a utilização do combustível.

Entre 1997 e 2000, foi construído o gasoduto Brasil-Bolívia, ligando as regiões produtoras bolivianas aos mercados consumidores do Centro-Sul brasileiro. De acordo com o contrato assinado entre as duas partes, a Petrobras Bolívia, subsidiária da organização naquele país, exportaria até 2019 um máximo de 30 milhões de metros cúbicos de gás natural por dia. Com isso, o Brasil pareceu ter encontrado uma solução para os problemas energéticos nacionais que se tornaram evidentes com o racionamento de energia em 2001. Cerca de 50% do gás natural utilizado no Brasil vem do país vizinho, percentual que chega a 75% no Estado de São Paulo, economicamente o mais poderoso do país, demonstrando a dependência brasileira do combustível boliviano.

Todavia, a situação começou a se deteriorar com as eleições bolivianas de 2005. Em sua campanha política, o vencedor do pleito, Evo Morales, prometeu nacionalizar a produção e o refino de hidrocarbonetos (petróleo e gás) e aumentar os impostos sobre as multinacionais. A conjuntura política no país tornou-se instável, já que, apesar de o preço do gás ser reajustado de acordo com critérios firmados no contrato entre a Petrobras e o governo boliviano, este insistiu em elevar os tributos sobre a produção. Em maio de 2006, duas refinarias da Petrobras, uma em Cochabamba e outra em Santa Cruz de la Sierra, foram ocupadas pelo Exército daquele país.

Com a crise estabelecida, iniciaram-se negociações entre as duas partes para tentar solucionar o problema. O governo brasileiro participou das negociações, mas a situação era muito delicada. Até então, a Petrobras já havia investido cerca de 1 bilhão de reais na construção do gasoduto, 105 milhões de dólares na compra das duas refinarias e tinha planos de investir ainda mais na Bolívia pelos anos seguintes. Os problemas gerados pela crise, entretanto, fizeram-na cancelar os investimentos e acelerar o incremento da produção de gás natural no Brasil. A instabilidade política, portanto, afetou diretamente as atividades organizacionais nesse país.

A responsabilidade socioambiental da Petrobras

Além de seus consumidores e trabalhadores, outros grupos de interesse influenciam as atividades da Petrobras. Uma vez que a queima de combustíveis fósseis está intimamente relacionada ao aquecimento global e à poluição, a empresa sofre pressão de grupos ambientais, como o Greenpeace e o WWF, defensores de fontes de energia limpas e renováveis.

Outro perigo ambiental são os vazamentos em oleodutos e em petroleiros. Em janeiro de 2000, houve a ruptura de uma tubulação da Refinaria de Duque de Caxias (Reduc), no Rio de Janeiro, e isso gerou um grave problema ambiental. As águas da Baía de Guanabara foram atingidas, prejudicando a fauna e a flora de manguezais. A Petrobras foi obrigada a indenizar a comunidade de pescadores e a limpar o óleo, além de ter sofrido outras penalizações, o que representou um prejuízo da ordem de 110 milhões de reais.

Para evitar gastos como esse e a repercussão negativa divulgada pela mídia, a Petrobras investe maciçamente em pesquisa e desenvolvimento de tecnologias eficientes e seguras para extrair, transportar e armazenar o petróleo e seus derivados. O Cenpes/Petrobras é o centro de pesquisa da empresa no Estado do Rio de Janeiro. Fundado em 1963, em parceria com a Universidade Federal do Rio de Janeiro (UFRJ), é nele que são criados e aprimorados inventos para aumentar a produtividade e a confiabilidade da área operacional. Além disso, no centro, há pesquisas sobre novas fontes de energia limpas e renováveis.

A Petrobras desenvolve ainda projetos de energia eólica e solar em diversos locais do Brasil. Essas fontes não prejudicam o meio ambiente, não poluindo nem trazendo riscos ao hábitat de diversas espécies. Além delas, o biodiesel, desenvolvido a partir de óleos vegetais, é uma importante bandeira da organização e do governo brasileiro na defesa do meio ambiente.

Um dos óleos para a produção do biodiesel é o da mamona, fruto típico do sertão nordestino, a região mais pobre do Brasil. A Petrobras investe nesse projeto, então, também pelo poder de promoção da inclusão e desenvolvimento social que ele possui.

Esse é um exemplo dos projetos socioambientais criados e expandidos com capitais da organização. A Petrobras investe também em projetos como o Projeto Tamar, que protege as tartarugas marinhas da costa brasileira, e o Projeto Cetáceos, que estuda os mamíferos marinhos. Essa política da empresa influencia positivamente a visão que a sociedade e os consumidores têm da organização. Para eles, ela é um exemplo de que é possível conseguir alcançar os objetivos organizacionais eficientemente, respeitando a sustentabilidade ambiental e promovendo o desenvolvimento social.

O futuro da Petrobras

Apesar de alguns percalços, a Petrobras tem tido um desempenho extraordinário. O aumento da produção interna de petróleo, a receita com a exportação, a venda de combustíveis no Brasil e o ganho com atividades de exploração e refino em outros países têm sustentado lucros recordes nos últimos anos. Com os custos de produção quase estáveis e as receitas crescendo continuamente, a Petrobras teve o mais alto lucro de sua história em 2010: 35 bilhões de reais.

Mas não é só de lucros que a empresa tem batido recordes. A empresa ficou famosa mundialmente por ter efetuado em outubro de 2010 a maior capitalização em capital aberto de toda a história da humanidade: R$ 127,4 bilhões. O acontecimento tornou famoso o jargão usado pelo ex-presidente Lula para descrever o evento na ocasião: "Nunca na história da humanidade...".

Em fevereiro de 2012, o governo nomeou Maria das Graças Foster como nova presidenta da empresa, que se tornou a primeira mulher no mundo a comandar uma grande companhia petrolífera. A indicação de Graça Foster, uma funcionária de carreira da Petrobras, foi recebida pelo mercado como uma escolha que priorizava uma gestão menos política e mais voltada para a geração de valor. Talvez agora a Petrobras pare de ser um dos braços do governo na economia e foque exclusivamente no seu negócio, a exploração, refino e distribuição de energia.[52]

Questões

1. De acordo com o caso, quais são os *stakeholders* internos e externos da Petrobras? Por que podemos dizer que, até 1995, os concorrentes não eram um *stakeholder* da organização? Acredita que isso afetou o crescimento da empresa?

2. Qual o papel do Governo Federal na empresa? Como a influência governamental afeta a política de preços da empresa? Na sua opinião, a indicação de Foster sinaliza a intenção do governo de se afastar da estratégia da companhia?

3. Por que a estabilidade geopolítica é importante para empresas como a Petrobras? Como a instabilidade política na Bolívia afetou os negócios da Petrobras nesse país?

4. Como o acidente na Baía de Guanabara afetou a Petrobras e o que ela vem fazendo para evitar casos como esse? Qual o papel socioambiental da organização? Qual é a sua importância?

Exercício de autoconhecimento

Qual sua visão da administração: onipotente ou simbólica?

O objetivo deste exercício consiste em avaliar com qual visão da administração você mais se identifica. Para isso, analise as afirmativas abaixo e indique em que medida você concorda ou discorda com elas.

1 Discordo plenamente (DP)	2 Discordo (D)	3 Neutro (N)	4 Concordo (C)	5 Concordo plenamente (CP)

	DP	D	N	C	CP
1. Entrei na faculdade pelos meus próprios méritos.	0	1	2	3	4
2. Se eu me esforçar suficientemente, alcançarei excelentes notas nas provas e testes.	0	1	2	3	4
3. A vida é muito traiçoeira e nos reserva surpresas.	4	3	2	1	0
4. Encontrar a pessoa certa é uma questão de sorte.	4	3	2	1	0
5. O sucesso da apresentação de um trabalho em grupo depende muito mais de fatores externos do que do meu desempenho individual.	4	3	2	1	0
6. Obter um bom estágio depende da minha inteligência.	0	1	2	3	4
7. Se um professor "for com a minha cara", eu provavelmente não terei problemas para ser aprovado em sua disciplina.	4	3	2	1	0
8. O sucesso que tenho tido se deve às minhas decisões.	0	1	2	3	4
9. Grande parte do que realizei na vida se deve ao acaso.	4	3	2	1	0
10. Acho justo culpar os professores pelo insucesso de uma turma no vestibular.	0	1	2	3	4
11. Não conseguirei aprender determinados esportes, ainda que eu me esforce muito para isso.	4	3	2	1	0
12. As notas dos alunos dependem muito da boa vontade dos professores.	4	3	2	1	0
13. Minhas escolhas são importantes, mas, para que tudo dê certo, é sempre preciso contar com a sorte.	4	3	2	1	0
14. Não sou culpado pelas vezes em que fracassei na vida. As circunstâncias estavam fora de meu controle.	4	3	2	1	0
15. O que tenho conseguido na vida é fruto de minha dedicação.	0	1	2	3	4

Análise dos resultados

De qual visão da administração você está mais próximo: da que considera serem os administradores responsáveis diretos pelos resultados das empresas ou da que analisa a atuação desses indivíduos como limitada pelas forças ambientais?

Para saber a resposta dessa questão, some os pontos de cada opção marcada. Após isso, veja sua posição no *continuum* abaixo.

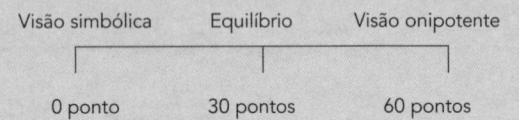

```
Visão simbólica      Equilíbrio      Visão onipotente
|--------------------|----------------|
    0 ponto          30 pontos         60 pontos
```

A visão simbólica da administração entende os administradores como indivíduos cujas ações são totalmente dependentes das variáveis ambientais. Dessa forma, o papel dos gestores seria limitado pelas contingências que não estão sob seu controle, como a situação econômica, mudanças na legislação, produtos concorrentes e outras. Segundo essa visão, "administradores de sucesso" seriam os "mais sortudos", cujas decisões mostraram-se acertadas não por competência sua, mas pelo contexto em que a empresa está inserida.

Já a visão onipotente enxerga os gestores como totalmente responsáveis pelo sucesso – ou fracasso – organizacional. De acordo com essa corrente, todos os resultados das ações administrativas são de responsabilidade dos tomadores de decisão, que devem ser recompensados pelas decisões acertadas e punidos pelos eventuais erros. Quem acredita nesse modelo de pensamento considera que os "administradores de sucesso" são os mais competentes e preparados, que conseguiram fazer as escolhas corretas e levar sua organização a atingir, ou superar, suas metas.

E agora, qual dessas visões você acha ser a predominante no mundo dos negócios? Formule hipóteses para a causa desse fato.

Dinâmica de grupo 1

"Patos" são os concorrentes

O Patinhas Bank é um banco de investimento localizado no centro do Rio de Janeiro. Suas principais formas de atuação são concessões de empréstimos e financiamentos de médio e longo prazo a empresas e aplicações no mercado de capitais. A organização tem cerca de 80 funcionários, mas vem crescendo bastante desde sua fundação em 2005. Grande parte desse sucesso é creditada à "interessante cultura organizacional do banco", que, segundo os gestores, "consegue motivar e unir os membros da empresa". Para se ter uma ideia, ao longo da crise financeira de 2008 e 2009, a instituição conseguiu obter consideráveis lucros por ter analisado previamente a situação econômica mundial, reduzido sua exposição aos riscos e apostado, contra quase todo o mercado, na alta do dólar e do ouro e na queda das bolsas mundiais.

O primeiro fato que merece destaque é o visual dos funcionários da empresa: todos trabalham bem à vontade, vestindo, inclusive, bermudas e chinelos. Os escritórios também são bem característicos, havendo móveis modernos e coloridos e quadros de arte contemporânea. Além disso, o clima na empresa é de bastante descontração, tendo os funcionários bastante liberdade e autonomia para desempenhar suas funções. Ao longo do dia de trabalho, por exemplo, é possível encontrar alguns deles na sala de jogos ou na lanchonete tropical, que serve saladas, sucos e lanches saudáveis aos membros do Patinhas Bank.

Donald Duque, presidente do banco, explica por que esse estilo é ótimo para a empresa: "Para mim, o pessoal precisa ter tranquilidade no trabalho", comenta. "Obviamente é necessário ter seriedade e competência, pois estamos lidando com dinheiro, mas não devemos pensar apenas no 'vil metal' o tempo inteiro. Os funcionários devem gostar do que fazem e ter autonomia e liberdade para desempenhar da melhor forma suas funções", diz o administrador. Donald conta ainda como foi possível implantar esse sistema: "Claro que esse clima não seria possível em qualquer empresa, mas nosso processo de seleção é rigoroso e 'pega' as pessoas mais competentes, disciplinadas e, principalmente, adaptadas a nossa cultura. Dessa forma, podemos deixar que brinquem e bebam suco de clorofila com linhaça durante o trabalho, pois existe a certeza de que o trabalho deles foi bem-feito e que não há por que o gestor ficar 'pentelhando' e pressionando a 'galera' o tempo todo".

Hugo Pena trabalha na área de análise de risco da instituição e complementa o que foi dito por Donald Duque: "Aqui é maravilhoso! Todos são competentes e muito unidos e não ficam pensando apenas em ganhar 'bônus milionários'. Um exemplo disso foi no final de 2007: enquanto a maioria dos concorrentes continuava acreditando que a bolsa iria subir para sempre – esperando, com isso, ganhar elevadas participações nos resultados – nós já acendemos o 'sinal amarelo' aqui dentro", diz o analista.

"No meio de 2008, veio o grau de investimento para a economia brasileira e a bolsa subiu 20%; nós, entretanto, não nos animamos e acendemos de vez a 'luz vermelha', vendendo tudo o que tínhamos e comprando dólar e ouro. Pouco tempo depois, essa estratégia se mostrou muito acertada", afirma Pena. "A grande diferença é que não ficamos pensando apenas em ganhar mais e mais. Nós vimos a euforia do mercado e constatamos que era hora de embolsar os lucros. A bolsa poderia até subir um pouco mais e nós deixaríamos de ganhar com isso, mas sabíamos que, alguma hora, aquilo tinha de parar, e foi o que aconteceu."

José Bicudo, do Departamento de Empréstimos e Financiamentos, complementa: "A ética e a responsabilidade são coisas muito importantes aqui dentro. As pessoas poderiam pensar: 'Se eu posso fazer o que quiser, vou ficar jogando *videogame* e deixar tudo para lá.' Mas, se fizerem isso, serão rapidamente pressionadas pelos colegas e dispensadas pelo banco, e ninguém quer isso! Nós recebemos bons salários. Não estão entre os melhores do mercado, mas nos satisfazem. Além disso, trabalhamos cerca de sete horas por dia, fazemos o que gostamos, temos muitos amigos aqui dentro, não somos pressionados o tempo todo, participamos das decisões e, ainda por cima, podemos jogar *games* bebendo suco de cebola e salsa! Onde mais teríamos tudo isso?".

Luís Patolino, supervisor dos serviços gerais (que envolvem a limpeza, arrumação, preparo dos lanches e coordenação dos mensageiros), mostra-se muito alegre ao falar do seu trabalho. "Sei que não faço nada estratégico para o banco, mas sou muito bem tratado e recebo um salário muito acima da média, assim como meus subordinados", diz ele. "Essa é uma grande diferença aqui dentro; todos são tratados como iguais e podem fazer as mesmas coisas, ninguém é discriminado. Além disso, eles têm uma visão interessante de remuneração: a diferença entre o meu salário e o do faxineiro é muito menor do que nas outras empresas, e eu acredito que seja assim em todas as áreas", conta Luís. "É como se eles fizessem sua própria distribuição de renda."

Por essas características, o Patinhas Bank vem sendo apontado como uma das melhores empresas para se trabalhar em todo o Brasil. Sua cultura interna diferenciada consegue promover um clima de amizade e união entre os funcionários, o que se traduz em ótimos resultados para a empresa. Dessa forma, os membros da organização sentem-se mais motivados e, aliando competência e disciplina, conseguem se superar ano a ano, deixando orgulhoso o fundador e atual Presidente do Conselho de Administração do banco, Tito Patinhas.

Atividade de grupo

Em grupos de três, procure responder às seguintes questões:

1. Tente identificar alguns elementos dos três níveis básicos de manifestação da cultura organizacional (artefatos, valores e pressupostos básicos) no caso do Patinhas Bank.

2. Você acha possível haver uma empresa como essa? Identifique alguns pontos que, em sua opinião, poderiam impedir a existência e manutenção de uma organização desse tipo.

3. No caso apresentado, falou-se sobre a diferença entre os salários dos funcionários. Como essa variável pode ajudar a entender a cultura de uma empresa? Você acha que isso se relaciona com a desigualdade social de nosso país?

Dinâmica de grupo 2

Ambiente seguro

A Seguradora NortAmérica tem uma relação complexa com diversos grupos de interesse de seu ambiente organizacional. Primeiramente, é importante identificar a influência exercida por seus acionistas sobre as decisões gerenciais. A empresa possui 45% de seu capital na Bolsa de Valores de São Paulo desde 2003 e o restante está na mão de diversos sócios, dentre eles bancos e fundos brasileiros e estrangeiros. Seus acionistas participam ativamente das assembleias gerais e escolhem o presidente e os diretores da organização, além de opinarem sobre os investimentos realizados pela companhia.

Um desses acionistas é o Banco Colheita, em cujas agências são comercializados os seguros e serviços de previdência privada da NortAmérica. Além de nos estabelecimentos do Colheita, a única maneira de adquirir um produto da seguradora é por meio de seus mais de 10 mil corretores autônomos. Esses indivíduos firmam um contrato com a empresa e ganham o direito de comercializar os seguros e serviços da organização em troca de uma comissão de vendas. A Associação dos Corretores Autônomos de Seguros (ACAS) é a entidade que representa o interesse desses trabalhadores junto à empresa, tendo negociado, recentemente, um plano de assistência odontológica para todos os seus membros.

A Superintendência de Seguros Privados (SUSEP) é o órgão do Governo Federal responsável pela fiscalização das seguradoras e empresas prestadoras de serviços de previdência privada. Constantemente, funcionários da autarquia visitam a NortAmérica para analisar suas práticas administrativas e comerciais. Além da SUSEP, o Banco Central do Brasil também fiscaliza os investimentos realizados pela empresa no mercado de capitais. Outra empresa que está diretamente relacionada à organização é o ResseBra. Essa companhia atua como a "seguradora da seguradora", ou seja, protege a NortAmérica caso muitos segurados a acionem simultaneamente.

Além de todos esses agentes, os meios de comunicação também têm influência direta sobre a instituição. A maior parte dos investimentos em propaganda realizados pela NortAmérica é feita em rádio e televisão. Além disso, a mídia também divulga notícias sobre o setor de seguros e pode apresentar opiniões favoráveis ou desfavoráveis sobre a seguradora. Recentemente, por exemplo, a empresa foi acusada de contratar firmas de espionagem e investigação para avaliar casos de roubo de veículos.

Agências de notícias reportaram o caso como "invasão de privacidade", ao passo que o Grupo Olho, que concentra a maior parte dos investimentos da NortAmérica, manteve-se neutro até a descoberta de uma quadrilha que aplicava golpes em seguradoras. Após a solução do caso, o telejornal do Grupo Olho apresentou uma grande reportagem em que defendia as empresas atingidas, dando grande ênfase ao "Caso NortAmérica".

Atividade de grupo

Em grupos de três, procure responder às seguintes questões:

1. Identifique os *stakeholders* da NortAmérica apresentados no texto. Agora, disponha todos eles por ordem de importância e impacto sobre a organização.

2. Liste as principais influências exercidas pelos três *stakeholders* mais importantes de acordo com a questão anterior.

3. Agora, tendo por base a técnica de análise de *stakeholders* de Freeman, determine a abordagem mais adequada para gerir a relação com cada *stakeholder* identificado, justificando suas decisões.

Administrando a sua empresa

Inspirar e expirar para respirar – julho do ano 1

A empresa continua sua trajetória ascendente. No entanto, à medida que a receita financeira e o número de funcionários crescem e a estrutura organizacional alarga-se, variados fatores, antes negligenciados, passam a influenciar diretamente a organização, trazendo uma série de potenciais problemas e oportunidades. Nesse contexto, ganham destaque a análise e gestão das variáveis ambientais, bem como as relações entre a organização e seus *stakeholders*.

Antes de mais nada, analise o resumo das demonstrações financeiras de sua empresa no último trimestre.

Ao longo desses três últimos meses, como se pôde observar, suas vendas elevaram-se bastante, tendo saltado de R$ 20 mil em março para R$ 50 mil em junho. Além disso, suas despesas operacionais parecem ter atingido um ponto ótimo e estabilizaram-se. Dessa

Demonstrações – ano 1	Abril/1X	Maio/1X	Junho/1X
Receitas	R$ 30 mil	R$ 40 mil	R$ 50 mil
Despesas operacionais	R$ 35 mil	R$ 35 mil	R$ 35 mil
Despesas financeiras e tributárias	R$ 10 mil	R$ 10 mil	R$ 12 mil
Resultado	(R$ 15 mil)	(R$ 5 mil)	R$ 3 mil

forma, vocês conseguiram chegar ao primeiro resultado mensal positivo ao final desse período.

No entanto, não foram apenas boas notícias que chegaram até vocês. As diferenças culturais entre os trabalhadores de Campinas e de Manaus começaram a gerar algumas desavenças dentro da empresa. No começo das operações, as equipes pareciam estar totalmente integradas e focadas nos mesmos objetivos. Agora, entretanto, algumas questões começaram a surgir, visto que os programadores sentem-se muito mais importantes do que os operários e estes estão se sentindo muito desprestigiados por estarem longe da Administração central e serem provocados pelo pessoal da Programação.

Além disso, uma gafe diplomática foi cometida pelo seu pessoal de Pesquisa e desenvolvimento. No final do mês de junho, eles receberam a visita de Tojo Gandhi, um *gamer* indiano, ícone na área de criação de novos jogos. Ele veio negociar sua participação no desenvolvimento do novo produto de sua empresa. Em um almoço informal, entretanto, os analistas levaram-no a uma churrascaria em Campinas, o que causou um enorme mal-estar e o fez retornar imediatamente à Índia.

Os funcionários não sabiam que a vaca é um animal sagrado para o povo desse país e podem ter acabado com as chances de um acordo com Gandhi. O *gamer* não quer nem ouvir falar do Brasil, acusando-nos de "insensíveis e irracionais". O grande problema é que sua empresa já havia obtido o financiamento para esse novo produto e começado a produzir as capas e investir em propaganda.

Durante o último período, sua organização recebeu ainda um aviso da Secretaria Brasileira de Classificação Etária de Entretenimento, alertando sobre os riscos da exposição de crianças e adolescentes a jogos violentos e com temas adultos. Na carta, eles citaram o jogo *Coelhinhos explosivos*, no qual os jogadores devem lançar bichinhos-bomba de pelúcia sobre os inimigos.

Atividades e decisões

Com base no texto, na sua criatividade e em seu olhar de "dono do negócio", siga o roteiro apresentado a seguir para solucionar alguns problemas e elevar o sucesso de sua empresa.

1. Utilizando dois dos quatro elementos da cultura organizacional (histórias, rituais, símbolos e slogans), procure criar meios de solucionar os problemas existentes entre as equipes de sua organização.

2. Como a "gafe diplomática" poderia ter sido evitada e o que fazer para tentar solucionar esse problema?

3. Analise a relação de sua fabricante de games com os três grupos apresentados no texto:
   - Funcionários do setor de programação e produção.
   - Tojo Gandhi.
   - Secretaria Brasileira de Classificação Etária de Entretenimento.

4. Qual seria a abordagem mais adequada para gerenciar sua relação com os *stakeholders* listados? Justifique.

Notas

1. MOREIRA, M. Classe C passou a ser maioria da população brasileira em 2011, mostra pesquisa. **Agência Brasil**, 2012. Disponível em: <http://agenciabrasil.ebc.com.br/noticia/2012-03-22/classe-c-passou-ser-maioria-da-populacao-brasileira-em-2011-mostra-pesquisa>. Acesso em: 26 mar. 2012.

2. MARCOLINO, R. O desafio de entender as classes C e D. **Exame.com**, nov. 2010. Disponível em: <http://exame.abril.com.br/marketing/noticias/o-desafio-de-entender-as-classes-c-e-d>. Acesso em: 26 mar. 2012.

3. ROBBINS, S. P.; COULTER, M. **Management**. 6. ed. Nova Jersey: Prentice-Hall, 2004.

4. CAVALCANTI, B. **O gerente equalizador**. Rio de Janeiro: FGV, 2005.

5. BARBOSA, D. Azul reestrutura seus executivos para voar mais alto. **Exame.com**, jul. 2011; OLIVON, B. Plano de expansão da azul tropeça em problemas de infraestrutura. **Exame.com**, mar. 2011.

6. ROBBINS, S. P.; COULTER, M. **Management**. 6. ed. Nova Jersey: Prentice-Hall, 2004.

7. FLEURY, M. T. L. **Cultura e poder nas organizações**. 2. ed. São Paulo: Atlas, 1996.

8. O primeiro artigo sobre a cultura organizacional foi publicado em 1979: PETTIGREW, M. ON studying organizational cultures. **Administrative Science Quarterly**, v. 24, p. 570-581, 1979.

9. SCHEIN, E. **Organizational culture and leadership**. São Francisco: Jossey Bass, 1986.

10. HATCH, M. J. The dynamics of organizational culture. **The Academy of Management Review**, v. 18, n. 4, p. 657-693, out. 1993; SMIRCICH, L. Concepts of culture and organizational analysis. **Administrative Science Quarterly**, v. 28, p. 339-458, 1983; TURNER, B. A. (Org.). **Organizational symbolism**. Berlim: Wlater de Gruyter, 1990; WEICK, K. E. **The social psychology of organizing**. 2. ed. Reading, MA: Addison-Wesley, 1979.

11. HATCH, M. J. The dynamics of organizational culture. **The Academy of Management Review**, v. 18, n. 4, p. 657-693, out. 1993.

12. VASCONCELOS, I. F. F. G. IBM: o desafio da mudança. **Revista de administração de empresas**, v. 33, n. 3, p. 84-97, maio/jun. 1993.

13. CARVALHO, L. Natura se destaca em cultura corporativa, diz consultora britânica. **Exame.com**, jun. 2010.

14. FREEMAN, R. E. **Strategic management:** a stakeholder approach. Boston: Pitman Publishing, 1984.

15. BRASIL. Tribunal de Contas da União, Portaria n. 5, Técnica análise de *stakeholders*. Brasília, 2002.
16. EMPLOYEE-ORGANIZATION Linkages. The Psychology of Commitment, Absenteeism and Turnover (Book Review). **Journal of Occupational Psychology**, v. 57, n. 3, p. 254, 1984.
17. CHRISTINE, W. The Impact of Organizational Culture on Clinical Managers' Organizational Commitment and Turnover Intentions. **Journal of Nursing Administration**, v. 37, n. 5, p. 235-242, 2007.
18. TEICH, D. H.; CARVALHO, D. O DNA das culturas matadoras. **Exame.com**, maio 2007. Disponível em: <http://exame.abril.com.br/revista-exame/edicoes/0893/noticias/o-dna-das-culturas-matadoras-m0129251>. Acesso em: 26 mar. 2012.
19. FLEURY, M. T. L. Desvendar a cultura de uma organização. In: FLEURY, M. T. L. **Cultura e poder nas organizações**. 2. ed. São Paulo: Atlas, 1996.
20. BERTERO, C. Cultura organizacional e instrumentalização do poder. In: FLEURY, M. T. L. **Cultura e poder nas organizações**. 2. ed. São Paulo: Atlas, 1996; FLEURY, M. T. L. Desvendar a cultura de uma organização. In: FLEURY, M. T. L. **Cultura e poder nas organizações**. 2 ed. São Paulo: Atlas, 1996.
21. JERMIER, J. M. et al. Organizational subculture in a soft bureaucracy: resistence behind the myth and façade of an official culture. **Organization Science**, v. 2, n. 2, maio 1991, p. 170-194.
22. FAHEY, L.; NARAYANAN, V. **Macroenvironmental analysis for strategic management**. St. Paul: West Publishing, 1986.
23. **Sinopse do censo demográfico de 2010**. Disponível em: <http://www.ibge.gov.br/home/estatistica/populacao/censo2010/sinopse.pdf>. Acesso em: 26 mar. 2012.
24. SÁ, Sylvia de. Empresas adaptam produtor para terceira idade. **Exame.com**, set. 2010.
25. IBGE. **Tendências demográficas:** uma análise dos resultados da Sinopse Preliminar do Censo Demográfico 2000.
26. Site oficial da empresa: www.sadia.com.br.
27. BANCO MUNDIAL. **Avaliação do clima de investimentos no Brasil**, v. 1, 2005.
28. ABRANCHES, S. Privatização, mudança estrutural e regulação. Trabalho apresentado no XI Fórum Nacional, **O Day After da Privatização da Infraestrutura**, 19 maio 1999.
29. MICHEL, J. Grandes empresas americanas hesitam em investir e contratar. **Exame.com**, publicado em ago. 2011.
30. LULA sanciona lei sobre política nacional de reciclagem de lixo. **IDG Now**, ago. 2010.
31. BANCO MUNDIAL. **Avaliação do clima de investimentos no Brasil**, v. 1, 2005.
32. CORREA, C. Operação fornecedor. **Exame.com**, publicado em out. 2004.
33. MANO, C. O mais novo incômodo. *Exame*, 837, p. 56-57, mar. 2005.
34. ALMEIDA, J. Mais longe do Procon. **Exame.com**, publicado em jan. 2005.
35. THOMAS, J.; CLARK, S.; GIOIA, D. Strategic sensemaking and organizational performance: linkages among scanning, interpretation, action and outcomes. **Academy of Management Journal**, abr. 1993.

36. DUNCAN, R. B. Characteristics of organizational environment and perceived environmental uncertainty. **Administrative Science Quarterly**, v. 17, p. 313-327, 1972.
37. HANNAN, M. T.; FREEMAN, J. H. The population ecology of organizations. **American Journal of Sociology**, n. 82, p. 929-964, 1977.
38. JEMISON, D. B. The importance of boundary spanning roles in strategic decision-making. **Journal of Management Studies**, p. 131-152, 1984; DOLLINGER, M. J. Environmental boundary spanning and information processing effects on organizational performance. **Academy of Management Journal**, n. 27, p. 351-368, 1984.
39. BREITINGER, J. Cuidado, um araponga pode estar de olho no seu negócio. **Exame.com**, jun. 1997.
40. PFEFFER, J. Merger as a response to organizational interdependence. **Administrative Science Quarterly**, v. 17, p. 382-394, 1972.
41. TAM revê sinergia com LAN e receita pode chegar a US$ 700 mil. **Exame.com**, jan. 2012.
42. CRUVINEL, E. **Dinâmica de institucionalização de práticas sociais: estudo da responsabilidade social no campo das organizações bancárias**. Tese de Doutorado (Administração). Rio de Janeiro: Ebape-FGV, 2005.
43. DENISSON, D. R. **Corporate culture and organizational effectiveness**. Nova York: Wiley, 1990; KOTTER, J. P.; HESKETT, J. L. **Corporate culture and performance**. Nova York: Free Press, 1992.
44. MARCOULIDES, G. A.; HECK, R. H. Organizational culture and performance: proposing and testing a model. **Organization Science**, v. 4, n. 2, p. 209-225, maio 1993.
45. HERZOG, A. L. Eles não conseguem se entender. **Exame.com**, nov. 2006.
46. CHATMAN, J. A.; JEHN, K. A. Assessing the relationship between industry characteristics and organizational culture: how different can you be? **The Academy of Management Journal**, v. 37, n. 3, p. 522-553, jun. 1994.
47. KOTTER, J. P.; HESKETT, J. L. **Corporate culture and performance**. Nova York: Free Press, 1992.
48. VENANCIO, C. Redes sociais – vantagens e desvantagens para as empresas. **Artigonal**, jun. 2010. Acesso em: 28 mar. 2012.
49. VENANCIO, C. Redes sociais – vantagens e desvantagens para as empresas. **Artigonal**, jun. 2010. Acesso em: 28 mar. 2012.
50. Disponível em: <http://ogerente.com.br/rede/blogcoach/vantagens-e-desvantagens-das-midias-sociais/>. Acesso em: 28 mar. 2012.
51. MARCIAL, E. C.; COSTA, A. J. L.; CURVELLO, J. J. A. Lícito versus ético: como as ferramentas de inteligência competitiva podem contribuir para a boa imagem corporativa. Revista Inteligência Empresarial, n. 12, p. 23-29, jul. 2002; Espionagem na Fórmula 1. **Veja.com**, set. 2007.
52. **Relatório anual de contas de 2010 da Petrobras**. Disponível em: <www.petrobras.com.br>; CPDOC-FGV. **Petrobras:** 50 anos. Disponível em: <www.cpdoc.fgv.br>. Acesso em: 28 mar. 2012; OLIVON, B. É a hora de a nova presidente da Petrobras agir, afirma mercado. **Exame.com**, fev. 2012.

Capítulo 4 A tomada de decisão em administração

Objetivos de aprendizagem

1. Explicar a importância da tomada de decisão para a administração.
2. Comparar e contrastar decisões programadas e não programadas.
3. Descrever as etapas do processo de tomada de decisão.
4. Identificar as principais ferramentas e técnicas de apoio à decisão.
5. Discutir os pressupostos do modelo racional de tomada de decisões.
6. Analisar as dificuldades à tomada de decisões racionais e eficazes.
7. Descrever o papel da intuição no processo de tomada de decisão.
8. Identificar e descrever os diferentes estilos de tomada de decisão.
9. Descrever as principais vantagens e desvantagens da tomada de decisão em grupo.
10. Discutir o grau de participação ideal dos subordinados no processo de tomada de decisão.

Diariamente, os administradores tomam muitas decisões, resolvendo problemas ou aproveitando oportunidades que se apresentam às organizações. A qualidade dessas decisões vai determinar o desempenho das empresas. No entanto, tomar a decisão certa nem sempre é tarefa fácil. Às vezes, o contexto da tomada de decisão reveste-se de uma complexidade e de uma ambiguidade que dificultam muito o trabalho do administrador. Mas isso não significa que ele deve ter medo de agir. Uma indecisão é, por vezes, muito mais prejudicial para a organização do que uma má decisão. Um administrador deve estar ciente das dificuldades, mas, ainda assim, assumir que tomar decisões é sua principal função na organização.

Ao longo deste capítulo, são apresentados os principais fundamentos do processo de tomada de decisão nas organizações, começando pelo destaque de sua importância para a administração. São exploradas as características do ambiente de tomada de decisão e os principais tipos de decisão que estão associados a elas. Além disso, são descritas as etapas do processo de tomada de decisão e algumas técnicas e ferramentas usadas para avaliar alternativas de decisão. Posteriormente, apresentam-se os pressupostos do modelo racional de tomada de decisão e as principais barreiras e limitações à racionalidade da tomada de decisão em contextos gerenciais. É discutido ainda o papel da intuição nesse processo.

Em seguida, são descritos os principais estilos de tomada de decisão que os administradores podem apresentar e é analisado como esses estilos evoluem à medida que o administrador sobe na hierarquia organizacional. São exploradas, também, as diferenças entre os estilos de tomada de decisão pública e privada. Por fim, são destacadas as principais vantagens e desvantagens da tomada de decisão em grupo e é indicado qual é o grau de participação que os subordinados devem ter nesse processo a partir do modelo de Vroom-Jago.

>> Caso introdutório

Decisões difíceis na Nokia

A Nokia, que já foi líder indiscutível no mercado de telefones móveis, tem visto sua posição ser desafiada nos últimos anos, particularmente na área de smartphones, com novos competidores como a Apple e o Google. Depois de alcançar quase 40% de participação no mercado mundial de telefones celulares em 2008, a gigante finlandesa viu sua participação no mercado cair para 25% no primeiro trimestre de 2011. Sua liderança, que parecia incontestável, agora está sob ameaça.

Criada há mais de 130 anos, a empresa reúne na sua longa trajetória de vida as mais diversas atividades, que incluem até mesmo a fabricação de galochas de borracha. Entretanto, em 1992, o caminho de diversificação até então trilhado foi alterado, com a decisão de restringir a atuação apenas ao ramo de telecomunicações. A estratégia surtiu efeito e fez da companhia uma das maiores multinacionais do planeta: no final dos anos 1990, com a segunda geração de telefonia celular (2G) e o surgimento dos celulares digitais, veio a confirmação do êxito da decisão. Diferentemente da concorrente e líder de vendas Motorola, cujo foco era a produção do celular analógico, à época campeão de vendas, a Nokia inovou e apostou na fabricação dos celulares digitais e conquistou os consumidores com a novidade.

No entanto, uma sucessão de decisões erradas dos administradores da Nokia comprometeram os bons resultados da empresa, que desde o final da década passada enfrenta um longo e tenebroso inverno. O primeiro erro apontado por analistas foi a insistência da Nokia no sistema operacional Symbian, enquanto o iOS da Apple e o Android da Google se mostravam superiores. O Symbian não era competitivo, e a empresa, em vez de adotar outro sistema operacional, apostou em diferentes estratégias de desenvolvimento do original, o que transmitia ao mercado a impressão de que a Nokia não sabia bem aonde ir. Outra decisão considerada equivocada diz respeito à loja de aplicativos da Nokia. A sua versão, batizada de OVI Store, não tem o mesmo sucesso das concorrentes, pois, segundo especialistas, a Nokia desacertadamente misturou, em seu início, aplicativos com conteúdos diversos, como *ringtones* e *wallpapers*.

As consequências pelo acúmulo de decisões erradas vieram logo. Com a referida queda na participação de mercado, as ações da companhia desabaram. Entre 2007 e 2011, a desvalorização foi superior a 70%. Também no Brasil, a empresa perdeu a liderança do mercado em 2010 para a Samsung (com o Android) e está perdendo terreno para a Apple (com o iPhone).

O plano de recuperação da Nokia passa agora pelo lançamento do Windows Phone como sistema operacional nos seus celulares. A decisão está tomada, mas, como no caso de todas as resoluções desse porte, não temos como saber se a sua implementação dará certo...[1]

4.1 >> Fundamentos da tomada de decisão

A tomada de decisão é parte essencial do trabalho de um administrador. Diariamente, os administradores tomam muitas decisões sobre os mais diversos assuntos, e a qualidade delas tem impacto muito significativo no desempenho da organização. Em alguns casos, as decisões assumem uma importância estratégica para o futuro da organização e de seus trabalhadores, como é o caso das decisões da Nokia ilustradas no caso introdutório. É claro que decisões erradas são mais visíveis por causa de seu impacto na vida da organização, mas o mundo dos negócios está repleto de evidências de boas decisões.

O caso introdutório permite destacar dois aspectos que estão presentes na tomada de decisão em administração: o primeiro refere-se à dificuldade em prever o futuro. Quando os administradores tomam decisões, fazem-no em um ambiente de incerteza, e a avaliação da eficácia da decisão só pode ser efetuada após sua implementação; o segundo é a dificuldade de reverter uma decisão errada. Por exemplo, a substituição do Symbian como sistema operacional dos celulares da Nokia não foi uma decisão fácil, uma vez que todos os produtos e estratégias da empresa foram desenvolvidos em cima dessa plataforma.

Tomar decisões erradas é um risco a que todas as empresas estão sujeitas, inclusive – e sobretudo – as bem-sucedidas. Por isso, é importante o conhecimento de técnicas e ferramentas para auxiliar os administradores a melhorar a qualidade de suas decisões e evitar erros que possam impactar de maneira significativa o desempenho das organizações. Claro que a maioria das decisões gerenciais tem impacto consideravelmente menor que o apresentado no caso da Nokia; no entanto, situações que exigem a tomada de decisão por parte de um administrador surgem continuamente e ele tem que estar preparado para isso.

4.1.1 ›› O conceito de decisão e sua importância para a administração

> **Decisão**
> Escolha entre alternativas ou possibilidades com o objetivo de resolver um problema ou aproveitar uma oportunidade.

Uma **decisão** pode ser descrita, de forma simplista, como uma escolha entre alternativas ou possibilidades, com o objetivo de resolver um problema ou aproveitar uma oportunidade. Contudo, a tomada de decisão não é um processo trivial e fácil, pois associada a cada alternativa de decisão está a incerteza de suas consequências e impactos. Essas limitações têm conduzido o homem a uma busca de novas ferramentas e modelos para ajudá-lo a decidir. Desde a interpretação de astros e oráculos até os sofisticados modelos de inteligência artificial, foi percorrido um longo caminho. O Quadro 4.1 resume algumas das principais contribuições de pesquisadores para o melhor entendimento do caminho que a análise do processo decisório percorreu ao longo da história.

O conceito de tomada de decisão foi introduzido no campo da administração por Chester Barnard, em seu livro *As funções do executivo*, substituindo expressões como "alocação de recursos" ou "definição de políticas".[2] A partir desse momento, o administrador passou a ser visto como alguém que não só delibera, como também põe em prática as soluções para os problemas. O conceito de decisão sugere uma conclusão, um início de ação, e não uma deliberação contínua. Barnard e outros acadêmicos depois dele, como Herbert Simon, James March e Henry Mintzberg, lançaram as bases do estudo do processo decisório em administração. Esses e outros pesquisadores têm conduzido diversos estudos com o objetivo de ajudar o administrador a gerir os riscos e a tomar decisões que proporcionem um bom desempenho à organização. Atualmente, a maior compreensão dos fatores que condicionam o comportamento humano e os avanços tecnológicos têm permitido desenvolver um conjunto de ferramentas que melhoram significativamente a eficácia da tomada de decisão em administração.

Desde o trabalho de Barnard, a tomada de decisão passou a ser encarada como a *essência do trabalho de um administrador*. Cabe a ele tomar decisões sobre todos os aspectos da vida de uma organização, o que abrange as quatro funções da administração e todas as áreas funcionais da empresa (o Quadro 4.2 exemplifica algumas das decisões por área funcional). Por isso, alguns autores consideram a *tomada de decisão como sinônimo de administração* e referem-se aos administradores como tomadores de decisão.[3]

Quadro 4.1 ›› Breve história da tomada de decisão

Pré-história	Durante milênios, as decisões humanas foram guiadas por interpretações de sonhos, fumaça, vísceras de animais, oráculos, profetas, entre outros métodos pouco convencionais.
Século V a.C.	Os homens de Atenas tomam suas decisões por votação, sendo essa uma forma embrionária de governo democrático.
Século IV a.C.	Aristóteles propõe uma visão empírica do conhecimento, que avalia a informação obtida por meio da percepção e do raciocínio dedutivo.
333 a.C.	Alexandre, o Grande, corta com a espada o nó de górdio, mostrando como um problema difícil pode ser resolvido com uma decisão ousada.
49 a.C.	Júlio César toma a decisão irreversível de cruzar o rio Rubicão: nasce uma poderosa metáfora sobre a tomada de decisão.
1641	René Descartes propõe que a razão é superior à experiência como forma de obtenção de conhecimento e estabelece uma estrutura para o método científico.
1900	O trabalho de Sigmund Freud sobre o inconsciente sugere que as ações e decisões das pessoas geralmente são influenciadas por causas escondidas na mente.
1921	Frank Knight distingue o risco – em que a probabilidade de um resultado pode ser conhecida – da incerteza – em que a probabilidade de um resultado é desconhecida.
1938	Chester Barnard introduz o conceito de tomada de decisão em administração, distinguindo a tomada de decisão pessoal da organizacional.
1944	No livro *Teoria dos jogos*, John von Neumann e Oskar Morgenstern descrevem um modelo matemático para a tomada de decisão econômica; como a maioria dos teóricos predecessores, eles consideraram que os tomadores de decisão são racionais e consistentes.
1947	Rejeitando a noção clássica de que os tomadores de decisão se comportam com perfeita racionalidade, Herbert Simon argumenta que, por causa dos custos de obtenção de informações, executivos tomam suas decisões apenas com uma "racionalidade limitada".
Anos 1950	Pesquisas conduzidas pelo Carnegie Institute of Technology e pelo MIT levam ao desenvolvimento das primeiras ferramentas de apoio à tomada de decisão assistidas por computador.
1972	Irving Janis cunha o termo *groupthink* para a tomada de decisão falha, que prioriza o consenso em detrimento do melhor resultado.
1973	Fischer Black e Myron Scholes demonstram uma forma de avaliar com exatidão o valor de ações, iniciando uma revolução na gestão do risco. Henry Mintzberg descreve diferentes tipos de tomadores de decisão e contextualiza a tomada de decisão no trabalho gerencial.
1979	Amos Tversky e Daniel Kahneman publicam a *Teoria do prospecto*, que demonstra que o modelo econômico racional não é capaz de descrever como uma pessoa toma decisões diante das incertezas da vida real.
1984	Daniel Isenberg explica que um administrador combina o planejamento rigoroso com a intuição quando o grau de incerteza é elevado.
1989	Howard Dresner introduz o termo "*business intelligence*" para descrever uma série de métodos de apoio a um processo decisório analítico sofisticado voltado a melhorar o desempenho da empresa.
1995	Anthony Greenwald cria o teste de associação implícita para revelar atitudes ou crenças inconscientes capazes de influenciar o julgamento.
2005	Malcolm Gladwell explora a tese de que decisões instantâneas são, às vezes, melhores do que as fundadas em longas análises racionais.

Fonte: Adaptado de BUCHANAN, L.; O'CONNELL, A. A Brief History of Decision Making. **Harvard Business Review**, jan. 2006.

De fato, embora tudo aquilo que um administrador faz envolva a tomada de decisão, isso não significa que todas as decisões sejam complexas e demoradas. Naturalmente, as decisões estratégicas têm mais visibilidade, mas os administradores tomam muitas pequenas decisões todos os dias. Aliás, quase sempre, as decisões gerenciais são rotina. No entanto, é o conjunto dessas decisões que permite à organização resolver os problemas, aproveitar as oportunidades e, com isso, alcançar seus objetivos.

Quadro 4.2 ›› Funções da administração e cultura organizacional

Finanças	Quais são os objetivos financeiros da organização? Que investimentos devem ser priorizados? Como devemos financiar a atividade da organização? Qual é a política de distribuição de dividendos?
Marketing	Qual é a estratégia de distribuição mais adequada aos objetivos da organização? Que tipo de incentivos devemos usar com a equipe de vendedores? Que tipo de campanha publicitária é mais adequada para esse produto? Como podemos avaliar e controlar o desempenho da equipe de vendedores?
Recursos humanos	Que política salarial deve ser instituída na organização? Devemos ter um processo de recrutamento interno ou externo? Qual é o estilo de liderança mais eficaz? Que ações de treinamento são necessárias para aumentar a produtividade?
Produção e operações	Que fornecedores devemos utilizar? Qual o volume de produção que devemos planejar para o próximo mês? Como podemos organizar o *layout* de produção para otimizar o processo? Qual o sistema de controle do processo produtivo mais adequado para garantir a qualidade dos produtos?

4.1.2 ›› O ambiente da tomada de decisão

Como já mencionado, uma decisão implica a escolha de uma alternativa em detrimento de outras. Por essa razão, os administradores devem avaliar essas alternativas, o que, muitas vezes, envolve a necessidade de estimar suas consequências e seus impactos na organização. Mesmo as decisões em que aparentemente todos ganham têm custos de oportunidade, pelo fato de impedir a implementação de outras opções. Os administradores têm de calcular e gerir os riscos e as probabilidades que acompanham suas decisões. Entretanto, por mais sofisticadas que sejam as ferramentas de apoio à tomada de decisão utilizadas, a imprevisibilidade está quase sempre presente no processo decisório. Por esse motivo, cada situação de decisão deve ser organizada em uma escala que vai da completa certeza à completa incerteza, de acordo com a disponibilidade de informação sobre cada alternativa e seus resultados.

CERTEZA ›› Situação na qual toda a informação necessária para a tomada de decisão se encontra disponível. Nessas condições, o administrador conhece o objetivo a alcançar e tem informações precisas e confiáveis sobre os resultados e as consequências de cada alternativa possível. Por exemplo, quando um administrador escolhe entre dois tipos de investimento sem risco (como títulos de dívida pública e depósitos a prazo em um banco comercial), ele sabe, com certeza, quais são os resultados esperados. Pode, então, escolher a opção que estiver associada ao maior retorno do investimento. Esse é o ambiente ideal para tomar decisões, no qual o único desafio é a identificação das alternativas disponíveis. No entanto, poucas decisões gerenciais são tomadas em um ambiente de completa **certeza**. Mesmo no caso descrito, existe uma probabilidade mínima de não se confirmarem os resultados previstos. A grande maioria das decisões é tomada em condições nas quais é difícil estimar com precisão os resultados associados a cada alternativa.

RISCO ›› Situação na qual não é possível prever com certeza quais são os resultados associados a cada alternativa, mas há informação suficiente para estimar uma probabilidade de que determinado evento venha a acontecer. Essas probabilidades podem ser calculadas por meio de modelos matemáticos e estatísticos ou baseados na experiência e nos conhecimentos dos administradores. Por exemplo, um diretor de marketing experiente consegue estimar os resultados esperados de cada tipo de campanha publicitária ao lançar um produto. Com base nessa informação, pode decidir qual é o tipo de campanha mais adequado e que proporciona o melhor resultado para a organização. Outro exemplo é a utilização de modelos probabilísticos por parte das empresas petrolíferas para decidir se devem ou não explorar determinado poço de petróleo. Na verdade, a maioria das decisões organizacionais é tomada em ambientes de **risco**.

> **Certeza**
> Situação na qual toda a informação necessária para a tomada de decisão se encontra disponível.

> **Risco**
> Situação na qual não é possível prever com certeza os resultados associados a cada alternativa, mas há informação suficiente para estimar suas probabilidades de ocorrência.

Em 2009, quando a Comissão de Valores Mobiliários (CVM) impôs à controladora da Telecom Itália a realização de uma oferta pública de aquisição (OPA) para ações da TIM, o ambiente era incerto. Os investidores não sabiam com firmeza qual seria o valor oferecido pelas ações. Além disso, a empresa poderia recorrer da decisão da CVM e, nesse caso, a resolução na esfera judicial poderia levar meses ou anos, aumentando consideravelmente o custo de oportunidade para o investidor interessado nas ações. No caso de parecer decidindo que não haveria OPA, o resultado poderia ser uma desvalorização abrupta do preço das ações. Nesse cenário de informação insuficiente para estimar os riscos associados à decisão de investir ou não investir nas ações da TIM, os investidores precisam usar a intuição e a experiência para traçar a estratégia a ser adotada.[4]

INCERTEZA » Situação na qual a informação sobre as alternativas e suas consequências é incompleta e imprecisa. Nesse caso, os administradores não conseguem estimar com precisão os riscos associados a cada alternativa. Esse ambiente é característico de decisões que envolvem fatores fora do controle do administrador (como a legislação ou a conjuntura econômica) ou o desconhecimento de informações fundamentais, o que acontece quando se lida com novos mercados ou produtos. Por exemplo, uma empresa petroquímica tem de tomar decisões mesmo sabendo que o preço do barril de petróleo está completamente fora de seu controle. Pode precaver-se, fazendo a cobertura de riscos com contratos a prazo ou derivativos, porém, ao decidir a estratégia para os próximos três anos, sabe que não detém controle sobre uma variável fundamental do negócio, o que dificulta muito sua decisão. Não são muitas, mas algumas decisões empresariais são tomadas em ambientes de elevada **incerteza**. Nesses casos, o administrador deve usar sua intuição e julgamento para determinar qual alternativa é mais adequada à organização.

> **Incerteza**
> Situação na qual a informação sobre as alternativas e suas consequências é incompleta e imprecisa.

4.1.3 » Tipos de decisão

Como já vimos, os administradores enfrentam uma variedade de situações diante das quais precisam tomar decisões. Dependendo da natureza da situação, o administrador deve usar tipos de decisão diferentes. O grau de disponibilidade de informação precisa e confiável sobre a situação e o nível organizacional no qual as decisões são tomadas permitem distinguir dois tipos de decisões gerenciais: as decisões programadas e as não programadas. A Figura 4.1 ilustra a relação entre o ambiente de tomada de decisão, o nível organizacional e o tipo de decisão.

As **decisões programadas** são soluções para situações repetitivas e estruturadas, determinadas por abordagens específicas para as quais a organização já desenvolveu mecanismos de atuação e controle. Por exemplo, quando um lote de produtos não passa no controle de qualidade, o administrador sabe exatamente como proceder. Esse tipo de decisão é uma resposta a problemas organizacionais recorrentes e serve para resolver situações simples ou complexas, desde que sejam bem estruturadas e definidas. Nessas condições, o administrador não precisa perder tempo e recursos com um processo abrangente de decisão, uma vez que pode optar por uma solução que já foi testada com sucesso. A maioria das decisões organizacionais é composta por decisões programadas. Normalmente, são mais frequentes nos níveis mais baixos da organização e resolvem situações para as quais há bastante informação disponível. As decisões programadas encurtam o tempo do processo decisório e possibilitam aos administradores disponibilizar parte de seu tempo para tarefas mais importantes.

> **Decisões programadas**
> Soluções para situações repetitivas e estruturadas, determinadas por abordagens específicas para as quais a organização já desenvolveu mecanismos de atuação e controle.

Figura 4.1 ›› Tipos de decisões

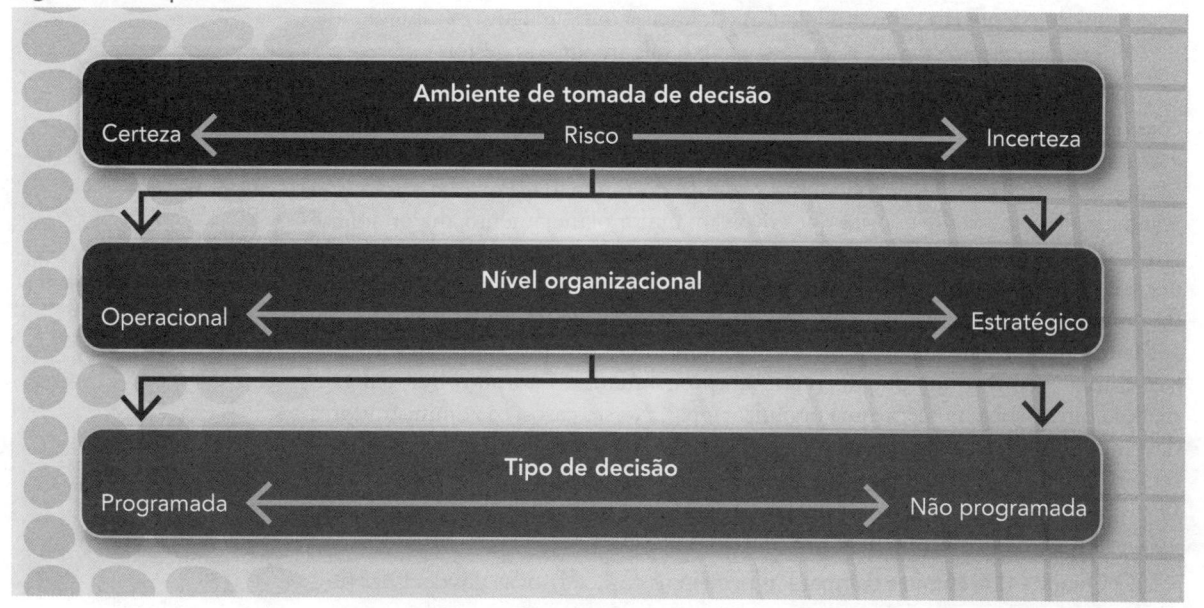

```
Ambiente de tomada de decisão
Certeza ←———————— Risco ————————→ Incerteza

Nível organizacional
Operacional ←————————————————————→ Estratégico

Tipo de decisão
Programada ←————————————————————→ Não programada
```

Entretanto, as decisões programadas limitam a liberdade do administrador, uma vez que não dependem tanto do seu julgamento, mas sim de mecanismos já definidos e testados. Alguns desses mecanismos são:

- *Regras*: normas explícitas sobre como o administrador deve proceder perante uma situação estruturada. Por exemplo, um supervisor sabe como proceder quando um trabalhador chega atrasado ou falta ao serviço. São bastante simples de usar e garantem uniformidade e consistência.
- *Procedimentos*: série de etapas sequenciais e inter-relacionadas que devem ser seguidas para responder a uma situação bem estruturada. Os manuais de qualidade são um exemplo de conjunto de procedimentos que permite resolver diversos problemas relacionados com o controle de qualidade dos processos produtivos. Depois de identificar a situação, o administrador deve apenas executar a sequência de passos predefinidos.
- *Políticas:* orientações genéricas sobre como proceder em situações recorrentes, mas menos estruturadas. Ao contrário das regras e procedimentos, as políticas apenas estabelecem parâmetros de atuação, não indicando uma so-

As paradas de plataformas em alto-mar são exemplos de decisões programadas. Em estrito cumprimento a práticas e recomendações internacionais de operação de complexos industriais, a Petrobras, de forma regular e periódica, promove paradas planejadas nas suas plataformas com vistas à manutenção das instalações. Essas paradas visam, dentre outras coisas, substituir reparos instalados de forma provisória, retirar a corrosão, dar manutenção a todos os equipamentos, máquinas e tubulações, bem como realizar a pintura dos locais deteriorados. Trata-se de procedimento estruturado e previamente definido. Os gestores da Petrobras informam anualmente à Agência Nacional de Petróleo a previsão das paradas programadas que a Companhia realizará no ano seguinte.[5]

lução específica. Por exemplo, uma empresa pode ter como política a satisfação do cliente em primeiro lugar. As políticas contêm alguma ambiguidade, deixando espaço para a interpretação e o julgamento do gestor.

As **decisões não programadas** são soluções específicas para resolver situações desestruturadas e pouco frequentes, para as quais a informação é incompleta e ambígua. São normalmente decisões que, por sua importância para a organização, exigem que se desenvolva uma resposta customizada. Por essa razão, são resultado de processos decisórios que envolvem maior planejamento, maior análise e que demoram mais tempo. Quase todas as decisões de caráter estratégico são decisões não programadas. É o caso da abertura de uma nova fábrica, da entrada da empresa em um novo mercado ou do lançamento de um novo produto. Na verdade, a maioria das decisões realmente importantes que um administrador tem que tomar é constituída por decisões não programadas. São mais frequentes à medida que se sobe na hierarquia organizacional. Nesses casos, os administradores devem analisar cuidadosamente toda informação que conseguirem coletar e usar seu julgamento individual para tomar a decisão mais adequada às circunstâncias. O processo decisório a ser descrito na próxima seção é usado geralmente para apoiar a tomada de decisões não programadas.

> **Decisões não programadas**
> Soluções específicas para resolver situações desestruturadas e pouco frequentes, para as quais a informação é incompleta e ambígua.

O Quadro 4.3 resume e compara as principais características das decisões programadas e não programadas.

Quadro 4.3 ›› Comparação entre decisões programadas e não programadas

	Decisões programadas	Decisões não programadas
Classificação da decisão	Rotina Recorrentes Genéricas	Singulares Inovadoras Específicas
Natureza da situação	Bem definida Estruturada	Ambígua Desestruturada
Ambiente de decisão	Condições estáticas Informação confiável e precisa	Condições dinâmicas Ausência de informação
Método de decisão	Regras Procedimentos Políticas	Julgamento Intuição Princípios do decisor
Técnicas de apoios à decisão	Modelos matemáticos Orçamentos Pesquisa operacional	Sistemas corporativos de apoio à decisão Simulações Análise de cenários

A Lupo, empresa do interior de São Paulo nacionalmente conhecida pela fabricação de meias, tomou uma decisão não programada de fabricar produtos que não faziam parte da sua história, em uma tentativa de reverter o processo de envelhecimento que a tradicional marca enfrentava. A Lupo, que até então fabricava 3 mil tipos de meias soquetes e meias-calças, ampliou a produção para mais de 10 mil itens, investindo na criação de novas linhas de produto – com destaque para *lingeries* e camisetas femininas. Essa decisão estratégica gerou resultados positivos. O faturamento da empresa, após o lançamento dos novos produtos, cresceu 97%.[6]

Assim como existem poucas situações de completa certeza ou incerteza, também poucas decisões gerenciais podem ser classificadas como totalmente programadas ou não programadas. Por um lado, as decisões programadas dificilmente eliminam totalmente o julgamento individual. Por outro, as decisões não programadas podem ser melhoradas com a utilização de alguns procedimentos e rotinas programadas. Ou seja, muitas decisões situam-se entre esses dois extremos. Evidentemente, do ponto de vista organizacional, quanto mais programadas forem as decisões, melhor. As decisões programadas promovem a eficiência organizacional, ao passo que as decisões não programadas, por dependerem do julgamento do gestor, são mais arriscadas e nem sempre produzem os melhores resultados. Portanto, existem argumentos para que os administradores de topo criem regras, procedimentos e políticas para orientar os outros administradores na tomada de decisão.

4.2 ›› O processo decisório

Apesar de se poder definir, de forma simplista, a tomada de decisão como uma escolha entre alternativas, essa afirmação não basta para qualificar o processo decisório gerencial. O processo de tomada de decisão é constituído por seis etapas sequenciais, como ilustrado na Figura 4.2. Esse processo começa com a identificação e o diagnóstico da situação que requer uma tomada de decisão, passa pelo desenvolvimento e avaliação de alternativas, pela seleção e implementação de uma possibilidade de ação que responda à situação diagnosticada, e termina apenas após o monitoramento e o *feedback* da decisão tomada. Na maioria das vezes, essa última etapa de avaliação da eficácia da decisão é apenas o início de um novo processo de tomada de decisão. Para os administradores, a tomada de decisão é um desafio contínuo.

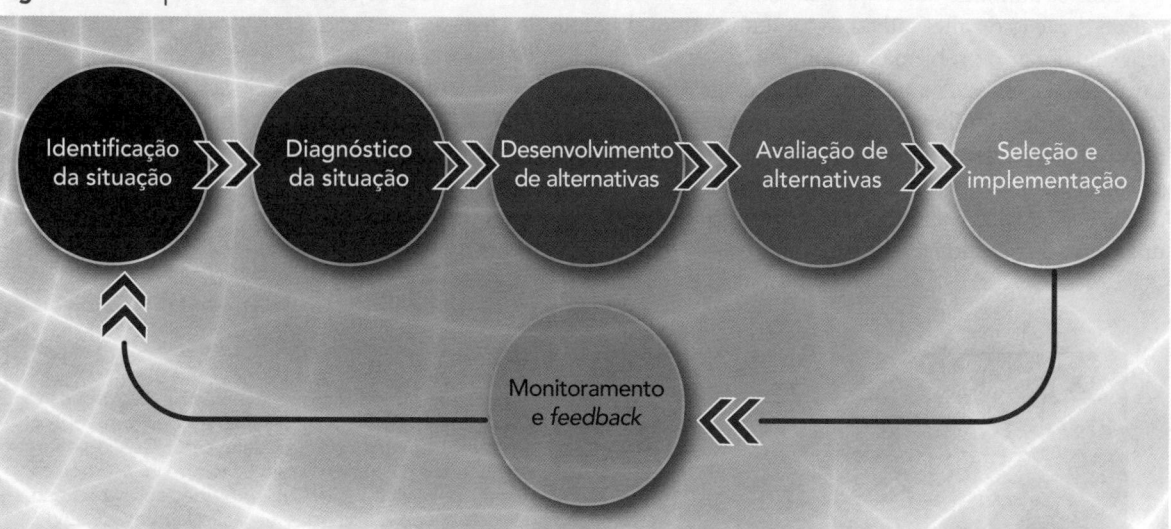

Figura 4.2 ›› O processo decisório

Identificação da situação ›› Diagnóstico da situação ›› Desenvolvimento de alternativas ›› Avaliação de alternativas ›› Seleção e implementação

Monitoramento e *feedback*

4.2.1 ›› Identificação da situação

Todo o processo de tomada de decisão começa com a *identificação de uma oportunidade ou de um problema*, ou seja, sempre que houver uma disparidade entre o estado atual e o estado desejado para a organização. Uma *oportunidade* é uma situação pela qual a organização pode superar as metas estabelecidas, ao passo que um *proble-*

ma ocorre quando o desempenho organizacional não é satisfatório, colocando em perigo a capacidade da organização de alcançar seus objetivos. Por exemplo, a compra da canadense Inco pela Vale do Rio Doce, em 2006, foi uma decisão que procurou aproveitar uma oportunidade de crescimento e expansão, ao passo que a decisão da Embraer em demitir mais de 4 mil trabalhadores, em 2009, foi uma opção necessária para enfrentar uma conjuntura econômica internacional adversa que reduziu drasticamente as novas encomendas de aeronaves brasileiras.

No entanto, a identificação da situação nem sempre é óbvia. Pelo contrário, é algo ambíguo e subjetivo, dependendo muito da qualidade e da competência dos administradores. Todas as decisões derivam da correta identificação do problema ou da oportunidade à qual se pretende responder. Um administrador que não identifica corretamente a situação pode tomar uma ótima decisão, porém seu desempenho será igualmente ruim se comparado ao de um administrador que identifica corretamente a situação, mas não toma nenhuma decisão para solucioná-la. Normalmente, apesar de ser uma etapa desprezada por muitos administradores, a identificação adequada do problema ou da oportunidade é crucial para a eficácia do processo decisório. Cabe aos administradores avaliar o progresso da organização, bem como monitorar as tendências do ambiente a seu redor para conseguir identificar as situações críticas que podem necessitar de uma decisão.

4.2.2 ›› Análise e diagnóstico da situação

Após a identificação do problema, o gestor deve concentrar seus esforços na análise e no diagnóstico da situação. Essa etapa do processo decisório consiste no *estabelecimento dos objetivos* que se pretende alcançar com a decisão e na *análise das causas* que estão na origem da situação. Sem objetivos claros, é difícil pensar em alternativas que permitam resolver os problemas ou aproveitar as oportunidades. Os objetivos possibilitam avaliar o que seria uma solução eficaz para responder à situação.

Muitos administradores passam diretamente do estabelecimento dos objetivos para a geração de alternativas. No entanto, antes de gerar alternativas que permitam solucionar o problema ou aproveitar a oportunidade, devem ser analisadas as causas subjacentes. A análise das causas que estão na origem do problema ou da oportunidade é fundamental para enquadrar corretamente a situação, e esse é um requisito necessário para tomar uma decisão eficaz. Ao contrário dos sintomas, as causas não são visíveis, e os administradores devem procurar ver a situação de diferentes perspectivas e desafiar os pressupostos implícitos. Para isso, devem fazer uma série de questionamentos, como:[7]

O processo decisório que levou a Toshiba, fabricante japonesa de eletrônicos, a abandonar em 2008 o formato de filmes de alta definição HDDVD se iniciou com uma análise da situação em que a empresa se encontrava para identificar o que causava o fraco desempenho de vendas de seus leitores de DVD. Durante essa análise inicial, os administradores da Toshiba perceberam que a redução nas vendas estava relacionada à perda do apoio de estúdios de cinema e grupos de varejo importantes que optaram pela tecnologia rival Blu-Ray, promovida pela Sony. Uma vez identificado o problema e diante dos resultados bem abaixo do esperado, os administradores da empresa, dispostos a reverter os prejuízos, não tiveram outra alternativa que não fosse a decisão de encerrar o projeto do padrão HD-DVD.[8]

- Quais indícios demonstram a existência do problema?
- O que pode ter contribuído para o surgimento do problema?
- Quando, onde e como ocorreu o problema?
- Quais pessoas estão envolvidas? De que forma elas podem contribuir para solucionar a situação?
- Como se pode medir a magnitude do problema ou da oportunidade?
- Qual é a urgência da decisão?
- A situação está isolada ou tem interconexões com outros eventos?

Essas e outras questões ajudam a compreender o que realmente aconteceu e quais as razões. A discussão e a partilha de opiniões sobre a situação permitirá ao administrador enquadrar corretamente o problema, preparando-o para a etapa seguinte do processo decisório: o desenvolvimento de alternativas.

4.2.3 ›› Desenvolvimento de alternativas

O desenvolvimento de alternativas consiste na *geração de possibilidades de ação* que permitam responder às necessidades da situação e solucionar as causas subjacentes. Uma pesquisa realizada com empresas norte-americanas concluiu que muitas das decisões organizacionais falham por causa da incapacidade dos gestores em gerar alternativas válidas.[9] As boas decisões emergem de um conjunto de alternativas cabíveis, e não de uma simples opção entre "sim" e "não". Só depois de avaliar os méritos de uma variedade de alternativas os administradores estarão aptos a tomar uma decisão que realmente satisfaça as necessidades da organização.

No caso das decisões programadas, o desenvolvimento de alternativas é relativamente simples e rápido, uma vez que estas já se encontram previstas nas regras e procedimentos da organização. Contudo, as decisões não programadas e complexas exigem a geração de alternativas distintas, especialmente quando existem prazos a cumprir. Os administradores devem ter dois cuidados nessa etapa do processo decisório: um deles é o de resistir à tentação de aceitar a primeira opção viável e o outro é o de resistir à tentação de analisar a viabilidade de cada alternativa à medida que vão sendo propostas e desenvolvidas. Ambos podem impedir a geração de outras possibilidades de ação que sejam mais satisfatórias.

Uma das técnicas mais usadas para estimular a criatividade no desenvolvimento de alternativas é o **brainstorming**, ou seja, "tempestade de ideias". Esse procedimento é baseado em dois princípios: a ausência de julgamento e a reação em cadeia, e consiste na expressão espontânea e livre de críticas de novas ideias e alternativas, por mais irrealistas que possam parecer. O objetivo é gerar o maior número possível de ideias para, posteriormente, desenvolver um conjunto de alternativas para análise.

Outra técnica usada para o desenvolvimento de alternativas é o estímulo ao **conflito construtivo** ou cognitivo no grupo de trabalho ou na organização. O encorajamento ao conflito construtivo consiste na criação de um clima que facilite a discussão aberta de assuntos, para que a diversidade de opiniões e de experiências possibilite um entendimento mais amplo de questões e geração de ideias inovadoras e criativas. No entanto, é importante reconhecer que nem todo conflito é bom. O tipo errado de conflito pode arruinar por completo o processo de tomada de decisão. O **conflito afetivo** ou emocional envolve tensões de ordem pessoal, rivalidades, choques de personalidades, tendendo a desestimular a cooperação das pessoas comprometidas na implementação da decisão, o que pode inviabilizar a eficácia do processo de tomada de decisão.

Brainstorming
Técnica de geração de alternativas que consiste na expressão espontânea e livre de críticas de novas ideias e alternativas aos problemas apresentados.

Conflito construtivo
Conflito decorrente da discordância quanto a ideias e pontos de vista em relação ao conteúdo e aos objetivos de trabalho, com potencial para melhorar o desempenho do grupo.

Conflito afetivo
Conflito que envolve tensões e incompatibilidades nas relações interpessoais, atrapalhando assim o desempenho do grupo.

Os brasileiros são um povo cordial que evita o conflito. No entanto, isso pode ser péssimo para os negócios. Pelo menos, foi o que a cúpula da Sony Brasil concluiu. O presidente da sucursal brasileira, o japonês Ron Tsutsui, decidiu mexer em um vespeiro: incentivar o conflito aberto de ideias dentro da empresa. O diretor de RH da Sony Brasil, Aurélio di Pietro, afirma: "Os brasileiros encaram o conflito como algo pessoal", o que dificulta o debate de ideias na organização. Para estimular o conflito construtivo na empresa, 150 executivos passaram por um programa de treinamento em que aprenderam a aceitar a crítica e a defender suas ideias com clareza.[10]

O desafio para os gestores é promover o conflito construtivo no seu grupo de trabalho, mantendo baixo o nível de conflito afetivo. Para isso, devem:[11]

- estabelecer normas que façam com que o pensamento criativo se torne a regra em vez de exceção;
- estruturar a discussão de modo que o processo, por sua própria natureza, estimule o debate;
- proibir linguagem que desperte reações defensivas, como comentários e questões que induzam a culpa ou erro do outro;
- desafiar as pessoas a reexaminar alguma informação-chave ou a questionar os pressupostos implícitos quando se encontram em um impasse;
- demonstrar consideração e abertura a novas ideias e pontos de vista;
- escutar atentamente a opinião dos outros, demonstrando paciência e levantando questões que aprofundem o entendimento de suas perspectivas;
- concluir o debate no momento oportuno, evitando arrastar em demasia a discussão.

Apesar da importância das alternativas para o processo decisório, nem sempre elas são de boa qualidade. Uma lista de más alternativas pode colocar ao administrador o dilema de escolher o mal menor, ao passo que uma lista de boas alternativas tem o efeito contrário. As boas alternativas devem apresentar as seguintes características:[12]

- *Devem ser abrangentes*, além de representar um leque de opções variadas, e não apenas pequenas variações ou nuances de outros conceitos. Por exemplo, a decisão de escolha de uma estratégia de distribuição deve possibilitar várias alternativas realmente diferenciadas: venda a retalho, venda por catálogo, venda on-line, ou uma combinação entre elas. Em seu conjunto, essas alternativas oferecem ampla gama de possibilidade de ação ao tomador de decisão.
- *Devem ser genuínas* e representar uma verdadeira alternativa, e não apenas uma opção fraca para que outra saída pareça melhor na comparação. Também não devem ser consideradas as alternativas que foram anteriormente rejeitadas por algum motivo válido.
- *Devem ser exequíveis*, bem como ser possíveis de implementar com os recursos e as capacidades da organização. Por exemplo, fechar uma fábrica pode não ser uma alternativa se existirem restrições legais e éticas que o impeçam.

- *Devem ser numerosas* o suficiente para que a escolha tenha caráter verdadeiro, mas não excessivas, para não dificultar sua avaliação e seleção.

As alternativas que não satisfizerem essas condições devem ser excluídas da lista de possibilidades de decisão, não sendo consideradas para avaliação e escolha.

4.2.4 ›› Avaliação de alternativas

Uma vez gerado um conjunto de cursos alternativos de ação, a etapa seguinte consiste na *avaliação e comparação dessas alternativas*, com o objetivo de selecionar a melhor. O processo de avaliação começa com a identificação dos principais impactos de cada alternativa na organização. Entre eles, destacam-se:[13]

- *Impacto financeiro.* Quais são os custos e benefícios financeiros associados a cada alternativa? Qual é o "valor atual" de cada alternativa?
- *Benefícios.* Quais são as vantagens que a implementação de cada alternativa vai trazer à organização (exemplo: aumento de qualidade, melhoria da produtividade, satisfação dos clientes)?
- *Ativos intangíveis.* Qual é o impacto de cada alternativa nos ativos intangíveis da organização (exemplo: reputação, marca, lealdade e satisfação de clientes e trabalhadores)?
- *Tempo.* Quanto tempo demora a implementação de cada alternativa? Qual é a probabilidade de atrasos e adiamentos?
- *Recursos.* Quais são os recursos necessários para a implementação de cada alternativa (capital, pessoas, tecnologia etc.)? Qual é a necessidade de recorrer a empréstimos bancários ou de recrutar e treinar novos trabalhadores?
- *Risco.* Quais são os riscos associados a cada alternativa? Qual é a probabilidade de sucesso de cada uma? Como os concorrentes vão reagir à decisão?

Depois de reconhecidas as variáveis mais relevantes para a tomada de decisão, devem-se analisar e comparar as alternativas com base nesses critérios. Para isso, podem ser utilizadas diversas *técnicas de apoio à decisão*, que variam desde uma simples análise de prós e contras até complexos sistemas corporativos de apoio à decisão que integram diversas unidades e variáveis. Algumas das técnicas de apoio ao processo decisório são apresentadas a seguir.

ANÁLISE DE PRÓS E CONTRAS ›› É uma técnica de análise das alternativas que consiste na listagem das vantagens e das desvantagens de cada possibilidade de decisão. Depois de listados os prós e os contras, eles são ordenados de acordo com sua relevância, e as alternativas são, então, comparadas. É a ferramenta mais simples de apoio à decisão, mas também a mais usada por causa de sua praticidade e rapidez.

MATRIZ DE PRIORIDADES ›› Técnica de análise que consiste na construção de uma **matriz** que permite comparar cada uma das alternativas por meio da atribuição de pesos diferenciados aos critérios de decisão. Dessa maneira, as alternativas são ponderadas e ordenadas de forma objetiva, permitindo a escolha da que apresenta o melhor resultado. Os pesos representam as preferências ou prioridades do tomador de decisão em relação a cada um dos critérios.

Suponha o caso de um administrador que deve escolher um novo fornecedor para determinada matéria-prima. Ele tem três alternativas e identificou quatro critérios de análise: o preço, a qualidade, o prazo de entrega e a assistência pós-venda. Para os fornecedores, atribui-se uma classificação de 0 a 10 em cada um dos critérios. Por exemplo, o fornecedor B é o que apresenta melhor preço (7), ao passo que o fornecedor A tem o produto de melhor qualidade (9). O Quadro 4.4 resume as classificações de cada alternativa.

Matriz de prioridades
Técnica de análise que consiste na construção de uma matriz que permite comparar cada uma das alternativas por meio da atribuição de pesos diferenciados a cada um dos critérios de decisão.

Quadro 4.4 ›› Matriz de prioridades

	Preço (10)	Qualidade (8)	Prazo de entrega (5)	Assistência pós-venda (4)	Total de pontos
Fornecedor A	5	9	5	7	175
Fornecedor B	7	7	8	2	174
Fornecedor C	4	5	10	10	170

Depois de classificar cada uma das alternativas mediante os critérios identificados, deve-se atribuir uma ponderação aos critérios, ou seja, devem-se identificar quais são os critérios mais relevantes para sua decisão. Em nosso exemplo, o preço é o critério mais relevante, por isso seu peso é 10, ao passo que a assistência pós-venda tem apenas uma ponderação de 4. Certamente, apesar de um processo de decisão complexo envolver diversos critérios, nem todos têm o mesmo peso. Posteriormente, deve-se calcular o escore de cada alternativa multiplicando a classificação em cada critério pelo respectivo peso. Desse modo, obtém-se uma ordenação das alternativas por meio da ponderação dos critérios de decisão. No exemplo do Quadro 4.4, os resultados mostram que o fornecedor A seria a melhor opção, apesar de não ter um preço tão bom como o fornecedor B. Essa ferramenta é especialmente útil na avaliação não financeira de alternativas. Entretanto, é uma técnica subjetiva, que depende muito da capacidade e da experiência do gestor na avaliação das alternativas e na atribuição dos pesos de cada critério de decisão.

ÁRVORES DE DECISÃO ›› As **árvores de decisão** são uma técnica de análise que permite a visualização gráfica das alternativas, na qual cada uma delas é representada como o ramo de uma árvore. As árvores de decisão incluem as probabilidades dos resultados associados a uma alternativa e são particularmente úteis para modelar decisões sob condições de incerteza e que envolvam uma progressão. A Figura 4.3 apresenta um exemplo de árvore de decisão.

> **Árvore de decisão**
> Técnica de análise que permite a visualização gráfica das alternativas, na qual cada uma delas é representada como o ramo de uma árvore.

Figura 4.3 ›› Árvore de decisão

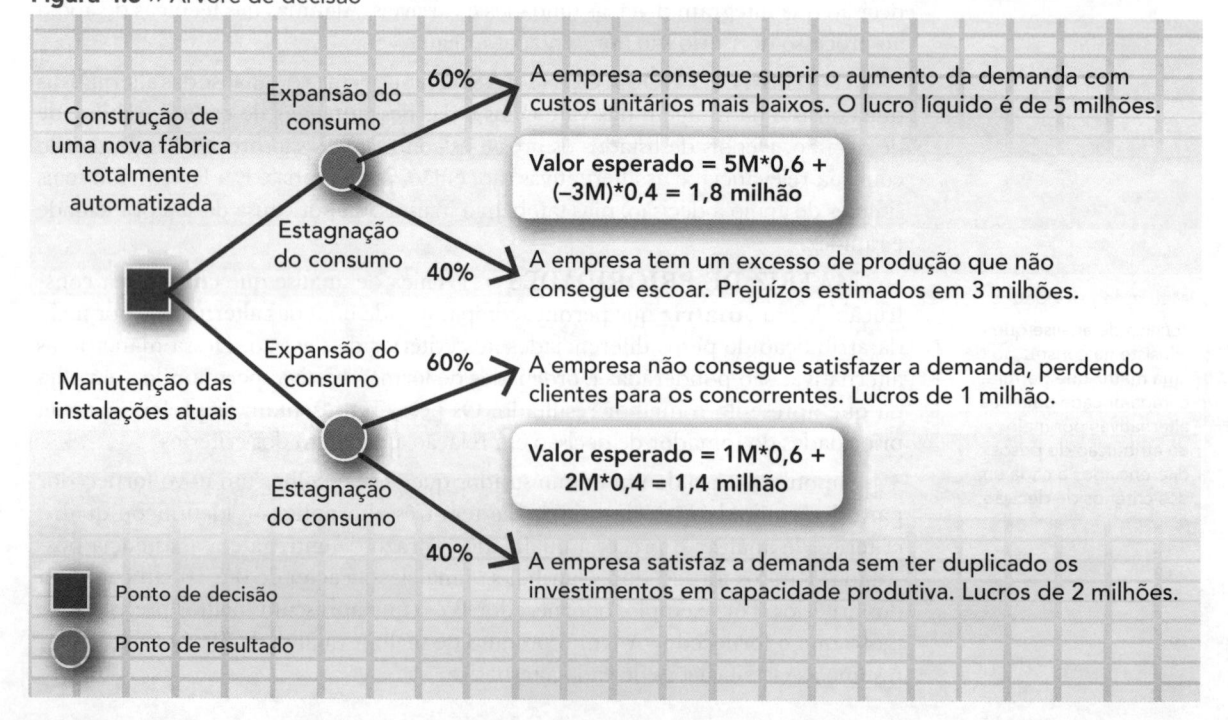

Construção de uma nova fábrica totalmente automatizada
- Expansão do consumo — 60% → A empresa consegue suprir o aumento da demanda com custos unitários mais baixos. O lucro líquido é de 5 milhões.
- Estagnação do consumo — 40% → A empresa tem um excesso de produção que não consegue escoar. Prejuízos estimados em 3 milhões.

Valor esperado = 5M*0,6 + (−3M)*0,4 = 1,8 milhão

Manutenção das instalações atuais
- Expansão do consumo — 60% → A empresa não consegue satisfazer a demanda, perdendo clientes para os concorrentes. Lucros de 1 milhão.
- Estagnação do consumo — 40% → A empresa satisfaz a demanda sem ter duplicado os investimentos em capacidade produtiva. Lucros de 2 milhões.

Valor esperado = 1M*0,6 + 2M*0,4 = 1,4 milhão

■ Ponto de decisão
● Ponto de resultado

O caso ilustrado pela Figura 4.3 representa a situação hipotética na qual um administrador tem que decidir se deve construir uma nova unidade fabril, para a qual é necessário um grande investimento, ou manter a fábrica atual, com uma capacidade produtiva menor e menos eficiente. Suponhamos que exista a probabilidade de 60% do mercado crescer e 40% estagnar durante os próximos cinco anos. Os resultados associados a cada uma das alternativas estão descritos na Figura 4.3. Por exemplo, se a empresa optar por manter as atuais instalações e o mercado vier a crescer, ela não conseguirá satisfazer a demanda, o que implicará perda de clientes e, consequentemente, lucros menores. Depois de estimar todos os resultados possíveis, deve-se calcular o valor esperado de cada alternativa. No exemplo dado, a alternativa com o melhor valor esperado, tendo em conta as probabilidades descritas, é a construção de uma nova fábrica. No entanto, é importante reconhecer que isso apresenta um risco maior, uma vez que 40% das projeções indicam uma estagnação do consumo, o que significaria uma perda de 3 milhões de reais.

As árvores de decisão não indicam automaticamente qual decisão deve ser tomada. Apesar de permitir a organização da informação e de mostrar as vantagens e as desvantagens de cada alternativa, a decisão final depende sempre do julgamento pessoal do administrador. No caso descrito, dependeria também de sua propensão ao risco.

> **Matriz de resultados**
> Ferramenta de apoio à decisão que consiste na construção de uma tabela ilustrativa das várias possibilidades e dos resultados associados a cada uma delas.

MATRIZ DE RESULTADOS » A **matriz de resultados** é outra ferramenta de apoio à decisão, que consiste na construção de uma tabela ilustrativa das várias possibilidades e dos resultados associados a cada uma delas. Tal como no caso das árvores de decisão, é necessário estimar qual a probabilidade associada a cada resultado. Por exemplo, imagine um administrador que precise decidir qual o volume de produção de sua unidade fabril para o próximo mês. Ele pode optar por produzir lotes de 10 mil, 20 mil ou 30 mil. O custo de produção está estimado em 5 reais, e o preço de venda é de 10 reais, ou seja, o lucro é de 5 reais por unidade vendida. No entanto, seus produtos são perecíveis e, se não conseguir vender sua produção, terá que negociar o restante a preço de saldo por 1 real a unidade, ou seja, terá um prejuízo de 4 reais por unidade não vendida. Se, ao contrário, produzir menos, seus clientes terão de recorrer a outros fornecedores, e estima-se que o impacto dessa perda de clientes seja de 4 reais por unidade não vendida. Sabe-se também que, de acordo com as vendas dos meses anteriores, existe 25% de probabilidade de vender 10 mil unidades, 35% de vender 20 mil e 40% de vender 30 mil. Para auxiliar o administrador a tomar a decisão que possibilite à empresa maior lucro, uma matriz de resultados deve ser construída (veja o Quadro 4.5).

Quadro 4.5 » Matriz de resultados

	Produção de 10.000	Produção de 20.000	Produção de 30.000	Probabilidade
Venda de 10.000	R$ 50.000	R$ 60.000	R$ (30.000)	25%
Venda de 20.000	R$ 10.000	R$ 100.000	R$ 60.000	35%
Venda de 30.000	R$ (30.000)	R$ 60.000	R$ 150.000	40%
Valor esperado	R$ 4.000	R$ 74.000	R$ 73.500	

O grupo financeiro HSBC utiliza um sistema especialista de apoio à decisão, desde 2008, que auxilia os gestores na identificação de potenciais fraudes nas transações com cartões de crédito. O sistema verifica no momento da transação a totalidade das operações realizadas com cartões, que somam mais de 30 milhões de contas. Essa verificação leva menos de 30 milissegundos. Por meio desse processamento, os responsáveis pela aprovação da transação conseguem, em tempo real, verificar se as operações feitas por determinado cliente estão de acordo com regras predefinidas de "normalidade" de seus hábitos de consumo e assim decidir pela autorização ou não da transação.[14]

Depois de construir a matriz com as alternativas e seus resultados, o valor esperado pode ser calculado utilizando-se as probabilidades estimadas. Como se pode concluir a partir da análise do Quadro 4.5, a melhor opção seria a produção de 20 mil unidades. É claro que a análise é muito sensível às probabilidades estimadas de ocorrência de cada alternativa, o que representa sua principal fragilidade. No entanto, apesar das dificuldades em determinar as probabilidades, muitas organizações incorporam esse modelo como parte de seu processo de tomada de decisão.

SISTEMAS ESPECIALISTAS ›› Os **sistemas especialistas** são sistemas computadorizados de apoio à decisão, programados para simular a decisão de um especialista com 20 ou 30 anos de experiência profissional. Podem incluir regras qualitativas e cálculos quantitativos no processo de avaliação das alternativas. Esses sistemas são muito utilizados por seguradoras e bancos na avaliação de seus clientes, para cálculo de apólices de seguro ou concessão de crédito. Ao introduzir os dados dos clientes, o sistema gera automaticamente um *output* que permite ao utilizador tomar uma decisão mais precisa. Esses sistemas permitem que trabalhadores e administradores de níveis inferiores tomem decisões de qualidade de forma rápida e precisa, o que aumenta significativamente a produtividade da organização.

> **Sistema especialista**
> Sistemas computadorizados de apoio à decisão, programados para simular a decisão de um especialista com 20 ou 30 anos de experiência profissional.

Muitas outras ferramentas de apoio estão à disposição dos administradores, como análise de cenários, análise de risco, análise do ponto de equilíbrio, teoria das filas de espera, teoria dos jogos, modelagem, simulações, programação linear, entre outras. Essas técnicas são cada vez mais sofisticadas, podendo ser utilizadas na resolução de problemas complexos com múltiplos critérios e impactos nas organizações.

4.2.5 ›› Seleção e implementação da melhor alternativa

Depois de avaliar as alternativas disponíveis, o administrador deve escolher aquela que melhor se adapte aos objetivos e valores da organização e que permita resolver o problema ou aproveitar a oportunidade que estiver na origem da decisão. No entanto, os administradores têm que escolher uma alternativa em um contexto de tempo limitado e informação incompleta e probabilística, visto que a decisão dependerá sempre do julgamento e da intuição do administrador. Sendo o risco um elemento inerente ao processo de tomada de decisão, a escolha também dependerá da propensão do administrador para lidar com a incerteza. Por exemplo, alguns gestores preferem uma alternativa que tenha 35% de chances de alcançar um rendimento de 1 milhão de reais do que uma que assegure um rendimento de 200 mil. Outros optariam pela alternativa com um resultado certo, mesmo que ele fosse inferior.

Assim que a melhor alternativa for escolhida, deve ser implementada. A implementação consiste em um conjunto de ações que possibilitam a realização dos objetivos ou a resolução do problema. Essas ações vão desde a alocação de recursos e a delegação de responsabilidade à definição de cronogramas e orçamentos, passando pela comunicação da decisão aos envolvidos. Um dos erros que os administradores frequentemente cometem é convencerem-se de que a ação decorrente da decisão escolhida virá automaticamente. Muitas vezes, uma decisão falha não porque é uma má decisão, mas porque os envolvidos não conseguem ou não querem realizá-la. Quando isso acontece, os objetivos não são alcançados, por melhor que seja a decisão tomada.

Na maioria das decisões organizacionais, o sucesso de sua implementação depende da capacidade do administrador em comunicar de maneira eficaz a decisão aos envolvidos. Nessa comunicação, ele deve motivar e persuadir os demais, informando-lhes sobre os méritos e vantagens de sua escolha, ou seja, deverá:[15]

- *Demonstrar compreensão* pelos pontos de vista contrários: os envolvidos devem sentir que participaram de forma genuína no processo decisório, o que facilita a aceitação da decisão final.
- *Explicar as razões* que o levaram a escolher uma alternativa em detrimento de outra: a clarificação dos motivos que estão na base da decisão aumenta a confiança de que ela foi tomada em benefício da organização como um todo.
- *Declarar suas expectativas* com relação aos resultados e consequências esperados com a decisão: todos os envolvidos devem entender a decisão e seus impactos (novas responsabilidades, desempenho esperado, penalidades etc.).

Se conseguir fazer tudo isso, as pessoas vão se sentir comprometidas com a decisão, e sua implementação será facilitada.

4.2.6 ›› Monitoramento e *feedback*

O processo decisório não termina com a implementação da decisão. O tomador de decisão deve *monitorar a implementação da decisão* e *avaliar sua eficácia* no alcance das metas estabelecidas. O monitoramento permite a coleta de informações e de *feedback* sobre a decisão, o que possibilitará avaliar se uma nova decisão ou alguma retificação serão necessárias.

Em sua maioria, as decisões organizacionais são interligadas, e suas consequências implicam novas decisões. Além disso, muitas vezes os problemas mais complexos são resolvidos tentando-se a implementação de diversas alternativas, na

A sul-coreana LG Display pretende investir cerca de 3 bilhões de dólares na produção em massa de painéis da tecnologia OLED (orgânico emissor de luz) a partir do segundo semestre de 2014, na expectativa de que esses painéis, que consomem menos energia e oferecem imagens com melhor definição, irão substituir os LCDs como a tecnologia dominante em televisores e outros aparelhos. Dentro dos planos da empresa está inicialmente a produção de uma pequena quantidade de painéis – cerca de 30 mil unidades ao mês – que serão utilizados em televisores fabricados e vendidos por uma empresa do grupo. Após o monitoramento das vendas e custos, e com o *feedback* acerca da eficácia da implementação da decisão de investir nessa nova tecnologia, a empresa avaliará os resultados e tomará uma decisão definitiva sobre levar ou não adiante o grande investimento previsto.[16]

qual cada uma representa uma melhoria gradual. É por tudo isso que, para os administradores, a tomada de decisão é um processo contínuo que sempre implicará novos problemas e oportunidades, que, por sua vez, precisarão de novas decisões.

4.3 ›› Racionalidade e intuição na tomada de decisão

O processo de tomada de decisão, descrito anteriormente, subentende que os administradores sigam cada uma dessas seis etapas de modo totalmente racional, ou seja, pressupõe que os tomadores de decisão façam escolhas consistentes que maximizem o retorno para a organização, dentro de um conjunto de restrições específicas. Na prática, isso raramente se verifica. Ao longo desta seção, discutiremos quais são as premissas da racionalidade no processo de tomada de decisão, quais suas limitações, quais as "irracionalidades" mais frequentes dos administradores e qual o papel da intuição na tomada de decisão.

4.3.1 ›› O modelo racional de tomada de decisão

O **modelo racional de tomada de decisão** refere-se ao processo no qual os administradores tomam decisões ótimas que maximizam os resultados da organização. Dessa forma, o processo leva a uma decisão ideal, independentemente de quem a toma. As *premissas* subjacentes ao modelo racional de tomada de decisão são:

- a situação, seja problema ou oportunidade, é bem definida e está corretamente formulada;
- as metas e objetivos a alcançar são claros e conhecidos;
- não há restrições de tempo ou de recursos;
- existe informação precisa, mensurável e confiável sobre todas as alternativas e os resultados potenciais de cada uma;
- todos os critérios e preferências para avaliar as alternativas são perfeitamente identificados, permanecendo estáveis e constantes no tempo;
- o decisor é racional; ele usa a lógica para avaliar e ordenar as alternativas, escolhendo aquela que maximiza o alcance dos objetivos estabelecidos.

> **Modelo racional de tomada de decisão**
> Modelo que prescreve como os administradores devem se comportar para maximizar os resultados das suas decisões.

Os avanços tecnológicos têm ajudado os pecuaristas pantaneiros a tomar decisões mais racionais. Com o auxílio de um sistema de monitoramento e alerta para cheias e secas do Pantanal, desenvolvido pela Embrapa Pantanal, os pecuaristas têm conseguido evitar prejuízos relacionados ao deslocamento do gado. O Sismonpan (Sistema de Monitoramento do Pantanal) é uma tecnologia baseada na série temporal de imagens de satélite, modeladas por equações aplicadas a séries sazonais. Os cálculos realizados pela ferramenta permitem monitorar, mapear e elaborar cenários de inundação no Pantanal com base na série de dados. Assim, a decisão de retirar ou não o gado de áreas que podem ser inundadas – críticas para pecuaristas – fica cada vez mais baseada em informações com alto grau de certeza e confiabilidade, aproximando-se do modelo racional de tomada de decisão.[17]

Essas premissas, no entanto, raramente são observadas no mundo dos negócios. Na prática, isso exige elevado grau de certeza e de confiabilidade nas informações sobre as alternativas, resultados e objetivos, o que é difícil de se verificar. Mesmo quando um administrador atribui determinadas probabilidades a eventos e resultados, são apenas estimativas que ajudam a lidar com o risco, mas não garantem uma escolha que maximize os resultados.

Na realidade, o modelo de tomada de decisão racional não tem a pretensão de descrever como as decisões *são* tomadas, mas sim como *deveriam ser* tomadas. Por isso, se afirma que o modelo racional de tomada de decisão é um *modelo normativo* ou *prescritivo*. Sua principal vantagem é ajudar os administradores a estruturar e a modelar o processo de tomada de decisão, tornando-o mais racional.

Os avanços tecnológicos dos últimos anos têm permitido desenvolver técnicas quantitativas de apoio à decisão sofisticadas, que têm tornado os processos de decisão gerenciais cada vez mais próximos do modelo racional. Por exemplo, já existem programas de inteligência artificial para tomar decisões sobre investimentos em mercados financeiros. Essas decisões podem ser consideradas racionais.

4.3.2 ›› Limitações à racionalidade no processo de tomada de decisão

> **Racionalidade limitada**
> Teoria que sustenta que os gestores, ao tomar decisões, se desviam de um processo lógico e sistemático de análise, construindo modelos simplificados que apenas extraem os aspectos essenciais dos problemas.

Apesar da pressuposta racionalidade, existem limitações, contextuais e individuais, à capacidade de tomar decisões ótimas. Efetivamente, os gestores devem seguir as seis etapas do processo decisório e procurar tomar decisões racionais e lógicas. Contudo, o que acontece, na prática, é que os tomadores de decisão se desviam do processo lógico, consistente e sistemático que a racionalidade infere. Esses desvios são explicados pela teoria da **racionalidade limitada**, de Herbert Simon.

De acordo com Simon, Prêmio Nobel de Economia e acadêmico de administração, a complexidade da situação, as restrições de tempo e de recursos e uma capacidade de processamento de informação limitada restringem a racionalidade do tomador de decisão.[18] Sua teoria mostra que os administradores tomam decisões sobre problemas para os quais dispõem de informações inadequadas, com limitações de tempo e de recursos para coletar dados mais completos. Além disso, possuem restrições individuais de armazenamento (memória), processamento (inteligência) e percepção da informação disponível. Dessa forma, sua teoria propõe que os administradores tomem as decisões mais racionais que conseguirem dentro das restrições impostas por informações incompletas e capacidades individuais limitadas (veja a Figura 4.4).

Para Simon, na prática, o que acontece é que os administradores simplificam o modelo racional de tomada de decisão, uma vez que consideram as características essenciais do problema, mas não incluem todas as suas complexidades. No entanto, continuam a comportar-se de forma racional dentro dos limites e restrições do modelo simplificado de tomada de decisão. A teoria da racionalidade limitada apenas pretende reconhecer as restrições humanas e ambientais à tomada de decisão gerencial, descrevendo a maneira como as decisões geralmente são tomadas. É por isso que se classifica a teoria de Simon como um *modelo descritivo* e *explicativo* do processo de tomada de decisão.

Outro conceito fundamental para entender a teoria da racionalidade limitada é a noção da *solução satisfatória*. Diante da imperfeição do processo decisório, os administradores procuram soluções aceitáveis e satisfatórias, em vez de buscar a decisão que maximize os resultados possíveis. Em vez de examinarem todas as alternativas, os administradores contentam-se em uma solução que lhes permita um nível aceitável de desempenho, mesmo presumindo a existência de soluções melhores.

Figura 4.4 ›› Teoria da racionalidade limitada

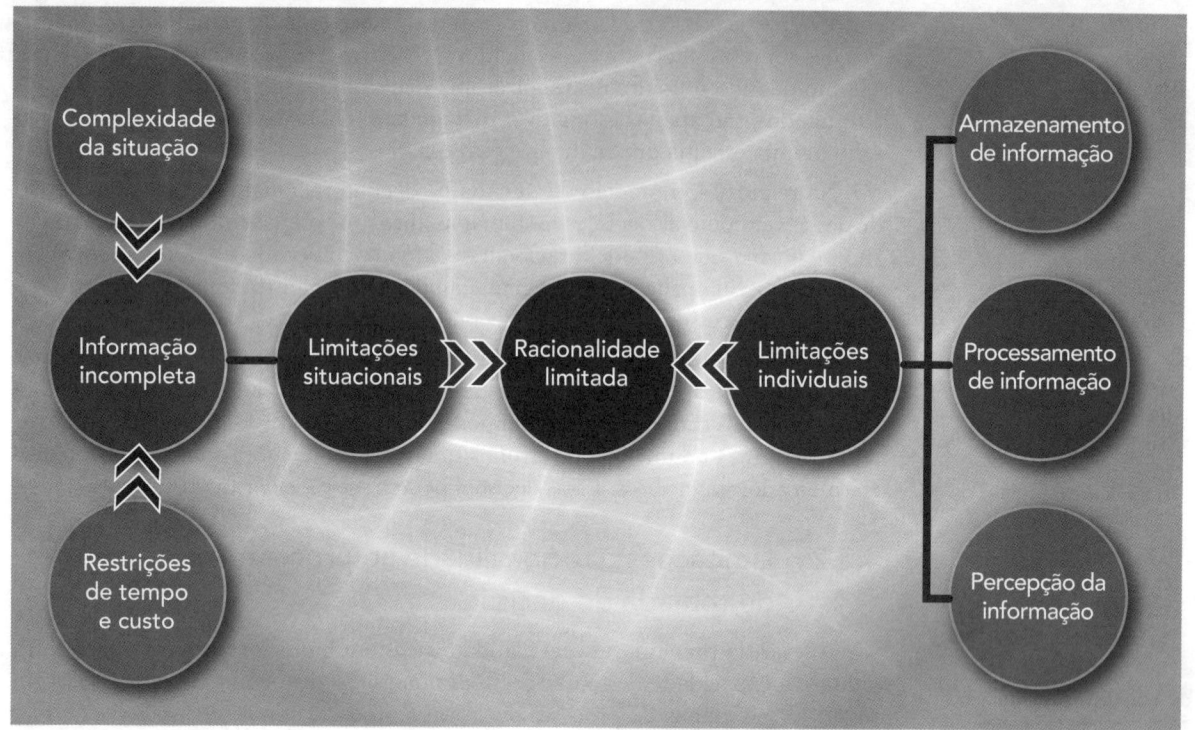

- Complexidade da situação
- Informação incompleta
- Restrições de tempo e custo
- Limitações situacionais
- Racionalidade limitada
- Limitações individuais
- Armazenamento de informação
- Processamento de informação
- Percepção da informação

O tempo e o custo necessários para coletar informações que permitam avaliar essas alternativas não compensam. Dessa maneira, os administradores sacrificam a melhor solução em favor da primeira que satisfaça os critérios de decisão.

Embora Simon sugira que um tomador de decisão conseguiria agir racionalmente se tivesse toda a informação necessária para o efeito, Amos Tversky e Daniel Kahneman, ambos também laureados com o Prêmio Nobel da Economia, sugerem que existem diversos fatores que desviam as pessoas da racionalidade, fazendo-as tomar por vezes decisões contrárias a seu interesse econômico.[19]

De acordo com esses pesquisadores, as pessoas usam **princípios heurísticos** (conjunto de regras empíricas) para simplificar o processo de tomada de decisão. Os princípios heurísticos orientam implicitamente o julgamento do tomador de

> **Princípios heurísticos**
> Atalhos mentais utilizados pelos tomadores de decisão para simplificar a complexidade do processo decisório.

> O caso do anti-inflamatório Vioxx, retirado do mercado em 2004 em virtude da suspeita de que causava infartos e derrames, pode ser interpretado como um bom exemplo de racionalidade limitada no processo decisório. Mesmo após a divulgação dos riscos do remédio em 2000 e 2001, muitos médicos continuaram receitando a pílula. Eles não enxergaram ou negligenciaram a informação. Pesquisas explicam essa situação, mostrando que o tomador de decisão ignora, sem perceber, informações críticas na hora de decidir. Um médico, como qualquer outra pessoa, é um processador de informações imperfeito. Trabalha com prazos apertados e deve tomar decisões de vida ou morte em circunstâncias muito ambíguas. No caso do Vioxx, o retorno que os médicos recebiam dos pacientes, em geral, era positivo. Logo, apesar do acesso a informações sobre riscos, os médicos talvez tenham ficado "cegos" para a verdadeira extensão do perigo.[20]

decisão, atuando como um mecanismo para simplificar a complexidade do ambiente de tomada de decisão. As heurísticas são úteis, pois tornam o processo de tomada de decisão mais rápido e simples, mas são falíveis e podem perpetuar ideias preconcebidas. As heurísticas do julgamento mais pesquisadas são a heurística da disponibilidade e a heurística da representatividade.

HEURÍSTICA DA DISPONIBILIDADE ›› A **heurística da disponibilidade** é a tendência para basear os julgamentos em eventos ou informações que estão facilmente disponíveis na memória. As pessoas tendem a recordar com mais facilidade acontecimentos frequentes e recentes ou acontecimentos marcantes do ponto de vista emocional.

> **Heurística da disponibilidade**
> Tendência para basear os julgamentos em eventos ou informações que estão facilmente disponíveis na memória.

Dessa forma, as pessoas tendem a superestimar a probabilidade da ocorrência futura dos eventos mais disponíveis. Por exemplo, um administrador tenderá a avaliar o sucesso ou o fracasso do lançamento de um produto com base em informação sobre o lançamento de produtos semelhantes em um passado recente. Essa forma de avaliar uma decisão é útil e prática, uma vez que se baseia na experiência gerencial do administrador. Contudo, é falível, já que não se consideram informações objetivas que poderiam aumentar a rigorosidade da avaliação da decisão.

HEURÍSTICA DA REPRESENTATIVIDADE ›› A **heurística da representatividade** é a tendência para basear os julgamentos em estereótipos previamente formados. As pessoas tendem a avaliar a probabilidade de determinado evento ou acontecimento comparando-o a uma categoria com a qual estão familiarizados. Por exemplo, um administrador tenderá a prever o desempenho de um subordinado com base em uma característica representativa, como as origens de sua formação. Em alguns casos, essa heurística permite fazer uma primeira aproximação à avaliação de uma circunstância, mas pode, do mesmo modo, levar a comportamentos irracionais e moralmente condenáveis, como a discriminação.

> **Heurística da representatividade**
> Tendência para basear os julgamentos em estereótipos previamente formados.

4.3.3 ›› Armadilhas psicológicas na tomada de decisão

As heurísticas simplificam o processo de tomada de decisão e têm duas grandes vantagens. Em primeiro lugar, economizam tempo do tomador de decisão, o que geralmente compensa a perda de qualidade das decisões tomadas. Além disso, apresentam uma formulação consistente e razoável, que conduz, na maioria dos casos, a resultados satisfatórios.

No entanto, as heurísticas produzem desvios sistemáticos no julgamento, influenciando no modo como as decisões são tomadas. Esses vieses cognitivos são

O empresário do jogador Neymar, em meio às especulações sobre a venda do atacante para o futebol europeu, utiliza-se com frequência do viés da ancoragem para tentar influenciar o julgamento dos interessados na compra do jogador. Ao declarar, por exemplo, que o jogador não deixa a Vila Belmiro por menos de 46 milhões de euros, ele lança uma informação âncora e, com isso, cria um valor de referência para tentar fazer com que as propostas dos clubes interessados se ajustem a ele. Essa quantia colocaria a negociação do jogador na lista das 10 contratações mais caras de todos os tempos. Vários estudos têm mostrado que, mesmo quando essa informação inicial – âncora – se apresenta irrelevante, é comum os julgamentos serem fortemente enviesados e impactados por ela.

involuntários e intuitivos, levando à perpetuação de erros na avaliação de situações e decisões.[21] Para que a eficácia e a qualidade das decisões gerenciais melhorem, os administradores necessitam aprender a reconhecer e a evitar essas armadilhas psicológicas. Hammond e Raiffa identificaram oito ciladas psicológicas comuns, descritas a seguir, nos processos de tomada de decisão gerencial (ver Figura 4.5).[22]

Figura 4.5 ›› Armadilhas psicológicas na tomada de decisão

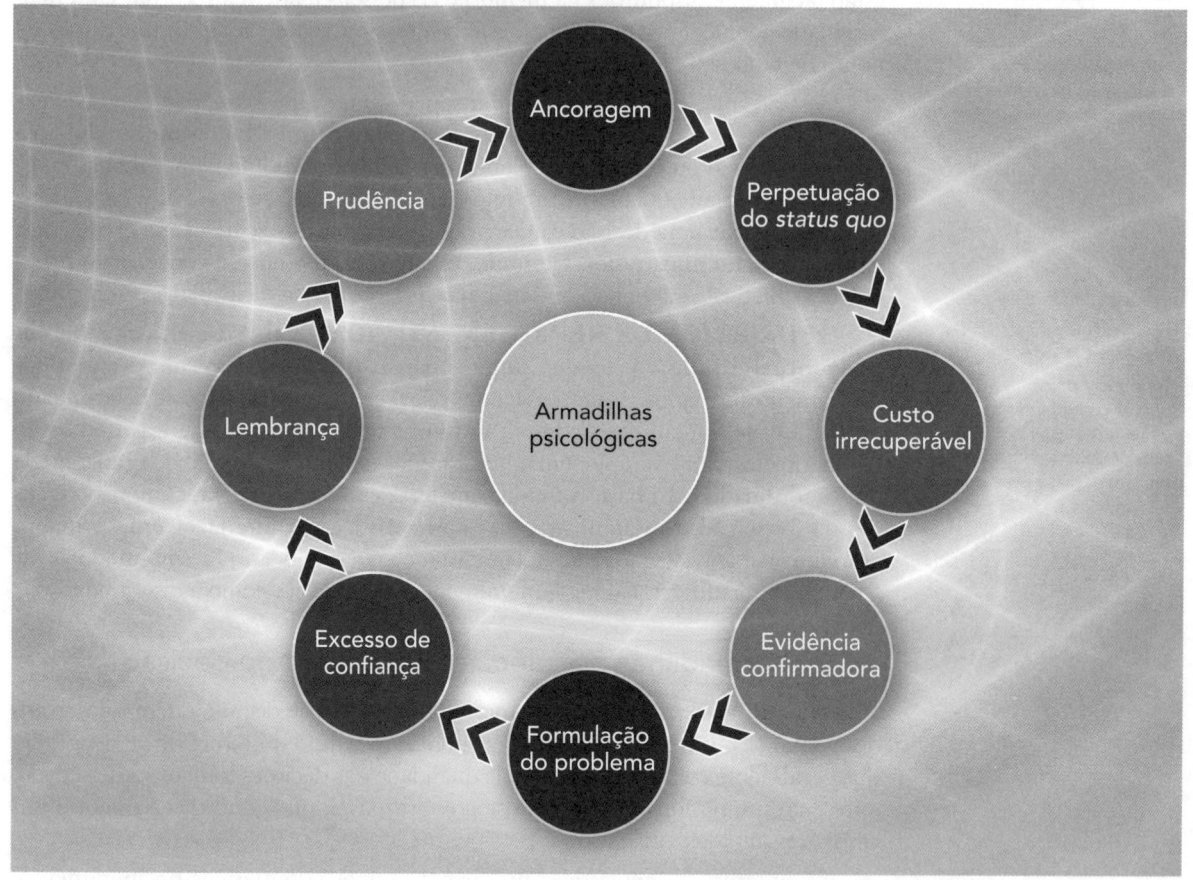

ANCORAGEM ›› A **ancoragem** é a tendência de atribuir um peso desproporcional à primeira informação que se recebe. Essas impressões iniciais, estimativas ou estatísticas, atuam como âncora no julgamento do tomador de decisão, mesmo que essas informações sejam irrelevantes para a decisão. Por exemplo, os gerentes de marketing, ao tentar projetar as vendas de um produto para o ano seguinte, muitas vezes baseiam-se no volume de vendas registrado em anos anteriores.

As cifras antigas viram âncoras, que o indivíduo ajusta com base em outros fatores. Embora possa gerar estimativas razoavelmente corretas, essa abordagem tende a dar peso demais a eventos passados e insuficiente a outros fatores. Em situações caracterizadas por rápidas mudanças no mercado, a âncora histórica pode gerar projeções falhas e, a partir delas, decisões equivocadas.

Uma vez que as âncoras condicionam os termos nos quais a decisão é tomada, são usadas como tática por negociadores experientes. Para evitar essa armadilha psicológica, os administradores devem procurar ver as situações de diferentes perspectivas e coletar informações de uma variedade de fontes, não se prendendo demais a informações preestabelecidas.

> **Ancoragem**
> Tendência de ancorar o julgamento em uma informação inicial, dificultando assim o ajuste diante de informações posteriores.

A Mercedes-Benz embarcou em uma espiral de erros com sua primeira fábrica fora da Alemanha, o que ilustra bem a armadilha do custo irrecuperável. Em 1999, a montadora inaugurou uma fábrica em Juiz de Fora, Minas Gerais, com um custo global de 820 milhões de reais. A expectativa era produzir 70 mil carros por ano do modelo Classe A. No entanto, ao fim de seis anos de atividade, apenas tinha produzido 61 mil unidades, o que levou ao cancelamento da fabricação do modelo. Em uma espécie de operação "tapa-buraco", a Mercedes tentou ressuscitar a montagem de outro modelo, o modelo C; no entanto, mesmo com uma força de trabalho de 1,2 mil funcionários, a filial da montadora apenas produziu 17 mil unidades, o equivalente a 20% da capacidade instalada. Em 2011, a empresa decidiu investir mais 450 milhões de reais em uma nova reestruturação de sua unidade, passando a apostar na montagem de caminhões pesados. O objetivo é atingir uma produção de 40 mil unidades em 4 ou 5 anos.[23]

> **Perpetuação do status quo**
> Tendência a favorecer alternativas que perpetuem a continuidade e evitem a mudança.

PERPETUAÇÃO DO *STATUS QUO* » Outro viés do julgamento humano é a tendência a favorecer alternativas que **perpetuem** a manutenção da situação existente. Nos negócios, em que o pecado da comissão (fazer algo) tende a ser punido com muito mais severidade que o pecado da omissão (não fazer nada), as decisões são muitas vezes baseadas no que tem dado certo, não explorando novas opções ou informações. Por exemplo, os primeiros jornais eletrônicos eram muito parecidos com seus precursores em papel. Muitas fusões também fracassam porque a empresa adquirente evita tomar medidas rápidas para impor uma estrutura de gestão mais apropriada à empresa adquirida.

Com o passar do tempo, a estrutura vigente vai se enraizando, e mudá-la fica cada vez mais difícil. Naturalmente, uma decisão que mantenha o *status quo* até pode ser a melhor solução, mas não deve ser tomada por uma questão de comodidade. Independentemente de qual seja a melhor solução, é importante que os administradores explorem alternativas diferentes, não se limitando a uma única solução de continuidade.

> **Custo irrecuperável**
> Tendência de fazer escolhas que justifiquem decisões passadas, mesmo que essas decisões tenham se revelado erradas.

CUSTO IRRECUPERÁVEL » Uma armadilha muito comum na tomada de decisão é a tentativa de fazer escolhas que justifiquem decisões passadas, mesmo que essas decisões tenham se revelado erradas. Esse é o fenômeno que os economistas chamam de **custos irrecuperáveis**. Em geral, as pessoas não estão dispostas, conscientemente ou não, a admitir que erraram e continuam tomando decisões erradas na tentativa de corrigir o passado. Por exemplo, os bancos continuam a emprestar dinheiro a empresas que estão em dificuldade para proteger os empréstimos iniciais, e os investidores continuam comprando ações de empresas em crise que se desvalorizaram. No entanto, na maioria das vezes, perdem duplamente. O exemplo do caso introdutório da Nokia de insistir no sistema operacional Symbian reflete uma decisão que tem como objetivo justificar o investimento inicial. Essa armadilha psicológica é poderosa e condiciona, de fato, o julgamento dos administradores. Muitas vezes, apesar de ser psicologicamente mais seguro justificar uma decisão errada, é importante que um executivo saiba quando deve parar de investir em uma má decisão e assumir as responsabilidades pelo fracasso. Na verdade, todos os administradores falham, e o que distingue os grandes executivos dos outros é sua capacidade de aprender com os erros.

> **Evidência confirmadora**
> Tendência a buscar informações que corroborem seu instinto ou seu ponto de vista e a evitar informações que o contradigam.

EVIDÊNCIA CONFIRMADORA » Esse viés leva a pessoa a buscar informações que corroborem seu instinto ou seu ponto de vista e a evitar informações que o contradigam. A armadilha da **evidência confirmadora** afeta não só as fontes de informação nas quais os executivos baseiam seu julgamento, mas também o modo como eles interpretam essas informações. Isso faz com que deem um peso excessivo a informações que corroboram seu ponto de vista e um peso insuficiente a informações conflitantes. Por exemplo, um administrador tende a aconselhar-se com colegas que sabe que vão concordar com ele e apoiar sua decisão. É, pois, fundamental que um tomador de decisão procure ser o mais imparcial possível na análise das alternativas disponíveis, procurando discutir com pessoas que tenham opiniões divergentes da sua. Uma técnica particularmente útil para evitar essa armadilha psicológica é a técnica do *advogado do diabo*, na qual uma pessoa em um grupo ou equipe de trabalho assume o papel de desafiar as suposições e as premissas de uma posição.

FORMULAÇÃO DO PROBLEMA » Vimos que o primeiro passo do processo decisório é a identificação da situação. Essa identificação consiste no enquadramento e na estruturação do problema ou da oportunidade. No entanto, o modo como a situação é formulada pode influenciar profundamente as escolhas feitas. Por exemplo, Kahneman e Tversky conduziram uma pesquisa em que pediam aos participantes para considerar a situação em que um administrador devia decidir como resgatar três barcas que afundaram na costa do Alasca. Cada barca tinha uma carga no valor de 200 mil dólares. Esse executivo teria duas opções:

- *Plano A:* salvar uma das barcas, recuperando uma carga no valor de 200 mil.
- *Plano B:* tentar salvar as três barcas, no valor de 600 mil, sabendo que haveria uma probabilidade de 33% de sucesso na operação.

Cerca de 71% das pessoas optaram pelo plano A, que garante o resgate de uma barca. As outras pessoas formularam exatamente o mesmo problema de forma diferente:

- *Plano A:* tomar a decisão que resultaria na perda de duas das três cargas, no valor de 400 mil.
- *Plano B:* há 67% de probabilidade de perder todas as cargas, mas 33% de chance de não perder nenhuma das cargas, no valor de 600 mil.

Com essa formulação, 80% dos respondentes preferiram o plano B. Entretanto, os planos A e B são exatamente iguais em ambas as situações. No entanto, o experimento comprova que a decisão depende da forma como o problema é estruturado. Um problema mal formulado pode minar até a mais ponderada das decisões, uma vez que o tomador de decisão deve desafiar o enquadramento no qual a situação é apresentada e evitar as distorções que essa formulação pode causar.

LEMBRANÇA » A armadilha da **lembrança** é um viés que deriva da heurística da disponibilidade. Ao prever o que acontecerá no futuro, as pessoas tendem a valorizar os acontecimentos que estão presentes em sua memória. Dessa forma, corre-se o risco de ser influenciado por eventos dramáticos ou recentes. Na verdade, tudo o que distorce sua capacidade de relembrar algo de maneira equilibrada vai modificar os cálculos de probabilidades. Advogados são um bom exemplo de tomadores de decisão normalmente influenciados por essa cilada psicológica. Quando têm que decidir se devem fazer um acordo ou esperar pela sentença do juiz, muitas vezes são influenciados por casos midiáticos, fechando acordos "irracionais".

EXCESSO DE CONFIANÇA » Embora a maioria das pessoas não seja muito boa com estimativas e projeções, elas tendem a **confiar demais** na precisão de suas previsões, o que pode levar a falhas no julgamento e na avaliação de decisões. Se subestimar o valor máximo ou superestimar o valor mínimo de uma variável crucial, um gestor pode perder oportunidades atraentes ou se expor a

> **Lembrança**
> Tendência a valorizar os acontecimentos que estão presentes na memória.

> **Excesso de confiança**
> Tendência de confiar demais na precisão de suas previsões, o que pode levar a falhas no julgamento e na avaliação de decisões.

> Em 2001, a TAM decidiu investir pesado em voos internacionais, o que seria um passo aparentemente natural para quem ia tão bem no mercado doméstico. A tacada mais ambiciosa foi inaugurar uma rota de São Paulo para Frankfurt, na Alemanha, decisão tomada pelo então vice-presidente Rubel Thomas. Depois de seis meses, a rota foi cancelada. A decisão revelou o excesso de confiança nas estimativas, e isso resultou em um prejuízo de 40 milhões de reais. Atualmente, antes de cada nova rota entrar em vigor, é feito um estudo de rentabilidade que leva em conta projeções conservadoras não só para a ocupação das aeronaves, mas para variáveis imprevisíveis, como o câmbio. Em 2007, após estudos e análise das perspectivas econômicas sem o excesso de confiança demonstrado na ocasião anterior, a TAM decidiu retomar a rota São Paulo-Frankfurt, mantida até hoje com uma boa ocupação média.[24]

um risco muito maior do que supõe. Foi o que aconteceu com a Motorola no desenvolvimento do Iridium, um sistema de telefonia via satélite que se mostrou ultrapassado diante do avanço do celular. Os executivos da Motorola superestimaram a importância dessa nova tecnologia, o que resultou em uma perda de 6 bilhões de dólares e no abandono dos 66 satélites em plena estratosfera. Muito dinheiro já se perdeu com projetos malfadados de desenvolvimento de produtos por não se calcular com precisão a possibilidade de deslizes no mercado.

PRUDÊNCIA ›› Outra armadilha psicológica para quem procura estimar probabilidades de eventos é o excesso de cautela ou **prudência**. Às vezes, quando precisam tomar decisões muito importantes, os administradores tendem a fazer projeções muito seguras e conservadoras. Um exemplo extremo é o da "análise do pior dos casos", que foi popular no projeto de armamentos e até hoje é usada em certos ambientes de engenharia e regulamentação. Engenheiros se valiam dessa metodologia para criar armas que operassem sob a pior combinação possível de circunstâncias, ainda que fosse infinitesimal a probabilidade de que essa combinação ocorresse. A análise do pior dos casos na administração pode gerar custos muito altos e nenhum benefício prático, provando que o excesso de prudência às vezes pode ser tão nocivo quanto a falta dela.

4.3.4 ›› O papel da intuição na tomada de decisão

Em um mundo cada vez mais dinâmico e complexo, no qual a tecnologia permite o acesso a uma grande quantidade de informações, mas no qual o tempo para decidir é cada vez menor, tomar decisões é um enorme desafio para os administradores. Incapazes de analisar os problemas em toda sua complexidade, muitos executivos tomam decisões com base na intuição. Um estudo conduzido por uma consultora norte-americana revelou que 45% dos executivos afirmam que seu processo de tomada de decisão é mais influenciado pela intuição do que pela análise racional de fatos e dados.[25]

Na verdade, é indiscutível que a intuição desempenha papel importante na tomada de decisão; porém, confiar cegamente nos instintos pode ser muito perigoso em determinadas situações, uma vez que eles estão ainda mais sujeitos às armadilhas psicológicas analisadas. Mas o que é realmente **intuição**? A *intuição* pode ser definida como o processo de interpretar e chegar a conclusões sobre uma situação, sem recorrer a um pensamento consciente.[26]

De acordo com Simon, quando as pessoas usam o instinto, elas se baseiam em regras e padrões que não conseguem articular. Contudo, isso não significa que seja uma

---

Prudência
Tendência de fazer estimativas e projeções muito seguras e conservadoras.

Intuição
Processo cognitivo de interpretação de uma situação, baseado em experiências vividas, sem recorrer a um pensamento consciente.

Mito ou ciência

Pessoas inteligentes erram menos nas decisões

Ao contrário do que o senso comum diz, essa afirmação é falsa. Sabemos que quem possui um nível mais alto de inteligência consegue processar informações mais rapidamente, resolver problemas com mais precisão e aprender mais depressa. Portanto, seria de se esperar que essas pessoas fossem menos suscetíveis a erros comuns de decisão.

No entanto, as pessoas inteligentes são igualmente propensas a ser vítimas de ancoragem, do custo irrecuperável e de outras armadilhas psicológicas. Uma das razões que podem explicar isso é o fato de as pessoas inteligentes serem orgulhosas e confiantes demais. Elas normalmente gostam de estar certas e defendem ideias e posicionamentos até o fim, mesmo depois de descobrir que não estão corretos, apenas para não ter de admitir que estão errados.

Além disso, segundo o psicólogo Howard Gardner, existem nove dimensões da inteligência: linguística, musical, lógica, corporal, interpessoal, intrapessoal, naturalista e existencialista.[27] Dessa forma, alguém pode, por exemplo, ter inteligência interpessoal, definida como a capacidade de entender as intenções e os desejos do outro e assim tomar boas decisões relacionadas a equipes e grupos de trabalho. Mas, se a inteligência lógica não for seu forte, as decisões que envolvem análise numérica e raciocínio matemático podem não ser bem-sucedidas.

Para Dan Ariely, pessoas inteligentes estão sujeitas a errar nas decisões tomadas por algumas razões, dentre as quais é possível destacar a confiança exagerada na inteligência ao avaliar uma situação nova e a tendência de decidir com base no interesse pessoal. Para o economista comportamental, pessoas inteligentes tomam decisões irracionais todos os dias. Segundo ele, as expectativas, emoções, normas sociais e outras forças invisíveis e aparentemente ilógicas distorcem a capacidade de raciocínio e todos estão sujeitos a isso, inclusive as pessoas dotadas de uma grande inteligência.[28]

Outro motivo que pode explicar decisões equivocadas por parte de pessoas inteligentes diz respeito à influência que o ambiente provoca nas suas escolhas e decisões. Segundo William Dickens, pessoas inteligentes são estimuladas por ambientes mais ricos em informação, mais livres para a criatividade. Vivendo nesses ambientes, elas conseguem um desempenho melhor. Entretanto, se o ambiente for de pouca liberdade e autonomia, a tendência a decisões erradas é maior.[29]

De fato, as pessoas inteligentes não estão imunes dos efeitos das armadilhas psicológicas à tomada de decisão. Em outras palavras, ser inteligente não é o bastante para se proteger de vícios comportamentais. Basicamente, é preciso conhecer os vícios para poder prestar atenção neles.

Não obstante o que foi dito, não é correto afirmar que a inteligência nunca importa. Uma vez avisadas sobre os erros de tomada de decisão, aqueles mais inteligentes tendem a aprender com rapidez a evitá-los.

---

forma irracional e arbitrária de tomar decisões. A intuição é baseada nas experiências passadas das pessoas, que lhes permite reconhecer os aspectos críticos de um problema e chegar a uma solução sem passar por uma análise demorada e trabalhosa.

Diversos autores têm destacado o papel da intuição na tomada de decisão. Gary Klein, conhecido psicólogo cognitivo, defende que a intuição está no "centro do processo de decisão" e que a análise é apenas "uma ferramenta de suporte para se tomar decisões intuitivas".[30] Henry Mintzberg, um dos mais conhecidos acadêmicos de administração, explica que o raciocínio estratégico demanda aos administradores criatividade e síntese – que estão associadas à intuição, e não à análise.

De fato, quanto maior o nível organizacional ocupado pelo administrador, maior sua dependência da intuição, sendo, por isso, considerada um dos fatores que permitem distinguir os executivos de topo dos outros.[31]

Esse atual fascínio pela tomada de decisão intuitiva é perpetuado por inúmeras histórias de sucesso empresarial. Por exemplo, a decisão de George Soros de especular contra a libra esterlina lhe rendeu mais de um bilhão de dólares e a decisão de Fred Smith, contrariando o ceticismo generalizado dos seus colaboradores, o levou a criar o FedEx, hoje a maior empresa de distribuição de correio do mundo, com uma frota maior do que a de muitas companhias aéreas.

De modo geral, essas histórias passam a mensagem de que os pragmáticos se guiam por fatos, ao passo que os heróis confiam na intuição. A intuição está associada à coragem e à confiança, características indispensáveis em um bom líder. Além disso, a intuição é algo pessoal e intransferível, o que aumenta seu valor. No entanto, existe a tendência de romantizar o papel da intuição no mundo dos negócios, com o esquecimento de que há inúmeros exemplos de erros cometidos por excesso de confiança no instinto. Por exemplo, o mesmo Fred Smith que instituiu o FedEx também criou o ZapMail, uma rede de transmissão de faxes, que foi um fracasso. Já George Soros perdeu uma fortuna especulando em títulos russos no final dos anos 1990 e, logo depois, voltou a falhar ao investir em ações do setor das novas tecnologias depois de estas já terem atingido o seu máximo.

Um processo de tomada de decisão inteligente geralmente requer a exploração de diversas alternativas. Isso é difícil quando a intuição dá a resposta correta sem esforço. De fato, quanto mais complexa e diferente for a situação, menos um executivo deverá confiar na intuição e mais no raciocínio analítico.

Algumas pesquisas têm demonstrado que modelos estatísticos e computadorizados normalmente tomam melhores decisões que especialistas. Isso acontece porque são mais consistentes e não são enviesados por outros fatores. Por outro lado, com a globalização, a existência humana tornou-se mais homogênea – as experiências, as opiniões e até os pensamentos são parecidos. Se, ao tomar decisões, um executivo apenas se basear em sua intuição, acabará imitando seus concorrentes em vez de criar estratégias que lhe permitam desenvolver vantagem competitiva.

Paulo Roberto Motta apresenta uma análise abrangente das perspectivas de tomada de decisão gerencial com base na racionalidade *versus* intuição e verifica que boa parte dos debates entre as duas correntes é falsa ou baseada em premissas erradas. De fato, quando a ação gerencial é analisada apenas sob a perspectiva da racionalidade, tende a ser enxergada como irracional e ineficiente, quando, na verdade, representa a lógica dos interesses e conflitos de poder inerentes a qualquer organização. Na prática, os gerentes aprendem a tomar decisões em um processo organizacional limitado e fragmentado, no qual é impossível o alcance da racionalidade total. Já as decisões intuitivas são baseadas na reflexão constante, no hábito, na experiência adquirida, na percepção de oportunidades temporal e política, e não só no tratamento de determinados objetivos.[32]

No entanto, essa dicotomia entre a razão e a intuição é uma falsa questão. Na verdade, são duas dimensões complementares em quase todos os processos de decisão. Nenhum administrador ignorará fatos ou informações relevantes em seu processo de tomada de decisão. Por sua vez, em alguns momentos, nos quais deve

Deborah Patrícia Wright, quando ocupava o cargo de presidente da Tintas Coral, testemunhou o lançamento de produtos cujas pesquisas não apresentaram informações conclusivas e, por questões estratégicas, a decisão tomada foi de lançá-los no mercado, mesmo contrariando alguns prognósticos mais conservadores. Segundo ela, nesses casos a percepção do cenário foi a correta. Apesar de preferir tomar decisões baseadas em fatos e dados confiáveis, ela afirma que, mesmo com todas as facilidades, nem sempre há informações precisas nos momentos críticos. Para esses casos, a executiva complementa o raciocínio com a intuição. Ela acredita que a intuição não deve ser vista como uma manifestação mágica, que tem origem totalmente desconhecida, ou como um atributo essencialmente feminino, mas sim como resultado da experiência que o indivíduo foi adquirindo ao longo do tempo.[33]

tomar uma decisão rápida e para a qual não possui informação suficiente, apelará para a intuição. Além disso, vários estudos têm comprovado que, de modo geral, a intuição produz bons resultados.[34]

4.4 ›› Estilos de tomada de decisão

> **Estilo de tomada de decisão**
> Característica de personalidade que reflete a preferência de uma pessoa por uma determinada abordagem ao processo decisório.

Os administradores diferem na forma como tomam decisões. De fato, existem diferenças individuais na maneira como as pessoas percebem os problemas e as oportunidades, processam a informação disponível, geram alternativas e escolhem a solução que consideram mais adequada para alcançar os objetivos da organização. Por exemplo, um administrador criativo e propenso ao risco tem mais facilidade para pensar em alternativas inovadoras e ousadas que um administrador conservador e avesso ao risco. Diversas pesquisas têm procurado identificar como essas diferenças individuais se manifestam no processo de tomada de decisão.

4.4.1 ›› Tipologia de estilos de tomada de decisão

Um modelo que define uma tipologia de estilos de tomada de decisão foi desenvolvido por Alan Rowe com outros pesquisadores.[35] O modelo de Rowe assume que os tomadores de decisão diferem em duas dimensões: a primeira mede a *orientação para a tarefa* (foco no desempenho) ou *para as pessoas* (foco nas relações interpessoais). Alguns tomadores de decisão revelam maior preocupação em alcançar os objetivos organizacionais e obter bom desempenho, ao passo que outros priorizam o impacto das decisões nas pessoas envolvidas; a segunda dimensão, a **complexidade cognitiva**, é usada para descrever o grau de tolerância que as pessoas demonstram com a ambiguidade no processo de tomada de decisão. Algumas pessoas são tolerantes a situações com elevada incerteza e ambiguidade, conseguindo processar grande quantidade de informação e considerar múltiplas alternativas e soluções, ao passo que outras sentem-se confortáveis em situações estruturadas, utilizando pouca informação e preferindo soluções testadas. A combinação dessas duas dimensões permite identificar quatro estilos de tomada de decisão: diretivo, comportamental, analítico e conceitual, tal como ilustrado na Figura 4.6.

> **Complexidade cognitiva**
> Grau de tolerância que as pessoas demonstram com a ambiguidade no processo de tomada de decisão.

Figura 4.6 ›› Estilos de tomada de decisão

	Tarefas	Pessoas
Alta (Complexidade cognitiva)	Estilo analítico	Estilo conceitual
Baixa	Estilo diretivo	Estilo comportamental

Orientação

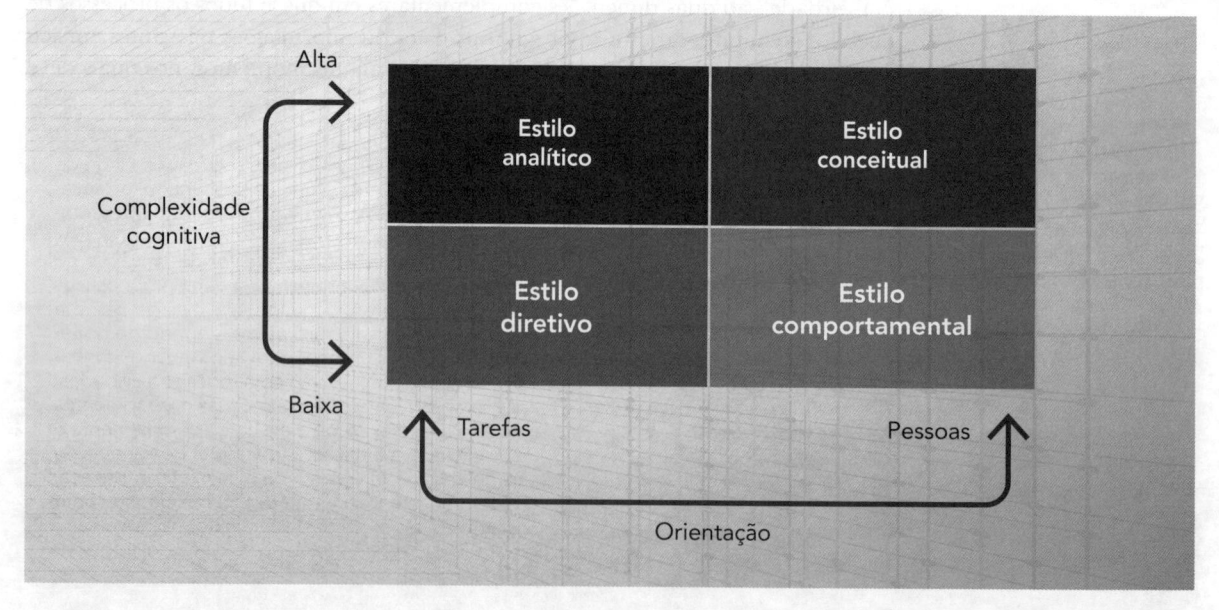

ESTILO DIRETIVO ›› O estilo diretivo é característico de pessoas orientadas para o desempenho e com baixa complexidade cognitiva. Os administradores que adotam esse estilo de tomada de decisão são lógicos, focados no curto prazo e eficientes. Valorizam a rapidez da tomada de decisão e o alcance de resultados satisfatórios. Baseiam a decisão em aspectos técnicos, utilizam pouca informação e consideram pouco as alternativas. Não se sentem confortáveis em situações pouco estruturadas, preferindo tomar decisões com base nas regras e nos procedimentos existentes na organização. Sua orientação para as tarefas em detrimento das pessoas faz com que, por vezes, sejam agressivos na busca das soluções para os problemas. O estilo diretivo é eficaz em organizações hierárquicas em que prevalece a manutenção do *status quo* e nas quais a mudança é previsível.

ESTILO COMPORTAMENTAL ›› O estilo comportamental representa uma forma de tomar decisões na qual a principal preocupação é o bem-estar das pessoas. Os administradores que adotam esse estilo são abertos e comunicativos, procurando entender os impactos que as decisões têm nas pessoas com quem trabalham. Sua principal preocupação na organização é com o desenvolvimento de pessoas e em ajudá-las a alcançar suas metas. Procuram aconselhar e persuadir em vez de ordenar e evitam situações de conflito com os outros. Assim como os gerentes que preferem o estilo diretivo, usam pouca informação e são focados no curto prazo. O estilo comportamental é mais colegial que colaborativo, e seu foco no curto prazo limita a eficácia de suas decisões a ambientes previsíveis e estáveis.

ESTILO ANALÍTICO ›› O estilo analítico é representativo de pessoas orientadas para tarefas e com elevada complexidade cognitiva. Os administradores que privilegiam esse estilo de tomada de decisão são, normalmente, autocráticos e tomam decisões técnicas e racionais com base em dados objetivos. Requerem muita informação, consideram múltiplas alternativas e buscam soluções complexas para os problemas. Dão muita importância à análise detalhada da informação e à maximização dos resultados alcançados com a decisão. Necessitam de tempo para processar toda a informação e são inovadores nas soluções que propõem. O estilo analítico é eficaz em períodos de mudança imprevisível; no entanto, necessita de uma estrutura hierárquica forte e de sistemas de controle eficazes.

ESTILO CONCEITUAL ›› O estilo conceitual é característico de pessoas que tomam decisões socialmente orientadas e que consideram grande quantidade de informação. Os administradores com esse estilo são participativos e criativos, e suas decisões são focadas no longo prazo. Tendem a usar dados de múltiplas fontes, sejam elas outras pessoas ou sistemas de controle gerencial, e a considerar diversas alternativas em sua análise. Dão muito valor à ética no processo de tomada de de-

O brasileiro Carlos Ghosn, CEO da Renault e da Nissan, é um bom exemplo de tomador de decisão com estilo analítico. Antes de tomar cada decisão, o executivo se dedica com afinco à coleta de informações e a uma análise criteriosa. Com um cérebro privilegiado, capaz de "empacotar" centenas de dados ao mesmo tempo e utilizá-los de forma a enxergar o que ninguém vê, ele afirma que seu processo decisório está calcado no raciocínio analítico, não em ideias ou suposições. Segundo estimativas do próprio Ghosn, ele chega a tomar até quatro decisões "de peso" todos os dias, decisões estas que podem alterar drasticamente os rumos dos negócios que dirige.[36]

cisão. Estimulam a confiança e a abertura nas relações e partilham as metas com os subordinados. Valorizam a realização, o reconhecimento e a independência. O estilo conceitual é colaborativo e é particularmente efetivo em ambientes altamente ambíguos e imprevisíveis.

Raramente um administrador adota um único estilo de tomada de decisão. De modo geral, todos possuem um estilo dominante, mas frequentemente utilizam outros estilos nas decisões que tomam diariamente. Isso porque procuram adaptar seu comportamento às características da situação em causa. Por exemplo, quando um administrador decide qual é o mercado prioritário para a estratégia de internacionalização da empresa, deve adotar um estilo conceitual. Por outro lado, quando escolhe qual equipe de manutenção vai consertar um equipamento quebrado, o estilo mais apropriado é o diretivo. Quanto maior for a flexibilidade de um executivo para mudar de estilo de tomada de decisão, maiores serão a qualidade e a eficácia de suas decisões.

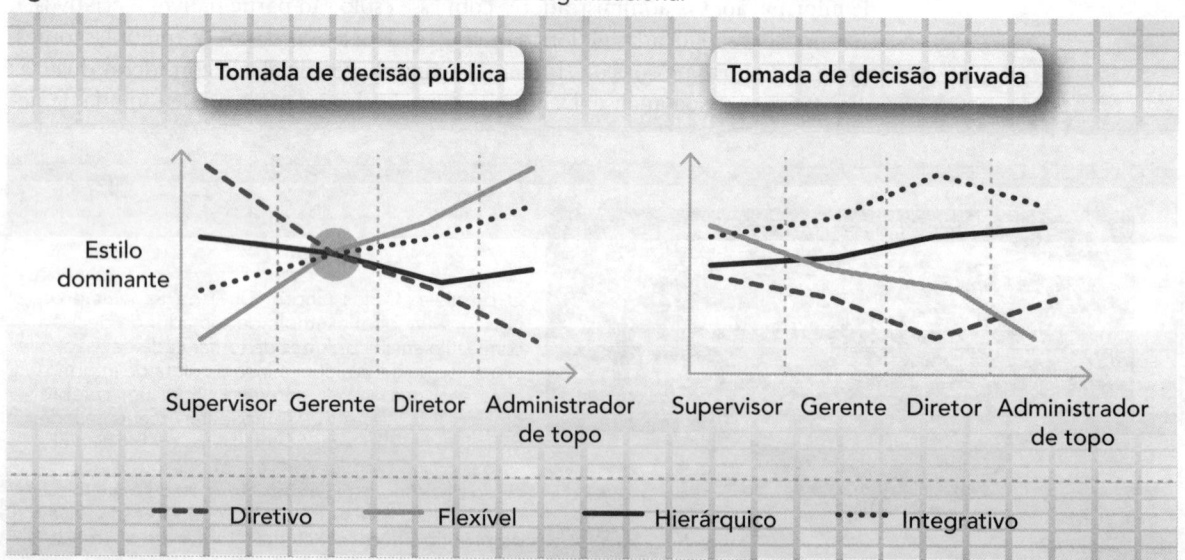

4.4.2 ›› Estilos de tomada de decisão e nível organizacional

A maneira como os executivos abordam o processo decisório muda de acordo com o nível organizacional ocupado. Enquanto os supervisores estão mais preocupados com a execução e a coordenação das atividades operacionais, os executivos de topo estão mais focados na organização como um todo. Assim, à medida que um administrador sobe na hierarquia organizacional, a forma como processa informação, avalia alternativas e toma decisões deve ser adaptada às exigências da função desempenhada. Em uma pesquisa feita com mais de 120 mil executivos, estudiosos concluíram que o estilo de tomada de decisão não varia apenas com o nível hierárquico, mas também com o fato de essa decisão ser pública (ou seja, quando outros observam ou participam no processo decisório) ou privada (isto é, quando o tomador de decisão não tem necessidade de explicar e justificar a escolha a outros).[37]

Utilizando uma tipologia de estilos decisórios diferente do modelo de Rowe, essa pesquisa concluiu que o estilo de tomada de decisão de um administrador de topo é o oposto do estilo de um supervisor de primeira linha – a Figura 4.7 mostra quais os estilos dominantes em cada nível organizacional.

Figura 4.7 ›› Estilos de tomada de decisão e nível organizacional

No que diz respeito à tomada de decisão pública, entre os administradores de topo, os estilos dominantes são o flexível e o integrativo, equivalentes ao comportamental e conceitual do modelo de Rowe, ao passo que o diretivo é o mais comum nos supervisores de primeira linha. À medida que um administrador sobe na hierarquia, verifica-se uma progressão para um estilo mais aberto e participativo, ao mesmo tempo em que se constata um declínio do estilo diretivo. A pesquisa também revela que o segundo nível organizacional é um ponto de transição chave na carreira de um executivo. Na mudança de gerente para diretor, os administradores descobrem que as abordagens que usaram nos níveis organizacionais inferiores já não funcionam. No nível operacional, a prioridade é manter os subordinados focados nas tarefas imediatas e conseguir executar as funções. A partir daí, o estilo de tomada de decisão é mais voltado a como ouvir do que como dizer, mais voltado a como entender do que como ordenar. Os administradores devem abandonar os estilos hierárquico e diretivo (orientados para o desempenho) em favor dos estilos flexível e integrativo (orientados para as pessoas).

Quanto ao estilo de tomada de decisão privada, verifica-se maior proeminência dos estilos hierárquico (equivalente ao estilo analítico no modelo de Rowe) e integrativo (conceitual), ou seja, os estilos que privilegiam a análise de muita informação, especialmente nos níveis hierárquicos superiores. Além disso, verifica-se uma perda de importância do estilo flexível (comportamental) e do diretivo, à medida que se sobe do nível operacional para o estratégico. Os estilos adotados para tomar decisões que não necessitam da compreensão e do apoio de outros são totalmente diferentes dos estilos de tomada de decisão pública. Assim, são privilegiados os estilos associados com a reflexão e a análise em detrimento de estilos mais orientados para a ação.

A cultura nacional também parece influenciar a adoção de diferentes estilos de tomada de decisão. Apesar de as tendências descritas se manterem relativamente estáveis, algumas diferenças podem ser identificadas quando se comparam os estilos de tomada de decisão de executivos norte-americanos, asiáticos, europeus e latino-americanos. Por exemplo, os executivos asiáticos são mais diretivos, ao passo que os gestores latino-americanos são mais flexíveis e orientados para as pessoas, mesmo na tomada de decisões privadas.

4.5 ›› A tomada de decisão organizacional

Os administradores tomam muitas decisões no decorrer de sua atividade, mas a maioria das decisões organizacionais é tomada por grupos de trabalho. De fato, as principais decisões na vida das organizações são tomadas em reuniões de diretoria, comitês, equipes etc. Um processo de tomada de decisão eficaz requer que as pessoas afetadas pela decisão sejam envolvidas. Por isso, os administradores adotam estilos mais participativos à medida que sobem na hierarquia. Além disso, essas pessoas, por sua especialização, são normalmente as mais qualificadas para tomar as decisões. No entanto, a tomada de decisão em grupo tem particularidades que a distinguem da tomada de decisão individual. Além do mais, nem sempre é a opção mais adequada para a organização.

4.5.1 ›› A tomada de decisão em grupo

A tomada de decisão em grupo tem uma dinâmica diferente da individual. As pessoas precisam discutir suas ideias, procurar consensos e fazer alianças e coalizões. Em alguns casos, será mais apropriada uma decisão em grupo, já em outros, uma decisão individual será mais eficaz. Para saber em que circunstâncias é mais adequada uma decisão coletiva ou individual, serão analisadas as principais vantagens e desvantagens que a tomada de decisão em grupo tem sobre as decisões individuais.[38]

A primeira vantagem da tomada de decisão em grupo é a maior probabilidade de se chegar a uma solução de *maior qualidade e precisão*. Com efeito, duas ou mais pessoas trabalhando em conjunto têm mais chances de resolver o problema de forma satisfatória. Os grupos proporcionam *maior partilha de informação* entre seus membros. Além de maior quantidade, os grupos proporcionam *maior diversidade* de experiências e perspectivas sobre os diversos assuntos. Tudo isso faz com que o grupo consiga identificar *mais alternativas* para solucionar o problema, aumentando as chances de sucesso em sua resolução. Fora isso, ao participarem do processo de decisão, as pessoas sentem-se *mais motivadas*, porque sua opinião é considerada na busca de uma solução final.

Outra vantagem de tomar decisões em grupo é o *aumento da aceitação* da decisão por parte das pessoas envolvidas. Quanto maior for a participação das pessoas afetadas pelo resultado no processo decisório, maior será sua aceitação e, consequentemente, maior será a facilidade para implementar a decisão. Além da aceitação, a tomada de decisão em grupo *aumenta a legitimidade* da decisão. Se esta for o resultado de um processo participativo e democrático, tende a ser percebida como mais legítima do que se fosse tomada individualmente. Por fim, a decisão em grupo tem a vantagem de permitir *maior e melhor controle* sobre as ações subsequentes à decisão. Se as pessoas afetadas pela decisão tiverem participado do processo de escolha, terão menos dúvidas sobre seu papel na implementação. Saberão quais são suas responsabilidades e quais as expectativas que seus superiores hierárquicos têm com relação aos resultados previstos com a decisão.

No entanto, a tomada de decisão em grupo também apresenta alguns problemas e dificuldades. Em primeiro lugar, é um *processo mais demorado*. As pessoas que devem fazer parte do grupo têm que ser identificadas, o grupo precisa conciliar horários para se reunir e o tempo que se leva para chegar a uma solução é muito maior. Além do tempo, esse tipo de tomada de decisão consome mais recursos, o que torna o processo decisório *mais ineficiente*. Outro problema comum é a possibilidade de existir um *impasse prolongado* quando não se chega a uma decisão apoiada pela maioria. Além disso, às vezes, verifica-se um desequilíbrio de poder entre os membros do grupo, o que faz com que a *minoria dominante* tenha a capacidade de influenciar a decisão final. Isso ocorre quando alguns membros do grupo, por seu maior *status*, experiência, conhecimento ou apenas maior capacidade de comunicação, dominam os outros, conseguindo impor uma solução que não é compartilhada por todos.

Em contrapartida, a tomada de decisão em grupo tende a aumentar a *pressão para aceitar os pontos de vista do grupo*. Muitas vezes, mesmo discordando do que está sendo discutido, as pessoas conformam-se e não expõem uma opinião contrária para evitar o confronto e o conflito. Também fazem com que as decisões de grupo sejam, de modo geral, *menos criativas e ousadas*. Isso acontece porque as pessoas que têm perspectivas mais radicais e inovadoras se abstêm de apresentá-las ou, quando o fazem, suas ideias são arrojadas demais para ser aceitas pela maioria. Esse fenômeno foi descrito por Irving Janis como **groupthink**, ou seja, *pensamento de grupo*, que caracteriza um processo de tomada de decisão que prioriza o consenso em detrimento do melhor resultado.[39] A principal consequência do pensamento de grupo é a ausência de um debate construtivo e de pensamento crítico no interior do grupo, o que eventualmente prejudica a qualidade da decisão final. Por último, a tomada de decisão em grupo tem como desvantagem a *diluição de responsabilidades* quanto aos resultados da decisão. Enquanto as decisões individuais têm um responsável identificável, existe a dificuldade de responsabilizar alguém quando a decisão foi do grupo.

> **Groupthink ou pensamento de grupo**
> Situação em que as pressões por conformidade e pelo consenso impedem que o grupo avalie as alternativas de ação de maneira racional e crítica.

A tomada de decisão em grupo apresenta um conjunto de vantagens e desvantagens, resumidas no Quadro 4.6, sobre a tomada de decisão individual. Pode-se dizer que, em geral, as decisões de grupo são mais precisas; no entanto, existe a tendência em se optar pelo consenso, o que nem sempre é a melhor solução. Por isso, a escolha entre um processo de tomada de decisão em grupo ou individual

Quadro 4.6 ›› Vantagens e desvantagens da tomada de decisão em grupo

Vantagens	Maior qualidade e precisão da solução do problema. Maior partilha de informação entre os seus membros. Maior diversidade de experiências e perspectivas sobre os diversos assuntos. Identificação de um maior número de alternativas. Aumento de motivação das pessoas envolvidas na decisão. Maior aceitação e legitimidade da decisão pelos envolvidos. Maior e melhor controle sobre as ações subsequentes à decisão.
Desvantagens	Processo de decisão mais demorado. Maior ineficiência e maior consumo de recursos. Possibilidade de gerar um impasse prolongado. Maior pressão para aceitar os pontos de vista do grupo. Tendência para chegar a decisões menos criativas e ousadas. Priorização do consenso em detrimento do melhor resultado – *groupthinking*. Diluição de responsabilidades quanto aos resultados da decisão.

depende de um conjunto de fatores, como a precisão, a rapidez, a necessidade de aceitação, a importância da decisão etc. O modelo de Vroom-Jago, descrito em seguida, é uma ferramenta útil para ajudar a determinar o nível de participação dos subordinados na tomada de decisão adequada a uma situação específica.

4.5.2 ›› Definindo quem decide: o modelo de Vroom-Jago

Uma das primeiras resoluções de um administrador é definir quem vai tomar a decisão. Um executivo deve considerar não só a *qualidade* da decisão, como também sua *aceitação* pelos envolvidos. É claro que os gestores têm sempre a responsabilidade final pela tomada de decisão, podendo persuadir ou obrigar seus subordinados a implementá-la. No entanto, nem sempre essa é a melhor abordagem, uma vez que os subordinados podem resistir à decisão, dificultando sua implementação. As tomadas de decisão eficazes e de qualidade dependem do envolvimento ou não das pessoas certas por parte dos administradores no processo decisório. Como discutido na seção anterior, quando se trata de uma decisão que tem impacto nos outros, os administradores tendem a optar por um estilo participativo, preferindo um estilo mais analítico quando tomam decisões que não têm necessidade de explicar aos outros. Um modelo que proporciona diretrizes para os gerentes decidirem qual grau de participação os subordinados devem ter no processo de tomada de decisão foi desenvolvido por Victor Vroom e Arthur Jago.[40]

Comprar um jogador, negociar outro, definir estratégias de marketing são algumas das decisões que precisam ser tomadas pelos times de futebol. No Santos, essas decisões não são individuais, feitas exclusivamente pelo presidente do clube. Com o objetivo de profissionalizar a gestão, foi criado um comitê que é o órgão de decisão do clube, composto por dez executivos renomados. O grupo se reúne com frequência para discutir questões administrativas de rotina, as estratégias do clube, além de analisar propostas para os jogadores. Eles debatem as questões, apresentam sugestões e alternativas e, no final, tomam as decisões com base no consenso. Várias decisões importantes, como o retorno do jogador Robinho ao clube em 2010, foram decididas por esse grupo, e o objetivo é cada vez mais focar no processo decisório participativo e democrático.[41]

O modelo de Vroom-Jago procura identificar qual o estilo mais eficaz e qual o grau de participação apropriado dos subordinados na tomada de uma decisão organizacional. O modelo tem três componentes: os estilos de participação dos líderes, um conjunto de questões de diagnóstico da situação e uma série de regras de decisão (respostas às questões de diagnóstico). O modelo emprega cinco estilos de participação do líder, variando de um estilo mais autocrático (líder decide sozinho) até um estilo mais liberal (líder delega a decisão aos subordinados). A Figura 4.8 ilustra os diferentes estilos de participação dos líderes e consequentes graus de participação dos subordinados no processo de tomada de decisão.

Figura 4.8 ›› Estilos de participação dos líderes

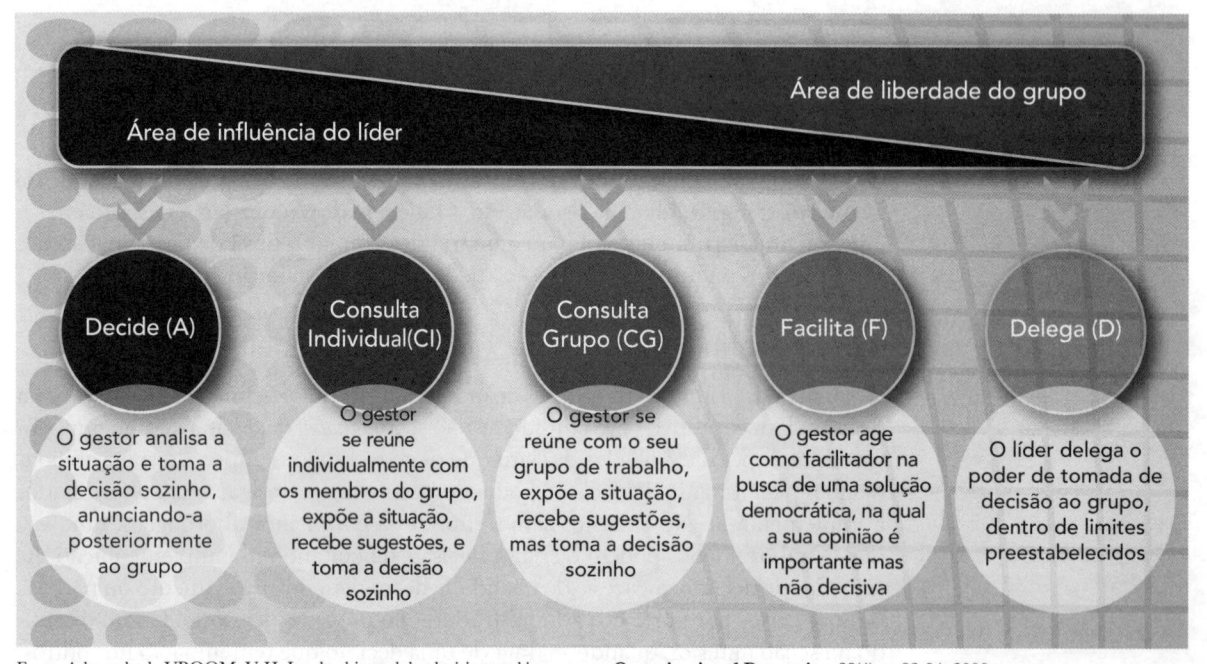

Decide (A)	Consulta Individual (CI)	Consulta Grupo (CG)	Facilita (F)	Delega (D)
O gestor analisa a situação e toma a decisão sozinho, anunciando-a posteriormente ao grupo	O gestor se reúne individualmente com os membros do grupo, expõe a situação, recebe sugestões, e toma a decisão sozinho	O gestor se reúne com o seu grupo de trabalho, expõe a situação, recebe sugestões, mas toma a decisão sozinho	O gestor age como facilitador na busca de uma solução democrática, na qual a sua opinião é importante mas não decisiva	O líder delega o poder de tomada de decisão ao grupo, dentro de limites preestabelecidos

Área de influência do líder → Área de liberdade do grupo

Fonte: Adaptado de VROOM, V. H. Leadership and the decision-making process. **Organizational Dynamics**, 28(4), p. 82-94, 2000.

O grau apropriado de participação dos subordinados na tomada de decisão depende de um número de fatores situacionais, como a relevância da decisão para a organização, a competência e habilidade do líder e do grupo e a importância do comprometimento dos subordinados com a decisão final. O modelo de Vroom-Jago sugere que se façam sete questões de diagnóstico da situação para determinar qual a abordagem mais apropriada. Essas questões são:

1. Qual é a relevância da decisão para o projeto ou a organização?
2. Qual é a importância do compromisso dos subordinados para a implementação da decisão?
3. Qual é o nível de competência, conhecimento e habilidade que o gestor tem para tomar a decisão sozinho?
4. Qual é a probabilidade de compromisso dos subordinados com a decisão no caso de o líder tomar a decisão individualmente?
5. Qual é o grau de compartilhamento demonstrado pelo grupo para com os objetivos ou metas da organização que são afetados pela decisão?
6. Qual é o nível de habilidade e conhecimento dos membros do grupo para tomar a decisão?
7. Qual é o grau de competência dos membros do grupo para trabalhar em equipe na resolução de um problema?

A consideração desses sete fatores situacionais vai estreitando as opções e permite identificar o estilo de participação do líder mais apropriado a dada situação ou problema, como é ilustrado na Figura 4.9.

Figura 4.9 ›› Modelo de decisão Vroom-Jago

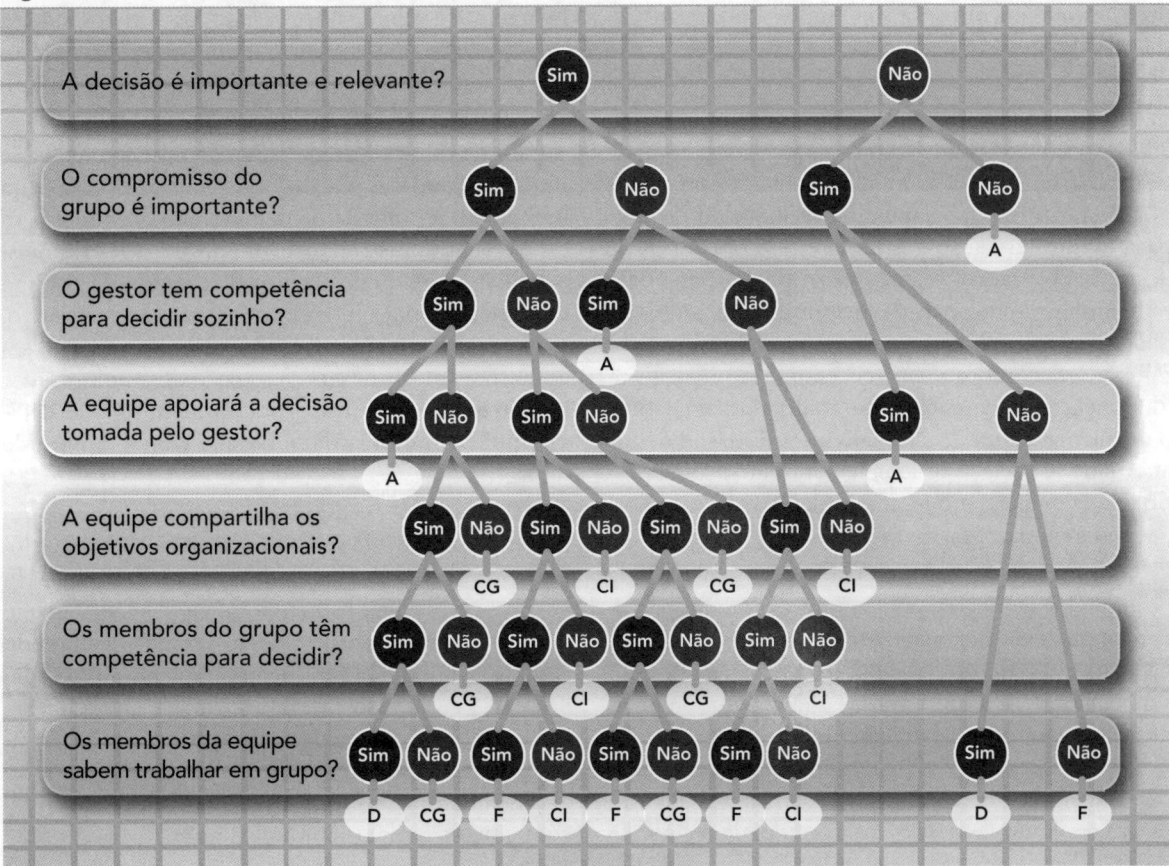

Fonte: Adaptado de VROOM, V. H. Leadership and the decision-making progress. **Organizational Dynamics**, 28(4), p. 82-94, 2000.

Diversos estudos têm permitido concluir que as decisões compatíveis com esse modelo tendem a ser bem-sucedidas e a ser as preferidas pelos subordinados.[42] Contudo, outros pesquisadores continuam a criticar o modelo por não incluir fatores situacionais, igualmente relevantes para definir o grau de participação ideal dos subordinados no processo decisório.[43]

>> Resumo do capítulo

A tomada de decisão é a essência do trabalho de um administrador. Na prática, podemos resumir a atuação de um gestor à tomada de um conjunto de decisões que permitem à sua empresa atingir os resultados esperados. Essas decisões terão um impacto determinante no sucesso ou insucesso da organização.

Ao longo deste capítulo procuramos abordar alguns aspectos relevantes sobre o processo de tomada de decisão em contextos organizacionais. Começamos por destacar a importância da tomada de decisão para a administração, distinguindo-se dois tipos de decisões: programadas e não programadas, que diferem em função do risco, da incerteza ou da ambiguidade do ambiente. O processo de tomada de decisão foi então decomposto em seis etapas sequenciais: a identificação da situação, sua análise e diagnóstico, o desenvolvimento de alternativas, a avaliação dessas alternativas, a seleção e a implementação de uma possibilidade de ação e o monitoramento e o *feedback* da decisão tomada.

O processo descrito pressupõe a racionalidade do tomador de decisão. No entanto, também percebemos que essa racionalidade raramente se verifica na prática. O modelo racional de tomada de decisão explica como os administradores deveriam tomar as decisões, não como as tomam efetivamente. Na prática, o que acontece é que os administradores procuram tomar as decisões mais racionais possíveis, dentro de um conjunto de restrições de tempo, de recursos e de capacidade – usam, portanto, uma racionalidade limitada para tomar decisões. Para isso, os gestores utilizam um conjunto de habilidades que incluem as heurísticas e a intuição; contudo, devem aprender a reconhecer e evitar as armadilhas psicológicas e os vieses cognitivos que perpetuam alguns erros no julgamento de decisões.

Outro fator relevante para entender a tomada de decisão organizacional está relacionado com o estilo individual de tomada de decisão, uma vez que nem todos os administradores tomam decisões da mesma forma. Os quatro estilos de tomada de decisão identificados pelo modelo de Rowe são o diretivo, o comportamental, o analítico e o conceitual. Esses estilos podem variar com a posição do administrador na estrutura organizacional, com o tipo de decisão (pública ou privada) e mesmo com a cultura do decisor.

Terminamos o capítulo destacando a importância do envolvimento de todos os membros organizacionais em processos de tomada de decisão participativos. Essa tendência contemporânea de envolvimento do grupo na tomada de decisão promove o aprendizado individual e organizacional, melhorando assim a eficácia das decisões organizacionais. Dessa forma, destacamos as vantagens e as desvantagens da tomada de decisão em grupo e o grau de participação ideal dos subordinados no processo decisório de acordo com o modelo de Vroom-Jago.

Questões para discussão

1. O que é uma decisão? Por que a tomada de decisão é considerada a essência da administração?

2. Quais são os tipos de decisão que você conhece? Em que medida essas decisões resultam das características do ambiente de tomada de decisão? Dê exemplos.

3. Quais são as etapas do processo de tomada de decisão? Descreva-as.

4. Em que o modelo racional de tomada de decisão difere do modelo de Simon de racionalidade limitada?

5. Como as heurísticas podem ajudar ou atrapalhar o processo de tomada de decisão?

6. Quais são as armadilhas psicológicas mais comuns na tomada de decisão? Dê exemplos.

7. Será que a intuição é uma abordagem válida para tomar decisões em uma organização? Como ela pode ser combinada com uma abordagem mais racional?

8. Descreva os quatro estilos de tomada de decisão. Como esses estilos variam em função do nível que o administrador ocupa na estrutura organizacional?

9. Discuta as vantagens e as desvantagens de se utilizar uma equipe ou grupo para tomar decisões. Dê exemplos de sua experiência pessoal.

10. Que fatores condicionam o grau de participação dos subordinados no processo de tomada de decisão organizacional? Critique o modelo de Vroom-Jago.

Ponto e Contraponto

Emoções prejudicam ou ajudam na tomada de decisão?

O senso comum nos diz que emoções realmente prejudicam a forma como analisamos os problemas e as decisões que tomamos. Elas tornam os indivíduos irracionais, fracos e inseguros. O famoso astrônomo Carl Sagan uma vez escreveu: "Onde residem as nossas mais fortes emoções é onde temos mais chance de nos enganarmos". Isso acontece porque a emoção é o oposto da razão e, portanto, sua introdução no processo decisório induz a vieses e diminui a eficácia e qualidade da tomada de decisão.[44]

Segundo Erber[45], a experiência afetiva pode influenciar o conteúdo das informações obtidas pelo cérebro durante a tomada de decisão, pelo efeito "lembrança de humor congruente", que se refere à tendência das pessoas de se lembrar com mais facilidade dos fatos memorizados que sejam compatíveis com seu estado emocional no momento da lembrança. Esse efeito faz com que apenas parte das informações seja utilizada na avaliação do problema, aumentando assim a probabilidade da decisão estar errada.

Pesquisas também sugerem que as emoções podem gerar vieses de imediatismo nas decisões individuais. Indivíduos que experimentam intensos sentimentos negativos são levados a decidir a favor de melhorias de curto prazo, priorizando o que há de melhor no momento, independentemente de consequências possivelmente negativas de longo prazo.

Com base nessas evidências, frequentemente as organizações instruem seus funcionários e gestores a suprimir as emoções e sentimentos e a agir de forma exclusivamente racional durante o processo decisório, de forma a garantir imparcialidade e melhor qualidade nas decisões.

Contrariando a crença popular, a presença de sentimentos e emoções durante a tomada de decisão não produz necessariamente efeitos negativos.

Pesquisas têm mostrado que uma pessoa pode experimentar emoções intensas durante o processo decisório e, por meio do controle e regulação dessas emoções, conseguir fazer com que elas contribuam positivamente para a eficácia na tomada de decisão. Nesse caso, em vez de suprimi-las, é preciso municiar os decisores de ferramentas que possibilitem a correta identificação e utilização destas como fator de aumento da eficácia da tomada de decisão.

Alguns estudiosos defendem mesmo que as emoções ativam o núcleo de atenção consciente e de alocação de memória de trabalho, sendo estes os principais elementos dos processos cognitivos envolvidos na tomada de decisão.[46]

Pesquisas recentes têm mostrado que pessoas em estados emocionais positivos tendem a categorizar os estímulos de maneira mais ampla, mais inclusiva e de forma mais flexível, o que geralmente leva a um aumento da criatividade e do desempenho em tarefas complexas. Em contrapartida, as pessoas em estados emocionais negativos tendem a se envolver com mais esforço e de forma mais sistemática, levando a tomada de decisões mais eficazes quando as tarefas requerem decisões precisas e imparciais.[47]

Assim, podemos concluir que as emoções não só não prejudicam a decisão, como são essenciais para aumentar sua eficácia e qualidade.

Dilema ético

❯❯ O que é mais importante na avaliação da moralidade de uma decisão: os fins ou os meios?

As considerações éticas devem ser um critério importante na orientação do processo decisório de todas as organizações. Um dos padrões éticos mais utilizados é o utilitarismo. O lema do utilitarismo é: o moralmente correto é o que proporciona o maior bem (a maior felicidade, o maior prazer) para o maior número possível de pessoas. Essa meta tende a ser a visão dominante no mundo dos negócios. Ela é coerente com objetivos como eficiência, produtividade e lucratividade.

Uma das críticas mais frequentes ao utilitarismo aponta a integração deficitária que a doutrina faz do conceito de justiça, ignorando fatores não utilitaristas como critério válido para a tomada de decisões morais. No centro da crítica está o não reconhecimento da individualidade que resulta do tratamento indiferenciado de todas as pessoas, o que pode acentuar o desfavorecimento de minorias. A maximização da utilidade total defendida pelos utilitaristas pode conduzir ao tratamento inaceitável de uma minoria. Por exemplo, a decisão de explorar mão de obra infantil, em determinado contexto, pode gerar ganhos significativos para a maioria, apesar de ser uma prática eticamente condenável. Da mesma forma, a decisão de um gestor de demitir 20% da força de trabalho pode permitir à empresa ganhar competitividade, com benefícios para os 80% restantes dos trabalhadores, os acionistas e a própria comunidade; pode, porém, ser uma decisão que fere princípios de justiça e igualdade, dado que os impactos nos 20% demitidos podem ser catastróficos.

Atualmente, no contexto empresarial, o desenvolvimento sustentável das sociedades modernas também deve ser observado. Esse desenvolvimento sustentável implica uma preocupação com o bem-estar das gerações futuras, que deve influenciar as decisões gerenciais mesmo quando estas não afetam as gerações existentes. A consideração das gerações futuras é habitualmente desvalorizada na argumentação utilitarista, ignorando um critério ético de decisão essencial para prevenir, entre outros efeitos nocivos, a exaustão de recursos naturais ou a contaminação do meio ambiente. Em termos utilitaristas, pode ser aceitável derramar detritos industriais perigosos sem tratamento nas profundezas de uma floresta tropical não habitada, se esse ato minimizar custos operacionais e a exposição humana ao lixo tóxico sem comprometer a saúde de qualquer pessoa. No entanto, se o critério ético implicar a maximização da utilidade para todos os indivíduos que existem presentemente ou que poderão vir a existir, a situação pode tornar-se inaceitável.

Diante dos exemplos apresentados, percebe-se que a lógica utilitarista confere uma perigosa liberdade interpretativa ao tomador de decisão, podendo transformar-se em um instrumento de legitimação de ações eticamente inaceitáveis. Mas, apesar das aparentes insuficiências da doutrina utilitarista, os seus princípios constituem um fundamento coerente em defesa de um quadro de decisão empresarial que excede o estrito fim lucrativo da atividade econômica.[48]

Questões para discussão

1. Você acha que fins nobres justificam quaisquer meios utilizados?

2. Em que situações você acha que o utilitarismo não é um bom critério para julgar a justiça de uma decisão?

Estudo de caso

>> A Schincariol e a guerra das cervejas

A fundação da Schincariol

Fundada por Primo Schincariol em 1939, na cidade de Itu, interior de São Paulo, a empresa iniciou sua atividade com a produção de refrigerantes. Somente cinco décadas mais tarde, o grupo ingressaria no mercado de cervejas, com o lançamento da cerveja Schincariol, em 1989. A entrada nesse novo negócio deu-se em um momento oportuno, quando as tradicionais fabricantes não vinham dando conta de suprir a demanda nacional pela bebida.

Ao ingressar nesse novo mercado, a empresa mudou totalmente o rumo de seu negócio. Com o tempo, a cerveja Schincariol tornou-se seu principal produto, contribuindo para a consolidação do grupo. Durante toda a década de 1990, sua participação no mercado saltou de 0,2%, em 1989, para 9,9%, em 2002. Esse avanço foi resultado de uma estratégia baseada na diferenciação do produto pelo preço, que chegava a ser, em média, 30% menor que o da concorrência.

Apesar do grande crescimento em 13 anos, a organização mantinha os traços característicos de uma empresa familiar. Em 2002, o grupo ainda não tinha uma gerência de recursos humanos, e os investimentos publicitários ainda eram escassos. As decisões eram centralizadas na figura de José Nelson Schincariol – presidente da empresa. As dificuldades da empresa se avolumavam e as vendas da cerveja começavam a sofrer grande desaceleração, estacionando sua participação no mercado na faixa aproximada de 10%, que representava o quinto lugar entre as principais marcas do país. Ficava claro que o produto tinha alcançado seu limite. Não havia mais perspectivas de crescimento para um produto sem imagem de marca, alavancado somente por uma estratégia de baixo preço. A rejeição à cerveja crescia, intensificando a depreciação da marca, associada a pessoas de baixa renda e à baixa qualidade.

O lançamento da Primus e da Glacial

Para revitalizar o grupo, em 2002, a diretoria da Schincariol decidiu criar duas novas marcas de cerveja, como parte de uma estratégia de diversificação: a Primus e a Glacial. O objetivo da empresa era atender os consumidores de todas as classes e concorrer com as marcas mais tradicionais, líderes de mercado: a Skol, a Brahma e a Antarctica, da AmBev, e a Kaiser. Com um preço mais elevado (quase o dobro da antiga Schincariol), a Primus disputaria diretamente os consumidores de alta renda, ao passo que a Glacial se posicionaria como uma marca mais popular.

A criação das novas marcas contemplava também outra necessidade da empresa: a de diluir os custos de distribuição. Com as vendas representadas quase completamente pela cerveja Schincariol tradicional, a dependência do grupo em relação ao produto era muito elevada. Com novas marcas de cerveja, as vendas ficariam mais diversificadas e mais de um produto poderia ser distribuído simultaneamente.

Até o lançamento do produto, a Schincariol não tinha muita experiência em construir uma marca. Sua tradição organizacional era fundamentalmente industrial, e os baixos investimentos em publicidade eram um retrato dessa realidade. Contudo, com uma produção reduzida e uma concorrência acirrada, as vendas da Primus não deslancharam. Uma das explicações foram os "modestos" investimentos em publicidade – 60 milhões de reais, ao passo que seus concorrentes gastavam na casa das centenas de milhões de reais.

O nascimento da Nova Schin

Em setembro de 2003, apenas um mês após a morte de seu presidente, José Nelson, o Grupo Schincariol surpreendeu o mercado com o lançamento de uma nova marca de cerveja. Era necessário adotar estratégias que "desarmassem" o preconceito do consumidor, alterando a percepção de qualidade da antiga cerveja, agregando valor à marca e criando, enfim, uma razão para se pedir Schincariol. É nesse contexto que nasceu a Nova Schin.

Por meio da criação de um conceito que expressava a melhoria do produto e a obsolescência dos concorrentes, a Nova Schin partiu, então, para uma agressiva campanha publicitária, com o slogan "Experimenta". Personalidades públicas influentes alinhadas com os atributos desejados para a Nova Schin foram escaladas para as campanhas, destacando-se a polêmica participação do sambista Zeca Pagodinho – posteriormente contratado para a campanha da concorrente Brahma – e da popular cantora baiana Ivete Sangalo. A participação de celebridades também marcou a festa do lançamento do produto, em um luxuoso hotel de São Paulo. As campanhas se estenderam ao patrocínio de eventos que ajudavam a reposicionar a marca e a conquistar novos nichos do mercado. O grupo chegou a patrocinar o Campeonato Mundial de Surfe em Florianópolis – reforçando sua imagem entre o público jovem –, além dos carnavais do Rio de Janeiro e de São Paulo – mercados em que a participação da cerveja ainda era tímida.

No total, o grupo investiu mais de 500 milhões de reais no desenvolvimento da sua nova marca. Apesar de a nova cerveja não ter chegado a entusiasmar os consumidores mais exigentes, a Nova Schin teve um impacto imediato no mercado. De um momento para o outro, praticamente dobrou suas vendas e assumiu a vice-liderança do mercado nacional, deixando para trás a Kaiser. No entanto, após atingir o pico de 15,3% do mercado em dezembro de 2003, as vendas da empresa entraram em um declínio gradual, estacionando em torno de 11% do mercado em 2006.

A compra da Devassa

Pressionada por um contexto empresarial em que os concorrentes estavam extremamente fortalecidos; além da presença da toda poderosa AmBev, a Kaiser apostava na reconquista do terreno perdido com o apoio da mexicana Femsa; e o grupo Petrópolis se consolidava como a sensação de mercado, a Schincariol voltou a surpreender o mercado e comprou a cervejaria Devassa por 30 milhões de reais em agosto de 2007. Com essa aquisição, o grupo saiu ganhando uma marca premium, reconhecida por consumidores de alto poder aquisitivo e gosto sofisticado, com uma presença forte no Rio de Janeiro e em São Paulo, mercados em que a Nova Schin não havia emplacado.

Inicialmente, a aposta da Schincariol era manter a estratégia de produção artesanal de cerveja e chope que caracterizava a Devassa, mas, em 2010, a Schincariol decidiu incorporar definitivamente a Devassa no seu portfólio de marcas, com a "Devassa Bem Loura", para conquistar definitivamente seu espaço na elite de consumidores que geram melhores margens de lucro. Com o aprendizado no lançamento da Nova Schin, a empresa não poupou esforços e gastou mais de 100 milhões de reais no lançamento da sua nova marca no Carnaval de 2010, que passou pela contratação de Paris Hilton como garota-propaganda e avultados investimentos nos camarotes Devassa nos sambódromos do Rio de Janeiro e de São Paulo.

A expectativa do grupo era que a nova marca atingisse uma parcela de pelo menos 1,5% no primeiro ano para, três anos depois, alcançar um *market share* de 2% a 3%. No entanto, os planos ainda não se realizaram. Pelo contrário, no final de 2011, a Schincariol foi ultrapassada pelo Grupo Petrópolis (dono das marcas Crystal e Itaipava) em participação de mercado, caindo para o terceiro lugar do ranking nacional.

A entrada forte da Kirin e o futuro da Schincariol

No segundo semestre de 2011, a Schincariol surpreendeu novamente o mercado com a venda de 100% da operação do grupo aos japoneses da Kirin pela astronômica quantia de 7,1 bilhões de reais. Esse valor fez da venda da Schincariol o negócio mais caro da história recente do mercado de cervejas. Ultrapassando concorrentes como Heineken e Miller, o negócio representa uma enorme aposta da cervejaria japonesa no mercado brasileiro. Impulsionada pela aparentemente irreversível queda de vendas no mercado japonês, a Kirin vê no mercado brasileiro de cervejas uma oportunidade de continuar a crescer.

De fato, o grupo Schincariol experimentou muitas mudanças ao longo de sua história, superando, por meio de importantes decisões estratégicas, os desafios de um mercado em constante transformação como o da indústria cervejeira. Ter sucesso em uma economia cada vez mais competitiva como a brasileira, contudo, não é tarefa fácil, especialmente em um setor tão forte. Caberá agora ao tempo e aos consumidores julgar o sucesso das decisões estratégicas tomadas pela companhia. Esperemos em uma mesa de bar.[49]

Questões

1. Analise e discuta as principais decisões relatadas no caso – criar a marca Primus, lançar a Nova Schin e adquirir a Devassa. Você classificaria essas decisões como programadas ou não programadas? Como você avalia a eficácia dessas decisões?

2. Compare as decisões de lançar a Primus, a Nova Schin e a Devassa Bem Loura com base no conceito de racionalidade limitada de Simon.

3. Os lançamentos da Nova Schin e a aquisição da Devassa foram decisões racionais ou intuitivas? Que medidas foram tomadas para reduzir a imprevisibilidade das decisões? Em que armadilhas cognitivas poderão os gestores da Schincariol ter caído ao tomar essas decisões?

4. O que acha da venda do grupo Schincariol aos japoneses da Kirin? Sabendo que a Schincariol era uma empresa familiar, acha que a decisão de venda foi tomada em grupo pela família ou isoladamente pelos acionistas? Justifique.

Exercício de autoconhecimento

Descubra seu estilo de tomada de decisão

A seguir, você encontrará uma lista de afirmações que têm como objetivo identificar suas escolhas em situações de tomada de decisão. Selecione as respostas que melhor o descrevem, *ordenando-as* de acordo com suas preferências. Atribua 4 pontos à sua resposta preferida, 3 pontos à segunda, 2 à terceira e 1 à resposta que menos prefere.

1. Meu principal objetivo é:
   a) ter uma posição de destaque.
   b) ser o melhor no que faço.
   c) ser reconhecido por meu trabalho.
   d) ter segurança em meu trabalho.

2. Gosto de tarefas que:
   a) são técnicas e bem definidas.
   b) tenham muita variedade.
   c) permitam-me ter liberdade de ação.
   d) envolvam outras pessoas.

3. Espero que as pessoas com quem trabalho sejam:
   a) produtivas e rápidas.
   b) muito competentes.
   c) comprometidas e responsáveis.
   d) receptivas a sugestões.

4. No meu trabalho, procuro:
   a) resultados práticos.
   b) as melhores soluções.
   c) abordagens e ideias inovadoras.
   d) boas condições de trabalho.

9. Sou especialmente bom (boa) em:
   a) lembrar datas e fatos.
   b) resolver problemas difíceis.
   c) desenvolver muitas alternativas.
   d) interagir com os outros.

10. Quando o tempo é importante:
   a) decido e ajo rapidamente.
   b) sigo os planos e as prioridades.
   c) mantenho a calma.
   d) procuro conselho e ajuda dos outros.

11. Em contextos sociais, geralmente:
   a) falo com outras pessoas.
   b) reflito sobre o que está sendo discutido.
   c) observo o que está acontecendo.
   d) escuto as conversas.

12. Trabalho bem com outros que:
   a) são ativos e ambiciosos.
   b) são autoconfiantes.
   c) têm uma mente aberta.
   d) são educados e de confiança.

5. Comunico-me melhor com os outros:
   a) individualmente e de forma direta.
   b) por escrito.
   c) em discussões de grupo.
   d) em uma reunião formal.

6. Quando confrontado com um problema, geralmente:
   a) opto por soluções que já funcionaram.
   b) analiso-o cuidadosamente.
   c) procuro soluções criativas.
   d) confio em meus sentimentos.

7. Quando não estou seguro do que fazer:
   a) confio em minha intuição.
   b) busco conhecer mais fatos.
   c) procuro um compromisso.
   d) espero antes de tomar a decisão.

8. Sempre que possível, evito:
   a) debates longos.
   b) deixar um trabalho pela metade.
   c) usar números e fórmulas.
   d) entrar em conflito com outros.

13. As situações de estresse:
   a) provocam-me ansiedade.
   b) fazem-me ficar mais concentrado.
   c) causam-me frustração.
   d) fazem-me esquecer coisas.

14. As minhas decisões são tipicamente:
   a) realistas e diretas.
   b) sistemáticas e abstratas.
   c) amplas e flexíveis.
   d) sensíveis às necessidades dos outros.

15. Os outros me consideram:
   a) agressivo.
   b) disciplinado.
   c) imaginativo.
   d) incentivador.

16. Não gosto de:
   a) não ter o controle da situação.
   b) realizar tarefas entediantes.
   c) seguir regras rígidas.
   d) ser rejeitado.

Análise dos resultados

Este questionário, desenvolvido por Alan Rowe,[50] tem como objetivo classificar seu estilo pessoal de tomada de decisão. Como descrito na seção 4.4, existem quatro estilos de tomada de decisão, cada um associado a uma das opções de resposta. Para conhecer seu estilo dominante, some os pontos que atribuiu às respostas a, b, c e d em cada uma das 16 afirmações. Se sua maior pontuação foi a, seu estilo de decisão dominante é o diretivo; se foi b, é o analítico; se foi c, é o conceitual; e se foi d, é o comportamental.

Uma concentração de pontos em uma das respostas sugere uma preferência clara de um estilo de decisão. Se, no entanto, as pontuações nas quatro categorias estiverem próximas, isso demonstra maior flexibilidade na adoção de um estilo de decisão. Estudantes de administração e executivos tendem a apresentar maiores escores no estilo analítico.

Dinâmica de grupo 1

Olha a pipoca!

Imagine que você esteja andando na rua, lendo um livro de administração, e seja abordado por um vendedor de pipocas. Ele, percebendo que você é um estudante de administração, resolve contratá-lo para prestar um serviço de auxílio à tomada de decisão. O dono da carrocinha de pipocas é, na verdade, proprietário de uma grande rede de 100 pipoqueiros. Ele lhe apresenta o seguinte problema: quantas panelas de pipoca minhas carrocinhas devem fazer, de 2ª a 6ª, às 17h: três, seis ou nove?

Você resolve investigar o problema e descobre alguns dados:

- Cada panela é suficiente para produzir 20 saquinhos de pipoca.
- O custo de produção por panela é de R$ 8.
- Cada saquinho de pipoca é vendido a R$ 1.
- Toda a pipoca não consumida até as 17h30 deve ir para o lixo, visto que o produto já estará frio e sem sabor.
- Caso um cliente peça uma pipoca e não haja o produto, ele irá até outro pipoqueiro. Essa perda do cliente foi precificada em R$ 0,20.

Além disso, ele lhe passou as informações dos últimos três anos sobre a demanda das 17h às 17h30. Por se tratar de um período em que jovens estão saindo da escola e adultos, dos seus trabalhos, as vendas de pipoca são elevadas. Veja a tabela a seguir com a demanda dos saquinhos de pipoca por pipoqueiro.

Demanda por pipoqueiro	Número de dias
60	312
120	273
180	195

Atividade de grupo

Com base em todas essas informações, calcule qual é o número de panelas que cada pipoqueiro da rede deve produzir para atender à demanda desse horário. Para tanto, utilize a matriz de resultados abaixo.

Nessa ferramenta, são inseridas as possíveis produções (alternativas) na linha superior e as demandas na primeira coluna. Na última coluna, são adicionadas as probabilidades (X1, X2 e X3) de ocorrência de cada demanda. Após isso, preenchem-se os campos de resultados (A1, B2 e C3, por exemplo), que são calculados com base nos dados financeiros do problema estudado. Por fim, estabelecem-se os valores esperados, multiplicando-se cada resultado para uma produção específica (A1, B1 e C1, por exemplo) por suas respectivas probabilidades de ocorrência e os somamos:

A1 • X1 + B1 • X2 + C1 • X3 = Valor esperado da produção 1.

Agora que você sabe utilizar a matriz de resultados, resolva esse problema e ajude a rede de pipoqueiros a maximizar seu lucro.

	Produção 1	Produção 2	Produção 3	Probabilidade
Demanda 1	A1	A2	A3	X1
Demanda 2	B1	B2	B3	X2
Demanda 3	C1	C2	C3	X3
Valor esperado	T1	T2	T3	

Dinâmica de grupo 2

A ilusão da racionalidade

Imagine que você seja um analista de projetos em uma construtora e esteja avaliando a compra de um terreno onde, no futuro, um prédio poderá ser construído. Sua meta é encontrar locais com grande potencial de valorização para que a empresa pague barato por uma área que, futuramente, valerá muito mais. Dessa forma, seu investimento terá um retorno muito alto, visto que, além de o preço do metro quadrado elevar-se muito, a demanda por residências naquela região vai aumentar e, consequentemente, a construtora onde você trabalha venderá rapidamente os imóveis ainda na planta a preços elevados.

Você é responsável pela região sul da cidade de Porto Horizonte. Nesse setor municipal há 16 bairros e você visitou, nesse mês, mais de 50 terrenos possíveis de ser adquiridos. Após essas visitas, você selecionou alguns deles, entrou em contato com proprietários, moradores das proximidades e corretores e montou um quadro com informações sobre cinco deles, os quais considerou mais atraentes. O problema é que essas atividades consumiram 19 dias e, de acordo com determinação de seu gerente, você deve analisar a compra de um terreno a cada 20 dias para que o departamento financeiro e jurídico possa finalizar a aquisição até o final do mês.

A grande questão, porém, é que faltam apenas 10 minutos para que seu prazo se esgote. Seu chefe não tolera nenhum tipo de atraso e você, sentindo-se pressionado pela desvalorização de um terreno cuja compra recomendou há um ano, teme tomar outra decisão equivocada. Em vista de tudo isso, analise o quadro abaixo e, em 10 minutos, escolha um terreno para recomendar a seu gerente.

Terreno	Preço do m²	Área total	Habitantes/km²	Comércio	Lazer	Distância do centro	Trânsito	Lançamentos recentes
Floresta Negra	R$ 600	1.000 m²	7 mil	Ruim	Bom	7 km	Bom	4
Tupi	R$ 450	1.600 m²	12 mil	Bom	Ruim	4 km	Muito ruim	8
Novo Horizonte	R$ 250	5.000 m²	3,5 mil	Muito ruim	Muito ruim	10 km	Muito bom	10
Adega Azul	R$ 3 mil	350 m²	35 mil	Muito bom	Muito bom	2 km	Muito ruim	0
Bromélias II	R$ 300	10.000 m²	4 mil	Ruim	Muito bom	15 km	Muito bom	3

Atividade de grupo

Em grupos de três, procure responder às seguintes questões:

1. Qual foi a decisão de vocês?

2. Obviamente, tratou-se de uma decisão bastante difícil. Reflita como os fatores a seguir dificultaram a escolha: tempo para decidir, disponibilidade de informações e número de alternativas.

3. Você acha que esse é um contexto ideal de tomada de decisão?

4. Você acha que esse ambiente de tomada de decisão é comum no dia a dia das empresas?

Administrando a sua empresa

É hora de decidir – outubro do ano 1

O contexto em que a empresa está inserida vem passando por variadas modificações. Muitas oportunidades e problemas surgem a todo momento, permitindo tanto o incremento dos lucros quanto a redução dos ganhos e da fatia de mercado. Diante disso, uma série de decisões precisa ser tomada para que a organização resolva tais situações da melhor maneira possível. Obviamente, por causa do ritmo do mercado, das exigências dos clientes e da brutal concorrência, o tempo para que essas soluções sejam determinadas, planejadas e implementadas não é muito grande, portanto, é necessário que você e os outros sócios do negócio busquem encontrar saídas eficientes o mais rápido possível, caso contrário o futuro da empresa pode ruir. Dentre as situações que requerem respostas imediatas, foram levantadas três que merecem especial atenção.

Mas, antes de decidir, veja os resultados de sua empresa obtidos nesse último trimestre.

Demonstrações	jul./1X	ago./1X	set./1X
Receitas	R$ 65 mil	R$ 70 mil	R$ 70 mil
Despesas operacionais	R$ 40 mil	R$ 42 mil	R$ 42 mil
Despesas financeiras e tributárias	R$ 16 mil	R$ 17 mil	R$ 17 mil
Resultado	R$ 9 mil	R$ 11 mil	R$ 11 mil

As três situações que requerem a atenção dos sócios são:

- A empresa estuda produzir um *game* específico para um novo público-alvo ainda não atendido pela empresa. Mais para a frente, serão apresentadas várias informações para auxiliar a decisão dos sócios, buscando elevar a probabilidade de acerto nessa escolha tão importante.
- Alguns grandes clientes têm pedido customizações bastante específicas nos *games* vendidos pela empresa, que requerem muitas horas de trabalho e gastos elevados. Verificou-se que grande parte dessas mudanças refere-se a um mesmo tipo específico de gráfico 3-D. Deve-se optar por permitir ou não essas mudanças, levando-se em conta o aumento dos gastos e a satisfação dos clientes.
- Funcionários do setor de inteligência de mercado, que vão até os pontos de venda, pediram o aumento dos cupons de combustível, visto que o gás natural sofreu reajuste de tarifa nos postos. Essa decisão que parecia simples já passou por dois níveis hierárquicos, mas nada ainda foi feito.

Atividades e decisões

1. Escolha qual público o novo *game* deve atender e explique sua decisão. Analise as informações de auxílio à tomada de decisão sobre o novo *game* no quadro abaixo e na figura da página seguinte.

2. Relacione as três situações apresentadas aos conceitos situacionais de certeza, risco e incerteza, buscando relembrar o significado de cada um deles e explicar a associação dos contextos aos exemplos de decisão.

3. Decida as outras duas situações apresentadas (pedidos de customizações e cupons de combustíveis), lembrando-se de sua resposta ao primeiro item deste exercício.

4. Diga e explique qual seria o estilo de tomada de decisão procurado por você nos candidatos a supervisor da equipe de desenvolvimento do novo *software*.

5. Por fim, utilize o modelo de Vroom-Jago para definir o nível de participação dos *designers* gráficos da empresa, responsáveis pela elaboração das imagens do novo *game*, nas decisões sobre os conteúdos e ferramentas a ser oferecidos no jogo, definidos pelos pesquisadores e analistas de marketing e desenvolvimento.

Novos públicos potenciais	Tamanho do mercado	Pontos de venda possíveis	Clientes potenciais	Taxa de compra de novos jogos	Número de jogos no mercado
Amantes da música	200 mil	40	40 mil	25%	5
Loucos por conhecimento	400 mil	60	150 mil	15%	10
Jogadores de tabuleiro	30 mil	120	5 mil	70%	3
Patricinhas jogadoras	150 mil	400	20 mil	40%	5

Importância dos games em minha vida

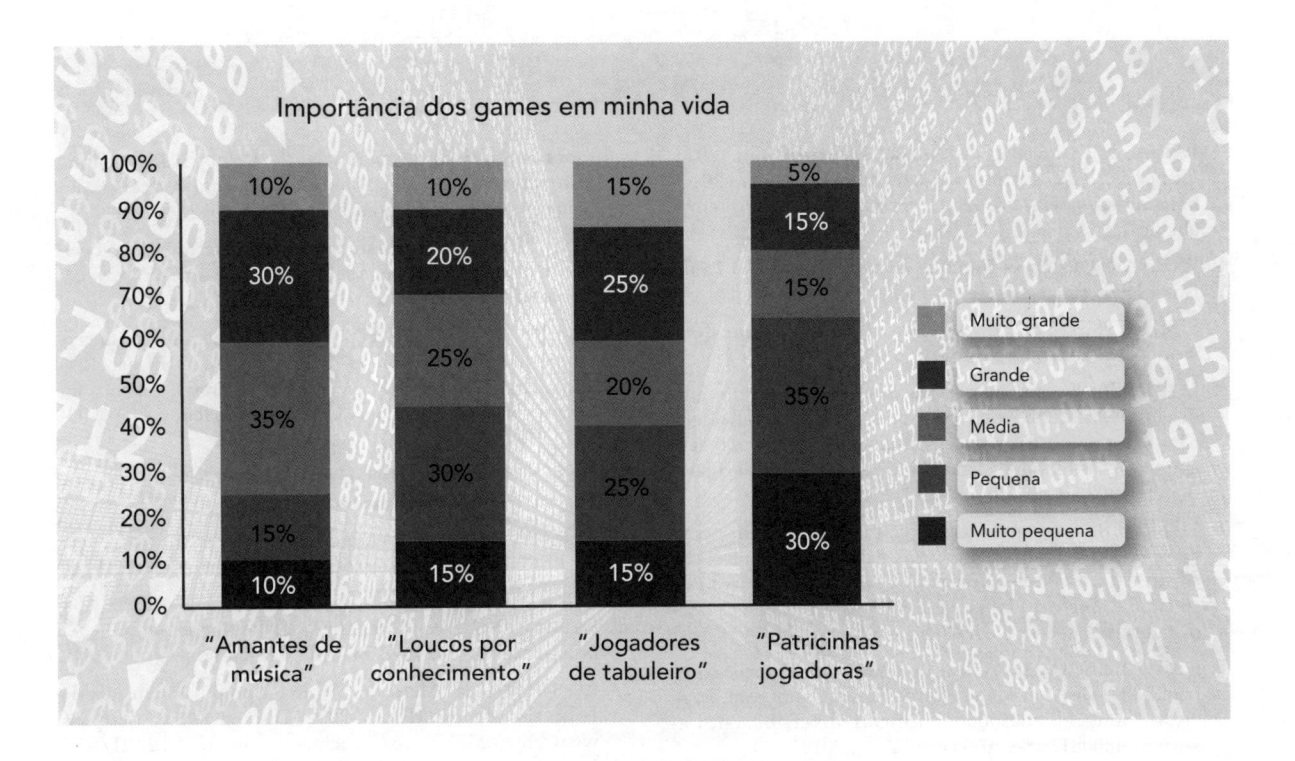

	"Amantes de música"	"Loucos por conhecimento"	"Jogadores de tabuleiro"	"Patricinhas jogadoras"
Muito grande	10%	10%	15%	5%
Grande	30%	20%	25%	15%
Média	35%	25%	20%	15%
Pequena	15%	30%	25%	35%
Muito pequena	10%	15%	15%	30%

Notas

1. PAIVA, F. O inverno da Nokia. **Teletime**, jul. 2011. Disponível em: <http://www.teletime.com.br/7/2011/oinverno-da-nokia/tt/237582/revista.aspx>. Acesso em: 2 abr. 2010.

2. BARNARD, C. I. **As funções do executivo**. São Paulo: Atlas, 1971.

3. SIMON, H. A. **The new science of management decision**. Nova York: Harper & Row, 1960.

4. LORENZO, F. Apostar nas ações da TIM é muito arriscado, dizem analistas. **Exame.com**, jan. 2009. Disponível em: <http://exame.abril.com.br/seu-dinheiro/acoes/noticias/apostar-acoes-timmuito-arriscado-dizem-analistas-417080>. Acesso em: 2 abr. 2012.

5. PETROBRAS esclarece sobre paradas programadas para manutenção de plataformas. **Fatos e dados**. Disponível em: <http://fatosedados.blogspetrobras.com.br/petrobras-esclarece-sobre-paradas-programadas-para-manutencao-de-plataformas/>. Acesso em: 2 abr. 2012.

6. CARVALHO, D. Diversificar foi a salvação. **Exame.com**, mar. 2006. Disponível em: <http://exame.abril.com.br/revista-exame/edicoes/0864/noticias/diversificar-foi-a-salvacao-m0081165>. Acesso em: 2 abr. 2012.

7. KEPNER, C.; TREGOE, B. **The rational manager**. Nova York: McGraw-Hill, 1965.

8. SONY vence Toshiba na "guerra dos formatos" de DVD. **Globo.com**, fev. 2008. Disponível em: <http://g1.globo.com/Noticias/Tecnologia/0,,MUL3044026174,00SONY+VENCE+TOSHIBA+NA+GUERRA+DOS+FORMATOS+DE+DVD.html>. Acesso em: 4 abr. 2012.

9. NUTT, P. C. Surprising but true: half the decision in organizations fail. **Academy of Management Executive**. v. 13, n. 4, 1999, p. 75-90.

10. JULIBONI, M. Executivos da Sony Brasil estão brigando mais por suas ideias – literalmente. **Exame.com**, set. 2011. Disponível em: <http://exame.abril.com.br/negocios/gestao/noticias/executivos-da-sony-brasil-estao-brigando-mais-por-suas-ideiasliteralmente>. Acesso em: 2 abr. 2012.

11. GARVIN, D.; ROBERTO, M. What you don't know about making decisions. **Harvard Business Review**, set. 2001.

12. MATHESON, D.; MATHESON, J. **The smart organization**. Boston: Harvard Business School Press, 1998.

13. HARVARD BUSINESS ESSENTIALS. **Decision making**: 5 steps to better results. Boston: Harvard Business School Press, 2006.

14. HSBC implanta solução antifraude nas transações com cartões. **Tiinside online**, nov. 2008. Disponível em: <http://www.tiinside.com.br/News.aspx?ID=103306&C=262>. Acesso em: 2 abr. 2012.

15. GARVIN, D.; ROBERTO, M. What you don't know about making decisions. **Harvard Business Review**, set. 2001.

16. LG Display pretende investir U$ 2,83 bi em painéis de OLED. **Exame.com**, ago. 2011. Disponível em: <http://exame.abril.com.br/negocios/empresas/noticias/lg-display-pretende-investir-u-2-83-bi-em-paineis-de-oled>. Acesso em: 2 abr. 2012.

17. MAIO, A. Sistema de alerta ajuda pantaneiro a tomar decisões. **Embrapa,** abr. 2011. Disponível em: <http://www.embrapa.br/imprensa/noticias/2011/abril/4a-semana/sistema-de-alerta-ajudapantaneiro-a-tomar-decisoes-e-evitarprejuizos/>. Disponível em: 2 abr. 2012.

18. SIMON, H. A. **Administrative behavior**: a study of decision-making processes in administrative organizations. 4. ed. Nova York: The Free Press, 1997.

19. TVERSKY, A.; KAHNEMAN, D. Judgment under uncertainty: heuristics and biases. **Science**. v. 18, 1974, p. 1124-1131; KAHNEMAN, D.; TVERSKY, A. Prospect theory: an analysis of decision under risk. **Econometrica,** v. 47, p. 263-291, 1979.

20. BAZERMAN, M.; CHUGH, D. Decisions without blinders. **Harvard Business Review**, jan. 2006.

21. Para melhor entendimento dos vieses do julgamento, veja BAZERMAN, M. H. **O processo decisório**. 5. ed. Rio de Janeiro: Elsevier, 2004.

22. HAMMOND, J. K. R.; RAIFFA, H. The hidden traps in decision making. **Harvard Business Review**, set./out. 1998.

23. LOBATO, P. H. Mercedes retoma a produção em Juiz de Fora. **Estado de Minas**, 2012. Disponível em: <http://www.em.com.br/app/noticia/economia/2012/01/21/internas_economia,273538/mercedes-retoma-a-producao-em-juiz-de-fora.shtml>. Acesso em: 2 abr. 2012.

24. CORREA, C.; MANO, C. O preço de uma decisão errada. **Exame**, p. 20-26, maio 2005.

25. BONABEAU, E. Don't trust your gut. **Harvard Business Review**, maio 2003.

26. SIMON, H. A. Making management decisions: the role of intuition and emotion. **Academy of Management Executive**. v. 1, p. 57-64, 1987.

27. GARDNER, H. **Inteligências múltiplas, a teoria na prática.** Porto Alegre: Artmed, 2000.

28. ARIELY, D. **Previsivelmente irracional:** aprenda a tomar as melhores decisões. Rio de Janeiro: Campus, 2008.

29. A FORÇA da inteligência na sua vida. **Revista Veja**, ano 34, n. 25, 2001, p. 92-99.

30. KLEIN, G. **Intuition at work**. Nova York: Currency, 2002.

31. HAYASHI, A. M. When to trust your gut. **Harvard Business Review**, fev. 2001.

32. MOTTA, P. R. **Gestão contemporânea:** a ciência e a arte de ser dirigente. Rio de Janeiro: Record, 1991.

33. ROSENBURG, C. Razão ou intuição: eis a questão. **Exame.com**, maio 1998. Disponível em: <http://exame.abril.com.br/revista-exame/edicoes/0660/noticias/razao-ou-intuicao-eis-a-questao-m0049203>. Acesso em: 2 abr. 2012.

34. BURKE, L. A.; MILLER, M. K. Taking the mystery out of intuitive decision making. **Academy of Management Executive**, 1999, p. 91-99.

35. ROWE, A.; BOULGAIDES, J.; MCGRATH, M. **Managerial decision making**. Chicago: Science Research Associates, 1984; ROWE, A.; MASON, R. **Managing with style:** a guide to understanding, assessing, and improving decision making. São Francisco: Jossey-Bass, 1987.

36. MEYER, C. Uma máquina movida a razão. **Exame.com**, mar. 2007. Disponível em: <http://exame.abril.com.br/

revista-exame/edicoes/0889/noticias/uma-maquina-movida-arazao-m0125036>. Acesso em: 2 abr. 2012.

37. BROSSEAU, K. R.; DRIVER, M. J.; HOURIHAN, G.; LARSSON, R. The seasoned executive's decision-making style. **Harvard Business Review**, fev. 2006.

38. ROBBINS, S. P.; DECENZO, D. A. **Fundamentos de administração**. São Paulo: Pearson Prentice Hall, 2004.

39. JANIS, I. L. **Groupthink**. Boston: Houghton Miffl in, 1982.

40. VROOM, V.; JAGO, A. **The new leadership: managing participation in organizations**. Englewood Cliffs: Prentice Hall, 1988.

41. JULIBONI, M. Time de executivos tenta profissionalizar a gestão do Santos. **Exame.com**, fev. 2010. Disponível em: <http://exame.abril.com.br/negocios/empresas/noticias/time-executivos-tenta-profissionalizar-gestao-santos-534722?page=3>. Acesso em: 2 abr. 2012.

42. ETTLING, J. T.; JAGO, A. Participation under the conditions of conflict: more on the validity of the Vroom-Yetton Model. **Journal of Management Studies**, n. 25, 1988, p. 73-83.

43. FIELD, R. H. G. A test of the Vroom-Yetton normative model of leadership. **Journal of Applied Psychology**, out. 1982, p. 523-532.

44. PUTNAM, L. L.; MUMBY, D. K. Organizations, emotion and the myth of rationality. In: FINEMAN, S. (Ed.). **Emotion in organizations**. London: Sage, 1993, p. 36-57.

45. ERBER, R. Affective and semantic priming: Effect of mood on category accessibility and inference. **Journal of Experimental Social Psychology**, v. 27, 1991, p. 480-498.

46. DAMASIO, A. **O erro de Descartes**. São Paulo: Companhia das Letras, 1996.

47. SEO, M.; BARRETT, L. F. Being emotional during decision making – good or bad ? An empirical investigation. **Academy of Management Journal**. v. 50, n. 4, 2007, p. 923-940.

48. THIRY-CHERQUES, H. A economia moral da utilidade. **Revista de Administração Pública**, Rio de Janeiro, v. 36, n. 2, p. 293-317, março/abr. 2002.

49. Baseado em MANO, C. Cresci. E agora? **Exame,** 777, out. 2002; CAETANO, J. R. Tempo de experimentar. **Exame,** 803, out. 2003; SIMON, C. Por que 2012 será decisivo para a Devassa. **Exame,** dez. 2011; ONAGA, M. A Schin sob pressão. **Exame,** 1012, mar. 2012.

50. Adaptado de ROWE, A.; MASON, R. **Managing with style:** a guide to understanding, assessing, and improving decision making. São Francisco: Jossey-Bass, 1987.

Parte 2

Funções da administração

Capítulo 5 Planejamento e estratégia

Capítulo 6 Organização

Capítulo 7 Direção

Capítulo 8 Controle

Capítulo 5 Planejamento e estratégia

Objetivos de aprendizagem

1. Definir planejamento e discutir sua importância para a administração.
2. Distinguir os diferentes tipos de planos.
3. Descrever o papel dos objetivos no planejamento.
4. Analisar a evolução histórica das perspectivas sobre estratégia empresarial.
5. Descrever o processo de administração estratégica.
6. Apresentar a análise SWOT como ferramenta de análise estratégica.
7. Descrever as estratégias de nível corporativo e explicar a abordagem de portfólio.
8. Comparar e contrastar a matriz BCG com a matriz GE/McKinsey.
9. Discutir o conceito de vantagem competitiva e analisar o modelo das cinco forças competitivas como ferramenta de apoio à formulação de estratégias de negócio.
10. Analisar a tipologia de estratégias competitivas de Michael Porter.

Para sobreviver em ambientes cada vez mais dinâmicos, complexos e competitivos, as organizações necessitam de um rumo, de uma direção. É por meio de planejamento que os administradores definem para onde a organização deve caminhar e como chegar lá. O planejamento, seja formal ou informal, é fundamental para que as organizações sejam capazes de responder com eficácia aos desafios ambientais e, assim, manter uma trajetória rumo ao sucesso.

Das quatro funções da administração – planejamento, organização, direção e controle –, a primeira é, provavelmente, a mais central ao processo de administração. Sua importância deriva do fato de todas as outras funções da administração se originarem dela. Sem uma definição clara das metas e objetivos da organização e sem uma estratégia para alcançá-los, dificilmente os administradores podem organizar os recursos, dirigir as pessoas e controlar os resultados.

Começamos este capítulo conceituando os fundamentos do processo de planejamento, com destaque para sua importância para a administração, bem como as principais críticas que lhe são dirigidas. Em seguida, são explorados os diferentes tipos de planos abordando o papel dos objetivos no planejamento.

Na segunda metade do capítulo, focamos no conceito de administração estratégica, analisando a evolução histórica desse conceito e o processo de formulação de estratégias em uma organização. Posteriormente, serão exploradas as diferentes opções estratégicas que os dirigentes podem usar para alcançar os objetivos e responder aos desafios que lhes são colocados. Nesse sentido, são diferenciados três níveis de decisão estratégica: os níveis corporativo, de negócio e operacional. O capítulo termina com a discussão de alguns aspectos referentes à implementação e à avaliação da estratégia.

>> **Caso introdutório**

Unidos para conquistar o Brasil

Em 2010, as redes Insinuante e Ricardo Eletro, dois fenômenos recentes do varejo brasileiro, decidiram unir esforços para continuar a crescer. Depois de se consolidarem como as maiores redes varejistas do Nordeste e de Minas Gerais, respectivamente, as duas companhias definiram objetivos mais ousados: estava na hora de conquistar o Brasil.

Apesar de dominarem os respectivos mercados regionais, as empresas tinham uma presença nacional pouco expressiva, especialmente nas regiões Sul, Sudeste e Norte. A fusão entre as duas redes foi o passo natural para ganhar dimensão e capacidade financeira para competir com concorrentes fortes como as redes Pão de Açúcar, Lojas Americanas e Magazine Luiza. Nascia assim a Máquina de Vendas. Menos de três meses depois da fusão, a mato-grossense City Lar uniu-se à nova empresa, que passava a ser uma das maiores do setor, com faturamento de 5 bilhões de reais e mais de 750 lojas.

Como no setor de varejo crescimento significa melhor poder de negociação, a Máquina de Vendas continua traçando objetivos audaciosos: a meta agora é ter mil lojas até 2014 e 10 bilhões de reais de faturamento. Isso significa, na prática, dobrar de tamanho desde a fusão. O presidente da nova empresa, Luiz Carlos Batista (na foto com Ricardo Nunes da Ricardo Eletro), defende a estratégia escolhida: "Num setor que conta com competidores tão grandes, não podemos ficar para trás [...] temos que encontrar um jeito próprio de seguir crescendo."

Com isso em mente, a nova estratégia de crescimento já foi delineada. O caminho escolhido é o da aquisição de redes regionais de menor porte. A primeira compra aconteceu em 2011 com a aquisição da Eletro Shopping, rede nordestina com 800 milhões de reais de faturamento e 140 lojas. Novas oportunidades estão sendo analisadas e a expectativa dos sócios é cumprir rigorosamente todos os objetivos traçados.

Com um tamanho maior, a rede pode também avançar em outras áreas e explorar novos produtos. Para isso, pretende diversificar os seus negócios para além do varejo. Os planos da empresa incluem a criação de uma financeira para explorar cartões de crédito, uma seguradora, uma agência de viagens e uma concessionária de motos de marca própria em toda a Região Norte.

O maior desafio para a nova empresa será quando o público das classes C e D, foco prioritário da rede, passar a exigir não apenas preço baixo, mas também qualidade dos produtos e de atendimento. De fato, os desafios nunca se esgotam, apenas se renovam e, se a Máquina de Vendas quiser se consolidar como uma das maiores redes varejistas brasileiras, não pode se dar ao luxo de ficar parada.[1]

5.1 >> Fundamentos de planejamento

As organizações se definem em torno de objetivos. No entanto, para alcançá-los, suas atividades devem seguir determinada ordem ou padrão, ou seja, devem seguir um plano. Cabe aos gestores decidir qual rumo a organização deve seguir e formular as estratégias e os planos necessários para alcançar os objetivos. Essas decisões são parte da função de planejamento e são essenciais para que a organização possa crescer de forma sustentada e sobreviver a longo prazo.

O caso introdutório ilustra bem o processo de planejamento em uma organização. Depois da fusão entre as duas grandes redes de varejo regionais, a Insinuante e a Ricardo Eletro, a nova empresa definiu outros objetivos: abertura de mais 250 lojas e um faturamento anual de 10 bilhões até 2014. Depois de avaliar as alternativas disponíveis, concluiu que a melhor forma para alcançar esse objetivo seria por meio de aquisições de redes regionais de menor porte, como comprova a compra da Eletro Shopping. Ao longo deste capítulo, vamos analisar a função de planejamento, destacando o modo como os objetivos, os planos e as estratégias são desenvolvidos nos vários níveis organizacionais.

5.1.1 ›› Conceito de planejamento

O **planejamento** é responsável pela definição dos objetivos da organização e pela concepção de planos que integram e coordenam suas atividades. O planejamento tem a dupla atribuição de definir *o que* deve ser feito – objetivos – e *como* deve ser feito – planos (veja a Figura 5.1).

> **Planejamento**
> Função da administração responsável pela definição dos objetivos da organização e pela concepção de planos que integram e coordenam suas atividades.

Figura 5.1 ›› A dupla atribuição do planejamento

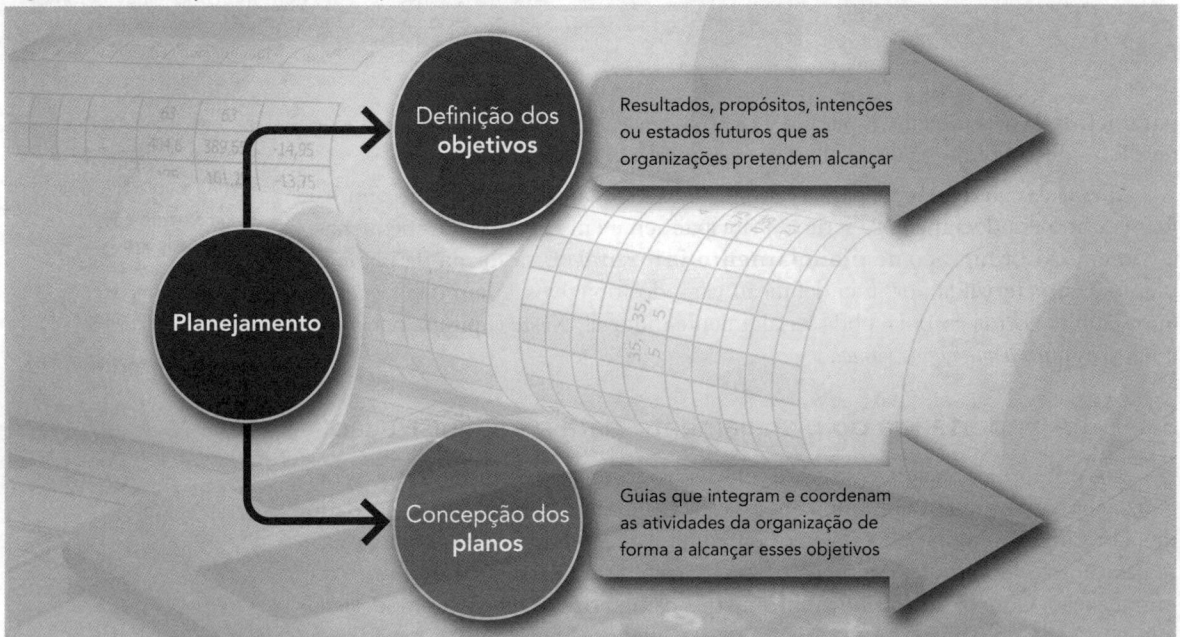

- **Planejamento**
  - **Definição dos objetivos** → Resultados, propósitos, intenções ou estados futuros que as organizações pretendem alcançar
  - **Concepção dos planos** → Guias que integram e coordenam as atividades da organização de forma a alcançar esses objetivos

Os *objetivos* são resultados, propósitos, intenções ou estados futuros que as organizações pretendem alcançar. Já os *planos* são guias que indicam o que deve ser feito, especificando os recursos e as ações necessárias para alcançar os objetivos. Ambos os conceitos serão aprofundados neste capítulo.

Apesar de o caso introdutório focar o planejamento feito pelos executivos de topo, é importante realçar que administradores de todos os níveis hierárquicos necessitam planejar suas atividades. Enquanto os administradores de topo esboçam os objetivos gerais e a estratégia da organização, os gerentes de nível médio planejam as atividades de sua unidade e os supervisores definem objetivos e programas para seu grupo de trabalho. De qualquer maneira, o planejamento é indispensável em todas as organizações e em todos os níveis organizacionais. Sem planejamento, as organizações andariam à deriva.

Além disso, o planejamento é a base de todas as outras funções da administração. Não seria possível *organizar* os recursos e a estrutura da empresa se não existissem objetivos e planos. Também não seria possível *dirigir* de maneira eficaz os membros organizacionais se o que se pretende alcançar não estivesse claro. Como se pode motivar uma pessoa se não estiver definido o que se pretende dela? Por último, é impensável *controlar* as atividades se não tiverem sido estabelecidos

> Na Adidas, o planejamento é tido como condição indispensável para o crescimento. O principal objetivo traçado pela empresa é manter um crescimento acima de 15% ao ano até 2015, de forma a superar a sua principal concorrente, a Nike, líder do mercado de artigos esportivos. Para conseguir alcançar esse objetivo, a empresa elaborou um plano de ação denominado "Rota para 2015". Trata-se de um conjunto de iniciativas e ações planejadas pela companhia para potencializar gradativamente as vendas da marca. Uma das ações delineadas nesse plano é aumentar os aportes financeiros na Reebok, marca comprada pela empresa, com foco nos segmentos de fitness e treinamento. Outra ação prevista nesse plano é aumentar os investimentos em mercados-chave, como América do Norte, China, América Latina e Índia.[2]

parâmetros de desempenho esperado – os objetivos. Como saber se a organização teve bom desempenho se os resultados esperados não estiverem definidos?

Apesar de sua relevância para a administração, o planejamento nem sempre é formalizado em documentos escritos. Principalmente em organizações pequenas, é comum existir um tipo de **planejamento informal**. Essa forma de planejamento é caracterizada por uma definição vaga dos objetivos. Além disso, não se apresenta na forma escrita e pode ser altamente mutável. Neste capítulo, o foco da análise está no *planejamento formal*.

> **Planejamento informal**
> Planejamento não formalizado em documentos escritos, caracterizado por uma definição vaga dos objetivos.

5.1.2 » A importância do planejamento para a administração

Nos primórdios da administração, como novo campo de conhecimento, as organizações atuavam em um ambiente estável. Consequentemente, a necessidade de planejar era mínima. Os princípios da administração burocrática, como a formalização e a hierarquia, eram capazes de dar conta do presente e do futuro da organização. Com o dinamismo ambiental que caracteriza as empresas modernas, a importância do planejamento torna-se mais evidente. As organizações precisam planejar para enfrentar as mudanças que ocorrem na economia, na política, na cultura, nos estilos de vida, na tecnologia etc. Atualmente, o ambiente exerce influência demasiado forte na organização para que o futuro dela seja deixado ao acaso.

O processo de planejamento faz com que os administradores se afastem da rotina operacional e se concentrem no futuro da organização. Concretamente, podem ser destacados as seguintes vantagens e benefícios do planejamento:

- *Proporciona senso de direção.* O planejamento especifica um rumo para a organização, o que permite direcionar os esforços de seus membros para um objetivo comum.
- *Focaliza esforços.* O planejamento promove a integração e a coordenação das atividades dos membros organizacionais. Sem planejamento, a organização não passa de um grupo de indivíduos, cada um agindo à sua maneira. Cabe ao planejamento promover uma ação coletiva, que é a essência da organização.
- *Maximiza a eficiência.* O planejamento permite otimizar esforços e recursos organizacionais. Ajuda a estabelecer prioridades, evitando os desperdícios e as redundâncias.
- *Reduz o impacto do ambiente.* O planejamento obriga os administradores a enfrentar as mudanças ambientais. Por meio dele, os gerentes interpretam as mudanças ambientais e tomam as medidas necessárias para enfrentá-las.

- *Define parâmetros de controle.* O planejamento proporciona critérios de avaliação do desempenho organizacional. Ao estabelecer objetivos, o planejamento define padrões de desempenho que permitem o controle das atividades e ações organizacionais. Sem planejamento, é impossível conceber um sistema de controle eficaz.
- *Atua como fonte de motivação e comprometimento.* O planejamento facilita a identificação das pessoas com a organização. Os objetivos e planos reduzem a incerteza e esclarecem o papel que cada pessoa desempenha na organização, motivando e comprometendo seus membros.
- *Potencializa o autoconhecimento organizacional.* O planejamento cria um clima propício ao autoconhecimento. Durante o processo de planejamento, a organização busca conhecer o ambiente externo, suas ameaças e oportunidades, ao mesmo tempo em que analisa seu ambiente interno.
- *Fornece consistência à ação gerencial.* O planejamento fornece um fundamento lógico para a tomada de decisão. Ele permite criar uma estrutura cognitiva coletiva que garante consistência entre as decisões e os resultados desejados. Dessa forma, todas as decisões estarão em conformidade com o planejado.

Diversas pesquisas têm confirmado que o planejamento formal afeta positivamente o desempenho organizacional.[3] Os resultados desses estudos permitem concluir que o planejamento tem um impacto positivo na rentabilidade da organização (maiores lucros e melhor retorno sobre ativos). As pesquisas demonstram também que a qualidade do processo de planejamento e sua adequada implementação são mais importantes que a extensão e a abrangência dos planos. No entanto, os estudos alertam ainda para o fato de que ambientes turbulentos e incertos impedem os gestores de desenvolverem muitas alternativas de ação; nessas condições, o planejamento formal não está associado ao melhor desempenho organizacional.

5.1.3 ›› Críticas ao planejamento

A importância do planejamento como função da administração tornou-se mais evidente por causa das constantes mudanças ambientais. Paradoxalmente, as principais críticas ao planejamento formal também estão relacionadas com a incapacidade de resposta a esse mesmo ambiente de mudança.[4]

Um dos principais argumentos utilizados pelos críticos é que o planejamento formal *não responde adequadamente aos desafios de um ambiente dinâmico*. O planejamento parte da premissa de que o futuro é previsível, premissa essa que, em ambiente dinâmicos, pode não se verificar. De fato, se o ambiente de negócios em que as empresas atuam for caótico e altamente mutável, o planejamento pouco pode ajudar a enfrentar os desafios.

Outro argumento utilizado é que o planejamento *cria rigidez e restringe a flexibilidade organizacional*. Ao especificar objetivos e meios para alcançá-los, o planejamento faz com que os membros organizacionais, por medo ou receio da punição, sigam um rumo preestabelecido. No entanto, no atual ambiente de negócios, a capacidade de adaptação e a flexibilidade são requisitos essenciais para uma organização sobreviver.

Além disso, de acordo com os críticos, o planejamento formal *inibe a criatividade, a inovação e a ousadia*. O elevado grau de formalidade presente no processo de planejamento tende a definir limites da ação gerencial, inibindo assim a criatividade e a ousadia dos administradores.

A melhor resposta às críticas do planejamento formal reside na importância do *processo* de planejamento. Mais do que o resultado da função do planejamento, o que importa é o grau de integração e motivação que ele desencadeia nos membros organizacionais, bem como a aprendizagem organizacional que seu processo possibilita.

5.2 ›› Tipos de planos

O planejamento formal engloba a definição dos objetivos e dos planos. Enquanto os objetivos especificam os estágios futuros que a organização busca atingir, os planos estabelecem os meios para alcançá-los. Os **planos** são a tradução formal do planejamento em documentos que estipulam como os objetivos devem ser alcançados, descrevendo como os recursos devem ser alocados e quais atividades devem ser realizadas.

> **Planos**
> Guias que indicam o que há a ser feito, especificando como os recursos devem ser alocados e quais atividades devem ser realizadas de forma a alcançar os objetivos.

No entanto, dependendo do foco do planejamento, os planos apresentam características diferentes, podendo ser classificados de acordo com sua abrangência, horizonte temporal, grau de especificidade e permanência. Note que essas dimensões são interdependentes. Por exemplo, um plano que englobe a organização como um todo tenderá a ser pouco específico e a ter uma orientação de longo prazo.

Em termos de *abrangência*, os planos podem ser estratégicos, táticos ou operacionais, de acordo com o nível organizacional respectivo (Figura 5.2). Os *planos estratégicos* se referem à organização como um todo, cobrem decisões sobre objetivos e estratégias de longo prazo e servem de base aos planos táticos e operacionais. Esse tipo de plano tem forte orientação externa e serve para posicionar a organização perante seu ambiente externo (concorrentes, clientes etc.). De modo geral, os objetivos são gerais e os planos são pouco específicos no que diz respeito a atividades e recursos necessários.

Por sua vez, os *planos táticos* traduzem os objetivos gerais em objetivos específicos de uma unidade da organização, geralmente uma área funcional, como marketing ou recursos humanos. Assim, identificam quais são os principais objetivos e cursos de ações necessários para realizar sua parte do plano estratégico. Geralmente, os planos táticos têm um horizonte temporal de um ano. Por fim, os *planos operacionais* identificam os procedimentos e processos específicos requeridos nos níveis mais operacionais da organização, que também contribuirão para sustentar as atividades dos planos táticos e estratégicos. Os planos operacionais têm uma orientação de curto prazo (dias, semanas ou meses) e são constantemente adaptados diante de novos desafios ou oportunidades.

Em termos de *horizonte temporal*, os planos podem ser de longo, médio ou curto prazos. Uma diferença crucial entre os planos estratégicos, táticos e operacionais

Figura 5.2 ›› Planejamento por nível organizacional

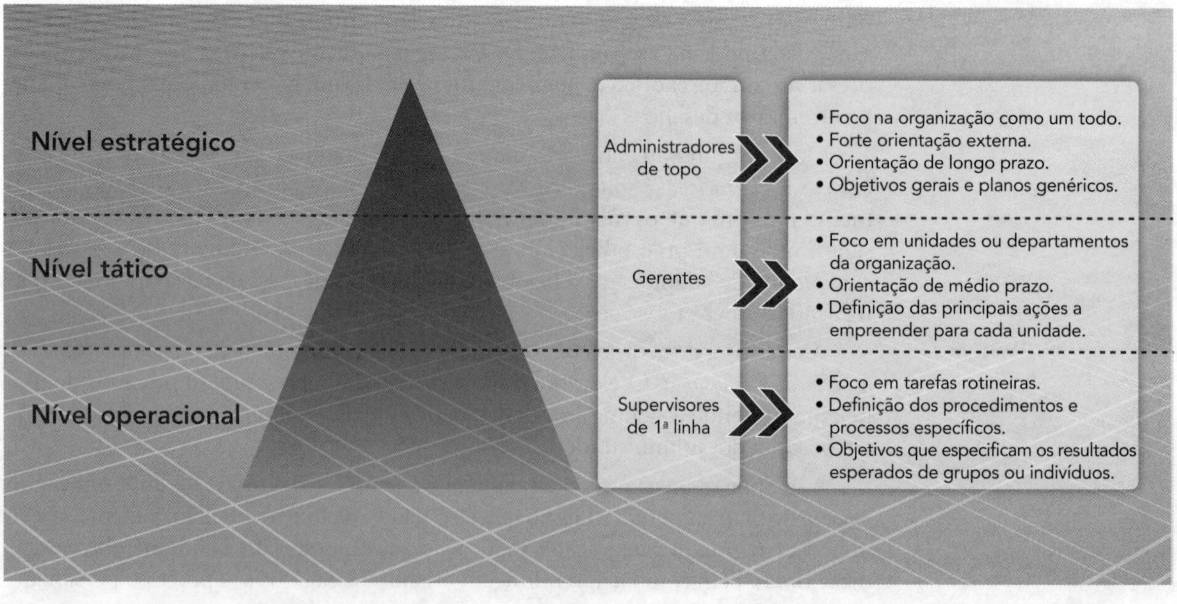

Nível	Responsáveis	Características
Nível estratégico	Administradores de topo	• Foco na organização como um todo. • Forte orientação externa. • Orientação de longo prazo. • Objetivos gerais e planos genéricos.
Nível tático	Gerentes	• Foco em unidades ou departamentos da organização. • Orientação de médio prazo. • Definição das principais ações a empreender para cada unidade.
Nível operacional	Supervisores de 1ª linha	• Foco em tarefas rotineiras. • Definição dos procedimentos e processos específicos. • Objetivos que especificam os resultados esperados de grupos ou indivíduos.

reside na dimensão temporal. Enquanto os planos estratégicos são de longo prazo (definidos por três ou mais anos), os planos táticos são de médio prazo (geralmente um ano) e os planos operacionais, de curto prazo (períodos curtos e variáveis, dependendo da atividade). Obviamente, a dimensão temporal dos planos depende do grau de mudança ambiental. Nas condições de alta variabilidade ambiental, como a que caracteriza o atual ambiente de negócios, os planos tendem a ser de menor duração.

Quanto ao grau *especificidade*, os planos podem ser gerais ou específicos. Os planos específicos têm objetivos e atividades claramente definidos, ao passo que os planos gerais são baseados em diretrizes gerais. O que importa nos planos gerais é o objetivo final, e não a forma como será alcançado. Ao contrário, os planos específicos focam no processo, definindo como, o quê e quando. Os planos estratégicos são de natureza geral e, à medida que se desce na hierarquia organizacional, os planos tornam-se mais específicos. Os planos gerais são, normalmente, mais ambíguos, mas também criam condições para maior flexibilidade, para a escolha de diversas alternativas de ação, ao passo que os planos específicos dão maior definição, porém criam maior rigidez e limitam a possibilidade de mudança e inovação.

Por fim, no que diz respeito à *permanência*, os planos podem ser classificados como permanentes ou temporários. Os planos permanentes são usados em situações predefinidas e se referem a tarefas desempenhadas rotineiramente em uma organização. Políticas e diretrizes gerais, que definem os cursos desejáveis de ação ou procedimentos, normas e rotinas que detalham uma sequência de atividades operacionais, são exemplos de planos permanentes. Os planos temporários, ao contrário, extinguem-se quando os objetivos que os sustentam são realizados. Um cronograma, projeto ou orçamento são exemplos de planos temporários.

A Figura 5.3 resume os principais tipos de plano organizacional.

Figura 5.3 ›› Tipos de planos

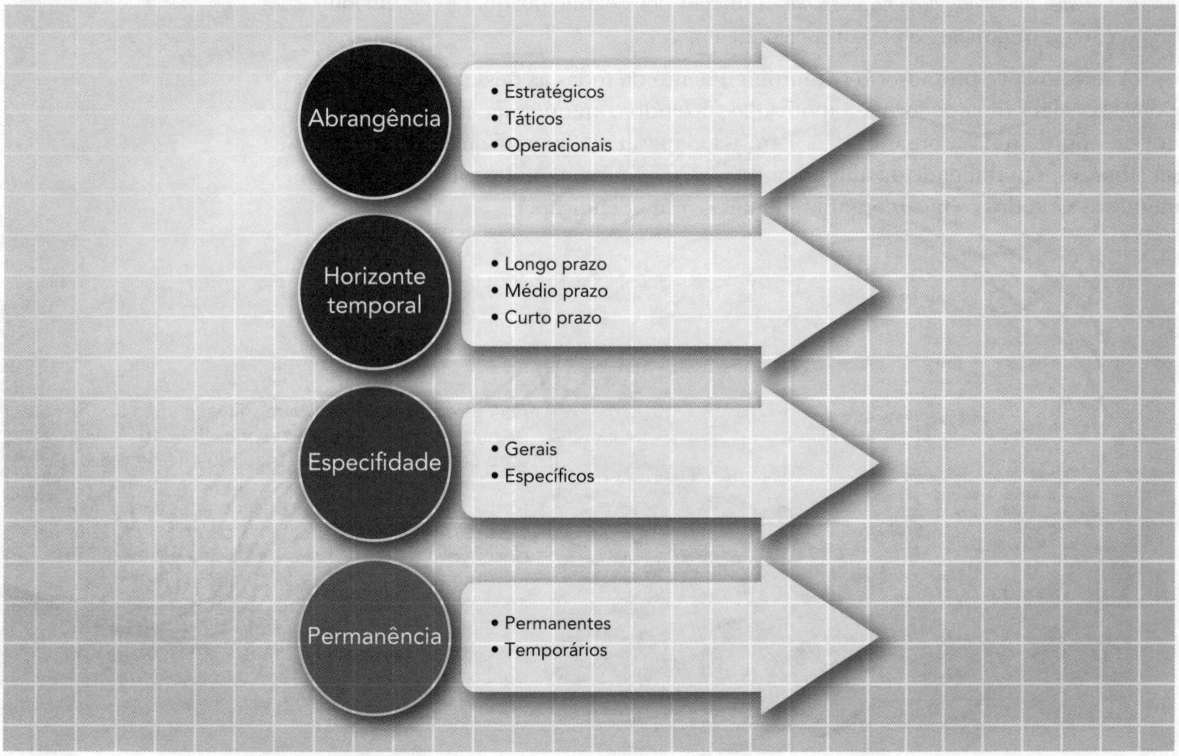

- **Abrangência**
  - Estratégicos
  - Táticos
  - Operacionais

- **Horizonte temporal**
  - Longo prazo
  - Médio prazo
  - Curto prazo

- **Especifidade**
  - Gerais
  - Específicos

- **Permanência**
  - Permanentes
  - Temporários

5.3 ›› O papel dos objetivos no planejamento

Tal como os planos, os objetivos também se referem a uma importante dimensão do planejamento. Os **objetivos** são resultados, propósitos, intenções ou estados futuros que as organizações pretendem alcançar, por meio da alocação de esforços e recursos em determinada direção. Os objetivos podem ser classificados de acordo com sua natureza (rentabilidade, produtividade, participação no mercado, satisfação dos clientes, desempenho socioambiental etc.), nível de formalização (explícitos ou implícitos) e processo de definição (tradicional topo-base ou administração por objetivos).

> **Objetivos**
> Resultados, propósitos, intenções ou estados futuros que as organizações pretendem alcançar, por meio da alocação de esforços e recursos em determinada direção.

5.3.1 ›› Hierarquia de objetivos

Os objetivos apresentam-se de forma hierárquica, de acordo com o nível organizacional. No topo da hierarquia de objetivos estão a **missão** e a visão corporativa. A *missão* representa a razão de ser da organização, sua identidade, e é uma declaração escrita que descreve o propósito, os valores, os princípios e as linhas orientadoras dela. Para ser eficaz, a missão deve declarar:

> **Missão**
> Declaração escrita que descreve a razão de ser da organização, seu propósito, valores, princípios e linhas orientadoras.

- *O escopo de negócio da organização*: a missão deve explicitar de forma clara e concisa o propósito fundamental do negócio.
- *As necessidades básicas a ser atendidas*: a missão não deve explicitar produtos ou serviços, mas sim as necessidades que a organização pretende satisfazer.
- *As competências centrais da organização*: a missão deve mostrar as competências e capacidades únicas que a distinguem das outras organizações.
- *O mercado-alvo*: a missão deve explicitar quem são seus clientes ou os mercados em que atua.
- *Os princípios e valores centrais*: a missão deve indicar quais são os principais compromissos e valores fundamentais que alicerçam o negócio.
- *O papel da organização na sociedade*: a missão deve explicitar qual é a contribuição da organização para a sociedade em geral.

A missão deve promover o comprometimento de todas as pessoas da empresa e deve ser elaborada de forma a motivá-las, fazendo com que seja encarada como um desafio de toda a organização. Para isso, apesar da formalização da missão ser uma responsabilidade da alta administração, é fundamental a participação de membros de todos os níveis organizacionais em sua definição.

Na Petrobras, a missão corporativa é atuar de forma segura e rentável, com responsabilidade social e ambiental, nas atividades da indústria de óleo, gás e energia, nos mercados nacional e internacional, fornecendo produtos e serviços adequados às necessidades de seus clientes e contribuindo para o desenvolvimento do Brasil e dos países onde atua. Essa missão expressa a identidade da Petrobras, esclarece quais as atividades da empresa (indústrias de óleo, gás e energia), os mercados em que atua, os valores centrais (segurança e rentabilidade) e qual papel deseja desempenhar na sociedade (contribuir para o desenvolvimento do Brasil e dos países onde atua).[5]

Fundada em 1948, pelo imigrante português Valentim dos Santos Diniz, pai de Abílio Diniz, a rede de supermercados Pão de Açúcar é um dos grupos familiares mais tradicionais do país. Tem como visão corporativa: ampliar a participação no mercado brasileiro de varejo e tornar-se a empresa mais admirada por sua rentabilidade, inovação, eficiência, responsabilidade social e contribuição para o desenvolvimento do Brasil. A visão da empresa deixa clara a ambição de continuar na liderança do setor de varejo no Brasil.[6]

Visão
Declaração do que a organização deseja ser, ou seja, da posição que ela quer ocupar no futuro.

Enquanto a missão descreve a razão da existência da organização, a **visão** é a declaração do que a organização deseja ser, ou seja, da posição que ela quer ocupar no futuro. É o conjunto de convicções e compreensões para onde deve seguir a organização, e como serão tratados os recursos materiais e humanos nessa trajetória. Dessa forma, a visão reflete as aspirações da organização, devendo ser apresentada como um desafio para seus membros. A declaração de visão não estabelece ou expressa objetivos quantitativos, apenas fornece uma direção geral que deverá orientar o comportamento dos membros quanto ao futuro que a organização deseja construir.

A missão e a visão são elementos essenciais para o desenvolvimento de todos os objetivos e planos subsequentes. Sem uma definição clara da missão e da visão da empresa, dificilmente se poderiam definir objetivos e formular estratégias e planos coerentes. Assim, o processo de planejamento começa ao se definir a missão (o negócio da organização) e a visão (o que a organização pretende ser no futuro), para depois se estabelecerem objetivos que especificam resultados concretos a ser alcançados.

Os *objetivos estratégicos* se referem à empresa como um todo e buscam traduzir a missão em termos mais concretos, sendo responsabilidade da alta administração. Por exemplo, no caso introdutório, a Máquina de Vendas estabeleceu como objetivo estratégico atingir um faturamento anual de 10 bilhões de reais em 2014. Os *objetivos táticos* correspondem aos resultados esperados para as principais divisões ou departamentos da organização e são formulados pelos gerentes de nível médio.

A Triton Eyewear, empresa paulista fabricante de óculos, fundada em 1981, definiu como objetivos estratégicos dobrar o tamanho da rede e o número de franquias até 2014 e com isso, alcançar um crescimento de 70% no faturamento. Para atingir essas metas, dois objetivos táticos foram delineados para a área de marketing e de operações da empresa. A primeira ficou com a meta de promover as vendas dos produtos em um novo canal de distribuição, a internet, enquanto a área de operações ficou responsável por terceirizar 90% da produção para a China.[7]

Finalmente, os *objetivos operacionais* definem os resultados específicos esperados de grupos e indivíduos e são formulados pelos supervisores de primeira linha e, em alguns casos, pelos funcionários.

Os objetivos operacionais possibilitam o alcance dos objetivos táticos que, por sua vez, sustentam a realização dos objetivos estratégicos da organização. Tal como ilustra a Figura 5.4, a hierarquia dos objetivos não se refere apenas ao nível organizacional, mas também à relação que existe entre eles: para conseguir um objetivo de nível alto, é necessária a realização de objetivos de nível mais baixo.

Figura 5.4 ›› Hierarquia de objetivos

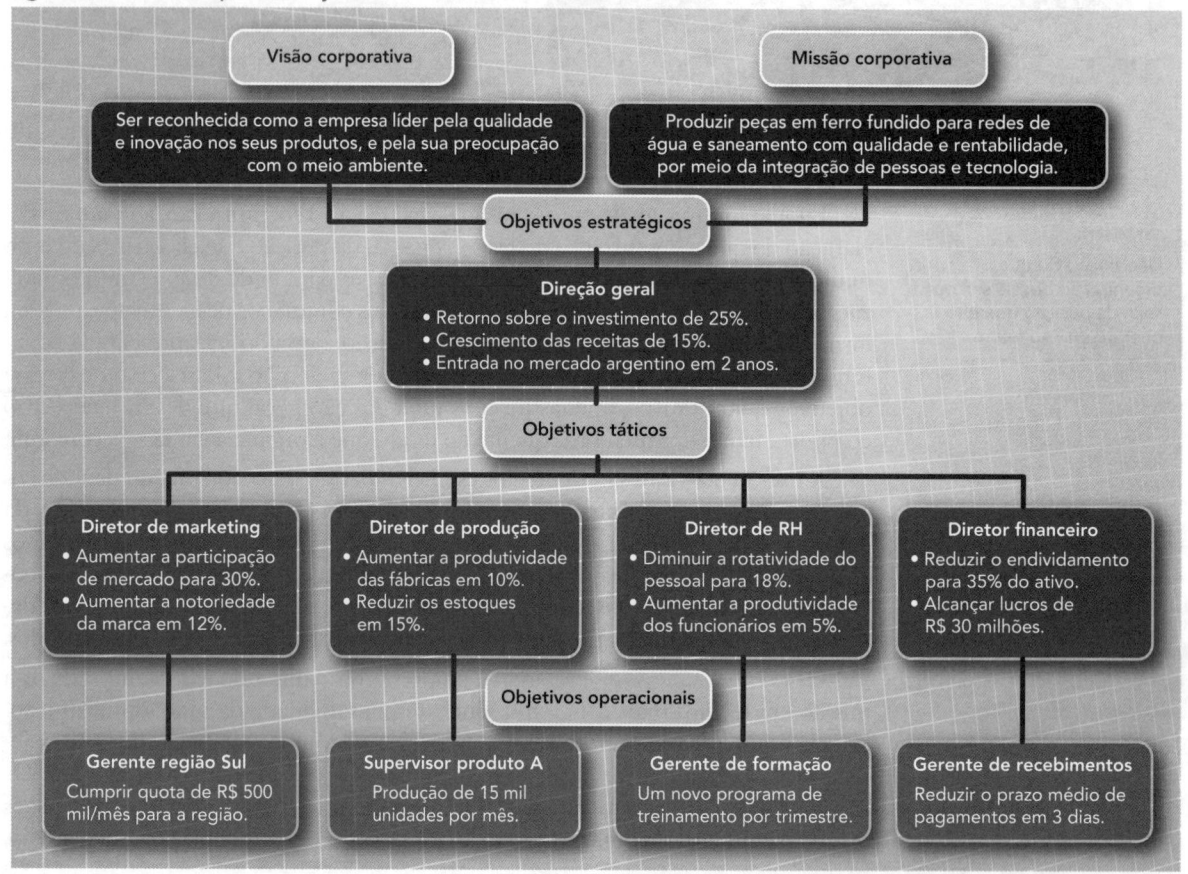

Visão corporativa
Ser reconhecida como a empresa líder pela qualidade e inovação nos seus produtos, e pela sua preocupação com o meio ambiente.

Missão corporativa
Produzir peças em ferro fundido para redes de água e saneamento com qualidade e rentabilidade, por meio da integração de pessoas e tecnologia.

Objetivos estratégicos

Direção geral
- Retorno sobre o investimento de 25%.
- Crescimento das receitas de 15%.
- Entrada no mercado argentino em 2 anos.

Objetivos táticos

Diretor de marketing
- Aumentar a participação de mercado para 30%.
- Aumentar a notoriedade da marca em 12%.

Diretor de produção
- Aumentar a produtividade das fábricas em 10%.
- Reduzir os estoques em 15%.

Diretor de RH
- Diminuir a rotatividade do pessoal para 18%.
- Aumentar a produtividade dos funcionários em 5%.

Diretor financeiro
- Reduzir o endividamento para 35% do ativo.
- Alcançar lucros de R$ 30 milhões.

Objetivos operacionais

Gerente região Sul
Cumprir quota de R$ 500 mil/mês para a região.

Supervisor produto A
Produção de 15 mil unidades por mês.

Gerente de formação
Um novo programa de treinamento por trimestre.

Gerente de recebimentos
Reduzir o prazo médio de pagamentos em 3 dias.

5.3.2 ›› Características dos objetivos eficazes

Os objetivos desempenham uma função importante no processo de planejamento porque é por meio de sua especificação adequada que os membros organizacionais conseguem um senso de direção, antecipam estágios futuros desejados e se mobilizam para alcançá-los. Para que os objetivos possam desempenhar esse papel, precisam ser bem definidos, devendo ser:

- *Específicos*: os objetivos precisam transmitir com clareza e foco qual é o resultado esperado, qual é o nível de desempenho desejado ou o alvo a ser atingido. Por exemplo, declarar o desejo de melhorar a qualidade dos produtos é apenas uma aspiração vaga e ambígua, não um objetivo bem definido.
- *Mensuráveis*: os objetivos devem ser especificados de forma quantitativa (por exemplo, aumentar o volume de vendas em 5% ou diminuir o nível de inadimplência em 10%), para que seja possível transformar as ideias em ações concretas e para facilitar o processo de avaliação e *feedback*.

- *Desafiadores, porém alcançáveis*: os objetivos devem ser percebidos como um desafio para motivar, mas devem ser realistas, ou seja, possíveis de ser alcançados com os recursos e o tempo disponíveis, para não desmotivar.
- *Definidos no tempo*: os objetivos devem especificar o horizonte temporal para sua realização, de forma a permitir avaliar se foram ou não alcançados (por exemplo, abrir uma nova fábrica em dois anos). Por sua vez, a especificação do horizonte temporal possibilita definir que ações serão mais apropriadas para alcançar tal objetivo.
- *Coerentes*: os objetivos devem ser consistentes entre si, mesmo que digam respeito a unidades distintas na organização. É fundamental que os objetivos não se contradigam (por exemplo, é ineficaz declarar como objetivos aumentar as vendas e reduzir a produção).
- *Hierarquizáveis*: visto que os objetivos não têm todos a mesma importância para a organização, devem ser estabelecidas prioridades entre eles. Dessa forma, em caso de necessidade, os administradores podem tomar decisões que priorizem alguns objetivos em relação a outros.

Para que os objetivos sejam eficazes, além das características mencionadas (resumidos na Figura 5.5), é fundamental que sejam *comunicados* a todos os envolvidos e que sejam definidos *instrumentos de controle e avaliação* de sua realização. Esses instrumentos devem facilitar o monitoramento, a eventual correção de falhas e possibilitar uma avaliação justa do desempenho. Paralelamente, devem ser estabelecidas *relações entre os objetivos e as recompensas*. Para potencializar a força motivadora dos objetivos, é necessário relacionar o alcance deles com as devidas recompensas, de forma que os membros organizacionais tenham uma noção clara dos benefícios do cumprimento do que foi especificado.

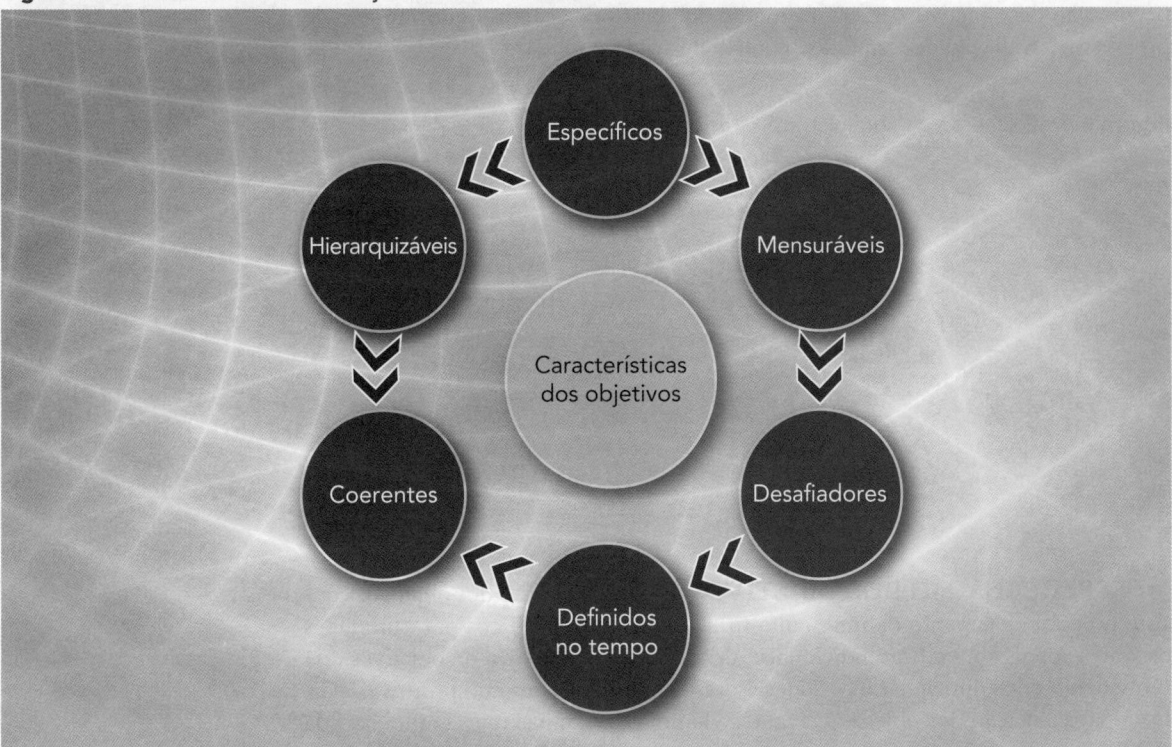

Figura 5.5 ›› Características dos objetivos bem definidos

5.3.3 ›› Sistemas de definição de objetivos

As organizações podem optar por dois sistemas de definição de objetivos: a abordagem tradicional centralizada e a abordagem descentralizada. A perspectiva tradicional de definição de objetivos baseia-se em uma perspectiva hierárquica, cujo sentido de orientação é *do topo para a base* da organização. Assim, os objetivos são formulados no topo da estrutura hierárquica de uma organização, sendo, posteriormente, subdivididos em objetivos específicos para cada nível organizacional.

O sistema tradicional de definição de objetivos é baseado no pressuposto de que os administradores sabem o que é melhor para a organização, já que são eles os responsáveis pela formulação dos objetivos. Por sua vez, estes devem ser seguidos por seus subordinados de nível inferior. Dessa forma, gerentes de níveis inferiores e trabalhadores têm seu comportamento limitado pela margem de ação determinada pelos objetivos que lhes foram unilateralmente atribuídos.

Até poucas décadas atrás, as empresas que se baseavam na abordagem tradicional contavam com departamentos centrais de planejamento, os quais reuniam especialistas que se reportavam diretamente ao presidente e à alta administração da empresa. Esses especialistas eram responsáveis por monitorar os ambientes externo e interno da organização, reunir dados e formular objetivos e planos para toda a corporação.

Em virtude do grau de mudança que atualmente caracteriza o ambiente da maioria das organizações contemporâneas, essa abordagem tradicional tem sido substituída por uma postura mais descentralizada. A ideia é o envolvimento de todos os membros organizacionais no processo de definição dos objetivos. Esse novo sistema é denominado **administração por objetivos** (APO).[8] A APO é um método por meio do qual os gerentes e seus subordinados definem, em conjunto, os objetivos para cada departamento, projeto ou pessoa. Os objetivos definidos a partir desse esforço conjunto são utilizados para monitorar, avaliar e controlar os desempenhos organizacional e individual.

> **Administração por objetivos (APO)**
> Método por meio do qual os gerentes e seus subordinados definem, em conjunto, os objetivos para cada departamento, projeto ou pessoa.

A administração por objetivos é um processo composto por quatro etapas: especificação dos objetivos, desenvolvimento de planos de ação, monitoramento do progresso e avaliação de resultados, como é ilustrado na Figura 5.6.

Figura 5.6 ›› Processo de administração por objetivos

Especificação dos objetivos → Desenvolvimento de plano de ação → Monitoramento do progresso → Avaliação dos resultados

ESPECIFICAÇÃO DOS OBJETIVOS ›› A especificação dos objetivos consiste no estabelecimento de um conjunto de objetivos específicos para unidades organizacionais e membros individuais. A definição participativa de objetivos cria um vínculo entre funcionários e supervisores, assim como um compromisso mais forte na realização dos objetivos. Trata-se de uma das etapas mais complexas da APO, uma vez que os esforços conjuntos de formulação devem ser traduzidos em declarações específicas dos resultados esperados.

DESENVOLVIMENTO DE PLANOS DE AÇÃO » A administração por objetivos consiste não apenas na definição dos objetivos, mas também dos cursos de ação que especificam como eles devem ser alcançados. Os planos de ação podem ser individuais ou departamentais, mas devem ser integrados de forma a garantir a consistência das atividades da organização.

MONITORAMENTO DO PROGRESSO » Um componente essencial da APO é o monitoramento, além das revisões periódicas do desempenho de unidades e indivíduos. Dessa forma, é possível verificar se os planos especificados estão realmente funcionando na prática. Esse processo de monitoramento e revisão – formal ou informal – cria condições para tomar medidas corretivas e resolver desvios.

AVALIAÇÃO DOS RESULTADOS » A última etapa do processo de APO consiste na avaliação dos resultados alcançados por indivíduos e departamentos, comparando-os com os objetivos estabelecidos. Ela serve de base ao sistema de avaliação do desempenho, refletindo-se em aumentos de salários, promoções ou outras recompensas. Simultaneamente, a avaliação do desempenho serve de ponto de partida para o estabelecimento de novos objetivos.

Assim como qualquer outro sistema ou método gerencial, a APO apresenta vantagens e desvantagens. Acima de tudo, é preciso reconhecer que mais importante que o resultado, a APO refere-se a um processo cíclico que estabelece uma relação entre a função *planejamento* e a função *controle*.

5.3.4 » A relação entre objetivos e desempenho

A relação entre os objetivos e o desempenho individual e organizacional é bastante complexa e tem sido objeto de estudo de diversas pesquisas. Os resultados dessas pesquisas têm permitido concluir que objetivos específicos conduzem a níveis de desempenho superior quando comparados com situações nas quais os objetivos não são definidos – ou são genéricos – e que objetivos difíceis e desafiadores conduzem a níveis de desempenho superior, mesmo que sejam alcançados com menos frequência que objetivos fáceis de atingir.[9] Por outro lado, estudos têm demonstrado que o *feedback* e o monitoramento da realização dos objetivos estão também associados a um melhor nível de desempenho, uma vez que permitem saber se o esforço é suficiente ou não para alcançar determinado resultado esperado.

Surpreendentemente, a relação entre a participação dos membros organizacionais na definição dos objetivos e o desempenho não tem apresentado resultados consistentes. Esses resultados parecem contrariar o principal argumento em favor da APO, ou seja, a participação dos subordinados na definição dos objetivos. Os resultados das pesquisas sugerem que, mantendo constante o grau de dificuldade, é indiferente o sistema utilizado na definição de objetivos.[10] Os defensores da APO argumentam, no entanto, que a participação tem impacto no desempenho porque induz as pessoas a estabelecer objetivos ambiciosos e mais difíceis.

Apesar das evidências que apontam para uma relação entre o estabelecimento de objetivos específicos para os funcionários e seu nível de desempenho, alguns autores têm criticado a relevância da APO como mecanismo gerencial.[11] Cabe ao administrador avaliar o efeito do estabelecimento de objetivos no local de trabalho e tomar medidas de ajuste, caso seja necessário, para evitar possíveis desvios.

5.4 » Administração estratégica

As primeiras seções deste capítulo proporcionaram uma visão geral da função *planejamento*, destacando o papel dos planos e objetivos. Nesta seção, o foco está na **administração estratégica** – um tipo específico de planejamento. A adminis-

---

Administração estratégica
Conjunto de decisões e ações que visam proporcionar uma adequação competitivamente superior entre a organização e seu ambiente, de forma a permitir que ela alcance seus objetivos.

tração estratégica é um processo que consiste no conjunto de decisões e ações que visam proporcionar uma adequação competitivamente superior entre a organização e seu ambiente, de forma a permitir que ela alcance seus objetivos.[12]

O conceito de administração estratégica é resultado de um longo processo de consolidação de perspectivas acerca da estratégia empresarial, que serão objeto de análise nesta seção. Paralelamente, a seção abordará o processo de administração estratégica e diferenciará os principais níveis de decisão estratégica.

5.4.1 ›› Os fundamentos da estratégia empresarial

A estratégia é um conceito cuja raiz remonta à Grécia Antiga, onde a palavra *strategía* se referia à arte de ser general, liderar exércitos e destruir inimigos. Com o passar do tempo, a palavra começou a ser utilizada no mundo dos negócios, com diferentes conotações historicamente determinadas. Sua essência, no entanto, foi mantida: o conceito de estratégia é aplicável a uma situação de competição.

De fato, o conceito de **estratégia** está intrinsecamente relacionado com a *competição*. Duas empresas que operam de forma idêntica no mesmo mercado provavelmente não podem coexistir, e a estratégia é o fator diferenciador de uma empresa ante suas rivais. Para poder coexistir, cada organização precisa ser diferente e possuir características únicas que a distingam das restantes. Assim, a estratégia se refere ao caminho que a organização segue para conseguir sobreviver. É uma busca deliberada por um plano de ação que permita desenvolver, e continuamente ajustar, uma vantagem competitiva da organização sobre seus concorrentes.[13] A essência de sua formulação consiste em escolher como a organização pretende ser diferente.[14]

> **Estratégia**
> Busca deliberada por um plano de ação que permita desenvolver, e continuamente ajustar, uma vantagem competitiva da empresa sobre seus concorrentes.

A estratégia necessariamente muda com o tempo para se adequar às condições ambientais; porém, para permanecerem competitivas, as organizações devem ser capazes de oferecer, de forma sustentável, mais valor a seus clientes do que os concorrentes. Na realidade, a principal fonte de desempenho superior é a capacidade de *oferecer valor para o cliente*. Kenichi Ohmae defende que a estratégia pode ser definida como um *iceberg*, em que a maior parte está submersa. Para o autor, a parte visível trata da competição, mas a maior parte é intencionalmente invisível – fica abaixo da superfície, onde o valor é criado e se evita a competição. Assim, uma estratégia de valor agregado não deve se reduzir à *derrota* da competição, mas sim à compreensão das necessidades dos clientes de forma a entregar-lhes mais valor que os concorrentes.[15]

A catarinense Embraco, fabricante de compressores para refrigeração, é um sucesso no mundo. Depois de alcançar a liderança mundial no mercado de compressores domésticos, a empresa não se acomodou. Decidiu entrar no mercado de compressores comerciais, deixando para trás concorrentes de peso, como a sueca Electrolux. Essa posição foi alcançada por meio de dois fatores que a diferencia e lhe dão vantagem competitiva: inovação e tecnologia de ponta. Com 37 laboratórios e um orçamento anual de 100 milhões de reais em P&D, que lhe valeram mais de 400 patentes, a empresa tem conseguido se afirmar como antecipadora de tendências. Essa inovação tecnológica ajudou a empresa a desenvolver novos modelos de compressores, que excederam os padrões do mercado quanto à eficiência energética, aos baixos níveis de ruído e à confiabilidade, diferenciais esses que a conduziram à liderança mundial do seu setor.[16]

A Figura 5.7 resume os principais fundamentos da estratégia empresarial: para sobreviver em um ambiente competitivo, as organizações devem superar seus concorrentes, oferecendo, de forma sustentável, mais valor a seus clientes.

Figura 5.7 ›› Fundamentos da estratégia empresarial

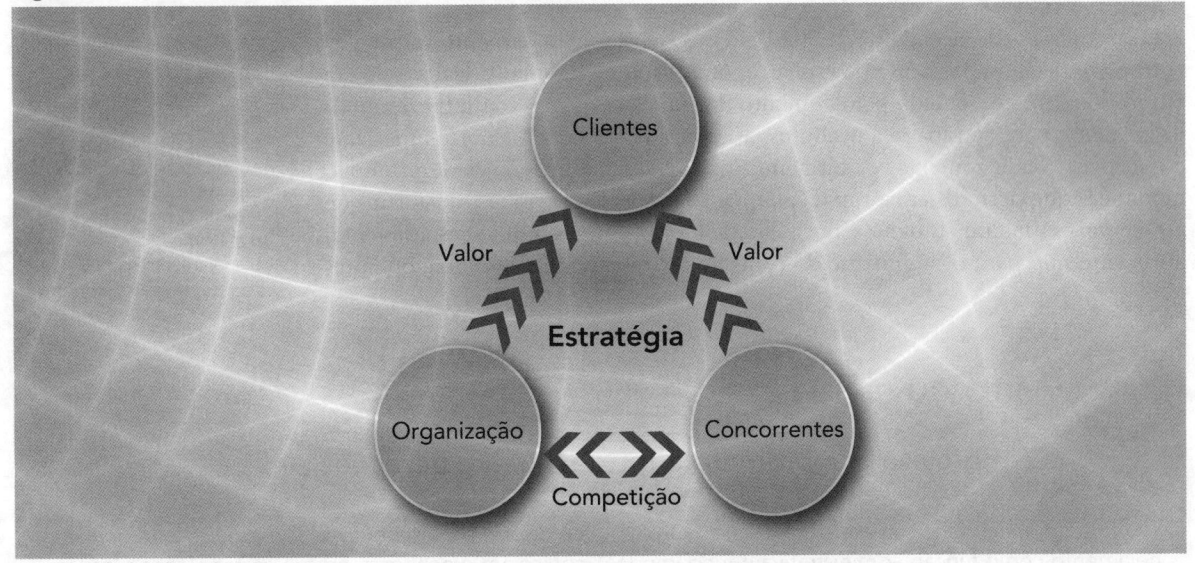

5.4.2 ›› A evolução do conceito de estratégia empresarial

No contexto estável que caracterizava o mundo dos negócios no início do século XX, o conceito de estratégia não parecia relevante. A estratégia empresarial era uma área emergente e uma atividade primordialmente intuitiva nas organizações. As atividades das empresas, geralmente focadas em um único produto e trabalhando com consumidores homogêneos, eram coordenadas informalmente. No entanto, à medida que as organizações cresciam e se expandiam para outros territórios, começavam a sentir uma necessidade de maior coordenação. Surgiu, então, uma perspectiva da estratégia como formulação de *política de negócios*. Nesse sentido, a estratégia era a responsável pela definição de regras e procedimentos formais que permitiam integrar as unidades e os processos organizacionais. Apesar do reconhecimento de sua importância, o foco da formulação estratégica era interno à organização.

Após a Segunda Guerra Mundial, o crescimento e a diversificação das organizações em termos de produtos e mercados e o dinamismo do ambiente organizacional tornaram óbvios os limites da visão da estratégia como política de negócios. Muitas organizações começaram a adotar um processo formal de geração de estratégias, cujo principal objetivo era antecipar os impactos do ambiente na empresa. Nasceu, assim, a perspectiva da estratégia como um processo de **planejamento estratégico**. Alfred Chandler, com base em um estudo histórico que buscou analisar o desenvolvimento de grandes corporações norte-americanas, como a Sears, a DuPont, a General Motors e a Standard Oil, foi o principal responsável pela introdução desse novo conceito de estratégia, como: "a determinação de objetivos e metas básicas de longo prazo de uma empresa e a adoção de cursos de ação e alocação de recursos necessários para alcançar esses objetivos".[17]

> **Planejamento estratégico**
> Processo formal de determinação de objetivos e metas básicas de longo prazo de uma empresa e adoção de cursos de ação e alocação de recursos necessários para alcançar esses objetivos.

A obra de Chandler popularizou a noção de estratégia como um *processo*, em oposição ao conceito de política dominante até então, que a distinguia como fórmula prefixada, usada na definição de regras para o estabelecimento de fronteiras entre as tarefas a ser cumpridas pelos departamentos da organização. Posteriormente, acadêmicos como Igor Ansoff e Kenneth Andrews refinaram o conceito de estratégia proposto por Chandler, enfatizando-a como um processo baseado na análise das oportunidades e ameaças que emergiam do ambiente organizacional.[18]

Em meados da década de 1970, a perspectiva de planejamento estratégico entrou em declínio por causa da crise econômica mundial desencadeada pelo embargo do petróleo, seguida pelo aumento das taxas de juros e da inflação e posteriormente pela entrada dos produtos japoneses nos mercados norte-americano e europeu. Nesse contexto, os dirigentes mostravam-se incapazes de promover mudanças que permitissem a rápida adaptação da organização às transformações ambientais. A falta de rapidez e flexibilidade na resposta às mudanças ambientais abria caminho para o surgimento do conceito de *administração estratégica*, que pres-

> **Pensamento estratégico**
> Processo dinâmico e flexível que busca detectar continuamente novas oportunidades ou ameaças, que não se resume aos mecanismos racionais, sistemáticos e metódicos do planejamento estratégico.

Mito ou ciência

O improviso compromete o futuro das organizações

Essa afirmação, na sua essência, é falsa. O planejamento como função administrativa é fundamental para as organizações porque define o rumo que esta deve seguir. Nesse sentido, Hamel e Prahalad afirmam que "a empresa que for incapaz de imaginar o futuro não estará lá para desfrutar dele".[19]

Mas, embora seja reconhecido o papel do planejamento para a efetividade das práticas organizacionais, não se pode desprezar o improviso. A complexidade do mundo contemporâneo do trabalho muitas vezes exige a capacidade do gestor para atuar na resolução de problemas emergenciais. Mesmo as organizações com alta tecnologia, planejamento e padronização podem precisar improvisar em determinadas ocasiões.

Estudando algumas cervejarias do Brasil e da Alemanha, um pesquisador observou que a improvisação pode levar à aprendizagem, que foi vista como capaz de gerar novos conhecimentos, novas práticas e até mudanças de comportamento nas organizações. Nessa mesma pesquisa, o autor verificou que o improviso, além de atuar na resolução de problemas, pode também agir na criação e adaptação de novas estratégias, auxiliando na busca de caminhos alternativos para chegar a soluções para situações não resolvidas pelo planejamento.[20]

De fato, nenhuma organização consegue trabalhar apenas com ações planejadas, é preciso que as pessoas envolvidas pensem, inovem e criem nela. Quando as pessoas improvisam na organização, elas passam a entender melhor o que acontece naquele ambiente e podem acabar criando novas rotinas. Por exemplo, quando uma situação de caos se estabelece dentro de uma empresa, é preciso que os recursos sejam alocados a fim de restabelecer a ordem. Porém, esse procedimento, que em um primeiro momento era considerado improvisação, torna-se uma prática comum e passa a integrar os próximos planejamentos.

Algumas universidades nos Estados Unidos estão preparando seus futuros gestores para lidar com a improvisação. Eles são levados a concertos de jazz para que entendam como se desenvolve uma linha melódica e para que percebam como se iniciam as improvisações das progressões harmônicas, baseadas nas escalas que lhes são associadas. Da mesma forma, são estimulados a frequentar teatros e a fazer dramatizações. Eles trabalham o autoconhecimento para que possam operar a arte como um processo de construção coletiva. Desenvolvem cenas e exercitam a improvisação usando a criatividade e a percepção do entorno, desenvolvendo assim um olhar diferenciado das situações cotidianas. Para essas universidades, essa nova habilidade levada às organizações pode fazer a grande diferença no futuro.

Claro que a improvisação não deve se tornar um padrão, pois é importante considerar que a desestruturação e a falta de planejamento e controle frequente podem sim comprometer o sucesso e a eficácia das organizações. Mas é preciso reavaliar a visão negativa que muitos atrelam ao improviso, visto que contingências podem fazer com que o administrador necessite, em determinados momentos, atuar como um bombeiro, apagando os incêndios que surgem no cotidiano do trabalho e que essa atuação pode gerar frutos positivos para ele e para a organização.

supõe a gestão integrada, equilibrada e abrangente dos recursos e ferramentas disponíveis, até mesmo no que concerne à participação e ao comprometimento de todos os membros organizacionais.[21]

A administração estratégica é uma abordagem contemporânea que busca combinar a formulação estratégica com sua implementação e controle. Dessa maneira, a estratégia deixa de ser vista como resultado de um planejamento formal e passa a ser considerada um processo dinâmico e flexível, que permite detectar continuamente novas oportunidades ou ameaças. Seu foco passa a residir no **pensamento estratégico** dos membros organizacionais, não se resumindo aos mecanismos racionais, sistemáticos e metódicos do *planejamento estratégico*.

A combinação da criatividade do pensamento estratégico com as metodologias próprias do planejamento estratégico permite à organização formular estratégias mais adequadas a um ambiente competitivo turbulento. Dessa forma, não é imperativo que uma estratégia resulte sempre de um plano deliberado. Ela pode também emergir da resposta a uma situação externa que estimula o pensamento estratégico na organização (veja a Figura 5.8).

Figura 5.8 ›› Estratégias deliberadas e emergentes

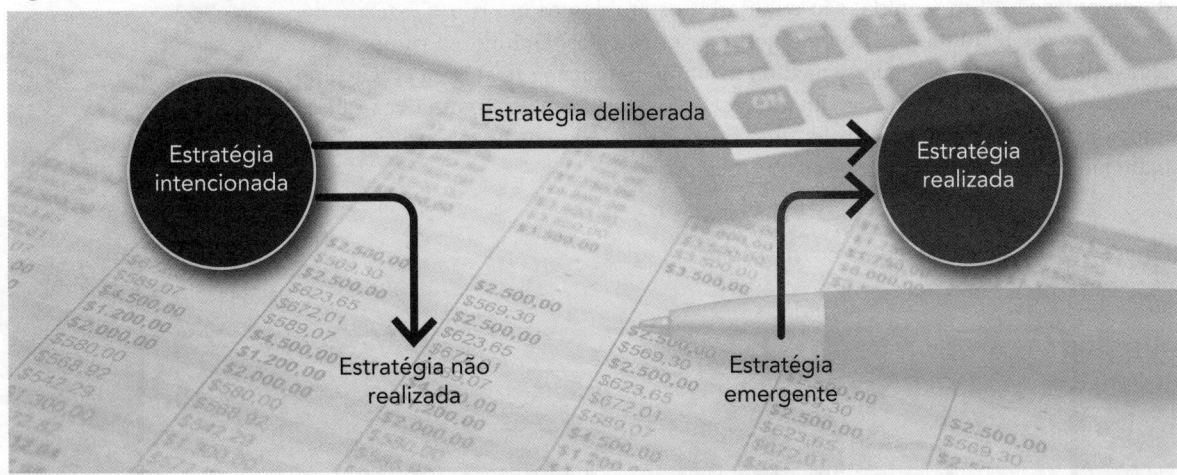

No entanto, enquanto a formulação puramente deliberada de uma estratégia dificulta a aprendizagem, a formulação puramente emergente impede o controle. Por isso, todo o processo de formulação de estratégias deve combinar uma dimensão deliberada e outra emergente.[22] Raramente, as estratégias eficazes são, de fato, **deliberadas** ou **emergentes**, configurando-se uma mescla, que reflete a qualidade dos gestores de efetuar previsões e de reagir perante à ocorrência de eventos inesperados.

Acreditando ou não em estratégias deliberadas ou emergentes, é possível afirmar que toda organização tem uma estratégia, seja ela explicitamente formulada ou implicitamente manifestada no padrão de comportamento da organização perante seu ambiente. De acordo com Mintzberg, existem várias concepções acerca da estratégia que poderão ser úteis para entender as opções de uma organização:[23]

- *Estratégia como plano*: pode-se entender a estratégia como um plano sempre que ela for formulada previamente, com base em um processo consciente e deliberado.
- *Estratégia como padrão*: a estratégia é entendida como um padrão consistente de fluxo de ações. Nesse caso, ela emerge das ações bem-sucedidas do passado que se tornam um padrão de comportamento estratégico.

> **Estratégia deliberada**
> Estratégia que resulta de um plano deliberado, por meio do qual a empresa antecipa os acontecimentos do ambiente e desenvolve um plano de ação prévio para responder a esses eventos.

> **Estratégia emergente**
> Estratégia que emerge como resposta a uma oportunidade ou ameaça ambiental, sendo resultado do pensamento estratégico dos membros organizacionais.

- *Estratégia como posição*: a definição da estratégia como posição sugere a relação direta entre a organização e as condições do ambiente. Esse enfoque pode considerar o posicionamento estratégico com relação às variáveis ambientais que influenciam positiva ou negativamente a organização.
- *Estratégia como perspectiva*: a estratégia como perspectiva relaciona-se com a visão de mundo expressa no conjunto de valores compartilhados pelos membros organizacionais. Assim, considera-se que cada organização tem sua própria maneira de lidar com as incertezas e de tomar decisões.
- *Estratégia como pretexto*: a estratégia é entendida como uma manobra ou truque, cuja finalidade é enganar o concorrente direto. A estratégia, nesse caso, é um blefe, uma forma de iludir os concorrentes quanto ao curso da ação que será tomado.

5.4.3 ›› O processo de administração estratégica

Como é ilustrado pela Figura 5.9, o *processo de administração estratégica* é uma sequência de seis etapas, que incluem o planejamento, a implementação e o controle estratégico. O planejamento começa com o diagnóstico do posicionamento atual da organização. Em seguida, são analisados os ambientes interno e externo da organização e formulam-se novos objetivos e estratégias. Definido o rumo estratégico da organização, segue-se a etapa de implementação estratégica e, por fim, a avaliação e o controle dos resultados. O processo é retroativo, uma vez que a informação coletada no controle estratégico é utilizada em novos processos de planejamento estratégico.

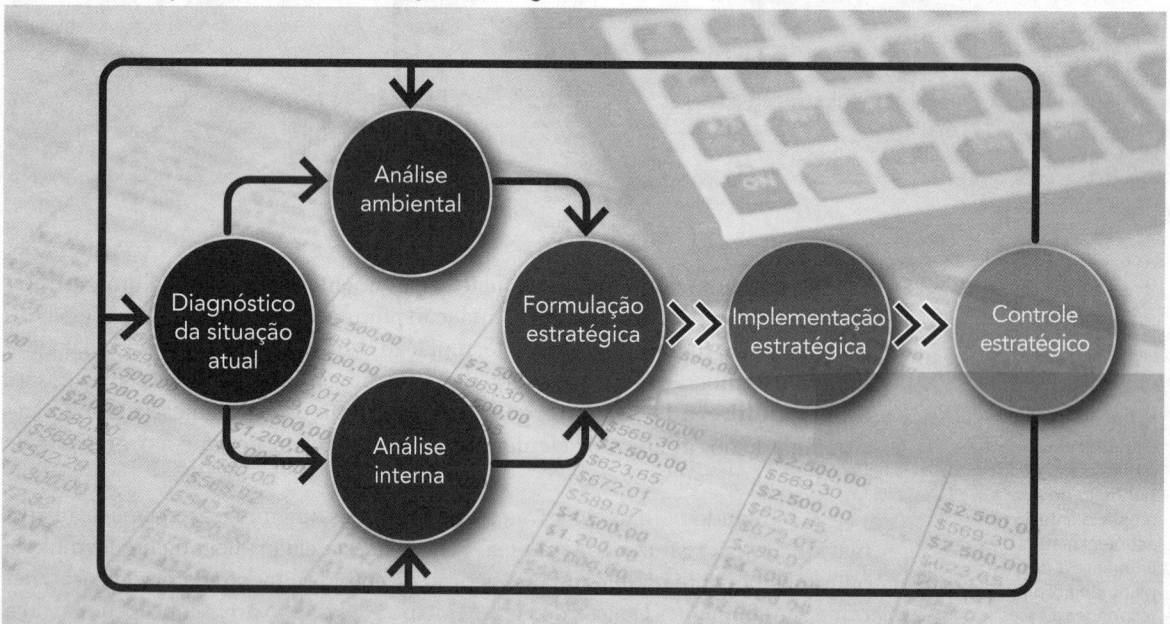

Figura 5.9 ›› O processo de administração estratégica

DIAGNÓSTICO DA SITUAÇÃO ATUAL ›› A primeira etapa do processo de administração consiste na avaliação e no diagnóstico da situação atual da organização, identificando sua visão, sua missão, seus objetivos e suas estratégias. A missão e a visão definem a razão de ser da organização e suas aspirações para o futuro, ao passo que os objetivos e as estratégias permitem compreender como a

> Com base na análise do seu ambiente de negócios, a Bombril, empresa do segmento de produtos de limpeza, decidiu entrar no setor de higiene pessoal e cosméticos. A empresa lançou a Bril Cosméticos com uma gama de 240 produtos em 2012. Essa estratégia agressiva é fruto de uma cuidadosa análise dos concorrentes e do perfil de consumo dos brasileiros de produtos de higiene e beleza. O mercado brasileiro de higiene pessoal e cosméticos é o terceiro maior do mundo, com faturamento superior a 60 bilhões de reais. Além disso, o aumento de renda dos brasileiros e o crescimento da classe C foram outros fatores identificados como chave para a decisão de ingressar nesse novo setor.[24]

organização compete, como se posiciona no ambiente, quais suas vantagens competitivas etc. A coerência entre a visão, a missão, os objetivos e as estratégias significa que esses elementos, além de terem sido bem definidos em processos de planejamento anteriores, foram bem comunicados e internalizados pelos membros da organização.

ANÁLISE ESTRATÉGICA ›› A formulação de uma estratégia deve ser precedida pela análise do ambiente organizacional, com o objetivo de identificar fatores externos e internos que possam afetar o desempenho competitivo da organização. Isso implica no monitoramento e na avaliação das tendências do ambiente externo (manobras dos concorrentes, legislação, necessidades dos clientes etc.) e na análise dos recursos e das capacidades internas da organização (capacidade financeira, domínio de tecnologia, qualificação dos funcionários etc.). Só depois de analisar a situação competitiva as empresas podem formular uma estratégia adequada ao seu ambiente.

FORMULAÇÃO ESTRATÉGICA ›› Com base na análise estratégica do ambiente e da organização, os administradores definem os novos objetivos estratégicos (revendo, se for o caso, a missão e a visão) e formulam novos métodos que assegurarão o alcance desses objetivos. Para isso, identificam e avaliam alternativas, selecionando os cursos de ação mais ajustados aos propósitos da organização. A formulação estratégica inclui a definição das estratégias corporativas (no caso das organizações com mais de uma unidade de negócio), das estratégias de negócio e das estratégias funcionais.

IMPLEMENTAÇÃO ESTRATÉGICA ›› A melhor estratégia do mundo não se traduz em bons resultados se sua implementação não for bem conduzida pelos administradores de topo. Para garantir que as estratégias sejam implementadas com eficácia e eficiência, os gestores devem acompanhar a execução do plano estratégico, direcionando os recursos da organização para o alcance dos objetivos estratégicos previamente estabelecidos. A estratégia deve ser apoiada por decisões referentes à estrutura organizacional, à cultura organizacional, aos sistemas de recompensas, aos estilos de liderança, entre outros. Deve também ser acompanhada de investimentos em novas tecnologias ou equipamentos, de forma a assegurar que a organização possua os meios necessários para implementá-la. É também fundamental comunicar e divulgar a estratégia a todos os membros organizacionais a fim de garantir seu apoio e comprometimento.

CONTROLE ESTRATÉGICO » A etapa final do processo de administração estratégica é o controle estratégico. Nessa fase, os administradores buscam monitorar a implementação da estratégia, avaliando se o desempenho da organização corresponde aos objetivos estratégicos estabelecidos e tomando medidas corretivas sempre que existirem desvios significativos. O sistema de controle estratégico deve incluir indicadores de desempenho, um sistema de informação e mecanismos para monitorar o progresso.

5.4.4 ›› Níveis de decisão estratégica

A estratégia é um conceito que pode ser aplicado em diferentes níveis organizacionais, sendo necessário distinguir entre estratégias de níveis corporativo, de negócio e funcional. Esses três níveis de decisão estratégica devem ser consistentes entre si, uma vez que as estratégias de nível inferior sustentam as de nível superior (veja a Figura 5.10).

Figura 5.10 ›› Níveis de decisão estratégica

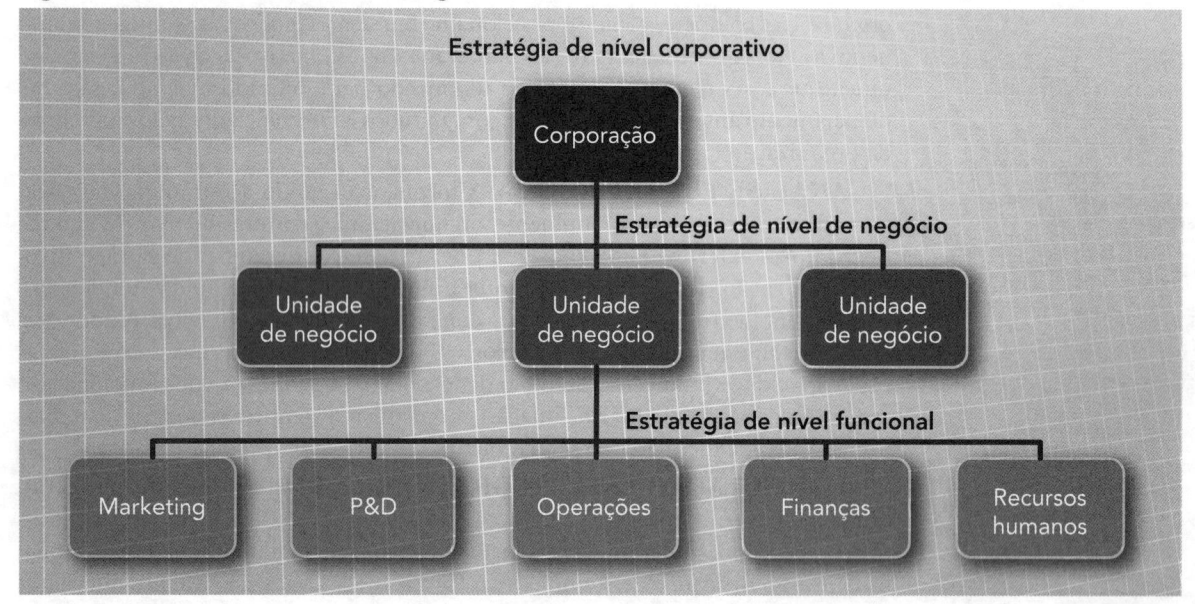

Claro que nem todas as organizações têm três níveis de decisão estratégica. O conceito de estratégia corporativa só faz sentido em empresas grandes e diversificadas que atuam em mais de um ramo de negócio. Por exemplo, uma empresa de telecomunicações pode ter uma unidade de serviços de Internet, uma unidade de televisão a cabo e uma unidade de telefonia, desenvolvendo uma estratégia corporativa para a empresa como um todo e estratégias de negócio para cada uma dessas unidades.

A **estratégia de nível corporativo** é formulada pela administração de topo para supervisionar os interesses e as operações de organizações que atuam em vários negócios. A estratégia corporativa busca justificar cada um dos negócios e conferir sentido à sua articulação na organização. Por meio da estratégia corporativa, se define o rumo da organização como um todo e o papel e a relevância de cada uma de suas unidades de negócio. É nesse nível de decisão estratégica que se especificam os negócios em que a organização deve estar presente e se alocam os recursos corporativos pelas diferentes unidades de negócio em função das prioridades corporativas. Assim, a compra ou venda de negócios ou a criação de *joint--ventures* com outras organizações são exemplos de estratégias de nível corporativo.

> **Estratégia corporativa**
> Estratégia que define o rumo da organização como um todo e o papel e a relevância de cada uma de suas unidades de negócio.

> **Estratégia de negócio**
> Estratégia que define como cada unidade de negócio deve competir de forma a alcançar uma vantagem relativa sobre seus competidores.

A **estratégia de nível de negócio** busca traduzir a estratégia corporativa em um conjunto de ações e decisões relativas a um negócio específico. Ela define as principais ações pelas quais a unidade de negócio constrói ou reforça sua posição competitiva no mercado. Por essa razão, é também denominada *estratégia competitiva*. Assim, com base nos recursos disponíveis, os administradores de cada unidade estratégica de negócio definem como devem competir de forma a alcançar uma vantagem relativa sobre seus concorrentes, especificando quais seus atuais e futuros clientes e quais produtos ou serviços vai oferecer. Estratégias baseadas na qualidade, na inovação ou nos custos são exemplos de estratégias competitivas.

> **Estratégia funcional**
> Estratégia que define as opções das áreas funcionais e tem como propósito apoiar e sustentar a estratégia de negócio e a criação de uma vantagem competitiva.

Por último, a **estratégia de nível funcional** diz respeito às opções estratégicas das áreas funcionais, como as finanças, o marketing, os recursos humanos e as operações. As estratégias funcionais são formuladas por gerentes ou diretores funcionais e têm como propósito apoiar e sustentar a estratégia de negócio. Além disso, envolvem o desenvolvimento e a coordenação de recursos nas áreas funcionais para executar, de maneira eficaz e eficiente, a estratégia de negócio. Assim, se a estratégia de negócio especificar uma maior participação no mercado, o gerente de marketing formulará estratégias de vendas ou de promoção que possibilitem alcançar esse objetivo.

5.5 ›› Análise estratégica do ambiente organizacional

Antes de formular uma estratégia, os administradores precisam analisar as principais tendências de seu ambiente externo e conhecer as competências e os recursos de que a organização dispõe. A integração das externalidades com as internalidades resulta na identificação de um conjunto de opções estratégicas que a organização pode explorar.

5.5.1 ›› Análise ambiental

A *análise do ambiente externo* da organização consiste na identificação dos fatores do ambiente externo que podem influenciar direta e indiretamente o desempenho da organização. Para isso, devem ser monitoradas as principais tendências do ambiente contextual, ou seja, as mudanças no contexto demográfico, sociocultural, político-legal, econômico e tecnológico, bem como o comportamento dos diferentes *stakeholders* que fazem parte do ambiente operacional, como clientes, fornecedores, concorrentes, instituições financeiras, meios de comunicação social, entre outros. Mudanças nas estratégias dos concorrentes ou nos hábitos dos clientes, o surgimento de uma nova tecnologia, a queda da taxa de juros ou um novo incentivo fiscal são apenas alguns exemplos de fatores que devem ser continuamente monitorados pela organização.

Os administradores devem não só monitorar o ambiente, como também avaliar o impacto, positivo ou negativo, desses fatores sobre o desempenho da empresa, classificando-os como oportunidades ou ameaças. As *oportunidades* se referem a mudanças e tendências ambientais que têm impacto positivo na organização, ao passo que as *ameaças* correspondem a mudanças e tendências ambientais que apresentam impacto negativo.

> **Escaneamento ambiental**
> Técnica gerencial que tem como objetivo filtrar as principais informações ambientais para detectar tendências emergentes e, assim, antecipar e interpretar o ambiente organizacional.

Uma técnica cada vez mais utilizada pelas organizações para fazer esse monitoramento é o **escaneamento ambiental**. Essa técnica tem como objetivo filtrar as principais informações ambientais para detectar tendências emergentes e, assim, antecipar e interpretar o ambiente organizacional. Pesquisas mostram que as organizações que escaneiam o ambiente são mais rentáveis e apresentam maior crescimento.[25]

5.5.2 ›› Análise interna

A *análise do ambiente interno* consiste na análise dos recursos e das capacidades da organização que determinam sua competitividade. Para isso, os administradores buscam coletar informações sobre diversos fatores internos, como a situação financeira da empresa, a qualidade dos produtos e serviços oferecidos, a imagem da organização, a qualidade e as competências dos administradores e trabalhadores, a cultura organizacional, entre outros. O Quadro 5.1 lista alguns dos elementos a ser analisados.

Quadro 5.1 ›› Análise interna

Marketing	Administração e organização	Pesquisa e desenvolvimento
■ Participação de mercado ■ Canais de distribuição ■ Linhas de produtos ■ Satisfação dos clientes ■ Reputação e imagem da marca ■ Eficiência dos esforços promocionais	■ Qualidade dos administradores ■ Cultura organizacional ■ Estrutura organizacional ■ Sistemas de controle gerencial ■ Grau de centralização ■ Canais de comunicação internos	■ Tecnologias disponíveis ■ Patentes ■ Programas de pesquisa ■ Inovações tecnológicas ■ Capacidade laboratorial ■ Desenvolvimento de novos produtos
Produção	**Recursos humanos**	**Financeiro**
■ Equipamentos ■ Localização das instalações ■ Acesso às matérias-primas ■ Produtividade e eficiência ■ Estrutura de custos ■ Controle de qualidade	■ Nível de experiência ■ Habilitações acadêmicas ■ Rotatividade dos trabalhadores ■ Força dos sindicatos ■ Satisfação no trabalho ■ Absenteísmo	■ Grau de endividamento ■ Liquidez ■ Solvabilidade ■ Rentabilidade ■ Margem de lucro ■ Cotação das ações

A análise interna deve ajudar a organização a identificar recursos e competências que lhe são únicos, diferenciando-a de seus concorrentes – por exemplo, a posse de uma licença tecnológica exclusiva ou sua reputação no mercado. De fato, o principal objetivo da análise interna é identificar as características organizacionais distintivas que permitem à empresa oferecer mais valor aos clientes, além dos aspectos em que ela se encontra em desvantagem perante seus concorrentes.

As características internas relativas a recursos ou capacidades que têm potencial para contribuir para o alcance dos objetivos estratégicos são denominadas *pontos fortes*, ao passo que as características internas que inibem ou restringem o desempenho da organização são seus *pontos fracos*. As organizações devem procurar minimizar os seus pontos fracos e potenciar seus pontos fortes.

5.5.3 ›› Análise SWOT

A **análise SWOT** é uma ferramenta gerencial para estudar, de forma integrada, o processo de análise estratégica, depois de identificadas as oportunidades e ameaças ambientais e os pontos fortes e fracos da organização. A expressão SWOT resulta das palavras *strengths* (pontos fortes), *weaknesses* (pontos fracos), *opportunities* (oportunidades) e *threats* (ameaças). O Quadro 5.2 exemplifica o resultado de uma análise SWOT.

A visão conjunta e integrada dos pontos fortes e fracos da organização com as oportunidades e ameaças provenientes do ambiente externo permite identificar um conjunto de medidas estratégicas que possibilitam explorar as oportunidades ou diminuir o impacto das ameaças (veja a Figura 5.11). Essa análise deve ser dinâmica e permanente, pois a evolução do ambiente organizacional apresenta continuamente novas oportunidades para as organizações que estiverem preparadas para aproveitá-las.[26]

> **Análise SWOT**
> Ferramenta gerencial para auxiliar o processo de análise estratégica, depois de identificadas as oportunidades e ameaças ambientais e os pontos fortes e fracos da organização.

Quadro 5.2 ›› Análise SWOT

Potenciais pontos fortes	Potenciais pontos fracos
■ Liderança de mercado ■ Produtos de alta qualidade ■ Estrutura de custos baixos ■ Cultura organizacional forte ■ Elevada autonomia financeira ■ Forte pesquisa e desenvolvimento	■ Elevada quantidade de estoques ■ Alta rotatividade de funcionários ■ Imagem de marca fraca ■ Falta de qualidade dos administradores ■ Dificuldade na obtenção de financiamento ■ Excesso de capacidade produtiva
Potenciais oportunidades	Potenciais ameaças
■ Falência de concorrentes ■ Desaparecimento de barreiras à entrada ■ Mudança nos hábitos de consumo ■ Expansão da economia ■ Mudança da legislação ou regime político ■ Aparecimento de novas tecnologias	■ Saturação do mercado ■ Ameaça de *takeover* ■ Reduzida taxa de crescimento do setor ■ Entrada de concorrentes estrangeiros ■ Taxa de câmbio desfavorável ■ Taxa de juros alta

Figura 5.11 ›› Oportunidades organizacionais

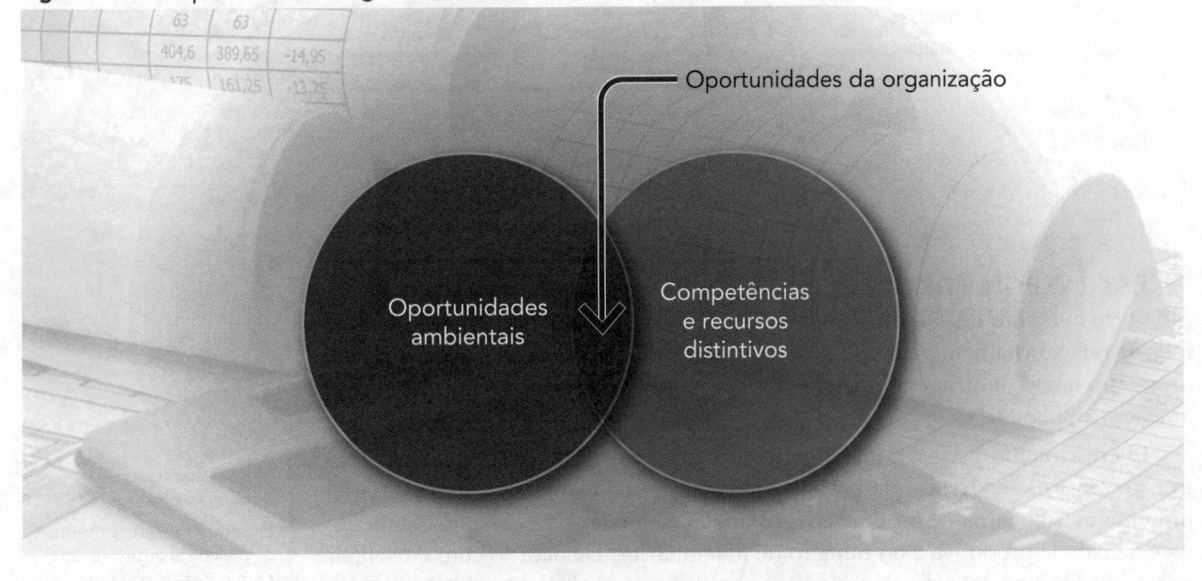

Oportunidades da organização

Oportunidades ambientais

Competências e recursos distintivos

5.6 ›› Formulação estratégica de nível corporativo

No nível corporativo, a organização deve decidir em quais negócios pretende estar presente e como eles se inter-relacionam. A estratégia corporativa define o rumo que a organização deve seguir, de forma a alcançar sua visão e sua missão, e envolve:

- a *administração do portfólio de negócios*, adquirindo empresas com reconhecido potencial ou recuperando unidades que, estando em crise, revelam um potencial de crescimento;
- a *busca de sinergias* entre as unidades de negócio, aproveitando seus recursos e competências;
- o *compartilhamento de atividades*, integrando atividades complementares desenvolvidas por diferentes unidades de negócio.

5.6.1 ›› Estratégias de nível corporativo

Depois de analisar os ambientes externo e interno da organização, os executivos devem optar por uma de três estratégias genéricas: crescimento, estabilidade ou retração. A Figura 5.12 mostra qual é a opção estratégica mais adequada, considerando as oportunidades e ameaças ambientais e os pontos fortes e fracos da organização.

Figura 5.12 ›› Estratégias genéricas de nível corporativo

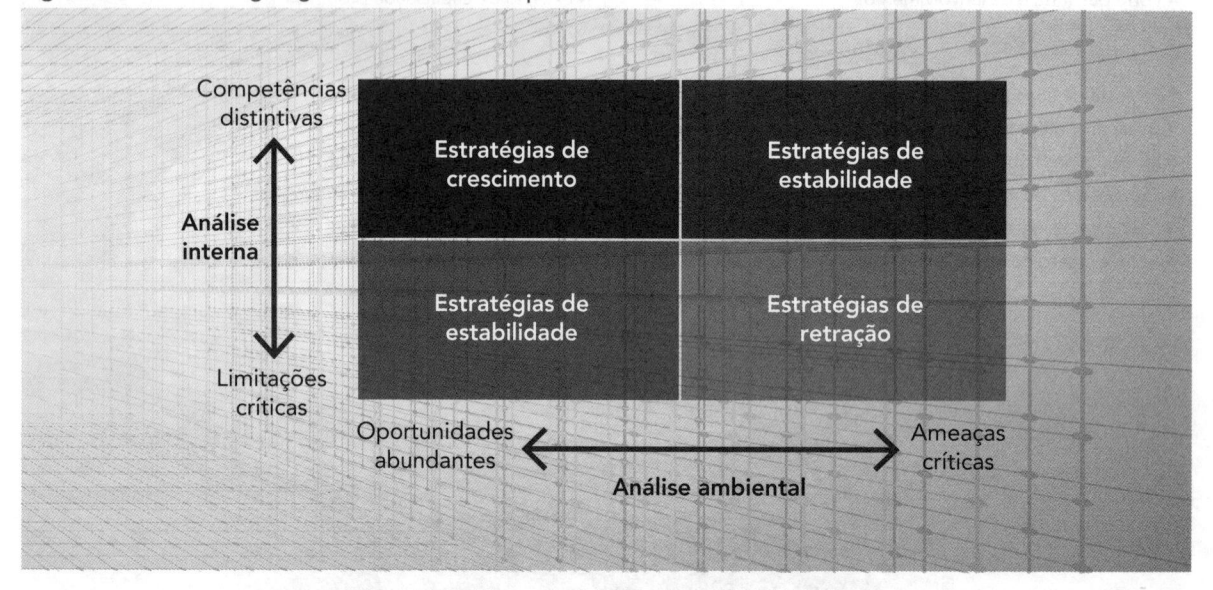

Análise interna: Competências distintivas ↕ Limitações críticas
Análise ambiental: Oportunidades abundantes ← → Ameaças críticas

	Oportunidades abundantes	Ameaças críticas
Competências distintivas	Estratégias de crescimento	Estratégias de estabilidade
Limitações críticas	Estratégias de estabilidade	Estratégias de retração

ESTRATÉGIAS DE CRESCIMENTO ›› A *estratégia de crescimento* é caracterizada pelo aumento do volume de operações da organização e pode ser promovida interna ou externamente. Ela se faz presente em organizações que continuamente procuram novas oportunidades no mercado e tentam lidar de forma proativa com ameaças ambientais.

O crescimento pode ser interno quando a organização adota uma **estratégia de expansão direta**, desenvolvendo e alargando os mercados em que está presente ou sua gama de produtos. Normalmente, é acompanhada pelo aumento da capacidade produtiva e do número de funcionários. De acordo com Ansoff, as estratégias de expansão direta podem ser classificadas como:[27]

- *Estratégia de penetração de mercado*: caracterizada pelo aumento do volume de vendas nos mercados em que a organização já está presente.
- *Estratégia de desenvolvimento de produto*: caracterizada pela oferta de novos produtos nos mercados em que a organização está inserida.
- *Estratégia de desenvolvimento de mercado:* caracterizada pela entrada da organização em novos mercados geográficos ou novos segmentos. A internacionalização é um exemplo típico desse tipo de estratégia.

O crescimento externo ocorre quando a organização expande sua atividade atual ou entra em novas áreas de negócio por meio de fusões ou da aquisição de outras organizações. As empresas optam por esse tipo de estratégia de crescimento em busca de sinergias ou para entrar em negócios nos quais não dispõem de competências distintivas. A *fusão* ocorre quando duas empresas, geralmente de tamanhos idênticos, juntam suas operações e passam a operar como uma só. Um exemplo de fusão é a união da cervejaria brasileira Ambev com a belga Interbrew,

> **Estratégia de expansão direta**
> Estratégia de crescimento orgânico da organização com o desenvolvimento ou alargamento dos mercados em que está presente ou de sua gama de produtos.

Em uma estratégia de crescimento orgânico, a Amil investiu R$ 450 milhões só em 2012 na expansão de sua rede de hospitais. Entre os projetos prioritários da Amil está a construção do Hospital das Américas, na Barra da Tijuca, zona oeste do Rio de Janeiro. Para além do mercado fluminense, no qual a empresa investirá R$ 640 milhões até 2014, a Amil quer crescer no interior de Campinas, nas capitais do Nordeste e em Minas Gerais. Além da estratégia de expansão direta, a Amil estuda ainda possibilidades de aquisição de outros hospitais, de forma a ampliar sua rede de 22 unidades no país.[28]

criando uma das maiores empresas mundiais do setor capaz de disputar a liderança com a norte-americana Anheuser-Busch. A *aquisição*, por sua vez, consiste na compra de uma empresa que passa a atuar como parte de uma organização maior, como a compra da canadense Inco pela Vale. Nos últimos anos, tem-se verificado uma tendência para a conglomeração empresarial por meio de fusões e aquisições.

As estratégias de crescimento também podem ser classificadas de acordo com sua relação com os negócios da empresa. Assim, quando a organização entra em novos negócios que lhe permitem compartilhar recursos, conhecimentos e habilidades e, dessa forma, obter sinergias, diz-se que ela optou por uma **estratégia de diversificação** *relacionada* (por exemplo, a entrada da Coca-Cola no negócio das águas minerais com a Aquarius). Por outro lado, quando uma organização entra em novos negócios ou indústrias não relacionados com o negócio original, diz-se que ela seguiu uma *estratégia de diversificação não relacionada* (como a compra da Duracell pela Gillette em 1996). O Quadro 5.3 exibe os resultados de uma pesquisa que procurou identificar, em diversos continentes, os principais motivos que levam as organizações de países em desenvolvimento a seguir uma estratégia de diversificação de seus negócios.[29]

Outra classificação para as estratégias de crescimento está relacionada com a ampliação do âmbito de operações e atividades realizadas ao longo do ciclo de

Estratégia de diversificação

Estratégia de crescimento caracterizada pela entrada em novos negócios que podem ser relacionados ou não com os negócios em que a organização está presente.

A gaúcha Gerdau, maior siderúrgica nacional, cansou de depender do "valor agregado" do aço, seu negócio principal. Impulsionada pela crise econômica internacional de 2008 que derrubou 30% do preço do aço, esmagando as margens da empresa, a Gerdau decidiu entrar no negócio de extração de minério, sua principal matéria-prima, em uma estratégia de integração vertical. Com a meta de se transformar em uma das maiores mineradoras do país, a Gerdau procura agora um sócio que invista mais de 2 bilhões de reais nesse novo negócio.[30]

Quadro 5.3 ›› Principais objetivos da diversificação (em porcentagem)

Razões para seguir uma estratégia de diversificação	Total geral	América Latina	Ásia	Oriente Médio	Sudeste Asiático	África
Entrar em uma nova atividade para crescer	37	32	9	25	34	54
Beneficiar-se de atividades complementares	18	20	3	33	22	12
Melhorar a posição de mercado	14	26	30	0	10	4
Diminuir efeitos cíclicos da concentração em uma indústria	12	15	7	0	14	11
Aproveitar-se dos benefícios obtidos em diversificações prévias	8	0	18	0	8	11
Entrar em uma nova atividade em função do declínio da atual	5	3	37	42	2	4
Obter maior proximidade com consumidores finais	2	0	0	0	7	0
Seguir a estratégia dos principais concorrentes	1	3	0	0	2	0
Controlar a distribuição de produtos intermediários ou finais	0	0	3	0	0	0

Fonte: NACHUM, L. Diversification strategies of developing firms. **Journal of International Management**, v. 5, 1999, p. 115-140.

produção de determinado bem ou serviço. Normalmente, a responsabilidade das várias atividades na cadeia produtiva de um produto é dividida por diversas empresas independentes que se relacionam entre si por meio de acordos comerciais. Quando uma organização expande suas atividades passando a executar outras da cadeia de produção do produto, que antes eram da responsabilidade de um fornecedor ou cliente, diz-se que ele seguiu uma *estratégia de integração vertical* (por exemplo, uma montadora de automóveis que compra uma fabricante de componentes). Quanto maior o controle da cadeia produtiva, maior será o grau de integração vertical da organização. Por sua vez, quando uma empresa adquire outra que executa a mesma atividade, ou seja, uma concorrente, diz-se que ela seguiu uma *estratégia de integração horizontal* (como a compra da Varig e da Webjet pela Gol).

ESTRATÉGIAS DE ESTABILIDADE ›› A *estratégia de estabilidade* é adotada por empresas que buscam manter o mesmo tamanho ou crescer de forma controlada, sendo caracterizada pela ausência de mudanças significativas nas orientações estratégicas da organização. As empresas que optam por esse tipo de estratégia procuram oferecer os mesmos produtos ou serviços aos mesmos clientes, de forma a manter sua rentabilidade e participação no mercado. Tendem também a implementar poucas alterações nos métodos de produção.

A estratégia de estabilidade é típica de organizações que apresentam desempenho satisfatório e que operam em um ambiente estável ou daquelas que experimentaram um período de elevado crescimento que demandou investimentos e mudanças organizacionais significativas recentemente.

A organização pode também adotar essa estratégia como decorrência de uma postura interna caracterizada pelo foco muito estreito, elevada especialização ou relutância em explorar novas oportunidades. Por outro lado, essa estratégia também pode ser consequência de uma necessidade, especialmente quando a empresa atua em um ramo de negócios que não cresce ou que não oferece novas oportunidades.

ESTRATÉGIAS DE RETRAÇÃO ›› A *estratégia de retração* é caracterizada pela redução do nível de operações de uma organização e ocorre quando a empresa passa por um período de dificuldades. Essas dificuldades podem ser consequência de pressões ambientais (por exemplo, mudanças nos hábitos de consumo) ou de problemas internos (como a ineficiência nos processos produtivos). É uma estratégia típica de organizações que operam em indústrias em declínio ou que buscam revitalizar-se. Para isso, concentram-se nas unidades de negócios mais lucrativas e centrais para a organização e diminuem os investimentos em negócios menos rentáveis ou não diretamente relacionados com a visão e a missão da empresa.

As estratégias de retração podem envolver o saneamento de unidades de negócio ou a saída de um negócio. A **estratégia de saneamento** consiste na tentativa de recuperação da rentabilidade de um negócio que apresenta desempenho abaixo do esperado. As medidas de saneamento só devem ser aplicadas quando, após uma análise das razões que levam à menor rentabilidade do negócio, a empresa verifica que é possível e desejável recuperá-lo. Alguns exemplos de estratégias de saneamento são:

- *Reestruturação*: estratégia caracterizada pela implementação de um conjunto de medidas que visa reduzir os custos de uma unidade de negócio por meio da eliminação de linhas de produtos, da venda de ativos, da substituição dos administradores ou de mudanças na estrutura organizacional.
- *Reengenharia*: estratégia caracterizada pelo mapeamento dos processos produtivos de forma a identificar redundâncias e desperdícios e, assim, aumentar a eficiência operacional.
- *Downsizing*: estratégia que consiste na redução do número de trabalhadores, de forma a revitalizar a organização.

A *estratégia de saída* de um negócio deve ser utilizada sempre que a corporação verificar que não há razões para recuperar um negócio que apresenta mau desempenho ou quando esse negócio deixa de ser estrategicamente interessante para a organização. A saída de um negócio pode ser feita por:

- *Desinvestimento*: estratégia que consiste na venda de unidades de negócio que não parecem ser centrais para a organização. É uma opção interessante, uma vez que pode permitir à empresa a recuperação dos investimentos realizados.
- *Liquidação*: estratégia caracterizada pelo encerramento das operações de uma unidade de negócio e venda de seus ativos. É uma opção pouco atrati-

> **Estratégia de saneamento**
> Estratégia de retração das atividades da organização com o propósito de recuperar a rentabilidade de um negócio que apresenta desempenho abaixo do esperado.

Após dois anos de estagnação, a lendária Harley-Davidson voltou a crescer no Brasil em 2011, mas, para isso, precisou começar tudo do zero. A empresa realizou uma reestruturação total na sua operação no Brasil. No início de 2011, as oito concessionárias, controladas pelo então sócio brasileiro Paulo Izzo, fecharam as portas. Simultaneamente, a matriz inaugurou duas novas revendedoras, uma em São Paulo e outra em Belo Horizonte. Ao longo desse ano, a Harley-Davidson inaugurou outras oito lojas, planejando abrir mais 10 nos próximos anos. Além disso, inaugurou uma nova fábrica em Manaus, abriu um centro de distribuição de peças e acessórios perto de São Paulo e montou um centro de treinamento para seus funcionários. O objetivo da matriz é fazer o Brasil, hoje o sétimo maior mercado da montadora, chegar a segundo ou terceiro em cinco anos.[31]

> A grife italiana Diesel, famosa pelas calças jeans, iniciou uma estratégia de liquidação em 2011 ao fechar suas quatro lojas próprias no Brasil. Baseada na estratégia de cobrar preços estratosféricos para envolver os famosos jeans numa aura de exclusividade, a empresa conseguia altas margens de lucro que garantiam bons resultados mesmo com um volume de peças vendidas inferior à média das lojas no exterior. Mas a situação mudou, sobretudo depois da forte queda do dólar, que incentivou viagens cada vez mais baratas ao exterior. Os pontos de venda da Diesel não suportaram a concorrência com as lojas da própria rede no exterior. Não vendo alternativas para recuperar o negócio e alterar o desempenho, o empresário Esber Hajli, que representava a marca no Brasil, decidiu encerrar as operações, demitindo aproximadamente 50 funcionários.[32]

va, em virtude da complexidade de todo o processo (implica questões legais, tributárias, trabalhistas etc.).

As organizações podem, simultaneamente, implementar duas ou mais das estratégias descritas. Aliás, na maioria dos casos, é exatamente isso o que acontece, ou seja, uma parte da organização busca uma estratégia de crescimento, ao passo que outra opta por uma estratégia de retração. Foi o que aconteceu na Vale quando Roger Agnelli assumiu a presidência – vendeu unidades não estratégicas para a organização (não ligadas ao setor da mineração) e comprou outras que se enquadravam na visão estratégica da empresa.

5.6.2 ›› Abordagem de portfólio

Uma estratégia corporativa bem-sucedida deve reconhecer que apenas as unidades de negócio competem, não a organização diversificada como um todo.[33] Dessa forma, os administradores de topo devem procurar desenvolver um mix de unidades estratégicas de negócio que proporcionem sinergias e desempenho superior a toda a organização. Essa perspectiva da estratégia corporativa com a administração de uma carteira de negócios é conhecida como abordagem de portfólio.

A **abordagem de portfólio** consiste na avaliação de cada uma das unidades de negócio com relação ao mercado em que competem e à estrutura interna da organização, com o objetivo de apoiar os gestores na formulação de estratégias corporativas que permitam melhorar o desempenho da organização. Os dois modelos mais utilizados nessa análise são a matriz BCG e a matriz GE/McKinsey.

MATRIZ BCG ›› A **matriz BCG** foi desenvolvida por Bruce Henderson, do Boston Consulting Group, e tem como objetivo auxiliar a administração de uma carteira de diferentes negócios por meio da gestão de seus fluxos financeiros. A matriz BCG concentra-se na análise de duas dimensões de uma unidade de negócio:

1. *Participação relativa no mercado*: representa a posição competitiva de cada negócio e sua capacidade para liberar meios financeiros. Quanto maior a participação de mercado, maior será a capacidade de liberação de meios financeiros, fruto de maiores economias de experiência e de escala.
2. *Taxa de crescimento do mercado:* está relacionada com a atratividade da indústria como um todo e com a necessidade de investimentos na unidade de negócio para acompanhar o crescimento do mercado. Quanto mais alta for a taxa de crescimento da indústria, maiores serão os investimentos necessários.

> **Abordagem de portfólio**
> Técnica de avaliação das unidades de negócio de uma organização diversificada com o objetivo de apoiar os gestores na formulação de estratégias corporativas que permitam melhorar seu desempenho.

> **Matriz BCG**
> Ferramenta gerencial que tem como objetivo auxiliar a administração de uma carteira de diferentes negócios por meio da representação gráfica da posição deles.

A combinação dessas duas dimensões permite identificar quatro categorias de portfólio corporativo, como ilustrado na Figura 5.13. Cada uma das unidades de negócio deve ser representada na matriz resultante por meio de um círculo proporcional à importância do negócio para a organização. Em função de sua posição na matriz, as unidades de negócio são classificadas como vaca leiteira, estrela, ponto de interrogação ou cachorro.

Figura 5.13 ›› Matriz BCG

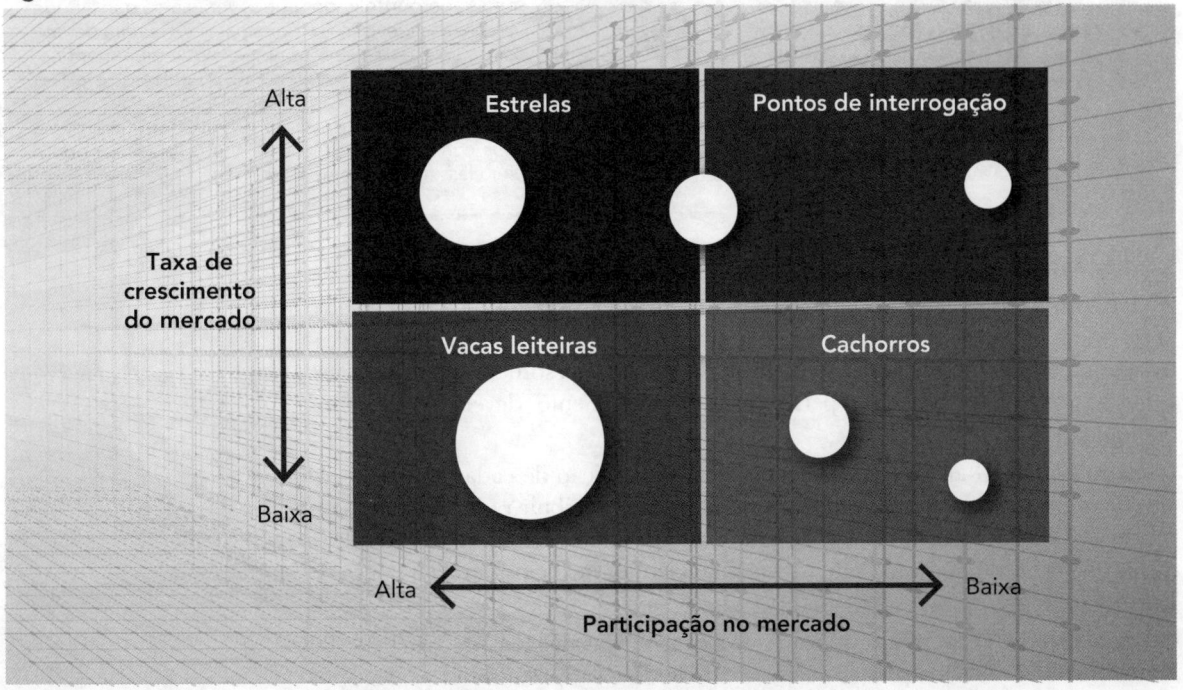

Uma unidade alocada na posição *vaca leiteira* refere-se a um negócio com uma participação dominante em uma indústria madura, com baixa taxa de crescimento. Esses negócios são geradores de elevados fluxos financeiros, uma vez que o crescimento lento do mercado não requer grandes investimentos por parte da organização, que são utilizados para financiar o crescimento de outros negócios.

Por sua vez, uma unidade alocada na posição *estrela* corresponde a um negócio que possui elevada participação no mercado, mas que necessita de grandes investimentos, por se encontrar em um mercado em crescimento. A necessidade de continuar a investir no negócio pode fazer com que este gere um fluxo de caixa negativo, mesmo que o negócio apresente lucros. Estrategicamente, a organização deve consolidar seus negócios estrela e manter a liderança no mercado, já que eles têm potencial para se transformar em negócios muito rentáveis (do tipo vaca leiteira) quando a indústria amadurecer e a taxa de crescimento do mercado diminuir.

A posição *ponto de interrogação* é relativa a um negócio que conta com pequena participação em uma indústria em rápido crescimento. Trata-se de um negócio arriscado que tanto pode se tornar estrela como fracassar. Esses negócios tendem a gerar fluxos financeiros negativos em razão da necessidade de investimentos pesados e apresentam baixa rentabilidade por estarem em uma posição competitiva fraca. Do ponto de vista estratégico, a organização deve investir nos negócios em que haja possibilidades de melhorar sua posição competitiva, transformando-os em negócios estrela, e abandonar os restantes.

O maior conglomerado de empresas do setor de mídia da América Latina, as Organizações Globo, atua em uma variedade de negócios, desde televisão aberta (Rede Globo), TV a cabo (Globosat), provedores de internet e TV satélite (Net), jornais (Infoglobo), rádio (Sistema Globo de Rádio), conteúdo de internet (globo.com) até editora, gravadora e produtora de cinema. Utilizando a matriz BCG para analisar o portfólio do grupo, verifica-se que a Rede Globo de televisão é a principal vaca leiteira da *holding*, ao passo que as empresas que atuam em negócios em crescimento como a Globosat e a Net podem ser classificadas como estrelas. Já as divisões estratégicas de rádio e gravadora, por causa dos constantes prejuízos na sua operação, podem ser classificadas como cachorros.

Por último, uma unidade alocada na posição *cachorro* está relacionada a negócios com um retorno deficiente, em um mercado estagnado. Esses negócios, apesar de terem uma posição competitiva fraca, geram fluxos financeiros modestos e equilibrados por causa da baixa necessidade de investimentos. No entanto, como não apresentam grandes perspectivas de crescimento, devem ser vendidos ou liquidados.

A matriz BCG ajuda a compreender qual é a posição de cada um dos negócios da organização e a estabelecer prioridades para distribuir racionalmente seus recursos. De acordo com o modelo, uma carteira de negócios equilibrada deve incluir negócios do tipo vaca leiteira que financiem os negócios estrela e ponto de interrogação.

A matriz BCG foi muito utilizada no decorrer das décadas de 1970 e 1980 e atualmente é criticada por gerar um olhar rígido e simplista sobre os negócios de uma organização. Por exemplo, baseados nessa análise, os gestores podem esquecer que as vacas leiteiras também precisam de investimentos para manter sua posição de liderança. De forma simultânea, os limites do que é considerado alto ou baixo crescimento são subjetivos. Muitas vezes, a fixação de limites altos pode fazer com que a empresa considere várias unidades de negócio como cachorros, abandonando negócios que geram fluxos financeiros importantes.

MATRIZ GE/MCKINSEY » A *matriz GE/McKinsey* é um modelo gerencial desenvolvido para a General Electric pela empresa de consultoria McKinsey e, tal como a matriz BCG, é utilizada para gerir uma carteira de diferentes negócios e estabelecer prioridades para distribuir os recursos de uma organização diversificada. Utiliza como critério para a classificação dos negócios duas dimensões agregadas:

1. *Atratividade da indústria*: definida por um conjunto de indicadores como dimensão do mercado, taxa de crescimento do mercado, rentabilidade da indústria, estrutura concorrencial, política de preços, emergência de oportunidade e ameaças ambientais, entre outros.

2. *Posição concorrencial da organização*: representa a posição da empresa perante seus concorrentes, dada por fatores como dimensão da unidade de negócio, participação no mercado, rentabilidade do negócio, capacidade tecnológica, qualidade de administração, imagem e taxa de crescimento do negócio.

Depois de selecionar as variáveis mais significativas que devem ser utilizadas em cada dimensão, elas precisam ser ponderadas de acordo com sua importância relativa e avaliadas segundo uma escala que varia de 1 (muito desfavorável) a 9 (muito favorável). O Quadro 5.4 apresenta um exemplo da análise de uma unidade de negócio.

Quadro 5.4 ›› Avaliação de uma unidade de negócio

Atratividade da indústria	Ponderação	Avaliação	Classificação
Dimensão do mercado	0,20	7	1,4
Taxa de crescimento do mercado	0,35	4	1,4
Rentabilidade da indústria	0,25	8	2,0
Estrutura concorrencial	0,15	6	0,9
Total			5,7
Posição concorrencial da organização	Ponderação	Avaliação	Classificação
Participação no mercado	0,20	7	1,4
Rentabilidade da unidade de negócio	0,40	9	3,6
Capacidade tecnológica	0,10	8	0,8
Qualidade da administração	0,30	8	2,4
Total			8,2

A posição da unidade de negócio na matriz é determinada pela classificação em cada uma das dimensões de análise, como ilustra a Figura 5.14. Cada unidade de negócio é representada por um círculo de tamanho proporcional à sua importância para a organização.

O posicionamento dos negócios na matriz permite decidir quais são as opções estratégicas mais adequadas para aquele negócio. Assim, no caso de negócios situados no canto superior esquerdo da matriz, o modelo recomenda o investimento para que a unidade cresça de forma sustentada. Para negócios situados na diagonal, o modelo recomenda uma estratégia de investimento seletivo a fim de melhorar a posição dos negócios que demonstrem potencial de crescimento. Por último, para negócios situados no canto inferior direito, a matriz sugere o desinvestimento e o abandono dos negócios.

Figura 5.14 ›› Matriz GE/McKinsey

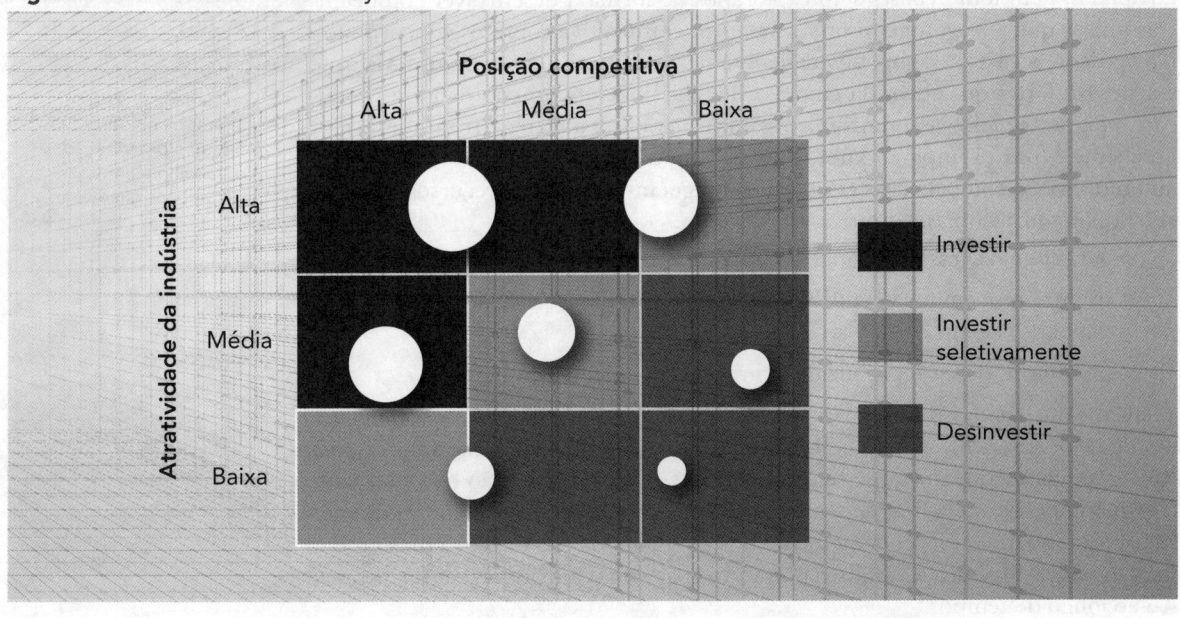

A matriz GE/McKinsey é um modelo de análise do portfólio corporativo mais sofisticado e complexo que a matriz BCG, porque suas dimensões de análise – a atratividade da indústria e a posição concorrencial – incluem um conjunto maior de fatores para avaliar o ambiente externo e a situação interna da organização. Isso permite uma maior aproximação da realidade e maior flexibilidade na análise. No entanto, a subjetividade da ponderação e da avaliação das variáveis e o caráter demasiado vago das recomendações estratégicas são apontados como as principais limitações desse modelo.

5.7 ›› Formulação estratégica de nível de negócio

Enquanto a estratégia de nível corporativo define quais negócios a organização deve priorizar, alocando recursos, fazendo investimentos ou alienando unidades de negócio, a *estratégia de nível de negócio* tem como objetivo definir como a unidade deve competir para conseguir alcançar uma posição de superioridade em relação a seus concorrentes.

5.7.1 ›› Vantagem competitiva e competências essenciais

Vantagem competitiva é um conceito central para a administração estratégica. Para poder coexistir com outras empresas, cada organização precisa ser diferente e possuir uma característica única que a distinga das restantes. Essa característica única denomina-se **vantagem competitiva**. Considera-se que uma empresa tem vantagem competitiva quando domina e controla recursos, conhecimentos ou habilidades que a diferenciam de seus concorrentes, de forma a oferecer mais valor a seus clientes.

> **Vantagem competitiva**
> Característica ou conjunto de características de uma organização que lhe permitem diferenciar-se dos seus concorrentes e oferecer mais valor aos seus clientes.

Alguns exemplos de vantagens competitivas são: uma qualidade superior do produto oferecido, o domínio exclusivo de fontes de matéria-prima ou de tecnologias de ponta, o pioneirismo na inovação, uma linha de produção eficiente e de baixo custo, uma imagem de marca forte, a posse de recursos financeiros, um bom sistema de distribuição e um atendimento excepcional ao cliente.

Apesar de todas as empresas terem recursos e capacidades para realizar suas atividades, nem todas conseguem explorá-los de forma a desenvolver competências únicas que lhes garantam uma vantagem competitiva sobre os concorrentes. Na verdade, a raiz da competitividade está nas **competências essenciais**, que são pontos fortes distintivos da empresa que lhe possibilitam coordenar a produção, integrar tecnologias, otimizar a organização do trabalho e entregar mais valor ao cliente[34] (por exemplo, o know-how da Honda na fabricação de motores de automóveis). As competências essenciais distinguem-se de outros recursos ou capacidades organizacionais, porque:

> **Competências essenciais**
> Recursos ou capacidades organizacionais distintivos que possibilitam coordenar a produção, integrar tecnologias, otimizar a organização do trabalho e entregar mais valor ao cliente.

- garantem o acesso potencial à ampla variedade de mercados;
- traduzem-se em uma contribuição significativa para a satisfação das necessidades dos clientes;
- são difíceis de ser reproduzidas e imitadas pelos concorrentes.

Cabe aos administradores descobrir o que suas empresas fazem excepcionalmente bem, desenvolvendo as competências essenciais de forma a fortalecer uma vantagem competitiva perante seus concorrentes. No entanto, não basta ter vantagem competitiva; ela deve ser sustentada no longo prazo. De fato, para manter sua superioridade, independentemente dos movimentos dos concorrentes ou das mudanças na estrutura da indústria, as vantagens competitivas devem ser *sustentáveis* ao longo do tempo.[35]

A Apple é hoje mais do que uma empresa. É um ícone cultural que seduz milhões de fãs em todo o planeta. A empresa conseguiu ao longo do tempo desenvolver uma capacidade de inovação e design que lhe confere uma importante vantagem competitiva perante seus concorrentes. Seus produtos superam a expectativa dos consumidores em termos de tecnologia, design e funcionalidade e deixam as outras empresas do setor bem atrás. Além disso, a empresa conta com canais de venda próprios. Esse acompanhamento possibilita uma série de benefícios, como controle de preços, ausência de concorrência no ponto de venda e o desenvolvimento de ambientes temáticos que ajudam na construção da lealdade à marca.[36]

5.7.2 ›› O modelo das cinco forças competitivas

> **Modelo das cinco forças competitivas**
> Modelo que busca avaliar a atratividade de uma indústria com base em cinco forças competitivas: a ameaça de novos entrantes e de produtos substitutos, o poder de barganha de fornecedores e clientes e a rivalidade entre os concorrentes estabelecidos.

Michael Porter, professor da Harvard Business School, propõe um modelo para apoiar a formulação das estratégias de negócio, segundo o qual a atratividade de uma indústria depende de **cinco forças competitivas**.[37] Porter introduziu instrumentos da análise econômica na formulação de estratégias, mostrando como um sistema de cinco forças influencia a natureza e o nível da competição na indústria e seu potencial de lucratividade. Segundo o autor, as raízes da competição estão na economia subjacente e em forças competitivas que atuam sobre as empresas, e não apenas nos concorrentes diretos.

Assim, uma organização deve formular sua estratégia de negócio analisando as cinco forças competitivas que caracterizam a estrutura da indústria em que está inserida, a saber: a ameaça de novos entrantes, a ameaça de produtos substitutos, o poder de barganha dos fornecedores, o poder de barganha dos clientes e a rivalidade entre os concorrentes estabelecidos (veja a Figura 5.15).

AMEAÇA DE NOVOS ENTRANTES ›› A ameaça de entrada de novos concorrentes é um importante condicionante da rentabilidade da indústria, em virtude do aumento da rivalidade que ela pode provocar. A força da ameaça depende das *barreiras à entrada* e da *reação dos concorrentes atuais*. Se as barreiras forem elevadas e a reação esperada das empresas existentes for vigorosa, a ameaça de entrada é reduzida e a atratividade dessa indústria, elevada.

As barreiras à entrada limitam a possibilidade de novas empresas entrarem na indústria. As principais barreiras são:

- a *existência de economias de escala*, que fazem com que o novo entrante tenha que realizar investimentos pesados em marketing, produção e pesquisa;
- a *diferenciação dos produtos* já existentes no mercado, o que obriga o novo entrante a vencer a lealdade dos consumidores com as empresas instaladas;
- as *exigências de capital* não apenas para montar uma estrutura produtiva, mas também para promover e desenvolver os produtos;
- a dificuldade de *acesso aos canais de distribuição*;
- a *política regulatória governamental*, que pode limitar (ou até impedir) a entrada em muitas indústrias, utilizando medidas de controle, como licenças, ou fazendo exigências ambientais, tributárias ou outras.

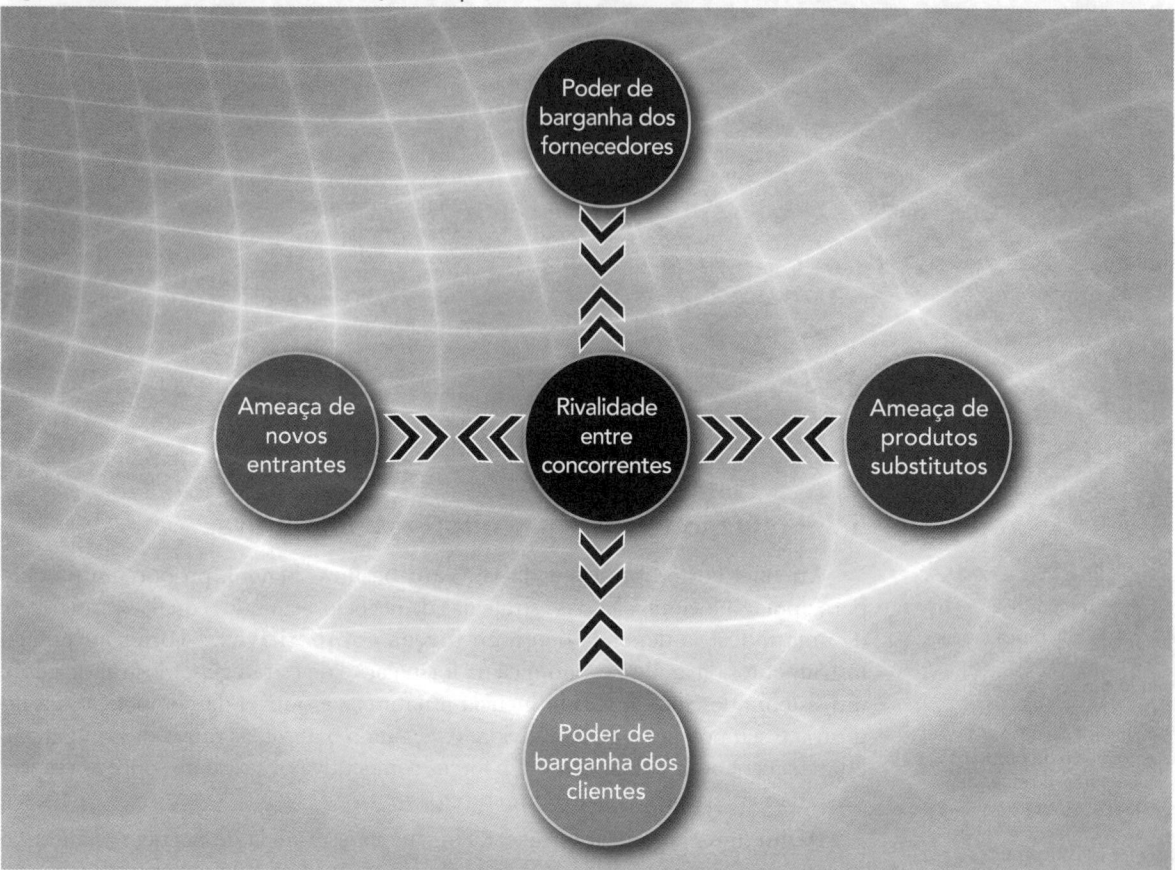

Figura 5.15 ›› Modelo das cinco forças competitivas

Poder de barganha dos fornecedores

Ameaça de novos entrantes › Rivalidade entre concorrentes ‹ *Ameaça de produtos substitutos*

Poder de barganha dos clientes

As expectativas quanto à reação das empresas estabelecidas na indústria também influenciam a ameaça de novas entradas. As seguintes condições permitem prever forte retaliação:

- a *posse de recursos* substanciais para reagir – ativos em excesso, capacidade de endividamento não utilizada, capacidade produtiva não utilizada, domínio dos canais de distribuição;
- o *comprometimento das empresas instaladas* na indústria, em razão de elevados investimentos em ativos fixos;
- a *baixa taxa de crescimento da indústria*, o que limita a capacidade das empresas de absorver a nova entrante sem afetar sua rentabilidade.

AMEAÇA DE PRODUTOS SUBSTITUTOS ›› Todas as empresas estão também em competição com empresas de outras indústrias que fazem produtos substitutos, ou seja, aqueles que podem desempenhar a mesma função e satisfazer as mesmas necessidades dos clientes. Tais produtos limitam a rentabilidade potencial de uma indústria, colocando um teto nos preços que as empresas podem praticar. Quanto maior a pressão dos produtos substitutos, menor será a atratividade da indústria. Por exemplo, tendências ambientais relativas a mudanças nos gostos do consumidor, cada vez mais conscientizado acerca da saúde e preocupado com a beleza física, têm influenciado a queda nas vendas de açúcar, em consequência da troca por seu produto substituto, o adoçante. Os produtos substitutos que merecem atenção especial são aqueles cuja relação preço-rendimento é superior à dos produtos da indústria, ou são produzidos em indústrias altamente rentáveis.

Como maior fabricante brasileira de computadores, a Positivo tem grande poder de barganha sobre os fornecedores de componentes. Com uma capacidade instalada para produzir 250 mil computadores por mês na sua fábrica em Manaus, a empresa pode negociar condições muitos favoráveis com seus fornecedores. Além disso, ela busca reduzir o poder destes ao fabricar internamente até metade do volume de placas-mãe e monitores que consome na sua produção.[38]

PODER DE BARGANHA DOS FORNECEDORES ›› Fornecedores com muito poder de barganha podem reduzir a rentabilidade de uma indústria, já que as empresas têm menos condições para defender seus interesses. Os fornecedores têm maior poder de barganha quando: são pouco numerosos e concentrados, dominando assim a indústria; não existem produtos substitutos, visto que a empresa depende de suas condições de preço, qualidade e quantidade; a indústria abastecida não constitui um cliente importante para os fornecedores; os produtos fornecidos são diferenciáveis ou apresentam elevados custos de mudança; e constituem uma ameaça de integração vertical, ou seja, podem optar por entrar na indústria como concorrente.

PODER DE BARGANHA DOS CLIENTES ›› Os clientes atuais e potenciais também influenciam a competição na indústria na medida em que podem provocar a diminuição dos preços e exigir maior qualidade e nível de serviço, à custa da rentabilidade da indústria. Os compradores têm elevado poder de barganha quando: são poucos, concentrados e compram em grande volume; são pouco afetados pela qualidade dos produtos oferecidos; os produtos adquiridos são indiferenciáveis; os custos de mudança de fornecedor são baixos; possuem informação completa sobre a estrutura de custos de produção, preços, procura etc.; percebem que os produtos podem ser substituíveis; e constituem uma ameaça de integração vertical, ou seja, podem optar por fabricar os produtos comprados.

RIVALIDADE ENTRE OS CONCORRENTES ESTABELECIDOS ›› A rivalidade em uma indústria existe porque um ou mais concorrentes se sentem pressionados ou veem oportunidades para melhorar sua posição competitiva. Seus movimentos originam retaliação ou esforços para anulá-los por parte das empresas concorrentes. Muitas formas de concorrência, principalmente as guerras de preços, são bastante instáveis e afetam negativamente a rentabilidade da indústria. Por outro lado, guerras de publicidade podem expandir a procura e elevar o nível de diferenciação dos produtos da indústria, beneficiando todas as empresas.

Uma rivalidade intensa pode ser consequência de um número elevado de concorrentes; equilíbrio de forças entre os concorrentes instalados; elevados custos fixos, que colocam pressão nas empresas para utilizar sua capacidade ao máximo, o que conduz muitas vezes a reduções de preços; uma taxa elevada de crescimento da indústria; e inexistência de diferenciação entre os produtos e custos de mudança.

Além disso, quando os concorrentes são confrontados com altas *barreiras à saída*, também se verifica um aumento da rivalidade, o que faz com que continuem a investir, mesmo sob condições de lucros decrescentes. Essas barreiras à saída incluem: custos fixos de saída, como indenizações; a posse de ativos especializados, com baixo valor de liquidação ou elevados custos de conversão ou transferência; as relações estratégicas com outros negócios da organização; restrições de ordem social ou legal; e barreiras emocionais dos gestores em tomar a decisão de saída, por razões de identificação com o negócio, lealdade, medo ou orgulho.

O Quadro 5.5 apresenta um resumo de todos os fatores que influenciam essas cinco forças competitivas.

A análise dessas cinco forças determina a atratividade da indústria em que uma empresa atua. Quanto mais favoravelmente essas forças se configurarem, maior atratividade terá essa indústria para que uma empresa se instale. O objetivo estratégico da empresa é encontrar uma posição no setor em que ela melhor possa se defender contra essas forças ou influenciá-las a seu favor.

Uma vez analisadas as forças que afetam a competição e suas causas básicas, os administradores podem identificar os pontos fortes e fracos da empresa. Então, a formulação da estratégia poderá ser a divisão de um plano de ação que incluirá:

- posicionar a empresa de forma que suas competências forneçam defesa contra a força competitiva;
- influenciar o equilíbrio das forças por meio de ações estratégicas, melhorando a posição competitiva da empresa;
- antecipar mudanças nos fatores básicos das forças, respondendo com a exploração da mudança e escolhendo uma estratégia para o novo equilíbrio competitivo antes que os oponentes a reconheçam.

O modelo de Porter é criticado por focar exclusivamente características da indústria e ignorar outros fatores ambientais que também podem influenciar a dinâmica competitiva dela com efeitos importantes sobre a organização.

Quadro 5.5 ›› Fatores que influenciam as cinco forças competitivas

Ameaça de novos entrantes	Ameaça de produtos substitutos
■ Existência de barreiras à entrada: 1. economias de escala; 2. diferenciação do produto; 3. exigências de capital; 4. acesso a canais de distribuição; 5. política governamental. ■ Retaliação dos concorrentes instalados: 1. posse de recursos para retaliar; 2. comprometimento com a indústria; 3. baixa taxa de crescimento da indústria.	■ Capacidade dos produtos substitutos de satisfazerem as necessidades dos clientes. ■ Existência de custos de mudança de produto ou de fornecedor. ■ Qualidade dos produtos substitutos. ■ Grau de diferenciação dos produtos. ■ Relação entre preço e desempenho dos produtos substitutos em comparação com os produtos da indústria.
Poder de barganha de fornecedores e clientes	**Rivalidade entre concorrentes estabelecidos**
■ Quantidade e grau de concentração de fornecedores ou clientes. ■ Produtos são diferenciáveis ou únicos. ■ Existência de custos de mudança de fornecedor ou comprador. ■ Possibilidade de integração vertical das atividades realizadas pela indústria. ■ Importância dos produtos para a estrutura de custos de produção do comprador. ■ Volume de transações com a indústria. ■ Existência de produtos substitutos. ■ Posse de informação completa sobre preços, custos, procura etc.	■ Quantidade de concorrentes. ■ Taxa elevada de crescimento da indústria. ■ Custos fixos elevados. ■ Diversidade de estratégias e objetivos. ■ Equilíbrio de forças entre os concorrentes. ■ Diferenciação entre os produtos ofertados. ■ Existência de barreiras à saída: 1. custos fixos de saída; 2. posse de ativos especializados; 3. relações estratégicas com outros negócios; 4. restrições legais e sociais à saída; 5. barreiras emocionais etc.

Fonte: Adaptado de PORTER, M. How competitive forces shape strategy. **Harvard Business Review**, mar./abr., 1979.

5.7.3 ›› As estratégias competitivas de Porter

O quadro conceitual da análise das cinco forças competitivas tem como objetivo ajudar os gestores a formular estratégias que possam consolidar suas vantagens competitivas sustentáveis em determinada indústria. A combinação entre os dois tipos básicos de vantagem competitiva e o escopo de atividades da empresa define três estratégias competitivas: diferenciação, liderança em custos e foco, podendo este funcionar com ênfase no custo ou na diferenciação (veja a Figura 5.16).[39]

Figura 5.16 ›› Estratégias competitivas de Porter

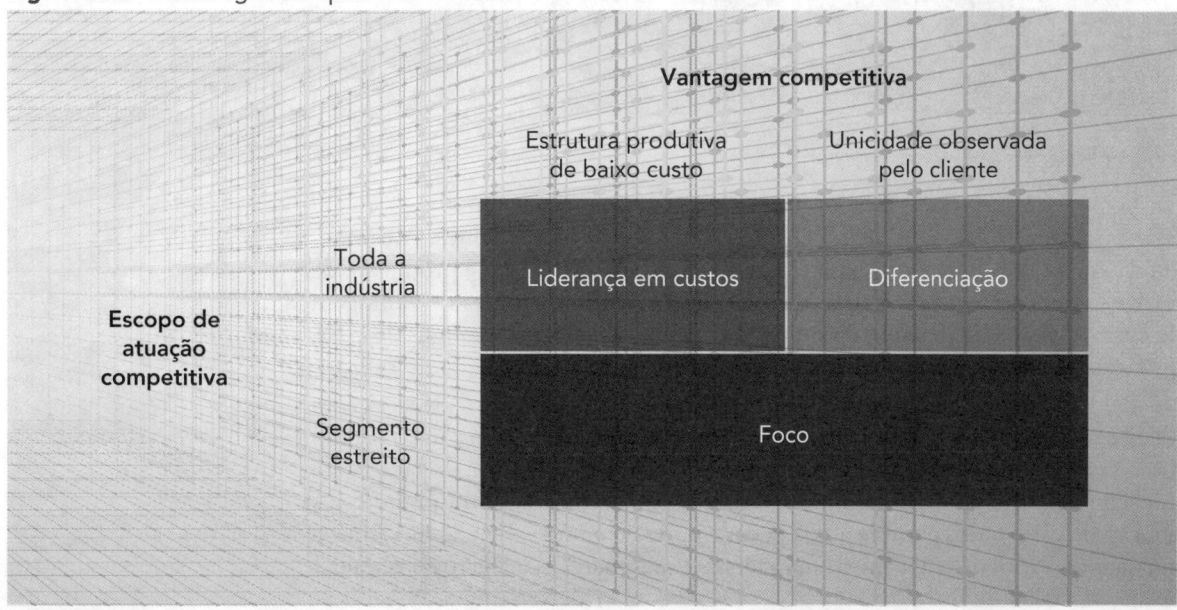

	Vantagem competitiva	
	Estrutura produtiva de baixo custo	Unicidade observada pelo cliente
Toda a indústria	Liderança em custos	Diferenciação
Segmento estreito	Foco	

Escopo de atuação competitiva

> **Estratégia de liderança em custos**
> Estratégia competitiva que busca posicionar a empresa como a mais eficiente da indústria, de forma a permitir-lhe praticar preços mais baixos para seus clientes.

As estratégias de liderança em custos e de diferenciação buscam o alcance de vantagens competitivas para atuar em toda a indústria, ao passo que a estratégia de foco visa a uma vantagem de custo ou diferenciação em um segmento estreito.

LIDERANÇA EM CUSTOS ›› A **estratégia de liderança em custos** consiste no posicionamento da empresa como a mais eficiente da indústria, de

A montadora italiana Fiat, famosa pela produção de carros populares, lançou em 2010 um novo carro de baixo custo, o novo Uno. Para implementar a estratégia de liderança em custos, a montadora utiliza nanotecnologia nos processos de produção do modelo. Essa inovação, que permite a elaboração de novos materiais a partir da reorganização de átomos, tem entre os benefícios reduzir a utilização de metais na construção de veículos. E, com ela, a Fiat consegue tornar o processo de produção do carro ainda mais barato. Menos de dois anos depois do lançamento, a empresa reconquistou a liderança do mercado, superando o Gol da Volkswagen.

> A Starbucks ilustra bem a estratégia de diferenciação. A empresa, maior rede de cafeterias do mundo, transformou o simples e corriqueiro ato de tomar um cafezinho em uma verdadeira experiência – a experiência Starbucks. Para conquistar os consumidores e se diferenciar da concorrência, a empresa se dedica a fazer do momento do café uma grande oportunidade de bem-estar, uma sensação de luxo acessível. A diferenciação é percebida especialmente nos funcionários e nos pontos de venda. Os primeiros são constantemente orientados a agir de acordo com um padrão de comportamento. Já os pontos de venda conseguem aliar espaço gastronômico com as necessidades da vida moderna, como Wi-Fi e locais confortáveis e aconchegantes, que possibilitam aos clientes tomar um café de qualidade enquanto trabalham ou estudam.[40]

forma a permitir-lhe oferecer preços mais baixos para seus clientes. A estratégia da empresa se concentra na redução de custos de instalação e produção, de forma que sejam menores que os de seus concorrentes. As fontes de vantagem de custo variam e dependem da indústria, podendo incluir economias de escala, tecnologia patenteada, acesso preferencial a matérias-primas, entre outras.

Por meio desse tipo de estratégia, a empresa tem condições de se proteger com relação às cinco forças competitivas da indústria. O preço baixo age como barreira forte à entrada de outros concorrentes, como vantagem negocial na relação com os clientes e fornecedores e como defesa contra potenciais produtos substitutos. A posição de custo baixo permite ainda que a empresa continue obtendo lucros mesmo quando vários de seus concorrentes tenham suas margens de lucro consumidas pela competição.

DIFERENCIAÇÃO » A **estratégia de diferenciação** consiste na oferta, para todo o mercado, de produtos e serviços considerados únicos e diferenciados por seus clientes. A empresa seleciona um ou mais atributos que os compradores consideram importantes, posicionando-se de forma diferenciada para satisfazer suas necessidades. A diferenciação pode estar na qualidade (Mercedes-Benz), no atendimento pós-venda, na assistência técnica, na marca ("É uma Brastemp!"), no design (canetas Montblanc), entre outros.

> **Estratégia de diferenciação**
> Estratégia competitiva que busca posicionar a empresa diferenciando sua oferta de produtos e serviços em relação à de seus concorrentes em alguns atributos-chave.

A estratégia de diferenciação permite que a empresa cobre um preço-prêmio e assegure a fidelização dos clientes. As empresas que buscam seguir uma estratégia de diferenciação precisam investir em marketing e promoção para ressaltar as características diferentes do produto que ela oferece, assim como ter competências internas (por exemplo, uma área forte de P&D) que lhes permitam oferecer produtos inovadores.

FOCO OU NICHO DO MERCADO » Ao seguir uma **estratégia de foco**, a organização direciona seus esforços para um segmento específico de mercado – um grupo de clientes ou uma região geográfica. Assim, procura obter uma vantagem competitiva em seus segmentos-alvo, embora não a possua na indústria. Nesse segmento de clientes ou geográfico, a empresa pode optar por desenvolver uma vantagem competitiva baseada na diferenciação ou nos custos.

> **Estratégia de foco**
> Estratégia competitiva que busca direcionar os esforços de uma empresa para um segmento específico de mercado.

A estratégia de foco baseia-se no pressuposto de que a empresa será capaz de atender melhor seu alvo estratégico do que os concorrentes que buscam atuar em toda a indústria. O alvo estratégico deve ser suficientemente estreito, de modo a permitir que a empresa o atenda da forma mais eficaz possível, podendo ser defini-

O relançamento pela Nissan do modelo Datsun, previsto para 2014, é um bom exemplo de uma estratégia de foco baseada em custos. A Nissan, presidida pelo brasileiro Carlos Gosh, desenvolveu o novo modelo para ser um carro de baixo custo direcionado exclusivamente para mercados emergentes, como Índia, Indonésia e Rússia. Os novos Datsuns, cujo modelo original é de 1931, serão pequenos e baratos, e terão um desempenho e detalhes de design muito inferiores aos outros modelos da marca.[41]

do com base nas características demográficas, sociais, psicológicas dos clientes ou em uma área geográfica.

Uma empresa que não alcança nenhuma das estratégias descritas está no *meio-termo*, e não possui qualquer vantagem competitiva. Essa posição estratégica é geralmente uma receita para um desempenho abaixo da média. Uma empresa que está no meio-termo só terá atrativos se a estrutura de sua indústria for realmente favorável, mas, mesmo assim, será muito menos lucrativa que os concorrentes que seguem uma das estratégias competitivas.

Para Porter, embora não possa existir mais que uma organização líder em custo, é possível haver várias empresas perseguindo e obtendo sucesso com uma estratégia de diferenciação, desde que cada uma delas se especialize em características ou atributos distintos das demais e que haja um número suficientemente grande de clientes que valorizem individualmente cada um desses atributos e características. Assim, para formular uma estratégia de negócio, os administradores devem fazer uma análise cuidadosa da indústria, por meio do modelo das cinco forças competitivas, e optar por uma das estratégias citadas anteriormente, cujo principal objetivo é a obtenção de uma vantagem competitiva que diferencie a empresa de seus concorrentes.

A sustentabilidade das estratégias propostas por Porter exige que a vantagem competitiva de uma empresa resista à erosão provocada pela ação da concorrência ou pela evolução da indústria. Para isso, os dirigentes precisam criar barreiras que dificultem a imitação de sua estratégia, como o uso de patentes ou acordos de exclusividade com fornecedores ou clientes. De qualquer modo, é fundamental que os administradores sejam proativos para manter as bases de sua vantagem sobre os concorrentes.

5.8 ›› Formulação estratégica de nível funcional

As estratégias de nível funcional são formuladas pelos departamentos da empresa e constituem planos de ação que servem para sustentar a estratégia de nível de negócio. Por meio delas se define o papel de cada área funcional de forma a apoiar a estratégia de negócio, especificando os objetivos das áreas funcionais, bem como as ações necessárias para alcançá-los. As estratégias funcionais são mais detalhadas e abrangem horizontes temporais menores que as estratégias de negócios. É necessário, no entanto, que elas sejam coordenadas entre si para evitar conflitos e a natural tendência de tratar o departamento como uma unidade organizacional independente de outras. É apenas no seu conjunto que as estratégias funcionais coordenadas contribuem para a realização das estratégias de negócio.

5.8.1 ›› Estratégia de operações

A área de produção e operações é responsável pela transformação de matérias-primas em produtos e serviços. Decisões estratégicas relacionadas a essa área funcional envolvem processos de planejamento da produção, a produção e as instalações produtivas (o layout fabril, a capacidade produtiva, a tecnologia e equipamentos de produção e a localização das instalações), assim como as formas de organização do trabalho.

Alguns autores defendem a necessidade de maior proximidade entre a estratégia de negócio e a estratégia de operações, sugerindo que as empresas devam superar o hábito de negligenciar a função produção, passando a vê-la como uma importante fonte de vantagem competitiva.[42] Por exemplo, a estratégia de liderança em custos depende de uma estratégia de operações que promova uma estrutura de custos de produção eficiente e evite desperdícios. As questões relacionadas com a área de produção e operação serão detalhadas no Capítulo 9.

5.8.2 ›› Estratégia de marketing

A área de marketing faz a ligação entre a organização e o mercado e tem como principal objetivo promover trocas que garantam a satisfação dos clientes e o alcance dos objetivos organizacionais. Decisões estratégicas na área de marketing dizem respeito à definição do posicionamento pretendido para os produtos da empresa. Isso envolve o desenvolvimento de produtos que atendam as necessidades dos clientes, a elaboração de uma política de comunicação que promova seus produtos, a definição de uma política de preços e a escolha dos canais de distribuição mais adequados.

A estratégia de marketing é um instrumento fundamental para desenvolver uma estratégia de diferenciação, posicionando os produtos da organização como únicos. É por essa razão que empresas como a Coca-Cola apostam tão fortemente no desenvolvimento de seus produtos, em sua promoção e na escolha de canais de distribuição que lhes garantam o alcance dos objetivos estratégicos. As questões relacionadas com as decisões de marketing serão analisadas com mais profundidade no Capítulo 10.

No final dos anos 1990, a São Paulo Alpargatas, responsável pela marca de sandálias Havaianas, tomou uma decisão estratégica na área de marketing: reposicionar a marca na visão dos clientes. Para fazer das sandálias um sinônimo de moda e elegância, em substituição à visão de um produto barato e popular, a empresa desenvolveu e lançou uma nova sandália, com maior valor agregado, chamada na época de *Havaianas Top*. As ações estratégicas no marketing desse novo produto foram intensas. Exemplo disso são as várias campanhas publicitárias que foram criadas e que contavam com a participação de artistas e celebridades, como Gisele Bündchen e Malu Mader.

> Com uma estrutura de carreira fechada, a estratégia de recursos humanos do Banco Bradesco é contratar apenas profissionais para os níveis hierárquicos mais baixos e, com o tempo, desenvolvê-los internamente. A empresa acredita que essa estratégia gera no funcionário maior comprometimento, pois o empregado obtém *feedback* sobre suas perspectivas e potencial de crescimento dentro da instituição. Por essa razão, não é de estranhar que mais de 90% da diretoria do Bradesco tenha começado do zero no banco.[43]

5.8.3 ›› Estratégia de recursos humanos

A estratégia de recursos humanos diz respeito às políticas de gestão de pessoas no contexto organizacional, ou seja, no que se refere à atração, à motivação e ao comprometimento da força de trabalho da organização. Dessa forma, decisões relativas ao recrutamento de novos funcionários, ao desenvolvimento dos trabalhadores, à avaliação do desempenho, aos sistemas de recompensa, entre outras, contribuem para implementar com sucesso determinada estratégia competitiva.

Por exemplo, no caso de a estratégia empresarial demandar o desinvestimento em algumas áreas, a estratégia de recursos humanos deve procurar enxugar ou realocar os funcionários em outros departamentos da organização. Em contrapartida, se a vantagem competitiva que a empresa busca desenvolver se basear na inovação, a estratégia de recursos humanos deve estimular uma cultura de participação e atrair pessoas criativas para seus quadros. O Capítulo 11 aprofundará as questões relacionadas com a administração de recursos humanos na organização.

5.8.4 ›› Estratégia financeira

A área financeira é responsável pela administração dos recursos financeiros de uma organização. As decisões estratégicas relacionadas com essa área funcional dizem respeito à definição da política de investimento (aplicação de recursos), da política de financiamento (captação de recursos) e da política de dividendos (distribuição e reinvestimento dos lucros). Em virtude da abrangência e do impacto de suas decisões, a estratégia financeira desempenha papel fundamental na sustentação da estratégia de uma unidade de negócio. No Capítulo 12, serão analisadas em detalhes as questões envolvidas com a estratégia financeira das organizações.

5.9 ›› Implementação e controle estratégico

> **Implementação estratégica**
> Etapas do processo de administração estratégica que consistem na execução de um conjunto de tarefas e ações gerenciais com o objetivo de colocar a estratégia em prática.

Conforme já foi destacado, as etapas finais na descrição do processo de administração estratégica são a implementação e o controle da estratégia. A **implementação estratégica** é uma das etapas mais difíceis do processo e engloba a execução de um conjunto de tarefas e ações gerenciais com o objetivo de colocar a estratégia em prática. Afinal, sem uma adequada implementação, a formulação estratégica pode se tornar apenas boa intenção.

Para ser bem-sucedida, a implementação estratégica requer a congruência entre todos os sistemas da organização e a estratégia. Estrutura organizacional, estilos e práticas de liderança, sistemas de informação e controle, entre outros, devem estar alinhados com a estratégia da organização. Implementar a estratégia implica tomar decisões difíceis que sustentem e garantam o comprometimento de todos com a visão estratégica da empresa.

De fato, implementar uma nova estratégia implica, na maioria dos casos, fazer mudanças na estrutura organizacional. Como afirmou Alfred Chandler, a "estrutura segue a estratégia". Chandler foi o primeiro a observar que as mudanças nas estruturas organizacionais refletem as mudanças nas estratégias de uma organização. Só quando essas duas dimensões se alinham é possível otimizar o desempenho organizacional. As várias etapas pelas quais as estruturas organizacionais passam – de uma estrutura simples para uma estrutura funcional e divisional – refletem as mudanças estratégicas da organização e buscam responder à maior complexidade resultante da diversificação de produtos, clientes ou territórios.

Como veremos no Capítulo 6, a *estrutura organizacional* define aspectos importantes da organização, como a especialização do trabalho, a cadeia de comando, a amplitude de controle, os critérios de departamentalização, o grau de centralização da autoridade e o grau de formalização, características estas que devem refletir as opções estratégicas da empresa.

Outra dimensão organizacional que deve ser alinhada com sua estratégia tem a ver com a função de direção, especificamente, com os estilos de liderança dos administradores e as técnicas de motivação utilizadas para comprometer os trabalhadores com a visão e estratégia. O exercício da liderança é responsável por influenciar as pessoas a adotar comportamentos que facilitem a implementação da estratégia. O líder deve fazer com que as pessoas acreditem nos objetivos estratégicos e se sintam motivadas por eles. As diversas abordagens sobre liderança e motivação serão analisadas em detalhes no Capítulo 7.

Por fim, toda estratégia deve ser avaliada e controlada para que se verifique se ela está sendo implementada corretamente e para que sejam tomadas medidas corretivas quando forem percebidos desvios significativos. A etapa de **controle estratégico** pode ser operacionalizada mediante o uso de sistemas de informação e controle, como: orçamentos, sistemas de informação gerencial, sistemas de recompensas e incentivos ou políticas e procedimentos organizacionais. Esses sistemas possibilitam o monitoramento e a avaliação das estratégias organizacionais e criam condições para a necessária flexibilidade em sua implementação. As questões relacionadas com o controle estratégico serão detalhadas com maior profundidade no Capítulo 8.

> **Controle estratégico**
> Etapas do processo de administração estratégica que consistem no monitoramento e avaliação da eficácia das estratégias organizacionais.

>> Resumo do capítulo

O planejamento é a função da administração responsável por definir os objetivos da organização e os planos de ação que permitam que eles sejam alcançados. Com isso, ele proporciona um rumo à organização e estabelece as bases para as demais funções administrativas. Trata-se de um primeiro esforço exercido pelos administradores para dar sentido e coerência às atividades organizacionais, por meio da adoção de uma racionalidade de natureza instrumental, que relaciona os meios (planos) com os fins (objetivos) organizacionais.

Nas primeiras seções do capítulo, foram apresentados os principais conceitos relativos à função planejamento, com destaque da sua importância para a administração, bem como das críticas que lhe são apontadas. Foram descritos os vários tipos de planos, no que diz respeito a abrangência, horizonte temporal, especificidade e permanência. Foi ainda discutido o papel dos objetivos no planejamento e analisada sua relação com o desempenho da organização. Por fim, foram distinguidas duas abordagens para a definição de objetivos: a abordagem tradicional topo-base e a administração por objetivos.

A quarta seção do capítulo focou a administração estratégica, um tipo específico de planejamento. Foi analisada a evolução histórica do conceito de estratégia empresarial, desde a perspectiva concentrada em regras e procedimentos internos até a perspectiva voltada para um processo integrado, que começa com o diagnóstico e análise estratégica do ambiente organizacional, passando pela formulação e controle das estratégias.

Importa destacar que nem mesmo as melhores estratégias dão resultado se não forem bem implementadas. Para isso, os administradores têm que alinhar esforços de forma a todos estarem em congruência com a nova estratégia. O embasamento na racionalidade instrumental, que pode parecer, à primeira vista, um pressuposto natural ao processo de planejamento, é questionável na prática gerencial. De fato, existe um desvio considerável entre as estratégias intencionadas e as de fato realizadas pela organização, resultante da impossibilidade de implementar quaisquer processos exclusivamente baseados na racionalidade instrumental.

Mesmo reconhecendo este limite da função do planejamento, boa parte dos conceitos relativos à administração estratégica é dedicada à sua racionalização, de forma a torná-lo mais instrumental e manejável ao gestor. Dessa forma, como foi destacado ao longo do capítulo, existe um conjunto de técnicas e modelos de análise que tem como principal objetivo ajudar o administrador a tomar decisões estratégicas. Entre essas ferramentas gerenciais destacam-se a análise SWOT, a matriz BCG, a matriz McKinsey e o modelo das cinco forças competitivas de Porter.

Questões para discussão

1. O que é planejamento? Por que ele é tão importante para a administração? Quais são as principais críticas ao planejamento formal nas organizações?

2. Qual é a diferença entre planos e objetivos? Dê exemplos. Como podem ser classificados os diferentes tipos de plano?

3. Quais são as características que os objetivos bem definidos devem ter? Seria melhor não ter objetivos do que ter objetivos que não satisfazem essas características?

4. Quais são as etapas do processo de administração estratégica? O que é mais importante: a formulação ou a implementação estratégica? É possível o processo de administração estratégica começar com a implementação?

5. Qual é o propósito da análise SWOT? Elabore a análise SWOT de uma empresa brasileira que conheça bem.

6. Quais são as diferentes opções estratégicas de nível corporativo? Dê exemplos.

7. O que é a matriz BCG e como ela pode apoiar a formulação da estratégia corporativa? Quais são as diferenças e semelhanças entre a matriz BCG e a matriz GE/McKinsey?

8. Descreva o modelo das cinco forças competitivas de Porter e analise a atratividade de uma indústria que conheça bem.

9. Quais são as diferentes estratégias competitivas que uma organização pode adotar? Dê exemplos.

10. Será que a estratégia de marketing e a estratégia de produção diferem em empresas que optam por uma estratégia de diferenciação ou de liderança em custos?

Ponto e Contraponto

O sistema tradicional de definição de objetivos está obsoleto

A perspectiva tradicional de definição de objetivos, cuja orientação é do topo para a base, está, de fato, obsoleta. Os gestores de hoje precisam se adaptar ao mundo dinâmico, e a chave para o sucesso está no modelo administrativo de administração por objetivos (APO), proposto por Peter Ducker, em 1954, quando publicou o livro *The practice of management*. Desde então, a APO tem se mostrado uma técnica gerencial eficaz, capaz de levar as organizações ao sucesso.

Atualmente, não faz mais sentido formular os objetivos em uma perspectiva hierárquica. O segredo do sucesso está no incentivo à descentralização e participação de todos na definição de metas e objetivos.

Entre as muitas vantagens da administração por objetivos, destacam-se:

- *estimula o envolvimento, participação, motivação e comprometimento* de todos os funcionários, visto que a definição dos objetivos se dá a partir do esforço conjunto de gerentes e subordinados;
- *garante uma maior ligação entre os objetivos gerais da empresa e os objetivos individuais*, ao promover a interação entre os vários níveis organizacionais na definição das metas;
- *obriga os gestores a estabelecer metas, prioridades e medidas de desempenho*, por causa da ênfase na mensuração e controle dos objetivos;
- *assegura o foco nas atividades diretamente relacionadas ao cumprimento dos objetivos*;
- *proporciona uma clarificação de funções, responsabilidades e autoridade*;
- *aumenta a capacidade da empresa de responder às alterações do ambiente externo*, pois é um processo dinâmico, que prevê monitoramento, revisões periódicas e avaliação dos resultados.

Todos esses benefícios da administração por objetivos demonstram que esse é um sistema de estabelecimento de objetivos mais moderno e adequado à realidade das organizações contemporâneas, e que o sistema tradicional está realmente ultrapassado.

O sistema de administração por objetivos possui sérias limitações e desvantagens, e não deve ser visto como a solução de todos os males, muito menos como substituto da perspectiva tradicional de definição de objetivos, que, ao contrário do que algumas pessoas dizem, não está ultrapassada.

Muito se fala que a participação e o envolvimento dos funcionários é a grande vantagem da APO em relação ao sistema tradicional. Mas isso é uma falácia, pois o tempo excessivo para viabilizar isso – são necessárias reuniões e encontros com todos os departamentos e unidades – compromete a agilidade fundamental nas organizações, além de gerar muita burocracia.

Ainda, a definição dos objetivos nesse sistema pode atuar como a especificação do máximo trabalho esperado de um funcionário, fazendo com que ele não se esforce para melhorar continuamente.

Outro problema que compromete essa visão descentralizadora na definição dos objetivos diz respeito ao clima individualista que surge no ambiente de trabalho, visto que cada um se preocupa em alcançar seus objetivos individuais no lugar do desempenho de sua unidade ou organização. Esse tipo de situação não acontece no sistema tradicional, pois neste os objetivos são traçados de forma geral, por um setor específico, e então subdivididos entre as unidades e departamentos.

E, ainda, o foco na mensuração, quantificação e controle concentra o funcionário em resultados específicos de curto prazo em detrimento de outros que podem ser igualmente relevantes. Por exemplo, se o objetivo for produzir dez unidades por dia, o trabalhador pode desfavorecer a qualidade para assegurar o cumprimento da meta.

Além de tudo isso, a APO pode ser inútil e desmotivadora em ambientes ou fases de mudança dinâmica, uma vez que os resultados da organização fogem do controle dos funcionários, que acabam não conseguindo cumprir as suas metas.

Por todas essas críticas e desvantagens, facilmente se percebe que a APO está longe de "aposentar" o sistema tradicional baseado na perspectiva hierárquica de definição de objetivos.

Dilema ético

>> Se não pode com o inimigo, alie-se a ele

Imagine que você é um gerente em uma empresa que atua em um setor dominado por duas grandes organizações. Uma delas é a sua. Nos últimos anos, a guerra de preços travada com a concorrente tem prejudicado a rentabilidade de sua empresa, esmagando suas margens de lucro. Você recebe uma proposta para combinar preços com a concorrente. O setor financeiro informa-o que, caso os prejuízos amargados em decorrência dos preços reduzidos não sejam recuperados rapidamente, será necessário demitir metade dos funcionários.

De fato, o mercado está cada vez mais concorrido, e o ambiente competitivo das empresas passa por mudanças cada vez mais aceleradas e profundas. A rivalidade entre concorrentes, elencada por Michael Porter como uma das cinco forças competitivas a ser observadas na formulação das estratégias de negócio, tem acirrado a competição e afetado negativamente a rentabilidade das empresas, como na situação hipotética descrita. Um exemplo disso é a guerra de preços que empresas de um mesmo setor travam e que muitas vezes os levam a valores abaixo do custo, gerando prejuízos para todas as empresas envolvidas.

Nesse contexto, surge um dilema cada vez mais comum nas empresas: cooperar pelos lucros mútuos (conluio) ou competir agressivamente pelo mercado (combate). Nessa batalha, algumas empresas optam por aliar-se aos seus "inimigos" (concorrentes) e, assim, reduzir a rivalidade e a competição. Uma prática, por exemplo, é o cartel, definido como o acordo entre empresas que visa à limitação ou à restrição da concorrência, seja pela fixação de preços ou pela divisão de clientes e de mercados de atuação. Essa prática, entretanto, é ilícita, antiética e traz graves prejuízos para os consumidores e para o mercado de uma forma geral.

Ao artificialmente limitar a concorrência, os membros de um cartel também prejudicam a inovação, impedindo que novos produtos e processos produtivos surjam no mercado. Isso resulta em perdas no bem-estar do consumidor e, a longo prazo, perda de competitividade da economia com um todo. Outro efeito danoso que pode surgir da formação de cartéis é a perda na qualidade do bem. A rivalidade intensa faz com que as empresas sempre busquem a diferenciação de seus produtos, e isso eleva a qualidade deles. Quando o panorama é de ausência de rivalidade, ou de "rivalidade controlada", essa situação tende a desaparecer.

Questões para discussão

1. Na situação hipotética apresentada, você aceitaria a proposta da sua "inimiga" e colocaria fim à guerra?

2. Que outras alternativas uma empresa que se encontra envolvida em uma guerra de preços tem para sair dessa situação?

3. Você concorda com o texto que a formação de cartel é uma prática desleal? E acha que deveria ser ilegal? Por quê?

Estudo de caso

>> O jeitinho GOL de voar

A GOL levanta voo

O ano 2000 já mostrava o esgotamento do modelo tradicional na aviação civil brasileira. Grandes empresas enfrentavam graves problemas financeiros. A Transbrasil perdia rapidamente participação no mercado e se dirigia para a falência, que ocorreu em 2001; a Vasp passava por grandes dificuldades e teria o mesmo destino; e a Varig, maior empresa aérea brasileira até então, contabilizava, ano após ano, prejuízos crescentes. A única concorrente que mostrava sinais de vitalidade era a TAM. O enfraquecimento da concorrência era uma boa oportunidade para o lançamento de uma nova companhia de aviação, mais moderna e sem o passivo das empresas tradicionais.

Constantino de Oliveira, presidente do Grupo Áurea – *holding* que atua no ramo de transportes e engloba mais de 30 empresas de ônibus e mais de 6 mil ônibus –, há muito que alimentava a ideia de criar uma companhia de aviação. Sua ideia era estabelecer uma companhia de baixas tarifas para atender a demanda das classes mais baixas, que abrem mão de regalias e serviços luxuosos nas aeronaves. Pesquisas de mercado confirmavam que existiam no Brasil cerca de 25 milhões de habitantes dispostos a voar. Porém, demandavam preços mais baixos, segurança e qualidade.

O modelo de negócios se encaixava no conceito *low cost, low fare* (baixo custo, baixa tarifa), que vinha transformando pequenas companhias em grandes sucessos por todo o mundo, como a Southwest nos EUA e a Ryanair na Europa. O modelo baseava-se em cinco princípios: 1) só realizar voos domésticos; 2) reduzir os gastos com serviço de bordo; 3) aumentar a produtividade por avião, diminuindo o tempo que os aparelhos permanecem no solo; 4) ter uma frota homogênea e econômica, reduzindo despesas com manutenção e combustível; e 5) utilizar aeroportos regionais médios, onde as taxas cobradas das empresas são menores.

Após a definição do modelo de negócio, iniciaram-se as negociações com os fornecedores e com os órgãos legais para que a GOL pudesse realizar seus primeiros voos. Constantino reuniu-se pessoalmente com representantes da fabricante norte-americana Boeing e da francesa Airbus para definir os aparelhos a ser comprados. Após a determinação das rotas e do tempo médio dos voos, 1 hora e 20 minutos, ficou estabelecido que a GOL voaria com Boeings da classe 737.

A contratação dos primeiros funcionários não foi uma das tarefas mais difíceis, já que havia excedente de pilotos e comissários experientes no mercado. Muitos haviam sido dispensados de empresas como a Transbrasil e a Vasp. O pessoal de solo também veio do excedente dessas organizações. Dessa forma, os custos com treinamento, normalmente muito elevados em companhias de aviação, foram bastante reduzidos no caso da GOL.

Os primeiros voos ocorreram no dia 15 de janeiro de 2001. A média de ocupação no primeiro dia foi de apenas 32%, mas cresceu gradativamente e atingiu 70% apenas um ano depois. As bases da companhia estavam lançadas, mas ela precisava estabelecer sua estratégia para lidar com a reação das concorrentes e manter seu crescimento, elevando sua participação no mercado.

Frota de aeronaves

A empresa opera uma frota homogênea e econômica, com uma idade média de 7 anos. Todos os seus aviões são modernos e econômicos. O consumo de combustível desses aviões é 11% menor que o de aeronaves similares utilizadas por outras companhias. Além da economia com combustível, uma frota composta por aeronaves modernas possibilita a redução dos custos com estoques de peças sobressalentes e manutenção.

A tecnologia também está presente na avançada manutenção dos aviões. As aeronaves da GOL estão equipadas com computador de bordo que identifica problemas técnicos. Esse programa permite a análise do tempo de uso e desgaste de cada peça do avião, diariamente. Sem ele, as aeronaves teriam de parar até cinco dias, de três em três meses, para realizar a verificação e a manutenção completa dos aparelhos nos hangares.

Tendo começado a operar, em 2001, com apenas 6 aviões, em 2011 a frota da empresa já contabilizava 150 aeronaves, e os planos são aumentá-la com 2 a

4 aeronaves por ano até 2015. Além disso, a empresa tem um plano de substituição e modernização das aeronaves mais antigas por modelos que apresentam menor custo operacional e maior eficiência no consumo de combustível.

Serviços aos passageiros

O serviço de bordo é simplificado; não são fornecidas refeições quentes nem variedade de bebidas. Além da evidente redução nos custos com alimentos e sua logística (um lanche quente chega a custar dez vezes mais que uma barra de cereal servida nos aviões da empresa), a limpeza das aeronaves também requer menos funcionários e é mais rápida, o que permite a diminuição do intervalo entre os voos. Dessa forma, a simplificação do serviço de bordo tem impacto significativo sobre os custos da empresa, que vai além da redução do próprio custo de servir refeições quentes.

Além disso, não ter alimentos quentes significa não ter uma série de equipamentos necessários para seu armazenamento e preparo, gerando espaço para mais 12 assentos por aeronave. Esse aumento no número de passageiros permite à empresa ganhar um voo a cada 11 realizados. Por isso, a GOL também optou por não oferecer a tradicional sala VIP para seus passageiros mais frequentes, reduzindo assim os custos com o aluguel do espaço nos aeroportos e com sua manutenção.

O modelo comercial

A GOL opera com um sistema de vendas, e não de reservas como as companhias tradicionais. Por outro lado, a maior parte das vendas é feita diretamente com os usuários, com baixa intermediação de agentes de viagens, o que reduz muito o custo de comercialização. Além disso, há a eliminação do bilhete e o *check-in* é integrado, ou seja, a venda e o embarque são feitos em um só balcão. Esse modelo gera grande diferença de custo com as despesas comerciais. A GOL possui uma despesa comercial média de 11% do custo total, ao passo que a concorrência gasta em torno de 26%.

A maior parte das passagens aéreas da GOL é vendida pela Internet. Dessa maneira, além da economia de aproximadamente 2,5 reais por bilhete não impresso, a empresa reduz despesas no setor de vendas, processamento e contabilização das passagens aéreas. O *check-in* também é totalmente informatizado e pode ser realizado pela Internet ou por celulares. Essas medidas foram possíveis graças ao programa *Open Skies*. Esse *software* permite processar e controlar as reservas, receitas e taxas de ocupação dos voos diariamente, o que representa grande diferencial em relação às outras companhias.

Os anos dourados

Durante os primeiros anos de atividade, a GOL, mantendo-se fiel ao seu modelo *low cost, low fare*, consolidou-se como a 2ª companhia aérea brasileira, com uma fatia de mercado de 37% no final de 2006. As estatísticas operacionais da empresa revelavam que esta era uma das companhias aéreas mais eficientes do mundo, com uma utilização média diária da frota de 13,6 horas (os concorrentes voavam entre 8 e 9,5 horas por dia) e uma taxa de ocupação das aeronaves superior a 70%, mais de 5% superior à concorrência. Além disso, operava com menos de 100 funcionários por aeronave, contra 150 dos concorrentes – os custos com funcionários eram menos da metade da média do setor.

Essas vantagens operacionais permitiam que a GOL praticasse preços mais baixos que os da concorrência, o que possibilitou à empresa crescer de forma sustentada. Os resultados financeiros acompanharam o bom desempenho operacional, tendo o lucro líquido atingido a cifra recorde de R$ 700 milhões em 2006. Durante esse período, a empresa apresentou lucros operacionais de aproximadamente 40% das receitas, o que a colocava entre as empresas aéreas mais rentáveis do mundo.

O futuro sorria para a GOL no final de 2006. Entretanto, sua rápida expansão fazia antever um breve esgotamento do seu espaço para crescimento nos anos futuros. Com o mercado doméstico estabilizado e os aeroportos sem espaço para novas rotas, a GOL precisava fazer algo para continuar a crescer.

A compra da Varig e a internacionalização da GOL

Aproveitando uma oportunidade de mercado, em março de 2007, a GOL, em um movimento de antecipação, anunciou a compra da Varig por R$ 320 milhões. Com o negócio, a GOL aumentou sua participação no mercado doméstico e ameaçou a liderança da TAM. No mercado interno, o maior interesse da GOL era o aumento da atividade no Aeroporto de Congonhas, em São Paulo, onde a Varig detinha 124 *slots* para pousos e decolagens. De quebra, fechou a porta para a entrada de um terceiro competidor, a LAN do Chile, que vinha negociando um acordo com a Varig. Conhecida por sua agressividade, a LAN poderia forçar a GOL e a TAM a uma guerra de preços.

No entanto, o principal objetivo dessa aquisição era o aumento da participação da GOL no mercado internacional, especialmente na Europa e América do Norte. Embora a Varig não estivesse em operação para a maioria dos destinos onde tradicionalmente atuava, ela ainda detinha os direitos da maioria das rotas. Além disso, apesar da crise, a Varig continuava sendo a companhia aérea brasileira mais conceituada no cenário internacional.

A compra da Varig marcou o início da estratégia de internacionalização da GOL. Com pouco espaço para crescer no Brasil, a GOL apostou em levar o seu modelo de negócios para a América Latina, começando pela Argentina, e expandindo-se gradualmente para a Bolívia, Paraguai, Uruguai, Peru, Chile e Venezuela, entre outros destinos na América do Sul e Caribe. No entanto, no mercado internacional, as vantagens do modelo de baixo custo são pequenas. As margens de lucro são menores que as obtidas nos voos domésticos, e os riscos, muito maiores. Seria a GOL capaz de internacionalizar seu modelo?

Dores de crescimento

O ano de 2007 foi um ano de virada na história da GOL. Afetada por problemas estruturais do setor, especialmente a crise dos controladores de voo e a superlotação dos aeroportos, e pela incorporação da Varig, a GOL reduz seus lucros em quase 60%, para R$ 268 milhões. No entanto, nem tudo foi negativo. Nesse mesmo ano atingiu 40% de participação no mercado doméstico e 14% no mercado de voos internacionais.

Em 2008, a empresa reestruturou sua operação, na tentativa de cortar custos, e assentos para aumentar a taxa de ocupação de suas aeronaves e, consequentemente, sua rentabilidade. Para isso, eliminou as rotas sobrepostas, reduziu o quadro de pessoal administrativo e eliminou todas as rotas de longo curso, herdadas da Varig, para a Europa e América do Norte. O foco passou a ser o mercado doméstico e da América Latina, no qual a companhia apresentava maior desempenho. No entanto, essa reestruturação teve um custo elevado. Nesse ano, a empresa apresentou prejuízos superiores a R$ 1,2 bilhão.

Os resultados do processo de reestruturação foram visíveis apenas em 2009, ano em que a empresa apresentou lucros de quase R$ 900 milhões. Contudo, o ano de 2010 foi particularmente turbulento para a GOL. Em agosto, uma falha no *software* para a escalação dos tripulantes foi responsável por 70% dos atrasos em todos os voos domésticos da empresa. No dia 2 de agosto, dos 818 voos domésticos da companhia, 430 (52,6%) atrasaram por falta de tripulação, causando um efeito cascata de atrasos. Esse episódio foi um rude golpe na imagem da empresa, que fechou o ano com um lucro de apenas R$ 214 milhões.

A resposta da concorrência

A principal concorrente da GOL, a TAM, não ficou apenas assistindo a tudo isso e defendeu a liderança no setor. Por meio de promoções e mudanças operacionais, a TAM baixou seus preços para evitar a perda de participação no mercado. Com o objetivo de ganhar dimensão e eficiência operacional, em agosto de 2010, a TAM anunciou a fusão com a LAN chilena, empresa que há muito manifestava vontade de entrar no mercado brasileiro. A LATAM, nome da nova empresa, é hoje a maior empresa de aviação da América Latina, com uma frota de 280 aviões e operação em 23 países.

Por outro lado, aproveitando a indefinição estratégica da GOL após a incorporação da Varig, surgiu em 2008 uma nova companhia área que buscava ocupar o lugar desta como a empresa mais eficiente do setor, a Azul Linhas Aéreas Brasileiras. Com o objetivo de minimizar os custos de operação, a empresa, cuja frota era inicialmente composta exclusivamente por aviões da Embraer, usa como *hubs* os aeroportos menos saturados, como Confins, em Belo Horizonte, e Viracopos, em Campinas. Três anos depois, em 2011, a Azul já era a terceira maior empresa de aviação brasileira, com quase 10% do mercado. O sucesso dessa empresa faz lembrar os primeiros anos da GOL.

Novos desafios para a GOL

Em 2011, a GOL novamente surpreendeu o mercado e comprou a Webjet por R$ 96 milhões, empresa que passava por dificuldades financeiras. Com essa aquisição, a GOL garantiu os *slots* da Webjet nos superlotados aeroportos brasileiros e eliminou um concorrente que forçava os preços para baixo. Após o anúncio da aquisição, Constantino de Oliveira Júnior, presidente da GOL, esclareceu que a marca Webjet ia desaparecer. Além de abandonar a marca, ele também afirmou que a GOL ia renovar toda a frota da companhia adquirida, considerada velha, em até dois anos, mantendo assim a política de aeronaves modernas, que reduzem o custo de manutenção.

Tal como aconteceu com a Varig, a incorporação da Webjet teve custos altos para a empresa, o que, aliado à alta dos preços dos combustíveis, fez com que a empresa tivesse um dos piores resultados de sua história, contabilizando mais de R$ 700 milhões de prejuízos.

Para reverter a situação e voltar a ter rentabilidade, no início de 2012 a empresa reestruturou sua malha aérea, cortando 100 dos 1.100 voos diários no Brasil, e redimensionou sua força de trabalho, desligando mais de 400 tripulantes e pilotos. Como planos para o futuro, especula-se que a GOL pretende agora adquirir a portuguesa TAP, de forma a entrar definitivamente no mercado europeu, além de abrir uma rota para Miami, uma porta de entrada no mercado norte-americano.

Como demonstra esse caso, o enorme dinamismo do setor de aviação comercial obriga as empresas a constantes movimentos de reequilíbrio de forças. Por causa disso, a estratégia da GOL sofreu profundas mudanças ao longo de sua curta história. Começou como uma empresa com foco na eficiência operacional, mas em pouco tempo adquiriu uma dimensão que a afastou de uma verdadeira companhia de baixo custo. Aliás, essa posição parece ser ocupada agora pela Azul. No entanto, a história também tem demonstrado que a GOL tem conseguido ultrapassar os momentos difíceis. Esperemos pelos próximos episódios.[44]

Questões

1. Qual é a estratégia de negócio que a GOL utilizou para entrar no setor da aviação comercial no Brasil? Quais eram suas principais vantagens competitivas?

2. Quais lhe parecem ser a missão e a visão da GOL? Você acha que elas mudaram ao longo dos anos?

3. A aquisição da Varig parece significar uma mudança na estratégia da GOL. Você concorda com essa afirmação? Justifique.

4. Alguns analistas afirmam que, com o passar do tempo, a GOL e a TAM ficaram muito parecidas. Concorda com essa afirmação? Qual é a perspectiva da GOL para os próximos cinco anos?

5. Procure analisar o setor da aviação comercial brasileiro a partir do modelo das cinco forças competitivas de Michael Porter.

Exercício de autoconhecimento

Planejamento ou pensamento estratégico?

Avalie os pares de afirmações que se seguem atribuindo-lhes notas inteiras, e o somatório de cada par de avaliações deve sempre ser 5, por exemplo: (0 e 5), (4 e 1) ou (2 e 3).

1
a) Formular a estratégia é planejar atividades que serão postas em prática no futuro.
b) Eu acredito que a estratégia consiste em legitimar práticas de sucesso que vêm sendo adotadas pela empresa no decorrer do tempo e já enraizadas na sua cultura.

2
a) As estratégias devem ser formuladas por meio de processos estruturados e organizados: análise do ambiente, determinação de objetivos, implementação e controle.
b) A formação da estratégia envolve criatividade, espontaneidade e aprendizado; tentar ordená-la é, portanto, um contrassenso.

3
a) É necessário que exista uma clara divisão entre a formulação e a implementação da estratégia.
b) As estratégias formam-se enquanto estão sendo postas em práticas; não há, portanto, como separar a criação da implementação.

4
a) É possível prever, com considerável grau de precisão, o cenário empresarial em que as empresas estarão inseridas daqui a três anos.
b) Os ambientes organizacionais são demasiado dinâmicos e imprevisíveis, sendo inútil tentar determiná-los com antecedência.

5
a) As estratégias devem ser planejadas com antecedência, procurando antecipar tendências do ambiente e prever cenários futuros.
b) As estratégias formam-se no dia a dia das empresas.

6
a) As avaliações posteriores das decisões servem para controlar a eficácia dos planos anteriormente formulados.
b) A análise dos resultados das decisões é fonte de conhecimento para as empresas, pois determinará quais as estratégias de sucesso que serão replicadas no futuro.

7
a) As estratégias são o principal guia da ação dos membros organizacionais e, portanto, devem ser seguidas pelos subordinados.
b) É necessário promover a flexibilidade estratégica, ou seja, devem ser permitidas mudanças para adequar as metas às contingências ambientais.

8
a) É necessário controlar constantemente os subordinados para que suas práticas não fujam do que foi determinado nos planos estratégicos.
b) Quanto maior o grau de autonomia e liberdade dos gestores táticos e operacionais, maior é a chance de se obter sucesso nas práticas organizacionais.

9
a) A formulação das estratégias deve ficar a cargo da alta administração.
b) Por vezes, as estratégias nascem das ações dos administradores de níveis mais baixos enquanto eles tomam suas decisões cotidianas.

10
a) O "jeitinho brasileiro" é algo prejudicial, pois os funcionários tentarão "driblar" as determinações estratégicas de seus superiores.
b) A criatividade e flexibilidade dos brasileiros são excelentes recursos que nos permitem dar respostas rápidas às repentinas mudanças ambientais.

Análise dos resultados

Some agora os pontos de cada opção "a" marcada e subtraia as notas das opções "b". Depois disso, veja sua posição na linha abaixo.

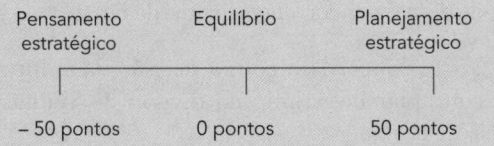

```
Pensamento            Equilíbrio         Planejamento
estratégico                               estratégico
    |---------------------|---------------------|
 -50 pontos            0 pontos           50 pontos
```

O objetivo desse exercício é ajudá-lo a descobrir qual visão estratégica influencia mais fortemente seu comportamento. Partiremos do pressuposto de que existem dois tipos opostos de estratégia: as planejadas e as emergentes. As primeiras são determinadas com antecedência, seguidas à risca pela administração, e representam um processo formal de criação de objetivos, implementação e controle. Já as estratégias emergentes nascem de acordo com as contingências ambientais, são simultaneamente criadas e implantadas e independem de um processo deliberado, racional e consciente de formulação.

Elas foram estudadas por diferentes escolas de estratégia. As planejadas, ou deliberadas, foram trabalhadas pelas escolas do planejamento. Esses teóricos analisavam o tema de maneira mais prescritiva, ou seja, tentavam estudar e determinar qual a melhor maneira de as estratégias serem criadas pela alta administração. Por essa razão, comumente é dito que essas escolas buscavam estabelecer como formular e implementar as estratégias nas organizações.

Já as estratégias emergentes foram mais trabalhadas pela escola do aprendizado. O enfoque desses estudiosos não era prescritivo, mas sim descritivo. Ou seja, eles não pretendiam determinar a melhor forma de criar estratégias, estavam mais preocupados em compreender o fenômeno nas empresas. Dessa forma, eles não abordavam a questão da criação e implantação estratégicas, já que, para eles, esses processos são simultâneos. Esses teóricos estavam mais preocupados em descrever o fenômeno da formação, e não em ensinar um método de formulação e implementação.

Dinâmica de grupo 1

Vacinando o varejo

A Casas Americanas é um grande grupo varejista brasileiro. Especializada na venda de móveis, eletrodomésticos e eletroeletrônicos, a corporação atua em 18 estados do país por meio de suas quatro divisões:

- Grandes Lojas.
- Internet.
- Vendas pela TV.
- Lojas *Express*.

Geraldo Monteiro, diretor da divisão Grandes Lojas, sabe da importância das operações que comanda para a organização. "A Casas Americanas iniciou sua trajetória com uma grande loja em Salvador e se especializou nesse segmento", conta o administrador. "Atualmente, temos mais de mil lojas espalhadas pelo país e somos responsáveis por 60% da receita total da empresa. Nos últimos três anos, abrimos apenas 80 lojas, mas isso não alterou nossa posição de liderança no mercado nacional."

Ana Dias é a confiante diretora da divisão Internet. "Esse é um mercado que não para de crescer, e nosso *site*, criado em 2006, já origina 20% de nossas receitas", conta a executiva. "Obviamente, nós não fomos os primeiros a realizar vendas pela Internet no Brasil e, por essa razão e pelo fato de o mercado ser muito pulverizado, não somos os líderes do setor. No entanto, estamos muito felizes com os resultados e esperamos continuar crescendo cerca de 10% ao ano durante a próxima década."

O Departamento de Vendas pela TV é comandado por Élson Passos. O administrador mostra-se contente com os resultados alcançados, mas sabe que a divisão ainda precisa "comer muito arroz com feijão" para se igualar às Grandes Lojas e ao *site* na Internet. "Nossas operações iniciaram-se em 2001, quando criamos um canal de TV a cabo e parabólica para comercializar nossos produtos", conta Élson. "Nossa meta era que as Vendas pela TV fossem responsáveis por 25% do faturamento da Casas Americanas até 2010, mas, atualmente, apenas 5% de nossas receitas são oriundas dessa divisão. A verdade é que o negócio ainda não deslanchou, pois a concorrência é muito forte e as vendas não cresceram como imaginávamos. Mas vamos continuar com os investimentos para tentar alavancar o faturamento de nossa divisão."

Michele Barros é a responsável pelas Lojas *Express*, a divisão caçula da Casas Americanas. "Essa ideia é recente e começou a ser implantada em 2009", afirma a administradora. "O objetivo era criar lojas pequenas, próximas às casas dos consumidores, com estoques mais enxutos e operações mais flexíveis. Esse foi um negócio que deu muito certo e já originamos

15% da receita da empresa. Para nossa surpresa, esse foi o mercado que mais se expandiu nos dois últimos anos, em função do encarecimento do metro quadrado nos bairros nobres e da exigência dos clientes por maior comodidade e conveniência. Como nós fomos a primeira varejista a oferecer esse serviço, aproveitamos a vantagem e nos firmamos na liderança."

Atividade de grupo

Em grupos de três e com base em todas essas informações:

1. Posicionem cada uma das quatro divisões da Casas Americanas na matriz BCG e na matriz GE/McKinsey. Compare os resultados em ambas as técnicas.

2. Sobre o mercado de vendas pela Internet, por que vocês acham que existe uma pulverização tão grande de *sites* concorrentes dentro de um mesmo setor?

3. Vocês concordam com a decisão da empresa de continuar investindo na divisão de Vendas pela TV? Por quê?

4. Considerando o posicionamento das divisões nas matrizes analisadas, quais seriam suas recomendações para a diretoria da Casas Americanas?

Dinâmica de grupo 2

Estratégia mineral

A Morro da Lagoa Salgada é uma mineradora paraense de médio porte com atividades espalhadas pela região de Carajás, no Pará, onde a empresa extrai minério de ferro, e na Serra do Navio, no Amapá, onde a empresa tem duas minas de manganês. A Morro, como é mais conhecida, conta com mais de 800 funcionários, divididos entre os setores de extração, nas áreas mineradoras, e os departamentos administrativos e de pesquisa, em Belém do Pará. Seus principais clientes são metalúrgicas e siderúrgicas nacionais de médio e grande porte. A concorrência nesse setor é acirrada, pois o mercado é bastante disputado entre diversas empresas do mesmo porte da Morro e um grande *player* internacional, que domina cerca de 75% do mercado brasileiro de minério de ferro e manganês.

Dois grandes diferenciais da empresa são sua equipe de extração e o time de pesquisadores. A primeira conta com profissionais altamente capacitados e experientes, que participaram de diversos cursos bancados pela mineradora. O segundo, por sua vez, reúne cientistas brasileiros e estrangeiros, que trabalham para desenvolver soluções inovadoras e eficientes para a retirada dos minerais do solo.

Um problema que a empresa enfrenta refere-se ao transporte dos produtos extraídos. A Morro não tem um setor de transportes desenvolvido, o que demandaria muitos investimentos e, por essa razão, trabalha com empresas contratadas. Essas companhias são responsáveis por realizar o deslocamento do ferro e do manganês das minas da empresa para os clientes. Esse percurso é realizado pelos modais ferroviário e hidroviário e representa um grande custo para a empresa. Além disso, muitas vezes a mineradora não consegue transporte para seus produtos, o que acarreta em atrasos na entrega. Complicando ainda mais a situação, a organização que monopoliza o setor controla também os principais meios logísticos, por meio de seu próprio departamento de transporte e distribuição. Por essa razão, companhias do porte da Morro encontram dificuldades múltiplas em suas atividades.

A mineradora paraense produz 4 milhões de toneladas de minério de ferro e 15 mil toneladas de manganês por ano, operando com 70% de sua capacidade produtiva. O preço de seus produtos tem cotação internacional, que varia significativamente de ano para ano. Até 2007, essas tarifas estavam muito elevadas, por causa do crescimento chinês e do aquecimento da economia mundial. Com a crise financeira mundial, entretanto, os preços desabaram, levando consigo as receitas da Morro. Em função disso, a empresa passou por grandes dificuldades, visto que os clientes reduziram as encomendas e renegociaram as cotações. A situação ainda não se resolveu, apesar de o número de pedidos estar aumentando. Não se sabe se os patamares retornarão aos níveis de 2007 tão cedo.

A empresa também realiza algumas vendas para grandes siderúrgicas do setor. Estas, porém, tem um poder de barganha muito maior, por causa do volume de compras realizadas. Todas essas empresas, entretanto, passaram por dificuldades, por causa do desaquecimento dos pedidos e, por essa razão, tiveram de rever suas projeções de produção, cancelando contratos de fornecimento com a Morro da Lagoa Salgada. O setor de metalurgia e siderurgia atende, principalmente, os ramos automobilístico e da construção civil. O primeiro enfrentou grandes dificuldades na Europa e nos EUA, mas manteve um bom nível de produção no país, ao passo que o segundo continua sendo um dos setores que mais recebem investimentos privados e públicos, por causa do grande déficit habitacional brasileiro.

Diante desse cenário, a Morro da Lagoa Salgada contratou seu grupo para um serviço de consultoria. Eles desejam realizar o planejamento estratégico para os próximos dois anos e solicitaram a ajuda de você, e que tem uma visão externa do negócio e livre de preconceitos, para analisar a situação em que a empresa se insere, estabelecer objetivos e traçar os planos para alcançá-los. A solicitação da contratação partiu dos acionistas, que vêm sendo assediados pelo grande *player* nacional, desejosa de adquirir a Morro. Eles, porém, querem evitar o negócio, por considerarem que a empresa ainda pode se desenvolver no setor de mineração.

Atividade de grupo

Em grupos de três e com base em todas essas informações:

1. Tracem um diagnóstico da situação atual da empresa e analisem seu contexto interno e externo.

2. Estabeleçam objetivos a serem alcançados pela empresa e tracem os planos que permitiram atingi-los.

3. Definam como esses planos poderão ser postos em prática, utilizando os recursos da companhia e outros que ela pode adquirir no mercado.

4. Quais serão os mecanismos que permitirão avaliar se as estratégias traçadas foram alcançadas, ou seja, como a empresa poderá avaliar se o planejamento estratégico realizado obteve sucesso por meio de indicadores de desempenho?

Administrando a sua empresa

Olhando para a frente – janeiro do ano 2

Sua empresa chegou ao final do primeiro ano de funcionamento. Nesse período, uma série de sucessos foi obtida, como o estabelecimento de parcerias, a melhora do relacionamento entre os funcionários e a fidelização de alguns clientes. Simultaneamente, a organização cresceu bastante, tanto em faturamento e participação de mercado como em número de trabalhadores. Além disso, vocês conseguiram criar uma marca sólida, reconhecida pelo mercado.

No entanto, ainda há muitos obstáculos a ser vencidos. Uma grave crise está afetando toda a economia nacional, e muitos fornecedores estão enfrentando dificuldades para atender aos pedidos. Ainda, as linhas de crédito dos bancos estão se reduzindo. Para piorar a situação, nos últimos dois meses, sua empresa não tem conseguido elevar a participação de mercado e o faturamento de maneira considerável. Após o crescimento rápido dos primeiros meses, teme-se que se esteja chegando a uma perigosa estagnação. Nem mesmo os investimentos em propaganda têm conseguido recuperar a participação de mercado. Nesse contexto grave, um dos concorrentes parece ter feito um movimento inovador e vem ganhando considerável *market share*.

Veja agora os resultados de sua empresa obtidos nesse último trimestre.

Demonstrações – Ano 1	Outubro	Novembro	Dezembro
Receitas	R$ 75 mil	R$ 77 mil	R$ 77 mil
Despesas operacionais	R$ 45 mil	R$ 45 mil	R$ 45 mil
Despesas financeiras e tributárias	R$ 18 mil	R$ 19 mil	R$ 19 mil
Resultado	R$ 12 mil	R$ 13 mil	R$ 13 mil

No último período, vocês começaram a oferecer um novo produto que teve boa aceitação. No entanto, as vendas parecem estar atingindo um limite de crescimento. Além disso, a Iei Games, uma de suas principais concorrentes, adotou uma nova estratégia e vem elevando sua participação de mercado.

Veja o quadro a seguir que reúne as participações de mercado de sua empresa e das três principais concorrentes nacionais que disputam o mercado de fabricação de jogos diretamente com vocês:

Participação	Ago.	Set.	Out.	Nov.	Dez.
Empresa	1,5%	2%	2,5%	2,5%	2%
Bragames	3%	3%	2%	2%	2%
PlaySoft	2%	2%	1,5%	1,5%	1,5%
Iei Games	1%	2%	3%	4,5%	5%

Analise agora o número de jogos fabricados e comercializados por vocês e pelas suas concorrentes:

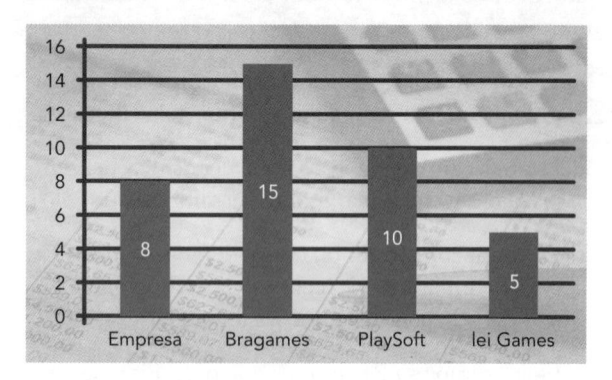

Número de jogos fabricados e comercializados

Empresa	Bragames	PlaySoft	Iei Games
8	15	10	5

Por fim, a situação de mercado de sua empresa vem mostrando certa estagnação. Apesar dos crescentes investimentos em propaganda para divulgar a marca, que ainda é desconhecida em certos setores, tem havido diminuição na participação setorial. Para piorar, um concorrente até então considerado inofensivo vem revolucionando o mercado ao adotar uma das três estratégias competitivas de Porter.

Atividades e decisões

1. De posse de todas essas informações, construa uma análise SWOT de sua organização. Depois disso, explique por que classificou cada um dos pontos como uma força, fraqueza, oportunidade ou ameaça.

2. Formule a missão e a visão de sua empresa e explique a diferença entre os objetivos de cada um desses elementos estratégicos.

3. Posicione sua empresa dentro da Matriz BCG e explique o porquê da escolha.

4. Determine qual é o concorrente que vem adotando uma estratégia competitiva de Porter e diga que estratégia é essa.

5. Agora, defina qual dessas três estratégias sua fabricante de *games* irá adotar daqui para a frente, justificando sua escolha.

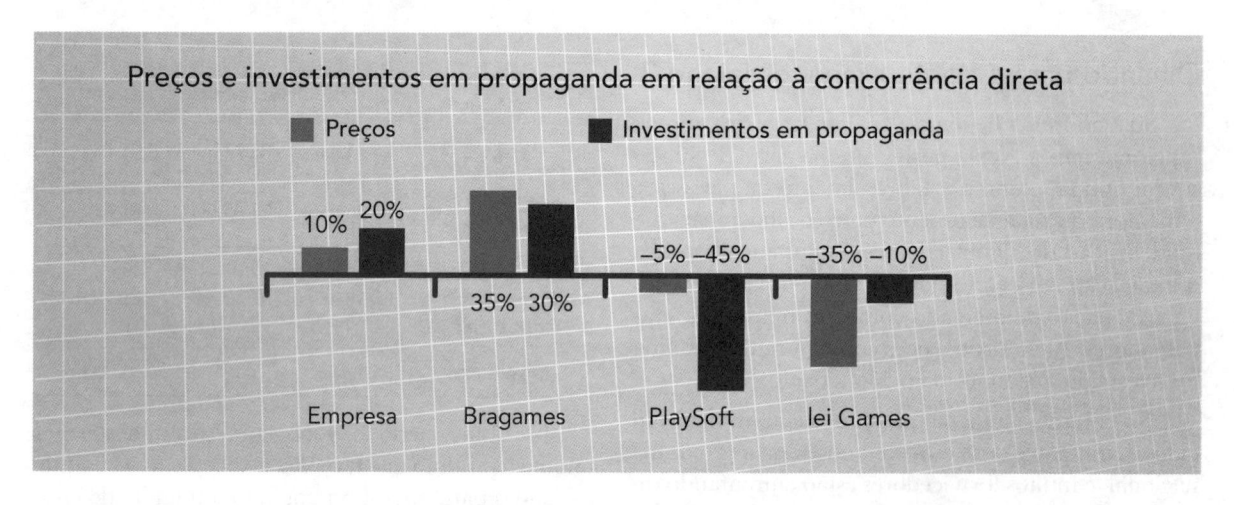

Preços e investimentos em propaganda em relação à concorrência direta

	Empresa	Bragames	PlaySoft	Iei Games
Preços	10%	35%	–5%	–35%
Investimentos em propaganda	20%	30%	–45%	–10%

Notas

1. VAZ, T. Máquina de vendas tem três anos para dobrar o tamanho. **Exame.com**, abr. 2011. Disponível em: <http://exame.abril.com.br/revista-exame/edicoes/0990/noticias/tres-anos-para-dobrar-o-tamanho>. Acesso em: 8 abr. 2012; OLIVON, B. Por que crescer não é só um capricho da máquina de vendas. **Exame.com**, jul. 2011. Disponível em: <http://exame.abril.com.br/negocios/empresas/noticias/por-que-crescer-nao-e-so-um-capricho-da-maquina-de-vendas>. Acesso em: 8 abr. 2012.

2. BRYAN, V. Adidas traça metas para superar Nike. **Exame.com**, nov. 2010. Disponível em: <http://exame.abril.com.br/negocios/empresas/noticias/adidas-traca-metas-para-superar-nike>. Acesso em: 8 abr. 2012.

3. MILLER, C. C.; CARDINAL, L. B. Strategic planning and firm performance: a synthesis of more than two decades of research. **Academy of Management Journal**. v. 37, n. 6, p. 1.649-1.665, 1994.

4. MINTZBERG, H. **The rise and fall of strategic planning**. Nova York: Free Press, 1994.

5. **PETROBRAS.** Disponível em: <http://www.petrobras.com.br>. Acesso em: 8 abr. 2012.

6. **GRUPO PÃO DE AÇÚCAR.** Disponível em: <http://www.grupopaodeacucar.com.br>. Acesso em: 8 abr. 2012.

7. POLO, E. De olhos bem cobertos. **IstoÉ Negócios**, ed. 713, jun. 2011. Disponível em: <http://www.istoedinheiro.com.br/noticias/58932_DE+OLHOS+BEM+COBERTOS>. Acesso em: 8 abr. 2012.

8. O conceito de administração por objetivos foi introduzido por DRUCKER, P. **The practice of management**. Nova York: Harper and Row, 1954.

9. ROBBINS, S. P.; DECENZO, D. A. **Fundamentos de administração**. 4. ed. São Paulo: Prentice-Hall, 2004.

10. LATHAM, G.; SARRI, L. The effects of holding goal difficulty constant on assigned and participatively set goals. **Academy of Management Journal**, n. 22, p. 163-168, 1979; EREZ, M.; EARLEY, P. C.; HULIN, C. L. The impact of participation on goal acceptance and performance: a two-step model. **Academy of Management Journal**. v. 28, n. 1, p. 50-66, 1985.

11. CASTELLANO, J. F.; ROEHM, H. A. The problems with managing by objectives and results. **Quality progress**. v. 34, n. 3, p. 39-46, 2001.

12. PEARCE, J. A.; ROBINSON, R. B. **Strategic management:** formulation, implementation, and control. 9. ed. Irwin/McGraw-Hill, 2004.

13. HENDERSON, B. D. As origens da estratégia. In: MONTGOMERY, C. A.; PORTER, M. E. **Estratégia:** a busca das vantagens competitivas. Rio de Janeiro: Campus, 1998.

14. PORTER, M. What is strategy? **Harvard Business Review**, nov./dez. 1996.

15. OHMAE, K. Getting back to strategy. **Harvard Business Review**, nov./dez. 1988.

16. BLECHER, N. As 100 emergentes do mercado global. **Exame.com**, jun. 2006. Disponível em: <http://exame.abril.com.br/revista-exame/edicoes/0870/noticias/as-100--emergentes-do-mercado-global-m0082500>. Acesso em: 8 abr. 2012.

17. CHANDLER, A. **Ensaios para uma história da grande empresa**. Rio de Janeiro: FGV, 1998.

18. ANSOFF, I. **Corporate strategy:** techniques for analyzing industries and competitors. Nova York: McGraw-Hill, 1965.

19. PRAHALAD, C. K.; HAMEL, G. **Competindo pelo futuro**, 2005.

20. FLACH, L. **Improvisação e aprendizagem em cervejarias artesanais:** um estudo no Brasil e na Alemanha, 2010.

21. MINTZBERG, H. **The rise and fall of strategic planning**. Englewood Cliffs, NJ: Prentice-Hall, 1994.

22. MINTZBERG, H. A crafting strategy. **Harvard Business Review**, jul./ago. 1987.

23. MINTZBERG, H. The strategy concept I: five Ps for strategy. **California Management Review**, p. 11-24, out. 1987.

24. ORSOLINI, M. Bombril terá 240 produtos de cosméticos em 2012. **Exame.com**, jul. 2011. Disponível em: <http://exame.abril.com.br/negocios/empresas/noticias/bombril-tera-240-produtos-de-cosmeticos-em-2012>. Acesso em: 8 abr. 2012.

25. SUBRAMANIAN, B. Business intelligence using smart technologies: environmental scanning using data mining and compete analysis using scenarios and manual simulation. **Competitiveness Review**, p. 115, fev./mar. 2002.

26. CARVALHO, F. A. Estratégia nas organizações. In: LISBOA, J. et al. **Introdução à gestão das organizações**. Porto: Vida Económica, 2005.

27. ANSOFF, I. **Corporate strategy:** techniques for analyzing industries and competitors. Nova York: McGraw-Hill, 1965.

28. DURÃO, M. Amil vai investir R$ 450 mi e espera crescimento de 10%. **Exame.com**, jan. 2012. Disponível em: <http://exame.abril.com.br/negocios/empresas/servicos/noticias/amil-vai-investir-r-450-mi-e-espera-crescimento-de-10-2>. Acesso em: 8 abr. 2012; DURÃO, M. Amil investirá R$ 640 milhões em hospitais do Rio. **Exame.com**, mar. 2012. Disponível em: <http://exame.abril.com.br/negocios/empresas/servicos/noticias/amil-investira-r-640-milhoes-em--hospitais-do-rio>. Acesso em: 8 abr. 2012.

29. NACHUM, L. Diversification strategies of developing firms. **Journal of International Management**, v. 5, p. 115-140, 1999.

30. ARAGÃO, M. Em busca de um novo sócio para a Gerdau. **Exame.com**, fev. 2012. Disponível em: <http://exame.abril.com.br/revista-exame/edicoes/1010/noticias/em-busca-de-um-novo-socio-para-a-gerdau>. Acesso em: 8 abr. 2012.

31. ARAGÃO, M. Harley-Davidson de volta à estrada. **Exame.com**, fev. 2012. Disponível em: <http://exame.abril.com.br/revista-exame/edicoes/1009/noticias/harley-davidson-de-volta-a-estrada>. Acesso em: 8 abr. 2012.

32. BAUTZER, T. Diesel passa o ponto. **IstoÉ Negócios**, ed. 713, jun. 2011. Disponível em: <http://www.istoedinheiro.com.br/noticias/58907_DIESEL+PASSA+O+PONTO>. Acesso em: 8 abr. 2012.

33. PORTER, M. E. Da vantagem competitiva à estratégia corporativa. In: MONTGOMERY, C. A. PORTER, M. E. **Estratégia:** a busca das vantagens competitivas. Rio de Janeiro: Campus, 1998.

34. PRAHALAD, C. K.; HAMEL, G. The core competence of the corporation. **Harvard Business Review**, v. 68, n. 3, p. 79-91, 1990.

35. GHEMAWAT, P. Sustainable advantages. **Harvard Business Review**, set./out. 1986.

36. O QUE PODEMOS aprender com a Apple? **Manalais**, set. 2008. Disponível em: <http://www.manalais.com.br/blog/marketing/o-que-podemos-aprender-com-a-apple/>. Acesso em: 8 abr. 2012.

37. PORTER, M. E. How competitive forces shape strategy. **Harvard Business Review**, mar./abr. 1979.

38. FUSCO, C. Positivo ou negativo? **Exame.com**, set. 2008. Disponível em: <http://exame.abril.com.br/revista-exame/edicoes/0926/noticias/positivo-ou-negativo-m0167019>. Acesso em: 8 abr. 2012.

39. _____. **Estratégia competitiva:** técnicas para a análise de indústrias e da concorrência. Rio de Janeiro: Campus, 1991.

40. SMANIOTTO, A. Aceita um cafezinho? **Estalo**, Curitiba, n. 4, ano 2. Disponível em: <http://www.e-wow.com.br/v2/download/estalo_04.pdf>. Acesso em: 8 abr. 2012.

41. SALEM, F. Nissan relança carro de 1931 na Ásia. **Exame.com**, mar. 2012. Disponível em: <http://exame.abril.com.br/estilo-de-vida/carros-cia/noticias/nissan-relanca-carro-de-1931-na-asia>. Acesso em: 8 abr. 2012.

42. WHEELWRIGHT, S. C.; HAYES, R. H. Competindo através da fabricação. In: MONTGOMERY, C. A.; PORTER, M. E. **Estratégia:** a busca das vantagens competitivas. Rio de Janeiro: Campus, 1998.

43. CARVALHO, L. Mais de 90% da diretoria do Bradesco começou do zero no banco. **Exame.com**, set. 2010. Disponível em: <http://exame.abril.com.br/negocios/gestao/noticias/mais-90-diretoria-bradesco-comecou-zero-banco-594804>. Acesso em: 8 abr. 2012.

44. BINDER, M. P. Rede de recursos: um modelo desenvolvido a partir do caso GOL Linhas Aéreas. In: **Anais do XXVII Enanpad**, Atibaia/SP, 2003; VAZ, T. GOL tem um dos piores resultados de sua história – Entenda por quê. **Exame.com**, mar. 2012. Disponível em: <http://exame.abril.com.br/negocios/empresas/servicos/noticias/gol-tem-um-dos-piores-resultados-de-sua-historia-entenda-por-que>. Acesso em: 8 abr. 2012.

Capítulo 6 Organização

Objetivos de aprendizagem

1. Definir os conceitos de organização, estrutura organizacional e organograma.
2. Discutir o conceito de especialização do trabalho e suas implicações.
3. Analisar os fatores que condicionam a adoção de uma estrutura achatada ou aguda.
4. Distinguir os vários tipos de departamentalização e suas aplicações.
5. Explicar em que consiste o grau de centralização e de formalização.
6. Contrastar os conceitos de autoridade e poder, destacando seus impactos na organização.
7. Comparar e contrastar as estruturas funcional, divisional e matricial.
8. Descrever o contexto de surgimento e as características das estruturas em rede.
9. Contrastar os modelos mecanicista e orgânico de organização.
10. Discutir a relação entre os fatores contingenciais e a estrutura organizacional.

Uma vez estabelecidos os objetivos e as estratégias da organização, a próxima etapa do processo de administração consiste em reunir e organizar os recursos humanos e materiais da empresa para alcançar as metas desejadas. Essa é a função da organização, objeto de análise deste capítulo. A organização é uma das mais complexas funções administrativas, já que diz respeito a decisões cujos alcance e consequências são difíceis de antecipar.

Para isso, é importante compreender e definir os principais conceitos que se fazem presentes no processo de organização, assim como apresentar suas características. Esse será o objetivo da primeira seção deste capítulo, denominada "Fundamentos de organização". Na sequência, serão analisados os principais elementos do processo de organização: a especialização do trabalho, a cadeia de comando, a amplitude de controle, a departamentalização, o grau de centralização e o grau de formalização.

A compreensão do poder e de sua complexa relação com a estrutura organizacional é discutida em seguida. O objetivo é conhecer os diversos tipos de poder presentes nas estruturas formal e informal das organizações, além da autoridade formal. Busca-se avançar na compreensão das nuances de manifestação e do papel que o poder desempenha no espaço organizacional e sua relação intrínseca com a estrutura da empresa.

Posteriormente, serão comparados os principais tipos de estruturas organizacionais, diferenciando as formas tradicionais de desenhos organizacionais (ou seja, as estruturas funcionais, divisionais e matriciais) das estruturas mais contemporâneas, genericamente denominadas estruturas em rede.

Dois modelos ideais organizacionais serão analisados na busca de uma dicotomia que reúna as principais dimensões caracterizadoras da estrutura de uma organização. A última seção do capítulo procura aplicar o enfoque contingencial à compreensão das estruturas organizacionais e seus desenhos. Alguns condicionantes da estrutura organizacional serão destacados, como a estratégia, o tamanho, a tecnologia e o ambiente organizacional.

>> Caso introdutório

Reestruturação para crescer

A Natura, uma das maiores fabricantes de cosméticos do Brasil, precisou rever e alterar substancialmente sua estrutura para manter o crescimento sustentável. A empresa, que até 2007 era conhecida por manter uma estrutura centralizada na sua direção, percebeu que, sem uma reestruturação organizacional, o crescimento e a expansão dos negócios, nacional e internacionalmente, ficariam inviabilizados. O modelo de gestão centralizada não se mostrava suficiente e capaz de sustentar os projetos de ampliação da empresa. Por isso, a Natura decidiu substituí-lo pela gestão por processos. Essas mudanças foram essenciais para manter a tendência de expansão de forma sustentável.

Em 2008, sob o comando de Alessandro Carlucci (foto), com o objetivo de reverter as previsões cada vez mais pessimistas e potencializar a expansão da empresa, a Natura resolveu dar início à implantação de um modelo de organização estruturado na gestão por processos a serviço das suas Unidades de Negócios e Regionais. As primeiras são as responsáveis pela criação de novos produtos, pela gerência de marcas e resultados. Já as Unidades Regionais são os braços da empresa distribuídos no Brasil e no exterior, cuja responsabilidade é atender às demandas de cada região de maneira customizada. Dessa forma, maior autonomia e poder de decisão foram dados aos administradores das unidades, além, é claro, de mais responsabilidades. Esse novo modelo estrutural resultou na maior proximidade entre consultores e consumidores, descentralizou a decisão e enxugou níveis hierárquicos, o que gerou um ganho na agilidade dos negócios.

Quando percebeu que a organização estava com um alto nível de complexidade, a Natura enxergou na gestão por processos um caminho para tornar a administração mais leve, por meio de uma estrutura capaz de integrar todos os membros da organização. O sistema de gestão tem como base 18 macroprocessos que asseguram à empresa a replicação da forma de operar em qualquer lugar.

Depois de mais de três anos de implementada essa nova estrutura organizacional e com a consolidação do processo de descentralização, a empresa aumentou o seu ritmo de crescimento e alcançou uma de suas principais metas: aproximou-se dos consumidores das várias regiões onde atua. Prova disso é o lançamento de diversos produtos desenvolvidos para atender públicos locais, como a linha TodoDia Inverno – lançamento específico para Sul, Sudeste e Centro-Oeste e a linha Natura TodoDia Graviola, que traz uma fragrância e sensorial especialmente desenvolvido para o público da região Norte e Nordeste.[1]

6.1 >> Fundamentos de organização

As organizações possibilitam o alcance de objetivos complexos, criando condições para superar os limites da ação individual. Mesmo que organizar e administrar possam ser consideradas práticas humanas seculares, a administração, como disciplina acadêmica, tem procurado definir as principais funções administrativas de forma racional, buscando a adequação dos meios aos fins organizacionais. Nesse contexto, as quatro funções administrativas – planejamento, organização, direção e controle – devem ser vistas como esforços interligados dessa racionalização do processo de trabalho em organizações.

O caso introdutório mostra que decisões acerca da função de organização são fundamentais para o desempenho organizacional. No caso da Natura, o crescimento da empresa não foi acompanhado pelas mudanças adequadas nas estruturas organizacionais, o que provocou alguns problemas. Para solucioná-los, a

Natura organizou suas atividades por processos, descentralizou a tomada de decisão e criou unidades regionais para melhor atender mercados específicos. Essas e outras opções envolvem um conjunto de decisões que dizem respeito à função gerencial de organização e serão analisadas ao longo deste capítulo.

6.1.1 ›› Organização

A palavra organização tem sido amplamente utilizada neste livro, mas nem sempre com o mesmo sentido. É importante distinguir o conceito de organização como entidade social e como função da administração (veja a Figura 6.1). Apesar de distintos, esses dois sentidos da palavra organização estão inter-relacionados. As organizações fazem uso da função organização para alcançar seus objetivos de forma eficaz e eficiente. No entanto, este capítulo tratará exclusivamente da organização como função da administração.

Figura 6.1 ›› Duplo sentido da organização

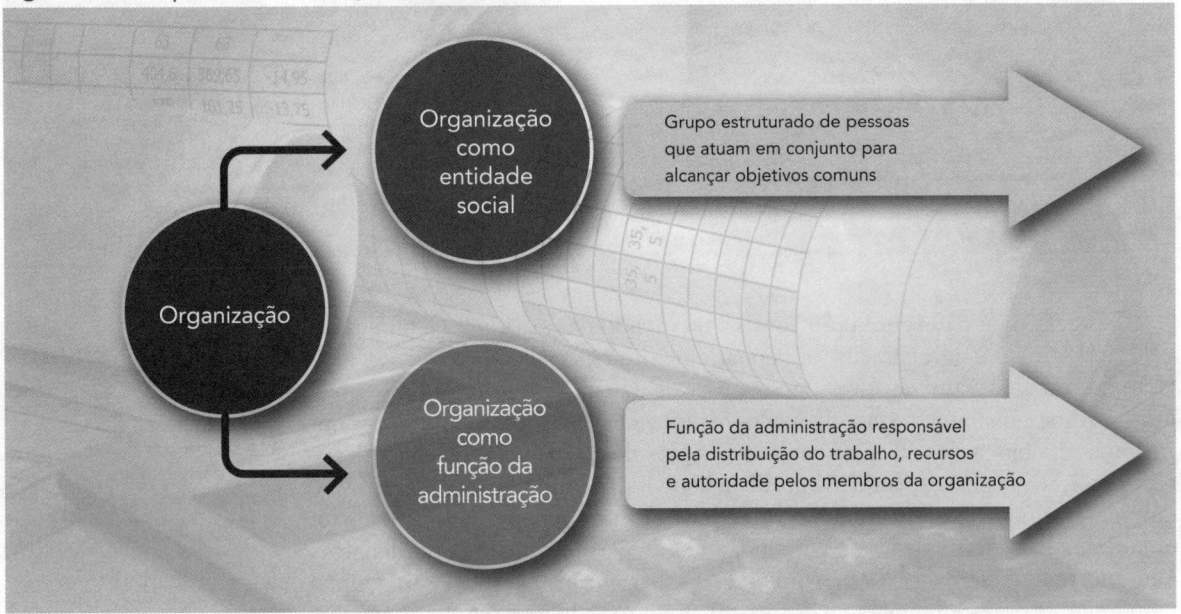

- Organização como entidade social: Grupo estruturado de pessoas que atuam em conjunto para alcançar objetivos comuns
- Organização como função da administração: Função da administração responsável pela distribuição do trabalho, recursos e autoridade pelos membros da organização

As decisões relativas à função de planejamento – apresentadas no capítulo anterior – são responsáveis por definir os objetivos da organização e, simultaneamente, delinear as estratégias que permitam o alcance desses objetivos. Por sua vez, o objetivo final da função de organizar é a criação de condições para que os objetivos estratégicos possam ser alcançados. Pelo planejamento se define o *que* fazer, ao passo que a organização estabelece *como* fazer.[2] Para Fayol, *organizar* é constituir duplo organismo, material e social, da empresa. Ou seja, organizar é dispor um conjunto de recursos humanos e materiais em uma estrutura, isto é, em determinada ordem.

> **Organização**
> Função da administração responsável pela distribuição de tarefas e recursos pelos membros e unidades da empresa, e estabelecimento dos mecanismos de comunicação e coordenação entre estes.

De forma mais abrangente, pode-se definir **organização** como a função da administração responsável pela distribuição de tarefas e recursos pelos membros da empresa e pela definição de quem tem autoridade sobre quem, quando e onde se devem tomar decisões. Em outras palavras, a organização é a etapa do processo de administração que agrupa e estrutura os recursos organizacionais e estabelece os mecanismos de comunicação e coordenação entre seus membros, de forma a permitir que se alcancem os objetivos estabelecidos de modo eficiente.

6.1.2 ›› O processo de organização

Tal como as demais funções da administração, organizar é um processo de tomada de decisões. Nesse sentido, organizar envolve dois processos de tomada de decisões antagônicos, mas inter-relacionados: diferenciação e integração. Ela precisa dividir-se em departamentos, se especializar, assim como integrar e coordenar os esforços de todos para atingir seus objetivos (ver Figura 6.2). O resultado final desses processos é o desenho da estrutura organizacional.

Figura 6.2 ›› O processo de organização

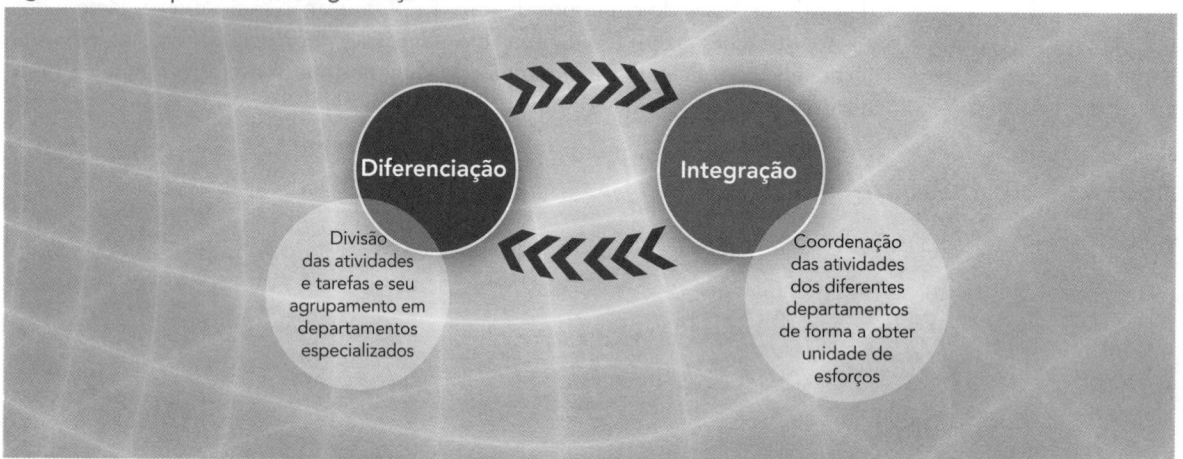

O processo de **diferenciação** consiste na divisão das atividades e tarefas organizacionais e seu agrupamento em departamentos especializados. De fato, a divisão do trabalho é um dos pressupostos básicos da existência das organizações, uma vez que possibilita a sinergia na cooperação eficiente dos membros organizacionais, na busca dos objetivos mais ambiciosos do que aqueles possíveis de serem alcançados pela ação individual. Além da divisão de trabalho, a diferenciação também promove o agrupamento e associação das tarefas, atividades e recursos organizacionais em unidades de trabalho, a fim de permitir melhor coordenação. Dessa forma, a diferenciação se manifesta na especialização vertical e horizontal das tarefas sob a responsabilidade de um trabalhador, na hierarquia e consequente disposição de autoridades e responsabilidades ao longo da cadeia de comando e nos critérios de departamentalização responsáveis por agrupar as atividades e os recursos organizacionais em departamentos ou unidades de trabalho.

Por sua vez, a **integração** é o processo oposto. Consiste na coordenação das atividades dos diferentes departamentos de forma a obter unidade de esforços e, assim, alcançar os objetivos globais da organização. A diferenciação pode levar à perda da visão da organização como um todo, fazendo com que cada departamento ou área funcional fique centrada apenas em suas próprias atividades ou objetivos, abrindo espaço para conflitos interdepartamentais. A integração tem como objetivo evitar isso, sem reduzir as diferenças que contribuem para a realização eficiente das tarefas. À medida que a organização cresce, novos departamentos e posições são acrescentados para lidar com os novos fatores do ambiente externo, tornando o processo de integração e coordenação mais difícil e complexo. Existem várias formas de promover uma integração eficaz. Em primeiro lugar, as próprias funções e técnicas de administração servem para essa finalidade. A supervisão hierárquica, as regras e os procedimentos internos, os planos e os objetivos organizacionais têm como uma de suas funções a coordenação organizacional. A comunicação e os sistemas de informação também podem servir a esse objetivo.[3]

> **Diferenciação**
> Processo de divisão das atividades e tarefas organizacionais e seu agrupamento em departamentos especializados.

> **Integração**
> Processo de coordenação das atividades dos diferentes departamentos, de forma a obter unidade de esforços e, assim, alcançar os objetivos globais da organização.

Dessa maneira, tomar decisões acerca da organização é uma das funções mais complexas do administrador, uma vez que se trata de estabelecer processos aparentemente contraditórios entre si, como dividir e integrar. O que se busca, na prática, é encontrar justificativas racionais e lógicas que possam superar os dilemas da relação limites individuais *versus* complexos objetivos organizacionais.

Por outro lado, é importante realçar que as decisões relativas ao processo de organizar não seguem, necessariamente, uma ordem sequencial. Os gestores normalmente já se encontram inseridos em estruturas organizacionais preestabelecidas, que devem ser continuamente redesenhadas para implementar novas estratégias organizacionais e fazer frente às mudanças ambientais.

6.1.3 ›› Estrutura organizacional

A **estrutura organizacional** é o resultado final do processo de organização. Refere-se ao modo como as atividades de uma organização são ordenadas para possibilitar o alcance dos objetivos. Essa estrutura especifica os papéis, as relações e os procedimentos organizacionais que possibilitam uma ação coordenada de seus membros. Suas funções básicas são:

- possibilitar aos membros organizacionais a execução de uma variedade de atividades de acordo com os critérios de divisão de trabalho que definem a especialização, a padronização e a departamentalização de tarefas e funções;
- proporcionar aos membros organizacionais a coordenação das atividades por meio de mecanismos integradores, como supervisão hierárquica, regras e procedimentos formais, treinamento e socialização;
- definir as fronteiras da organização e suas interfaces com o ambiente e outras organizações com as quais interage.[4]

A estrutura organizacional busca implementar um modelo que operacionalize as orientações estratégicas da organização, definindo a forma como as atividades são especificadas e coordenadas e ainda a forma como são estabelecidos os sistemas de comunicação internos das organizações.

Além disso, as estruturas organizacionais basicamente tentam minimizar ou controlar a influência das variações individuais sobre a organização, bem como minimizar as consequências indesejáveis da divisão do trabalho – pressuposto inerente à existência das organizações.

> **Estrutura organizacional**
> Forma como as organizações ordenam e agrupam as atividades e recursos, especificando papéis, relações e procedimentos que possibilitam uma ação coordenada de seus membros.

O paulista Elcio Anibal de Lucca, quando ocupava o cargo de presidente da Serasa Experian, resolveu mudar a estrutura organizacional da empresa. Motivado pelas queixas recorrentes dos executivos, Lucca resolveu redefinir e reorganizar as atividades organizacionais. Uma das medidas foi a definição de que áreas consideradas estratégicas deveriam ser tocadas não por um, mas por dois diretores, com o mesmo status e o mesmo salário, mas responsabilidades distintas. Um cuidaria do presente da operação, ao passo que o outro, das estratégias do futuro e da inovação. Para manter a coordenação, apesar da divisão de tarefas, as duplas da Serasa procuravam atuar bastante próximas. Os diretores se reuniam diariamente por pelo menos uma hora para trocar informações e monitorar de perto o andamento dos projetos alheios.[5]

6.1.4 ›› Organograma

Os elementos que definem a estrutura organizacional são muito complexos e difíceis de serem transmitidos aos membros internos da organização, assim como a seu público externo. Por esse motivo, os administradores fazem uso de uma forma visual de representação da estrutura organizacional: o organograma (veja a Figura 6.3).

Figura 6.3 ›› Organograma

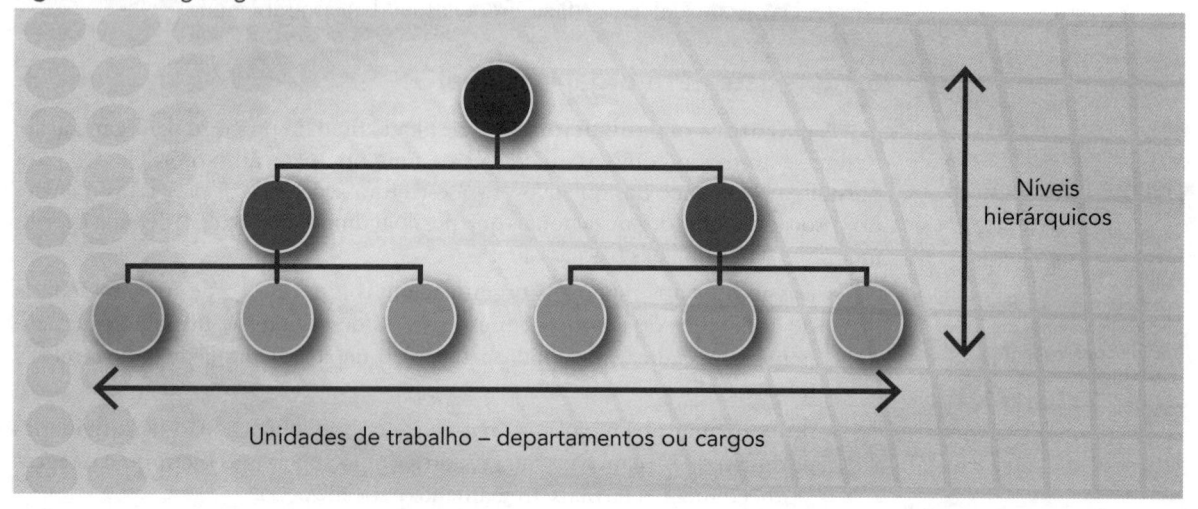

Níveis hierárquicos

Unidades de trabalho – departamentos ou cargos

Representação gráfica da estrutura de uma organização, o **organograma** mostra as funções, os departamentos e os cargos da organização, especificando como estes se relacionam. Cada retângulo de um organograma representa a forma de dividir o trabalho e os critérios de departamentalização usados pela organização. Esses retângulos são dispostos em níveis que representam a hierarquia da organização. As linhas que ligam os retângulos referem-se à distribuição de autoridade ou à cadeia de comando, indicando quem está subordinado a quem.

> **Organograma**
> Representação gráfica da estrutura de uma organização, mostrando as funções, os departamentos e os cargos da organização, especificando como estes se relacionam.

Os organogramas são instrumentos úteis de comunicação da estrutura organizacional, mas não conseguem representá-la totalmente. Podem dar a entender que todos os administradores que se encontram no mesmo nível têm a mesma autoridade e responsabilidade, e isso nem sempre é verdade. Além da autoridade e da responsabilidade formal, as organizações são espaços de manifestação de poder que modifica e transforma a estrutura formal da organização.[6] Por isso, a relação entre o poder e a estrutura organizacional também será analisada ao longo deste capítulo.

6.1.5 ›› A organização e os níveis organizacionais

A organização é uma função da administração presente em todos os níveis organizacionais. Apesar de apenas os administradores de topo terem o poder para mudar ou redesenhar a estrutura organizacional, todos os gestores são influenciados por ela. Ou seja, a esfera de ação de todos os administradores é delimitada pela estrutura organizacional. Por outro lado, todos os administradores, independentemente de sua posição hierárquica, têm o dever de estruturar e organizar as tarefas no âmbito de sua esfera de responsabilidade. Assim, a compreensão dos processos de organização é uma competência essencial para um administrador de sucesso.

Como mostra a Figura 6.4, os administradores de topo definem o desenho estrutural da organização como um todo; os gerentes de nível tático estruturam e organizam os departamentos pelos quais são responsáveis; e os administradores operacionais definem o desenho dos cargos e as tarefas de cada atividade organizacional. Como já dissemos, todos buscam estruturar as diferentes atividades de forma a alcançar os objetivos da organização da forma mais eficiente possível.

Figura 6.4 ›› Organização por nível hierárquico

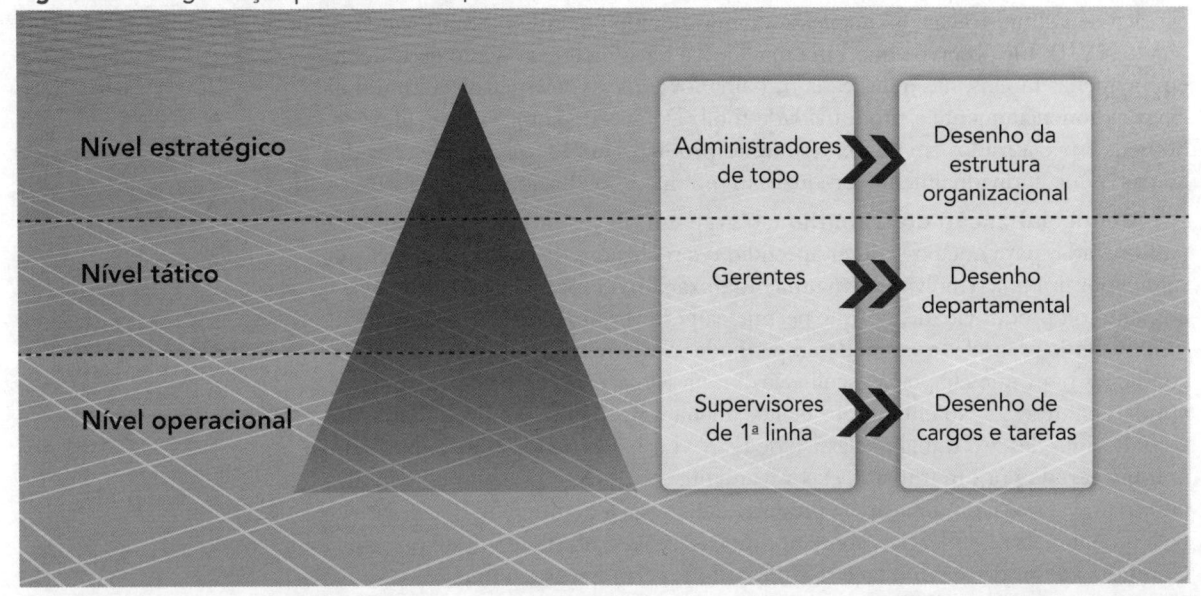

- Nível estratégico → Administradores de topo → Desenho da estrutura organizacional
- Nível tático → Gerentes → Desenho departamental
- Nível operacional → Supervisores de 1ª linha → Desenho de cargos e tarefas

6.2 ›› Elementos do processo de organização

Os conceitos e princípios básicos do processo de organização foram formulados no início do século XX por autores como Fayol e Weber. Surpreendentemente, apesar de todas as mudanças que se verificaram nas sociedades contemporâneas, muitos desses princípios ainda oferecem contribuições importantes para o entendimento do processo de organização. Alguns desses princípios estão presentes no processo de organização e envolvem a tomada de decisões relativas a seis elementos:

- definição do grau desejável de *especialização do trabalho*, que permita ganhos de eficiência;
- definição da *cadeia de comando*, que distribui a autoridade e a responsabilidade pelos membros organizacionais;
- definição da *amplitude de controle* ideal, ou seja, do número de subordinados sob a responsabilidade de cada administrador;
- definição dos critérios de *departamentalização* para agrupar as tarefas em unidades organizacionais;
- definição do grau desejável de *centralização* do processo de tomada de decisão;
- definição do grau desejável de *formalização* das funções e tarefas organizacionais.

6.2.1 ›› Especialização do trabalho

As organizações realizam um conjunto amplo de tarefas e atividades. Um dos mais importantes princípios administrativos defende que, para que essas tarefas sejam realizadas de forma eficiente, elas devem ser divididas em atividades pequenas e simples, de modo a permitir que os trabalhadores se especializem em sua execução e, assim, sejam mais produtivos. Logo, por meio da divisão do trabalho, uma tarefa complexa é decomposta em partes, atribuindo a cada pessoa um conjunto de atividades limitadas e diferentes, nas quais se especializará, e não a tarefa como um todo.

O princípio da especialização do trabalho, que se popularizou com a escola clássica de administração, foi inicialmente introduzido por Adam Smith, ainda no século XVIII. Ele observou que, em uma fábrica de alfinetes, a divisão do trabalho em pequenas tarefas, nas quais cada trabalhador pudesse se especializar, multiplicaria exponencialmente a produtividade total. De acordo com seus cálculos, dez homens especializados em diferentes tarefas produziriam 48 mil alfinetes por dia, ao passo que, individualmente, produziriam no máximo 20 cada um.[7]

A **especialização do trabalho** é o grau em que as tarefas são divididas e padronizadas para que possam ser aprendidas e realizadas de forma relativamente rápida por um único indivíduo em uma organização. A especialização influencia o aumento da produtividade, porque permite superar os limites da ação individual, simplificando as tarefas a serem desempenhadas por um único indivíduo e criando condições para que ele possa escolher as tarefas de acordo com sua capacidade, aptidão e interesse. No entanto, os efeitos alienadores da divisão do trabalho são reconhecidos desde o trabalho clássico de Karl Marx, *O capital*.[8] O fato é que a monotonia gerada por um trabalho excessivamente repetitivo e pessoalmente insatisfatório pode levar à diminuição da produtividade (veja a Figura 6.5). Essa é a razão pela qual muitas organizações contemporâneas estão se afastando desse princípio. Contudo, apesar de suas limitações, é importante reconhecer seu impacto positivo no aumento da eficiência organizacional em certo tipo de atividade.

> **Especialização do trabalho**
> Grau em que as tarefas são divididas e padronizadas para que possam ser aprendidas e realizadas de forma relativamente rápida e eficiente.

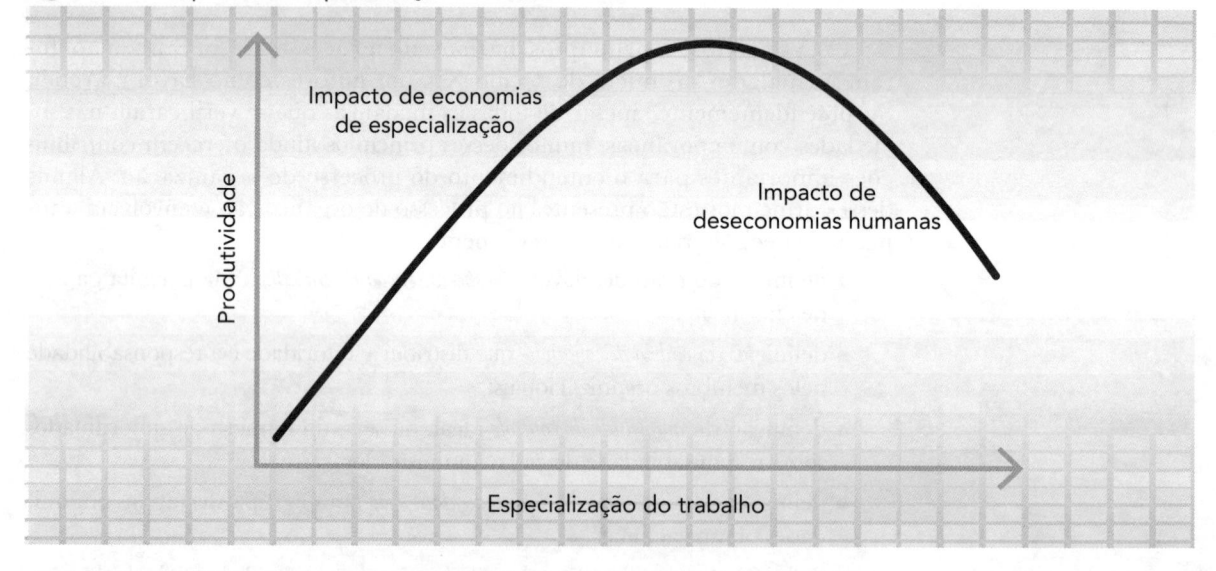

Figura 6.5 ›› Impactos da especialização do trabalho

As organizações diferem quanto ao grau de especialização de suas tarefas. Algumas optam por dividir minuciosamente as tarefas de modo que qualquer membro organizacional – com algum grau de treinamento – possa desempenhá-las, como é o caso das linhas de montagem. Outras preferem ter profissionais

> O princípio da especialização do trabalho é o grande trunfo do Instituto Beleza Natural, rede de salões de beleza, criada em 1993, voltada para tratamentos de cabelos cacheados e crespos. Nos institutos, cada etapa dos tratamentos é feita por um profissional diferente. O Super Relaxante, carro-chefe da empresa, é aplicado em sete fases, feitas em estações de trabalho distintas e por sete especialistas. A cliente passa por uma entrevista, depois divide o cabelo em várias mechas, com tamanhos e formas específicas, para depois aplicar o produto, auxiliada por uma consultora de beleza. Em seguida, hidratação, lavagem, penteado e a compra dos produtos para a manutenção do tratamento. Segundo a sócia da empresa, essa linha de montagem agiliza o atendimento e confere maior qualidade nos tratamentos, já que os funcionários conseguem se especializar nas tarefas que desempenham.[9]

Especialização horizontal
Divisão do trabalho em termos de diferenciação entre os diferentes tipos de tarefas executadas, especificando o número de diferentes atividades a serem desempenhadas.

Especialização vertical
Divisão do trabalho em termos de autoridade e responsabilidade, estabelecendo quem é responsável pela concepção, execução e administração de uma atividade.

Cadeia de comando
Linha de autoridade formal de uma organização que define a estrutura hierárquica de relações entre os membros e unidades organizacionais.

altamente treinados em uma gama abrangente de atividades. Organizações que trabalham com tarefas muito mais complexas e não rotineiras – por exemplo, agências de publicidade – fazem uso de profissionais que são responsáveis por conduzir a tarefa (ou projeto) desde sua concepção até sua finalização.[10]

De modo geral, as organizações têm de tomar decisões quanto ao grau de especialização horizontal e vertical das tarefas. A **especialização horizontal** da tarefa especifica o número de diferentes atividades a serem desempenhadas, ao passo que a **especialização vertical** estabelece em que medida a concepção, a execução e a administração das atividades podem ser desempenhadas pela mesma pessoa.[11] Por exemplo, um jornalista pode conceber a ideia de uma reportagem e depois executá-la. No entanto, por menos especializado que o trabalho de um membro organizacional seja, é importante ressaltar que a divisão do trabalho e a consequente especialização são princípios essenciais à existência de qualquer organização.

6.2.2 ›› Cadeia de comando

Outra consequência do princípio da divisão do trabalho é a diferenciação vertical dentro da organização. A pluralidade de funções imposta pela especialização exige o desdobramento da função de comando, cuja missão é dirigir todas as atividades para que elas cumpram harmoniosamente as suas respectivas missões. Isso significa que, além de uma estrutura de funções especializadas, a organização precisa também de uma estrutura hierárquica para dirigir as operações dos níveis que lhe estão subordinados. Em toda organização formal, existe uma hierarquia que a divide em camadas ou em níveis de autoridade. Essa hierarquia é chamada cadeia de comando.

A **cadeia de comando** especifica que a autoridade deve passar do topo até o último elemento da hierarquia organizacional por uma linha clara e ininterrupta, identificando quem deve responder a quem. Dessa forma, as decisões relativas à cadeia de comando da estrutura organizacional dizem respeito à distribuição de autoridade a pessoas ou unidades de trabalho na organização. Como exemplificado na Figura 6.6, a cadeia de comando especifica que o vendedor responsável pela Região Sul responde ao gerente do departamento de vendas, que, por sua vez, responde ao diretor de marketing, que reporta diretamente ao presidente.

Figura 6.6 ›› Cadeia de comando

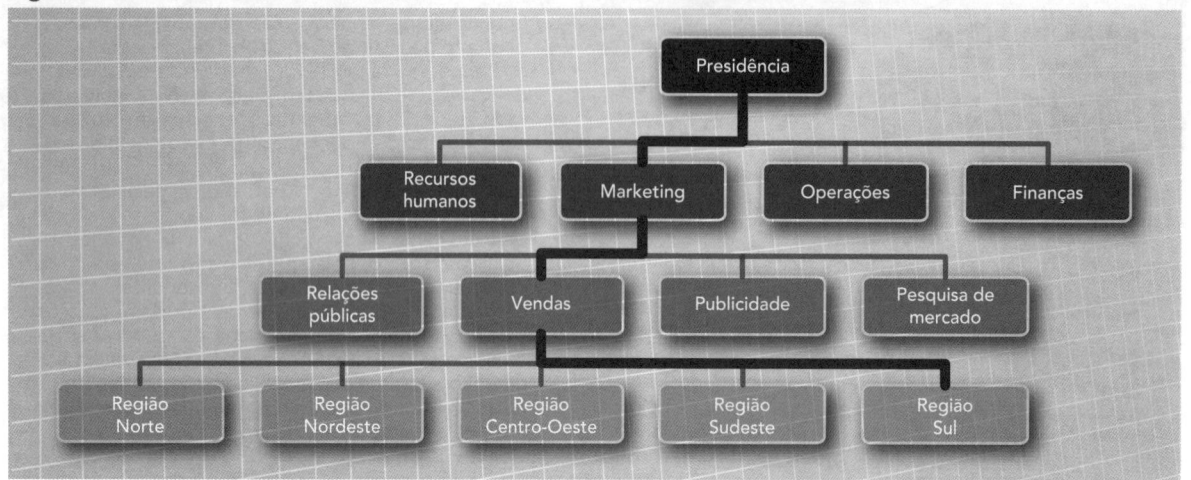

[Organograma: Presidência no topo, com subordinados Recursos humanos, Marketing, Operações e Finanças. Sob Marketing: Relações públicas, Vendas, Publicidade e Pesquisa de mercado. Sob Vendas: Região Norte, Região Nordeste, Região Centro-Oeste, Região Sudeste e Região Sul.]

O conceito de cadeia de comando está associado a um princípio clássico de administração: o princípio da **unidade de comando**, segundo o qual cada subordinado reporta-se apenas a um único superior hierárquico. No entanto, nas organizações modernas, esse princípio é cada vez menos observado. Como veremos a seguir, as estruturas contemporâneas têm modificado substancialmente o uso da cadeia de comando.

O que se expressa verticalmente nos níveis hierárquicos de uma organização é a **autoridade**, que é o direito de decidir e de dirigir pessoas e recursos na execução das tarefas, tendo em vista a persecução dos objetivos da organização, ou seja, o direito de organizar os recursos materiais e humanos e colocá-los à disposição do administrador. A autoridade formal é um poder concedido pela organização ao indivíduo que nela ocupa determinada posição. A autoridade é caracterizada por:[12]

- *ser alocada a posições organizacionais, não em pessoas*: os administradores têm autoridade por causa da posição que ocupam;
- *ser aceita pelos subordinados*: os subordinados obedecem aos superiores porque acreditam que eles têm o direito legítimo, transmitido pela organização, de dar ordens e esperar seu cumprimento;
- *fluir do topo até a base da organização*: as posições do topo têm mais autoridade formal que as posições da base.

A distribuição da autoridade ao longo da hierarquia de uma organização não pode ser vista de forma dissociada da distribuição de responsabilidades. O elo entre a divisão do trabalho e os critérios racionais de organização das atividades reside nos conceitos de *responsabilidade versus autoridade*. Os dois conceitos refletem o impacto da especialização e da hierarquia na estrutura organizacional e devem ser vistos como faces opostas da mesma moeda. Ambos são consequências da divisão de trabalho nas organizações e uma tentativa de usar critérios racionais para redistribuição do trabalho e do poder no âmbito organizacional.

A **responsabilidade** refere-se à obrigação e ao dever das pessoas quanto à realização das tarefas ou atividades. Deve existir um equilíbrio entre a autoridade e a responsabilidade atribuídas a cada nível hierárquico. Se um administrador é responsável por um conjunto de tarefas, mas tem pouca autoridade sobre as pessoas que as executam, seu trabalho fica difícil, uma vez que os subordinados podem não aceitar suas decisões. Em contrapartida, quando a autoridade formal excede a responsabilidade, um administrador pode se tornar muito autocrático.

Unidade de comando
Princípio clássico de administração segundo o qual cada subordinado se reporta apenas a um único superior hierárquico.

Autoridade
Direito de tomar decisões e dirigir pessoas e recursos na execução das tarefas e atividades organizacionais.

Responsabilidade
Obrigação e dever de uma pessoa executar um conjunto de tarefas ou atividades organizacionais pelas quais responde.

O conjunto de responsabilidades que corresponde a cada nível de autoridade é denominado *função*. O conjunto de tarefas pelo qual uma pessoa é responsável chama-se *cargo*. Assim, o conceito de cargo é intimamente relacionado com o grau de especialização – divisão do trabalho – na organização. O cargo é a menor unidade de trabalho da estrutura organizacional. Existem cargos com um único ocupante (por exemplo, o diretor financeiro) ou com um grande número de ocupantes (por exemplo, os professores de uma escola). Os cargos que têm mais de um ocupante são chamados *posições*.

6.2.3 ›› Amplitude de controle

> **Amplitude de controle**
> Número de subordinados pelos quais um gestor é responsável.

O conceito de **amplitude de controle** decorre da distribuição de autoridade e responsabilidade e mede o número de pessoas subordinadas a um administrador. Quando o gestor tem muitos subordinados, sua amplitude de controle é grande. Ao contrário, quando tem poucos subordinados, sua amplitude de controle é pequena.

A definição da *amplitude de controle ideal*, ou seja, o número máximo de subordinados que um gestor pode controlar de modo eficaz e eficiente é uma importante decisão do processo de organização, porque determina o número de níveis hierárquicos e de administradores de uma organização. Quanto maior for a amplitude de controle, menor será o número de níveis hierárquicos da organização e menor será o número de administradores.

A amplitude de controle média adotada pela organização determina, assim, a configuração geral de sua estrutura organizacional (ver Figura 6.7). De acordo com o grau de amplitude de controle, as estruturas organizacionais podem assumir as seguintes formas:

- *Estrutura vertical ou aguda*: constituída por pequeno número de subordinados por gestor e elevado número de administradores. Apresenta pequena amplitude de controle e vários níveis hierárquicos.
- *Estrutura horizontal ou achatada*: caracterizada por elevado número de subordinados por gestor e reduzido número de administradores. Apresenta grande amplitude de controle e poucos níveis hierárquicos.

Figura 6.7 ›› Estruturas agudas *versus* achatadas

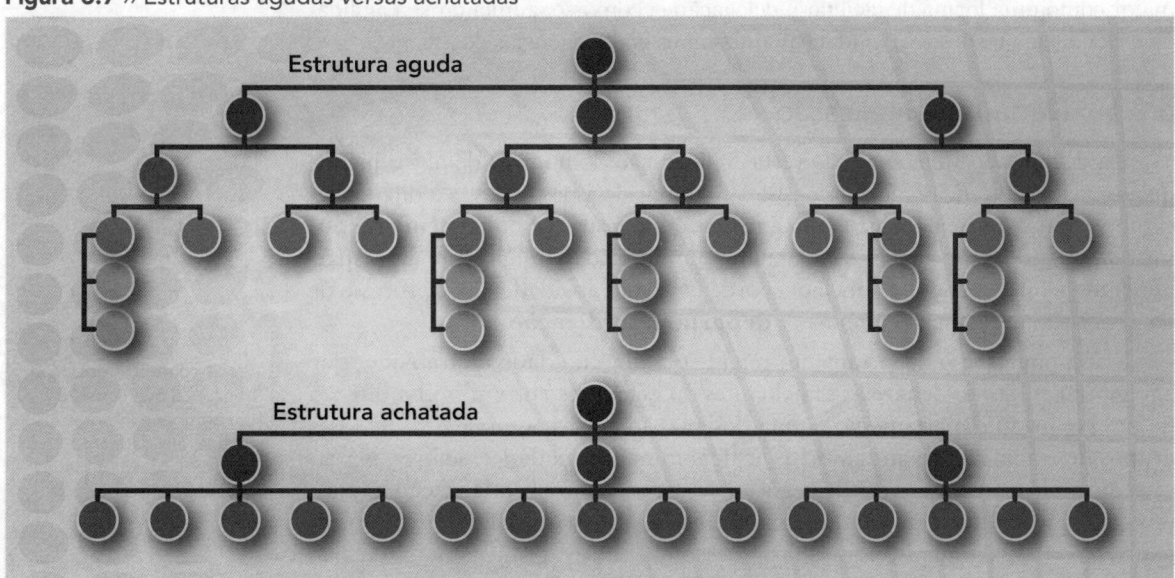

O Banco de Investimentos do Bradesco (BBI), criado em 2006, possui uma estrutura organizacional diferente dos restantes bancos de investimento brasileiros. Entre o analista e o diretor do banco existem seis níveis hierárquicos, com pequena amplitude de controle, ou seja, tem uma estrutura organizacional vertical ou aguda. Cada diretor é responsável por um pequeno número de funcionários. Já na maioria dos bancos de investimento, a estrutura é achatada. Existem no máximo quatro níveis hierárquicos, com uma maior amplitude de controle.[13]

Perspectivas tradicionais recomendavam uma amplitude de controle de aproximadamente sete subordinados por administrador. No entanto, muitas organizações contemporâneas, mais flexíveis e enxutas, apresentam uma amplitude de controle de 30 ou 40 subordinados. Várias pesquisas têm demonstrado que a *amplitude de controle ideal* depende de vários fatores, como:[14]

- complexidade do trabalho;
- competência, experiência e motivação de gestores e subordinados;
- sofisticação dos sistemas de informação e comunicação;
- similaridade das tarefas e das funções supervisionadas;
- disponibilidade e clareza das regras e procedimentos;
- interdependência ou interligação das tarefas;
- proximidade física entre os subordinados;
- estabilidade ou instabilidade do ambiente externo;
- estilo pessoal dos administradores e cultura organizacional.

Atualmente, as organizações tendem a apresentar uma amplitude de controle maior como uma forma de facilitar a delegação e, com isso, aumentar sua agilidade e rapidez na resposta às mudanças ambientais e às exigências dos clientes.

6.2.4 ›› Departamentalização

Paralelamente à diferenciação vertical (definição do número de níveis hierárquicos), o processo de organizar consiste em tomar decisões relativas à diferenciação horizontal, ou seja, consiste em agrupar e integrar – com base em critérios racionais – tarefas, atividades e funcionários em unidades organizacionais (departamentos) a fim de obter uma melhor coordenação das atividades. Esse processo de diferenciação horizontal denomina-se **departamentalização**.

Dessa maneira, o departamento refere-se a uma unidade de trabalho, que agrega um conjunto de tarefas semelhantes ou coerentes entre si, sob a direção de um gestor. O departamento é uma designação genérica, uma vez que esses grupos de trabalho podem também ser denominados unidades, setores, gerências, diretorias, divisões, áreas de negócio etc. Uma maior especialização implica uma agregação maior das tarefas e maior dispersão horizontal da estrutura organizacional. Os administradores fazem escolhas sobre agrupar e integrar não

> **Departamentalização**
> Processo de diferenciação horizontal que consiste em agrupar e integrar tarefas, atividades e funcionários em unidades organizacionais para melhor coordenar as atividades.

apenas tarefas, mas também os recursos humanos e materiais da organização em departamentos.

A departamentalização permite simplificar o trabalho do gestor, aumentando a eficácia e a eficiência da administração, pois contribui para um aproveitamento mais racional dos recursos disponíveis nas organizações. Os critérios usados para departamentalizar devem refletir o agrupamento que melhor contribui para o alcance dos objetivos organizacionais. Os tipos de departamentalização mais frequentes são descritos a seguir.

DEPARTAMENTALIZAÇÃO FUNCIONAL » O critério mais usado para agrupar pessoas, recursos e tarefas em departamentos é de acordo com a função desempenhada. A departamentalização funcional é um método de agrupamento baseado na similaridade e proximidade das tarefas, habilidades, uso de recursos e conhecimentos necessários para o desempenho de determinada função. O tipo de departamentalização mais comum nas organizações consiste na agregação de tarefas de acordo com a área funcional, constituindo-se os departamentos de marketing, finanças, recursos humanos, operações, pesquisa e desenvolvimento, entre outros. No entanto, como ilustra a Figura 6.8, a departamentalização por funções não se restringe às áreas funcionais da organização.

> **Departamentalização funcional**
> Método de agrupamento baseado na similaridade e proximidade das tarefas, habilidades, uso de recursos e conhecimentos necessários para o desempenho de determinada função.

Figura 6.8 ›› Departamentalização funcional

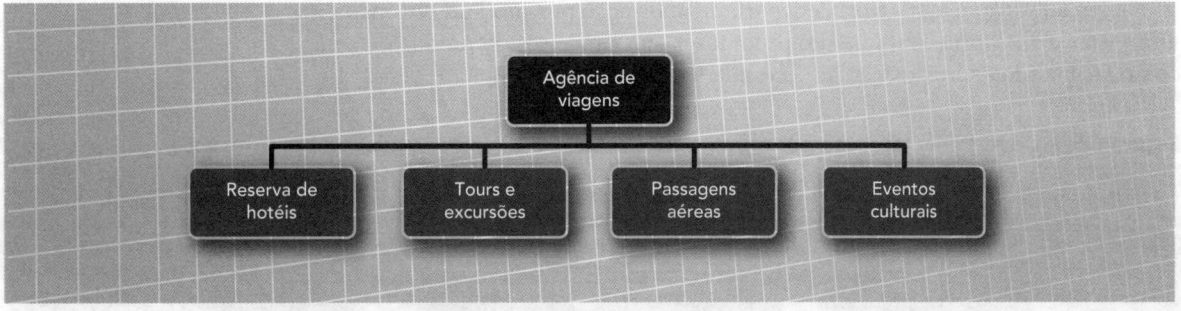

```
                    Agência de
                     viagens
       ┌─────────────┬─┴───────────┬─────────────┐
   Reserva de     Tours e       Passagens      Eventos
    hotéis       excursões        aéreas      culturais
```

A departamentalização funcional pode ser usada em qualquer organização. No entanto, as funções podem mudar de forma a refletir os objetivos finais da organização. Esse tipo de departamentalização oferece a vantagem de assegurar economias de escala e o uso mais eficiente de recursos, bem como alocar os recursos humanos em unidades organizacionais de acordo com suas habilidades e aptidões. É mais indicado para organizações que operam em ambientes estáveis e cujas atividades sejam repetitivas e especializadas.

DEPARTAMENTALIZAÇÃO POR PRODUTO OU SERVIÇO » Segue o critério de agrupamento das tarefas em unidades organizacionais responsáveis por tipos de produtos ou serviços da organização. Assim, cada linha de produto é colocada sob a direção de um administrador especialista nesse produto e responsável por tudo que tem a ver com ele. Por exemplo, em uma empresa do setor vestuário, criam-se departamentos de vestuário feminino, masculino ou infantil. Caso a organização trabalhe com serviços em vez de produtos, estes também podem ser agrupados separadamente, de acordo com a tipologia de serviços prestados. Por exemplo, uma firma de contabilidade pode ter departamentos de preparação de impostos, consultoria empresarial, auditoria e contabilidade, como é ilustrado pela Figura 6.9. Cada departamento oferece um conjunto de serviços parecidos sob a gestão de um administrador.

> **Departamentalização por produto ou serviço**
> Critério de agrupamento das tarefas em unidades organizacionais responsáveis por tipos de produtos ou serviços da organização.

A departamentalização na Transpetro, subsidiária da Petrobras, que atende às atividades de transporte e armazenamento de petróleo e derivados, álcool, biocombustíveis e gás natural, segue o critério de agrupamento de atividades por tipo de produto ou serviço. Sua estrutura organizacional está assim baseada em três grandes departamentos: gás natural, terminais e oleodutos, e transporte marítimo. Para cada departamento da empresa existe um diretor responsável por tudo que diz respeito àquele serviço. Por exemplo, situações que envolvam inspeção e veto de navios ou comercialização de transporte marítimo de produtos estão sob responsabilidade do diretor do departamento de transporte marítimo.[15]

É natural que, na medida em que uma organização diversifica sua linha de produtos e serviços, as tarefas organizacionais se tornem mais específicas e demandem pessoas especializadas em uma linha de produto ou serviço. O critério de departamentalização por produto é mais lógico quando cada produto ou serviço demanda uma tecnologia de produção diferente, assim como formas diferenciadas de comercialização e marketing. A departamentalização por produto possibilita a inovação e a melhoria contínua dos produtos e seus processos de produção, bem como facilita uma aproximação às necessidades dos clientes.

Figura 6.9 ›› Departamentalização por produto ou serviço

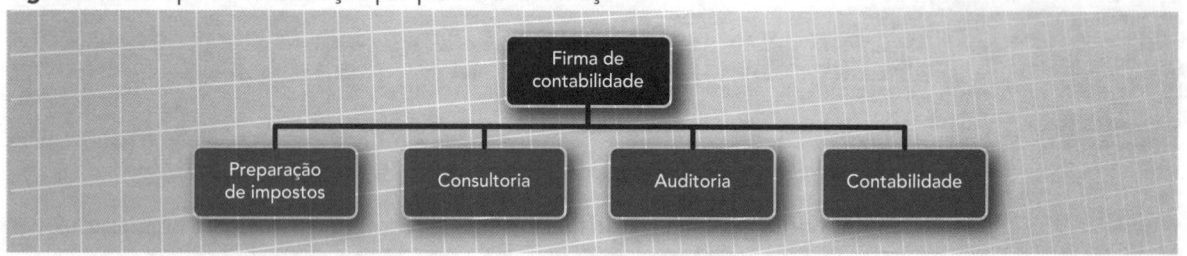

```
                    Firma de
                    contabilidade
         ┌──────────────┼──────────────┐
   Preparação     Consultoria      Auditoria      Contabilidade
   de impostos
```

DEPARTAMENTALIZAÇÃO POR CLIENTE ›› Consiste em agrupar tarefas, atividades e recursos pelo tipo de cliente ou segmento de mercado que a organização busca servir. Essa forma é mais utilizada quando a organização atende diferentes tipos de clientes com necessidades muito distintas. Por exemplo, as empresas de telecomunicações podem ser departamentalizadas em clientes corporativos e clientes residenciais. Traz a vantagem de contar com administradores e funcionários que conhecem bem as expectativas e as demandas dos clientes, podendo atendê-los de forma customizada. Paralelamente, possibilita a avaliação de desempenho por tipo de cliente. No entanto, pode gerar redundância de funções e, consequentemente, maior ineficiência.

> **Departamentalização por cliente**
> Critério de agrupamento de tarefas, atividades e recursos pelo tipo de cliente ou segmento de mercado que a organização busca servir.

DEPARTAMENTALIZAÇÃO GEOGRÁFICA OU TERRITORIAL ›› Busca agrupar tarefas, atividades e recursos organizacionais com base em áreas geográficas. Por exemplo, o setor de vendas pode ter escritórios nas regiões Sul, Sudeste e Nordeste do país. Cada um desses escritórios é um departamento organizado sob o critério geográfico. Assim, os departamentos presentes nesse tipo de estrutura correspondem a um determinado território (veja a Figura 6.10).

> **Departamentalização geográfica**
> Método de agrupamento de tarefas, atividades e recursos organizacionais com base nos territórios geográficos onde a empresa atua.

Figura 6.10 ›› Departamentalização geográfica

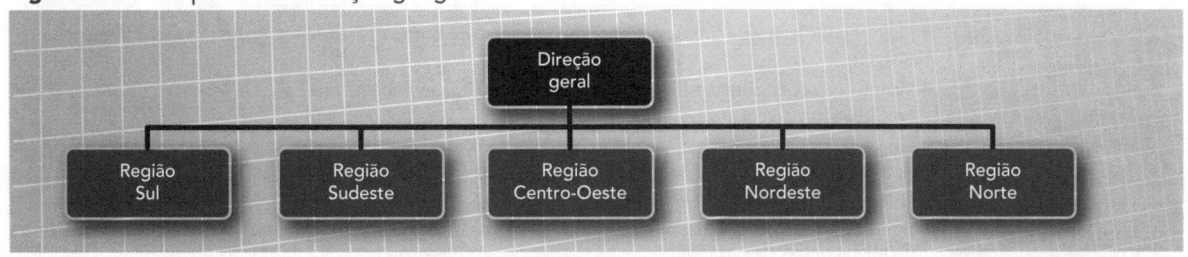

```
                        Direção
                         geral
    ┌───────────┬───────────┼───────────┬───────────┐
  Região      Região      Região      Região      Região
   Sul       Sudeste    Centro-Oeste  Nordeste     Norte
```

Essa forma de estrutura é normalmente utilizada quando a organização opera em uma área geográfica muito ampla. Assim, torna-se necessário descentralizar e disponibilizar recursos para cada região. A departamentalização geográfica é mais lógica quando se busca localizar instalações de produção próximas de fontes das matérias-primas, de mercados consumidores ou de força de trabalho especializada. Os administradores e os funcionários de cada região tornam-se especialistas nas especificidades do território sob sua responsabilidade. Possibilita-se a avaliação de desempenho para cada área geográfica, mas também pode gerar ineficiência em virtude da natural redundância de funções em cada departamento geográfico.

> **Departamentalização por processo**
> Método de agrupamento de tarefas, atividades e recursos organizacionais com base nos processos-chave da organização.

DEPARTAMENTALIZAÇÃO POR PROCESSO ›› Agrupa atividades e recursos com base nos processos-chave da organização. Um processo é um conjunto de atividades com uma ordenação específica que resulta em um produto ou serviço especificado. Na maioria das vezes, o resultado de um processo inicia outro processo dentro da própria organização. Dessa forma, as unidades organizacionais são colocadas ao redor de qualificações em comum necessárias para completar um determinado processo organizacional. Por exemplo, em um departamento de trânsito, para obter a carteira de motorista, departamentos separados cuidam dos formulários, dos exames e do recebimento de pagamentos etc. Considerando que cada processo requer uma habilidade diferente, essa departamentalização possibilita uma base para agrupamento das habilidades diferentes em cada processo. Empresas industriais, como as montadoras de automóveis, também costumam departamentalizar suas atividades por processos.

O Quadro 6.1 resume as principais vantagens e desvantagens de cada tipo de departamentalização.

A departamentalização funcional trazia muitos problemas para a filial brasileira da Johnson & Johnson, por causa de desperdícios na execução de processos semelhantes por departamentos diferentes. A solução encontrada foi a departamentalização por processos. Para implementar o modelo, foi necessário o mapeamento de todos os processos, da venda até a entrega dos produtos. Foram identificadas mais de 5.400 tarefas, das quais pelo menos um terço eram desnecessárias. Após a análise de todos os processos e o corte dos ineficientes, dividiu-se o trabalho e iniciou-se um programa de conscientização e treinamento sobre a gestão por processos. Mais eficiente e com uma estrutura organizacional mais adequada, a Johnson & Johnson assentou as bases e voltou a crescer.[16]

Quadro 6.1 ›› Tipos de departamentalização

Funcional	Vantagens	■ Melhor coordenação intradepartamental por causa do compartilhamento de um mesmo conhecimento técnico. ■ Incentiva a especialização técnica, garantindo a utilização máxima das habilidades técnicas dos funcionários. ■ Promove a redução de custos porque elimina possíveis redundâncias.
	Desvantagens	■ Incentiva o isolamento de cada unidade e reduz a comunicação e coordenação interdepartamental. ■ Dificulta a adaptação e flexibilidade a mudanças externas, pois o foco é interno, não considerando os objetivos gerais da organização. ■ Promove uma maior burocratização com maior número de níveis hierárquicos.
Produto	Vantagens	■ Melhor qualidade e maior inovação em termos de produtos e serviços. ■ Maior flexibilidade e adaptabilidade às condições externas, sem interferir na estrutura organizacional como um todo. ■ Promove a descentralização, ao mesmo tempo que facilita o controle do desempenho de cada produto.
	Desvantagens	■ Maiores custos operacionais por causa da redundância de funções, com o consequente desperdício de recursos. ■ Organização mais complexa, uma vez que cada departamento precisa se organizar de forma diferente e se adequar a diferentes tecnologias e processos. ■ Demora no reconhecimento da necessidade de melhorias, modificações ou eliminações de produtos ou serviços.
Cliente	Vantagens	■ Melhor atendimento das necessidades dos clientes. ■ Maior atenção às mudanças ambientais que influenciam o comportamento e a preferência dos clientes. ■ Maior rapidez na tomada de decisão por causa do feedback proporcionado pelos clientes.
	Desvantagens	■ Maiores custos operacionais por causa da redundância de funções, com o consequente desperdício de recursos. ■ Organização mais complexa, uma vez que cada departamento precisa se organizar de forma diferente para servir diferentes segmentos de consumidores. ■ Menor eficiência e produtividade da organização como um todo.
Geográfica	Vantagens	■ Maior adaptação às condições e necessidades da região em que está situada. ■ Maior autonomia para o administrador de cada departamento tomar decisões de acordo com as diferenças territoriais. ■ Melhor avaliação e percepção dos produtos e serviços em cada região.
	Desvantagens	■ Duplicidade de esforços e recursos. ■ Organização mais complexa, uma vez que cada departamento precisa se organizar de forma diferente para servir diferentes territórios. ■ Menor coordenação interdepartamental e possibilidade de desequilíbrios de poder entre os departamentos.
Processo	Vantagens	■ Garante plena utilização e vantagens econômicas da tecnologia utilizada no processo. ■ Maior comunicação entre as diferentes unidades por causa da interdependência entre os processos organizacionais. ■ Maior eficiência e menos desperdícios devido ao foco na racionalização das diferentes etapas de execução do trabalho.
	Desvantagens	■ Possibilidade de ocorrência de conflitos interdepartamentais por causa da interdependência entre os processos organizacionais. ■ Menor flexibilidade e capacidade de adaptação a mudanças tecnológicas e ambientais. ■ Maior risco operacional, uma vez que uma falha em um processo pode levar a uma falha sistêmica da organização.

6.2.5 ›› Centralização e descentralização

A centralização e a descentralização referem-se ao nível hierárquico no qual são tomadas as decisões. **Centralização** significa que a autoridade, para tomar decisões, está concentrada no topo da organização, enfatizando assim a cadeia de comando. Por outro lado, **descentralização** significa que a autoridade é distribuída pelos níveis inferiores da organização. Nenhuma organização funcionaria com eficácia se todas as decisões fossem centralizadas em poucas pessoas, da mesma forma que não funcionaria se todas as decisões fossem tomadas pelos níveis hierárquicos que implementam essas decisões. Assim, cabe aos administradores decidirem qual o grau de centralização adequado à sua organização.

Um conceito relacionado com a descentralização é a **delegação**, que é o processo usado para transferir autoridade e responsabilidade para os membros organizacionais em níveis hierárquicos inferiores. A delegação não se refere apenas à transferência da execução de tarefas, mas também à transferência de autoridade. Dessa forma, ela implica maior autonomia para os membros organizacionais. A delegação constitui um risco, pois pode ser fonte de problemas se a pessoa não for competente ou se for irresponsável. Apesar de significar a transferência de responsabilidade e de autoridade, não reduz a responsabilidade da pessoa que a transfere, ou seja, ela continua respondendo aos administradores de nível superior.

Atualmente, assiste-se a uma tendência generalizada de descentralizar o processo de tomada de decisão, com o objetivo de flexibilizar o funcionamento organizacional e de garantir o comprometimento dos trabalhadores. No entanto, em momentos de crise ou de grande dinamismo, é normal assistir-se à centralização do poder no topo da hierarquia, para garantir maior coordenação e controle dos esforços organizacionais.

As decisões acerca do grau de centralização ou descentralização adequado não são triviais, uma vez que se referem à distribuição da autoridade e dependem de um conjunto de fatores, como tamanho da organização, ambiente externo e características internas da organização.

TAMANHO ›› Pesquisas que relacionam o tamanho da organização e o grau de centralização são contraditórias. De forma geral, à medida que a organização aumenta seu tamanho, crescem seus problemas de supervisão, aumentam os níveis hierárquicos, bem como o número e a complexidade das decisões. Entretanto, o tamanho exerce pressão conflitante, porque, à medida que o tamanho aumentam a importância das decisões gerenciais – o que desestimula sua delegação –, aumentam também as responsabilidades dos administradores, exercendo pressão para que algumas delas sejam delegadas. De fato, pesquisas têm demonstrado que o aumento do tamanho é acom-

> **Centralização**
> Grau de concentração da autoridade e poder para tomar decisões no topo da hierarquia organizacional.

> **Delegação**
> Processo de transferência de autoridade e responsabilidade para os membros organizacionais em níveis hierárquicos inferiores.

Na fabricante de caminhões Volvo, no Paraná, existem aproximadamente 100 equipes autogerenciáveis (EAG), compostas de 12 a 16 funcionários. Cada equipe tem liberdade para planejar o próprio trabalho, sugerir melhorias, organizar e coordenar reuniões e atividades administrativas. Para a diretoria de recursos humanos da empresa, o que se busca é um canal direto com o pessoal, a fim de dar maior celeridade aos processos e promover a proatividade e a criatividade. Esse esforço no sentido de tornar a organização mais flexível e dar-lhe mais prontidão contribuiu para uma maior descentralização do processo decisório por parte das gerências de escalão mais baixo, que estão mais próximas da ação e têm mais informações sobre os problemas do que a cúpula dirigente.[17]

panhado pelo aumento do uso das normas, ou seja, da formalização. Dessa forma a descentralização da tomada de decisões não leva à perda do controle pela organização.

AMBIENTE EXTERNO ›› A influência do ambiente no grau de centralização também não é linear. Um ambiente externo caracterizado por alto grau de estabilidade pode levar à centralização por ser compatível com o caráter rotineiro das tarefas de determinada organização. O maior dinamismo e a complexidade ambiental podem influenciar a participação dos membros organizacionais em decisões que buscam lidar com essa complexidade. No entanto, um ambiente externamente turbulento também pode levar ao aumento da centralização, como forma de aumentar o controle da situação.

AMBIENTE INTERNO ›› Características internas da organização, como cultura, perfil dos administradores ou natureza da tarefa a ser desempenhada, podem igualmente influenciar o grau de centralização. Por exemplo, o trabalho baseado em uma tecnologia rotineira pode ser delegado, já que seu controle é mantido. Por outro lado, tarefas extremamente complexas também podem ser delegadas a especialistas competentes.

Como podemos constatar pela análise do Quadro 6.2, tanto a centralização como a descentralização apresentam vantagens e desvantagens. Ambas são dois extremos opostos da mesma realidade, para a qual não é fácil encontrar uma situação ideal. No entanto, atualmente, enfatizam-se conceitos como *intrapreneurship* ou *empowerment*, que se associam melhor com a descentralização do que com a centralização. De fato, hoje em dia as organizações tendem a flexibilizar as estruturas organizacionais e a reforçar sua adaptabilidade, de forma a garantir maior fluidez nos processos, maior rapidez nas respostas e maior criatividade nas ações desenvolvidas.[18] Para isso, necessitam de descentralização.

Quadro 6.2 ›› Centralização versus descentralização

Centralização	Vantagens	■ Decisões mais consistentes com os objetivos globais da organização. ■ Maior uniformidade de procedimentos, políticas e decisões. ■ Aproveitamento da maior preparação e competência dos administradores de topo. ■ Redução dos riscos de erro dos subordinados por falta de informação ou capacidade. ■ Maior avaliação e controle do desempenho da organização.
	Desvantagens	■ Decisões mais distanciadas dos fatos locais e das circunstâncias. ■ Pouco contato dos administradores com as pessoas e situações envolvidas. ■ Dependência dos superiores hierárquicos para tomar decisões. ■ Maior desmotivação e insatisfação das pessoas em posições inferiores. ■ Pouco estímulo à criatividade e inovação. ■ Maior demora na implementação das decisões e maior custo operacional.
Descentralização	Vantagens	■ Maior agilidade, rapidez e flexibilidade na tomada de decisões. ■ Decisões mais adaptadas às condições locais. ■ Maior interesse e motivação por parte dos subordinados. ■ Maior disponibilidade de tempo dos administradores de topo para outras funções. ■ Promoção de gerentes autônomos, motivados e responsáveis pelo seu desempenho. ■ Maior avaliação e controle do desempenho de unidades e gerentes.
	Desvantagens	■ Perda de uniformidade nas decisões. ■ Tendência para o desperdício e duplicação de recursos. ■ Maior dispersão dos canais de comunicação pela organização. ■ Maior dificuldade de localizar os responsáveis por decisões erradas. ■ Aproveitamento insuficiente de especialistas. ■ Dificuldade de controle e avaliação do desempenho da organização.

6.2.6 ›› Formalização

Formalização
Grau de padronização dos comportamentos e processos de trabalho em regras, normas e procedimentos.

As normas e os procedimentos utilizados pela organização para lidar com as contingências ambientais definem seu grau de **formalização**. Em uma organização, a formalização materializa-se na quantidade de manuais, nas comunicações internas, nos códigos de conduta, na padronização de processos de trabalho e no pouco espaço aberto para a comunicação oral. Horários fixos de trabalho, controle da hora de entrada e saída do local de trabalho, uso excessivo de relatórios, aplicação de penalidades formais, linha de produção em que uma peça passa sempre na mesma direção são apenas alguns exemplos de formalização.

Para alguns autores, formalização, padronização e especialização são inter-relacionadas. Em situações de trabalho altamente formalizadas, padronizadas e especializadas, o comportamento dos membros organizacionais tende a ser muito especificado, dando pouca liberdade para a execução de suas tarefas.[19]

Em outras palavras, a formalização é uma dimensão que se refere ao grau de controle da organização sobre o indivíduo. Ela reduz a capacidade de decisão e autonomia dos membros organizacionais, especificando a forma e os limites de atuação no lugar de trabalho e definindo, em algum grau, seu comportamento. Como já mencionado anteriormente, o controle sobre o indivíduo é algo inerente à organização. Logo, todas as organizações apresentam algum grau de formalização. Por sua vez, a formalização é um instrumento de coordenação. Padronizando procedimentos e fazendo uso de regras escritas, as organizações buscam fortalecer os processos internos de comunicação.

De forma geral, o alto grau de formalização é associado aos efeitos perversos da burocracia[20] e pode fazer com que os membros organizacionais se orientem mais para obedecer às regras do que para alcançar as metas organizacionais. A ameaça à liberdade individual pode tornar-se, a longo prazo, uma ameaça para a própria organização, uma vez que esta pode perder a capacidade de adaptar-se a mudanças ambientais.

Vários fatores podem afetar o grau de formalização de uma organização. Entre eles, é possível destacar:

- *Tecnologia*: organizações que trabalham com tarefas mais rotineiras tendem a apresentar maior grau de formalização, uma vez que contam com mais estruturação e previsibilidade das atividades e tarefas organizacionais.
- *Tradição*: a história de uma organização também pode influenciar seu grau de formalização. Organizações que, por uma razão ou outra, começam suas

Visando dobrar de tamanho e lançar 4,5 bilhões de reais em novos projetos, a construtora Rossi apostou na maior formalização de suas atividades. Para não perder o controle das nove unidades regionais, a construtora criou padrões de planejamento e vendas, que até então não existiam, pois cada uma das diretorias regionais traçava sua própria estratégia. A autonomia gerava algumas distorções, como a construção de estandes de vendas minúsculos em São Paulo e gigantescos em Porto Alegre para empreendimentos de mesmo porte. Essa padronização envolveu também a área de produtos. No segmento popular foram definidos três tipos de empreendimento: Rossi Ideal, Villa Flora e Praças Residenciais. Com a padronização, a média de projetos aprovados pela matriz passou de três para dez por semana. Antes se perdia muito tempo para entender as particularidades de cada projeto.[21]

atividades em um contexto altamente formalizado tendem a manter alto grau de formalização no decorrer do tempo.

- *Processo decisório*: o grau de formalização é resultado de decisões tomadas pelos gestores, mais ou menos propensos a estabelecer um processo de controle dos membros por meio de regras, procedimentos e outras formas de padronização. Dessa forma, é um reflexo da confiança dos administradores na capacidade dos funcionários para se auto-orientarem no espaço do trabalho.

Da mesma forma que se verifica uma tendência para a descentralização, também se observa uma tendência de redução do grau de formalização nas organizações contemporâneas. A excessiva formalização limita a flexibilidade, a criatividade e a rapidez de resposta, competências consideradas essenciais para as organizações modernas. No entanto, tal como todos os outros elementos do processo de organização, algum tipo de formalização é indispensável para alcançar os propósitos organizacionais.

6.3 ›› Poder e estrutura organizacional

As estruturas organizacionais têm como propósito controlar as atividades da empresa e são impostas para que os indivíduos se conformem às exigências da organização. Assim, a base da estrutura organizacional reside no exercício do *poder*.

6.3.1 ›› Tipos de autoridade na organização

A autoridade é uma forma de poder e um conceito estreitamente relacionado com a estrutura organizacional. Desde Weber, vimos que a autoridade racional-legal (base das burocracias modernas) se fundamenta em regras e normas estabelecidas por um regulamento reconhecido e aceito por todos os membros da organização. A legitimidade na base dessa autoridade decorre da aceitação da regra impessoal. As estruturas organizacionais especificam as fontes formais do exercício de poder nas organizações, já que estabelecem as posições que têm autoridade sobre as outras.

Existem, porém, diferentes categorias de autoridade nas organizações, podendo-se distinguir entre autoridade de linha e autoridade de assessoria (veja a Figura 6.11). A **autoridade de linha** é aquela típica dos gestores diretamente responsáveis em toda a cadeia de comando por alcançar os objetivos da organização. Os gerentes de linha desempenham as tarefas que refletem a meta principal e a missão de uma organização. Em uma universidade, a autoridade de linha seria alocada nos departamentos responsáveis pelo ensino e pela pesquisa. Por dependerem dos objetivos da organização, as atividades de linha variam muito. Em uma empresa industrial normalmente os departamentos de linha são aqueles responsáveis pela produção e venda dos produtos da organização.

> **Autoridade de linha**
> Poder de comandar, coordenar e controlar os subordinados na execução de tarefas específicas relacionadas com as atividades finais da organização.

À medida que a organização cresce, alguns cargos e departamentos são acrescentados para apoiar os membros ou departamentos de linha ao executarem suas funções. A autoridade dos departamentos, grupos ou indivíduos que apoiam os gestores de linha, com aconselhamento e assistência em áreas específicas, é denominada **autoridade de assessoria**. Geralmente, os departamentos de recursos humanos, de finanças ou jurídico são considerados departamentos com autoridade de assessoria, uma vez que não contribuem diretamente para os objetivos da organização, fornecendo apoio diverso aos departamentos de linha.

> **Autoridade de assessoria**
> Capacidade de influenciar, aconselhando e prestando assistência aos gestores de linha na execução das suas funções.

Nem sempre é fácil distinguir autoridade de linha e de assessoria, já que, às vezes, pessoas em posições de linha parecem realizar funções de assessoria e vice-

Figura 6.11 ›› Autoridade de linha e de assessoria

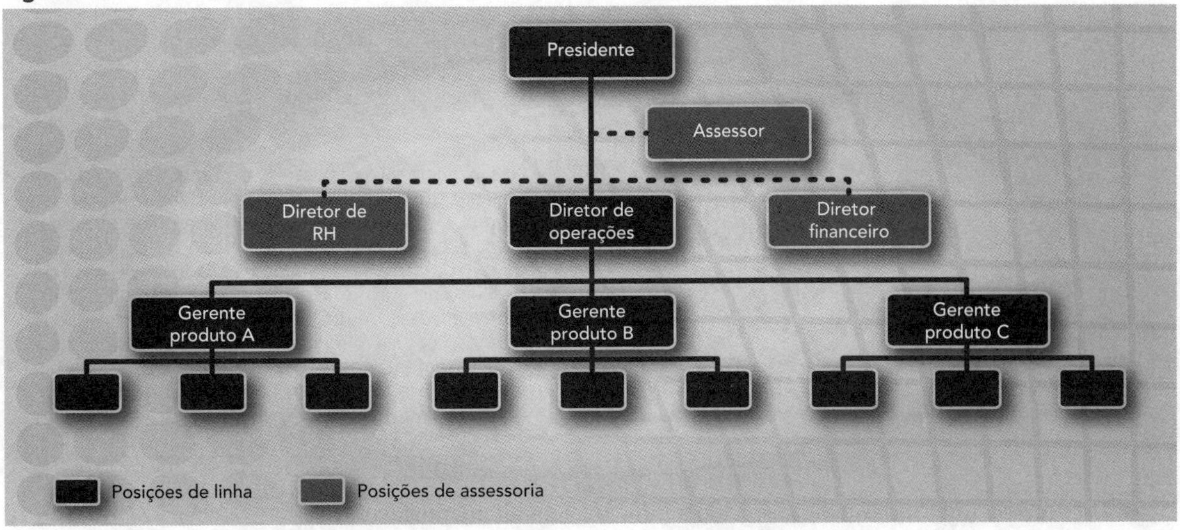

[Organograma: Presidente → Assessor (linha tracejada); Presidente → Diretor de RH, Diretor de operações, Diretor financeiro; abaixo, Gerente produto A, Gerente produto B, Gerente produto C, cada um com subordinados.]

Posições de linha   Posições de assessoria

-versa. Por sua natureza de aconselhamento, a autoridade de assessoria não é, normalmente, uma autoridade formal, mas um relacionamento de comunicação. Contudo, alguns departamentos de assessoria (como, por exemplo, o de auditoria) podem ter autoridade formal sobre membros de linha, dentro dos limites de suas funções.[22]

6.3.2 ›› Tipos e fontes de poder

A autoridade não é a única manifestação do poder nas organizações. O conceito de poder é mais abrangente que o conceito de autoridade, visto que pessoas sem nenhuma autoridade têm, às vezes, muito poder na organização. Quem tem autoridade tem poder; porém, nem todo poder deriva da autoridade.

Conceituar o poder é uma tarefa muito complexa. O conceito prevalecente do poder em administração baseia-se na definição clássica: "A tem poder sobre B, já que pode levar B a fazer algo que B, de outra maneira, não faria".[23] Assim, o **poder** se refere à capacidade de exercer influência sobre uma pessoa ou grupo, de forma a alterar seu comportamento. Essa definição clássica de poder destaca seu caráter relacional. Nenhuma pessoa ou grupo tem poder de forma isolada, mas apenas no relacionamento com outra pessoa ou grupo. O poder supõe uma relação de dependência, que, no âmbito das organizações, é comum observar.

Com base nessa definição clássica, é possível destacar diferentes *tipos de poder*.[24] O que distingue um tipo de poder de outro é a relação de dependência entre o detentor do poder e os possíveis receptores do poder:

- *Poder coercitivo*: deriva da percepção do receptor sobre a capacidade do detentor de poder punir ou recomendar sanções. Quando isso acontece, as pessoas podem modificar seu comportamento por receio de serem castigadas.
- *Poder de recompensa*: variante positiva do poder coercitivo, que resulta da capacidade de recompensar os outros, influenciando o comportamento destes pelo controle de sistema de retribuição (por exemplo, salários ou bônus).
- *Poder legítimo*: decorrente da posição hierárquica detida, ou seja, da posse de autoridade formal. É o caso de um gestor que detém poder sobre seus subordinados diretos.

> **Poder**
> Capacidade de exercer influência sobre uma pessoa ou grupo, de forma a alterar seu comportamento.

> Nas organizações militares, é comum os soldados enxergarem nos seus superiores, além do poder legítimo, decorrente da posição hierárquica que ocupam, o poder coercitivo, resultado da constatação de que os oficiais podem aplicar sanções no caso de descumprimento de ordens. Assim, para não sofrerem punições, dentre as quais incluem-se medidas severas, como a reclusão, muitos adaptam seus comportamentos às regras existentes e obedecem a todas as ordens emanadas dos seus superiores sem questionamento.

- *Poder referente* (ou carismático): associado a uma imagem altamente favorável, o que faz com que os outros acreditem e admirem suas ideias (por exemplo, líderes, heróis militares).
- *Poder de competência*: resulta de competências, conhecimentos e aptidões distintivas. A relação entre consultor e "cliente" organizacional deriva da percepção de que o primeiro tem competências necessárias que podem ajudá-lo a superar os problemas organizacionais.

Paralelamente, existem várias *fontes de poder*, isto é, formas como os detentores de poder têm acesso a ele. Pesquisas têm destacado que as principais fontes de poder são:[25, 26, 27]

- o *cargo* ou a posição que o indivíduo ocupa na estrutura organizacional;
- o *carisma* e as características pessoais de um indivíduo;
- a *especialização*, ou seja, a posse de conhecimento específico;
- o *acesso à informação* privilegiada ou importante;
- o controle sobre as *fontes de incerteza*;
- a *posse de recursos escassos*.

6.3.3 ›› Espaços e formas de manifestação de poder

Boa parte dessa discussão compartilha alguns pressupostos que precisam ser analisados. Diferenciando autoridade de poder, permite conceituar esse último para dar conta de todos os recursos de que os membros organizacionais fazem uso, além de suas posições na estrutura formal da organização, isto é, além da autoridade. Para a maioria dos estudiosos organizacionais, o sistema legítimo da autoridade é tido como aceito e não problemático. No entanto, eles também reconhecem que outros recursos de poder – por vezes ilegítimos – são usados nas organizações. A seguir, apresentamos algumas perspectivas contemporâneas sobre o papel do poder no contexto organizacional.

A ESTRUTURA INFORMAL DAS ORGANIZAÇÕES ›› O espaço para a manifestação espontânea das relações de poder, além da autoridade formal definida na estrutura formal da organização, é a estrutura ou organização informal. Nas organizações formais reside a autoridade, um poder de influência com base na posição hierárquica; já as organizações informais fazem uso do poder, entendido como a capacidade real de influência.

> **Estrutura informal**
> Relações interpessoais que afetam as decisões organizacionais internas, mas que nem sempre são reconhecidas ou representadas no organograma.

Geralmente, a **estrutura informal** refere-se às relações interpessoais na organização que afetam as decisões internas, mas que nem sempre são reconhecidas ou representadas no organograma. Por exemplo, o poder de secretárias ou assistentes no acesso aos executivos de uma empresa não pode ser ignorado por quem trabalha na organização, mesmo que não encontre a representação formal no organograma.[28]

Da escola de relações humanas até a teoria dos sistemas, o papel das relações sociais no âmbito organizacional é reconhecido. As organizações são sistemas sociais, nos quais as relações de proximidade, amizade, interesses comuns e conflitos entre os membros são frequentemente observadas. Cabe ao administrador compreender também a natureza e a dinâmica das estruturas informais, uma vez que elas determinam a forma como as coisas acontecem nas organizações.[29] Como veremos a seguir, nas estruturas organizacionais mais contemporâneas, a importância das estruturas informais vem crescendo.

> **Política**
> Processo de mobilização de poder em determinado contexto, seja este público ou organizacional.

A ESTRUTURA POLÍTICA DAS ORGANIZAÇÕES » Uma vez que os membros organizacionais têm interesses e agendas divergentes e, por vezes, conflitantes, é impossível ignorar a natureza política das organizações. **Política** pode ser definida como o processo de mobilizar poder em determinado contexto, seja este público ou organizacional.[30] Muitas vezes, existem coalizões políticas dentro das organizações que têm agendas e posições concorrentes sobre as decisões que devem ser tomadas. Em muitas situações, a política pode se sobrepor aos canais formais de autoridade e poder. Para ser eficaz, o administrador deve mapear os principais atores políticos na organização, de forma a avaliar seu poder e o de pessoas com quem interage.

A ILEGITIMIDADE DA AUTORIDADE FORMAL » Boa parte da literatura gerencial trata a estrutura organizacional – assim como outros mecanismos de controle, como cultura e liderança – como sendo neutra e apolítica, um espaço legítimo de exercício da autoridade. No entanto, existe uma história de conflitos nas discussões sobre o papel da organização na sociedade. Marx argumentava que os interesses de classe, derivados das relações concernentes à propriedade e ao controle dos meios de produção, determinavam as estruturas organizacionais.[31] Por outro lado, Weber, responsável pela definição de autoridade, reconhecia que as organizações já incorporavam uma estrutura de dominação em seu funcionamento. Autoridade, estrutura, ideologia, cultura e técnica estão saturadas e imbuídas de poder, mesmo que a literatura gerencial considere a face oculta do poder da estrutura formal da organização como algo aceito e legítimo. O avanço do estudo de poder tem demonstrado que ele não está necessariamente ligado a categorias clássicas, como capital e propriedade. Outras ideologias e discursos omitidos da sociedade, como machismo, patriarcalismo, racismo, se transpõem para o espaço de trabalho. Por exemplo, pesquisas realizadas na década de 1970 revelaram a transposição de papéis sexuais associados ao gênero para o local de trabalho, incorporando-se às funções profissionais. Os militares e as enfermeiras são dois exemplos opostos dessa transposição dos preconceitos de gênero para a estrutura organizacional.[32]

A LEGITIMIDADE DO PODER » Em geral, essa mesma perspectiva gerencialista classifica os outros tipos de poder além da autoridade como ilegítimos, disfuncionais, ou como manifestação de um comportamento que busca maximizar os interesses próprios. O pressuposto implícito é que, enquanto os administradores podem fazer uso das fontes de poder (como carisma) de forma responsável, buscando o alcance dos objetivos organizacionais, outros membros organizacionais fariam uso de poder de forma irresponsável. O ponto é que os indivíduos nas organizações podem fazer uso do poder para evitar ou minimizar os efeitos de abusos e exploração. Definir a legitimidade do poder sem levar em consideração os jogos de interesse, dominação e exploração presentes em uma organização é limitador. A resistência ao poder dos administradores pode ser legítima do ponto de vista do trabalhador, uma estratégia de sobrevivência, ajustamento ou sobreposição no mundo organizacional.

As perspectivas contemporâneas de poder não o tratam apenas como um recurso conveniente, manipulável e fácil de definir, em uma estrutura formal ou informal da organização. Ao contrário, enfatizam que todos os atores organizacionais operam no âmbito de uma estrutura de dominação – uma rede de relações de poder – que amarra e limita as opções de ação tanto para dominados quanto para dominadores.

6.4 ›› Desenho estrutural das organizações

O **desenho estrutural** de uma organização consiste em um conjunto de decisões sobre os elementos estruturais analisados anteriormente com o propósito de definir uma estrutura adequada à estratégia e ao ambiente da organização. Assim, as estruturas organizacionais refletem os critérios usados para departamentalizar as unidades organizacionais, além de definir os canais por onde fluem a autoridade e a comunicação.

> **Desenho estrutural**
> Conjunto de decisões sobre os elementos estruturais com o propósito de definir uma estrutura adequada à estratégia e ao ambiente da organização.

Existem três tipos tradicionais de estruturas: a funcional, a divisional e a matricial. A maioria das organizações começa com uma estrutura funcional. Na medida em que crescem e se tornam mais complexas em produtos e serviços, se expandem para outros mercados e segmentos de clientes, as organizações se reestruturam sob a forma divisional. Caso existam demandas ambientais que pressionem ao longo de duas ou mais dimensões, como produto e função, ou produto e geografia, as organizações podem adotar a forma matricial.

Todos esses tipos tradicionais de estruturas organizacionais dependem da hierarquia para definir os agrupamentos departamentais e, geralmente, são identificadas com a organização burocrática do tipo weberiana. Além desses tipos tradicionais, existem algumas estruturas emergentes organizacionais cuja principal diferença consiste no uso mais flexível da cadeia de comando. Essas estruturas nascem como consequência de mudanças no ambiente de negócios e nas atividades que as organizações devem desempenhar e têm sido nomeadas como organizações em rede, clusters, organizações baseadas na informação ou organizações pós-industriais. Embora existam diferenças entre essas novas estruturas, elas compartilham alguns pontos em comum que, nessa seção, serão analisados sob a denominação de "estrutura em rede".

6.4.1 ›› A estrutura funcional

A **estrutura funcional** é resultado do critério de departamentalização mais lógico e intuitivo, já que se refere à agregação de tarefas de acordo com a função organizacional – marketing, finanças, recursos humanos, operações, entre outros. Dessa forma, trata-se de um critério de agrupamento baseado na similaridade das tarefas, habilidades, uso de recursos e conhecimentos necessários para o desempenho de cada função.

> **Estrutura funcional**
> Desenho estrutural que agrupa as atividades tendo por base a similaridade de tarefas, habilidades, recursos e conhecimentos necessários para o desempenho de cada função.

Nesse tipo de estrutura, o administrador geral é responsável pelo comando do todo, e, abaixo dele, cada integrante do primeiro escalão hierárquico é especializado e responsável por uma função específica, normalmente uma área funcional, como ilustra a Figura 6.12. As atividades organizacionais são coordenadas verticalmente por meio de supervisão hierárquica, regras e planos, e o progresso na carreira dos administradores é baseado em sua competência e conhecimento funcional. A estrutura funcional produz bons resultados quando os objetivos organizacionais dependem da especialização funcional, da eficiência e da qualidade. É uma estrutura eficaz em ambientes estáveis.

Figura 6.12 ›› Estrutura funcional

```
                        Presidente
                        Executivo
        ┌───────────────┬───────────────┬───────────────┐
    Operações        Marketing       Recursos         Finanças
                                     humanos
    ├ Produção       ├ Vendas        ├ Pessoal        ├ Controladoria
    ├ Qualidade      ├ Pesquisa de   ├ Recrutamento   ├ Contabilidade
    │                │  mercado      │  e seleção     │
    ├ Manutenção     ├ Comunicação   ├ Treinamento    ├ Tesouraria
    │                │  e publicidade│                │
    └ Estoques       └ Relações      └ Segurança      └ Câmbios
                        públicas        e higiene
```

A estrutura funcional surgiu no final do século XIX e proliferou no começo do século XX, permitindo às empresas alcançar o tamanho e a eficiência necessários para satisfazer as exigências de um mercado em contínuo crescimento. Essa estrutura encontrou amplo campo de aplicação nas empresas altamente verticalizadas do período fordista. Por exemplo, a lógica operacional dessa forma estrutural – a especialização coordenada de forma centralizada – foi utilizada por Andrew Carnegie para criar a organização funcional integrada verticalmente no setor ferroviário.[33] A grande empresa típica desse período, que integrava, na mesma estrutura organizacional, processos como a aquisição, a manufatura, a comercialização e as finanças, fazia uso do critério funcional de departamentalização.[34]

Contudo, apesar da crise das grandes empresas verticalizadas do modelo fordista, a estrutura funcional continuou a ser adotada em diversos contextos. Essa estrutura ainda pode ser encontrada em:

- organizações de reduzida dimensão que oferecem uma linha de produtos ou serviços limitada;
- organizações que estão na fase inicial de sua atividade;
- grandes organizações com baixa diversificação tecnológica ou de produtos;
- grandes organizações que vendem ou distribuem produtos pelos mesmos canais de distribuição;
- grandes organizações que atuam em uma única área geográfica;
- organizações que operam em uma indústria caracterizada por um ambiente externo estável.

O Quadro 6.3 apresenta as principais vantagens e desvantagens da estrutura funcional.

Nos outros tipos de estruturas analisados a seguir, a ênfase desloca-se das funções para outros critérios, como produto, cliente ou território. No entanto, o critério de agrupamento funcional está sempre presente em qualquer organização. As funções apenas se deslocam para outros níveis hierárquicos ou outras posições no organograma. Qualquer outro tipo de estrutura analisado a seguir, utiliza também alguma forma de departamentalização funcional. A principal diferença é que este não é o principal critério de agrupamento de tarefas, mas sim um critério complementar.

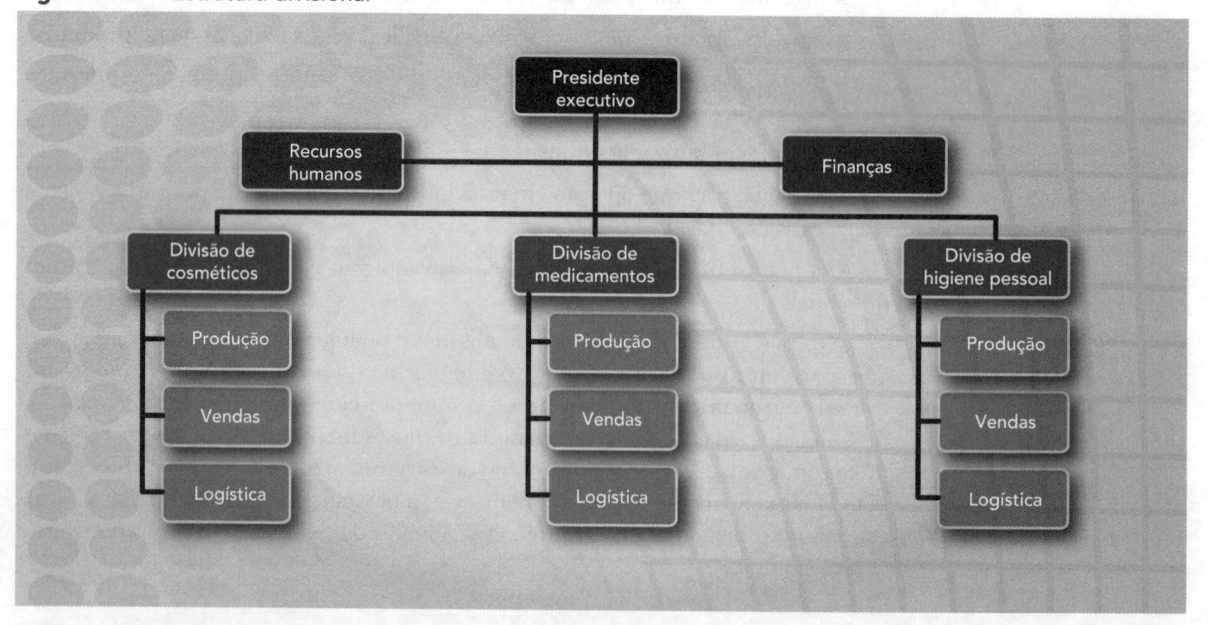

Quadro 6.3 ›› Vantagens e desvantagens da estrutura funcional

Vantagens	■ Permite economias de escala e torna mais eficiente o uso de recursos. ■ Cria condições para centralizar o processo de tomada de decisão. ■ Facilita a direção unificada e controle da organização aos administradores de topo. ■ Possibilita o aperfeiçoamento de funcionários e administradores nas suas funções. ■ Facilita a comunicação e a coordenação dentro das áreas funcionais.
Desvantagens	■ Estimula uma visão limitada dos objetivos organizacionais, demasiado focalizada nos objetivos de cada área funcional. ■ Dificulta a coordenação e comunicação entre departamentos funcionais. ■ Diminui a velocidade de resposta às mudanças externas por causa da centralização da tomada de decisão. ■ Dificulta a avaliação da contribuição de cada área funcional para o desempenho da organização como um todo. ■ Dificulta a apuração com precisão dos responsáveis por um problema ou decisão.

6.4.2 ›› A estrutura divisional

Quando as empresas começam a diversificar os produtos, as tecnologias e os mercados em que estão presentes, torna-se necessária a criação de departamentos (divisões) capazes de lidar com esse novo contexto. Surge assim a **estrutura divisional**, que agrega as tarefas em diferentes unidades semiautônomas, segundo o objetivo para o qual concorrem: produtos, mercados ou clientes.

Enquanto as estruturas funcionais são organizadas de acordo com os recursos necessários para que a organização produza bens ou serviços, as estruturas divisionais são organizadas em função dos resultados.[35] Dessa maneira, todos os recursos necessários para produzir um produto ou servir um cliente, como produção, vendas e logística, encontram-se em cada uma das divisões. A administração geral e os departamentos de apoio, não diretamente relacionados com os resultados de cada uma das divisões, por exemplo, as finanças e os recursos humanos, são responsáveis pela alocação de recursos entre as divisões e pela definição da estratégia corporativa da organização (Figura 6.13). A estrutura divisional produz melhores resultados quando os objetivos organizacionais enfatizam uma ação coordenada

> **Estrutura divisional**
> Desenho estrutural que agrega as tarefas em diferentes unidades semiautônomas, segundo o objetivo para o qual concorrem: produtos, mercados ou clientes.

Figura 6.13 ›› Estrutura divisional

```
                        Presidente
                         executivo
                             |
        ┌────────────────────┼────────────────────┐
   Recursos                                    Finanças
   humanos
        |
   ┌────┴──────────────────┬──────────────────────┐
Divisão de            Divisão de              Divisão de
cosméticos           medicamentos           higiene pessoal
   |                      |                       |
Produção              Produção                Produção
   |                      |                       |
Vendas                Vendas                  Vendas
   |                      |                       |
Logística             Logística               Logística
```

para satisfazer os clientes, manter determinado segmento de mercado ou inovar nos produtos oferecidos.

A estrutura divisional apareceu depois do final da Primeira Guerra Mundial, e evoluiu rapidamente durante as décadas de 1940 e 1950. As primeiras empresas que adotaram essa forma estrutural foram a General Motors, a Standard Oil, a DuPont e a Sears. A lógica operacional dessa forma estrutural baseia-se em uma combinação da autonomia divisional com planejamento, coordenação e controle centralizados. Divisões de produtos, mercados ou clientes operam com maior autonomia e são controlados e avaliados centralmente com base em seu desempenho. Os administradores responsáveis pela divisão têm sob seu comando a maioria das funções necessárias para lidar com uma linha de produtos, de clientes, ou área geográfica, sendo responsáveis pelos resultados de sua divisão e por seu sucesso no mercado.[36] Entretanto, alguns autores consideram que a estrutura divisional não implica maior autonomia, uma vez que não descentraliza as decisões mais importantes da organização para as divisões. Os administradores divisionais são responsáveis apenas por aspectos operacionais, ao passo que os administradores centrais supervisionam diretamente e exercem o controle pelas medições periódicas do desempenho (padronizando, assim, os resultados da organização).

Atualmente, a estrutura divisional pode ser encontrada essencialmente em:

- organizações maduras e de grande dimensão, que oferecem uma linha de produtos ou serviços diversificada;
- organizações que atuam em mercados muito diferentes uns dos outros, que exigem estratégias de comercialização e marketing customizadas;
- organizações que oferecem produtos ou serviços que demandam tecnologias de produção diferenciadas;
- organizações presentes em áreas geográficas distantes.

As principais vantagens e desvantagens da estrutura divisional são apresentadas no Quadro 6.4.

Quadro 6.4 ›› Vantagens e desvantagens da estrutura divisional

Vantagens	■ Possibilita uma melhor distribuição de riscos, uma vez que cada administrador da divisão é responsável por um produto, mercado ou cliente. ■ Proporciona uma maior adaptabilidade e capacidade de resposta, por causa da relativa descentralização da tomada de decisão para as divisões. ■ Permite manter um alto nível de desempenho, com ênfase nos resultados. ■ Facilita a avaliação e controle do desempenho de cada divisão. ■ Possibilita uma maior proximidade com o cliente e maior conhecimento de suas necessidades.
Desvantagens	■ Pode fazer com que os interesses da divisão se sobreponham aos interesses gerais da organização, tornando difícil a coordenação entre as divisões. ■ Multiplica os recursos, uma vez que as funções se apresentam de forma redundante na organização, resultando em perda de eficiência. ■ Não reduz a tendência à burocratização no âmbito das divisões. ■ Pode estimular a concorrência entre divisões por recursos da organização. ■ Menor competência técnica, uma vez que a especialização funcional ocorre na divisão, onde os departamentos funcionais são menores.

> **Estrutura matricial**
> Modelo híbrido que procura conjugar a lógica funcional e vertical com a lógica divisional e horizontal, de forma a conseguir uma melhor adaptação ao ambiente.

6.4.3 ›› A estrutura matricial

A **estrutura matricial** apresenta-se como um modelo híbrido que procura conjugar as vantagens da estrutura funcional com o melhor da estrutura divisional. Em uma lógica funcional e vertical, a estrutura matricial agrega os especialistas em cada área funcional, permitindo extrair o máximo da divisão do trabalho. Em

> Depois da compra da Vivo, a empresa espanhola Telefônica se transformou no grupo líder de telecomunicações no Brasil. Com o aumento de seu tamanho, os executivos perceberam que era necessária uma nova estrutura que melhor adaptasse aos objetivos da empresa. Assim, com o objetivo de integrar os segmentos móvel e fixo, uma nova estrutura organizacional foi elaborada e implementada. A estrutura baseada no tipo de serviço de telefonia prestado foi substituída por um novo desenho, baseado no perfil do cliente. Para isso, duas divisões foram criadas: uma dedicada a clientes corporativos e outra ao mercado pessoal e residencial.[37]

uma lógica divisional e horizontal, pode alcançar, nos aspectos críticos do negócio, uma coordenação orientada para os objetivos globais da organização e melhor adaptação ao ambiente.

A estrutura matricial é usada geralmente para lidar com projetos ou negócios que precisam de equipes multidisciplinares temporárias, que possam estar simultaneamente envolvidas em outros projetos. Assim, a equipe de uma organização matricial agrupa funcionários das áreas funcionais da organização – emprestados para o projeto por período determinado – com funcionários alocados ao projeto. Dessa forma, os funcionários têm dois chefes – estão sob uma *autoridade dual*. A estrutura combina uma cadeia de comando funcional, de natureza vertical e hierárquica, com uma cadeia de comando horizontal ou transversal, centrada em um projeto específico. A cadeia horizontal é liderada por um gestor de projeto, produto ou negócio, que é especialista na área atribuída à equipe. A dupla autoridade dá ao organograma da estrutura matricial um aspecto próximo de uma matriz, que é a origem de sua designação, tal como ilustrado na Figura 6.14.

Figura 6.14 ›› Estrutura matricial

> Quando a MasterCard Brasil resolveu adotar uma estrutura matricial, a rotina do então presidente, o uruguaio Desmond Rowan, passou por uma grande transformação. Antes o executivo reinava absoluto na empresa, com total liberdade para decidir sobre o pessoal e os negócios da empresa. Mais de 20 executivos estavam subordinados a ele. Após a mudança do tipo de estrutura organizacional, Rowan passou a ter apenas dois subordinados diretos. Os demais executivos locais passaram a ter outros chefes de acordo com o negócio em que estavam envolvidos, apesar de continuarem respondendo ao presidente. "É preciso ter jogo de cintura. Não dá para comprar briga com a matriz sempre que você discorda de algo", diz Rowan. O objetivo da adoção desse modelo pela empresa foi reduzir os riscos de erros nas tomadas de decisões e aumentar a eficiência organizacional.[38]

A estrutura matricial desenvolveu-se durante as décadas de 1960 e 1970 como uma primeira tentativa de responder às mudanças ambientais que demandavam maior flexibilidade e capacidade de adaptação por parte das empresas. Os primeiros casos de estrutura matricial foram desenvolvidos na indústria aeroespacial. Atualmente, é possível encontrar essa estrutura em empresas de consultoria, agências de publicidade, entre muitas outras organizações.[39] Muitas multinacionais, como a Nokia e a MasterCard, também passaram a adotar a estrutura matricial com o intuito de fazer um controle mais rígido sobre as operações das subsidiárias.

As principais vantagens e desvantagens da estrutura matricial são apresentadas no Quadro 6.5.

Quadro 6.5 ›› Vantagens e desvantagens da estrutura matricial

Vantagens	■ Potencializa as vantagens decorrentes da estrutura funcional e da estrutura divisional. ■ Pode reduzir a multiplicação e dispersão de recursos e, com isso, melhorar a eficiência. ■ Permite maior flexibilidade e adaptabilidade da organização ao ambiente mutável. ■ Facilita a cooperação interdisciplinar entre departamentos. ■ Promove o conflito construtivo entre os membros da organização.
Desvantagens	■ Dificulta a coordenação por causa da autoridade dual, o que pode causar frustração e confusão. ■ Trata-se de uma forma estrutural complexa, com potenciais focos de conflito e desequilíbrios de poder entre os dois lados da matriz. ■ Perda de muito tempo em reuniões para discutir problemas e solucionar conflitos. ■ Muita dificuldade para apurar responsáveis por problemas. ■ Exige um conjunto de competências de relacionamento interpessoal e maturidade dos gestores.

6.4.4 ›› Estruturas em rede

A crise econômica da década de 1970 sinalizou o esgotamento do sistema de produção em massa e constituiu um momento de virada na história do capitalismo. O consumidor começou a demandar produtos com maior qualidade e em maior quantidade, os mercados se expandiram globalmente, o ritmo de mudanças tecnológicas cresceu exponencialmente e o sistema de produção em série mostrou-se rígido e custoso para as características dessa nova economia.

Essa nova era na história econômica do capitalismo impôs novas demandas às organizações, que procuraram se estruturar como redes de recursos muito mais diversificadas, frequentemente com fronteiras mais tênues do que as estruturas corporativas tradicionais e hierárquicas, que não respondem de forma adequada a essas mudanças. Nesse contexto, começaram a surgir novas formas organizacionais com características diferentes das estruturas tradicionais já analisadas. Essas formas estruturais apresentam como principais características a flexibilidade e a capacidade de inovação.[40] Entre os fatores que impulsionam o surgimento dessas estruturas contemporâneas podem ser destacados:

- *Características ambientais*: a teoria da contingência explica as mudanças nas formas de se organizar, como consequência das mudanças ambientais. A estrutura organizacional deve se adaptar aos diversos graus de textura ambiental, que podem variar de um ambiente simples e estático para um ambiente caracterizado pelo intenso dinamismo e variação. No último grau de textura ambiental, caracterizado pela alta turbulência, existe grande variância, mudança contínua associada com a inovação e alto grau de incerteza para a organização. Nesse contexto, é necessário que a empresa desenvolva funções situadas fora dos limites organizacionais (estabelecendo parcerias com outras empresas), de modo a se proteger e a promover um processo de tomada lateral de decisões (mais cooperativo e descentralizado).[41]
- *Impacto da globalização*: a globalização aumentou a competitividade, não só no âmbito nacional, como também no internacional. O desenvolvimento contínuo das novas tecnologias de informação e comunicação abriu espaço para a emergência de indústrias baseadas principalmente no conhecimento. Uma considerável parte do conhecimento sofisticado é tácito, um mix inseparável de projetos, processos e conhecimentos, que não pode ser transferido por meio de licenças ou compras, fazendo com que o estabelecimento de parcerias se torne essencial. De fato, dado o alto grau de incerteza estratégica, tecnológica e operacional que caracteriza o atual mundo dos negócios, a organização é obrigada a acessar continuamente novos conhecimentos e recursos e, para isso, deve estabelecer interações com outras organizações.
- *Necessidade de inovação*: com o objetivo de competir em um ambiente tão mutável, as empresas devem inovar constantemente em produtos, serviços e processos. Um dos principais desafios da organização para estimular a inovação é o estabelecimento de uma série de relações fora do ambiente interno da organização. As organizações devem concentrar-se em suas competências básicas e estabelecer parcerias para alcançar a flexibilidade almejada, formando assim redes organizacionais.[42]
- *Natureza da tarefa da organização*: a natureza da tarefa também determina as novas formas organizacionais em rede. A tendência em favor de maior descentralização, o foco crescente no cliente e a customização criam interdependência entre as organizações. Uma tarefa complexa – que demanda um número grande de diferentes recursos especializados para completar um produto ou serviço – faz aumentar a necessidade de estabelecer atividades coordenadas. A complexidade da tarefa, combinada com a pressão temporal, também tem condicionado o desenvolvimento de organizações em rede, que se caracterizam por drástica redução dos tempos operacionais e aceleração da rotação de recursos.

Estrutura em rede é um termo de natureza genérica que agrupa uma série de formas organizacionais alternativas às estruturas burocráticas tradicionais, como organizações em rede, de clusters e virtuais, estruturas por equipes de trabalho e organizações de aprendizagem. O principal diferencial dessas estruturas reside no uso diferenciado da hierarquia e da divisão do trabalho relativamente às estruturas burocráticas clássicas.

Estrutura em rede
Desenho estrutural contemporâneo, caracterizado por uma estrutura mais horizontal e com menos níveis hierárquicos, que promove uma rede de parcerias fora das suas fronteiras.

Em uma estrutura em rede, a divisão de trabalho pode ser visualizada em termos de conhecimento, em que os trabalhadores ou os departamentos organizacionais são definidos pela expertise que oferecem para a organização. A fim de superar os limites da divisão de trabalho e fortalecer a coordenação, a estrutura em rede faz uso de equipes multifuncionais, que podem ser permanentes ou temporárias. Por exemplo, equipes autônomas de trabalho, que se agrupam em torno de linhas de produção e montagem, podem ter uma natureza mais permanente, enquanto equipes de desenvolvimento de novos produtos duram até que tal produto seja lançado no mercado. O ponto comum é que as equipes reúnem vários tipos de trabalhadores que contribuem com conhecimentos diversificados e operam sob escassa supervisão. A Figura 6.15 apresenta um exemplo de uma estrutura em rede.

Outro diferencial das estruturas em rede reside no uso da cadeia de comando. Nas estruturas tradicionais organizacionais, a cadeia de comando atua como principal meio de coordenação. A estrutura em rede é uma estrutura mais achatada e horizontal, na qual o poder para tomar decisões é delegado para os níveis inferiores da organização. Os gerentes de nível tático, que tinham como função passar informações para cima e decisões para baixo, são redundantes nesse tipo de organização. Isso faz com que as estruturas sejam mais achatadas, existam menos níveis hierárquicos e a amplitude de controle seja maior.

Nesse tipo de estrutura, a organização informal assume papel mais relevante do que a formal. Em uma organização em rede, as estruturas formais são fluidas e mutáveis, de forma que a única estrutura que de fato as pessoas podem acionar é a informal. As estruturas informais servem também como meio de organização de coalizões políticas. A fonte de autoridade não reside na posição formal hierárquica, mas no conhecimento e na expertise que os membros organizacionais detêm.

Outra característica importante das estruturas em rede consiste na superação das fronteiras tradicionais da organização. As organizações não se limitam às suas fronteiras internas, estabelecendo parcerias com clientes e fornecedores, assim como alianças estratégicas com organizações concorrentes. Em uma estrutura em rede, todos os membros organizacionais devem, supostamente, lidar com o ambiente externo. Não existe um núcleo central protegido do mundo exterior para manter a incerteza longe da organização.

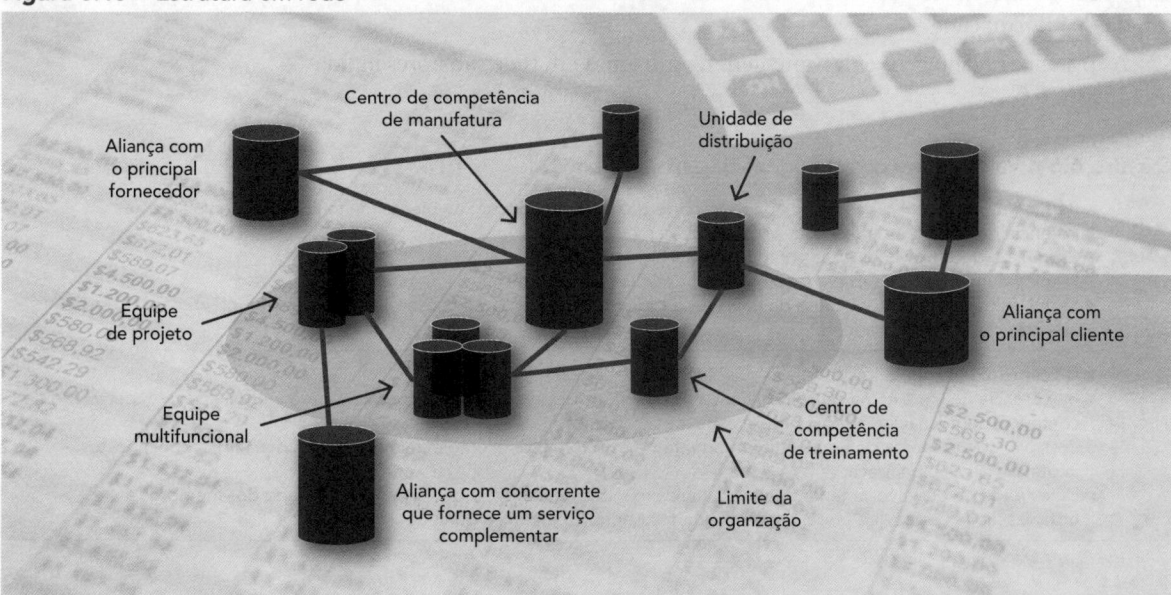

Figura 6.15 ›› Estrutura em rede

O desenvolvimento do modelo ERJ 145 da Embraer, avião que ajudou no desenvolvimento da aviação regional de curta duração, só foi possível por meio de uma estrutura em rede. Para desenvolver o modelo, a Embraer celebrou parcerias com quatro empresas estrangeiras, com quem a empresa compartilhou os riscos e os eventuais lucros do projeto. O fato de cada parceiro estar empenhado no sucesso do projeto, e não somente em fornecer peças e componentes, foi o fator decisivo para que essa rede de alianças funcionasse. Além disso, a rede da Embraer conta com 68 fornecedores espalhados pelo mundo, alguns dos quais com contratos de exclusividade com a fabricante de aeronaves brasileira.

É importante salientar também o papel que as novas tecnologias de informação e comunicação tiveram na consolidação de estruturas em redes. A comunicação é um fator estruturante das organizações e possibilita a emergência dessas novas estruturas, que são dotadas de capacidade integrativa dos próprios membros e de maior capacidade de adaptação e inovação. A possibilidade de consolidação de redes organizacionais cresce na medida em que existe maior informação, bem como maior possibilidade de difundi-la entre os membros.

A maior vantagem das estruturas em rede é a sua maior adaptabilidade. Como analisado, essas estruturas consolidam-se em condições de mudança e volatilidade no ambiente de negócio e na qual a inovação é a principal vantagem competitiva. No entanto, esse tipo de estrutura tem suas desvantagens, como a duplicação de recursos e a dificuldade de controle.

Algumas indústrias, nas quais se encontram exemplos de proliferação de estruturas em rede, são as de semicondutores, biotecnologia, cinema, música, moda, entre outras.[43] Nessas indústrias, existem altos níveis de incerteza no que concerne à demanda, como consequência das mudanças rápidas e desconhecidas nas preferências de consumidores, ou à tecnologia, o que leva à ocorrência de ciclos de vida de produtos mais curtos e faz cada vez mais crítica à necessidade de disseminação rápida de informação.

As principais vantagens e desvantagens da estrutura em rede são apresentadas no Quadro 6.6.

Quadro 6.6 ›› Vantagens e desvantagens da estrutura em rede

Vantagens	▪ Permite uma maior flexibilidade e adaptabilidade da organização a um ambiente muito complexo e volátil. ▪ Potencializa a rapidez de resposta às demandas ambientais. ▪ Estimula o desenvolvimento de competitividade à escala global. ▪ Promove um ambiente desafiador e motivador para se trabalhar. ▪ Reduz os gastos gerais por causa da baixa necessidade de supervisão e consequente diminuição do número de níveis hierárquicos e administradores.
Desvantagens	▪ Dificuldade para apurar responsáveis por alguma situação ou problema. ▪ Inexistência de um sistema de controle ativo por causa da dispersão de unidades, tornando a organização dependente de contratos, coordenação, negociações e conexões eletrônicas. ▪ Possibilidade de perda de uma parte importante da estrutura (por exemplo, falência de um parceiro), com impactos imprevisíveis na organização. ▪ Dificuldade de desenvolvimento de uma cultura organizacional forte, o que diminui a lealdade dos membros à organização (uma vez que podem ser substituídos por uma parceria a qualquer momento).

Mito ou ciência

Para ser grande, uma organização precisa de uma estrutura complexa e hierarquizada

Até um tempo atrás essa afirmação era verdadeira, mas atualmente já não é mais. As estruturas da empresa tradicional estão sendo abaladas, e novas formas de estruturar estão surgindo. A ideia de que uma grande organização implica em uma grande estrutura, com muitos funcionários e diversas unidades, pode ser contestada nos dias atuais com vários exemplos. Os dirigentes de muitas organizações vêm trabalhando para desenvolver novos desenhos estruturais que possam ajudar suas empresas a competir de maneira mais eficaz. Muitas delas resultam em menos camadas hierárquicas e com maior ênfase na expansão das fronteiras da organização. Um tipo de estrutura em rede chamado organização virtual é um bom exemplo disso. Sua essência é uma organização tipicamente pequena e focada nas atividades essenciais de seu negócio. No que tange à estrutura, a organização virtual é altamente centralizada, com pouca ou nenhuma departamentalização. Elas são altamente integradas e flexíveis. Isso se traduz em uma forte redução do espaço físico, diminuição de níveis hierárquicos e novas formas de controle da produtividade. A empresa consegue, assim, ser grande em volume de negócios, mesmo sem ter uma estrutura organizacional complexa e hierarquizada.

O protótipo da organização virtual são os estúdios de cinema atuais. Nos anos dourados de Hollywood, os filmes eram produzidos por corporações enormes, integradas verticalmente. Grandes organizações como a MGM, a Warner Bros. e a 20th Century Fox eram proprietárias de enormes estúdios e empregavam milhares de especialistas em tempo integral – cenógrafos, câmeras, editores, diretores e até atores. Atualmente, a maioria dos filmes é feita por um conjunto de indivíduos e pequenas empresas que se unem para realizar um grande projeto de cada vez. Esse formato estrutural permite que cada projeto conte com os talentos especialmente adequados àquele filme, em vez de serem escolhidos de modo obrigatório entre os funcionários de um estúdio. Isso minimiza as despesas burocráticas, já que não existe uma organização fixa a ser mantida.

Além disso, quase todas as grandes organizações têm aumentado sua terceirização. A Boeing, por exemplo, faz a montagem de todas as aeronaves na região de Seatle, mas terceiriza a produção de muitos de seus componentes. A Apex Digital, uma das maiores fabricantes de aparelhos de DVD do mundo, não possui uma só fábrica e não conta com engenheiros em sua equipe. Toda a produção é terceirizada para empresas chinesas. A loja de roupas Taco, presente em diversos estados brasileiros, também adota uma estrutura semelhante à da Apex. Apesar de todas as roupas terem a etiqueta da loja, grande parte delas é proveniente da China. O último exemplo é a empresa norte-americana de alimentos Newman's Own, que vende cerca de 120 milhões de dólares por ano e possui apenas 19 funcionários. Isso porque terceiriza praticamente tudo: produção, suprimentos, expedição e controle de qualidade.

Cada vez mais, velhos paradigmas são contestados e novas abordagens são experimentadas. Isso tem feito com que as estruturas organizacionais sejam cada vez menos hierarquizadas e mais flexíveis. As mudanças ocorridas nos mercados, principalmente a partir dos anos 1990, obrigaram muitas empresas a adotar profundas mudanças na sua estrutura organizacional e nos processos, e a utilizarem, de forma crescente, tecnologias de informação para dar apoio e suporte ao gerenciamento dessas estruturas e processos. Essa situação, como apresentado acima, tem propiciado a utilização e o desenvolvimento de estruturas, como as estruturas em rede e a terceirização. Trata-se, portanto, de alternativa de estrutura empresarial capaz de dar às empresas a flexibilidade tão necessária nesse cenário em mutação.[44]

6.4.5 ›› Comparação das diferentes formas estruturais

O desenho da estrutura organizacional não é um fim em si mesmo. Apenas estabelece o contexto para a ação gerencial. Por mais perfeita que seja uma estrutura organizacional, isso não significa que os objetivos e as ações que a precedem sejam realizados com sucesso. Como já dissemos, o trabalho de um administrador consiste na mobilização dos esforços individuais e coletivos para que a organização alcance seus objetivos de forma eficaz e eficiente. A estrutura organizacional é apenas uma ferramenta que os administradores usam para esse fim.

Com base em nove dimensões, o Quadro 6.7 compara as quatro formas estruturais analisadas nesta seção.

Quadro 6.7 ›› Comparação entre estruturas organizacionais

	Funcional	Divisional	Matricial	Rede
Base da divisão do trabalho	Recursos	Resultados	Recursos e resultados	Conhecimento
Mecanismos de coordenação	Supervisão hierárquica	Gestor de divisão e executivos corporativos	Coordenação dual	Equipes multifuncionais
Tomada de decisão	Muito centralizada	Separação entre estratégia e execução	Partilhada	Muito descentralizada
Importância da estrutura informal	Baixa	Modesta	Considerável	Alta
Eficiência operacional	Excelente	Fraca	Moderada	Boa
Capacidade de resposta	Fraca	Boa	Moderada	Excelente
Responsabilização	Boa	Excelente	Fraca	Moderada
Condições ambientais ideais	Ambientes estáveis	Ambientes heterogêneos	Ambientes complexos	Ambientes turbulentos
Estratégia adequada	Eficiência operacional	Diversificação	Flexibilidade e adaptabilidade	Inovação

6.5 ›› Modelos organizacionais

O modelo organizacional é uma forma genérica estrutural que pode ser assumida por uma organização. Esse modelo depende das características internas da organização e do contexto no qual opera. Consequentemente, os modelos são diversos e dependem de um conjunto de fatores internos e externos. No entanto, é possível distinguir dois tipos ideais de modelos organizacionais: o mecanicista e o orgânico. Ambos representam um *continuum*, entre os quais existem vários estágios intermediários.[45]

O **modelo mecanicista** é o mais próximo do tipo ideal burocrático de Weber e caracteriza o tipo de organização em que predominam tarefas de natureza rotineira. Essa rotina e previsibilidade fazem com que as organizações procurem imitar o funcionamento padronizado de uma máquina. O foco está na hierarquia e no uso da cadeia de comando, em detrimento de comunicações laterais e mais espontâneas. Nesse contexto, as pessoas têm pouca autonomia, e as relações interpessoais tendem a ser formais.

A informação circula na vertical, e a autoridade é baseada na posição hierárquica detida. As organizações mecanicistas tendem a ser impessoais, rígidas e regulamentadas, dando muita importância à obediência e à lealdade. A filosofia de administração enfatiza critérios de desempenho, tais como a eficiência, a previsibilidade e a aversão ao risco. Por último, priorizam-se formas de departamentalização funcionais e o desempenho de cada função.

Ao contrário, o **modelo orgânico** é característico de organizações ágeis e leves, capazes de responder de forma rápida e criativa aos desafios ambientais. Em vez de uma máquina, essas organizações procuram imitar um organismo vivo, mais flexível e dinâmico em sua capacidade de resposta e adaptação. Esse tipo de organização prioriza e incentiva o conhecimento e as competências de seus funcionários, dando espaço para a manifestação de iniciativas e para a criatividade individual.

> **Modelo mecanicista**
> Forma estrutural característica de organizações em que predominam tarefas de natureza rotineira e cujo foco está na hierarquia e no uso da cadeia de comando.

> **Modelo orgânico**
> Forma estrutural característica de organizações ágeis e leves, capazes de responder de forma rápida e criativa aos desafios ambientais.

> Na Google Brasil, o modelo organizacional é o orgânico. Quem conhece o dia a dia de trabalho por lá percebe que a empresa está longe daquelas estruturadas no modelo tradicional baseado na hierarquia e no uso da cadeia de comando. Exemplo disso são as mudanças contínuas que ocorrem. A cada 18 meses a empresa se reinventa: mudam os projetos, as pessoas – que são deslocadas para outros escritórios ou são promovidas para outras áreas – e mudam os produtos. Além disso, a empresa busca e incentiva, através de um ambiente descontraído e descolado, a criatividade de seus funcionários. No escritório de São Paulo há, por exemplo, uma mesa de sinuca e happy hour com cerveja toda quinta-feira. E no restaurante todos se reúnem, sem distinção de cargo. É comum encontrar o presidente dividindo a mesa com o mais júnior dos analistas. Com isso, a empresa tem alcançado bons resultados.[46]

A comunicação e os processos de administração de pessoas são informais. São organizações flexíveis, com a redefinição contínua de tarefas e ajustes às necessidades do momento. A fonte de autoridade é a competência, não a posição hierárquica. A filosofia de administração enfatiza critérios de desempenho, como a eficácia, a adaptabilidade e a sensibilidade para a necessidade de mudanças. Os objetivos são definidos com ampla participação, e a decisão é partilhada entre administradores e subordinados. Por último, os sistemas de planejamento e controle são mais frouxos e menos formalizados.

O Quadro 6.8 resume as principais características estruturais dos dois modelos organizacionais. Conforme já foi dito, trata-se de modelos ideais, visto que dificilmente uma organização apresenta todas as características de um desses modelos. Na prática, as organizações combinam algumas características de cada um dos modelos, apresentando estruturas mais mecanicistas ou mais orgânicas. Mas qual deles é o mais apropriado? Nenhum deles é melhor que o outro, uma vez que sua adequação à organização depende de diversas variáveis contingenciais. Essas variáveis são apresentadas na seção seguinte.

Quadro 6.8 ›› Características estruturais dos modelos mecanicistas e orgânicos

Modelos mecanicistas	Modelos orgânicos
■ Tarefas bem definidas e elevada especialização do trabalho. ■ Hierarquia clara de controle e coordenação – burocracia. ■ Prevalece a hierarquia nas relações internas. ■ Estruturas verticais, com muitos níveis hierárquicos. ■ Departamentalização funcional. ■ A comunicação é vertical e formal, fazendo uso da cadeia de comando. ■ Decisões centralizadas na cúpula da organização. ■ Elevada formalização, com muitas regras e procedimentos. ■ Os membros devem lealdade à organização e obediência aos superiores. ■ Prioriza-se o desempenho de cada função.	■ Reduzida especialização do trabalho, com redefinição contínua de tarefas, com base no conhecimento. ■ Sistema estratificado de acordo com o nível de conhecimento especializado – tecnocracia. ■ Os laços internos são fluidos e em permanente mudança. ■ Estruturas horizontais e achatadas. ■ Equipes de trabalho multifuncionais. ■ A comunicação é informal e procura o ajustamento às necessidades. ■ Decisões descentralizadas para os níveis hierárquicos mais baixos. ■ Reduzida formalização, com poucas regras. ■ Os membros identificam-se e estão comprometidos com a organização. ■ Priorizam-se os objetivos globais da organização.

Fonte: Adaptado de BURNS, T.; STALKER, G. M. **The management of innovation**. Londres: Tavistock Publications, 1961.

6.6 ›› Condicionantes da estrutura organizacional

As decisões acerca do desenho estrutural mais adequado devem levar em consideração os fatores que o influenciam. Segundo a teoria da contingência, para cada conjunto de fatores internos e externos, haverá um modelo estrutural que permitirá maximizar o desempenho da organização. Assim, um dos papéis fundamentais do administrador é assegurar o alinhamento dos parâmetros estruturais com os fatores de contexto, desenhando estruturas organizacionais adequadas.

A opção por uma estrutura hierárquica vertical ou flexível horizontal deve refletir uma análise apurada da influência dos fatores contingenciais na estrutura organizacional. Como ilustra a Figura 6.16, a estratégia, o ambiente, a tecnologia de produção e a dimensão da organização são alguns desses fatores. As características de cada uma dessas variáveis determinarão qual o modelo estrutural apropriado, uma vez que o grau de adequação entre a estrutura e essas variáveis é determinante para o nível de desempenho organizacional.

Figura 6.16 ›› Condicionantes da estrutura organizacional

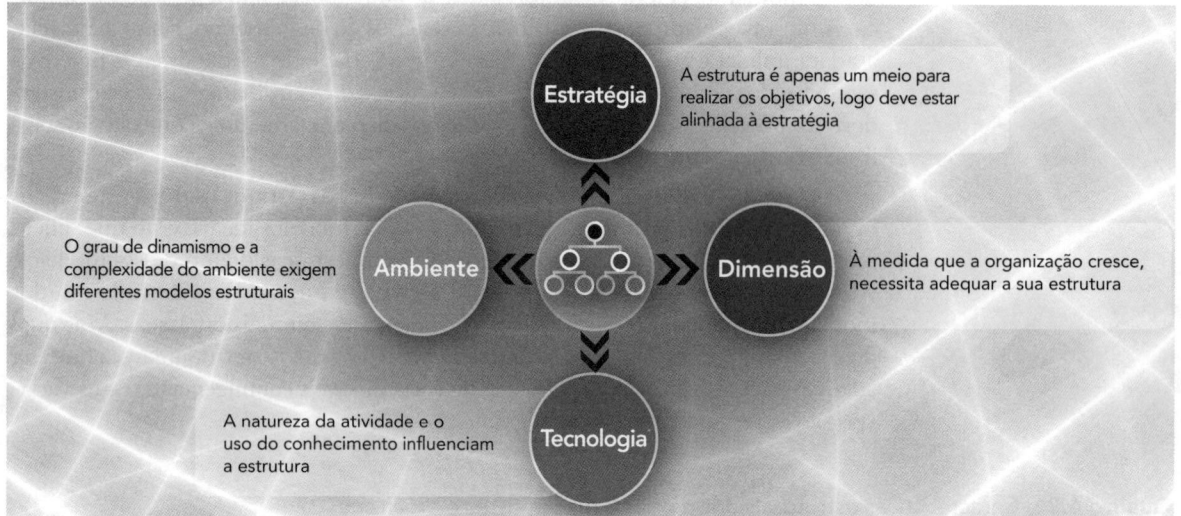

- Estratégia: A estrutura é apenas um meio para realizar os objetivos, logo deve estar alinhada à estratégia
- Ambiente: O grau de dinamismo e a complexidade do ambiente exigem diferentes modelos estruturais
- Dimensão: À medida que a organização cresce, necessita adequar a sua estrutura
- Tecnologia: A natureza da atividade e o uso do conhecimento influenciam a estrutura

A seguir, serão analisadas as relações entre cada um desses fatores contingenciais e a estrutura organizacional.

6.6.1 ›› A estrutura segue a estratégia

Essa formulação, muito importante para a compreensão das relações existentes entre a estrutura e a estratégia, foi consagrada por Alfred Chandler, com base em ampla pesquisa da história de quatro grandes empresas norte-americanas: DuPont, General Motors, Sears e Standard Oil.[47] Ao analisar a história dessas organizações ao longo de mais de 50 anos, Chandler concluiu que as mudanças na estratégia precedem e são a causa de mudanças na estrutura das organizações. Quando as empresas modificavam suas estratégias corporativas para se adaptar a novas mudanças econômicas, tecnológicas e administrativas, criavam problemas administrativos e geravam ineficiências. Era necessário que as empresas implementassem mudanças nas estruturas para maximizar o desempenho organizacional.

De fato, a estrutura é apenas o modelo de organização pelo qual se administra a empresa. Assim, é lógico e natural que a estratégia e a estrutura estejam intimamente relacionadas. Ainda de acordo com Chandler, as organizações passam por vários estágios de desenvolvimento, começando com uma estrutura pequena e funcional – baseada em um único produto, que busca responder aos desafios de crescimento da organização – e culminam em uma estrutura divisional, que procura responder à maior complexidade resultante da diversificação de produtos, clientes ou territórios organizacionais.

Ampliando um pouco a pesquisa de Chandler, é possível examinar a adequação das diferentes estratégias analisadas no Capítulo 5 com as estruturas organizacionais. Como ilustrado na Figura 6.17, as estruturas organizacionais situam-se em um *continuum* de estratégias que variam da liderança de custo, eficiência e estabilidade para diferenciação, flexibilidade e inovação. No extremo esquerdo do *continuum*, as estruturas funcionais e os modelos mecanicistas são mais congruentes com os objetivos estratégicos de liderança de custos, nos quais a organização busca aumentar a eficiência interna e manter a estabilidade. No extremo direito do *continuum*, as estruturas em rede e os modelos orgânicos são mais adequados a estratégias voltadas para a inovação e a flexibilidade organizacional.

Figura 6.17 ›› Relação entre estratégia e estrutura

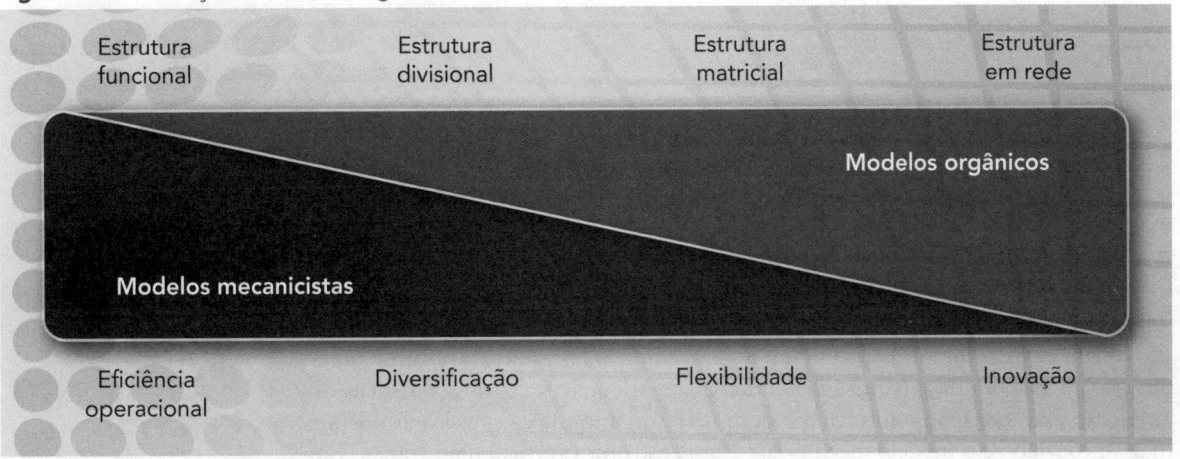

Estrutura funcional	Estrutura divisional	Estrutura matricial	Estrutura em rede
			Modelos orgânicos
Modelos mecanicistas			
Eficiência operacional	Diversificação	Flexibilidade	Inovação

6.6.2 ›› A estrutura se adapta ao ambiente

No Capítulo 3, foi apresentado o conceito de incerteza ambiental, que se refere à existência de informações insuficientes sobre os fatores ambientais. O ambiente pode ser simples e estável ou complexo e dinâmico. Ambientes simples são caracterizados por apresentarem poucos fatores ambientais, ao passo que ambientes complexos possuem muitos deles. Ambientes dinâmicos são caracterizados por elevado grau de mudança, já os estáveis mudam de forma lenta e previsivelmente. Uma maneira que os administradores têm para reduzir a incerteza ambiental é por meio de decisões acerca da estrutura organizacional.

No entanto, quanto mais complexo o ambiente, maior dificuldade têm os administradores para compreendê-lo e maior a necessidade de descentralizar o processo de tomada de decisão. Por outro lado, quanto mais dinâmico for o ambiente, maior a dificuldade de padronizar o trabalho e os resultados, e maior a dificuldade de formalização e burocratização da estrutura. Dessa forma, existe uma forte tendência para que as organizações se tornem mais orgânicas à medida que suas próprias atividades e o ambiente que as cerca ficam mais complexos.

Uma pesquisa realizada por Lawrence e Lorsch foi uma das primeiras a reconhecer a relação estreita entre o ambiente externo e a estrutura organizacional.[48] Os autores defenderam que os dois conceitos-chave para entender a forma como uma organização se deve adequar ao ambiente são a integração e a diferenciação. Na prática, uma organização vive pressionada por esses dois processos antagônicos. Como discutimos no início do capítulo, uma organização precisa se dividir em departamentos e se especializar, mas também precisa integrar e coordenar os esforços de todos para atingir seus objetivos e responder adequadamente aos desafios do ambiente.

A pesquisa analisou três indústrias com características distintas em termos de mudança ambiental: a indústria dos plásticos, a de alimentos embalados e a de embalagens padronizadas. Os resultados da pesquisa são apresentados no Quadro 6.9.

Quadro 6.9 ›› Mudança ambiental e diferenciação

	Indústria de plásticos	Indústria de alimentos embalados	Indústria de embalagens
Grau de mudança ambiental	Alto	Médio	Baixo
Grau de diferenciação	Alto	Médio	Baixo

A pesquisa deixou claro como o ambiente influencia a configuração estrutural que uma empresa assume. Ou seja, a estrutura específica assumida pela organização depende das condições ambientais que enfrenta. A pesquisa conclui ainda que as organizações são mais eficazes quando atendem às pressões ambientais, mesmo com maior grau de diferenciação entre os departamentos. Entre as organizações que operavam em ambientes igualmente instáveis, as mais eficazes eram aquelas que conseguiam uma maior integração interdepartamental.

Segundo os autores, não existe um melhor modelo para estruturar uma organização. A escolha da estrutura depende de sua adequação às características do ambiente externo. Como mostra a Figura 6.18, quanto mais estável o ambiente, mais apropriado é o modelo mecanicista e uma estrutura vertical hierárquica. Em contrapartida, o modelo orgânico e as estruturas descentralizadas e horizontais combinam melhor com ambientes complexos e dinâmicos.

Figura 6.18 ›› Relação entre estrutura e ambiente

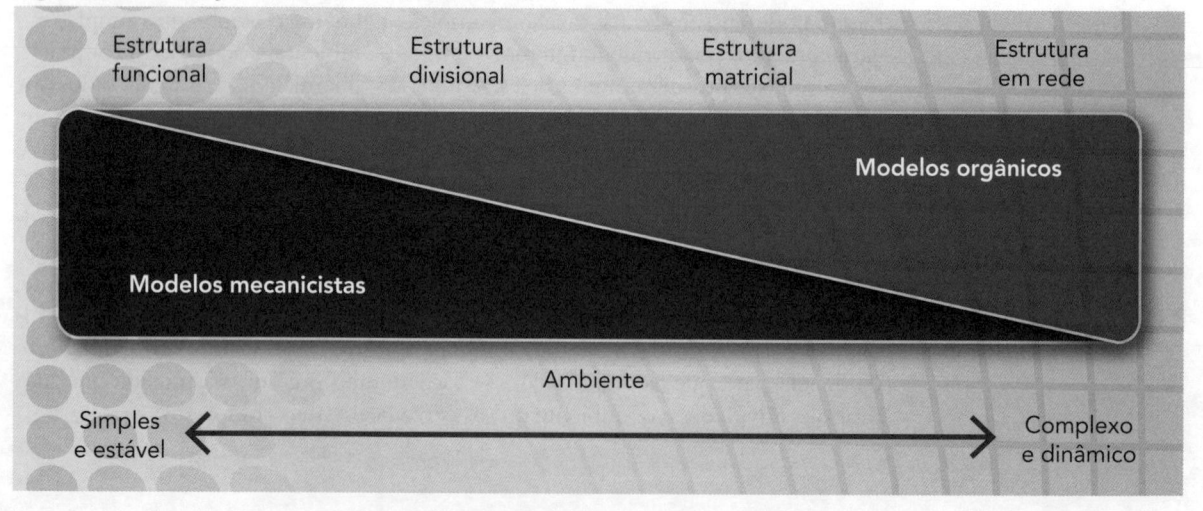

Sabendo que os ambientes contemporâneos tendem a ser cada vez mais dinâmicos e complexos, não é de estranhar a tendência para a adoção de estruturas flexíveis, horizontais e enxutas. As organizações mecanicistas não reagem bem a ambientes caracterizados pela globalização da concorrência, pressão para a inovação contínua nos produtos e serviços, e aumento da demanda dos clientes por qualidade.

6.6.3 ›› A estrutura depende da tecnologia

Todas as organizações fazem uso de alguma tecnologia para transformar os insumos em produtos ou serviços. Essa tecnologia pode influenciar o tipo de estrutura que uma organização pode assumir. Geralmente, tecnologias mais rotineiras tendem a criar maior padronização estrutural. Uma das pesquisas mais importantes que tentaram medir a influência da tecnologia na estrutura organizacional foi conduzida por Joan Woodward. Ela estudou 100 empresas britânicas e diferenciou três tipos de tecnologia:[49]

- *Produção por unidade*: produção de bens customizados ou lotes pequenos, como turbinas para centrais hidroelétricas.
- *Produção em massa*: produção de bens padronizados em grande quantidade, como automóveis ou eletrodomésticos.
- *Produção por processo*: produção em processo contínuo, como refinarias químicas e petrolíferas.

A pesquisa revelou que a tecnologia influencia as estruturas organizacionais e que o desempenho da organização estava relacionado com o grau de ajuste existente entre a tecnologia e a estrutura. Os principais resultados da pesquisa são apresentados no Quadro 6.10.

Quadro 6.10 ›› A relação estrutura, tecnologia e desempenho organizacional

	Produção por unidade	Produção em massa	Produção por processo
Características estruturais	Baixa diferenciação vertical	Moderada diferenciação vertical	Alta diferenciação vertical
	Baixa diferenciação horizontal	Alta diferenciação horizontal	Baixa diferenciação horizontal
	Baixa formalização	Alta formalização	Baixa formalização
	Descentralização	Centralização	Descentralização
Estrutura mais eficaz	Orgânica	Mecanicista	Orgânica

De acordo com os resultados da pesquisa, conclui-se que, nas organizações que fazem uso da produção em massa, o modelo mecanicista é mais apropriado. As empresas podem utilizar planos e controles detalhados, alto grau de formalização de regras, procedimentos e regulamentos, definição mais precisa da autoridade e da responsabilidade dos administradores. Em empresas que usam a tecnologia de produção por unidade ou por processo, o modelo orgânico é mais adequado. No primeiro caso, a empresa deve se adaptar a cada produto e projeto novo, ao passo que, na produção por processo, a automatização do processo de trabalho serve como meio automático de controle e reduz a necessidade da supervisão imediata da linha de produção. Woodward concluiu então que a adequação da estrutura com o tipo de tecnologia que a organização usa é a chave para um bom desempenho organizacional.

6.6.4 ›› A estrutura se ajusta ao tamanho

Várias pesquisas têm demonstrado que o tamanho da organização (especialmente medida com base no critério do número de empregados) também influencia a estrutura, principalmente no que diz respeito à especialização, departamentalização e grau de formalização. No entanto, não se trata de uma relação linear. Na medida em que uma organização cresce, ela pode passar de uma estrutura simples para uma estrutura mais complexa, do tipo divisional, por exemplo. O resultado mais óbvio do aumento do tamanho é a maior delegação e descentralização, visto que é impossível controlar grandes organizações a partir do topo. As organizações buscam reduzir os riscos relativos à delegação contratando gestores experientes e especializados, para os quais as decisões possam ser delegadas com maior segurança. Pesquisas mostram que o aumento de tamanho está relacionado com o aumento do uso das normas, isto é, maior formalização. Sendo a formalização uma forma de controle, os riscos em termos de perda de controle com a descentralização são equilibrados pelo uso excessivo da formalização. Todavia, após certo tamanho, as diferenças estruturais se tornam menos visíveis. Aumentar 500 funcionários em uma organização que conta com três mil empregados provavelmente terá menos impacto que adicionar 300 funcionários em uma organização que conta com 150.

De forma geral, é possível afirmar que, com o aumento de seu tamanho, aumentam também os graus de diferenciação horizontal (crescem as divisões e departamentos) e vertical (mais níveis hierárquicos), a padronização das tarefas (maior especialização do trabalho), a formalização das regras e comunicações e a importância do planejamento e controle. Além disso, a tomada de decisões tende a ser descentralizada por meio de maior delegação.

Na realidade, o fator tamanho não influencia de forma isolada as estruturas organizacionais, mas conjuga sua influência a outros fatores, como a estratégia, a tecnologia e o ambiente.[50]

>> Resumo do capítulo

O principal objetivo deste capítulo foi analisar uma das principais funções administrativas: a organização. Para isso, foram introduzidos os principais conceitos e analisados os seis elementos estruturais do processo de organização. Discutiu-se a complexa relação entre o poder e a estrutura organizacional, argumentando que esta pode ser vista como expressão do exercício do poder. Posteriormente, foram apresentadas as principais configurações que as estruturas organizacionais podem adotar e conceituaram-se os dois tipos ideais de modelos organizacionais: o modelo mecanicista e o modelo orgânico. Por fim, foram destacados alguns condicionantes da estrutura organizacional, como a estratégia, o ambiente, a tecnologia e o tamanho da organização, argumentando que um dos papéis fundamentais do gestor consiste em alinhar os parâmetros estruturais com os fatores de contexto, desenhando estruturas organizacionais adequadas.

A função da organização é uma das mais sofisticadas funções administrativas e demanda o exercício de uma capacidade analítica apurada por parte dos gestores de todos os níveis da organização. Trata-se de um espaço de tomada de decisões complexas, abrangentes e aparentemente contraditórias, uma vez que se referem a divisão do trabalho, integração e coordenação das atividades e recursos organizacionais. Além disso, os administradores devem considerar as estruturas organizacionais preestabelecidas, analisar sua coerência interna, monitorar e avaliar os diversos condicionantes.

O desafio de basear as decisões em justificativas racionais e lógicas, que possam superar os dilemas da relação limites individuais *versus* complexos objetivos organizacionais, é dificultado por várias razões, entre as quais destacou-se o exercício do poder. O fato é que as estruturas organizacionais não são definidas apenas pelo que formalmente aparece no desenho dos organogramas. As relações presentes nas estruturas informais e as outras formas de manifestação de poder se fazem presentes e determinam em boa medida o desenho estrutural.

Com base em pesquisas e trabalhos consolidados, o capítulo destaca vários modelos de desenho estrutural, bem como as condições nas quais estes se mostram mais adequados. No entanto, o futuro administrador deve perceber que a administração se exerce no campo das incertezas. A mudança e a adaptação do desenho estrutural às características ambientais, geralmente assumem características únicas que apenas o olhar apurado e experiente de um administrador capaz, no exercício diário de sua profissão, pode captar. Mais do que oferecer modelos determinísticos, o objetivo deste capítulo é aguçar esse espírito analítico, apresentar os desafios das relações complexas entre os vários elementos estruturais e alertar o futuro administrador para o caráter contingente das decisões sobre o processo de organização.

Questões para discussão

1. Defina o conceito de organização. Qual é a importância da estrutura organizacional? O que mostra um organograma?
2. Quais são os dois processos de tomada de decisões antagônicos da função organização?
3. O que é a amplitude de controle e que fatores influenciam sua extensão?
4. Quais são as formas de departamentalização mais comuns nas organizações e quais suas vantagens e desvantagens?
5. Contraste centralização e formalização. Como esses elementos influenciam outros elementos estruturais ou são influenciados por eles?
6. Qual é a diferença entre autoridade e poder? Quais são os tipos de poder que você conhece? Quais são suas manifestações na estrutura organizacional?
7. Em que consiste uma estrutura funcional? E uma estrutura divisional? Quais são as principais diferenças e semelhanças entre elas?
8. De que forma a estrutura matricial combina a estrutura funcional e divisional? Alguns autores afirmam que esse tipo de estrutura causa mais problemas do que os soluciona. Você concorda com essa afirmação?
9. Quais são as principais diferenças entre o modelo orgânico e o modelo mecanicista?
10. Por que a estratégia condiciona a estrutura? Não seria o contrário? Como o ambiente externo e a tecnologia influenciam as decisões sobre a estrutura?

Ponto e Contraponto

Downsizing melhora o desempenho organizacional

O *downsizing* é um esforço sistemático para tornar a organização mais enxuta, por meio da venda de unidades de negócio, fechamento de filiais ou redução de pessoal e não é bem-visto pelos líderes. Fazer isso significa sempre causar medo nos funcionários e aguentar ataques de políticos, dos grupos sindicalistas e da mídia. Mas há uma coisa aprendida nos últimos anos: o *downsizing* é um fator indispensável para tornar as empresas mais competitivas.

Nos anos 1970 e 1980, a maioria das empresas em países desenvolvidos, como o Reino Unido e a Alemanha, por exemplo, tinha mais funcionários que o necessário. Isso fez com que ficassem vulneráveis em relação à concorrência estrangeira de empresas com custos de mão de obra mais baixos e com mais habilidade de se adaptar rapidamente às novas condições econômicas e tecnológicas. Talvez seja inevitável que as empresas façam isso: o sucesso gera complacência e, quando os negócios vão bem, elas tendem a contratar muitos funcionários, tornando-se grandes demais. É como o paciente com um problema no coração: ele acha que o remédio é sempre doloroso, mas, se não usá-lo, a consequência talvez seja muito pior.

Quase todas as grandes empresas norte-americanas existentes nos anos 1970 diminuíram sua mão de obra e enxugaram suas operações. A IBM tinha um dos maiores números de funcionários do mundo e muitas vezes enaltecia exageradamente sua política de não demissão; porém, nas décadas de 1980 e 1990, ficou bem claro que a IBM era demasiadamente grande, complexa e verticalizada.

As demissões e reestruturações raramente são coisas populares a se fazer. Mas, sem elas, a maioria das empresas não sobreviveria e muito menos se manteria competitiva.[51]

O *downsizing* tornou-se um tipo de rito de passagem para os executivos: você não é um líder de fato a menos que tenha enxugado uma empresa. No entanto, para separar o fato do mito, vamos observar as evidências. As empresas que enxugaram possuem um melhor desempenho como resultado?

Para estudar isso, uma equipe de pesquisadores observou grandes empresas nos últimos 20 anos. A equipe perguntou se as reduções de empregos em um período estavam associadas aos altos níveis de desempenho financeiro em um período posterior.

O que se descobriu? Analisando 6.418 ocorrências de mudanças no nível de emprego das organizações estudadas, foi constatado que as estratégias de *downsizing* não melhoraram o desempenho financeiro a longo prazo (medido pelo retorno sobre os ativos ajustado para o setor). É importante lembrar que os resultados espelham a evolução do desempenho financeiro entre o período anterior e posterior à implementação do *downsizing*.

Os autores desse estudo não argumentam que o *downsizing* seja sempre uma estratégia ruim. De certa forma, o resultado é que os gestores não deveriam aceitar que as demissões sejam um conserto rápido ao que aflige a empresa. Em geral, o *downsizing* não melhora o desempenho, portanto, a chave é fazê-lo apenas quando necessário e da maneira correta.

De que forma as empresas podem fazê-lo? Primeiro, elas deveriam usar o *downsizing* apenas como último recurso. Segundo, e relacionado a isso, deveriam informar os funcionários sobre o problema e dar a eles a chance de contribuir com soluções alternativas de reestruturação. Terceiro, as empresas precisam fazer de tudo para assegurar que os funcionários vejam o processo de demissão como justo, que o aviso prévio seja dado e a assistência de recolocação no mercado de trabalho seja oferecida. Finalmente, devem certificar-se de que o *downsizing* é realizado para surtir um efeito positivo – não apenas para cortar custos, mas para realocar recursos para áreas em que poderão ser mais eficazes.[52]

Dilema ético

›› Formalização ou prisão?

É importante reconhecer que os elementos estruturais de uma organização influenciam as atitudes e o comportamento dos funcionários. À medida que a estrutura organizacional reduz a ambiguidade para os funcionários – esclarecendo questões como "o que devo fazer", "como devo fazer?", "a quem devo me reportar?" e "quem devo procurar se tiver um problema?" –, ela molda suas atitudes e lhes fornece motivação e facilidades para obter melhores níveis de desempenho.

Mas, evidentemente, a estrutura também restringe os funcionários, limitando e controlando o que fazem. As organizações estruturadas com altos níveis de formalização, padronização e de especialização, estrita adoção de cadeia de comando, pouca delegação de autoridade e pequena amplitude de controle proporcionam pouca autonomia a seus funcionários. O controle nessas empresas é rígido e o comportamento tem pouco espaço para variação. As pesquisas mostram que, de modo geral, apesar de contribuir para a maior produtividade, o preço é a redução da satisfação no trabalho dos empregados.

Regras, manual de procedimentos e cartilhas de como agir com os clientes são comuns em algumas empresas. Isso faz com que os trabalhadores despendam esforço físico e mental quando colocam o corpo e a mente na realização de suas tarefas. Muitos trabalhos também exigem esforço emocional, ou seja, a expressão de emoções desejadas pela organização feita pelos funcionários durante os relacionamentos interpessoais no trabalho.

O problema é que muitas vezes o funcionário precisa agir de uma forma ou demonstrar um sentimento enquanto querem e sentem outra coisa. Essa disparidade pode gerar uma sensação de aprisionamento e criar uma dissonância emocional que geram consequências desagradáveis para a organização e para o funcionário.

Imagine um garçom ou balconista obrigados pelas regras da empresa a sorrir e demonstrar alegria mesmo quando não estão se sentindo assim.

Portanto, a estrutura organizacional pode, muitas vezes, aprisionar o funcionário, limitando-o em suas atividades e criatividade. Impor regras rígidas e estruturas inflexíveis, podem deixar sérias sequelas e comprometer o bom andamento da organização. Cabe ao gestor saber equilibrar padronização com flexibilização e rigidez com autonomia.

Questões para discussão

1. Na sua opinião, qual deveria ser a prioridade de uma organização: padronizar o comportamento dos trabalhadores ou dar-lhes autonomia para agir livremente?

2. Em que organizações é mais importante a formalização e padronização? E a flexibilização e autonomia? Dê exemplos.

3. Você preferiria trabalhar em uma organização onde os comportamentos estão todos formalizados ou que dá total liberdade ao trabalhador? Justifique.

Estudo de caso

>> Crise e reestruturação nas Organizações Globo

A estrutura organizacional do Grupo Globo

As Organizações Globo são um conglomerado de empresas que atuam em diferentes setores, mas, principalmente, no ramo da mídia e comunicação. A instituição cresceu e se desenvolveu sob o comando de Roberto Marinho, que herdou de seu pai, Irineu Marinho, em 1925, os jornais *A Noite* e *O Globo*. Na gestão de Roberto Marinho, o grupo diversificou suas atividades, expandindo seus negócios, primeiro, para outras mídias além da impressa e, depois, para outros setores empresariais. O grande salto da empresa aconteceu com a inauguração da TV Globo, criada em 1964, com a qual a organização se tornou líder no segmento de mídia. Atualmente, são o maior grupo de mídia da América Latina e um dos maiores do mundo, exercendo uma forte influência na sociedade brasileira.

A organização tem suas atividades separadas em divisões independentes, cada uma delas composta por várias empresas. A adoção desse modelo estrutural visou à melhor departamentalização e coordenação das atividades.

As principais divisões do grupo são:

- MIRA: Mídia Impressa e Rádio;
- Globopar: Globo Participações e Comunicações S.A;
- Fundação Roberto Marinho.

A MIRA é subdividida em duas unidades de negócio: a Infoglobo, que reúne jornais (*O Globo*, *Extra*, *Expresso*, *Diário de São Paulo* e *Valor Econômico*) e portais de notícias do grupo na Internet; e o Sistema Globo de Rádio, que engloba todas as emissoras de rádio do grupo.

A Globopar, por sua vez, é subdividida em seis unidades de negócio: a Rede Globo de Televisão, responsável pela produção e veiculação em televisão aberta da programação da emissora; a Globosat, que concentra os canais por assinatura da Globopar; a Distel, que é responsável pela veiculação, por TV a cabo e via satélite, da programação por assinatura e pelos serviços de Internet banda larga; a Editora Globo; a Som Livre, gravadora do conglomerado empresarial; e a Globo Filmes.

Por fim, a Fundação Roberto Marinho responde pelos serviços de responsabilidade social do grupo. É uma associação filantrópica que, em nome das Organizações Globo, financia projetos educacionais, culturais e esportivos que contribuem para o desenvolvimento da sociedade brasileira.

Além dessas subdivisões, as Organizações Globo ainda possuem outras empresas não relacionadas ao ramo das comunicações: a Indústria Brasileira de Alimentos (Inbasa) e o banco, a imobiliária e a seguradora RoMa.

Cada um desses subgrupos, por sua vez, também está dividido em outros departamentos e unidades de negócio.

Modelo de gestão

O tamanho organizacional, ao mesmo tempo em que demonstra o poder do conglomerado, também pode ser considerado seu "calcanhar de aquiles". O controle de uma estrutura tão grande é difícil e, muitas vezes, os processos decisórios são emperrados por causa da hierarquização e do inchaço do corpo administrativo.

O modelo apresentado de departamentalização visa reduzir a lentidão dos procedimentos organizacionais e facilitar a coordenação por parte da alta administração. Caso o controle de todas as atividades e decisões ficasse nas mãos de uma única pessoa, os processos na organização seriam altamente burocratizados. Isso faria com que os procedimentos e as respostas às pressões ambientais fossem lentos, atrapalhando o rumo dos negócios organizacionais. Para evitar isso, cada empresa pode adotar uma estrutura independente do modelo de gestão da *holding*, desde que os objetivos organizacionais definidos no planejamento corporativo sejam atingidos. O grupo preza pela produtividade e eficiência empresariais; logo, se o modelo adotado por uma das empresas não garantir essa boa gestão dos problemas e das tarefas, reestruturações são efetuadas.

Também com esse objetivo, buscou-se descentralizar a direção das empresas, por meio de transferências de poder. As decisões não são centralizadas nas mãos da alta gerência do conglomerado, apesar de ela concentrar a maior parcela de poder. Os presidentes e diretores das empresas afiliadas reportam-se aos diretores gerais das divisões que, por sua vez, recebem do presidente da organização ordens e recomendações para a gestão dos negócios. Cada alto gestor tem considerável autonomia para efetuar as modificações necessárias, desde que estas atendam aos objetivos de crescimento e melhoria dos serviços prestados pelas empresas.

Crise nas Organizações Globo

Os grupos brasileiros de comunicação apostaram no crescimento e na estabilidade nacional na segunda metade da década de 1990. Com o objetivo de crescer, eles se endividaram em moeda estrangeira para investir maciçamente em modernas tecnologias de produção e veiculação.

As mudanças que ocorreram no setor de mídia e comunicações, no entanto, não foram benéficas para as organizações desse mercado. Graças ao desenvolvimento de novos meios de acesso à informação e, principalmente, à difusão da Internet, as empresas brasileiras do ramo enfrentaram uma grave crise. Em 2002, segundo especialistas, as organizações passaram por sua pior fase. A circulação de revistas caiu de 17,1 milhões para 16,2 milhões de exemplares/ano entre 2000 e 2002. Simultaneamente, a venda diária de jornais passou de 7,9 milhões para 7 milhões no mesmo período. Ao todo, a receita publicitária caiu de R$ 9,8 bilhões para R$ 9,6 bilhões.

Nesse contexto, as Organizações Globo foram altamente afetadas. A dívida da companhia atingiu cerca de 6 bilhões de reais e deixou de ser paga em outubro de 2002.

Nesse mesmo ano, em março, foi posto em prática pela alta cúpula das Organizações Globo um extenso plano de reestruturação do grupo. O conglomerado não via outra solução para resolver seus graves problemas que não fosse a renegociação da dívida e a reformulação de seu modelo organizacional. A maioria das empresas do grupo passou por mudanças, principalmente aquelas ligadas à Globopar. Entre elas, as principais modificações ocorreram na Globo Cabo (atual Distel), na Editora Globo e na Rede Globo de Televisão.

O primeiro passo para a reestruturação foi a contratação de Henri Philippe Reichstul, ex-presidente da Petrobras e ex-banqueiro, para o cargo de diretor-geral da Globopar. O executivo teria amplos poderes para modificar estruturas arcaicas na organização e comandar as mudanças nas empresas com problemas. Sua missão era resolver os problemas financeiros, societários e administrativos do grupo e, para isso, mudanças no modelo de organização eram necessárias.

Reestruturação da Globo Cabo e da Editora Globo

Sua primeira investida foi na Globo Cabo, que reunia os serviços de TV por assinatura (cabo e satélite) e Internet banda larga, comercializados pelas empresas Net e Sky. A subdivisão havia sido criada na década de 1990 para atender à demanda crescente por serviços de TV a cabo. No entanto, o mercado foi superestimado e a empresa apresentou seguidos prejuízos. Reichstul reuniu-se com os principais credores e procurou alongar os prazos de vencimento e oferecer participação no capital da empresa. O melhor exemplo desse processo foi a renegociação com o BNDES. O banco estatal não apenas renegociou a dívida que lhe era devida pela Globo Cabo, como também aumentou sua participação minoritária no capital da empresa como forma de capitalizá-la. A injeção de capitais chegou a R$ 800 milhões e foi o primeiro passo para a reestruturação dessa unidade de negócio da Globopar.

Essa divisão, contudo, enfrentava problemas não apenas por seu endividamento, mas também por erros estratégicos e administrativos. Em 2002, quando se esperava que o mercado total de assinantes de TV por assinatura estivesse em torno de 7 a 8 milhões de consumidores, ele não passava de 3,6 milhões de pessoas. Falhas como esta foram as culpadas pelos insucessos e prejuízos da organização. Além disso, as atitudes pendulárias do comando da empresa teriam sido responsáveis pela crise em que ela se encontrava. Reichstul comandou, então, uma reorganização da estrutura empresarial. Ele implantou uma política de redução de gastos com o objetivo de "enxugar" a organização e torná-la mais preparada para enfrentar os desafios dos mercados em que atua.

Em uma tentativa de sanear financeira e mercadologicamente o negócio, em 2004, a Globo inicia um processo de fusão da Sky com sua principal concorrente, a DirecTV, e vende parte do capital da Net ao grupo América Móvil, do bilionário mexicano Carlos Slim, que detém também a Embratel e a Claro. Entre 2009 e 2012, consolidando uma estratégia de abandono do setor de distribuição de TV por assinatura e de Internet banda larga, a Globo vende suas participações restantes na Sky e na Net aos grupos DirecTV e América Móvil, ficando apenas com uma participação simbólica em ambas as empresas (em torno de 7%). Dessa forma, a Globo não só se "livrou" de duas unidades que vinham acumulando prejuízos, como encaixou um caixa considerável e ainda fortaleceu sua atuação no seu *core business*, a produção e venda de conteúdo, através da Globosat, atualmente a maior programadora de TV paga do país.

Entretanto, não foi só na Globo Cabo que o executivo teve de intervir para corrigir falhas estruturais. A Editora Globo, outra empresa afiliada à Globopar, passava por semelhante situação. A organização publica extenso portfólio de revistas, além de editar livros e fascículos. No entanto, desde sua criação, em 1986, a empresa nunca havia fechado no lucro. Esse fato nunca pareceu ser um grande problema para as Organizações Globo, já que a lucratividade de outras divisões cegava a alta gerência, que acreditava ser desnecessária uma reformulação da editora. Mas em 2002 o contexto era outro. Grandes empresas e divisões do conglomerado apresentavam problemas, e a Globopar tinha uma dívida monumental. Reichstul sabia que era preciso cortar gastos e não pouparia esforços para fazê-lo nem que, para isso, tivesse de decretar a venda de organizações do grupo.

Nesse projeto de reestruturação, chegou a ser cogitada a venda da editora, mas o negócio continuou nas mãos da família Marinho. Em 2002, toda a cúpula foi modificada, e se estudou a redução do número de revistas publicadas, com o corte daquelas que não se autossustentavam. Ocorreram demissões com o objetivo de reduzir as despesas para que a editora buscasse seu primeiro lucro.

A resistência da Rede Globo

A toda-poderosa Rede Globo de Televisão, principal empresa do grupo e a maior rede de TV do Brasil, também enfrentava semelhantes problemas. Além do endividamento, outros desajustes assolavam a rede. Um número exagerado de funcionários, mordomias excessivas, salários irreais e alguns departamentos inchados e desnecessários eram defeitos de ordem gerencial que precisavam de solução.

O executivo, mais uma vez, sabia que precisaria corrigir essas falhas, fruto de práticas ultrapassadas de gestão. Nesse caso, enfrentaria um problema ainda maior, visto que a alta administração da Rede Globo resistiria às mudanças por enxergar a empresa como a principal do conglomerado. Reichstul teve de apresentar dados e conscientizá-los da urgência do processo de reestruturação. Foi promovida uma automatização de processos, por meio do uso da tecnologia de informação, que propiciou ganhos de produtividade e facilitou o controle e a coordenação.

O gestor tentou reduzir ainda mais os custos, mas foi barrado pela resistência dos administradores de topo. Diferentemente do que ocorreu na Globo Cabo e na Editora Globo, Reichstul não obteve o apoio necessário na rede de TV para pôr em prática as mudanças estruturais.

Um de seus principais projetos para reduzir custos era a diminuição das despesas com novelas, um dos principais produtos da Rede Globo. A cúpula da emissora discordou do executivo contratado e, na "queda de braço", ele saiu enfraquecido.

Depois dessa derrota, Reichstul ainda perdeu outro embate importante. Ele tentou reduzir benefícios do alto escalão das Organizações Globo, como forma de diminuir os gastos excessivos. A situação entre ele e o conglomerado deteriorou-se, o que acabou levando a seu afastamento da presidência da Globopar. Roberto Irineu Marinho, filho de Roberto Marinho, assumiu a presidência executiva da divisão e do Conselho Administrativo. Reichstul continuou como membro do conselho, tendo continuado a participar do processo de reestruturação da empresa.

No período em que comandou a Globopar, o executivo conseguiu cortar gastos e promover reformas na gestão e na estrutura corporativa da divisão e de empresas ligadas a ela. Foi o início de um processo de alterações que objetivava, primeiro, diminuir os prejuízos para, posteriormente, gerar lucros para a *holding*, objetivo esse que foi plenamente alcançado. Assim, após fechar o ano de 2002 com prejuízo de R$ 5 bilhões, a divisão voltou ao azul em 2003 com lucro de R$ 47,5 milhões. No anos seguintes, a Globopar consolida lucros líquidos anuais superiores a R$ 500 milhões (só em 2009, a Globopar teve lucros de R$ 2 bilhões) e reduz progressivamente a dívida total que passa de mais de R$ 8 bilhões em 2002 para aproximadamente R$ 1 bilhão no final de 2011.

De fato, a reorganização promoveu alterações drásticas no modelo estrutural da Globopar, melhorando sua saúde financeira e dando novo fôlego para os desafios do futuro, mas também deu fortes indícios da resistência a maiores mudanças organizacionais.[53]

Questões

1. Como você definiria a estrutura organizacional do Grupo Globo? Qual é o critério de departamentalização utilizado para agrupar as unidades de negócio? Esboce o organograma da organização com base nas informações do texto.

2. Quais são as principais variáveis contingenciais descritas no caso que influenciam a estrutura organizacional do Grupo Globo?

3. Com que objetivo foi posto em prática o plano de reestruturação da Globopar? Qual foi o papel de Reichstul nesse processo de reorganização? Você considera que a reestruturação foi bem-sucedida?

4. Concorda com a venda da Sky e da Net? Em que medida isso contribuiu para a reestruturação organizacional da Globo? Por que as mudanças propostas para reestruturar a Rede Globo eram mais difíceis de serem postas em prática?

Exercício de autoconhecimento

Como seria a sua estrutura organizacional ideal?

Avalie os pares de afirmações que se seguem atribuindo-lhes notas inteiras, sendo que o somatório de cada par de avaliações deve sempre ser 5, por exemplo: (0 e 5), (4 e 1) ou (2 e 3).

1
a) Prefiro realizar tarefas mais simples, não me arriscando muito e alcançando uma elevada produtividade.
b) Gosto de trabalhar em atividades mais complexas, que exigem muito de mim e me deixam satisfeito por resolvê-las.

2
a) Acho melhor ser um especialista em uma atividade específica do que saber pouco sobre muitas coisas, pois, dessa forma, poderei fazer a diferença de verdade.
b) Prefiro conhecer todo o processo a me especializar em uma única tarefa, pois, dessa forma, poderei contribuir em diversas etapas.

3
a) Gosto de tarefas rotineiras, visto que elas me permitem organizar melhor o meu tempo e alcançar resultados de alto nível.
b) Prefiro atividades variadas, pois me sentirei mais motivado em realizá-las e sempre aprenderei novas coisas no trabalho.

4
a) Em uma empresa, é vital que as informações sigam a hierarquia, evitando falhas no processo de comunicação e fortalecendo os laços entre superiores e subordinados.
b) Acho que as informações devem fluir em todos os sentidos em uma organização, acelerando e enriquecendo a comunicação.

5
a) Considero a hierarquia um elemento essencial para o sucesso de uma empresa, pois ela aprimora a organização e coordenação das atividades.
b) Acho que estruturas organizacionais flexíveis aprimoram o ritmo da troca de informações e favorecem o reconhecimento dos funcionários de valor, incentivando a meritocracia.

6
a) A coordenação das atividades deve partir sempre dos superiores hierárquicos, que detêm maior autoridade sobre seus subordinados.
b) O comando das atividades deve ser flexível, ficando sempre a cargo daqueles que detêm maior conhecimento sobre os assuntos trabalhados.

7
a) Acho que cada superior deve ser responsável por poucos funcionários, o que lhe permite participar mais das atividades desempenhadas por seus subordinados.
b) Para mim, os gestores devem liderar um vasto número de pessoas, participando ativamente apenas das tarefas mais complicadas que necessitam de sua colaboração.

8
a) Acho que a estrutura organizacional deve ser verticalizada, com muitos níveis hierárquicos e um forte controle sobre as tarefas dos funcionários.

b) Prefiro estruturas bem horizontais, com poucos níveis hierárquicos, em que a liberdade e autonomia dos funcionários confere-lhes responsabilidade e acelera os processos organizacionais.

9
a) Acho que os supervisores devem supervisionar grupos pequenos, pois isso lhes permitirá controlar cada tarefa separadamente.

b) Para mim, os supervisores devem ser responsáveis por muitos subordinados, cabendo aos gestores controlar apenas os resultados finais.

10
a) Acho que uma empresa precisa ser dividida em unidades ou áreas independentes para conseguir maximizar sua produtividade e eficiência.

b) Vejo a divisão interna por áreas como uma característica de organizações ultrapassadas, que ainda não se adaptaram à mutabilidade dos tempos atuais.

11
a) A estrutura de uma empresa precisa ser bem dividida e rígida para que as atividades dos diferentes setores não se misturem, promovendo ineficiências e retrabalhos.

b) Considero vital que as linhas que organizam a estrutura organizacional sejam flexíveis e maleáveis, tornando possível o movimento das fronteiras e a mudança das atividades desempenhadas pelos funcionários.

12
a) Em uma empresa, é fundamental que os departamentos sejam independentes e não influenciem as atividades dos outros, pois isso poderia atrapalhar o bom andamento dos processos.

b) As organizações devem funcionar como grandes redes, onde as barreiras inexistem e os funcionários têm liberdade para buscar as informações de que necessitam para cumprir suas tarefas.

13
a) As decisões devem ser centralizadas nos gestores mais experientes, que ocupam posições hierárquicas mais elevadas, pois isso elevará a qualidade das escolhas implantadas.

b) A autonomia deve ser valorizada nas empresas, descentralizando-se as decisões e acelerando os processos, o que compensará eventuais erros e favorecerá o aprendizado.

14
a) As metas e objetivos organizacionais precisam ser traçados pelo alto escalão administrativo, mais experiente e preparado para tal tarefa.

b) Os objetivos devem ser traçados nas organizações com a participação de todos, inclusive os subordinados, que podem contribuir com novas visões sobre o dia a dia da empresa.

15
a) Acho que a participação dos subordinados nas decisões empresariais deve ser bastante limitada, evitando-se a perda de tempo ocasionada por ela.

b) Creio que os funcionários devem participar do processo de tomada de decisão, pois podem colaborar bastante na formulação de alternativas, além de se motivarem com isso.

16
a) Prefiro que as atividades organizacionais sejam bem estruturadas e formalizadas; dessa forma, havendo um procedimento estabelecido a ser seguido, os acertos serão maximizados.

b) Acredito que os processos empresariais devam ser flexíveis, estimulando a criatividade e permitindo uma melhor adaptação às contingências.

17
a) Gosto de seguir regulamentos e usar manuais para desempenhar tarefas, pois esses instrumentos aceleram os processos e facilitam sua realização.

b) Prefiro criar soluções novas para os problemas que me são passados, pois, apesar de "dar mais trabalho" e consumir mais tempo, isso elevará o meu reconhecimento pela empresa.

18
a) Nas organizações, devem haver regras claras e estabelecidas para punir funcionários que cometam infrações (faltas, roubos, brigas...), obrigando-se aos supervisores sua aplicação.

b) As punições aos infratores nas empresas devem ser flexíveis, cabendo aos supervisores analisar e julgar cada situação antes de aplicar a pena que considerar adequada.

Análise dos resultados

Some agora os pontos de cada opção "a" marcada e subtraia as notas das opções "b". Após isso, veja a sua posição na linha abaixo.

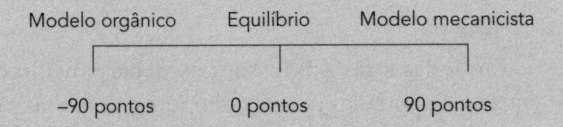

```
Modelo orgânico      Equilíbrio      Modelo mecanicista
|————————————————————|————————————————————|
    -90 pontos         0 pontos           90 pontos
```

Esse *continuum* é uma escala que visa medir seu atual grau de identificação pelos modelos organizacionais apresentados: o mecanicista e o orgânico. O objetivo é ajudá-lo a conhecer sua preferência entre esses dois conceitos teóricos, avaliando com qual desses dois tipos hipotéticos de empresa você se encaixaria melhor. Esses tipos organizacionais foram desenvolvidos pelos pesquisadores Burns e Stalker e espelhariam lados opostos da estrutura organizacional, representando exemplares ideais de empresas. O importante é ressaltar ser praticamente impossível encontrar uma empresa totalmente mecanicista ou orgânica, visto que as organizações adotam características de ambas. É por isso que os chamamos de tipos ideais. Entretanto, é possível identificar com qual dos modelos elas mais se parecem para que possamos posicioná-las no *continuum* apresentado.

Vamos analisar agora, separadamente, a sua preferência por cada um dos elementos da estrutura organizacional (variam de –15 a 15):

- Especialização no trabalho (afirmações 1, 2 e 3);
- Cadeia de comando (afirmações 4, 5 e 6);
- Amplitude de controle (afirmações 7, 8 e 9);
- Departamentalização (afirmações 10, 11 e 12);
- Centralização (afirmações 13, 14 e 15);
- Formalização (afirmações 16, 17 e 18).

Dinâmica de grupo 1

Fontes e receptores

A LinkTV é uma prestadora de serviços de TV por assinatura, cuja área de atuação é o estado do Espírito Santo, a Zona da Mata mineira e o sul da Bahia. A equipe de instalação da região da grande Vitória é composta por 15 pessoas, sendo um supervisor e 14 técnicos. Júlio Martins é o chefe do grupo e busca motivar seus funcionários de diferentes maneiras. A principal delas é a distribuição de assinaturas trimestrais do pacote "Paixão por esporte" da empresa aos melhores funcionários escolhidos por ele. Dessa forma, ele consegue incentivar seus subordinados a prestarem serviços de qualidade e em prazos reduzidos.

Dentro da equipe, o supervisor introduziu a função de instalador representante. Bimestralmente, Júlio escolhe um funcionário para reportar o desempenho de seus colegas e denunciar eventuais desvios. André Marques é o atual representante do time e diz não se sentir acanhado em relatar problemas de relacionamento e de produtividade ao chefe. "Eu sou apenas um instalador como os outros, mas todos sabemos que o representante tem a responsabilidade de transmitir as informações ao Júlio para que ele decida que providência tomar."

Flávio Gomes é um jovem técnico de apenas 25 anos que foi contratado há dois anos pela LinkTV. Apesar disso, ele já é visto como um símbolo da equipe, por alegrar o dia a dia do time de instalação. Todos gostam do seu jeito de ser e escutam suas opiniões por considerá-lo um grande amigo. Flávio tem o hábito de contar piadas, animando seus colegas, e "organiza o churrasco e o futebol do pessoal", conta Antônio de Sá, o mais experiente do setor. Trabalhando na empresa há 12 anos, o técnico já fez diversos cursos patrocinados pela LinkTV e conhece todos os sistemas e procedimentos de instalação. Por essa razão, os outros membros do grupo respeitam bastante suas opiniões, já que ele sempre consegue resolver os problemas mais difíceis de instalação.

Atividade de grupo

A autoridade formal, derivada da posição hierárquica, é a forma mais conhecida de exercer poder e influenciar outras pessoas. Entretanto, existem outros tipos e fontes de poder nas relações interpessoais. Em grupos de três, procure responder às seguintes questões:

1. Identifique os tipos de poder de cada um dos indivíduos apresentados no texto.

2. Agora, diga qual é a fonte de poder utilizada por cada um deles, ou seja, o que eles possuem ou fazem que lhes permite influenciar as decisões e atitudes dos outros funcionários.

3. Qual dessas fontes de poder você acha mais justa? E que tipo de poder você acha que traz os resultados mais positivos quando alguém deseja influenciar você? Pense em exemplos.

Dinâmica de grupo 2

Desuniformização

A Conformes é uma grande fabricante nacional de uniformes profissionais e estudantis. A empresa tem sede em Ribeirão Preto, onde também está localizada sua fábrica têxtil, e comercializa seus produtos por todo o Brasil. Seus uniformes são vendidos diretamente a empresas, órgãos públicos, escolas ou lojas de varejo. A organização tem mais de 2 mil funcionários em todo o país e apresenta uma estrutura bastante complexa. No topo da hierarquia organizacional está a diretoria-geral, que coordena os diretores das seis áreas principais da empresa: fabricação, vendas, marketing, logística, gestão de pessoas e financeiro.

O setor de fabricação está concentrado em Ribeirão Preto, onde está o estabelecimento produtivo da organização. Ele está diretamente relacionado aos departamentos de logística e marketing, visto que esses são responsáveis pelas compras de insumos e desenvolvimento de novos produtos, respectivamente. Na divisão de operações, diferentes tarefas são feitas, sendo cada uma delas coordenada por um gerente. Esta é a lista de atividades realizadas no setor:

- processamento dos materiais;
- preparação e fiação;
- tecelagem;
- estamparia e texturização;
- alvejamento e tingimento.

Após os produtos estarem prontos, o departamento de logística cuida de sua estocagem e armazenamento e de sua distribuição. Essas operações também são centralizadas em Ribeirão Preto e, junto das compras de materiais, constituem as subdivisões dessa área, também sendo cada uma delas comandada por um gerente. Apesar de reunido em Ribeirão Preto, as demandas do setor de logística partem das mais diversas partes do Brasil. Isso ocorre porque o departamento de vendas tem cinco regionais, que comercializam os produtos da Conformes e repassam os pedidos aos setores de fabricação e logística. As áreas geográficas atendidas são: Centro-Oeste, Sudeste, Nordeste, Norte e Sul, sendo cada uma delas responsável por realizar as vendas nos municípios de sua área de atuação.

Em todas essas subdivisões do departamento de vendas, comandadas por vice-diretores, as tarefas são separadas para atender a grandes organizações, escolas e lojas varejistas. Dessa forma, em cada regional há equipes chefiadas por gerentes de vendas, especializadas na realização de negócios com esses diferentes tipos de clientes. Com isso, caso uma empresa queira fazer um pedido de uniformes customizados, receberá a visita de vendedores corporativos; se uma escola deseja encomendar seus uniformes, será um vendedor escolar; e caso uma loja deseje comprar roupas para babás, enfermeiras e porteiros, um vendedor de varejo a atenderá.

Assim como o departamento de vendas, a área de marketing também é dividida nessas cinco regiões, cada uma delas a cargo de um vice-diretor. Essas regionais, encarregadas de desenvolver e divulgar os produtos de acordo com as características ambientais e culturais dos locais que atendem, têm dois focos de trabalho: uniformes escolares e uniformes profissionais. Cada um desses setores é comandado por um gerente responsável por esses tipos de produto.

O departamento financeiro também é concentrado na sede da empresa e realiza as atividades de tesouraria, contabilidade e análise de resultados, estando cada uma delas sob a responsabilidade de um gerente. Para administrar todos os recursos humanos envolvidos nas atividades produtivas e administrativas da Conformes, a empresa conta com um departamento de gestão de pessoas, centralizado em Ribeirão Preto, que atende às demandas de todos os setores da empresa. Ele é subdividido nas áreas de planejamento, atração, desenvolvimento e manutenção, que são controladas por gerentes do setor. O departamento de gestão de pessoas também tem funcionários itinerantes, que, partindo de Ribeirão Preto, viajam até as regionais para solucionar as questões relativas aos recursos humanos da Conformes. Além disso, as equipes do setor ainda cuidam das tarefas rotineiras, como o pagamento do pessoal e a renovação de contratos, diretamente do interior paulista, fazendo uso de modernos meios de comunicação e informação.

Atividade de grupo

Foi dito no texto que a estrutura organizacional da Conformes é bastante complexa e, pela leitura do caso, parece que se trata de um eufemismo. Com seis áreas funcionais e diversas divisões e subdivisões, a empresa permite um estudo interessante dos fenômenos de diferenciação e integração, muito importantes para o processo de organização.

Em grupos de três e com base em nessas informações:

1. Desenhe um organograma completo da Conformes.

2. Identifique os tipos de departamentalização existentes na Conformes. Explicite onde eles foram encontrados.

3. Mais de um desenho estrutural pode ser encontrado na estrutura da empresa descrita. Como você classificaria a estrutura organizacional da Conformes?

Administrando a sua empresa

Crescer também pode ser um problema – abril do ano 2

Quem nunca ouviu a velha máxima futebolística "em time que está ganhando não se mexe"? Mas e se o time ganhou a 4ª e 3ª divisões e agora disputará a série B do campeonato? Obviamente, essa equipe precisará passar por mudanças, contratar jogadores e modificar o estilo de jogo, visto que seus adversários serão muito mais fortes do que os anteriormente enfrentados.

Na empresa de vocês, algo semelhante aconteceu. Vocês haviam estabelecido uma estrutura enxuta, adequada para suprir as necessidades de poucos funcionários e um número restrito de clientes. Com o passar do tempo, experimentaram considerável avanço. Esse crescimento é muito positivo, pois mostra o sucesso do modelo de gestão e a satisfação dos consumidores. No entanto, esse desenvolvimento também gera algumas complicações, pois a estrutura inicialmente montada começa a demonstrar limitações e uma reorganização mostra-se fundamental para a continuidade da organização.

Veja agora os resultados de sua empresa obtidos nesse último trimestre.

Demonstrações – ano 1	Jan.	Fev.	Mar.
Receitas	R$ 80 mil	R$ 82 mil	R$ 75 mil
Despesas operacionais	R$ 50 mil	R$ 50 mil	R$ 55 mil
Despesas financeiras e tributárias	R$ 18 mil	R$ 18 mil	R$ 15 mil
Resultado	R$ 12 mil	R$ 14 mil	R$ 5 mil

Como já foi observado nas últimas etapas, sua empresa desenvolveu-se muito nesses 15 meses que passaram. Esse crescimento, entretanto, não foi acompanhado por sua estrutura organizacional, que não foi aprimorada ao longo do tempo. Por essa razão, alguns problemas vêm surgindo na firma, gerando certa confusão quanto às linhas de autoridade que ligam os funcionários. Outro problema corriqueiro deriva da separação das atividades entre Campinas e Manaus, já que não há clara definição sobre quem detém autoridade sobre ambas as equipes. Além de tudo isso, as relações de poder existentes entre os programadores e supervisores são bastante complicadas, já que é difícil para esses administradores controlarem e motivarem aqueles jovens funcionários, que, por serem especialistas em linguagens modernas de programação, consideram seus supervisores incapazes de gerenciá-los.

Vamos relembrar um pouco da história de sua empresa. Ela começou como uma pequena firma de desenvolvimento de *games*, quando você e alguns amigos decidiram se reunir e investir um capital que haviam guardado ao longo de suas vidas. Vocês acreditavam na ideia, mas iniciaram a empresa como uma brincadeira de jovens amantes de jogos para computador e videogames. Em virtude dessa despreocupação, as operações foram estruturadas de maneira rápida. Criou-se um pequeno setor de produção e desenvolvimento em Campinas, próximo a renomadas faculdades de Engenharia e Computação brasileiras. Os departamentos de finanças e recursos humanos também foram montados de maneira bastante enxuta, com pouquíssimos funcionários. Já os setores de marketing e pesquisa e desenvolvimento (P&D), por sua vez, receberam grande atenção da parte de vocês, gestores. Considerados muito estratégicos, em função da necessidade constante de novos produtos e dos diferentes públicos-alvo atendidos, eles ficaram com uma estrutura um pouco maior.

A grande questão no início das operações era produzir jogos interessantes e se divertir. Com o passar do tempo, porém, tudo foi ficando mais sério, os produtos foram fazendo sucesso e a marca de sua companhia começou a ser reconhecida pelos amantes dos jogos. Podemos considerar a trajetória de sua empresa como meteórica. O problema foi que esse crescimento acentuado também foi gerando dificuldades internas. Com mais funcionários, alguns conflitos surgiram e se intensificaram, a autoridade de alguns supervisores começou a ser contestada e os dois principais pesquisadores-desenvolvedores da companhia criaram grupos separados dentro da empresa. Além disso, o departamento de recursos humanos precisou contratar novos funcionários para dar conta da demanda dos setores por novos membros. Em função disso, ele também precisou admitir novos analistas e estagiários para poder cumprir corretamente suas tarefas. Outra divisão que enfrentou dificuldades em razão do crescimento experimentado foi a de pesquisa e desenvolvimento, principalmente por causa das atividades duplicadas realizadas em Campinas e em Manaus.

Para reorganizar as atividades, será necessário compreender como se dá todo o processo de produção na organização. O setor de Marketing está em constante contato com os consumidores atuais e potenciais da empresa, prospectando novas ideias para jogos de computador e videogame. Sua companhia de *games* fabricava inicialmente apenas um produto, mas, com o passar do tempo, diversas novas ideias surgiram e foram trabalhadas pelo setor de P&D, diretamente atrelado às informações trazidas pelo departamento de marketing. Quando esse processo de criação já está praticamente finalizado, ele é repassado ao setor operacional de programação, que refina as ideias e finaliza o trabalho. O grande problema é que, atualmente, essa departamentalização vem prejudicando o fluxo de informações e a comunicação entre os funcionários envolvidos. Por essa razão, o processo de criação e fabricação de um *game*, que antes não levava mais do que quatro meses, hoje em dia não consegue ser finalizado em menos do que um semestre.

Para piorar essa situação, o compartilhamento de funções entre as equipes dos dois polos operacionais não vem obtendo os resultados esperados. A criação do núcleo de Manaus aconteceu por causa do interesse de vocês, gestores, em expandir a produção e reduzir os custos de fabricação e exportação. Inicialmente, todos os analistas, pesquisadores e programadores ficaram muito animados com a ideia e a produção demonstrou avanços. Com o passar do tempo, porém, conflitos de autoridade começaram a surgir, já que não houve preocupação em montar uma estrutura nova para o departamento operacional. Além das rixas, muitas tarefas passaram a ser duplicadas, já que alguns funcionários discordavam dos trabalhos desempenhados pelo outro grupo. Por essa razão, o retrabalho elevou-se bastante, minimizando a eficiência operacional. Analise o organograma abaixo do departamento operacional para tirar algumas conclusões mais para a frente.

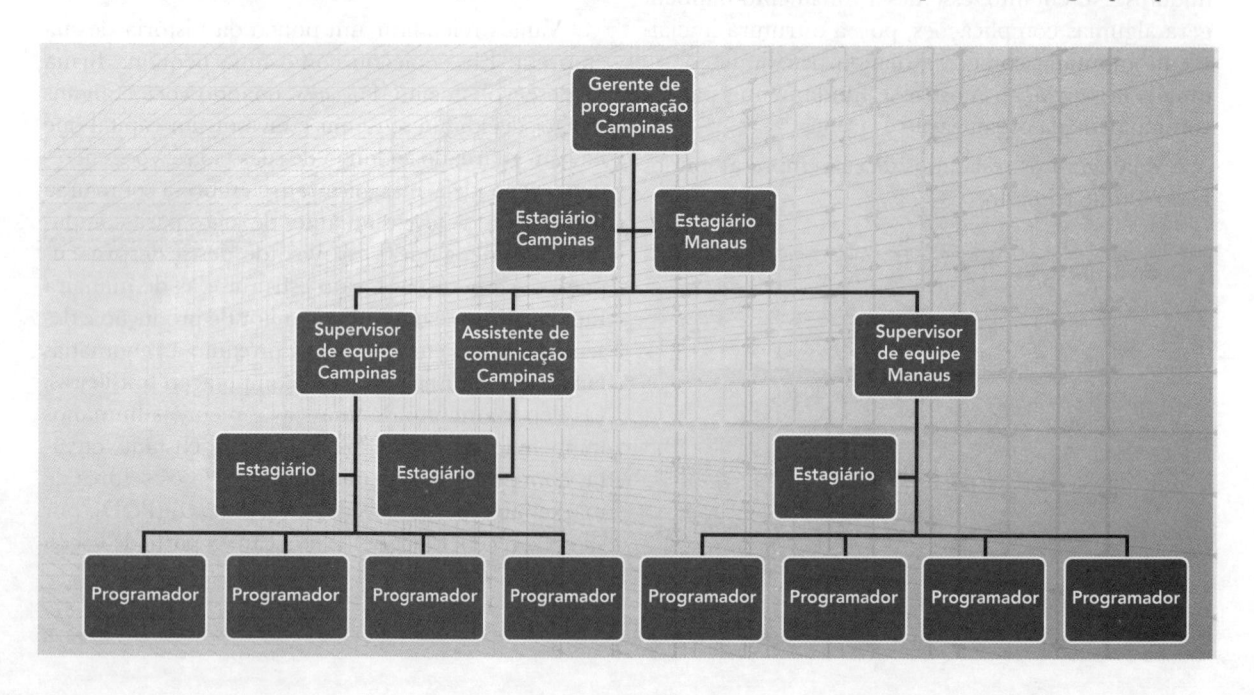

Vamos desenvolver um pouco agora a questão dos conflitos existentes entre os programadores dos jogos e seus supervisores. Esse problema surgiu porque os funcionários da programação são jovens muito capacitados e foram contratados como "estrelas da empresa". Com muito conhecimento na área de informática e programação, eles resistem bastante à liderança dos supervisores. Para os programadores, seus superiores "são apenas administradores, que não conhecem nada da elaboração de *games*". Por essa razão, muitas determinações desses gestores operacionais não são seguidas e eles encontram muitas dificuldades em controlar o trabalho realizado por seus subordinados.

Por fim, um último problema surgiu dentro da equipe de pesquisa e desenvolvimento. Os dois funcionários mais experientes começaram a discordar das ideias alheias e dividiram o grupo de pesquisadores. Esse foi um movimento completamente informal, mas vem exercendo pressão sobre os resultados setoriais. É como se tivessem sido formadas duas "panelinhas": os trabalhadores falam-se entre si, mas o desempenho está nitidamente abaixo do que era antes dessa rixa tornar-se pública.

Diante de tudo que foi visto, urge uma reestruturação na organização da empresa. Após 15 meses do início da companhia, ela já possui atividades produtivas em dois locais, atende a cinco grupos de consumidores e fabrica diferentes tipos de jogos, portanto, é considerada a hora de realinhar seu desenho estrutural à estratégia e tamanho atuais. Para tanto, tente trabalhar as propostas apresentadas a seguir, empregando o processo de organização com o objetivo final de reformular o desenho da empresa.

Atividades e decisões

1. Antes de mais nada, analise minuciosamente as tarefas desempenhadas pelo setor de marketing. Tente lembrar-se de tudo, desde a contratação de institutos de pesquisa até a comunicação dos resultados ao departamento de P&D. Agora, divida-as e agrupe-as, especificando quais funcionários devem ser responsáveis por cada uma delas.

2. Levando em conta a estrutura inicial do setor de operações e os problemas surgidos nesse departamento em decorrência do crescimento organizacional, formule uma nova estrutura para ele.

3. Agora, avaliando a organização como um todo, tente criar um novo desenho estrutural que melhore a relação entre os departamentos e promova maior eficácia e eficiência nas atividades de sua fabricante de *games*.

4. Quais tipos de poder seriam mais incentivados nos supervisores de programação? E qual fonte de poder deveria prevalecer em sua organização? Justifique ambas as escolhas.

Notas

1. CARVALHO, L. Como a gestão por processos ajudou a Natura a faturar mais. **Exame.com**, nov. 2010. Disponível em: <http://exame.abril.com.br/negocios/gestao/noticias/como-a-gestao-por-processos-ajudou-a-natura-a-faturar-mais>. Acesso em: 12 abr. 2012; REGIONALIZAÇÃO da Natura chega ao consumidor. **Olhar direto**, ago. 2010. Disponível em: <http://www.olhardireto.com.br/noticias/exibir.asp?id=125309>. Acesso em: 12 abr. 2012.

2. DAFT, R. **Organization theory and design**. 4. ed. St. Paul: West, 1992.

3. LAWRENCE, P. R.; LORSCH, J. W. **As empresas e o ambiente:** diferenciação e integração administrativas. Petrópolis: Vozes, 1973.

4. NOHRIA, N. Note on organization structure. **Harvard Business School**, n. 9-491-083, 1995.

5. HERZOG, A. L. Um cargo, dois chefes. **Exame.com**, jan. 2006. Disponível em: <http://exame.abril.com.br/revista-exame/edicoes/0859/noticias/um-cargo-dois-chefes-m0080502>. Acesso em: 12 abr. 2012.

6. STONER, J. A. F.; FREEMAN, R. E. **Administração**. Rio de Janeiro: Prentice-Hall do Brasil, 1995.

7. SMITH, A. **A riqueza das nações**. São Paulo: Nova Cultural, 1985.

8. MARX, K. **O capital**. 21. ed. Rio de Janeiro: Civilização Brasileira, 2003.

9. ZUINI, P. Beleza Natural inova com linha de montagem para tratar cabelos crespos. **Exame.com**, jan. 2011. Disponível em: <http://exame.abril.com.br/pme/cases-de-sucesso/noticias/beleza-natural-inova-com-linha-de-montagem-para-tratar-cabelos-crespos>. Acesso em: 12 abr. 2012.

10. HALL, R. **Organizações, estrutura e processos**. 3. ed. Rio de Janeiro: Prentice-Hall do Brasil, 1982.

11. NOHRIA, N. Note on organization structure. **Harvard Business School**, n. 9-491-083, 1995.

12. DAFT, R. **Organization theory and design**. 4. ed. St. Paul: West, 1992.

13. MEYER, C. Onde o Bradesco não é líder. **Exame.com**, ago. 2007. Disponível em: <http://exame.abril.com.br/revista-exame/edicoes/0899/noticias/onde-o-bradesco-nao-e-lider-m0135411>. Acesso em: 12 abr. 2012.

14. COLLINS, P. D.; HULL, F. Technology and span of control: woodward revisited. **Journal of Management Studies**, n. 23, p. 143-164, 1986; VAN FLEET, D. D.; BEDEAIN, A. G. A history of span of control. **Academy of Management Review**, n. 2, p. 356-372, 1977.

15. **Transpeto**. Disponível em: <http://www.transpetro.com.br/TranspetroSite/appmanager/transpPortal/transpInternet?_nfpb=true&_nfls=false>. Acesso em: 12 abr. 2012.

16. MANO, C. Sem essa de cada um na sua. **Exame,** 800, p. 74-77, 2003.

17. RANKING: as empresas que mais estimulam o empreendedorismo corporativo. **Você S/A,** set. 2009. Disponível em: <http://vocesa.abril.com.br/desenvolva-sua-carreira/materia/ranking-empresas-mais-estimulam-empreendedorismo-corporativo-504734.shtml>. Acesso em: 12 abr. 2012.

18. COELHO, A. O desenho organizacional. In: LISBOA, J. et al. **Introdução à gestão das organizações**. Porto: Vida Económica, 2005.

19. PUGH, D.; HICKSON, D.; HININGS, C.; TURNER, C. Dimensions of organizational structure. **Administrative Science Quarterly,** v. 13, n. 1, p. 65-105, 1968.

20. CROZIER, M. **O fenômeno burocrático**. Brasília: Ed. Universidade de Brasília, 1981.

21. ARAGÃO, M. A saída é partir para o interior. **Exame.com,** abr. 2010. Disponível em: <http://exame.abril.com.br/revistaexame/edicoes/0967/noticias/saidapartirinterior552971?page=1&slug_name=saida-partir-interior-552971>. Acesso em: 12 abr. 2012.

22. DAFT, R. **Administração**. São Paulo: Pioneira Thomson Learning, 2005.

23. DAHL, R. The concept of power. **Behavioral Science,** v. 2, n. 3, p. 201-215, jul. 1957.

24. FRENCH, J. R. P.; RAVEN, B. The bases of social power. In: CARTWRIGHT, D.; ZADNER, A. **Group dynamics**. 3. ed. Nova York: Harper e Row, 1969.

25. HALL, R. **Organizações, estrutura e processos**. 3. ed. Rio de Janeiro: Prentice Hall, 1982.

26. CROZIER, M. **O fenômeno burocrático**. Brasília: Ed. Universidade de Brasília, 1981.

27. PFFEFER, J.; SALANCIK, G. R. **The external control of organizations:** a resource dependence perspective. Nova York: Harper and Row, 1978.

28. STONER, J. A. F.; FREEMAN, R. E. **Administração**. Rio de Janeiro: Prentice Hall, 1995.

29. NOHRIA, N. Note on organization structure. **Harvard Business School,** n. 9-491-083, 1995.

30. CLEGG, S.; HARDY, C. Alguns ousam chamá-lo de poder. In: CLEGG, S.; HARDY, C.; NORD, W. **Handbook de estudos organizacionais**. São Paulo: Atlas, 2001.

31. MARX, K. **O capital**. 21. ed. Rio de Janeiro: Civilização Brasileira, 2003.

32. CLEGG, S.; HARDY, C. Alguns ousam chamá-lo de poder. In: CLEGG, S.; HARDY, C.; NORD, W. **Handbook de estudos organizacionais**. São Paulo: Atlas, 2001.

33. MILES, R. E.; SNOW, C. C. Network organizations: new concepts for new forms. **California Management Review**. California, v. 28, n. 3, primavera 1986, p. 62-73.

34. CHANDLER, A. **Ensaios para uma história da grande empresa**. Rio de Janeiro: FGV, 1998.

35. MINZBERG, H. Organizational design: fashion or fit? **Harvard Business Review,** jan./fev. 1981.

36. CHANDLER, A. **Ensaios para uma história da grande empresa**. Rio de Janeiro: FGV, 1998; MILES, R. E.; SNOW, C. C. Network organizations: new concepts for new forms. **California Management Review**. Califórnia, v. 28, n. 3, p. 62-73, primavera 1986; MILES, R. E.; SNOW, C. C. Causes of failure in network organizations. **California Management Review,** Califórnia, v. 34, n. 4, p. 53-72, verão 1992.

37. TELEFÓNICA modifica estrutura empresarial no Brasil após compra da Vivo. **UOL Economia,** maio 2011. Disponível em: <http://economia.uol.com.br/ultimas-noticias/efe/2011/05/11/telefonica-modifica-estrutura-empresarial-no-brasil-apos-compra-da-vivo.jhtm>. Acesso em: 12 abr. 2012.

38. DINIZ, D. O desafio de lidar com vários chefes. **Exame.com,** jul. 2005. Disponível em: <http://exame.abril.com.br/revista-exame/edicoes/0846/noticias/o-desafio-de-lidar-com-varios-chefes-m0079905>. Acesso em: 12 abr. 2012.

39. DAFT, R. **Administração**. São Paulo: Pioneira Thomson Learning, 2005.

40. ALBRECHT, C. **Programando o futuro**. São Paulo: Makron Books, 1994; CASTELLS, M. La era de la información. Economía, sociedad y cultura. **La sociedad red**. v. 1. Madri: Alianza Editorial, 1996.

41. EMERY, F. E.; TRIST, E. L. The causal texture of organizational enviroments. In: JUN, J. S.; STORM, W. B. **Tomorrow's organizations:** challenges and strategies. Glenvew, III: Scott, Foresman, 1973.

42. TUSHMAN, M.; NADLER, D. Organizing for innovation. **California Management Review,** Califórnia, v. 28, n. 3, p. 74-92, primavera 1986.

43. JONES, C.; HESTERLY, W. S.; BORGATTI, S. P. A general theory of network governance: exchange conditions and social mechanisms. **The Academy of Management Review,** v. 22, n. 4, p. 911-945, out. 1997.

44. ROBBINS, S. P.; JUDGE, T. A.; SOBRAL, F. **Comportamento organizacional**. 14 ed. São Paulo: Pearson Prentice Hall, 2010.

45. BURNS, T.; STALKER, G. M. **The management of innovation**. Londres: Tavistock Publications, 1961.

46. COSTA, J. E. As regras do jogo no Google. **Você S/A,** jun. 2010. Disponível em: <http://vocesa.abril.com.br/desenvolva-sua-carreira/materia/regas-jogo-google-571557.shtml>. Acesso em: 12 abr. 2012.

47. CHANDLER, A. **Ensaios para uma história da grande empresa**. Rio de Janeiro: FGV, 1998.

48. LAWRENCE, P. R.; LORSCH, J. W. **As empresas e o ambiente:** diferenciação e integração administrativas. Petrópolis: Vozes, 1973.

49. WOODWARD, J. **Industrial organization:** theory and practice. Londres: Oxford University Press, 1965.

50. COELHO, A. O desenho organizacional. In: LISBOA, J. et al. **Introdução à gestão das organizações**. Porto: Vida Económica, 2005; MINZBERG, H. Organizational design: Fashion or fit? **Harvard Business Review,** jan./fev. 1981; HALL, R. **Organizações, estrutura e processos**. 3. ed. Rio de Janeiro: Prentice Hall do Brasil, 1982.

51. IN FOCUS: Lou Gerstner. **CNN World Business**. 2 jul. 2004. Disponível em: <www.cnn.com>. Acesso em: 12 abr. 2012.

52. CASCIO, W. F. Strategic for Responsible Restructuring. **Academy of Management Executive,** 19, n. 4, p. 39-50, 2005.

53. ECONOMISTA e banqueiro assumirá a Globopar. **Folha de S.Paulo,** 28 fev. 2002; BB e BNDES avaliam megaoperação para Globo. **Folha de S.Paulo,** 12 mar. 2002; EDITORA Globo faz mudanças na cúpula. **O Estado de S.Paulo,** 15 mar. 2002; GLOBO afasta mais dois ligados a Reichstul. **Folha de S.Paulo,** 27 set. 2002; A GLOBO sem Roberto Marinho. Portal Exame, 1º de set. 2003; ORGANIZAÇÕES Globo obtêm aumento de 12% na receita. **Valor Econômico,** 30 mar. 2012; GLOBO vende Sky e prepara saída da distribuição de TV paga. **Home Theater Expresse,** ed. 165, dez. 2010. Disponível em: <http://www.htexpress.com.br/2010/15/sky.php>. Acesso em 19 abr. 2012; SEÇÃO: Rádio e TV. **Teleco, inteligência em telecomunicações,** abr. 2012. Disponível em: <http://www.teleco.com.br/tv_redes.asp>. Acesso em 19 abr. 2012.

Capítulo 7 Direção

Objetivos de aprendizagem

1. Definir os conceitos de direção e comportamento organizacional.
2. Diferenciar a teoria X da teoria Y de Douglas McGregor.
3. Identificar as bases do comportamento individual nas organizações.
4. Analisar os fundamentos do comportamento em grupo nas organizações.
5. Definir o que é a motivação e explicar sua importância para a administração.
6. Destacar as principais perspectivas teóricas acerca da motivação.
7. Explicar como se podem projetar cargos individuais para maximizar o desempenho.
8. Definir o conceito de liderança e explicar sua importância para a administração.
9. Destacar as principais perspectivas teóricas a respeito da liderança.
10. Discutir as abordagens contemporâneas no estudo de liderança.

A direção é a função da administração relacionada com todas as atividades organizacionais, que envolvem a interação entre gestores e trabalhadores. Dirigir significa orientar os esforços individuais para um propósito comum. Trata-se de uma tarefa desafiadora, uma vez que busca a harmonia em uma relação intrinsecamente conflituosa: a compatibilidade entre os objetivos e interesses individuais com os objetivos e interesses da organização.

A base conceitual para a direção de pessoas nas organizações é o comportamento organizacional. Dessa forma, serão analisadas as principais dimensões do comportamento individual nas organizações, salientando o papel das atitudes, da percepção, da personalidade, da aprendizagem e do comportamento em grupo, destacando algumas características dos grupos, como os papéis, as normas e a conformidade, os sistemas de *status* e a coesão.

Em seguida, as principais teorias de motivação serão analisadas. A motivação busca compreender as forças internas e externas que estimulam os funcionários a trabalhar em prol dos objetivos da organização. Discutiremos as teorias de motivação conceitualmente divididas em três abordagens: perspectivas de conteúdo, de processo e de reforço. Por último, analisaremos algumas técnicas motivacionais contemporâneas utilizadas no desenho de cargos.

Por último, serão apresentadas as principais teorias de liderança. A liderança focaliza a habilidade de uma pessoa – o líder – influenciar o comportamento dos seus seguidores. Analisaremos as teorias de liderança também sob a ótica de três abordagens: teorias de traços, teorias comportamentais e teorias situacionais. Por fim, serão destacadas algumas tendências contemporâneas no estudo de liderança.

Tanto a motivação como a liderança são manifestações importantes da função de direção nas organizações. Ao compreender como os indivíduos são motivados, os líderes devem exercer estilos de liderança adequados ao perfil dos funcionários, de forma a alcançar os objetivos organizacionais.

›› Caso introdutório

AmBev na versão paz e amor

A AmBev, maior cervejaria brasileira, foi vista durante muito tempo como uma companhia que levava valores como competição e meritocracia ao limite. Mesmo antes de seu nascimento, ocasionado a partir da fusão das cervejarias Brahma e Antarctica, em 1999, a ideia de que apenas os melhores funcionários deviam ser mantidos e promovidos já estava disseminada nas empresas.

A empresa forjou uma das culturas corporativas mais particulares do país. No universo da AmBev, venciam os *melhores*. Para ganhar bônus milionários, muitos funcionários sentiam-se obrigados a abdicar da vida pessoal e até a encarar algumas brincadeiras que beiravam a humilhação. Vendedores que não cumprissem suas metas tinham de pagar castigos. Isso seria uma forma de motivá-los e de aumentar a competição interna na empresa. Muitos funcionários, que não se encaixaram no sistema e insatisfeitos com as práticas da empresa, chegaram a mover ações acusando a AmBev de assédio moral.

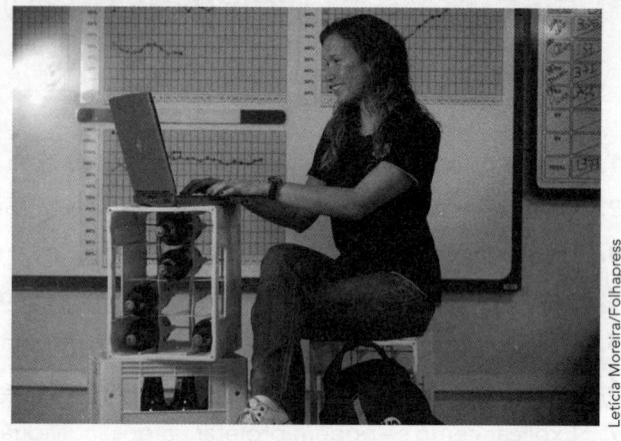

Esse modelo de gestão começou a apresentar desgaste e precisou ser repensado. Apesar de manter um forte crescimento, a AmBev percebia insatisfação em seus funcionários. A competição havia tornado o clima ruim e prejudicado a motivação. O comportamento dos trabalhadores não era mais o mesmo e eles não reagiam da mesma forma às brincadeiras e punições. Diante dessa mudança de atitude, a empresa iniciou um processo de mudança no tratamento dispensado às pessoas. O bem-estar dos funcionários passou a fazer parte da pauta de todos os executivos da empresa.

Desde a fusão com a empresa belga Interbrew, em 2004, a carga horária vem sendo controlada e os administradores foram aconselhados a dirigir seus subordinados de forma mais humana, considerando suas emoções e atitudes na hora de tomar decisões. A meritocracia persiste e continua trazendo bons resultados, mas os comportamentos individuais passaram a ser melhor compreendidos e respeitados dentro da AmBev. A qualidade de vida dos funcionários passou a ser uma preocupação da empresa. Exemplo disso são os benefícios como massagem e ginástica laboral oferecidos aos funcionários na sede da empresa, em São Paulo.[1]

7.1 ›› Fundamentos de direção

Inerente à qualquer organização está a necessidade de gerir esforços individuais em função de objetivos organizacionais. A direção é a função da administração responsável pela orientação das pessoas para um propósito comum. Para isso, é necessário entender suas necessidades, motivá-las, liderá-las e criar condições de trabalho para que elas se sintam satisfeitas e comprometidas com a organização.

O caso introdutório exemplifica como a AmBev buscou combater o clima de insatisfação e desmotivação entre os trabalhadores. A empresa, conhecida por práticas de gestão ultracompetitivas, promoveu uma mudança de comportamento nos gerentes, aconselhando-os a dirigir seus funcionários de forma mais humana, considerando suas necessidades e emoções na tomada de decisões.

Ao longo deste capítulo, serão analisadas as bases do comportamento individual e de grupo, fundamental para entender as teorias de motivação e liderança. Como demonstra o caso AmBev, o comportamento dos líderes e as práticas motivacionais adotadas por estes são elementos essenciais para alavancar o desempenho da organização.

7.1.1 ›› Conceito de direção

As organizações existem para alcançar objetivos complexos e ambiciosos, que superam os limites da ação individual. No entanto, elas precisam de pessoas para funcionar. Assim, o sucesso da organização depende, em larga medida, da satisfação de necessidades, desejos e expectativas das pessoas que colaboram com a organização e trabalham nela. O problema é que, tal como as organizações, as pessoas são entidades complexas cujo comportamento é difícil de explicar e, consequentemente, difícil de prever e de controlar.[2] Compatibilizar os objetivos individuais dos membros organizacionais com o desempenho da empresa é um dos principais desafios de um gestor.

A **direção** é a função da administração responsável pela coordenação da ação dos indivíduos no contexto organizacional. Ao contrário das outras funções da administração – planejamento, organização e controle –, a direção é interpessoal e está relacionada com a administração das relações entre os membros organizacionais e a organização.

> **Direção**
> Função da administração responsável pela coordenação da ação dos membros organizacionais, por meio de sua orientação, motivação e liderança.

A função direção envolve a orientação, a motivação, a comunicação e a liderança dos trabalhadores, e busca compatibilizar os objetivos destes com os objetivos da organização. Cabe ainda a essa função administrativa o desenvolvimento de boas condições de trabalho, de um ambiente propício à cooperação entre os membros organizacionais e a resolução de eventuais conflitos que possam surgir.

A direção constitui, assim, um elemento essencial para a consolidação de boas relações entre trabalhadores, administradores e organização e é, por isso, uma das mais importantes e exigentes funções da administração.

7.1.2 ›› Contribuições da escola comportamental

Como vimos no Capítulo 2, a escola comportamental definiu um novo enfoque nas teorias organizacionais, com ênfase nas pessoas, propondo-se a oferecer uma visão mais ampla daquilo que motiva as pessoas a agir ou se comportar de determinada maneira, particularizando as situações específicas do indivíduo no local de trabalho. Essas contribuições foram essenciais para o desenvolvimento de novas formas de administração e de direção dos trabalhadores. Um dos principais expoentes da teoria comportamental foi Douglas McGregor.

McGregor desenvolveu uma das primeiras tentativas para entender o comportamento das pessoas nas organizações, classificando as teorias organizacionais de acordo com pressupostos distintos acerca da natureza humana. Segundo o autor, subjacentes a qualquer ação gerencial existem suposições sobre a natureza dos trabalhadores, que ele denominou teoria X e teoria Y.[3] Isso significa que cada administrador possui uma concepção própria a respeito de seus subordinados, que condicionará a forma como ele os dirige.

> **Teoria X**
> Visão da natureza humana, segundo a qual as pessoas são preguiçosas, evitam o trabalho e não gostam de assumir responsabilidades.

A **teoria X** resume uma visão da natureza humana, segundo a qual as pessoas são preguiçosas, evitam o trabalho e não gostam de assumir responsabilidades. Os administradores que compartilham esses pressupostos tendem a dirigir e controlar os trabalhadores de forma rígida e autocrática.

> **Teoria Y**
> Visão da natureza humana, segundo a qual as pessoas são motivadas para trabalhar e obtêm satisfação intrínseca no desempenho das suas atividades.

Em contrapartida, a **teoria Y** parte do pressuposto de que o trabalho é inerente à vida das pessoas, as quais obtêm satisfação intrínseca em suas atividades. Os administradores que compartilham esses pressupostos tendem a administrar de forma participativa e a oferecer novas responsabilidades e desafios aos trabalhadores. O Quadro 7.1 resume as principais características das teorias X e Y.

As práticas de controle e direção aplicadas aos funcionários por Mário Gazin, fundador do Grupo Gazin, deixam claro que o executivo compartilha os pressupostos da teoria X. Nas festas de fim de ano, Gazin distribui peças íntimas com as metas da empresa para o ano seguinte, bordadas no tecido. Além de gravadas nas peças íntimas, os objetivos são também fixados em cartazes espalhados por toda a empresa, inclusive nos banheiros. O executivo costuma soltar bombinhas para despertar as pessoas durante o expediente, acompanhados de gritos "Vamos mexer o doce pessoal, vamos mexer o doce!". Tudo isso para que os empregados mantenham-se focados no alcance das metas organizacionais e não se distraiam com outras coisas.[4]

Quadro 7.1 ›› A ação gerencial e as teorias X e Y

Teoria X	Os trabalhadores não gostam do trabalho e tentam evitá-lo. Os trabalhadores devem ser controlados ou ameaçados de forma a alcançar as metas organizacionais. Os trabalhadores evitam assumir responsabilidades e buscam orientação formal. A maioria dos empregados não é ambiciosa e busca satisfazer a necessidade de segurança acima de outros fatores relacionados ao trabalho.
Teoria Y	Os trabalhadores enxergam o trabalho como algo que lhes proporciona satisfação. Os trabalhadores são capazes de autocontrole e direção quando se identificam e estão comprometidos com os objetivos da organização. Os empregados aceitam e buscam novas responsabilidades e desafios. Os trabalhadores têm iniciativa e são criativos.

Fonte: Adaptado de MCGREGOR, D. **O lado humano da empresa**. São Paulo: Martins Fontes, 1980.

No entanto, apesar de seu apelo intuitivo, a teoria de McGregor não encontrou validação empírica, e não foi possível concluir se qualquer um dos dois conjuntos de pressupostos das teorias propostas era o mais adequado para dirigir os trabalhadores. Em outras palavras, não foi comprovado que, se um administrador acreditar na teoria Y, dirigirá seus subordinados de uma forma mais eficaz do que um que assuma os pressupostos da teoria X.[5]

Com o decorrer do tempo, diversos estudos e pesquisas consolidaram a escola comportamental, dando origem a uma área do conhecimento em administração conhecida como comportamento organizacional.

7.1.3 ›› Comportamento organizacional

A base conceitual para o desenvolvimento da direção nas organizações é o **comportamento organizacional**, uma área de conhecimento multidisciplinar cujo principal foco de análise são as ações e os comportamentos das pessoas nas organizações. Entretanto, compreender e lidar com as pessoas nas organizações não é algo trivial, uma vez que se tende a enxergar as organizações como estruturas formais e racionais de manifestação de autoridade e poder, tecnologias, estratégias, objetivos, normas e procedimentos, enquanto se ignoram aspectos humanos que são mais difíceis de decifrar, compreender e, consequentemente, administrar.

> **Comportamento organizacional**
> Área de conhecimento multidisciplinar cujo principal foco de análise são as ações e os comportamentos das pessoas nas organizações.

O comportamento organizacional é uma área de conhecimento sustentada, em grande parte, pelas contribuições da psicologia e da sociologia. No entanto, seus conceitos podem advir também de disciplinas como antropologia, economia, ética, entre outras. Seus principais focos de análise são o *comportamento individual* e o *comportamento em grupo*, que serão apresentados, respectivamente, na segunda e na terceira seções do capítulo. O comportamento individual abrange aspectos como atitude, personalidade, percepção e aprendizagem, e pode ser compreendido sob o prisma da psicologia. Já o comportamento em grupo envolve aspectos como os papéis, as normas, o *status* e a coesão, cujas principais contribuições advêm da sociologia e da psicologia social.

A compreensão do comportamento organizacional é uma condição necessária para que os administradores possam entender, explicar e prever o comportamento das pessoas nas organizações. As tarefas são realizadas por pessoas, sob a direção de um administrador. Dessa forma, o administrador deve procurar entender por que as pessoas respondem a certas medidas e não a outras, o que as motiva, por que se engajam em determinados comportamentos e evitam outros, quais os estilos de liderança mais adequados em situações específicas, entre outros.

7.2 ›› Bases do comportamento individual nas organizações

Os administradores, de modo geral, precisam entender o comportamento dos trabalhadores para aumentar a produtividade, evitar o absenteísmo e reduzir a rotatividade da força de trabalho. Para isso, eles devem procurar compreender as *atitudes* dos funcionários com relação ao trabalho; a sua *personalidade*, ou seja, o conjunto das características psicológicas que os caracterizam e diferenciam de outras pessoas; a forma como *percebem* o ambiente de trabalho, dando significado às informações e interpretando suas impressões sensoriais; e o processo de *aprendizagem* por meio do qual os trabalhadores adquirem novas habilidades e aprendem novos comportamentos. Essas quatro dimensões, ilustradas na Figura 7.1, representam os principais fundamentos do comportamento individual.

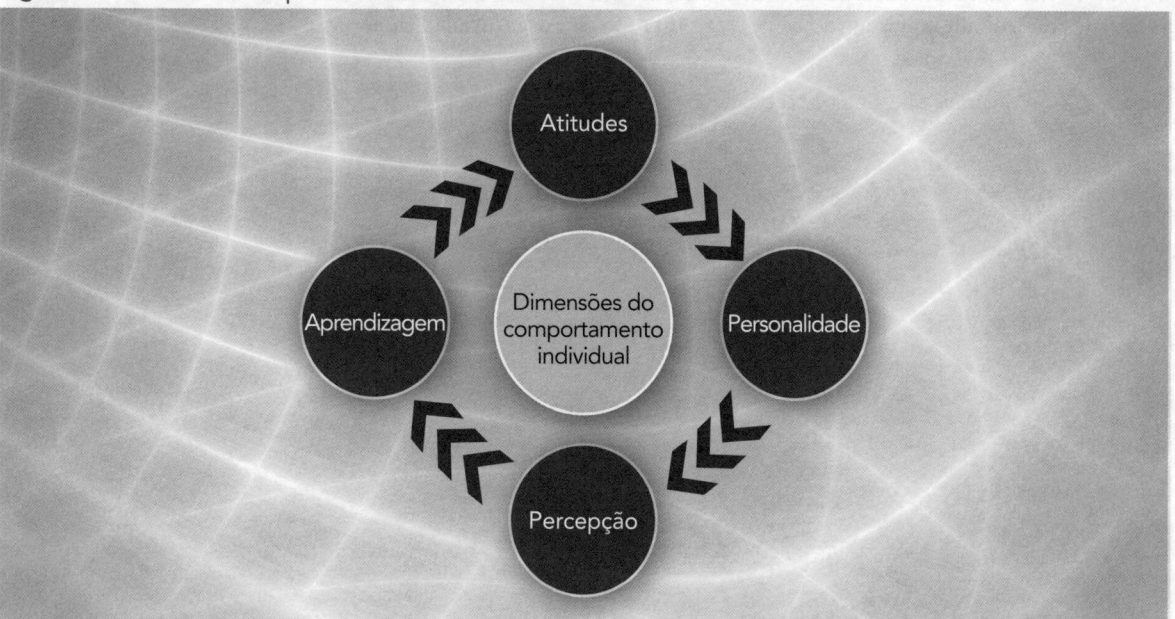

Figura 7.1 ›› Bases do comportamento individual

7.2.1 ›› Atitudes

As **atitudes** representam predisposições dos indivíduos perante objetos, pessoas, eventos ou situações. São avaliações favoráveis ou desfavoráveis. Expressões do tipo "não gosto de regras no trabalho" ou "prefiro trabalhar em equipe" são exemplos de atitudes. Para melhor compreender as atitudes, devem-se considerar seus três componentes:[6]

> **Atitudes**
> Avaliações favoráveis ou desfavoráveis dos indivíduos perante objetos, pessoas, eventos ou situações.

- *Componente cognitivo*: correspondente às crenças, opiniões e informações.
- *Componente afetivo*: referente às emoções e sentimentos.
- *Componente comportamental:* relativo à intenção comportamental.

Expressões como "meu trabalho é desafiador", "gosto do meu trabalho" e "vou trabalhar muito esta semana para demonstrar meu empenho" exemplificam essas três dimensões e se referem a uma atitude positiva perante o trabalho.

Os gerentes precisam compreender as atitudes dos funcionários com relação ao trabalho, em particular aquelas que têm um impacto em seu desempenho. Dessa forma, podem cultivar atitudes que estão relacionadas com um bom desempenho do trabalhador. Os tipos de atitude mais analisados nesse contexto são (Figura 7.2):[7]

- *Satisfação no trabalho*: atitude positiva de um funcionário com relação ao trabalho, resultado de uma avaliação do alinhamento entre o trabalho e as necessidades e interesses individuais, existência de bons relacionamentos com colegas, sistema de recompensas, entre outros.
- *Envolvimento no trabalho*: grau de identificação de um funcionário com seu trabalho em termos de participação ativa e de sua importância para a realização e valorização individual.
- *Comprometimento organizacional:* grau de identificação e lealdade que o trabalhador tem com uma organização e com seus objetivos, representando o desejo do trabalhador em manter-se como parte desta.

É de se esperar que indivíduos satisfeitos, envolvidos e comprometidos no trabalho sejam mais produtivos e apresentem índices menores de rotatividade e de absenteísmo. No entanto, como visto desde a escola das relações humanas, a satisfação no trabalho nem sempre significa alto desempenho. O investimento em ambientes de trabalho mais agradáveis, redes de repouso, organização de festas e

Figura 7.2 ›› Principais atitudes no trabalho

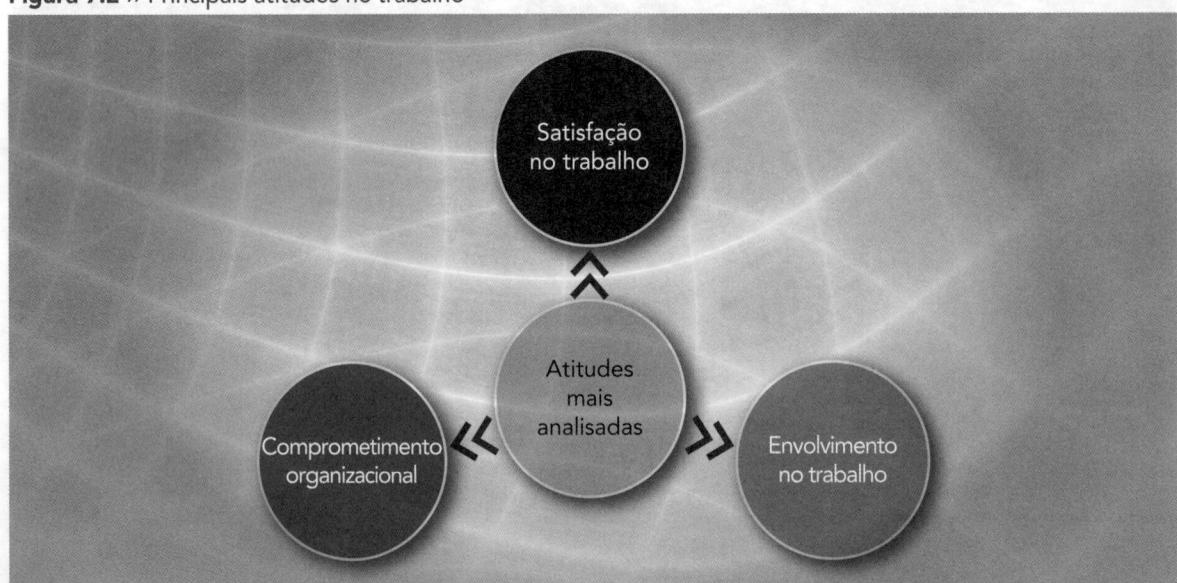

A Volvo, montadora sueca com fábrica em Curitiba, no Paraná, foi considerada em 2011 a melhor empresa para trabalhar, na avaliação da revista Você/SA. Esse reconhecimento é fruto da preocupação da empresa com as atitudes de seus funcionários. Para manter os empregados satisfeitos, comprometidos e engajados com o trabalho, a empresa preza pela consistência de seus programas de gestão de pessoas, que tem aprovação maciça dos funcionários. Lá, 88% dos colaboradores se dizem satisfeitos e motivados e 85% deles acreditam que a companhia investe em seu desenvolvimento.[8]

piqueniques – uma prática administrativa comum entre as décadas de 1930 e 1950 – deixava o funcionário feliz, mas nem sempre mais produtivo.[9]

Pesquisas recentes têm demonstrado que os resultados seriam melhores se os administradores focassem sua atenção no que realmente ajudaria os funcionários a serem mais produtivos.[10] Por exemplo, ao invés de focar na satisfação, os gestores deveriam focar no comprometimento, uma vez que pessoas comprometidas com a organização estão dispostas a fazer mais por ela.

Por outro lado, a relação das atitudes com o comportamento humano não é linear, pois não são as únicas determinantes do comportamento individual. De fato, apesar de as pessoas procurarem coerência entre as atitudes e o comportamento, pode existir uma inconsistência prática entre essas duas dimensões. Essa inconsistência é chamada **dissonância cognitiva**.[11] Por exemplo, as pessoas podem declarar uma atitude positiva ante a gerência feminina, mas, na prática, demonstrar preconceitos de gênero. Apesar de tudo, existe uma forte relação entre as atitudes e o comportamento, e é por essa razão que as atitudes são um componente tão importante do comportamento individual sobre o qual os administradores devem atuar.

> **Dissonância cognitiva**
> Qualquer incompatibilidade entre duas ou mais atitudes ou entre comportamento e atitudes.

7.2.2 ›› Personalidade

A **personalidade** de um indivíduo refere-se ao conjunto de características psicológicas estáveis que o caracteriza e diferencia de outras pessoas, refletindo em seu comportamento. A personalidade estabelece um padrão estável e, por conseguinte, previsível de comportamento. Por exemplo, algumas pessoas são competitivas e desconfiadas, ao passo que outras são relaxadas e tímidas.

> **Personalidade**
> Conjunto de características psicológicas estáveis que o caracteriza e diferencia de outras pessoas, refletindo em seu comportamento.

Ao longo dos anos, os pesquisadores tentaram construir vários modelos de definição de personalidade, alguns de natureza geral e outros específicos a uma característica, com o objetivo de identificar quais traços mais influenciam o desempenho organizacional. Os modelos e as escalas construídas diferem no grau de abrangência e nas características individuais incluídas.[12] A seguir, são descritos alguns desses modelos.

MODELO DOS CINCO FATORES ›› O modelo dos cinco fatores de personalidade (*Big Five*) é um construto teórico que descreve a personalidade humana com base em cinco dimensões: extroversão, agradabilidade, senso de responsabilidade, estabilidade emocional e abertura a novas experiências.[13] Cada uma dessas dimensões pode conter uma gama de traços de personalidade específicos, como descrito no Quadro 7.2. As pessoas podem combinar diversos graus dessas dimensões de personalidade.

Quadro 7.2 ›› O modelo dos cinco fatores de personalidade

Extroversão	Descreve até que ponto uma pessoa é sociável, comunicativa, assertiva e se sente confortável nas relações interpessoais.
Agradabilidade	Descreve até que ponto uma pessoa é de boa índole, tolerante, cooperativa e compreensiva.
Senso de responsabilidade	Descreve até que ponto uma pessoa é responsável, cuidadosa, organizada, de confiança, persistente e voltada para realizações.
Estabilidade emocional	Descreve até que ponto uma pessoa é calma, entusiasta, segura (positivos) ou tensa, nervosa e insegura (negativos).
Abertura a novas experiências	Descreve até que ponto uma pessoa é imaginativa, curiosa, artisticamente sensível e aberto intelectualmente.

Os testes baseados nesse modelo buscam adequar a personalidade do candidato ao cargo. De fato, muitas organizações utilizam o modelo para contratar, avaliar e promover seus trabalhadores. Por exemplo, pessoas com alto grau de abertura a novas experiências e alto grau de agradabilidade e extroversão podem se adequar bem ao trabalho de publicitário em uma agência em expansão.

No entanto, apesar de algumas pesquisas relacionarem as dimensões de personalidade e o desempenho no cargo,[14] não está comprovado que o modelo seja bom para medir o sucesso de um candidato no trabalho. Por outro lado, as dimensões do modelo são difíceis de mensurar com precisão. Por último, o modelo é criticado por materializar valores norte-americanos e ser de difícil aplicação em outras culturas.

INTELIGÊNCIA EMOCIONAL ›› Uma teoria mais recente acerca da personalidade é a inteligência emocional. O modelo de **inteligência emocional** propõe uma arquitetura conceitual da inteligência não cognitiva, definida como a habilidade de uma pessoa para identificar, compreender e regular as emoções próprias e dos outros. Daniel Goleman distinguiu duas dimensões da inteligência emocional, uma intrapessoal e outra interpessoal, e desenvolveu uma teoria abrangente sobre o papel das emoções na interpretação do comportamento.[15]

> **Inteligência emocional**
> Habilidade de identificar, compreender e regular as emoções próprias e dos outros com quem uma pessoa se relaciona.

Na *dimensão intrapessoal*, destacam-se as componentes de autoconhecimento e de autocontrole das emoções que se referem à capacidade de compreender e distinguir os impulsos emocionais próprios e controlá-los em seu benefício. A *dimensão interpessoal* está relacionada à ligação do indivíduo com os outros, destacando-se a componente de empatia ou de "sintonia emocional", traduzida pela capacidade de compreender a natureza e as motivações das emoções dos outros, avaliando as situações a partir da perspectiva alheia.

> Uma pesquisa realizada em 2011, com mais de 2.000 pessoas, indicou que a inteligência emocional é mais valorizada do que o QI no ambiente de trabalho. Os resultados mostraram que 71% dos executivos de RH priorizam a inteligência emocional na hora de contratar um funcionário. Os resultados apontaram também que 59% dos recrutadores não contratariam um profissional com QI elevado e baixo quociente emocional (QE). Para os empregadores, os candidatos com inteligência emocional conseguem manter a calma sob pressão, sabem resolver conflitos efetivamente, têm empatia com suas equipes, lideram pelo exemplo e tomam decisões de negócios mais bem pensadas.[16]

Pesquisas sugerem que a inteligência emocional influencia de forma positiva o desempenho no trabalho e que a influência desse tipo de inteligência é maior que a da inteligência cognitiva (QI). Os resultados dessas pesquisas mostram que a inteligência emocional é um critério que deve ser considerado nos processos de administração de pessoas na organização, especialmente para cargos que exigem alto grau de relacionamento interpessoal.

PERSONALIDADE E COMPORTAMENTO ›› Além do Big Five e da inteligência emocional, outros traços de personalidade têm revelado uma forte influência no comportamento das pessoas nas organizações. Entre eles se destacam o lócus de controle, o maquiavelismo e o automonitoramento. O Quadro 7.3 resume esses traços de personalidade.

Quadro 7.3 ›› Principais traços de personalidade estudados em comportamento organizacional

Lócus de controle	Percepção que os indivíduos têm sobre o controle dos acontecimentos de sua vida: algumas pessoas acreditam que seu sucesso ou fracasso é consequência de sua habilidade e esforço (controle interno), outros creem que é fruto do acaso ou de forças externas (controle externo).
Maquiavelismo	Tendência em direcionar o comportamento para a aquisição de poder e manipulação dos outros. Os indivíduos com cotações elevadas na escala de maquiavelismo tendem a comportar-se de uma forma egoísta e hostil em relação aos outros.
Automonitoramento	Habilidade de um indivíduo para ajustar seus comportamentos aos fatores externos e situacionais. Indivíduos com alto automonitoramento são sensíveis à informação externa ou interpessoal, ao passo que indivíduos com baixo automonitoramento são sensíveis aos sentimentos e emoções.

A personalidade se manifesta em todas as esferas do trabalho nas organizações. Por exemplo, indivíduos com lócus de controle interno tendem a estar mais satisfeitos com seu trabalho; pessoas maquiavélicas podem se revelar produtivas à organização em cargos de vendedores e negociadores de situações complexas; pessoas com alto grau de automonitoramento tendem a apresentar uma inconsistência alta entre a vida profissional e a privada e, provavelmente, a se dar melhor em cargos gerenciais que demandam papéis múltiplos e, por vezes, contraditórios.

Compreender a personalidade dos funcionários pode ajudar os gerentes no processo de seleção e ajuste aos cargos. É possível conseguir melhor desempenho do indivíduo com maior satisfação em consequência do ajuste da sua personalidade à função desempenhada. No entanto, as relações entre personalidade e desempenho não são simples e diretas. Diversos fatores podem moderar essa relação, entre os quais é possível destacar variáveis do contexto, como a cultura, ou variáveis organizacionais.

7.2.3 ›› Percepção

A **percepção** pode ser definida como o processo cognitivo por meio do qual as pessoas organizam e interpretam suas impressões sensoriais com a finalidade de dar sentido ao meio onde estão inseridas. Em outras palavras, a percepção é um complexo processo físico e psicológico, por meio do qual as pessoas interpretam estímulos e atribuem-lhes um significado, como é ilustrado pela Figura 7.3.

As pessoas diferem nas formas de perceber o mesmo objeto ou fenômeno. A realidade é interpretada de forma diferente e, consequentemente, pode gerar comportamentos distintos. A percepção pode ser influenciada pelo observador, pelo objeto ou pela situação. Características individuais como personalidade, interesses, motivações, experiências e expectativas do observador definem em boa medida sua percepção.

> **Percepção**
> Processo cognitivo por meio do qual as pessoas organizam e interpretam suas impressões sensoriais com a finalidade de dar sentido ao meio onde estão inseridas.

Figura 7.3 ›› Processo de percepção

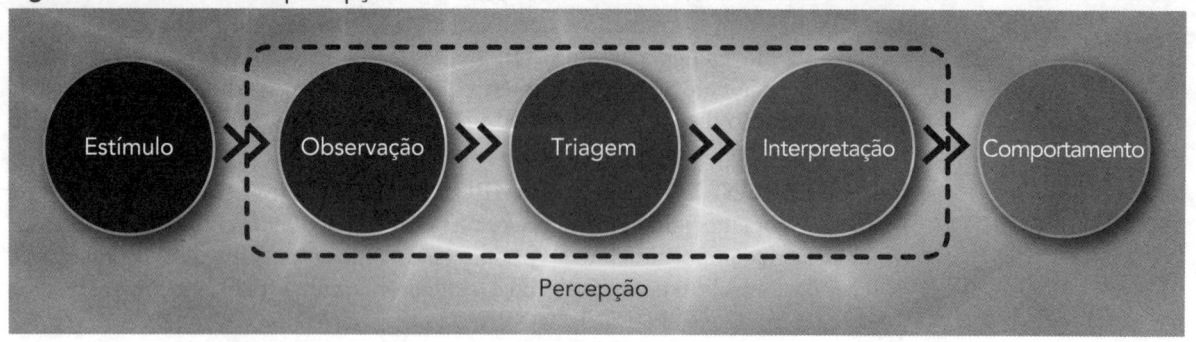

Estímulo ›› Observação ›› Triagem ›› Interpretação ›› Comportamento

Percepção

A maioria dos ambientes é extremamente complexa, apresentando uma variedade de estímulos que tornam impossível processar todas as informações disponíveis. No campo da administração, os gerentes também não conseguem assimilar tudo o que observam. Como resultado, fazem uso de atalhos em seus sistemas de percepção que lhes permitem processar informações e julgar os outros. Sua percepção focaliza alguns estímulos, ao passo que ignora outros, provocando algumas distorções.

As quatro principais distorções perceptuais são: a percepção seletiva, a projeção, o efeito de halo e os estereótipos. Enquanto as duas primeiras são exemplos de distorção perceptual por antecipação (focaliza certos atributos, filtrando e distorcendo informações para chegar a uma visão consistente), as duas últimas são exemplos de distorção perceptual por generalização (poucas informações são usadas para tirar conclusões abrangentes).

A **percepção seletiva** acontece quando a pessoa separa certa informação que apoia ou reforça uma convicção anterior e filtra informação que não confirma sua opinião. A percepção seletiva torna o processo mais dinâmico, mas aumenta a possibilidade de distorção e imprecisão. Por exemplo, pesquisas mostram que a experiência funcional do administrador influencia sua percepção seletiva, direcionando sua atenção para informações relacionadas com sua área funcional, o que pode produzir distorções.[17]

A **projeção** é a tendência para reconhecer, nas outras pessoas, seus sentimentos ou suas características. A projeção faz com que as presunções a respeito dos outros sejam mais baseadas nos próprios pressupostos do que no que os outros realmente apresentam. Assim, os gerentes tendem a julgar os subordinados como iguais, não levando em consideração suas reais motivações, interesses e expectativas.

O **efeito de halo** se faz presente quando os gerentes formam uma opinião geral sobre uma pessoa, baseada apenas em uma única característica, como aparência, agressividade ou timidez. O efeito de halo cega o perceptor para outros atributos que deveriam ser utilizados na formação de uma impressão mais consistente. Essa distorção perceptiva pode ter um impacto significativo no processo de avaliação de desempenho de um indivíduo.

Por último, os **estereótipos** também influenciam o processo de percepção e consistem na tendência para julgar os outros com base nas características do grupo ao qual pertencem. "A maioria das mulheres não tem capacidade de liderança" é um exemplo de estereótipo. Os estereótipos são muito imprecisos e impedem que *realmente* se conheçam os outros em profundidade.

Em resumo, a percepção, tanto dos administradores como dos funcionários, é mais relevante do que a realidade em si, uma vez que são as percepções que determinam reações e comportamentos e não a realidade objetiva. Os impactos que a percepção de determinadas práticas motivacionais, de remuneração ou avaliação geram nos funcionários são mais importantes do que as intenções estratégicas do administrador e devem ser considerados por esse último, de forma a evitar distorções perceptivas.

> **Percepção seletiva**
> Tendência que as pessoas têm de interpretar seletivamente o que veem, com base nos próprios interesses, experiências e atitudes.

> **Projeção**
> Tendência para reconhecer, nas outras pessoas, seus sentimentos ou suas características.

> **Efeito de halo**
> Tendência de formar uma impressão geral de alguém com base em uma única característica.

> **Estereótipo**
> Tendência para julgar os outros com base na percepção sobre o grupo ao qual pertencem.

Quando Kaká começou a aparecer na mídia, ainda como jogador do São Paulo, muitas pessoas devem ter desconfiado e até mesmo duvidado de seu potencial. Isso porque Kaká foge do estereótipo do jogador de futebol brasileiro. A começar pela condição econômica privilegiada: Kaká não cresceu em favelas e nem enfrentou problemas financeiros na família. Além disso, o jogador tem aversão às noitadas, é um ativista de causas sociais, como comprova a sua participação em iniciativas da instituição beneficente israelita "Ten Had" (na foto). A história de Kaká prova como os estereótipos são imprecisos. Apesar de não se enquadrar nas características do grupo ao qual pertence, o jogador alcançou êxito e sucesso em sua carreira, sendo considerado um dos melhores jogadores do mundo.

7.2.4 ›› Aprendizagem

> **Aprendizagem**
> Processo pelo qual competências, habilidades, conhecimentos, comportamento ou valores são adquiridos ou modificados, como resultado de estudo, experiência, formação, raciocínio e observação.

A **aprendizagem** é o processo pelo qual competências, habilidades, conhecimentos, comportamento ou valores são adquiridos ou modificados, como resultado de estudo, experiência, formação, raciocínio e observação. A importância da aprendizagem no comportamento individual baseia-se no pressuposto de que todos os comportamentos são aprendidos. Assim, a compreensão da forma como os indivíduos aprendem é fundamental para entender como eles se comportam. Existem duas teorias que explicam o processo de aprendizagem individual.

A primeira é a *teoria do condicionamento operante*, segundo a qual o comportamento é uma função de suas consequências. Representada pelo psicólogo B. F. Skinner, essa teoria foi construída com base em uma série de experimentos e argumenta que as pessoas aprendem a se comportar para conseguir algo que desejam ou para evitar algo que as pune ou não traz satisfação. Logo, o comportamento se aprende de fora para dentro. Algumas das teorias motivacionais e de liderança analisadas a seguir são baseadas nessa teoria.

Por sua vez, a *teoria de aprendizagem social* defende que os indivíduos aprendem ao observar o que acontece com os outros e pela experiência direta, ou seja, aprendem pelas consequências da interação social. Pode-se, então, concluir que essa teoria é uma extensão da teoria do condicionamento operante, porque reconhece que a aprendizagem é uma função das consequências. No entanto, também reconhece que a aprendizagem é resultado da observação e da percepção, ou seja, as pessoas aprendem pela forma como interpretam e avaliam as consequências, não necessariamente pelas consequências em si.

Tais teorias assumem que a aprendizagem é um conceito consciente e analítico. Teorias mais contemporâneas argumentam que o processo de aprendizagem tem uma dimensão inconsciente, em geral manifestada no papel da intuição.[18]

De qualquer forma, as teorias de aprendizagem mencionadas inspiram os gerentes a moldar os comportamentos de seus funcionários, buscando privilegiar os objetivos da organização. Assim, eles recompensam ou punem determinado comportamento, elogiando os funcionários pelo bom desempenho ou criticando-os por alguma falha ou insuficiência. As diferenças entre o que os gerentes esperam e o que o comportamento manifesta na prática podem advir do fato de os gerentes serem incongruentes nas recompensas ou punições aplicadas.

7.3 ›› Bases do comportamento em grupo nas organizações

O comportamento das pessoas em grupos não é a simples soma de seus comportamentos individuais. As bases do comportamento individual analisadas não se aplicam à compreensão do comportamento em grupo. Contudo, as organizações são grupos estruturados de pessoas. Dessa forma, para compreender as organizações, é importante também conhecer as bases do comportamento em grupo.

7.3.1 ›› Grupos formais e informais

Um **grupo** se forma quando dois ou mais indivíduos interagem de forma a alcançar objetivos comuns. Os grupos podem ser formais ou informais. O **grupo formal** se estrutura em torno de tarefas específicas e busca alcançar objetivos específicos, com base em determinada distribuição de autoridades e responsabilidades.

O tipo mais comum de grupo formal é chamado **grupo de comando** e se constrói em torno das relações determinadas pela autoridade formal, referindo-se ao grupo composto pelo administrador e pelos funcionários a ele subordinados. Simultaneamente, o administrador também pode fazer parte de outros grupos de comando, composto por outros administradores de mesmo nível e pelo administrador de nível superior. De forma geral, é possível referir-se à organização como um conjunto de grupos de comando. A racionalidade instrumental – a busca de determinados fins – define a natureza desses grupos.

É possível encontrar diversas denominações relativas a variações de grupos formais nas organizações. Assim, existem *comissões*, *comitês* ou *conselhos*, que são grupos formais de natureza mais permanente, criados para lidar com problemas e decisões do dia a dia da organização. Paralelamente, podem existir as *forças-tarefa* e *equipes* construídas em torno de um projeto, com existência limitada no tempo, elaborado em torno da resolução de um problema específico.

Por sua vez, os **grupos informais** surgem naturalmente no âmbito das organizações por razões diferentes das instrumentais, como convívio social, amizades, afetos ou interesses. Ao longo dos temas abordados neste livro, a importância desses grupos foi enfatizada quando analisadas as estruturas informais e sua influência na dinâmica organizacional no Capítulo 6.

Os grupos informais podem trabalhar para promover os objetivos e interesses da organização, como encontros casuais que estimulem os laços dos funcionários com a organização, mas também podem se construir em torno de interesses contrários à organização, uma busca natural de preservação das identidades individuais no processo de controle organizacional.

Um conceito importante presente nos grupos informais é o **grupo de referência**, que corresponde a um grupo com o qual uma pessoa se identifica, que o inspira, e com o qual se compara. Por exemplo, o grupo dos fundadores da organização pode servir como grupo de referência, inspirando valores, mas também conspirações, por parte dos novos executivos da organização.

7.3.2 ›› Conceitos básicos do comportamento em grupo

Para compreender e gerenciar o comportamento em grupo, os administradores necessitam conhecer algumas das características dos grupos. Entre elas destacam-se os papéis desempenhados por seus membros, as normas que guiam seu comportamento, os sistemas de *status* e a coesão do grupo. Essas quatro dimensões representam os principais fundamentos para compreender o comportamento em grupo nas organizações (ver Figura 7.4).

Grupo
Dois ou mais indivíduos, interdependentes e interativos, que se reúnem de forma a alcançar objetivos comuns.

Grupo formal
Grupo de trabalho definido pela estrutura da organização para a realização de tarefas específicas.

Grupo de comando
Grupo construído em torno das relações determinadas pela autoridade formal e que se reportam diretamente a um superior hierárquico.

Grupo informal
Grupo estruturado em resposta à necessidade de interação social dos membros organizacionais.

Grupo de referência
Grupo com o qual uma pessoa se identifica, que o inspira, e com o qual se compara.

Figura 7.4 ›› Bases do comportamento em grupo

Diagrama: Dimensões do comportamento de grupo — Papéis, Normas, Status, Coesão

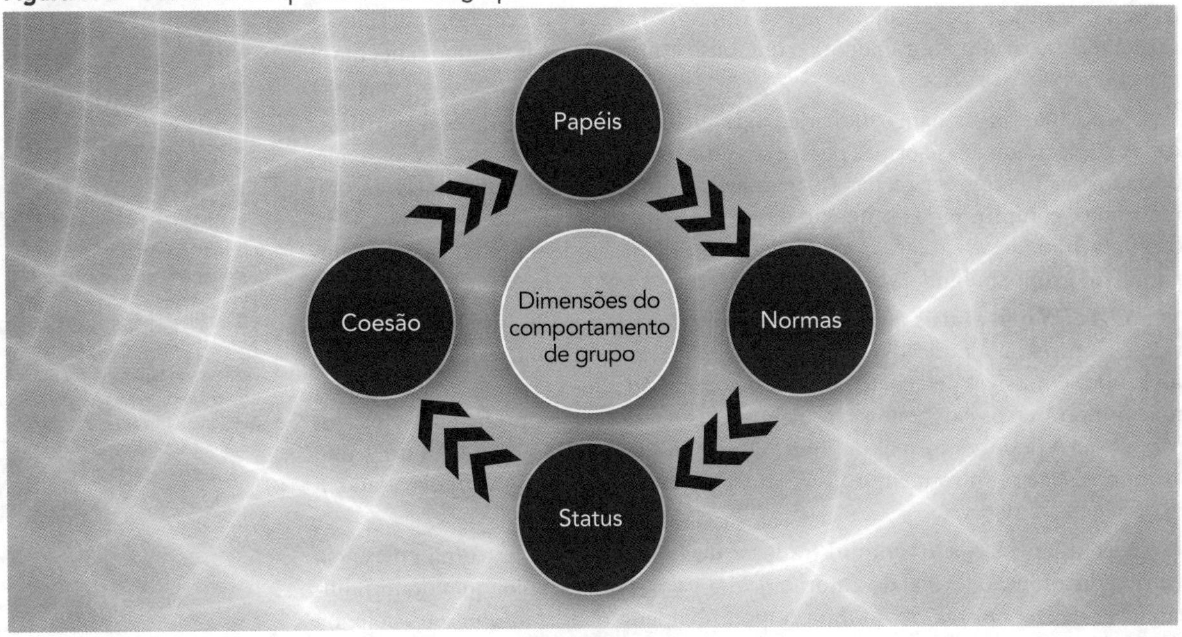

Papéis
Conjunto de padrões comportamentais esperados, atribuídos a alguém que ocupa determinada posição em um grupo.

Normas
Padrões aceitáveis de comportamento compartilhados pelos membros do grupo.

PAPÉIS ›› Os **papéis** se definem como padrões esperados de comportamento. No Capítulo 1, foram analisados os papéis dos administradores, que especificavam os padrões esperados de comportamento de um gestor. No entanto, os papéis não se limitam apenas ao comportamento do administrador, mas ao de qualquer funcionário. Assim, para compreender o comportamento em grupo, é necessário conhecer o papel que cada membro desempenha na organização e dentro do grupo de trabalho.

Entretanto, é frequente verificarem-se ambiguidades e conflitos de papéis. As *ambiguidades de papéis* ocorrem quando o funcionário não tem certeza do comportamento esperado por parte da organização, ao passo que os *conflitos de papéis* resultam das expectativas divergentes acerca do comportamento esperado. Por exemplo, funcionários da linha de produção podem se sentir pressionados a aumentar a produtividade, mas também podem sofrer pressão dos sindicatos para não superar certo limite de produtividade, de forma a evitar demissões.

Cabe aos administradores reconhecer o papel de cada membro do grupo, esclarecer suas dúvidas e ansiedades para que ele não sofra de ambiguidades. Por outro lado, é importante identificar situações de possível conflito de papéis, de forma a reduzir seu impacto no desempenho do grupo.

NORMAS ›› As **normas** são padrões aceitáveis e desejáveis de comportamento. Estão relacionadas aos valores, com o que é aceito ou rejeitado no comportamento coletivo. Dessa forma, dizem respeito a expectativas sobre o comportamento dos membros do grupo.

As normas podem se referir a aspectos visíveis, como a forma de se vestir, a pontualidade e os níveis de produtividade, mas também podem ser mais enraizadas, representadas por códigos implícitos de comportamento. Por exemplo, o respeito pela hierarquia ou o tratamento igualitário na relação entre os subordinados e gerentes, o recurso à meritocracia ou ao nepotismo na ascensão da carreira podem manifestar a prevalência de certas normas em detrimento de outras.

A cultura é um fator-chave para compreender a incidência dessas normas implícitas e sua manifestação no espaço organizacional. De fato, muitas dessas normas advêm dos valores da sociedade. Contudo, existem normas que são construídas e mantidas pelo grupo, como o ritmo da linha de produção, refletindo a resistência do grupo ao trabalhador que busca produzir mais do que o aceitável para o grupo.

As normas pressionam o indivíduo para um comportamento de **conformidade**. A conformidade às normas parece ser uma tendência natural das pessoas, que, dessa forma, buscam ser aceitas e fazer parte de grupos. Várias pesquisas têm sido realizadas, comprovando o impacto das normas no desempenho do grupo. Além da conformidade, as pesquisas revelam que as normas podem prejudicar o desempenho do grupo, inibindo a criatividade, o senso crítico e a inovação.[19]

Conformidade
Ajuste do comportamento individual de forma a se alinhar às normas do grupo.

STATUS » O *status* é uma manifestação do poder no âmbito de grupos e se refere ao nível ou à posição de um membro do grupo. Em qualquer manifestação de grupo, é possível perceber uma diferença de *status*: os gerentes e os funcionários; os nobres e os camponeses; os líderes e os seguidores; os professores e os alunos. O *status* pode ser formal ou informal. De modo geral, os membros do grupo atribuem *status* a outro membro mediante características como a escolaridade, a experiência, a idade etc.

Status
Posição social definida ou atribuída pelas pessoas a um grupo ou a seus membros.

Nas organizações, os administradores devem buscar manter uma coerência entre a distribuição formal da autoridade e o *status*. Por exemplo, quando um funcionário recebe um salário ou uma responsabilidade maior do que seu chefe, há uma incoerência organizacional que pode criar confusões de papéis e inconsistências normativas.

COESÃO » A **coesão** é definida como o grau de união e compartilhamento de objetivos que existe entre os membros de determinado grupo. É uma medida de solidariedade e um importante indicador da influência que o grupo exerce nos indivíduos-membros. Os indivíduos buscam entrar em grupos que servem de referência para eles, com os quais podem se identificar, cujos membros admirem. A percepção da atratividade produz a coesão de grupos. Mesmo que a entrada em grupos nas organizações não se dê pela atratividade, a interação que surge naturalmente no decorrer do trabalho pode criar condições para o desenvolvimento de sentimentos, comunicação e identificação com o grupo.

Coesão
Grau de união e compartilhamento de valores e objetivos entre os membros de um grupo.

Pesquisas mostram que grupos mais coesos apresentam melhor clima interno, caracterizando-se por menos conflitos e tensões, diferentemente de grupos menos coesos, que apresentam conflitos e problemas de comunicação e cooperação. Ao mesmo tempo, os grupos coesos tendem a produzir resultados mais uniformes do que grupos menos coesos.

O executivo paulista Ricardo Lacerda, durante o período em que ocupou o cargo de diretor presidente do banco de investimentos do Citi, demonstrou reconhecer a importância de manter o grupo coeso e, por isso, incentivou uma série de comportamentos nos seus subordinados. O executivo defendia um ambiente de pouco conflito entre seus comandados e, para alcançar isso, evitava incentivar a competição interna. Não aceitava briga para pegar cliente ou transação e não atrelava a política de remuneração ao número de negócios gerados para o banco. Conseguiu, assim, valorizar o trabalho de retaguarda, ou seja, das pessoas que não estão na linha de frente com o cliente, mas que são vitais para uma boa negociação. Com essa política de coesão, Lacerda conseguiu levar o Citi ao topo do *ranking* de fusões e aquisições menos de dois anos após assumir a presidência.[20]

O desafio ou a motivação oferecidos pelo grupo mantêm os indivíduos coesos. Dessa maneira, a competição externa pode aumentar a coesão de grupos. Os executivos podem tentar introduzir a competição entre equipes da organização para alcançar objetivos mais ambiciosos. Sob a ameaça de conflitos com membros externos, os grupos buscam aumentar a coesão interna. Simultaneamente, a criação de objetivos comuns, assim como de caminhos comuns e compartilhados na busca desses objetivos, pode aumentar a coesão de grupos.

7.4 ›› Motivação

As organizações são grupos de pessoas estruturados em torno de objetivos comuns. No entanto, na maioria das vezes, os objetivos individuais são conflitantes com os objetivos organizacionais. De forma geral, é possível observar incongruências entre as necessidades dos indivíduos e os requerimentos da organização formal. Cabe ao administrador a tarefa de compatibilizar os objetivos de ambos. Essa tarefa complexa é conhecida como motivação. Ao longo desta seção, serão destacadas as principais teorias e os modelos de motivação para que se compreenda como os administradores podem utilizar técnicas de motivação para melhorar o desempenho dos trabalhadores.

7.4.1 ›› O conceito de motivação

> **Motivação**
> Predisposição individual para exercer esforços que busquem o alcance de metas organizacionais, condicionada pela capacidade de esses esforços satisfazerem uma necessidade individual.

No âmbito organizacional, a **motivação** pode ser definida como a predisposição individual para exercer esforços que busquem o alcance de metas organizacionais, condicionada pela capacidade de esses esforços satisfazerem, simultaneamente, alguma necessidade individual. Como decorre da definição, a motivação não é uma característica individual, mas sim o resultado da interação entre a pessoa e determinada situação. Três elementos podem ser destacados nessa definição de motivação – esforço, metas organizacionais e necessidades, como é destacado na Figura 7.5.

Figura 7.5 ›› Elementos da motivação

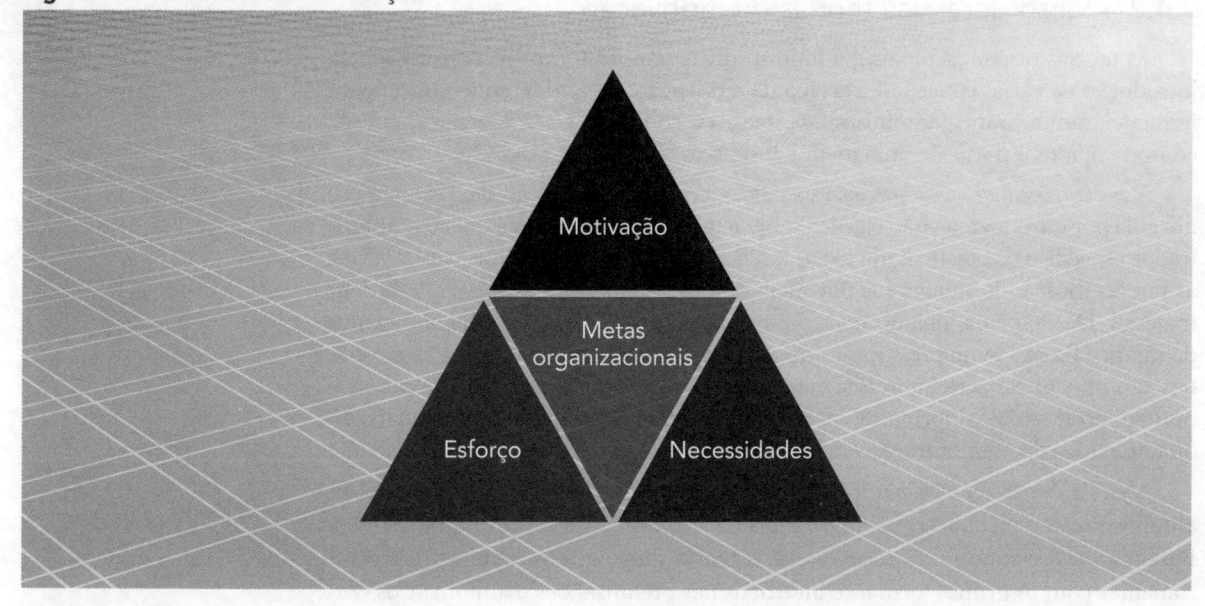

Ricardo Nunes, fundador da rede varejista Ricardo Eletro, exemplifica claramente os três elementos da motivação. O empresário demonstra essa predisposição para exercer esforços no alcance de metas organizacionais, trabalhando desde as sete horas da manhã até à meia-noite praticamente todos os dias. Como ele mesmo afirma: "Sonho ser o maior do país na minha área", o que revela que seu comportamento busca satisfazer sua necessidade de realização. Além disso, a extrema dedicação e persistência são evidentes também no apelido que recebeu de seus vendedores: "Ricardo Elétrico".[21]

A motivação se refere a um *esforço* individual. Indivíduos motivados se esforçam mais, mas nem sempre na direção dos objetivos organizacionais. Por isso, além da intensidade, são importantes a qualidade e a direção desse esforço individual. O desafio do administrador é canalizar esses esforços individuais para o alcance das *metas organizacionais*, buscando a melhoria do desempenho dos indivíduos no cargo. De modo simultâneo, a motivação é um processo que busca a satisfação de alguma *necessidade* pessoal.

Os indivíduos se esforçam como consequência do desconforto e da tensão criados por uma necessidade não satisfeita. O comportamento resulta da tensão gerada pelas necessidades internas e da busca em satisfazê-las. Para a organização, a motivação dos trabalhadores no desempenho de suas funções deve ser consistente e compatível com a satisfação das necessidades individuais. Pessoas que perdem horas de trabalho navegando pela Internet ou jogando conversa fora estão motivadas do ponto de vista individual, porque preenchem uma necessidade psicológica ou social, mas estão desmotivadas do ponto de vista organizacional.

7.4.2 ›› Visão geral das teorias de motivação

As teorias organizacionais e administrativas sempre foram responsáveis pela introdução de várias concepções acerca da motivação. Essas diferentes concepções influenciaram a prática administrativa, mas seu conteúdo e relevância devem ser compreendidos a partir de uma análise histórica.

A *escola clássica de administração*, especificamente a contribuição de Taylor, é conhecida por introduzir a visão clássica sobre a motivação, segundo a qual o administrador especifica os objetivos, divide as tarefas e treina os funcionários para realizar as tarefas, buscando motivá-los por meio de um sistema de incentivos de ordem material. Dessa forma, quanto mais o funcionário produz, mais ganha em termos de salário. Baseia-se no pressuposto do *homem econômico*, segundo o qual as pessoas buscam maximizar seus interesses materiais e são motivadas unicamente por esse tipo de incentivo. Essa forma de incentivo funcionou (e continua a funcionar) enquanto o foco da administração era (ou é) o aumento da eficiência e produtividade.

A *escola de relações humanas* foi responsável por introduzir o lado humano na administração e reconhecer a importância das necessidades sociais na motivação. Baseada no pressuposto do *homem social*, a teoria direciona os administradores a trabalhar com os grupos formais e informais nas organizações e a motivar os empregados, criando condições propícias para a satisfação no trabalho. Se no modelo anterior a autoridade do administrador era aceita em troca de melhores salários, neste modelo ela é aceita em troca do tratamento atencioso que os superiores despendem aos funcionários e na criação de um bom ambiente de trabalho. Por isso, a contribuição dessa escola é criticada pelo caráter mais manipulativo e por certa ingenuidade dos pressupostos motivacionais, uma vez que trabalhadores satisfeitos nem sempre são os que produzem mais.

A partir da década de 1950, começa a ser desenvolvido um conjunto amplo de teorias de motivação mais abrangentes e complexas. As *teorias comportamentais* vão além dos conceitos de *homem econômico* e *homem social*, começando a trabalhar com o pressuposto do *homem complexo*, considerando que o trabalhador é influenciado por incentivos econômicos, biológicos, sociais e psicológicos, difíceis de serem compreendidos com simples teorias de motivação. Essas teorias buscavam identificar os fatores que poderiam afetar a motivação. Elas são classificadas em três categorias:

- *Perspectivas de conteúdo acerca da motivação*: trata-se de um conjunto de teorias que busca entender as necessidades internas que motivam as pessoas.
- *Perspectivas de processo acerca da motivação*: reúnem as teorias que enfatizam o "como" da motivação, ou seja, os processos de seleção das ações comportamentais.
- *Perspectivas de reforço acerca da motivação*: conjunto de teorias que enfatiza a forma como se aprende o comportamento desejado, analisando a relação comportamento-consequências.

Muitas dessas teorias atualmente são questionadas e criticadas; no entanto, seus conceitos definiram, em boa medida, o que hoje se entende por motivação, assim como as práticas motivacionais prevalecentes nas organizações contemporâneas. A seguir, serão apresentadas as principais teorias que compõem cada uma das perspectivas destacadas.

7.4.3 ›› Teorias de conteúdo da motivação

As teorias de conteúdo enfocam as necessidades internas dos trabalhadores que motivam seu comportamento. Essas teorias partem do pressuposto de que as pessoas agem para satisfazer suas necessidades. Essa perspectiva é representada por pensadores como Maslow, Adelfer, Herzberg, Atkinson e McClelland.

TEORIA DA HIERARQUIA DAS NECESSIDADES ›› Um dos pioneiros no estudo da motivação é o psicólogo Abraham Maslow, responsável pela teoria da **hierarquia das necessidades**,[22] que oferece a primeira explicação a respeito das necessidades internas e seu papel na motivação. De acordo com essa teoria, o comportamento individual é motivado por estímulos internos, que ele chama necessidades, que são estados de carência ou privação.

Essas necessidades são múltiplas e podem ser classificadas em ordem hierárquica de cinco níveis, como ilustrado pela Figura 7.6. Segundo Maslow, uma necessidade só constitui um fator de motivação quando as necessidades de um nível inferior estiverem minimamente satisfeitas, ou seja, as motivações humanas encontram-se hierarquicamente estruturadas conforme seus níveis de urgência ou prioridade.

A peculiaridade dessa teoria – e sua principal crítica – reside na vinculação hierárquica das necessidades. As necessidades de ordem inferior têm prioridade e precisam ser substancialmente satisfeitas antes da ativação das necessidades de ordem superior. Segundo Maslow, apenas quando uma necessidade inferior é substancialmente satisfeita, o indivíduo pode sentir o estímulo advindo de uma necessidade de ordem superior. Assim, uma pessoa que sente necessidades de ordem

> **Hierarquia das necessidades**
> Teoria que propõe que o comportamento individual é motivado por estímulos internos que se dispõem em uma ordem hierárquica de cinco níveis.

Figura 7.6 ›› Hierarquia das necessidades de Maslow

Necessidades	Pirâmide das necessidades	Satisfação dos trabalhadores
Desenvolvimento máximo do potencial e capacidades individuais	Autorrealização	Oportunidades de desenvolvimento, desafios, criatividade e autonomia
Independência, realização, liberdade, *status* e reconhecimento	Estima	Responsabilidades aumentadas, prestígio, reconhecimento e *status*
Integração, aceitação, amizade, amor, afeto e participação	Sociais	Bom ambiente de trabalho, cooperação e sociabilidade entre todos
Segurança, estabilidade e proteção da integridade física e emocional	Segurança e estabilidade	Segurança no trabalho, vínculo estável com a organização, benefícios
Necessidades básicas como alimentação, água, oxigênio e descanso	Fisiológicas	Horário de trabalho, condições de trabalho confortáveis, salário-base

fisiológica não está preocupada com autorrealização. O indivíduo se movimenta do nível inferior para o nível superior ao longo de uma hierarquia.

Uma implicação dessa teoria é que cabe ao administrador descobrir onde o funcionário está situado na hierarquia e tomar medidas que possam satisfazer as necessidades do nível em que ele se encontra, ou do nível imediatamente superior. Mesmo não validada por pesquisas da área, a teoria de Maslow influenciou muito a percepção dos administradores e executivos em razão de seu fácil entendimento e de sua lógica intuitiva.

TEORIA ERC ›› Outro psicólogo, Clayton Alderfer, modificou ligeiramente a teoria motivacional de Maslow, buscando sua validação empírica. O autor também concordava que as pessoas se motivavam de acordo com uma hierarquia de necessidades e se movimentavam ao longo da hierarquia.[23] Alderfer propôs três categorias de necessidades:

- *Necessidades existenciais*: estão relacionadas com o bem-estar físico e correspondem aos níveis mais baixos da hierarquia de Maslow.

Cientes de que as pessoas possuem uma hierarquia de necessidades e de que não adianta oferecer a satisfação de uma necessidade superior se alguma inferior estiver "descoberta", a fabricante de produtos químicos DuPont adotou a política de deixar os funcionários escolherem anualmente os benefícios que desejam receber ao longo daquele período. A escolha é realizada por meio da Internet da empresa, em uma espécie de "compra on-line". Por exemplo, a supervisora financeira Adriana Bertotti (na foto) reduziu a cobertura do plano de saúde e usou os créditos para subsidiar 75% do MBA. Os benefícios oferecidos buscam preencher as necessidades individuais dos profissionais da empresa.[24]

> ## Mito ou ciência
>
> ### Recompensas financeiras são a principal forma de motivação
>
> Ao contrário do que defendia Taylor, essa afirmação é, muito provavelmente, falsa. Parece lógico a ideia de que ao remunerar melhor, as organizações conseguem funcionários mais motivados. E baseado nisso, muitas organizações utilizam o salário e outras recompensas materiais como principal fonte de motivação. Entretanto, administrar usando recompensas não é tão benéfico quanto se possa pensar.
>
> Estudos têm demonstrado que o grau de motivação após aumento salarial é intenso, mas de curta duração. A crítica mais contundente sobre o papel da recompensa financeira sobre a motivação vem de Deci e Ryan. Eles realizaram uma série de estudos que mostram que, em condições laboratoriais controladas, a introdução de recompensas externas, como remuneração, para um trabalho que já era gratificado intrinsecamente pelo prazer do trabalho em si, de maneira geral, tende a diminuir a motivação. Em suma, o prazer e o divertimento que se pode experimentar ao realizar um trabalho tende a ser menor quando estão associados a incentivos extrínsecos que forçam a realização da tarefa.
>
> Vroom ilustra bem essa situação ao narrar a Fábula do Judeu que pode ser assim resumida: "Em uma pequena cidade, um judeu resolveu abrir uma alfaiataria na rua principal, mesmo sabendo que judeus não eram bem-vindos. Para expulsá-lo da cidade, o chefão do local enviou uma turma de moleques de rua para perturbá-lo. Dia após dia, eles ficaram na entrada da alfaiataria gritando: 'Judeu!, Judeu!'. O problema assumiu tal vulto que o alfaiate começou a perder noites de sono. Finalmente, no desespero, desenvolveu um plano. No dia seguinte, quando os arruaceiros começaram a zombar dele, foi até a porta e disse: 'De hoje em diante, qualquer um que me chamar de judeu ganha dez centavos'. Colocou a mão no bolso e deu 10 centavos para cada menino. Deliciados com o prêmio, os meninos voltaram no dia seguinte e começaram a berrar: 'Judeu!, Judeu!'. O alfaiate veio sorrindo até a porta, colocou a mão no bolso e deu a cada menino uma moeda de cinco centavos, dizendo: 'Dez centavos é muito. Hoje eu só posso dar cinco centavos a cada um'. Os meninos foram embora satisfeitos pois, afinal, cinco centavos também era dinheiro. No entanto, quando voltaram no dia seguinte e começaram a gritar novamente, o alfaiate só lhes deu um centavo. Protestaram os meninos: 'Por que só vamos ganhar um centavo hoje?'. Disse o alfaiate: 'Porque hoje só tenho isso'. Os meninos disseram que haviam ganhando no dia anterior cinco, e no anterior dez, logo não seria justo receber naquele dia apenas um centavo. O alfaiate então respondeu: 'É pegar ou largar. Daqui não sai mais nada!'. Os garotos retrucaram: 'E o senhor acha que a gente vai chamá-lo de judeu por um centavo?'. Disse o alfaiate: '– Então não chamem!'. E foi o que fizeram."[25]
>
> Essa fábula demonstra como a recompensa pode anular a motivação intrínseca do trabalho. Associar a motivação à recompensa, que é extrínseca ao indivíduo, pode anular o desejo de fazer a tarefa, pois ela é percebida como uma obrigação, sendo que a recompensa passa a ser percebida como uma forma de controle. Além disso, fica claro que quanto mais recompensas são dadas, mais parecem ser necessárias. Assim, os efeitos negativos da motivação financeira aparecem no longo prazo. Diversos estudos sugerem que oferecer recompensas pode travar a tendência de as pessoas fazerem as coisas pelo prazer de sua realização.

- *Necessidades relacionais*: correspondem a relações interpessoais satisfatórias.
- *Necessidades de crescimento*: referem-se ao desenvolvimento do potencial individual, crescimento pessoal e melhoria da competência.

Alderfer sofisticou a teoria de Maslow ao enfatizar que, quando as necessidades de níveis hierárquicos mais altos são frustradas, as necessidades inferiores retornam, mesmo que tenham sido satisfeitas anteriormente, definindo o princípio de frustração-regressão. Assim, enquanto Maslow visualizava um movimento progressivo e crescente na hierarquia das necessidades, Alderfer via as pessoas subindo e descendo, em um movimento mais complexo de possível regressão. No entanto, a teoria apresenta o mesmo grau de dificuldade de ser implementada em contextos organizacionais.

TEORIA DOS DOIS FATORES » Frederick Herzberg foi responsável por desenvolver, ainda na década de 1950, outra influente teoria motivacional, conhecida como a **teoria dos dois fatores** da motivação. Com base em ampla pesquisa de campo, o autor observou que os fatores responsáveis pela motivação eram substancialmente diferentes daqueles que determinavam a insatisfação e a desmotivação no trabalho.[26]

Dessa forma, o autor concluiu que a satisfação e a insatisfação no trabalho decorrem de dois conjuntos substancialmente diferentes e separados de fatores. Os **fatores higiênicos** referem-se ao conjunto de fatores que são responsáveis pela insatisfação no trabalho, mas que, quando observados, não levam à satisfação. Portanto, fatores como salário, condições de trabalho, segurança, relacionamentos interpessoais, quando se apresentam de forma negativa, podem gerar um trabalho altamente insatisfatório. Quando o administrador consegue remover os fatores higiênicos, ele remove a insatisfação, porém não consegue fazer com que os funcionários se sintam altamente satisfeitos e motivados no trabalho.

Por outro lado, existem os **fatores motivacionais**, que influenciam a satisfação no trabalho. Realização, reconhecimento, progresso e responsabilidade são alguns dos mais importantes fatores motivacionais. Com base nessa teoria, os administradores devem estar cientes de que a provisão de fatores higiênicos é condição necessária, mas não suficiente para a satisfação no trabalho. O barulho no ambiente de trabalho e horários prolongados tornam os funcionários insatisfeitos e improdutivos, mas sua remoção não implica maior satisfação. É por meio de fatores como responsabilidade, reconhecimento e progressão na carreira que os funcionários se sentem satisfeitos e motivados para o desempenho. Veja a Figura 7.7.

A teoria de Herzberg tem sido criticada por não considerar as diferenças individuais na motivação, trabalhando os dados de forma agregada. Outra crítica reside na simplificada relação presumida entre satisfação e produtividade. A pesquisa tentou medir a satisfação, a qual não implica sempre maior produtividade. Contudo, essa teoria influenciou, em boa medida, a prática administrativa e refletiu-se em programas de enriquecimento do trabalho, discutidos a seguir.

> **Teoria dos dois fatores**
> Teoria que propõe que existem dois fatores no processo de motivação individual: os intrínsecos, relacionados com a satisfação com o trabalho, e os extrínsecos, relacionados com a insatisfação.

> **Fatores higiênicos**
> Fatores que, quando adequados, tranquilizam os trabalhadores e que garantem que não ficarão insatisfeitas.

> **Fatores motivacionais**
> Fatores intrinsecamente recompensadores, como a responsabilidade, o reconhecimento e a autonomia, que influenciam a satisfação com o trabalho.

Figura 7.7 » Fatores motivacionais e higiênicos de Herzberg

Fatores motivacionais
- Realização
- Reconhecimento
- Exercício de responsabilidade
- Possibilidade de crescimento
- Possibilidade de aprendizagem

Fatores que conduzem à extrema satisfação no trabalho

Fatores higiênicos
- Supervisão
- Políticas da empresa
- Salários
* Relacionamentos interpessoais
- Condições físicas de trabalho
- Segurança

Fatores que conduzem à extrema insatisfação no trabalho

TEORIA DAS TRÊS NECESSIDADES » Uma teoria mais contemporânea de conteúdo é a das **três necessidades**, desenvolvida por David McClelland.[27] O autor baseou-se no modelo de John Atkinson, que relaciona o comportamento a três impulsos básicos:

- *Necessidades de realização*: relativas ao desejo de alcançar metas difíceis, realizar tarefas desafiadoras e complexas e superar os outros.
- *Necessidades de poder*: correspondem ao desejo de influenciar e controlar os outros, ter poder e autoridade sobre eles.

> **Teoria das três necessidades**
> Teoria que se propõe a explicar a motivação a partir de três necessidades que todas as pessoas possuem com intensidades diferentes: realização, poder e afiliação.

- *Necessidades de afiliação*: referem-se ao desejo de associação com os outros, de ter relacionamentos íntimos, ter amigos e evitar conflitos.

Diferentemente de Maslow, McClelland defende que a configuração dessas necessidades depende do indivíduo, uma vez que elas são apreendidas durante a vida individual, diferenciando todos os indivíduos. Ao contrário de Maslow, as necessidades não seguem uma progressão hierárquica, e estão presentes em todas as pessoas, com intensidades diferentes. Por exemplo, algumas pessoas têm elevada necessidade de poder, ao passo que outras possuem forte necessidade de afiliação.

Ao longo de suas pesquisas, McClelland descobriu que indivíduos com forte necessidade de realização eram associados a altos níveis de desempenho, e que os administradores de sucesso tinham maior necessidade de realização do que outros profissionais. McClelland também concluiu que a necessidade de afiliação é um fator importante na satisfação dos trabalhadores, visto que indivíduos com tal necessidade são integradores de sucesso, podendo desempenhar muito bem tarefas relacionadas com a gestão de pessoas. As pesquisas de McClelland sugerem ainda que os administradores, principalmente nos níveis mais altos da hierarquia de uma organização, são caracterizados por forte necessidade de poder.[28]

As implicações dessa teoria para a administração dizem respeito à necessidade de adequação entre o perfil do trabalhador e o cargo. Por exemplo, pessoas com elevada necessidade de realização devem desempenhar trabalhos desafiadores, complexos e estimulantes, ao passo que pessoas com baixa necessidade de realização precisam de cargos que lhes ofereçam segurança e previsibilidade. Da mesma forma, pessoas com elevada necessidade de afiliação preferem trabalhar em ambientes que promovam o desenvolvimento de relações interpessoais com pares, superiores, clientes, entre outros.

CRÍTICAS ÀS PERSPECTIVAS DE CONTEÚDO » As teorias de conteúdo contribuíram para a compreensão do objeto da motivação, destacando a importância de fatores internos – as necessidades – que fazem com que os indivíduos se comportem de determinada maneira. No entanto, essas teorias podem induzir o administrador a pensar que basta conhecer as necessidades do funcionário para escolher o tipo e as condições de trabalho que mais o motivarão. Por exemplo, para indivíduos com alta necessidade de autoestima, a alocação de uma tarefa complexa, a ser elaborada em um longo período, de forma a produzir resultados altamente positivos, pode ser um fator motivacional adequado.

Na prática, as relações são muito mais complexas, e dessa complexidade decorrem as críticas às teorias de conteúdo. Primeiro, indivíduos aparentemente pa-

Maurício Botelho, atual presidente do conselho da Embraer e CEO da empresa entre 1995 e 2007, pode ser considerado uma pessoa com uma elevada necessidade de realização. Quando assumiu a empresa, logo após o processo de privatização, a empresa tinha prejuízos de mais de 300 milhões de dólares e 6,2 mil funcionários desesperançados. Sob sua direção, a Embraer tornou-se uma das maiores produtoras de aeronaves do mundo, com um valor de mercado de quase 20 bilhões de dólares, lucros de mais de 700 milhões de dólares e trabalhadores orgulhosos de fazer parte da companhia. Logicamente, para superar todos os obstáculos pelo caminho, foi necessária muita motivação.[29]

recidos podem ter necessidades muitos diferentes – apenas a teoria de McClelland se baseia nesse pressuposto. Assim, nem todas as medidas para incentivar a motivação vão funcionar para pessoas que ocupam o mesmo cargo ou desempenham o mesmo trabalho. Segundo, a relação das necessidades com o comportamento não é linear – indivíduos com o mesmo tipo de necessidades podem se comportar de forma diferenciada. Uma pessoa com alta necessidade de segurança pode evitar riscos, ao passo que outra pode se concentrar em aumentar seu desempenho, caso isso lhe assegure um salário maior. Assim, é quase impossível prever o comportamento com base no conhecimento das necessidades. Por último, a maneira como as pessoas reagem à satisfação ou à insatisfação da necessidade é também muito diferente de pessoa para pessoa.

Embora tratem de relações complexas e difíceis de serem comprovadas na prática, as teorias de conteúdo de motivação ajudam a aguçar a sensibilidade do administrador com relação às necessidades do indivíduo e sua compatibilização com os objetivos organizacionais.

7.4.4 ›› Teorias de processo da motivação

As teorias que fazem parte da perspectiva de processo buscam compreender o "como" da motivação, enfatizando, além das necessidades, os processos de pensamento por meio dos quais as pessoas decidem como agir. Três das mais representativas teorias dessa perspectiva são a teoria da expectativa, a teoria da equidade e a teoria do estabelecimento de objetivos.

TEORIA DA EXPECTATIVA ›› De acordo com a **teoria da expectativa**, o esforço de trabalho de uma pessoa para alcançar determinado nível de desempenho depende de sua expectativa em relação ao resultado que esse desempenho terá, isto é, de sua avaliação se a recompensa vale o esforço alocado. A teoria da expectativa está associada a Victor Vroom,[30] apesar de outros acadêmicos, como David Nadler e Edward Lawler, terem feito importantes contribuições para ela. Diferentemente das teorias de conteúdo, a teoria da expectativa parte dos seguintes pressupostos:

- O comportamento é influenciado por uma combinação de fatores individuais e ambientais.
- Os indivíduos tomam decisões conscientes sobre seu comportamento no local de trabalho.
- Os indivíduos apresentam necessidades e objetivos diferentes.
- As expectativas acerca do resultado de determinado desempenho também influenciam as decisões individuais, estabelecendo algumas alternativas de ação.

> **Teoria da expectativa**
> Teoria que afirma que a motivação para agir de determinada maneira depende da força da expectativa de que essa ação trará certo resultado e da atração que esse resultado exerce sobre o indivíduo.

O modelo de expectativa, ilustrado na Figura 7.8, baseia-se na relação entre o esforço individual, o desempenho e os resultados associados a um bom desempenho. As relações entre esses três elementos representam os principais componentes dessa teoria:

- *Expectativa de esforço-desempenho* (*esforço leva ao desempenho*). As expectativas de uma pessoa acerca do grau de dificuldade de um desempenho bem-sucedido influenciam suas decisões sobre o comportamento desejado. Geralmente, as pessoas tendem a escolher o nível de desempenho que pareça ter a máxima probabilidade de obter um resultado que elas valorizem. A pessoa se pergunta: "Quais são as minhas chances de chegar a um resultado que seja vantajoso para mim?" Se um gerente acreditar que não tem capacidade para desempenhar uma atividade com sucesso, sua expectativa será baixa e sua motivação também.

Figura 7.8 ›› Teoria da expectativa

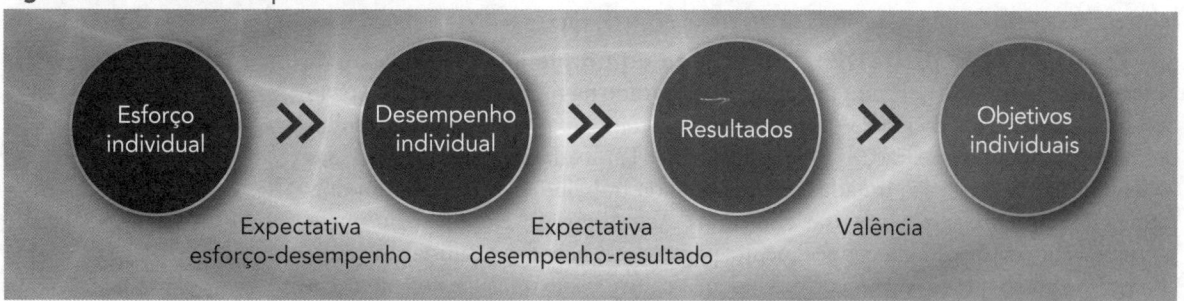

Esforço individual ›› Desempenho individual ›› Resultados ›› Objetivos individuais

Expectativa esforço-desempenho   Expectativa desempenho-resultado   Valência

- *Expectativa de desempenho-resultado (desempenho leva a resultados).* Os indivíduos esperam certos resultados de seu comportamento, e esses resultados influenciam as decisões sobre as ações individuais. A expectativa dos indivíduos é que o desempenho bem-sucedido leve ao resultado desejado. Por exemplo, em uma estrutura matricial, o gerente de um projeto organizacional pode esperar que, no fim do projeto, receba uma promoção, um bônus ou até uma reação negativa de inveja por parte de seu chefe departamental. A pessoa se pergunta: "Se eu agir dessa forma, qual será o resultado?" Essa expectativa acerca do resultado influenciará sua decisão de assumir ou evitar o projeto.

- *Valência (atratividade do resultado).* O resultado do comportamento apresenta um poder de motivar, uma valência específica, que varia de indivíduo para indivíduo. Assim, para um gerente que valoriza o convívio social, uma transferência para outro país com um salário mais alto tem valência inferior à de um gerente que valoriza a realização e o reconhecimento. A pessoa se pergunta: "O resultado de meu comportamento vale o esforço despendido?" Essa atratividade do resultado depende da pessoa.

A teoria da expectativa tem importantes implicações para a administração. Ela enfatiza a importância de considerar os objetivos individuais dos funcionários e compatibilizá-los com as metas organizacionais. Para isso, o sistema de recompensas da organização deve se adaptar às necessidades e aos objetivos dos funcionários. Paralelamente, esse sistema deve estar relacionado com o desempenho do indivíduo no cargo. Por outro lado, cabe aos administradores determinarem o nível desejado de desempenho e fazer com que esse nível de desempenho seja possível de alcançar (para não desmotivar). Para isso, devem desenvolver programas de treinamento

A Serasa, acreditando que a participação dos trabalhadores na tomada de decisões tem um grande potencial motivador, resolveu implementar um programa, no qual todos os 1.300 trabalhadores de nível operacional são ouvidos. O objetivo da Serasa é incentivar o nascimento de ideias na organização premiando os funcionários que derem boas sugestões com promoções internas. A participação dos trabalhadores no programa pode ser compreendida à luz da teoria da expectativa. Primeiro, eles acreditam que suas sugestões podem ser, de fato, implementadas e que isso pode trazer-lhes benefícios individuais, como o reconhecimento, a promoção e a sensação de contribuição para o desenvolvimento da empresa.[31]

adequados para seus funcionários. De fato, a teoria da expectativa oferece uma interpretação mais complexa do processo de motivação do que as teorias de conteúdo.

TEORIA DA EQUIDADE » A **teoria da equidade** foi desenvolvida por Stacey Adams e defende que um fator a ser considerado na motivação é a percepção do funcionário acerca da justiça – equidade – da recompensa recebida pelos resultados alcançados em comparação com seus colegas.³² Para Adams, quando as pessoas avaliam o modo como são tratadas no ambiente de trabalho, elas consideram dois fatores fundamentais: recompensas e insumos. As *recompensas* referem-se ao que a pessoa recebe no trabalho: reconhecimento, pagamento, benefícios, satisfação, punição etc., ao passo que os *insumos* correspondem à contribuição que a pessoa oferece à organização: esforço, tempo, talento, desempenho, comprometimento etc.

> **Teoria da equidade**
> Teoria que defende que os indivíduos comparam esforços realizados e recompensas obtidas de seu trabalho com aqueles de outros funcionários, reagindo de forma a eliminar injustiças percebidas.

A *equidade* pode ser definida como uma relação (proporção) entre os insumos que a pessoa dá em seu trabalho e as recompensas que recebe, comparada com as recompensas que os outros estão recebendo por contribuições semelhantes. Quando essas proporções são avaliadas de forma equivalente, as pessoas acreditam que a relação é equitativa, justa. Quando as proporções não são avaliadas de forma equivalente, as pessoas acreditam que a relação não é equitativa ou justa, causando, assim, insatisfação. A insatisfação que deriva dessa percepção gera um estado de tensão, que as pessoas tentam reduzir ajustando seu comportamento. Em compensação, os funcionários que avaliam estar recebendo demais por seu trabalho podem tentar trabalhar mais para justificar tal recompensa maior.

A principal implicação da teoria de equidade para a administração é que, para a grande maioria dos funcionários, as recompensas devem ser percebidas como justas para que sejam motivadoras. Os administradores não devem estar apenas preocupados com as *recompensas absolutas*, mas também com as *recompensas relativas*, ou seja, a comparação das recompensas com as que os outros trabalhadores recebem. No entanto, a teoria também recebe várias críticas, especialmente no que se refere à reação dos indivíduos com relação às iniquidades no trabalho, uma vez que nem todos reagem de forma igual às diferenças percebidas.

TEORIA DO ESTABELECIMENTO DE OBJETIVOS » A **teoria do estabelecimento de objetivos**, representada pelo psicólogo Edwin Locke, defende que os funcionários precisam ter metas conscientes que os estimulem e que dirijam seu comportamento.³³ Trata-se de uma teoria cognitiva que se baseia no pressuposto de que os indivíduos são seres pensantes que lutam para atingir objetivos.

> **Teoria do estabelecimento de objetivos**
> Teoria que sustenta que objetivos específicos, desafiadores, mas alcançáveis, com *feedback* sobre o desempenho, conduzem melhores desempenhos.

No entanto, não é qualquer objetivo que motiva os indivíduos. Os objetivos devem ser simultaneamente desafiadores e realizáveis. Os indivíduos devem com-

Quando a América Latina Logística (ALL) comprou a Brasil Ferrovias, dona de uma das maiores e mais importantes malhas ferroviárias do país, pairava um clima de injustiça que estava comprometendo a motivação dos trabalhadores. Isso porque, apesar dessa empresa ter decretado falência, os seus gerentes e diretores ainda gozavam de muitas regalias, como carros e celulares bancados pela organização. Com a aquisição, no entanto, foi implementada uma profunda mudança no modelo de gestão da Brasil Ferrovias. As mudanças iniciaram-se no alto escalão administrativo com o corte dessas mordomias, demonstrando aos demais funcionários que a reestruturação era uma realidade e que ALL estava verdadeiramente comprometida com o futuro da organização. Esse aumento do senso de equidade serviu para elevar a motivação e a eficiência na organização.³⁴

preender e aceitar os objetivos específicos e sentir que possuem as habilidades necessárias para atingi-los. Nessas condições, os objetivos podem ser utilizados como fatores motivadores importantes do comportamento individual e em grupo.

A teoria tem como principal contribuição para a administração o destaque dos objetivos como ferramenta de motivação dos trabalhadores. Os gerentes podem envolver os funcionários no processo de definição de objetivos para que estes se sintam mais motivados e comprometidos. Quanto mais específicos, quantificáveis e mensuráveis forem esses objetivos, mais eficazes serão na motivação do funcionário. Por outro lado, os gerentes devem oferecer um *feedback* preciso aos funcionários, de modo que ajustem seu desempenho e se sintam encorajados a alcançar os objetivos definidos.

CRÍTICAS ÀS PERSPECTIVAS DE PROCESSO ›› As teorias de processo avançaram na compreensão dos processos de motivação. Elas estabelecem relações mais complexas entre as necessidades das pessoas, os resultados de suas ações e as metas organizacionais. Entretanto, é dessa complexidade que decorre a dificuldade de implementá-las na prática. A aplicação dessas teorias requer que o administrador conheça profundamente os funcionários, além de suas necessidades, objetivos e habilidades. As teorias demandam a concepção de sistemas de recompensa complexos e coerentes com as necessidades individuais e metas organizacionais, o que não é uma tarefa trivial para um administrador.

Por sua vez, cada uma das teorias apresentadas é construída com base em um conjunto de pressupostos que o administrador pode compartilhar ou não. Por exemplo, o reconhecimento de injustiças e iniquidades requer um espírito autocrítico e aberto por parte dos administradores, o que nem sempre se verifica.

7.4.5 ›› Teoria do reforço da motivação

> **Teoria do reforço**
> Teoria que defende que os gestores podem modificar o comportamento dos trabalhadores por meio do uso apropriado de recompensas ou punições.

A **teoria do reforço** tem como principal representante o psicólogo Skinner e busca compreender como as consequências de comportamentos anteriores influenciam as ações futuras. É uma teoria que analisa a relação entre o comportamento e suas consequências, baseada na concepção de uma *aprendizagem cíclica*. O que interessa, a partir das contribuições dessa teoria, é como os funcionários podem modificar seu comportamento nas organizações, por meio do uso apropriado de recompensas ou punições.

A teoria do reforço apresenta um conjunto de técnicas que procura modificar o comportamento das pessoas. As técnicas baseiam-se na *lei do efeito*, segundo a qual é de esperar que o comportamento com consequências positivas seja repetido no futuro. Dessa forma, comportamentos reforçados positivamente tendem a se repetir, ao passo que comportamentos não reforçados positivamente tendem a não ser repetidos. Logo, o *reforço* refere-se a uma tentativa de causar a repetição ou a inibição de um comportamento.

Existem quatro métodos de reforço ou de modificação do comportamento.

- *Reforço positivo*: relativo à aplicação de uma consequência positiva e recompensadora quando um comportamento desejado acontece. Recebimento de bônus, participação nos lucros e elogios quando os funcionários alcançam determinadas metas são exemplos de reforços positivos.
- *Aprendizado da abstenção (ou reforço negativo)*: corresponde à eliminação de uma consequência negativa e desagradável quando um comportamento desejado acontece. Assim, os funcionários comportam-se da forma desejada quando as situações desagradáveis são evitadas, o supervisor não critica ou não aplica uma sanção quando o funcionário deixa de chegar atrasado ao trabalho.
- *Punição*: refere-se à aplicação de medidas negativas e desagradáveis quando ocorre um comportamento indesejável. É o caso do supervisor que apli-

ca uma sanção para interromper ou impedir um desempenho incorreto. Apesar de ser comum observar seu uso nas organizações, esse tipo de reforço é muito criticado, uma vez que não indica o comportamento correto que se espera do funcionário.

- *Extinção*: trata-se da remoção das recompensas positivas para evitar um comportamento indesejável. Assim, o supervisor não distribui bônus, participação em lucros ou elogios aos funcionários que não alcançaram suas metas de desempenho. Ele não os pune, aplicando sanções, mas também não faz uso do reforço positivo, esperando que o comportamento não aconteça no futuro.

De maneira geral, é possível dizer que todos os administradores fazem uso de reforços na tentativa de potencializar comportamentos desejáveis ou evitar comportamentos improdutivos no trabalho. De fato, as outras teorias de motivação até agora apresentadas demandam mais esforço e tempo por parte do administrador, ao passo que a aplicação de medidas baseadas apenas em suas consequências, em vez da compreensão dos motivos internos, são bem mais fáceis e rápidas de implementar na prática.

CRÍTICAS ÀS PERSPECTIVAS DO REFORÇO » A teoria do reforço é geralmente criticada por seu explícito caráter instrumental. A ideia de modificar o comportamento das pessoas pelas tentativas de reforço contradiz os pressupostos libertários, segundo os quais os seres humanos são essencialmente livres e escolhem suas ações. Essa teoria explora os pressupostos desenvolvidos por Pavlov em sua teoria de condicionamento (ou do reflexo condicionado). Outra fonte de crítica é o fato de que essa teoria ignora completamente os motivos e as necessidades internas, tratando de forma homogênea todos os funcionários.

As implicações éticas da teoria do reforço não podem ser ignoradas. No entanto, a prática organizacional (e social) contradiz, em boa medida, a liberdade de escolha e a ação individual. O fato é que as práticas motivacionais baseadas em recompensa e punição dominam o cenário organizacional e são utilizadas por boa parte dos gestores.

7.4.6 » Visão contemporânea da motivação

As três perspectivas sobre a motivação oferecem ideias interessantes, que podem elucidar a prática gerencial e devem ser vistas de forma integrada. As perspectivas de conteúdo enfatizam o papel das necessidades individuais; as perspectivas de processo relacionam as necessidades com os resultados do comportamento e com os objetivos organizacionais; e as perspectivas do reforço enfocam a relação do comportamento com suas consequências, especificando medidas práticas de reforço do comportamento em prol do alto desempenho. Cada uma delas ajuda a compreender partes do processo complexo da motivação. Contudo, características dos trabalhadores, do trabalho e das tarefas a ele associadas, bem como do ambiente de trabalho (políticas, sistemas de recompensas e cultura da organização), influenciam a motivação de forma integrada.[35]

Com base nas teorias anteriormente analisadas, algumas técnicas motivacionais contemporâneas podem ser aplicadas ao desenho do trabalho individual, em busca do aumento da produtividade e da satisfação dos trabalhadores. Entre elas, destacam-se:

- *Rotatividade de cargo*: refere-se à movimentação sistemática dos funcionários de uma tarefa para outra, como forma de reduzir os efeitos alienantes da excessiva simplificação do trabalho.
- *Expansão de cargo*: consiste na expansão horizontal do trabalho por intermédio da adição de tarefas novas e mais abrangentes ao cargo, de forma a aumentar o desafio e a variedade ao trabalhador.

- *Enriquecimento de cargo*: incide na adição de responsabilidades de planejamento e avaliação à simples execução de um trabalho, de forma a alinhar os motivadores materiais com motivadores psicológicos e emocionais, como autonomia, reconhecimento, aprendizagem e oportunidades de carreira.

Outra tendência contemporânea de motivação alinha-se com o movimento de maior descentralização das estruturas organizacionais. O **empowerment** é um movimento que consiste na delegação de autoridade para os subordinados, buscando aumentar seu comprometimento e, consequentemente, sua motivação no trabalho. Questões como a flexibilidade na motivação de uma força de trabalho mais diversificada, a administração do equilíbrio entre a vida pessoal e profissional, o crescimento da telecomutação são apenas algumas das novas tendências na área da motivação. Em um mundo organizacional, em que a identidade das pessoas é definida pelo trabalho, a satisfação em sua realização é um motivador para a grande maioria das pessoas. Cabe ao administrador assegurar as condições para que isso aconteça.

> *Empowerment*
> Delegação de autoridade para os subordinados, buscando aumentar seu comprometimento e sua motivação no trabalho.

7.5 ›› Liderança

Sendo a motivação responsável pela compatibilização dos objetivos individuais com os organizacionais, é natural que seja uma das mais importantes e desafiadoras tarefas de um administrador. No entanto, mesmo com todas as técnicas e teorias a seu dispor, nem todos os administradores obtêm os mesmos resultados na motivação de seus subordinados. Isso acontece porque alguns deles não são líderes eficazes. A liderança é um dos papéis do administrador que está intimamente relacionada com a direção e a motivação dos membros organizacionais. Ao longo desta seção, serão apresentadas as principais teorias que têm procurado explicar como a liderança pode influenciar o desempenho de grupos e organizações.

7.5.1 ›› O conceito de liderança

A liderança é um conceito controverso e de difícil definição. No contexto da administração, a **liderança** pode ser definida como o processo social de dirigir e influenciar o comportamento dos membros da organização, levando-os à realização de determinados objetivos. Três elementos podem ser destacados nessa definição de liderança – pessoas, poder e influência, como é ilustrado na Figura 7.9.

Em primeiro lugar, a liderança envolve *pessoas* com a disposição para seguir as orientações de um líder. Como vimos na análise de poder organizacional, a liderança envolve o reconhecimento e aceitação de uma relação entre os líderes e seus subordinados. Sem a percepção e o reconhecimento dessa relação por parte dos liderados, não existiria o papel do líder. Por outro lado, a liderança é um conceito relacionado à utilização do *poder* por parte do líder e envolve uma distribuição desigual desse último. Implícita, na definição de liderança, está a alocação do poder nas mãos de uma ou de poucas pessoas – os líderes –, mesmo que os outros membros organizacionais tenham alguma forma de poder. Por último, a liderança é a capacidade de usar o poder para *influenciar* o comportamento dos seguidores.

> *Liderança*
> Processo social de dirigir e influenciar o comportamento dos membros da organização, levando-os à realização de determinados objetivos.

Os administradores que buscam alcançar a liderança em uma organização podem fazer uso dos tipos de poder legítimos, anteriormente discutidos, mas também podem usar as estruturas informais. O fato é que mesmo os administradores que ocupam a mesma posição formal na estrutura organizacional podem se diferenciar no que concerne à sua capacidade de liderar.

Existe, assim, uma diferença substancial entre *administradores* e *líderes*. A influência dos administradores é consubstanciada à autoridade formal determinada pela

Figura 7.9 ›› Elementos da liderança

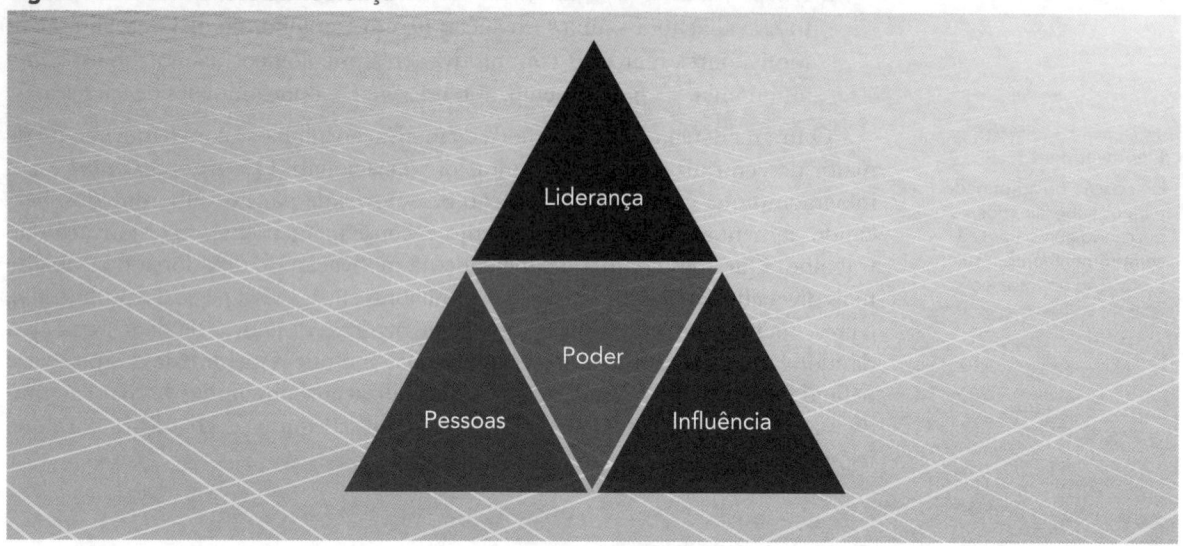

posição que ocupam na estrutura organizacional. Um bom administrador, apto a planejar, organizar e controlar bem pessoas e recursos, pode não ser um bom líder. Os líderes vão além da autoridade formal, motivando as pessoas a desempenhar tarefas além daquelas formalmente definidas. Essa capacidade de motivar, de gerar entusiasmo e comprometimento por parte das pessoas estabelece a diferença entre o líder e o administrador. Compreende-se, então, com naturalidade, o interesse da organização em estimular o desenvolvimento da liderança em seus funcionários. Igualmente, é importante alertar que a capacidade de liderança deve estar associada a importantes reflexões éticas. A história da humanidade traz lições essenciais para a liderança organizacional. Afinal, ditadores como Hitler, Stalin ou Pinochet cometeram atrocidades fazendo uso de seu poder de liderança. Será que o mundo organizacional está imune a isso?

7.5.2 ›› Visão geral das teorias de liderança

Como as teorias de motivação, as tentativas teóricas de compreensão do fenômeno da liderança podem ser divididas em várias categorias que apresentam diferenças conceituais e metodológicas. Tal como as teorias clássicas de administração, cujo foco principal era interno (a organização), as primeiras teorias de lide-

O ex-presidente do Brasil, Luiz Inácio Lula da Silva, é constantemente apontado e lembrado quando o assunto é liderança. Em 2010 foi eleito pela revista *Time* o líder mais influente do mundo. Durante seus dois mandatos, Lula demonstrou extrema habilidade de comunicação, sendo capaz de ajustar o discurso ao perfil dos ouvintes. Destaca-se também sua capacidade de envolver e persuadir as pessoas ao seu redor. Prova disso é a aprovação recorde no final de seu último mandato: segundo pesquisa de opinião, 83% consideraram seu governo bom ou ótimo.

rança inicialmente focaram os traços internos dos líderes, características únicas e singulares que pudessem diferenciá-los de não líderes. Essa é a *perspectiva de liderança baseada nos traços*. O fracasso dessas tentativas teóricas levou ao desenvolvimento de uma nova abordagem, cujo principal pressuposto era que o foco da teoria deveria recair no comportamento do líder, não em suas características individuais. Esse comportamento poderia ser aprendido por programas de treinamento e desenvolvimento. Essas teorias constituem a *perspectiva comportamental da liderança*, responsável por desenvolver os estilos de liderança, os quais especificam os padrões desejáveis do comportamento de um líder e orientam as pesquisas até os dias de hoje.

Acompanhando a evolução do pensamento sistêmico e contingencial nas teorias organizacionais, as teorias de liderança também buscaram compreender a influência de fatores situacionais na ação do líder. Essa abordagem ficou conhecida como *perspectiva contingencial da liderança*. Cada uma dessas perspectivas será analisada em detalhe ao longo desta seção.

7.5.3 ›› Traços de liderança

> **Traços de liderança**
> Perspectiva que busca identificar as qualidades e características pessoais que diferenciam líderes de não líderes.

Uma das perspectivas mais antigas de compreensão da liderança é a abordagem baseada nos **traços da liderança**. Seu objetivo principal é a identificação dos traços, das características individuais dos líderes, partindo do pressuposto de que eles nascem com tais características, que os diferenciam de outras pessoas. Dessa forma, a abordagem pressupõe a existência de uma personalidade que distingue os líderes e que eles não podem ser formados, nem treinados – *já nascem líderes*.

Diversos grupos de psicólogos e pesquisadores tentaram comprovar essa teoria fazendo uso de duas abordagens metodológicas:

- Comparação dos traços de líderes com os de indivíduos comuns.
- Comparação dos traços de líderes eficazes com os de líderes ineficazes.

Com relação à primeira abordagem metodológica, mais de cem pesquisas foram realizadas entre 1904 e 1948, e não foi encontrada nenhuma evidência de traços distintivos que pudessem distinguir claramente os líderes dos não líderes. Concluiu-se, assim, que não é necessário nenhum conjunto particular de características para que a pessoa se torne um líder de sucesso. As pesquisas revelam que os líderes têm determinados traços de personalidade – como determinação, iniciativa, autoconfiança, inteligência, honestidade ou integridade –, mas as pessoas que têm esses traços não são (e nem sempre se tornam), necessariamente, líderes. Por outro lado, a história também demonstra que nem todos os líderes compartilham esses traços de personalidade.[36]

A segunda abordagem metodológica é mais recente, mas também fracassou em associar traços de personalidade com os líderes bem-sucedidos. Em um estudo, fatores como inteligência, iniciativa e autoconfiança foram destacados como correlacionados com alto desempenho gerencial, mas a grande maioria dos estudos revelou que a liderança eficaz não depende de um conjunto particular de características, e sim do ajuste das características do líder à situação.[37]

O fracasso das pesquisas sobre os traços de liderança abriu espaço para o desenvolvimento de outros estudos, que compartilhavam premissas diferentes. As perspectivas comportamental e contingencial da liderança inserem-se nessa tentativa de avanço na compreensão da liderança.

7.5.4 ›› Liderança comportamental

> **Perspectiva comportamental de liderança**
> Conjunto de estudos que buscaram identificar os comportamentos específicos que distinguem os líderes eficazes.

Rejeitada a hipótese da existência de traços de liderança específicos para os líderes, os pesquisadores voltaram-se para a **perspectiva comportamental de liderança**. Eles tentaram verificar não o que os líderes *eram*, mas o que *faziam*, procurando isolar as características *comportamentais* dos líderes eficazes. Assim, o foco da pesquisa passou a ser o comportamento dos líderes – como eles realizam e delegam tarefas, como se comunicam com os subordinados, como os motivam etc. Uma substancial implicação dessa linha de pesquisa – e uma diferença crucial da abordagem de traços – é que o comportamento pode ser *aprendido*. Logo, as pessoas podem ser treinadas e formadas de modo a se tornarem líderes eficazes.

Os pesquisadores substituíram o foco nas características do indivíduo pelo foco nas *funções de liderança* – conjunto de atividades empreendidas pelo líder para promover o desempenho eficaz do grupo. Partiu-se do pressuposto de que, para atuar com eficácia, o líder deveria desempenhar duas funções de liderança: funções de natureza técnica, relacionadas à tarefa e à solução de problemas, e funções de natureza social, ligadas a mediação de conflitos, promoção da comunicação com os subordinados e motivação do grupo. O líder eficaz seria alguém capaz de desempenhar essas duas funções. No entanto, na prática, verifica-se que a maioria dos líderes se orienta mais para o desempenho de uma dessas funções em detrimento da outra.

Consequentemente, a orientação do líder perante as funções de liderança – orientada para a tarefa ou para as pessoas que constituem o grupo – manifesta-se em seu **estilo de liderança**. Existem líderes orientados para a tarefa cuja ação se concentra na supervisão do trabalho, na distribuição de metas e em outras atividades em detrimento da consideração do grau de satisfação das pessoas no trabalho. Paralelamente, existem líderes para os quais a satisfação e o crescimento de seus subordinados são o mais importante. Eles procuram motivar os trabalhadores, buscam sua participação no processo de tomada de decisão, tentam criar um clima de respeito e confiança mútua e estimular um ambiente propício à comunicação.

> **Estilo de liderança**
> Perfil comportamental de um líder relacionado com sua orientação preferencial perante as funções de liderança: desempenho ou relacionamento.

OS ESTUDOS DA UNIVERSIDADE DE IOWA ››

Pesquisas realizadas por Kurt Lewin e seus colegas da Universidade de Iowa foram uma das primeiras tentativas de identificar os estilos de liderança de um administrador. Três estilos foram identificados:[38]

- *Estilo autocrático*: caracteriza-se pela centralização da autoridade e do processo de tomada de decisão, pela determinação autoritária da forma e dos métodos de trabalho e pela baixa participação dos funcionários.
- *Estilo democrático*: distingue-se pela participação e envolvimento dos funcionários no processo de tomada de decisões, pela delegação da autoridade e pela decisão em conjunto da forma e dos métodos de trabalho. Esse estilo pode ser consultivo ou participativo – o líder democrata-consultivo escuta as opiniões dos membros organizacionais, mas toma a decisão, ao passo que o democrata-participativo permite a participação destes no processo de tomada de decisão.

A Totvs, maior empresa latino-americana de software empresarial, deve muito do seu crescimento e expansão ao paulistano Laércio Cosentino. Com um estilo de liderança orientado para a tarefa, o executivo trabalha com metas de desempenho, avaliadas mensalmente. Procura transmitir aos seus liderados a preocupação com os resultados e age de maneira fria em decisões difíceis. No mundo dos negócios, é conhecido como uma pessoa obcecada por eficiência e incapaz de tolerar desculpas. Suas reuniões de trabalho não costumam passar de 20 minutos. Segundo ele não se trata de intransigência, mas de objetividade.[39]

- *Estilo laissez-faire*: evidencia-se pela total liberdade dada aos funcionários para decidir e executar o trabalho da forma como acharem correto. A única função do líder é responder às dúvidas e disponibilizar os recursos necessários.

Os pesquisadores procuraram, então, compreender qual dos três estilos era o mais eficaz, concluindo que o *laissez-faire* é ineficaz em todos os casos estudados, quando comparado aos outros dois estilos de liderança. Outra conclusão foi a de que tanto os líderes autocráticos como os democráticos realizavam a mesma quantidade de trabalho, porém os democráticos conseguiam maior qualidade e satisfação no trabalho. Estudos posteriores conseguiram resultados mistos no que tange ao desempenho atingido sob os dois estilos de liderança, autocrático e democrático. No entanto, confirmaram que o estilo democrático era capaz de conseguir maiores níveis de satisfação dos funcionários do que o estilo autocrático.

Será que a conclusão óbvia desses estudos é que o estilo de liderança a ser privilegiado deve ser o democrático? Robert Tannenbaum e Warren Schmidt tentaram responder a essa indagação, e desenvolveram um *continuum* de comportamentos de liderança que variam de um estilo autocrático até um estilo *laissez-faire*, ilustrado pela Figura 7.10.

Os autores argumentam que, a longo prazo, o estilo democrático era mais eficaz, porque favorecia a maior motivação, a qualidade de decisão e a moral da equipe. No entanto, três conjuntos de forças deveriam ser considerados pelo administrador para escolher o estilo de liderança adequado:[40]

- *Forças do administrador*: ele deve escolher o estilo de liderança no qual se sente mais confortável, e isso depende de fatores como sua experiência, seus valores ou seu conhecimento, entre outros.
- *Forças dos subordinados*: as características dos funcionários também influenciam a adoção do estilo de liderança mais adequado, ou seja, sua maturidade, responsabilidade, experiência, entre outras.
- *Forças situacionais*: características situacionais internas e externas, como a cultura organizacional, a pressão do tempo e o grau de estruturação da tarefa também influenciam a eficácia do estilo de liderança.

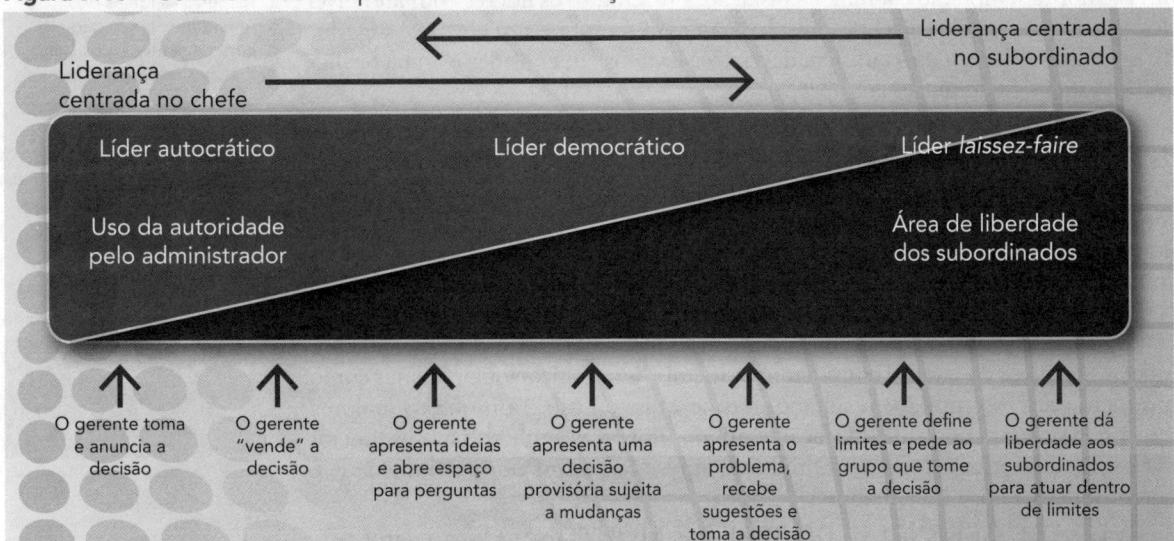

Figura 7.10 ›› *Continuum* de comportamentos de liderança

Liderança centrada no chefe → Liderança centrada no subordinado

Líder autocrático — Líder democrático — Líder *laissez-faire*

Uso da autoridade pelo administrador — Área de liberdade dos subordinados

- O gerente toma e anuncia a decisão
- O gerente "vende" a decisão
- O gerente apresenta ideias e abre espaço para perguntas
- O gerente apresenta uma decisão provisória sujeita a mudanças
- O gerente apresenta o problema, recebe sugestões e toma a decisão
- O gerente define limites e pede ao grupo que tome a decisão
- O gerente dá liberdade aos subordinados para atuar dentro de limites

OS ESTUDOS DA UNIVERSIDADE DE OHIO ›› Os estudos da Universidade de Ohio, no final da década de 1940, representam uma das mais importantes contribuições no que diz respeito às teorias comportamentais de liderança. As pesquisas começaram com mais de mil dimensões de liderança, as quais

No início da década de 1990, quando assumiu o controle do Pão de Açúcar, Abílio Diniz era um líder autocrático. Centralizava todas as decisões e concedia pouca liberdade para seus funcionários participarem do processo de tomada de decisão. Com o tempo, o executivo mudou de estilo, passando para um estilo democrático, mais aberto ao diálogo e à participação dos subordinados. Atualmente como presidente do Conselho de Administração do Grupo Pão de Açúcar, Diniz afirma que, mesmo com a mudança do estilo de liderança, suas características permaneceram as mesmas: objetividade, disciplina, dedicação e determinação.[41]

acabaram reduzidas a duas. O objetivo das pesquisas consistia em compreender qual a eficácia dos comportamentos de liderança orientados para a tarefa (chamada estrutura de iniciação) e para as pessoas (denominada consideração).

A **estrutura de iniciação** corresponde ao grau em que um líder define o trabalho a realizar, as relações entre as pessoas, os canais de comunicação e a forma como o trabalho é realizado. Um líder caracterizado por alta estrutura de iniciação define as tarefas para cada um dos membros do grupo e especifica metas de desempenho esperadas.

A **consideração** refere-se ao grau em que um líder propicia relacionamentos de trabalho baseados na confiança mútua e no respeito pelas ideias e sentimentos dos membros da organização. Um líder com alta consideração é amigável, sensível aos problemas e sentimentos dos funcionários, acessível, preocupado com o bem-estar e o conforto dos subordinados.

Os diversos estudos conduzidos permitiram concluir que líderes com alta estrutura de iniciação e alta consideração pelos subordinados estavam associados a um melhor desempenho e à maior satisfação. Entretanto, os líderes com alto nível de estruturação ou alto nível de consideração nem sempre eram eficazes, sugerindo que fatores situacionais também devem ser levados em consideração na avaliação do estilo de liderança mais apropriado.[42]

OS ESTUDOS DA UNIVERSIDADE DE MICHIGAN ›› Pesquisadores da Universidade de Michigan obtiveram resultados similares. Tal como seus colegas das Universidades de Iowa e Ohio, o objetivo deles também era a identificação de características comportamentais de liderança responsáveis pela eficácia do desempenho. As duas dimensões de comportamento de liderança foram definidas como *orientado para as pessoas* e *orientado para a produção*.[43] Os líderes orientados para as pessoas enfocam os relacionamentos interpessoais, respeitam e consideram o indivíduo na organização, ao passo que líderes orientados para a produção enfatizam aspectos técnicos da tarefa e consideram os membros organizacionais apenas como um meio para esse fim. Os resultados das pesquisas mostraram que os maiores índices de desempenho e de satisfação eram dos líderes orientados para os funcionários. Líderes orientados para a produção apresentaram menor produtividade e menor satisfação dos trabalhadores.

A GRADE GERENCIAL DE BLAKE E MOUTON ›› Os primeiros pesquisadores partiam do pressuposto de que os estilos de liderança eram opostos e antagônicos, ou seja, um administrador era orientado para a tarefa ou orientado para as pessoas. Essa visão foi sintetizada pelo *continuum* de estilos de liderança de Tannenbaum e Schmidt. No entanto, os resultados das pesquisas das Universidades de Ohio e Michigan levaram os pesquisadores a questionar essa

> **Estrutura de iniciação**
> Grau em que um líder é capaz de definir e estruturar o seu próprio papel e o de seus funcionários na busca do alcance dos objetivos.

> **Consideração**
> Grau em que um líder é capaz de manter relacionamentos de trabalho caracterizados por confiança mútua, respeito às ideias dos funcionários e cuidado com os sentimentos deles.

premissa e a propor uma visão bidimensional do estilo de liderança – a grade gerencial –, sugerindo que tanto a preocupação com as pessoas como com a produção são importantes para alcançar um bom desempenho.

A **grade gerencial**, desenvolvida por Robert Blake e Jane Mouton, foi o instrumento gerencial responsável por sintetizar os achados das pesquisas citadas anteriormente. Os autores desenvolveram uma tipologia de comportamentos de liderança com base em duas dimensões comportamentais: *preocupação com as pessoas* e *preocupação com a produção*. Os autores construíram uma grade gerencial, responsável por alocar comportamentos baseados na combinação dessas duas dimensões de estilo de liderança. Cada uma dessas dimensões é medida por meio de uma escala de 1 a 9, cuja combinação permite identificar 81 posições possíveis para o estilo de liderança, tal como é ilustrado na Figura 7.11.

> **Grade gerencial**
> Ferramenta gerencial que propõe uma visão bidimensional de liderança e busca posicionar os líderes nessas duas dimensões: preocupação com as pessoas e a produção.

Figura 7.11 ›› A grade gerencial

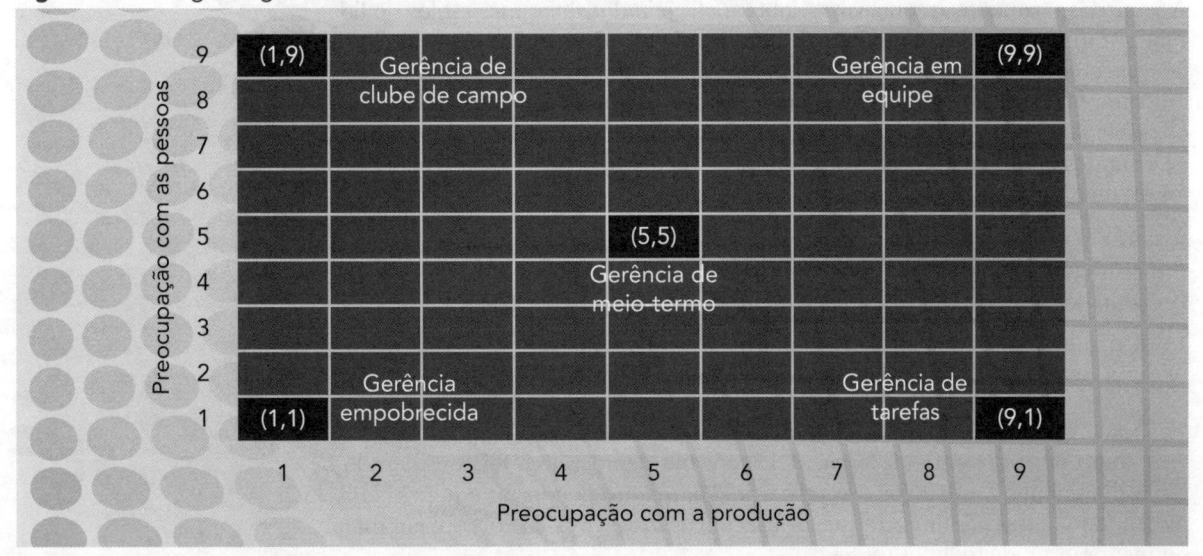

Os cinco principais estilos de liderança identificados pela grade gerencial são:
- *Líder de pessoas* (1,9): orientado para as necessidades dos funcionários, promove um ambiente amigável e um ritmo de trabalho confortável (gerência de clube de campo).
- *Líder de tarefa* (9,1): orientado para a produção e eficiência das operações, defende a interferência mínima do elemento humano nas atividades organizacionais (gerência autoritária ou de tarefas).
- *Líder negligente* (1,1): aquele que abdica de seu papel de liderança, exercendo um esforço mínimo para justificar sua permanência na organização (gerência empobrecida).
- *Líder meio-termo* (5,5): moderadamente orientado para as pessoas e a produção, procura um equilíbrio entre a satisfação das pessoas e as necessidades de produção (gerência de meio-termo).
- *Líder de equipe* (9,9): simultaneamente orientado para as pessoas e a produção, procura o comprometimento das pessoas com os objetivos organizacionais e desenvolve relações de confiança e respeito com os subordinados (gerência em equipe).

Blake e Mouton concluem que o líder de equipe (9,9) é o estilo de liderança mais eficaz, uma vez que proporciona maior desempenho, maior satisfação, menor absenteísmo e menor rotatividade. No entanto, as pesquisas não têm corroborado, de forma consistente, a ideia de que esse estilo seja o mais eficaz em todas as situações.[44]

Mesmo que não se sustente em todas as situações, a grade gerencial é uma ferramenta muito usada em treinamentos gerenciais por causa de sua capacidade de síntese das teorias comportamentais de liderança.

Em geral, a perspectiva comportamental de liderança reuniu um conjunto expressivo de pesquisas que tiveram pouco sucesso na comprovação da associação consistente entre os padrões de comportamento de liderança – estilos de liderança – e os níveis de desempenho. Gradualmente, começou-se a perceber que as pesquisas falhavam por não levar em consideração os fatores situacionais que faziam com que um estilo de liderança pudesse ser mais bem-sucedido que outro. Isso levou ao desenvolvimento de uma nova perspectiva de estudos da liderança: a perspectiva contingencial ou situacional.

O ESTILO DE LIDERANÇA DOS EXECUTIVOS BRASILEIROS ››

Apesar dos resultados inconclusivos sobre a eficácia dos diferentes estilos de liderança, muitas pesquisas têm sido realizadas com o objetivo de mapear os estilos de liderança em organizações ou mesmo países. Um exemplo disso é uma pesquisa recente realizada pelo Hay Group com executivos brasileiros buscou identificar os principais estilos de liderança adotados pelos brasileiros, comparando o ponto de vista dos empregados com o dos próprios executivos[45]. Seis estilos de liderança foram medidos:

- coercitivo – exige submissão imediata;
- dirigente – mobiliza pessoas rumo a uma visão;
- afetivo – cria harmonia e constrói laços emocionais;
- democrático – busca consenso por meio de participação;
- modelador – estabelece altos padrões de desempenho;
- treinador – desenvolve pessoas para o futuro.

Como pode ser visto na Figura 7.12, o estilo democrático foi considerado o estilo dominante, tanto pelos executivos (75%), quanto pelas suas equipes (71%). No entanto, a pesquisa mostra que os executivos brasileiros fazem uso, em maior ou menor grau, de todos os estilos.

A pesquisa foi além, tentando identificar como os estilos gerenciais usados pelos executivos brasileiros influenciam o clima de trabalho dos subordinados (que, por sua vez, influencia o desempenho da organização). Flexibilidade, responsabili-

Figura 7.12 ›› Estilos de liderança dos executivos brasileiros

Estilo	Versão dos subordinados	Versão do líder
Coercitivo	62%	44%
Dirigente	64%	68%
Afetivo	57%	66%
Democrático	71%	75%
Modelador	45%	40%
Treinador	63%	53%

dade, padrões de desempenho, recompensa, clareza e comprometimento foram as dimensões analisadas. Entre estas, as que são mais atendidas pelos estilos de liderança adotados pelos executivos brasileiros são os padrões de desempenho (coerência entre o estabelecimento de metas desafiadoras e, ao mesmo tempo, realistas) e o comprometimento (orgulho no trabalho, busca de um objetivo comum e cooperação), ao passo que a dimensão menos atendida é a flexibilidade. Os funcionários reclamam da burocracia e dos obstáculos à inovação. De forma geral, a pesquisa conclui que os executivos brasileiros apresentam estilos gerenciais compatíveis com os executivos das melhores empresas do mundo.

7.5.5 ›› Liderança contingencial

O estudo da influência dos fatores situacionais nos estilos de liderança foi um passo importante para a compreensão da eficácia do líder no contexto organizacional. Os resultados das pesquisas conduzidas até então permitiram concluir que a relação entre liderança e eficácia era muito mais complexa do que a simples identificação dos traços ou dos comportamentos dos líderes. De fato, nenhum traço era partilhado por todos os líderes de sucesso e nenhum comportamento era eficaz em todas as situações. Isso levou os pesquisadores a investigarem quais circunstâncias situacionais influenciavam a eficácia do líder.

Segundo a **perspectiva situacional ou contingencial**, não existem traços ou comportamentos universalmente importantes com relação à liderança. A essência das teorias da liderança situacional é a ideia de que, para ser eficaz, o estilo tem de ser adequado à situação. Entre os fatores situacionais mais utilizados para descrever a situação estão:

- a personalidade, os valores, a experiência e as expectativas do líder;
- a maturidade, a responsabilidade, a personalidade e as expectativas dos subordinados;
- as exigências e o grau de estruturação da tarefa;
- a cultura e as políticas organizacionais;
- as condições ambientais (turbulência do ambiente externo, pressão do tempo etc.);
- as expectativas dos superiores hierárquicos e dos pares.

Vários modelos de liderança contingencial foram desenvolvidos, destacando-se o modelo de Fiedler, a teoria situacional de Hersey e Blanchard e a teoria caminho-meta de Evans e House.

TEORIA DE CONTINGÊNCIA DE FIEDLER ›› Fred Fiedler foi o responsável por desenvolver uma das primeiras teorias contingenciais de liderança. Segundo a **teoria de contingência de liderança**, o desempenho eficaz do grupo depende da combinação do estilo do líder com a situação organizacional mais favorável para seu sucesso.[46] De acordo com o autor, o estilo de liderança de uma pessoa não é flexível, já que tentar mudar o estilo do administrador para se adaptar a uma nova situação é ineficiente ou inútil. Assim, existem apenas duas maneiras de melhorar a eficácia do líder: mudar o líder para que ele se encaixe na situação ou modificar a situação para que se torne adequada ao líder.

O modelo de Fiedler busca relacionar dois estilos de liderança com três características contingenciais. Em termos de estilos de liderança, ele define os *líderes orientados para a tarefa* e os *líderes orientados para os relacionamentos*, considerando as dimensões das pesquisas comportamentais anteriormente discutidas. No que se refere aos fatores contingenciais, o modelo de Fiedler considera:

- *Relações líder-subordinados*: qualidade da interação entre líder e subordinados, medida pelo grau de aceitação, confiança e respeito que os subordinados

---

Perspectiva contingencial de liderança
Conjunto de teorias que sustentam que, para ser eficaz, o estilo de liderança tem de se ajustar às características da situação.

Teoria de contingência de liderança
Teoria que sustenta que os grupos eficazes dependem da adequação entre o estilo do líder na interação com os subordinados e o grau de controle e influência que a situação lhe proporciona.

têm em relação ao líder. Se os sentimentos dos seguidores forem positivos em relação ao líder, a situação é favorável a este, caso contrário é desfavorável.

- *Estrutura da tarefa*: grau de estruturação das tarefas, especificação de procedimentos e normas e definição de metas. Se as tarefas forem bem definidas, com alto grau de organização e certeza, a situação é de alta estruturação de tarefa e é considerada favorável ao líder.

- *Poder da posição*: grau de autoridade formal do líder perante os funcionários. Se o líder tiver o poder de promover, punir, demitir ou recompensar qualquer integrante do grupo, a situação é considerada favorável a ele.

A combinação dessas três características consolidou uma lista de oito situações de liderança, ilustradas na Figura 7.13. De acordo com o modelo de Fiedler, líderes orientados para a tarefa são mais eficazes em situações muito favoráveis ou desfavoráveis, ao passo que líderes orientados para os relacionamentos são mais eficazes em situações intermediárias. Considerando que o estilo de liderança não pode ser modificado, a solução é alocar um líder com determinado estilo de liderança na situação em que ele se adapta melhor.

De modo geral, as pesquisas têm comprovado as conclusões do modelo do Fiedler.[47] A dificuldade reside tanto na compreensão e na prática das variáveis contingenciais quanto na capacidade de autoconhecimento do líder em relação a seu estilo de liderança dominante.

Figura 7.13 ›› Teoria de contingência de Fiedler

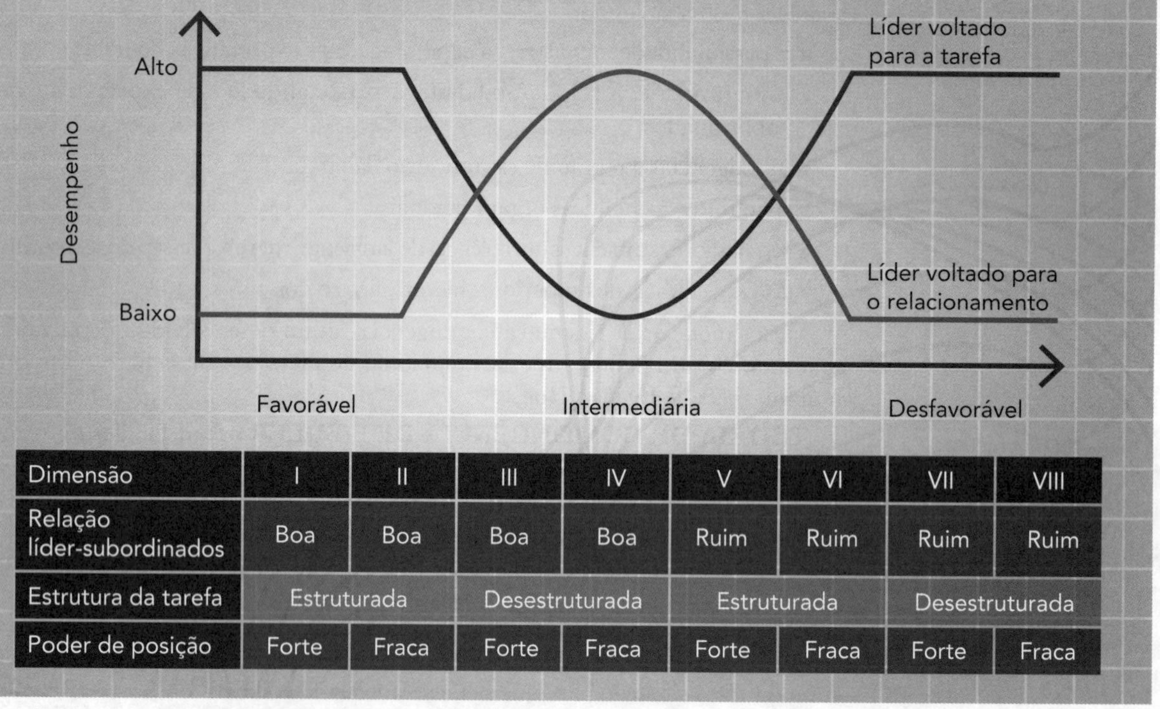

Dimensão	I	II	III	IV	V	VI	VII	VIII
Relação líder-subordinados	Boa	Boa	Boa	Boa	Ruim	Ruim	Ruim	Ruim
Estrutura da tarefa	Estruturada		Desestruturada		Estruturada		Desestruturada	
Poder de posição	Forte	Fraca	Forte	Fraca	Forte	Fraca	Forte	Fraca

TEORIA SITUACIONAL DE HERSEY E BLANCHARD ›› Uma das principais críticas ao modelo de Fiedler é a desconsideração das características dos seguidores ou liderados. O modelo desenvolvido por Paul Hersey e Kenneth Blanchard, conhecido como a **teoria da liderança situacional**, enfatiza as características dos funcionários para determinar o comportamento de liderança apropriado.[48] Segundo os autores, considerando que o poder da liderança é relacional, são os seguidores que aceitam ou rejeitam os líderes. Dessa forma, os estilos de liderança devem se ajustar aos seguidores.

> **Teoria da liderança situacional**
> Teoria que enfatiza as características dos subordinados, concretamente o seu nível de prontidão para executar uma tarefa.

O nível de *prontidão do subordinado*, avaliado em termos do grau de capacidade e interesse em desempenhar uma tarefa específica, é a principal variável situacional que todo líder enfrenta. Por exemplo, as pessoas com baixa prontidão para a tarefa não possuem habilidades ou disposição para desempenhar suas funções, ao passo que pessoas com alta prontidão têm capacidade, confiança, maturidade e disposição para o trabalho.

Hersey e Blanchard identificam quatro comportamentos de liderança: diretivo, persuasivo, participativo e delegador. O comportamento de liderança mais eficaz dependerá da prontidão dos subordinados – maturidade, experiência, atitudes de trabalho, habilidades etc. Funcionários com falta de interesse ou habilidades devem ser liderados por administradores com alta orientação para tarefa, de forma a compensar a baixa prontidão que eles apresentam. Ao contrário, se os seguidores forem capazes e dispostos, os líderes podem adotar um estilo delegador. No entanto, Hersey e Blanchard acreditam que o relacionamento entre um líder e seus subordinados deve passar por quatro fases (uma espécie de ciclo de vida), à medida que os subordinados se desenvolvem e amadurecem, tal como ilustrado na Figura 7.14. Apesar de a liderança situacional ter o mérito de incluir o aspecto relacional da liderança e construir a ideia de que a ação do líder pode, de alguma maneira, compensar o comportamento dos seguidores, a teoria não foi comprovada de forma consistente por outras pesquisas.[49] Por essa razão, a popularidade da abordagem deve ser vista com olhar crítico.

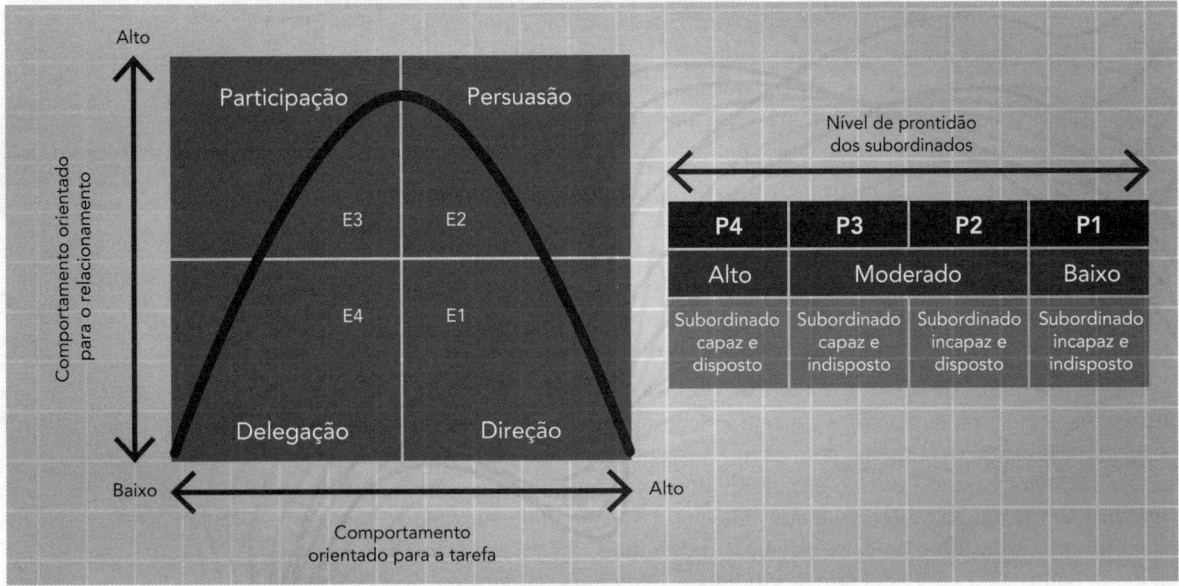

Figura 7.14 ›› Liderança situacional de Hersey e Blanchard

TEORIA CAMINHO-META DE EVANS E HOUSE ›› Outra abordagem contingencial da liderança, desenvolvida por Martin Evans e Robert House, é denominada **teoria caminho-meta**, ilustrada na Figura 7.15.[50] Os autores fazem uso das dimensões desenvolvidas pelas pesquisas da Universidade de Ohio e da teoria da expectativa. A teoria da expectativa defende que a motivação do funcionário depende de sua expectativa de recompensa ou da atratividade dessa recompensa. Desse modo, a teoria caminho-meta propõe que o trabalho de líder consiste em ajudar os funcionários a obter recompensas individuais, por meio do esclarecimento do *caminho* que deverão percorrer para atingir elevado nível de desempenho que lhes permita alcançar, simultaneamente, as recompensas individuais e as metas organizacionais.

> **Teoria caminho-meta**
> Teoria que sustenta que o papel do líder é ajudar os subordinados no alcance das metas, fornecendo orientação e apoio para assegurar que tais metas sejam compatíveis com os objetivos da organização.

Figura 7.15 ›› Teoria caminho-meta

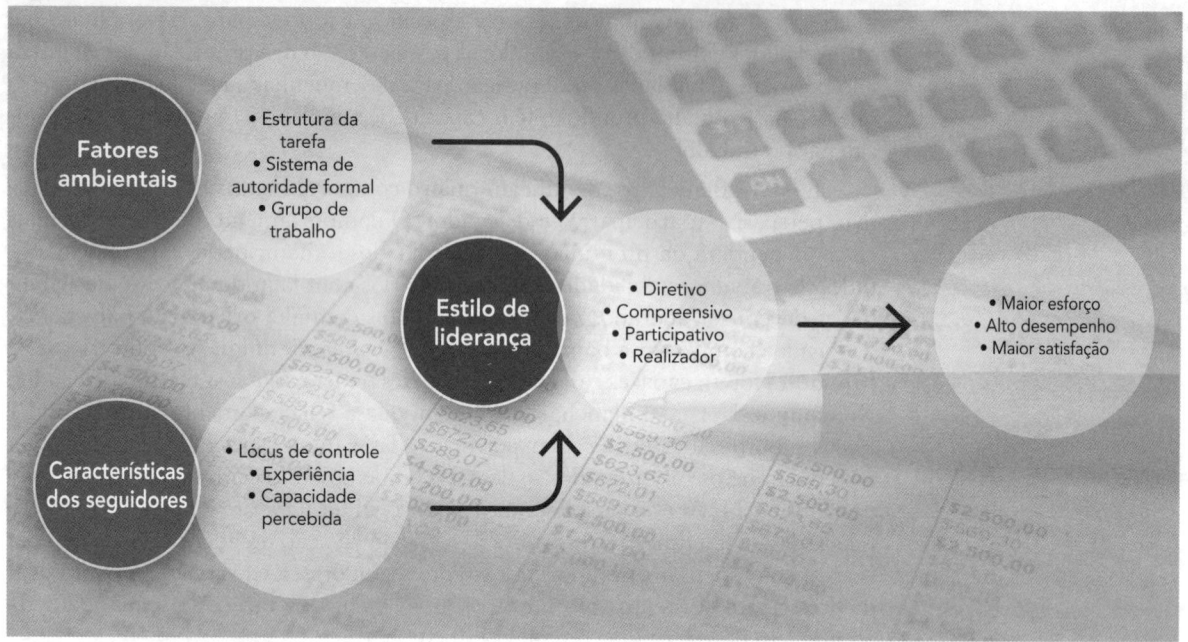

Fatores ambientais
- Estrutura da tarefa
- Sistema de autoridade formal
- Grupo de trabalho

Características dos seguidores
- Lócus de controle
- Experiência
- Capacidade percebida

Estilo de liderança
- Diretivo
- Compreensivo
- Participativo
- Realizador

- Maior esforço
- Alto desempenho
- Maior satisfação

A teoria trabalha com quatro estilos de liderança: diretivo, compreensivo, participativo e realizador. O líder diretivo especifica as tarefas e define as metas. O líder compreensivo é amigável e preocupado com as necessidades dos funcionários. Já o líder participativo é democrático, consultando os funcionários e descentralizando a tomada de decisão. Por fim, o líder realizador desafia os subordinados com objetivos ambiciosos e espera que desempenhem sua função com sucesso.

A teoria sugere que o estilo de liderança do administrador influencia as recompensas alocadas para os funcionários, bem como as percepções que os funcionários têm sobre o caminho que leva a essas recompensas. Por exemplo, o líder diretivo oferecerá um conjunto de recompensas materiais que, provavelmente, serão mais diretamente relacionadas com o desempenho do funcionário, já o líder compreensivo pode oferecer apoio e amizade, além das recompensas materiais.

Além dos estilos de liderança, a teoria baseia-se em dois conjuntos de variáveis situacionais: as características pessoais dos seguidores e as pressões e exigências ambientais no local de trabalho com as quais os subordinados precisam lidar para atingir suas metas. Dessa forma, o estilo de liderança mais adequado depende de variáveis ambientais, a saber: a estrutura da tarefa, o sistema de autoridade formal e o grupo de trabalho e de características individuais dos funcionários, como o lócus de controle, a experiência e a habilidade percebida. Podem ser destacadas algumas proposições da teoria caminho-meta:

- Um estilo diretivo de liderança é adequado a pessoas que respeitam a autoridade.
- Um estilo diretivo é desnecessário se as tarefas são bem estruturadas.
- Um estilo diretivo tenderá a criar maior insatisfação se a tarefa, a autoridade ou o sistema de regras já forem insatisfatórios.
- Um estilo participativo de liderança é mais adequado para pessoas que têm lócus de controle interno e que se acham hábeis e capazes.
- Um estilo realizador é adequado quando existe falta de desafio no trabalho.

- Um estilo compreensivo é adequado se o sistema de autoridade é insatisfatório, porque fornece uma fonte positiva de gratificação para uma situação que é negativa.
- Um estilo compreensivo é pouco relevante se o grupo de trabalho proporciona apoio social a seus membros.

Apesar de sua complexidade, a teoria caminho-meta tem sido comprovada por um número considerável de pesquisas, o que demonstra sua consistência. É importante para os gestores, porque os alerta sobre a flexibilidade nos comportamentos de liderança ser possível e necessária, uma vez que o estilo de liderança deve se ajustar às variáveis ambientais e ser congruente com as características dos funcionários.

7.5.6 ›› Visão contemporânea da liderança

No que tange às teorias de liderança, é importante compreender que todas as perspectivas acerca da liderança trouxeram importantes contribuições e devem ser vistas de forma sistêmica e integrada. A perspectiva dos traços procurou identificar as características inatas dos líderes, embora reconheça que essas características são necessárias, mas não suficientes para que uma pessoa se torne um líder de sucesso.

A perspectiva comportamental ajudou a compreender os estilos de liderança, manifestações do comportamento dos líderes, ao passo que a perspectiva contingencial demonstrou que não existe o melhor estilo de liderança, visto que este depende das características situacionais, ou seja, das características dos subordinados ou do trabalho a ser desempenhado.

As teorias clássicas permitiram avançar no entendimento dessa importante dimensão da administração, que é a liderança. No entanto, apresentam uma visão complexa e de difícil aplicação na prática. Isso tem levado ao desenvolvimento de um conjunto de abordagens que partilha uma visão mais pragmática desse fenômeno. Esses novos desenvolvimentos incluem os substitutos de liderança, a teoria da liderança transformacional e a teoria da liderança carismática (ver Figura 7.16).

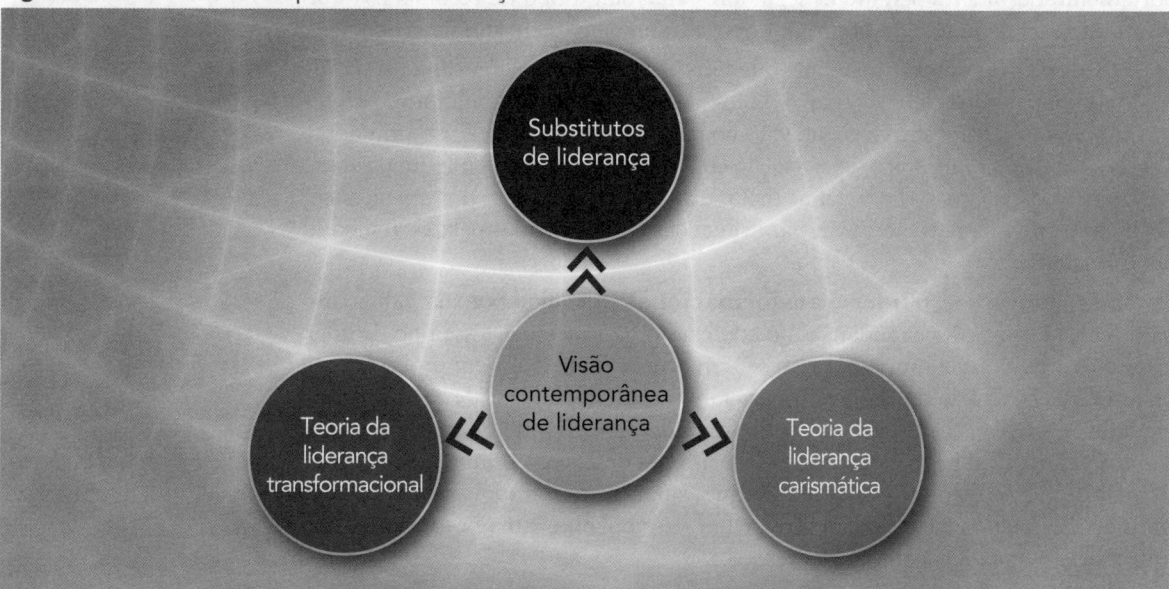

Figura 7.16 ›› Visão contemporânea de liderança

SUBSTITUTOS DE LIDERANÇA ›› O conceito de **substitutos de liderança** sugere que as variáveis situacionais podem ser tão poderosas que substituem ou neutralizam a necessidade de liderança. Esses substitutos podem ser relativos às características dos seguidores, à tarefa ou à organização. Por exemplo, a liderança orientada para as pessoas é menos relevante quando os seguidores já fazem parte de um grupo social coeso e integrado ou quando o trabalho é intrinsecamente satisfatório e motivador. Entretanto, a liderança orientada para a tarefa é substituída por situações caracterizadas pela existência de regras e procedimentos formalizados ou quando os subordinados têm muita experiência e capacidade. O Quadro 7.4 resume alguns dos principais substitutos de liderança.

> **Substitutos de liderança**
> Atributos que podem substituir a necessidade de liderança ou que impossibilitam que o comportamento do líder faça qualquer diferença para seus subordinados.

Os substitutos de liderança são uma abordagem prática que tem como objetivo ajudar os administradores a definir quais são os comportamentos de liderança mais eficazes em cada situação. Se a situação de trabalho possuir alguns desses substitutos de liderança, então o gerente não necessita adotar um estilo de liderança específico, podendo se dedicar a outras funções.

Quadro 7.4 ›› Substitutos de liderança

	Variáveis situacionais	Liderança orientada para as pessoas	Liderança orientada para a tarefa
Características dos seguidores	Profissionalismo Experiência Competência	Substitui Nenhum efeito Nenhum efeito	Substitui Substitui Substitui
Tarefa	Estruturação da tarefa *Feedback* automático Satisfação intrínseca	Nenhum efeito Nenhum efeito Substitui	Substitui Substitui Nenhum efeito
Organização	Coesão do grupo Formalização Separação física	Substitui Nenhum efeito Neutraliza	Substitui Substitui Neutraliza

TEORIA DA LIDERANÇA TRANSFORMACIONAL ›› A maioria das teorias de liderança analisadas até o momento baseia-se no relacionamento entre líderes e subordinados. No entanto, existem modelos que focalizam não o comportamento dos líderes perante os seguidores, mas sim o tipo de recompensa que o líder oferece, definindo dois tipos de líderes: transacionais e transformacionais.

O **líder transacional** é aquele que guia e motiva seus subordinados na direção dos objetivos, esclarece o papel destes e as exigências da tarefa, proporciona recompensas e demonstra preocupação com as necessidades dos subordinados. Como o próprio nome indica, vê a relação com os subordinados como uma transação, uma troca, na qual o líder define metas e atribui recompensas por seu alcance. Os líderes transacionais são ideais para situações caracterizadas pela estabilidade organizacional.

> **Líder transacional**
> Líder que guia seus seguidores na direção dos objetivos em troca de recompensas individuais.

Em contrapartida, o **líder transformacional** é definido por sua habilidade para realizar inovações e mudanças no contexto organizacional. Esse tipo de líder inspira os seguidores a transcenderem seus interesses individuais em prol da organização. Ao contrário dos líderes transacionais, não dependem de recompensas materiais e tangíveis para motivar os subordinados, focalizando outras dimensões, como a visão, os valores partilhados e as ideias para desenvolver um relacionamento mais profundo com os seguidores. Pesquisas têm demonstrado que a liderança transformacional está associada a um melhor desempenho, a maior satisfação dos trabalhadores e a menor rotatividade.[51]

> **Líder transformacional**
> Líder que inspira os seguidores a transcenderem seus interesses individuais em prol da organização.

Luiz Seabra, um dos três controladores da Natura, é um bom exemplo de líder transformacional. O executivo acredita que o relacionamento pessoal faz a diferença e é fundamental para que se consiga dos funcionários uma atuação em prol da organização. Seabra, por exemplo, participa de festas e premiações de funcionários e mantém o hábito de telefonar no aniversário daqueles mais antigos. Acredita no entusiasmo como uma ferramenta para motivar e inspirar seus seguidores. O executivo costuma ser definido como a alma da Natura, eleita em 2009 a empresa mais admirada do Brasil.[52]

Teoria da liderança carismática

Teoria que defende que os seguidores atribuem capacidades heroicas ou extraordinárias a seus líderes quando observam determinados comportamentos.

TEORIA DA LIDERANÇA CARISMÁTICA » Os líderes carismáticos também são caracterizados pela habilidade de motivar os funcionários a se transcenderem. De acordo com a **teoria da liderança carismática**, os seguidores podem atribuir habilidades heroicas ou extraordinárias ao líder quando observam certos comportamentos. Desenvolvida por House, um dos autores da teoria caminho-meta, a teoria defende que os líderes carismáticos influenciam seus seguidores porque:[53]

- declaram uma visão que cria um senso de pertença e de comunidade, que inspira os seguidores e garante seu comprometimento;
- declaram expectativas elevadas em relação aos subordinados, transmitindo-lhes confiança em suas habilidades para alcançar a visão expressa pelo líder;
- transmitem seus valores e crenças, estabelecendo um modelo comportamental para seus seguidores imitarem;
- estão dispostos a fazer sacrifícios e a correr riscos para demonstrar coragem e convicção com relação à sua visão.

Pesquisas relatam que os líderes carismáticos são caracterizados por elevada autoconfiança, domínio e fortes convicções em relação à sua visão. São também intelectualmente estimulantes e demonstram sensibilidade correspondente ao ambiente e às necessidades dos seguidores. Os resultados de pesquisas que relacionam os líderes carismáticos e o desempenho organizacional demonstram que existe forte correlação entre estes e o alto desempenho e a satisfação dos seguidores.[54] A liderança carismática é especialmente adequada quando a tarefa é caracterizada por um componente ideológico ou quando o ambiente impõe alto grau de estresse e incerteza.

Resumindo, as abordagens mais contemporâneas de liderança distinguem os líderes de não líderes por sua capacidade de transformar, de fazer a mudança, de inovar e de ir além dos níveis normais de desempenho. É importante ainda realçar que a liderança deve se adaptar à cultura, às novas demandas do ambiente de trabalho, com a criação de redes organizacionais e a busca de flexibilidade, e às novas relações de trabalho, caracterizadas pelo afrouxamento das leis trabalhistas. Entretanto, a liderança foi e continuará a tratar de uma relação de poder cuja forma pode mudar conforme o contexto e as novas situações, mas cuja essência permanece a mesma, uma relação de desigualdade de forças, interesses e motivações.

>> Resumo do capítulo

O objetivo principal deste capítulo foi a análise da função direção, cujo principal objetivo é articular, integrar e direcionar os esforços dos membros organizacionais em prol dos objetivos organizacionais. Uma vez estabelecidos os objetivos da organização, bem como as estratégias e as estruturas necessárias para seu alcance, a direção busca o alinhamento das pessoas a essas estratégias e estruturas. Trata-se, no entanto, de uma função complexa, uma vez que as pessoas são os recursos organizacionais mais imprevisíveis e difíceis de controlar por parte dos administradores.

Assim, para o exercício da função direção, torna-se necessária a compreensão da dinâmica das pessoas, individualmente e em grupo, no contexto organizacional. Esse é o objetivo de duas áreas específicas de conhecimento, denominadas comportamento individual e em grupo. O capítulo demonstra que, diferentemente do que o senso comum possa sugerir, os indivíduos e os grupos manifestam padrões diferentes de comportamento no âmbito organizacional, e essas diferenças devem ser conceitualmente compreendidas para serem empiricamente aplicadas.

Duas dimensões importantes da função da direção são a motivação e a liderança, que devem ser vistas como duas faces da mesma moeda. De fato, enquanto a motivação busca compreender fatores internos e externos ao indivíduo que o estimulem ou o limitem a trabalhar de forma a alcançar os objetivos organizacionais, a liderança se refere às habilidades peculiares do administrador que o fazem influenciar os funcionários de forma a levá-los a uma mudança de comportamento, geralmente em direção aos objetivos organizacionais.

As pesquisas demonstram que a compreensão da motivação é um desafio constante para os teóricos organizacionais. De forma geral, é possível concluir que as pesquisas têm evoluído de uma visão centrada nos fatores internos à motivação – necessidades humanas – para uma concepção da motivação processual e situacional. A prática, no entanto, demonstra que todas essas dimensões se fazem simultaneamente presentes e que dependem do indivíduo e do contexto em que ele atua.

Obviamente, a compreensão da motivação é um passo necessário, embora não suficiente para o exercício da liderança. Um bom administrador deve compreender os motivos que levam uma pessoa a trabalhar para a organização, mas isso não o torna, necessariamente, um líder. A liderança se faz presente na mudança concreta de comportamentos individuais e, consequentemente, resulta em mudanças organizacionais. Traços individuais, comportamentos orientados para a tarefa ou para as pessoas ou situações concretas de exercício da liderança são algumas das abordagens existentes no estudo da liderança. O denominador comum desses estudos reside no resultado final: todos reconhecem a capacidade transformacional das pessoas e das organizações que resulta da ação do líder.

Questões para discussão

1. Defina o conceito de direção. Você concorda com a afirmação de que "a direção *influencia* mais o desempenho organizacional do que outras funções da administração"? Explique.

2. O que são atitudes e qual é sua relevância para o desempenho da organização?

3. Qual é a relação entre personalidade, percepção, aprendizagem e comportamento?

4. Quais são as implicações organizacionais do conhecimento dos papéis, normas, *status* e coesão de grupos?

5. De acordo com as teorias de conteúdo, o que motiva as pessoas? Qual é a dificuldade prática de aplicação dessas teorias no contexto organizacional?

6. Quais são as principais diferenças entre as teorias de processo e a teoria do reforço?

7. O que é liderança? Quais são seus componentes? O que significa ser líder?

8. Descreva as duas orientações básicas de liderança necessárias para o desempenho eficaz do grupo ou da organização.

9. Quais são as principais diferenças entre as perspectivas dos traços comportamental e situacional de liderança?

10. Será que, no atual contexto organizacional, a liderança é mais ou menos importante do que em contextos mais tradicionais? Explique.

Ponto e Contraponto

Um líder já nasce pronto, não se constrói

Um líder não se constrói. Um líder já nasce líder. Para Robert Wong, famoso consultor e *headhunter*, os grandes líderes já nascem prontos, não se constroem. Se pensarmos que liderar é uma arte, os bons líderes, tal como os bons pintores ou bons músicos, já nascem com um "dom" para exercer essa atividade.

Para Wong, todas as pessoas têm dentro de si uma semente da liderança, mas com diferentes graus de intensidade. Todos temos duas pernas para andar, porém, apenas algumas nasceram para driblar e chutar como Pelé. Vale ressaltar que é preciso considerar as circunstâncias, ou seja, se Pelé tivesse nascido no Vietnã em vez do Brasil e não tivesse tido a oportunidade de treinar no Santos, talvez hoje o mundo não conhecesse Pelé.[55]

Os especialistas parecem concordar que existem algumas características inatas que distinguem os líderes e que os predispõem a liderar. Entretanto, é fundamental estar na hora certa, no lugar certo e, principalmente, pela razão certa para que essa habilidade para liderar surja.

Um estudo recente com centenas de gêmeos idênticos (monozigóticos) separados no nascimento descobriu uma correlação incrível na ascendência deles a papéis de liderança. O estudo mostrou que apesar de os gêmeos terem sido criados em ambientes totalmente diferentes, cada par de gêmeos tinha semelhanças notáveis em relação ao exercício de liderança. Ou seja, os genes que eles compartilhavam eram um fator determinante na sua emergência enquanto líderes.[56]

Por outro lado, outra pesquisa descobriu que o ambiente compartilhado – ser criado no mesmo lar, por exemplo – tem pouca ou nenhuma influência no surgimento de liderança.

Apesar do que talvez possamos acreditar, as evidências são óbvias: uma parte importante da liderança é produto de nossa genética. Ser líder não é uma característica que se forma com o passar dos anos: um líder já nasce líder.

Não é verdade que a pessoa já nasce líder. De fato, temos de concordar que nem todos os que se esforçam para ser líderes têm condições para isso, mas uma coisa é certa: existem habilidades que podem ser aprendidas ou melhoradas.

Sempre ouvimos expressões como "Fulano é um líder nato!", como se existisse um "DNA do líder" com atributos que vêm do berço. A realidade, entretanto, não comprova essa ideia. Mesmo que exista uma base, ela precisa ser trabalhada e desenvolvida. Por isso, o líder não nasce pronto, ele se faz, se constrói. A base da liderança até pode ser genética, mas de nada adianta se não for desenvolvida, trabalhada e construída.

Como defendem as teorias da liderança comportamental, as pessoas podem aprender a ser líderes de sucesso. Os grandes líderes corroboram isso. Segundo eles, a chave do sucesso de sua liderança não são as suas características inatas, mas o que aprenderam ao longo do caminho.

Mary Parker Follet, conhecida autora norte-americana que escreveu diversos livros de administração, afirmou o seguinte: "Acredito que a liderança em parte possa ser aprendida. Espero que vocês não deixem que alguém os convença de que não pode ser assim. O homem que pensa que a liderança não pode ser aprendida irá provavelmente permanecer em uma posição subordinada. O homem que acredita que pode, irá ao trabalho e aprenderá. Ele pode não vir a ser o presidente da companhia, mas pode ascender de onde está".

Estudos neurológicos recentes confirmam essa ideia de que é possível afirmar que as pessoas aprendem a liderar. Cientistas descobriram que uma substância chamada mielina, que quando se acumula em forma de uma camada que isola circuitos nervosos no cérebro facilita o desempenho de atividades, como liderar uma equipe ou falar em público. Quanto mais experiência e proficiência o líder adquire, mais mielina é acumulada em seu cérebro, e melhor profissional ele se torna. É um ciclo virtuoso. A mielina é a prova científica de que todos nós podemos aprender e nos transformar, dependendo do investimento e esforço que fizermos. Ninguém nasce pronto![57]

Dilema ético

>> Vale tudo para motivar os funcionários?

A motivação, no âmbito organizacional, pode ser encarada como um estado, uma predisposição individual que induz o indivíduo a assumir determinados tipos de comportamentos e esforços no sentido de alcançar as metas da organização. É importante e necessário que os funcionários estejam motivados para que se empenhem nos desafios e trabalhos diários de uma empresa. Especialmente em um ambiente competitivo como o que vivemos, é fundamental que os trabalhadores sejam persistentes e resilientes perante obstáculos de forma a superá-los e, com isso, alcançar as metas propostas.

Muitos estudos têm sido feitos a fim de identificar formas de motivar e reforçar a motivação dos funcionários. Nesse sentido, algumas empresas experimentam e utilizam diversos recursos para tentar criar condições que estimulem a motivação, em função da suposta relação linear entre ela e o desempenho dos funcionários. Podemos citar as recompensas financeiras, prêmios, promoção, dentre outros. Mas será que vale tudo para motivar os funcionários?

A unidade Hamburg-Mannheimer International (HMI), da seguradora alemã Munich, resolveu motivar seus melhores vendedores com um "presente" que levantou uma grande discussão quando foi divulgado. Em junho de 2007, a empresa pagou 20 prostitutas para participarem de uma festa com os 100 melhores vendedores da empresa, na Gellert Baths, uma famosa casa de banhos termais em Budapeste, capital da Hungria, onde a prostituição é legalizada. Para a organização, essa prática motivacional apresenta diversas vantagens. Além do "prêmio" em si, é mais barato do que oferecer participação nos lucros ou viagens internacionais e ainda pode gerar lealdade dos funcionários com a empresa, já que quem participa compartilha um segredo com os outros.[58]

Obviamente, essa estratégia de motivação utilizada pela empresa é extremada e não tão comum. Mas existem outras, mais "sutis", que também levantam inúmeras discussões éticas, como, por exemplo, mentir sobre uma suposta promoção para garantir o empenho máximo do funcionário. Podem até ser eficientes, no sentido de conseguir gerar uma alta motivação no funcionário, mas trazem com elas questões éticas que precisam ser avaliadas.

Questões para discussão

1. Considerando a prática motivacional descrita como moralmente condenável, mesmo sendo legal, acha legítimo que a empresa possa motivar os trabalhadores como bem entender?
2. Na sua opinião, no processo de motivação, os fins justificam os meios? Como devem ser estabelecidos os limites para avaliar se uma prática motivacional é ou não eticamente aceitável?
3. E você, como reagiria se a prática motivacional descrita ocorresse na organização onde trabalha?

Estudo de caso

>> Mudanças na direção da São Paulo Alpargatas

Crise na São Paulo Alpargatas

Quando Fernando Tigre, ex-presidente da Jari Celulose e ex-executivo da GE e da Alcoa (produtora de alumínio), assumiu a presidência da São Paulo Alpargatas, em 1997, foi recebido com desconfiança pelos diretores e funcionários da empresa, uma das maiores produtoras brasileiras de calçados e produtos têxteis. Nomeado por Alcides Tápias, então presidente do Conselho de Administração da Camargo Corrêa, grande construtora nacional e controladora da Alpargatas, Tigre foi incumbido de fazer a empresa crescer e voltar a gerar lucros.

Tápias acreditava ser preciso mudar a filosofia da organização, que conservava traços antiquados de administração que remontavam à época de sua fundação, em 1907. Noventa anos mais tarde, o contexto em que a Alpargatas estava inserida era outro. O setor nacional de calçados e têxteis sofria grande concorrência das empresas estrangeiras, principalmente das chinesas, após a abertura de mercado. A competição com indústrias brasileiras também era acirrada e exigia modernizações e reestruturações.

A estratégia da Alpargatas estava ultrapassada para as condições ambientais que enfrentava. A organização era ineficiente, a comunicação entre as divisões era falha e a centralização, excessiva. O foco da empresa era a produção fabril e não as demandas do mercado. Além disso, quando Tigre assumiu o cargo, encontrou trabalhadores desmotivados, sem esperanças quanto ao futuro da empresa. Todos esses motivos geraram estagnação das vendas e seguidos prejuízos para a Alpargatas (23 milhões de reais, em 1996, e 88 milhões de reais, em 1997).

A empresa enfrentava dificuldades desde o final da década de 1980 e, no início dos anos 1990, houve uma tentativa de reestruturação gerencial. Foram implementadas mudanças para agilizar processos e reduzir a acentuada burocracia, mas os resultados foram inexpressivos. Para evitar que acontecesse o mesmo dessa vez, Tigre acreditava ser necessário mudar o pensamento não apenas da diretoria, mas também as atitudes e o comportamento dos funcionários. No entanto, não sabia se conseguiria atingir seu objetivo.

Choque de gestão

O choque de gestão tinha de ser intenso para modernizar arcaicas características da administração da empresa, modificando quase todos os processos e a estrutura organizacional. Eram preservadas uma hierarquia e burocracia acentuadas, além de níveis de formalização muito exagerados para quem lidava com um mercado exigente e sedento por novidades. Eram necessárias mudanças em todas as áreas funcionais, na motivação dos funcionários, bem como no fortalecimento das marcas e na criação de produtos inovadores.

Tigre logo notou que a excessiva formalização da empresa era responsável pela existência de equipes pouco unidas. Os membros estavam ligados apenas pelas tarefas e pela autoridade e hierarquia que as regiam. Amizades e interesses compartilhados eram postos de lado e tais células de trabalho funcionavam da maneira burocratizada. Isso gerava um ambiente muito "pesado", sem descontração alguma, o que abria espaço para eventuais conflitos entre superiores e subordinados.

A primeira medida de Tigre foi reduzir os custos e diminuir a resistência às mudanças. O número total de funcionários caiu de 14.500, em 1997, para 10.500, em 2001. Tigre incentivou ainda entre os funcionários a aceitação de mudanças e a criatividade. Essa deveria ser a nova mentalidade na Alpargatas, já que a rigidez e a formalização de outrora apenas acentuaram a crise na organização. Além disso, o foco dos negócios, que antes era a produção fabril em larga escala, deu lugar a maior atenção ao mercado e ao gosto dos consumidores. Produtos personalizados e variados foram desenvolvidos com o objetivo de alavancar novamente as vendas.

Nesse novo contexto, antigos funcionários, principalmente do quadro gerencial, não aceitaram as mudanças implementadas por Tigre. Em consequência disso, 60% dos funcionários do alto escalão abandonaram a Alpargatas.

Novo desenho estrutural

Outra alteração proposta por Tigre para aumentar a eficiência organizacional foi a divisão >> das operações em cinco subdivisões: Calçados Esportivos; Havaianas; Têxteis Industriais; Varejo; Calçados Timberland. Cada unidade ficou responsável por todas as etapas, da produção à venda de seus produtos. Antes, na estrutura centralizada, a responsabilidade era diluída entre os níveis administrativos e, em virtude da hierarquia acentuada, as decisões estratégicas eram tomadas lentamente.

Além disso, houve outros benefícios nessa divisão. Com uma cultura que valorizava mais suas fábricas do que distribuidores e consumidores, a Alpargatas tinha uma reduzida variedade de produtos, quase todos fabricados em massa. O setor industrial restringia a criação de novos modelos para que a produtividade fabril não fosse afetada. Com isso, o departamento de marketing não tinha liberdade para trabalhar, visto que quase todas as inovações que propunha eram barradas pela resistência da divisão de produção.

Com a nova estrutura organizacional, cada diretor de unidade ganhou autonomia para, juntamente com a área de marketing, criar novos produtos diferenciados e personalizados para atender às demandas do mercado, ávido por novidades. Tigre delegou as funções de planejamento e controle a cada um dos chefes de divisão. Agora, eles poderiam tomar decisões sobre o lançamento de produtos sem depender da aprovação do departamento de produção. Essa medida, além de acelerar as tarefas, queimando etapas do processo decisório, aumentou a criatividade na Alpargatas, aproveitando todo o potencial do capital humano da organização.

A adoção do modelo japonês de produção flexível foi a forma encontrada de manter os níveis de produtividade nas fábricas. No entanto, a flexibilidade não ficou restrita às plantas da Alpargatas e gerou bons resultados também na parte administrativa. A redução da formalização, o enfraquecimento da rígida burocracia e a delegação de tarefas e poderes aos diretores dos departamentos contribuíram para aumentar a motivação dos funcionários. Isso ocorreu pelos seguintes motivos: proximidade ao poder e complexidade do desafio.

A nova Alpargatas

A descentralização implementada com o novo desenho estrutural trouxe importantes ganhos para a organização. Além de reduzir a excessiva burocracia da empresa e acelerar os processos, a descentralização permitiu que as decisões fossem tomadas mais rapidamente e que a criatividade de todos os funcionários auxiliasse o desenvolvimento da organização. Ideias modernas que contribuíssem para o surgimento de novos produtos ou para a melhoria das atividades da Alpargatas foram incentivadas e aproveitadas. A delegação de tarefas animou muitos funcionários que esperavam a chance de mostrar seu potencial. As novas responsabilidades alegraram os ânimos e permitiram que mentes dinâmicas e criativas fossem descobertas.

Outra mudança na política da organização foi a adoção de programas de participação nos resultados em todos os setores da organização. Os programas de participação nos resultados foram uma forma encontrada por Tigre para aumentar a satisfação e o comprometimento dos empregados. Apenas no ano 2000, 12 milhões de reais foram distribuídos entre os funcionários.

Entretanto, não foi apenas descentralizando e distribuindo resultados que o executivo conseguiu aumentar a motivação e a coesão dos funcionários. Mesmo sendo um administrador empenhado, que enxergava no trabalho constante e bem realizado a chave para levantar a Alpargatas, Tigre sabia que um ambiente organizacional interno muito rígido e formal prejudicava a satisfação dos funcionários. Ele sempre acreditou que a informalidade nas relações interpessoais tivesse o poder de incentivar os empregados, tornando-os colaboradores da organização tão importantes quanto seus superiores. Foi por isso que fechou o restaurante da diretoria no 12º andar da sede da empresa, onde os subordinados não tinham acesso. Relações mais simples e diretas dão a sensação de inclusão na empresa, fazendo com que todos se sintam responsáveis e contentes pelo sucesso dos novos empreendimentos.

Essas medidas de Fernando Tigre contribuíram para melhorar o ambiente de trabalho na Alpargatas. Quando ele chegou, em 1997, os funcionários andavam cabisbaixos, mas, com as mudanças, aumentaram as responsabilidades e a pressão. Tigre manteve aqueles que aceitaram os desafios e responderam com comprometimento e dedicação às exigências. Dessa forma, foi possível incrementar a participação ativa de todos, usufruindo todo o capital humano ocioso da organização. O executivo delegou responsabilidades e disseminou a informalidade e a participação na empresa. Isso, no entanto, não significa que ele aceitava erros constantes e "corpo mole". A pressão e a cobrança em sua gestão foram constantes sobre diretores e subordinados.

Nova mudança no comando da Alpargatas

Em 2003, com a sensação de dever cumprido, Fernando Tigre decidiu deixar o cargo de presidente executivo da Alpargatas. Segundo Tigre, sua passagem pelo comando da empresa foi o ponto alto de sua trajetória profissional: "Deixo na Alpargatas a melhor equipe do Brasil, sem dúvida alguma. Acredito que o que faz a diferença são as pessoas; o que vem depois, trocamos, compramos, consertamos." Contudo, sua gestão não será esquecida por um bom tempo, já que as mudanças implementadas por ele mexeram em toda a estrutura organizacional e a mentalidade da organização. Repensou-se a estratégia, reposicionaram-se as marcas, e os funcionários ficaram mais motivados e engajados.

Para o lugar de Tigre foi escolhido o executivo mineiro Márcio Utsch, diretor que havia sido recrutado por Tigre no início de seu mandato. Segundo Tigre,

"Mário é ágil e agressivo, se sai muito bem diante de desafios." Dentro e fora da Alpargatas, Utsch é reconhecido mais pela capacidade de decidir e executar rapidamente. Além disso, é muito disciplinado, tendo instituído multas de 50 reais aos executivos que chegam atrasados às reuniões semanais da diretoria. No entanto, não se pense que é autocrático, "ele ouve de verdade a equipe e sabe delegar", afirma Gumercindo de Moraes Neto, diretor de artigos esportivos, "o resultado é que todos se comprometem com as metas".

Márcio Utsch é também um excelente marqueteiro. Periodicamente, percorre as lojas, onde observa a exposição das marcas da Alpargatas em vitrines e prateleiras e visita os principais clientes duas vezes ao ano. Como bom conhecedor da dinâmica do comércio, Utsch revolucionou o marketing da empresa. Desde que assumiu a presidência, o número de novidades e lançamentos de novos produtos e acessórios quadriplicou.

A organização, que vinha sofrendo com a estagnação das vendas e seguidos prejuízos, experimentou um crescimento impressionante na gestão de Tigre e posteriormente de Utsch, atingindo uma receita de 2,5 bilhões de reais e lucro de mais de 300 milhões de reais em 2011. Além disso, as Havaianas consolidaram-se como uma marca de sucesso no Brasil e no mundo, estando presentes nos mais exigentes mercados mundiais, como EUA, França e Itália. Atualmente, mais de 30% das vendas da empresa já são oriundas do mercado externo, e a tendência é continuar a crescer.[59]

Questões

1. Quais foram os principais desafios enfrentados por Fernando Tigre ao assumir a presidência da São Paulo Alpargatas? Quais foram os fatores que contribuíram para a desmotivação dos trabalhadores?

2. Quais das abordagens teóricas de motivação melhor ajudam a compreender o caso? Distinga, entre as várias medidas adotadas, aquelas que podem ser consideradas fatores higiênicos e fatores motivacionais.

3. Você considera Fernando Tigre um líder orientado para a tarefa ou para as pessoas? E Márcio Utsch? Como a teoria de contingência de Fiedler pode ajudar a compreender a atuação desses dois executivos?

Exercício de autoconhecimento

Você e a teoria X e Y[60]

Avalie as afirmações que se seguem e indique em que medida você concorda ou discorda com essas afirmações, de acordo com a escala abaixo. Baseie-se nas suas reais atitudes e crenças, e não como acha que deveria agir ou o que acha que é certo.

1 Discordo plenamente	2 Discordo ligeiramente	3 Neutro	4 Concordo ligeiramente	5 Concordo plenamente

1. Para obter um melhor trabalho dos funcionários, um gerente deve supervisioná-los bem de perto.   1 2 3 4 5
2. Um supervisor deve manter um bom controle sobre seus empregados para ver se eles estão fazendo um bom trabalho.   1 2 3 4 5
3. Um administrador deve estabelecer controles para se assegurar que seus empregados estão fazendo seus trabalhos.   1 2 3 4 5
4. No trabalho, sempre deve haver uma unidade de comando.   1 2 3 4 5
5. Um administrador deve se certificar que o trabalho de seus empregados está planejado para eles.   1 2 3 4 5
6. Uma hierarquia de autoridade e responsabilidades claras a todos os subordinados é essencial em uma organização.   1 2 3 4 5
7. Um administrador tem o dever de estruturar o trabalho para seus empregados.   1 2 3 4 5
8. Ser firme com os empregados é a melhor maneira de ter certeza de que eles farão um bom trabalho.   1 2 3 4 5
9. A maneira mais efetiva de se motivar e criar compromisso das pessoas com seus trabalhos é instruindo, direcionando e usando as recompensas e penalidades apropriadas.   1 2 3 4 5
10. Um administrador deve estabelecer as metas e objetivos para seus empregados e persuadi-los a buscar essas metas e objetivos.   1 2 3 4 5
11. Um administrador deve interferir assim que os relatórios indicarem que a performance de seus subordinados está decaindo.   1 2 3 4 5
12. Empregados preferem ser direcionados em vez de tomar suas próprias decisões no trabalho.   1 2 3 4 5
13. Um administrador deve checar diariamente seus empregados para ver se eles precisam de ajuda.   1 2 3 4 5
14. Empregados não buscam responsabilidade e não são capazes de exercer autocontrole.   1 2 3 4 5
15. Um administrador nunca deveria permitir que seus empregados tomassem decisões importantes.   1 2 3 4 5
16. É errado pensar que quanto mais desafiador for o trabalho, maior será a satisfação que os empregados terão por ele.   1 2 3 4 5
17. É um erro um administrador incentivar que os empregados estabeleçam seus próprios objetivos.   1 2 3 4 5
18. Reuniões com os empregados devem ser constantes para que o administrador esteja ciente do trabalho de seus funcionários.   1 2 3 4 5
19. Ao lidar com os subordinados, um administrador deve ser guiado mais por regras do que princípios.   1 2 3 4 5
20. Um empregado regular não gosta de trabalhar e irá evitar isso se possível.   1 2 3 4 5

Análise dos resultados

Veja o resultado desse teste sobre sua visão em relação ao comportamento dos trabalhadores. Se você somou entre 20 e 39 pontos, seu estilo de liderança compartilha os pressupostos da teoria Y. Se você somou entre 40 e 60 pontos, você tem uma visão heterogênea, que não compartilha todos os pressupostos da teoria X e nem da teoria Y. Por último, se você somou entre 61 e 80 pontos, o seu estilo de liderança é mais congruente com os pressupostos da teoria X.

Sem levar em consideração as opções marcadas e tendo em vista o conteúdo estudado das teorias X e Y, com qual estilo você gostaria mais de se assemelhar no futuro? Os resultados do teste de autoconhecimento foram compatíveis com seus anseios quanto à liderança que exercerá no futuro?

Dinâmica de grupo 1

Desenhando a motivação

Bruna Costa, César Trianon e Carolina Matos trabalham na InfoSites, uma empresa de criação e *design* de páginas para a Internet. Os *webdesigners* são gerenciados por Carla Santana, dona da companhia. Além dessa equipe, a organização tem outros dois times, que também são formados por três funcionários e um gestor.

Carla acredita que, por ser a dona da InfoSites, deve dar o exemplo aos demais administradores da organização. Por essa razão, ela quer que sua equipe sempre se supere e alcance resultados melhores do que as demais. Para isso, a gestora tem grande preocupação com a motivação de seus subordinados e busca compreender o que influencia a disposição de cada *webdesigner*. Dessa forma, ela pode oferecer incentivos específicos para cada um deles, voltados para seus "desejos motivacionais", e extrair os melhores desempenhos de sua equipe.

Segundo Carla, "Bruna é uma funcionária muito competente, que parece ter grande satisfação em influenciar o trabalho e a opinião dos outros". Para a gestora, sua funcionária tem grande vontade de se tornar uma gerente de equipe: "ela está cursando um MBA e, mais de uma vez, já me perguntou se não seria mais interessante que eu ocupasse um cargo de direção-geral, o que deixaria vaga minha posição atual".

César, por sua vez, é o *webdesigner* mais descontraído da empresa. "Ele está sempre de bom humor e tem muitos amigos aqui na empresa", conta a dona do negócio. De acordo com ela, o funcionário parece adorar o ambiente da InfoSites e gosta de estar perto dos demais membros da organização. "César organiza o 'choppinho' da quinta-feira e é o primeiro a disparar e-mails chamando seus colegas para almoçar", diz Carla.

Carolina Matos é vista por sua supervisora como uma funcionária padrão. "Ela é muito criativa e parece querer sempre se superar... e aos outros também", conta Carla. "A Carol gosta que nossa equipe fique com os trabalhos mais complicados e com aqueles solicitados por grandes empresas", afirma a gestora.

"Para se ter uma ideia, recentemente, uma grande rede varejista realizou uma concorrência para decidir qual empresa criaria o seu portal de vendas. O prazo era curto e achamos que não teríamos chance, pois concorreríamos com as maiores empresas brasileiras do ramo", diz Carla. "A Carol, entretanto, convenceu-me a participar e chamou a maior parte da responsabilidade para si. O trabalho ficou excelente e por pouco não batemos a agência vencedora, que já ganhou até prêmios em Cannes", conta. "Tentamos animar a Carol, mas ela ficou muito abatida e chegou a nos acusar de não termos nos esforçado o suficiente. Felizmente, todos entenderam seu comportamento e nem foi preciso solicitar que ela pedisse desculpas, uma iniciativa que partiu dela mesma", finaliza Carla.

Atividade de grupo

Em grupos de três, procure responder às seguintes questões:

1. Como a teoria das três necessidades, de David McClelland, está relacionada aos fatores que motivam os três *webdesigners* chefiados por Carla Santana?

2. Quais são as práticas e incentivos que a gestora poderia oferecer e realizar para elevar a motivação dos membros de sua equipe?

3. Você acha que a "motivação personalizada", de acordo com os desejos de cada um dos funcionários, poderia trazer problemas? Quais seriam eles? Isso teria relação com alguma outra teoria da motivação?

4. Carolina Matos foi apresentada como uma funcionária competitiva, que exige o máximo da própria e dos seus colegas de trabalho. Isso poderia trazer consequências negativas para sua equipe? O que poderia ser feito por Carla Santana para evitar esses problemas?

Dinâmica de grupo 2

O líder camaleão

Thiago Dias sempre gostou do ramo comercial e, logo após graduar-se em Administração, ingressou no programa de *trainee* da fabricante de cosméticos brasileira O Botiqueiro. Desde o início, porém, seu objetivo era trabalhar no dia a dia das lojas próprias da empresa, o que ocorreu no seu terceiro trimestre na organização, quando ele foi alocado como gerente de uma loja em um shopping center de Curitiba. Sua tarefa era coordenar as três vendedoras, o estoquista e o funcionário responsável pelo caixa, para que ele compreendesse as operações de linha de frente da companhia e observasse o comportamento dos consumidores, em sua maioria mulheres.

Os procedimentos na loja eram muito bem esquematizados e os funcionários recebiam treinamentos e atualizações trimestrais. Todo o processo de reposição de prateleiras e atendimento aos clientes era altamente padronizado, abrindo poucas margens de desvios aos funcionários. Até a ordem das atividades do caixa e a maneira de embrulhar os presentes eram preestabelecidos. Em função disso, Thiago não precisava exercer um controle rigoroso sobre seus subordinados e, durante os três meses em que trabalhou na loja, desenvolveu um bom relacionamento com todos eles, satisfeitos por terem liberdade para realizar seus trabalhos e por perceberem a confiança depositada pelo gerente.

Encerrado o programa de *trainee*, o jovem foi contratado e trabalhou nas áreas de logística e operações da empresa. Após quatro anos em O Botiqueiro, no entanto, achou que era hora de seguir em frente e procurou um novo desafio para sua carreira. Ele gostaria de trabalhar mais ao ar livre, mas sem sair do ramo administrativo. Recebeu, então, uma proposta de um parque de diversões de Paranaguá para gerir os 30 funcionários do empreendimento.

A situação encontrada por Thiago era caótica. Os funcionários eram muito jovens e inexperientes e a rotatividade na empresa era muito elevada. Seus subordinados há mais tempo no parque tinham apenas três meses de emprego e diziam que aquele era um "trabalho provisório". As remunerações eram muito baixas e a autoridade não era bem aceita pelos jovens empregados. Por essa razão, a equipe de Thiago não era muito motivada e costumava descumprir as recomendações de segurança e manutenção dos brinquedos. Além disso, eles não seguiam as regras sobre a maneira de se vestir, mostrando certa rebeldia juvenil quanto ao tema.

Ao encontrar essa situação, Thiago aceitou o desafio e teve que adotar um estilo de gestão mais "linha dura", controlando rigidamente seus subordinados. Com isso, ele tinha que especificar como cada tarefa deveria ser feita e definia metas que deveriam ser cumpridas. Para motivá-los, ele solicitou aos donos do parque o direito a conceder folgas remuneradas caso os empregados tivessem bons comportamentos e realizassem adequadamente seus trabalhos.

Após seis meses no cargo, a situação do empreendimento melhorou significativamente. A rotatividade reduziu e os serviços prestados pelos funcionários ganharam qualidade. Os clientes perceberam a mudança e a receita da empresa cresceu 50% em relação ao mesmo período do ano anterior. Os donos do parque ficaram muito impressionados e convidaram Thiago para ser gerente de um hotel também de sua propriedade, algo que ele aceitou prontamente.

No novo trabalho, o jovem gestor encontrou uma situação diferente daquela observada no parque de diversões. Seus novos subordinados tinham mais idade e trabalhavam, em média, há 12 anos no hotel. Todos tinham grande experiência na execução de suas tarefas, mas pareciam acomodados em suas funções. A verdade é que eles não se sentiam desafiados, visto que realizavam as mesmas atividades todos os dias. A rotina atrapalhava bastante o hotel, pois não forçava os funcionários a se superarem. Em decorrência disso, o número de hóspedes reduzia ano a ano, já que o hotel não oferecia nenhum diferencial, a qualidade dos serviços era mediana e os funcionários não demonstravam alegria em seu trabalho.

Para modificar essa situação, Thiago promoveu uma série de mudanças. Primeiramente, ele se reuniu com os membros de sua equipe para descobrir que outras tarefas eles teriam interesse em desempenhar. Após isso, alocou-os em diferentes áreas, cabendo aos antigos ocupantes das posições treinar seus substitutos. O gerente implantou um sistema de objetivos desafiadores e vinculou a avaliação dos subordinados não apenas ao seu desempenho, mas também ao de seu "pupilo".

Em pouco tempo, o nível de satisfação dos clientes elevou-se fortemente, fazendo com que o hotel passasse a atrair mais hóspedes. Além disso, a equipe ficou mais motivada e passou a dar sugestões de mudanças, engajando-se ativamente no negócio. Mais uma vez, os donos da empresa ficaram muito satisfeitos e promoveram Thiago a diretor-geral do parque e do hotel. Resta saber, agora, quanto tempo ele ficará no cargo e qual será seu estilo de liderança nesse período.

Atividade de grupo

Em grupos de três, procure responder às seguintes questões:

1. Caracterize os estilos de liderança adotados pelo gestor apresentados no texto. O que influenciou as ações de Thiago em cada um de seus empregos?

2. Tente explicar o sucesso do administrador em cada uma das situações narradas, com base nos estilos adotados e nas contingências situacionais.

3. Thiago apresentou diferentes estilos e práticas de liderança durante os empregos apresentados no texto. Você acha possível que um mesmo gestor adéque seu estilo de gestão às contingências ambientais?

Administrando a sua empresa

Como liderar jovens gênios? – julho do ano 2

Quando vocês resolveram criar uma empresa que desenvolve jogos para consoles e computador, sabiam que teriam de contratar jovens programadores, analistas e pesquisadores. Por essa razão, instalaram sua sede na região de Campinas, próxima aos principais polos de Ciência e Tecnologia do Brasil. O que não havia passado pela cabeça de vocês era o que precisariam fazer para manter esses profissionais unidos e motivados para realizar suas tarefas. Tratando-se de pessoas jovens, especialistas em linguagens e artes gráficas, muito criativas e extremamente valorizadas pelo mercado de trabalho, a organização precisa se desdobrar para garantir a permanência desses funcionários. Diante disso, o departamento de recursos humanos trabalhou em diversos planos de vantagens para esses indivíduos, garantindo a permanência de boa parte deles. No entanto, manter e motivar são duas coisas extremamente diferentes e é exatamente essa segunda parte que vem se tornando um desafio inacreditável para os administradores dos departamentos de programação e pesquisa & desenvolvimento.

Mas, antes de continuar, veja os resultados de sua empresa obtidos nesse último trimestre.

Demonstrações – ano 2	Abr.	Maio	Jun.
Receitas	R$ 90 mil	R$ 82 mil	R$ 85 mil
Despesas operacionais	R$ 55 mil	R$ 55 mil	R$ 55 mil
Despesas financeiras e tributárias	R$ 19 mil	R$ 17 mil	R$ 18 mil
Resultado	R$ 16 mil	R$ 10 mil	R$ 12 mil

A principal questão envolvida refere-se às competências dos jovens profissionais. No setor de P&D, há jovens pesquisadores e analistas, muito criativos e atentos às novidades do mercado. Além dessas habilidades, eles também são *experts* em artes gráficas e geram ideias fantásticas para a empresa. Como exemplo, podemos listar os jogos criados especificamente para o público mais jovem, ainda nos primeiros anos de vida, conhecido na empresa como "Bebês High Tech". Já no setor de Programação, estão os funcionários responsáveis por traduzir as várias ideias geradas pelo setor de criação para os computadores e consoles de videogames. Essa etapa é incrível por permitir que diversos programas fantásticos sejam armazenados em CDs, DVDs e Blue-rays para que sejam lidos pelos produtos eletrônicos nas casas dos consumidores. Para exercer tal tarefa, os programadores precisam ser mestres em linguagens complexas e modernas e devem se manter atualizados constantemente. Em relação a isso, a proximidade das universidades daquela região configura-se como uma importante vantagem para a empresa. Falando nisso, foi desses centros de tecnologia que os jovens funcionários saíram e sua empresa de *games* entrou em uma concorrência feroz para atraí-los.

Toda essa competência e especialização, porém, também traz uma série de dificuldades. A primeira delas refere-se às características pessoais desses indivíduos. A grande maioria desses "gênios" da organização adotou como prática, desde a adolescência, a troca do dia pela noite, a insubordinação e a sobreposição de suas vontades imediatas, ou seja, eles querem trabalhar quando lhes convier, não gostam de receber ordens e querem ter liberdade para jogar squash e videogame quando quiserem. Como são os principais ativos da companhia, essas práticas são toleradas, mas, muitas vezes, seus supervisores perdem a paciência ao constatar que, ao longo de uma semana inteira, nenhuma tarefa foi realizada.

Outro ponto de problema diz respeito à relação existente entre esses dois grupos de funcionários. Pesquisadores e analistas de criação e desenvolvimento consideram suas funções "muito mais importantes para a empresa do que a 'simples programação' dos jogos". Para eles, é intolerável que os programadores, "aqueles nerds que só conhecem a linguagem binária", recebam o mesmo tratamento e as mesmas regalias que eles próprios. Os funcionários de P&D acham que realizam 90% do trabalho, já que as "ideias nascem no setor de criação, e são elas que importam". Os programadores, por sua vez, têm, obviamente, um pensamento contrário. Dessa maneira, um conflito entre os grupos nasceu dentro da empresa.

Por fim, os supervisores desses profissionais também reclamam da falta de autoridade que possuem sobre seus subordinados. Segundo eles, "é impossível liderar e motivar uma equipe sem que eles reconheçam a existência de poder e autoridade nessa relação". Os jovens funcionários, por sua vez, veem esses administradores como "dinossauros" que não sabem nada sobre *games* e querem lhes dar ordens.

Atividades e decisões

1. Considerando o modelo dos Cinco Fatores da Personalidade (*Big Five*), trace um perfil comportamental que seria adequado para os supervisores dos funcionários da sua empresa.

2. Explique como a teoria da equidade poderia ser utilizada para solucionar os problemas existentes entre os grupos de pesquisadores e analistas e programadores.

3. Discuta como a empresa e os supervisores diretos poderiam motivar esses funcionários tão valiosos. Após criar os planos motivacionais, tente, se possível, relacioná-los com alguma das teorias estudadas.

4. Como o *status* desses jovens afeta sua relação com os supervisores? Qual estilo de liderança seria mais adequado para dirigir esses funcionários? Tente fundamentar sua resposta teoricamente.

Notas

1. A AMBEV na versão "paz e amor". **Exame.com**, fev. 2007. Disponível em: <http://exame.abril.com.br/revista-exame/edicoes/0887/noticias/a-ambev-na-versao-paz-e-amor-m0123073>. Acesso em: 24 abr. 2012.

2. ARGYRIS, C. Personality and organization theory revisited. **Administrative Science Quarterly**, v. 18, n. 2, p. 141-167, jun. 1973.

3. MCGREGOR, D. **O lado humano da empresa**. São Paulo: Martins Fontes, 1980.

4. JULIBONI, M. As bombinhas e o bilhão. **Exame.com**, ago. 2009. Disponível em: <http://exame.abril.com.br/revista-exame/edicoes/0949/noticias/bombinhas-bilhao-489420>. Acesso em: 25 abr. 2012.

5. ROBBINS, S. P.; DECENZO, D. A. **Fundamentos de administração**. 4. ed. São Paulo: Pearson Prentice Hall, 2004.

6. ROBBINS, S. P. **Comportamento organizacional**. 11. ed. São Paulo: Pearson Prentice Hall, 2005.

7. ROBBINS, S. P. **Comportamento organizacional**. 11. ed. São Paulo: Pearson Prentice Hall, 2005.

8. NEVES, N. As melhores empresas para você trabalhar 2011. **VocêS/A**. Disponível em: <http://www.150melhoresempresas.com.br/galerias/as-melhores-empresas-para-voce-trabalhar-2011/?volvo-a-empresa-do-ano>. Acesso em: 25 abr. 2012.

9. GREENE, C. N. The satisfaction-performance controversy. **Business Horizons**, v. 15, p. 31-41, 1972.

10. BECKER, T. E.; BILLINGS, D. M.; EVELETH, D. M.; GILBERT, N. L. Focus and bases of employee commitment: implications for job performance. **Academy of Management Journal**, n. 39, p. 464-482, 1996.

11. FESTINGER, L. **A theory of cognitive dissonance**. Stanford: Stanford University Press, 1957.

12. ASHTON, M. C. Personality and job performance: the importance of narrow traits. **Journal of Organizational Behavior**, v. 19, n. 3, p. 289-303, maio 1998.

13. DIGMAN, J. M. Personality structure: emergence of the five-factor model. **Annual Review of Psychology**, v. 41, p. 417-440, 1990.

14. HURTZ, G. M.; DONOVAN, J. J. Personality and job performance: the big-five revisited. **Journal of Applied Psychology**, n. 85, p. 869-879, 2000.

15. GOLEMAN, D. **Emotional intelligence**. Nova York: Bantam Books, 1995.

16. SCIRÉ, R. Inteligência emocional conta mais do que QI, indica estudo. **Click carreira**, set. 2011. Disponível em: <http://www.clickcarreira.com.br/Artigo.aspx?id=2435>. Acesso em: 25 abr. 2012.

17. BEYER, J. M. et al. The selective perception of managers revisited. **The Academy of Management Journal**, v. 40, n. 3, p. 716-737, jun. 1997.

18. CROSSAN, M.; LANE, W. H.; WHITE, R. E. An organizational learning framework: from intuition to institution. **The Academy of Management Review**, v. 24, n. 3, p. 522-537, jul. 1990.

19. ASCH, S. E. Effects of group pressure upon the modification and distortion of judgments. In: GUETZKOW, H. (Org.). **Groups, leadership, and men**. Pittsburgh: Carnegie Press, 1951. p. 177-190.

20. SALGADO, E. O banqueiro que luta jiu-jítsu. **Exame.com**, jul. 2007. Disponível em: <http://exame.abril.com.br/revista-exame/edicoes/0898/noticias/o-banqueiro-que-luta-jiu-jitsu-m0134334>. Acesso em: 25 abr. 2012.

21. PADILLA, I. Ricardo, o elétrico. **Época negócios**. Disponível em: <http://epocanegocios.globo.com/Revista/Common/0,,ERT137051-16380,00.html>. Acesso em: 25 abr. 2012.

22. MASLOW, A. **Motivation and personality**. Nova York: Harper & Row, 1954.

23. ALDERFER, C. **Existence, relatedness and growth**. Nova York: Free Press, 1972.

24. MAIS empresas adotam benefícios flexíveis. **Catho on-line**, jul. 2001. Disponível em: <http://www.catho.com.br/carreira-sucesso/sem-categoria/mais-empresas-adotam-beneficios-flexiveis>. Acesso em: 25 abr. 2012.

25. FERREIRA, A.; VILAS BOAS, A. A.; FUERTH, L. R. **Teorias de motivação**: um estudo de caso sobre a percepção das lideranças. v. 1. Maringá: RPA Brasil, 2007.

26. HERZBERG, F.; MAUSNER, B.; Snyderman, B. **The motivation to work**. Nova York: John Wiley, 1959; HERZBERG, F. One more time: how do you motivate employees? **Harvard Business Review**, p. 53-62, jan./fev. 1968.

27. MCCLELLAND, D. **The achieving society**. Nova York: The Free Press, 1967; MCCLELLAND, D. **Human motivation**. Glenview: Scott Foresman, 1985.

28. MCCLELLAND, D. Power is the great motivator. **Harvard Business Review**, p. 100-110, mar./abr. 1976.

29. FRAGUEIRO, F.; IBARRA, H.; HANSEN, M.; PEYER, U. Os CEOs de melhor desempenho da América Latina. **Harvard Business Review**, mar. 2012. Disponível em: <http://www.hbrbr.com.br/materia/os-ceos-de-melhor-desempenho-da-america-latina>. Acesso em: 25 abr. 2012.

30. VROOM, V. **Work and motivation**. Nova York: John Wiley & Sons, 1964; VROOM, V.; DECI, E. L. **Management and motivation**: selected readings. Harmondsworth: Penguin Books, 1970.

31. HERZOG, A. L. Decisão que vem de baixo. **Revista Exame**, ed. 885, 31 jan. 2007.

32. ADAMS, S. Injustice in social exchange. In: BERKOWITZ, L. (Ed.). **Advances in experimental social psychology**. Nova York: Academic Press. v. 2. 1965. p. 267-300.

33. LOCKE, E.; LATHAM, P. **A theory of goal setting & task performance**. Englewood Cliffs: Prentice Hall, 1990.

34. MAUTONE, S. Como Clonar uma empresa. **Revista Exame**, ed. 880, n. 22, 8 nov. 2006.

35. PORTER, L. W.; MILES, R. E. Motivation and management. In: MCGUIRE, J. W. (Ed.). **Contemporary management**: issues and viewpoints. Englewood Cliffs: Prentice-Hall, 1974. p. 545-570.

36. HOUSE, R. J. Leadership: some empirical generalizations and new research directions. In: STAW, B. M. (Ed.). **Research in organizational behavior**. Greenwich: JAI Press. v. 1. 1979. p. 348-354.

37. STONER, J.; FREEMAN, R. **Administração**. Rio de Janeiro: LTC, 1994.
38. LEWIN, K.; LIPPITT, R. Field theory and experiment in social psychology: concepts and methods. **American Journal of Sociology**, n. 44, p. 868-896, 1939.
39. FUSCO, C. Ele é duro na queda. **Exame.com**, dez. 2008. Disponível em: <http://exame.abril.com.br/revista-exame/edicoes/0933/noticias/ele-duro-queda-408279>.
40. TANNENBAUM, R.; SCHMIDT, W. How to choose a leadership pattern. **Harvard Business Review**, p. 162-180, maio/jun. 1973.
41. O ESTILO de gestão de Abilio Diniz. **Exame.com**, jul. 2009. Disponível em: <http://exame.abril.com.br/negocios/empresas/noticias/estilo-gestao-abilio-diniz-484471>. Acesso em: 25 abr. 2012.
42. SHARTLE, C. L. Early years of the Ohio State University leadership studies. **Journal of Management**, v. 5, n. 2, p. 127-134, 1979.
43. LIKERT, R. From production-and employee-centeredness to systems 1-4. **Journal of Management**, v. 10, n. 5, p. 147-156, 1979.
44. BLAKE, R. R.; MOUTON, J. S. **The managerial grid III**. Houston: Golf, 1985.
45. **Revista Executivo de Valor**, ano 6, n. 6, p. 6-10, abr. 2006.
46. FIEDLER, F. **A theory of leadership effectiveness**. Nova York: McGraw-Hill, 1967.
47. PETERS, L.; HARTKE, D.; PHOLMAN, T. Fiedler's contingency theory of leadership: an application of the meta analysis procedures of Schmidt and Hunter. **Psychological Bulletin**, p. 274-285, mar. 1985.
48. HERSEY, P.; BLANCHARD, K. **Management of organizational behavior:** utilizing human resources. Englewood Cliffs: Prentice Hall, 1969.
49. ROBBINS, S. P.; DECENZO, D. A. **Fundamentos de administração**. 4. ed. São Paulo: Pearson Prentice Hall, 2004.
50. HOUSE, R. A path-goal theory of leadership effectiveness. **Administrative Science Quarterly**, v. 16, p. 321-338, 1971; EVANS, M. G. Leadership and motivation: a core concept. **Academy of Management Journal**, n. 13, p. 91-102, 1970.
51. DAFT, R. **Administração**. São Paulo: Pioneira Thomson Learning, 2005.
52. MANO, C.; COSTA, M. Um ano para ficar na história. **Exame.com**, jul. 2009. Disponível em: <http://exame.abril.com.br/revista-exame/edicoes/0947/noticias/ano-ficar-historia-482568>. Acesso em: 25 abr. 2012.
53. ROBBINS, S. P.; DECENZO, D. A. **Fundamentos de administração**. 4. ed. São Paulo: Pearson Prentice Hall, 2004.
54. HOUSE, R.; HOWELL, J. Personality and charismatic leadership. **Leadership Quarterly**, v. 3, n. 2, p. 81-108, 1992.
55. SEGREDOS de um líder. **Imagepress**. Disponível em: <http://www.imageassessoria.com.br/release.asp?cod=7>. Acesso em: 25 abr. 2012.
56. ARVEY, R. D.; ROTUNDO, M.; JOHNSON, W.; ZHANG, Z.; MCGUE, M. The determinants of leadership role occupancy: Genetic andpersonality factors. **Leadership Quarterly**, 17, p. 1-20, 2006.
57. PORTO, E. O código da liderança. **Época negócios**, jun. 2010. Disponível em: <http://epocanegocios.globo.com/Revista/Common/0,,EMI145277-16366,00-O+CODIGO+DA+LIDERANCA.html>. Acesso em: 25 abr. 2012.
58. CARVALHO, L. Contratar prostitutas para motivar funcionários é comum, diz revista alemã. **Exame.com**, maio. 2011. Disponível em: <http://exame.abril.com.br/negocios/gestao/noticias/contratar-prostitutas-para-motivar-funcionarios-e-comum-diz-revista-alema>. Acesso em: 25 abr. 2012.
59. FERRAZ, E. Operação resgate. **Exame,** 754, ano 35, n. 24, p. 28 nov. 2001; CORREA, C. Pé lá fora. **Exame,** 796, ano 37, n. 14, 9 jul. 2003; FERNANDO Tigre: sua carreira, a alpargatas e o *case* de sucesso. **Jornal Carreira e Sucesso.** Especial; BLECHER, N. A brasileira que construiu uma marca global. **Exame**, 871, 26 jun. 2006.
60. Adaptado de PFEIFFER, J. W.; JONES, J. E. (Ed.). Supervisory Attitudes: The X-Y Scale. **The 1972 Annual Handbook for Group Facilitators.**

Capítulo 8 Controle

Objetivos de aprendizagem

1. Definir a função de controle e explicar sua importância para a administração.
2. Contrastar as três abordagens com relação à orientação do controle.
3. Distinguir os três tipos de controle quanto ao momento de realização.
4. Descrever o processo de controle e suas principais etapas.
5. Identificar as principais características de um sistema de controle eficaz.
6. Analisar os principais fatores contingenciais para o desenho de sistemas de controle.
7. Descrever os principais instrumentos de controle do desempenho.
8. Discutir os efeitos comportamentais do controle sobre as pessoas nas organizações.
9. Analisar estratégias técnicas de controle comportamental nas organizações.
10. Identificar as tendências contemporâneas no controle nas organizações.

O controle é a última função da administração a ser analisada. Ele diz respeito aos esforços exercidos pelos gestores para gerar e usar informações relativas à execução das atividades organizacionais, facilitando a detecção de potenciais problemas e desvios, e possibilitando a sua correção. Em outras palavras, a função controle tem como objetivo manter a organização não apenas no rumo planejado, mas também no rumo certo. Essa função fecha o ciclo das quatro funções da administração (planejamento, organização, direção e controle), dando consistência e unidade ao complexo processo de administração.

Ao longo deste capítulo, serão introduzidos os mecanismos básicos que possibilitam o uso do controle nas organizações. Assim, começa-se por definir a função de controle e destacar sua importância para as organizações. Em seguida, serão apresentadas diferentes abordagens com relação à orientação dos sistemas de controle e os diferentes tipos de controle. Tal como nas outras funções da administração analisadas, defende-se a concepção do controle como um processo, em que suas principais etapas serão descritas.

Posteriormente, serão definidos os sistemas de controle organizacionais, identificadas as características necessárias para garantir a sua eficácia e analisados alguns fatores contingenciais que influenciam a adoção de diferentes formatos de sistemas de controle nas organizações. Também são apresentados alguns instrumentos utilizados pelas organizações para controlar o desempenho, o controle financeiro, os sistemas de informação, a auditoria, o *balanced scorecard* e o *benchmarking*.

Em seguida, serão analisados os aspectos comportamentais do controle sobre as pessoas nas organizações. Especificamente, serão discutidos os efeitos do controle organizacional nas pessoas e algumas técnicas que podem ser utilizadas pelos administradores para controlar o comportamento dos funcionários. Por fim, serão analisados alguns desafios contemporâneos relativos ao controle organizacional.

>> Caso introdutório

O sonho que virou pesadelo!

A história da Brenco, Companhia Brasileira de Energia Renovável, é um bom exemplo da importância do controle para as organizações. A sua criação, em 2007, chamou a atenção do mercado devido aos nomes que estavam envolvidos e à arrojada visão de negócio. A empresa, liderada por Henri Phillipe Reichstul, ex-presidente da Petrobras e da Globopar, tinha como investidores, Vinod Khosla, fundador da Sun Microsystems, Steve Case, fundador da AOL, e James Wolfensohn, ex-presidente do Banco Mundial, entre outras celebridades do mundo dos negócios.

A proposta da empresa era inovadora: romper com a realidade do setor sucroalcooleiro brasileiro, marcado por exploração de trabalho semiescravo e ineficiência produtiva, produzindo etanol com altos padrões de sustentabilidade. A proposta inicial de construir dez usinas de etanol até 2015 na região Centro-Oeste tinha tudo para dar certo. As terras baratas e a elevada produtividade do solo faziam da Brenco uma excelente oportunidade de investimento. Não foi à toa que a empresa conseguiu captar mais de 2 bilhões de reais ainda antes de produzir 1 litro de álcool.

Entretanto, a empresa que prometia revolucionar os canaviais brasileiros se perdeu devido à falta de sistemas de controle e a uma gestão vacilante, migrando do otimismo ao caos. Se para os investidores, o projeto inicial era ótimo, a sua execução deixou muito a desejar. A principal causa para o fracasso foi a falta de controle eficaz. "Embora em algumas áreas houvesse um pouco mais de controle, em outras não havia nem uma mísera planilha de Excel", afirmou um executivo ligado à empresa. Durante alguns meses, a direção ficou aguardando a implementação de um sistema de controle de orçamento e durante este período a operação perdeu o rumo. Plantadores foram contratados em excesso e a área cultivada não era suficiente para compensar os investimentos iniciais. Com isso, o custo de implantação de 1 hectare de cana, que havia sido estimado em 4.000 reais, ultrapassou a barreira dos 5.500 reais.

A falta de controle e informações e o pouco monitoramento das atividades prejudicaram a identificação de desvios na execução do projeto e consequentemente a tomada de decisões que pudessem corrigir tais desvios, como cortes no orçamento, redimensionamento da operação de plantio e demissão de pessoas. A meta de tornar a Brenco a multinacional do álcool, capaz de fornecer 10% do etanol consumido no mundo, passou em pouco tempo de uma realidade viável para um sonho distante.

Em 2010, diante das pressões dos investidores para sanear o negócio, a solução encontrada por Reichstul foi a incorporação da empresa pela ETH Bioenergia, liderada por José Carlos Grubisich (na foto), passando o controle da operação para a empresa controlada pelo grupo Odebrechet.[1]

8.1 >> Fundamentos de controle

O desempenho satisfatório de uma organização não depende apenas de um processo de planejamento responsável por elaborar objetivos desafiadores e realistas, de um desenho estrutural que permita a execução adequada de atividades e de uma direção que lidere e motive os funcionários; depende também de um sistema de controle eficaz, que seja responsável por detectar possíveis desvios e corrigi-los em tempo hábil.

O caso introdutório exemplifica bem como até mesmo as melhores ideias de negócio – como a Brenco – podem fracassar se os problemas e desvios não forem identificados e corrigidos no momento certo. Foi a ausência de sistemas de controle eficazes que fez com que a direção não conseguisse detectar erros na execução do projeto, forçando a empresa a buscar soluções externas, como demonstra a sua incorporação pela ETH Bioenergia.

Essas e outras questões relativas aos mecanismos utilizados para controlar a organização serão analisadas ao longo deste capítulo, que busca conceituar o controle como uma função essencial para o bom desempenho organizacional.

8.1.1 ›› Conceito de controle

> **Controle**
> Função da administração responsável pela geração de informações sobre a execução das atividades organizacionais, de forma a garantir o cumprimento das metas planejadas.

O **controle** é um esforço sistemático de geração de informações sobre a execução das atividades organizacionais, de forma a torná-las consistentes com as expectativas estabelecidas nos planos e objetivos. Basicamente, trata-se do processo que busca garantir o alcance eficaz e eficiente da missão e dos objetivos organizacionais. Para isso, o controle tem duas atribuições essenciais: o monitoramento das atividades, comparando o desempenho real com o planejado, e a correção de qualquer desvio significativo, caso se conclua que as atividades estão sendo executadas de tal forma que não conduzam ao alcance dos objetivos definidos (Figura 8.1).

Figura 8.1 ›› Dupla atribuição do controle

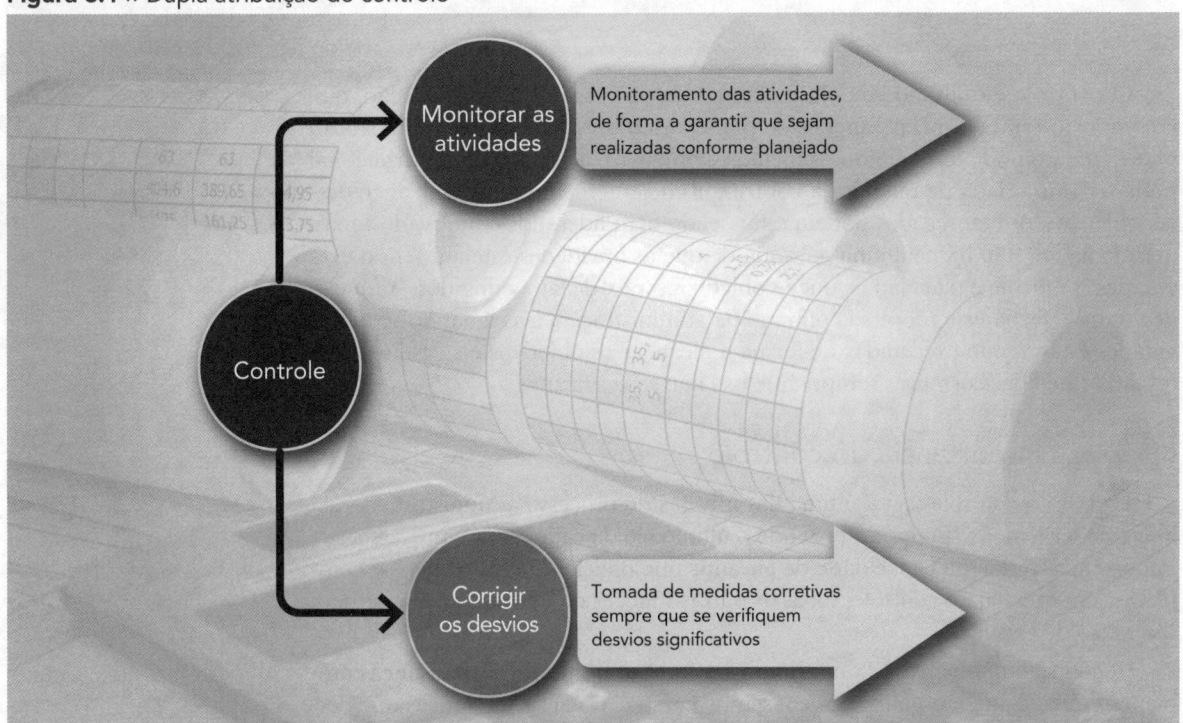

- **Controle**
  - **Monitorar as atividades** — Monitoramento das atividades, de forma a garantir que sejam realizadas conforme planejado
  - **Corrigir os desvios** — Tomada de medidas corretivas sempre que se verifiquem desvios significativos

Como se depreende da definição de controle, as funções planejamento e controle são intrinsecamente relacionadas. O planejamento especifica os objetivos organizacionais e o controle verifica se esses objetivos estão sendo realizados. Sem objetivos, o controle não seria possível, uma vez que não existiriam padrões para avaliar o desempenho da organização. No entanto, a relação planejamento-controle tem dois sentidos, já que, na maioria dos casos, os objetivos são definidos com base em informações coletadas em processos de controle anteriores, como ilustra a Figura 8.2.

Figura 8.2 ›› Relação entre planejamento e controle

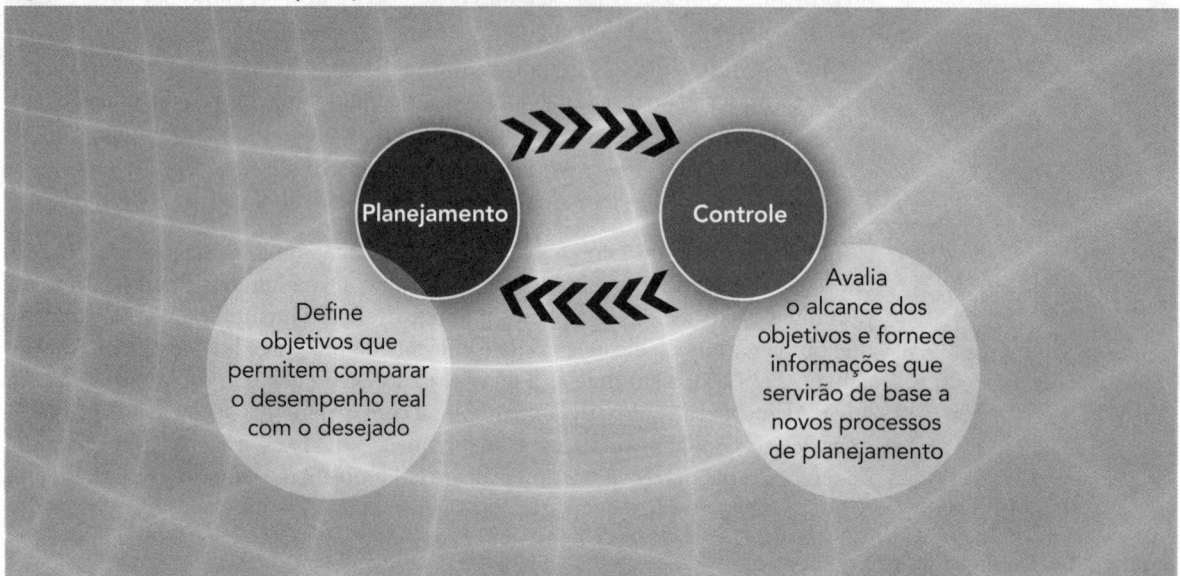

O controle é o último vínculo funcional do processo de administração, que é composto também pelas funções de planejamento, organização e direção. O planejamento pode ter definido os melhores objetivos, a estrutura organizacional pode ter sido criada de maneira a contribuir eficientemente para o alcance desses objetivos, os empregados podem estar sendo bem liderados e motivados, mas, mesmo assim, não há nenhuma garantia de que as atividades estejam sendo executadas conforme o planejado e que os objetivos serão, de fato, atingidos. A função de controle fecha esse processo contínuo de administração, averiguando se as atividades estão sendo executadas de forma a alcançar os objetivos e se estão sendo tomadas medidas corretivas sempre que isso não se verificar.

8.1.2 ›› A importância do controle

Embora o controle seja a última das funções do processo administrativo, está longe de ser a menos importante. Sendo o último elo da cadeia desse processo, sua importância reside na capacidade de garantir que o ciclo administrativo se complete. Sem que haja o controle, todas as outras funções da administração perdem sua razão de existir.

O controle também ajuda os administradores a monitorar as mudanças ambientais que afetam a organização em seu percurso e a sugerir mudanças que permitam alcançar os resultados desejados. Considerando-se que o ritmo de mudanças ambientais está cada vez maior, o processo de controle assume uma importância crítica nas organizações contemporâneas. De fato, o controle é a forma que as organizações encontraram para lidar com a incerteza e a dinâmica naturais do contexto em que estão inseridas.

Um sistema de controle eficaz garante que todas as atividades da organização sejam realizadas conforme o planejado. Para avaliar a eficácia de um sistema de controle, os administradores devem averiguar quanto esse sistema contribui para que os objetivos organizacionais sejam alcançados. Quanto mais esses sistemas auxiliarem os gestores a concretizar os objetivos da organização, mais eficazes eles serão.

Mas não pense que o controle é necessário apenas nas organizações com problemas. Todos os gerentes devem se envolver com as atividades de controle, mesmo quando suas unidades apresentam desempenho satisfatório. Os administradores só poderão saber se as unidades sob sua direção estão desempenhando bem seus papéis se avaliarem as atividades executadas, comparando seus desempenhos com os padrões desejados.

Em suma, o controle tem como função manter o sistema organizacional dentro de um padrão de comportamento previamente estabelecido. Busca, portanto, garantir a normalidade do sistema, identificando todo e qualquer desvio e permitindo sua rápida e efetiva correção. Para tanto, requer o suprimento de informações contínuas sobre o próprio sistema e seu padrão de comportamento. Esse padrão será o parâmetro de avaliação a ser considerado para medir se o desempenho do sistema é bom ou ruim.

8.1.3 ›› Orientação do controle

Apesar da necessidade de controlar suas atividades, isso não significa que as organizações tenham sistemas de controle idênticos. De fato, existem três abordagens com relação à orientação preferencial dos sistemas de controle organizacional: o controle de mercado, o controle burocrático e o controle de clã (ver Figura 8.3).[2] Nessa tipologia, o controle é entendido como o elemento que assegura a cooperação entre indivíduos cujos interesses divergem. Para que tal cooperação ocorra, os administradores podem utilizar uma combinação dessas três abordagens de forma a projetar sistemas de controle adequados às suas organizações.

CONTROLE DE MERCADO ›› Esse controle consiste da utilização de critérios e mecanismos de mercado, tais como os preços, a participação de mercado e os lucros, para avaliar e controlar as atividades e os resultados da organização. O **controle de mercado**, portanto, avalia o desempenho com base em fatores externos à organização. Esse tipo de controle é utilizado por empresas que possuem uma definição clara de produtos e serviços oferecidos e que atuam em um

> **Controle de mercado**
> Tipo de controle que utiliza parâmetros e mecanismos de mercado, como preços, lucros e participação de mercado, para avaliar e controlar as atividades e os resultados da organização.

Figura 8.3 ›› Orientação de controle

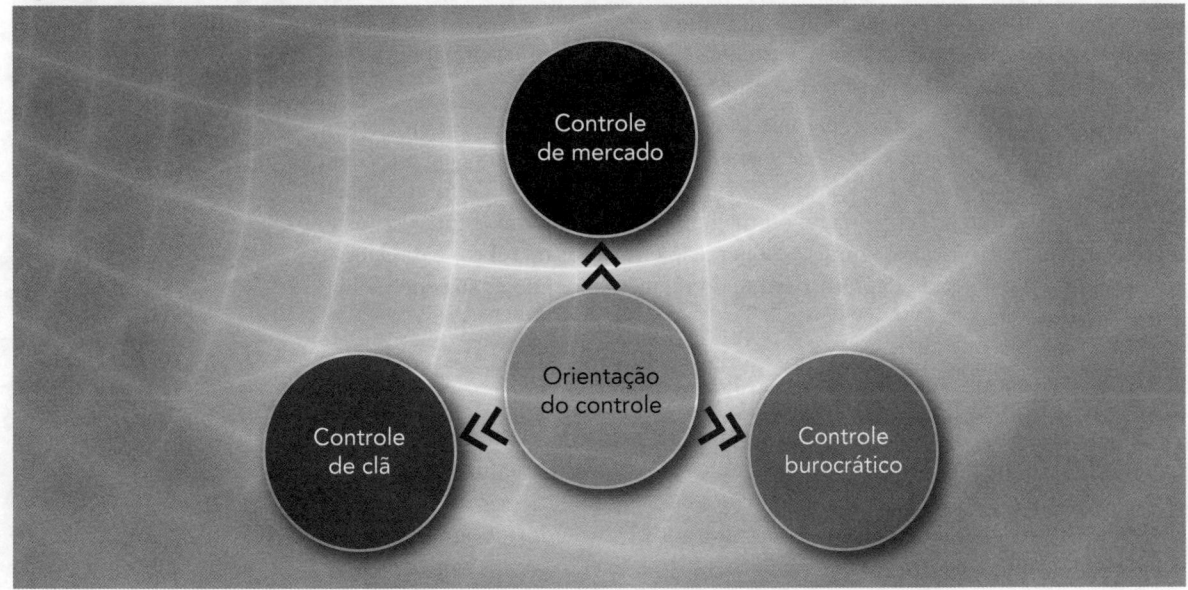

> No setor de aviação, os sistemas de controle estão orientados para o mercado. Critérios como taxa de ocupação dos voos, média de voos com atrasos e participação de mercado são as principais medidas de controle de desempenho das companhias aéreas. O monitoramento com base nesses parâmetros é realizado periodicamente e as comparações são feitas tanto em relação às concorrentes como em relação a períodos diferentes na própria empresa. A TAM, por exemplo, baseia seu plano de expansão em estimativas de índices de mercado e não é raro a empresa rever as metas quando algum desses índices não atinge o nível previsto.[3]

ambiente caracterizado por forte competição. Essas medidas de competitividade podem ser estabelecidas não apenas na relação com empresas concorrentes, mas também entre as áreas departamentais, divisões ou mesmo entre os indivíduos de uma organização.

CONTROLE BUROCRÁTICO » O **controle burocrático** é assegurado mediante autoridade e responsabilidade hierárquicas, fazendo uso de mecanismos administrativos e burocráticos, como regras, normas, padrões, políticas, procedimentos e orçamentos para influenciar e avaliar o desempenho. São as características da burocracia que controlam e avaliam os funcionários, incentivando-os a se comportar de forma adequada para alcançar os padrões desejados de desempenho. Mesmo que a organização seja dividida em departamentos com relativa autonomia, ainda assim estes devem operar de acordo com as diretrizes centrais e dentro dos limites orçamentários especificados.

> **Controle burocrático**
> Tipo de controle que faz uso de mecanismos administrativos e burocráticos, como regras, normas, políticas e orçamentos para monitorar e avaliar o desempenho da organização.

CONTROLE DE CLÃ » Esse tipo de controle é assegurado pelo compartilhamento de valores, normas, crenças, rituais, tradições, expectativas e outros aspectos relevantes da cultura organizacional. O **controle de clã** confia na cultura incorporada e nos relacionamentos informais para regular o comportamento do empregado e facilitar o alcance dos objetivos organizacionais. Nesse sentido, ele depende do grupo de trabalho para identificar os padrões de desempenho esperados e adequados. É tipicamente utilizado em empresas nas quais o trabalho em equipe é valorizado, uma vez que se sustenta na cultura organizacional e na relação que os indivíduos estabelecem com esta.

> **Controle de clã**
> Tipo de controle assegurado pelo compartilhamento de valores, normas, crenças, rituais, tradições, expectativas e outros aspectos relevantes da cultura organizacional.

De modo geral, as organizações não fazem uso exclusivo de uma única orientação de controle, empregando-as de forma combinada para modelar o sistema de controle mais apropriado. Seja qual for a perspectiva escolhida, o controle é sempre visto como uma ferramenta, ou melhor, como um componente do corpo organizacional que busca assegurar a cooperação entre seus membros e direcionar a empresa para a correta adaptação diante do meio, atendendo às suas necessidades de sobrevivência.[4]

8.1.4 ›› Controle por nível organizacional

O controle é um conceito que pode ser aplicado a diferentes níveis organizacionais. De fato, como já foi explicado em capítulos anteriores, a organização se divide nos níveis estratégico, tático e operacional, e, para cada um desses níveis, existem atividades e processos que devem ser monitorados e avaliados. Assim, podem-se distinguir três níveis de controle: estratégico, tático e operacional (Figura 8.4).

Figura 8.4 ›› Controle por nível hierárquico

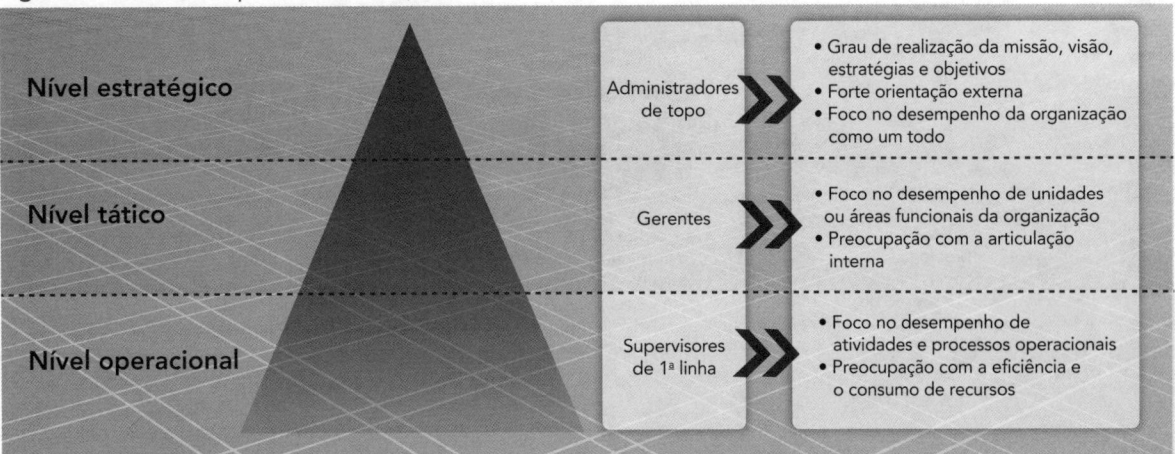

Nível	Responsáveis	Características
Nível estratégico	Administradores de topo	• Grau de realização da missão, visão, estratégias e objetivos • Forte orientação externa • Foco no desempenho da organização como um todo
Nível tático	Gerentes	• Foco no desempenho de unidades ou áreas funcionais da organização • Preocupação com a articulação interna
Nível operacional	Supervisores de 1ª linha	• Foco no desempenho de atividades e processos operacionais • Preocupação com a eficiência e o consumo de recursos

O *controle estratégico* procura monitorar o desempenho da organização como um todo, bem como acompanhar as tendências do ambiente externo, fazendo os ajustes necessários na estratégia da organização para que ela alcance sua missão e visão corporativa. Especificamente, por meio do controle estratégico, a empresa busca:[5]

- avaliar o grau de realização da missão, da visão e de estratégias e objetivos;
- acompanhar as tendências ambientais e analisar a adequação da missão, da visão e de estratégias e objetivos ao ambiente organizacional;
- avaliar o desempenho global da organização medido por indicadores como eficiência, produtividade, rentabilidade, competitividade, inovação, satisfação dos clientes, trabalhadores, acionistas, imagem etc.

O *controle tático* se refere ao uso de mecanismos de controle especializados em subsistemas da organização, tais como divisões ou áreas funcionais: marketing, finanças, produção, recursos humanos, entre outras.

Os mecanismos de controle de nível tático possibilitam que os gerentes tomem decisões específicas, visando resolver problemas em suas áreas de atuação. Volume de vendas, participação no mercado e resultados de uma campanha publicitária são exemplos de variáveis cujo desempenho deve ser controlado pelo gerente de marketing. As interdependências entre as diferentes áreas funcionais devem ser feitas no nível estratégico, que observa a organização sistemicamente.

Por último, o *controle operacional* utiliza mecanismos de controle ainda mais específicos, focalizando atividades operacionais, na maioria das vezes, de produção ou de acompanhamento. Alguns exemplos de controle operacional são a taxa de rejeição de produtos nos testes de qualidade, o volume de devoluções e reclamação dos clientes e o tempo de realização de um pedido. Cronogramas, diagramas do tipo Pert, planilhas e orçamentos são tipos de instrumento de controle utilizados nesse nível hierárquico.

8.2 ›› Tipos de controle

O controle do desempenho de uma atividade ou processo organizacional pode ser efetuado em diferentes momentos: antes que a atividade comece, enquanto a atividade decorre ou depois que a atividade estiver terminada. Os três tipos respectivos de controle baseados no *sincronismo temporal* são: o controle preventivo, o controle simultâneo e o controle posterior, conforme ilustrado pela Figura 8.5.

Figura 8.5 ›› Tipos de controle

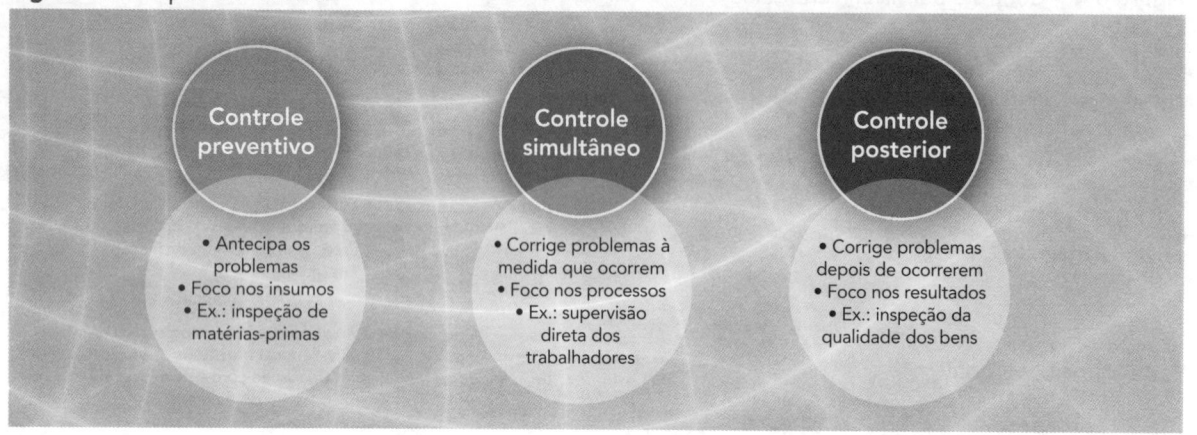

Controle preventivo
- Antecipa os problemas
- Foco nos insumos
- Ex.: inspeção de matérias-primas

Controle simultâneo
- Corrige problemas à medida que ocorrem
- Foco nos processos
- Ex.: supervisão direta dos trabalhadores

Controle posterior
- Corrige problemas depois de ocorrerem
- Foco nos resultados
- Ex.: inspeção da qualidade dos bens

8.2.1 ›› Controle preventivo

A ideia central do **controle preventivo** consiste na antecipação dos problemas que poderão ocorrer, em vez de resolvê-los depois de acontecerem. Dessa forma, seu foco está em garantir que todos os recursos e condições necessários à execução das atividades cumpram um conjunto de requisitos de forma a evitar problemas durante o desempenho dessas atividades. Modalidade de controle proativa, o controle preventivo é projetado para detectar desvios em algum padrão de desempenho nos insumos, de forma que garanta a imediata reparação antes que determinada sequência de ações seja iniciada.

> **Controle preventivo**
> Modalidade de controle proativa que busca detectar problemas antes que determinada sequência de atividades seja iniciada.

Os exemplos típicos desse tipo de controle são os testes de seleção de recursos humanos, a inspeção de matérias-primas ou os programas de manutenção preventiva utilizados por companhias de aviação ou empresas industriais. Políticas, procedimentos e regras são outros exemplos de controles preventivos, visto que estabelecem diretrizes que limitam o comportamento dos membros organizacionais. Uma regra que declare que gastos acima de dois mil reais devam ser aprovados pelo superior hierárquico pode evitar que uma unidade não cumpra seus objetivos ou que ultrapasse seu orçamento. Os procedimentos para a avaliação de pedidos de empréstimos dos bancos comerciais que têm como objetivo diminuir o risco do seu não pagamento são outro exemplo de controle preventivo. Para isso, exigem uma documentação extensa que lhes permita analisar e administrar o risco do cliente, evitando problemas futuros.

A Volkswagen faz controle preventivo da produção, utilizando os critérios da norma VDA 6.3 para avaliar os fornecedores de componentes. As empresas são classificadas de acordo com a pontuação que recebem no atendimento às exigências da norma: A (90 a 100 pontos), B (75 a 89) e C (0 a 74). De todos os fornecedores avaliados, apenas os classificados como A ou B podem vender seus produtos para a VW Brasil. Sempre que um novo fabricante de suprimentos passa a entregar componentes, ou toda vez que muda alguma especificação de determinada peça, são realizados novos testes e classificações.

O controle preventivo é orientado para o futuro. Em vez de esperar os resultados de uma atividade, seu objetivo é evitar problemas futuros. No entanto, apesar de ser considerado o mais desejável, é o tipo de controle mais difícil de implementar, porque precisa de informações que nem sempre estão disponíveis.

8.2.2 ›› Controle simultâneo

> **Controle simultâneo**
> Mecanismo de controle reativo que busca detectar e corrigir problemas no momento em que ocorrem.

O **controle simultâneo** consiste no monitoramento contínuo das atividades de forma a garantir que estejam sendo executadas de acordo com os padrões de desempenho definidos. Esse tipo de controle enfatiza o processo, corrigindo os problemas à medida que vão ocorrendo. Diferentemente do controle preventivo, o controle simultâneo é considerado um mecanismo de controle reativo, pois aguarda a ocorrência de um problema para, então, corrigi-lo, antes que se torne muito custoso para a organização.

Os exemplos típicos de controle simultâneo são a supervisão direta e os controles estatísticos do processo produtivo. No caso da supervisão, o administrador observa diretamente o desempenho de um subordinado para garantir que ele esteja executando suas tarefas de forma eficaz, corrigindo-o sempre que cometer um erro.

Os primeiros teóricos organizacionais, como Taylor, eram entusiastas desse tipo de controle. Hoje em dia, porém, os avanços na tecnologia têm permitido desenvolver sistemas de controle sofisticados que monitoram quase todos os processos organizacionais, identificando desvios em tempo real, avisando o responsável sobre sua ocorrência e, até mesmo, propondo medidas corretivas. Este é o caso do sistema toyotista de produção, um modelo pós-taylorista de controle, no qual o papel do supervisor de primeira linha é substituído pela automatização e pelo uso de computadores.

Também os programas de qualidade total (discutidos no Capítulo 9) dependem de mecanismos de controle simultâneo para monitorar a qualidade do processo produtivo e corrigir problemas sempre que os padrões de qualidade não são atingidos.

8.2.3 ›› Controle posterior

> **Controle posterior**
> Modalidade de controle que tem por objetivo avaliar o desempenho de uma atividade ou processo após sua realização.

O **controle posterior** ou controle por *feedback* tem como objetivo avaliar o desempenho de uma atividade ou processo após sua realização. Seu foco está na comparação dos resultados obtidos com os parâmetros de desempenho previamente estabelecidos. O controle posterior não tem como objetivo corrigir o desempenho, mas sim identificar as causas dos desvios. Isso permite a correção de problemas futuros na execução da mesma atividade. Contudo, a atividade na qual se identificou o desvio não será corrigida, e a perda dificilmente será recuperada.

A avaliação do desempenho dos trabalhadores, os demonstrativos financeiros ou o controle da qualidade dos bens produzidos são exemplos de controle posterior, já que avaliam os resultados dos processos organizacionais depois de terem sido concluídos. A importância desse tipo de controle reside na aprendizagem e na motivação que pode propiciar para os membros organizacionais. Sua principal desvantagem é a identificação de problemas depois que os danos já foram causados.

É importante considerar que esses tipos de controle não são mutuamente excludentes. Para a garantia de maior eficácia organizacional, é aconselhável que sejam utilizados em conjunto. Dessa forma, a organização se previne quanto à ocorrência de variados tipos de falha e pode ter resultados mais satisfatórios, além de poder constituir um histórico de desvios e correções que impeçam a ocorrência futura de erros já conhecidos. A eficácia organizacional, da perspectiva do controle, deve ser considerada um processo evolutivo, na medida em que, a partir dos erros ocasionados, é gerado um aprendizado que é transformado em conhecimento para melhorar o desempenho organizacional.

Através do controle posterior da qualidade de seus produtos, a Hewlett-Packard (HP) detectou problemas em 5% das baterias por ela produzidas para equipar notebooks HP e Compaq. A empresa descobriu que elas tinham um defeito que poderia causar superaquecimento, com riscos de incêndios e explosões. Com o objetivo de corrigir esse problema, a HP anunciou, em 2011, o recall das 162 mil baterias que estavam nessa condição.[6]

8.3 ›› Processo de controle

A função de controle, tal como as outras funções administrativas, pode ser conceituada como um processo, uma vez que se refere a uma série de etapas que buscam assegurar que a organização alcance seus objetivos. Trata-se de um processo de coleta de informações que ajuda os dirigentes a tomar decisões adequadas acerca do rumo da organização. Como qualquer outro processo, o controle é sujeito a mudanças contínuas. A falha de reconhecimento da natureza processual da função controle pode levar os executivos a cometer erros graves de administração.[7]

Como ilustrado na Figura 8.6, o processo de controle pode ser dividido em quatro etapas: o estabelecimento dos parâmetros de desempenho; a medição do desempenho real; a comparação do desempenho observado com os parâmetros preestabelecidos e a implementação de medidas corretivas, ajustando o desempenho ou os parâmetros.

Figura 8.6 ›› O processo de controle

8.3.1 ›› Estabelecimento de parâmetros de desempenho

Para que um administrador possa controlar uma atividade, ele deve saber quais são as expectativas da organização em relação às atividades que serão controladas. Um **parâmetro de desempenho** ou padrão de desempenho define essas expectativas, explicitando o nível de desempenho esperado para dada tarefa organizacional. Como tal, os parâmetros são responsáveis por fornecer os critérios de avaliação que permitem medir e comparar o desempenho real. O estabelecimento dos parâmetros de controle possibilita avaliar o desempenho de maneira eficaz e tomar ações corretivas sempre que se verifiquem desvios.

> **Parâmetro de desempenho**
> Nível de desempenho esperado para dada atividade, tarefa ou produto.

Os parâmetros de desempenho são extraídos diretamente dos objetivos e dos planos, já que são definidos no decorrer do processo de planejamento. Por exemplo, quando uma montadora define o objetivo de produzir 500 unidades por dia de um modelo, esse objetivo é também um parâmetro de desempenho. É por essa razão que alguns autores não consideram essa etapa como parte do processo de controle, mas sim como dado preestabelecido.

Esses parâmetros podem ser estabelecidos para qualquer tipo de atividade – tarefas operacionais, financeiras, comerciais, legais, sociais – e podem utilizar diversos critérios como, por exemplo, a quantidade, a qualidade, o tempo, a rentabilidade, a inovação, a redução de custos, entre muitos outros. Seja qual for a atividade a controlar, é importante que os parâmetros sejam definidos de forma clara, tangível e mensurável.

8.3.2 ›› Medição do desempenho real

A segunda etapa do processo de controle é a medição de desempenho real, que consiste no monitoramento e no acompanhamento da execução das atividades organizacionais. Trata-se de um processo de produção e coleta de informações, essencial para avaliar o progresso em direção aos objetivos. Para isso, os administradores devem definir o foco do controle (o que vai ser medido?), as fontes de informação (como se vai medir?) e o *timing* do controle (quando e com que frequência?).

> **Foco do controle**
> Escolha das atividades ou resultados que serão mensurados e dos critérios que serão utilizados nessa medição.

O **foco do controle** determina o que deve ser mensurado no processo de controle e especifica os critérios que serão utilizados na medição do desempenho. Nem tudo pode e deve ser controlado, uma vez que o controle tem custos econômicos e comportamentais para a organização. Obviamente, quanto mais atividades forem avaliadas, maior a garantia de que os objetivos organizacionais serão alcançados; no entanto, o controle excessivo pode implicar desperdício de recursos e provocar um clima organizacional negativo. As atividades cujos desempenhos devem ser mensurados deverão ser priorizadas em função da importância de sua contribuição para o alcance dos objetivos, de forma que o empenho para controlá-las possa ser balanceado.

Existem alguns critérios de controle que podem ser utilizados em qualquer organização, como a taxa de rotatividade dos funcionários ou a rentabilidade. No entanto, a grande maioria dos critérios de controle depende do tipo de atividade desempenhada pelo gestor. Um gerente de produção pode usar critérios como quantidade de peças produzidas diariamente ou percentual de peças defeituosas, enquanto um gerente de marketing pode utilizar critérios como a participação no mercado ou os gastos com publicidade. Por outro lado, existem atividades difíceis de serem mensuradas. A atividade de um professor é mais difícil de ser avaliada em termos quantitativos do que a de um vendedor. Entretanto, mesmo quando é difícil determinar critérios quantitativos de controle, o administrador deve fazer uso de critérios subjetivos em vez de ignorar o processo de avaliação.

As **fontes de informação** que o administrador pode usar no decorrer do processo de controle são muitas. Observações pessoais, relatórios estatísticos, relatórios orais ou escritos, mecanismos de contagem, gráficos, mapas, inspeções visuais, questionários e até mesmo conversas de corredor podem constituir importantes fontes de medição do desempenho. Cada uma dessas fontes apresenta vantagens e desvantagens. As observações individuais oferecem informações mais profundas, sem o filtro de outras pessoas, mas podem ser consideradas enviesadas e sujeitas a erros individuais. Relatórios estatísticos, gráficos, questionários e outros métodos quantitativos asseguram maior objetividade, mas ignoram fatores subjetivos que também são importantes para o desempenho organizacional. Por sua vez, relatórios orais, como reuniões e conferências, apresentam a possibilidade de fornecer boas informações, mas podem falhar por falta de registros e perda de tempo. Considerando as vantagens e as desvantagens de cada uma dessas fontes, é recomendável seu uso combinado, de forma a aumentar a quantidade e a qualidade da informação obtida, assim como sua confiabilidade.

> **Fontes de informação**
> Meios de coleta de informações sobre o desempenho de atividades ou resultados organizacionais.

Por fim, o ***timing* do controle** define o momento de obtenção da informação. De forma geral, o controle deve ser visto como um processo contínuo e repetitivo, no qual a frequência das medições será determinada pela atividade que se quer controlar. O desenvolvimento tecnológico atual permite o uso de sistemas de medição e controle do desempenho em tempo real, mas nem todas as atividades demandarão esse tipo de mensuração. O ideal é que se estabeleça uma rotina minimamente confiável para que o alcance dos objetivos seja garantido. Um gestor não deve permitir que uma atividade fique longos períodos sem ser mensurada, mas também não deve empenhar esforços desnecessários na medição do desempenho. Cabe encontrar um meio-termo que não gere custos excessivos nem permita que a organização fique vulnerável, correndo o risco de não alcançar seus objetivos.

> ***Timing* do controle**
> Momento de obtenção da informação que será utilizada no processo de controle.

8.3.3 ›› Comparação do desempenho com os parâmetros preestabelecidos

Nesta etapa, o administrador avalia o desempenho real em comparação com os parâmetros estabelecidos. Assim, ele avalia se os desvios que acontecem no decorrer da execução das atividades são realmente significativos. De modo geral, quase todas as atividades e processos organizacionais apresentam desvios em relação aos padrões de desempenho, cabendo ao administrador interpretar a aceitabilidade dessa variação. Caso a variação observada seja considerada inaceitável, devem-se tomar ações corretivas.

Um princípio que deve ser observado na comparação do desempenho com os parâmetros é o **princípio da exceção**, que defende que o administrador apenas deve dedicar atenção especial às exceções ou aos desvios significativos em relação ao resultado esperado. Ao concentrarem-se apenas nos casos excepcionais, os administradores podem economizar tempo e recursos importantes.

> **Princípio da exceção**
> Princípio que defende que o controle deve focar apenas nas exceções ou nos desvios significativos.

Nessa etapa do processo de controle, os administradores devem procurar identificar os fatores que estão na origem do desvio, para fazer uma avaliação consciente e informada do desempenho. Por exemplo, o não alcance do objetivo de vendas semanal de um vendedor pode ter sido provocado pela paralisação dos aeroportos, impedindo-o de viajar. De fato, uma avaliação de desempenho eficaz depende de uma mistura entre o julgamento subjetivo do administrador e a análise dos dados objetivos de desempenho. De qualquer maneira, mesmo que os desvios verificados não impliquem a adoção de medidas corretivas, as variações abaixo ou acima dos padrões de desempenho devem ser motivo de reflexão.

8.3.4 ›› Implementação de medidas corretivas

Medidas corretivas
Ações contingenciais para lidar com problemas ou desvios que ocorrem na execução de tarefas e atividades.

A última etapa do processo de controle consiste na tomada de **medidas corretivas**, que visa garantir o alcance dos objetivos. As medidas corretivas dificilmente serão previamente definidas, em função da imprevisibilidade dos desvios que podem ocorrer. É claro que poderão existir planos de contingência para lidar com possíveis problemas, mas como esses planos não conseguirão prever todos os erros que podem ocorrer, as ações corretivas são, de um modo geral, definidas no momento da constatação do desvio. Assim, o que acontece é a análise de cada desvio e a definição de uma ação gerencial para a resolução de cada problema específico.

Com base nos resultados da comparação do desempenho, os administradores podem seguir três cursos de ação: não fazer nada, corrigir o desempenho atual ou revisar os parâmetros de desempenho. O primeiro curso de ação é adequado em situações nas quais os parâmetros de desempenho foram atingidos ou quando os desvios são pouco significativos. Por sua vez, quando o desvio é resultado de um desempenho deficiente, o administrador deve ajustá-lo na execução da tarefa de forma a garantir o alcance dos objetivos. Exemplos de ações corretivas são: a demissão de funcionários, a mudança na política de remuneração, a implementação de programas de treinamento, a remodelação do processo de produção, a substituição de fornecedores, entre outras.

As ações corretivas podem ser classificadas do seguinte modo:

- *Ações corretivas imediatas*: são as que têm como objetivo corrigir os desvios no momento de sua ocorrência para manter o nível desejado de desempenho. Possuem um caráter emergencial.
- *Ações corretivas básicas*: são aquelas cujo objetivo é identificar a fonte do desvio de modo a corrigir as causas em vez dos efeitos. Têm caráter mais preventivo que corretivo.[8]

Deve ser levado em conta que mudar o rumo da organização não é uma tarefa trivial, visto que os problemas de desempenho podem se originar de deficiências relacionadas com: 1) a inadequação da estrutura organizacional; 2) o baixo grau de motivação dos funcionários; 3) o comportamento do líder; e 4) a falhas no treinamento, entre outros fatores, cujo diagnóstico e possível correção são extremamente difíceis.

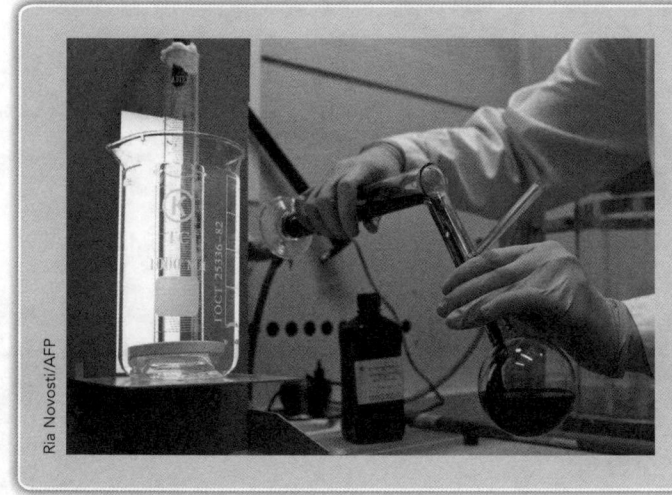

A Suzano Petroquímica, empresa produtora de resinas termoplásticas, necessita de um controle rígido dos produtos e processos. Como opera com produtos altamente tóxicos e nocivos para a sociedade e o meio ambiente, a empresa controla todos os processos seguindo as orientações dos Manuais de Qualidade, Normas de Saúde e de Conservação e Segurança do Meio Ambiente. Caso alguma não conformidade seja detectada pelo controle de inspeção, seu tratamento é operacionalizado por meio do SAC (Sistema de Ação Corretiva) e do GAC (Grupo de Ação Corretiva), demonstrando que a correção de problemas na empresa é feita imediatamente após a sua identificação.[9]

Por fim, o terceiro curso de ação reconhece a existência de padrões de desempenho mal definidos, buscando revê-los, em vez de mudar o desempenho. Isso acontece quando o desvio observado não é fruto de um desempenho deficiente, mas sim de padrões de desempenho irrealistas. Logo, não é o desempenho que precisa de medidas corretivas, mas os próprios padrões de desempenho. Esses padrões podem estar superestimados ou subestimados, revelando-se, assim, irrealistas.

A revisão desses parâmetros é um processo difícil que pode encontrar resistências organizacionais. Os funcionários que não alcançaram seus objetivos podem alegar que eles eram ambiciosos ou demasiado exigentes. De qualquer forma, cabe ao administrador decidir se os padrões devem ser revistos de forma a garantir um processo de controle fundado em bases de desempenho realistas.

8.4 ›› Sistemas de controle

Os **sistemas de controle** podem ser definidos como conjuntos coordenados de regras, princípios e práticas que interagem de forma regular e previsível, buscando coletar informações essenciais ao processo de controle. São sistemas formais, orientados por objetivos, que monitoram, avaliam e fornecem *feedback* acerca do desempenho organizacional. Além disso, podem gerar e transmitir informações relativas a questões financeiras, contábeis, gerenciais, comerciais, operacionais, entre outras.[10]

> **Sistema de controle**
> Conjuntos coordenados de regras, princípios e práticas que interagem de forma regular e previsível, buscando coletar informações essenciais ao processo de controle.

8.4.1 ›› Desenho de sistemas de controle

O desenho de um sistema de controle consiste na definição dos procedimentos e ferramentas para a coleta, processamento e apresentação de informações sobre o andamento das atividades organizacionais. Para que sejam eficazes, esses sistemas devem apresentar as seguintes características (Figura 8.7): precisão, rapidez, economia, flexibilidade, inteligibilidade, aceitação, critérios múltiplos e razoáveis, foco estratégico, ênfase nas exceções e adoção de medidas corretivas.[11]

Figura 8.7 ›› Características de sistemas de controle eficazes

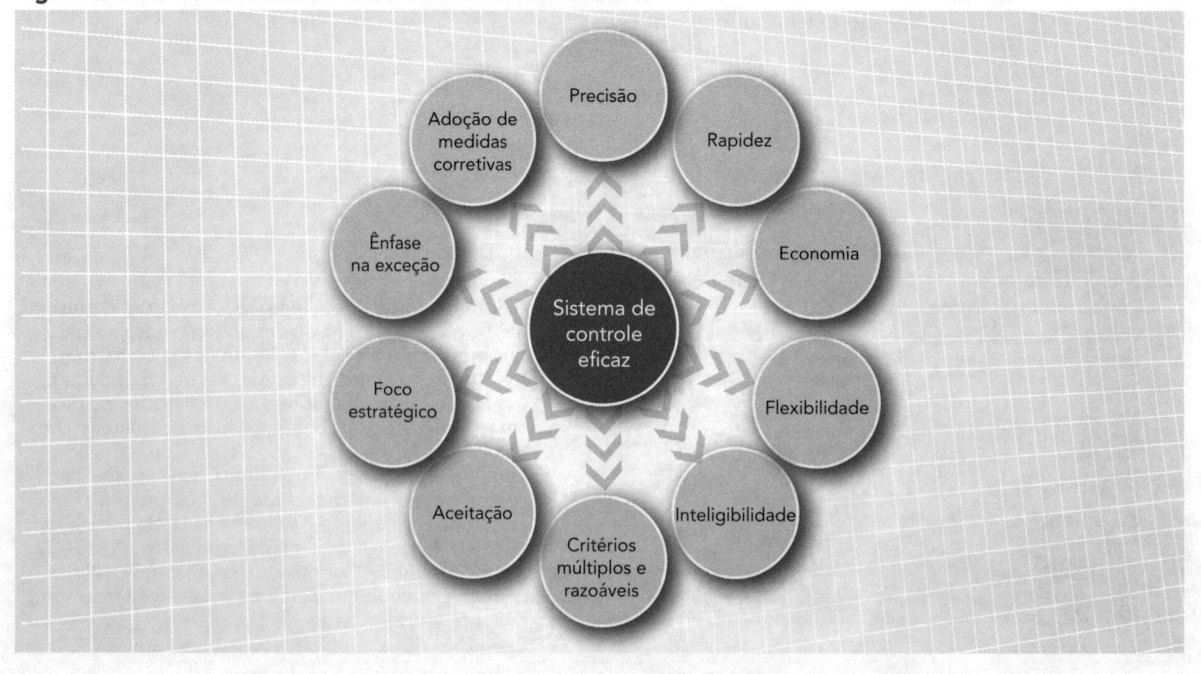

Em primeiro lugar, um sistema de controle deve ser *preciso*. A precisão diz respeito à confiabilidade das informações geradas pelos sistemas de controle. Logo, um sistema de controle preciso é aquele que gera informações válidas. Para controlar o desempenho organizacional, o administrador precisa confiar nas informações geradas por seus sistemas. Se elas forem imprecisas ou incorretas, o gerente corre o risco de tomar decisões inadequadas à resolução dos problemas encontrados.

Outra característica importante é a *rapidez* do sistema de controle. Para ser eficaz, o sistema deve proporcionar informações com rapidez, que permitam a tomada de medidas corretivas a tempo de evitar maiores desvios no desempenho. Se as informações não forem disponibilizadas oportunamente, terão muito pouco valor.

Além disso, um sistema de controle eficaz precisa gerar benefícios que compensem custos envolvidos em seu desenvolvimento e manutenção. Em outras palavras, precisa ser *economicamente viável*. Na maioria dos casos, o desenvolvimento e a implementação de tais sistemas são muito dispendiosos, mas sua manutenção não pode ser tão onerosa, sob o risco de inviabilizar o investimento.

Os mecanismos de controle devem também ser capazes de se ajustar às mudanças ambientais que a cada dia se fazem mais presentes na realidade organizacional, ou seja, devem ser *flexíveis*. A flexibilidade diz respeito à capacidade de adaptação dos sistemas de controle diante de novas condições, de forma a corrigir com eficácia os problemas que surgem ou a aproveitar novas oportunidades.

A *inteligibilidade* é outra característica essencial de um sistema de controle eficaz. Refere-se à facilidade de compreensão que o sistema proporciona a seus usuários. Se o sistema de controle não pode ser compreendido, então não tem valor para a organização. Além disso, sistemas incompreensíveis podem levar a erros e frustrações da parte de quem os opera. O ideal é que os sistemas de controle sejam tão simples quanto possível, de forma a garantir seu aproveitamento máximo.

Além de inteligível, um sistema de controle eficaz deve ser aceito pelos controlados. Controle implica redução da liberdade individual e é natural que gere resistência. A *aceitação* é fundamental porque diminui essa resistência. Dessa forma, é importante que as pessoas entendam por que estão sendo controladas e qual a necessidade desse controle para seu trabalho e para a organização.

Os parâmetros de desempenho dos sistemas de controle eficazes devem ainda ser razoáveis e abranger uma multiplicidade de objetivos. A *razoabilidade dos critérios* de avaliação significa que estes devem se basear em padrões alcançáveis, mas desafiadores. Assim, desafiam e motivam os membros organizacionais a buscar níveis de desempenho elevados. Por outro lado, a adoção de *critérios múltiplos* amplia o foco de análise, possibilitando uma avaliação mais apurada e precisa. Dificilmente a organização poderá se basear em um único parâmetro para mensurar seu desempenho.

Além disso, a utilização de poucos parâmetros facilita a manipulação dos resultados, levando a uma avaliação não realística do desempenho. Uma das mais importantes características dos sistemas de controle eficaz é seu *foco estratégico*. Uma vez que é impossível controlar tudo o que ocorre na organização, cabe aos dirigentes definir quais são as atividades, as operações ou os processos estratégicos que serão controlados. Devem ser priorizadas as atividades críticas para o desempenho e aquelas cujos desvios podem provocar problemas de difícil resolução. Dessa maneira, a organização foca o controle no que realmente é importante para seu desempenho. Isso garante que a atenção dos administradores seja direcionada para os elementos mais significativos de dada operação ou atividade organizacional.

A Sabesp faz o controle à distância do Sistema Integrado de Abastecimento da Região Metropolitana de São Paulo por meio do seu Centro de Controle Operacional (CCO). Nesse local, são monitoradas três mil variáveis operacionais como a pressão, a vazão, a temperatura, os níveis dos reservatórios e a situação das estações elevatórias. O CCO recebe as informações por meio de 180 linhas telefônicas e monitora todos os processos de abastecimento (tratamento, distribuição e qualidade da água). Características como rapidez, precisão, foco estratégico e a possibilidade de adoção de medidas corretivas fazem desse sistema uma ferramenta de controle muito eficaz na gestão do abastecimento de água em São Paulo.[12]

No entanto, os sistemas de controle devem ser utilizados de maneira inteligente, focalizando sua atenção apenas nas exceções. Um sistema que *enfatiza as exceções* garante que o administrador não perca tempo com informações desnecessárias e que receba apenas aquelas relativas a problemas ou desvios que necessitam de alguma ação gerencial.

Por último, um sistema de controle eficaz deve sugerir a *adoção de medidas corretivas*, não se limitando a identificar os desvios observados. Os sistemas não devem apenas apontar os desvios em relação aos parâmetros estabelecidos, mas também especificar soluções para os problemas.

As organizações dedicam muito dinheiro, tempo e esforço ao desenho e à manutenção de sistemas de controle, buscando aumentar a coordenação das ações de seus membros e identificar os problemas na medida em que surgem. No entanto, é importante lembrar que, por mais racional que seja o desenho dos sistemas de controle, sua eficácia depende, principalmente, da forma como os gerentes fazem uso deles. De fato, os sistemas de controle são apenas meios de coleta de informação para os administradores. Cabe a esses últimos fazer uso racional dessa informação, de forma a exercer a função de controle de maneira eficaz.[13]

8.4.2 ›› Fatores contingenciais dos sistemas de controle

Apesar de as características dos sistemas eficazes proporcionarem um guia válido para qualquer sistema de controle, o formato desses é diferente em cada organização. Para melhorar a adequação dos sistemas de controle às necessidades da organização, os administradores devem compreender os fatores contingenciais que influenciam a eficácia dos sistemas. Entre as principais contingências podem ser destacados fatores como a dimensão da organização, o nível hierárquico, a estrutura organizacional, a cultura organizacional, o estilo de liderança e a importância da atividade controlada.[14] O Quadro 8.1. resume os principais fatores que condicionam a eficácia dos sistemas de informação.

Uma das variáveis contingenciais que influenciam a adoção de diferentes formatos no sistema de controle é a *dimensão da organização*. Organizações de pequeno porte tendem a implementar sistemas de controle mais pessoais e informais, muitas vezes baseados em observação direta e relatórios verbais. Por outro lado, empresas de grande porte preferem sistemas de controle formais e impessoais, com regras e regulamentos mais complexos e rígidos e processos automatizados.

Quadro 8.1 ›› Fatores contingenciais dos sistemas de controle

Variável organizacional		Formato do sistema de controle
Dimensão da organização	Pequeno porte	Pessoal, informal, baseado na observação direta e relatórios verbais.
	Grande porte	Formal, impessoal, complexo e automatizado.
Nível hierárquico	Alta administração	Critérios múltiplos de avaliação que privilegiam uma visão de conjunto da organização.
	Base operacional	Critérios simples e diretos, de mensuração mais objetiva.
Estrutura organizacional	Centralizada	Menor número de controles e de critérios de avaliação.
	Descentralizada	Maior necessidade de informações e *feedback*, e controles mais diversificados e abrangentes.
Cultura organizacional	Participativa	Informal e autocontrole.
	Coercitiva	Formal e imposto externamente.
Estilo de liderança	Democrático	Informal e definido de forma participativa.
	Autocrático	Formal e imposto externamente.
Importância da atividade	Elevada	Sofisticado e abrangente.
	Reduzida	Informal e simples.

Também o *nível hierárquico* parece influenciar o formato do sistema de controle. Na medida em que se sobe na hierarquia organizacional, maior se torna a necessidade de adotar uma multiplicidade de critérios de avaliação do desempenho. O problema é que essa maior complexidade exigida por um olhar sistêmico para a organização aumenta a ambiguidade na medição do desempenho. Já pessoas nos níveis mais baixos da hierarquia utilizam um número reduzido de critérios simples, objetivos e fáceis de medir.

As características da *estrutura organizacional* são outro fator contingencial que influencia o formato do sistema de controle adotado. Implementar um sistema de controle muito rígido em uma organização caracterizada por uma estrutura horizontal e flexível, com alto grau de descentralização, seria uma tentativa inútil. Quanto mais centralizada for uma organização, menor tende a ser o número de parâmetros de controle, bem como sua amplitude. Por sua vez, nas organizações descentralizadas, a necessidade de controle é maior porque os superiores hierárquicos precisam conhecer e avaliar o desempenho de seus subordinados. Assim, nessas organizações, os parâmetros de controle são mais numerosos, abrangentes e diversificados.

Por outro lado, a *cultura organizacional* também exerce uma influência significativa no formato do sistema de controle. Em culturas organizacionais caracterizadas pela rigidez, os mecanismos de controle são formais e ameaçadores, impostos de forma centralizadora para garantir que o desempenho conduza aos objetivos. Já em culturas mais colaborativas e participativas, os mecanismos de controle tendem a ser informais e internalizados pelos próprios funcionários, que exercem autocontrole sobre seu desempenho.

O *estilo de liderança* dos dirigentes (democrático ou autocrático), assim como os pressupostos que eles têm a respeito do comportamento dos funcionários, também influencia os sistemas de controle adotados. Caso o gerente acredite que o funcionário só pode ser motivado por sistemas externos de remuneração ou punição, tenderá a preferir controles formais, baseados em indicadores de desempenho específicos e quantitativos. Caso contrário, quando acredita na motivação pela responsabilização, pelo reconhecimento e pela autoestima, pode implementar sistemas de controle mais informais e participativos, desenvolvendo padrões de desempenho que sirvam para o trabalho conjunto, mas não para punição.

Por último, *a relevância da atividade organizacional* também influencia o formato do sistema de controle. Quando se considera que uma atividade ou processo é de extrema importância para o desempenho organizacional, os mecanismos de controle associados a ela tenderão a ser mais sofisticados e abrangentes. Caso contrário, as atividades de menor importância tenderão a receber menos atenção, e os mecanismos de controle associados a elas tenderão a ser mais simples e informais.

8.5 ›› Instrumentos de controle do desempenho organizacional

As organizações são definidas como sistemas de recursos (humanos, materiais, financeiros, tecnológicos etc.) que buscam alcançar objetivos. Assim, o desempenho organizacional deve ser avaliado pela eficácia na realização dos objetivos e pela eficiência na utilização dos recursos. No entanto, nenhum sistema de controle consegue abordar, de forma integrada, todas as atividades e operações de uma organização. De fato, tais atividades são muito diversificadas em sua natureza para que um único sistema possa dar conta.

Dessa forma, os administradores usam diferentes instrumentos e métodos de controle para lidar com as diversas atividades e elementos da organização. Nesta seção, serão analisados alguns dos instrumentos e ferramentas gerenciais utilizados no controle do desempenho organizacional, destacando-se os tradicionais instrumentos de controle financeiro, os sistemas de informação gerencial, a auditoria, o *balanced scorecard* e o *benchmarking* (ver Figura 8.8).

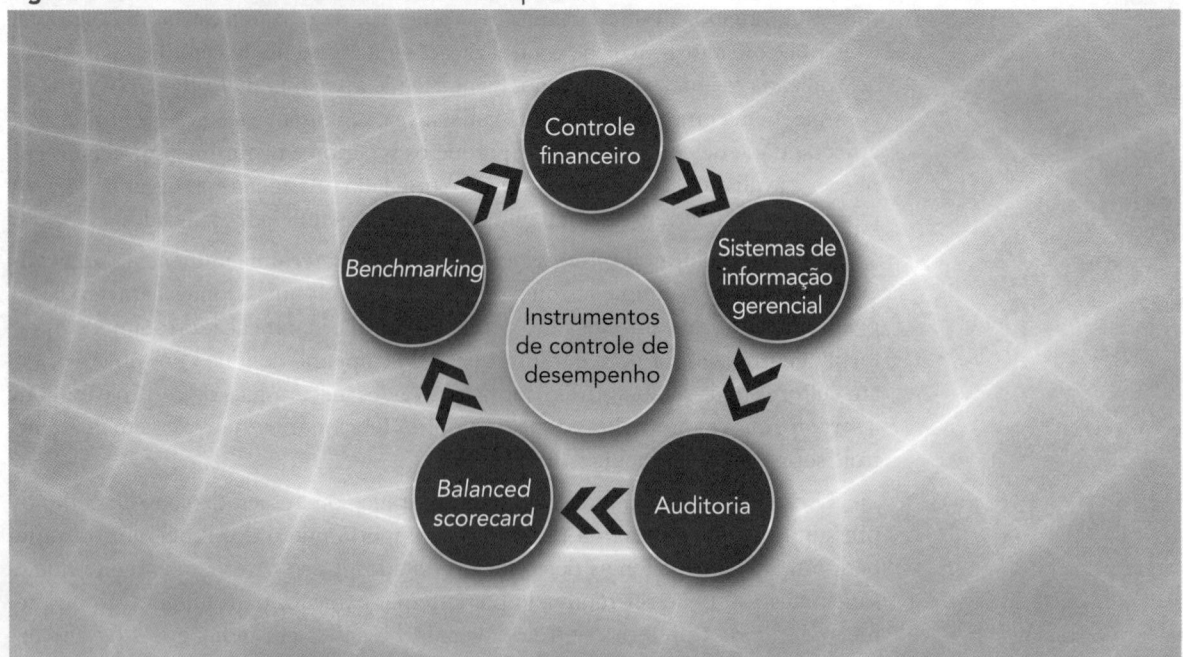

Figura 8.8 ›› Instrumentos de controle de desempenho

8.5.1 ›› Controle financeiro

> **Controle financeiro**
> Forma de controle que mede os impactos financeiros das atividades econômicas de uma organização ou de uma unidade organizacional.

O **controle financeiro** é a mais tradicional forma de controle do desempenho organizacional. Isso porque, além de indicadores financeiros serem parâmetros de fácil mensuração e controle, o objetivo da maioria das organizações é a geração de lucros. Esse tipo de controle busca medir os impactos financeiros das atividades econômicas de uma organização ou de uma unidade organizacional,[15] avaliando, entre outras coisas, a capacidade de geração de lucros, a disponibilidade de recursos para pagar as despesas e a eficiência e produtividade da utilização dos ativos organizacionais.

Entre os instrumentos de controle financeiro mais utilizados destacam-se os *demonstrativos financeiros*, que são usados para registrar o valor monetário da movimentação de bens e serviços na organização. Com base nesses demonstrativos é possível avaliar:[16]

- a *liquidez* da empresa, isto é, sua capacidade de conversão de ativos em dinheiro;
- a *situação patrimonial* da organização, ou seja, seu equilíbrio financeiro;
- a *rentabilidade* da empresa, ou seja, sua capacidade de gerar lucros.

Os demonstrativos financeiros são utilizados não apenas pelos gestores da empresa, como também pelos acionistas, investidores, clientes, bancos, analistas e concorrentes. Com base na análise desses demonstrativos e de sua comparação com os demonstrativos de períodos passados e com os da concorrência, é possível avaliar o desempenho da organização, analisar sua evolução ao longo do tempo e comparar seu desempenho com o de seus concorrentes.

Com base nos demonstrativos financeiros, o gestor pode construir alguns índices de desempenho. Esses índices resumem, de maneira objetiva, os valores mais significativos dos demonstrativos, possibilitando a realização de comparações e análises rápidas sobre o desempenho ou a situação financeira de uma organização. O Quadro 8.2 resume alguns dos mais populares índices utilizados na avaliação do desempenho de uma organização.

Quadro 8.2 ›› Índices financeiros

Categoria	Índice	Significado
Liquidez	Liquidez corrente	Mede a capacidade da empresa pagar as suas dívidas de curto prazo.
Atividade	Rotatividade de estoques	Mede a eficiência da organização na gestão de estoques.
Alavancagem financeira	Índice de endividamento	Mede a capacidade da empresa de cumprir os seus compromissos de longo prazo.
Rentabilidade	Retorno sobre o investimento	Mede a eficácia dos ativos na geração de lucros.
Produtividade	Produtividade do RH	Mede a eficiência dos trabalhadores.
Mercado	Participação de mercado	Mede a fatia de mercado que a organização possui.

A *análise de índices* pode ser usada como ferramenta auxiliar de controle em qualquer nível hierárquico e área funcional. Eles ressaltam determinados aspectos do desempenho da organização, mas podem também ser usados para analisar concorrentes, clientes, fornecedores, ramos de negócios e setores da economia. Os administradores dispõem de diversas fontes de pesquisa para obter parâmetros de comparação. Geralmente, são publicados em revistas especializadas periodicamente. Por exemplo, no Brasil, a revista *Exame* publica anualmente a edição das

"Melhores e Maiores Empresas", apresentando alguns índices que podem ser utilizados na comparação do desempenho das organizações.

O *orçamento* é outro instrumento de controle do desempenho financeiro, mas é considerado, igualmente, um instrumento de planejamento. De fato, no momento em que o orçamento é formulado, serve como um instrumento de planejamento, indicando as atividades organizacionais que são importantes e os recursos alocados para cada atividade. Contudo, os orçamentos também oferecem padrões quantitativos, com base nos quais os gerentes podem medir a utilização de recursos organizacionais. Constatando desvios entre o planejado e o realizado, os gerentes podem tomar medidas para verificar o que aconteceu no decorrer da execução e as causas desses desvios.

8.5.2 ›› Sistemas de informação gerencial

Atualmente, é impossível que uma organização sobreviva sem fazer uso estratégico de tecnologias da informação e da comunicação. De fato, cada vez mais as empresas de todos os tamanhos dependem de sistemas de informação gerencial para controlar seu desempenho e apoiar a tomada de decisão dos administradores, como ilustra o caso introdutório. Uma vez que a informação é a chave de toda atividade gerencial, ela se torna essencial para melhorar a eficiência e a eficácia do controle do desempenho da organização e para desenvolver medidas corretivas sempre que sejam verificados desvios significativos em relação aos objetivos.

Toda organização tem uma expressiva quantidade de dados que podem ser potencialmente úteis ao gestor no processo de tomada de decisão. Entretanto, a maioria desses dados encontra-se não sistematizada em uma organização. *Dados* são fatos dispersos, não resumidos e não analisados. No entanto, para serem úteis, têm de ser transformados e processados em informações. *Informações* são dados analisados e sistematizados, prontos para serem utilizados pelos administradores.

Os **sistemas de informação gerencial** (SIG) são sistemas computadorizados que processam os dados e disponibilizam informações aos gestores, de forma regular e contínua. Daí a denominação sistema. De fato, os dados existentes em uma organização podem ser coletados de várias formas e disponibilizados em diversos momentos, mas a função básica do SIG é transformar os dados em informação disponível ao gestor, de forma regular e sempre que necessária. Apenas os dados analisados e processados dessa maneira podem ser considerados informação. Os SIGs têm também a função de monitorar a informação e selecionar apenas aquela com potencial para se tornar uma informação gerencial.[17]

> **Sistemas de informação gerencial**
> Sistemas computadorizados que processam os dados organizacionais e disponibilizam informações aos gestores de forma regular e contínua.

A função dos SIGs tornou-se mais relevante na atualidade em virtude da galopante quantidade de informações à qual todo gestor está sujeito em seu dia a dia. Dessa forma, torna-se imprescindível a utilização de ferramentas que organizem e forneçam as informações de forma útil e rápida. Caso contrário, o gestor corre sério risco de se perder no meio de informações e tomar decisões erradas ou tardiamente. A diminuição dos custos de investimento em novas tecnologias e a ampliação do uso dos computadores nas empresas têm influenciado a sofisticação dos SIGs e sua disseminação por todas as organizações contemporâneas.

Os SIGs auxiliam o gestor na organização das informações em bases de dados confiáveis e de fácil acesso, promovendo maior agilidade na tomada de decisões e no monitoramento das atividades organizacionais. Como para as organizações do século XXI a informação é um ativo estratégico, o investimento crescente nesse tipo de ferramenta gerencial justifica-se plenamente. No entanto, o que diferencia uma organização de outra é o modo como essa informação é gerenciada. A empresa que melhor gerir seu sistema, além de ter maior controle sobre suas atividades, terá também uma vantagem competitiva perante seus concorrentes.

> Líder no segmento do atacado distribuidor brasileiro, o grupo Martins, presidido por Alair Martins (na foto), empresa com mais de 217 mil clientes e cerca de 16 mil itens no catálogo obtinha apenas 3% de margem de lucro, considerada baixa para o seu porte. Para aumentar a eficiência do setor de telemarketing, que oferece a cesta de produtos aos clientes, a empresa decidiu implementar um sistema de informação gerencial, o Sistema Integrado Martins. Dessa forma, a empresa passou a controlar os produtos que cada varejista compra, com qual frequência, quais não são adquiridos, dentre outras informações. Com base nessas informações, a empresa pode tomar diversas medidas gerenciais que lhe permitiram elevar a sua margem de lucro.[18]

Uma das principais contribuições dos sistemas de informação gerencial para o controle das atividades organizacionais reside em sua capacidade de fornecimento de informações quanto ao desempenho das atividades em tempo real. Com base nessas informações, o gestor poderá fazer comparações com o que foi planejado previamente e tomar medidas corretivas sempre que for necessário. Assim, os SIGs possibilitam a obtenção de informações mais completas e precisas para a fase de mensuração no processo de controle. Além disso, possibilitam que a fase de mensuração se amplie de forma a tornar-se parte da rotina operacional, uma vez que os sistemas podem ser acessados a todo momento e oferecer informações em tempo real.

8.5.3 ›› Auditoria

O termo **auditoria** diz respeito ao exame pericial, sistemático e independente que tem como objetivo avaliar a eficiência e a eficácia dos vários sistemas de uma organização. Para o senso comum, o termo está associado à investigação de fraudes contábeis nos demonstrativos e nos balanços financeiros das empresas, o que demonstra uma visão reducionista do processo de controle.[19] Contudo, a atividade de auditoria não se limita apenas a evitar fraudes e manipulações contábeis. Ela é uma ferramenta que pode ser utilizada para controlar e avaliar qualquer atividade ou processo organizacional, fornecendo uma base crítica para a tomada de decisões estratégicas e operacionais.

As auditorias podem avaliar diversas atividades em todas as áreas funcionais como, por exemplo, a eficiência dos processos produtivos, a qualidade dos produtos ou serviços, o desenvolvimento dos recursos humanos, a confiabilidade das informações financeiras, a eficácia do esforço promocional, o desempenho socioambiental, entre muitos outros processos com impacto no desempenho organizacional.

Em termos de operacionalização, a auditoria pode ser realizada pela própria empresa ou por uma equipe externa à organização. Quando realizada pela própria organização, chama-se auditoria interna, e quando realizada por uma entidade ou empresa externa à organização, denomina-se auditoria externa.

A *auditoria interna* consiste em um processo de verificação e avaliação dos sistemas e procedimentos realizada pela própria organização. Seu objetivo é examinar e avaliar a adequação e a eficácia dos controles internos organizacionais, a fim de minimizar as probabilidades de fraudes, erros ou práticas ineficazes. A auditoria interna deve ser independente e reportar diretamente à alta administração.

Auditoria
Exame pericial, sistemático e independente que tem como objetivo avaliar a eficiência e a eficácia dos vários sistemas de uma organização.

A empresa de entretenimento Caco de Telha, da cantora Ivete Sangalo, precisou recorrer a uma auditoria externa para avaliar a situação financeira da empresa. Depois de acumular alguns prejuízos e com a suspeita de uso inadequado de recursos organizacionais e investimentos malfeitos, a cantora precisou se valer desse instrumento de controle para que as operações da empresa fossem auditadas de forma independente e eventuais problemas fossem detectados. Como resultado da auditoria, os principais gestores da empresa foram afastados do seu comando, entre os quais o irmão da cantora.[20]

Especificamente, a auditoria interna tem como objetivos:

- avaliar a funcionalidade e a eficácia dos sistemas de controle internos, bem como contribuir para o seu aperfeiçoamento;
- verificar se as normas internas estão sendo seguidas e se existe necessidade de melhoramento;
- garantir que os ativos organizacionais estejam sendo utilizados adequadamente e protegidos de qualquer uso indevido;
- garantir a confiabilidade e a segurança dos registros financeiros de forma que os demonstrativos possam ser preparados de maneira eficaz e ágil.

Em muitos casos, a auditoria interna é utilizada para avaliação de projetos específicos. Quando se configura como uma atividade constante, é comum que seja alocada sob a responsabilidade de um departamento interno ou de uma equipe exclusiva que se dedicará, em tempo integral, a essa tarefa. Por exemplo, as corporações policiais tem um departamento responsável pela auditoria e fiscalização das atividades dos seus membros, a corregedoria.

Por sua vez, a *auditoria externa* é caracterizada por ser realizada por auditores externos contratados especificamente para desempenhar essa função. Nesse caso, os auditores são mais isentos e têm menos conflitos de interesses, uma vez que não são funcionários da empresa auditada. De fato, o que diferencia a auditoria externa da interna é que a avaliação torna-se mais independente, proporcionando, teoricamente, um grau de confiabilidade maior.

Para os *stakeholders* da organização que têm interesses em seu desempenho, como os banqueiros, os acionistas ou a sociedade em geral, a auditoria externa transmite credibilidade, gerando uma espécie de garantia de que as atividades realizadas ou os registros apresentados pela organização são confiáveis e precisos. Na realidade, a auditoria externa tem elevado poder de dissuasão em virtude da verificação sistemática da ocorrência de erros e fraudes que promove em uma organização. No entanto, os recentes escândalos com empresas de auditoria, como a Andersen Consulting, têm debilitado a confiança que o público deposita nas auditorias externas.

Ao contrário das auditorias internas, as externas, de modo geral, não contribuem para o controle das operações em andamento, já que seu foco incide sobre os resultados das atividades já realizadas (registros financeiros ou desempenho ambiental, por exemplo).

> **Balanced scorecard**
> Ferramenta de controle do desempenho organizacional abrangente que procura integrar várias dimensões de controle: financeira, clientes, processos internos e aprendizado.

8.5.4 ›› Balanced scorecard

O **balanced scorecard** (BSC), desenvolvido no início da década de 1990 por Robert Kaplan e David Norton, é uma ferramenta de controle do desempenho organizacional abrangente que procura integrar várias dimensões de controle, equilibrando as tradicionais medidas de desempenho financeiro com parâmetros focados nos fatores críticos de sucesso de uma organização, como os clientes, os processos internos e a capacidade de aprendizado e crescimento.[21] Assim, ao mesmo tempo em que se avaliam os resultados financeiros do negócio, torna-se possível também o acompanhamento do progresso na consolidação de competências e capacidades, pelas quais a empresa se tornará sustentável no longo prazo.

O *balanced scorecard* procura alinhar a estratégia e as atividades operacionais de forma a garantir que os objetivos estratégicos sejam alcançados. Para isso, desenvolve-se um conjunto de medidas de desempenho que deverão ser controladas pela organização. Essas medidas abrangem quatro dimensões do negócio, como ilustrado na Figura 8.9: o desempenho financeiro, o relacionamento com clientes, os processos internos e a capacidade de aprendizado e crescimento.

Figura 8.9 ›› *Balanced scorecard*

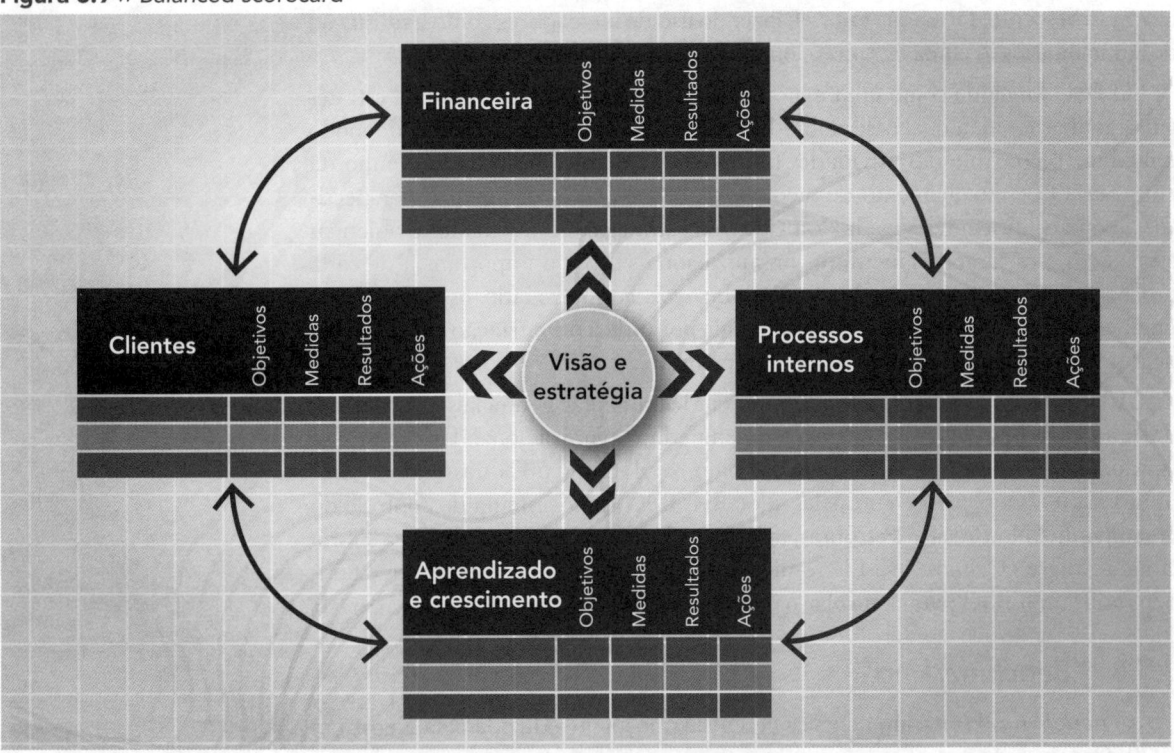

A partir de uma visão balanceada e integrada de uma organização, o BSC traduz a estratégia em um conjunto de objetivos específicos e medidas de desempenho que podem ser quantificadas e avaliadas. A *perspectiva financeira* foca o impacto das atividades da organização em seu desempenho financeiro, utilizando medidas como a lucratividade, a rentabilidade e a liquidez. A *perspectiva de clientes* procura avaliar como os clientes percebem a organização, utilizando indicadores como sua satisfação, a participação no mercado e a imagem da organização. Por sua vez, a perspectiva de *processos internos* foca os processos operacionais críticos da organiza-

A Siemens Brasil, uma das empresas líderes do mercado eletroeletrônico brasileiro, com mais de 7 mil colaboradores e dez unidades fabris, começou a implementar o *balanced scorecard* em 2001. Inicialmente, foi desenvolvido um projeto piloto na área de Transmissão e Distribuição de Energia que foi estendido, logo depois, às demais unidades de negócios. Os passos seguintes foram disseminar a ferramenta entre os funcionários e implementar os relatórios de controle individual. Com isso, a Siemens conseguiu alcançar maior transparência sobre a estratégia da empresa, maior proatividade no comportamento gerencial e maior alinhamento entre as diversas funções e áreas de negócios.[22]

ção, como a eficiência dos processos de produção e a qualidade dos produtos fabricados. Por último, a perspectiva de *aprendizado e crescimento* procura avaliar como os recursos e o capital humano estão sendo utilizados para que a organização consiga inovar e crescer de forma sustentável, fazendo uso de indicadores como a satisfação dos funcionários, o clima organizacional e os índices de rotatividade.

O BSC funciona como uma metodologia de encadeamento lógico da estratégia organizacional, a qual é desdobrada nos diversos níveis hierárquicos, de modo a facilitar o controle das atividades fundamentais para o bom desempenho da empresa. O desenvolvimento de medidas de desempenho nas quatro perspectivas auxilia os dirigentes a traduzir a visão e a estratégia em atividades e objetivos específicos e esclarece os membros organizacionais sobre a importância de cada processo ou atividade para o alcance dos objetivos. Por outro lado, os *Scorecards* são um mecanismo de comunicação da estratégia por toda a organização e uma forma de assegurar o comprometimento de seus membros.

Atualmente, o *balanced scorecard* é uma das ferramentas gerenciais mais utilizadas em todo o mundo para controlar o desempenho organizacional. Uma pesquisa conduzida pela empresa de consultoria Bain revelou que 50% das maiores empresas norte-americanas e europeias adotam o BSC como sistema de controle do desempenho. No Brasil, a Petrobras, a Siemens Brasil, o Banco do Brasil, a Fibria (antiga Aracruz Celulose) e a Eletrosul são alguns exemplos de empresas que também utilizam o BSC para controlar o desempenho de suas atividades.

8.5.5 ›› Benchmarking

O **benchmarking** é uma técnica gerencial que foi introduzida pela Xerox em 1979. Consiste em um processo contínuo e sistemático que busca comparar práticas e métodos de trabalho de uma organização com os de outras empresas, de forma a identificar fatores que conduzam a um desempenho superior.[23] Basicamente, o *benchmarking* é um sistema de controle via comparação com as melhores práticas. Tem como propósito promover o aperfeiçoamento de processos organizacionais por meio de comparações de desempenho com outras organizações consideradas excelentes na execução de suas atividades. O *benchmarking* promove a avaliação permanente das ações internas da organização, comparando-as com os padrões externos das melhores práticas da indústria.

> **Benchmarking**
> Processo contínuo e sistemático que busca comparar práticas e métodos de trabalho de uma organização com os de outras empresas.

Apesar de ser, normalmente, uma busca de referenciais de excelência por comparação com os principais concorrentes ou organizações reconhecidas como líderes em sua indústria, o *benchmarking* pode ser um processo interno, comparando o desempenho de unidades, departamentos ou processos organizacionais.

O *benchmarking* não é um processo de cópia ou imitação, mas sim um processo de aprendizado contínuo. Após identificar as melhores práticas e modelos de gestão, os administradores devem procurar ajustá-las, adequá-las e melhorá-las, o que garante a evolução da ideia original. Seu objetivo é estimular e facilitar as mudanças organizacionais e a melhoria de desempenho das organizações por intermédio de um processo de aprendizado.

É importante salientar que nem sempre a organização-alvo do *benchmarking* será necessariamente um concorrente. Até porque, nesse caso, o acesso ao conhecimento pode ser muito mais difícil. O monitoramento de organizações de outros setores pode gerar ideias úteis para o aperfeiçoamento dos processos de gestão organizacional. Muitas vezes, o *benchmarking* é realizado tendo como parâmetro as práticas organizacionais de corporações que nada têm a ver com a empresa que busca aprimorar seus processos. Por exemplo, uma companhia aérea pode buscar conhecimentos em uma rede de hospitais reconhecidamente eficiente em sua logística para aprimorar a logística das refeições que são servidas a seus passageiros.

Existem três modalidades de *benchmarking*:[24]

- *Benchmarking organizacional*: compara uma organização com outras similares, na busca pela identificação das melhores práticas gerenciais.
- *Benchmarking de desempenho*: compara o desempenho da organização com outras similares, utilizando parâmetros e indicadores de desempenho.
- *Benchmarking de processo:* compara processos e atividades organizacionais, interna ou externamente, utilizando indicadores qualitativos e quantitativos.

O Quadro 8.3 resume as principais características e os potenciais resultados de cada uma das modalidades de *benchmarking* referidas.

Em resumo, o *benchmarking* pode servir tanto como técnica de diagnóstico, permitindo a identificação das áreas e processos que carecem de aprimoramento, quanto como uma ferramenta de aperfeiçoamento contínuo dos produtos, serviços ou processos organizacionais, por meio da comparação com empresas reconhecidas como sendo excelentes em sua atuação.

Quadro 8.3 ›› Modalidades de *benchmarking*

Modalidade	Comparações de	Resultados
Benchmarking organizacional	Estrutura organizacional Estratégias Modelos de negócios	Gera novas ideias. Identifica oportunidades para aperfeiçoamento. Permite conhecer a existência das melhores práticas.
Benchmarking de desempenho	Produtividade Rentabilidade Eficiência Qualidade	Identifica diferenças significativas no desempenho da organização em comparação com outras. Incentiva a melhoria em áreas de desempenho consideradas inferiores. Identifica oportunidades de economia de recursos.
Benchmarking de processo	Procedimentos e normas Sistemas gerenciais Processos administrativos	Enfatiza a existência de melhores práticas. Sugere como os principais processos organizacionais devem ser melhorados de modo a alcançar patamares de excelência.

O Itaú, banco brasileiro presidido por Roberto Setúbal (na foto), desenvolveu, em 2010, a Comunidade Empresas, uma rede social colaborativa especialmente desenvolvida para seus clientes. O objetivo do serviço é promover a troca de experiências de forma a identificar fatores que conduzem a um desempenho superior. Dessa forma, o Itaú espera que funcione como uma ferramenta de *benchmarking* para seus clientes. O banco acredita que as informações disponibilizadas nessa comunidade poderão ajudar no aperfeiçoamento dos processos e serviços dos seus clientes que, consequentemente, terão o seu desempenho melhorado.[25]

8.6 ›› O fator humano no processo de controle

Até o momento, o processo de controle tem sido analisado a partir de uma perspectiva instrumental e mecânica. No entanto, as organizações são compostas por pessoas, e os sistemas de controle são desenhados para restringir o comportamento delas. No entanto, controlar o comportamento dos membros organizacionais gera problemas, resistências e controvérsias que também devem ser consideradas pelos administradores.

Como já discutido neste capítulo, um dos requisitos de um sistema eficaz de controle é sua aceitabilidade por parte das pessoas que estão sendo avaliadas. Sem que haja tal aceitação, todo o sistema de controle fica comprometido. O fator humano nesse processo é, portanto, de suma importância para a boa adequação dos sistemas de controle aos objetivos organizacionais.

8.6.1 ›› Efeitos comportamentais do controle nas organizações

Quase todas as organizações gastam muito dinheiro, tempo e esforços com o desenho e a manutenção de sistemas de controle sofisticados. Todavia, nem sempre todo esse investimento se mostra válido, pois não garante o uso adequado dos sistemas de controle. Na realidade, nem mesmo o mais sofisticado sistema garante o controle eficaz do desempenho organizacional. É o fator humano que garantirá, em última instância, a eficácia ou ineficácia de um sistema de controle. São as pessoas que decidirão se vão ou não respeitar os procedimentos de controle para garantir um bom desempenho organizacional.

De maneira geral, as pesquisas mostram que, quando uma atividade é foco de um sistema de controle, os membros organizacionais apresentam uma melhoria em seu desempenho individual. De fato, a avaliação de um processo ou atividade organizacional esclarece a importância destes para o alcance dos objetivos da empresa, fornecendo direção e *feedback* a seus membros. Isso permite ao funcionário direcionar seus esforços e corrigir seu comportamento visando melhorar o desempenho. De forma simultânea, os sistemas de controle estabelecem uma relação entre desempenho e remuneração, incentivando o funcionário a colocar mais energia nas atividades que são mensuradas por sistemas de controle. Por outro lado, com a melhoria do desempenho aumenta também a satisfação pessoal do funcionário.[26]

No entanto, a melhoria do desempenho individual não é a única consequência dos sistemas de controle. Pesquisas também mostram que eles podem levar a um comportamento disfuncional. Essas consequências disfuncionais incluem: o comportamento burocrático, o comportamento tático e a resistência ao controle.[27] Desse modo, é importante considerar as potenciais reações das pessoas aos sistemas de controle.

O **comportamento burocrático** consiste no direcionamento dos esforços individuais *apenas* na realização das atividades medidas pelo sistema de controle. Quando isso acontece, os trabalhadores apresentam bom desempenho diante dos parâmetros de controle, mas não se envolvem na resolução de problemas nem procuram realizar outras atividades que possam melhorar o desempenho da organização como um todo. Focam-se exclusivamente nos critérios de avaliação definidos, comportando-se de forma rígida e inflexível. Por exemplo, se o sistema valorizar a quantidade, os trabalhadores podem ignorar a qualidade. Normalmente, essa disfunção é causada por medidas de desempenho incompletas e tem impacto muito negativo na organização.

Outra consequência disfuncional do controle é o **comportamento tático**, ou seja, a tentativa de burlar o sistema de controle. Parâmetros de desempenho irrealistas ou excessivos podem causar um comportamento enganoso por parte dos funcionários ou dos gerentes que buscarão manipular as informações e os resultados alcançados. Nesses casos, em vez de proporcionar bom desempenho a seus usuários, os sistemas serão utilizados da maneira mais conveniente pelas pessoas cujas atividades estão sendo avaliadas. Por exemplo, os funcionários podem estabelecer metas fáceis de serem atingidas, manipular os parâmetros de mensuração e sabotar os sistemas de informação imputando dados falsos apenas para cobrir erros ou um fraco desempenho. Na verdade, quando um sistema de controle não é levado a sério pelos membros da organização, torna-se irrelevante.

Por último, é importante considerar a **resistência ao controle** que as pessoas naturalmente exercem. Essa resistência ocorre porque o controle diminui a autonomia dos trabalhadores, provocando um sentimento de perda da liberdade. Em contrapartida, os sistemas de controle revelam erros e problemas no desempenho, ameaçando a estabilidade do trabalhador na organização. Por último, o controle provoca um aumento de competição entre os membros, o que pode reduzir a satisfação das necessidades sociais e de integração. Todos esses fatores fazem com que as pessoas resistam aos sistemas de controle organizacional. Quando isso acontece, a tendência natural é ignorá-los ou manipulá-los.

> **Comportamento burocrático**
> Comportamento direcionado para a realização exclusiva de atividades medidas pelo sistema de controle.

> **Comportamento tático**
> Comportamento dos membros organizacionais com o objetivo de burlar o sistema de controle.

> **Resistência ao controle**
> Comportamento defensivo de reação à perda de autonomia imposta pelo sistema de controle.

Demonstrando um típico comportamento tático, alguns funcionários do Senado Federal foram flagrados burlando o sistema de controle de ponto biométrico logo após a sua instalação, em 2011. Apesar do alto custo da tecnologia – que custou mais de R$ 1 milhão – a eficiência não tem sido alcançada, visto que alguns funcionários têm buscado trapacear o sistema: eles batiam o ponto e iam embora. Em um dos casos flagrados pelo Jornal Nacional da Rede Globo de Televisão, uma servidora bateu ponto antes das 8h enquanto um homem ficou esperando-a no carro. Dez minutos depois eles foram flagrados indo embora para casa.[28]

De fato, os controles podem ter um impacto positivo no desempenho, mas também podem ter consequências muito negativas. Tudo dependerá da forma como os sistemas são utilizados pelos administradores e como os funcionários controlados percebem a importância e a precisão do controle, como é ilustrado na Figura 8.10. É fundamental que os gestores sejam flexíveis em sua utilização e que os sistemas de controle sejam reconhecidos como legítimos pelos trabalhadores.[29] Caso contrário, podem provocar problemas maiores do que aqueles que tentam prevenir.

Figura 8.10 ›› Efeitos comportamentais do controle

8.6.2 ›› Abordagens estratégicas ao controle comportamental

O controle não afeta de forma casual o comportamento das pessoas nas organizações. As empresas adotam estratégias deliberadas de controle comportamental. Assim, de acordo com os pressupostos que os gestores formulam acerca do que motiva seus subordinados, podem optar por duas abordagens estratégicas ao controle comportamental: a imposição externa e a motivação interna.[30]

A estratégia de **controle por imposição externa** pressupõe que os funcionários são motivados pelas recompensas e punições externas que receberão como consequência de seu desempenho, e que precisam ser controlados por supervisores. Nesse caso, os objetivos devem ser impostos pelos superiores e devem ser difíceis de alcançar para não gerar acomodação por parte dos funcionários. Dessa forma, os sistemas de controle devem ser desenvolvidos partindo-se do pressuposto de que as pessoas tentarão manipular os parâmetros de mensuração, e as recompensas devem ser direta e abertamente relacionadas ao desempenho, de forma a assegurar que os subordinados se empenhem em sua concretização.

> **Controle por imposição externa**
> Estratégia de controle comportamental que defende a imposição, por parte dos gestores, de controles rígidos sobre os trabalhadores.

Apesar de direcionar os esforços dos trabalhadores e de garantir maior controle do desempenho ao supervisor, essa estratégia pode desencadear uma série de efeitos indesejáveis para a organização, tais como:

- Não compromete os funcionários com o aperfeiçoamento de seu desempenho. Uma vez que os objetivos são impostos de cima, os subordinados tendem a não se esforçar para fazer mais que aquilo que lhes é exigido, em um comportamento conformista.
- Gera um foco excessivo sobre as atividades que são controladas, não atendendo a outras atividades igualmente importantes para o desempenho da organização.
- Reduz o fluxo de informação sobre o desempenho. Visto que os subordinados são recompensados pelo alcance dos objetivos, tendem a esconder ou omitir informação negativa sobre seu desempenho ou informação que negue a validade dos parâmetros de desempenho utilizados.
- Traz uma excessiva cautela, direcionando as energias dos subordinados para a justificação das ações empreendidas e do desempenho alcançado, em vez de buscar tornar a organização cada vez mais eficaz.

> **Controle por motivação interna**
> Estratégia de controle comportamental que envolve os trabalhadores na definição dos parâmetros de controle e que encoraja o autocontrole.

Por outro lado, a estratégia de **controle por motivação interna** parte do pressuposto de que os subordinados são motivados pelo sentimento de realização, pelo reconhecimento e pela autoestima que advém da realização de bom desempenho. De acordo com essa abordagem, os objetivos são estabelecidos de maneira participativa, de forma que os responsáveis por alcançá-los tenham, em alguma medida, influência em sua formulação. Em compensação, os resultados observados no controle são utilizados como forma de identificação e resolução de problemas e não como forma de punição e responsabilização, e as recompensas não são atreladas a atividades específicas, mas sim ao desempenho como um todo. De modo geral, o sistema de controle se torna mais orientado para a resolução de problemas e para o futuro. O sistema auxilia o gestor a exercer o controle sobre o comportamento de seus subordinados tendo em vista o desenvolvimento futuro, em vez do estabelecimento de punições pelos comportamentos passados.

Os efeitos característicos dessa estratégia são o maior comprometimento dos membros com os objetivos organizacionais, a maior satisfação dos funcionários e a maior propensão ao aprimoramento contínuo. Além disso, por sua natureza, essa estratégia não incentiva os membros organizacionais a tentar enganar e derrotar os instrumentos de controle. Na realidade, a estratégia encoraja e premia o fluxo de informação, sobretudo aquele referente ao que está dando errado na organização. Por outro lado, como a responsabilidade por alcançar objetivos é compartilhada, o próprio ato de controlar é delegado aos pares.

Um exemplo dos efeitos indesejados e danos que a estratégia de controle por imposição externa pode gerar é o caso da Chrysler. Ao contrário do previsto, a estratégia de remuneração variável provocou declínio de 18% nas vendas de carros. O que aconteceu foi o seguinte: os vendedores, depois de atingir um percentual de vendas que dava direito a um bônus, caso percebessem que naquele mês não seria mais possível atingir a próxima faixa de bônus, tentavam adiar as vendas para o próximo mês, de forma a acumular vendas e aumentar as chances de atingir a meta no mês subsequente. No entanto, essa reação dos vendedores fez com que a montadora perdesse negócios para as rivais.[31]

Essa estratégia de controle comportamental, no entanto, também tem alguns efeitos indesejados. Em primeiro lugar, os administradores têm menos controle sobre o comportamento dos subordinados. Como os gestores dão total liberdade para a definição de objetivos específicos, os trabalhadores podem estabelecer objetivos pouco ambiciosos. Por sua vez, como o controle é utilizado para resolver problemas e não para avaliar, é mais difícil estabelecer uma base objetiva para premiações e recompensas. Além disso, algumas pessoas podem não se adaptar a essa forma mais participativa de trabalho, pois elas têm maior preferência por controles impostos externamente. O Quadro 8.4 resume as principais características e as potenciais consequências de cada uma dessas abordagens.

Quadro 8.4 ›› Estratégias de controle comportamental

Controle por imposição externa	Características	■ Objetivos e parâmetros de desempenho são impostos externamente. ■ Objetivos são difíceis de alcançar para não acomodar. ■ Recompensas são direta e abertamente relacionadas ao desempenho individual.
	Resultados positivos	■ Maior controle sobre o desempenho dos subordinados. ■ Maior direcionamento dos esforços dos membros para o alcance dos objetivos estabelecidos.
	Resultados negativos	■ Potencial comportamento disfuncional por parte dos trabalhadores, resistindo ou enganando o sistema. ■ Redução do fluxo de informação, especialmente de informação negativa sobre o desempenho ou sobre os parâmetros. ■ Pouco comprometimento dos trabalhadores para com o desempenho da organização como um todo.
Controle por motivação interna	Características	■ Objetivos e parâmetros de desempenho são definidos de forma participativa. ■ Parâmetros de controle são utilizados para identificar e resolver problemas, não para punir ou responsabilizar. ■ Recompensas são relacionadas ao desempenho geral.
	Resultados positivos	■ Maior comprometimento e motivação dos trabalhadores. ■ Maior satisfação dos membros no local de trabalho. ■ Maior fluxo de informação com o objetivo de melhorar o desempenho da organização como um todo.
	Resultados negativos	■ Menor controle sobre o desempenho dos subordinados. ■ Estabelecimento de objetivos individuais pouco ambiciosos. ■ Dificuldade de estabelecer uma base objetiva para recompensar os trabalhadores.

8.6.3 ›› Técnicas de controle comportamental

Uma das principais funções de um gestor é atingir os objetivos organizacionais por meio do trabalho coordenado de outras pessoas. Vista pela perspectiva de controle, essa função é possibilitada pelo controle comportamental de seus funcionários – um componente inerente a qualquer espaço organizacional. A empresa controlará de alguma forma o trabalho de seus membros com o objetivo de garantir a coordenação de seus esforços e otimizar seu desempenho.

Os administradores fazem uso de diversas técnicas de controle comportamental buscando verificar se os funcionários estão, de fato, realizando aquilo que a organização espera deles. O Quadro 8.5 lista algumas dessas técnicas, que variam de formas explícitas até formas sutis de controle comportamental. Entre as técnicas mais utilizadas para controlar a atividade humana nas organizações destacam-se a supervisão direta, a avaliação de desempenho e a disciplina.

Quadro 8.5 ›› Técnicas de controle comportamental

Técnica	Mecanismo de controle do comportamento dos trabalhadores
Recrutamento e seleção	Identifica e contrata pessoas cujos valores, atitudes e personalidade se encaixam no perfil comportamental desejado pela organização.
Orientação	Define quais os comportamentos aceitáveis e desejados e quais os comportamentos que devem ser evitados.
Desenho de cargos	Define as tarefas que o trabalhador deve executar, os resultados desejados, o ritmo de trabalho pretendido etc.
Avaliação do desempenho	Direciona o comportamento dos trabalhadores de forma a garantir uma boa avaliação pelos seus superiores.
Treinamento	Ensina os trabalhadores a executarem, com eficácia e eficiência, as suas atividades e tarefas.
Estabelecimento de objetivos	Dirigem e limitam o comportamento dos trabalhadores de forma a alcançar objetivos específicos.
Formalização	Define regras, procedimentos, políticas e normas que estabelecem as práticas aceitáveis e restringem o comportamento.
Incentivos e bônus	Atuam como reforço para encorajar o comportamento desejado e extinguir comportamentos desviantes.
Disciplina	Reforçam as regulamentações e padrões organizacionais.
Supervisão direta	Limita o comportamento dos trabalhadores e permite a rápida correção de comportamentos desviantes.
Cultura organizacional	Por meio de histórias, rituais e valores partilhados, transmite o que a organização considera um comportamento apropriado.

> **Supervisão direta**
> Técnica de controle que consiste na observação direta do desempenho dos funcionários.

A **supervisão direta** é uma técnica de controle que consiste na observação direta do desempenho dos funcionários, visando à correção dos problemas à medida que estes ocorrem. É um tipo de controle muito visível nas linhas de montagem ou nos caixas de supermercado, por exemplo. A presença física dos supervisores restringe o comportamento do funcionário e permite a rápida detecção de problemas, sem esperar relatórios de desempenho ou reuniões de avaliação.

> **Avaliação de desempenho**
> Processo sistemático de avaliação dos resultados obtidos por um funcionário.

Outra técnica de controle muito utilizada é a **avaliação de desempenho**, que é o processo sistemático de avaliação dos resultados obtidos por um funcionário de forma a estimar a qualidade da contribuição prestada por ele à organização. Apesar de ser utilizada para apoiar a tomada de decisões relativas a remuneração, promoção e treinamento dos trabalhadores, a avaliação do desempenho é, essencialmente, um instrumento de controle comportamental. Por causa da existência de um sistema de avaliação formal do desempenho, os membros organizacionais tenderão a se comportar de forma que seu desempenho seja bem avaliado nos critérios estabelecidos. Essa técnica será analisada em detalhes no Capítulo 11.

> **Disciplina**
> Ações adotadas para forçar o cumprimento dos regulamentos e das normas organizacionais.

Quando o desempenho de um trabalhador é consistentemente insuficiente ou ele ignora deliberadamente as regras e normas da organização, o administrador deve utilizar a **disciplina** como forma de controle comportamental. A disciplina se refere a ações adotadas pelo administrador para forçar o cumprimento dos regulamentos e das normas organizacionais. Problemas relativos à falta de disciplina se fazem presentes via absenteísmo, insubordinação, não cumprimento de regras de segurança, roubo, mentira, falsificação de informação, entre outras. Quando alguns desses desvios comportamentais ocorrem, o administrador deve utilizar as medidas disciplinadoras ao seu alcance para advertir e punir os trabalhadores. Para ser eficaz, uma ação disciplinar deve ser acionada imediatamente após a infração – para não restarem dúvidas quanto à relação causa-efeito –, deve ser consistente e deve ter uma natureza impessoal.

Aparentemente em contradição com as técnicas de controle comportamental, tem-se verificado uma tendência para conceder mais autonomia e poder de decisão aos trabalhadores, fenômeno conhecido como *empowerment*. Diante das tendências de descentralização e horizontalização hierárquica que as empresas enfrentaram no decorrer da década de 1990, o *empowerment* é uma solução cada vez mais utilizada pelas organizações contemporâneas. Com menos níveis hierárquicos e mais trabalho a realizar, os membros da administração de nível tático e operacional adquiriram maior responsabilidade e controle sobre suas atividades. O *empowerment* dá à organização mais flexibilidade e rapidez de resposta ao ambiente, mas pode trazer alguns problemas no que diz respeito ao controle do comportamento dos trabalhadores.

Enquanto algumas pesquisas demonstram que o *empowerment* torna os trabalhadores mais felizes, outros pesquisadores argumentam que também contribui para mais produtividade, melhor saúde e maiores economias em custos médicos. De fato, as pesquisas demonstram que os trabalhadores que tem algum grau de controle sobre seu trabalho são, em média, mais saudáveis de que os trabalhadores com pouco ou nenhum controle sobre o seu desempenho. Pesquisadores britânicos acompanharam cerca de 7.400 funcionários públicos, por um período de 5 anos e descobriram que os funcionários de nível operacional que exercem pouco ou nenhum controle sobre seu desempenho apresentavam um risco 50% maior de desenvolver sintomas de doenças de coração de que aqueles situados em níveis hierárquicos maiores. O estudo também concluiu que os fatores tradicionais de risco, como obesidade, fumo e outros, contribuíam menos para o surgimento dos sintomas do que a falta de controle sobre o trabalho. A pesquisa corroborou os dados de outros estudos realizados nos EUA e tem servido para consolidar o olhar crítico acerca das consequências indesejáveis do controle organizacional sobre os indivíduos.[32]

Um sistema de controle que tem ganhado espaço nas teorias organizacionais e administrativas é o **autocontrole**. O autocontrole impõe o comportamento apropriado por meio de mecanismos internos, como a autodisciplina e o comprometimento. Após anos de imposição de controle e disciplina, os administradores perceberam que a forma mais eficaz de controle é aquela imposta pela própria pessoa. Ou seja, migra-se da obediência para a disciplina interior. O autocontrole depende, portanto, do comprometimento dos funcionários e, na prática, funciona como uma internalização do controle pelas pessoas que fazem parte da organização. Cada vez mais as organizações se empenham para estimular o autocontrole em seus trabalhadores, em vez de investirem tempo e dinheiro em mecanismos de controle formais. No entanto, reconhecem que o grande desafio para fazê-lo é justamente criar uma cultura orientada para o compromisso e para a disciplina interior.

> **Autocontrole**
> Adoção do comportamento apropriado por meio de mecanismos internos, como a autodisciplina e o comprometimento.

8.7 ›› Tendências contemporâneas de controle

O controle nas organizações é um tema propício a acalorados debates e discussões. Entre as várias questões discutidas atualmente, destacam-se duas tendências contemporâneas: como controlar o desempenho em um contexto que exige flexibilidade e agilidade às organizações e como responder às pressões para controlar o desempenho socioambiental das organizações.

8.7.1 ›› Controle no contexto da flexibilidade

As organizações burocráticas eram caracterizadas por um controle rígido sobre todos os aspectos da vida organizacional, inclusive os de ordem pessoal. No entanto, o atual contexto de negócios demanda cada vez mais a desburocratização, a flexibilidade e a agilidade como requisitos para sobreviver em um mundo globalizado e competitivo. Qual é o impacto que essas pressões têm para o controle organizacional? Como o controle pode ser exercido em organizações flexíveis, que buscam incentivar a inovação e a criatividade? Obviamente, as tendências contemporâneas organizacionais influenciarão os sistemas e as estratégias adotadas de controle. Daí se pode depreender o dilema que as empresas atuais enfrentam: como garantir o controle sem engessar a organização?

Nas organizações contemporâneas, que operam em mercados altamente competitivos, os gestores não podem gastar seu tempo acompanhando permanentemente o que os subordinados estão fazendo. Os dirigentes devem encorajar os funcionários a ter a iniciativa de melhorar os processos e a buscar novas formas de satisfazer as necessidades dos clientes. Entretanto, é de esperar que as organizações, mesmo em uma época de descentralização e flexibilidade, ainda busquem manter o controle sobre suas atividades. Mas como garantir o controle nesse contexto?

Alguns autores advogam que, além dos sistemas tradicionais de controle, as organizações precisam de outros três: sistemas de crenças, sistemas delimitadores e sistemas interativos de controle.[33] Os *sistemas tradicionais de controle* (que foram discutidos amplamente ao longo deste capítulo) são responsáveis pela detecção de anormalidades nas atividades da empresa e por manter as variáveis críticas de desempenho nos limites estabelecidos. É por meio desses sistemas que o administrador monitora a rentabilidade, a produtividade, além de avaliar o progresso organizacional em relação aos objetivos estabelecidos.

Já os **sistemas de crenças** têm a finalidade de direcionar as atenções dos funcionários para os princípios-chave do negócio. Mais do que isso, devem inspirar e promover o comprometimento com os valores organizacionais fundamentais. Esses sistemas podem ainda motivar os funcionários a buscar novas formas de criar valor. Desse modo, tais sistemas têm o poder de ampliar o controle dos sistemas tradicionais, uma vez que o controle é internalizado pelos indivíduos, como se fossem valores. Ou seja, de uma regra externa, que é imposta, tornam-se princípios e valores que guiam o comportamento dos membros. Isso garante aos gestores maior controle sobre as atividades organizacionais.

Os **sistemas delimitadores**, por sua vez, têm também enorme importância para o bom desempenho da organização. Esses sistemas de controle possuem como função esclarecer os limites a que se pode chegar, ou seja, dizer de maneira clara e objetiva o que não se pode fazer. Trabalhar com funcionários com autonomia de decisão não significa dar-lhes total liberdade para que façam quaisquer coisas que lhes venham à cabeça. Delegar também pressupõe delimitar. Ao delegar poderes para os níveis hierárquicos inferiores, o gestor deve ser capaz de estabele-

> **Sistemas de crenças**
> Sistemas de controle que usam os princípios e valores organizacionais para guiar o comportamento dos trabalhadores.

> **Sistemas delimitadores**
> Sistemas de controle que têm como função definir os limites de ação permitidos aos membros organizacionais.

A Proteus, empresa paulista especializada em segurança de informações, que trabalha com rastreamento de vulnerabilidades em ambientes de informática, buscou por meio de um sistema delimitador definir as regras básicas de comportamento dos funcionários. Por se tratar de uma atividade em que os funcionários "invadem" os ambientes de informática dos clientes, as informações relativas a eles precisam estar sempre resguardadas. Assim, é proibido qualquer comentário público sobre os dados encontrados nos sistemas das empresas, sob pena de demissão. Com a definição desse código de conduta, a empresa busca delimitar a conduta dos funcionários, visto que a empresa lida com dados confidenciais e a ética deles é importante para a confiança dos clientes.[34]

> ## Mito ou ciência
>
> ### O código de conduta garante o comportamento ético nas organizações
>
> Muitos podem pensar que para exercer algum tipo de controle sobre comportamentos oportunistas e antiéticos nas empresas, o caminho é o estabelecimento de códigos de conduta. Se olharmos o número de empresas que possuem algum tipo de sistema delimitador da conduta de seus empregados, com definição de normas básicas de ação, poderíamos acreditar que a afirmação é verdadeira. Entretanto, pesquisas recentes têm mostrado que a existência de um código de conduta não é suficiente para assegurar o comportamento ético nas organizações.
>
> Mais do que a existência de um documento escrito que estabeleça de que maneira a organização espera que seus funcionários se comportem, os estudos têm revelado que é necessário que este documento seja reconhecido e aceito pelos empregados para que então possa alcançar o objetivo de orientar e controlar a conduta dos mesmos.
>
> Um estudo com 600 ex-alunos de duas faculdades dos Estados Unidos buscou avaliar a efetividade dos códigos de conduta na redução de comportamentos antiéticos. Foi perguntado a cada um dos participantes 14 questões relacionadas ao Código de Conduta das empresas em que trabalhavam, divididas em dois grupos que buscavam avaliar a força de implementação do código (até que ponto a organização busca comunicar e divulgar as regras de conduta) e o seu nível de incorporação (o grau em que o código é compreendido e aceito pelos membros da organização). Os resultados mostraram que quanto menor o nível de força e incorporação do código, maior o relato de comportamentos antiéticos.
>
> Estes resultados sugerem que se os gerentes desejam desenvolver "comunidades éticas" nas suas organizações, não basta o código de ética, é preciso se preocupar com a natureza e a qualidade do código, o compromisso da administração para sua implementação, e o grau em que o código torna-se embutido no dia a dia da organização. Esses fatores são cruciais e influenciam diretamente nas chances do código ser eficaz e reduzir o comportamento antiético.
>
> Dada a crescente preocupação das organizações com o controle do comportamento de seus funcionários e a prevalência da adoção de códigos de conduta para este fim, esta conclusão parece particularmente importante e deve ser considerada quando da elaboração e implantação de códigos de ética nas corporações.[35]

cer limites. Os sistemas delimitadores têm essa função de definir os limites de ação permitidos. Ao contrário do que possa parecer, definir os limites incentiva a inovação, porém dentro de fronteiras claras.

Padrões de comportamento ético e códigos de conduta são bons exemplos de sistemas delimitadores, pois estabelecem as normas básicas de ação às quais todo e qualquer funcionário, por mais poder que tenha, deverá respeitar. Esse tipo de sistema é especialmente importante para organizações cujos diferenciais competitivos são a reputação e a confiança na marca. Juntos, os sistemas delimitadores e os sistemas de crenças estabelecem o direcionamento, motivam e inspiram ao mesmo tempo em que protegem a organização contra comportamentos prejudiciais ou oportunistas.

Por último, os **sistemas interativos de controle** permitem que os administradores de topo foquem a organização nos assuntos estratégicos. Na verdade, o objetivo desses sistemas é monitorar as constantes mudanças ambientais e as informações que os gestores consideram estratégicas para a organização. À medida que as organizações crescem, aumentam também as variáveis com que a organização tem de lidar e a distância entre os níveis hierárquicos. Os sistemas interativos de controle procuram diminuir essas distâncias, elevando o fluxo de informação entre a 'linha de frente' e os administradores de topo. Esses sistemas focam a atenção nas incertezas estratégicas, partilhando informação de mercado e estimulando a criatividade e a inovação na organização.

> **Sistemas interativos de controle**
> Sistemas de controle que monitoram as mudanças e incertezas ambientais, fornecendo aos gestores informações estratégicas para a organização.

Em síntese, as organizações modernas permitem aos trabalhadores inovar nos processos e nas respostas que dão às demandas ambientais, abrindo espaço para a criatividade e a flexibilidade. No entanto, fazem-no de forma controlada, criando e impondo limites à ação individual. Assim, utilizando os diferentes sistemas de controle referidos, a organização alcança a desejada flexibilidade e agilidade, sem prejudicar o controle de seu desempenho.[36]

8.7.2 ›› Controle do desempenho socioambiental

Outra tendência contemporânea de controle relaciona-se com a importância crescente do desempenho socioambiental das empresas. Essa tendência nasce como consequência da pressão de diferentes *stakeholders*, como consumidores, governo ou organizações sem fins lucrativos, entre outros, que demandam das empresas maior responsabilidade socioambiental. A ameaça do aquecimento global, a exploração de mão de obra e outras práticas abusivas adotadas pelas empresas também têm influenciado a opinião pública com relação à necessidade desse tipo de controle do desempenho organizacional.

Concretamente, o controle de desempenho socioambiental vem-se materializando em um conjunto diversificado de métricas e indicadores não financeiros, que buscam verificar se a empresa está, de fato, criando valor social. O objetivo principal desses indicadores é o alinhamento da criação do valor social com a criação do valor econômico para os acionistas. Dessa forma, os indicadores tornam possível a avaliação da responsabilidade socioambiental da empresa, por parte dos consumidores, reguladores, futuros empregados e outros *stakeholders*, ao mesmo tempo em que incentivam os gerentes da empresa a adotar medidas que tornem a empresa social e ambientalmente sustentável.

Nos últimos anos, o número dos indicadores socioambientais tem crescido substancialmente. ISO 14000, SA 8000, Índice Dow Jones de Sustentabilidade, Global Compact, Global Reporting Iniciative e outros são apenas alguns dos índices, certificações e diretrizes utilizados para medir e avaliar o desempenho socioambiental. Diferentemente dos demonstrativos financeiros, há tempo regulados em quase todos os países, os sistemas de controle do desempenho socioambiental operam em um ambiente pouco regulado e têm sido criticados por não oferecerem avaliações confiáveis e válidas acerca do desempenho das empresas. Por exemplo, se a Nike for avaliada sobre o tipo de trabalho em suas fábricas, pode induzir uma resposta errônea. De fato, a empresa não produz diretamente, mas conta com uma rede de fornecedores que são acusados de exploração de trabalho infantil.[37]

A Klabin, empresa líder nos mercados de papéis e cartões para embalagens, embalagens de papelão ondulado e sacos industriais, com 17 unidades fabris e uma receita bruta de R$ 3,6 bilhões, é reconhecidamente uma empresa com foco no desempenho socioambiental. A empresa ganhou o selo verde FSC, concedido pelo Conselho Brasileiro de Manejo Florestal, uma instituição que busca promover o manejo e a certificação florestal no Brasil. Para isto, a empresa foi voluntariamente auditada por uma das cinco certificadoras ligadas ao Conselho. Com o selo verde, a Klabin passou a ser a primeira empresa da América Latina a ter toda a cadeia de produção certificada, atestando que sua produção de papel ocorre de forma sustentável.[38]

>> Resumo do capítulo

O controle é a última, mas certamente não a menos importante, função da administração a ser abordada neste livro. Em seu sentido mais aceito, a função de controle se refere às decisões tomadas para detectar possíveis desvios no caminho da organização rumo ao alcance de seus objetivos e de corrigi-los em tempo hábil. Em um sentido mais amplo, o controle é o cerne de qualquer organização, uma vez que se faz presente, de forma deliberada ou não, em todos os sistemas materiais e humanos aglomerados no espaço organizacional. Consequentemente, é possível encontrar diferentes tipologias e classificações de controle, de acordo com o olhar da análise.

Como qualquer outra função administrativa, o controle pode ser visto como um processo, composto por fases inter-relacionadas. Simultaneamente, como qualquer outra função administrativa, o controle e suas formas de exercício na organização estão sujeitos a fatores contingenciais que limitam sua adequação. Enquanto a concepção processual do controle serve para racionalizar o processo de tomada de decisão dos administradores, a visão contingencial ajuda a compreender os limites dessa racionalidade, além de parte da complexidade situacional que influenciará os tipos e formas de controle adotados em contextos organizacionais reais.

Os administradores devem considerar esses fatores de ordem contingencial para desenhar sistemas de controle eficazes, capazes de disponibilizar informações em tempo útil, de forma a garantir o alcance dos objetivos organizacionais. Entretanto, em virtude da abrangência e da multiplicidade de perspectivas acerca do controle, é impossível reduzir seu uso a um único sistema coerente que possa dar conta de todas as atividades organizacionais. Por isso, o capítulo aborda exemplos de alguns instrumentos e técnicas de controle do desempenho organizacional.

A principal dificuldade no desenho e uso racional dos sistemas de controle está, porém, relacionada com sua dimensão comportamental. Na realidade, o controle e o comportamento são estreitamente relacionados. As empresas podem adotar estratégias de controle comportamental deliberadamente diferenciadas e o próprio processo de controle tem efeitos comportamentais que devem ser considerados.

Por fim, é natural que o controle acompanhe a organização em suas manifestações contemporâneas. Ele se adapta ao contexto de flexibilidade característico das organizações contemporâneas e abrange novas funções, se fazendo presente também no caso do desempenho socioambiental. De fato, o impossível é imaginar um mundo organizacional sem controle.

Questões para discussão

1. Defina a função administrativa controle. Qual é sua relação com a função do planejamento?
2. Quais são as diferenças entre o controle de mercado, de burocracia e de clã?
3. Dê exemplos de controle preventivo, simultâneo e posterior em uma faculdade e também em um time de futebol.
4. Quais são as etapas do processo de controle? Qual é a mais importante?
5. O que você entende por sistema de controle? Quais são as características dos sistemas de controle eficazes?
6. O controle financeiro é o mais importante, pois as empresas têm como principal objetivo o lucro. Concorda com esta afirmação?
7. Por que cada vez mais as organizações usam técnicas como o *balanced scorecard* e o *benchmarking* para controlar o desempenho organizacional? Não será apenas mais um modismo gerencial?
8. Quais as principais diferenças e implicações para a organização e os funcionários, da estratégia de controle por imposição *versus* estratégia de controle por motivação interna?
9. Considera o autocontrole uma técnica de controle comportamental? E o *empowerment* significa uma perda de controle?
10. Como o controle pode ser exercido no contexto da flexibilidade organizacional?

Ponto e Contraponto

O que não se mede não se controla

Indispensável ao sucesso de qualquer organização pública ou privada, o controle é uma ferramenta de crucial importância para o alcance das metas estabelecidas no seu planejamento. Isso porque a principal finalidade do controle é assegurar que os objetivos estratégicos, táticos e operacionais de uma organização sejam alcançados.

Mas o que acontece muitas vezes é que o controle não é exercido de forma adequada. E muitas vezes essa falha no controle acontece por falta de números e informações objetivas sobre a organização. Umas das premissas básicas do controle é a mensuração. E quem diz isso é Peter Drucker, considerado um guru da administração moderna. Segundo ele, "se você não pode medir, você não pode gerenciar". Se não existirem indicadores de controle previamente estabelecidos para mensurar o desempenho da organização, do funcionário, da unidade, a empresa, como um todo, estará absolutamente à deriva, ao sabor dos ventos, porque estará sem controle. Números são objetivos, claros e definitivos. Não deixam margem para indecisões.

Isso explica o baixo desempenho da administração pública de uma forma geral. No serviço público, apesar de uma tendência para a maior responsabilização, as atividades e processos normalmente não são controlados de maneira rígida, com base em números e indicadores. O controle costuma ser, regra geral, meramente formal (relatórios e documentos produzidos por força da lei).

No entanto, medir faz parte da nossa vida. Pense no nosso corpo, para ser controlado, uma série de medições são feitas: peso, temperatura, pressão, batimentos cardíacos. Essa é a única forma de controlar o organismo para saber se está tudo bem. Nas organizações, a ideia é a mesma. Para conseguir avaliar a situação e o desempenho é preciso realizar medições. Apenas com números e índices é possível comparar resultados e controlar a organização a fim de mantê-la no rumo certo. Somente é possível controlar o que nós sabemos. Quando uma organização não tem conhecimento dos números que impactam diretamente em seus negócios, tende a ter uma lucratividade baixa e não sabe onde atuar para implantar um plano de melhoria.

Não é impossível controlar algo sem medir, ou melhor, não é regra que para controlar é necessário medir tudo o que acontece. A crença dominante na cultura ocidental assenta no dogma de que os números é que traduzem a realidade. Se for possível medir, é porque é real. E de fato o gestor moderno ocupa a maior parte do seu tempo a interpretar e manipular esta visão numérica da realidade. Mas será que o controle passa necessariamente pela busca da melhor métrica? Do melhor indicador? Definitivamente não!

Os números são instrumentos que podem ajudar no controle, mas não são o controle, não podem ocupar posição essencial, pois em algumas situações simplesmente não é possível fazer medição.

Henry Mintzberg, um dos mais importantes pensadores da administração, no livro "Managing", deixa claro que é cético e cauteloso com as medidas como única forma de controle. O autor afirma: "Meça o que você pode medir, mas não se esqueça de julgar o resto: não seja hipnotizado por medição". Para ele, "números podem oferecer a base para uma descrição, mas quase nunca para uma explicação". [39]

A criatividade e a inovação, por exemplo, aspectos da sobrevivência das empresas nos dias atuais, têm, lá no fundo, uma imprecisão humana que é inexplicável, ou pelo menos não mensurável. Então, em função disso, dizemos que é impossível controlar a criatividade e a inovação nas empresas?

Pense agora na questão "fator humano". Para atingir as metas da organização, os gestores precisam coordenar equipes e grupos e isso só é possível por meio de diferentes estratégias de controle comportamental, como, por exemplo, a estratégia de motivação interna. Será que neste caso o melhor controle é feito por números ou índices, ou seja, por meio de uma abordagem quantitativa? Ou uma análise qualitativa seria mais apropriada?

Regra geral, quanto mais os gestores aproximam-se de números e de indicadores financeiros, mais se afastam das pessoas. E como visto no capítulo, o fator humano desempenha um papel importante para o sucesso ou fracasso dos sistemas de controle, visto que são as pessoas que decidem se vão respeitar ou não os procedimentos.

Dilema ético

›› "Big Brother" nas empresas?

Para atingir os objetivos organizacionais, as empresas normalmente precisam exercer algum tipo de controle comportamental dos funcionários a fim de garantir o bom desempenho e evitar comportamentos prejudiciais ou oportunistas.

Preocupadas em zelar pela produtividade do pessoal, tem sido cada vez maior a utilização, por parte das empresas, de diversas ferramentas que controlam e vigiam tudo o que o funcionário faz desde o momento em que chega para trabalhar até a sua saída. O monitoramento tem acontecido de várias formas no ambiente de trabalho: com a utilização de câmeras, rastreamento de sites e e-mails, escutas telefônicas, até mesmo revistas pessoais.

Com este tipo de controle, as empresas conseguem monitorar os funcionários que interrompem o expediente várias vezes para fumar ou tomar café, que tipo de recado um executivo deixa no correio de voz dos subordinados e até mesmo que informações são trocadas pelos programas de mensagens instantâneas e de correio eletrônico. O monitoramento muitas vezes não exclui nem mesmo quem se encontra nos níveis hierárquicos mais altos.

Em um caso que se tornou clássico mundial, Harry Stonecipher, o presidente mundial da Boeing, foi convidado para remodelar e disseminar o código de conduta da empresa. Ele foi "pego" pela vigilância e acabou sendo demitido. O sistema de segurança eletrônica revelou que o guardião da ética na Boeing trocava mensagens de conteúdo sexual com uma diretora.

As novas tecnologias de vigilância têm deixado todos ainda mais vulneráveis. Existem, por exemplo, softwares para gravações telefônicas que identificam palavrões ou enviam alertas de acordo com o tom de voz da mensagem. Mas nada torna as pessoas tão vulneráveis quanto o uso do computador. Estima-se que nove em cada dez empresas monitoram de perto o comportamento eletrônico de seus empregados.

Qual o limite da razoabilidade para este tipo de controle? Em um esforço para evitar abusos, os trabalhadores devem saber que existem limites para usar recursos da empresa, mas estas também devem usar técnicas que estejam dentro da ética e bom senso. Afinal, controle não é espionagem.[40]

Questões para discussão

1. Na sua opinião, a privacidade e intimidade dos funcionários estariam sendo violadas com este tipo de vigilância?

2. Acha que as empresas devem avisar que atividades e comportamentos dos funcionários estão sendo controlando por ela?

3. Seria ético demitir um funcionário com base neste controle?

Estudo de caso

›› O processo de controle no Bradesco

A dificuldade de controlar custos em um grande banco

Pouca gente sabe, mas a maior parte das despesas dos bancos é proveniente de gastos com bens e serviços. Mais de 50% dos gastos dessas instituições financeiras são com materiais (papéis, canetas, cartuchos de impressora, computadores etc.) e serviços terceirizados contratados (limpeza, segurança, sistemas informáticos etc.).

No Bradesco, um dos maiores bancos privados brasileiros, não é diferente. É compreensivelmente difícil controlar as atividades e os gastos de uma abrangente rede com mais de quatro mil agências e postos de atendimento espalhados por todo o Brasil. Para isso, é fundamental conhecer as demandas de todas as agências e as necessidades de todas as empresas ligadas ao grupo.

Em 2001, a instituição gastava em torno de 1,5 bilhão de reais por ano com esses serviços. Porém, os custos seriam muito maiores se, em 1998, não tivesse sido posto em prática o Programa de Inovação em Suprimentos, uma série de medidas planejadas para reestruturar o setor de compras do banco, com o objetivo de torná-lo mais eficiente, acelerando os processos e reduzindo as despesas.

O Programa de Inovação em Suprimentos

Para o ex-presidente do Bradesco, Márcio Cypriano, a racionalização dos gastos e a melhoria do desempenho devem ser uma busca constante em todos os departamentos. Com esse objetivo em mente, viu no Programa de Inovação em Suprimentos a possibilidade de reduzir substancialmente as despesas do banco.

A identificação de todos os bens comprados e de todos os serviços contratados foi a primeira etapa do programa. Era necessário fazer um levantamento de todas as compras das unidades do Grupo Bradesco e catalogá-las. Dessa forma, seria possível analisá-las e estudá-las de modo centralizado. Nunca antes o Bradesco havia conseguido reunir as informações sobre as demandas de todas as divisões e agências do grupo.

De posse dessa informação, foi possível a segmentação dos bens e serviços comprados pelo Bradesco. Identificar categorias distintas permitiria agilizar as aquisições, centralizando compras diversas em um mesmo fornecedor. Além disso, melhoraria o processo de controle, possibilitando a comparação dos custos em cada uma das categorias. A divisão em segmentos de compras ainda auxiliaria nas negociações, já que melhores preços poderiam ser acordados se um maior número de produtos fosse comprado na mesma empresa.

A terceira etapa foi a padronização dos materiais adquiridos. A antiga descentralização das compras implicava uma série de problemas para a empresa. Havia gastos excessivos com a estocagem de materiais variados para a manutenção de diferentes produtos comprados. Eram adquiridos pelas empresas e agências do Bradesco bens diferentes para a mesma função. Isso aumentava as despesas com a conservação e reduzia o poder de negociação do banco com os fornecedores, já que eram compradas pequenas quantidades de vários produtos equivalentes. Após o programa, padronizaram-se as compras e os custos diminuíram.

O passo seguinte do programa de controle de custos foi o cadastro de todos os fornecedores aptos a atender às demandas por bens e serviços da empresa. Esse era um passo importante, pois mostraria a eficácia da padronização dos produtos comprados, já que, necessariamente, teria de haver redução do número de distribuidores e prestadores de serviço. Esse objetivo foi atendido, visto que o número caiu de 4.500 para 3.500 entre 1998 e 2001. Além disso, o cadastramento de fornecedores permitiu um contato direto entre as equipes de compras e as empresas que forneciam os materiais, agilizando todos os processos.

O último passo do projeto foi o desenvolvimento de um sistema de informação gerencial que integraria todas as empresas do Grupo Bradesco, agências do banco e fornecedores cadastrados ao setor de compras. Nesse sistema, também seriam catalogados os 10 mil itens que foram identificados na fase inicial de diagnóstico das compras. Os funcionários foram treinados para utilizar o sistema de modo a poder operá-lo corretamente e auxiliar na redução das despesas organizacionais.

A nova estrutura do setor de compras

A melhoria no processo de controle foi acompanhada por outra medida administrativa: a criação de um modelo diferenciado para o setor de compras. Ele passou a ser composto por equipes de quatro a seis funcionários especializados em tarefas distintas. Cada equipe de compra possui um especialista técnico (normalmente, um funcionário do setor que requisitou a compra), um analista de mercado (encarregado de estudar os fornecedores e os preços justos de mercado), um analista de processos (que auxilia na avaliação das necessidades dos diversos setores) e compradores.

Esse novo modelo por equipes trouxe vários benefícios para a organização. A presença de um especialista técnico, entre os profissionais que compõem a equipe, reduz a possibilidade de ocorrerem erros nas compras. Essa pessoa conhece as necessidades do setor que requisitou o material e o modelo mais adequado para cada tipo de tarefa. Assim, as compras foram facilitadas e se tornaram mais eficazes que antes. Também houve redução nos gastos, pois há nas equipes pessoas que conhecem bem o mercado e sabem os preços dos materiais. Com isso, aumentou-se o poder de barganha do banco, já que suas equipes de compra possuem conhecimentos sobre os produtos equivalentes aos fornecedores.

Por outro lado, as novas equipes do setor de compras trouxeram mais transparência às relações entre os compradores e vendedores, área muito suscetível à corrupção.

Antes, era difícil controlar as aquisições, o que ocasionava, algumas vezes, desvios, superfaturamentos e, consequentemente, prejuízos para a organização. Com a formação de equipes, as relações com os fornecedores tornaram-se mais profissionais, porque o controle social interno entre os membros dos grupos é constante. Assim, reduziram-se as perdas decorrentes de atos ilícitos no banco.

Os compradores também viram sua função ser valorizada. Essa medida foi fundamental para controlar as despesas eficientemente. Antes, eles eram encarregados unicamente de fazer cotações dos produtos requisitados pelos diversos setores e efetuar as aquisições. Com o Programa de Inovação em Suprimentos, eles ganharam autonomia e, por meio do sistema integrado de informação gerencial, ficam sabendo das demandas das divisões da empresa em tempo real. Dessa forma, podem tomar decisões estratégicas acerca das necessidades das agências com mais agilidade e eficácia.

Após a listagem de todos os materiais e serviços e o cadastro dos fornecedores, foi possível negociar melhores contratos e desenvolver relações de longo prazo com os fornecedores. Fernando Barbaresco, diretor técnico da área de compras, responsável pelo programa, credita o sucesso da iniciativa à padronização dos produtos adquiridos e à redução do número de fornecedores.

Os resultados do programa

Um bom exemplo de economia ocorreu no departamento de tecnologia da informação, que cuida desde os monitores das agências até a segurança dos serviços prestados pela instituição via Internet. Os gastos dessa divisão são os maiores da organização e passam dos 500 milhões de reais por ano. Até 1999, o Bradesco adquiria computadores e peças de reposição de 12 fornecedores diferentes. Em 2002, esse número caiu para apenas dois. A padronização dos sistemas utilizados nas máquinas também gerou grande economia. A utilização de PCs e sistemas padronizados permitiu a redução nos custos de compra, mas também simplificou a operação e o suporte técnico.

Dessa maneira, diminuíram-se os gastos com treinamento e os problemas nos computadores caíram 30% em média. Além disso, o tempo de compra e entrega ficou 60% menor. A padronização gerou, portanto, economia e aumento da eficiência.

Ao final do projeto, em 2001, foi possível comparar alguns dados para comprovar sua eficiência no controle dos custos da instituição: uma economia de 150 milhões de reais; a redução do número de fornecedores de 4.500 para 3.500; a padronização de mercadorias adquiridas; a redução de 30% dos problemas de informática; a redução de 60% no intervalo de tempo entre a compra e a entrega dos produtos; a transparência nas vendas; e a redução de erros e desvios.

O processo foi trabalhoso e consumiu 3,5 milhões de reais, mas os resultados foram impressionantes e permitiram uma economia anual de 150 milhões de reais. A redução das despesas mostrou como o controle dos custos é importante para as grandes corporações, já que promove o incremento da eficiência e o aumento dos lucros.

Os resultados alcançados mostraram que o Bradesco concluiu o programa com sucesso. Os objetivos estabelecidos foram amplamente atingidos. A redução de custos deu condições ao banco para se fortalecer como uma das maiores instituições financeiras privadas do Brasil. O controle de despesas na organização mostrou que o setor de compras pode ter papel estratégico e que um banco, além de cuidar do dinheiro dos clientes, não pode descuidar da sua própria conta corrente.

A perda da liderança e novos desafios

Os anos 2000 foram marcados por um crescimento sustentado em diversas aquisições e parcerias, das quais se destacam a compra do Banco Bilbao Vizcaya, em 2003, por 2,7 bilhões de reais e de diversos bancos regionais. Com essa estratégia, o Bradesco consolidou a sua posição como o maior banco privado brasileiro do início do século.

No entanto, os concorrentes não ficaram parados e adotaram estratégias de crescimento igualmente agressivas. O Santander, banco espanhol com grande presença na América Latina, decide apostar forte no Brasil e compra o Banco Real em 2008, tornando-se quase instantaneamente no 3º maior banco privado a atuar no Brasil. No final desse mesmo ano, o Itaú anuncia a fusão com o Unibanco, ultrapassando o Bradesco em volume de ativos e assumindo-se como o maior banco privado brasileiro.

O fato de o Bradesco perder a liderança para o seu rival histórico fez com que o banco acelerasse seu processo de expansão nos anos seguintes, abrindo mais de 1.000 novas agências entre 2009 e 2011, já sob uma nova liderança de Luiz Carlos Trabuco. Apesar de não ter conseguido recuperar a liderança, conseguiu terminar 2011 com o terceiro maior lucro na história dos bancos no Brasil, com 11 bilhões de reais. Falta, no entanto, recuperar a sua posição de líder. Quando conseguirá? Aceitam-se apostas.[41]

Questões

1. Como você classificaria o tipo de controle (preventivo, simultâneo ou posterior) adotado pelo Bradesco para controlar seus suprimentos? Descreva o programa implementado.

2. Qual é a estratégia de controle comportamental adotada para o departamento de compras? Que técnicas de controle comportamental devem ter utilizado para garantir que o programa alcançasse seus objetivos?

3. Quais foram os critérios utilizados para avaliar o Programa de Inovação em Suprimentos e medir a eficácia das medidas adotadas?

4. Será que a estratégia de aquisição de outros bancos e de abertura de novas agências não dificultará o processo de controle de custos do banco?

Exercício de autoconhecimento

Controlando ou motivando?

Avalie as afirmações que se seguem indique em que medida você concorda ou discorda com essas afirmações, de acordo com a escala abaixo.

Discordo plenamente (DP)	Discordo (D)	Neutro (N)	Concordo (C)	Concordo plenamente (CP)

	DP	D	N	C	CP
1. Meu desempenho é melhor quando existe alguém me pressionando a realizar uma tarefa.	0	1	2	3	4
2. Prefiro que alguém fique ao meu lado dizendo como realizar uma atividade do que ter autonomia para desempenhá-la.	0	1	2	3	4
3. Gosto muito de assumir responsabilidades e prefiro que não fiquem constantemente verificando e avaliando meu trabalho.	4	3	2	1	0
4. Acho que não se pode dar muita liberdade aos subordinados, sendo necessário controlá-los fortemente.	0	1	2	3	4
5. Quando tenho que realizar uma tarefa, a satisfação por sua realização é suficiente para me motivar.	4	3	2	1	0
6. Acho que as pessoas precisam que alguém lhes supervisione, pois elas não são disciplinadas o suficiente para se autocontrolarem.	0	1	2	3	4
7. É possível fazer com que os funcionários se automonitorem, sendo desnecessário dar-lhes ordens constantemente.	4	3	2	1	0
8. Não se pode confiar na capacidade e motivação das pessoas, o que torna necessário realizar uma supervisão forte e permanente.	0	1	2	3	4
9. Tenho controle pleno sobre o resultado daquilo que faço.	4	3	2	1	0
10. Sinto-me à vontade em realizar minhas funções sem um superior direto avaliando diariamente minhas tarefas.	4	3	2	1	0
11. Fatores externos e contingências quaisquer são mais responsáveis pelos resultados que obtenho do que meu próprio trabalho.	0	1	2	3	4
12. Os funcionários precisam de uma fonte de pressão externa para que eles se superem e alcancem melhores resultados.	0	1	2	3	4
13. Acho que as empresas deveriam delegar mais funções e responsabilidades aos seus funcionários.	4	3	2	1	0
14. Permitir que os subordinados controlem seu tempo e ritmo de trabalho fará com que eles retardem a realização das tarefas.	0	1	2	3	4
15. O fato de meu chefe estar ausente da empresa não modificará em nada minha rotina de trabalho: cumprirei meu horário e minhas tarefas normalmente.	4	3	2	1	0
16. As pessoas gostam de trabalhar e de assumir responsabilidades, logo, uma supervisão rígida irá deixá-los insatisfeitos e reduzirá seu desempenho.	4	3	2	1	0

Análise dos resultados

Some agora os pontos obtidos e veja a sua posição no *continuum* abaixo.

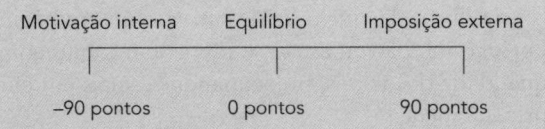

```
Motivação interna    Equilíbrio    Imposição externa
     |―――――――――――――――――――――――――――――――――|
  –90 pontos        0 pontos         90 pontos
```

Esse questionário buscou avaliar com qual estilo de controle comportamental você tem mais afinidade. No controle por motivação interna, os gestores estimulam seus subordinados a assumir responsabilidades e buscar alcançar os melhores resultados possíveis. Por meio dessa prática, os líderes conseguem incentivar os funcionários para que eles se sintam motivados pela realização das tarefas. Dessa forma, um controle direto e constante torna-se desnecessário, pois os subordinados vão se autocontrolar e conseguirão atingir níveis de produtividade e eficiência mais elevados.

Já o controle por imposição externa prevê que a melhor forma de controlar o trabalho dos funcionários e garantir o alcance de bons desempenhos é por meio de uma supervisão contínua e rígida, que impedirá a ocorrência de desvios e erros por parte dos trabalhadores. Para os adeptos dessa corrente, os funcionários não se motivam pelo simples cumprimento das metas, sendo necessário dar-lhes incentivos externos, como bônus, descansos remunerados e outras formas de premiação. Dessa maneira, garante-se um bom desempenho organizacional por meio de um controle hierárquico forte e constante.

Dinâmica de grupo 1

Controle iluminado

A Lumini é a distribuidora de energia elétrica de toda a região metropolitana de uma grande capital brasileira. A empresa enfrenta, como a maioria das concessionárias desse egmento, dois grandes problemas: os furtos de energia e a inadimplência dos consumidores. As ligações clandestinas consomem cerca de 15% da energia distribuída pela organização, enquanto a inadimplência está na casa de 7,5%, aproximadamente o triplo da média nacional.

A Lumini atua em dois grandes segmentos, o Residencial, com cerca de dois milhões de moradias em sua área de atuação, e o Alto Consumo, onde estão inseridas indústrias, hospitais e outros clientes que demandam muita eletricidade. Os problemas citados anteriormente podem ser encontrados nesses dois segmentos. Os furtos de energia são comuns nas áreas mais carentes dos municípios a que atende. Nessas regiões, a taxa atinge 45% da eletricidade consumida. Apesar desse elevado índice, ele representa apenas 25% do total furtado da organização. De maneira semelhante, a inadimplência também é mais elevada entre os consumidores residenciais das classes socioeconômicas menos favorecidas.

No segmento Alto Consumo, os problemas são ainda maiores. Como as empresas desse setor consomem grandes quantidades de eletricidade e, normalmente, solicitam altas voltagens de transmissão, suas despesas com energia são muito elevadas. Em decorrência disso, a inadimplência atinge 8% do total desses clientes. Outro problema é que muitos dos devedores são instituições públicas que provêm serviços essenciais, como escolas e hospitais, o que impede o corte de energia.

Além da inadimplência, o furto de energia realizado por empresas gera grandes complicações para a Lumini. Muitas delas, principalmente do segmento industrial, realizam desvios nas linhas de transmissão com o objetivo de reduzir seus custos. Apesar de atingir apenas 8% da eletricidade transmitida nesse segmento, os furtos de alto consumo equivalem a 70% do total que é desviado da distribuidora. Nesse caso, há outro complicador, pois as mesmas indústrias que furtam são também grandes clientes da organização, sendo responsáveis por boa parte dos ganhos da companhia. Além disso, esses consumidores podem optar por outras formas de energia, já que muitas de suas máquinas funcionam também com gás natural e óleo diesel, que podem substituir a eletricidade transmitida pela Lumini.

Atividade de grupo

Imagine que você e seus colegas de grupo sejam os diretores da Lumini e estejam realizando o planejamento para os próximos dois anos. Com base no texto lido e em sua imaginação, sigam o roteiro apresentado abaixo para tentar solucionar partes dos problemas enfrentados pela companhia.

1. Primeiramente, estabeleça parâmetros de desempenho que deverão ser alcançados até o final dos dois próximos anos.

2. De que maneira vocês pretendem resolver parte dos problemas citados e atingir os objetivos traçados?

3. Como vocês acham que a mensuração dos indicadores utilizados por vocês na primeira questão poderá ser realizada?

Dinâmica de grupo 2

Administração jurássica

A Livrossauro é uma editora especializada na publicação de livros sobre os mais temidos répteis que já habitaram nosso planeta. A empresa possui diversas linhas de produtos, desde volumes infantis, até obras que reúnem pesquisas avançadas em paleontologia. Alguns dos escritores são funcionários da organização, tendo assinado contratos de exclusividade com a Livrossauro e sendo obrigados a publicar todas as suas obras pela editora. Outros, porém, são autores que enviam suas pesquisas e ideias para serem avaliadas e, caso sejam aprovadas, assinam contratos de uma única obra com a empresa.

Recentemente, a Livrossauro resolveu implantar um mecanismo de controle que acelerasse a produção dos livros. Com isso, ela esperava lançar mais obras no mercado, elevando, assim, suas vendas e lucros. O processo era simples: os editores de cada uma das linhas de produtos da empresa deveriam estabelecer prazos finais para a entrega das versões pelos autores. Com base nesse período e no tamanho aproximado das obras, os escritores seriam obrigados a entregar um determinado número de páginas por dia útil, em fonte predeterminada, de modo que os autores não pudessem burlar esse sistema aumentando o tamanho das letras ou modificando o seu tipo.

Liana Oliveira é uma das criadoras de histórias infantis da Livrossauro. Ao ser informada pelo seu editor de que passaria a ser cobrada diariamente, ficou bastante indignada: "ninguém nos perguntou nada, simplesmente resolveram criar essa nova regra". Como consequência desse mecanismo, a autora resolveu mudar um pouco seu estilo de trabalho. "Antes, eu colocava imagens de 5x7 cm. Agora, porém, passei a inseri-las em formato 9x12 cm", conta Liana.

André Carvalho é paleontólogo e recentemente fechou um contrato com a Livrossauro para publicar um livro sobre as influências dos líderes pterossauros sobre os membros de seus bandos. Ao saber que seria cobrado diariamente, o pesquisador também não ficou muito satisfeito: "escrever não pode ser uma obrigação, pois depende de inspiração e esta não 'bate ponto' como um funcionário de fábrica". Em decorrência disso, ele, que teria de entregar quatro páginas por dia útil, passou a não se preocupar muito com a qualidade dos textos, preocupando-se mais em cumprir sua meta.

Rosane Rodrigues e Roberto Soliz são renomados autores da linha política da Livrossauro. Recentemente, lançaram conjuntamente a obra "Dinossauros da política brasileira: dos coronéis aos senadores". Os escritores ficaram muito insatisfeitos com a decisão da empresa. "Eu gosto de escrever quando quero, não estou 'nem aí' para prazos", conta Rosane. A autora continuou enviando arquivos com a fonte que sempre gostou e não se preocupou em cumprir os prazos que lhe foram passados pelo editor. "Sempre escrevi nos finais de semana, quando as lojas de videogame estão mais cheias", conta Roberto. O escritor enviou de uma única vez 40 páginas escritas e só tornou a encaminhar materiais para o editor no mês seguinte à nova determinação.

Os editores perceberam que o novo mecanismo de controle não foi bem aceito pelos autores e informaram à diretoria da Livrossauro, que resolveu abolir a nova regra. "Realmente foi um erro, estamos tão acostumados em olhar para o passado que resolvemos adotar uma supervisão ferrenha sobre os escritores, algo que não condiz com a modernidade", finalizou Ivan Mota, presidente da editora.

Atividade de grupo

Em grupos de três, procure responder às seguintes questões:

1. Relacione as três consequências comportamentais disfuncionais do controle às ações de cada um dos escritores.

2. A quais causas você atribui os problemas enfrentados pela Livrossauro?

3. Você concorda com a frase final do presidente da empresa de que um controle rígido é algo ultrapassado, "que não condiz com a modernidade"?

4. De que forma, em sua opinião, a editora poderia ter conseguido atingir seu objetivo sem desagradar aos autores dos livros?

Administrando a sua empresa

Segurando as rédeas – outubro do ano 2

Comece por analisar os resultados de sua empresa obtidos nesse último trimestre:

Demonstrações – ano 2	Jul.	Ago.	Set.
Receitas	R$ 105 mil	R$ 110 mil	R$ 130 mil
Despesas operacionais	R$ 60 mil	R$ 55 mil	R$ 60 mil
Despesas financeiras e tributárias	R$ 21 mil	R$ 26 mil	R$ 28 mil
Resultado	R$ 24 mil	R$ 29 mil	R$ 42 mil

O controle sempre foi uma função da administração considerada bastante importante pela gestão de sua empresa. Desde o início, tarefas relacionadas ao monitoramento e correção já eram desempenhadas por vocês e, posteriormente, pelos supervisores e analistas dos departamentos organizacionais. A prática mais notória, que inclusive foi responsável por grande parte do considerável sucesso que sua companhia obteve nesse curto período de existência, foi o rigoroso processo de seleção realizado por vocês enquanto buscavam pesquisadores, analistas e programadores.

Esse método de controle é uma espécie de triagem dos recursos a serem empregados na criação e desenvolvimento de jogos, visto que os capitais humanos utilizados nessas etapas de produção não deixam de ser insumos das operações organizacionais. Além dessa ferramenta de controle, sua empresa também desenvolveu outras formas de controle preventivo. Uma delas diz respeito à seleção dos fornecedores das mídias em que serão armazenados os jogos para posterior comercialização. Dessa forma, rigorosos testes foram realizados, considerando capacidade de armazenagem, preço, prazo de entrega e qualidade de gravação. Outros recursos que também passam por uma rígida inspeção antes de serem escolhidos e adquiridos são os computadores e monitores gráficos, as principais ferramentas do pessoal da criação e programação dos jogos. Dessa forma, sua empresa consegue garantir que os recursos empregados ao longo da elaboração dos games sejam bastante adequados e estejam de acordo com os padrões estabelecidos previamente.

Apesar disso, o departamento de marketing está um tanto quanto insatisfeito com o resultado das vendas de alguns produtos. Para eles, a empresa está se esforçando muito para garantir a conformidade dos insumos empregados na produção dos jogos, ao passo que a qualidade e aceitação dos jogos pelo público estão sendo negligenciadas. A verdade é que a organização, focando sempre o controle na prevenção de eventuais desvios, disponibiliza muito mais verbas para o setor de pesquisa e desenvolvimento (P&D) realizar entrevistas e apresentações com clientes potenciais do que para o setor de marketing avaliar o sucesso real dos jogos no mercado. Dois exemplos foram os recentes lançamentos para o público "Loucos por simuladores". Os jogos SimF1, que simula a administração de uma equipe de Formula 1, e SimSíndico, que permite aos jogadores controlarem as atividades de um condomínio residencial, não foram bem aceitos pelos consumidores, apesar das pesquisas realizadas pelo setor de P&D dizerem o contrário. A verdade é que, por meio de conversas e pesquisas, eles determinaram como o jogo deveria ser, mas nenhum tipo de teste posterior ao lançamento do game foi realizado para monitorar a aceitação do produto pelo mercado.

Outro ponto que merece atenção da alta cúpula organizacional refere-se ao controle das atividades realizadas pelo setor de recursos humanos. Os resultados esperados dos programas de motivação e treinamento, realizados nesse último semestre, ficaram abaixo das expectativas. Veja o quadro abaixo:

Quesito	Previsão	Realizado
Treinamentos realizados	3	3
Participantes por treinamento	15	9
Taxa de sucesso das atividades	87%	89%
Média dos participantes	8,5	8,0
Motivação dos funcionários	80 pontos	70 pontos

Diante de tudo isso, é necessário que vocês tomem algumas decisões relativas ao controle das tarefas organizacionais. Sigam os passos apresentados a seguir e tentem solucionar esses problemas, não se esquecendo de justificar suas opções.

Atividades e decisões

1. Elabore todo um processo de controle que permita ao setor de Marketing avaliar a qualidade dos produtos finalizados percebida pelos consumidores, a provável aceitação dos novos jogos pelo mercado e os resultados obtidos após os lançamentos.

2. Avalie os resultados do controle realizado pelo departamento de RH.

3. Caso vocês quisessem implantar um sistema para controlar os treinamentos realizados pelo departamento de RH enquanto eles são realizados, quais dados ele precisaria informar, a quem ele deveria transmiti-los e que possíveis correções ele poderia apresentar aos analistas daquele setor?

4. Como vocês poderiam implementar uma avaliação de desempenho dos funcionários na sua organização? Quais informações seriam solicitadas, quem teria direito a avaliar quem e que parâmetros seriam escolhidos para ser monitorados?

Notas

1. O QUE DEU errado. **Exame.com**, ago. 2009. Disponível em: <http://exame.abril.com.br/revista-exame/edicoes/0950/noticias/deu-errado-492837>. Acesso em: 3 maio 2012; O CANAVIAL do século XXI. **Exame.com**, fev. 2009. Disponível em: <http://exame.abril.com.br/revista-exame/edicoes/0936/noticias/canavial-seculo-21-419397>. Acesso em: 3 maio 2012; ETH Bioenergia conclui fusão com Brenco. **Exame.com**, jan. 2012. Disponível em: <http://exame.abril.com.br/economia/meio-ambiente-e-energia/noticias/eth-bioenergia-conclui-fusao-brenco-529689>. Acesso em: 3 maio 2012.

2. OUCHI, W. G. Markets, bureaucracies and clans. **Administrative Science Quarterly**, p. 129-141, mar. 1980.

3. TAM reduz plano de expansão de frota para 2012. **Exame.com**, ago. 2011. Disponível em: <http://exame.abril.com.br/negocios/empresas/noticias/tam-revisa-para-baixo-plano-de-expansao-de-frota-para-2012>. Acesso em: 3 maio 2012.

4. MARTINS, F. **Controle:** perspectivas de análise na teoria das organizações. Rio de Janeiro: Cadernos EBAPE, v. 4, n. 1, mar. 2006.

5. MAXIMIANO, A. **Introdução à administração**. São Paulo: Atlas, 2000.

6. HP faz recall de 162 mil baterias de laptops. **Exame.com**, maio 2011. Disponível em: <http://exame.abril.com.br/tecnologia/noticias/hp-faz-recall-de-162-mil-baterias-de-laptops>. Acesso em: 3 maio 2012.

7. HAWKINS, D. Introduction to management control process. **Harvard Business Review**, nov. 2005.

8. ROBBINS, S. P.; DECENZO, D. A. **Fundamentos de administração:** conceitos essenciais e aplicações. 4. ed. São Paulo: Pearson Prentice Hall, 2004.

9. FUNDAÇÃO Nacional de Qualidade, **Cadernos Rumo à excelência**, São Paulo, 2007. Disponível em: <http://www.fnq.org.br/site/695/default.aspx>. Acesso em: 3 maio 2012.

10. HAWKINS, D. Introduction to management control process. **Harvard Business Review**, nov. 2005.

11. ROBBINS, S. P.; DECENZO, D. A. **Fundamentos de administração:** conceitos essenciais e aplicações. 4. ed. São Paulo: Pearson Prentice Hall, 2004.

12. **Sabesp**. Disponível em: <http://www.sabesp.com.br>. Acesso em: 3 maio 2012.

13. CAMMANN, C.; NADLER, D. A. Fit control system do your managerial style. **Harvard Business Review**, jan./fev. 1976.

14. ROBBINS, S. P.; DECENZO, D. A. **Fundamentos de administração:** conceitos essenciais e aplicações. 4. ed. São Paulo: Pearson Prentice Hall, 2004.; CAMMANN, C.; NADLER, D. A. Fit control system do your managerial style. **Harvard Business Review**, jan./fev. 1976.

15. HAWKINS, D. Introduction to management control process. **Harvard Business Review**, nov. 2005.

16. STONER, J.; FREEMAN, R. **Administração**. Rio de Janeiro: LTC, 1994.

17. TURBAN, E.; RAINER JR., R.; POTTER, R. **Administração de tecnologia da informação**. Rio de Janeiro: Elsevier, 2005.

18. TIRO certeiro. **Época Negócios**, nov. 2011. Disponível em: <http://epocanegocios.globo.com/Revista/Common/0,,EMI185222-16642-2,00-TIRO+CERTEIRO.html>. Acesso em: 3 maio 2012.

19. HAWKINS, D. Introduction to management control process. **Harvard Business Review**, nov. 2005.

20. EMPRESA de Ivete Sangalo passa por auditoria e irmão da cantora pode ser demitido. **Folha.com**, jan. 2011. Disponível em: <http://www1.folha.uol.com.br/ilustrada/862963-empresa-de-ivete-sangalo-passa-por-auditoria-e-irmao-da-cantora-pode-ser-demitido.shtml>. Acesso em: 3 maio 2012; IVETE Sangalo demite chefões da Caco de telha. **Carlos Amorim divulgação**, jan. 2011. Disponível em: <http://www.carlosamorimdivulgacao.com/2011/01/ivete-sangalo-demite-chefoes-da-caco-de.html>. Acesso em: 3 maio 2012.

21. KAPLAN, R.; NORTON, D. Using the balanced scorecard as a strategic management system. **Harvard Business Review**, jan./fev. 1996.

22. NAKAMURA, W. et al. Estratégia de Implementação do *balanced scorecard* numa grande corporação: o caso da Siemens Brasil. **IX Congresso Internacional de Custos**. Florianópolis, 28 a 30 nov. 2005.

23. TUCKER, F. G.; ZIVAN, S. M.; CAMP, R. C. How to measure yourself against the best. **Harvard Business Review**, p. 8-14, jan./fev. 1987.

24. BRASIL — Tribunal de Contas da União. **Técnica de auditoria:** benchmarking. Brasília: TCU, Coordenadoria de Fiscalização e Controle, 2000.

25. ITAÚ cria rede social para empresários. **Exame.com**, dez. 2012. Disponível em: <http://exame.abril.com.br/marketing/noticias/itau-cria-rede-social-para-empresarios>. Acesso em: 3 maio 2012.

26. CAMMANN, C.; NADLER, D. A. Fit control system do your managerial style. **Harvard Business Review**, jan./fev. 1976.

27. BATEMAN, T. S.; SNELL, S. **Administração:** construindo vantagem competitiva. São Paulo: Atlas, 1998.

28. FUNCIONÁRIOS do Senado batem ponto, mas não trabalham. **Jornal Nacional**, abr. 2011. Disponível em: <http://g1.globo.com/jornal-nacional/noticia/2011/04/funcionarios-do-senado-batem-ponto-mas-nao-trabalham.html>. Acesso em: 3 maio 2012.

29. CAMMANN, C.; NADLER, D. A. Fit control system do your managerial style. **Harvard Business Review**, jan./fev. 1976.

30. Ibidem.

31. DINHEIRO motiva? **Exame.com**, jul. 2003. Disponível em: <http://exame.abril.com.br/carreira/noticias/dinheiro-motiva-m0059195>. Acesso em: 3 maio 2012.

32. STAUFFER, D. The hidden cost of too much control. **Harvard Management Update**, 1997.

33. SIMONS, R. Control in age of empowerment. **Harvard Business Review**, mar./abr. 1995; STAUFFER, D. The new think on high control management: set boundaries instead. **Harvard Management Update**, 1997.

34. VALORES no papel. **Exame.com**, abr. 2006. Disponível em: <http://exame.abril.com.br/revista-exame/edicoes/0866/noticias/valores-no-papel-m0081582>. Acesso em: 3 maio 2012.

35. ERWIN, P. Corporate Codes of Conduct: The Effects of Code Content and Quality on Ethical Performance. **Journal of Business Ethics**, v. 99(4), p. 535-548, 2011; MCCABE, D. L.; TREVINO, L. The influence of collegiate and corporate codes of conduct on ethics-related behavior in the workplace. **Business Ethics Quarterly**, 6(4), p. 461-476, 1996.

36. SIMONS, R. Control in age of empowerment. **Harvard Business Review**, mar./abr. 1995; STAUFFER, D. The new think on high control management: set boundaries instead. **Harvard Management Update**, 1997.

37. CHATTERJI, A.; LEVINE, D. Breaking down the wall of codes: evaluating non-financial performance measurement. **California Management Review**, v. 48(2), p. 29-53, inverno 2006.

38. CADERNO Razão Social. **O Globo**, n. 50, jul. 2007; KLABIN. Disponível em: <http://www.klabin.com.br>. Acesso em: 3 maio 2012.

39. MINTZBERG, H. **Managing:** desvendando o dia a dia da gestão. Porto Alegre: Bookman, 2010.

40. SILVA JR., C. Do monitoramento no ambiente de trabalho com a instalação de câmeras. **JurisWay**, mar. 2008. Disponível em: <http://www.jurisway.org.br/v2/dhall.asp?id_dh=568>. Acesso em: 3 maio 2012; O BIG Brother nas empresas. **Exame.com**, out. 2006. Disponível em: <http://exame.abril.com.br/revista-exame/edicoes/0878/noticias/o-big-brother-nas-empresas-m0113198>. Acesso em: 3 maio 2012.

41. PADUAN, R. Como economizar 150 milhões de reais. **Exame**, 755, 12 dez. 2001. Disponível em: <http://exame.abril.com.br/negocios/empresas/financas/noticias/por-que-o-bradesco-nao-entregou-todo-o-resultado-esperado>; Acesso em: 6 maio 2012.

Parte 3

Áreas funcionais da administração

Capítulo 9   Administração de operações

Capítulo 10 Administração de marketing

Capítulo 11 Administração de recursos humanos

Capítulo 12 Administração financeira

Capítulo 9 Administração de operações

Objetivos de aprendizagem

1. Definir a administração de operações, destacando sua importância para a organização.
2. Diferenciar as organizações de manufatura das organizações de serviços.
3. Compreender a administração de operações a partir de uma visão sistêmica.
4. Identificar as cinco prioridades competitivas da administração de operações.
5. Analisar as principais etapas no planejamento de um sistema de operações.
6. Descrever as principais atividades no planejamento e controle das operações.
7. Discutir as principais técnicas para a administração de estoques.
8. Descrever a evolução do enfoque na qualidade na administração de operações.
9. Analisar o processo de gestão da cadeia de valor e suas principais vantagens.
10. Compreender os princípios de funcionamento dos sistemas *just-in-time*.

O núcleo central de qualquer organização é seu sistema de operações, responsável pela transformação dos insumos em produtos ou serviços concretos. Por meio de uma administração competente desse processo de transformação, as organizações tornam-se mais eficientes, mais produtivas e capazes de oferecer produtos e serviços de acordo com as necessidades de seus clientes. Dessa forma, a administração das operações contribui significativamente para o alcance dos objetivos estratégicos da organização e para a consolidação de suas vantagens competitivas.

No decorrer do processo de administração de operações, os gerentes devem tomar uma série de decisões complexas, que variam desde o projeto do produto, a especificação da capacidade de produção, a localização das instalações, a escolha dos processos de produção e dos arranjos físicos até as abordagens mais complexas, como gestão da cadeia de valor ou implementação de sistemas *just-in-time*, que imprimem novas orientações à administração de operações. A natureza técnica e a complexidade das decisões relativas à essa administração serão objeto de análise deste capítulo.

Em seguida, será analisado o processo de planejamento do sistema de operações de uma organização, destacando uma série de decisões de natureza técnica que compõem as principais etapas do processo. As principais tarefas do gerente de operações, como o planejamento e o controle da produção, a administração dos estoques e a logística, serão discutidas na terceira seção do capítulo.

O enfoque de qualidade será destacado na quarta seção, por sua relevância estratégica para a organização contemporânea. Por último, serão apresentadas algumas tendências contemporâneas na administração de operações, destacando a gestão da cadeia de valor, os sistemas *just-in-time*, a customização e a flexibilização da manufatura.

>> Caso introdutório

O triunfo do sistema Toyota de produção

A segunda metade do século XX marcou uma grande revolução na indústria mundial. Enquanto o Japão agonizava no pós-guerra, a fabricante de automóveis Toyota criava um dos sistemas de produção mais inovadores de todos os tempos. O sistema Toyota de produção apresentou-se como uma alternativa mais eficiente ao modelo fordista de produção, que explorava as vantagens de produção em série. O modelo toyotista consiste numa produção e cadeia de suprimentos enxuta, flexível e altamente terceirizada, que prevê a eliminação quase total dos estoques e a busca constante pela agilização do processo produtivo. Ao longo dos anos, esse modelo vem sendo adotado por várias empresas do mundo, das quais se destacam a Boeing e a Microsoft, sendo reconhecido como um padrão de excelência único no mundo.

O diferencial do sistema Toyota de produção é seu sistema de operações. Com uma produção enxuta, a Toyota destaca-se pelo uso inovador dos sistemas *just-in-time*, pela promoção de conhecimento nas redes de parceiros, pela flexibilidade no chão da fábrica, conseguida pela autonomia concedida aos funcionários e o controle simultâneo das operações, pela agilidade para incorporar novas tecnologias, e pelo profundo conhecimento do consumidor.

A logística é a palavra-chave que traduz a eficiência do sistema Toyota de produção. Aprimorado a partir da necessidade do período de pós-guerra, quando a empresa não tinha espaço nem recursos para armazenar estoques, a empresa optou por uma estreita ligação com os fornecedores. Sem armazenar peças e componentes, a companhia precisava receber o item certo na hora exata, para que todo o processo produtivo não fosse comprometido. Por ano, a Toyota economiza mais de US$ 100 milhões em custos financeiros decorrentes de sua inteligência logística.

De fato, são muitas as vantagens operacionais sobre seus principais concorrentes, como a General Motors e a Ford. Uma dessas vantagens é a qualidade e a resistência dos seus veículos. Eles apresentam 40% menos problemas do que os fabricados pelas montadoras norte-americanas. Outra vantagem é a rapidez e agilidade. Enquanto os japoneses levam um ano para colocar um modelo em circulação, os norte-americanos podem demorar até três vezes mais. Como resultado, entre as décadas de 1960 e 1990, a empresa japonesa e seus fornecedores aumentaram a produtividade em 700%, comparados com 250% dos seus concorrentes norte-americanos.[1]

9.1 >> Fundamentos da administração de operações

A área de operações é o núcleo central de qualquer organização; é o seu "coração". Afinal, essa área é responsável por satisfazer, por meio da gestão do processo de transformação de insumos e recursos em produtos e serviços concretos, as necessidades e os desejos dos clientes. Para isso, é necessário um alinhamento contínuo da função de operações com os objetivos estratégicos da organização como um todo.

O sistema Toyota de produção, descrito no caso introdutório, é um exemplo de excelência de qualidade e eficiência na administração das operações de uma organização. No entanto, o sistema de produção enxuta e eficiente e a cadeia de suprimentos *just-in-time* não seriam suficientes se não viessem acompanhados de uma cultura que concede autoridade aos funcionários e promove o desejo de inovar e a preocupação com a qualidade. De fato, tão importante como os elementos técnicos do sistema de operações, são os aspectos culturais e de liderança. Por essa razão, muitas empresas não conseguem replicar o sucesso da Toyota. Essas e outras questões serão abordadas no decorrer deste capítulo, cujo principal objetivo é a análise da área funcional de operações.

9.1.1 ›› Conceito de administração de operações

> **Administração de operações**
> Área da administração responsável pelo planejamento, operação e controle do processo de transformação que converte insumos e recursos em produtos ou serviços.

A **administração de operações** pode ser definida como a área ou o campo da administração responsável pelo planejamento, operação e controle do processo de transformação que converte insumos e recursos (mão de obra, capital, suprimentos, informação ou equipamentos) em produtos (bens ou serviços). Em outras palavras, a administração de operações aborda a maneira como as organizações produzem bens e serviços.

> **Processo de transformação**
> Processo transversal que flui por toda a organização, envolvendo todas as atividades que contribuem para transformar os insumos em produtos e serviços.

O **processo de transformação** é o núcleo central de qualquer organização e envolve todas as atividades que contribuem para transformar os insumos em produtos e serviços. Trata-se de um processo transversal que flui por toda a organização. Cabe à administração de operações fazer com que o processo de transformação de uma organização se realize com o máximo de eficiência, produtividade e eficácia.

A função de administração de operações é desempenhada pelo *gerente de operações*. Dependendo da organização, podem ser chamados de gerente de produção (em uma fábrica), gerente administrativo (em um hospital) ou gerente de loja (em uma rede de supermercados). Compete ao gerente de operações: formular uma estratégia de operações coerente com os objetivos estratégicos da organização; tomar decisões relativas à localização, à capacidade e ao *layout* das instalações; projetar os produtos, serviços e processos de produção; planejar e controlar a produção; organizar o trabalho; administrar os estoques; entre outras atividades essenciais ao processo de transformação.

Por sua natureza técnica, as atividades relacionadas com o planejamento e o controle das operações assumem maior destaque para a administração de operações. No entanto, isso não significa que a organização e a direção não sejam importantes para essa área funcional. Pelo contrário, sem uma organização adequada dos recursos e da autoridade e sem a motivação e a liderança das equipes e grupos de trabalho, as operações enfrentam muitos problemas. A dificuldade que as montadoras norte-americanas e europeias têm para replicar o sistema Toyota de produção é elucidativa quanto a isso. De fato, o sucesso de muitas técnicas e abordagens relacionadas com a administração de operações depende de seu ajustamento às características dos funcionários, das equipes e da organização.

9.1.2 ›› Importância da administração de operações

A importância da administração de operações para as organizações e para os administradores deve-se a vários motivos. Primeiro, como todas as organizações produzem algo, a administração de operações é necessária para gerenciar as atividades de seu processo de transformação. Isso é válido tanto para organizações que prestam serviços (como hospitais, escolas ou igrejas) como para empresas industriais que produzem bens físicos (como celulares ou televisões).

Em segundo lugar, o caráter transversal da administração de operações faz com que ela assuma um papel central no desenvolvimento de todas as atividades organizacionais (Figura 9.1). Na realidade, como a área de operações se inter-relaciona com todas as outras áreas funcionais, suas decisões são afetadas e afetam decisões de outras unidades organizacionais. Por exemplo, o planejamento da produção deve ser articulado com o departamento de marketing com base na demanda, assim como a melhoria da produtividade deve ser articulada com o departamento de recursos humanos por meio do desenvolvimento de ações de treinamento para os trabalhadores. Dessa forma, o desempenho da organização como um todo depende da eficácia e da eficiência com que essas interações são gerenciadas.

Figura 9.1 ›› Centralidade da administração de operações

Em terceiro lugar, a administração de operações tem papel estratégico no desempenho competitivo da organização. Por meio da melhoria da produtividade, da eficiência e da qualidade dos produtos e serviços de uma organização, a administração de operações permite que as empresas agreguem valor e atendam às prioridades competitivas de seus clientes. No atual contexto competitivo, torna-se mais evidente a importância da administração de operações para todos os tipos de organização, uma vez que habilita a organização a atingir seus objetivos por meio da gestão eficiente do seu processo de transformação.

Por último, a melhoria da produtividade e da eficiência organizacional influencia positivamente não apenas a organização, mas também a competitividade de um dado país, como foi notado por Frederick Taylor, um dos fundadores do campo da administração. De fato, elevada produtividade e eficiência podem gerar taxas de crescimento positivas e sem custos, visto que possibilitam salários maiores para os funcionários e maiores ganhos para as empresas, sem impulsionar a inflação. Boa parte da prosperidade japonesa nos anos 1980 está relacionada com a melhoria de produtividade dos sistemas de produção das empresas.[2]

9.1.3 ›› Organizações de manufatura e de serviços

Toda organização é responsável por produzir algo, mesmo que o resultado dessa produção não seja visível ou tangível. Tradicionalmente, o foco das

A Seletti, rede de restaurantes *fast-food* de comida saudável, fundada em 2007, tem no seu sistema de operações um diferencial em relação a seus concorrentes. O seu proprietário, Luis Felipe Campos, é obcecado pela eficiência da empresa. Na Seletti, um ingrediente só entra na cozinha se puder comparecer em vários itens do cardápio. Assim, a Seletti tem no seu cardápio 19 opções de pratos e lanches com apenas sete ingredientes. Os cozinheiros também são estimulados a propor mudanças para cortar custos, diminuir o desperdício e acelerar o preparo das refeições. Além disso, todos os funcionários das lojas seguem um rigoroso manual de tarefas, de forma a otimizar suas atividades.[3]

operações era direcionado para organizações de manufatura, responsáveis por produzir automóveis, remédios, eletrônicos e outros bens tangíveis. No entanto, com a expansão econômica do setor de serviços, a administração de operações alargou seu escopo de atuação, passando a gerenciar todo o processo de transformação de qualquer organização, com o objetivo de satisfazer as necessidades dos clientes.

Tendências atuais revelam um aumento do peso do setor de serviços e, consequentemente, uma diminuição do peso dos setores produtivos nas principais economias mundiais. Essa tendência é conhecida como desindustrialização. Por exemplo, nos Estados Unidos, mais da metade das organizações são de serviços e estas empregam dois terços da força de trabalho. Essa tendência também se faz presente no Brasil. De acordo com os cálculos do IBGE, o peso do setor de serviços é maior do que o da indústria e da agropecuária na economia brasileira. Em 2010, o setor de serviços já era o principal setor de atividade da economia brasileira, com uma participação superior a 65% no Produto Interno Bruto (PIB).[4]

A administração de operações engloba os processos presentes em todas as organizações, sejam de serviços ou indústria. Na verdade, o denominador comum de todas as organizações é o processo de transformação que se encontra na base da administração de operações. A natureza dos bens produzidos pode diferenciar uma organização de outra. Dessa forma, é possível distinguir dois tipos de organizações: as **organizações de manufatura**, responsáveis por produzir bens físicos (por exemplo, fabricantes de automóveis, de computadores ou têxteis) e as **organizações de serviços**, responsáveis por produzir bens intangíveis, denominados serviços (por exemplo, empresas de advocacia, escolas ou hotéis).

As diferenças entre as organizações de manufatura e as de serviços têm importantes implicações em seus sistemas de administração de operações e não se reduzem apenas à natureza dos bens produzidos. Nas organizações de manufatura, o processo de transformação é fácil de ser analisado porque é visível, e os bens produzidos podem ser armazenados e consumidos posteriormente. Por outro lado, nas organizações de serviço, o processo de transformação é difícil de visualizar, os serviços produzidos não podem ser armazenados e demandam a participação do consumidor. O Quadro 9.1 lista algumas das características que diferenciam as organizações de manufatura das de serviços.

> **Organizações de manufatura**
> Organizações industriais responsáveis pela produção de bens físicos e tangíveis.

> **Organizações de serviços**
> Organizações responsáveis pela produção de bens intangíveis, denominados serviços.

Quadro 9.1 ›› Diferenças entre organizações de manufatura e de serviços

Organizações de manufatura	Organizações de serviços
■ Produzem bens tangíveis e duráveis.	■ Produzem bens intangíveis.
■ Bens podem ser armazenados para consumo posterior.	■ O consumo e a produção dos serviços são simultâneos.
■ A quantidade e a qualidade dos bens produzidos são facilmente mensuráveis.	■ A qualidade dos serviços é percebida, mas é muito difícil de ser medida.
■ O resultado é padronizado.	■ O resultado é customizado.
■ Pouca participação e pouco contato com o consumidor.	■ Amplo contato e participação do consumidor durante o processo de transformação.
■ A localização é menos importante para o sucesso da organização.	■ A localização é crucial para o sucesso da organização.
■ Emprego intensivo de capital.	■ Emprego intensivo de trabalho.

Apesar das diferenças apontadas, ambos os tipos de organizações podem produzir uma combinação de bens e de serviços. Da mesma forma, ambos enfrentam problemas operacionais e preocupações similares, o que torna os conceitos e instrumentos relativos à administração de operações igualmente válidos nos dois tipos de organização.[5]

9.1.4 ›› Organizações como sistemas de operações

Nos capítulos anteriores, a organização foi descrita como um sistema responsável por transformar recursos e insumos em produtos ou serviços. De fato, a visão sistêmica da organização ajuda a perceber melhor a centralidade do processo de transformação, objeto da administração de operações. Essa visão sistêmica do sistema de operações de uma organização está representada na Figura 9.2. Como mostra a figura, o sistema de operações de uma organização inclui três componentes: os insumos, o processo de transformação e as saídas.[6]

Os *insumos* ou entradas do processo de transformação podem ser classificados como recursos transformados ou de transformação. **Recursos transformados**

> **Recursos transformados**
> Materiais, informações e consumidores que são tratados, transformados ou convertidos de alguma forma pelo sistema de operações de uma organização.

Figura 9.2 ›› Visão sistêmica do sistema de operações

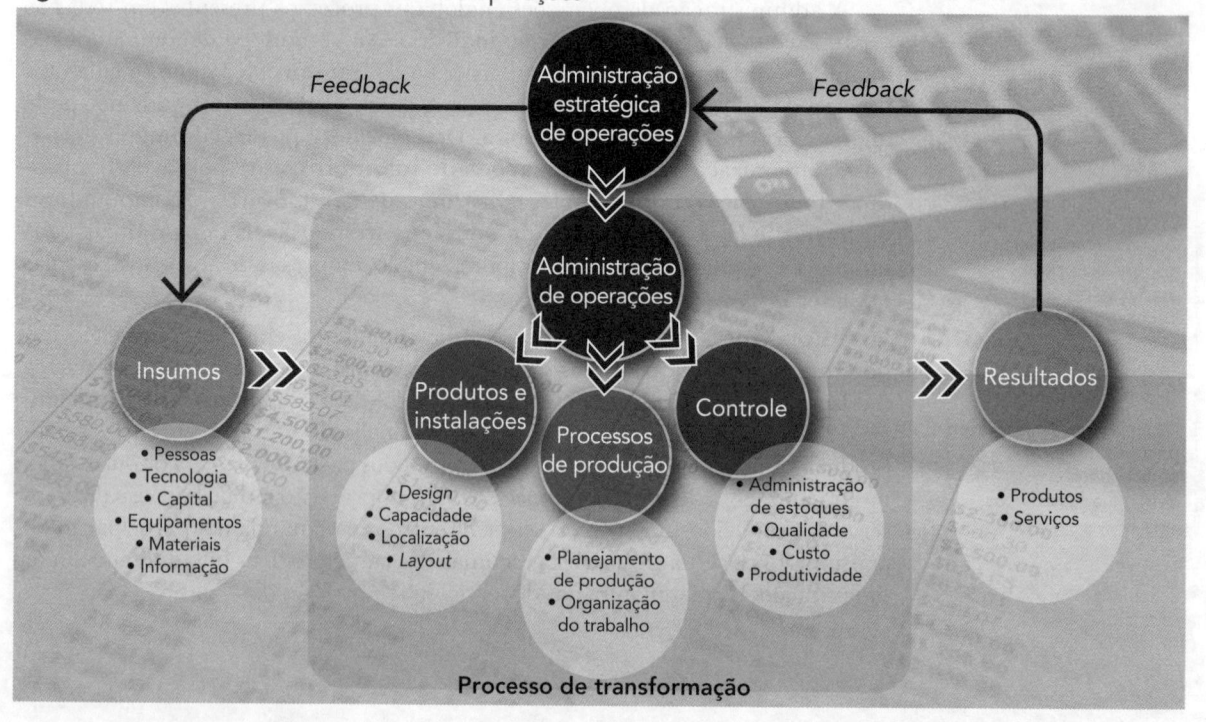

> **Recursos de transformação**
> Recursos que agem sobre os recursos transformados, como os trabalhadores, as instalações, os equipamentos e a tecnologia usados no processo de transformação.

são todos os materiais, informações e consumidores que são tratados, transformados ou convertidos de alguma forma. Por exemplo, uma clínica médica "processa" pacientes (consumidores) para tentar encontrar as causas de suas doenças e utiliza remédios para curá-los. Já os **recursos de transformação** agem sobre os recursos transformados, como os trabalhadores envolvidos no processo de transformação, as instalações, os equipamentos e a tecnologia usados no processo de transformação.

Dependendo da organização, as operações podem variar em termos de equilíbrio entre os diversos tipos de recursos de transformação de que fazem uso. Existem organizações mais intensivas em recursos humanos, como empresas de consultoria ou universidades, e outras mais intensivas em instalações e equipamentos, como fabricantes de automóveis.

Por outro lado, existem vários tipos de processos de transformação:

- *Processamento de materiais:* os materiais podem ser processados de diversas formas; por exemplo, por meio da alteração de suas propriedades físicas (empresas industriais), de sua localização (empresas transportadoras ou de entrega) e pela estocagem ou armazenagem (armazém ou hipermercado).
- *Processamento de informações:* a informação também pode ser processada de diversas maneiras; pela modificação de suas características e forma (empresas de contabilidade), alteração da posse de informação (empresas de pesquisa de mercado), estoque da informação (arquivos ou bibliotecas) ou mudança da localização da informação (empresas de telecomunicações).
- *Processamento de consumidores:* os consumidores também podem ser processados de diversos modos, pela alteração de sua localização (empresas de viagem e turismo), mudança de seu estado físico ou psicológico (clínicas médicas) ou pela acomodação (hotéis e pousadas).

Por fim, as *saídas* do processo de transformação são os bens ou serviços que a organização produz. Estes serão consumidos ou entrarão em novos processos de transformação. As características desses produtos ou serviços podem distinguir-se em termos de tangibilidade, estocabilidade, transportabilidade, qualidade, entre outras.

Qualquer atividade de produção pode ser vista conforme o modelo conceitual apresentado na Figura 9.2, variando apenas a natureza dos insumos, o processo de transformação e os produtos ou serviços produzidos. O Quadro 9.2 apresenta alguns exemplos de sistemas de operações em diferentes organizações.

Quadro 9.2 ›› Exemplos de sistemas de operações

Organização	Insumos	Processo de transformação	Saídas
Companhia aérea	Aeronave Pilotos e equipe de bordo Equipe de terra Passageiros e cargas	Movimentação de passageiros e cargas	Passageiros e cargas transportados
Clínica odontológica	Cirurgiões-dentistas Equipamento dentário Enfermeiras Pacientes	Exame e tratamento dentário	Pacientes com dentes e gengivas saudáveis
Fabricante de automóveis	Peças e pneus Trabalhadores fabris Equipamentos de montagem Tecnologia de produção	Montagem e teste de automóveis	Automóveis novos
Empresa de contabilidade	Contadores Informações Computadores Software de contabilidade	Escrituração de contas e orientação contábil	Contas e demonstrativos financeiros de empresas

Fonte: SLACK, N.; CHAMBERS, S; JOHNSTON, R. **Administração da produção**. São Paulo: Atlas, 2002.

9.1.5 ›› Prioridades competitivas da administração de operações

A administração de operações deve estar alinhada com a missão, a visão e os objetivos estratégicos da organização, traduzindo as estratégias em prioridades competitivas concretas que vão determinar a natureza das operações. De fato, a lucratividade da empresa depende diretamente da margem por produto, da escala de produção e dos processos de produção. Logo, é na função de operações que residem as competências essenciais da empresa, aquelas que devem ser priorizadas para que ela seja, de fato, competitiva.[7]

Em termos práticos, as prioridades estratégicas da administração de operações podem ser mensuradas pelo alcance de cinco objetivos de desempenho, como ilustra a Figura 9.3: custo, qualidade, rapidez, confiabilidade e flexibilidade. Essas prioridades estratégicas constituem, na verdade, critérios por meio dos quais os produtos e serviços de uma organização serão avaliados. São esses critérios permitem à organização desenvolver vantagens competitivas capazes de diferenciar a empresa de seus concorrentes e, assim, oferecer mais valor aos clientes.[8]

Figura 9.3 ›› Prioridades competitivas da administração de operações

CUSTO ›› A empresa pode competir oferecendo produtos e serviços com preços menores do que os concorrentes, mas ainda permitindo um retorno para a organização. No entanto, reduzir os preços tem dois efeitos contraditórios: aumenta a demanda por produtos ou serviços e reduz a margem de lucro da organização. Dessa forma, para poder competir com base no preço, a empresa precisa diminuir os custos de suas operações. Frequentemente, a redução de custos requer investimentos adicionais em tecnologia de produção e equipamentos. A Fiat é um exemplo de empresa que compete explorando vantagem de custo. Cabe ao gerente de operações tomar decisões que busquem manter uma estrutura de custos baixos para que a organização consiga oferecer produtos e serviços de qualidade a um preço razoável, assegurando uma margem de lucro satisfatória.

QUALIDADE ›› A empresa pode competir pela qualidade dos produtos e serviços oferecidos. De fato, produtos e serviços de alta qualidade garantem maior satisfação do consumidor e permitem maior diferenciação da empresa perante os

> **Consistência da qualidade**
> Grau de ajuste dos bens ou serviços produzidos às especificações da empresa de forma a atender às expectativas dos consumidores.

> **Rapidez da entrega**
> Tempo gasto entre o pedido ou solicitação do cliente e a entrega do produto ou prestação de serviço.

> **Rapidez da operação**
> Tempo gasto para produzir os bens ou serviços.

> **Rapidez do desenvolvimento**
> Tempo gasto entre a geração da ideia, o projeto final e a produção.

> **Confiabilidade**
> Capacidade de produção de bens ou prestação de serviços que satisfazem consistentemente as expectativas de seus clientes.

concorrentes. A expressão "é uma Brastemp" demonstra uma vantagem competitiva que a empresa conseguiu consolidar ao longo dos anos, priorizando a dimensão da qualidade. A competição baseada na qualidade engloba duas dimensões que devem ser consideradas pela administração de operações: a primeira refere-se à definição do projeto de produto, que inclui a definição dos atributos superiores, níveis de tolerância, durabilidade do produto ou serviço, assistência, conveniência, segurança, entre outros; a segunda dimensão envolve a **consistência da qualidade**, ou seja, em que medida os produtos ou serviços cumprem as especificações fornecidas pela empresa, atendendo às expectativas dos consumidores.

RAPIDEZ » A empresa pode competir reduzindo a duração de seu ciclo de exploração e, consequentemente, a rapidez com que entrega seus produtos ou serviços aos clientes. A rapidez reduz os estoques de produtos em processo e o risco da organização. A competição baseada na rapidez deve levar em conta três dimensões: a **rapidez da entrega**, o tempo gasto entre o pedido ou solicitação do cliente e a entrega do produto ou prestação de serviço; a **rapidez da operação**, o tempo gasto para produzir os bens ou serviços; e a **rapidez do desenvolvimento**, a velocidade com que um produto ou serviço é introduzido no mercado, ou seja, o tempo gasto entre a geração da ideia, o projeto final e a produção. Essa dimensão traduz a capacidade de inovação da organização, atendendo a novas demandas do mercado. Essa última dimensão pode ser exemplificada pela atuação da Apple, empresa que busca vantagem competitiva em seu ritmo de inovação, lançando, em pouco tempo, produtos como iMac, iPod, iPhone e iPad.

CONFIABILIDADE » A empresa pode também competir desenvolvendo relações sustentáveis com seus clientes. Isso acontece quando, repetidamente, ela honra os compromissos assumidos com os consumidores, oferecendo-lhes produtos ou serviços confiáveis. A **confiabilidade** significa que a empresa busca, constantemente, fazer as coisas de acordo com as expectativas dos clientes e com a pontualidade, evitando cancelamentos ou atrasos. Trata-se de uma dimensão que se traduz em uma vantagem competitiva de longo prazo, com a repetição das relações de troca entre a empresa e os consumidores. A confiabilidade permite desenvolver uma relação de confiança com o consumidor, tornando-o mais fiel aos produtos e serviços da empresa.

FLEXIBILIDADE » A empresa pode ainda competir pela capacidade de mudar as operações, adaptando-se às demandas do consumidor. Trata-se de uma dimensão que vem se destacando como vantagem competitiva ao longo das últimas décadas, com a crescente mudança no perfil do consumidor, em busca de produtos e serviços cada vez mais customizados. A flexibilidade pode referir-se tanto

> Ver filas na porta do Outback no Brasil não é algo raro. E não é só a qualidade da comida que leva os clientes a esperar – às vezes – mais de uma hora por uma mesa. Um dos diferenciais da empresa é o tratamento dispensado aos clientes. O lema "Não seguimos regras, só fazemos certo" dá liberdade aos garçons para que atendam suas mesas, resolvam eventuais problemas e negociem com o gerente a melhor e mais rápida maneira de atender aos pedidos. A ordem é priorizar sempre o cliente, de forma a atender suas expectativas. É com esse pensamento que o Outback consegue desenvolver uma relação de confiança que fideliza os clientes.[9]

A fabricante de computadores Dell é um bom exemplo de empresa com flexibilidade nas operações. O consumidor interessado em adquirir um computador pode escolher exatamente a máquina que deseja graças a um expediente que lhe permite definir a configuração desejada (tamanho do disco rígido, tipo de monitor, módulos de memória etc.) no *site* da empresa. A Dell monta e entrega o produto personalizado em questão de dias. Com essa possibilidade do cliente interagir montando a configuração do seu computador de acordo com suas preferências e necessidades, a empresa alcança uma vantagem competitiva em relação às demais que vendem máquinas padronizadas.[10]

ao produto quanto ao volume. A **flexibilidade de produto** significa que a empresa enfatiza a personalização dos produtos ou serviços de acordo com as preferências de seus clientes. Essa customização implica que o sistema de operações seja flexível para lidar com necessidades específicas, mudando e adaptando projetos. A flexibilidade de produto demanda uma integração contínua entre a função de marketing e a função de operações. Trata-se do oposto da produção em massa, em que ocorre a padronização do produto. Já a **flexibilidade de volume** refere-se à capacidade de acelerar ou desacelerar os níveis de produção rapidamente para lidar com flutuações na demanda por um produto ou serviço. A flexibilidade de volume depende da articulação do gerente de operações com a equipe de vendas. De modo geral, a flexibilidade torna a organização mais ágil e capaz de responder às demandas do mercado com maior eficácia.

Cabe à organização escolher as prioridades competitivas com as quais vai diferenciar suas operações. Frequentemente, a melhoria em uma das dimensões de desempenho implica limitações nas demais, na medida em que as organizações precisam fazer compromissos. A dificuldade em se cumprir prioridades competitivas múltiplas é que elas, às vezes, se chocam, de maneira que atender a todas as expectativas dos consumidores simultaneamente se torna impossível. Por exemplo, uma organização que prioriza o preço trabalha com diminuição de custos e busca, por meio disso, a padronização de processos e da tecnologia. Essa orientação dificilmente permitirá uma vantagem pela flexibilidade ou qualidade.[11] No Brasil, uma pesquisa com 1.600 empresas brasileiras revelou que o custo e a qualidade são as prioridades competitivas mais valorizadas nas estratégias de operações.[12]

> **Flexibilidade de produto**
> Capacidade de personalizar e customizar os produtos ou serviços de acordo com as preferências de seus clientes.

> **Flexibilidade de volume**
> Capacidade de acelerar ou desacelerar os níveis de produção rapidamente para lidar com flutuações na demanda por um produto ou serviço.

9.2 ›› Planejamento estratégico do sistema de operações

Definidas as prioridades competitivas da administração de operações, é necessário planejar as operações da organização de forma a concretizar os objetivos estratégicos. Isso inclui um conjunto de decisões de natureza estratégica, que consistem em projetar o sistema de operações da organização e incluem decisões relativas ao planejamento do produto, da capacidade, da localização, do processo e do *layout*. Essas decisões asseguram a direção estratégica de longo prazo para as operações, especificando quais produtos ou serviços serão produzidos, qual a capacidade máxima do sistema de operações, qual a localização das instalações, quais os métodos de produção mais adequados para transformar os insumos em produtos e qual o arranjo físico mais eficiente para os equipamentos e para os fluxos de materiais, produtos, pessoas e informações. A Figura 9.4 resume o processo de planejamento estratégico do sistema de operações.

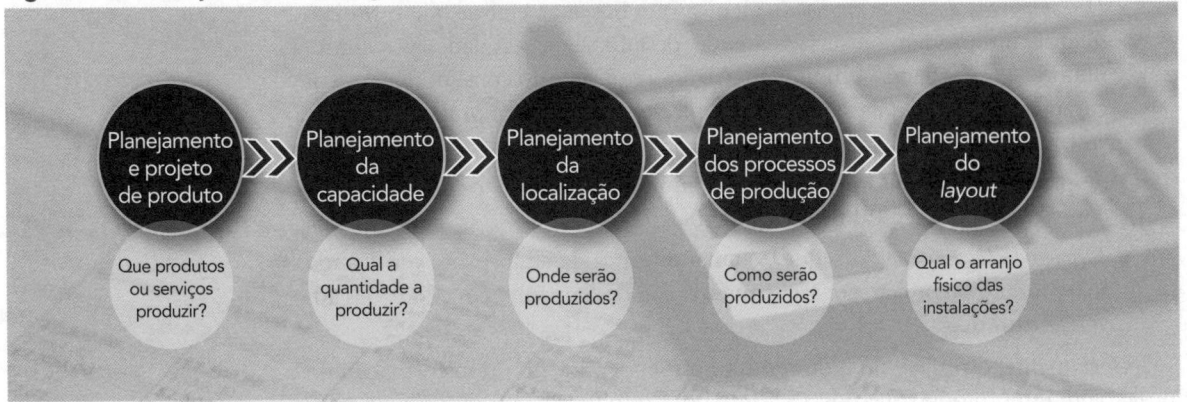

Figura 9.4 ›› Planejamento estratégico do sistema de operações

Planejamento e projeto de produto	Planejamento da capacidade	Planejamento da localização	Planejamento dos processos de produção	Planejamento do *layout*
Que produtos ou serviços produzir?	Qual a quantidade a produzir?	Onde serão produzidos?	Como serão produzidos?	Qual o arranjo físico das instalações?

9.2.1 ›› Projeto de produto ou serviço

> **Projeto de produto ou serviço**
> Decisão estratégica no planejamento do sistema de operações de definição dos produtos ou serviços que a organização deve produzir.

O processo de planejamento das operações tem início com o **projeto de produto ou serviço**, que consiste na decisão acerca dos produtos ou serviços que a organização deve produzir. Trata-se de uma decisão muito importante, que afetará não só a atratividade dos produtos e serviços para os clientes, mas também os custos e recursos necessários para sua produção. De fato, os produtos e serviços são o principal contato dos consumidores com a empresa; no entanto, sua produção possui diversas implicações na organização que devem ser avaliadas.

Apesar de os administradores de outros departamentos, como pesquisa e desenvolvimento, marketing e vendas, finanças ou recursos humanos, contribuírem com informações relevantes, a participação do gerente de operações na decisão sobre o projeto do produto ou serviço é de extrema importância. Essa decisão pode ser dividida em três etapas básicas:[13]

- Coleta das opiniões de outros membros da organização para gerar ideias e conceitos para novos produtos ou serviços. Muitas vezes, clientes podem ser ouvidos e até as atividades dos concorrentes podem servir de inspiração à geração de novas ideias.
- Escolha das melhores ideias em termos de exequibilidade tecnológica, receptividade comercial e compatibilidade com a estratégia de organização. Trata-se de um processo de triagem, que assegura que as ideias e os conceitos novos tragam vantagens significativas à organização.
- Produção de um projeto final do produto ou serviço. Antes da produção do projeto final, as organizações trabalham com projetos preliminares ou protótipos que permitem avaliar o projeto final.

> **Produtibilidade**
> Avaliação da capacidade da empresa para produzir determinado produto ou serviço com um custo razoável em níveis aceitáveis de qualidade e confiabilidade.

A primeira análise que os gerentes de operações devem realizar tem a ver com a **produtibilidade** do projeto de produto ou serviço. A produtibilidade consiste na avaliação da capacidade da empresa para produzir determinado produto ou serviço com um *custo* razoável em níveis aceitáveis de *qualidade* e *confiabilidade*, dentro dos sistemas de operações existentes na empresa. No caso da produção de serviços, além dessas quatro dimensões, é importante considerar também a *oportunidade*. Um serviço é oportuno quando o momento de sua entrega satisfaz as necessidades do cliente. Em virtude da impossibilidade de ser armazenado, deve ser entregue ao consumidor em um momento oportuno. Por exemplo, assistir a um espetáculo que começa com uma hora de atraso pode frustrar o consumidor.

Para avaliar a produtibilidade e verificar se o projeto pode ser melhorado antes de o produto ou serviço ser lançado no mercado, as empresas podem fazer uso de várias técnicas e abordagens, dentre as quais se destacam:[14]

- *Desdobramento da função qualidade:* técnica que busca assegurar que o projeto final de um produto ou serviço atende, de fato, às necessidades dos consumidores, relacionando, em uma matriz, os requisitos do consumidor com as características do projeto que traduzem esses requisitos na prática.
- *Engenharia de valor:* método que procura reduzir custos desnecessários antes de produzir o produto ou o serviço, eliminando quaisquer custos que não contribuam para seu valor e desempenho.
- *Métodos de Taguchi:* métodos que testam a robustez de um projeto, verificando se o produto ou projeto consegue manter seu desempenho em condições adversas extremas.

Geralmente, o projeto final do produto ou serviço inclui a transformação do projeto em um protótipo que possa ser testado. Protótipos de produtos podem incluir maquetes ou simulações em computador, ao passo que protótipos de serviços podem envolver a implementação do serviço em uma escala piloto. A construção de protótipos físicos foi facilitada pelo uso de novas tecnologias, como o projeto auxiliado por computador (CAD – *Computer Aided Design*). O CAD permite simulações de produtos em computador, no qual seu desempenho pode ser testado com alto grau de exatidão, sem testes físicos. Com essa ferramenta, o projeto, os desenhos, os testes do produto e o cálculo dos custos são realizados interativamente no computador, conferindo maior flexibilidade e tornando o processo mais rápido, barato e confiável.

A importância do projeto do produto ou serviço pode ser mais bem percebida quando analisada em termos de prioridades competitivas para a organização. Um bom projeto pode evitar potenciais falhas e propensões a erros na produção, promovendo maior qualidade; pode especificar e prever o tempo de produção, o que gera maior rapidez; pode especificar produtos e serviços funcionais e seguros, gerando maior confiabilidade; pode permitir variações que proporcionem uma gama de produtos ou serviços, promovendo flexibilidade; e, por fim, pode prever os custos de cada peça, componente ou etapa de produção e promover menor custo de produção para o produto ou serviço final.[15]

Antes de lançar um carro novo, as montadoras de automóveis normalmente desenvolvem um protótipo para que a produtibilidade do novo projeto possa ser avaliada. Recentemente, a Fiat apresentou um protótipo do chamado Uno Ecology, carro-conceito com foco na sustentabilidade e na redução do impacto ambiental. O carro possui teto solar fotovoltaico, motor a etanol e utiliza materiais renováveis. Apresentado como mero estudo, esse projeto antecipa algumas soluções ecológicas a serem utilizadas num futuro próximo e, antes de ser lançado, passará por uma série de testes para verificar se o projeto pode ser aperfeiçoado.[16]

9.2.2 ›› Planejamento de capacidade

> **Planejamento de capacidade**
> Decisão estratégica no planejamento do sistema de operações de definição da capacidade máxima de produção de uma empresa.

Uma vez decididos quais produtos e serviços serão produzidos, o segundo passo do planejamento das operações consiste em decidir a capacidade do sistema de operações, ou seja, a capacidade de produção. O **planejamento de capacidade** de produção está estreitamente relacionado com as expectativas acerca da demanda futura da empresa. Por meio desse planejamento, a empresa antecipa como reagirá à demanda futura do produto ou serviço que oferece. Caso espere um aumento da demanda, o planejamento da capacidade deve garantir que a organização consiga produzir os produtos e serviços de modo a satisfazer essa demanda.

Há muitas formas de medição da capacidade de produção, mas a maior parte das organizações adota uma medida baseada na quantidade de insumos utilizados na operação, como o número de estudantes em uma universidade ou a quantidade de leitos disponíveis em um hospital. Em alguns casos, porém, a capacidade pode ser medida pelo volume máximo de produção, como a quantidade de litros produzidos por uma cervejaria por semana ou o número de megawatts gerados por uma companhia de eletricidade.

O primeiro passo para definir a capacidade de produção consiste em estimar a demanda pelos produtos ou serviços da organização. Na grande maioria das organizações, a previsão da demanda é responsabilidade do departamento de marketing. Por isso, uma boa adequação da capacidade aos níveis de demanda prevista depende da articulação e da colaboração entre esse departamento e o de produção ou operações. No entanto, nem a previsão da demanda nem a adequação da capacidade são tarefas fáceis. A previsão da demanda é caracterizada pela elevada incerteza, ao passo que a mensuração da capacidade é caracterizada pela elevada complexidade.[17]

Apesar de ser uma decisão estratégica, o fato é que as organizações podem aumentar ou diminuir a capacidade produtiva com relativa facilidade, alterando a *força de trabalho*, *expandindo as instalações* ou *subcontratando* outras empresas. Dentre essas, a forma mais fácil para gerir a capacidade produtiva é pela força de trabalho. Isso pode ser conseguido com o aumento do número de turnos, a contratação de novos funcionários ou com o pagamento de horas extras. A opção mais definitiva é o investimento em novas instalações, decisão que se pode revelar arriscada, caso a previsão de aumento de demanda não se concretize, uma vez que eleva os custos fixos. Por outro lado, algumas organizações optam por terceirizar ou subcontratar outras empresas, uma alternativa que traz mais flexibilidade à operação.

Algumas dessas medidas têm uma orientação de curto prazo (como o uso de horas extras), ao passo que outras têm uma orientação de longo prazo (como a expansão de novas instalações ou a contratação de novos trabalhadores). O desafio para as organizações é satisfazer as variações de demanda, modificando a capacidade de produção, mas sem engessar a organização.

O equilíbrio entre a capacidade instalada e a demanda do mercado reflete-se nas diversas prioridades competitivas da administração de operações. Inicialmente, esse equilíbrio reflete-se nos custos de produção, fixos ou variáveis. Os custos fixos existem independentemente da quantidade produzida, já os custos variáveis dependem dela. Os custos de produção aumentarão caso haja subutilização de recursos e de capacidade. Por outro lado, as receitas também são influenciadas pelo equilíbrio entre a capacidade e a demanda, mas de forma inversa. Níveis de capacidade iguais ou superiores à demanda permitem atender totalmente a essa última e ganhar o consumidor, evitando perdas de receita.

Por sua vez, a qualidade dos bens e serviços produzidos pode diminuir, caso a empresa opte por contratar mão de obra temporária e pouco treinada para lidar com aumentos de demanda. Por outro lado, a rapidez de resposta e a confiabilidade também podem aumentar por meio de capacidade excedente, evitando insatisfação do consumidor. Por último, a flexibilidade também melhora com a capacidade excedente, pois permite responder a aumentos repentinos de demanda. O gerente de operações deve considerar esses impactos no desempenho competitivo no momento de sua decisão com relação à capacidade de produção.

De modo geral, as empresas podem adotar três estratégias de planejamento de capacidade para lidar com flutuações de demanda:[18]

- **Estratégia de antecipação:** a empresa ajusta sua capacidade de produção antes que ocorram aumentos de demanda. Dessa forma, tem condições para aproveitar as novas oportunidades. No entanto, trata-se de uma estratégia arriscada, porque a empresa fica dependente desse aumento.

- **Estratégia de reação:** a empresa espera que o aumento da demanda se concretize e que suas operações estejam na capacidade máxima para aumentar sua capacidade. Tem a vantagem de minimizar os riscos, mas pode impedir a empresa de aproveitar oportunidades.

- **Estratégia de acompanhamento:** a empresa adiciona ou subtrai pequenas quantidades de capacidade, reagindo às mudanças de demanda no mercado. Como principal vantagem, há a diminuição do risco operacional, mas isso pode gerar instabilidade entre os funcionários e é, em geral, mais custosa para a empresa.

Cabe ao gerente de operações decidir qual das abordagens de planejamento de capacidade é mais adequada à organização, avaliando os custos associados a cada uma delas. A maior parte das organizações costuma adotar uma combinação das três estratégias para conseguir um equilíbrio adequado entre os custos e a demanda dos clientes.

Vale lembrar que nem sempre é adequado mexer na capacidade de produção. Muitas vezes, é preferível tentar alterar a demanda para ajustá-la à capacidade disponível, em vez de alterar a capacidade. A demanda pode ser modificada mediante alterações no preço dos produtos ou serviços oferecidos (diminuindo-o em baixas temporadas e vice-versa) e pela oferta de produtos e serviços alternativos (por exemplo, cursos de verão oferecidos por universidades no período das férias).

> **Estratégia de antecipação**
> Estratégia de planejamento de capacidade que busca aumentar a capacidade de produção instalada antes que ocorram aumentos da demanda.

> **Estratégia de reação**
> Estratégia de planejamento de capacidade que espera que o aumento da demanda se concretize e que as operações estejam na capacidade máxima para aumentar a capacidade de produção.

> **Estratégia de acompanhamento**
> Estratégia de planejamento de capacidade que adiciona ou subtrai pequenas quantidades à capacidade instalada, ajustando-se às flutuações de demanda no mercado.

O crescimento do poder aquisitivo do consumidor brasileiro tem aumentado a demanda por cervejas. Para dar conta desse aumento, a AmBev decidiu aumentar sua capacidade produtiva expandindo suas instalações. A empresa inaugurou recentemente uma nova unidade em Pernambuco com capacidade para produzir 10 milhões de hectolitros de cerveja, investiu R$ 375 milhões para a ampliação de quatro fábricas em São Paulo e outros R$ 300 milhões para ampliar a capacidade da fábrica de Sete Lagoas. Com essas medidas, a empresa quer alcançar a meta de aumentar a capacidade produtiva da empresa de 10% a 15%.[19]

9.2.3 ›› Planejamento de localização

Planejamento de localização
Decisão estratégica no planejamento do sistema de operações que envolve a escolha da localização geográfica das instalações de uma organização.

O **planejamento de localização** é o processo que envolve a escolha da localização geográfica das instalações de uma organização. Trata-se de uma das decisões mais importantes do planejamento das operações, uma vez que pode exercer grande impacto na lucratividade da empresa. A localização corresponde à posição geográfica da empresa com relação aos recursos dos quais depende (humanos, tecnológicos e materiais), aos fornecedores e distribuidores e aos mercados e clientes que serve.

A decisão é complexa, considerando-se que envolve questões relativas aos custos (como disponibilidade e custo de mão de obra local, custo de construção, custo com impostos, com energia ou de logística), à proximidade de mercados (fornecedor, consumidor ou concorrente), à infraestrutura da região, entre outras que variam de acordo com a natureza da organização e suas operações.

A decisão acerca da localização dependerá dos fatores com maior impacto nos custos totais de produção e distribuição e levará em consideração as contingências críticas da organização, uma vez que nem todos os fatores citados anteriormente se apresentam de forma igual para todas as organizações. Para empresas fabris, os custos com mão de obra e transporte são considerações básicas para se escolher a localização das instalações, ao passo que, para empresas de tecnologia de ponta, a proximidade das instituições de pesquisa e o acesso a capital de risco são critérios mais relevantes. Já para organizações de serviço, a proximidade dos clientes e a localização dos competidores constituem, geralmente, fatores dominantes no processo de escolha, pois afetam fortemente sua demanda e receita.

Por exemplo, empresas como a Nike subcontratam todo o processo de produção a empresas localizadas em países subdesenvolvidos, como a Indonésia, para reduzir os custos de produção, ao passo que empresas de informática, altamente dependentes de novas tecnologias, preferem localizar suas instalações no Vale do Silício, na Califórnia, aproveitando, assim, a proximidade de universidades conceituadas para ter acesso ao conhecimento e diminuir os custos de desenvolvimento tecnológico.

A abordagem mais comum para selecionar a localização consiste em uma análise de custo-benefício. Essa análise deve levar em conta critérios quantitativos, referentes aos custos mensuráveis, e critérios qualitativos, que correspondam a conveniências, como proximidade do mercado, proximidade dos fornecedores, clima, atitudes da comunidade, infraestrutura da região e proximidade dos concorrentes. Cabe aos gerentes de operações levantarem custos e avaliarem o impacto e a importância de cada critério, fazendo uma análise ponderada que resulte na identificação da melhor localização para as instalações.

A Nestlé inaugurou, no início de 2010, uma fábrica de produtos lácteos em Carazinho, no Rio Grande do Sul, com capacidade para processar 1,5 milhão de litros de leite por dia, em um investimento de mais de R$ 100 milhões. Dessa forma, a empresa suíça Nestlé espera aumentar a sua participação no mercado brasileiro de lácteos. A escolha por essa localização se deu por diversos fatores, dos quais se destacam: localização próxima dos fornecedores, pois o Rio Grande do Sul é a terceira bacia leiteira do país; posição geográfica favorável para exportação ao Mercosul e para suprir o mercado dos três estados da Região Sul do Brasil; e bom nível profissional da mão de obra local.[20]

9.2.4 ›› Planejamento do processo de produção

O **planejamento do processo de produção** consiste em determinar quais são os métodos ou técnicas de produção mais adequados para as operações de uma organização. O processo de produção depende, essencialmente, do *volume* e da *variedade* dos produtos ou serviços produzidos. A posição de uma operação no *continuum* volume-variedade determina a abordagem mais adequada para gerenciar os processos de produção.

> **Planejamento do processo de produção**
> Decisão estratégica no planejamento do sistema de operações que envolve a escolha dos métodos ou técnicas de produção mais adequados ao processo de transformação de uma organização.

Nas organizações de manufatura, é possível distinguir os seguintes tipos de processo de produção, como ilustra a Figura 9.5:[21]

- *Produção por projeto:* processo caracterizado pelo reduzido volume e por uma elevada variedade, típico de produtos customizados. A sequência de operações e o processo em si são únicos para cada produto, e a duração do processo de transformação é normalmente longa. Exemplos de processos de produção por projeto incluem a construção de navios e a produção de filmes.

- *Produção artesanal:* processo que lida com baixos volumes e elevada variedade. Distingue-se da produção por projetos por produzir mais produtos, geralmente de menor dimensão. Além disso, na produção artesanal, cada produto compartilha os recursos da operação com outros, ao passo que na produção por projeto cada produto tem recursos dedicados quase exclusivamente ao projeto. Exemplos de produção artesanal são os alfaiates e os restauradores.

- *Produção por lotes:* processo que combina um volume médio com uma variedade média. Na produção por lotes, cada tipo de produto tem seu processo, sendo normalmente fabricado sob encomenda. Como o próprio nome indica, a produção por lotes consiste sempre na produção de mais de um produto. Esse processo é típico da produção de roupas.

- *Produção em massa:* processo que lida com a produção de bens com alto volume e pouca variedade. As operações nesse tipo de processo são muito repetitivas e previsíveis, e as diferentes variantes dos produtos não afetam o processo básico de produção, que é padronizado em linhas de montagem. As fábricas de refrigerantes e de eletrodomésticos constituem exemplos desse tipo de processo.

- *Produção contínua:* processo baseado em um volume muito elevado e uma variedade muito pequena. Por vezes, é literalmente contínuo no sentido de que os produtos são produzidos em fluxo ininterrupto. Em geral, os processos contínuos estão associados ao uso de tecnologias rotineiras, de capital intensivo, com fluxo altamente previsível. As refinarias de petróleo e as siderúrgicas são exemplos típicos desse tipo de processo de produção.

Figura 9.5 ›› Processos de produção em organizações de manufatura

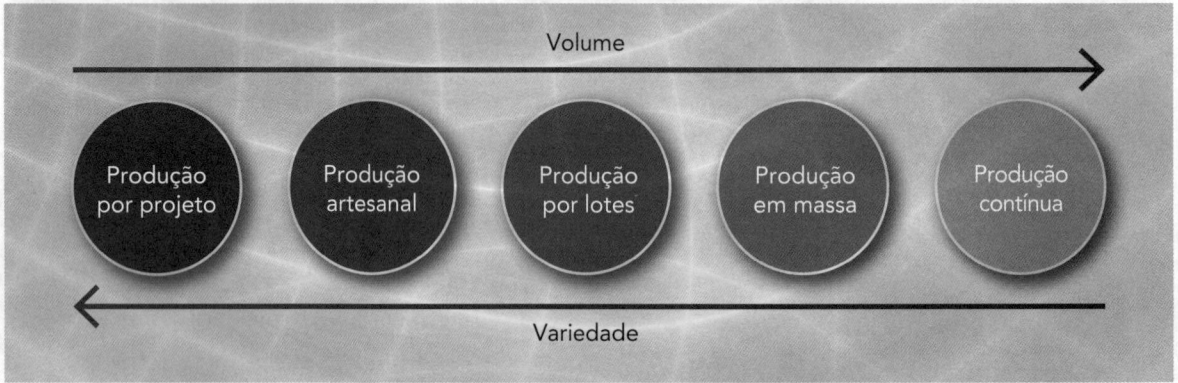

Volume →

Produção por projeto | Produção artesanal | Produção por lotes | Produção em massa | Produção contínua

← Variedade

A Elemento do Mato, empresa localizada no município de Alta Floresta, norte de Mato Grosso, produz peças decorativas com madeira de reflorestamento e cipó através de um processo de produção artesanal. Cada peça leva de 30 a 40 dias para ficar pronta. Seu volume de peças produzidas por mês é baixo, mas a variedade de produtos agrada os clientes. As peças para decoração vão desde porta-joias a *kits* para escritório. A diferenciação do produto garante a demanda e mantém a rentabilidade da empresa, que comercializa cerca de 350 peças por mês, que custam de R$ 30 a R$ 280 cada.[22]

A classificação dos processos de produção em organizações de serviço é mais controversa. No entanto, em organizações de serviço, os processos de produção podem ser classificados como (Figura 9.6):[23]

- *Serviços profissionais:* serviços altamente customizados para atender às necessidades individuais dos clientes, nos quais a relação da organização com os clientes tende a ser próxima e intensa. Dão mais ênfase ao processo (como o serviço é prestado) do que ao produto (resultado final). Empresas de consultoria, de advocacia, de arquitetura ou auditoria são exemplos desse tipo de processo.
- *Lojas de serviços:* serviços que se situam em uma posição intermediária entre os serviços profissionais e de massa. São aqueles que têm algum contato com os clientes, podem ser customizados e são produzidos em um volume nem muito reduzido nem muito elevado. Exemplos de lojas de serviços são escolas, hotéis e restaurantes.
- *Serviços de massa:* serviços caracterizados pela massificação das transações com os clientes, envolvendo tempo de contato limitado e baixa customização. Ao contrário dos serviços profissionais, os serviços de massa são orientados para o produto final. A divisão do trabalho tende a ser bem definida e as organizações são caracterizadas pelo alto grau de formalização, cumprindo procedimentos e regras preestabelecidos. Exemplos de serviços de massa são repartições públicas e empresas de telecomunicações.

Figura 9.6 ›› Processos de produção em organizações de serviços

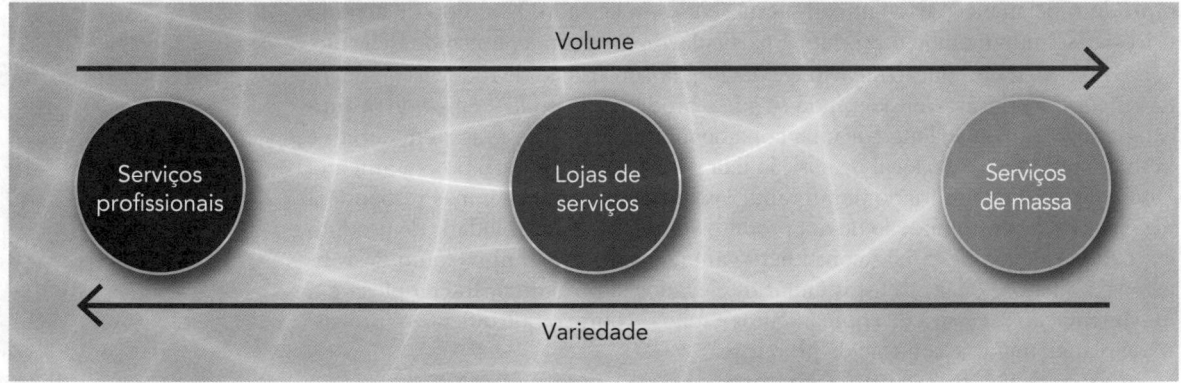

Volume →

Serviços profissionais — Lojas de serviços — Serviços de massa

← Variedade

O planejamento dos processos de produção é complexo, uma vez que as decisões são inter-relacionadas: uma decisão com impactos nos custos influencia também a qualidade ou a flexibilidade do produto ou serviço. De qualquer forma, para um mesmo produto ou serviço, existem diferentes processos de produção, que podem ser utilizados para converter os insumos em produtos ou serviços. Por exemplo, um restaurante pode optar por um cardápio padronizado (como o McDonald's) ou por um cardápio diversificado (por exemplo, um restaurante *à la carte*, que explora a vantagem de um chefe de cozinha exclusivo). Essa opção influencia o grau de padronização dos processos de produção, que variam de elevada padronização (no caso do McDonald's) até elevada customização, permitindo maior flexibilidade e inovação (como em um restaurante *à la carte*). Tanto a padronização quanto a customização podem ser usadas para trazer vantagens competitivas para a organização, desde que o conjunto de decisões relativas ao sistema de operações seja implementado de forma integrada. Geralmente, a padronização permite uma vantagem em custos, já a variedade permite vantagens em qualidade e flexibilidade.

9.2.5 ›› Planejamento do arranjo físico

A última decisão estratégica relativa ao planejamento das operações engloba o **planejamento do arranjo físico** ou planejamento do *layout*. Esse processo envolve decisões sobre como organizar espacialmente as instalações, concretamente o posicionamento e a localização das máquinas e equipamentos, estações de trabalho, áreas de atendimento aos clientes, áreas de armazenagem de materiais, banheiros, refeitórios, escritórios, salas de reunião, bem como a definição dos fluxos de materiais, informações e de pessoas nas instalações.

O principal objetivo do planejamento do *layout* é permitir que trabalhadores e equipamentos operem de maneira eficiente e eficaz, minimizando o desperdício de materiais e tornando os arranjos físicos mais seguros, atraentes e acessíveis para funcionários e consumidores. Em outras palavras, busca-se simplificar o fluxo de informação, de materiais ou pessoas pela organização, melhorando a produtividade e facilitando o processo de comunicação e coordenação das atividades desenvolvidas.[24]

A escolha do *layout* deve levar em consideração o planejamento dos processos de produção. Na medida em que esses processos definem como o produto será produzido, o arranjo físico será uma extensão das decisões relativas a ele. No entanto, a escolha do *layout* não depende exclusivamente do tipo de processo, mas também dos objetivos de desempenho das operações, como o custo de produção ou a flexibilidade.

De forma geral, podemos identificar três tipos básicos de *layouts* que podem ser adotados por uma organização: *layout* de posição fixa ou posicional, *layout* de processo ou funcional e *layout* de produto.[25]

***LAYOUT* DE POSIÇÃO FIXA OU POSICIONAL ››** No *layout* posicional, o produto permanece fixo enquanto está sendo processado. Esse tipo de arranjo físico faz sentido quando o produto é particularmente grande, único ou delicado, como no caso da produção de aviões e navios, da construção de rodovias ou de intervenções cirúrgicas. Considerando-se que o produto não pode ser movido de função para função ou ao longo de uma linha de montagem, as pessoas, os materiais e as máquinas vão para o local de posição fixa para a montagem e o processamento. Esse *layout* não é apropriado para grandes volumes de produção, mas responde à necessidade de customização de um produto volumoso. A flexibilidade de produto e a alta variedade de tarefas constituem vantagens desse arranjo. Como desvantagens, podem-se citar os custos unitários elevados, a programação complexa e a movimentação excessiva de equipamentos e mão de obra, o que dificulta o processo de planejamento e controle da produção.

***LAYOUT* DE PROCESSO OU FUNCIONAL ››** No *layout* de processo, os recursos de transformação são agrupados de acordo com o tipo de processo que é

> **Planejamento do arranjo físico**
> Decisão estratégica no planejamento do sistema de operações sobre como organizar espacialmente as instalações, bem como os fluxos de materiais, informações e de pessoas nas instalações.

executado. Esse *layout* busca minimizar as distâncias percorridas por esses recursos. São comuns em sistemas de operações que lidam com volumes relativamente pequenos e uma ampla variedade. São mais frequentes quando a mesma operação deve produzir muitos produtos ou servir a muitos clientes diferentes. É o caso de hospitais, bancos e supermercados. As vantagens desse tipo de *layout* estão relacionadas com a maior flexibilidade de produto e a facilidade de supervisão de equipamentos, instalações ou funcionários. A desvantagem é que o caminho real que um produto ou serviço percorre pode ser longo e complicado, na medida em que requer a realização de vários processos diferentes, tornando o padrão do fluxo na operação mais complexo. Dessa forma, as taxas de processamento são mais lentas, há maior dificuldade de planejamento e controle da produção e os custos com manuseio de materiais são relativamente elevados.

LAYOUT DE PRODUTO ›› O *layout* de produto é o arranjo físico no qual os recursos de transformação (as máquinas e os trabalhadores) e as tarefas são projetados para permitir um fluxo linear e sequencial de materiais ao longo da linha de produção. Em geral, esse arranjo físico está associado à produção contínua e repetitiva e a tipos de operações que envolvem grandes volumes de produtos idênticos. Frequentemente, esse tipo de *layout* é denominado linha de montagem. Esse arranjo é utilizado por muitas empresas industriais nas quais as atividades de produção são organizadas em sequência. As vantagens desse *layout* incluem a especialização de equipamentos, maior rapidez do processamento e uma movimentação mais conveniente de clientes e materiais. Já as desvantagens referem-se à falta de flexibilidade.

As características em termos de volume e variedade das operações tendem a limitar a escolha do arranjo físico das instalações a uma ou duas alternativas. De fato, para volumes maiores, os *layouts* celular ou por produto são mais adequados, uma vez que asseguram um fluxo contínuo de recursos, ao passo que, para processos de produção descontinuados e que demandam maior variabilidade, os *layouts* posicional ou funcional são os preferidos. Assim, como ilustra a Figura 9.7, o *continuum* volume-variedade influencia o *layout* e, por conseguinte, o fluxo de recursos transformados ao longo do processo de produção.

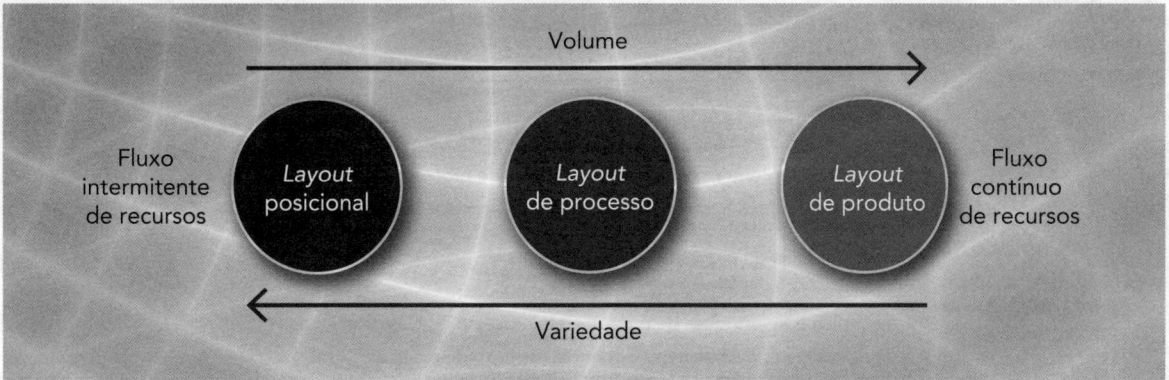

Figura 9.7 ›› Relação entre o volume e a variedade da produção e o *layout*

De todos os impactos do *layout* no sistema de operações, o mais significativo é sua implicação nos custos de produção. Na medida em que se avança do *layout* posicional para o *layout* de processo e celular e, por fim, para o *layout* de produto, os custos fixos aumentam, ao passo que os custos variáveis tendem a diminuir. Por sua vez, os custos totais relativos a cada tipo de *layout* dependerão do volume de produção (veja a Figura 9.8).

No entanto, prever os custos exatos de operar determinado *layout* é um exercício complexo, tornando difícil basear a decisão exclusivamente nos custos.

Figura 9.8 ›› Relação entre tipos de *layout* e custos de produção

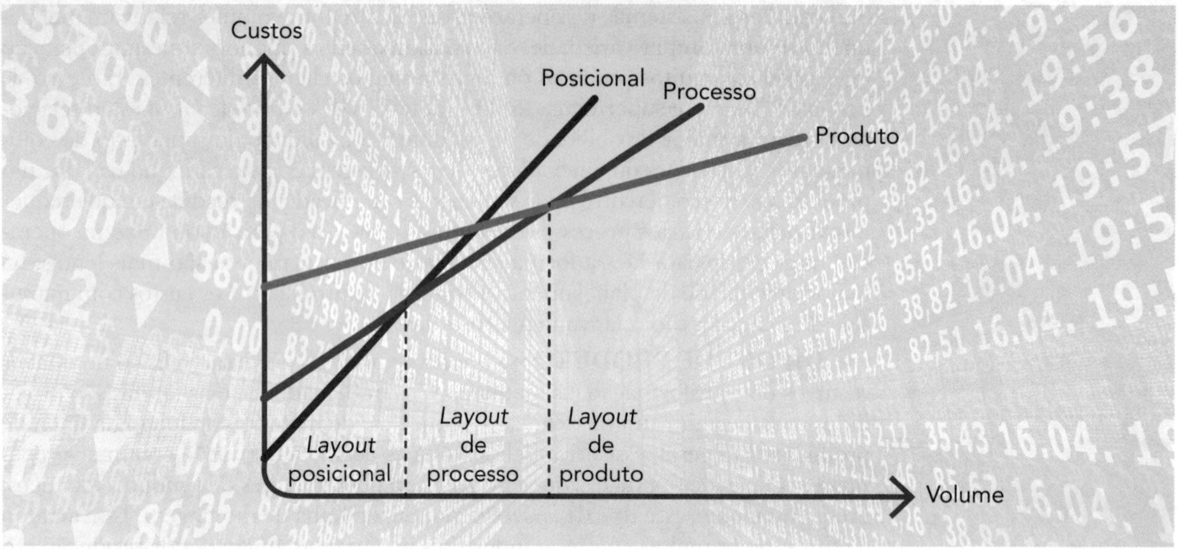

[Gráfico: Eixo vertical "Custos", eixo horizontal "Volume". Três linhas: Posicional, Processo, Produto. Faixas no eixo horizontal: Layout posicional, Layout de processo, Layout de produto.]

As vantagens e desvantagens de cada um dos arranjos físicos devem ser consideradas para tomar a decisão mais adequada acerca do *layout* do sistema de operações. O Quadro 9.3 resume as principais vantagens e desvantagens de cada tipo de *layout*.

Quadro 9.3 ›› Vantagens e desvantagens dos tipos de *layout*

Layout posicional	Vantagens	■ Elevada flexibilidade das operações. ■ Minimização dos custos com a movimentação do produto. ■ Maior continuidade dos trabalhadores designados para o projeto. ■ Maior satisfação dos trabalhadores devido à variedade de tarefas.
	Desvantagens	■ Necessidade de uma força de trabalho qualificada e versátil. ■ A movimentação de recursos e pessoas pode ser complexa e dispendiosa. ■ Custos unitários de produção mais elevados. ■ Possível subutilização de recursos e equipamentos.
Layout de processo	Vantagens	■ Elevada flexibilidade nas operações. ■ Menores investimentos em equipamento e menores custos fixos. ■ Sistema robusto contra interrupções em etapas do processo produtivo. ■ Maior satisfação dos trabalhadores devido à diversidade de tarefas.
	Desvantagens	■ Menor eficiência do processo de produção. ■ Lentidão na movimentação de produtos ou serviços. ■ Maior volume de estoques de produtos em processo ou filas de clientes. ■ Maior dificuldade para planejar e controlar os fluxo de recursos.
Layout de produto	Vantagens	■ Movimentação fácil e rápida de recursos e pessoas ao longo do processo de produção. ■ Custos unitários mais baixos para volumes de produção elevados. ■ Planejamento e controle do processo de produção mais simples. ■ Maior especialização de equipamentos e trabalhadores.
	Desvantagens	■ Reduzida flexibilidade nas operações, tanto no tempo quanto no mix de produtos. ■ Custos fixos mais elevados. ■ Sistema muito dependente de etapas anteriores do processo de produção. ■ Maior desmotivação dos trabalhadores devido à monotonia de tarefas.

Fonte: Adaptado de SLACK N., et al. **Administração da produção**. São Paulo: Atlas, 2002.

A Marcopolo, empresa montadora de carrocerias para ônibus do Brasil, apresentava um *layout* deficiente no setor de pintura da sua linha de produção, com fluxo confuso e atrasos na entrega do produto para o próximo setor. Para reverter essa situação, e depois de estudar a melhor alternativa, a empresa resolveu adotar um novo *layout*. A mudança acrescentou valor às atividades do setor de pintura em aspectos relacionados à produção, qualidade e tecnologia. Uma das medidas adotadas foi a aproximação dos postos de trabalho através das relações de afinidade (por processos), o que, além de reduzir deslocamentos desnecessários das carrocerias, ajudou a diminuir o tempo em que elas permaneciam no setor.[26]

9.3 ›› Planejamento e controle das operações

Depois de projetado o sistema de operações, é necessário tomar um conjunto de decisões que operacionalizam o sistema. De fato, o desafio de administrar as operações de uma organização não se esgota na definição de um sistema de operações, e envolve também decisões para prazos mais curtos (ano, mês, semana e dias), de forma a operar e controlar o sistema de produção. Essas decisões incluem o planejamento e o controle da produção, a administração dos estoques, além da gestão da logística e da distribuição.

9.3.1 ›› Planejamento da produção

Enquanto o planejamento estratégico das operações de uma organização determina a forma e a natureza do sistema de operações, o planejamento da produção preocupa-se com a operacionalização do sistema no dia a dia, garantindo a produção com a máxima eficiência dos produtos ou serviços na qualidade e quantidade desejadas e no momento adequado.

Em outras palavras, o planejamento operacional da produção é responsável por traduzir os objetivos estratégicos da organização em decisões de médio e curto prazos. Essas decisões incluem o planejamento agregado de produção, os planos e programas de produção detalhados e o planejamento de necessidades de materiais, como é ilustrado pela Figura 9.9.[27]

O planejamento agregado de produção consiste no planejamento das atividades produtivas de uma organização de forma a alcançar os objetivos da empresa, maximizando a eficiência operacional do sistema. O planejamento da produção baseia-se na previsão de demanda e procura especificar como a capacidade do sistema será usada para satisfazer essa demanda prevista. O plano agregado da produção define o volume de produção, os níveis de inventários e estima o tamanho da força de trabalho, de modo a minimizar os custos da organização. Como o nome indica, essa programação agrega todos os produtos ou serviços da organização.

Por sua vez, os **programas de produção detalhados** derivam do planejamento agregado, mas especificam quantidades, qualidades, tempos e locais de produção. Lidam com uma previsão de demanda parcialmente desagregada, que requer uma visão detalhada dos recursos que serão utilizados e das demais necessidades de produção. Por exemplo, são especificados a quantidade, a qualidade e o tipo de cada item a ser produzido, como, quando e onde esses itens serão

> **Planejamento agregado de produção**
> Planejamento das atividades produtivas de uma organização de forma a alcançar os objetivos da empresa, maximizando a eficiência do sistema de operações.

> **Programas de produção detalhados**
> Planos detalhados que especificam quantidades, qualidades, tempos e locais de produção para cada um dos bens ou serviços produzidos.

Figura 9.9 ›› Planejamento da produção

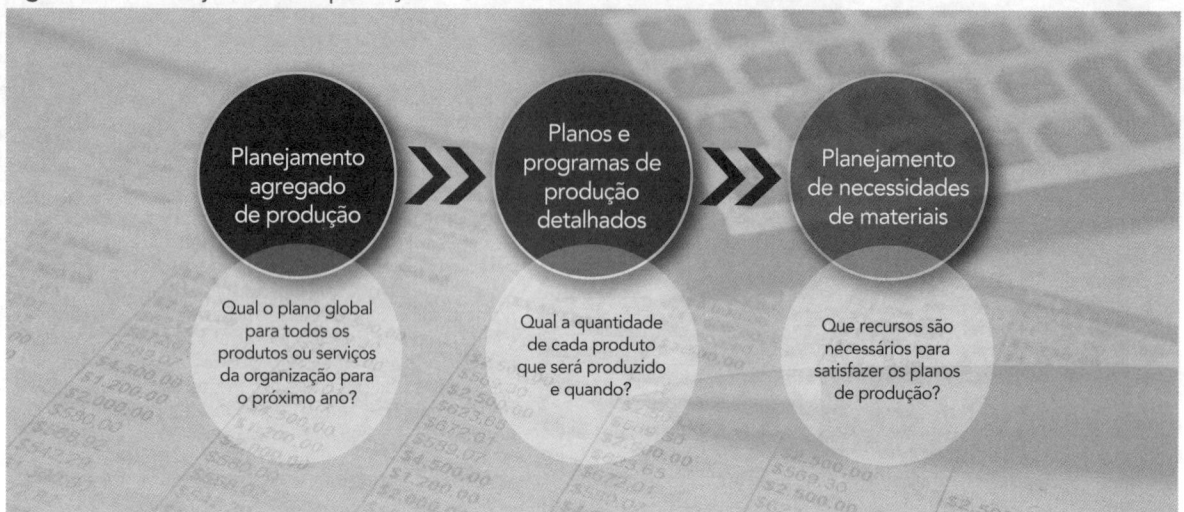

```
┌─────────────────┐    ┌─────────────────┐    ┌─────────────────┐
│  Planejamento   │ ›› │    Planos e     │ ›› │  Planejamento   │
│    agregado     │    │   programas de  │    │  de necessidades│
│   de produção   │    │     produção    │    │   de materiais  │
│                 │    │    detalhados   │    │                 │
└─────────────────┘    └─────────────────┘    └─────────────────┘
Qual o plano global    Qual a quantidade     Que recursos são
para todos os          de cada produto        necessários para
produtos ou serviços   que será produzido    satisfazer os planos
da organização para    e quando?             de produção?
o próximo ano?
```

produzidos no decorrer de um mês, de uma semana ou de um dia, quais os níveis da força de trabalho nesse intervalo e quais os níveis de estoques necessários.

Depois de definidos o volume e a qualidade de cada produto a ser produzido, o **planejamento de necessidades de materiais** busca determinar com precisão os recursos e materiais necessários para a execução dos planos de produção. Alguns programas computadorizados, como o MRP (*Materials Resource Planning*), são utilizados com essa finalidade.

A Figura 9.10 exemplifica como o planejamento agregado de produção se traduz em planos detalhados de produção que especificam a quantidade e o momento de produção de cada modelo específico. Naturalmente, essa especificação pode ainda ser mais detalhada, referindo-se, por exemplo, à qualidade e ao local de produção.

> **Planejamento de necessidades de materiais**
> Planos que buscam determinar com precisão os recursos e materiais necessários para a execução dos planos de produção.

Figura 9.10 ›› Planos agregados e detalhados de produção

Plano agregado de produção						
	Janeiro	Fevereiro	Março	Abril	Maio	Junho
Produto 1	600	500	400	300	200	200
Produto 2	250	200	250	200	250	200
Produto 3	150	150	200	200	250	300
Total	1.000	750	850	700	700	700

Plano detalhado – Produto 1 – Mês fevereiro				
	1ª semana	2ª semana	3ª semana	4ª semana
Modelo A	70	30	15	85
Modelo B	55	35	60	50
Modelo C	0	50	50	0
Total		500		

9.3.2 ›› Controle da produção

O processo de controle da produção consiste no monitoramento e na avaliação do sistema de operações, de forma a garantir a maximização da satisfação das necessidades dos clientes e a otimização da eficiência operacional do sistema. O controle das operações envolve o controle dos custos de produção, o controle das compras, o controle de manutenção e o controle de qualidade.[28]

O **controle de custos de produção** consiste no monitoramento dos custos com a produção de produtos e serviços, de modo a controlar a eficiência e a produtividade do sistema de operações. Muitas organizações têm desenvolvido abordagens orientadas por custos para facilitar esse tipo de controle, identificando departamentos ou unidades de trabalho como *centros de custo*. Um centro de custo é responsável pela gestão de custos de sua unidade de trabalho, e, obviamente, essa gestão depende do tipo de custo sob análise. Os custos podem ser diretos ou indiretos. Os custos diretos crescem proporcionalmente com o aumento de produção de um produto ou serviço. Custos de materiais ou mão de obra utilizados no processo de produção podem ser considerados custos diretos. No entanto, existem custos indiretos, cuja ocorrência independe dos níveis da produção em curso, tais como os salários dos gerentes, pessoal de limpeza, despesas com seguradoras, entre outros. Gerentes de centros de custo são responsabilizados pela ocorrência dos custos diretos da unidade de trabalho sob sua supervisão, mas não podem assumir responsabilidade com relação aos custos indiretos. De qualquer forma, cabe à administração de topo tentar identificar a fonte de controle dos custos e especificar os gerentes responsáveis para isso.

O **controle de compras** abrange o controle da qualidade, custo e confiabilidade dos recursos e insumos materiais adquiridos dos fornecedores. Os produtos e serviços produzidos por uma organização são altamente dependentes dos insumos que consomem. É impossível produzir produtos de alta tecnologia sem bons componentes, assim como é impensável oferecer serviços hospitalares de alta qualidade com um corpo despreparado de médicos e enfermeiras ou sem os remédios ou instrumentos cirúrgicos adequados. Dessa forma, os gerentes de operações devem monitorar o tempo e a continuidade de entrega, a quantidade, a qualidade, o preço e outras dimensões importantes dos insumos comprados dos fornecedores da empresa. Para isso, eles devem coletar informações acerca dos fornecedores e das características dos insumos que estes oferecem e assegurar-se de que eles satisfaçam as necessidades de produção da empresa. Uma das estratégias que tem sido adotada por várias organizações é o fortalecimento de redes de parcerias com os fornecedores, diminuindo o número de empresas fornecedoras, mas aumentando a qualidade e a sustentabilidade da relação com elas.

O **controle de manutenção** consiste no controle dos equipamentos produtivos de forma a evitar interrupções no processo de produção. De fato, a manutenção de uma produção eficiente e eficaz demanda a maximização do tempo de uso dos equipamentos produtivos e a minimização do tempo de interrupções no processo. As decisões acerca do processo de produção afetam a importância do controle de manutenção. Por exemplo, caso a empresa tenha optado por um processo padronizado de produção em massa, qualquer interrupção pode afetá-la em grande escala. Existem algumas abordagens de controle de manutenção: manutenção preventiva, manutenção corretiva e manutenção condicional. A *manutenção preventiva* é um tipo de controle preliminar que busca evitar a ocorrência de interrupções. A *manutenção corretiva* é um tipo de controle simultâneo que busca corrigir um defeito, substituindo ou reparando o equipamento quando este apresenta problemas. Por último, a *manutenção condicional* é um tipo de controle posterior que, geralmente, ocorre em decorrência da detecção de problemas após inspeções ou mensurações do estado dos equipamentos.

Controle de custos de produção
Monitoramento dos custos com a produção de produtos e serviços, de modo a controlar a eficiência e a produtividade do sistema de operações.

Controle de compras
Controle da qualidade, custo e confiabilidade dos insumos adquiridos dos fornecedores de forma a garantir que estes satisfaçam as expectativas da organização.

Controle de manutenção
Controle dos equipamentos utilizados no processo de transformação, de forma a antecipar ou corrigir eventuais problemas com estes.

> Para a Aracruz Celulose, líder mundial na produção de celulose de eucalipto, a qualidade da celulose comercializada é essencial, pois garante a satisfação e fidelização dos clientes atuais, além de abrir novos mercados. Apesar de adotar um rígido sistema de medição e verificação ao longo de todo o processo produtivo, a empresa implementou, desde 2002, um rigoroso sistema de auditoria interna, que faz uma análise minuciosa do produto final (fardos de celulose). Além de garantir que a qualidade do produto atende às exigências dos clientes, o sistema tem proporcionado uma considerável redução de custos, devido à diminuição de 40% para 8% do número de fardos com problemas.[29]

Por fim, o **controle de qualidade** refere-se ao monitoramento da qualidade dos produtos ou serviços no decorrer do processo de produção, de forma a assegurar que eles satisfaçam os padrões preestabelecidos de controle. A primeira decisão que o gerente de operações deve tomar é sobre a abrangência de controle, se deve controlar toda a produção ou basear-se em uma amostra para inferir a qualidade. Naturalmente, a amostragem representa menos custos, mas também maior possibilidade de erros de mensuração da qualidade. Em razão de sua importância para as organizações contemporâneas, esse tipo de controle será abordado de forma mais aprofundada em seções posteriores deste capítulo.

> **Controle de qualidade**
> Monitoramento da qualidade dos produtos ou serviços no decorrer do processo de produção, de forma a assegurar que eles satisfaçam os padrões preestabelecidos pela organização.

9.3.3 ›› Administração de estoques

Uma das principais atividades do gerente de operações é a *administração de estoques*. **Estoque** é o nome dado ao conjunto de matérias-primas, de produtos em processo e produtos acabados que uma organização armazena para atender às suas necessidades operacionais. Para maximizar a eficiência operacional do sistema de operações, é necessário minimizar o investimento em estoques. No entanto, os estoques são necessários para controlar o ritmo de produção e a flutuação da demanda.

> **Estoque**
> Conjunto de matérias-primas, de produtos em processo e produtos acabados que uma organização armazena para atender às suas necessidades operacionais.

A manutenção de estoques por parte das organizações atende a vários objetivos, dentre os quais se destacam:

- melhorar o serviço ao cliente, viabilizando o atendimento da demanda;
- garantir o abastecimento contínuo das operações;
- permitir que a organização se beneficie de descontos de quantidade;
- proteger a organização contra incertezas na demanda e no tempo de entrega;
- proteger a organização contra oscilações no preço decorrentes da inflação;
- proteger a organização contra contingências como greves, incêndios, instabilidades políticas ou outras variáveis que comprometam seu abastecimento.

Por essas razões, quase todas as empresas mantêm estoques como forma de enfrentar o inesperado e, frequentemente, estes constituem uma parcela substancial de seus ativos totais. No entanto, o investimento em estoques tem custos substanciais. Além dos custos financeiros da imobilização de estoques pela organização, os estoques podem deteriorar-se e desperdiçar-se, e também ocupam espaço nas instalações da empresa. Especialmente quando se consideram as taxas de juros reais em países como Brasil, os custos associados aos estoques são ainda mais elevados que em países desenvolvidos.[30]

Assim, como os estoques representam um investimento significativo para uma organização, devem ser cuidadosamente planejados e controlados. Cada vez mais as empresas enxergam os estoques como um ativo improdutivo, buscando diminuir seus custos, mantendo seus níveis reduzidos ao mínimo. Para eliminar os excessos de estoques, as empresas têm desenvolvido técnicas mais precisas de previsão de demanda por seus produtos, da mesma forma que os fornecedores têm melhorado seus sistemas de entrega para que as empresas recebam os materiais necessários para satisfazer às suas necessidades operacionais no momento oportuno.

Cabe ao gerente de operações administrar eficientemente os estoques, de modo a otimizar o investimento da empresa. Para isso, deve avaliar os diferentes custos associados aos estoques, como os custos de transação e documentação, os custos relacionados com a quantidade do pedido (para grandes volumes, é possível obter descontos do fornecedor), os custos de armazenagem, entre vários outros.[31]

Para isso, os gerentes de operações utilizam um conjunto de técnicas que têm como objetivo otimizar a administração de estoques, dentre as quais se destacam: o Lote Econômico de Compra (LEC), a curva ABC, o MRP e os sistemas *just-in-time*.

LOTE ECONÔMICO DE COMPRA » O **LEC** é uma técnica simples que determina a quantidade de materiais que deve ser encomendada em determinado momento, de forma a minimizar os custos de estocagem. A técnica busca minimizar o total dos custos para pedir e manter os estoques. Os *custos de pedido* (C) incluem o custo de transporte, recebimento e inspeção das matérias-primas, ao passo que os *custos de manutenção* (M) incluem os custos de armazenagem e despesas com o manuseio dos materiais. O cálculo, que considera ainda a demanda anual (D) pelo produto, é dado pela seguinte fórmula:

$$LEC = \sqrt{\frac{2DC}{M}}$$

Entre as críticas ao LEC destacam-se seu pressuposto de demanda fixa ou estável, incompatível com as flutuações de demanda existentes na economia real, o pressuposto de que os custos de pedido são fixos e facilmente identificáveis e o pressuposto de que os custos de manutenção podem ser expressos por uma função linear.

CURVA ABC » A **curva ABC** é um instrumento de avaliação dos estoques que identifica os itens de maior importância ou impacto para a organização, de forma a permitir um tratamento mais adequado do estoque. A técnica ABC calcula o consumo de cada tipo de material em valor monetário para que eles possam ser classificados em ordem decrescente de importância em: itens de classe A (20% do total de estoques, mas responsáveis por 65% do valor do estoque para a empresa); itens de classe B (30% do total, mas responsáveis por 25% do valor do estoque); e itens de classe C (50% do total dos estoques, responsáveis por apenas 10% do valor do estoque). Assim, se a organização quiser controlar 65% do valor do estoque para a empresa, deve concentrar sua atenção nos itens de classe A, que são apenas 20% do total dos estoques em dado momento.[32]

PLANEJAMENTO DE NECESSIDADES DE MATERIAIS » O MRP é mais do que um sistema computadorizado de planejamento e controle de estoques. Trata-se de uma ferramenta abrangente de planejamento e controle dos recursos da empresa. O MRP é aplicável para itens em estoque que dependem uns dos outros (caracterizados pela demanda dependente). Diferentemente do LEC, técnica baseada no consumo passado e aplicável quando os itens do estoque são independentes, o MRP baseia-se em estimativas precisas das necessidades futuras para a organização.

> **LEC**
> Técnica de gestão de estoques que determina a quantidade de materiais que deve ser encomendada em um determinado momento, de forma a minimizar os custos de armazenagem.

> **Curva ABC**
> Técnica de classificação dos estoques de acordo com sua importância ou impacto para a organização, de forma a permitir um gerenciamento adequado destes.

O MRP é um sistema dirigido pelos planos e programas de produção, que reúnem informações acerca de quanto e quando se espera que ele produza. O sistema executa cálculos que coordenam todas as informações sobre a programação de produção, a localização do estoque, a previsão da demanda e as encomendas, por meio de sofisticados sistemas informáticos. Dessa forma, o MRP contribui para controlar melhor a qualidade e o tempo das entregas de matérias-primas, desacelerando ou acelerando o fluxo da demanda de forma a adequá-lo às modificações na programação da produção, além de viabilizar a redução dos custos de mão de obra, materiais, entre outros. A Figura 9.11 mostra as informações necessárias para processar o MRP, assim como alguns de seus resultados.[33]

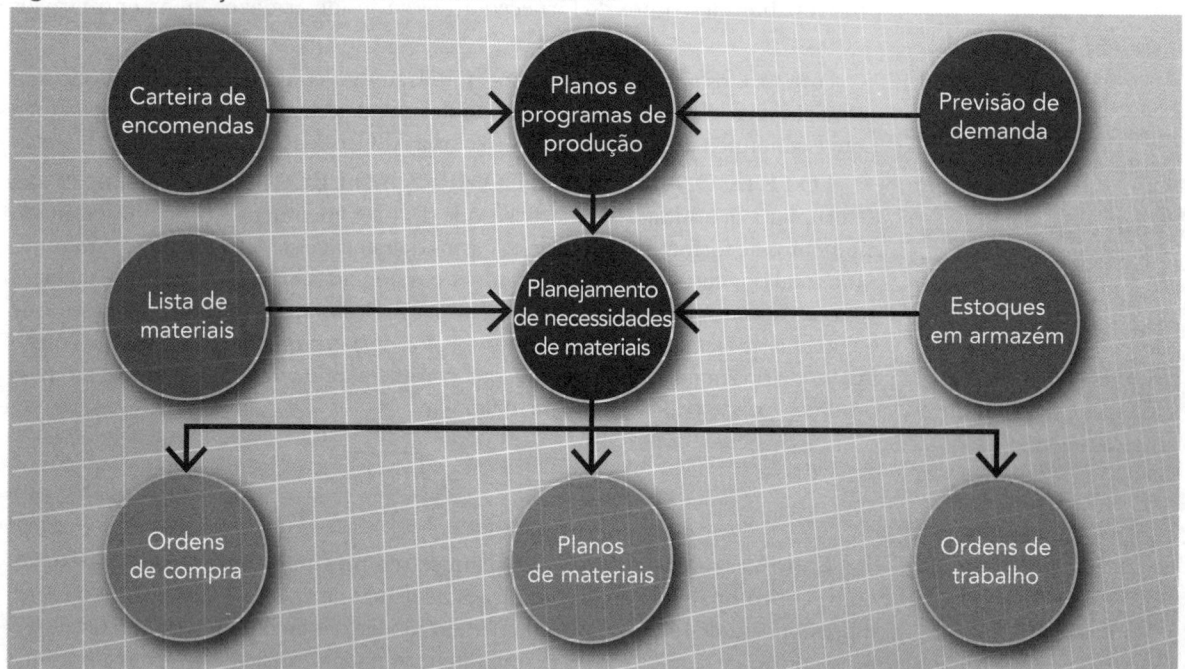

Figura 9.11 ›› Planejamento de necessidades de materiais

A lógica dos sistemas MRP foi estendida para o planejamento de recursos de manufatura (MRP II), que incorpora informações de engenharia, finanças e marketing em um sistema integrado de controle das operações de uma organização. Atualmente, os sistemas MRP podem ser vistos como subconjuntos dos sistemas ERP (*Enterprise Resource Planning*), sofisticados sistemas de informação voltados para o planejamento dos recursos empresariais.

Os ERPs incentivam uma gestão integrada da empresa, coletando, processando e disponibilizando informações sobre todas as áreas da organização, relacionando os pedidos recebidos pela empresa com o projeto, a produção, as compras, os estoques, a distribuição, os recursos humanos, o recebimento de pagamentos e a previsão de demanda futura. Além de incentivar a percepção da interdependência existente entre todas as áreas da empresa, os ERPs ajudam a relacionar a empresa com seus fornecedores e consumidores.[34]

SISTEMAS *JUST-IN-TIME* ›› Além das técnicas analisadas, os *sistemas just-in-time* também se destacam como uma técnica de administração de estoques. No entanto, por sua atualidade e abrangência, serão analisados na seção relativa às tendências contemporâneas de administração das operações.

9.3.4 ›› Logística e distribuição

Uma importante dimensão da atividade do gerente de operações, relacionada com a administração de estoques, é a administração da logística e da distribuição. A **logística** consiste no gerenciamento de toda movimentação de recursos, produtos, equipamentos e informações necessárias para a execução das atividades de uma organização. O objetivo da logística consiste em garantir que os recursos e produtos sejam entregues na quantidade e na qualidade adequadas, no momento e no lugar certos, de forma a maximizar a eficiência e a eficácia do sistema de operações.

Entre as atividades da logística, destacam-se a compra e a recepção de recursos de fornecedores, a movimentação e o armazenamento de materiais dentro das instalações, o processamento de pedidos e encomendas, o transporte e a expedição de produtos acabados para os clientes e o gerenciamento de todas as informações relacionadas com esses processos.

Considerada tradicionalmente uma atividade de rotina e pouco relevante, a logística é vista hoje como uma das principais fontes de vantagens competitivas das empresas. Exigências como a redução dos custos de estocagem, a redução dos prazos de entrega dos produtos, o aumento da confiabilidade da entrega, a flexibilização da produção, entre outras, fazem com que a logística assuma papel central na estratégia de qualquer organização.

A **distribuição**, por sua vez, é o subprocesso da logística responsável pela movimentação dos produtos acabados desde sua saída do processo de transformação até sua entrega ao cliente. Ela está diretamente relacionada com duas prioridades competitivas da administração das operações: a rapidez e a confiabilidade da entrega. Essa atividade assume uma importância crítica para as organizações contemporâneas, como se pode concluir pelo exemplo do Boticário.

Algumas empresas, como o Pão de Açúcar, criam grandes centros de distribuição regionais, responsáveis por receberem as mercadorias enviadas por fornecedores, por processarem os pedidos das lojas e por sua expedição. Esses centros de distribuição cuidam de todo o processo de compra e de distribuição das mercadorias, permitindo às organizações reduzir as rupturas e diminuir o investimento em estoques. Outras empresas, como a General Motors, optam por terceirizar todas as atividades relacionadas com a logística e a distribuição, de forma a otimizar a eficiência de suas operações internas.

Logística
Processo de gerenciamento de toda movimentação de recursos, produtos, equipamentos e informações necessárias para a execução das atividades de uma organização.

Distribuição
Subprocesso da logística responsável pela movimentação dos produtos acabados até o cliente final.

Desde sempre, o Boticário se mostrou mais preocupado com a eficiência das operações de produção do que com a distribuição e comercialização de seus produtos. Até o final do século passado, a distribuição da fábrica no Paraná ficava a cargo de 27 empresas independentes. Depois de perceber que a terceirização da distribuição prejudicava o contato direto com as lojas franqueadas, responsáveis pelas vendas dos produtos, a organização resolveu reestruturar suas operações, passando a distribuir diretamente seus produtos. Isso possibilitou conhecer melhor o gosto e as preferências dos clientes finais, o que contribuiu para novas ideias de produtos. Além disso, o tempo de permanência dos produtos na fábrica foi reduzido de 45 dias para 25 dias, reduzindo consideravelmente os estoques.[35]

9.4 ›› O enfoque na qualidade

De todas as prioridades competitivas da administração de operações, a qualidade é a que tem assumido maior destaque no ambiente atual de negócios, uma vez que permite agregar valor aos produtos e serviços oferecidos por uma empresa. Cada vez mais, as organizações tendem a reconhecer a importância estratégica da qualidade e a tomar medidas para sua melhoria contínua.

9.4.1 ›› A abordagem tradicional de qualidade

Originalmente, o controle de qualidade limitava-se a inspeções visuais informais baseadas na experiência de um responsável. Com a formalização das inspeções, passaram a ser utilizados instrumentos de medida e gabaritos, que tornavam o processo mais confiável. Com o passar de tempo, o controle de qualidade sistematizou-se em uma perspectiva, denominada **abordagem tradicional de qualidade**, baseada em uma concepção de controle voltado para a identificação de erros e desvios em vez de sua prevenção.

De forma geral, segundo a abordagem tradicional de qualidade, o controle opera por meio de técnicas estatísticas de amostragem, que testam o desempenho do processo e do resultado de uma operação. O primeiro teste, chamado **controle de processo**, busca verificar a qualidade do processo de produção de um produto ou prestação de um serviço. Consiste em uma amostragem no decorrer do processo de transformação, que busca verificar se este apresenta níveis adequados de qualidade. Trata-se de um controle simultâneo, usado por empresas que produzem bens, cuja qualidade final depende da qualidade do processo (por exemplo, cervejarias). Dessa forma, o teste mede características como a temperatura, o tempo ou a resistência, verificando se existe alguma mudança com relação a um padrão de desempenho e tomando medidas corretivas sempre que ocorrerem desvios significativos. Por exemplo, testes são feitos ao longo do processo de produção de um refrigerante para verificar as quantidades dos ingredientes necessários, assim como a temperatura no qual são misturados, de forma a garantir a produção de um refrigerante com determinada qualidade.

A segunda etapa é denominada **amostragem por aceitação** e busca avaliar se o produto final está de acordo com o especificado pelo projeto. A amostragem por aceitação geralmente é usada para medir a qualidade de produtos acabados e refere-se à decisão de aceitar ou rejeitar completamente um lote de produto, com base no cálculo do erro do risco da amostra. O produto é aceito apenas quando satisfaz determinado nível de qualidade. Por exemplo, uma metalúrgica, que produz peças de ferro fundido, testa sua resistência à pressão para garantir que seus produtos cumpram determinadas especificações.

No entanto, apesar de seus méritos, a abordagem tradicional de qualidade não conseguiu desmistificar um dos pressupostos básicos da qualidade: a ideia de que a qualidade e a produtividade eram objetivos antagônicos, ou seja, que a melhoria de um implicava em diminuição no outro. As novas abordagens de qualidade não apenas desmistificaram essa ideia, como partem de uma perspectiva preventiva de qualidade.

9.4.2 ›› Gestão pela qualidade total

Entre as abordagens contemporâneas, destaca-se a **gestão pela qualidade total** (TQM – *Total Quality Management*). A TQM surgiu no Japão no pós-guerra, tendo por base as ideias de dois norte-americanos, William Edwards Deming e Joseph Moses Juran. Trata-se de uma abordagem que vai além da qualidade do produto em si e envolve várias dimensões competitivas relativas às operações. A TQM tem como princípios centrais o atendimento das necessidades e das expecta-

---

Abordagem tradicional de qualidade
Perspectiva de controle voltado para a identificação de erros e desvios por meio de técnicas estatísticas de amostragem.

Controle de processo
Teste que busca assegurar a qualidade de um processo de produção por meio da mensuração de variáveis-chave ao processo de transformação.

Amostragem por aceitação
Teste que consiste na inspeção de uma amostra de produto final para avaliar se este apresenta a qualidade consistente com o especificado no projeto de produto.

Gestão pela qualidade total
Filosofia de gestão que tem como princípios centrais o atendimento das expectativas dos consumidores, o comprometimento de todos e o melhoramento contínuo da qualidade dos processos e produtos.

A siderúrgica ArcelorMittal Brasil, seguindo a tendência contemporânea de encarar a qualidade de forma abrangente, considerando a organização em sua globalidade, implantou o sistema de gestão pela qualidade total. O modelo, além de criar uma cultura de qualidade e assegurar grande envolvimento dos níveis operacionais nos programas participativos de qualidade, tem garantido a renovação das várias certificações conquistadas pela empresa. O conjunto de ações implementadas de acordo com essa abordagem possibilita administrar a organização com esforço na qualidade em todos os setores, em todas as pessoas e em todos os processos.[36]

tivas dos consumidores, o comprometimento de todos os membros da organização e o melhoramento contínuo da qualidade dos processos e produtos da organização.

A gestão pela qualidade total representou uma evolução natural das técnicas anteriormente mencionadas. De fato, a TQM evolui na sofisticação dos testes estatísticos utilizados no controle da qualidade, mas alia isso a uma abordagem mais abrangente, considerando a organização em sua globalidade e colocando a satisfação do cliente no centro das preocupações organizacionais. Os princípios orientadores dessa nova abordagem são:[37]

- o atendimento das necessidades e expectativas dos clientes, reconhecendo a centralidade deles no processo de tomada de decisão acerca da qualidade;
- a consideração da organização em seu todo, reconhecendo que todos os *stakeholders* (fornecedores, clientes etc.) têm potencial para contribuir para a melhoria contínua;
- o *empowerment* dos funcionários, incentivando sua participação e responsabilidade;
- o levantamento e o exame de todos os custos relacionados com a qualidade, de forma a associá-los com os benefícios que ela proporciona;
- a redução de todos os custos, a partir de uma postura de prevenção – fazer as coisas certas logo na primeira vez;
- o compromisso da administração de topo com uma cultura de qualidade.

O mais difícil da TQM é sua implementação. A implementação eficaz de um programa de gestão pela qualidade total requer a elaboração de uma proposta global e a definição de objetivos de longo prazo do programa, garantindo que este caminhe em uma direção coerente com outros propósitos estratégicos da organização. O apoio e o envolvimento da alta administração são também um requisito essencial para a eficácia do programa de TQM, não apenas no que diz respeito à alocação de recursos, mas também ao estabelecimento de prioridades para toda a organização. Além desses elementos, um programa de TQM requer ainda a participação de uma liderança forte em sua implementação e controle, além do reconhecimento formal dos sucessos e avanços da qualidade por parte da administração. Resumindo, a TQM requer uma mudança de filosofia da administração que deve abranger toda a organização.

> **Certificação de qualidade**
> Verificação externa e independente dos procedimentos de qualidade de uma empresa.

9.4.3 ›› Certificação de qualidade

Os sistemas de **certificação de qualidade** são um desdobramento natural da orientação pela qualidade presente em várias organizações contemporâneas.

A maioria dos países possui sistemas de padrões de qualidade próprios, os quais vêm se aperfeiçoando ao longo dos anos (no Brasil, o Inmetro destaca-se por sua atuação nessa área). No entanto, a tendência atual aponta o desenvolvimento de um conjunto de padrões internacionais que buscam estabelecer exigências para os sistemas de administração de qualidade das empresas. Entre os principais sistemas de certificação de qualidade de produtos e serviços, destacam-se as normas da série ISO 9000.

A *série ISO 9000* é uma metodologia de avaliação externa dos processos de qualidade das empresas. Dessa forma, o processo de certificação é realizado por auditorias externas independentes que buscam verificar os padrões e os procedimentos de qualidade de determinada empresa, identificando se a produção está ou não em conformidade com os requerimentos dos clientes. A avaliação externa confere mais credibilidade ao certificado de qualidade, e esta é uma das principais razões que justifica sua adoção por várias empresas. A Figura 9.12 mostra algumas das razões que levam as empresas a certificar seu sistema de qualidade pelas normas ISO 9000. Além disso, a certificação da qualidade começa a se destacar como um pré-requisito para fazer negócios globalmente.[38]

Figura 9.12 ›› Motivos para a certificação ISO 9000

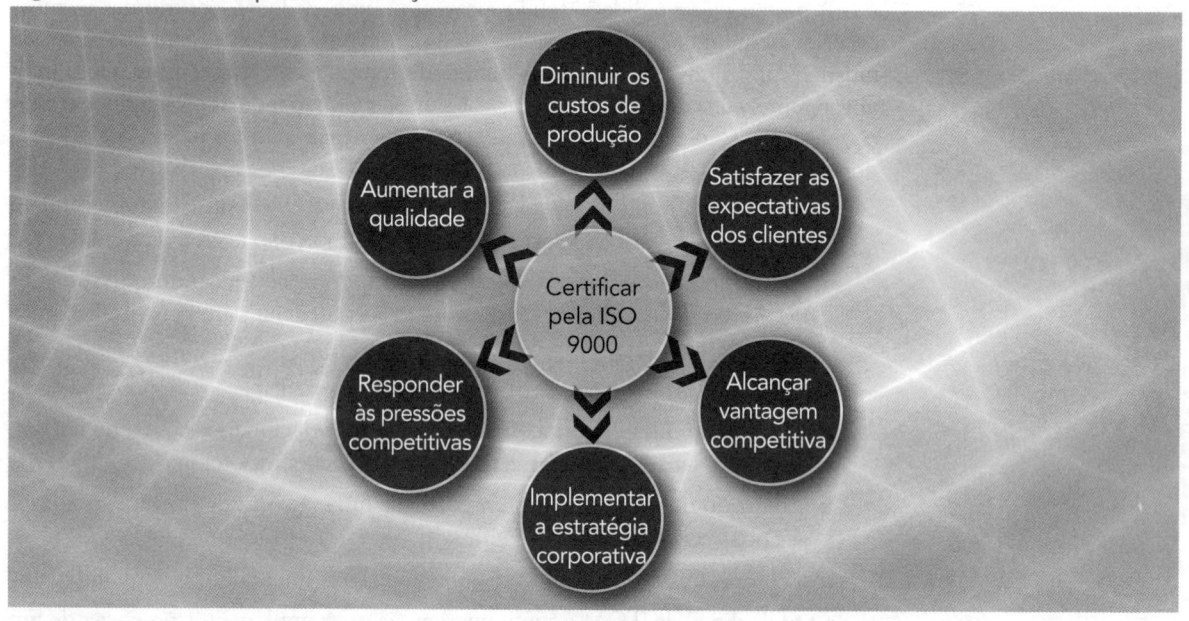

Os benefícios da certificação ISO 9000 são múltiplos. Por um lado, os requisitos impostos pela certificação incentivam um processo de melhoria organizacional voltado para a qualidade, ajudando a identificar a existência de procedimentos desnecessários e reduzir erros. Assim, a organização pode otimizar seus processos e aumentar sua produtividade. Por outro lado, a obtenção do certificado confere maior credibilidade e reputação à organização. De fato, o principal propósito da ISO 9000 é oferecer uma garantia aos clientes acerca da qualidade esperada dos produtos e serviços de uma organização.

A adoção da ISO 9000 também tem algumas desvantagens. A ênfase nos padrões de qualidade pode conduzir a decisões sistematizadas e tornar a administração mais inflexível. Em contrapartida, o custo envolvido no treinamento de funcionários, na condução de auditorias internas e na adoção dos procedimentos de qualidade é muito elevado. Além disso, o tempo e o custo de obtenção e manutenção do certificado ISO 9000 podem ser muito onerosos para uma organização.

A BrasilCenter Comunicações, empresa de telemarketing do grupo Embratel, é uma referência do seu setor desde que conseguiu a certificação ISO 9001 para todos os seus call centers. Para conseguir isso, a empresa investiu na sua infraestrutura tecnológica e em programas de qualidade de vida no ambiente de trabalho. Desde então, a empresa realiza pesquisas sobre o clima organizacional, abrindo espaço para ouvir opiniões dos funcionários e incentivando o processo de melhoria contínua dos serviços prestados. Os levantamentos têm atestado a satisfação dos trabalhadores, comprovando o sucesso do alinhamento da produtividade com a gestão adequada de pessoas.[39]

Mito ou ciência

Certificação de qualidade é uma garantia de qualidade

Ao contrário do que se pensa, essa afirmativa não é totalmente verdadeira. Quando uma empresa tem seu sistema de gestão da qualidade certificado pela norma ISO 9000, a única certeza que se pode ter é que ela encontra-se em conformidade com os requisitos dessa norma. Apesar das certificações serem comprovadamente excelentes mecanismos para implementar sistemas de gestão da qualidade, a certificação não garante, por si só, a qualidade dos produtos e serviços da organização.

De fato, o elevado número de formulários e o trabalho administrativo associado ao processo de certificação podem acrescentar pouco valor à melhoria da qualidade se as certificações forem vistas como um fim em si mesmo e não como um meio de melhoria contínua.

Nesse sentido, podemos argumentar que a certificação não garante qualidade, ela apenas assegura que a empresa realiza seus processos de acordo com o que está predefinido e registrado em um manual, sendo que este pode não ser o reflexo das exigências e necessidades do cliente nem a garantia de melhoria contínua. Consequentemente, é possível que um determinado produto possa ter qualidade duvidosa, mesmo que a sua produção seja consistente com o procedimento documentado e previamente definido.

Além disso, as normas que especificam os parâmetros de certificação estipulam apenas os requisitos mínimos para a obtenção do selo de qualidade.

A excelência só será atingida com a inserção da qualidade na cultura organizacional e com a participação e o envolvimento de todas as pessoas.

O que algumas pesquisas têm concluído é que, para muitas empresas, preparar-se para a certificação é elaborar e implementar procedimentos e formulários que atendam às normas. Sem dúvida, isso permitirá que a organização elabore um processo de gestão da qualidade, mas não assegura a qualidade da gestão e dos produtos.

No entanto, importa lembrar que, mesmo sem propiciar garantia de qualidade nem ser o cumprimento de uma obrigação legal, a simples certificação de uma empresa possui o efeito prático de credenciá-la e legitimá-la no mercado, sobretudo no internacional. Como muitos dos eventuais clientes estrangeiros não têm como ter outras informações fidedignas sobre a empresa, a certificação de qualidade dá-lhes alguma segurança para realizar negócios com um novo parceiro comercial.

Em outras palavras, a certificação não deixa de ser altamente recomendável em tempos de globalização. A certificação é um instrumento prático que facilita aos usuários um mecanismo que permite assegurar a qualidade de seus produtos ou serviços, oferecendo-lhes um caminho a seguir quando uma empresa quer montar um sistema de administração de qualidade reconhecido em vários contextos.

9.5 ›› Tendências contemporâneas na administração de operações

Atualmente, destacam-se três tendências contemporâneas na administração de operações: a gestão da cadeia de valor, os sistemas *just-in-time* e a demanda por sistemas de operações customizados e flexíveis. Uma vez que são encaradas pelos gerentes como essenciais à produção de bens e serviços competitivos no atual ambiente de negócios, essas tendências são apresentadas e analisadas ao longo desta seção.

9.5.1 ›› Gestão da cadeia de valor

Para permanecerem competitivas, as organizações devem ser capazes de oferecer, de forma sustentável, mais valor aos clientes do que seus concorrentes. De fato, a principal fonte de desempenho superior é a capacidade de uma empresa em *oferecer valor ao cliente*. O conceito de valor é consequência dos aspectos distintivos dos produtos e serviços oferecidos pela organização a seus clientes. Assim, reconhecendo que a organização agrega valor por meio da transformação de recursos em produtos e serviços, a relação do conceito de valor com a administração de operações é evidente.

A **cadeia de valor** é a sequência de atividades inter-relacionadas que contribuem para a transformação de recursos em produtos e serviços. O conceito foi popularizado por Michael Porter,[40] para defender que os administradores deveriam focar sua atenção na sequência de atividades que agregam valor aos produtos ou serviços, mesmo que estas sejam da responsabilidade de outras organizações. A **gestão da cadeia de valor** não apenas reconhece essa interdependência organizacional, mas se refere ao processo de administração integrada das atividades e informações que se fazem presentes ao longo de toda a cadeia de valor de um produto ou serviço, buscando agregar valor em cada etapa do processo. Para Porter, a competição deve ocorrer entre cadeias de valor e não entre organizações na mesma cadeia.

Frequentemente apresentada como sinônimo de cadeia de valor, a **cadeia de suprimentos** é definida como o conjunto de empresas que transacionam produtos, informações e recursos financeiros entre si, ao longo do tempo. Apesar de teoricamente começarem no fornecedor inicial e terminarem no varejo, as cadeias de suprimento têm seu gerenciamento limitado às relações fornecedor-cliente. Trata-se de uma limitação consequente da enorme complexidade envolvida no alinhamento dos interesses e das prioridades de cada empresa que compõe a cadeia.[41] De forma geral, a **gestão da cadeia de suprimentos** refere-se ao processo de administração do fluxo de produtos, informações, funções e atividades que entram na organização. É um processo *orientado internamente*, cujo objetivo consiste em reduzir os custos de produção e aumentar a produtividade da organização, ou seja, busca a *eficiência* organizacional.

Por sua vez, a gestão de cadeia de valor busca gerir as interdependências entre as organizações que se relacionam, do fornecedor de matéria-prima ao consumidor final, na tentativa de agregar valor aos produtos e serviços para esse último. Trata-se, portanto, de um processo *orientado externamente*, focado na rede interorganizacional que engloba todos os participantes do processo de agregação de valor, dos fornecedores, fabricantes, distribuidores aos clientes finais da empresa. Da mesma forma, a gestão da cadeia de valor é um processo orientado para a *eficácia*, na medida em que busca a satisfação efetiva dos consumidores finais, cumprindo os objetivos da organização a partir da máxima agregação de valor. Pode-se dizer que a gestão de cadeia de valor engloba a gestão da cadeia de suprimentos.

> **Cadeia de valor**
> Sequência de atividades inter-relacionadas que contribuem para a transformação de recursos em produtos e serviços.

> **Gestão da cadeia de valor**
> Processo de administração integrada das atividades e informações que se fazem presentes ao longo de toda a cadeia de valor de um produto ou serviço, buscando agregar valor em cada etapa do processo.

> **Cadeia de suprimentos**
> Conjunto de fornecedores que suprem as necessidades de materiais, informações e outras utilizadas no processo de produção de uma empresa.

> **Gestão da cadeia de suprimentos**
> Processo de administração dos fluxos de materiais, informações, funções e atividades que entram na organização, bem como as relações com os fornecedores.

A partir dessa análise, fica evidente que a gestão da cadeia de valor reconhece e privilegia o cliente final, buscando:

- criar uma combinação única de atributos e características dos produtos e serviços que satisfaça e exceda às necessidades do consumidor melhor que os concorrentes;
- colaborar com os participantes do processo de transformação, de forma que cada um agregue um componente do valor ao processo como um todo;
- fortalecer a integração interorganizacional, na qual todos os participantes (incluindo fornecedores e clientes) estão ligados entre si e compartilham informações.

Além da orientação para o consumidor, a gestão da cadeia de valor deve se adaptar às circunstâncias dos mercados aos quais serve. Assim, em *mercados funcionais*, que são caracterizados pela relativa previsibilidade, a eficiência deve ser a principal característica da estratégia de gestão da cadeia de valor, ao passo que em *mercados inovadores*, caracterizados pela baixa previsibilidade, as cadeias de valor devem apresentar uma capacidade de resposta rápida, visto que a gestão da cadeia de valor deve ser caracterizada pela agilidade e pela flexibilidade. No primeiro caso, a empresa deve optar por manter níveis reduzidos de estoques, diminuir os custos de produção e escolher fornecedores de baixo custo; no segundo caso, a empresa deve privilegiar a resposta rápida, a rapidez na entrega, a manutenção de estoques na cadeia e escolher fornecedores flexíveis.[42]

A gestão da cadeia de valor requer mudanças de atitude e fortalecimento das competências centrais de uma organização. Em uma pesquisa com empresas brasileiras, cerca de 30% declararam atuar de forma isolada, não fazendo parte de nenhuma rede de suprimento. A pesquisa também constatou que a grande maioria das empresas nacionais ou faz parte de redes de fornecimento nas quais o relacionamento é vertical, assimétrico e hierárquico ou, então, atua isoladamente, competindo com base apenas em recursos próprios. Ou seja, a maior parte das empresas nacionais ocupa posições de menor importância na estratégia e no desempenho da rede a que pertence. Isso sinaliza que, provavelmente, essas empresas não chegaram a acumular competências que permitissem uma melhor colocação nas redes de que participam.[43]

Para que a gestão da cadeia de valor possa ser adotada com sucesso na prática, uma série de requisitos e orientações gerenciais é necessária. Esses requisitos incluem: coordenação e colaboração entre todos os participantes da cadeia, mudança dos processos organizacionais internos, comprometimento das pessoas, investimento em novas tecnologias e uma cultura organizacional que promova a confiança.[44]

COORDENAÇÃO E COLABORAÇÃO AO LONGO DA CADEIA »
Para atingir seus objetivos, a cadeia de valor deve integrar de forma abrangente todos os membros do processo. A gestão da cadeia de valor requer uma mudança de postura em todas as empresas que compõem a cadeia. Além do alinhamento estratégico entre as organizações, é fundamental que haja entre elas uma relação cooperativa, uma integração de processos e um compartilhamento de informações, de modo que cada um dos participantes possa identificar os pontos de agregação de valor para o cliente.

PROCESSOS ORGANIZACIONAIS » A gestão da cadeia de valor exige uma mudança nos processos organizacionais, ou seja, no modo como as tarefas são executadas. Essa mudança deve estar centrada nas competências essenciais da organização, ou seja, em seus pontos fortes distintivos que lhe possibilitam coordenar a produção, integrar tecnologias, otimizar a organização do trabalho e entregar mais valor ao cliente.[45] São as competências essenciais que permitem à organização agregar, de fato, valor. Para isso, a troca de informações com os consumidores é necessária, e os sistemas informatizados podem facilitar esse processo.

PESSOAS » A gestão da cadeia de valor requer também uma mudança nas atitudes e nos comportamentos de líderes e funcionários da organização. Os líderes devem assumir a cadeia de valor como um elemento fundamental da estratégia organizacional e tentar implementá-la de forma decidida. Por sua vez, os funcionários devem colaborar e envolver-se no processo, compreendendo e apoiando as interdependências entre todos os participantes.

TECNOLOGIAS » A gestão eficaz da cadeia de valor é facilitada substancialmente pelo investimento em novas tecnologias de comunicação e informação. De fato, o uso de sistemas informatizados que processam, organizam e armazenam as informações, relacionando todas as atividades da organização com a rede de troca de parceiros, é essencial para os objetivos da gestão da cadeia de valor. Sistemas de informação como o CRM (*Customer Relationship Management*) e o ERP permitem reestruturar a cadeia de forma a servir cada vez melhor aos consumidores finais.

CULTURA ORGANIZACIONAL » Por último, a gestão eficaz da cadeia de valor demanda a existência de uma cultura e atitudes caracterizadas pela abertura, troca, confiança e colaboração entre todos os parceiros da cadeia de valor, internos e externos. Trata-se de uma mudança substancial de cultura interna e externa, que percebe que a fonte da competição está alocada nas cadeias de valor, e não nas empresas que fazem parte de determinado setor.

Os mesmos fatores que possibilitam uma gestão eficaz da cadeia de valor, quando ausentes, podem tornar-se obstáculos ao seu desempenho. A recusa ou relutância em compartilhar informação, a resistência ao desenvolvimento de parcerias, a ausência de uma cultura de confiança, as experiências passadas malsucedidas são apenas alguns dos obstáculos que dificultam a sinergia necessária para uma boa gestão da cadeia de valor.

9.5.2 » Os sistemas *just-in-time*

Os **sistemas *just-in-time*** (JIT) referem-se a um conjunto de técnicas e métodos de administração de estoques que têm como objetivo reduzir ao mínimo os inventários da organização, pela coordenação da produção com entregas precisas de suprimentos. O JIT foi introduzido no Japão após a Segunda Guerra Mundial, quando a Toyota desenvolveu uma maneira diferente de coordenar o fluxo de peças na cadeia de suprimentos por meio dos cartões *kanban*, os quais acionavam o transporte consolidado de peças, sempre que necessário, dos fornecedores para a empresa.

> **Sistemas *just-in-time***
> Técnica de administração de estoques que têm como objetivo reduzir ao mínimo os inventários da organização, por meio da coordenação da produção com entregas precisas de suprimentos.

Observou-se, no entanto, que o aumento nos gastos com transporte foi mais do que compensado pela redução no custo de oportunidade de manter estoques na cadeia de suprimentos. Dessa forma, o sistema passou a operar com menor custo total. Com a difusão das tecnologias de informação que permitiam a troca eletrônica de dados entre as empresas, o JIT, originalmente usado apenas por indústrias automobilísticas, foi também adotado por empresas de outros setores, como as indústrias de alimentos e confecções.[46]

Para alguns, o JIT representa mais do que métodos e técnicas de administração de estoques, sendo uma filosofia global de administração de operações. Como filosofia, o JIT se baseia em três elementos que se sobrepõem:

- eliminação dos desperdícios em todas as suas formas;
- participação de todos os funcionários no aprimoramento do processo;
- concepção de que toda melhoria deve acontecer de forma contínua.

Diferentemente da forma tradicional de operações, baseada na produção para estoque como uma medida de prevenção contra imprevistos, o JIT incentiva as entregas apenas sob solicitação. À primeira vista, pode parecer que um atraso na entrega em uma das partes da empresa pode afetar, em um efeito cadeia, todo o sistema de produção. Isso, de fato, acontece, mas torna visível a interdependência organizacional e a necessidade de melhorar a eficiência em todos os estágios do sistema de operações. Trabalhar com níveis elevados de estoque pode camuflar ou esconder as falhas do processo produtivo, levando as organizações ao comodismo. Com o JIT, a abordagem é oposta. Os problemas são expostos e as soluções são incentivadas para evitar sua ocorrência no futuro.

Sob o prisma da administração de operações, pode-se dizer que o objetivo principal do JIT é o aprimoramento contínuo da produtividade e da qualidade dos produtos e serviços de uma empresa, por meio da manutenção de estoques mínimos, da aplicação de determinadas práticas de trabalho (voltadas para a eliminação dos desperdícios e melhoria contínua), da simplificação de processos e da adoção de uma abordagem sistêmica, que deve ser acompanhada de profundas mudanças nos níveis técnico, gerencial e operacional.

Paralelamente, a implantação de um sistema JIT exige que as informações sejam compartilhadas em tempo real entre todos os que compõem a cadeia de suprimentos, algo que é facilitado pelo uso de tecnologias de informação. Além do aspecto técnico relativo à redução dos lotes de fabricação, a filosofia JIT está fundamentada em uma série de orientações que incluem práticas de trabalho favoráveis ao envolvimento dos funcionários. O JIT inclui ainda a adoção de arranjos físicos que promovam fluxos adequados e simplificados de materiais, informações e pessoas. Todos esses princípios de gestão são estendidos aos fornecedores de forma a otimizar toda a cadeia de produção.

Por meio da adoção do JIT, a organização torna-se capaz de responder rapidamente às mudanças exigidas pelo mercado, não só produzindo bens mais rápido do que os concorrentes, mas também entregando os produtos com melhor qualidade e nos prazos prometidos.

A despeito de todas as vantagens apresentadas, o sistema JIT possui limitações quando a variedade dos produtos oferecidos e a variação da demanda de curto prazo são elevadas. Outra desvantagem consiste no aumento das incertezas e do risco de interrupção da produção em função de problemas, tais como greves nos transportes ou nos fornecedores.

Alguns autores argumentam que o JIT se revela apropriado quando se avaliam adequadamente os *trade-offs* de sua adoção. Por exemplo, para empresas nas quais os custos de transportes são relevantes, não compensando os ganhos advindos dos custos menores de estocagem, o JIT não seria uma abordagem adequada.[47] Em razão disso, algumas empresas optam por manter um estoque de segurança que permite reduzir as perdas em caso de problemas na cadeia de suprimentos, ou optam por reduzir as incertezas combinando a abordagem JIT com a abordagem MRP ou o LEC, formando um sistema híbrido que explora as vantagens relativas de cada abordagem.[48]

A fábrica da Ford em São Bernardo do Campo é a unidade em operação mais antiga da empresa. Por lá, uma das coisas que chama a atenção é a utilização dos sistemas *just-in-time*, que reduzem a estocagem de materiais ao mínimo indispensável, de forma a alcançar o máximo de eficiência e economia. Por exemplo, sempre que começa um novo turno de trabalho, simultaneamente, a 11 quilômetros dali, inicia-se também a jornada na Johnson Controls, fornecedora exclusiva de bancos para os carros da montadora. A vida das duas empresas é totalmente sincronizada porque a Johnson Controls fabrica e entrega seus produtos no local e horário combinados com a Ford. A pontualidade é o ponto forte da parceria. Da linha de produção da Johnson até a fábrica da Ford, o conjunto de bancos – os dois dianteiros e o traseiro – pode demorar, no máximo, 120 minutos.[49]

9.5.3 ›› Customização e produção flexíveis

Os sistemas flexíveis de manufatura e distribuição surgem como consequência da demanda pela maior customização de produtos. À medida que cresce a pressão para respostas mais rápidas na relação cliente-empresa, aumenta também a necessidade de que elas atendam às exigências de variedade dos clientes, em um intervalo de tempo cada vez menor. Existem várias formas de atender à necessidade de maior customização e variedade por parte dos consumidores.

A **customização em massa** é uma das formas de satisfazer a demanda por variedade[50]. Na customização em massa, as empresas entregam produtos ou serviços por meio de uma rede de equipes relativamente autônomas de trabalho, de forma a responder a um pedido do cliente. Cada equipe possui uma operação ou uma série de operações específicas pelas quais é responsável. As decisões acerca das operações necessárias e da sequência em que devem ser executadas as atividades dependem dos desejos e das necessidades dos clientes. Um dos elementos-chave para fazer a customização em massa é a agilidade na coordenação e na reconfiguração dessa rede de equipes de trabalho de acordo com as necessidades dos clientes. Assim, o desempenho da customização em massa depende do desenvolvimento, da manutenção e da combinação eficaz das diferentes equipes de trabalho no sentido de produzir diferentes configurações de produtos personalizados.

> **Customização em massa**
> Produção em massa de bens e serviços que atendam aos anseios específicos de cada cliente individualmente.

Existem alguns exemplos de empresas que fazem uso da customização em massa. A norte-americana Digitoe, fabricante de sapatos personalizados, incentiva o cliente a ir à empresa para que as medidas de seus pés possam ser coletadas por um equipamento específico, que não deixa margem para erros. As construtoras também fazem uso da customização para fidelizar os clientes. Por exemplo, em alguns empreendimentos da construtora brasileira Gafisa, os compradores têm a opção de escolher entre várias opções de plantas, para um mesmo imóvel, customizando-os de acordo com seu gosto pessoal.

No entanto, deve se considerar que a customização em massa não é sempre a melhor opção, em virtude dos custos que traz para a empresa. Por vezes, a tradicional produção em massa, adaptada para incluir pequenas variações de um mesmo produto, continua sendo uma opção mais viável.

Outra maneira completamente diferente para atender à demanda por variedade é por meio de produtos flexíveis ou configuráveis, que podem ser adaptados pelos clientes às suas necessidades. Por exemplo, para as montadoras, é economicamente mais viável instalar assentos flexíveis e configuráveis nos automóveis no lugar de assentos customizados em massa. De fato, muitas das empresas atuais continuam a produzir com pequenas variações, mas não buscam a personalização customizada. A customização em massa demanda, acima de tudo, clientes dispostos a pagar por atributos únicos e especiais.

Empresas nos setores de vestuário, de computadores ou mesmo de automóveis buscam responder à demanda por maior variedade de produtos, com a flexibilização de seus sistemas de manufatura. Os **sistemas flexíveis de manufatura** constituem um conjunto de tecnologias que permitem combinar a maximização da flexibilidade no processo com os custos reduzidos de produção.[51] Esses sistemas integram processos computadorizados de design, de engenharia e de manufatura para produzir produtos variados a um custo comparável ao dos produtos padronizados, produzidos em massa. Em outras palavras, os sistemas flexíveis de manufatura permitem a produção de uma grande variedade de diferentes peças e produtos usando o mesmo equipamento e o mesmo sistema de controle.

> **Sistemas flexíveis de manufatura**
> Sistema de manufatura com flexibilidade para implementar mudanças no processo de transformação, de forma a produzir uma grande variedade de produtos a custos reduzidos.

>> Resumo do capítulo

A administração de operações é uma das principais áreas funcionais da organização, uma vez que é responsável pela transformação das necessidades e dos desejos dos clientes em produtos e serviços concretos. Na prática, o gerente de operações administra o processo de transformação – o núcleo central de qualquer organização.

No entanto, a administração de operações corre o risco de se tornar um fim em si quando se centra apenas nos objetivos de eficiência e produtividade, sem considerar as estratégias e os objetivos da organização. Essa foi a tradição das empresas de manufatura no período fordista. Na realidade, a tecnicidade e a complexidade das decisões, que devem ser tomadas pelos gerentes de operações, podem influenciar seu afastamento das outras áreas funcionais da organização. Cabe à organização declarar as prioridades competitivas para a administração de operações, especificando os objetivos concretos de desempenho que deverão orientar o trabalho do gerente de operações e contribuir, de forma sinérgica, para implementar as estratégias da organização.

Este capítulo analisa uma série de decisões de natureza técnica que se fazem presentes no processo de projeto do sistema de operações e abrangem o planejamento do produto, da capacidade de produção, a escolha da localização, dos processos de produção e dos *layouts* mais adequados ao processo de transformação. Por outro lado, o capítulo também analisa as principais funções e atividades operacionais do gerente de operações, tais como o planejamento e o controle da produção, a administração de estoques e a administração da logística e da distribuição.

Ao longo do capítulo também se discute o enfoque da administração de operações na qualidade – uma das principais prioridades competitivas das operações. De uma visão tradicional de qualidade, centrada em testes de amostragens, parte-se para a gestão pela qualidade total, um processo sistêmico de natureza preventiva baseado no envolvimento de todos os membros organizacionais, que incentiva a melhoria contínua e a orientação para o consumidor.

O ponto comum das abordagens contemporâneas da administração de operações reside no reconhecimento da interdependência interna e externa da organização. Abordagens como a gestão da cadeia de valor, os sistemas JIT ou o surgimento de sistemas flexíveis de manufatura e distribuição têm em comum o foco na gestão de interdependências da rede interorganizacional que reúne desde os fornecedores de matérias-primas até o cliente final da organização.

Questões para discussão

1. Por que a administração de operações é tão importante para a organização?
2. Quais as principais diferenças entre organizações de manufatura e de serviços?
3. Quais são as principais prioridades competitivas da administração de operações? Como elas podem contribuir para melhorar o desempenho competitivo de uma empresa?
4. Quais estratégias uma empresa pode adotar para adequar a capacidade de produção à demanda pelos seus produtos? Que fatores devem ser considerados ao tomar a decisão sobre a localização das instalações de uma empresa?
5. Como é que o volume de produção e a variedade dos produtos influenciam a decisão em relação aos processos de produção e ao arranjo físico das instalações (*layouts*)?
6. Descreva o processo de planejamento operacional da produção. Que tipos de controle da produção existem? Todos têm a mesma importância para o desempenho da empresa?
7. O que são os estoques? Quais são as principais técnicas de administração de estoques?
8. Discuta a importância da logística e da distribuição para a administração de operações? Por que algumas empresas terceirizam essa atividade?
9. Em que consiste a gestão pela qualidade total? Como ela se diferencia da abordagem tradicional de qualidade?
10. O que é gestão da cadeia de valor? Quais são as principais dificuldades de adotá-la na prática? Quais são as principais diferenças e semelhanças com os sistemas *just-in-time*?

Ponto e Contraponto

A "produção verde" vale a pena

As crescentes pressões sociais e ambientais por sistemas produtivos que não gerem impactos negativos à sociedade são notórias em todo o mundo. Em especial, a concepção e o desenvolvimento de produtos e processos produtivos sustentáveis que, além de viáveis do ponto de vista técnico-econômico, estejam alinhados às novas exigências sociais e ambientais, tornam-se cada vez mais urgentes. Nesse sentido, as discussões em torno da ideia de produção sem afetar o meio ambiente ganham força e têm sido pauta no planejamento e controle das operações das empresas. Algumas pessoas afirmam que é impossível ser sustentável e, ao mesmo tempo, lucrativo, mas isso não é verdade.

Essa ideia provavelmente se baseia nos custos iniciais para se implantar um processo de produção ecologicamente correto. A sustentabilidade exige mudança no processo de produção, e isso evidentemente implica em determinados custos iniciais.

Mas esses gastos não devem ser considerados como despesas sem retorno, mas sim como um investimento a longo prazo. Empresas que têm adotado uma postura "verde" nos seus sistemas de produção têm provado que na relação custo-benefício de aplicar ações e tarefas que busquem a produção sustentável, o benefício é muito maior, pois além de trazer um equilíbrio entre as necessidades de produção e a integridade da natureza, cria uma excelência cada vez maior para a empresa, o que aumenta sua competitividade e sua longevidade no mercado.

Exemplo disso é a montadora Ford. A empresa reduziu drasticamente o tempo que leva para pintar um carro novo que entra na linha de montagem inovando com uma tecnologia que aplica três camadas de tinta simultaneamente. Isso elimina a necessidade de equipamentos de secagem caros e de alto consumo de energia. A mudança irá permitir à Ford reduzir emissões de CO_2 da produção em 15% e emissões de compostos orgânicos voláteis em 10%. O processo também irá reduzir o tempo de pintura em 20%.[52]

Portanto, não é correto dizer que operações sustentáveis não são lucrativas. Uma estratégia de "produção verde" bem direcionada pode criar vantagem competitiva e adicionar valor aos negócios.

Levantar a bandeira da sustentabilidade nas operações de uma organização é um verdadeiro altruísmo empresarial desconectado de um real benefício econômico. É impossível produzir sem agredir o ambiente ou produzir de forma ambientalmente correta sem elevar os custos de operação.

Para ser sustentável é necessário investimentos com tecnologia, gastos estes que não trazem retorno ao capital investido, pelo menos não a curto prazo. E altos investimentos com retorno a longo prazo, considerando o atual contexto internacional, não é a atitude mais lógica.

Além disso, a maioria dos consumidores não está disposta a pagar mais por conta da sustentabilidade. Assim, se não há demanda, não há escala. E, sem volume, os custos de produção são maiores, aumentando sensivelmente o valor do produto final. Resultado, as empresas perdem em competitividade.

Um bom exemplo dessa questão é a Ikea, rede de móveis da Europa. A empresa paga até cinco vezes mais para ter produtos sustentáveis nas lojas. Inevitavelmente, esses custos são repassados ao valor final da mercadoria e a lógica da eficiência capitalista – produzir mais a custos cada vez mais baixos – fica comprometida. Consequentemente, o desempenho organizacional também.[53]

O papel da sustentabilidade ambiental não é das empresas, cujo foco é (e tem de ser) o lucro, mas sim do governo, responsável pela determinação de padrões ambientais e sociais e definição da estrutura regulatória. Cabe ao governo o objetivo de manter o desenvolvimento sem perder a qualidade de vida dentro de um ambiente econômico, em que ações na melhoria desses padrões geram, inevitavelmente, elevação de custos. Investir recursos na melhoria da performance ambiental e social além dos padrões estabelecidos por lei é uma atitude contrária aos interesses das empresas que atuam em uma lógica de mercado.

Os guardiões do interesse público devem ser os governos, eleitos democraticamente e responsáveis perante todos os cidadãos, ao passo que os gestores devem concentrar esforços na realização dos interesses econômicos dos acionistas, cujo capital representam.

Dilema ético

>> Homens *versus* robôs

Imagine a seguinte situação: Você é chamado pelo setor de Recursos Humanos da empresa onde trabalha, uma grande organização de manufatura, e recebe a informação de que será demitido. A justificativa é que, na busca por um melhor desempenho competitivo, a organização priorizou a rapidez no processo de transformação e a qualidade dos produtos; para alcançar isso, novos "funcionários" seriam "contratados" para trabalhar na linha de produção: robôs.

Todos nós já vimos filmes em que eram criados robôs que substituíam o homem nos mais diversos campos, mas, talvez, muitos de nós, achávamos que aquilo não passava de pura imaginação. Entretanto, durante esses últimos anos, temos assistido a uma evolução muito significativa no campo da robótica. Tecnologias que nós nunca imaginaríamos existir são agora parte do nosso cotidiano.

A gigante da tecnologia Foxconn é exemplo dessa ficção que virou realidade. Em 2011, a empresa anunciou a substituição de uma parte de seus trabalhadores por um milhão de robôs até o final de 2014, como forma de cortar custos e aumentar a qualidade e a eficiência na produção.[54]

A qualidade é uma exigência crescente e tem sido uma das prioridades da administração de operações na maioria das organizações. Como os clientes estão cada vez mais vigilantes, a qualidade precisa ser consistente e contínua. Todas as unidades precisam ter a mesma e a melhor qualidade. A solução para essa necessidade tem sido colocar cada vez mais robôs na linha de produção, substituindo a mão de obra que, por ser humana, tem um desempenho naturalmente oscilante e eventualmente abaixo dos níveis de excelência desejados.

O controle dos custos de produção também tem sido outra preocupação e prioridade de muitas organizações na administração da sua produção e tem exercido papel decisivo na expansão dos robôs, que não são remunerados, não tiram férias, não passam mal e, regra geral, conseguem ter um desempenho melhor do que o de humanos, o que assegura uma maior produtividade e produtos mais baratos.

A relação homem *versus* robô tem criado um novo dilema ético: a substituição em larga escala da mão de obra humana pela robótica pode gerar desemprego em massa e diversos problemas sociais e econômicos para os países. É importante discutir e refletir sobre as consequências que o avanço da robótica pode trazer, especialmente para os trabalhadores, e analisar até que ponto as vantagens imediatas da utilização dos robôs não poderão implicar desvantagens perigosas a longo prazo.

Questões para discussão

1. Na sua opinião, considera legítimo e ético a substituição de mão de obra humana por robôs nas organizações? Quais os impactos a longo prazo dessa tendência?

2. Imagine que você é gestor de uma empresa e tem a possibilidade de investir em robôs para substituir parte da força de trabalho, obtendo como isso importante ganhos de produtividade. Seria ético não tomar essa decisão para proteger os trabalhadores, mas prejudicando a eficiência e a eficácia da empresa?

3. Como o governo pode influenciar as decisões empresariais que buscam maior automação em regiões caracterizadas por mão de obra desqualificada?

Estudo de caso

>> A reestruturação operacional da Embraer

A crise e o processo de privatização

A Embraer foi fundada em 1969 como empresa de capital misto controlada pela União com o objetivo de fabricar aeronaves e prestar serviços para a aviação civil e militar. À época de sua criação, o Estado brasileiro desejava desenvolver a indústria aeronáutica nacional e estimular a criação de novas empresas ligadas a esse setor. No entanto, durante os anos 1980, a empresa enfrentou graves problemas. Devido à crise fiscal brasileira, alguns projetos da Embraer acabaram perdendo suas fontes de financiamento, resultando em elevados prejuízos para a organização. Além disso, com o fim da ditadura militar, em 1985, reduziram-se os investimentos no setor de defesa, o que implicou uma forte redução das vendas da empresa.

Por outro lado, a empresa era caracterizada pela ênfase no processo de produção industrial e na engenharia das aeronaves em detrimento da satisfação das demandas dos consumidores. A Embraer perdia muitas oportunidades de negócios, já que não tinha o costume de analisar o mercado, por meio de pesquisas e estudos de marketing, antes de desenvolver novos modelos de aeronaves. A mentalidade que dirigia a empresa era a dos técnicos e engenheiros da organização. Para esses competentes profissionais, a eficiência operacional e a produtividade eram sinônimos de sucesso empresarial.

No início da década de 1990, as dificuldades agravaram-se e a empresa passou por dificuldades financeiras, traduzidas em consecutivos prejuízos e redução de sua receita bruta, que caiu de 582 milhões de dólares em 1990, para 177 milhões de dólares, em 1994. Diante desse cenário, foi realizado, em 1994, o conturbado leilão de privatização da empresa. O grupo Bozano Simonsen, apoiado pelos fundos de pensão Previ e Sistel, adquiriu 40% das ações com direito a voto da Embraer e, junto deles, formou o novo consórcio controlador da companhia.

A reestruturação da empresa

O novo comando da empresa sabia que era preciso modificar muitos elementos da estrutura organizacional da Embraer, mas não deixava de acreditar no seu potencial de vendas. A primeira mudança tinha que ser nas atitudes e na cultura das pessoas. A nova diretoria, formada por executivos que vieram da iniciativa privada, sabia que era preciso modificar a visão de negócio da Embraer. A antiga cultura da empresa, caracterizada por um modelo *engineering driven* (orientado pela engenharia), foi substituída por uma mais comprometida com a satisfação do cliente e a lógica de mercado.

A nova administração da empresa também percebeu que as mudanças de foco deveriam ser acompanhadas por outras reformas. Com as vendas em queda e seguidos prejuízos, não se podiam sustentar os antigos gastos da Embraer. Uma reestruturação reduziu 11% do quadro funcional, principalmente o pessoal da área administrativa, e iniciou a automação das linhas de montagem, visando reduzir os custos de produção da organização. As demissões objetivavam reduzir custos operacionais e agilizar processos internos.

Além disso, era preciso reaquecer as vendas da companhia, tanto por meio de modificações nas aeronaves já fabricadas como pela criação de novos modelos mais adequados às expectativas dos consumidores. Foi posto em prática o modelo de comercialização denominado *trade in*. Ele permite que aviões usados sejam negociados, inclusive como parte do pagamento de novas aeronaves. Esse projeto não apenas aumentou as receitas da Embraer, como também aumentou imediatamente a utilização do seu parque industrial e a fabricação de novos aviões. Paralelamente, iniciou-se o programa de desenvolvimento de uma nova série de aeronaves, que mais tarde revitalizariam as vendas da companhia.

Outra modificação importante posta em prática pela nova diretoria foi a reorganização das unidades de negócio da Embraer. A principal alteração foi a divisão da área de negócios em dois departamentos distintos, um focado no mercado civil e outro no mercado militar. A separação no setor comercial foi fundamental para reduzir a hierarquia, a lentidão na tomada de decisões e facilitar a negociação com os clientes. Dessa forma, foi possível aproximar mais os grupos de interesses afins e agilizar a encomenda de aeronaves, reduzindo a burocracia e aumentando a sinergia entre as áreas comercial e produtiva.

Um novo avião para uma nova organização

As primeiras mudanças surtiam efeito quando, em 1995, os novos diretores decidiram acelerar o desenvolvimento de uma nova aeronave, capaz de alavancar as vendas da empresa. O projeto ERJ-145, que vinha sendo levado em "banho-maria", foi retomado. O desenvolvimento dessa aeronave remonta aos anos 1980, quando empresas que já utilizavam aviões Embraer requisitaram aparelhos de desempenho superior. Após a privatização, o projeto foi visto como uma prioridade, mas era preciso financiá-lo e a situação da empresa ainda não era das mais favoráveis. O custo estimado do plano era de 300 milhões de dólares e soluções criativas deveriam ser tomadas caso a Embraer quisesse produzir um novo produto e "sair do buraco".

>>>

Para financiar o programa, a organização saiu em busca de parceiros no Brasil e no mundo. Internamente, o grande alicerce da empresa foi o Banco Nacional de Desenvolvimento Econômico e Social (BNDES). Essa instituição concedeu empréstimos da ordem de 100 milhões dólares, mas a soma não era suficiente para pôr o plano em prática e arcar com o risco do projeto. Dessa forma, foram propostas parcerias de risco a organizações estrangeiras. Elas seriam "sócias" da Embraer no projeto, investiriam e correriam parte do risco do programa, mas também colheriam os frutos do sucesso do empreendimento. Foram assinadas parcerias com quatro grupos, um chileno, um espanhol, um norte-americano e um belga, dando uma múltipla nacionalidade ao ERJ-145.

Além de produzir um avião moderno e simples, que atendesse às demandas dos clientes, a Embraer buscou desenvolver uma aeronave cujo custo fosse reduzido. Para isso, foram escolhidos materiais comuns, principalmente ligas de alumínio. Apenas em casos de necessidade extrema foram empregados Kevlar ou fibra de carbono no corpo do aparelho. Além disso, o conhecimento adquirido nos projetos das outras aeronaves da empresa foi largamente empregado. Muitos componentes de outros modelos sofreram pequenas modificações para serem utilizados no ERJ-145.

Outro ponto que significou a redução dos custos de desenvolvimento e fabricação do avião foi o emprego de realidade virtual para conceber o design da aeronave. A análise tridimensional de cada componente permitiu que o ERJ-145 fosse totalmente projetado por computador. Dessa forma, não foi necessária a construção de um protótipo em tamanho real feito em madeira, o que antes era vital para o processo, e se reduziu o número de engenheiros encarregados da realização da tarefa. O uso dessa moderna ferramenta de tecnologia de design gerou uma economia aproximada de 3 milhões de dólares, configurando-se como um grande êxito do projeto que passou a ser utilizado pelo setor de Pesquisa e Desenvolvimento da Embraer.

Em 1996, foi lançado definitivamente o ERJ-145. Comprovando a receptividade desse produto pelo mercado, foi fechado, ainda em 1996, um contrato bilionário com a empresa norte-americana Continental Express para a entrega de 200 aeronaves. Quatro anos mais tarde, a mesma empresa encomendou mais 100 aeronaves da série ERJ-145.

Ao longo do tempo, o novo modelo de aparelho sofreu alterações e modernizações, dando origem a mais três modelos de sucesso: o ERJ-135, o ERJ-140 e o ERJ-145 XR. Havia sido iniciada a virada da Embraer e os negócios pareciam, finalmente, decolar.

A cadeia de suprimentos da Embraer

Uma das fases do processo de reestruturação da empresa foi a reconfiguração de seu sistema de operações. Além de uma mudança na mentalidade dos responsáveis pela empresa, houve uma aposta na automação do processo de produção e no uso intensivo de tecnologia de ponta. Foram criadas novas instalações industriais e se formaram parcerias com fornecedores para que os componentes fossem produzidos em locais próximos da linha de montagem final, o que reduziria os custos de frete dos produtos e aceleraria a fabricação de aeronaves.

Até a privatização, o único local de produção de aeronaves era a fábrica em São José dos Campos, interior do estado de São Paulo. Em 2001, no entanto, devido ao crescimento da organização e à necessidade de expansão da produção em decorrência do aumento das encomendas, foram inauguradas duas novas instalações: uma no município de Eugênio de Melo e outra em Gavião Peixoto. Ambas essas localidades estão situadas no interior de São Paulo, próximas à cidade-sede da empresa. Em 2006, nasceu outra unidade produtiva para que os contratos de entrega de aviões e suporte aos aparelhos pudessem ser cumpridos. A planta foi construída em Botucatu, próxima às restantes unidades da Embraer.

A fábrica em Eugênio de Melo possui um papel de suporte para as atividades das demais unidades, desenvolvendo ferramentas para a produção de algumas peças para os aviões. Por sua vez, em Gavião Peixoto, ocorre a montagem final de aeronaves destinadas ao mercado executivo e de defesa. Lá, está localizada a pista de testes da Embraer, a maior raia privada de pousos e decolagens do mundo. Em Botucatu, está sediada a Indústria Aeronáutica Neiva, subsidiária da empresa focada no mercado de aviões para a Agricultura. Na fábrica, é produzido o pulverizador agrícola Ipanema e são feitas peças para outros aparelhos da Embraer. Já em São José dos Campos, estão centralizadas a maior parte das atividades produtivas da Embraer. Trata-se da principal fábrica da empresa.

Além das novas unidades de produção, a Embraer também buscou atrair fornecedores estrangeiros para perto de suas fábricas no interior de São Paulo. Dessa forma, foram formadas parcerias de risco em novos projetos de aviões e de instalações no Brasil, agilizando a fabricação e a entrega de aeronaves. A organização conseguiu atrair importantes parceiros, como a belga Sonaca, a espanhola Gamesa, a fabricante de pneus Goodyear e a norte-americana Parker Hannifin, produtora de sistemas hidráulicos, comandos de voo e de combustível. Além disso, foi formada, em 2003, uma *joint venture* com a suíça Liebherr, nascendo assim a Embraer Liebherr Equipamentos do Brasil (ELEB). Na fábrica da empresa, são fabricados trens de pouso e componentes hidráulicos para os produtos da Embraer.

Em 2008, foi inaugurado, em Taubaté, também no interior de São Paulo, o Centro de Distribuição e Logística de materiais e peças para a fabricação das diversas aeronaves da Embraer. Diariamente, milhares de peças oriundas dos inúmeros fornecedores da Embraer chegam à unidade, onde são temporariamente armazenadas e então distribuídas para as diversas unidades industriais da empresa.

O foco na inovação tecnológica e na qualidade

No entanto, trazer fornecedores para mais perto e construir novas fábricas não foram as únicas ações da Embraer que revolucionaram suas operações. Desde sua privatização, houve investimentos maciços em Pesquisa e Desenvolvimento para projetar novas aeronaves e novas ferramentas que facilitassem os trabalhos na linha de montagem. Foram importantíssimas as parcerias entre a empresa e o Centro Técnico Aeroespacial (CTA) e o Instituto Tecnológico de Aeronáutica (ITA), ambos localizados em São José dos Campos. A existência dessas instituições de pesquisa e ensino de ponta já havia sido vital para o crescimento e desenvolvimento da empresa e agora mostrou-se fundamental para a organização. Junto do CTA e do ITA, a Embraer conseguiu desenvolver modernas ferramentas tecnológicas que permitiram a aceleração de processos industriais e a redução de custos operacionais.

Um dos projetos implementados foi a criação de um túnel de vento no ITA. O túnel é fundamental para realizar testes com maquetes dos aviões para se definir as principais características aerodinâmicas do aparelho. Antes, esses testes eram realizados no exterior, o que retardava e encarecia os projetos de desenvolvimento de novos modelos.

Outro diferencial tecnológico da empresa é seu Centro de Realidade Virtual (CRV), inaugurado em 2000. Ele está equipado com um moderno computador gráfico que permite a visualização em três dimensões das peças e de toda a estrutura da aeronave. O Centro, que ainda não estava pronto quando do desenvolvimento do projeto ERJ-145, emprega uma tecnologia de design e montagem simulados ainda mais avançada do que a que foi empregada naquela ocasião, reduzindo o tempo de projeção para 36 meses em vez de 60 que foram empregues no projeto do ERJ-145. A realidade virtual permitiu ainda uma maior diferenciação dos produtos, já que os clientes podem customizar seus pedidos modificando alguns detalhes antes de sua produção.

Outra importante inovação tecnológica foi o uso de um sistema que permite a análise numérica do movimento dos ventos em torno do avião. Essa ferramenta chama-se Mecânica Computacional dos Fluidos e possibilita que sejam feitas simulações e análises aerodinâmicas antes mesmo de serem feitos testes nos túneis de vento. Além disso, foi desenvolvido um sistema de posicionamento que permitiu a redução do tempo necessário para a homologação de suas novas aeronaves. A diminuição das horas de teste, devido ao aumento da precisão com o novo sistema, reduz significativamente os gastos para conseguir a licença para novos aparelhos. Isso porque a hora de voo para a certificação é muito cara, devido a todo o pessoal e material envolvido.

A reestruturação operacional da Embraer envolveu ainda a flexibilização e a automação das atividades industriais. Um mercado variado e exigente requer constantes inovações e modificações nos produtos. Por isso, as fábricas da empresa podem sofrer alterações para se adequar às necessidades dos clientes. Desde 2002, a pintura dos aviões é realizada via um processo semirrobotizado, que reduziu em 40% o desperdício de tinta e elevou a capacidade de pintura de 14 aviões/mês para 25 aviões/mês. O processo de inspeção das ferramentas é a laser, necessitando de apenas um operador para controlar a nova máquina, contra quatro do processo antigo. O recorte de tecido para estofados, que antes era manual, passou a ser automatizado em 1999, traduzindo-se em uma economia de 3.000 horas de trabalho por mês. Componentes de aeronaves também passaram a ser fabricadas de modo robotizado.

Outra mudança importante foi o fato de os aviões não serem mais produzidos numa linha de montagem convencional, mas sim em doca. Os aviões são montados em um mesmo local, permitindo que suas peças sejam colocadas simultaneamente e que haja maior diferenciação dos produtos para atender a diferentes pedidos dos compradores.

O processo de remodelagem da estrutura operacional ainda pregou a melhoria contínua das atividades nas fábricas por meio da adoção de um programa de gestão pela qualidade total. Dessa forma, foi adotado um controle rigoroso sobre as tarefas realizadas para que erros fossem evitados ao máximo, e foi criado o projeto Boa Ideia, que objetiva recolher sugestões dos funcionários para reduzir custos e tempo de realização dos processos, para aumentar o envolvimento dos trabalhadores com o programa.

O novo rumo da Embraer

A reestruturação operacional da Embraer é hoje um caso de sucesso no Brasil. O faturamento anual por empregado, que era de 41,6 mil dólares, em 1994, passou para 336 mil dólares, em 2011. Isso considerando que a empresa tinha, em 1994, apenas 6 mil trabalhadores e fechou 2011 com mais de 17 mil. Além disso, a empresa é, desde 2009, a 3ª maior fabricante mundial de aeronaves comerciais, apenas superada pelas gigantes Airbus e Boeing.

Com mais de 5 mil aviões produzidos, que operam em 92 países, a Embraer é atualmente líder no mercado de jatos comerciais com até 120 assentos, sendo uma das maiores exportadoras brasileiras, contribuindo decisivamente para o desenvolvimento econômico do país. A estratégia da empresa passa agora por consolidar a liderança na produção e venda de aviões de médio porte.

Para isso, a Embraer continua com planos para investir em infraestrutura, equipamentos e desenvolvimento de novos produtos. O orçamento para esses investimentos foi de 450 milhões de dólares em 2011, e de 650 milhões em 2012. A ex-estatal, que parecia estar em uma turbulência sem fim, reencontrou seu rumo com a reformulação de sua estrutura e, principalmente, de suas atividades operacionais. Parcerias importantes, a automação de procedimentos e o uso maciço de tecnologia, aliados à qualificação de seus funcionários e à flexibilidade de sua produção, permitiram que a Embraer alcançasse a satisfação de seus clientes, tornando-a um exemplo a ser seguido por todas as empresas brasileiras.[55]

Questões

1. Quais fatores contingenciais influenciaram a crise da Embraer antes do processo de privatização? Por que o foco na produção não assegurou a competitividade da empresa?

2. Como o projeto ERJ-145 surgiu? Como a empresa superou os obstáculos ao desenvolvimento do projeto? Quais foram as soluções encontradas pelos engenheiros e técnicos da Embraer para reduzir os custos de produção do ERJ-145?

3. Como o Centro de Realidade Virtual (CRV) pode contribuir para melhoria do processo operacional de aeronaves? Em sua opinião, qual é o arranjo físico mais adequado para a produção das aeronaves da Embraer?

4. Quais os critérios que foram levados em consideração na decisão acerca da localização das unidades produtivas da Embraer? Como é que a Embraer administra a sua cadeia de suprimentos?

5. Como a empresa busca flexibilizar os seus sistemas de operações? Descreva as medidas adotadas.

Dinâmica de grupo 1

Carros diferentes, processos diferentes

A Tiafi é uma montadora europeia de carros que se instalou no Brasil em meados do século XX, aproveitando a política federal de atração de fabricantes de veículos. A empresa é uma das principais representantes do setor automobilístico mundial e administra cinco marcas famosas de carros. Cada uma dessas marcas é produzida e comercializada por empresas específicas que são controladas pela Tiafi.

A TAF Motors é uma dessas subdivisões da empresa. Os carros dessa marca são considerados muito luxuosos, sendo produzidos apenas em uma fábrica na Alemanha. A organização fabrica muitos modelos distintos, reunidos em séries específicas de veículos. Cada um desses produtos é fabricado em quantidade limitada, sempre em torno de dez mil unidades, que são exportadas para todo o mundo. Os consumidores têm uma vasta gama de opcionais que pode escolher adicionar ou não a seu veículo, uma das razões para os carros TAF Motors terem preços elevados, em torno de R$ 250 mil.

Outra dessas divisões da Tiafi é a TiTi, voltada para as classes mais populares. Com fábricas localizadas na China, Índia, África do Sul e Brasil, essa montadora nasceu no início dos anos 2000 com o objetivo de explorar o grande potencial dos mercados emergentes. Ela produz um único modelo, o Piccolo, um carro que comporta quatro pessoas e não oferece muito conforto. No Brasil, esse veículo é vendido a R$ 8 mil, mas os compradores não têm opcionais a sua disposição. A fábrica nacional da TiTi está localizada nos arredores de Palmas, no Tocantins, e funciona ininterruptamente, produzindo 2,5 mil carros por dia. Um fato interessante é que todos os veículos que saem da fábrica são idênticos e apresentam a cor abóbora, considerada pelo departamento de Marketing da TiTi como a favorita dos latino-americanos.

A Royale é outra empresa controlada pela Tiafi. Com uma pequena planta localizada nos arredores de Manchester, na Inglaterra, a montadora funciona com um sistema distinto das fabricantes tradicionais. Caso um cliente deseje adquirir um veículo Royale, ele deve solicitar a visita de uma equipe de técnicos e engenheiros da empresa, que vai a qualquer país do mundo onde a pessoa se encontra. Lá, esse time escuta as opiniões do cliente e apresenta diversos possíveis modelos, montando um carro "inteiramente novo e diferente", conta Nigel Hill, um dos engenheiros-pesquisadores da Royale. Após essa etapa de atendimento, eles voltam para a Inglaterra, onde o carro é preparado. Em 2008, a montadora produziu apenas 13 veículos, a maioria deles para sheiks árabes, maiores amantes da marca. Cada carro leva em média 16 meses para ficar pronto e não sai por menos de R$ 2,5 milhões.

Além do nome da controladora, Tiafi também é uma das marcas de veículos produzidos pela empresa. Essa divisão produz diferentes modelos, e os compradores podem fazer algumas opções, como escolher a cor entre cinco possibilidades e adicionar algumas funcionalidades. Os veículos são fabricados nas mais diversas localidades do planeta, havendo fábricas desde o Japão até os Estados Unidos. Não há limitação para a quantidade produzida de cada produto, variando de acordo com a demanda do mercado e o tempo de vida do projeto. As indústrias costumam produzir até mil unidades por dia, sendo que, em cada fábrica, quatro modelos podem ser produzidos, em média, simultaneamente. Os preços dos carros Tiafi variam bastante, posicionando-se dentro da faixa de R$ 25 mil a R$ 90 mil.

A última divisão da montadora europeia é a Cavallino. Os carros dessa marca são produzidos na Itália, em uma pequena cidade próxima a Turim. Todos os modelos feitos têm estilo esportivo, sendo que os motores Cavallino são considerados os melhores do mundo, parte da justificativa para o preço médio dos veículos: R$ 1 milhão. Cada série de produto não é composta por mais do que 100 unidades, sendo que, em média, a empresa lança dois modelos novos por ano. Os compradores têm muitos opcionais a seu dispor, tanto para a parte interna do carro quanto para a externa. A única coisa que não é muito flexível é a cor dos veículos. Em uma espécie de tradição, os carros da Cavallino só podem ser produzidos em azul, amarelo e vermelho, cores da bandeira do país sede da Tiafi, o principado de Andorra, nos Pirineus.

Atividade de grupo

Em grupos de três, procure responder às seguintes questões:

1. Relacione os cinco processos de produção típicos de organizações de manufatura com as cinco empresas controladas pela Tiafi. Qual desses processos você acha que é mais característico das grandes montadoras de veículos?

2. É possível traçar um paralelo entre as empresas apresentadas no texto e algumas fabricantes conhecidas por você? Quais seriam elas?

3. Dê exemplos de outras empresas que utilizam os cinco processos de produção trabalhados.

Dinâmica de grupo 2

Saudável logística

Flávia de Souza é gerente de logística da AtacaFruit, uma empresa distribuidora de frutas de Salvador. Atuando no mercado atacadista, a organização adquire produtos selecionados de grandes intermediários e, posteriormente, os revende a mercados, hortifrútis e restaurantes da capital baiana. Flávia é a administradora responsável por todos os serviços de apoio à compra e comercialização, sendo considerada a peça mais importante da estrutura operacional da AtacaFruit.

A primeira de suas atribuições está relacionada à aquisição dos produtos e dos materiais necessários para o processamento das frutas. Atuando junto do gerente de marketing, Flávia recebe informações sobre a demanda pelos alimentos e então movimenta seus compradores para que eles negociem bons preços e adquiram as quantidades necessárias. Posteriormente, é necessário receber os produtos dos intermediários, que são as organizações que compram e selecionam os alimentos diretamente dos produtores. A recepção parece ser uma atividade simples, mas envolve muitas pessoas e empilhadeiras, responsáveis por desembarcar os caminhões e guardá-los apropriadamente nos estoques.

Além das frutas, a gerente também precisa adquirir os materiais necessários para armazená-las, mantê-las conforme os padrões de qualidade e embalá-las. A demanda por esses recursos parte dos supervisores de estoque e armazenamento, que necessitam de gases, luvas, invólucros de plástico, papelão e isopor para proteger e processar as frutas.

Durante o processo logístico, Flávia precisa gerir ainda o trabalho dos estoquistas, que precisam guardar as frutas e movimentá-las constantemente. Isso ocorre porque as caixas com as frutas há mais tempo no armazém precisam ser trazidas para a frente, evitando que sejam esquecidas no estoque e apodreçam ali, deixando de ser vendidas e contaminando outros produtos.

O departamento de logística da AtacaFruit deve ainda processar as encomendas de seus clientes, ou seja, negociar preços, recebê-las, ordená-las por importância e organizar a entrega dos pedidos. Essa estruturação dos pedidos tem uma razão óbvio: a diminuição dos custos de distribuição. Ordenando as encomendas, é possível organizar as caixas nos caminhões e modelar boas rotas para os veículos, fugindo de tráfegos e locais perigosos. Essa última etapa também é gerida em última instância por Flávia, que coordena o trabalho do supervisor de distribuição, administrador responsável pela expedição e transporte das frutas até os clientes.

Atividade de grupo

Em grupos de três, procure responder às seguintes questões:

1. Liste os processos logísticos da AtacaFruit geridos por Flávia.

2. Qual deles você considera o mais importante para o sucesso operacional da empresa, levando-se em consideração a eficiência dos processos internos?

3. E qual é mais importante para o sucesso comercial da empresa do ponto de vista de marketing?

Administrando a sua empresa

Mudanças operacionais – janeiro do ano 3

Comece por analisar os resultados de sua empresa obtidos nesse último trimestre.

Um dos processos estratégicos para uma empresa que desenvolve *games* é aquele que engloba a pesquisa de mercado, o nascimento da ideia, a coleta de informações e a criação de um modelo para teste (versão beta). Essa etapa é fundamental, pois dita o ritmo de inovação e de lançamento de novos produtos na orga-

Demonstrações – ano 2	Out.	Nov.	Dez.
Receitas	R$ 130 mil	R$ 155 mil	R$ 125 mil
Despesas operacionais	R$ 60 mil	R$ 65 mil	R$ 65 mil
Despesas financeiras e tributárias	R$ 28 mil	R$ 34 mil	R$ 25 mil
Resultado	R$ 42 mil	R$ 56 mil	R$ 35 mil

nização, algo fundamental para uma companhia inserida num mercado dinâmico e sedento por novidades como o de jogos para computador e consoles. Esse, porém, se configurou como a maior fraqueza de sua empresa no último semestre. Esperava-se lançar quatro produtos no mercado nesse período, contra uma média da concorrência de dois. Entretanto, ocorreu exatamente o contrário: vocês criaram dois, contra uma média de quatro. Como consequência, houve redução na participação de lançamentos no mercado de jogos (*games* lançados há até três meses).

Em função disso, vocês estão repensando o modelo de projeto de produto aplicado em sua empresa. Primeiramente, pretendem aumentar a comunicação interdepartamental e dos setores de marketing e pesquisa e desenvolvimento (P&D) com o mercado consumidor. Além disso, gostariam de elevar a criatividade de seus funcionários envolvidos no processo, como forma de combater a baixa geração de ideias. Outra meta é incentivar a comunicação entre as equipes brasileiras e indianas e aprimorar a troca de informações dentro dos departamentos envolvidos. Além disso, deseja-se acelerar a elaboração e a avaliação dos protótipos, permitindo a rápida identificação dos potenciais sucessos e dos prováveis "micos".

Para que tudo isso dê certo, porém, é fundamental que os computadores e ferramentas gráficas da empresa estejam funcionando adequadamente. Isso, entretanto, não vem acontecendo, visto que o tempo médio fora de uso, por mês, por máquina, foi de dois dias úteis nesse último trimestre, um índice considerado absurdo quando constatamos que nos demais períodos ele não chegou a 0,4. Como vimos anteriormente, sua organização tem grande cuidado no momento da compra, tendo uma saudável relação com os fornecedores e controlando rigidamente os produtos que são entregues.

O problema está mesmo restrito à manutenção das máquinas. A opção de sua empresa foi terceirizar essas atividades, consideradas de apoio e não estratégicas. Em função disso, não há um departamento especializado nessa tarefa, que é de responsabilidade de três diferentes firmas contratadas. Optou-se por diversificar as empresas de manutenção para que não se dependesse totalmente dos serviços de uma única. Apesar dessa vantagem, a diversificação também trouxe problemas, já que uma responsabiliza a outra pelos problemas existentes nos computadores e demais ferramentas.

A distribuição de seus jogos pelos diversos pontos de venda é outro fator que merece atenção da alta hierarquia. Muitas lojas vêm reclamando de atrasos nas entregas das mercadorias. O modelo atual está calcado na contratação de distribuidoras, responsáveis apenas pela entrega dos produtos aos pontos de venda. Toda a comercialização, por sua vez, ainda fica a cargo do sobrecarregado departamento de marketing, que já realiza diversas pesquisas. Esse modelo traz vantagens, já que torna desnecessária a manutenção de uma frota, algo muito dispendioso. Por outro lado, também é bastante custoso, visto que os produtos são frágeis e requerem cuidados.

Por fim, vocês pretendem aproveitar a boa relação existente entre sua empresa e as universidades de ponta localizadas próximas a sua sede em Campinas para acrescentar mais valor aos produtos comercializados. O objetivo é aprimorar a gestão da cadeia de valor envolvida, já que, tanto vocês quanto as instituições de ensino, obtêm vantagens com a parceria mantida. Além disso, o atendimento aos consumidores finais nas lojas também é visto como uma possível forma de agregar valor aos clientes.

Atividades e decisões

Para resolver esses problemas em sua empresa, siga os passos apresentados a seguir e use sua criatividade, mesclando os conceitos aprendidos em aula com sua "intuição de futuro administrador".

1. Qual critério da produção foi ferido por sua empresa ao não atingir a meta de lançamento de jogos no último semestre? Explique o que pode ter acontecido.

2. Como será o novo modelo de projeto de produto a ser implantado em sua empresa?

3. Como vocês pretendem solucionar os problemas de manutenção dos computadores em sua empresa?

4. Desenvolva um novo modelo de distribuição que resolva os problemas apresentados pelos varejistas.

5. Como vocês pretendem gerir a cadeia de valor de seus produtos? Especifique como será a relação com as outras organizações envolvidas no processo de produção e comercialização.

Notas

1. SEGALLA, A. O triunfo da Toyota. **Revista Época Negócios**, n. 7, setembro de 2007.

2. KRAJEWSKI, L. J.; RITZMAN, L. P. **Operations management, strategy and analysis**. 4. ed. Boston: Addison Wesley, 1996.

3. BORGES, J. Produtividade máxima. **Exame.com**, jul. 2010. Disponível em: <http://exame.abril.com.br/revista-exame-pme/edicoes/0025/noticias/produtividade-maxima-575774?page=1&slug_name=produtividade-maxima-575774>. Acesso em: 20 maio 2012.

4. **IBGE**. Disponível em: <http://www.ibge.gov.br/home/presidencia/noticias/noticia_visualiza.php?id_noticia=1891&id_pagina=1>. Acesso em: 20 maio 2012.

5. KRAJEWSKI, L. J.; RITZMAN, L. P. **Operations management, strategy and analysis**. 4. ed. Boston: Addison Wesley, 1996.

6. SLACK, N.; CHAMBERS, S.; JOHNSTON, R. **Administração da produção**. São Paulo: Atlas, 2002.

7. FLEURY, A. C. C.; M. T. L., FLEURY. Estratégias competitivas e competências essenciais: perspectivas para a internacionalização da indústria no Brasil. **Gestão & Produção**, v. 10, n. 2, p. 127-144, ago. 2003.

8. SLACK, N.; CHAMBERS, S.; JOHNSTON, R. **Administração da produção**. São Paulo: Atlas, 2002; STONER, J. A. F.; FREEMAN, R. E. **Administração**. 5. ed. Rio de Janeiro: Prentice Hall, 1995.

9. CORREA, F. Serviço campeão. **Exame.com**, nov. 2001. Disponível em: <http://exame.abril.com.br/negocios/gestao/noticias/servico-campeao-m0042865>. Acesso em: 20 maio de 2012.

10. O QUE É a customização em massa – e o que ela não é. **Exame.com**, ago. 2002. Disponível em: <http://exame.abril.com.br/marketing/noticias/o-que-e-a-customizacao-em-massa-e-o-que-ela-nao-e-m0040294>. Acesso em: 20 maio de 2012.

11. ROBBINS, S. P.; COULTER, M. **Management**. 6. ed. Upper Saddle River: Prentice Hall, 1999; STONER, J. A. F.; FREEMAN, R. E. **Administração**. 5. ed. Rio de Janeiro: Prentice Hall, 1995.

12. FLEURY, A. C. C.; FLEURY, M. T. L. Estratégias competitivas e competências essenciais: perspectivas para a internacionalização da indústria no Brasil. **Gestão & Produção**, v. 10, n. 2, p. 129-144, ago. 2003.

13. STONER, J. A. F.; FREEMAN, R. E. **Administração**. 5. ed. Rio de Janeiro: Prentice Hall, 1995.

14. SLACK, N.; CHAMBERS, S.; JOHNSTON, R. **Administração da produção**. São Paulo: Atlas, 2002.

15. SLACK, N. **Administração da produção**. São Paulo: Atlas, 1999. (Edição compacta.)

16. BARBOSA, V. Fiat testa modelo ecológico do novo Uno. **Exame.com**, jun. 2010. Disponível em: <http://exame.abril.com.br/economia/meio-ambiente-e-energia/noticias/fiat-testa-modelo-ecologico-novo-uno-574133>. Acesso em: 20 maio de 2012; FIAT divulga detalhes do protótipo Uno Ecology. **Globo.com**, jun. 2010. Disponível em: <http://g1.globo.com/carros/noticia/2010/06/fiat-divulga-detalhes-do-prototipo-uno-ecology.html>. Acesso em: 20 maio de 2012.

17. ROBBINS, S. P.; COULTER, M. **Management**. 6. ed. Upper Saddle River: Prentice Hall, 1999.

18. HAYES, R. H.; WHEELWRIGHT, S. C. Link manufacturing process and product life cycles. **Harvard Business Review**, p. 133-140, jan./fev. 1979.

19. PETRY, R. AmBev quer expandir vendas de cervejas "premium". **Exame.com**, set. 2011. Disponível em: <http://exame.abril.com.br/negocios/empresas/noticias/ambev-quer-expandir-vendas-de-cervejas-premium>. Acesso em: 20 maio de 2012.

20. GOVERNADORA inaugura fábrica da Nestlé em Carazinho. **JusBrasil**, mar. 2010. Disponível em: <http://governo-rs.jusbrasil.com.br/politica/4594836/governadora-inaugura-fabrica-da-nestle-em-carazinho>. Acesso em: 20 maio de 2012; BELEDELI, M. Nestlé inaugura fábrica em Carazinho. **Jornal do Comércio**, mar. 2010. Disponível em: <http://jcrs.uol.com.br/site/noticia.php?codn=21561&codp=21&codni=3>. Acesso em: 20 maio 2012.

21. SLACK, N. **Administração da produção**. São Paulo: Atlas, 1999. (Edição compacta.)

22. FLORES, M. Matéria-prima da Amazônia diferencia empreendedor. **Exame.com**, out. 2011. Disponível em: <http://exame.abril.com.br/pme/noticias/materia-prima-da-amazonia-diferencia-empreendedor>. Acesso em: 20 maio 2012.

23. SLACK, N. **Administração da produção**. São Paulo: Atlas, 1999. (Edição compacta.)

24. KRAJEWSKI, L. J.; RITZMAN, L. P. **Operations management, strategy and analysis**. 4. ed. Boston: Addison Wesley, 1996.

25. DAFT, R. **Administração**. São Paulo: Pioneira Thomson Learning, 2005.

26. COSTA, A. J. **Otimização do *layout* de produção de um processo de pintura de ônibus**. 2004. 123 f. Dissertação (Mestrado profissionalizante em engenharia). Disponível em: <http://www.producao.ufrgs.br/arquivos/publicacoes/adriano_jose_costa.pdf>. Acesso em: 20 maio 2012.

27. STONER, J. A. F.; FREEMAN, R. E. **Administração**. 5. ed. Rio de Janeiro: Prentice Hall, 1995; ROBBINS, S. P.; COULTER, M. **Management**. 6. ed. Upper Saddle River: Prentice Hall, 1999.

28. ROBBINS, S. P.; COULTER, M. **Management**. 6. ed. Upper Saddle River: Prentice Hall, 1999.

29. SECAGEM e enfardamento fecham o ciclo de produção. **Revista Produtor Florestal**, ano 3, n. 12, p. 20-21, jan. 2007.

30. LIMA, M. P. **Estoque**: custo de oportunidade e impacto sobre os indicadores financeiros. Disponível em: <http://www.centrodelogistica.com.br/new/fs-mti.htm>. Acesso em: ago. 2007.

31. SLACK, N. **Administração da produção**. São Paulo: Atlas, 1999. (Edição compacta.)

32. O QUE É a curva ABC. **Sebrae**. Disponível em: <http://www.sebraesp.com.br>. Acesso em: 20 maio 2012.

33. SLACK, N. **Administração da produção**. São Paulo: Atlas, 1999. (Edição compacta.)

34. DAFT, R. **Administração**. São Paulo: Pioneira Thomson Learning, 2005.
35. MANO, C. Uma indústria boa de varejo. **Exame.com**, mar. 2006. Disponível em: <http://exame.abril.com.br/revista-exame/edicoes/0864/noticias/uma-industria-boa-de-varejo-m0081163>. Acesso em: 20 maio 2012.
36. **ArcelorMittal**. Disponível em: <http://www.belgo.com.br/conglomerado/gestao_qualidade/gestao_qualidade.asp>. Acesso em: 20 maio 2012.
37. DAFT, R. **Administração**. São Paulo: Pioneira Thomson Learning, 2005; SLACK, N.; CHAMBERS, S.; JOHNSTON, R. **Administração da produção**. São Paulo: Atlas, 2002.
38. ROBBINS, S. P.; COULTER, M. **Management**. 6. ed. Upper Saddle River: Prentice Hall, 1999.
39. EMBRATEL – Certificações. Disponível em: <www.embratel.com.br>; BRASILCENTER – Diferenciais. Disponível em: <www.brasilcenter.com.br>.
40. PORTER, M. **Competitive advantage**. Nova York: Free Press, 1985.
41. WANKE, P. **Aspectos econômicos e tecnológicos das cadeias de suprimento e suas implicações gerenciais**. Disponível em: <http://www.centrodelogistica.com.br/new/fs-mti.htm>. Acesso em: set. 2007.
42. FISCHER, M. L. What is the right supply chain for your product. **Harvard Business Review**, mar./abr. 1997.
43. FLEURY, A. C. C.; FLEURY, M. T. L. Estratégias competitivas e competências essenciais: perspectivas para a internacionalização da indústria no Brasil. **Gestão & Produção**, v. 10, n. 2, p. 127-144, ago. 2003.
44. ROBBINS, S. P.; DECENZO, D. A. **Fundamentos de administração**. 4. ed. São Paulo: Prentice Hall, 2004.
45. PRAHALAD, C. K.; HAMEL, G. The core competence of the corporation. **Harvard Business Review**, v. 68, n. 3, p. 79-91, 1990.
46. WANKE, P. F.; FLEURY, P. F. O paradigma do ressuprimento enxuto: armadilha na gestão do fluxo de produtos na cadeia de suprimento. In: FIGUEIREDO, K.; FLEURY, P. F.; WANKE, P. (Orgs.). **Logística e o gerenciamento da cadeia de suprimento**. São Paulo: Atlas, 2003.
47. FIGUEIREDO, K. **A logística enxuta**. Disponível em: <http://www.centrodelogistica.com.br/new/fs-mti.htm>. Acesso em: ago. 2007.
48. BICHENO, J. Implementing just-in-time. **IFS**, 1991; SLACK, N. **Administração da produção**. São Paulo: Atlas, 1999. (Edição compacta.)
49. **Ford.** Disponível em: <http://www.ford.com.br/sobre_ford_fabricas.asp>; MAGELLA, G. Estoque zero não é coisa de japonês. Basta combinar direitinho com o fornecedor. **Exame.com**, maio 1997. Disponível em: <http://exame.abril.com.br/revista-exame/edicoes/0633/noticias/estoque-zero-nao-e-coisa-de-japones-basta-combinar-direitinho-com-o-fornecedor-m0049475>. Acesso em: 20 maio 2012.
50. WANKE, P. **Considerações sobre os sistemas de produção e os limites da customização em massa**. Disponível em: <http://www.centrodelogistica.com.br/new/fs-mti.htm>. Acesso em: ago. 2007.
51. UPTON, D. The management of manufacturing flexibility. **California Management Review,** p. 72-89, inverno 1994.
52. SENGE, P.; SMITH, B.; KRUSCHWITZ, N. O próximo imperativo industrial. **Strategy+business**. 51. ed. Booz&Co, 2008.
53. O CUSTO de ser verde. **IstoÉ Dinheiro**, nov. 2008. Disponível em: <http://www.istoedinheiro.com.br/noticias/3385_O+CUSTO+DE+SER+VERDE>. Acesso em: 20 maio 2012.
54. ROTHMAN, P. Foxconn terá 1 milhão de robôs em fábricas. **Exame.com**, ago. 2011. Disponível em: <http://exame.abril.com.br/tecnologia/noticias/fotos-do-dia/foxconn-tera-1-milhao-de-robos-em-fabricas>. Acesso em: 20 maio 2012.
55. BERNARDES, R. O caso Embraer – privatização e transformação da gestão empresarial. **Cadernos de Gestão Tecnológica,** n. 46, São Paulo: CYTED: PGT/USP, 2000; **Embraer**. Disponível em: <www.embraer.com.br>; **Defesa, estratégia e inteligência**. Disponível em: <www.defesanet.com.br>. Acesso em: 20 maio 2012.

Capítulo 10   Administração de marketing

Objetivos de aprendizagem

1. Descrever a evolução histórica do marketing como disciplina e prática.
2. Explicar o paradigma dominante em administração de marketing, o foco no cliente.
3. Compreender a administração de marketing como um conjunto de atividades interligadas.
4. Explicar a importância dos sistemas de informação e de pesquisa de marketing.
5. Compreender os fundamentos do comportamento do consumidor.
6. Definir os conceitos de segmentação e posicionamento de marketing.
7. Descrever os quatro elementos do mix de marketing.
8. Analisar as principais decisões relativas às políticas de produto, distribuição, comunicação e preço.
9. Destacar a importância da adminstração das relações com os clientes.
10. Discutir as principais tendências contemporâneas de marketing.

Este capítulo tem como objetivo apresentar o marketing como disciplina acadêmica e como prática empresarial. Apesar de ser uma disciplina recente no campo da administração, sua relevância para o campo tem sido amplamente comprovada ao longo dos anos.

A primeira seção do capítulo procura contextualizar a evolução histórica da disciplina, destacando o paradigma dominante atualmente: a orientação para o cliente. O processo de administração de marketing é descrito de forma a proporcionar uma visão sistêmica das atividades de marketing em uma organização. Nesse sentido, é destacado o papel dos sistemas de informação de marketing e da pesquisa de mercado como fontes de informação que antecede a elaboração da estratégia de marketing. São ainda apresentados os principais fundamentos acerca do comportamento do consumidor.

Analisados os dados sobre os consumidores, concorrentes e contexto, a organização pode escolher qual mercado pretende servir e como irá servi-lo. Nesse sentido, são explorados os conceitos de segmentação, seleção do mercado-alvo e posicionamento de marketing. Em seguida, descrevemos o composto de marketing, ou mix de marketing, como o conjunto de atividades que uma organização deve desenvolver para conseguir gerar uma oferta com valor para o mercado. O mix de marketing engloba a definição de políticas de produto, distribuição, comunicação e preço, e materializa a operacionalização do posicionamento definido pela estratégia de marketing.

Posteriormente, discutiremos a mudança de paradigma do marketing transacional para o marketing de relacionamento. Nesse contexto, é dado ênfase à retenção dos clientes atuais e à construção de uma relação de longo prazo com eles, como uma forma mais eficaz e eficiente de garantir a rentabilidade e a sustentabilidade de uma organização. O capítulo termina com a apresentação de algumas tendências contemporâneas em administração de marketing, como o marketing um a um, o consumo consciente, o marketing social e o marketing digital.

›› Caso introdutório

Carnaval vira campo de batalha para as cervejarias

O mercado de cervejas envolve muita competição em todo o mundo. Grandes cervejarias multinacionais estão presentes em vários países e protagonizam uma verdadeira guerra pela preferência dos consumidores. Não poderia ser diferente no Brasil. Devido a essa grande concorrência, as cervejarias fazem uso de todos os tipos de mecanismos para aumentar as vendas e a participação das suas marcas no mercado. A promoção é a ferramenta mais visível utilizada nessa guerra pelo consumidor. Ano a ano, os gastos em publicidade do setor elevam-se, comprovando a importância dada pelas cervejarias à promoção de seus produtos. Os patrocínios de eventos especiais permitem a associação das marcas àqueles eventos e ao seu público, aumentando a identificação dos consumidores com os produtos, muito importante para alcançar a fidelização dos clientes.

No Brasil, o carnaval é um exemplo perfeito desse tipo de ação por parte das grandes cervejarias. Além de campanhas no rádio e TV, as empresas patrocinam blocos de rua e trios elétricos por todo o Brasil. Na Bahia, por exemplo, a Nova Schin, aproveitando a popularidade da garota propaganda Ivete Sangalo, foi a cerveja oficial do carnaval de 2000 a 2011, além de apoiar diversos trios elétricos. Também no Recife, a marca está presente, patrocinando camarotes no tradicional bloco "Galo da Madrugada", considerado o maior do mundo. A Ambev, contudo, não poupa esforços para se manter na liderança de mercado. Em 2012, a Brahma "roubou" a condição de patrocinadora oficial do carnaval baiano, destronando a Nova Schin e ameaçando a liderança desta no mercado do Nordeste. No mesmo ano, a Antarctica patrocinou o carnaval de rua no Rio de Janeiro e a Skol, por meio da iniciativa Skol Folia, patrocinou diversos blocos e festas no Rio de Janeiro, em Recife e em Salvador, em uma tentativa de se aproximar dos jovens e se consolidar como líder desse segmento de mercado.

No entanto, é na Avenida Marquês de Sapucaí, local dos desfiles das escolas de samba do Rio de Janeiro, que a competição fica ainda mais acirrada. A marca Brahma, da Ambev, patrocinadora oficial do carnaval até 2003, investe milhões em um supercamarote, onde personalidades se encontram durante o desfile. Desde 2004, no entanto, a Schincariol assumiu o posto de cerveja oficial do evento, primeiro com a Nova Schin e desde 2010 com a cerveja Devassa, tendo criado um local idêntico ao da Brahma para atrair personalidades. Desde então, a briga entre as duas marcas nos desfiles aumentou e, ano a ano, elas competem para ver qual atrai mais famosos para seus camarotes.

Os gastos com patrocínios e comerciais estão na casa das centenas de milhões de reais e as estratégias de marketing são agressivas. No carnaval, a batalha pelo mercado fica mais evidente e todas as cervejarias se movimentam para associar suas marcas à festa popular. As decisões de marketing têm papel preponderante nesse período, que pode definir o rumo das vendas durante toda a temporada e garantir a nota 10 e o título no final do ano.

10.1 ›› O marketing e as organizações

O marketing é uma prática cuja importância para a vida das organizações é amplamente reconhecida. Como refere Peter Drucker, "o marketing é tão básico que não pode ser considerado uma função separada (na organização). Ele é todo o negócio visto do ponto de vista de seu resultado final, ou seja, do ponto de vista do consumidor".[1]

De fato, o marketing é uma atividade que permeia todos os domínios de uma organização, e não apenas uma função que pode ser delegada a especialistas. Independentemente do tipo e da dimensão da organização, qualquer um que esteja envolvido com a definição e a execução da estratégia necessita de competências e conhecimentos de marketing.

O caso introdutório mostra como as decisões de marketing são importantes para o desempenho de uma organização. As empresas precisam ter uma estratégia de marketing adequada; caso contrário, as concorrentes rapidamente se aproveitarão. Segmentação, posicionamento, prospecção de novos públicos-alvo, ampliação de redes de distribuição, desenvolvimento de novos produtos, promoção e comunicação, entre outras atividades, são decisões relacionadas à administração de marketing. Explicá-las e relacioná-las é o objetivo deste capítulo.

10.1.1 ›› Conceito de marketing

O conceito de marketing não é claro para a maioria das pessoas. É comum confundir marketing com propaganda ou publicidade e, embora poucas pessoas saibam diferenciá-los corretamente, é preciso que se esclareça que os dois conceitos não tratam da mesma coisa. O primeiro é abrangente; o segundo, específico. A propaganda é apenas uma das pontas de um enorme iceberg que é o marketing.

Etimologicamente, *marketing* é uma palavra de origem inglesa que data do século XVI e deriva do verbo *to market*, com o sentido de "negociar em mercado". Com o passar do tempo, no entanto, o significado da palavra se sofisticou. São aceitas como traduções as palavras mercadização, comercialização ou mercadologia. Das três, a primeira é a que menos se utiliza, até mesmo por uma questão estilística. Comercialização, por sua vez, dá uma ideia limitada do conceito, assim como propaganda. Marketing trata tanto da comercialização quanto da propaganda de produtos, mas vai além. Mercadologia seria a palavra que mais se aproxima do conceito original que se quer dar a entender na língua inglesa, mas, mesmo assim, no Brasil, o uso da palavra marketing é mais corrente. Mercadologia é mais utilizada quando se trata do estudo das técnicas e ferramentas de marketing para a promoção, venda, distribuição e precificação de bens e serviços. A palavra marketing está, portanto, associada à ação propriamente dita de colocar em prática tais ferramentas.

> **Marketing**
> Processo de planejar e executar o desenvolvimento, o preço, a promoção e a distribuição de ideias, bens e serviços para criar e trocar valor com os clientes.

Uma das definições mais aceitas para o conceito de **marketing** é: o processo de planejar e executar o desenvolvimento, o preço, a promoção e a distribuição de ideias, bens e serviços para criar trocas que satisfaçam objetivos de indivíduos e organizações.[2]

A definição de marketing tem sido enunciada de variadas formas, porém todas têm um denominador comum. Para todos os autores, marketing refere-se ao conjunto de atividades desenvolvidas por uma organização para *criar e trocar valor* com os clientes e, com isso, atingir os objetivos organizacionais. Em outras palavras, pode-se dizer que o marketing tem como principal eixo de ação *a satisfação do cliente*.[3]

Em suma, o marketing envolve todas as atividades relacionadas ao processo de planejamento e execução de atividades que têm a finalidade de realizar trocas que satisfaçam as necessidades de pessoas e organizações.[4] As atividades de marketing se iniciam com a identificação dessas necessidades e, em seguida, são desenvolvidos produtos e serviços que visam satisfazê-las de maneira adequada. Para tanto, utiliza-se a concepção e o projeto de produtos, a quantificação da demanda, a definição de seus preços, sua divulgação, promoção e assistência pós-venda. Coordenar todas essas atividades, desde a identificação das necessidades até à assistência pós-venda, são as funções do gerente de marketing.

Além desse conceito mais amplo de marketing, existem outros mais específicos e aplicados, detalhados no Quadro 10.1.

Quadro 10.1 ›› Conceitos específicos de marketing

Marketing de massa	Conjunto de técnicas e ferramentas de marketing cujo objetivo é direcionar um produto ou serviço para o maior número possível de compradores. Ex.: Bens de consumo.
Marketing diferenciado	Estratégia de marketing que segmenta o mercado com a finalidade de oferecer produtos e serviços sob medida para cada segmento significativo do mercado. Ex.: Montadoras de automóveis.
Marketing direto	Estratégia de marketing que procura estabelecer com o consumidor uma relação direta, sem intermediários, através de ferramentas como a internet, telemarketing, mala direta ou de porta em porta.
Marketing institucional	Atividades de marketing que têm como objetivo promover a imagem de uma instituição perante a opinião pública. Ex.: Campanhas institucionais da Petrobras.
Marketing verde	Atividades de marketing que têm o objetivo de minimizar os efeitos negativos da ação de uma organização sobre o meio ambiente. Ex.: Projeto Tamar.
Marketing social	Atividades de marketing que se destinam a promover melhorias das condições sociais de uma determinada comunidade ou segmento social. Ex.: Instituto HSBC Solidariedade.
Marketing cultural	Modalidade de marketing institucional que se desenvolve através do patrocínio de atividades artísticas, culturais, científicas, educacionais ou esportivas. Ex.: Festival do Rio de Cinema.
Marketing interno	Conjunto de estratégias e ações de marketing voltadas para o seu público interno (empregados, revendedores, acionistas etc.).
Marketing político	Conjunto de atividades de marketing destinadas a influenciar a opinião pública quanto a ideias relacionadas à atividade política, ações governamentais, campanhas eleitorais etc.
Marketing de relacionamento	Atividades de marketing voltadas à retenção de clientes, com o propósito de estender o volume de transações com um mesmo cliente, a fim de que a empresa alcance maior lucratividade.

10.1.2 ›› Uma visão histórica da administração de marketing

As origens históricas do conceito de marketing como sinônimo de "comerciar" encontram-se já no período pré-histórico da humanidade, há cerca de 150 mil anos, quando o homem começou a se comunicar e, portanto, a trocar. Desde então, muita coisa aconteceu. Mas não foi ao longo de todo esse período que a disciplina de marketing se desenvolveu. Durante muito tempo, o comércio restringiu-se apenas às trocas. Foi no decorrer do século XX, com o desenvolvimento dos meios de produção em massa, que o marketing se estabeleceu como disciplina acadêmica.

Uma das primeiras e mais efetivas estratégias de marketing já implementadas em toda a história do capitalismo industrial foi proposta por Henry Ford com a produção do modelo T, um dos automóveis mais vendidos de todos os tempos. Ao declarar a célebre frase dizendo que produziria carros de qualquer cor desde que fossem pretos, Ford estabelecia o conceito de marketing orientado para a produção. Em 1924, auge da produção do Ford modelo T, quando as vendas atingiram a marca de dez milhões de automóveis produzidos, não fazia sentido diferenciar os produtos que eram ofertados aos consumidores. A indústria encontrava-se voltada para a produção de bens e produtos acessíveis às pessoas comuns. A produção em massa gerava o produto massificado e o consumo em massa levava a um aumento da produção.

As estratégias de marketing até então eram formuladas e implementadas empiricamente e isso se dava por uma razão muito simples: tudo o que fosse produzido seria absorvido prontamente pelo mercado; afinal, a relação entre a demanda e a oferta era desproporcionalmente maior para o lado da demanda. A eficiência na produção, portanto, era a palavra de ordem nas organizações industriais.

Com o fim da Segunda Guerra Mundial, a atividade industrial, antes voltada para a produção bélica, reorienta-se para suas funções originais. As indústrias já não se encontravam no mesmo patamar tecnológico e produtivo em que estavam antes de 1939. No período da guerra, obtiveram um desenvolvimento extraordinário em termos de eficiência, elevando a produtividade a níveis nunca antes vistos. Nesse novo momento, a relação entre oferta e demanda se desequilibrou, e a capacidade de oferta das organizações superava a demanda do mercado. Isso resultou no aumento da capacidade de escolha por parte dos consumidores e na perda da garantia das organizações de que tudo o que fosse produzido seria consumido.

Assim, para garantir sua lucratividade, as empresas tiveram de começar a se diferenciar. Não seria mais possível produzir apenas carros pretos, pois os consumidores tinham opções para escolher entre vermelhos, brancos, azuis ou amarelos, além de uma variedade crescente de modelos e marcas. Esse foi o marco inicial do estudo sistemático do marketing como área do conhecimento, o que veio a se consolidar a partir da década de 1950. Hoje, o marketing ocupa, ao lado de finanças, recursos humanos e operações, um lugar de destaque na administração empresarial. A Figura 10.1 resume a evolução histórica da disciplina de marketing.

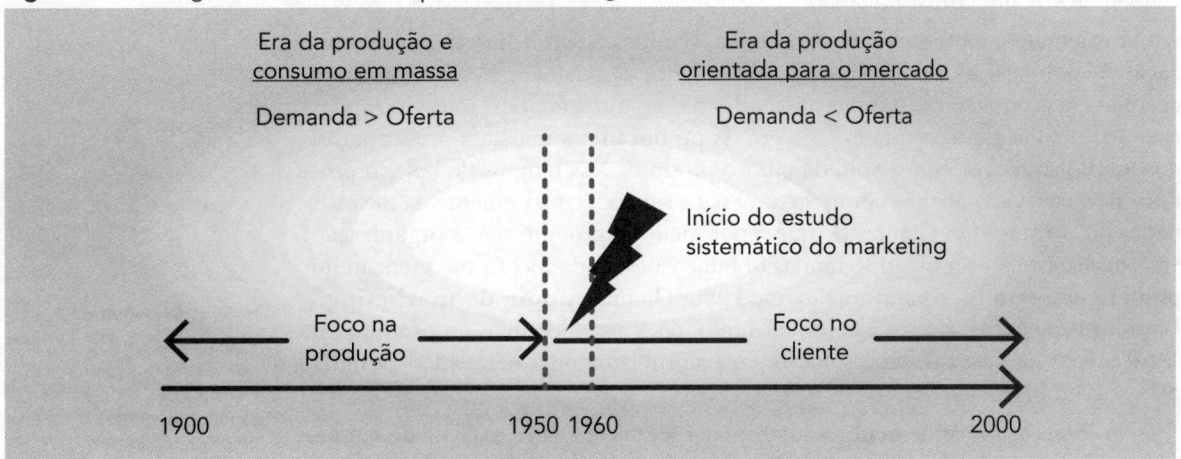

Figura 10.1 ›› Origem histórica da disciplina de marketing

No passado, o marketing de massa partia da premissa de que todos os consumidores eram iguais, possuíam as mesmas necessidades e comportavam-se de maneira similar. Hoje, essa premissa aplica-se apenas a poucos tipos de produtos, na maioria *commodities*, como açúcar, sal e cereais em geral. Ainda assim, mesmo nessa classe de produtos, observam-se esforços de diferenciação por parte das empresas. Na extremidade oposta ao marketing de massa, encontra-se o marketing individualizado, também chamado marketing um a um.

Essa abordagem parte da premissa de que cada cliente é único, possuindo gostos e necessidades específicos. Nessa perspectiva, a estratégia de marketing consiste em customizar o produto de forma que cada cliente tenha a *sua* satisfação garantida. Da mesma forma, trata-se de uma abordagem aplicável apenas a um espectro específico de produtos. Carros, roupas, softwares e bens de luxo em geral são exemplos de produtos passíveis de adotar tal estratégia. A Figura 10.2 apresenta o *continuum* das estratégias de marketing, da massificação à customização.

Figura 10.2 ›› *Continuum* das estratégias de marketing

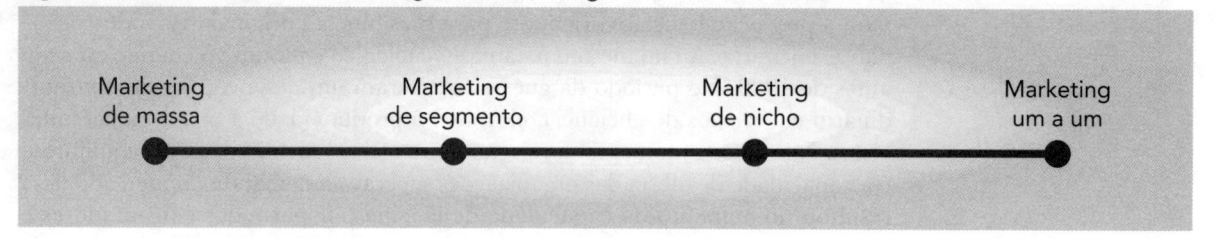

Marketing de massa — Marketing de segmento — Marketing de nicho — Marketing um a um

10.1.3 ›› Orientação para o cliente

O paradigma em que se encontram as organizações contemporâneas é o da **orientação para o cliente**. Essa orientação reflete uma filosofia gerencial que coloca o cliente no centro das atividades de uma organização. Hoje em dia, as empresas que não sejam orientadas para a satisfação das necessidades de seus clientes estão fadadas ao fracasso. É por essa razão que muitos autores sugerem que o marketing deva ocupar lugar de destaque nas organizações. Peter Drucker, por exemplo, sugere que o marketing seja tomado como a função central e o propósito de uma organização.[5] Ainda segundo Drucker, o marketing não deve ficar restrito aos limites do departamento de marketing, mas ser integrado com todas as funções e atividades de uma organização.

A orientação para o cliente, na prática, significa a subordinação da organização à identificação e satisfação das necessidades dos clientes. Nesse contexto, o cliente ocupa posição central nas atividades da organização, pois todas as tarefas estarão voltadas para atendê-lo.[6] Na era da produção em massa, a preocupação dos administradores estava voltada para o produto. Nos tempos de hoje, o produto deve ser visto apenas como *um meio* para satisfazer plenamente as necessidades do consumidor. Crentes de que é por meio do produto que a organização vai satisfazer tais necessidades, muitas organizações ainda focam sua atenção no produto, um erro de administração que Levitt chama **miopia de marketing**.[7] Em outras palavras, a satisfação do cliente implica um foco, não no produto ou serviço, mas na busca de uma solução para o problema ou a necessidade sentida pelo consumidor.[8]

No entanto, apesar dessa necessidade poder ser permanente, a forma de satisfazê-la evolui. Não que novas necessidades não surjam, pelo contrário; mas, uma vez identificadas, projeta-se uma oferta de solução no formato de produto ou serviço. Essa oferta, por sua vez, deve evoluir, pois o produto ou serviço que o consumidor utiliza para satisfazer sua necessidade vai se modificando com o tempo. Por exemplo, quando a Sony lançou o *walkman*, no final da década de 1970, tinha identificado a necessidade de as pessoas escutarem músicas enquanto andavam, corriam, faziam exercícios físicos ou se deslocavam em transportes coletivos. Esse revolucionário produto, considerado uma das maiores invenções do século XX no Japão, evoluiu para outros formatos como o *discman* e hoje o iPod e os celulares com a função de MP3/MP4 player. A necessidade é a mesma. No entanto, a forma de satisfazê-la sofisticou-se. Nesse sentido, uma organização deve concentrar-se na oferta das soluções para a satisfação de uma necessidade e não somente no produto.

A empresa focada no cliente é aquela que está atenta à evolução de suas necessidades. Nesse sentido, a orientação para o cliente é mais do que uma estratégia. É uma filosofia gerencial que guia as rotinas e atividades de todos na organização. Uma vez aceite que o cliente é a razão de existir de uma organização, todas as atividades por ela desenvolvidas devem convergir para esse foco.

> **Orientação para o cliente**
> Filosofia gerencial que coloca a satisfação das necessidades do cliente no centro das atividades de uma organização.

> **Miopia de marketing**
> Problema gerencial que ocorre quando as organizações concentram seu foco somente no produto, em vez de se preocuparem com a satisfação das necessidades de seus clientes.

O paradigma da orientação para o cliente é a filosofia gerencial adotada no Boticário, uma das maiores empresas de cosméticos do mundo, com venda de 4 bilhões de reais em 2010. Para Arthur Grynbaum, CEO da organização, o cliente não busca apenas um produto, mas uma experiência. Para ele, o papel das 15 mil consultoras das lojas franqueadas no Brasil é fazer com que o consumidor tenha uma boa experiência, pois se isso não acontecer ele vai ficar com uma impressão ruim sobre a empresa como um todo. Por isso, segundo ele, todo mundo tem que se preocupar com o cliente. O próprio executivo, de tempos em tempos, sai da sede da empresa, em São José dos Pinhais, Paraná, para visitar lojas e acompanhar a satisfação dos clientes.[9]

Em muitos casos, quem detém as informações mais ricas a respeito do cliente – e de suas satisfações ou insatisfações – são aqueles que lidam diariamente com as atividades de atendimento: a linha de frente de uma organização, sua força de vendas, o pessoal de telemarketing. Nesse caso, os funcionários que desempenham esse papel podem prover uma contribuição de extrema importância, caso a organização reconheça a relevância de suas atividades e lhes forneça os canais adequados para que as informações fluam até chegar aos níveis de tomada de decisão.

O papel da alta administração é proporcionar a infraestrutura que possibilite a coleta, a armazenagem e a boa utilização das informações provenientes dos clientes, para que o nível operacional possa executar suas atividades com excelência. Com agilidade, os níveis intermediários devem analisar e tomar decisões com base nessas informações, de forma a transformar os dados coletados em oportunidades de negócio, em fontes de receita para a organização. Por outro lado, os funcionários, compreendendo seu papel nessa importante estrutura organizacional, devem agir cientes de que não são meros agentes operacionais, mas que contribuem para a execução da estratégia de orientação ao cliente, sendo, portanto, elementos-chave para o sucesso da organização.

Essa integração dos diferentes departamentos e níveis hierárquicos na satisfação das necessidades dos clientes, no entanto, tem como propósito último a contribuição para a realização dos objetivos da organização. A consequência de um bom trabalho na satisfação das necessidades dos clientes é a realização dos objetivos da organização. Como salienta Peter Drucker, o propósito da organização é a satisfação dos clientes; a sua recompensa é o lucro. Comprovando isso mesmo, uma pesquisa com 182 empresas brasileiras mostrou que a orientação para o cliente tem um impacto muito mais abrangente e significativo no desempenho das organizações do que o seu porte.[10]

10.1.4 ›› Processo de administração de marketing

O papel central que o marketing ocupa em uma organização deriva do fato de ele ser o processo por meio do qual uma organização cria valor para seus consumidores. Ao fazer isso, a empresa espera capturar uma porção desse valor, o que acontece por meio do estabelecimento de um preço que seja simultaneamente vantajoso para o consumidor e a organização. Para se manter viável no longo prazo, a organização tem de ser capaz de sustentar um processo de *criação e captura* de valor ao longo do tempo. Essa criação de valor de forma sustentável é o objeto da administração de marketing. A Figura 10.3 esquematiza uma base conceitual do

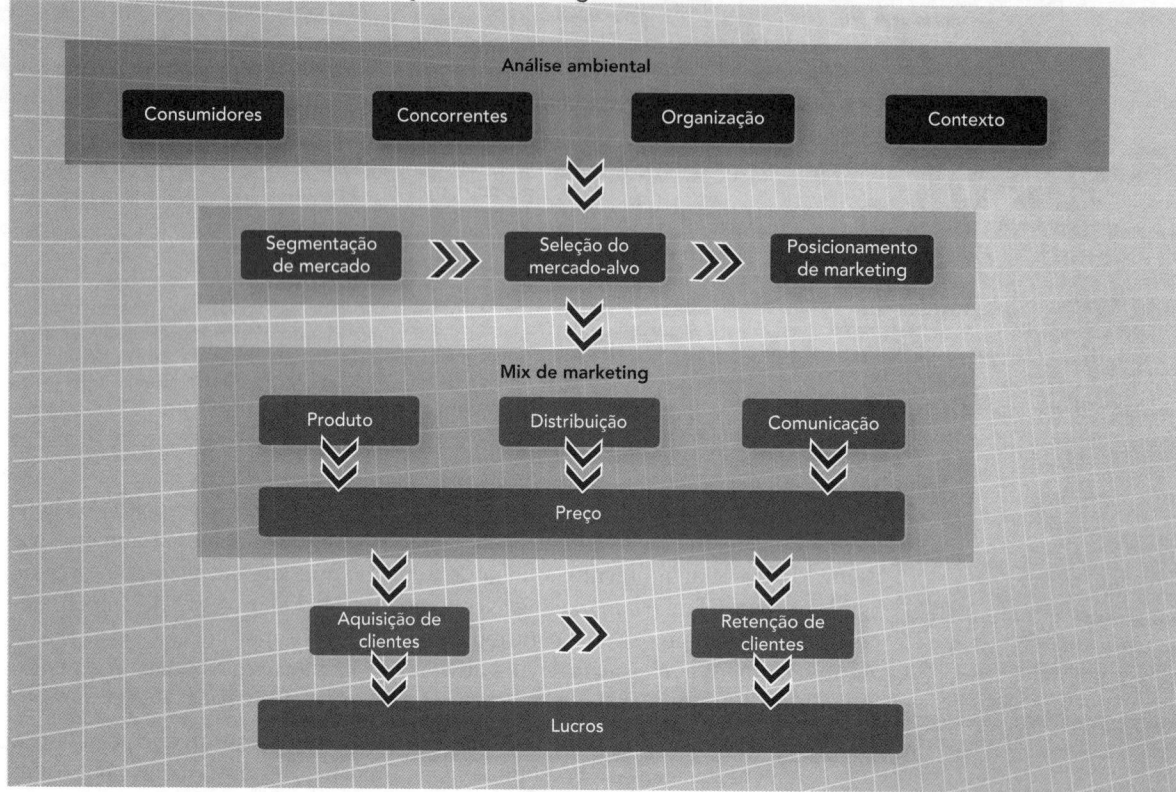

Figura 10.3 ›› Processo de administração de marketing

```
                          Análise ambiental
   ┌─────────────┐   ┌─────────────┐   ┌─────────────┐   ┌─────────────┐
   │ Consumidores│   │ Concorrentes│   │ Organização │   │  Contexto   │
   └─────────────┘   └─────────────┘   └─────────────┘   └─────────────┘
                                  ▼
        ┌──────────────┐    ┌──────────────┐    ┌──────────────┐
        │ Segmentação  │ »» │  Seleção do  │ »» │Posicionamento│
        │  de mercado  │    │ mercado-alvo │    │ de marketing │
        └──────────────┘    └──────────────┘    └──────────────┘
                                  ▼
                             Mix de marketing
          ┌──────────┐      ┌──────────────┐    ┌──────────────┐
          │ Produto  │      │ Distribuição │    │  Comunicação │
          └──────────┘      └──────────────┘    └──────────────┘
                ▼                  ▼                    ▼
                              ┌─────────┐
                              │  Preço  │
                              └─────────┘
                    ▼                                ▼
            ┌──────────────┐                ┌──────────────┐
            │ Aquisição de │      »»        │ Retenção de  │
            │   clientes   │                │   clientes   │
            └──────────────┘                └──────────────┘
                    ▼                                ▼
                              ┌─────────┐
                              │ Lucros  │
                              └─────────┘
```

Fonte: Adaptado de SILK, A. J. **What is marketing?** Boston: Harvard Business School Press, 2008.

processo de administração de marketing e oferece uma estrutura para a compreensão e análise das decisões e dos problemas do marketing.

A *análise ambiental* é o ponto de partida do processo de administração de marketing, uma vez que fornece elementos essenciais para a especificação do mercado-alvo, para a definição do posicionamento pretendido e para tomar decisões relativas ao mix de marketing.

Os principais fatores que devem ser analisados são os seguintes:

- *Consumidores*: constituem o foco da estratégia de marketing; logo, a identificação de suas necessidades e a compreensão de seus hábitos, atitudes e comportamentos de compra são essenciais para definir a estratégia de marketing.
- *Organização*: a análise das competências e dos recursos internos da organização permite identificar seus pontos fortes e fracos e seu impacto na capacidade de satisfação das necessidades dos consumidores.
- *Concorrentes*: o mercado é formado não apenas por consumidores com determinadas necessidades, mas também por concorrentes que tentam satisfazer essas mesmas necessidades. Assim, para se diferenciar e antecipar as ações dos concorrentes, a organização tem de conhecer seus objetivos e estratégias.
- *Contexto:* a análise e a monitoramento do clima econômico, político, social, cultural, tecnológico e legal são essenciais para identificar os fatores que podem limitar ou potenciar a satisfação das necessidades dos consumidores, bem como para identificar oportunidades ou ameaças que se apresentam à organização.

Apesar de a análise ambiental incluir diversas variáveis, o foco da estratégia de marketing é o cliente. Nesse sentido, toda análise tem como objetivo *selecionar qual mercado-alvo* a organização pretende servir e o *posicionamento* que os produtos devem ocupar na mente dos consumidores-alvo.[11] Para isso, antes, precisa *segmentar o mercado*, ou seja, deve encontrar uma forma de diferenciar os consumidores e dividi-los em grupos internamente homogêneos quanto a suas necessidades.

Posteriormente, especifica-se um plano de atividades de marketing que permitam atingir esse posicionamento desejado. Tais atividades envolvem decisões sobre o *mix de marketing*, ou seja, sobre as características do produto, os canais de distribuição que serão utilizados, a comunicação que se estabelecerá com os consumidores e o preço que será praticado. Todas essas decisões têm como objetivo operacionalizar o posicionamento pretendido. Essas decisões envolvem a definição das políticas de:

- *Produto*: definição das características físicas do produto, benefícios, design, embalagem, rótulo, qualidade, serviços e garantias associados, formas de uso, cuidados, entre outras.
- *Distribuição*: concepção e administração de um sistema de distribuição por meio do qual a empresa chega ao mercado.
- *Comunicação*: tomada de decisões que aumentem a notoriedade do produto, o conhecimento de suas funcionalidades e estimulem sua compra, por meio de diversos veículos promocionais, tais como a publicidade, as promoções de vendas, as relações públicas etc.
- *Preço:* decisões relacionadas com a política de preços, ou seja, a definição do preço de venda, os descontos não promocionais, as condições de pagamento, as formas de financiamento, entre outras.

A combinação das decisões de produto, distribuição e comunicação determinam, em larga medida, o valor percebido pelos consumidores-alvo de um produto. Conceitualmente, esse valor percebido representa o preço máximo que os consumidores estariam dispostos a pagar por um produto. O preço estabelecido pela organização deve capturar parte desse valor para financiar futuros esforços de criação de valor.[12]

Por último, é importante realçar que a sustentabilidade do valor criado ao longo do tempo e a consequente rentabilidade da organização dependem da eficácia da *administração das relações com os clientes*. Além de atrair novos consumidores, a organização deve reter os clientes mais rentáveis. Por isso, as políticas de produto, distribuição, comunicação e preço devem considerar não apenas a atração de consumidores, mas principalmente sua retenção.

10.2 ›› Sistemas de informação e pesquisa de marketing

O principal objetivo da administração de marketing é a identificação e satisfação das necessidades e desejos do cliente. Para identificar essas necessidades e implantar estratégias e programas que visem à satisfação do consumidor, os executivos de marketing precisam de informações a respeito dos clientes, dos concorrentes e de outras forças que atuam no mercado.

Em virtude do volume de informação disponível no mundo de hoje, o que define o sucesso de uma estratégia de marketing é a *qualidade* da informação de que se dispõe, e não a *quantidade*. Nesse sentido, o profissional de marketing deverá ser capaz de gerenciar adequadamente as informações de que dispõe a fim de melhor promover sua oferta ao mercado. Para isso, deverá utilizar um sistema de informações de marketing (SIM).

No entanto, o SIM nem sempre possui as informações necessárias para a tomada de decisões de marketing. Quando isso acontece, é preciso realizar pesquisas de mercado que coletem informações específicas sobre produtos ou grupos de consumidores, para que os administradores possam tomar decisões precisas e com o mínimo risco possível. Os resultados dessas pesquisas são uma das principais fontes de informações para o SIM.

10.2.1 ›› Sistema de informação de marketing

Um **sistema de informação de marketing** consiste no conjunto de pessoas, equipamentos e processos para reunir, classificar, analisar, avaliar e distribuir informações necessárias, oportunas e precisas sobre os clientes e a organização, de forma sistemática e contínua.[13] É composto por quatro subsistemas: sistema de registros internos, sistema de inteligência de marketing, sistema de pesquisa de marketing e sistema de apoio às decisões de marketing (veja a Figura 10.4).

> **Sistema de informação de marketing**
> Conjunto de pessoas, equipamentos e processos para reunir, classificar, analisar, avaliar e distribuir informações sobre os clientes e a organização de forma sistemática e contínua.

Figura 10.4 ›› Sistema de informação de marketing

SISTEMA DE REGISTROS INTERNOS ›› Esse sistema armazena as informações referentes a pedidos, vendas, preços, custos, estoques, contas a pagar e a receber, reclamações de clientes etc. Atualmente, a maior parte desse tipo de informação é acessada em tempo real, e o gerente de marketing pode acompanhá-las de perto. É uma fonte de informação útil que envolve custos reduzidos. Em um supermercado, por exemplo, podem-se fazer promoções relâmpagos com o objetivo de baixar os níveis de estoque de produtos que apresentem pouca saída. Pode-se também decidir realizar essa promoção nos períodos de pico da loja, quando há mais clientes no local.

SISTEMA DE INTELIGÊNCIA DE MARKETING ›› O sistema de inteligência de marketing, por sua vez, é utilizado para monitorar o ambiente e armazenar informações sobre os desenvolvimentos pertinentes ocorridos neste. Jornais e revistas especializadas, livros, conversas informais com clientes, fornecedores e

Com o objetivo de reunir informações sobre o perfil comportamental de usuários de tablets e smartphones, a MC1, empresa especializada no desenvolvimento de soluções móveis, anunciou, no final de 2011, o desenvolvimento de uma plataforma para o mapeamento do perfil dos compradores desses produtos. Chamada InterAction, o desenvolvimento da ferramenta custou R$ 1,2 milhões, de acordo com o CEO da empresa, Cesar Ricardo Bertini. O sistema desenvolvido permite a criação e a organização de registros com informações e dados relevantes sobre o perfil e preferências dos consumidores, maximizando, assim, os resultados das ações comerciais e de marketing.[14]

distribuidores são exemplos de fontes de informação para esse sistema. As centrais de atendimento ao cliente também constituem uma importante ferramenta de coleta de informações. A informação pode ser obtida de forma não sistemática; no entanto, a organização pode aumentar a qualidade e a quantidade de informação coletada se adotar procedimentos mais sistemáticos, que podem passar pela compra de informação de empresas especializadas. Com base nessas informações, os gerentes de marketing poderão tomar decisões quanto ao treinamento e à capacitação de sua força de vendas ou alterar a política de preços, por exemplo.

SISTEMA DE PESQUISA DE MARKETING ›› O sistema de pesquisa de marketing é constituído por dados provenientes de pesquisas aplicadas ao consumidor, testes e sondagens de produtos, previsões de vendas, avaliações de propagandas e todas as informações que dizem respeito ao mercado. É o resultado de respostas a problemas específicos, tais como testar um novo conceito de produto ou um anúncio publicitário, segmentar o mercado ou estudar a motivação da força de vendas. Em geral, as grandes empresas possuem departamentos de pesquisa de marketing, responsáveis pela coleta, avaliação e análise de dados de mercado, edição de relatórios, mensuração de resultados de campanhas promocionais e de lançamentos de produtos. Além disso, há também fontes secundárias, que podem fornecer dados por meio de relatórios setoriais e governamentais, jornais e periódicos especializados e informações comerciais divulgadas publicamente. Cabe aos executivos de marketing garantir que esses dados sejam armazenados adequadamente em um sistema de pesquisa e que as decisões estratégicas de marketing os levem em consideração.

SISTEMA DE APOIO ÀS DECISÕES DE MARKETING ›› Por último, o sistema de apoio às decisões de marketing é composto por um conjunto coordenado de dados, procedimentos de análise, ferramentas e técnicas com software e hardware de suporte, por meio do qual uma organização analisa e interpreta informações relevantes provenientes dos negócios e do ambiente, transformando-as em uma base para a ação de marketing[15]. Nos dias de hoje, são muitas as técnicas estatísticas para apoio à tomada de decisões (análise conjunta, análise fatorial, análise discriminante etc.), bem como os softwares disponíveis para facilitar o processo decisório de marketing, por exemplo, no planejamento da força de vendas ou no estabelecimento de orçamentos de publicidade.

10.2.2 ›› Pesquisa de mercado

A **pesquisa de mercado** é uma parte essencial da administração de marketing e consiste na coleta sistemática e o registro, classificação e análise de dados sobre hábitos, comportamentos, atitudes, valores, necessidades, opiniões e motivações dos consumi-

> **Pesquisa de mercado**
> Coleta sistemática e registro, classificação e análise de dados sobre hábitos, comportamentos, atitudes, valores, necessidades, opiniões e motivações dos consumidores.

dores de forma a transformá-los em informações que venham a ajudar os executivos da área na solução de problemas que surgem durante o processo de marketing.[16]

Alguns objetivos dessa pesquisa incluem a previsão da demanda, a análise do mercado e sua segmentação, a compreensão do comportamento do consumidor e o teste dos níveis de mix de marketing.

Além disso, a pesquisa de mercado pode ser uma atividade sistemática ou pode envolver a coleta de informação sobre uma decisão específica, por exemplo, decisões de marketing no lançamento de um produto ou serviço. A tarefa da pesquisa de marketing é avaliar a necessidade de novas informações e fornecer aos administradores informações relevantes, precisas, confiáveis, válidas e atuais para o processo de tomada de decisão.

Esse tipo de pesquisa envolve decisões quanto ao *desenho da pesquisa* que deve ser utilizado para coletar informação, quanto às *fontes e métodos de coleta de dados* que serão utilizados e quanto aos *modelos* que serão empregados para analisar e interpretar a informação obtida.

DESENHO DA PESQUISA » Podem ser utilizadas diversas metodologias para conduzir pesquisas de mercado, como a pesquisa exploratória, a descritiva e a experimental. A **pesquisa exploratória** visa proporcionar maior familiaridade com o problema em estudo e é usada em casos nos quais é necessário definir a situação, identificar variáveis ou compreender melhor um fenômeno. Os métodos empregados compreendem pesquisas piloto, entrevistas em profundidade com peritos, grupos focais etc. A **pesquisa descritiva** tem como objetivo expor as características de determinada situação, mas não tem o compromisso de explicar os fenômenos que descreve. Um exemplo desse tipo de pesquisa são estudos que descrevem o tamanho do mercado ou o perfil dos consumidores. Normalmente, esse tipo de pesquisa baseia-se em amostras grandes e representativas e compreende um grande número de métodos de coleta de dados, a saber, entrevistas, questionários, painéis e observação direta, entre outros. Por último, a **pesquisa experimental** é usada para obter evidências de relações de causa e efeito. Por exemplo, pode ser utilizada para compreender como o mercado ou os consumidores reagirão a uma alteração de uma variável, como o preço ou a publicidade. O método de coleta de dados mais apropriado para esse tipo de pesquisa é o experimento. É um tipo de pesquisa muito importante para os gerentes de marketing, uma vez que estes tomam continuamente decisões baseadas em relações causais presumidas.

> **Pesquisa exploratória**
> Pesquisa que tem como objetivo proporcionar maior familiaridade com o problema a ser investigado.

> **Pesquisa descritiva**
> Pesquisa que tem como objetivo descrever as características de determinada situação sem o compromisso de as explicar.

> **Pesquisa experimental**
> Pesquisa usada para obter evidências de relações de causa e efeito.

A companhia catarinense Hering, liderada por Fábio Hering (foto), baseou sua estratégia de marketing em informações coletadas com os consumidores. A empresa realizou pesquisa de mercado com clientes que saíam das suas lojas, e constatou que os entrevistados tinham intenção de continuar comprando os produtos básicos da Hering, mas que gostariam também de encontrar novidades da marca. A partir daí, e com base nessas opiniões, a empresa começou a investir em novas coleções a cada 60 dias, com ciclo de 15 dias com novidades nas lojas. Antes, eram apenas três coleções por ano.[17]

> **Fontes primárias**
> Dados originais que têm o propósito de atender às necessidades específicas da pesquisa.

> **Fontes secundárias**
> Dados previamente coletados, tabulados, ordenados e, às vezes, até analisados por terceiros.

FONTES DE DADOS ›› O gestor de marketing pode recorrer a diversos tipos de dados externos ou internos à organização. As **fontes primárias** referem-se a dados que não foram antes coletados e que têm o propósito de atender às necessidades específicas da pesquisa em andamento. São informações específicas para determinada organização ou produto, mas são mais caras e de difícil obtenção. As **fontes secundárias** referem-se a dados previamente coletados, tabulados, ordenados e, às vezes, até analisados por terceiros, sendo, portanto, mais baratos e de fácil acesso. As fontes de dados mais comuns são:[18]

- *Fontes de dados primários*: entrevistas em profundidade, discussões em grupos de foco, preenchimento de questionários, observação simulada, experimentos, *blind tests* e enquetes.
- *Fontes de dados secundários*: registros internos, publicações especializadas, bancos de dados, censos, estudos, índices e Internet.

MÉTODOS DE COLETA DE DADOS ›› Uma variedade de técnicas está disponível para coletar dados em pesquisas de marketing. Os respondentes podem incluir consumidores individuais, organizações, distribuidores, vendedores, entre outros. Os mais comuns são:

- *Experimento*: técnica de pesquisa que envolve a manipulação de uma ou mais variáveis enquanto outras são mantidas constantes, e a medição dos resultados.
- *Survey*: método de pesquisa que consiste no levantamento de respostas e opiniões sobre um conjunto de assuntos e temas. Seu formato pode variar de entrevistas (individuais ou de grupo) a questionários (presenciais, por telefone, correio, correio eletrônico etc.).
- *Grupo de foco*: técnica de pesquisa na qual o pesquisador reúne-se com um grupo de consumidores ou especialistas e modera uma discussão acerca das necessidades e reações destes a diferentes produtos ou serviços.
- *Painel*: método de pesquisa na qual um grupo de consumidores aceita partilhar seus hábitos ou opiniões sobre determinados produtos ou serviços ao longo de um período específico. Os painéis têm a vantagem de permitir coletar informações da mesma pessoa em diferentes momentos no tempo, possibilitando a análise de tendências.
- *Observação*: a observação sistemática é uma técnica de pesquisa na qual o pesquisador tira suas próprias conclusões a partir de diversas observações de determinada realidade.

Em função da diversidade de métodos de coleta de dados, os pesquisadores devem levar em consideração os objetivos da pesquisa e fazer uma análise custo-benefício para decidir qual o melhor método para obter as informações que necessitam para tomar as decisões de marketing.

MODELOS DE MARKETING ›› Os modelos de marketing permitem sintetizar e analisar a informação que foi coletada durante a pesquisa. Eles permitem fazer uma representação simplificada do fenômeno pesquisado. Alguns exemplos incluem o modelo do processo de compra, o modelo dos fatores que influenciam uma compra individual, o modelo de respostas do mercado a uma ação de marketing, como o lançamento de um produto, uma campanha publicitária ou uma mudança de preço. Esses modelos podem ser qualitativos ou quantitativos.

10.3 ›› Comportamento do consumidor

O conceito de marketing como um processo de troca coloca a satisfação das necessidades dos clientes no centro das preocupações da organização. Assim, para ser bem-sucedida, uma organização tem de satisfazer seus clientes e, para isso, tem de compreendê-los. Em última análise, a vantagem competitiva que uma organização desenvolve sobre seus concorrentes resulta de sua habilidade para compreender melhor os clientes e tomar decisões com base nessa informação.[19] Esta seção introduz alguns conceitos que ajudam a compreender melhor os clientes, também chamados consumidores ou compradores.

10.3.1 ›› Conceito de comportamento do consumidor

Uma vez que marketing consiste no atendimento e na satisfação das necessidades e desejos dos consumidores, a *compreensão*, a *previsão* e a *influência* do comportamento deles são vistos como tarefas centrais da função de marketing de uma organização. Para satisfazer as necessidades dos clientes, torna-se necessário que a organização entenda as razões subjacentes às opções de seus consumidores. Quanto mais profundo for esse conhecimento, maior será a oportunidade de antecipar e moldar o comportamento dos consumidores, o que permitirá satisfazê-los com maior eficácia e eficiência.

No entanto, a compreensão do comportamento do consumidor é uma tarefa complexa e difícil. O **comportamento do consumidor** pode ser definido como o conjunto de atividades físicas, cognitivas e emocionais envolvidas na obtenção e consumo de produtos e serviços, incluindo os processos decisórios que antecedem e sucedem essas ações.[20]

> **Comportamento do consumidor**
> Conjunto de atividades físicas, cognitivas e emocionais envolvidas na obtenção e consumo de produtos e serviços, incluindo os processos decisórios que antecedem e sucedem essas ações.

Várias disciplinas podem ajudar a compreender o comportamento do consumidor: a psicologia (estudo do indivíduo), a sociologia (estudo de grupos), a psicologia social (estudo do comportamento do indivíduo no grupo) e a economia (o estudo de padrões de consumo na sociedade).

10.3.2 ›› Fatores influenciadores do comportamento do consumidor

O comportamento de compra do consumidor tende a ser influenciado por uma multiplicidade de fatores, de natureza cultural, social, pessoal e psicológica. O conhecimento desses fatores é extremamente útil para que a organização possa determinar quais são as características e os atributos mais adequados para seus produtos ou serviços.

Dentre os diversos fatores ambientais, a cultura é um dos principais determinantes do comportamento do consumidor. É por meio da cultura que uma pessoa adquire *valores, crenças, costumes* e *preferências*, que a levarão a adotar determinado comportamento de consumo. Por exemplo, consumidores de culturas árabes desenvolvem hábitos e comportamentos de consumo totalmente diferentes de consumidores de culturas ocidentais. A cultura, por sua vez, pode ser dividida em subculturas (usando para esse efeito critérios regionais, étnicos, raciais, religiosos etc.), que fornecem uma identificação mais específica de certos grupos de consumidores.

Já no que diz respeito aos fatores sociais, a *classe social* de um indivíduo é um fator importante que influenciará sua decisão de compra. Isso porque, ao decidir adquirir um bem, o consumidor não o faz de maneira completamente autônoma, mas leva em conta o meio em que vive e as pessoas com as quais se relaciona. Os *grupos de referência* constituem outro importante elemento dos fatores sociais. A família, os amigos, os vizinhos e os colegas de trabalho são exemplos de grupos de referência. O *status social* é outro fator que determina o comportamento de consumo, pois, ao consumirem um produto, as pessoas comunicam seus status e o papel que ocupam em dada sociedade.

As ideias para a elaboração do refrigerador da linha Brastemp Clean surgiram depois que a empresa adotou ação inédita para melhor compreender o comportamento do seu consumidor. A empresa distribuiu câmeras fotográficas para alguns clientes, pedindo para que eles fotografassem aquilo que achavam que trazia valor no dia a dia e que tinham apego por ele. As fotografias foram enviadas aos responsáveis pelo novo produto que fizeram uma análise semiótica para entender os aspectos comuns nos produtos que o deixavam especiais. O resultado da iniciativa foi um sucesso: a nova linha de eletrodomésticos teve a maior aprovação da história da empresa.[21]

Existem, ainda, fatores pessoais que determinam o comportamento de compra. Por exemplo, um jovem solteiro possui desejos e necessidades diferentes daqueles de um casal jovem que possui um filho ou de uma senhora aposentada e viúva. A *idade*, a *ocupação*, o *gênero* e o *estado civil* são exemplos de fatores pessoais que influenciam o comportamento de consumo.

Por fim, há também fatores psicológicos que interferem nas escolhas de compra. A *personalidade*, as *motivações* e as *atitudes* de determinado indivíduo são alguns exemplos desses fatores. Por exemplo, é de esperar que pessoas extrovertidas tenham um comportamento de consumo diferente de pessoas introvertidas.

A identificação e a compreensão desses fatores permitem à organização melhorar a capacidade de previsão e de influência das reações de seus consumidores a seus esforços de marketing.

10.3.3 ›› Papéis de compra

O processo de decisão de compra não é algo totalmente racional. Vários fatores interferem na escolha do consumidor. Além disso, os indivíduos podem desempenhar um ou vários papéis no processo decisório de compra. São cinco os **papéis de compra** básicos:[22] o *iniciador*, ou seja, aquele que apresenta a ideia ou sugere a compra de um produto; o *influenciador*, pessoa cuja opinião influencia o processo de compra; o *decisor*, quem decide o que, quando, onde e quanto comprar e a forma como vai pagar; o *comprador*, aquele que efetiva a compra; e, por último, o *usuário*, que é a pessoa que efetivamente consome o produto ou o serviço (veja o Quadro 10.2).

> **Papéis de compra**
> Conjunto de funções que as pessoas podem assumir em uma decisão de compra.

Quadro 10.2 ›› Papéis no processo de compra

Papel	Função
Iniciador	Quem inicia o processo de compra ao reconhecer uma necessidade.
Influenciador	Pessoas ou grupos que influenciam o processo de avaliação de alternativas.
Decisor	Aquele que efetivamente toma a decisão final ou autoriza a compra.
Comprador	Aquele que executa a compra.
Usuário	Aquele que consome o produto ou serviço.

O processo de compra de ração para cachorro ilustra bem a influência de cada papel de compra. O iniciador pode ser o próprio cachorro, que chora de fome, ou seu dono, que constata a necessidade de alimentá-lo. O veterinário, por sua vez, tem importante papel como influenciador da decisão sobre a marca a ser escolhida e o tipo de ração a ser utilizada para o cão. O decisor pode ser o próprio dono do cachorro ou, em se tratando de uma criança, o pai do dono do animal. O comprador pode ser a mãe do dono do cachorro, que realiza as compras mensais da família, ou até mesmo um empregado, encarregado de realizar essa função. Por fim, o usuário é o próprio cachorro, que se alimenta da ração. Note que uma mesma "pessoa" pode desempenhar mais de um papel e que um papel pode ser ocupado por mais de uma pessoa. O gerente de marketing deverá se preocupar com a satisfação de todas as pessoas que ocupam cada um desses papéis, inclusive com o cachorro.

O conhecimento dos intervenientes no processo de compra e de seus papéis é fundamental para tomar decisões em relação às características do produto, bem como quanto ao direcionamento de seu esforço promocional. Por exemplo, o esforço de comunicação de uma empresa de ração para cachorro deve contemplar o influenciador (o veterinário), uma vez que ele desempenha papel muito relevante no aconselhamento de quem decide.

10.3.4 ›› Processo de decisão de compra

A decisão de compra não é um momento, mas um processo que começa muito antes e cujas consequências têm impacto além da compra. Por isso, as organizações devem focar no processo e não apenas na compra.

O processo de decisão de compra inicia-se com o reconhecimento da necessidade por parte do consumidor, mas não termina com o consumo do produto ou serviço. O comportamento pós-compra do cliente também deve ser considerado, pois determinará as futuras decisões de compra que vai fazer. Na verdade, o processo de decisão de compra pode ser entendido como um processo contínuo, conforme ilustra a Figura 10.5.

O reconhecimento da necessidade é a primeira fase do processo de decisão de compra do cliente. Uma necessidade de compra pode ter várias origens: pode

Figura 10.5 ›› Etapas do processo de decisão de compra

partir de um *estímulo interno*, como fome ou sede; ou de *estímulos externos*, como a publicidade, a exposição do produto no ponto de venda, a indução pela experimentação, entre outros.

A segunda etapa consiste na busca de informações e depende da complexidade que compreende a compra. No caso de compras simples, há pouca necessidade de informação, e a duração dessa etapa é curta. No entanto, quanto mais complexa for a compra, isto é, quanto mais variáveis estiverem envolvidas na consideração do cliente, quanto mais relevante ou mais caro for o produto, mais demorada será a busca por informações. A fim de coletar informações para que a compra leve à maior satisfação possível, o cliente pode recorrer a fontes de ordem pessoal (como a família, os amigos, conhecidos, vizinhos), comercial (como a propaganda, os vendedores, as próprias embalagens), pública (mídia, órgãos de defesa do consumidor como o Procon) ou experimentais (manuseio, utilização do produto, prova, exame). Dependendo do tipo de produto que o cliente pretende comprar, uma ou mais dessas fontes poderá ser útil à consulta.

Após ter reunido todas as informações que garantam um nível de segurança satisfatório para tomar uma decisão sem correr o risco de se arrepender, o cliente pode avaliar as alternativas da compra quanto às possibilidades de satisfação ou insatisfação após o consumo do produto. Por exemplo, ao comprar uma mala de viagem, um cliente pode considerar as seguintes variáveis em sua avaliação: preço, durabilidade, marca, qualidade, garantias, comodidade, conforto etc. Destas, apenas o preço é um critério objetivo do processo de decisão de compra, e todas as outras são de ordem subjetiva, o que torna ainda mais complexo todo o processo. A análise de informações é uma etapa altamente subjetiva do processo de decisão de compra, por compreender tantas variáveis valorativas e por depender dos objetivos de compra do cliente. Por exemplo, o cliente pode preferir pagar duas ou três vezes mais para comprar uma mala Samsonite por considerá-la mais confiável, mais resistente, mais elegante e mais durável que as malas da concorrência. Os critérios utilizados são escolhidos em função dos objetivos de compra pretendidos.

A decisão de compra em si só é concebida após essas três etapas. A não ser que ocorra alguma situação inesperada, uma vez analisadas e classificadas as informações coletadas, a compra é efetivada. Depois da compra, o consumidor inicia o consumo do produto ou serviço, o que lhe permite avaliar a aquisição. O comportamento pós-compra fornecerá mais informações para futuras compras do cliente. Se a avaliação for positiva, da próxima vez que a mesma necessidade se revelar, ele tenderá a comprar a mesma marca, de forma a evitar riscos associados a uma marca nova. Se a avaliação for negativa, gera-se um estado de insatisfação que pode conduzir o consumidor a devolver o produto ou a obter alguma compensação, bem como a percorrer novamente todas as etapas do processo da próxima vez que a necessidade se revelar, pois a maneira como o fez inicialmente não terá sido a mais correta.[23]

Assim, pode-se concluir que compreender, prever e influenciar o comportamento do consumidor é uma tarefa complexa e difícil; no entanto, ela fornece informações fundamentais para a definição da estratégia de marketing da organização.

10.4 ›› Segmentação e posicionamento de marketing

Organizações que atuam em grandes mercados, onde os compradores são numerosos, estão espalhados geograficamente e diferem em relação às suas necessidades e práticas de compra, sabem que não podem dirigir suas ofertas da mesma forma a todos os tipos de clientes. Em vez de tentar atender o mercado como um todo, procuram identificar as parcelas do mercado mais atrativas e as que melhor poderão atender.

Assim, depois de analisar o contexto, os consumidores, os concorrentes e as competências da própria organização, as empresas devem desenvolver uma estratégia de marketing que promova uma oferta que satisfaça as necessidades de seus clientes melhor que seus concorrentes. Para tal, devem realizar três etapas sequenciais:[24]

1. segmentar o mercado, identificando os diferentes grupos de consumidores;
2. selecionar seu mercado-alvo – o segmento de maior interesse para a organização;
3. posicionar as ofertas da organização nos segmentos escolhidos.

Esses passos são pré-requisitos essenciais para a formulação de uma estratégia de marketing de sucesso. Permitem que a organização foque seus esforços nos clientes certos e desenvolva políticas de produto, promoção, distribuição e preço adequadas às necessidades dos consumidores.

10.4.1 ›› Segmentação de mercado

A **segmentação de mercado** consiste na divisão do mercado em grupos de potenciais consumidores com características, comportamentos e necessidades distintas. O objetivo é reunir os clientes em grupos que se distingam claramente uns dos outros, mas que mantenham alguma homogeneidade interna. Dessa forma, a organização pode desenvolver uma oferta mais adequada a cada um dos segmentos, em vez de tratar o mercado em seu todo heterogêneo.[25]

> **Segmentação de mercado**
> Divisão do mercado em grupos de potenciais consumidores com características, comportamentos e necessidades distintas.

É importante que os segmentos sejam suficientemente diferentes entre si, assim como é fundamental que a segmentação seja baseada em uma ou mais características relevantes dos consumidores para o esforço de marketing. A segmentação requer que a organização compreenda os benefícios que os consumidores pretendem; divida o mercado e desenvolva perfis característicos dos clientes que compõem cada segmento; e descubra as variáveis observáveis que melhor discriminem os segmentos entre si.

Os tipos de segmentação de mercado mais comuns são: geográfica, demográfica, psicográfica e comportamental.

Na *segmentação geográfica*, divide-se o mercado em diferentes unidades geográficas de atuação, que podem ser desde continentes, países, estados, regiões até chegar a cidades ou mesmo a bairros. Por exemplo, o jornal *O Globo*, no Rio de Janeiro, edita cadernos de bairros, em que são noticiados os fatos mais relevantes de cada bairro da cidade e nos quais são anunciadas ofertas específicas para o morador de cada um desses bairros.

A *segmentação demográfica* também utiliza critérios objetivos, como gênero, idade, subcultura, e fatores socioeconômicos, como ocupação, renda, classe social e grau de instrução. O lançamento do Ford Prisma, com o slogan "Seu primeiro grande carro" ilustra um bom exemplo de produto voltado para o segmento de jovens, do sexo masculino, com idade entre 20 e 30 anos, habitantes de grandes cidades, com alto poder aquisitivo e boa formação educacional. Ao contrário do primeiro tipo de segmentação, aqui o foco é no perfil de cliente a que se pretende dirigir a oferta.

A Tim tem focado suas ações de marketing nas classes C e D. Para isso, a empresa tem lançado serviços populares e reforçado o esquema de vendas em comunidades do Brasil. Para se posicionar nos segmentos mais populares, a empresa diferencia seu produto pelo atributo preço baixo. Um dos sucessos da empresa, lançado em agosto de 2010, é a internet a R$ 0,50 por dia, cobrados apenas quando há uso do serviço. O Infinity Web é compatível com qualquer celular, e não somente smartphones, o que explica a adesão de 1,8 milhão de usuários únicos diários. No início de 2011, a Tim passou a oferecer torpedos ilimitados a R$ 0,50 por dia.[26]

A *segmentação psicográfica*, por sua vez, diz respeito às características referentes ao estilo de vida do grupo de consumidores que se pretende atingir, sua personalidade e os valores que cultivam.[27] Pode-se dizer que a Natura é uma empresa de cosméticos que escolheu como segmento de atuação o mercado de clientes que valorizam a questão ambiental e optam por consumir produtos ecologicamente corretos. Outro exemplo é a Red Bull, cujo energético é consumido por pessoas com estilo de vida muito bem definido.

Por último, a *segmentação comportamental* consiste em segmentar o mercado com base em critérios relacionados com o comportamento de compra. Por exemplo, o conhecimento a respeito do produto, as atitudes em relação ao produto e os vínculos que se criam em relação a seu uso ou sua posse. Para definir a segmentação comportamental de determinado produto, o gerente de marketing considera a ocasião em que se compra e se consome o produto ofertado, os benefícios proporcionados, o status do consumidor, a forma de utilização, o grau de fidelidade, a disposição para o consumo, entre outros. A indústria de cigarros, de maneira geral, utiliza o critério comportamental para segmentar o mercado.

O processo de segmentação pode parecer simples, mas, na prática, requer muita experiência e criatividade. Um profissional de marketing deve ter em conta que os critérios de segmentação devem estar fortemente correlacionados com as necessidades dos consumidores, pois são elas que efetivamente devem determinar os atributos dos produtos oferecidos.

10.4.2 ›› Seleção do mercado-alvo

> **Seleção do mercado-alvo**
> Processo de avaliação da atratividade de cada segmento de mercado e escolha daquele ou daqueles que a organização procurará servir.

A **seleção do mercado-alvo** envolve a avaliação da atratividade de cada segmento e a escolha daquele ou daqueles segmentos que a organização procurará servir. É o passo lógico depois de segmentar o mercado. A segmentação de mercado é a base para a identificação dos segmentos que mais favoravelmente responderão aos esforços de marketing da organização e para a definição da oferta que será apresentada ao mercado.

É no nível dos segmentos que se detectam oportunidades e se pode definir uma vantagem competitiva sobre os concorrentes. A análise do mercado com base em seus segmentos permite que a organização ajuste suas competências às necessidades e preferências de seus consumidores. Para isso, deve coletar e comparar dados da própria organização e de seus concorrentes para avaliar seus pontos fortes e fracos em cada um dos segmentos identificados.

Após avaliar a atratividade de cada segmento, a organização deve escolher aquele que seja mais adequado à sua oferta e que lhe garanta uma vantagem competitiva.

10.4.3 ›› Posicionamento mercadológico

Depois de segmentar o mercado e selecionar o mercado-alvo que pretende servir, a organização começa a definir a oferta para o mercado. O primeiro passo nesse sentido é a definição do **posicionamento mercadológico** que a organização pretende atingir no mercado-alvo.

> **Posicionamento mercadológico**
> Processo de definição dos traços salientes e distintivos de um produto que permite ao público situá-lo no conjunto de produtos análogos, diferenciando-o de todos os outros.

Enquanto a *segmentação* está relacionada com a forma como são identificados os grupos de clientes no mercado, o *posicionamento* está relacionado com a maneira como os clientes percebem as alternativas de compra à sua disposição. O posicionamento é o modo como a oferta da organização se diferencia na mente de seu consumidor em relação aos concorrentes.[28]

Por exemplo, a rede Ibis posiciona-se como um grupo de hotéis de preço mais baixo e atuam voltados para o segmento executivo. Já a rede Blue Tree Park, com resorts de luxo em Búzios e Lins, adota a estratégia de posicionamento por qualidade no atendimento e variedade de serviços, atuando no segmento de famílias que optam por passar as férias em hotéis.

A definição do posicionamento deve permitir identificar a associação que a organização pretende estabelecer entre seus produtos e o mercado-alvo. Para isso, deve considerar três questões:

1. Quem são os consumidores?
2. Quais são as necessidades que o produto ou serviço satisfaz?
3. Por que o produto é a melhor opção para satisfazer essas necessidades?

É importante notar que, apesar de ser o gerente de marketing que define o posicionamento almejado para determinado produto, é o cliente, segundo seus próprios critérios, quem classifica as diversas opções dentre as quais pode escolher. Por exemplo, um cliente pode utilizar os critérios de preço e qualidade para determinada classe de produtos, conforme ilustra a Figura 10.6. Com base nesses critérios, ele posicionará cada uma das ofertas disponíveis do mercado. Idealmente, o consumidor deve perceber um posicionamento único e distintivo para o produto da organização. Se não o fizer, é porque a organização não enviou os sinais certos para o mercado.

Figura 10.6 ›› Mapa perceptivo de posicionamento

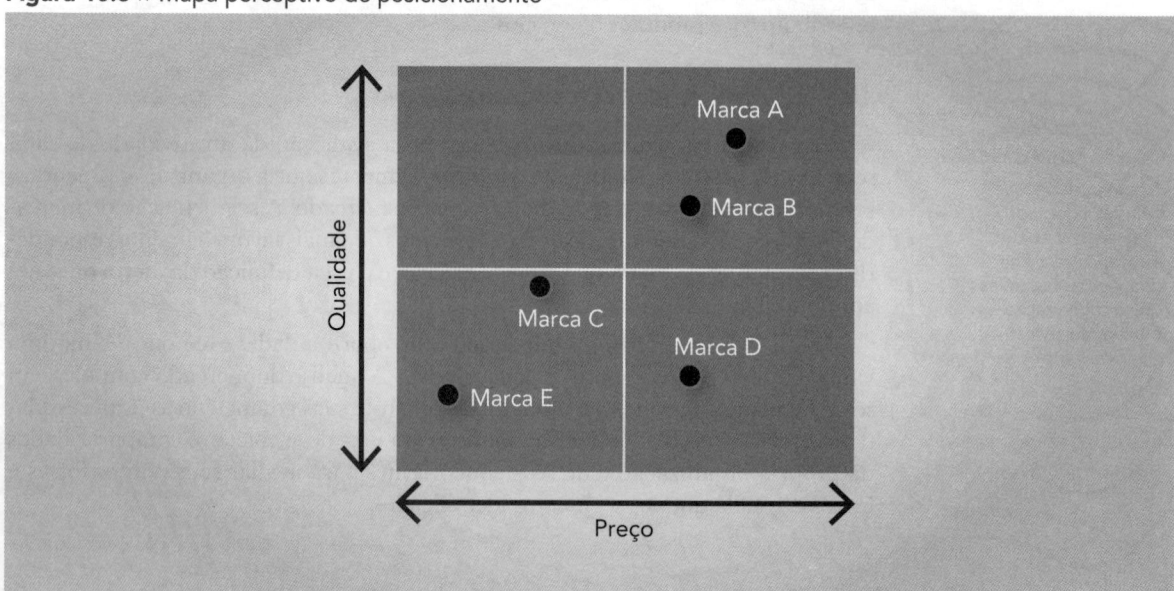

Em outras palavras, a estratégia de posicionamento de uma organização diz respeito à indução de uma percepção desejada por parte do cliente. A empresa buscará, portanto, influenciar a percepção que o cliente tem sobre seu produto. As formas de que uma organização dispõe para posicionar sua oferta são diversas, podendo diferenciar sua oferta por:

- *Atributo*: refere-se ao posicionamento por atributos específicos do produto ou serviço. Por exemplo, o hipermercado Extra enfatiza os preços baixos em sua propaganda, enquanto o Supermercado Pão de Açúcar foca a sofisticação.
- *Benefício*: corresponde ao posicionamento de acordo com a necessidade que satisfaz ao consumidor. Por exemplo, a Colgate posiciona-se como um creme dental que combate as cáries, ao passo que a Close-up posiciona-se como um creme dental de sabores agradáveis.
- *Ocasião de uso*: trata-se do posicionamento em função do momento de consumo. Por exemplo, a Häagen Dazs posiciona seu produto como um sorvete para ser consumido em casa, em ocasiões especiais, enquanto a Kibon posiciona seus sorvetes para ocasiões usuais, do dia a dia.
- *Tipo de usuário:* refere-se ao posicionamento em função do perfil do consumidor. Por exemplo, a AmBev posiciona a cerveja Líber, de teor alcoólico 0%, para consumidores que não podem ou não querem ingerir álcool.

Em geral, uma empresa utiliza mais de um desses critérios para posicionar sua oferta ao mercado. No entanto, o número de critérios utilizados deve ser reduzido. Há autores que defendem que esses critérios devem ser reduzidos a um só, visto que os consumidores têm capacidade limitada de processamento e armazenagem de informação, o que dificulta a promoção de diversos atributos simultaneamente.

A escolha de um posicionamento é passo fundamental na definição da estratégia de marketing de uma organização, uma vez que define claramente como a organização pretende ser vista por seus consumidores. Definidos os segmentos em que a empresa atuará e o posicionamento que adotará, a organização pode desenvolver políticas de produto, promoção, distribuição e preço consistentes e adequadas a cada oferta.

A Intel iniciou em 2011 uma estratégia de reposicionamento da marca. Com o objetivo de deixar a marca mais próxima das pessoas e acabar com o distanciamento de até então, começou a investir em ações que trabalhem os elos afetivos. Um dos principais reforços para exemplificar a nova fase da Intel foi o seu aplicativo no Facebook, que pretende ilustrar como a tecnologia pode unir pessoas. Com a ferramenta, um usuário conecta seu perfil ao de outro com quem tenha uma relação de amizade ou romance, dizendo quando se conheceram. O objetivo da empresa é se aproximar dos consumidores e fazer com que eles enxerguem a companhia de maneira mais emocional.[29]

10.5 ›› Mix de marketing

Os esforços de marketing de uma organização consistem no conjunto de ações com o objetivo de criar valor para seus consumidores. Nesse sentido, a compreensão de suas necessidades e comportamentos é fundamental. No entanto, a criação e captura desse valor é objeto do mix de marketing, também chamado 4 Ps. Os 4 Ps compõem o conjunto de variáveis sobre as quais o gerente de marketing tomará suas decisões, especificamente:

- desenvolver um **produto** (*product*) que satisfaça as necessidades dos consumidores;
- escolher o sistema de *distribuição* (*place*) que permita que esse produto fique acessível ao consumidor;
- desenvolver uma campanha de *comunicação* (*promotion*) que transmita o valor do produto ao consumidor;
- definir uma política de *preço* (*price*) que simultaneamente incentive o consumidor a comprar o produto e a empresa a vender.

> **Produto**
> Qualquer coisa que possa ser oferecida a um mercado para aquisição, uso ou consumo, e que possa satisfazer um desejo ou necessidade.

O gerenciamento desse conjunto de variáveis é o foco de atenção central desta seção. No entanto, a eficácia da estratégia de marketing depende da integração e da sincronização de todos os elementos do composto de marketing. Não adianta ter um ótimo produto se a comunicação com os consumidores ou a distribuição no mercado forem deficientes.

10.5.1 ›› Política de produto

A **política de produto** é considerada por muitos como o elemento central da estratégia de marketing, já que, sem produto não faria sentido tomar decisões relativas aos canais de distribuição, à promoção ou ao preço. Dessa forma, após definir qual o posicionamento pretendido para cada mercado-alvo, a organização deve desenvolver o produto para cada um desses segmentos.

> **Política de produto**
> Decisão sobre o conjunto de atributos, tangíveis ou intangíveis, que os produtos ou serviços devem ter para atender as necessidades reais ou simbólicas dos consumidores.

PRODUTO ›› O *produto* pode ser definido como qualquer coisa que possa ser oferecida a um mercado para aquisição, uso ou consumo, e que possa satisfazer um desejo ou necessidade.[30] Segundo essa definição, o conceito de produto não diz respeito só a objetos físicos, mas também a serviços, ideias, informações, eventos, organizações, enfim, tudo aquilo que possa vir a satisfazer uma necessidade ou desejo. O "produto", além disso, pode assumir mais de uma dessas formas simultaneamente. A Dell, por exemplo, não apenas comercializa computadores (bem físico), como também agrega à sua oferta uma gama de serviços de atendimento e garantias a seus usuários. Ao optar por essa marca, o consumidor não somente estará levando em consideração a qualidade do bem físico que está adquirindo, como também a de todos os serviços associados que a Dell oferece.

Nesse sentido, para o gerente de marketing, o conceito de produto está relacionado com o benefício recebido pelo cliente quando este realiza uma transação. Os benefícios do produto podem ser divididos em três categorias:

- *Benefícios funcionais*: dizem respeito às funções específicas que se espera de determinado produto. Espera-se que uma tesoura corte, que um automóvel permita a uma pessoa locomover-se com segurança e conforto, que uma garrafa de água mineral sacie a sede.
- *Benefícios sociais*: referem-se aos valores que estão associados ao consumo de um bem ou à utilização de um serviço. Um carro esportivo ou um jantar em um restaurante sofisticado não apenas satisfazem necessidades funcionais de velocidade e potência ou de saciedade da fome, mas, sobretudo, atribuem status ao consumidor.

- *Benefícios psicológicos:* correspondem às necessidades de cunho pessoal que se busca satisfazer ao consumir determinado produto ou serviço. Um livro de autoajuda pode ter a função de motivar uma pessoa a atingir um objetivo específico, assim como um tratamento em um *spa* pode fazer a pessoa se sentir melhor consigo mesma, ou um carro blindado pode dar a sensação de segurança.

Vale ressaltar ainda que, na maioria dos casos, o consumidor busca satisfazer não só uma necessidade, mas uma conjugação de necessidades que lhe proporcionem um ou mais desses benefícios. Dessa forma, para melhor gerir a oferta de seu produto ao mercado, o gerente de marketing deve buscar compreendê-lo segundo cinco níveis:[31]

- *Benefício central:* diz respeito ao benefício funcional que o produto proporciona. Por exemplo, a água mineral tem como função saciar a sede.
- *Produto básico:* refere-se ao benefício funcional transformado em produto. Assim, a água mineral deve vir em uma embalagem fechada e lacrada, com as especificações de procedência e informações técnicas, bem como o prazo de validade.
- *Produto esperado:* corresponde aos atributos e condições mínimas que o consumidor normalmente espera quando compra um produto. No exemplo da água mineral, o consumidor espera que ela seja insípida, inodora e incolor.
- *Produto ampliado:* refere-se às características adicionais do produto que oferecem outros benefícios ao consumidor. As novas linhas de água mineral com sabores de frutas, como a água da marca Aquarius, são um exemplo recente no Brasil.
- *Produto potencial:* é tudo aquilo que o produto pode vir a ser no futuro. É nesse nível que se concentram os esforços de pesquisa e desenvolvimento de produtos das grandes empresas com vistas a proporcionar maior satisfação ao cliente e a diferenciar a oferta.

Assim, na elaboração da política de produto, os gerentes de marketing devem, em primeiro lugar, reconhecer as necessidades básicas a serem satisfeitas com o produto. Depois, devem verificar se seu produto básico é adequado para seus consumidores e, se não for, como ele pode ser modificado. Finalmente, devem compreender como se pode ampliar o produto básico de forma a oferecer um conjunto de benefícios adicionais que permitirão melhorar a experiência do consumidor e proteger a organização das ameaças de produtos concorrentes.

A marca Activia, depois de focar no benefício funcional que seu produto proporciona (regulação do trânsito intestinal) e consolidá-lo como benefício central do produto, agora foca em uma característica adicional do produto: o sabor. Com a campanha nacional: "Você já sabe que Activia te ajuda a entrar no ritmo. Agora, vai descobrir como ele é gostoso. Nós te desafiamos a experimentar" a marca busca agregar o sabor como um atributo adicional da sua oferta. Dessa forma, estende o seu conceito de produto de produto básico para produto ampliado.[32]

DESENVOLVIMENTO DE NOVOS PRODUTOS » Atualmente, o desenvolvimento de novos produtos ou a modificação de um existente é uma atividade crítica para as organizações que pretendem permanecer rentáveis no longo prazo. Diante da concorrência cada vez maior, as empresas buscam, além de ofertar produtos diferenciados, descobrir as necessidades ainda não satisfeitas de seus atuais clientes.

O desenvolvimento de novos produtos pode ser compreendido como um processo composto por quatro etapas, conforme ilustrado na Figura 10.7: geração de uma nova ideia, desenvolvimento e teste do conceito, desenvolvimento e teste de um protótipo e comercialização do produto.

Figura 10.7 » Processo de desenvolvimento de novos produtos

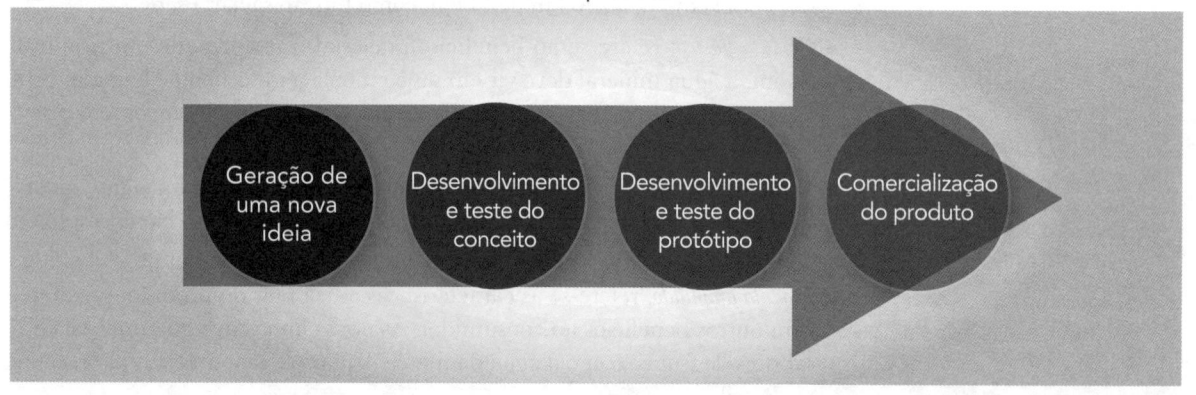

Apesar de sua importância, o desenvolvimento de novos produtos é complexo e acarreta riscos significativos para a organização, pois a obriga a ter procedimentos estruturados e formalizados para lidar com esse processo. Quatro princípios são cruciais para que o desenvolvimento de novos produtos seja eficaz:[33]

1. a opinião do consumidor deve ser ouvida em todas as etapas do processo, seja por meio de questionários ou de técnicas experimentais;
2. a produção física do produto deve ser antecedida de discussões, estudos e testes que envolvam diferentes áreas funcionais, como a engenharia, a produção ou as finanças, de forma a evitar potenciais conflitos futuros;
3. o processo deve ter vários pontos de decisão quanto ao desenvolvimento ou não do produto em cada uma das etapas – na prática, muitas organizações não consideram a hipótese de matar a ideia de um novo produto depois de passar por um teste inicial fraco, o que pode ter consequências muito negativas para a organização;
4. o processo deve reconhecer as competências distintivas da organização, ou seja, o processo de desenvolvimento de novos produtos não apenas deve considerar a adequação do produto ao mercado, mas também a adequação do produto e do mercado à organização.

O objetivo último desse processo é a criação de um produto que ofereça mais valor aos consumidores. Nesse sentido, a percepção que os consumidores têm do valor oferecido é o que conta. Em novos mercados, onde não há uma oferta concorrente, os consumidores definirão o valor do novo produto, comparando-o com produtos que satisfaçam as mesmas necessidades. Em mercados já existentes, os consumidores compararão o novo produto com uma oferta concorrente. Dessa maneira, produtos diferenciados, verdadeiramente inovadores terão uma

> **Ciclo de vida do produto**
> Modelo que descreve a evolução de um produto ou serviço no mercado dividindo-a em cinco etapas, cada uma com características específicas.

taxa de sucesso muito maior que a de imitações ou a de produtos com ligeiras melhorias.[34]

CICLO DE VIDA DO PRODUTO » Além de lançar produtos, o gestor de marketing deve estar apto a gerenciar o **ciclo de vida dos produtos** da organização. Esse ciclo se divide em cinco etapas, como mostra a Figura 10.8: concepção, introdução, crescimento, maturidade e declínio.

Figura 10.8 » Ciclo de vida do produto

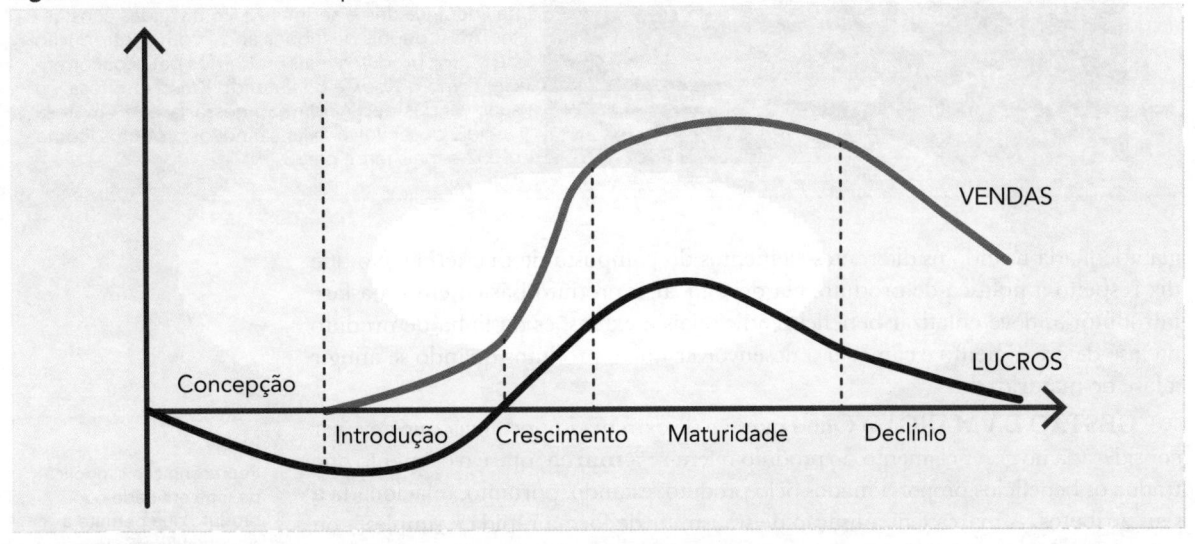

O período de *concepção* é aquele que antecede o lançamento do produto no mercado. É a fase de desenvolvimento de um novo produto. É o momento em que são realizadas pesquisas, desenvolvem-se protótipos, são feitos testes até que a proposta de oferta seja aprovada e torne-se um produto acessível ao consumidor. Muitos produtos nem passam dessa fase, pois são considerados mercadologicamente inviáveis. Nessa fase de concepção, a empresa apenas despende recursos, a título de investimento. Os produtos que concluem de forma bem-sucedida a fase de concepção são lançados no mercado. Um minucioso plano de marketing deve cuidar de cada uma das fases seguintes, para que a empresa maximize seus resultados com o produto lançado.

A segunda etapa é a fase de *introdução* do produto no mercado. Nessa fase, as vendas são baixas, e geralmente a empresa não realiza lucros, em função das despesas envolvidas para que a introdução do produto seja realizada com sucesso. Em seguida, na terceira etapa, vem a fase de *crescimento*, na qual observam-se a aceitação do produto pelo mercado e o crescimento das vendas. A estratégia de marketing deve ser a de acelerar o crescimento das vendas para que a empresa comece a realizar lucros.

Após passar pela fase de crescimento, o produto atinge sua *maturidade*, a qual se deve estender pelo máximo de tempo possível. Nessa fase, o volume de vendas se estabiliza e a lucratividade tende a cair, em virtude do aumento da concorrência. A última fase do ciclo de vida do produto é a de *declínio*. Refere-se àquela fase em que as vendas caem e a realização de lucros por parte da empresa torna-se cada vez mais difícil. A essa altura, cabe ao gerente de marketing ter em seu portfólio um novo produto já aprovado na fase de concepção para ser lançado no mercado e iniciar um novo ciclo.

O ciclo de vida do produto é uma ferramenta útil para compreender os desafios e oportunidades que os administradores enfrentam na gestão de seus produtos ou serviços. Para cada etapa, os gerentes de marketing devem definir uma estraté-

> As fabricantes de consoles são um bom exemplo de como um produto depois de concebido e introduzido no mercado, passa pelas fases de crescimento, maturidade e declínio. A Sony, por exemplo, quando lançou a primeira versão do Playstation, depois do boom inicial, permaneceu alguns anos na liderança desse segmento, com vendas constantes. Mas, depois de alguns anos, com a introdução de outros produtos mais modernos pela concorrência, como o Xbox e o Nintendo Wii, a empresa viu suas vendas declinarem. Só nessa fase, a empresa decidiu desenvolver e lançar novos produtos, como o PS2 e mais tarde o PS3.

gia adequada usando os diferentes elementos do composto de marketing. No que diz respeito à política de produto, ela deve focar o produto básico em uma fase introdutória, deve enfatizar benefícios adicionais e extensões da linha de produto na fase de crescimento e começar a desenvolver novos produtos quando se atingir a fase de maturidade.

GESTÃO DA MARCA » Outra questão de extrema importância que deve ser considerada no gerenciamento do produto refere-se à **marca**, que é o elemento que traduz os benefícios proporcionados pelo produto, estando, portanto, relacionada a seus atributos. A marca tem a função de transmitir de forma rápida e simples – ou até automática – as qualidades e características do produto, facilitando a identificação por parte do consumidor. De certa forma, é possível afirmar que a marca é o elemento que torna tangível, em termos de valores, as qualidades relativas a determinado produto. Em sua grande maioria, as escolhas dos clientes são baseadas no reconhecimento da marca do produto que está sendo ofertado. A marca é, portanto, o elemento em que o consumidor se baseia para definir se um produto é bom ou ruim. Além disso, vale ressaltar que a marca tem importante papel em relação à satisfação psicológica e social do consumidor, pois transmite seu valor a ele.

> **Marca**
> Representação simbólica de uma entidade ou produto que permite a sua identificação imediata por parte do consumidor.

EMBALAGEM » Por último, resta mencionar que a embalagem e a rotulagem são dimensões da política de produto que vêm ganhando relevância, particularmente com relação a itens de grande consumo, como é o caso dos produtos de supermercado. Além da função técnica de conservação e proteção, a embalagem desempenha papel importante na atração e na comunicação com o consumidor. A embalagem e o rótulo são mais um elemento diferenciador da oferta da organização cada vez mais relevante em decorrência do aumento da competição. Dessa forma, o desenvolvimento da política de produto deve considerar a embalagem e o rótulo em suas diferentes funções.

10.5.2 » Política de distribuição

A **política de distribuição** diz respeito à concepção e à gestão dos canais por meio dos quais a organização e seus produtos chegam ao mercado. É por meio dela que se materializa a troca entre a organização e os consumidores. Os canais de distribuição devem ser capazes de gerar demanda para os produtos da organização e de satisfazê-la. Assim, as decisões relativas à definição da política de distribuição dizem respeito à gestão de um sistema que permita a entrega do produto certo, no local certo, no momento certo e nas quantidades certas. Pode ainda incluir uma gama de serviços pós-venda. A Figura 10.9 ilustra as principais funções dos canais de distribuição.[35]

> **Política de distribuição**
> Conjunto de decisões relativas à concepção e gestão dos canais por meio dos quais a organização coloca seus produtos no mercado.

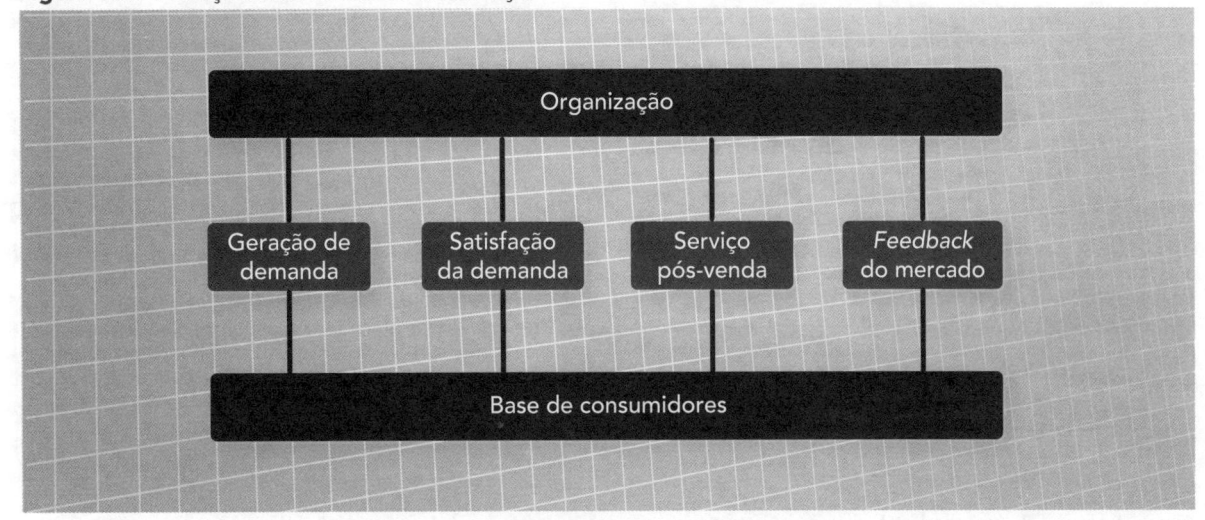

Figura 10.9 ›› Funções dos canais de distribuição

```
                        ┌──────────────────────┐
                        │     Organização      │
                        └──────────────────────┘
           ┌────────────────┬────────────────┬────────────────┐
    ┌──────┴──────┐  ┌──────┴──────┐  ┌──────┴──────┐  ┌──────┴──────┐
    │ Geração de  │  │ Satisfação  │  │  Serviço    │  │  Feedback   │
    │  demanda    │  │ da demanda  │  │ pós-venda   │  │ do mercado  │
    └──────┬──────┘  └──────┬──────┘  └──────┬──────┘  └──────┬──────┘
           └────────────────┴────────────────┴────────────────┘
                        ┌──────────────────────┐
                        │ Base de consumidores │
                        └──────────────────────┘
```

Ao definir qual será a estratégia de distribuição do produto, o gerente de marketing deverá levar em consideração quais os canais que se pretende utilizar, o tipo de relacionamento que se estabelecerá, o processo logístico que será utilizado, os níveis de estoque que serão praticados, o tipo de transporte que será utilizado, as formas de armazenagem, entre outras.

Essas variáveis devem ser analisadas de forma criteriosa, pois as decisões relacionadas com os canais de distribuição são difíceis de alterar. Uma vez decididos os canais de distribuição, dificilmente se volta atrás, já que esses relacionamentos envolvem contratos de longo prazo ou investimentos significativos que não podem ser realocados com facilidade. Por outro lado, as relações sociais estabelecidas entre distribuidores e clientes são, na maioria das vezes, uma enorme barreira à mudança.

Com relação aos canais de distribuição, a primeira decisão a ser tomada refere-se ao tipo. Podem ser utilizados canais próprios, intermediários ou ambos. Na realidade, são muitos os sistemas empregados pelas empresas para chegar ao mercado, e elas podem optar por:

- vendedores, representantes ou consultores (por exemplo, Natura);
- lojas e sucursais próprias da organização (como os bancos comerciais);
- venda on-line pelo site Web da organização (por exemplo, Dell Computadores);
- rede de franqueados (como o McDonald's);
- varejistas (por exemplo, produtos de consumo de massa).

A opção por canais próprios implica investimento financeiro elevado e pouca flexibilidade na administração do sistema. Em compensação, apresenta vantagens como maior controle sobre a gestão da distribuição, maior qualidade das informações a respeito dos clientes e a garantia de fornecimento de informações e serviços acessórios ao consumidor. Já a opção por intermediários oferece as vantagens de maior rapidez na cobertura do mercado e possibilita a atração de um número maior de clientes, visto que o produto está sendo ofertado juntamente com outros.

Tendo definido o tipo de canal a ser utilizado, ou o mix deles, o próximo passo é definir a **intensidade da distribuição**, ou seja, a quantidade de pontos de venda e sua localização geográfica. A organização pode optar por uma distribuição intensiva, seletiva ou exclusiva. Na *distribuição exclusiva*, a empresa escolhe um único distribuidor em determinada região, enquanto na *distribuição intensiva*, coloca seus produtos no maior número possível de revendedores, procurando assim maximizar

> **Intensidade da distribuição**
> Decisão sobre a quantidade e o tipo de canal de distribuição que devem ser utilizados para entrar em um determinado mercado.

> Após prejuízos que somaram R$ 230 milhões na década de 1990, a companhia Hering comemorou, na primeira década do novo milénio, o sucesso das mudanças em sua estrutura organizacional. O lucro da empresa, em 2010, havia chegado a mais de R$ 200 milhões e sua receita tinha superado a cifra de R$ 1 bilhão. A reviravolta era reflexo de uma nova estratégia de distribuição, caracterizada pela disseminação de lojas próprias e franqueadas, onde a margem de lucros era muito maior do que nas vendas em grande escala por atacado. Atualmente, com uma rede de mais de 400 lojas próprias ou franqueadas, a empresa começou a década lucrando e com boas perspectivas futuras ao deixar de pensar como indústria para pensar como varejista.[36]

sua cobertura do mercado. A *distribuição seletiva* é a opção intermediária, na qual a organização distribui seus produtos para um número limitado de distribuidores. Normalmente, produtos de consumo em massa são distribuídos de forma intensiva, ao passo que produtos de elevado valor e envolvimento por parte dos consumidores são distribuídos de forma exclusiva.

Atualmente, com a evolução dos meios de comunicação, a Internet também se apresenta como importante canal de distribuição. Já existem muitos serviços que são comercializados e até mesmo consumidos exclusivamente pela rede. No caso de produtos físicos, a venda é realizada pelo site Web da empresa ou por um shopping virtual, e a entrega é feita por um serviço de entregas. No caso de serviços, existem modalidades que chegam a ser consumidas pela Web, como é o caso do ensino a distância, uma tendência que ganha cada vez mais espaço no ramo da educação. A vantagem dessa nova modalidade de ponto de venda é a redução de custos relativos às instalações físicas de uma loja ou de armazenamento de estoques de forma fragmentada.

O desempenho de vendas de uma empresa encontra-se intimamente relacionado com o desempenho de seus canais de venda, sejam eles próprios ou de terceiros. Nesse sentido, é importante que a organização se empenhe para garantir um bom desempenho de seus distribuidores. Devem ser acompanhados de perto pelo gerente de marketing aspectos como a evolução das vendas, o grau de satisfação dos consumidores, a qualidade da gestão dos estoques, a qualidade do serviço prestado, o perfil e a natureza do público atingido, além de outras variáveis mais específicas que podem afetar a reputação do produto ofertado no mercado.

Finalmente, é importante realçar que as estratégias para os Ps do composto de marketing não podem ser definidas individualmente, mas sim de forma integrada e consistente. Por exemplo, as decisões relativas à distribuição do produto devem estar em linha com o que se pretende fazer em relação à sua promoção e comunicação. Não faz sentido distribuir um produto que não esteja adequadamente comunicado, porque corre-se o risco de ficar com itens encalhados na prateleira ou, no caso de perecíveis, estragados. Também seria incoerente comunicar um produto que ainda não tenha chegado aos pontos de venda, pois se corre o risco de frustrar potenciais consumidores. É necessário, portanto, uma sinergia entre as políticas de produto, distribuição, comunicação e preço.

10.5.3 ›› Política de comunicação

A **política de comunicação** é outra ferramenta ao dispor dos gerentes de marketing para criar valor para seus consumidores. Não basta produzir e distribuir o produto. É necessário que os consumidores o conheçam e lhe atribuam mais

> **Política de comunicação**
> Conjunto de sinais que a organização emite para o mercado-alvo para divulgar e criar valor para os seus produtos.

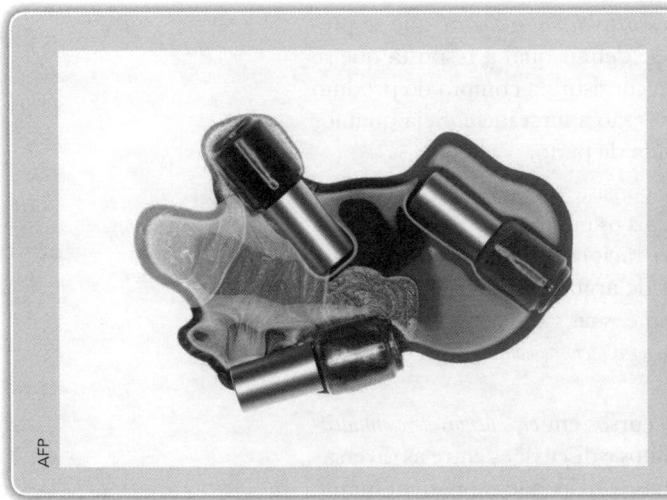

A fabricante de esmaltes Impala, reconhecendo a importância da comunicação no processo de criação e a troca de valor com os seus clientes, lançou, em 2011, os esmaltes "Rebelde", produtos licenciados da versão brasileira da novela da Record, voltada para o público jovem. A empresa aproveitou a participação na Beauty Fair, feira de beleza anual, para divulgar e promover esta novidade. Ao desenvolver uma coleção para o elenco da novela, a empresa estabelece um canal de comunicação com a geração Y, e transmite um novo conceito de produto, com cores fortes e nomes que usam bordões conhecidos nas redes sociais.[37]

valor do que aos produtos concorrentes. É aqui que entra em ação a política de comunicação. A *comunicação* pode ser definida como o conjunto de sinais que a organização emite para seu mercado-alvo.

Esse elemento do mix de marketing também pode ser chamado de promoção, uma vez que tem como objetivo promover os produtos da organização. São vários os meios que podem ser utilizados para promover a comunicação de um produto, dos quais se destacam a publicidade ou propaganda, a promoção de vendas, as relações públicas e as vendas pessoais. Esse conjunto de ferramentas promocionais é designado como **mix de comunicação**.

> **Mix de comunicação**
> Conjunto de ferramentas promocionais que operacionalizam a política de comunicação.

PROCESSO DE PLANEJAMENTO DA COMUNICAÇÃO ›› O planejamento da comunicação pode ser compreendido como um processo que envolve decisões complexas sobre o mercado-alvo, o objetivo, a mensagem, o meio de comunicação, o orçamento e a avaliação da campanha. A Figura 10.10 ilustra o processo de planejamento da política de comunicação.

A primeira etapa desse processo consiste na *identificação do público-alvo* ao qual a comunicação se dirige. O público-alvo afetará fortemente as decisões sobre *o que* será dito, *como* será dito, *quando* será dito, *onde* será dito e *quem* vai dizer.[38] O público-alvo pode ser composto de clientes atuais ou de novos clientes que se pretendem prospectar.

Figura 10.10 ›› Processo de planejamento da comunicação

Identificação do público-alvo → Definição do objetivo da comunicação → Seleção do tipo de mensagem → Seleção do meio de comunicação → Elaboração do orçamento da campanha → Medição e avaliação dos resultados

Depois de identificado o público-alvo, é necessário *definir o objetivo* que se pretende atingir com a comunicação, ou seja, deve-se definir qual a resposta que se pretende obter do consumidor. Essa resposta pode consistir na compra do produto comunicado, na utilização de um serviço ou na adesão a uma ideia. Seja qual for o caso, a reação do mercado deve ser acompanhada de perto.

A *seleção do tipo de mensagem* é a etapa seguinte e consiste na definição do conteúdo da mensagem. Esse conteúdo deve abordar quais os pontos a serem comunicados, que tipo de apelo será utilizado (que pode ser racional, emocional ou moral), qual a estrutura da mensagem, ou seja, que tipos de argumentos serão utilizados, e a forma como será transmitida a mensagem, isto é, suas características técnicas. Depois de definida a mensagem, é necessário *escolher o meio de comunicação* para chegar ao consumidor.

A penúltima etapa consiste na alocação de recursos em *orçamentos de comunicação*. Normalmente, essa etapa é uma fonte de conflitos e discussões entre as diversas áreas funcionais na organização. Na maioria dos casos, a decisão sobre o montante a investir na campanha de comunicação baseia-se nos resultados atingidos pelo produto em anos anteriores ou no custo de campanhas de produtos concorrentes. Na verdade, qualquer um desses critérios está conceitualmente errado, uma vez que o orçamento deve ser definido com base nos resultados que se pretendem alcançar com a campanha promocional.

Por fim, o processo de planejamento de comunicação prevê a *medição e a avaliação dos resultados* da campanha de comunicação. É fundamental que se desenvolvam mecanismos de medição e de controle do impacto dos esforços de comunicação, para se observar possíveis falhas e evitar erros futuros. Pesquisas mostram que, entre as razões para que os gerentes de marketing permaneçam apenas 22 meses em média no cargo, pode estar a insuficiente consideração que têm em relação às medidas de eficácia dos esforços de comunicação da organização e a consequente inabilidade para mostrar seus resultados.[39]

PRINCIPAIS FERRAMENTAS PROMOCIONAIS ›› Os executivos de marketing têm a seu dispor uma variedade de ferramentas e veículos promocionais para que o produto seja adequadamente comunicado ao mercado-alvo. As principais são: a publicidade, a promoção de vendas, a venda direta e as relações públicas.

A **publicidade** é talvez a mais popular de todas as ferramentas a serviço do marketing. Pode ser definida como a apresentação de mensagens e anúncios com o objetivo de informar ou persuadir os consumidores sobre determinado produto, serviço, organização ou ideia. Engloba a transmissão de mensagens por meio de televisão, revistas, imprensa, rádio, catálogos, outdoors, mailings, telemarketing, Internet etc. Na maioria dos casos, a publicidade tem a desvantagem de não permitir customizar a mensagem transmitida, uma vez que tende a ser impessoal e unilateral.

Todavia, devido à sua capacidade de atingir grande número de consumidores, ela permite transmitir a mensagem a um custo por contato reduzido. A publicidade desempenha também papel importante na construção da imagem de longo prazo de um produto ou organização. Em termos de dimensão, o mercado publicitário brasileiro move, por ano, quase 40 bilhões de reais[40]. Entretanto, apesar do crescimento dos investimentos em publicidade, tem-se observado uma mudança na popularidade dos diferentes meios de comunicação, estimulados pelas inovações tecnológicas. Por outro, os meios de comunicação tradicionais começam a ficar saturados em razão da enorme procura de espaço para anunciar os produtos por parte das organizações, o que dificulta a capacidade para atrair a atenção do consumidor e diferenciar o produto da concorrência.

A **promoção de vendas** é outro veículo utilizado na comunicação com os consumidores e que usa os canais de distribuição para promover os esforços de

> **Publicidade**
> Veículo promocional que consiste na difusão pública de mensagens e anúncios com o objetivo de informar ou persuadir os consumidores sobre determinado produto, serviço ou ideia.

> **Promoção de vendas**
> Conjunto de ferramentas usadas para desenvolver e acelerar a vendas de um produto, utilizando incentivos a curto prazo que estimulam a venda de um produto.

marketing da organização. Inclui a oferta de cupons, amostras grátis, descontos, concursos e prêmios e tem como objetivo permitir o teste de um novo produto, dar a conhecer uma melhoria em um produto, neutralizar promoções concorrentes, promover a troca para outro produto mais rentável etc. Essa ferramenta de comunicação tem como principal vantagem a rapidez na resposta do consumidor, que se sente tentado a comprá-lo como resultado do ganho que percepciona. No entanto, sua utilização excessiva tende a aumentar a sensibilidade do consumidor ao preço e a corroer a imagem do produto.

Por sua vez, a **venda direta** consiste na comunicação oral face a face com os consumidores com o objetivo de efetuar uma venda. É um veículo de comunicação que permite maior interação com o consumidor e possui elevado potencial de customização, sendo, por isso, muito eficaz em sua capacidade de gerar uma resposta do cliente. Contudo, essa flexibilidade tem um custo muito elevado. Desenvolver uma força de vendas é mais difícil, caro e desafiador do que gerir um orçamento publicitário. Ainda assim, é um instrumento útil para desenvolver uma relação estável e de confiança com os clientes, dada a proximidade que estabelece com eles.

As **relações públicas** são outra forma de construir relações com os diversos públicos com os quais a organização interage, promovendo e veiculando suas atividades, construindo uma boa imagem corporativa e lidando com rumores, histórias e eventos desfavoráveis para a organização. A forma como a empresa utiliza esse veículo de comunicação inclui conferências de imprensa ou teste de produtos para pessoas que, depois, influenciarão os consumidores. As relações públicas são um meio relativamente barato de promover produtos ou a organização, e a informação assim veiculada tende a ser mais credível do que a transmitida pela publicidade, na qual o promotor está facilmente identificado.

COMUNICAÇÃO INFORMAL ›› Não é apenas por intermédio das ferramentas referidas que se promovem os produtos. Há, ainda, outros fatores que comunicam e, consequentemente, transmitem valores aos consumidores, como as instalações da empresa, o comportamento dos funcionários e sua indumentária e os pronunciamentos públicos proferidos por seus dirigentes. Além destes, é importante realçar o **boca a boca** como uma das mais eficazes formas de comunicar um produto ou uma organização. Um produto considerado bom, ou uma experiência positiva com relação a um serviço, tende a ser comentado com outros potenciais consumidores. O mesmo vale para experiências negativas ou produtos que não apresentam o desempenho esperado. Nesse caso, pesquisas demonstram que o boca a boca é ainda maior, ou seja, é mais fácil um cliente insatisfeito relatar sua experiência ou insatisfação para terceiros do que um cliente satisfeito fazê-lo. Em ambos os casos, o boca a boca afeta as vendas e os resultados da organização, seja positiva ou negativamente. Estar ciente do que pensam os consumidores mais influentes em relação ao produto ofertado é, portanto, um dos maiores desafios que o gerente de marketing enfrenta para dominar a dinâmica do boca a boca presente no mercado onde a organização atua.

A comunicação, tanto pelas vias tradicionais quanto por meios informais, é um elemento fundamental para transmitir a imagem que se quer passar da organização. Dessa forma, a comunicação agrega valor ao produto e informa quais benefícios sociais ou psicológicos ele pode proporcionar. No caso de produtos que requerem especificação técnica detalhada, a comunicação pode também servir para que as informações relativas aos benefícios funcionais sejam transmitidas. O importante é que os esforços de comunicação de uma empresa com relação a um produto sejam integrados internamente, no que diz respeito aos diversos meios disponíveis para se comunicar, e externamente, no que diz respeito à sua relação com os outros componentes do mix de marketing. A coerência é, pois, uma das mais importantes exigências da política de comunicação da organização.

Venda direta
Sistema de comercialização de bens de consumo e serviços diferenciados baseado no contato e comunicação pessoal, entre vendedores e compradores.

Relações públicas
Ferramenta promocional que visa à construção de relações com os diversos públicos com os quais a organização interage, promovendo e veiculando suas atividades.

Boca a boca
Comunicação informal e espontânea de consumidores que compartilham suas experiências pessoais de consumo com outros potenciais consumidores.

10.5.4 ›› Política de preço

O preço é o último elemento do composto de marketing a ser analisado, mas nem por isso é o menos importante. As decisões sobre a **política de preço** afetam a imagem do produto no mercado e têm um impacto direto nas decisões de compra dos consumidores, que se refletem na rentabilidade da empresa. É interessante ressaltar que o preço é o único dos 4 Ps capaz de gerar receita para a organização. Enquanto as decisões relativas aos demais Ps consomem os recursos financeiros da empresa, o preço tem a capacidade de trazer recursos para financiar as atividades de criação de valor, ou seja, os outros Ps e, além disso, gerar lucro para a organização.

> **Política de preço**
> Conjunto de decisões relativas ao estabelecimento e gerenciamento do preço dos produtos da organização.

Outra característica importante na política de preço de uma organização diz respeito à facilidade de gerenciamento. O preço é o elemento do mix de marketing que se pode modificar com mais facilidade. Nesse sentido, uma decisão equivocada quanto ao preço pode ser corrigida ou decisões para liquidação de estoques podem ser rapidamente implementadas. A desvantagem de tal flexibilidade é que essa variável pode ser facilmente imitada pelos concorrentes.

ESTABELECIMENTO DO PREÇO ›› O estabelecimento do preço de determinado produto é uma tarefa complexa, com implicações muito significativas na rentabilidade da empresa. Por exemplo, um aumento médio de 1% no preço dos produtos da Coca-Cola (ignorando o impacto desse aumento na diminuição da procura dos produtos) significaria um acréscimo de 6,4% nos lucros da companhia. O mesmo aumento de 1% no preço levaria a um aumento de 16,7% nos lucros da Fuji, 17,5% da Nestlé e 26% da Ford, se a demanda se mantivesse constante,[41] o que, na prática, não acontece.

De fato, a definição da política de preço de um produto é muito relevante para o sucesso de uma organização. Apesar disso, muitas empresas veem o preço como algo que é estabelecido pelo mercado e sobre o qual não têm muito controle. Para definir com eficácia o preço de um produto, devem-se considerar diversas influências, tais como o valor percebido pelo cliente, o preço praticado pela concorrência, os objetivos da organização, a estrutura de custos de produção, entre outros. Quando se trata do lançamento de um produto, decidir seu preço torna-se ainda mais complexo.

Tal como ilustrado na Figura 10.11, o preço de um produto depende fundamentalmente do **valor percebido** pelo consumidor. Esse valor não é necessariamente o valor objetivo do produto (benefícios que efetivamente esse produto proporciona) e é influenciado pelos esforços de marketing da organização e pelos preços dos produtos concorrentes. A empresa deve cobrar um preço inferior ao valor percebido pelo consumidor para que ele se sinta estimulado a comprar (nesse sentido, cria valor para o cliente) e superior ao preço de produção para que a organização se sinta estimulada a vender (dessa forma, captura uma parte do valor criado).

> **Valor percebido**
> Expectativa do consumidor quanto aos benefícios esperados de um produto *versus* o seu custo de aquisição.

Mas como uma empresa determina o valor percebido de um produto? O método mais comum para se chegar a essa informação é por meio de pesquisas de mercado. Testes e simulações ajudam os executivos de marketing a conhecer até que preço os clientes estão dispostos a pagar pelo produto e, além disso, qual sua sensibilidade em relação à variação do preço. Sabe-se que quanto maior for o preço praticado por uma empresa, maior será sua lucratividade. No entanto, pode-se diminuir o número de consumidores dispostos a comprar o produto ao se praticar um preço muito alto.

Análises estatísticas auxiliam os gerentes de marketing a definir o preço ótimo que garanta simultaneamente uma boa lucratividade e uma boa participação de mercado. Essas análises devem considerar o cruzamento de informações como a estrutura de custos, a lucratividade esperada, as faixas de preço e a demanda estimada para cada faixa.

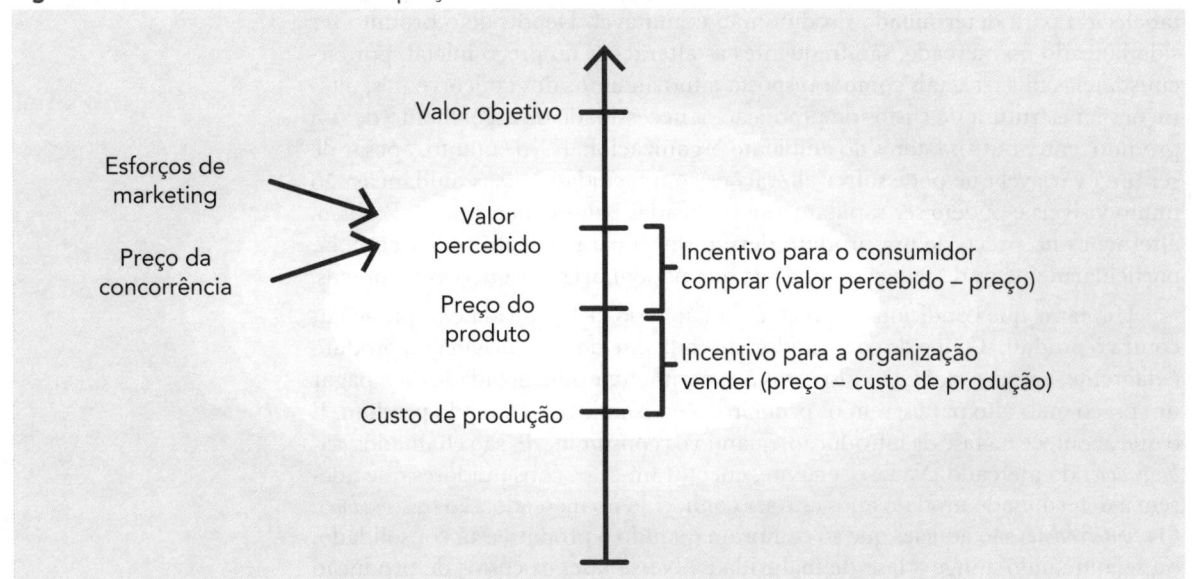

Figura 10.11 ›› Estabelecimento do preço com base no valor

- Valor objetivo
- Esforços de marketing →
- Preço da concorrência →
- Valor percebido
  - } Incentivo para o consumidor comprar (valor percebido – preço)
- Preço do produto
  - } Incentivo para a organização vender (preço – custo de produção)
- Custo de produção

Os concorrentes compõem outro importante fator a ser analisado no estabelecimento do preço, pois será em relação a eles que o consumidor comparará seu preço quando estiver realizando o processo de decisão de compra. Assim, pode-se ter como objetivo oferecer um produto com preço superior ao da concorrência, para que sua imagem e qualidade sejam percebidas como superiores, ou com preço inferior ao da concorrência, para se atingir uma parcela do mercado não atendida. Em geral, para a maioria dos produtos, a faixa de variação de preços não é muito extensa. Entretanto, caso determinado produto apresente alguma característica diferenciada, pode-se adotar a estratégia de fixação de preço *premium*, justificada por seu diferencial. Essa estratégia parte do princípio de que os clientes estarão dispostos a pagar mais em função do diferencial que o produto tem.

Além dessas variáveis já enumeradas, devem-se considerar, também, os objetivos que a organização pretende atingir. Na verdade, a decisão sobre o preço deve levar em conta todas essas variáveis de forma integrada, para que se tenha uma estratégia consistente. Os objetivos da empresa, porém, devem ser a linha guia da definição do preço. Se, por exemplo, o objetivo for ampliar a participação de mercado, deve-se adotar uma estratégia de preço baixo. Se, por outro lado, procura-se atribuir ao produto um status de qualidade superior, o preço deverá ser superior ao praticado no mercado.

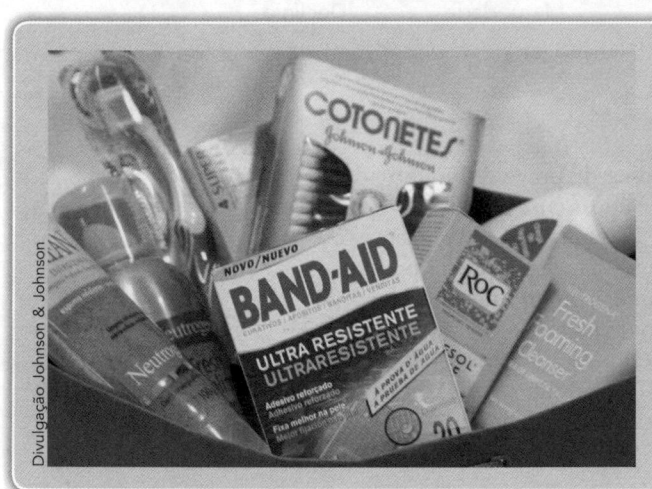

Desde 2010, a política de preços da subsidiária brasileira da Johnson & Johnson é pensada e analisada de forma sofisticada. Na sede da empresa em São Paulo, três funcionários analisam diversas planilhas e tabelas a fim de calcular o preço de todos os 70 produtos vendidos pela companhia. Com a criação dessa equipe de precificação, a J&J passou a ter preços diferentes para um mesmo produto. A variação chega até a 30% em uma escala que considera diversos fatores, como localização do cliente e dia do mês em que a compra é feita. Essa nova política ajudou a J&J a aumentar em 10% o seu lucro no ano em que foi implementada e a levar a subsidiária do quinto para o segundo lugar no ranking global da companhia.[42]

GERENCIAMENTO DO PREÇO » Como foi mencionado, o preço estabelecido para determinado produto não é imutável. Depois de o produto ter sido lançado no mercado, são frequentes as alterações no preço inicial, por circunstâncias diversas, tais como a resposta a movimentos dos concorrentes, alterações na estrutura de custos de produção, a necessidade de escoamento de um produto, entre outros fatores do ambiente organizacional. No entanto, apesar de ser uma variável que pode sofrer alterações com facilidade, essas mudanças são muito visíveis e podem ser rapidamente replicadas pelos concorrentes. Por isso, alterações no preço de um produto devem ser encaradas com muita cautela, particularmente as de redução, uma vez que podem originar guerras de preços.

Um fator que condiciona o preço é o estágio do ciclo de vida em que se encontra o produto. O tipo de consumidor em cada fase do ciclo de vida do produto é diferente, e nem todos estão dispostos a experimentar uma novidade ou a pagar um preço mais alto para serem os primeiros a consumir determinado produto. É o que acontece na fase de introdução, quando os consumidores são chamados *desbravadores* do mercado. Na fase seguinte, encontram-se os consumidores que aderem a determinado produto após este ser conhecido no mercado: são os *seguidores*. Os *conservadores* são aqueles que só compram quando o produto está consolidado, ou seja, quando atinge a fase de maturidade. Nessa fase, os custos de produção diminuem em razão de economias de escala, e as empresas podem cobrar um preço mais baixo. Por fim, os *retardatários* são aqueles que só consomem o produto em sua fase de declínio, quando os preços são bem mais baixos.

Conforme mostra a Figura 10.12, o preço acompanha o ciclo de vida do produto, ficando a cargo do gestor de marketing definir em quanto e quando ele será alterado.

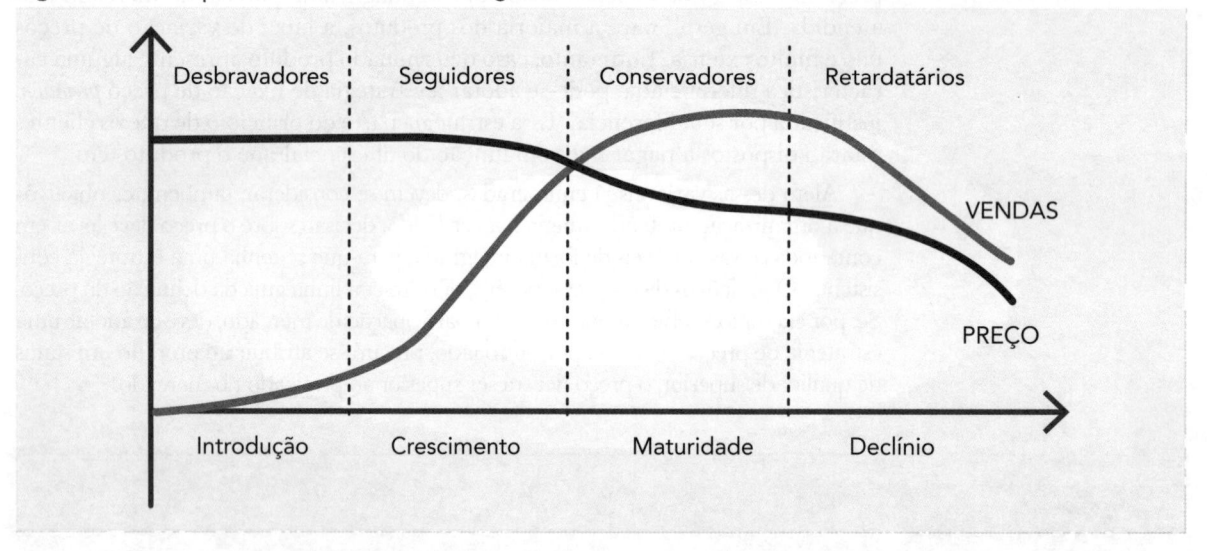

Figura 10.12 » Tipos de consumidores e estágios do ciclo de vida

QUESTÕES LEGAIS E ÉTICAS » A política de preço é uma atividade que pode levantar um conjunto de questões legais e éticas cuja resolução requer a consideração do contexto específico no qual opera a organização.[43] Por exemplo, a customização do preço é uma prática frequente para estabelecer preços para diferentes regiões, consumidores ou mercados. No entanto, é importante saber quando isso é ou não ilegal. Por exemplo, na cidade do Rio de Janeiro é ilegal cobrar preços diferentes pelo mesmo produto, vendido no mesmo canal de distribuição (por exemplo, os hambúrgueres devem ter o mesmo preço em toda a rede McDonald's no Rio). Além das questões legais, essas práticas devem ser analisadas também da perspectiva ética.

Outras práticas podem ser consideradas ilegais ou antiéticas, como as que têm o objetivo de reduzir ou eliminar a concorrência.[44] Por exemplo:

- *Preço predatório*: estabelecer um preço baixo durante um período para que o concorrente se veja obrigado a abandonar o mercado.
- *Combinação de preço*: estabelecer preços em conluio com alguns concorrentes.
- *Fixação de preço:* obrigar os distribuidores a vender a um preço fixo.

A política de preço pode dar origem a processos judiciais, tanto por parte de órgãos governamentais, como de consumidores ou concorrentes. Além da imagem negativa para a organização, os processos podem resultar em indenizações muito significativas. Assim, é fundamental que a definição do preço de um produto seja objeto de uma reflexão ética e passe por uma revisão legal antes de ser implementada.

Mito ou ciência

Quanto mais caro, maior a qualidade do produto

Apesar de intuitivamente apelativa, essa afirmativa não é totalmente verdadeira. Temos a tendência de acreditar que quanto mais caro um determinado produto, melhor deve ser a sua qualidade. Isso é tão presente que uma das estratégias de marketing utilizadas para melhorar a percepção de quão agradável é um produto para o consumidor é aumentar seu preço. Esse tipo de influência mostra-se muito importante, uma vez que a "agradabilidade" percebida pelo consumidor pode determinar suas tomadas de decisões futuras.

Essa constatação de que costumamos associar preço à qualidade do produto foi testada e comprovada em um estudo realizada por pesquisadores brasileiros cujo objetivo foi avaliar como a precificação pode levar o consumidor a ter visões diferentes sobre um produto. Após entrevistarem 173 soteropolitanos (81 homens e 92 mulheres), os pesquisadores confirmaram a ideia de que preços superiores ou inferiores provocam a percepção de uma qualidade superior ou inferior do produto[45].

Um outro estudo conduzido por pesquisadores norte-americanos chegou a mesma conclusão. Os autores recrutaram voluntários para uma prova de vinho tinto. Foi dito que eles degustariam cinco tipos diferentes, os quais seriam apenas identificados pelo preço. Porém, na verdade, havia apenas três vinhos diferentes, identificados com preços diferentes. Após a degustação de cada vinho, era pedido que eles avaliassem somente o sabor e reportassem o quanto eles tinham apreciado cada amostra. Os resultados foram esclarecedores. Os vinhos avaliados como melhores eram justamente que eram identificados como mais caros, apesar de os participantes terem tomado o mesmo vinho duas vezes. Os pesquisadores concluíram que o preço pode alterar não somente as inferências sobre a qualidade do produto, mas também o real prazer experimentado por alguém ao consumir esse produto.[46]

Normalmente, um dos fatores que influenciam o preço de uma mercadoria, é o custo de sua produção (fator financeiro). É lógico pensar que produtos fabricados com matéria-prima de baixa qualidade (e portanto mais barata), terão um custo baixo. Isso pode levar a um preço menor em relação a outros que são produzidos com insumos de melhor qualidade. Muitas vezes isso acontece e, nesses casos, o preço acaba sendo sinônimo de qualidade.

Entretanto, como dito anteriormente, o custo de produção é apenas um dos fatores que podem influenciar na formação do preço. Um dos aspectos fundamentais na definição do preço é o valor percebido pelo consumidor, que não necessariamente é o valor objetivo do produto. Pode acontecer, portanto, de dois produtos com a mesma qualidade serem percebidos de maneiras diferentes pelos consumidores e precificados com valores diversos. Nesse caso, o preço não significa a qualidade.

Um bom exemplo disso é o caso da cerveja Budweiser, lançada no Brasil em 2011 pela Ambev. Marca mais popular dos Estados Unidos, a Budweiser é uma típica bebida de massas, segundo especialistas do setor. Ela tem ingredientes e sabor que não se enquadram na categoria superior. A Budweiser usa uma quantidade alta de matérias-primas pouco nobres, como arroz, o que não é admitido em uma cerveja considerada *premium*. Mas a empresa detectou que muitos consumidores associam diretamente marcas importadas a produtos melhores e julgam justo pagar um preço maior para produtos importados. Com base nesse valor percebido dos clientes, a empresa conseguiu posicionar a bebida em uma faixa de preço até 30% superior à dos concorrentes. Nesse caso, o preço mais alto não ›› implica qualidade superior.[47]

10.6 ›› Administrando os clientes

Como definido anteriormente, marketing é o processo por meio do qual uma organização cria valor ao satisfazer as necessidades de seus consumidores. Assim sendo, uma organização não se define apenas por seus produtos, mas também pelos clientes que serve. A gestão dessas relações assume, assim, uma importância decisiva para o desempenho da organização. Nesta seção, serão abordados temas como o marketing de relacionamento, os sistemas de gerenciamento de relacionamento com o cliente e as vantagens associadas à administração de relações duradouras com os clientes.

10.6.1 ›› Marketing de relacionamento

A *atração de novos clientes* sempre foi e será um dos principais objetivos da administração de marketing. Contudo, a atração de novos consumidores é uma tarefa difícil e dispendiosa para a organização. Especialmente em mercados maduros e competitivos, o custo de atração de novos clientes é muito elevado, envolvendo investimentos volumosos em campanhas publicitárias, incentivos para a força de vendas, entre outros. Nesse contexto, a atenção das empresas tem se voltado para a *retenção dos clientes atuais* e para a construção de uma relação de longo prazo com eles. De fato, as organizações já perceberam que é mais fácil, produtivo e rentável reter clientes do que atrair novos.

Essa mudança na orientação da estratégia de marketing é conhecida como **marketing de relacionamento**, e consiste no processo de identificação, estabelecimento e manutenção de relações duradouras e lucrativas com os clientes, por meio da satisfação contínua das suas necessidades. A organização deve identificar os consumidores com os quais será vantajoso desenvolver uma relação de longo prazo, a fim de aumentar o volume de transações com esse cliente e, desse modo, aumentar a rentabilidade da organização.

> **Marketing de relacionamento**
> Processo de identificação, estabelecimento e manutenção de relações duradouras e lucrativas com os clientes, por meio da satisfação contínua das suas necessidades.

Apesar de se referir às atividades voltadas para a retenção dos clientes, o marketing de relacionamento também prevê o desligamento daqueles clientes que não estão contribuindo com os objetivos da organização. Contrariamente ao que se pensa, nem todos os consumidores interessam à organização. Existem clientes que, além de não contribuírem com transações relevantes para a empresa, fazem exigências e impõem condições pouco razoáveis. As relações com esses consumidores devem ser extintas.

Finalmente, o marketing de relacionamento defende a construção de relações nas quais ambas as partes saiam beneficiadas. Não é só a organização que tem a ganhar com a fidelização dos consumidores, mas estes também devem ter seus benefícios. Nenhuma relação subsiste sem um equilíbrio entre as partes envolvidas.

Apesar da importância da construção de uma relação com os consumidores, uma pesquisa recente com mais de 16 mil consumidores constatou que nem todos os clientes fiéis são rentáveis e nem todos os clientes rentáveis são fiéis. Os autores chegaram a algumas conclusões que desmistificam algumas crenças comuns dos executivos de marketing:

- *Clientes fiéis custam menos para se atender* – clientes fiéis, que compram muito, sabem o quanto valem para a empresa e exploram isso com a finalidade de obter descontos e um atendimento diferenciado;
- *Clientes fiéis pagam mais do que os outros clientes* – clientes com maior experiência nas transações com uma empresa acreditam que merecem pagar preços mais baixos;
- *Clientes fiéis atraem mais clientes através do boca a boca* – clientes disseminam suas experiências positivas somente se se sentirem tratados de forma fiel pela empresa.

O marketing de relacionamento é prioridade para a Nestlé. A empresa, que já recebe cerca de 2.500 contatos por dia dos seus consumidores, criou um novo canal para melhor atendê-los: o SAC por SMS. Assim, sempre que um cliente tiver dúvidas sobre um produto Nestlé poderá esclarecê-la na hora. Não precisa mais enviar carta, e-mail ou ligar para o serviço de atendimento ao consumidor, basta enviar uma mensagem de texto por SMS. De graça, qualquer um poderá enviar uma mensagem pelo celular e ter a resposta na mesma hora. Se for alguma questão mais complexa, a Nestlé liga direto para o celular da pessoa. A expectativa é se aproximar ainda mais dos clientes e evitar que fiquem insatisfeitos.[48]

Segundo os autores da pesquisa, isso não significa que se deve abandonar os programas de fidelização de clientes, alertando apenas para a consideração conjunta da rentabilidade e da fidelidade.[49]

10.6.2 ›› Gerenciamento de relacionamento com o cliente

> **Gerenciamento de relacionamento com o cliente**
> Processo estratégico de modelagem das interações entre os clientes e a organização de forma a maximizar, simultaneamente, o valor econômico do cliente para a organização e a satisfação deste.

Gerenciamento de relacionamento com o cliente ou CRM (*Customer Relationship Management*) é o processo estratégico de modelagem das interações entre os clientes e a organização de forma a maximizar, simultaneamente, o valor econômico do cliente para a organização e a satisfação deste. O CRM traduz-se em um conjunto de sistemas informatizados e uma mudança de atitude corporativa cujo propósito consiste em gerir um bom relacionamento com clientes, armazenando e inter-relacionando de forma inteligente informações sobre suas atividades e interações com a organização.[50]

O CRM tem como objetivo ajudar as organizações a atrair e fidelizar clientes, por meio de um entendimento melhor de suas necessidades e expectativas. Os processos e sistemas de gestão de relacionamento permitem que se tenha controle e conhecimento das informações sobre os clientes de forma integrada, pelo acompanhamento e registro de todas as interações com ele. Elas podem ser consultadas e comunicadas por diferentes departamentos e pessoas que necessitem dessa informação para guiar as tomadas de decisões.

Tais sistemas são projetados para potencializar a lealdade dos consumidores, uma vez que consumidores fiéis geram mais lucro para a organização do que os que se encontram meramente satisfeitos. A principal vantagem desses sistemas é que eles permitem que a organização consiga fazer uma segmentação mais customizada e precisa de sua base de clientes, o que possibilita ganhos em termos de eficácia e eficiência ao:[51]

- Medir, gerenciar e otimizar o custo de serviço de cada cliente individual. As empresas acompanham as transações, os canais usados e outras variáveis de forma a identificar a rentabilidade de cada cliente.
- Determinar que consumidores são pouco rentáveis e tomar medidas corretivas.
- Conduzir pequenos experimentos de marketing com clientes selecionados. Isso permite que futuras campanhas promocionais atinjam de forma mais eficaz e eficiente seus objetivos.
- Avaliar o retorno do investimento de despesas de marketing. As empresas podem comparar os resultados de pequenas campanhas experimentais com um grupo de controle e, assim, avaliar o impacto financeiro de uma campanha maior.

- Evitar campanhas de marketing de massa dispendiosas que podem não se aplicar a uma base alargada de consumidores.
- Aumentar as receitas, atraindo novos consumidores. O CRM permite que as organizações sejam mais eficazes em colocar a oferta certa, no momento certo, para o consumidor certo.

Além disso, o CRM é um sistema que se atualiza dinamicamente, tornando-se mais "inteligente" com o passar do tempo. À medida que mais informação sobre experimentos, transações, canais de distribuição, entre outros, é coletada, o sistema vai se aperfeiçoando e corrigindo.

No entanto, nem todos os projetos de implementação de CRM produzem os resultados esperados. Uma pesquisa recente concluiu que, em 55% dos casos, os programas de CRM não atingem os seus objetivos. A pesquisa identifica quatro problemas comuns que não só afastam os clientes, como custam caro para as organizações.[52]

O primeiro problema identificado é *tentar implementar o CRM sem ter uma estratégia para lidar com os clientes*. Antes de se pensar em investir em tecnologias de CRM, o gestor de marketing precisa ter uma estratégia de prospecção e retenção dos clientes. Sem isso, o investimento não se justifica. A tecnologia deve estar alinhada com a estratégia da empresa, caso queira-se que seja efetiva. CRM eventualmente é parte da solução, mas não deve nunca guiar a estratégia ou os processos.

Outro problema é *implementar o CRM sem preparar a organização para utilizá-lo*. A implementação das tecnologias de CRM sem que se tenha antes criado uma organização orientada para o cliente é, talvez, uma das mais perigosas armadilhas. O papel do CRM só será bem sucedido se a organização e seus processos tiverem sido reestruturados a fim de melhor entender e atender às necessidades dos consumidores. A menos que este trabalho prévio seja feito, a implementação do CRM terá chances de sucesso.

Um terceiro problema comum na implementação de um CRM é *assumir que quanto mais tecnologia melhor*. Os objetivos de CRM podem ser atingidos sem que seja necessário um grande investimento em tecnologia. Por vezes, basta motivar os empregados a tomarem um maior conhecimento das necessidades dos clientes. O ideal é que se inicie o processo com alternativas de baixa tecnologia e, caso haja necessidade, a sofisticação das ferramentas se dê de forma crescente. Isso ajuda aos gestores a identificarem as necessidades de aumento de investimento em tecnologias mais sofisticadas e a organização a otimizar os seus recursos.

Por último, uma armadilha fatal na implementação de um programa de CRM é *seguir, sem cortejar, os clientes*. Relacionamentos são vias de mão dupla. Pode-se buscar desenvolver uma relação de longo prazo com clientes importantes, mas será que eles a desejam? Tentar criar relacionamentos com clientes desinteressados pode gerar resultados indesejados.

10.6.3 ›› Benefícios da administração das relações com os clientes

Conforme referido anteriormente, as relações só são úteis se proporcionarem benefícios para ambas as partes. Para a organização, a fidelização da relação com os clientes tem vários benefícios, uma vez que consumidores leais tendem a repetir a compra e a pagar preços *premium* pelo produto, o que significa um aumento do volume e do valor das transações entre esses consumidores e a organização. Além disso, consumidores satisfeitos tendem a transferir a boa experiência que têm com um produto para a compra de outros da mesma organização.[53]

Por outro lado, clientes fidelizados são mais baratos de servir. A atração de novos clientes é um processo caro e demorado, ao passo que a retenção de clientes é menos custosa, apesar dos custos de construção dessa relação.

Clientes plenamente satisfeitos fazem uma publicidade gratuita para outros consumidores. Essa forma de comunicação boca a boca ocorre quando o cliente transmite sua experiência sobre os produtos e a relação com a organização. Esse tipo de publicidade tem, às vezes, um impacto maior do que o de uma campanha promocional paga, uma vez que se trata de uma opinião imparcial.

Além de gerarem mais receitas para a organização, esses clientes resistem com mais facilidade às investidas de concorrentes e às opiniões de especialistas.

Por último, clientes satisfeitos e leais criam um bom ambiente de trabalho, aumentando a motivação e a lealdade dos trabalhadores da organização. Não é apenas a organização que sai beneficiada da retenção dos clientes. Estes também saem ganhando com essa relação. Algumas das vantagens para o consumidor são:

- Maior satisfação de suas necessidades, em consequência do maior conhecimento e experiência da organização na gestão dessa relação. Isso permite à organização oferecer ao cliente um valor cada vez maior.
- Aumento da confiança na relação com a organização que se reflete em uma diminuição da ansiedade sentida, uma vez que sabe o que esperar dos produtos da empresa.
- Minimização dos custos financeiros, psicológicos e de tempo associados à mudança de produto ou da organização.
- Desenvolvimento de laços afetivos com a organização, que, com o passar do tempo, passa a fazer parte do sistema de suporte social.
- Acesso a condições especiais nas transações com a organização. Exemplos desse tratamento especial são os cartões de cliente que dão descontos ou os cartões de passageiro frequente das empresas de aviação.

A construção e o desenvolvimento de relações duradouras com os clientes trazem diversas vantagens tanto para a organização como para os clientes, pelo que sua administração deve ser uma prioridade. Pesquisas têm demonstrado que empresas que conseguem reter de maneira eficaz seus clientes usufruem de uma grande vantagem competitiva sustentável sobre seus concorrentes.

10.7 ›› Tendências contemporâneas em marketing

As tendências atuais na área de marketing apontam para a sofisticação crescente dos sistemas de informação, o que possibilita ao profissional de marketing tomar decisões com base em informações mais detalhadas e precisas a respeito de seu mercado e seus consumidores. Isso permite que a oferta seja cada vez mais segmentada, podendo chegar ao nível de customização individual. O **marketing um a um**, portanto, apresenta-se como uma forte tendência para determinados tipos de produtos ou serviços. No Brasil, muitas montadoras já permitem que os compradores construam e encomendem os veículos que desejam adquirir via internet, apresentando algumas opções de acessórios, cores e modelos. A Brastemp, marca da fabricante multinacional de eletrodomésticos Whirlpool, também permite, em algumas lojas, que os clientes montem suas geladeiras. Em ambos os casos, no entanto, a personalização é limitada, ainda mais quando comparada ao serviço oferecido no mercado norte-americano pela empresa de calçados Nike. Lá, os consumidores podem criar quase todo o produto, que é fabricado no sudeste asiático e levado aos EUA em um prazo máximo de quatro semanas.[54]

Outra tendência que desponta neste milênio é a do **consumo consciente**. A sofisticação dos meios de comunicação e da informação também possibilitou

---

Marketing um a um
Modalidade de marketing que busca o estabelecimento de relações customizadas com os clientes de forma a satisfazer as suas necessidades individuais.

Consumo consciente
Movimento social que se baseia no aumento da consciência sobre as decisões das compras no meio ambiente e a saúde e vida em geral dos consumidores.

ao consumidor maior acesso a informações sobre os produtos que consome. Por exemplo, no passado, as pessoas não sabiam do risco que corriam ao consumirem cigarros. Hoje, embora muita gente ainda consuma esse tipo de produto, as informações a respeito de seus malefícios são acessíveis a todos, inclusive por força das regulamentações específicas na comercialização desse tipo de produto. O fato novo é que hoje, mais do que nunca, as informações a respeito das consequências do consumo de determinados produtos fluem com maior velocidade e o acesso a elas está cada vez mais democratizado. Os consumidores também têm acesso a informações referentes a práticas gerenciais adotadas por determinadas empresas. Por exemplo, sabe-se que algumas organizações optam por instalar seus parques industriais em países pobres, onde a regulamentação governamental é fraca, o emprego de mão de obra infantil é permitido e a exploração dos trabalhadores a troco de uma compensação irrisória é comum. Com o maior acesso à informação, o consumidor fica ciente das práticas adotadas pelas organizações. Com a tendência do consumo consciente, presume-se que, no futuro, o consumidor baseará suas escolhas em critérios como responsabilidade social empresarial, cidadania corporativa, boas práticas gerenciais etc. Assim, não comprarão produtos de empresas que poluem, utilizam ingredientes que causem mal à saúde ou que se aproveitam de grupos desfavorecidos.

Dessa tendência de conscientização deriva a crescente tendência de investimento em **marketing social** por parte das organizações. O marketing social visa agregar maior valor à marca de determinado produto ou organização por meio da promoção da prática de ações sociais e ambientais. Ele tem como objetivo a construção de uma imagem de "cidadã" por parte da organização. Essa nova postura parte do pressuposto de que os consumidores desenvolverão uma atitude positiva em relação a uma organização e seus produtos se a considerarem uma empresa socialmente responsável e solidária.

O **marketing digital** é também uma tendência do mundo contemporâneo. Vive-se em um mundo cada vez mais interconectado, já que o ambiente de marketing deve considerar cada vez mais a importância do espaço digital. As iniciativas de marketing digital incluem o desenvolvimento de sites, campanhas publicitárias em formato digital, entre muitas outras. Por sua vez, os produtos de hoje são munidos de um espectro cada vez maior de funcionalidades e a convergência tecnológica também implica a reinvenção de determinados tipos de bens e serviços.

O gerente de marketing de hoje deve estar preparado para atuar em um mundo onde o volume de informações é monstruoso, a velocidade das mudanças é crescente, as opções para o consumidor são cada vez maiores, assim como seu poder de escolha. Por outro lado, a customização dos produtos é uma realidade e a conscientização do consumidor acerca das consequências relacionadas à compra ou ao uso de determinado tipo de produto apresentam-se como elemento a ser considerado pelas organizações na definição de suas ofertas ao mercado.

> **Marketing social**
> Modalidade de marketing institucional que se destina a promover melhorias das condições sociais de uma determinada comunidade ou segmento social.

> **Marketing digital**
> Ações de comunicação por meio da internet, da telefonia celular e outros meios digitais para divulgar os produtos ou serviços da empresa, e melhorar a sua rede de relacionamentos.

>> Resumo do capítulo

Este capítulo teve como objetivo introduzir os principais conceitos de marketing, uma área da administração com impacto direto no desempenho da organização. A importância do foco no cliente foi enfatizada, e foram apresentados assuntos como a evolução histórica do marketing como disciplina e o processo de administração de marketing.

O processo de administração de marketing começa com a coleta e o tratamento de informação sobre consumidores, concorrentes, organização e contexto. Atualmente, o gerente de marketing lida com um volume de informações muito grande, visto que a qualidade e a eficácia na escolha e análise dessas informações são muito importantes. Nesse contexto, destaca-se o papel do sistema de informações de marketing (SIM) no auxílio à tomada de decisões e da pesquisa de marketing como uma fonte de novas informações.

Os principais fundamentos do comportamento do consumidor foram também apresentados, assim como a forma como a organização segmenta seus consumidores, seleciona seu público-alvo e se posiciona mercadologicamente. Depois de selecionar o mercado e definir o posicionamento pretendido, os gerentes de marketing devem tomar decisões quanto a políticas de produto, distribuição, comunicação e preço – o mix de marketing. Essas decisões devem criar valor para os consumidores, de forma que a organização consiga alcançar seus objetivos.

Destacamos também a importância da administração das relações com os clientes como uma forma de prolongar ao máximo possível o período de transação de uma empresa com seus clientes. Nesse contexto, discutimos a transição do marketing transacional para o marketing de relacionamento, o qual apresenta consideráveis vantagens para as organizações.

O capítulo termina com a apresentação das principais tendências contemporâneas de marketing, das quais se destacam o marketing um a um, o consumo consciente, o marketing social e o marketing digital.

Questões para discussão

1. Defina o conceito de marketing e explique a importância do foco no cliente.

2. Quais são os objetivos da pesquisa de marketing? Que fontes e métodos de coleta de dados podem ser utilizados?

3. Que fatores influenciam o comportamento de compra dos consumidores? Quais papéis eles podem assumir no processo de decisão de compra?

4. Que critérios uma organização pode utilizar para segmentar o mercado? Qual é a relação entre segmentação e posicionamento mercadológico?

5. O que é o mix de marketing? Qual é a sua relação com o posicionamento mercadológico?

6. Que tipo de benefícios um produto pode proporcionar ao consumidor? Que decisões um gerente de marketing tem de tomar na definição da política de produto?

7. O que são canais de distribuição? Que funções desempenham para a organização?

8. Quais são as principais ferramentas promocionais utilizadas pela organização para se comunicar com seus consumidores? Que outras formas a organização utiliza para se comunicar?

9. Qual é a importância do preço para os esforços de marketing de uma organização? Que fatores devem ser considerados em sua definição?

10. Por que o marketing de relacionamento é tão popular atualmente? Em que consiste o gerenciamento de relacionamento com o cliente e quais são as suas vantagens para a organização e os consumidores?

Ponto e Contraponto

Publicidade com celebridade é uma boa estratégia de promoção

Ponto

Atrelar produtos a personalidades famosas traz uma série de vantagens, dentre elas, o lucro. A questão é óbvia: a empatia da celebridade com o público é imediata. O consumidor reconhece rapidamente as qualidades da marca que o anunciante deseja destacar por relacioná-la ao artista que ele gosta. Por isso, a personalidade precisa ter compatibilidade com o produto e com a marca. Não dá resultado colocar um artista famoso ao lado de um produto com o qual ele não se identifica, mas se a escolha for acertada, os resultados são positivos.

Um bom exemplo é a Scala, marca brasileira de lingerie sem costura. A empresa, com sede em Guarulhos, cidade da região metropolitana de São Paulo decidiu, em 2008, apostar na contratação de uma estrela da TV brasileira. A atriz Deborah Secco foi escolhida a garota-propaganda da marca. Essa foi a primeira vez que a Scala contratou uma celebridade desde o lançamento do produto em 1998. Até então, as campanhas publicitárias tinham como foco a inovação e o conforto.

O resultado da aposta foi positivo e muito além do esperado. Em menos de um mês, a venda dos sutiãs Flip pulou de 10 mil unidades para 40 mil. O modelo do sutiã Evolution também vendeu mais: foram 28 mil peças, enquanto a previsão era de 18 mil. Além disso, o estoque das blusas sem costura terminou antes mesmo de a reposição chegar às lojas[55].

A celebridade ajuda na função de trazer visibilidade para a comunicação e aumentar a percepção de valor de um produto. Uma pesquisa com 513 universitários espanhóis perguntou-lhes quanto pagariam pelo relógio de um determinado anúncio. A parte da amostra que viu a peça com uma celebridade teve propensão a pagar mais pelo produto. Quem viu o mesmo anúncio – só trocando a celebridade por um modelo desconhecido – disse que pagaria menos.

De fato, a utilização de celebridades pode otimizar o investimento e aumentar o retorno da comunicação. Ela influencia no nível de atenção que as pessoas dão à mensagem, na disposição para experimentar o produto e na percepção de preço, qualidade e de valores da marca.

Contraponto

Contratar uma celebridade para divulgar uma marca ou um produto pode sair mais caro do que empresa espera. A dúvida dos anunciantes sobre o risco de apostar em uma personalidade famosa ou contratar um modelo fotográfico tem razão de ser. Optar por um astro ou estrela das páginas de revistas traz um risco duplicado.

O primeiro problema é a possibilidade de a celebridade chamar mais atenção que o produto. Nesse caso, o cliente lembra da campanha publicitária, lembra da pessoa que fez o anúncio, mas não sabe dizer a marca do produto nem reconhecê-lo nas prateleiras.

Nos anos 1990, uma marca de cuecas contratou o apresentador da TV Globo Jô Soares para ser o garoto-propaganda. A escolha foi um desastre. Por ser uma personalidade marcante e por se identificar pouco com o produto, o apresentador acabou roubando a cena. Muitas pessoas lembravam do anúncio e do Jô no intervalo comercial, mas não sabiam dizer a marca da roupa que ele divulgava[56].

Outro risco é a possibilidade de o garoto-propaganda protagonizar algum escândalo ou cometer algum delito. Nesse caso, ele prejudica a sua imagem e a marca perante o público. Exemplos de celebridades no Brasil e no exterior nessa situação não faltam. Muitas marcas se previnem e acrescentam uma cláusula no contrato contra esse tipo de problema, mas essa situação é de difícil controle. Um caso marcante foi o do cantor Zeca Pagodinho. Contratado para ser garoto-propaganda da cerveja Nova Schin, da Schincariol, ele rompeu contrato antes do seu vencimento para ser garoto-propaganda da marca concorrente – a Brahma, cerveja que ele sempre disse ser a sua preferida[57].

Além disso, às vezes acontece da celebridade participar de inúmeros anúncios e isso pode, além de confundir, transmitir ao consumidor a sensação de que ela está falando sobre produtos e marcas com as quais não tem nenhuma relação. Só a Ivete Sangalo, por exemplo, foi vista em nada menos que 1.480 inserções comerciais na TV brasileira nos quatro primeiros meses do ano de 2011.

Dilema ético

›› Neuromarketing: a ciência a serviço do consumo

Decodificar os segredos do cérebro humano deixou de ser apenas argumento de filme de ficção científica. Hoje é possível, através de técnicas até bem pouco tempo do domínio exclusivo da Medicina, ver imagens do cérebro e perceber o que se passa na mente dos consumidores. Neuromarketing é o nome desta ciência que busca estudar o estado cerebral do consumidor, quando exposto a diversas mensagens ou experiências de consumo.

O neuromarketing ainda é um campo novo e controverso do marketing que une os avanços da medicina para entender o comportamento do consumidor e, com isso, vender mais produtos. Essa ferramenta apropria-se de tecnologias utilizadas na neuromedicina, tais como a imagem de ressonância magnética (IRM) aplicadas ao consumidor com a finalidade de conhecer suas reações e atitudes mediante a exposição a uma marca ou comercialização de um produto ou serviço, para com isso poder influenciá-lo, persuadi-lo[58].

Essas pesquisas permitem que os pesquisadores observem a atividade do cérebro humano enquanto este pensa ou é exposto a uma marca, um produto ou serviço, permitindo que se verifique onde no cérebro aqueles pensamentos ou respostas ocorrem. Para um profissional de marketing, esses conhecimentos profundos das reações do consumidor podem se transformar na fórmula mágica e exata para levar o consumidor a uma atitude desejada pelas organizações. Os estudos relacionados ao neuromarketing têm deixado as empresas com a esperança de conseguir criar novas relações com os clientes. Lá fora, o neuromarketing já é um instrumento de marketing amplamente adotado por empresas como Coca-Cola, Procter & Gamble e McDonald's.

Mas ao mesmo tempo em que a técnica é aclamada por alguns, diversos aspectos são questionados e diversos pontos têm sido levantados, especialmente com relação à questão ética. Perguntas como: "É ética essa atitude por parte das organizações?", "Como fazer o controle?", "Até que ponto o consumidor estaria sendo transformado em uma espécie de cobaia?", dentre outras, permanecem em aberto.

O risco está que as empresas comecem a mapear as atividades neurais que conduzem ao processo de escolha de uma marca ou de um produto, e com isso desenvolvam ações de marketing direcionadas a disparar a atividade neural para modificar nosso comportamento e servir a seus próprios objetivos instrumentais. Imagine por exemplo se esse conceito começa a ser utilizado pelas indústrias de álcool ou cigarros...

Organizações não governamentais, como a ONG norte-americana Commercial Alert, consideram a técnica polêmica, por usar tecnologias médicas não para a cura, mas para vender produtos. Há alguns anos, a entidade chegou a solicitar ao Senado norte-americano a proibição do neuromarketing, mas o pedido foi rejeitado.

Questões para discussão

1. Na sua opinião, você considera legítimo e ético a utilização das técnicas de neuromarketing para fazer pesquisa de mercado?
2. Aceitaria que mapeassem o seu cérebro para entender como você toma as suas decisões de compra?
3. Quais você considera serem os limites para a utilização desse tipo de pesquisa?

Estudo de caso

>> A Natura usa o marketing para vencer desafios

Crise na Natura

A Natura, maior fabricante brasileira de cosméticos, estava em uma situação difícil no final dos anos 1990. Após obter uma receita com vendas de 429,3 milhões de dólares em 1998, houve considerável declínio de 8,5%, em 1999, e as vendas diminuíram para 392,7 milhões de dólares. Desde sua fundação, em 1969, a empresa nunca havia conhecido uma queda de faturamento. Durante esses 30 anos, a organização havia experimentado um fantástico crescimento. Nas duas primeiras décadas de existência, o crescimento anual médio da Natura foi de impressionantes 31%. Nos anos 1990, esse ritmo foi reduzido, mas as vendas da empresa continuaram em expansão. Em 1999, no entanto, a queda da receita preocupou seus executivos e foi o estopim para uma série de mudanças na empresa.

A redução do faturamento foi acompanhada pela queda do lucro da companhia. Em 1998, a Natura obteve ganho de 33,4 milhões de dólares, mas, em 1999 e 2000, esses valores não passaram de 26,8 milhões de dólares e 11,7 milhões de dólares, respectivamente. A mudança na trajetória ascendente da empresa mostrou a seus administradores que eram necessárias modificações na linha de produtos da empresa. Os consumidores, em sua maioria do sexo feminino, mostravam-se cada vez mais exigentes e sedentos por novidades. A fabricante brasileira sabia que era preciso investir maciçamente em pesquisa e desenvolvimento de novos produtos para sobreviver e voltar a crescer, mas como concorrer com as grandes empresas internacionais? A Avon, por exemplo, líder mundial desse segmento, investia na época 100 milhões de dólares anualmente no desenvolvimento de novos cosméticos. Era preciso reformular a estratégia da empresa e desenvolver um marketing inteligente para alcançar os objetivos organizacionais.

A Natura procura entender o mercado

A Natura resolveu, então, "arregaçar suas mangas" e partir para o campo de batalha. Inicialmente, o objetivo era descobrir as razões da queda das vendas. Descobriu-se, por meio de pesquisas com as consumidoras, que os produtos da empresa não possuíam um diferencial estratégico em relação aos da concorrência. Além disso, verificou-se o aumento de produtos concorrentes no mercado, em razão da abertura comercial no Brasil, em meados da década de 1990, fato a que não havia sido dada a devida importância. Nessas pesquisas, também foram descobertas outras informações importantes, por exemplo, que o preço da linha de produtos Natura era considerado elevado para a maioria das consumidoras, que comprariam mais e com maior frequência, caso ele fosse mais baixo.

A segunda meta das pesquisas de mercado era descobrir o que a Natura poderia fazer para aperfeiçoar seus produtos e aumentar suas vendas. Nessa fase, a empresa descobriu importantes características de seus produtos que ela desconhecia, ficou conhecendo um pouco melhor o mercado nacional e observou possíveis características capazes de se tornarem diferenciais estratégicos de seus produtos.

As clientes gostariam de comprar cosméticos com preços mais em conta para uso diário. Muitas fabricantes nacionais, como a própria Natura, e internacionais já ofereciam linhas especiais, que eram usadas em ocasiões exclusivas. Agora, no entanto, era necessária a criação de uma linha mais simples, para o uso cotidiano. Outra informação muito importante que foi retirada dos questionários e das conversas com grupos de consumidoras era o conhecimento por parte delas do potencial para desenvolver novos cosméticos que a fauna e a flora brasileiras possibilitavam. O aproveitamento da biodiversidade brasileira para a pesquisa de novos produtos representava um diferencial que poderia ser amplamente aproveitado pela Natura.

Outro fator que auxiliou muito a organização nessa fase de coleta de informações e conhecimento aprofundado do mercado foi a ampla rede de consultoras da empresa. Essas revendedoras dos produtos da empresa eram 200 mil em 1999 e permitiram um contato direto e personalizado com cada uma das consumidoras. Com isso, foi possível agrupá-las em segmentos distintos de mercado, divididos por idade, classe social e perfil das compras, o que proporcionou uma análise mais abrangente do mercado consumidor. O "exército" de consultoras Natura, além de vender os produtos da empresa, recolheu valiosas informações e sugestões das clientes, facilitando o trabalho de pesquisas e consistindo em uma importante vantagem para a fabricante de cosméticos.

À luz das novas informações, a resposta encontrada pelos executivos da empresa para garantir a sobrevivência

>>

em longo prazo e dar início a um novo ciclo de crescimento foi a criação de uma nova linha de produtos. Ela teria características distintas das que possuíam os antigos produtos e impulsionaria as vendas. O projeto seria complexo e resultaria em uma série de mudanças nos negócios da organização. O risco e a complexidade seriam elevados. As relações com os fornecedores e consumidores seriam alteradas e a internacionalização da marca passaria a ser uma necessidade para que o plano de expansão saísse do papel. Além disso, o uso sustentável da biodiversidade teria de ser amplamente trabalhado pela Natura, para que o novo projeto obtivesse sucesso.

O surgimento da linha Ekos

Em 1999, a empresa mandou uma equipe para Nova York com o objetivo de desenvolver as bases de seu novo projeto. Ficou determinado que a nova linha deveria fazer uso de ativos da biodiversidade brasileira. Isso constituiria o principal diferencial dos novos produtos e significaria importante vantagem competitiva para a entrada nos principais mercados europeus. Outro pilar do projeto seria a sustentabilidade ambiental e social. A extração consciente das matérias-primas para os cosméticos foi uma bandeira levantada pela empresa, já que impediria a escassez das substâncias necessárias e fortaleceria a imagem da empresa perante a sociedade. O último ponto definido em Nova York foi a importância de se usar os conhecimentos tradicionais populares. Isso reduziria a necessidade de investimentos por parte da Natura e possibilitaria a inclusão socioeconômica de comunidades afastadas.

Esses pontos eram de extrema importância, pois significavam a redução dos investimentos em pesquisa e desenvolvimento necessários para a criação dos produtos e uma publicidade positiva para a empresa, já que é crescente, em todo o mundo, a preocupação com os recursos de nosso planeta. O uso racional e sustentável da biodiversidade significou um diferencial para a Natura, facilitando seu acesso a mercados exigentes e preocupados com a fauna e a flora brasileiras.

O primeiro passo para o desenvolvimento e lançamento da nova linha foi a compra, ainda em 1999, da Flora Medicinal, por 20 milhões de reais. A aquisição do laboratório, criado em 1912 e especializado em medicina natural, fitoterapia e farmacologia, foi um grande trunfo para a Natura, porque permitiu a incorporação de um acervo de pesquisas com mais de 280 espécies de plantas brasileiras e uma linha de 300 produtos. A compra da empresa proporcionou um avanço rápido no desenvolvimento da nova linha, em decorrência das pesquisas e dos estudos previamente realizados pelo laboratório com comunidades do interior do país que conhecem bem a flora de sua região.

Posteriormente, a empresa buscou analisar e escolher quais seriam as matérias-primas que estariam presentes nos primeiros produtos da nova linha. Após a escolha, seria preciso definir uma rede de fornecedores apta a suprir as demandas da produção de maneira que respeitasse o meio ambiente. Os laços entre a Natura e as comunidades escolhidas para suprirem as necessidades da organização eram mais que simplesmente comerciais. As parcerias envolviam ensinamento e capacitação, de modo a garantir a sustentabilidade, o aumento da eficiência e da produtividade, a redução de custos e o desenvolvimento socioeconômico das comunidades. Ao mesmo tempo que as relações entre a empresa e os fornecedores se tornavam mais fortes, a empresa garantia exclusividade no fornecimento, algo antes impensável, já que os recursos são oferecidos pela natureza.

Estavam lançadas as bases fundamentais da linha de cosméticos Ekos. O nome traz consigo múltiplos significados: do grego *oikos* (nossa casa), do tupi-guarani *ekó* (vida) e do latim *echo* (tudo que tem ressonância). O lançamento dos produtos foi acompanhado da criação de um novo logotipo da Natura, mais simples e relacionado com a natureza, em oposição ao antigo, mais moderno e inovador. Essa mudança traduz bem as modificações na relação da companhia com os seus consumidores. Antes, os produtos lançados buscavam conquistar as clientes pela inovação tecnológica. Na linha Ekos, o diferencial é o uso da biodiversidade brasileira e a preocupação com o uso racional dos recursos.

A inovação é uma necessidade para todos os fabricantes de cosméticos. O mercado tem sede de novidades e espera sempre que novos produtos estejam disponíveis nas prateleiras. É por isso que a Natura mantém um modelo de pesquisa e desenvolvimento que favorece a inovação, a criatividade e a rapidez, reduzindo a burocracia e o tempo gasto para lançar uma nova mercadoria. A rede de consultoras (em 2012, eram mais de um milhão espalhadas por todo o Brasil) repassa sugestões e reclamações à área de criação de novos produtos. Os principais projetos de inovação são analisados pela cúpula da empresa e recebem dela grande atenção. O conceito de inovação aberta está presente na Natura, onde parcerias e redes são estabelecidas com fornecedores, outras empresas e instituições de ensino superior para aumentar o potencial criativo da organização. Além disso, os projetos de inovação são analisados por equipes compostas por diretores e funcionários de setores distintos, o que origina críticas e sugestões diferentes.

Para divulgar a linha Ekos, foi veiculada uma série de campanhas publicitárias em revistas de grande circulação e redes de televisão. As vendas da nova linha de produtos superaram as expectativas e, já em 2002, 10% do faturamento da empresa era proveniente da comercialização desses novos produtos. O setor de pesquisa e desenvolvimento continuou trabalhando, lançando centenas de novos produtos todos os anos, tendo mais de mil protótipos em diferentes fases de desenvolvimento. Atualmente, a Natura é a empresa do setor de cosméticos da América do Sul que mais investe em pesquisa e desenvolvimento de novos produtos, com um orçamento anual superior a 100 milhões de reais.

A Natura aposta na internacionalização

A nova linha de produtos foi escolhida para levar a nova imagem da empresa ao exterior. Antes, as atividades organizacionais fora do Brasil estavam restritas à América do Sul – Chile, Argentina, Bolívia e Peru. A adoção do sistema de vendas diretas, por meio de consultoras, no entanto, não pareceu muito acertada nesses países, já que as distribuidoras encontravam-se previamente ocupadas vendendo produtos de outras marcas. Além disso, a concorrência local impedia um crescimento maior da fabricante brasileira. Com a linha Ekos, porém, houve a inclusão de importante diferencial estratégico: o uso da biodiversidade brasileira, mundialmente conhecida, nas mercadorias oferecidas. O que está sendo vendido agora é um conceito, não mais um produto igual aos outros.

Em 2002 e 2003, foram feitas as primeiras pesquisas e testes com consumidoras potenciais na França, na Inglaterra e nos Estados Unidos, ficando definido que a Ekos seria o carro-chefe da Natura no exterior. As vendas nessa nova fase de internacionalização não mais seriam como no Brasil. Agora, elas seriam realizadas em lojas de varejo da própria empresa ou em lojas associadas do país. A estratégia de internacionalização revelou-se um sucesso, sendo que, em 2011, a participação das operações internacionais já se aproximava dos 10% da receita da empresa.

A Natura usou o marketing para estudar o mercado e buscar soluções inovadoras para que suas vendas voltassem a crescer. O lançamento da linha Ekos foi a solução encontrada e se mostrou muito adequado à situação. Os produtos atenderam às demandas das consumidoras por novidades e a associação à flora brasileira e ao desenvolvimento sustentável deu grande impulso às vendas no Brasil e no mundo. Após a trajetória descendente, a organização voltou a crescer e sua receita subiu de pouco mais de 2 bilhões de reais em 2005 para mais de 5,6 bilhões em 2011. Seu lucro líquido também aumentou passando de 400 milhões de reais em 2005 para mais de 800 milhões de 2011.

Graças aos esforços de seus executivos e funcionários, a Natura ousou e retomou seu crescimento. Os investimentos em marketing e, posteriormente, em pesquisa e desenvolvimento possibilitaram o nascimento de uma linha inovadora de cosméticos. A Ekos ajudou a empresa a aumentar sua receita, mas sua contribuição foi muito além. Ela ensinou a organização a olhar constantemente para o mercado, buscando sempre a satisfação dos consumidores e estando sempre pronta para inovar de modo inteligente e arrojado sempre que necessário.[59]

Questões

1. Que razões estiveram na origem da crise da Natura no final da década de 1990? Que informações obtidas a partir das pesquisas realizadas foram consideradas relevantes e serviram de base para a criação da nova linha de produtos?

2. Qual foi o canal utilizado pela Natura para distribuir seus produtos? Por que a Natura optou por esse canal em detrimento de outros canais de distribuição tradicionais?

3. Como você definiria a estratégia de comunicação adotada pela empresa? Quais são os principais veículos promocionais utilizados?

4. A estratégia de internacionalização utiliza um sistema de vendas diferente do usado domesticamente. Quais as razões dessa mudança na política de distribuição?

5. Como a Natura procura adequar sua estratégia de marketing às exigências das sociedades contemporâneas?

Dinâmica de grupo 1

Escrever e corrigir

A Bric é uma fabricante multinacional de canetas que atua no Brasil, Rússia, Índia e China. Recentemente, ela lançou um novo produto no mercado, a Liquitylo, uma caneta esferográfica que se torna um corretor líquido ao ser girada em torno de seu eixo. Essa ideia nasceu de uma pesquisa realizada com consumidores de vários grupos socioeconômicos, que mostraram grande desejo em ter uma caneta com essa característica. Para a Bric, desenvolvê-la e produzi-la em larga escala não seria problema, visto que a fabricante já produz esferográficas em diversas cores, domina a tecnologia necessária para fabricar canetas com mais de um compartimento interno e tem nos corretores líquidos outro de seus principais produtos. Além disso, a marca Bric é bastante reconhecida e apesar de estar relacionada a produtos mais simples, é consumida por todas as classes sociais, que a veem como uma caneta do dia a dia.

Uma das preocupações quando a ideia estava sendo concebida foi analisar os principais concorrentes que a empresa teria de enfrentar. A equipe de marketing da Bric atuou de maneira estratégica e verificou que não havia nenhum produto desse tipo no mercado. Segunda a análise, os concorrentes seriam as demais canetas e corretores líquidos do mercado. Finalizada a fase inicial, estudou-se o mercado potencial, analisando os diferentes tipos de consumidores e como eles utilizavam os produtos. Optou-se por selecionar o segmento estudantil que, segundo a pesquisa, são os que utilizam canetas durante longos períodos e que necessitam de corretores para solucionar alguns erros.

Posteriormente, projetou-se a Liquitylo, tendo o produto um design moderno e sendo oferecido em diferentes cores. Resolveu-se comercializá-lo em papelarias e grandes varejistas, como supermercados e lojas de artigos para casa. O preço sugerido para a Liquitylo é de R$ 7,50, considerado bastante competitivo, visto que o produto oferece a caneta e o corretor necessário para eventuais erros. A campanha de lançamento foi realizada nos horários que os jovens mais assistem televisão e na porta de colégios e faculdades. Após três meses do lançamento, a Bric lançou uma promoção, realizando sorteios em que os compradores deveriam enviar códigos contidos nas embalagens via mensagens SMS.

Em pouco tempo, a Liquitylo tornou-se um grande sucesso de vendas, sendo considerada hoje em dia um dos principais produtos da Bric em todo o mundo. Algumas concorrentes já começaram a oferecer produtos semelhantes, o que demonstra o acerto da Bric ao lançar esse produto e se configura como um novo desafio para o departamento de marketing da empresa.

Atividade de grupo

Em grupos de três, procure responder às seguintes questões:

1. Tentem identificar as etapas do processo de administração de marketing no caso do lançamento da caneta corretora Liquitylo.

2. Existem diversos tipo de uso para canetas: assinatura, anotações, escrita em cadernos... A Bric optou pelo segmento estudantil, logo, por alunos que utilizam as canetas para escrever a matéria em seus cadernos. Por que vocês acham que ela selecionou esse segmento?

3. Qual você acha que, atualmente, é o principal uso das canetas nas empresas? E nos anos 1970? O que modificou essa situação e como essa alteração está relacionada à escolha do público-alvo pela Bric?

4. A Liquitylo é considerada uma boa caneta esferográfica, comparável aos melhores produtos voltados para o público estudantil. Além disso, ela vem com um compartimento para corretor líquido, o que lhe agrega ainda mais valor. Com base nessas informações, avalie o preço do produto e o compare a outros produtos análogos que conhecem.

5. A Liquitylo foi o primeiro produto a reunir uma caneta esferográfica e um corretor líquido. De acordo com o caso, entretanto, outras empresas já começaram a produzir mercadorias semelhantes. Como a Bric pode se diferenciar de seus concorrentes e aproveitar o fato de ter lançado a novidade?

6. Quais são os desafios que esse produto pode enfrentar no futuro? Considere os consumidores a quem atende e as mudanças ocorridas no contexto em que estudantes estão inseridos para responder a essa questão.

Dinâmica de grupo 2

Como limpar a sujeira?

A Redemoinho é uma das maiores fabricantes brasileiras de eletrodomésticos. A empresa produz desde geladeiras e congeladores até lavadoras de roupa e de louça. Roberto Matos é diretor de marketing da companhia e está enfrentando uma situação bastante delicada: apesar de as vendas serem bastante elevadas e a marca ocupar a segunda colocação em *market share* nacional, as despesas e investimentos em propaganda consomem mais de 35% da receita, fazendo com que a organização enfrente seguidos prejuízos. Diante desse cenário, o presidente da Redemoinho cobrou diretamente de Roberto explicações sobre tais gastos e ele prometeu realizar uma grande investigação interna e uma pesquisa de mercado para descobrir as causas desse fenômeno.

Ao conversar com os gerentes do setor, o diretor descobriu que apenas 8% dos consumidores já tinham em suas casas algum produto da marca. Além disso, a taxa de permanência na marca nos casos de troca de produtos, como, por exemplo, nas ocasiões de compra de um novo fogão, é de apenas 5%. Em função disso, disseram os gerentes, a Redemoinho precisa investir maciçamente em comunicação, garantindo que novos consumidores sejam atraídos pela marca. De acordo com eles, essa política é responsável por manter a marca na segunda colocação do mercado, pois, caso contrário, ela já teria sido ultrapassada por outras duas concorrentes.

Roberto analisou essa situação e verificou que, de fato, os gerentes de comunicação e vendas estavam fazendo um bom trabalho, visto que precisavam atrair novos consumidores para os produtos da marca. O problema era que isso tinha um custo muito elevado, visto que convencer novos compradores exigia mais recursos do que simplesmente manter aqueles antigos.

Verificando essa situação, o diretor tentou descobrir o que causava essa baixa taxa de retorno dos clientes antigos. Para ele, isso deveria ser consequência da baixa qualidade percebida, mas, após encomendar uma pesquisa, descobriu que os compradores de produtos Redemoinho eram os mais satisfeitos do mercado. Diante disso, o gestor ficou perplexo e não conseguiu identificar as causas do fenômeno verificado.

Pressionado pela presidência, Roberto resolveu reduzir os investimentos em promoção à metade, o que trouxe resultados catastróficos à Redemoinho. Em apenas três meses, as vendas reduziram-se em 38% e o *market share* da empresa, que, inicialmente, chegava a 26%, diminuiu para 15%. Rapidamente, o diretor ordenou o retorno da política antiga. Apesar de elevar as vendas, entretanto, essa medida não foi capaz de levar os percentuais aos níveis anteriores. Para piorar, agora, o prejuízo ficou ainda maior, já que os investimentos em comunicação são altos, mas as vendas caíram em relação à situação inicial.

Atividade de grupo

Em grupos de três, procure responder às seguintes questões:

1. De acordo com o texto, a causa dos prejuízos da Redemoinho são os elevados investimentos na comunicação dos produtos, que consomem 35% da receita de vendas da empresa. Por que será que essas despesas são tão elevadas na empresa?

2. Por que os custos para atrair um novo cliente são mais elevados do que os necessários para manter e fidelizar os já existentes?

3. A qualidade dos produtos da empresa deixa os consumidores bastante satisfeitos. Qual pode ser a causa, então, para que tão poucos voltem a comprar mercadorias da marca?

4. Que práticas de gestão de relacionamento com os clientes poderiam fazer com que os clientes atuais voltem a consumir produtos Redemoinho?

5. Sabendo que os produtos da marca são considerados bons pelos compradores, como a empresa poderia posicionar seus produtos para tentar elevar sua lucratividade.

6. Você concorda com a decisão do diretor de voltar a investir em comunicação para tentar recuperar a parcela perdida do mercado? Justifique.

Administrando a sua empresa

Hora da criatividade – abril do ano 3

Comece por analisar os resultados de sua empresa obtidos nesse último trimestre.

Demonstrações – ano 3	Jan.	Fev.	Mar.
Receitas	R$ 160 mil	R$ 185 mil	R$ 145 mil
Despesas operacionais	R$ 70 mil	R$ 80 mil	R$ 55 mil
Despesas financeiras e tributárias	R$ 33 mil	R$ 36 mil	R$ 33 mil
Resultado	R$ 57 mil	R$ 69 mil	R$ 57 mil

Como já foi visto no último trimestre, a vossa empresa vem passando por dificuldades na hora de gerar novas ideias e criar novos jogos. Naquele período, entretanto, vocês implementaram algumas mudanças para elevar a criatividade e aprimorar o processo de nascimento e lançamento de novos produtos. Essas medidas contribuíram significativamente para elevar o espírito inovador da empresa como um todo e, principalmente, do departamento de pesquisa e desenvolvimento (P&D). Apesar de surtirem efeitos positivos e melhorarem o rendimento dessas atividades, vocês ainda não estão plenamente satisfeitos. Ao solicitarem ao departamento de marketing uma análise completa das causas e das possíveis soluções para esse problema, um relatório interessante foi gerado.

Nele, os analistas diagnosticaram "o pouco contato dos times de marketing com os vendedores das lojas onde são comercializados os games da organização". Além disso, o documento informa que "as opiniões dos usuários são captadas diretamente pelo setor de P&D, que as avalia e filtra, após realizar entrevistas com potenciais consumidores, para desenvolver novos produtos". Entretanto, "as informações obtidas pelos atendentes das lojas quando vendem os produtos são descartadas". De acordo com o relatório, "estes dados são tão ou mais importantes do que aqueles, já que traz as percepções dos funcionários das lojas, muitas vezes mais sinceras e precisas do que as opiniões dos próprios compradores de games".

Diante dessa necessidade em obter mais dados externos, vocês estão cogitando implantar um sistema formal para monitorar o ambiente externo. Ele não serviria apenas para captar as opiniões dos atendentes do varejo, mas também para trazer para a empresa dados sobre a concorrência e identificar necessidades e desejos dos clientes que ainda não são atendidos pelos fabricantes de jogos. Por essa razão, planeja-se adotar novos modelos de pesquisa e implantar uma moderna prática para caracterizar o comportamento dos compradores quando vão às lojas. Ou seja, uma das metas desse novo sistema é avaliar as estratégias de venda, identificando as mais eficazes e as experimentando em outros locais.

Para que esse sistema seja bem-sucedido, no entanto, as pesquisas de marketing precisam ser bem modeladas anteriormente. Dentre os instrumentos a serem executados, dois requerem especial atenção: a coleta dos dados junto aos vendedores e a análise e testagem dos métodos de vendas e relacionamento dos lojistas com os consumidores finais. Por essa razão, será importante que essas ferramentas sejam muito bem elaboradas, visto que esses dados serão de suma importância para o aprimoramento do processo de criação e promoção dos lançamentos da empresa.

Os novos produtos a serem criados, por sua vez, também foram tema do relatório gerado pelo departamento de marketing. De acordo com ele, "uma das principais tendências do mercado de games para PCs e consoles é a possibilidade de os usuários personalizarem seus jogos". Segundo o documento, "a causa desse fenômeno é o acirramento da concorrência, que força os fabricantes a criarem continuamente novidades, e o desejo dos consumidores de interagir ativamente com os personagens e cenários digitais". Além disso, "como estão habituados à tecnologia, devido a sua constante presença em seu dia a dia, os compradores querem participar de alguma maneira da criação dos jogos".

O primeiro segmento do mercado que será alvo de um novo produto com essas características é o de "Amantes de carros": grupo de consumidores apaixonados por jogos de corrida. Para tanto, porém, será necessário definir algumas características do novo produto e planejar todo o processo de comunicação a ser empregado. Caberá a vocês, portanto, estabelecer o objetivo e o slogan da campanha, escolher os meios e as ferramentas que serão utilizadas, compor o orçamento e selecionar uma maneira de avaliar seu plano de comunicação.

Por fim, será preciso definir o preço pelo qual o produto será vendido aos lojistas e a tarifa sugerida aos consumidores finais. Para tanto, seguem algumas informações sobre os jogos de corrida para PCs:

- Preço médio do mercado — R$ 95,00
- Adicional médio de customização — R$ 25,00
- Preço médio de sua empresa — R$ 110,00
- Concorrentes diretos — 5
- Concorrentes diretos que personalizam os jogos — 1
- Custo médio unitário de distribuição — R$ 10,00
- Custo médio unitário de produção — R$ 30,00
- Custo de personalização — R$ 10,00
- Margem média dos varejistas — 40%

Atividades e decisões

Diante de tudo isso, siga os passos apresentados a seguir para tentar solucionar os problemas enfrentados por vossa empresa nesse período.

1. Avalie os problemas decorrentes do distanciamento entre os administradores de marketing e os vendedores das lojas.

2. Explique a importância que um sistema de análise e monitoramento ambiental teria para sua empresa.

3. Planeje as pesquisas de mercado com os lojistas e as análises dos métodos de venda.

4. Como vocês permitiriam aos consumidores finais customizar seu novo jogo de corrida?

5. Crie o plano de comunicação para seu novo game de corrida.

6. Precifique seu novo produto, tanto para o revendedor, quanto para o cliente final (preço sugerido), utilizando as informações apresentadas no caso.

Notas

1. CRAVENS, D. W. **Strategic marketing**. 6. ed. Londres: Irwin/McGraw-Hill, 2000, p. 30.
2. Definição proposta pela American Marketing Association, em 2005.
3. COELHO, F. apud LISBOA, J. et al. **Introdução à gestão das organizações**. Porto: Vida Econômica, 2005.
4. LACOMBE, F. **Dicionário de administração**. São Paulo: Saraiva, 2004. p. 206.
5. DRUCKER, P. F. **The practice of management**. Nova York: Harper-Collins Publishers, 1954.
6. KOTLER, P. **Administração de marketing**. São Paulo: Pearson Prentice Hall, 2000.
7. LEVITT, T. Marketing myopi. **Harvard Business Review**, jul./ago. 1960.
8. COELHO, F. apud LISBOA, J. et al. **Introdução à gestão das organizações**. Porto: Vida Econômica, 2005.
9. Baseado em: AMORIM, L. No Boticário, 200 sucessões em dois anos. **Exame.com**, 14 fev. 2011. Disponível em: <exame.abril.com.br/revista-exame/edicoes/0985/noticias/duzentas-sucessoes-em-dois-anos>. Acesso em: 3 jun. 2012.
10. PERIN, M.; SAMPAIO, C. **Orientação para o mercado, porte empresarial e performance**, RAE, v. 44, n. 3, 2004.
11. RIES, A.; TROUT, J. **Posicionamento**: a batalha por sua mente. 20. ed. São Paulo: Pearson Makron Books, 2002.
12. SILK, A. J. **What is marketing?** Boston: Harvard Business School Press, 2006.
13. KOTLER, P. **Administração de marketing**. São Paulo: Pearson Prentice Hall, 2000.
14. Baseado em: PROPMARK, Plataforma traça perfil de usuário de tablet. **Exame.com**, 25 out. 2011. Disponível em: <exame.abril.com.br/marketing/noticias/plataforma-traca-perfil-de-usuario-de-tablet>. Acesso em: 3 jun. 2012.
15. KOTLER, P. **Administração de marketing**. São Paulo: Pearson Prentice Hall, 2000.
16. MATTAR, F. **Pesquisa de marketing**. 6. ed. **São Paulo: Atlas, 2005.**
17. Baseado em: VAZ, T. Segredo da Hering é ter marca democrática, diz presidente. **Exame.com**, 6 jul. 2010. Disponível em: <exame.abril.com.br/negocios/noticias-melhores-e-maiores/noticias/segredo-hering-ter-marca-democratica-diz-presidente-576101>. Acesso em: 3 jun. 2012.
18. AAKER, D.; KUMAR, V.; DAY, G. S. **Pesquisa de marketing**. 2. ed. São Paulo: Atlas, 2004.
19. SILK, A. J. **What is marketing?** Boston: Harvard Business School Press, 2006.
20. ENGEL, J. F. **Comportamento do consumidor**. Rio de Janeiro: LTC, 2000.
21. Baseado em: CARVALHO, L. Whirlpool, dona da Brastemp, usou sentimentos dos consumidores para inovar. **Exame.com**, 19 mar. 2011. Disponível em: <exame.abril.com.br/negocios/gestao/noticias/whirlpool-dona-da-brastemp-usou-sentimentos-dos-consumidores-para-inovar>. Acesso em: 3 jun. 2012.
22. KOTLER, P. **Administração de marketing**. São Paulo: Pearson Prentice Hall, 2000.
23. COELHO, F. apud LISBOA, J. et al. **Introdução à gestão das organizações**. Porto: Vida Econômica, 2005.
24. KOTLER, P.; KELLER, K. **Administração de marketing**. 12. ed. São Paulo: Pearson Prentice Hall, 2006.
25. RAO, V. R.; STECKEL, J. H. Segmenting markets: who are the potential buyers? apud **Analysis for strategic marketing**. Reading: Addison Wesley Longman, Inc., 1998.
26. SALEM, F. Tim multiplica lucro com foco em ações para a nova classe média. **Exame.com**, 17 nov. 2011. Disponível em: <exame.abril.com.br/marketing/noticias/tim-multiplica-lucro-com-foco-em-acoes-para-a-nova-classe-media>. Acesso em: 3 jun. 2012.
27. HOOLEY, G.; SAUNDERS, J.; PIERCY, N. **Estratégia de marketing e posicionamento competitivo**. São Paulo: Pearson Prentice Hall, 2001.
28. RIES, A.; TROUT, J. **Posicionamento**: a batalha por sua mente. 20. ed. São Paulo: Pearson Makron Books, 2002.
29. Baseado em: NOVAS, K. Intel muda posicionamento de marca. **Exame.com**, 7 nov. 2011. Disponível em: <exame.abril.com.br/marketing/noticias/intel-muda-posicionamento-de-marca>. Acesso em: 3 jun. 2012.
30. KOTLER, P.; KELLER, K. **Administração de marketing**. 12. ed. São Paulo: Pearson Prentice Hall, 2006.
31. KOTLER, P.; KELLER, K. **Administração de marketing**. 12. ed. São Paulo: Pearson Prentice Hall, 2006.
32. Baseado em: ADNEWS, Activia desafia: se não gostar, devolve o dinheiro. **Exame.com**, 12 set. 2011. Disponível em: <exame.abril.com.br/marketing/noticias/activia-desafia-se-nao-gostar-devolve-o-dinheiro>. Acesso em: 3 jun. 2012.
33. SILK, A. J. **What is marketing?** Boston: Harvard Business School Press, 2006.
34. CHRISTIENSEN, C. M.; RAYNOR, M. E. **The innovator's solution**: creating and sustaining successful growth. Boston: Harvard Business School Press, 2003.
35. SILK, A. J. **What is marketing?** Boston: Harvard Business School Press, 2006.
36. ORSOLINI, M. Com vendas em alta, Hering terá mais 15 lojas neste ano. **Exame.com**, 17 out. 2011. Disponível em: <exame.abril.com.br/negocios/empresas/noticias/com-vendas-em-alta-hering-tera-mais-15-lojas-neste-ano>; COSTA, F. A nova fase da Hering. **Exame.com**, 27 ago. 2004. Disponível em: <exame.abril.com.br/revista-exame/edicoes/0825/noticias/a-nova-fase-da-hering-m0051651>. Acesso em: 3 jun. 2012.
37. MARTINS, C. Mundial reestrutura negócios para se adaptar ao mercado. **Mundo do Marketing**, 5 out. 2011. Disponível em: <mundodomarketing.com.br/cases/20913/mundial-reestrutura-negocios-para-se-adaptar-ao-mercado.html>. Acesso em: 3 jun. 2012.
38. KOTLER, P.; KELLER, K. **Administração de marketing**. 12. ed. **São Paulo**: Pearson Prentice Hall, 2006.
39. SILK, A. J. **What is marketing?** Boston: Harvard Business School Press, 2006.
40. MERCADO publicitário brasileiro cresce 8,5%. **O Estado de S.Paulo**, 5 mar. 2012. Disponível em: <estadao.com.br/noticias/impresso,mercado-publicitario-brasileiro-cresce-85-,844112,0.htm>. Acesso em: 3 jun. 2012.

41. DOLAN, R. J.; SIMON, H. **Power pricing**. Nova York: Free Press, 1997.
42. Baseado em: AMORIM, L. E vai custar quanto? **Exame.com**, 6 abr. 2011. Disponível em: <exame.abril.com.br/revista-exame/edicoes/0989/noticias/vai-custar-quanto?page=1&slug_name=vai-custar-quanto>. Acesso em: 3 jun. 2012.
43. NAGLE, T.; HOLDEN, R. **The strategy and tactics of pricing**. Upper Saddle River: Prentice Hall, 1995.
44. SILK, A. J. **What is marketing?** Boston: Harvard Business School Press, 2006.
45. Baseado em: PAIXÃO, R. B.; BRUNI, A. L.; SILVA, S. C. M. Melhor e mais caro: um estudo sobre a associação entre a percepção dos preços e a qualidade dos produtos e serviços. **REGE Revista de Gestão USP**, São Paulo, out/dez. 2006, v. 13, n. 4, p. 39-50. Disponível em: <http://www.regeusp.com.br/arquivos/426_defin.pdf>. Acesso em: 3 jun. 2012.
46. FISCHER, N. Quanto mais caro melhor? Como a neurociência explica a influência do preço nas nossas decisões de compra. **Forebrain Blog**, 29 out. 2011. Disponível em: <forebrain.com.br/foreblog/2011/10/quanto-mais-caro-melhor-como-a-neurociencia-explica-a-influencia-do-preco-nas-nossas-decisoes-de-compra/>. Acesso em: 3 jun. 2012.
47. LOUREIRO, M. Premium para as massas. **Exame.com**, 5 out. 2011. Disponível em: <exame.abril.com.br/revista-exame/edicoes/1001/noticias/premium-para-as-massas>. Acesso em: 3 jun. 2012.
48. MELLO, B. Nestlé inova e cria SAC pelo SMS. **Exame.com**, 25 mar. 2010. Disponível em: <exame.abril.com.br/marketing/noticias/nestle-inova-cria-sac-pelo-sms-543451>. Acesso em: 3 jun. 2012.
49. REINARTZ, W.; KUMAR, V. Mismanagement of Customer Loyalty. **Harvard Business Review**, jul. 2002. Disponível em: <http://www.iei.liu.se/fek/frist/722g34/forelasning sunderlag-och-material-2010/1.150189/TheMismanagementofCustomerLoyalty.pdf>. Acesso em: 3 jun. 2012.
50. ANDERSON, K.; KERR, C. **Customer relationship management**. EUA: McGraw-Hill, 2001.
51. SILK, A. J. **What is marketing?** Boston: Harvard Business School Press, 2006.
52. RIGBY, D.; REICHHELD, F.; SCHEFFER, P. Avoid the Four Perils of CRM. **Harvard Business Review**, fev. 2002. Disponível em: <http://hbr.org/2002/02/avoid-the-four-perils-of-crm/ar/1>. Acesso em: 3 jun. 2012.
53. COELHO, F. apud LISBOA, J. et al. **Introdução à gestão das organizações**. Porto: Vida Econômica, 2005.
54. LIMA, M.; MEYER, C. O desafio de produzir sob medida. **Revista Exame**, ed. 852, p. 110-114, 28 set. 2005.
55. MARKETING com ou sem celebridade? **Época Negócios**, 11 nov. 2008. Disponível em: <epocanegocios.globo.com/Revista/Common/0,,EMI23910-16370,00-MARKETING+COM+OU+SEM+CELEBRIDADE.html>. Acesso em: 3 jun. 2012.
56. MARKETING com ou sem celebridade? **Época Negócios**, 11 nov. 2008. Disponível em: <epocanegocios.globo.com/Revista/Common/0,,EMI23910-16370,00-MARKETING+COM+OU+SEM+CELEBRIDADE.html>. Acesso em: 3 jun. 2012.
57. MARTINS, S. O pagodão do Pagodinho. **Veja on-line**, 24 mar. 2004. Disponível em: <veja.abril.com.br/240304/entrevista.html>. Acesso em: 3 jun. 2012.
58. ZENONE, L. C. Neuromarketing: o limite da ética no marketing. **Cesar A. Pachincha Costa**. Disponível em: <cesarapcosta.com.br/artigos/conteudo/13/neuromarketing_o_limite_da_etica_no_marketing>. Acesso em: 3 jun. 2012.
59. Adaptado de VASSALO, C. Um jeito diferente de fazer negócios. **Exame,** 787, mar. 2003; BLECHER, N. Como a Natura inova. **Exame**, 856, nov. 2005; MEYER, C. O dilema da pitanga na Natura. **Exame**, 1011, mar. 2012.

Capítulo 11 Administração de recursos humanos

Objetivos de aprendizagem

1. Compreender a importância da administração de recursos humanos para a organização.
2. Apresentar uma visão sistêmica do processo de administração de recursos humanos.
3. Explicar a necessidade de planejamento de recursos humanos.
4. Comparar as vantagens e as desvantagens dos recrutamentos interno e externo.
5. Identificar as principais ferramentas utilizadas durante a seleção de recursos humanos.
6. Analisar os métodos e as etapas dos processos de treinamento e desenvolvimento.
7. Descrever os métodos e potenciais problemas da avaliação do desempenho.
8. Explicar como as recompensas ajudam a manter os trabalhadores comprometidos.
9. Discutir a relevância de decisões sobre promoções, transferências e desligamentos.
10. Destacar as principais tendências contemporâneas da ARH.

Tendo em conta a evolução do ambiente empresarial, o sucesso das organizações depende cada vez mais do fator humano. Se, no passado, os funcionários eram vistos como meras ferramentas de produção, hoje eles representam uma importante fonte para a obtenção de vantagens competitivas. Assim torna-se fundamental para a sobrevivência de uma organização atrair, desenvolver e reter trabalhadores competentes que lhe permitam alcançar os objetivos estabelecidos.

Entre todos os recursos que uma empresa tem de gerir, os recursos do seu talento humano representam o maior de todos os desafios da administração. Em comparação com outros recursos, como o capital, o tempo, a informação, os equipamentos, os materiais etc., as pessoas têm um conjunto de especificidades que as torna mais complexas de gerir por causa de sua imprevisibilidade.

Este capítulo tem como objetivo apresentar os principais conceitos e técnicas da administração de recursos humanos (ARH), a área funcional da administração responsável pela gestão dos esforços e das atividades das pessoas que constituem a organização. Para tanto, apresentamos uma visão geral dessa área funcional, destacando sua importância para as organizações, e uma breve descrição da evolução histórica do conceito na administração.

Privilegiando uma análise mais técnica, serão abordados, em seguida, os processos de planejamento, recrutamento, seleção, orientação, treinamento, avaliação de desempenho e remuneração de recursos humanos. Por último, o capítulo apresenta uma análise dos desafios e das tendências contemporâneas envolvendo a ARH, destacando-se a diversidade da força de trabalho que atualmente compõe as organizações e a problemática dos assédios moral e sexual nas empresas.

>> Caso introdutório

Apostar na qualificação e colher os frutos

A fabricante de bombas hidráulicas Higra, de São Leopoldo, na grande Porto Alegre, é uma história de sucesso na gestão dos seus recursos humanos. Em 11 anos de atuação no mercado, a empresa teve apenas dois pedidos de demissão. A sua força de trabalho é caracterizada por uma elevada coesão e lealdade à empresa que se materializa em uma rotatividade quase nula.

O segredo do sucesso da empresa é a sua aposta na qualificação e desenvolvimento dos seus trabalhadores. A empresa cobre 90% dos custos de qualquer curso que eles queiram fazer, mesmo que os estudos não sejam na área de interesse do negócio. Além disso, investe mais de 1% do faturamento anual em programas de treinamento e desenvolvimento dos seus recursos humanos. Dessa forma, os seus funcionários sentem-se valorizados e retribuem com maior empenho e comprometimento.

Para o fundador da empresa, Silvino Geremia (na foto), o investimento na qualificação dá muito retorno. Os números comprovam esse argumento: de 2009 a 2010, a Higra cresceu quase 40% e conquistou grandes clientes, como Gerdau, CSN e Vale; além disso, a receita mensal é de 35 mil reais por funcionário, duas vezes mais que a média do setor.

Com a aposta na qualificação dos seus profissionais, foi possível implantar um sistema de gestão inovador, batizado de 'chefia zero', que eliminou a hierarquia. Não há presidente, apenas três diretores e sete gestores. Segundo Alexandre Geremia, filho do fundador, o sistema funciona graças à qualificação da equipe.

A importância atribuída à qualificação dos trabalhadores por Silvino Geremia está associada à dificuldade para manter bons funcionários e para implantar programas de qualidade que o empresário teve no início da sua carreira. Ele percebeu que apoiando cursos de formação e qualificação, os programas funcionaram e a rotatividade cairia. Hoje em dia, Geremia considera baixo o risco de perder funcionários qualificados, uma vantagem competitiva em um mercado de mão de obra aquecido.

Nos próximos três anos, sua empresa precisará dobrar o número de funcionários para triplicar a produção. Segundo ele, a política de recursos humanos praticada na empresa vai ajudar a atrair novos talentos e, com isso, alcançar os objetivos da empresa.[1]

11.1 >> A administração de recursos humanos nas organizações

As pessoas são um elemento essencial à existência das organizações; para muitos autores, são a sua principal fonte de vantagem competitiva.[2] Como a organização é um grupo estruturado de pessoas que se juntam para alcançar objetivos em comum, inerente a seu funcionamento está a necessidade de gerir os esforços e as atividades das pessoas que a compõem. Essa é a função da administração de recursos humanos.

O sucesso da Higra, descrito no caso introdutório, demonstra bem a importância da administração de recursos humanos no desempenho de uma empresa. Uma das funções mais críticas de um administrador consiste em gerir as pessoas que compõem a organização de forma a alcançar os objetivos pretendidos. Para isso, precisam planejar, recrutar, treinar, promover e remunerar os membros da organização. Ao longo deste capítulo, serão abordadas essas e outras atividades relacionadas com a administração de recursos humanos de uma organização.

11.1.1 ›› A administração de recursos humanos

Os recursos humanos de uma organização compreendem todo o conjunto de talentos, habilidades, conhecimentos e potencial de desenvolvimento que cada um de seus membros possui. A qualidade da gestão desses recursos humanos determinará, em grande parte, o sucesso ou insucesso de uma organização. A **administração de recursos humanos** (ARH) refere-se à concepção e gestão de sistemas formais que garantam a utilização eficaz e eficiente do talento humano na realização dos objetivos organizacionais.[3] Em outras palavras, a ARH refere-se às práticas e políticas necessárias para conduzir os aspectos relacionados com as pessoas que trabalham em determinada organização, principalmente as atividades de recrutamento, colocação, treinamento, desenvolvimento, avaliação e remuneração do funcionário.[4]

> **Administração de recursos humanos**
> Área responsável pela concepção e gestão de sistemas formais que garantem a utilização eficaz e eficiente do talento humano na realização dos objetivos organizacionais.

Especificamente, podem-se destacar três objetivos centrais da ARH:

- identificar e atrair recursos humanos qualificados e competentes;
- adaptar os trabalhadores à organização e desenvolver todo o seu potencial;
- manter os trabalhadores comprometidos e satisfeitos com a organização.

Cada vez mais, os conceitos e teorias da ARH são importantes para todos os gerentes e se fazem presentes em todas as áreas de uma organização, tenha esta ou não um departamento formal de recursos humanos. De alguma forma, todos os administradores estarão envolvidos em decisões sobre os recursos humanos em sua unidade ou grupo de trabalho. Ao mesmo tempo, cresce o número de empresas que contam com um departamento de ARH responsável por desenvolver as práticas de gestão de pessoas em direção ao desenvolvimento da organização e ao alcance de seus objetivos.

11.1.2 ›› Uma visão histórica da administração de recursos humanos

Como campo de estudos, a ARH surgiu no início do século XX, no contexto da Revolução Industrial, para mediar e reduzir conflitos entre as pessoas e as organizações. Até a década de 1970, sua atuação estava predominantemente associada à resolução de conflitos e às questões trabalhistas. Com a globalização da economia, o aumento da competitividade no mundo dos negócios e as transformações que marcaram o final do século passado, a importância de recursos humanos para as empresas cresceu, exigindo das empresas a adoção de novos paradigmas de gestão de pessoas. Analogamente, a evolução dos estudos sobre o comportamento no âmbito organizacional consolidava os novos rumos da ARH, elevando a consciência de que a participação e o envolvimento das pessoas com os objetivos organizacionais representam um diferencial competitivo estratégico.

De fato, durante muito tempo, a ARH foi considerada uma área pouco nobre da administração. Por não ser uma função diretamente relacionada com os resultados de uma organização, como acontece com as áreas de operações, logística ou vendas, seu papel não era considerado muito relevante. As empresas tinham um departamento de pessoal que se ocupava essencialmente de tarefas administrativas, como o controle da assiduidade dos trabalhadores, o processamento de salários, o cumprimento de obrigações legais ou contratuais, entre outras atividades burocráticas.

Atualmente, muitas empresas reconhecem a importância estratégica que as pessoas têm para seu sucesso, e por isso foram criados departamentos de recursos humanos responsáveis por desenvolver políticas e práticas de ARH que potencializem o desempenho da empresa. Esses departamentos de recursos humanos afastam-se das tradicionais atividades administrativas desempenhadas pelos departamentos de pessoal, assumindo um papel central nas opções de natureza estratégica.

11.1.3 ›› A importância da administração de recursos humanos

Expressões como "as pessoas são nosso principal patrimônio" são frequentemente proferidas por administradores e executivos, e demonstram a importância da ARH para as organizações. De fato, a ARH é uma ferramenta essencial para o desenvolvimento de uma vantagem competitiva sustentável. Diversas pesquisas têm concluído que os recursos humanos de uma organização são uma de suas principais fontes de vantagens competitivas.

No entanto, para que isso seja realidade, os administradores devem alterar a forma como veem a força de trabalho e as relações que estabelecem com ela. Em vez de considerar as pessoas como custos que devem ser evitados ou minimizados, os membros organizacionais devem ser encarados como parceiros, com os quais é necessário colaborar para alcançar os objetivos organizacionais e individuais.

Além de sua contribuição para o desenvolvimento de uma vantagem competitiva sustentável, as políticas e práticas de ARH têm impacto positivo no desempenho da organização, uma vez que contribuem para:

- melhorar as competências e habilidades dos funcionários;
- aumentar a motivação dos trabalhadores;
- manter os funcionários mais competentes comprometidos com a organização;
- encorajar os não comprometidos com a organização a abandoná-la.

Estudos têm demonstrado que certas práticas e políticas de ARH têm impacto positivo no desempenho organizacional, tanto em termos da produtividade do trabalhador, como da rentabilidade da organização.[5]

11.1.4 ›› Níveis de atuação da ARH

Apesar da importância estratégica que a ARH tem para a organização, muitas das atividades da ARH continuam a ser de natureza operacional. Podem-se distinguir três níveis de atuação da ARH no contexto organizacional: nível estratégico, tático e operacional (Figura 11.1).

A dimensão estratégica da ARH diz respeito à definição de políticas e estratégias de recursos humanos que permitam gerar vantagens competitivas sustentáveis para a organização e são da responsabilidade dos administradores de topo. Essas políticas têm como objetivo garantir o comprometimento e a satisfação dos membros organizacionais e, com isso, alcançar bom nível de desempenho. Por sua vez, a dimensão tática, normalmente associada a gerentes de recursos humanos, corresponde ao conjunto de atividades técnicas, tais como o recrutamento e a seleção, o treinamento, a avaliação do desempenho e a gestão dos sistemas de remuneração. Essas atividades são fundamentais para garantir o êxito das políticas de ARH. Por último, a dimensão administrativa refere-se à rotina burocrática de qualquer organização, típica dos antigos departamentos de pessoal.[6]

Figura 11.1 ›› Níveis de atuação da ARH

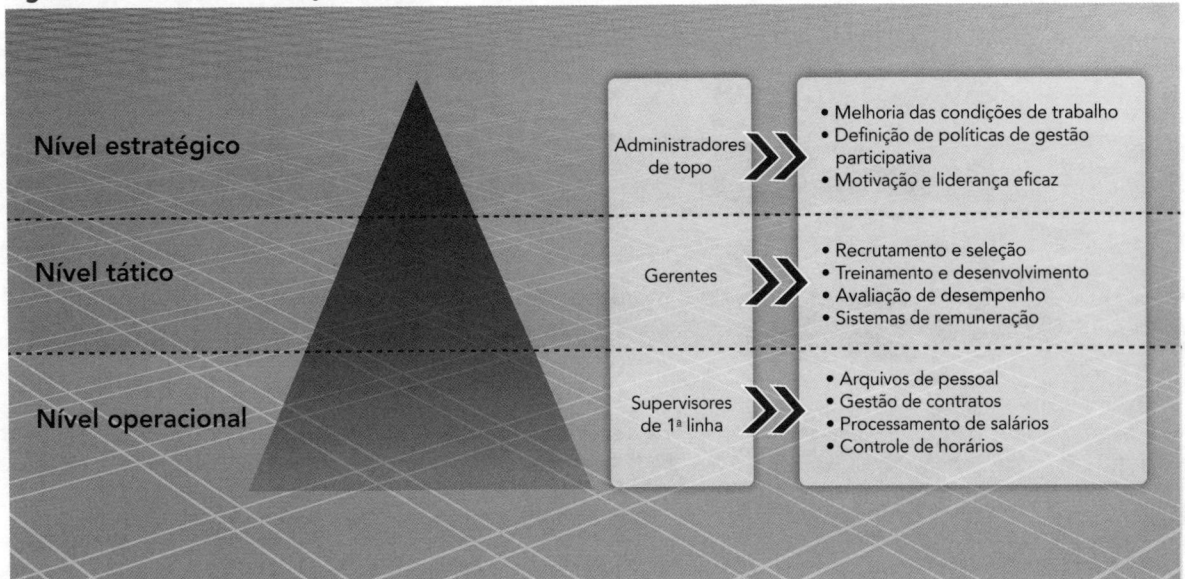

- **Nível estratégico** — Administradores de topo ››
  - Melhoria das condições de trabalho
  - Definição de políticas de gestão participativa
  - Motivação e liderança eficaz

- **Nível tático** — Gerentes ››
  - Recrutamento e seleção
  - Treinamento e desenvolvimento
  - Avaliação de desempenho
  - Sistemas de remuneração

- **Nível operacional** — Supervisores de 1ª linha ››
  - Arquivos de pessoal
  - Gestão de contratos
  - Processamento de salários
  - Controle de horários

11.1.5 ›› O processo de administração de recursos humanos

> **Processo de administração de recursos humanos**
> Conjunto de atividades que têm como objetivo atrair pessoas competentes, desenvolver seu potencial e mantê-las comprometidas com a organização.

O **processo de administração de recursos humanos** consiste em um conjunto de atividades que têm como objetivo atrair pessoas competentes, desenvolver seu potencial e mantê-las comprometidas com a organização durante muito tempo. Para conseguir isso, a empresa tem de planejar, recrutar, selecionar, orientar, treinar, avaliar, remunerar, promover e, sempre que necessário, desligar ou demitir os que não estão comprometidos ou não são capazes. A Figura 11.2 apresenta os componentes essenciais da ARH.

No entanto, é importante realçar que essas atividades da ARH acontecem no âmbito do contexto no qual a organização está inserida. Como a ARH é uma função de apoio, esta deve ser consistente com a estratégia, adequada à estrutura da organização, e deve contribuir para o alcance dos objetivos organizacionais. Por outro lado, o processo de ARH é influenciado por forças e fatores ambientais, como a legislação vigente, a ação de sindicatos, o mercado de mão de obra local, as questões demográficas, tecnológicas e econômicas, bem como diversos outros fatores que interferem nas políticas de ARH e as afetam direta ou indiretamente.

Assim, depois de analisado o ambiente interno e externo, o processo de ARH começa com a identificação e a atração de trabalhadores competentes. Para isso, a organização precisa planejar as necessidades de recursos humanos, seguido do recrutamento e seleção de pessoas com as competências e habilidades necessárias. Uma vez identificados e selecionados os empregados competentes, eles deverão ser submetidos a um processo de orientação e treinamento, que visa adaptá-los à organização e capacitá-los para sua função, munindo-os dos conhecimentos necessários para seu exercício. Periodicamente, os empregados devem ser submetidos a uma avaliação de desempenho, atividade de controle por meio da qual são identificados e corrigidos os problemas relativos ao desempenho dos funcionários. As informações coletadas a partir das avaliações devem embasar e direcionar as promoções, transferências, rebaixamentos e desligamentos, assim como definir os sistemas de recompensas da organização. O resultado final do processo de ARH é a manutenção de empregados motivados, comprometidos e capazes de sustentar um desempenho elevado e de conduzir a organização ao sucesso.

Ao longo deste capítulo, iremos analisar cada uma dessas funções desempenhadas no processo de ARH.

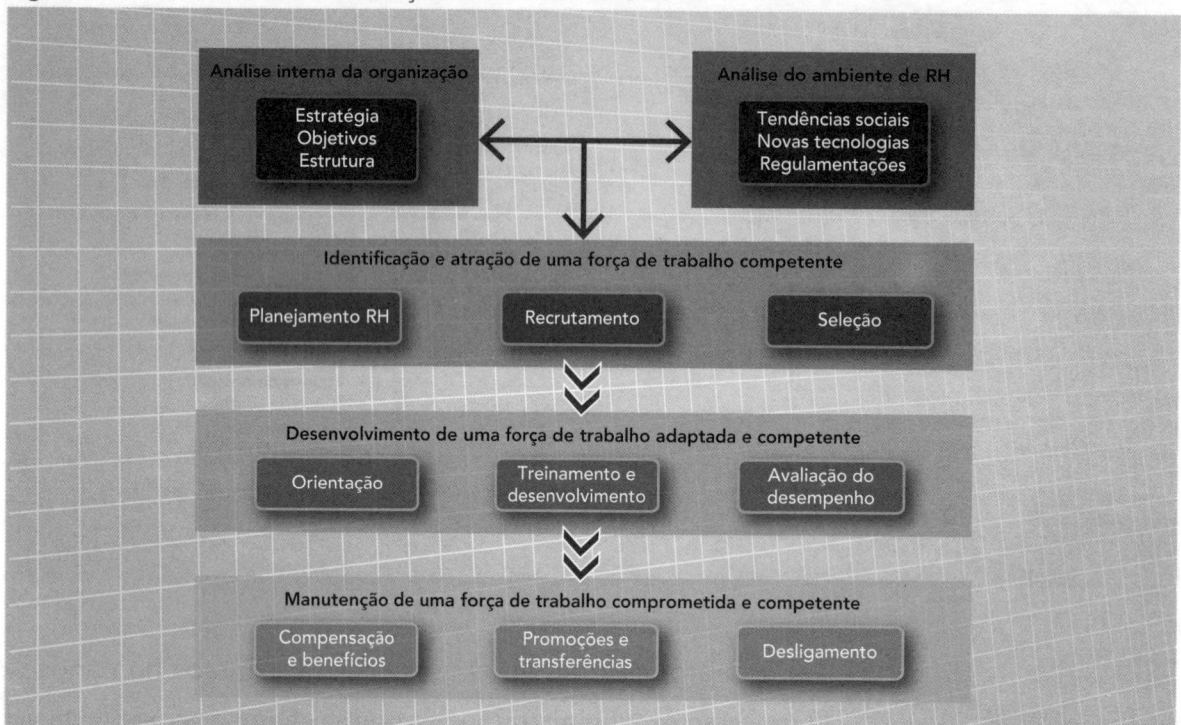

Figura 11.2 ›› Processo de administração de recursos humanos

Análise interna da organização
- Estratégia
- Objetivos
- Estrutura

Análise do ambiente de RH
- Tendências sociais
- Novas tecnologias
- Regulamentações

Identificação e atração de uma força de trabalho competente
- Planejamento RH
- Recrutamento
- Seleção

Desenvolvimento de uma força de trabalho adaptada e competente
- Orientação
- Treinamento e desenvolvimento
- Avaliação do desempenho

Manutenção de uma força de trabalho comprometida e competente
- Compensação e benefícios
- Promoções e transferências
- Desligamento

11.2 ›› Influências ambientais na ARH

Uma diversidade de fatores ambientais influencia o processo de ARH, assim como as organizações em geral. Todas as mudanças que o ambiente promove na organização têm impacto em seus membros. Por essa razão, os executivos de recursos humanos devem estar atentos aos desafios ambientais, monitorando-os e interpretando-os, visando responder à natureza dinâmica das relações entre a organização e seus membros. A seguir, serão analisadas algumas das principais influências ambientais na ARH.

11.2.1 ›› Globalização

A **globalização** envolve a combinação de uma série de fatores econômicos, sociais e culturais e é uma das tendências contemporâneas que traz inúmeros desafios para a ARH. Uma das consequências imediatas da globalização é a abertura de mercados, inclusive do *mercado de trabalho*. Assim, a globalização veio alargar o mercado de trabalho ao qual uma organização pode recorrer para suprir as necessidades de recursos humanos. No entanto, lidar com pessoas de diferentes culturas e formar equipes e grupos de trabalhos culturalmente diversos também têm seus perigos. Os choques culturais podem determinar o sucesso ou insucesso de um projeto ou organização.

A atuação em uma arena global incentiva as organizações a desenvolver políticas de ARH capazes de lidar com a crescente *integração entre países e culturas*. As pessoas na organização devem estar preparadas para lidar com um mundo cada vez mais interdependente, e as políticas de recrutamento, seleção e treinamento devem levar isso em conta. Todos os funcionários da organização, desde os executivos até os trabalhadores operacionais, devem estar aptos a trabalhar em empresas cujos limites geográficos não existem. Logo, a diversidade cultural deve ser estimulada pela ARH.

> **Globalização**
> Processo de integração econômica, social, cultural e política entre pessoas, empresas e governos de diferentes países e regiões.

Criar programas para formar lideranças nos países em que atuam é uma obrigatoriedade para as empresas brasileiras com atuação internacional. Para isso, as empresas brasileiras têm reestruturado os seus programas de trainee para receber jovens de outros países, além de permitir que os participantes possam cumprir o programa em outro país. Por exemplo, a turma de 2011 do programa de trainee da Natura era constituída por 35 jovens, 11 eram estrangeiros. Também a construtora Andrade Gutierrez abriu pela primeira vez em 2011 a inscrição para seu programa de trainee a jovens dos mais de 30 países em que atua. Dos 20 aprovados, seis eram estrangeiros.[7]

11.2.2 ›› Legislação

De todos os fatores ambientais que afetam o processo de ARH, a legislação trabalhista é aquela que tem maior visibilidade, devido a seu poder de *enforcement*. Nos últimos anos, foram criadas diversas leis e regulamentos com o objetivo de garantir igualdade de oportunidades e um tratamento justo para todos os trabalhadores. Muitas dessas leis têm o propósito de *impedir práticas de ARH discriminatórias* com base em gênero, religião, raça ou idade, e garantir um tratamento justo para todos os trabalhadores.

Além dessas questões, no Brasil, as *leis trabalhistas* obrigam as empresas a providenciar férias, 13º salário e pagamento do Fundo de Garantia por Tempo de Serviço (FGTS) ao trabalhador, especificar a duração da jornada de trabalho máxima, pagar horas extras e multas no caso de desligamento, entre outras medidas. Tudo isso faz com que a legislação brasileira seja considerada rígida e, ao mesmo tempo, foco de crítica por parte das empresas.

11.2.3 ›› Tecnologia

Assim como em outras áreas organizacionais, o desenvolvimento tecnológico também influencia a ARH. De um lado, os desenvolvimentos tecnológicos criam a base material que possibilita a transformação de práticas relevantes para ARH. Por exemplo, o uso da tecnologia de informação pode possibilitar a criação de sistemas

O artigo 93 da Lei 8213/91 é um bom exemplo de como a legislação influencia o processo de ARH. Segundo esse dispositivo legal, a empresa com 100 ou mais empregados está obrigada a preencher de 2% a 5% dos seus cargos com pessoas portadoras de algum tipo de deficiência. A Editora Abril, por exemplo, foi acionada pelo Ministério Público em 2001 para que pudesse obedecer à legislação. A partir de então, a empresa formalizou um programa, chamado "Talentos Especiais", para cumprimento da cota e ampliação dos espaços de trabalho dos profissionais com deficiência. Atualmente, a empresa emprega cerca de 90 pessoas com deficiência física e auditiva.[8]

integrados de recursos humanos, desenvolvidos para oferecer dados e informações que podem ser utilizados em diversas fases do processo de ARH. As tecnologias também permitem o desenvolvimento do *teletrabalho*, no qual um funcionário pode executar suas tarefas sem, necessariamente, estar presente fisicamente na organização. O teletrabalho transfere o escritório para a casa do trabalhador, reduzindo substancialmente os custos organizacionais.

Por outro lado, os desenvolvimentos tecnológicos desafiam o próprio trabalhador e sua qualificação. É difícil, atualmente, imaginar qualquer funcionário sem domínio de ferramentas tecnológicas ligadas ao uso de informação. A tecnologia tem permitido maior *automação*, que, por sua vez, transforma a relação do trabalhador com a máquina, abrindo espaço para uma menor especialização.

Por último, o crescimento exponencial das *redes sociais* também têm contribuído para mudanças no processo de ARH. Por um lado, permitem abrir um novo canal de recrutamento. Ainda recentemente, a Dell, fabricante de computadores, preencheu a vaga de consultor de vendas da filial de Porto Alegre ao analisar o perfil profissional de Tiago Bridi no LinkedIn, que na época terminava MBA em Espanha[9]. Por outro lado, as redes sociais também têm sido criticadas por serem usadas para investigar a vida dos trabalhadores, o que levanta problemas de ordem ética (ver o dilema ético no final do capítulo).

11.2.4 ›› Demografia

Fatores demográficos também influenciam o tamanho e a composição da força do trabalho, afetando indiretamente as práticas de ARH. O *envelhecimento populacional*, uma tendência crescente em países desenvolvidos, traz questões importantes para a ARH, como a gestão de uma força de trabalho com faixa etária mais elevada, custos de aposentadorias, custos com sistemas de saúde, práticas de desligamento voluntário, entre outras.

Em países como o Brasil, com uma legislação trabalhista bastante intervencionista, essas questões deveriam se fazer presentes com mais força. Entretanto, o país equilibra essa tendência de envelhecimento pela alta taxa de crescimento que ainda apresenta, bem como pelo peso da população urbana. A densidade e os ritmos de urbanização afetam o crescimento de mão de obra. Isso faz com que o tamanho do mercado de trabalho no Brasil ainda seja grande e subempregado.

Outra tendência demográfica está relacionada com a *ascensão das mulheres* no local de trabalho. Em algumas economias, elas já representam mais da metade da mão de obra empregada. No Brasil, os dados indicam que a presença feminina já equivale à dos homens. Um estudo recente conduzido pela empresa de consultoria de recursos humanos Catho concluiu que a participação das mulheres em cargos gerenciais tem aumentado significativamente nos últimos anos. De acordo com o levantamento, as mulheres já ocupam mais de 60% dos postos de coordenação e 37% dos cargos de gerência. Também em cargos mais elevados, foi observado um crescimento na participação feminina ao longo dos anos. Segundo o estudo, cerca de 24% dos cargos de alta administração já são ocupados por mulheres, quando esse número era pouco mais de 10% no início do século.[10]

11.3 ›› Atraindo trabalhadores competentes

A primeira etapa do processo de ARH consiste em identificar e contratar trabalhadores que demonstrem potencial para desempenhar, de forma eficaz, as funções necessárias na organização. Esse processo de atração de uma força de trabalho competente envolve três atividades:

- *planejamento de recursos humanos*, por meio do qual o gerente de recursos humanos identifica as necessidades ou redundâncias na força de trabalho da organização;
- *recrutamento* de potenciais candidatos, identificando e atraindo um grupo de pessoas capazes de suprir as necessidades de recursos humanos da organização;
- *seleção*, entre os candidatos potenciais, daqueles que demonstrem melhor potencial de desempenho e comprometimento com a organização.

O resultado final dessa etapa do processo de ARH é a contratação de uma ou mais pessoas que preencherão as vagas em aberto na organização.

11.3.1 ›› Planejamento de recursos humanos

> **Planejamento de recursos humanos**
> Processo gerencial de elaboração de um plano que projeta as eventuais modificações na estrutura de recursos humanos de uma organização.

O **planejamento de recursos humanos** compreende o processo gerencial de elaboração de um plano que projeta as eventuais modificações na estrutura de recursos humanos de uma organização. O planejamento deve assegurar que a organização tenha as pessoas certas, no lugar certo, no momento certo, desempenhando com eficiência e eficácia as tarefas que lhes forem destinadas.

De forma mais específica, cabe ao planejamento de RH:[11]
- determinar as necessidades de recursos humanos;
- detectar as eventuais redundâncias e avaliar as possibilidades de reconversão;
- definir as necessidades de treinamento para os trabalhadores atuais;
- avaliar o impacto de novas tecnologias e de novas formas de organização do trabalho na atividade da empresa.

O planejamento de RH deve traduzir a missão e os objetivos da organização em um plano. A elaboração do plano de RH deve-se processar em duas etapas: 1) análise do estado atual da estrutura de recursos humanos da organização e 2) avaliação das necessidades futuras de pessoal.

ANÁLISE DA ESTRUTURA DE RH ›› A análise do estado atual da estrutura de RH permite aos gerentes a avaliação das habilidades e talentos disponíveis em uma organização. Essas informações são obtidas por intermédio de um *inventário de recursos humanos*, que lista um conjunto de dados sobre o quadro de pessoal da organização, como número de trabalhadores, grau de instrução, experiência na função atual, tempo de serviço na organização, aptidões e competências específicas, entre outras.

No entanto, não basta ter as informações sobre a estrutura de RH em dado momento; é preciso prever as modificações futuras nessa estrutura. Essas modificações podem ocorrer por *rotação interna* (promoções ou transferências) ou por *rotação externa* (aposentadoria, licença, desligamento etc.). Com base nessas informações, a organização pode projetar o perfil de seus trabalhadores para determinado período, considerando as mudanças previstas.

Além de inventariar os recursos humanos da organização, a análise da estrutura de RH também implica uma *análise de cargos*. As organizações são constituídas por cargos que precisam ser preenchidos. Tendo papel central na ARH, a análise de cargos visa responder à necessidade de se conhecer o conteúdo do trabalho e as características das pessoas que devem ser contratadas para determinados cargos.[12] O propósito dessa análise consiste na identificação das exigências, atitudes e comportamentos necessários para o desempenho das tarefas com eficácia. Com base em tais dados, desenvolvem-se a descrição e a especificação de cargos, que darão suporte ao processo de recrutamento e seleção.

A **descrição do cargo** é o documento que descreve as tarefas, deveres e responsabilidades essenciais que estão envolvidas no desempenho da função. O foco, nesse caso, é o conteúdo do cargo, o ambiente e as condições de trabalho. Já a **especificação do cargo** contém as competências, os conhecimentos, as habilidades, os equipamentos e outras características necessárias ao desempenho do cargo. Nesse caso, o foco recai sobre o comportamento do empregado.

A análise de cargos ajuda as organizações a recrutar as pessoas certas. Alguns dos métodos utilizados para a coleta de informação para a análise de cargos são:

- entrevistas individuais ou em grupo com os empregados;
- entrevistas com supervisores;
- observação direta do trabalhador;
- registros diários do desempenho dos trabalhadores;
- filmagens dos trabalhadores no local de trabalho;
- identificação das principais características do trabalho por especialistas.

Nos últimos anos, as mudanças tecnológicas, a competição globalizada e outras tendências contemporâneas no ambiente dos negócios resultaram em mudanças organizacionais que contribuíram para o rompimento dos limites da definição de cargo como um conjunto de responsabilidades bem definidas e claramente delimitadas. Com efeito, cada vez mais, as organizações caminham em direção a novas configurações organizacionais, nas quais os cargos podem ser reestruturados todos os dias.[13]

PREVISÃO DAS NECESSIDADES FUTURAS » Além de analisar a estrutura de RH de uma organização, o planejamento consiste na previsão das necessidades futuras de recursos humanos. O principal determinante dessas necessidades futuras é a orientação estratégica da organização. Dessa forma, devem ser considerados os objetivos, as estratégias, a demanda prevista para seus produtos ou serviços, as modificações planejadas nos processos organizacionais, os investimentos em novas tecnologias produtivas, entre outros.

Ao mesmo tempo, é fundamental levar em consideração os fatores do ambiente externo, como questões legais ou econômicas que afetam a organização, ou mesmo as condições de mercado. Uma elevação na taxa de juros ou novas leis trabalhistas, por exemplo, podem alterar substancialmente a demanda de RH em uma organização. Sendo assim, um planejamento de RH eficaz deve refletir a análise do contexto e das estratégias da organização, bem como sua visão de futuro.[14]

> **Descrição do cargo**
> Documento que descreve tarefas, deveres e responsabilidades essenciais que estão envolvidos no desempenho da função.

> **Especificação do cargo**
> Documento que contém competências, conhecimentos, habilidades, equipamentos e outras características necessárias ao desempenho do cargo.

A MMX, empresa de mineração do empresário Eike Batista, disponibiliza no site da empresa as exigências, atitudes e comportamentos necessários para o desempenho dos cargos. Por exemplo, o cargo de um engenheiro especialista da MMX tem a seguinte descrição: planejar e desenvolver estudos para atendimento de novos projetos; propor e acompanhar ensaios de bancada, piloto e testes industriais; avaliar projetos em todas as fases de engenharia e implantação. O cargo possui a seguinte especificação: formação em Engenharia de Minas ou Metalurgia; curso de Especialização em Projetos, Tecnologia Mineral e/ou Tratamento de Minério; inglês avançado; vivência sólida em mineração na área operacional, engenharia de projetos e implantação.

A previsão de necessidades de pessoal pode ser efetuada por meio da *análise de tendências* – a partir da qual se estudam os níveis de emprego da organização em determinado período no passado para prever as necessidades futuras – ou da *análise de quociente* – que consiste em fazer previsões com base na relação entre algum fator casual (volume de vendas, por exemplo) e o número de funcionários necessários. Em ambos os casos, o julgamento gerencial tem papel fundamental no planejamento.[15]

Após avaliar as capacidades correntes e as necessidades futuras, o gerente de RH deverá estimar as carências ou excessos de recursos humanos e destacar áreas para as quais terá de alocar mais pessoal. Em seguida, deve-se desenvolver um programa para adequar essas estimativas às previsões de suprimento futuro de mão de obra.

PLANO DE RH ›› Após o planejamento e a previsão da força de trabalho, caberá ao gerente elaborar o plano de RH, um documento que prevê os fluxos de entradas e saídas de pessoas de acordo com as políticas da ARH previstas para o período em questão. Nele, devem constar as seguintes informações:[16]

- número total de empregados existentes;
- qualificações requeridas aos trabalhadores;
- cronograma de entradas e de saídas;
- necessidades de substituição por rotação;
- candidatos internos potenciais;
- necessidades de treinamento ou reconversão dos trabalhadores atuais;
- ganhos de produtividade estimados;
- necessidades de pessoal por função e departamento;
- custo estimado.

O plano de RH deverá ser discutido e aprovado pela direção da organização, devendo também ser revisto anualmente para corrigir os desvios que eventualmente possam surgir, visto tratar-se de um processo dinâmico e em constante aperfeiçoamento.

11.3.2 ›› Recrutamento

O planejamento de recursos humanos poderá indicar escassez ou excesso de pessoal em determinadas funções na organização. Sempre que se verificar uma escassez de RH, a organização deverá recorrer ao processo de recrutamento e seleção de funcionários para o preenchimento das vagas existentes. Por outro lado, quando se verificar o excesso de RH, a organização deverá partir para um processo de redução da força de trabalho, que será apresentado posteriormente.

O **recrutamento** é o processo de localização, identificação e atração de candidatos qualificados para ocupar um cargo na estrutura de pessoal da organização. Esse recrutamento pode ser interno ou externo.

O *recrutamento interno* consiste no preenchimento de uma vaga para um posto de trabalho mediante a realocação de funcionários atuais, que podem ser promovidos ou transferidos de outras unidades. De modo geral, o recrutamento interno ocorre por escolha de um superior hierárquico, de uma pessoa cujo perfil seja considerado adequado ao cargo ou por meio de um concurso interno.

O *recrutamento externo*, por sua vez, ocorre quando a organização abre o processo de recrutamento a candidatos externos à organização. Nesse caso, a organização pode recorrer a uma diversidade de fontes de recrutamento para preencher as vagas em aberto. Algumas dessas fontes são:

> **Recrutamento**
> Processo de localização, identificação e atração de candidatos qualificados para ocupar um cargo na estrutura de pessoal da organização.

- anúncios em jornais, revistas ou rádios;
- agências de emprego públicas ou privadas;
- pela Internet, por meio de sites especializados em recrutamento on-line;
- *headhunters;*
- escolas e universidades;
- intercâmbio com outras empresas;
- indicações ou recomendações de funcionários atuais;
- base de dados de ex-funcionários;
- base de dados de candidaturas espontâneas.

Algumas fontes de recrutamento apresentam melhores resultados que outras. Em geral, as indicações ou recomendações por parte de trabalhadores atuais produzem melhores candidatos.[17] Isso acontece porque a pessoa que recomenda conhece os requisitos exigidos pelo cargo e as qualificações e habilidades do candidato. Por outro lado, o funcionário atual apenas recomendará outra pessoa se sentir que isso não afetará negativamente sua reputação e seu prestígio na organização. No entanto, apesar de ser um método de recrutamento mais confiável, não deve ser o único utilizado, pois pode resultar em uma força de trabalho muito homogênea e pouco diversa (por exemplo, funcionários todos formados na mesma universidade).

O Quadro 11.1 resume as principais vantagens e desvantagens dessas duas modalidades de recrutamento.

Quadro 11.1 ›› Vantagens e desvantagens do recrutamento interno e externo

Recrutamento interno	Vantagens	- É um processo mais rápido e econômico. - Aproveita o investimento da organização em treinamento e desenvolvimento. - Atua como fonte de motivação dos funcionários e estimula a lealdade. - Evita riscos de inadequação cultural de trabalhadores externos à organização. - Reduz a incerteza quanto ao potencial, ao desempenho e ao perfil do candidato. - Estimula um espírito de competição saudável entre os membros organizacionais.
	Desvantagens	- Pode gerar conflito interno e frustração aos candidatos excluídos. - Inibe a mudança e a inovação na organização. - Pode encorajar a complacência entre os trabalhadores que presumem que a antiguidade assegura a promoção. - Limita as escolhas aos trabalhadores atuais da organização. - Obriga à substituição do trabalhador escolhido, o que pode atrasar a efetivação da mudança de cargo.
Recrutamento externo	Vantagens	- Permite renovar o quadro de competências da organização. - Traz "sangue novo", novas ideias, nova visão e energia revitalizadora à organização. - Propicia a ampliação do conhecimento sobre o mercado e a oferta de mão de obra. - Aproveita os conhecimentos e experiências adquiridas anteriormente pelos candidatos. - Pode aumentar a visibilidade da organização, projetando uma imagem de renovação.
	Desvantagens	- É um processo mais demorado e mais caro. - Apresenta alguns riscos de incompatibilidade entre o candidato e a organização. - Pode gerar desmotivação e desconfiança nos trabalhadores atuais. - Os resultados são mais imprevisíveis. - Pode ter impacto na política de remunerações da organização.

A escolha da fonte de recrutamento deve refletir o mercado de trabalho local, o nível hierárquico do cargo e o tamanho da organização. Quando se trata de recrutar administradores como estagiários ou para posições de entrada, as universidades e escolas de pós-graduação são uma ótima fonte de recrutamento, já que permitem o acesso a um conjunto grande e centralizado de candidatos. Contudo, pode ser um processo dispendioso, e, muitas vezes, os recém-formados acabam por abandonar a organização ao fim de um ou dois anos, em busca de novos desafios. Já o recrutamento de gerentes é ainda mais caro e competitivo. Nesse caso, o mais apropriado é a utilização de agências de empregos ou anúncios em jornais ou revistas. No caso das agências, elas fazem uso de sua rede de contatos, e os candidatos passam por uma triagem cuidadosa. No caso de anúncios, a organização tem acesso ao amplo leque de potenciais candidatos; no entanto, tende a gerar muitos candidatos não qualificados. Por último, para as posições de topo na hierarquia, as organizações geralmente optam por empresas especializadas no recrutamento de altos executivos – os *headhunters*. Essas empresas localizam dois ou três potenciais candidatos que, além de serem altamente qualificados, podem ser aliciados a abandonar seus cargos atuais pela proposta certa.

11.3.3 ›› Seleção

> **Seleção**
> Processo de avaliação das competências e qualificações dos candidatos e sua adequação às exigências do cargo.

Depois de identificado um grupo limitado de candidatos, o próximo passo consiste na seleção do mais qualificado para o cargo. No processo de **seleção**, avaliam-se as competências e qualificações dos candidatos e sua adequação às exigências do cargo. Na prática, a seleção é um exercício de previsão do desempenho futuro dos candidatos no cargo, sendo escolhido aquele que aparentar ter melhor desempenho. Nessa fase, são analisadas as competências, os conhecimentos e o potencial de cada candidato. Avaliam-se, portanto, a preparação para as exigências do cargo, valorizando dimensões da personalidade e do percurso de vida do candidato.

Para auxiliar os administradores no processo de seleção, diversos mecanismos ou instrumentos podem ser utilizados para avaliar e comparar as qualificações dos candidatos. Os mais comuns são os formulários de emprego, os testes, as simulações de desempenho e as entrevistas. As ferramentas de seleção variam em função da estratégia adotada pela organização, dos aspectos conjunturais do mercado e das características da mão de obra a ser selecionada.

FORMULÁRIOS DE EMPREGO ›› Os formulários de emprego são uma ferramenta muito comum na seleção, permitindo que se conheça melhor a pessoa e se reduza ainda mais o número de candidatos elegíveis para uma avaliação personalizada posterior. Trata-se de uma primeira apreciação dos candidatos, eliminando do processo aqueles que não reúnam os requisitos exigidos, por exemplo, a formação acadêmica específica, experiência profissional mínima ou idade. Indispensável em processos nos quais exista um número muito elevado de candidaturas, é uma ferramenta que busca reduzir o número de candidatos a um pequeno grupo, de forma a permitir uma análise mais detalhada.

TESTES ›› Os testes são um conjunto de exercícios propostos aos candidatos para avaliar diversas aptidões consideradas relevantes para o exercício de determinada função. Os testes complementam as informações importantes que são impossíveis de transmitir por meio do currículo ou de questionários. Os testes mais comuns são:[18]

- *Testes de inteligência*: estão entre os mais antigos instrumentos de seleção. Eles medem as habilidades intelectuais, como capacidade de raciocínio, de resolução de problemas, de pensamento abstrato, de compreensão de ideias complexas, de aprendizagem rápida a partir da experiência concreta e de processamento de informação. Um exemplo de teste de inteligência geral é o de QI.
- *Testes de personalidade*: destinam-se a avaliar os aspectos não cognitivos e a dimensão social do indivíduo, como autoconfiança, introversão, autonomia,

capacidade de decisão, de controle emocional, ou a forma como se relaciona com outras pessoas.

- *Testes de aprendizado*: avaliam de forma objetiva os conhecimentos técnicos, como o domínio de línguas ou da tabela informática.
- *Testes biológicos ou fisiológicos*: baterias de testes médicos, como, por exemplo, de capacidade auditiva ou visual, e testes genéticos para identificar a probabilidade de se contrair uma doença. Apesar de estar entre os instrumentos de seleção mais controversos, sua popularidade pode aumentar à medida que se aperfeiçoarem as técnicas.
- *Testes de valores:* procuram identificar o que o candidato valoriza na vida pessoal e profissional, assim como seu posicionamento diante de questões de natureza ética. Dessa forma, permitem antecipar o grau de adesão à cultura organizacional e de adequação entre seus objetivos pessoais e os desafios organizacionais.

Para que os testes resultem em uma seleção eficaz, no entanto, é preciso que o empregador se certifique de que são válidos, ou seja, de que os resultados dos testes são bons indicadores do desempenho do cargo. Pesquisas mostram que os testes de habilidade intelectual, habilidade espacial e mecânica e habilidade motora têm uma capacidade moderadamente válida de previsão do desempenho em cargos semiqualificados ou não qualificados.[19] Todavia, a utilização de testes de inteligência, de personalidade e de valores é ainda muito criticada, uma vez que eles podem não ter muito a ver com o desempenho real do candidato no cargo e podem ser discriminatórios.

SIMULAÇÕES DE DESEMPENHO » A crítica dos testes como instrumento de seleção tornou mais popular outra ferramenta: as simulações de desempenho, que são procedimentos em que o candidato desempenha uma amostra da função para a qual está concorrendo. As modalidades mais comuns de simulações de desempenho são:

- *Amostragem de trabalho:* técnica que consiste na execução de algumas tarefas e atividades no âmbito das responsabilidades do cargo. É adequada para a seleção de cargos de natureza técnica e rotineira.
- *Centros de avaliação:* técnica de seleção que coloca o candidato perante um conjunto de desafios e problemas concretos que permitem avaliar sua capacidade de resolução de problemas, criatividade, comunicação, relacionamento, entre outras.

A principal vantagem das simulações de desempenho é sua intrínseca relação com o conteúdo do cargo. Assim, essa técnica atua como melhor prognosticador do desempenho dos candidatos no cargo do que testes genéricos ou questionários. Especialmente os centros de avaliação constituem uma ferramenta eficaz para a seleção de profissionais para cargos de gerência ou funções que exijam níveis significativos de criatividade espontânea, e são utilizados por muitas organizações, como a IBM e a General Electric.

ENTREVISTAS » As entrevistas são o instrumento de seleção mais utilizado e no qual existe um contato direto entre o candidato e o avaliador. É mediante esse contato que se busca conhecer melhor o candidato e esclarecer algumas dúvidas que possibilitem prever com mais confiança seu futuro desempenho no cargo. As entrevistas podem assumir diferentes formatos:[20]

- *Entrevista face a face*: formato tradicional de entrevista, no qual o candidato é entrevistado individualmente por um responsável da organização.
- *Entrevista de painel*: modalidade na qual o candidato é entrevistado simultaneamente por vários membros da organização.

- *Entrevista em série*: conjunto de entrevistas conduzidas, sequencialmente, por diferentes entrevistadores.
- *Entrevista de pressão*: modalidade de entrevista que busca avaliar as reações do candidato a uma situação de tensão ou à resolução de dilemas éticos.
- *Entrevista de grupo*: modalidade na qual vários candidatos são entrevistados ao mesmo tempo para avaliar competências, como capacidade de relacionamento, liderança, iniciativa, trabalho em equipe, entre outras.
- *Entrevista social:* formato de entrevista no qual o candidato é observado em um ambiente informal, normalmente sem perceber que está sendo avaliado.

O debate sobre a validade das entrevistas tem gerado muita controvérsia. As entrevistas mais eficazes são, em geral, planejadas e estruturadas cuidadosamente. Da mesma forma, entrevistas que se concentram nas exigências do trabalho e nas habilidades e competências dos candidatos dão aos entrevistadores informações mais úteis, sendo, portanto, melhores previsoras de desempenho.

No entanto, a maioria das entrevistas tende a ser bem pouco estruturada e deliberada. Nesses casos, fornecem poucas informações válidas aos avaliadores. Inúmeras pesquisas têm sido conduzidas sobre este tópico e permitem concluir que:[21]

- a ordem na qual os candidatos são entrevistados influencia sua classificação;
- o entrevistador é influenciado pelo estereótipo do que seria um bom candidato;
- o entrevistador tende a favorecer as pessoas que compartilham suas ideias e perspectivas;
- as informações negativas ou desfavoráveis ao candidato são sobrevalorizadas;
- o comportamento não verbal assume demasiada importância na opinião do entrevistador;
- o entrevistador tende a esquecer a maioria das informações transmitidas após o fim da entrevista;
- o entrevistador tende a fazer julgamentos precipitados sobre o entrevistado (normalmente, durante os primeiros quatro ou cinco minutos).

Apesar de todas essas críticas, a entrevista é uma ferramenta de seleção particularmente válida para determinar a inteligência geral, a motivação e as habilidades interpessoais dos candidatos.

O processo de atração de uma força de trabalho competente não termina com a seleção do melhor candidato. Depois dessa avaliação, segue-se uma fase de ne-

O processo seletivo do Google no Brasil é rigoroso e competitivo. O recrutamento dá-se por três formas: via website do Google, indicações de funcionários e universidades. Em geral, a seleção começa com a avaliação dos currículos recebidos. Aqueles que se encaixam no perfil desejado, são convocados para uma entrevista por telefone e depois para uma entrevista presencial. Nessa fase, os candidatos são avaliados sob quatro critérios: habilidade cognitiva, experiência profissional, perfil de liderança e adequação à cultura da empresa. Depois dessa avaliação, o perfil dos candidatos é enviado a comitês de seleção locais e na matriz nos Estados Unidos. Tudo isso dura em média seis semanas e se o candidato for aprovado, ele logo receberá uma oferta do Google.[22]

gociação das condições salariais, após a qual, se existir um acordo entre as partes, é efetivada a contratação do candidato escolhido para os quadros da organização.

11.4 ›› Desenvolvimento de uma força de trabalho adaptada

A concretização da contratação das pessoas selecionadas não significa que elas estejam imediatamente em condições para executar sua função com eficácia. O fato de terem sido contratadas pessoas com bom potencial não é suficiente para que apresentem um desempenho elevado no cargo. Cabe à organização propiciar as condições necessárias para que essas habilidades e aptidões se desenvolvam de forma a permitir à organização alcançar seus objetivos. Para isso, é necessário:

- ambientar os recém-contratados à organização por meio de um *programa de orientação*;
- desenvolver *programas de treinamento* que capacitem os novos membros para a execução das atividades esperadas com eficácia e de uma forma consistente com os objetivos da organização;
- *avaliar o desempenho* dos trabalhadores para detectar eventuais lacunas e áreas que necessitem de melhorias.

O resultado dessa etapa do processo da ARH é o desenvolvimento de uma força de trabalho adaptada à organização e com as competências e conhecimentos necessários para desempenhar suas funções com o máximo de eficácia e eficiência.

11.4.1 ›› Orientação

A **orientação** é o processo de ajuste do indivíduo à organização, por meio da transmissão das informações necessárias para que os novos membros desempenhem satisfatoriamente sua função. Trata-se de um processo de socialização e acolhimento na organização por meio do qual o novo membro incorpora as atitudes, os padrões, os valores e os modelos de comportamento que são esperados pela organização e seus administradores.[23]

> **Orientação**
> Processo de ajuste do indivíduo à organização, por meio da transmissão das informações necessárias para que os novos membros desempenhem satisfatoriamente sua função.

Os principais objetivos dos programas de orientação ou socialização são:

- reduzir a ansiedade inicial do funcionário, fazendo-o se sentir bem-vindo à organização;
- fazer o indivíduo compreender a empresa de modo abrangente (seu passado, seu presente, sua cultura, sua visão de futuro, suas políticas e seus procedimentos);
- fazer com que o funcionário conheça as expectativas da empresa com relação a seu trabalho e seu comportamento;
- desfazer expectativas irreais do funcionário com relação à organização e ao trabalho;
- esclarecer dúvidas específicas, bem como as responsabilidades do funcionário;
- especificar a forma como seu desempenho será avaliado;
- familiarizar o indivíduo com os objetivos do trabalho, mostrando-lhe a importância deste para seu departamento e para a organização;
- apresentar o novo membro aos supervisores, colegas e equipe de trabalho.

O processo de orientação pode se dar por meio de programas formais ou informais; estes últimos são os mais comuns em organizações de pequeno porte. Em

> Os programas de trainee têm se popularizado como uma forma de socializar e integrar jovens com excelentes perspectivas para exercerem cargos de liderança nas organizações. Normalmente, os programas são focados no desenvolvimento de competências comportamentais e técnicas em temas voltados ao negócio em que a empresa atua. Em geral, os programas de trainee duram de um a dois anos, ao longo dos quais o trainee terá a oportunidade de trabalhar em várias áreas da empresa e com equipes diferentes para adquirir uma visão integrada da empresa e do mercado em que esta atua. Empresas como a Boticário, a Ambev, a Nestlé e a Natura são exemplos de empresas que recorrem a esse tipo de programa para recrutar e treinar jovens talentos.

ambos os casos, um processo de orientação bem-sucedido faz o novo membro sentir-se confortável e bem ajustado à organização. De fato, as primeiras experiências de um trabalhador em uma nova organização são essenciais para seu comprometimento e satisfação. Quando as expectativas de trabalhador e organização não são compatíveis, isso provoca uma insatisfação, e a probabilidade de demissão aumenta. A orientação tem exatamente a função de esclarecer essas expectativas e criar as condições para que o trabalhador tenha um bom desempenho.

11.4.2 ›› Treinamento e desenvolvimento

Em sentido amplo, o desenvolvimento de recursos humanos pode ser entendido como o esforço organizado de transformação de competências individuais para melhorar o desempenho coletivo e atingir os fins organizacionais.[24] Isso inclui três níveis de ação: o desenvolvimento organizacional, o desenvolvimento pessoal e o treinamento. A Figura 11.3 ilustra como esses três conceitos se relacionam.

Figura 11.3 ›› Desenvolvimento de recursos humanos

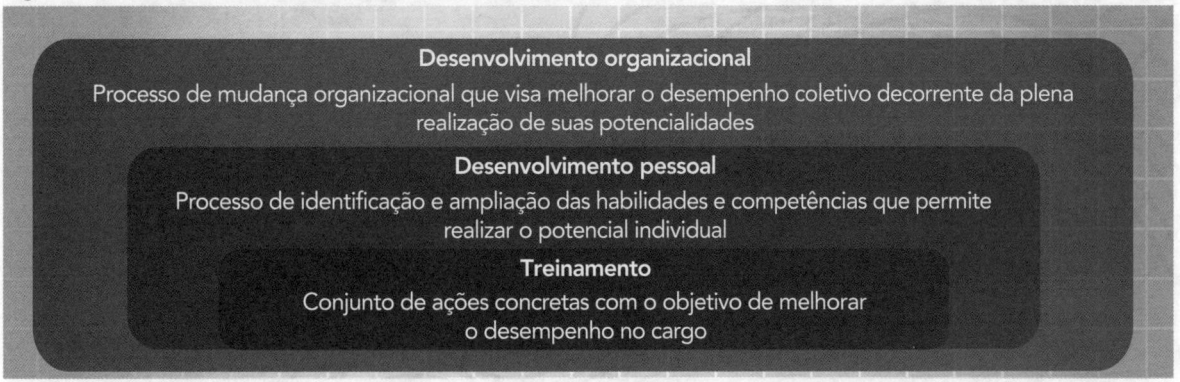

Desenvolvimento organizacional
Processo de mudança organizacional que visa melhorar o desempenho coletivo decorrente da plena realização de suas potencialidades

Desenvolvimento pessoal
Processo de identificação e ampliação das habilidades e competências que permite realizar o potencial individual

Treinamento
Conjunto de ações concretas com o objetivo de melhorar o desempenho no cargo

> **Treinamento**
> Processo educacional de curto prazo que visa dotar funcionários novos ou antigos de habilidades, conhecimentos e competências de forma a melhorar seu desempenho no cargo atual.

O **treinamento** é um processo educacional de curto prazo que, mediante procedimentos organizados, visa dotar funcionários novos ou antigos de habilidades, conhecimentos e competências de forma a melhorar seu desempenho no cargo atual. O principal objetivo do treinamento é preparar as pessoas para a execução imediata das diversas tarefas de seu cargo.

Por sua vez, o **desenvolvimento pessoal** é o processo de aprendizagem de longo prazo, orientado para o desenvolvimento de competências que não estão diretamente relacionadas com as exigências concretas do cargo atual. Os processos de desenvolvimento pessoal visam ampliar as capacidades de uma pessoa de modo que ela realize todo o seu potencial. Um plano de desenvolvimento pessoal motiva os membros da organização, cria perspectivas de evolução e contribui para a melhoria dos resultados.

O treinamento e o desenvolvimento de pessoal constituem a base para o **desenvolvimento organizacional**. O desenvolvimento organizacional é um esforço educacional complexo, destinado a mudar atitudes, valores, crenças e comportamentos dos membros organizacionais de forma a prepará-los para enfrentar mudanças que permitam à organização manter-se relevante e viável no mercado. Tem como objetivo tornar a organização mais eficaz e adaptável às mudanças, conciliando as necessidades dos trabalhadores com os objetivos e metas da organização.

Uma tendência cada vez mais popular no Brasil é a **universidade corporativa**. Empresas como Petrobras, Vale, Banco do Brasil, McDonald's, entre muitas outras, abrem instalações próprias com o objetivo de treinar e desenvolver seus recursos humanos. Por exemplo, na Petrobras, mais de mil pessoas todos os dias são treinadas em uma das três unidades de ensino da organização. Essas universidades oferecem oportunidades de aprendizado para seus funcionários, criando condições para o desenvolvimento contínuo de sua força de trabalho. Os programas oferecidos vão desde cursos de orientação, de capacitação em áreas técnicas, até programas de desenvolvimento gerencial.

PROCESSO DE TREINAMENTO E DESENVOLVIMENTO ›› Os programas de treinamento e desenvolvimento podem ser enxergados como um processo que envolve quatro etapas sequenciais: a avaliação das necessidades de treinamento, a concepção de um programa que responda às necessidades identificadas, a implementação desse programa e a avaliação dos resultados obtidos (Figura 11.4).

> **Desenvolvimento pessoal**
> Processo de aprendizagem de longo prazo, orientado para o desenvolvimento de competências que não estão diretamente relacionadas com as exigências concretas do cargo atual.

> **Desenvolvimento organizacional**
> Esforço educacional complexo, destinado a mudar atitudes, valores, crenças e comportamentos dos membros organizacionais de forma a prepará-los para enfrentar mudanças.

> **Universidade corporativa**
> Instituição de ensino vinculada a uma empresa que oferece oportunidades de aprendizado para seus funcionários, criando condições para o desenvolvimento contínuo da organização.

Figura 11.4 ›› Processos de treinamento e desenvolvimento

- Avaliação das necessidades
  - Avaliação do desempenho
  - Requisitos do cargo
  - Objetivos da organização
- Concepção do programa
  - Objetivos e conteúdo
  - Destinatários
  - Método
  - Cronograma
  - Orçamento
- Implementação do programa de treinamento
- Avaliação dos resultados
  - Satisfação
  - Aprendizado
  - Desempenho

A primeira etapa consiste em *identificar e avaliar as necessidades* de treinamento ou desenvolvimento. Essas necessidades são óbvias no caso de novos membros organizacionais ou no caso de pessoas que são promovidas ou transferidas para outras funções. Todavia, elas não são as únicas a necessitar de aperfeiçoamento. Os administradores determinam as necessidades de treinamento dos recursos humanos da organização com base em:

- *Análise dos objetivos da organização*: as metas e objetivos da organização são fundamentais para saber quais são as atividades mais importantes e quais necessitam ser melhoradas.
- *Resultados da avaliação de desempenho*: a avaliação do desempenho permite identificar áreas ou tarefas nas quais o desempenho dos trabalhadores precisa ser melhorado.
- *Análise dos requisitos do cargo:* a análise dos conteúdos funcionais do trabalho permite identificar as habilidades e os conhecimentos necessários para executar com eficácia e eficiência as tarefas inerentes ao cargo.

Uma vez levantadas as necessidades do treinamento, a próxima etapa do processo de treinamento é o *desenho e a concepção de um programa de treinamento* que responda às necessidades identificadas. Para isso, são definidos os objetivos concretos e mensuráveis que se pretendem alcançar com o programa. Em seguida, devem ser especificados o conteúdo, os destinatários e os métodos de treinamento a serem utilizados e, por fim, devem ser elaborados o cronograma (que define quando o programa deve ocorrer e durante quanto tempo) e o orçamento (que define os recursos disponibilizados).

Durante a *execução do programa de treinamento*, deve ser feito um acompanhamento para detectar eventuais falhas no processo e corrigi-las em tempo útil. Esse acompanhamento é da responsabilidade dos executivos de RH e tem como objetivos motivar e responsabilizar os formandos, além de envolver os administradores no processo de desenvolvimento da força de trabalho da organização.

Por último, a eficácia do *programa de treinamento* deve ser cuidadosamente avaliada, comparando os objetivos pretendidos com os resultados efetivamente alcançados. A avaliação deve considerar dois aspectos principais:[25]

- determinar até que ponto o treinamento produziu as modificações de comportamento dos trabalhadores pretendidas pela organização;
- verificar se o treinamento contribuiu para o cumprimento das metas estabelecidas pela organização.

De fato, a avaliação dos programas de treinamento e desenvolvimento é uma etapa essencial para todo o esforço de desenvolvimento, permitindo à organização decidir em quais programas deve continuar investindo ou quais devem ser melhorados ou substituídos. Para avaliar os programas de treinamento, são considerados diversos critérios, tais como: a satisfação dos formandos e dos gerentes com o programa; o aprendizado gerado, testando os conhecimentos adquiridos; e o impacto do programa no desempenho da unidade ou da organização (ganhos de produtividade, diminuição da rotatividade, aumento da qualidade etc.).

A Petrobras, maior empresa brasileira, reconhece a importância do treinar seus funcionários, especialmente pelo fato de não poder escolhê-los individualmente: a admissão é por concurso público. Diante desse cenário, a empresa teve de se transformar em uma espécie de máquina de formar mão de obra para se manter competitiva. Em 2010, investiu 161 milhões de reais em educação corporativa, média de 2 mil reais por empregado. Para o padrão brasileiro, o investimento é altíssimo. Para o diretor de RH da Petrobras, a empresa não faz treinamento porque é moda, mas porque quer ser cada vez mais eficaz e eficiente.[26]

MÉTODOS DE TREINAMENTO » Existe uma diversidade enorme de métodos de treinamento à disposição das organizações. Eles variam de acordo com os objetivos que se pretendem alcançar e conforme as competências e conhecimentos que se pretendem transmitir aos trabalhadores. Por exemplo, os programas de desenvolvimento de administradores em técnicas de negociação ou liderança têm um formato muito diferente dos programas de treinamento para um funcionário da linha de montagem de uma fábrica.

O tipo mais comum, o *treinamento no trabalho*, tem a vantagem de ser ajustado à pessoa, de estar diretamente relacionado ao trabalho que vai ser desenvolvido por ela, e de ser realizado no próprio local onde o trabalhador desenvolverá sua atividade. Podem ser destacados dois métodos de treinamento no trabalho:

- *Rotação de cargos*: o funcionário é transferido lateralmente para outros cargos, desempenhando diferentes funções e, com isso, aprendendo ampla variedade de habilidades.
- *Coaching*: o funcionário é treinado no cargo por um trabalhador com mais experiência ou por seu supervisor e recebe os conhecimentos necessários para o desempenho de sua função.

Por sua vez, o *treinamento fora do trabalho* retira os indivíduos das tensões e das exigências permanentes do local de trabalho, permitindo que se concentrem por inteiro na experiência de aprendizagem. Os métodos mais comuns desse tipo de treinamento são:

- *Palestras*: método expositivo direcionado para audiências numerosas que consiste na apresentação por especialistas de conteúdos técnicos.
- *Simulações*: metodologia adequada a pequenos grupos, que se baseia na simulação de situações reais.
- *Discussão de grupo*: técnica que permite a interação entre os participantes na discussão de problemas ou casos.
- *Dramatização*: metodologia que consiste na representação de diferentes papéis, o que obriga a compreensão de pontos de vista normalmente negligenciados.
- *Modelagem de comportamento:* método que consiste na apresentação do modelo de comportamento a imitar por meio da apresentação de filmes ou vídeos.

A maioria dos treinamentos fora do trabalho inclui uma mistura desses e de outros métodos de treinamento. Independentemente do formato escolhido, é importante realçar que o treinamento da força de trabalho é uma exigência competitiva que as organizações têm de satisfazer. Sem o contínuo desenvolvimento de seus recursos humanos, as organizações rapidamente ficam obsoletas. É por essa razão que, no Brasil, as empresas gastam muitos milhões de reais com programas de treinamento todos os anos.

11.4.3 » Avaliação de desempenho

A **avaliação de desempenho** é o processo sistemático de avaliação dos resultados obtidos por um membro organizacional. Em geral, trata-se de um conjunto de procedimentos que visam coletar e analisar informações que possibilitem estimar a qualidade da contribuição prestada pelo empregado à organização. É uma das tarefas mais importantes e difíceis da ARH.

> **Avaliação de desempenho**
> Processo sistemático de avaliação dos resultados obtidos por um membro organizacional.

A avaliação de desempenho atende a um propósito administrativo e a um propósito de desenvolvimento pessoal e organizacional. São os resultados da administração de desempenho que fornecem informações para tomar decisões relativas a recompensas, promoções e demissões, além da documentação que pode justificar essas decisões nos tribunais. Por outro lado, as informações das avaliações de desempenho podem ser utilizadas para diagnosticar necessidades de treinamento e de planejamento de carreira. Especificamente, um sistema formal de avaliação do desempenho atende aos seguintes objetivos:[27]

- validação dos métodos de seleção adotados;
- identificação de necessidades de treinamento e desenvolvimento;
- desenvolvimento de planos de carreira de acordo com o potencial de cada trabalhador;
- identificação dos funcionários em melhores condições para promoção;
- ajuste das políticas de remuneração à contribuição efetiva de cada pessoa;
- determinação da contribuição de cada membro para o alcance dos objetivos organizacionais;
- clarificação dos objetivos e das expectativas dos trabalhadores;
- melhoria do desempenho individual.

A avaliação de desempenho só cumpre seus objetivos se for dado o feedback aos avaliados. Por esse motivo, a avaliação de desempenho geralmente culmina em uma **entrevista de avaliação**, na qual o supervisor e o funcionário revisam a avaliação de desempenho e fazem planos para os problemas encontrados e reforçar o bom desempenho.[28] A partir da entrevista, procura-se esclarecer dúvidas, analisar os pontos fracos do desempenho, conhecer as motivações e insatisfações dos funcionários e delinear um plano de melhoramento. Embora não exista um modelo ideal para conduzir uma entrevista de avaliação, existem formatos que costumam ser eficazes.

> **Entrevista de avaliação**
> Reunião entre o supervisor e o funcionário para comunicar e revisar a avaliação de desempenho, de forma a minorar os problemas encontrados e reforçar o bom desempenho.

Para ser eficaz, a entrevista de avaliação deve apresentar as seguintes características:

- avaliar com detalhe o desempenho do empregado tanto em termos de comportamento, como de resultados alcançados;
- explicar por que o trabalho do empregado é importante para a organização;
- descrever as expectativas da organização e os parâmetros de avaliação de modo específico;
- identificar as eventuais causas de um eventual desempenho ruim;
- discutir soluções para os problemas detectados, fazendo com que o empregado tenha um papel mais ativo no processo;
- chegar a um acordo sobre um cronograma para melhorias.

Os sistemas de avaliação de desempenho são um mecanismo de controle da atividade da organização a partir de sua menor unidade de análise, o trabalhador. São instrumentos cruciais para o desenvolvimento de uma relação saudável entre a organização e os trabalhadores, uma vez que criam um ambiente de reflexão e discussão dos resultados obtidos. Isso permite esclarecer dúvidas e melhorar a comunicação entre subordinados e supervisores. Em compensação, ao receberem o retorno sobre seu desempenho, os trabalhadores têm condições para melhorar sua produtividade.

MÉTODOS DE AVALIAÇÃO DE DESEMPENHO ›› Apesar da importância dos sistemas de avaliação, não é fácil desenvolver instrumentos que permitam medir o desempenho dos trabalhadores de forma justa, precisa e eficaz. Para conseguir isso, os administradores utilizam um ou mais métodos formais de avaliação de desempenho.

Os métodos mais comuns consistem na avaliação do comportamento do empregado com base em escalas desenvolvidas com esse fim. Representam a metodologia clássica de avaliação na qual o avaliador tem de classificar, com base em alguns parâmetros, o desempenho dos subordinados. Os mais conhecidos são:

- *Incidentes críticos*: trata-se de um registro dos desempenhos críticos do funcionário em períodos determinados. O avaliador focaliza sua atenção em comportamentos que se mostraram especialmente eficazes ou ineficazes. Sua principal desvantagem é que apenas considera comportamentos fora do padrão.
- *Escalas de classificação gráfica*: método que consiste na classificação, com base em uma escala, de um conjunto de fatores considerados relevantes para o desempenho do cargo (por exemplo, frequência, iniciativa, honestidade). Tem a vantagem de quantificar o desempenho de cada trabalhador, mas não proporciona uma avaliação profunda de seu comportamento.
- *Escalas de classificação ancoradas em comportamentos:* procedimento que combina os métodos anteriormente descritos, classificando comportamentos relevantes para o desempenho da função. Trata-se de uma abordagem mais específica, uma vez que os itens da escala são exemplos de comportamentos reais e não descrições ou características gerais. A Figura 11.5 apresenta um exemplo.

Figura 11.5 ›› Exemplo de escala de classificação ancorada em comportamentos

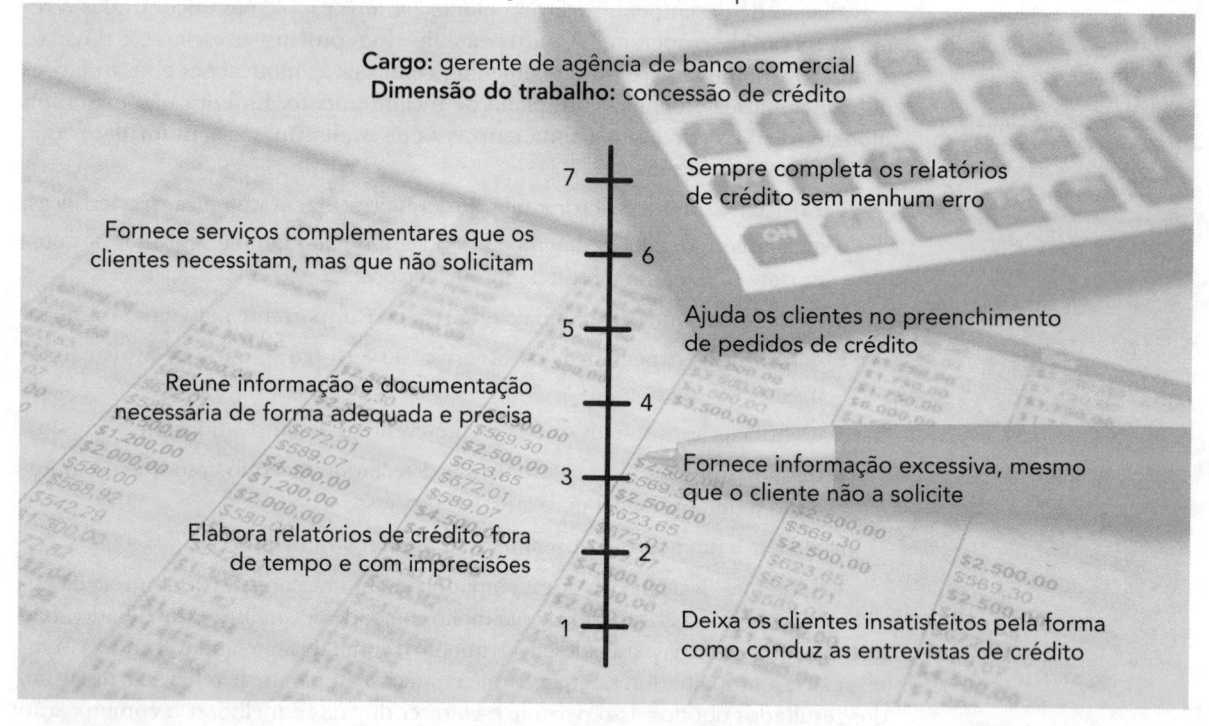

Cargo: gerente de agência de banco comercial
Dimensão do trabalho: concessão de crédito

7 — Sempre completa os relatórios de crédito sem nenhum erro
6 — Fornece serviços complementares que os clientes necessitam, mas que não solicitam
5 — Ajuda os clientes no preenchimento de pedidos de crédito
4 — Reúne informação e documentação necessária de forma adequada e precisa
3 — Fornece informação excessiva, mesmo que o cliente não a solicite
2 — Elabora relatórios de crédito fora de tempo e com imprecisões
1 — Deixa os clientes insatisfeitos pela forma como conduz as entrevistas de crédito

Os métodos de avaliação descritos avaliam o desempenho com base em critérios preestabelecidos. Outros métodos permitem que se avalie o desempenho dos trabalhadores comparando-o com o desempenho de seus colegas. Nesses casos, a avaliação de desempenho é relativa e não absoluta. Alguns exemplos desse tipo de metodologia são:

- *Ordenação simples*: método que consiste na ordenação de todos os funcionários que desempenhem funções idênticas em uma lista. A principal vantagem desse método é que obriga a uma diferenciação de todos os funcionários, não permitindo que existam empates.
- *Comparação por pares*: método no qual todos os funcionários são avaliados por comparação com cada um dos demais funcionários em seu grupo, distin-

guindo-se qual é o melhor e o pior em cada par. Depois de concluída, é possível ordenar os trabalhadores de acordo com as classificações obtidas.

- *Atribuição de pontos*: procedimento que consiste na distribuição de um número predeterminado de pontos pelos funcionários avaliados, distinguindo com mais pontos quem revela melhor desempenho.
- *Distribuição forçada*: técnica utilizada em grandes grupos que consiste na distribuição dos funcionários em categorias de desempenho (por exemplo: insatisfatório, satisfatório, bom e excelente) para as quais é determinada uma porcentagem de funcionários que devem integrá-las.

Outro método utilizado para avaliar o desempenho é a administração por objetivos (APO). Como vimos no Capítulo 5, a APO é um processo por meio do qual os supervisores e subordinados estabelecem em conjunto as metas e os objetivos específicos para cada um dos trabalhadores. Dessa forma, a avaliação de desempenho consiste em comparar os resultados alcançados pelos trabalhadores com os objetivos estabelecidos. A APO enfatiza os fins, não os meios como esses fins são alcançados. A principal desvantagem dessa metodologia é o foco que os trabalhadores desenvolvem para a realização de metas de curto prazo, ignorando objetivos de longo prazo.

> **Avaliação 360 graus**
> Metodologia de avaliação de desempenho na qual participam todas as pessoas que interagem com o avaliado, possibilitando assim uma visão mais abrangente do desempenho deste.

Um método que vem ganhando enorme popularidade nas organizações é a **avaliação 360 graus**. Essa metodologia consiste em avaliar o desempenho dos membros da organização mediante a participação de todas as pessoas que integram seu círculo de atuação, possibilitando uma visão de seu desempenho de diferentes perspectivas (superiores, pares, subordinados, clientes, fornecedores, além de sua autoavaliação). De fato, apesar das dificuldades de operacionalização de um sistema de avaliação a 360 graus, isto é, em termos de tempo e recursos, esse método tem-se demonstrado uma ferramenta extremamente popular. Não é por acaso que 90% das empresas da *Fortune 1000* (lista das mil maiores empresas dos Estados Unidos) utilizam essa metodologia para avaliar o desempenho de seus funcionários.[29]

FONTES DE INFORMAÇÕES PARA AVALIAÇÃO DE DESEMPENHO ›› Assim como existem diversos métodos para avaliar o desempenho dos trabalhadores, há também diversas fontes que podem fornecer informações relevantes para essa avaliação. Os *administradores e supervisores* são a fonte tradicional de informação para a avaliação, uma vez que estão na melhor posição para observar o desempenho de um funcionário. No entanto, cada vez mais, as organizações fazem uso de fontes complementares, coletando informações sobre o desempenho com colegas e subordinados. A *avaliação entre pares* é vantajosa na medida em que eles são melhores para identificar capacidades de liderança e de relacionamento. Por outro lado, a *avaliação pelos subordinados* oferece aos superiores um feedback ascendente sobre como os subordinados enxergam seu desempenho como gerentes e líderes. *Clientes e fornecedores* são outras fontes importantes na coleta de informações, contribuindo para a avaliação dos funcionários ao oferecer uma perspectiva externa de seu desempenho. Por último, é também normal que as organizações peçam aos trabalhadores para fazerem sua *autoavaliação*. Apesar da tendência para a sobrevalorização, a autoavaliação tem a vantagem de estimular a reflexão e aumentar o comprometimento do trabalhador com seu desempenho.

PROBLEMAS COMUNS NA AVALIAÇÃO DE DESEMPENHO ›› Pesquisas mostram que as avaliações formais feitas pelos administradores muitas vezes não atingem a eficácia pretendida na melhoria do desempenho dos subordinados.[30] Apesar da tentativa de desenvolver sistemas de avaliação de desempenho que minimizem a subjetividade do processo, existem diversas armadilhas que os administradores devem procurar evitar, como:[31]

- *Diversidade de critérios*: diferentes avaliadores podem ter padrões ou estilos de avaliação distintos, enviesando a validade da comparação entre as avaliações.

Em 2010, a filial brasileira da Pricewaterhouse-Coopers identificou um grave problema com o seu sistema de avaliação de desempenho. Como 70% dos 4 mil consultores tinham o desempenho classificado acima da média, o clima era de insatisfação com a organização, uma vez que as pessoas não consideravam justo o que recebiam tendo em conta o seu desempenho. Para corrigir o problema, foi estabelecida a metodologia de distribuição forçada. Com isso, apenas 9% foram classificados como excelentes e 34% ficaram acima da expectativa. Os resultados foram curiosos: apesar de menos pessoas terem sido classificadas acima da média, o clima de satisfação aumentou porque aumentou a sensação de justiça com a avaliação.[32]

- *Efeito halo*: ocorre quando a avaliação de um funcionário em determinado aspecto ou característica influencia sua avaliação em outros aspectos.
- *Efeito da tendência central*: tendência para avaliar todos os trabalhadores pela média, evitando avaliações extremadas.
- *Efeito recenticidade*: tendência para avaliar o desempenho global valorizando excessivamente o desempenho mais recente.
- *Preconceitos*: tendência de permitir que diferenças individuais (por exemplo, gênero ou idade) afetem a avaliação que os funcionários recebem, em razão de preconceitos ou estereótipos em relação a determinado grupo.
- *Efeito de proximidade*: ocorre quando a avaliação é influenciada positiva ou negativamente por efeito da identificação, por parte do avaliador, com os comportamentos do avaliado.
- *Pressões inflacionistas:* é a pressão pela atribuição de notas progressivamente maiores em relação a avaliações anteriores.

Uma avaliação de desempenho conduzida com rigor e eficácia e assumida como política de gestão pode promover o desenvolvimento organizacional, oferecendo subsídios para decisões a respeito de promoções, mudanças de função, punições, ações corretivas ou ajuste do sistema de remunerações e incentivos.

11.5 ›› Mantendo uma força de trabalho comprometida e satisfeita

Ter os trabalhadores necessários e adaptados à organização não é o único objetivo da administração de recursos humanos. A organização deve criar condições para que esses trabalhadores se sintam satisfeitos e realizados no trabalho e sejam comprometidos com a organização. Assim, depois de recrutados os recursos humanos necessários e desenvolvido todo o seu potencial, a próxima etapa do processo da ARH consiste em:

- estruturar uma *política de remuneração* compatível com o perfil dos recursos humanos e adequada à contribuição deles para o alcance dos objetivos organizacionais;
- recompensar os trabalhadores que demonstrem potencial de desenvolvimento, *promovendo-os* ou *transferindo-os*;

- administrar o quadro de pessoal, *desligando-se* daqueles que não demonstram competência ou comprometimento.

Todas essas atividades são fundamentais para garantir que a força de trabalho da organização permaneça motivada, comprometida e satisfeita. Só assim, a ARH consegue alcançar seu principal objetivo, que consiste na construção de uma vantagem competitiva sustentável baseada no capital humano, o principal ativo de uma organização.

11.5.1 ›› Política de remuneração

A **política de remuneração** ou o *sistema de recompensas* de uma organização representa o conjunto de instrumentos que constitui a contrapartida da contribuição prestada pelos trabalhadores à organização. As recompensas incluem salários, incentivos e benefícios e têm o propósito estratégico de atrair, motivar e reter pessoas na organização. Por esse motivo, o desenvolvimento de um sistema de recompensas e incentivos eficaz representa uma parte importante no processo da ARH. Diversas pesquisas têm demonstrado que a política de remuneração de uma organização tem impacto em seu desempenho estratégico.[33]

Um sistema de recompensas eficaz deve levar em conta a cultura da organização, bem como o comportamento e o perfil de seus membros, servindo como fonte de motivação e produtividade. Para isso, a atribuição de recompensas e benefícios deve se basear no desempenho dos trabalhadores e em sua contribuição para os resultados. Além disso, deve ser apresentada e tratada com absoluta *transparência* pelos administradores. Dar transparência às políticas de remuneração é uma das principais dificuldades do departamento de recursos humanos das empresas e uma das principais causas de insatisfação de seus funcionários.

Finalmente, cumpre ainda observar que os componentes da política de remuneração devem ser coerentes com relação aos objetivos estratégicos da organização, assim como devem levar em consideração o mercado no qual ela está inserida e a situação da concorrência. A Figura 11.6 resume os principais fatores que influenciam a definição da política de remuneração de uma organização.

> **Política de remuneração**
> Conjunto de instrumentos que constitui a contrapartida da contribuição prestada pelos trabalhadores à organização, onde se incluem salários, incentivos e benefícios.

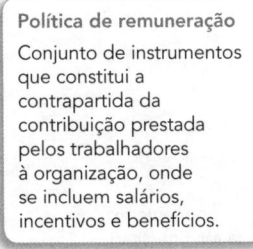

Figura 11.6 ›› Fatores influenciadores da política de remuneração

Nos últimos dez anos, a remuneração variável atrelada ao desempenho do funcionário vem substituindo a lógica dos salários fixos. Um estudo recente da Hay Group, consultoria especializada em recursos humanos, mostra que o padrão médio de remuneração das empresas em atividade no Brasil obedece a uma combinação de 53% da remuneração em forma de salário-base, 27% em incentivos de curto prazo, 20% de incentivos de longo prazo, em que se destaca a tendência de migração de incentivos de curto prazo para o longo prazo.[34] Além disso, os pacotes de remuneração incluem ainda benefícios, em que os planos de previdência privada têm grande peso. Pesquisas mostram que as organizações com melhor desempenho são aquelas que oferecem mais bônus a seus executivos, como a Natura e a AmBev. Por exemplo, cada diretor da Vale tem direito a plano de saúde e odontológico, previdência complementar, seguro de vida e carro com motorista. Ao todo, apenas 20% do pacote de remuneração dos executivos da Vale é salário fixo. Os outros 10% vem de benefícios diretos ou indiretos, 30% é de participação nos lucros e resultados e 40% em ações ou incentivos de longo prazo.[35]

SALÁRIOS » O **salário** é a recompensa mais comum do trabalho dos empregados. Ele representa a parcela fixa de seu vencimento, o que inclui o salário-base, acrescido de subsídios (alimentação, plano de saúde, transporte e outros). Um plano salarial eficaz deve ser estruturado com base em três tipos de decisão cruciais:[36]

> **Salário**
> Componente fixo da remuneração total recebida por um funcionário.

- *O nível salarial médio*: refere-se ao nível de remuneração-base da organização, ou seja, se ela paga a seus funcionários salários altos, médios ou baixos.
- *A estrutura salarial*: corresponde à definição das remunerações para as diferentes funções dentro da organização – uma grade de pagamento com uma base e um teto é estabelecida para cada família de funções.
- *O salário individual*: refere-se à diferenciação do salário para funções similares dentro da mesma família. As diferenças de salário entre os trabalhadores, nesse caso, são estabelecidas com base em variáveis, como tempo de serviço na organização, experiência e desempenho.

Externamente, os salários de uma organização devem ser comparáveis aos de outras empresas; do contrário, será difícil atrair e reter funcionários. Para tanto, é importante que os gestores conduzam uma pesquisa salarial para saber quanto outras empresas estão pagando para cargos equivalentes. No âmbito interno, os salários também devem apresentar certa equidade, de modo que cada funcionário considere seu pagamento justo relativamente ao de outros na organização. Desse modo, deve-se ajustar os salários com base no valor de cada cargo para a organização.

> Uma pesquisa realizada em 2005 com os funcionários da subsidiária brasileira da PepsiCo revelou que eles estavam insatisfeitos com os critérios de recompensa. Embora a companhia tivesse práticas de remuneração bastante claras, não sabia comunicar essa informação. Para combater esse problema, foi colocado na intranet um sistema que permite simular a remuneração e o pagamento dos bônus de acordo com o desempenho individual em determinado período. O funcionário informa a previsão do cumprimento de suas metas e estima a nota que receberá na avaliação pessoal de desempenho. Com essas informações, o sistema calcula o valor do bônus. Desde que a empresa passou a ser mais aberta a respeito dos salários, o nível de satisfação com esse item nas pesquisas internas subiu de 43% para 63%.[37]

Incentivos
Componente variável da remuneração recebida por um funcionário para recompensá-lo por um bom desempenho.

SISTEMAS DE INCENTIVOS ›› Com o intuito de encorajar os funcionários e motivá-los a serem mais produtivos, os sistemas de incentivos representam uma parcela significativa da remuneração total, podendo superar, inclusive, o salário-base, como já acontece na maioria das grandes organizações no Brasil e no mundo. Os planos de **incentivos** podem ser *individuais*, quando estão vinculados ao desempenho do funcionário (por exemplo, volume de vendas ou unidades produzidas), ou *coletivos*, nos quais a remuneração se baseia no desempenho do grupo. Esses últimos costumam ser eficazes em equipes em que o desempenho de um funcionário não é resultado somente de seus esforços individuais, mas também do esforço de seus colegas. Quando medições objetivas de desempenho não estão disponíveis, as empresas podem utilizar *sistemas de pagamento por mérito*, nos quais a avaliação dos trabalhadores é feita pelo supervisor.

A remuneração variável pode se basear em *incentivos de curto prazo* – resultantes do cumprimento de metas estabelecidas para o mês ou o ano e os mais comuns entre as empresas nacionais – e em *incentivos de longo prazo* – comuns nos níveis mais altos da hierarquia.

Os principais incentivos que compõem a remuneração variável são:

- *Comissões*: pagamentos atribuídos geralmente a vendedores, baseados nas vendas realizadas em períodos de tempo limitados.
- *Bônus*: pagamentos adicionais atrelados ao cumprimento de objetivos ou metas organizacionais, setoriais ou individuais.
- *Planos de participação nos lucros*: planos nos quais alguns funcionários recebem uma parte do lucro anual da empresa, que é distribuído periodicamente. Podem aumentar o comprometimento e a participação de cada trabalhador, reduzindo a rotatividade.
- *Planos de* stock options: incentivo de longo prazo que consiste em planos de opção de compra de ações da empresa a um preço predeterminado. Em geral, as opções de compra não podem ser exercidas antes de um período estabelecido, em média, de três a cinco anos.
- *Planos de* stock grant: consistem na possibilidade de aquisição de ações da empresa a preço reduzido, beneficiando o titular de um prêmio de capitalização dependente da valorização da cotação das ações no mercado bolsista. Esses planos podem encorajar a melhoria do desempenho, desenvolvendo o senso de propriedade e de comprometimento com a empresa.

Quando assumiu o comando da Universidade Estácio de Sá, em dezembro de 2008, Eduardo Alcalay buscou implementar um sistema de remuneração variável que seguisse os princípios da meritocracia. Para isso, definiu metas para todas as unidades e níveis da organização, premiando aqueles que as alcançavam. A recompensa para quem cumprir as metas vem na forma de bônus. Além dos 370 executivos do grupo, os 1.600 professores com melhor desempenho, dos 7.500 que trabalham na Estácio, passaram a ser premiados com um bônus de até três salários. A nova política de remuneração variável da universidade tem servido para o desenvolvimento de uma cultura corporativa que valoriza o desempenho e comprometimento de todos os trabalhadores com a organização.[38]

- *Planos de phantom shares* ('ações fantasmas'): modelo baseado nas cotações das ações cuja compra e venda são apenas hipotéticas. A concessão é anual com base em metas predefinidas. O resgate pode ocorrer após três anos da concessão, com período máximo de seis anos.

BENEFÍCIOS » Os **benefícios** são recompensas não financeiras que visam melhorar a qualidade de vida dos funcionários de uma organização. Podem ser divididos entre aqueles exigidos por lei e os que são opcionais ao empregador. Cada vez mais, os benefícios opcionais tornam-se um componente diferencial no sistema de recompensas, contribuindo para aumentar o nível de satisfação dos funcionários. Entre os benefícios mais comuns, destacam-se:

> **Benefícios**
> Recompensas não financeiras que visam melhorar a qualidade de vida dos funcionários de uma organização.

- *Planos de previdência privada*: são planos que proveem uma pensão para os empregados após a aposentadoria. De todos os benefícios que uma organização pode oferecer aos trabalhadores, este é o que mais cresceu nos últimos anos no Brasil e é um dos que mais contribui para a retenção de profissionais talentosos.
- *Plano de saúde*: muitos empregadores colocam seguros médico, hospitalar ou de invalidez à disposição de seus funcionários.
- *Conveniências e serviços aos trabalhadores:* trata-se de uma gama de serviços, como aconselhamento jurídico e pessoal, bolsas de estudo, privilégios executivos ou outras conveniências no local de trabalho. Hoje em dia, muitas empresas têm oferecido benefícios desse tipo, que incluem ainda: horário de trabalho flexível, teletrabalho, academias no local de trabalho, creches, descontos em eventos sociais, enfermaria, licença para comparecer às atividades escolares dos filhos, participação em festas ou eventos, depósito de salário em conta, programas de alimentação, plano odontológico, entre outros.[39]
- *Fringe benefits*: são benefícios específicos para determinados cargos da empresa, quer em razão da natureza das funções quer em decorrência da posição hierárquica. Incluem a cessão de automóveis, despesas de representação, viagens etc.

Nos últimos anos, tem-se verificado uma profunda mudança no pacote de benefícios oferecidos pelas empresas. Algumas das políticas adotadas no passado estão minguando de ano para ano. Por exemplo, seguro de vida, cobertura de viagens particulares e escolas para os filhos dos executivos entraram no rol dos benefícios em extinção. Por outro lado, os planos de previdência privada têm crescido exponencialmente nos últimos anos. A razão para o sucesso dos planos

A Whirlpool Latin America, cujo portfólio inclui marcas como Brastemp e Consul, tem se destacado pela excelência de suas práticas de gestão de recursos humanos, pelas quais tem recebido diversos prêmios. De acordo com José Drummond Jr., presidente da empresa, um dos diferenciais da empresa é sua capacidade de reter seus principais funcionários, onde se destaca a oferta de diversos benefícios além daqueles exigidos por lei. São exemplos desses benefícios: plano de previdência privada; assistência odontológica; seguro de vida; creche interna ou reembolso creche; empréstimo social sem juros; empréstimo para aquisição de veículo; cesta e brindes natalinos; programas de qualidade de vida.[40]

> ### Mito ou ciência
>
> **Uma boa política de remuneração e incentivos aumenta a produtividade**
>
> Ao contrário do esperado, diversas pesquisas têm concluído que a correlação entre o desempenho dos funcionários e sua remuneração é mínima ou mesmo negativa. A explicação para isso é que os sistemas de remuneração variável apenas mudam o *comportamento* de curto prazo, mas não alteram as *atitudes* que lhe estão subjacentes.
>
> Resultados de pesquisas têm demonstrado que as pessoas não trabalham por dinheiro. É claro que as pessoas precisam de dinheiro, mas esse não é o principal motor em suas vidas. As pessoas querem se realizar e se divertir. O dinheiro apenas aparece listado como o quinto ou sexto fator em termos de importância em suas vidas. As empresas que ignorarem esse fato pagarão o preço em termos de falta de lealdade e comprometimento.
>
> Além disso, as recompensas têm um caráter de punição. Os planos de incentivos podem ser percebidos como um mecanismo para obrigar os empregados a cumprir determinadas tarefas, caso contrário, serão punidos, ou seja, não terão direito a uma remuneração adicional.
>
> Por outro lado, os sistemas de remuneração variável também prejudicam o desempenho coletivo, não apenas o individual. Os trabalhadores utilizam o sistema para obter vantagens individuais, não para aumentar o ganho coletivo. Assim, o trabalho em equipe e a cooperação desaparecem, pois as pessoas estão imersas em um clima de competição pelas recompensas.
>
> Recompensas também matam a criatividade. No momento em que as pessoas cumprem os objetivos a que se propuseram, o que lhes dará o direito a receberem determinadas recompensas, não estarão dispostas a correr riscos adicionais.
>
> Por fim, o comprometimento também fica abalado com um sistema de incentivos. Quanto mais os superiores hierárquicos prometem incentivos aos empregados, menos interesse estes terão pelo trabalho em si. O que fazem é apenas com o objetivo de terem um complemento ao salário-base. O envolvimento pessoal com as tarefas e o comprometimento com o crescimento futuro da empresa são secundários.[41]

de previdência privada é sua eficiência naquilo que as empresas mais prezam em matéria de recursos humanos: a capacidade de retenção de um bom profissional. Por essa razão, as empresas cada vez mais sofisticam a relação entre tempo de casa e gratificações no plano de previdência. Por exemplo, no Boticário, a contrapartida da empresa para cada funcionário aumenta com o passar dos anos. O valor depositado pelo empregado está limitado a 5% do salário. O Boticário começa a depositar no plano de previdência a partir do quarto ano de casa. Nesse período, até o sexto ano, coloca 40% do valor depositado pelo funcionário. A contrapartida só chega a 100% para aqueles com dez anos ou mais de casa.[42]

11.5.2 ›› Promoções e transferências

A remuneração não é o único mecanismo para manter uma força de trabalho comprometida e satisfeita na organização. A movimentação do pessoal dentro da organização, seja promovendo (movimento ascendente) ou transferindo (movimento lateral) pessoas, é outra ferramenta usada pelos administradores para recompensar e motivar seus trabalhadores.

Tradicionalmente, a **promoção** pode ser definida como um evento na carreira de um trabalhador que levará à alteração das funções desempenhadas, à subida na hierarquia da empresa ou à mudança salarial. Pode servir a objetivos como alocar os indivíduos a postos de trabalho para os quais tenham, potencialmente, maior aptidão ou funcionar como uma recompensa pelo bom desempenho.

> **Promoção**
> Movimentação no sentido ascendente da hierarquia organizacional que levará à alteração das funções desempenhadas ou à mudança salarial.

De fato, as promoções são a forma mais visível de reconhecimento de um bom desempenho. Por isso, é fundamental que elas obedeçam a critérios de justiça, baseados no mérito, para que outros trabalhadores não se sintam ultrapassados e entendam que, se apresentarem o mesmo nível de desempenho, poderão ter igual recompensa. No entanto, mesmo quando as promoções obedecem a critérios justos, podem causar problemas na organização. Os trabalhadores preteridos podem ficar ressentidos e desmotivados, o que afetará seu futuro desempenho.

Algumas pesquisas têm permitido tirar conclusões muito interessantes sobre esse mecanismo de manutenção da força de trabalho comprometida com a organização:

- as mulheres apresentam uma probabilidade de promoção igual à dos homens; contudo, o acréscimo salarial após a promoção é maior para os homens do que para as mulheres;[43]
- a promoção é uma fonte importante para o crescimento dos salários no interior da empresa e é responsável por cerca de 9% a 18% desse crescimento;[44]
- o tempo de serviço, em vez do mérito, tem se revelado como um fator mais relevante na promoção de trabalhadores pertencentes a um sindicato do que na promoção de trabalhadores não sindicalizados.[45]

No entanto, as promoções têm sempre um risco para as organizações. Ao promoverem um trabalhador que teve um bom desempenho em um determinado cargo, as empresas podem transferi-lo para um posto no qual ele poderá não estar bem preparado. Essa situação poderá ocorrer quando as competências necessárias para um bom desempenho no posto de trabalho inicial não estão relacionados com as competências necessárias para obter um bom desempenho no cargo atual. Essa situação ilustra o que é denominado por **Princípio de Peter**, princípio que postula que as pessoas são promovidas até ao seu nível de incompetência.

> **Princípio de Peter**
> Princípio gerencial que sustenta que todo funcionário será promovido até o seu nível de incompetência.

De fato, se as pessoas forem promovidas apenas com base no seu bom desempenho em uma determinada função, chegará o momento em que atingirão um nível no qual não possuem as competências necessárias para manter esse bom desempenho. No entanto, pesquisadores sugerem que o mecanismo de promoção não terá efeitos negativos quando os administradores que decidem a promoção são responsabilizados pela sua decisão, ou seja, quando a sua recompensa é baseada no desempenho global resultante da promoção.[46]

Sabendo que os trabalhadores precisam de novos desafios para se manter motivados, o antigo Banco Real, adquirido pelo Santander em 2007, adotou em meados da década passada um plano de gestão de talentos inovador. O objetivo era agilizar a promoção de funcionários considerados aptos para assumir cargos mais altos na hierarquia da instituição. Dos 28 mil empregados do banco, mais de 8 mil passaram por esse processo de avaliação até a fusão com o Santander em 2010. Os resultados foram uma expressiva melhoria no desempenho individual. Os trabalhadores ficaram mais conectados com o que faziam, pois sabiam que seriam reconhecidos sempre que gerassem resultados positivos.[47]

> **Transferência**
> Movimentação lateral na hierarquia organizacional para manter esses trabalhadores motivados e satisfeitos ao permitir novas experiências e novos desafios.

Quando não existem vagas disponíveis para realizar uma promoção, as organizações podem fazer uso de **transferências** laterais para manter esses trabalhadores motivados e satisfeitos. As transferências podem ser usadas para desenvolver os recursos humanos, ao permitir novas experiências, e para manter os membros organizacionais interessados e motivados com seu trabalho. Isso é muito frequente no caso de administradores de nível tático ou operacional. Como não existe lugar para todos em níveis superiores, eles são transferidos para outras funções ou regiões, como forma de mantê-los satisfeitos e comprometidos com a organização.

11.5.3 ›› Desligamento

> **Desligamento**
> Processo de redução do tamanho da força de trabalho da organização ou de reestruturação de sua base de competências visando garantir a satisfação das demandas de um ambiente dinâmico.

O **desligamento** é o processo de redução do tamanho da força de trabalho da organização ou de reestruturação de sua base de competências visando garantir a satisfação das demandas de um ambiente dinâmico. Apesar de ser uma decisão muito difícil para os administradores, às vezes é necessário reduzir a força de trabalho, seja porque a organização tem excesso de trabalhadores, seja porque o desempenho destes é considerado ruim.

O desligamento formal pode se processar de diversas formas:

- *Demissão*: forma de desligamento permanente.
- *Suspensão*: desligamento involuntário temporário.
- *Aposentadoria antecipada*: oferta de incentivos aos trabalhadores mais idosos para que se aposentem antes da idade prevista.

Além do desligamento dos trabalhadores, as empresas podem ainda usar de outros mecanismos para reduzir o tamanho ou o custo da força de trabalho na organização. Entre esses, os mais populares são:

- *Rebaixamento*: transferência de trabalhadores para níveis hierárquicos abaixo do cargo atual.
- *Redução da jornada de trabalho*: diminuição do número de horas de trabalho por dia (trabalho em meio período).
- *Compartilhamento do trabalho:* alocação de dois ou mais funcionários que compartilham o mesmo trabalho.

Seja qual for a forma de redução da força de trabalho, os trabalhadores acabam sofrendo. No entanto, apesar de ser uma decisão difícil, o desligamento tem enorme valor para a manutenção de recursos humanos comprometidos e satisfeitos. Primeiro, porque a impunidade com aqueles trabalhadores improdutivos e problemáticos é vista pelos outros funcionários como uma má prática de gestão e fonte de injustiça. Por outro lado, os administradores podem usar a entrevista de saída para averiguar os motivos pelos quais os trabalhadores estão indo embora. É uma forma barata para saber as causas da falta de comprometimento, da insatisfação ou do baixo desempenho.

> **Programas de recolocação**
> Programas que buscam apoiar os trabalhadores demitidos na sua recolocação no mercado de trabalho.

No entanto, quando uma organização dispensa uma parcela substancial de sua força de trabalho – *downsizing* –, os resultados podem minar suas bases, afetando a produtividade e a satisfação daqueles que permanecem. Todavia, um processo bem planejado e cauteloso de demissão alivia as tensões e os desconfortos, além de ajudar os funcionários sobreviventes a se ajustar à nova situação de trabalho. Empresas comprometidas com o bem-estar de seus recursos humanos procuram encontrar uma transição suave para a saída da organização, mediante **programas de recolocação**. Ao demonstrar uma preocupação sincera com os trabalhadores que abandonam a organização, esta comunica o valor que atribui aos recursos humanos.

A Telefônica precisou readequar a sua estrutura administrativa em função da incorporação da Vivo em 2012. A reestruturação da empresa envolveu a demissão voluntária de aproximadamente 1,5 mil pessoas, quase 10% da força de trabalho da empresa. O pacote de benefícios para quem optou por se desligar da empresa incluía meio salário-base por ano trabalhado; indenização de 1 a 10 salários-base, independentemente do tempo de contrato de trabalho; manutenção do plano de saúde por seis meses; serviço de apoio à transição de carreira; doação do aparelho celular funcional. Dessa forma, a empresa conseguiu os seus objetivos, sem afetar a moral dos trabalhadores que ficaram, uma vez que o processo de desligamento foi percebido como humano e justo.[48]

11.6 ›› Tendências e desafios contemporâneos da ARH

De todas as áreas funcionais de uma organização, a administração de recursos humanos é a que mais passou por mudanças nos últimos anos. Atualmente, os administradores enfrentam um conjunto de problemáticas com impacto muito significativo no desempenho das empresas. Entre essas problemáticas, destacam-se três tendências contemporâneas em ARH: o dinamismo da relação entre organização e trabalhadores, a diversidade da força de trabalho e o assédio moral e sexual nas organizações.

11.6.1 ›› Natureza dinâmica dos contratos de trabalho

A crise do capitalismo da década de 1970 transformou as empresas, o capital e as relações destes com o trabalho. Diferentemente do modelo fordista, materializado na existência da grande empresa hierarquizada e verticalizada, o modelo pós-fordista baseia-se em estruturas organizacionais mais flexíveis e enxutas, que exploram as vantagens das estruturas em rede.

Juntamente com as estruturas, muda também o **contrato psicológico** estabelecido entre a organização e o funcionário. No modelo fordista, a grande empresa era intensiva em mão de obra e o funcionário contribuía com lealdade e compromisso, além de suas habilidades técnicas. Essas empresas possibilitavam ao funcionário uma ascensão contínua na carreira, salários, benefícios, promoções e treinamento. Conseguir emprego era uma garantia de longo prazo para o trabalhador.

As novas estruturas enxutas do modelo pós-fordistas são menos intensivas em mão de obra do que as grandes empresas típicas do modelo anterior. Os funcionários podem ser alocados em torno de um projeto. O número reduzido de graus hierárquicos limita a ascensão na carreira. O aprendizado, o treinamento e as possíveis promoções se dão mais em nível horizontal, passando de um projeto para outro. A **empregabilidade** torna-se a nova palavra de ordem, referindo-se à perda da responsabilidade da empresa pelo trabalhador e à transferência dessa responsabilidade para o próprio trabalhador.

Essas mudanças não afetam apenas a carreira dos trabalhadores, mas, principalmente, a dos administradores. As regras de progressão na carreira estão se alterando em um ritmo muito acelerado. Conforme referido, o emprego para toda a vida está em extinção, e toda a carreira de um executivo pode sucumbir após uma

> **Contrato psicológico**
> Acordo tácito entre empregados e empregadores, que estabelece as expectativas mútuas no que diz respeito aos direitos e obrigações de ambos.

> **Empregabilidade**
> Capacidade de adequação de uma pessoa às novas necessidades e dinâmica dos novos mercados de trabalho e de proteção da carreira dos riscos inerentes a estes.

aquisição ou reestruturação. Para administrar sua carreira, um administrador deve entender as principais tendências no mercado de trabalho e fazer as opções certas.

Uma pesquisa conduzida com dados das cem maiores empresas norte-americanas procurou mapear as principais mudanças que se verificaram nas políticas da ARH nos últimos 25 anos. As principais tendências indicam que:[49]

- as organizações estão cada vez mais focadas em diminuir os custos e menos interessadas em investir em programas de desenvolvimento gerencial;
- as hierarquias estão ficando cada vez mais achatadas, uma vez que as organizações resistem a promover os trabalhadores porque acreditam que a distância entre os níveis hierárquicos é demasiado grande em termos de competências;
- quase todos os principais executivos têm mestrado ou MBA, ou seja, o acesso aos melhores cargos exige grau acadêmico superior;
- a idade média dos executivos que ocupam posições de alta administração tem diminuído, visto que, quanto mais tempo passam em determinado cargo, menor será a chance de progredir na carreira;
- os investidores e os fundos de investimento têm cada vez mais poder de influência na administração das organizações.

Os administradores devem investir em suas carreiras e em seu desenvolvimento de forma independente e não esperar que as organizações façam esse trabalho por eles. Uma boa estratégia pode ser demonstrar suas competências em organizações pequenas e, depois, procurar o mesmo cargo em uma organização maior. Esperar muito tempo por uma promoção é outro erro a ser evitado, cabendo ao executivo buscar ativamente novos desafios e oportunidades. Cada vez mais, o nível de instrução mínimo para um administrador de nível médio ou superior é o mestrado ou um MBA. Por fim, os cargos na área financeira têm substituído os de marketing e de consultoria como o principal caminho para chegar ao topo da organização, em virtude de sua proximidade com os investidores.

11.6.2 ›› Diversidade da força de trabalho

Em todo o mundo, a questão das minorias e da diversidade cultural tem se apresentado como tema relevante e recorrente nas últimas décadas, destacando movimentos e ações afirmativas em prol da inclusão de minorias, sobretudo étnicas. Nos Estados Unidos e no Canadá, por exemplo, movimentos políticos a favor da integração racial levaram à promulgação de leis visando à igualdade de oportunidades de educação e ao emprego para todos, por meio de cotas que beneficiavam as minorias. Com enfoque mais pragmático, em diversos países, a gestão da diversidade cultural foi se configurando como uma resposta empresarial à diversificação crescente da força de trabalho e às necessidades de competitividade.

No Brasil, a despeito da origem diversificada da população, a questão da diversidade não constitui um tema menos relevante. Maria Tereza Fleury, professora da FGV e da USP, afirma que "os brasileiros gostam de se imaginar como uma sociedade sem preconceitos de raça ou cor", mas, por outro lado, constituem "uma sociedade estratificada, em que o acesso às oportunidades educacionais e às posições de prestígio no mercado de trabalho é definido pelas origens econômica e racial".[50] Nesse contexto contraditório, a gestão da diversidade cultural emerge como prática durante a década de 1990, no bojo dos processos de mudança vivenciados pelas empresas em ambiente cada vez mais competitivo.

A **administração da diversidade** implica criar, por meio de um enfoque holístico, um ambiente organizacional que possibilite a todos o pleno desenvolvimento de seu potencial na realização dos objetivos da empresa. Para tanto, cum-

---

Administração da diversidade
Desenvolvimento de práticas de gestão de pessoas que acolham e apoiem todo o tipo de diferenças entre os trabalhadores.

pre empreender ações e práticas de gestão de pessoas de modo a maximizar as vantagens da diversidade e minimizar suas desvantagens. A gestão da diversidade significa não apenas tolerar ou acolher todos os tipos de diferenças, mas apoiar, nutrir e utilizar essas diferenças para o benefício da organização, tornando-a mais eficaz a lucrativa.

Cada vez mais a diversidade, quando bem administrada, pode ser um instrumento eficaz para a conquista de vantagens competitivas. Além de cumprir uma responsabilidade social, uma força de trabalho diversificada pode ajudar a promover a criatividade, a inovação e auxiliar na resolução de problemas, na medida em que amplia a base de competências, perspectivas e experiências da organização. Ao tolerar vários estilos e abordagens diferentes, a organização amplia, por conseguinte, sua flexibilidade, sendo mais capaz de responder rapidamente às mudanças ambientais. A composição de uma força de trabalho diversificada pode também melhorar a imagem externa da organização, contribuindo para a atração, a retenção e a motivação dos funcionários, na medida em que eles se tornam mais leais e comprometidos ao perceberem que suas diferenças são valorizadas.

Tal diversidade impõe também vários desafios. Grupos diversificados são tipicamente menos coesos que os homogêneos e enfrentam com mais frequência problemas de comunicação, como desentendimentos, imprecisões, ineficiências e vagarosidade. A desconfiança e a tensão também emergem como desafios importantes, bem como a criação de estereótipos, afetando o modo como as pessoas são tratadas no ambiente de trabalho.

Para capitalizar os benefícios e minimizar os custos de uma força de trabalho diversificada, as organizações devem se esforçar para se tornarem plurais e multiculturais. Isso implica empreender ações concretas para recrutar, contratar e treinar essa força de trabalho, além de garantir que não haja nenhuma discriminação contra os grupos de membros minoritários. Cumpre notar que os programas eficazes de diversidade vão muito além da contratação de uma força de trabalho diversificada. Eles incluem a administração de conflitos no ambiente de trabalho e programas de treinamento orientados para a diversidade, visando ao aumento da consciência e ao questionamento dos estereótipos.[51]

Apesar de todas as iniciativas apontadas, diversas estatísticas mostram que a discriminação ainda é uma realidade na maior parte das organizações. As mulheres, assim como as minorias, continuam apresentando médias salariais menores, além de encontrar maior dificuldade de ascensão hierárquica nas empresas. No caso das organizações brasileiras, Maria Tereza Fleury observa que o conceito de diversidade cultural adotado é ainda bastante restrito, incorporando apenas o gênero e, timidamente, a raça, apesar da enorme disparidade entre brancos e negros na inserção no mercado de trabalho brasileiro.[52]

Para equacionar o problema, as empresas devem garantir que seus sistemas de avaliação de desempenho e de recompensas reforcem a importância da administração eficaz da diversidade. O sucesso dos esforços organizacionais para administrar a diversidade requer o apoio e o comprometimento da alta administração.

11.6.3 ›› Assédio moral e assédio sexual nas organizações

Diante da busca das empresas por uma orientação mais ética e pela melhoria do ambiente de trabalho, torna-se fundamental discutir as práticas violentas associadas ao exercício e aos desequilíbrios de poder nas organizações. Nesse contexto, o assédio moral e o assédio sexual constituem importantes desafios para a ARH, exigindo não apenas uma abordagem administrativa, mas também uma abordagem jurídica, social e psicopatológica, para minimizar os efeitos dessas práticas nocivas às organizações.

> **Assédio moral**
> Exposição prolongada e repetitiva dos trabalhadores a situações humilhantes e constrangedoras durante a jornada de trabalho e o exercício de suas funções.

ASSÉDIO MORAL » Considera-se **assédio moral** a exposição prolongada e repetitiva dos trabalhadores a situações humilhantes e constrangedoras durante a jornada de trabalho e o exercício de suas funções. Tal conduta abusiva se manifesta por meio de comportamentos, palavras, atos e gestos que podem causar danos à personalidade, à dignidade ou à integridade física e psíquica de uma pessoa, fazendo-a duvidar de si e de sua competência. Além de causar danos psicológicos ao indivíduo, à evolução de sua carreira ou a seu vínculo empregatício, o assédio moral pode degradar o clima de trabalho nas organizações, além de reduzir a produtividade e impulsionar conflitos e absenteísmo.[53]

Embora o assédio moral seja mais comum em relações hierárquicas nas quais um subordinado é agredido por um superior, o fenômeno pode envolver agressões entre colegas de um mesmo nível hierárquico ou até partir de um subordinado em direção a um superior. Em geral, a vítima é isolada do grupo, passando a ser ridicularizada, inferiorizada e desacreditada diante de seus colegas. À medida que as agressões se multiplicam, o assediado é submetido a manobras hostis e a críticas dissimuladas em brincadeiras, piadas ou comentários sarcásticos e degradantes. Frequentemente, recebe tarefas inúteis, são fixados objetivos inatingíveis ou empreendidas ações para empurrá-lo a cometer uma falta para que justifique seu rebaixamento. Na maioria dos casos, busca-se ainda forçar o profissional atingido a desistir do emprego.

A despeito de seus efeitos nocivos e de sua existência tão antiga quanto a do próprio trabalho, o assédio moral foi identificado como fenômeno destrutivo ao ambiente de trabalho somente nas últimas décadas. Até meados da década de 1980, eram poucos os países que haviam adotado normas específicas sobre o assédio moral. No Brasil, o fenômeno é debatido há poucos anos e, em muitos casos, ainda é ignorado. Uma pesquisa recente, contudo, indica que 36% da população economicamente ativa passa por situações de assédio moral.[54] Nos países europeus, segundo a OIT (Organização Internacional do Trabalho), esse índice cai para 10% e, nos Estados Unidos, para 7%.

Embora a legislação vigente no país exponha o agressor a pena de multa e demissão do cargo, o assédio moral é difícil de ser provado ou mesmo diagnosticado, pois, geralmente, o assediado interioriza ou nega as agressões, assumindo a culpa de tais atos e não formalizando a denúncia por medo de perder o emprego ou a credibilidade dentro da empresa. Deve-se observar, no entanto, que o Brasil carece de leis federais específicas que regulamentem por inteiro a questão do assédio moral, ao passo que diversos projetos de lei permanecem em tramitação no Congresso Nacional. Em todo caso, a situação começa a contar também com estudos especia-

A fabricante de bebidas Ambev foi condenada a pagar, em 2011, uma indenização de R$ 25 mil a um ex-funcionário que disse ter sido vítima de assédio moral. Ele alegou ser alvo de brincadeiras constrangedoras e vexatórias durante o serviço. O ex-funcionário disse na Justiça que os vendedores da empresa que não atingiam metas eram rotulados de incompetentes, obrigados a se deitar em um caixão, simulando um vendedor morto. O Tribunal Superior do Trabalho (TST) condenou a empresa a pagar multa, afirmando ainda que tais situações têm aptidão suficiente para o abalo emocional do trabalhador, devendo ser sua ocorrência extirpada dos ambientes de trabalho.[55]

lizados, e vários estados, entre os quais o Rio de Janeiro, São Paulo, Rio Grande do Sul e Minas Gerais, já aprovaram legislação estadual específica para enfrentar esse problema organizacional.

Cabe aos responsáveis pela ARH prevenir e proteger as organizações contra a prática de assédio moral, por meio da informação e da educação de seus funcionários. O sucesso dessa prevenção depende também da criação de guias e códigos de comportamento ético que vedem e penalizem práticas abusivas e discriminatórias. Os contratos, por sua vez, também devem incluir termos que regulem a questão e apliquem sanções para qualquer rompimento de regras. A organização pode desenvolver ainda campanhas de conscientização e políticas preventivas que incluam discussões e informações a respeito da extensão do problema e de seus efeitos sobre a saúde, a qualidade de vida e o sucesso da empresa. Finalmente, é fundamental que a administração seja educada para a resolução de eventuais conflitos, comprometendo-se a investigar as denúncias e a aplicar as punições necessárias.

ASSÉDIO SEXUAL ›› **Assédio sexual** é um tipo de coerção de caráter sexual praticada por uma pessoa, geralmente em posição hierárquica superior, em relação à outra no local de trabalho, caracterizando-se por alguma ameaça, insinuação de ameaça ou hostilidade de conotação sexual. O que de fato é proposto no assédio é uma relação sexual para evitar inconvenientes na relação de trabalho.[56] Embora não constitua prática recente nas organizações, o assédio sexual teve seu conceito delineado apenas nas últimas décadas sob diferentes perspectivas jurídicas em cada país. O termo surgiu nos Estados Unidos em 1976, ao mesmo tempo em que a prática de assédio sexual era considerada uma forma de discriminação e abuso, dando início à evolução das leis sobre o tema em diversos países. A definição brasileira é menos abrangente que a norte-americana, que trata como assédio sexual qualquer tipo de conduta ou atividade indesejada de caráter sexual que afete as relações de trabalho.

> **Assédio sexual**
> Qualquer atividade indesejada de caráter sexual que afete a relação de emprego de uma pessoa, criando um ambiente de trabalho hostil.

De acordo com a Organização Internacional do Trabalho (OIT), constituem assédio sexual atos, insinuações, contatos físicos forçados e convites impertinentes, desde que apresentem uma das características a seguir:

- ser uma condição clara para manter o emprego;
- influir nas promoções de carreira do assediado;
- prejudicar o rendimento profissional, humilhar, insultar ou intimidar a vítima.

Para as organizações, o assédio sexual no ambiente de trabalho pode representar perdas palpáveis, em razão da deturpação dos critérios de admissão, promoção e demissão, além da perda da motivação por parte de funcionários e da degradação da imagem institucional. Além disso, a existência de um recurso na legislação brasileira, que atribui ao empregador a responsabilidade civil sobre os fatos, dá direito à vítima de processar o assediador e exigir indenização da empresa.

Em razão de seu impacto negativo para as empresas, o assédio sexual é um sério problema organizacional. A despeito disso, continua sendo uma prática comum. De acordo com a OIT, por exemplo, 52% das mulheres no Brasil já foram assediadas sexualmente. No entanto, por causa do desequilíbrio de poder, o assédio sexual de um chefe costuma criar dificuldades para quem está sendo assediado, fazendo com que as vítimas tenham medo de sofrer retaliações. Por causa disso, grande parte das ocorrências de assédio sexual não é formalizada e resulta no desligamento voluntário dos empregados assediados.

Os métodos de combate ao assédio sexual nas organizações envolvem, necessariamente, políticas específicas que dificultem a ação dos assediadores. Essas políticas devem ser reforçadas pela educação e conscientização da força de trabalho, por meio de palestras sobre o assunto e discussões em todos os níveis organacionais. É importante também estabelecer procedimentos-padrão a serem seguidos pelos funcionários que se sintam assediados, instruindo os gerentes a lidar com o problema. As organizações podem buscar, ainda, se garantir, elaborando cláusulas contratuais que esclareçam ao empregado as consequências do delito, por meio de termos de compromisso. Finalmente, cabe aos responsáveis pela ARH investigar com isenção as reclamações ou alegações sobre a prática de assédio sexual, aplicando, quando necessário, as devidas penalidades.

>> Resumo do capítulo

O principal objetivo deste capítulo foi a análise de uma das mais importantes áreas funcionais da administração: os recursos humanos. Uma função negligenciada nos primórdios da administração, a ARH atualmente pode ser considerada um de seus processos mais desafiadores, pela complexidade que a gestão das pessoas nas organizações impõe ao administrador no exercício de sua atividade.

As pessoas se fazem presentes no processo de administração de duas formas: como recursos, sem o qual o alcance dos objetivos organizacionais seria impossível de ser atingido; e como seres humanos, cujas atitudes, percepções e comportamento no âmbito da organização desencadeiam diferentes graus de motivação ou desmotivação no lugar do trabalho. Essa combinação os torna recursos com características únicas, cuja principal diferença dos outros recursos materiais reside na imprevisibilidade e na tendência para fugir do controle que a organização tende a impor, pela hierarquia e por outros métodos de organização do trabalho.

De fato, cabe ao administrador gerir as diversas etapas que compõem o processo de administração de recursos humanos, desde a atração dos trabalhadores competentes, passando pela adequação de suas capacidades às características do trabalho e terminando na retenção de trabalhadores comprometidos e satisfeitos. Boa parte das técnicas e instrumentos utilizados na administração de recursos humanos é caracterizada pela racionalização, típica de qualquer processo de administração. Análises que procuram diagnosticar internamente a organização ou externamente as tendências que se fazem presentes no ambiente de recursos humanos são a base para um planejamento racional de recursos humanos necessários à atividade da organização. E os instrumentos e as técnicas relatados buscam munir o administrador de ferramentas racionais capazes de direcionar seu processo de tomada de decisão na busca dos objetivos organizacionais.

É possível afirmar que os longos anos de exercício da administração de recursos humanos nas organizações e as fontes interdisciplinares que influenciam essa área funcional (como psicologia ou sociologia) têm contribuído para consolidar um arsenal de instrumentos e de ferramentas administrativas capaz de atrair, adequar, manter, comprometer e, se for o caso, desligar os funcionários em uma organização. No entanto, a parte do controle exercido sobre o indivíduo na organização tem sido um aspecto tradicionalmente negligenciado ou deliberadamente ignorado pela gestão de recursos humanos. Questões como assédio sexual e moral no lugar de trabalho ou a gestão da diversidade são apenas algumas dessas manifestações do desafio que a administração enfrenta na atualidade.

Questões para discussão

1. Por que a ARH é importante para a organização? Quais são seus objetivos?

2. Exemplifique alguns fatores ambientais e explique suas implicações para o processo de ARH.

3. Em que consiste o processo de planejamento de RH? O que é a análise de cargos?

4. O que é o processo de recrutamento? Distinga entre recrutamento interno e externo.

5. Descreva o processo de seleção de RH, destacando os principais instrumentos de seleção.

6. Quais são os objetivos dos programas de orientação ou socialização? Qual é a diferença entre estes e os programas de treinamento e desenvolvimento?

7. Quais são as etapas e os métodos de treinamento à disposição das organizações?

8. Quais são os propósitos da avaliação de desempenho? Quais são suas fontes e métodos?

9. Qual é o papel da política de remuneração na manutenção de uma força de trabalho comprometida com a organização? Será que contribui mesmo para esse objetivo?

10. Que mudanças ocorreram na relação entre empregador e empregados nos últimos anos?

Ponto e Contraponto

Estabilidade e remuneração no serviço público: inimigas ou aliadas da ARH?

A estabilidade é um benefício garantido na Constituição do Brasil ao servidor público, sendo um vínculo que só pode ser destituído por meio de processo administrativo ou judicial. O sistema é bastante rígido: todos os funcionários concursados, depois do estágio probatório, têm estabilidade, a qual só pode ser rompida em caso de falta grave.

Alguns dizem que a garantia da estabilidade é uma fonte de estímulo ao servidor público, mas isso não é verdade. Na prática, ela funciona como um incentivo ao comodismo e à falta de comprometimento. Além disso, ela esvazia completamente o papel do gestor de recursos humanos, que se vê impossibilitado de desligar os funcionários improdutivos e problemáticos, sendo assim uma grande inimiga das políticas e práticas de recursos humanos.

Por não provocar no funcionário a necessidade de manter o cargo, a estabilidade é um fator que motiva a cultura de baixo desempenho do serviço público, o que interfere na qualidade do serviço prestado ao cidadão.

Não bastasse a estabilidade, em alguns casos, ainda existe a remuneração muito maior que do setor privado. O nível salarial de alguns cargos da Administração Pública é tão alto que só incentiva a acomodação. Segundo levantamento do Grupo Catho, o salário médio inicial de um analista administrativo de nível superior em empresas é 3 mil reais, menos de um terço do oferecido a quem entra na Aneel. Um analista do Banco Central, por exemplo, assim que entra no banco recebe salário de aproximadamente 13 mil, independente da idade, experiência ou produtividade.[57]

O comprometimento do funcionário está relacionado com a possibilidade de ser demitido ou de não alcançar bônus caso não alcance as metas. Em organizações públicas, esse processo tem seu maior entrave na estabilidade e na remuneração garantida por lei. Por ser estável, o funcionário sabe que independentemente do nível de esforço e dedicação, a permanência no cargo está garantida sempre com o mesmo salário. Resultado: qualquer iniciativa do RH dependerá da boa vontade do servidor.

O que acontece na prática é que muitos indivíduos procuram o serviço público justamente porque querem um lugar sem risco de serem demitidos e com excelente remuneração. Nesse caso, nem as melhores práticas e políticas de RH serão capazes de vencer a acomodação.

A garantia da estabilidade do servidor público é um benefício do servidor e uma fonte motivacional da excelência na prestação de serviços à sociedade, e não um privilégio que confere a vitaliciedade do cargo público. A iniciativa da estabilidade é adotada em muitos países, não só no Brasil como também na Alemanha, Bélgica, Canadá, Chile, Espanha, Uruguai e Venezuela. O objetivo desse benefício é garantir a proteção do servidor de demissões por motivações políticas, tendo em vista o contexto em que atuam. É portanto uma forma de defender o Estado, um meio de evitar que a administração pública fique comprometida pelo uso político de suas atividades, refletindo interesses clientelistas e paroquiais, gerando a descontinuidade, arbitrariedade técnica, bem como perda da memória técnica da administração.[58]

A estabilidade então deve ser vista como aliada da ARH, visto que por meio dela é garantida a permanência de funcionários selecionados de acordo com critérios técnicos, que apresentam capacidade e potencial para executar com qualidade o serviço público.

No que tange à remuneração, é lógico o porquê de se ter cargos com salários altos, maiores do que os da iniciativa privada. Os profissionais mais qualificados estarão normalmente nos lugares onde são mais bem remunerados. Se o diferencial para os mais qualificados é favorável ao setor privado, o governo teria dificuldade de atrair e manter essa mão de obra e isso inegavelmente afetaria o serviço prestado ao cidadão e à sociedade.

Por exemplo: se um defensor público não ganhar, na média, mais que um advogado, bons profissionais não se submeteriam ao concurso de defensor e quem sofreria com isso seriam aqueles que não têm condições financeiras de arcar com as despesas de um advogado e que por isso precisam se valer da Defensoria Pública.

Não é a estabilidade ou a alta remuneração que acarretam o comodismo ou a falta de motivação de alguns servidores públicos, mas sim a ausência de políticas e práticas de recursos humanos consistentes, nos moldes das que são atualmente aplicadas no setor privado.

Motivação, acomodação, comodismo, essas e outras atitudes são influenciadas muito mais por questões intrínsecas das pessoas, do que por questões extrínsecas, como benefícios e remuneração.

Dilema ético

❯❯ É ético investigar o perfil de candidatos e funcionários nas redes sociais?

Antes utilizadas apenas para entretenimento, as redes sociais serviam para entrar em contato com os amigos. Mas, esse cenário mudou. O Facebook, Twitter, Orkut e demais redes sociais também passaram a ser alvo dos empregadores e profissionais de RH, que utilizam esses sites para analisar os perfis de possíveis candidatos.

Uma pesquisa realizada pelo site de empregos CareerBuilder.com, feita com mais de 3 mil executivos da área de recursos humanos (RH), constatou que, em 2008, 22% deles usavam perfis em sites de redes sociais para pesquisar sobre candidatos a emprego, contra 11% em 2006. Outros 9% afirmaram que no momento não usam redes sociais para verificar possíveis candidatos a emprego, mas planejam começar a fazê-lo.[59]

Segundo um outro estudo, realizado em 2010 com mais de 2.500 executivos de 10 países, para 44% dos brasileiros entrevistados, aspectos negativos encontrados nas redes sociais seriam o suficiente para desclassificar um candidato durante o processo de seleção. Apenas 17% afirmam não se deixar influenciar pelas redes sociais. A pesquisa conclui ainda que a rede social LinkedIn é a mais usada pelos executivos brasileiros para verificar a veracidade das referências apresentadas nos currículos dos candidatos; 46% dos executivos deles fazem isso sempre, enquanto 43% fazem essa verificação apenas com candidatos que já foram entrevistados.[60]

Mas afinal, até onde um recrutador pode ir ao vasculhar a vida pessoal de um candidato na web? Há algum limite?

Não é só para o recrutamento e seleção que os administradores de recursos humanos estão investigando as redes sociais de seus funcionários. Em 2011, uma empresa norte-americana demitiu cinco funcionários por publicarem conteúdo não apropriado sobre a empresa no Facebook. Nesse caso específico, o juiz federal que analisou a questão determinou que a empresa readmitisse os funcionários desligados. Segundo a sentença, a ausência de um código de ética ou de conduta social que orientasse sobre o comportamento correto em redes sociais impossibilitava a demissão dos funcionários.

Para alguns recrutadores e profissionais de RH, não há qualquer problema ético na pesquisa de informações de candidatos e empregados em redes sociais. Para estes, tudo o que é público, não só pode como deve ser alvo de consulta. Portanto, as redes funcionam como um excelente instrumento para identificar os candidatos com o melhor perfil.

Os contrários à investigação de perfis profissionais nas redes sociais afirmam que o conteúdo disponível nesses sites, além de ser uma questão que afeta à vida particular dos candidatos – e segundo eles fora da esfera de controle das empresas – ainda pode ser interpretado de maneira equivocada pelos avaliadores. Por exemplo, uma foto de um candidato com amigos tomando cerveja pode ser entendido e interpretado de diferentes formas, desde que o indivíduo é um alcoólatra até que ele é sociável.

Inúmeros são os questionamentos em relação à essa prática e, com o aumento e proliferação do uso de redes sociais, a situação tende a se intensificar.

Questões para discussão

1. Na sua opinião, você considera ético a utilização das redes sociais para analisar o perfil dos candidatos e verificar a veracidade das suas referências?
2. Considera legítimo e aceitável que as empresas investiguem o perfil dos seus funcionários nas redes sociais para monitorar o seu comportamento?
3. Como deveria proceder um administrador ao saber que um funcionário publicou algo ofensivo sobre a empresa em uma rede social?
4. Quais você considera serem os limites morais, se é que devem existir, para a utilização de informações publicadas nas redes sociais por parte do RH das empresas?

Estudo de caso

>> A gestão de pessoas e o sucesso na Casas Bahia

A estratégia da Casas Bahia

A Casas Bahia, rede de eletrodomésticos e móveis, possuía, em 2006, 540 lojas próprias, mais de 50 mil funcionários e um faturamento de 11,5 bilhões de reais.

O sucesso da organização deve-se à sua estratégia direcionada aos consumidores de baixa renda, que correspondem a mais da metade dos clientes da rede e são atraídos pela possibilidade de comprar produtos das marcas mais conhecidas do mercado em prestações de reduzido valor. A política da Casas Bahia é diluir o valor da mercadoria em várias parcelas para que os consumidores mais pobres possam pagá-las. A forma de pagamento também faz parte da estratégia da organização: os clientes recebem carnês que devem ser pagos mensalmente nas lojas. Isso os força a retornar aos estabelecimentos, o que muito comumente desencadeia novas compras.

A rede vinha obtendo grande sucesso com esse modelo de negócios. Apesar dos riscos de oferecer crédito aos mais variados clientes, a empresa enfrentava, em 2006, uma inadimplência de apenas 10%, enquanto a média dos concorrentes do varejo popular era de 16%. Para conseguir manter essa situação positiva, o grupo investiu forte na administração de seus recursos humanos, recrutando, selecionando e treinando funcionários que se enquadram na filosofia da organização. Segundo Michael Klein (na foto), principal dirigente da organização, a gestão de pessoas deve assegurar a baixa rotatividade e oferecer benefícios que motivem os trabalhadores, propiciando o bom desempenho das tarefas.

A administração dos recursos humanos na Casas Bahia

A estrutura hierárquica da empresa conta com apenas três níveis, dos vendedores até os diretores. Essa opção demonstra bem o desejo dos dirigentes de simplificar a gestão de pessoas para torná-la mais eficiente. Apesar de dividir seus colaboradores em três níveis, a rede não terceiriza muitas atividades nem procura reduzir seus custos com os funcionários. Um exemplo disso é que o grupo conta com equipes próprias de entrega e montagem de produtos e de tecnologia de informação.

O planejamento estratégico de recursos humanos da Casas Bahia define todos os treinamentos por que passam os funcionários, as políticas de recompensas e os planos de carreiras para os diferentes cargos da organização. Além disso, são divulgados, durante o ano, documentos resumindo as ações e objetivos principais do departamento de RH para o período.

O recrutamento e a seleção de funcionários são feitos de duas formas distintas de acordo com o nível hierárquico que os colaboradores vão ocupar. Os vendedores e o pessoal de apoio das lojas são recrutados nos arredores do estabelecimento, de preferência no próprio bairro onde se localiza. Os recrutadores levam em consideração as habilidades humanas e a capacidade para construir um relacionamento sólido com os consumidores, fator importante para garantir a fidelização dos clientes. Já os profissionais que ocuparão cargos administrativos, ou seja, do segundo e terceiro níveis hierárquicos, preenchem cadastros e enviam currículos no site da empresa. A seleção é feita segundo critérios técnicos e os candidatos passam por testes, dinâmicas e entrevistas.

Desenvolvendo a força de trabalho

Após a seleção dos colaboradores, vem a parte mais complexa e importante da gestão de pessoas da Casas Bahia, o treinamento e desenvolvimento dos funcionários. Estes passam por diferentes programas de treinamento, de acordo com o cargo que ocuparão; entretanto, todos os programas são desenvolvidos para enfrentar corretamente os desafios que aparecem ao longo das atividades que realizam.

Por exemplo, os vendedores vão para salas de aula, onde recebem informações sobre as marcas e os produtos e dicas de como se vestir e se portar em negociações. Para a Casas Bahia, é importantíssimo que seus colaboradores de vendas estejam arrumados e ajam de maneira adequada. Isso dá aos clientes a sensação de estarem sendo atendidos por pessoas muito competentes e preparadas, que sabem do que estão falando. Em relação aos clientes de baixa renda, essa atitude dos vendedores traz outro benefício: eles se sentem recebidos como consumidores mais ricos, o que aumenta a força da marca perante o seu público-alvo.

Nas lojas da Casas Bahia, há outro grupo de funcionários que trabalha junto dos vendedores: os analistas de crédito. Esses colaboradores são treinados para, por meio de uma entrevista com os consumidores, analisar e escolher aqueles que podem comprar produtos pelo carnê. Esses profissionais também passam por um aprendizado para conhecer técnicas e perguntas que podem ser realizadas nas conversas. O setor de RH da organização ensina os analistas a descobrir possíveis fraudadores que estejam solicitando crédito.

Os analistas e os vendedores têm outra função importante, para a qual o bom relacionamento com os consumidores é fundamental. Trabalhando juntos, esses profissionais são instruídos para conscientizar os clientes. Muitas vezes, consumidores de baixa renda querem produtos que não cabem em seus orçamentos familiares. Nessas ocasiões, os colaboradores devem aconselhá-los e lhes oferecer produtos semelhantes, de marcas mais baratas ou com menos funções. A venda racional é uma técnica que impede o crescimento da inadimplência e protege os fregueses de seus próprios impulsos.

Os vendedores e os analistas também recebem treinamento de informática desde meados da década de 1990. Desde essa época, os processos de compra e de análise de risco passaram a ser automatizados, reduzindo o tempo médio das transações. Por fim, esses colaboradores são constantemente informados sobre as estratégias e as metas da organização, o que possibilita o controle do número de vendas a prazo e de prestações oferecidas aos clientes.

Mantendo os trabalhadores comprometidos

O relacionamento que a empresa mantém com seus colaboradores busca garantir a motivação e a satisfação com o ambiente de trabalho. Para isso, a equidade e o senso de justiça são levados em conta, quando da formulação do plano de benefícios e recompensas da Casas Bahia.

Na empresa, todos os funcionários, independentemente do cargo que exercem e do grau hierárquico em que se encontram, recebem o 14º salário. Esse pagamento extra para todos os colaboradores da Casas Bahia atua como agente motivador, já que eleva a dedicação e o comprometimento na organização e contribui para a manutenção de um bom ambiente de trabalho. Por outro lado, por ser um benefício concedido a todos os funcionários da Casas Bahia, reforça a sensação de equidade na política de remuneração. Por essas razões, o 14º salário é um elemento essencial para a organização.

Mas esse não é o único instrumento empregado para elevar a satisfação dos colaboradores. Além disso, a empresa distribui cestas mensais de alimentos aos funcionários do nível hierárquico mais baixo e tem uma política de concessão de bônus àqueles que atingem suas quotas de vendas. Todas as lojas da rede têm metas mensais a serem atingidas. Os estabelecimentos que cumprem o objetivo traçado e ultrapassam os valores estipulados recebem incentivos que são distribuídos entre os trabalhadores. Isso aumenta a produtividade e o comprometimento com o bom desempenho da organização.

Outra importante ferramenta adotada pela administração dos recursos humanos da Casas Bahia são os planos de carreira. Fato raro no varejo nacional, os planos de carreira aumentam a produtividade e reduzem a rotatividade dos empregados. Os planos também elevam a expectativa quanto ao trabalho, já que mostram as possibilidades de ascensão dentro da rede, permitindo que vendedores almejem posições de gerência, supervisão e até mesmo um cargo na diretoria regional. Além disso, esse instrumento ainda fortaleceu o conceito de remuneração crescente por produtividade e por tempo de serviço, elevando o empenho na organização.

O principal objetivo da administração dos recursos humanos na Casas Bahia é assegurar a baixa rotatividade. E essa meta vem sendo alcançada. Enquanto a rotatividade média do varejo nacional está em torno dos 48% por ano, na organização, ele está em torno de 26%. Esse fato é visto como resultado da política adequada de remuneração e de benefícios da empresa, que consegue promover a satisfação e o comprometimento dos funcionários e um bom ambiente de trabalho.

A baixa rotatividade na rede acaba configurando-se como um diferencial estratégico perante os concorrentes. Além de reduzir os custos com o treinamento da mão de obra, o baixo índice de rotatividade contribui para elevar as vendas. Isso ocorre porque os compradores acabam estabelecendo uma relação duradoura com os vendedores. Esse fato gera confiança e, no momento de uma nova aquisição, os funcionários conhecidos são os procurados pelos clientes. Caso houvesse uma mudança maior da rede de colaboradores, perder-se-ia a referência no momento de novas compras, o que impactaria no volume de vendas da organização.

De fato, a administração de recursos humanos na Casas Bahia tem sido e continuará a ser uma das fontes de vantagem competitiva deste gigante do varejo nacional, uma vez que conseguiu promover um bom ambiente de trabalho e manter baixa a rotatividade na organização.

Crise e nova vida na Casas Bahia

Apesar de toda a preocupação com seus funcionários, a Casas Bahia viu-se obrigada, no final de 2006, a comunicar a demissão de dois mil colaboradores. Isso ocorreu por causa de um crescimento das vendas menor que o esperado, principalmente no sul do país, em razão da crise do agronegócio. Esse fato acabou modificando todo o planejamento de recursos humanos da rede, que previa a contratação de mais 10 mil colaboradores para esse ano.

Os anos seguintes foram caracterizados por um crescimento lento, em parte por conta da crise financeira internacional. Para sustentar o crescimento, a Casas Bahia reestruturou a sua rede de lojas, encerrando as lojas deficitárias e freou os planos de compras de concorrentes e de abertura de novas lojas.

Em dezembro de 2009, a Casas Bahia surpreende o mercado anunciando um acordo de fusão com a Globex, controladora da rede Ponto Frio, a segunda maior loja de varejo de bens duráveis do Brasil, que havia sido adquirida em julho desse ano pelo Grupo Pão de Açúcar. A nova empresa seria controlada pelo Grupo liderado por Abílio Diniz, mas a presidência da nova empresa passaria para as mãos da família Klein. Depois de alguns desentendimentos, em julho de 2010 o acordo de fusão é ratificado pela família Klein e Abílio Diniz, comprometendo-se este último a injetar quase 700 milhões de reais na nova empresa.

Depois de consumada a união entre as duas redes varejistas, Raphael Klein, filho de Michael Klein, assumiu a presidência da nova Casas Bahia com a missão de conciliar e encontrar um modelo de negócios que una as duas culturas sem que a empresa perca força. A Casas Bahia continuará com o seu foco nas classes populares, apostando prioritariamente em lojas de rua, enquanto que o Ponto Frio privilegiará a localização em shopping centers e manterá o foco em uma clientela de maior poder aquisitivo.

Juntos, Casas Bahia e Ponto Frio, além de serem líderes destacados do setor de varejo eletroeletrônicos, são o maior anunciante do país, faturam mais de 20 bilhões de reais, possuem mais de mil lojas, empregam quase 70 mil pessoas e são os maiores clientes de uma miríade de fornecedores. No entanto, como em todos os processos de fusão, as atenções dos executivos estão agora voltadas para a integração das duas redes de varejo. Afinal, não se fazem esses negócios para perder a liderança, mas sim para reforçá-la.[61]

Questões

1. Qual é a importância dos trabalhadores para a Casas Bahia? Qual é a relação entre os recursos humanos e a estratégia da organização?

2. Como se processa o recrutamento e a seleção do pessoal que trabalhará nas lojas? Quais são os objetivos dos programas de treinamento da Casas Bahia?

3. Quais são as recompensas oferecidas pela Casas Bahia para motivar seu pessoal? Por que a baixa rotatividade é vista como uma das principais vantagens competitivas para a organização?

4. Quais serão os impactos da fusão da Casas Bahia com o Ponto Frio nas políticas de recursos humanos da empresa?

Dinâmica de grupo 1

Som da floresta

A Guitabrás é uma fabricante nacional de guitarras com uma planta em Rio Branco, no Acre. No ano passado, a empresa obteve um lucro de R$ 500 mil e resolveu distribuir 10% dele entre seus sete funcionários de chão de fábrica. Para determinar quanto cada um deveria receber, entretanto, o gerente de Recursos Humanos solicitou uma avaliação de desempenho em que diversas informações sobre os trabalhadores foram compiladas. Veja os dados a seguir:

Funcionário	Salário	Faltas	Produtividade diária	Relação com os colegas	Opinião do supervisor	Erros cometidos	Sugestões dadas	Sugestões aceitas
Helen Correa	R$ 800	0	65%	Muito boa	Regular	5	10	1
Carlos Gonzaga	R$ 1 mil	3	70%	Regular	Boa	2	5	2
Bianca Gomes	R$ 1,5 mil	2	95%	Ruim	Muito boa	1	4	3
Tiago Piso	R$ 800	4	80%	Boa	Regular	2	5	0
Feliciano Barros	R$ 1 mil	1	75%	Boa	Regular	1	6	2
Eduardo Bonecci	R$ 1,2 mil	2	75%	Regular	Boa	2	8	3
Fabrício Tupã	R$ 1,3 mil	5	95%	Regular	Ruim	0	2	0

Atividade de grupo

Em grupos de três, determine o valor dos bônus para cada um dos funcionários e justifique as decisões, tendo em mente os possíveis benefícios e problemas que a distribuição desses incentivos poderá trazer.

Dinâmica de grupo 2

Escolhendo um sucessor

Anderson Tardin é analista do setor de Controle de Custos de uma grande empresa varejista. Suas principais funções são elaborar os orçamentos mensais para cinco lojas e acompanhar o cumprimento das metas estabelecidas. Cabe a Anderson coletar informações sobre as despesas com salários, comissões, custos fixos com a estrutura da loja, estoques e demais gastos e elaborar um plano para o próximo mês. Para isso, ele deve monitorar as atividades desses cinco estabelecimentos, entrando em contato diretamente com os gerentes desses pontos de venda e controlando eventuais desvios que possam elevar os custos e causar o estouro do orçamento.

Para cumprir essas funções, Anderson precisa visitar as lojas esporadicamente, precisando se relacionar com vendedores, caixas e gerentes. Além disso, ele também trabalha no escritório da empresa, onde, por meio de um sistema integrado e de planilhas eletrônicas, realiza a comparação entre as medições e as previsões.

Após três anos de bons serviços, Anderson foi promovido a coordenador da equipe de Controle de Custos, sendo responsável pela administração de dez analistas. Para assumir seu novo cargo, no entanto, ele deve selecionar seu substituto dentre sete candidatos. Como seu antigo chefe já foi realocado em outra atividade, Anderson precisa tomar essa decisão rapidamente, devendo basear-se apenas nas informações fornecidas pelo departamento de recursos humanos, que já realizou entrevistas com os potenciais substitutos.

Atividade de grupo
Em grupos de três, analise as informações, escolha um sucessor e justifique sua decisão.

Candidato	Idade	Filhos	Experiência	QI (0 a 100)	Habilidade interpessoal	Motivação
Eduardo Lima	24	0	0	76	Baixa	Elevada
Renata Costa	28	0	3 anos	70	Regular	Regular
Roberto Barbosa	32	1	6 anos	85	Elevada	Regular
Luíza Sorento	22	1	0	82	Elevada	Elevada
Marina Silva	41	3	15 anos	75	Elevada	Regular
Ana Fagundes	31	2	6 anos	90	Regular	Baixa
Antônio Amaro	39	3	15 anos	70	Elevada	Elevada

Candidato	Conhecimento contábil	Matemática financeira	Conhecimento de varejo	Fluência verbal
Eduardo Lima	Excelente	Excelente	Nenhum	Baixa
Renata Costa	Muito bom	Bom	Regular	Elevada
Roberto Barbosa	Excelente	Bom	Muito elevado	Regular
Luíza Sorento	Bom	Excelente	Nenhum	Elevada
Marina Silva	Muito bom	Regular	Muito elevado	Elevada
Ana Fagundes	Excelente	Excelente	Elevado	Elevada
Antônio Amaro	Bom	Bom	Muito elevado	Elevado

Administrando a sua empresa

Reorganizando o talento humano – julho do ano 3

Comece por analisar os resultados de sua empresa obtidos nesse último trimestre.

Como foi observado no início do terceiro ano de funcionamento, seu departamento de marketing esteve sobrecarregado durante um bom tempo, exercendo atividades relacionadas à pesquisa de mercado, monitoramento da satisfação do cliente, assistência ao desenvolvimento de games e comercialização dos

Demonstrações – ano 3	Abril	Maio	Junho
Receitas	R$ 155 mil	R$ 165 mil	R$ 185 mil
Despesas operacionais	R$ 75 mil	R$ 75 mil	R$ 80 mil
Despesas financeiras e tributárias	R$ 30 mil	R$ 33 mil	R$ 36 mil
Resultado	R$ 50 mil	R$ 57 mil	R$ 69 mil

produtos junto às lojas. Em função disso, naquela época, vocês cogitaram algumas mudanças para aprimorar o processo de vendas e distribuição. Dentre essas decisões, destacou-se a de criar uma equipe especializada na negociação e fechamento dos contratos com os varejistas. Entretanto, isso ainda não havia sido implementado, devido à grande confusão em que se transformou o departamento de marketing enquanto o novo jogo customizado pelos usuários estava sendo criado. Agora, porém, houve uma ligeira folga de tempo e se resolveu tocar esse projeto.

Para tanto, será necessário elaborar o planejamento dos recursos humanos necessários. Em função disso, será preciso analisar as necessidades desse time de vendas e estabelecer os cargos que existirão em sua estrutura. Além disso, vocês precisaram listar as competências necessárias aos candidatos para preencherem as vagas que serão abertas, bem como fazer uma previsão de quais treinamentos precisarão ser ministrados a esses funcionários para que eles consigam desenvolver seus potenciais e desempenhar adequadamente as tarefas que lhes serão passadas. Outro ponto importante será a avaliação de possíveis mudanças e dificuldades que virão a ser encontradas por eles, para que o processo de recrutamento e seleção busque os profissionais mais aptos a superá-las caso apareçam.

Na formação dessa equipe, vocês planejam realocar alguns trabalhadores de outros setores. Evidentemente, as pessoas do setor de marketing que já eram responsáveis pela comercialização dos jogos têm grandes chances de integrar o novo time. Entretanto, obviamente, novos recursos deverão ser recrutados no mercado, o que criará outra demanda ao departamento de recursos humanos: o ajuste desses indivíduos à realidade e cultura de sua organização. Nesse processo, será preciso mostrar que a empresa os está acolhendo para que a tensão inicial seja dissipada e os funcionários possam realizar corretamente suas tarefas. Além disso, é fundamental transmitir os valores organizacionais, mostrando quais atitudes e comportamentos são esperados deles por vocês. Outros pontos importantes são a socialização e integração junto aos demais membros da equipe e a apresentação das características da estrutura empresarial e das expectativas que sua companhia tem em relação a eles.

Essa etapa do processo de administração dos recursos humanos, por sinal, é uma das mais importantes realizadas em sua fabricante de games. Isso ocorre porque há grande diversidade cultural em sua empresa, visto que suas atividades estão divididas por diversos locais. Há equipes de desenvolvimento e programação no interior de São Paulo e em Manaus. Além disso, há times de Marketing próximos aos grandes centros de consumo de jogos, como Rio de Janeiro e São Paulo. Em virtude disso, as diferenças individuais são grandes entre os membros organizacionais e é fundamental saber gerenciá-las para alcançar bons resultados. Nesse sentido, a orientação dos profissionais ganha importância e permite que o potencial criativo e inovador dessa força de trabalho diversificada seja bem explorado. Outra questão bastante relevante da socialização e integração dos trabalhadores é a força motivadora que ela proporciona. Quando funcionários com características distintas dos outros são ouvidos e sentem que participam efetivamente das decisões tomadas, eles ficam mais satisfeitos e comprometidos com o sucesso empresarial. Isso lhes proporciona um sentimento de pertencimento ao grupo, muito positivo para que as equipes integrem-se e persigam resultados comuns.

Além dessas diferenças culturais, sua fabricante de jogos apresenta outra característica típica que requer atenção de seu departamento de recursos humanos: a tecnologia de ponta envolvida nos processos de criação e produção dos produtos. Em função dela, os funcionários envolvidos diretamente nessas etapas ganharam poder e status e passaram a se sentir intocáveis na organização. Dessa forma, desenvolveram resistência à autoridade dos supervisores e exigiram horários mais flexíveis. Recentemente, em decorrência da tecnologia envolvida nos processos e das redes de telecomunicação de banda larga, os pesquisadores e programadores solicitaram o direito de trabalhar de casa, afirmando que isso elevaria seus rendimentos, visto que se sentiriam mais à vontade para produzir quando bem entendessem.

Atividades e decisões

Reúnam a diretoria e discutam quais decisões devem ser tomadas. Sigam o roteiro abaixo para resolver essas questões.

1. Elabore um plano completo de Recursos Humanos para a nova equipe de vendas que está sendo montada.

2. Crie um Programa de Orientação e Socialização para os funcionários que serão contratados.

3. Discutam as vantagens e desvantagens de se ter uma força de trabalho tão diversificada em sua empresa. Apresente maneiras de se potencializar os pontos positivos e controlar os negativos.

4. Como o setor de Recursos Humanos deve lidar com a exigência recente dos "poderosos" pesquisadores e programadores de sua empresa?

Notas

1. LORINI, A. Rotatividade quase zero na Higra. **Exame.com**, out. 2011. Disponível em: <http://exame.abril.com.br/revista-exame-pme/edicoes/0041/noticias/rotatividade-quase-zero>. Acesso em: 10 jun. 2012.

2. PFEFFER, J. **Competitive advantage through people**. Boston: Harvard Business School Press, 1994.

3. MATHIS, R. L.; JACKSON, J. H. **Human resource management:** essential perspectives. 2. ed. Cincinnati: South-Western Publishing, 2002.

4. DESSLER, G. **Administração de recursos humanos**. 2. ed. São Paulo: Pearson Prentice Hall, 2003.

5. HUSELID, M. A.; JACKSON, S. E.; SCHULER, R. S. Technical and strategic human resource management effectiveness as determinants of firm performance. **Academy of Management Journal**, v. 40, n. 1, p. 171-188, 1997.

6. ALMEIDA, F. Gestão de recursos humanos nas organizações. In: LISBOA, J. et al. **Introdução à gestão das organizações**. Porto: Vida Económica, 2005.

7. OLIVEIRA, M. Até a seleção de *trainees* é global nas empresas brasileiras. **Exame.com**, dez. 2011. Disponível em: <http://exame.abril.com.br/revista-exame/edicoes/1006/noticias/ate-a-selecao-e-global>. Acesso em: 10 jun. 2012.

8. **Abril.com**. Disponível em: <http://www.abril.com.br/trabalheconosco/pagina/conteudo_talentos.shtml>. Acesso em: 10 jun. 2012.

9. DALMAZO, L. LinkedIn, 100 milhões de usuários depois. **Exame.com**, maio 2011. Disponível em: <http://exame.abril.com.br/revista-exame/edicoes/0991/noticias/100-milhoes-de-usuarios-depois>. Acesso em: 10 jun. 2012.

10. **Catho on-line**. Disponível em: <http://blog.catho.com.br/2012/03/07/pesquisa-da-catho-online-destaca-o-aumento-da-participacao-das-mulheres-no-mercado-de-trabalho/>. Acesso em: 10 jun. 2012.

11. ALMEIDA, F. Gestão de recursos humanos nas organizações. In: LISBOA, J. et al. **Introdução à gestão das organizações**. Porto: Vida Económica, 2005.

12. DESSLER, G. **Administração de recursos humanos**. 2. ed. São Paulo: Pearson Prentice Hall, 2003.

13. DESSLER, G. **Administração de recursos humanos**. 2. ed. São Paulo: Pearson Prentice Hall, 2003.

14. TACHIZAWA, T. **Gestão com pessoas**. 2. ed. Rio de Janeiro: FGV, 2001.

15. DESSLER, G. **Administração de recursos humanos**. 2. ed. São Paulo: Pearson Prentice Hall, 2003.

16. ALMEIDA, F. Gestão de recursos humanos nas organizações. In: LISBOA, J. et al. **Introdução à gestão das organizações**. Porto: Vida Económica, 2005.

17. MARTINEZ, M. N. The headhunter within. **HR Magazine**, p. 48-51, ago. 2001.

18. DESSLER, G. **Administração de recursos humanos**. 2. ed. São Paulo: Pearson Prentice Hall, 2003; ALMEIDA, F. Gestão de recursos humanos nas organizações. In: LISBOA, J. et al. **Introdução à gestão das organizações**. Porto: Vida Económica, 2005.

19. ROBBINS, S. P.; DECENZO, D. A. **Fundamentos de administração**. 4. ed. São Paulo: Pearson Prentice Hall, 2004.

20. ALMEIDA, F. Gestão de recursos humanos nas organizações. In: LISBOA, J. et al. **Introdução à gestão das organizações**. Porto: Vida Económica, 2005.

21. ROBBINS, S. P.; DECENZO, D. A. **Fundamentos de administração**. 4. ed. São Paulo: Pearson Prentice Hall, 2004.

22. JOVANELLI, R. Saiba como é o processo de seleção do Google Brasil. **Exame.com**, maio 2011. Disponível em: <http://exame.abril.com.br/carreira/noticias/saiba-como-e-o-processo-de-selecao-do-google-brasil?page=1&slug_name=saiba-como-e-o-processo-de-selecao-do-google-brasil>. Acesso em: 10 jun. 2012.

23. DESSLER, G. **Administração de recursos humanos**. 2. ed. São Paulo: Pearson Prentice Hall, 2003.

24. ALMEIDA, F. Gestão de recursos humanos nas organizações. In: LISBOA, J. et al. **Introdução à gestão das organizações**. Porto: Vida Económica, 2005.

25. TACHIZAWA, T. **Gestão com pessoas**. 2. ed. Rio de Janeiro: FGV, 2001.

26. PADUAN, R. A máquina de treinar gente da Petrobras. **Exame.com**, publicado em maio 2011. Disponível em: <http://exame.abril.com.br/revista-exame/edicoes/0993/noticias/uma-maquina-de-treinar-gente>. Acesso em: 10 jun. 2012.

27. ALMEIDA, F. Gestão de recursos humanos nas organizações. In: LISBOA, J. et al. **Introdução à gestão das organizações**. Porto: Vida Económica, 2005.

28. DESSLER, G. **Administração de recursos humanos**. 2. ed. São Paulo: Pearson Prentice Hall, 2003.

29. ROBBINS, S. P.; DECENZO, D. A. **Fundamentos de administração**. 4. ed. São Paulo: Pearson Prentice Hall, 2004.

30. MEYER, H. H.; KAY, E.; FRENCH, J. Split roles in performance appraisal. **Harvard Business Review**, v. 43, p. 123-129, jan. 1965; BUZZOTA, V. R. Improve your performance appraisals. **Management Review**, p. 40-43, ago. 1988.

31. ALMEIDA, F. Gestão de recursos humanos nas organizações. In: LISBOA, J. et al. **Introdução à gestão das organizações**. Porto: Vida Económica, 2005.

32. OLIVEIRA, M. Palmas para quem merece na Price Water House Coopers. **Exame.com**, jan. 2010. Disponível em: <http://exame.abril.com.br/tecnologia/noticias/palmas-quem-merece-539458>. Acesso em: 10 jun. 2012.

33. BARKEMA, H. G.; GOMEZ-MEJIA, L. R. Managerial compensation and firm performance: a general research framework. **The Academy of Management Journal**, v. 41, n. 2, p. 135-145, 1998.

34. SALGADO, L; CHIARADIA, O. Top Executive Compensation 2010. **HayGroup**, ago. 2010. Disponível em: <http://www.haygroup.com/Downloads/br/misc/Apresentacao_Top_Exec_19_Agosto_V.Final.pdf>. Acesso em: 10 jun. 2012.

35. ABRANTES, T. Os salários dos executivos das principais empresas da bolsa. **Exame.com**, nov. 2011. Disponível em: <http://exame.abril.com.br/carreira/salarios/noticias/os-salarios-dos-executivos-das-principais-empresas-da-bolsa?p=3#link>. Acesso em: 10 jun. 2012.

36. BATEMAN, T. S.; SNELL, S. **Administração:** construindo vantagem competitiva. São Paulo: Atlas, 1998.
37. VAMPEL, D. Quando o RH é uma caixa-preta. **Exame**, edição 868, 24 maio 2006.
38. OSCAR, N. Eduardo Alcalay, o homem de 3.000 metas. **Exame.com**, dez. 2011. Disponível em: <http://exame.abril.com.br/revista-exame/edicoes/1006/noticias/eduardo-alcalay-o-homem-das-3-000-metas>. Acesso em: 10 jun. 2012.
39. DESSLER, G. **Administração de recursos humanos**. 2. ed. São Paulo: Pearson Prentice Hall, 2003.
40. **Whirlpool**. Disponível em: <http://www.r2comunicacao.com.br/site/p/institucional/pessoas/beneficios>. Acesso em: 10 jun. 2012.
41. KOHN, A. Why incentive plans cannot work. **Harvard Business Review**, v. 71, n. 5, p. 54-63, 1993; PFEFFER, J. Six dangerous miths about pay. **Harvard Business Review**, v. 76, n. 3, p. 108-119, 1998.
42. MANO, C. O benefício que mais cresce. **Exame**, edição 868, 24 maio 2006.
43. BOOTH, A. L.; FRANCESCONI, M. Job mobility in 1990s Britain: does gender matter? **Mimeo**, 1999.
44. MCCUE, K. Promotions and wage growth. **Journal of Labor Economics**, v. 14, n. 2, p. 175-209, 1996; PERGAMIT, M. R.; VEUM, J. R. What is a promotion? **Industrial and Labor Relations Review**, v. 52, n. 4, p. 581-601, 1999.
45. ABRAHAM, K. G.; MEDOFF, J. L. Length of service and promotions in union and nonunion work groups. **Industrial and Labor Relations Review**, v. 38, n. 3, p. 408-420, 1985.
46. FAIRBURN, J. A.; MALCOMSON J. M. Performance, promotion and the Peter Principle. **Review of Economic Studies**, v. 68, n. 234, p. 45-66, 2001.
47. TODESCHINI, M. Como reter talentos. **Exame**, ed. 868, 24 maio 2006.
48. MACHADO, D.; POSSEBON, S. Telefônica inicia acordo de demissão voluntária. **Exame.com**, mar. 2012. Disponível em: <http://exame.abril.com.br/negocios/gestao/noticias/telefonica-inicia-acordo-de-demissao-voluntaria>. Acesso em: 10 jun. 2012.
49. CAPPELLI, P.; HAMORI, M. The new road to the top. **Harvard Business Review**, jan. 2005.
50. FLEURY, M. T. L. Gerenciando a diversidade cultural: experiências de empresas brasileiras. **Revista de Administração de Empresas**, v. 4, n. 3, p. 18-25, 2000.
51. BATEMAN, T. S.; SNELL, S. **Administração:** construindo vantagem competitiva. São Paulo: Atlas, 1998.
52. FLEURY, M. T. L. Gerenciando a diversidade cultural: experiências de empresas brasileiras. **Revista de Administração de Empresas**, v. 4, n. 3, p. 18-25, 2000.
53. CASSITO, M. G. et al. **Sensibilizando sobre el acoso psicológico en el trabajo**. OMS, 2004.
54. BARRETO, M. **Uma jornada de humilhações** (2000) Dissertação de mestrado (Psicologia Social). PUC-SP, São Paulo.
55. AMBEV terá de indenizar ex-funcionários por dano moral. **Exame.com**, fev. 2011. Disponível em: <http://exame.abril.com.br/negocios/gestao/noticias/ambev-tera-de-indenizar-ex-funcionario-por-dano-moral>. Acesso em: 10 jun. 2012.
56. FREITAS, M. E. Assédio moral e assédio sexual: faces do poder perverso nas organizações. **Revista de Administração de Empresas**, v. 41, n. 2, p. 8-19, 2001.
57. PIMENTA, A. Nada como um bom começo. **Exame.com**, mar. 2010. Disponível em: <http://exame.abril.com.br/revista-exame/edicoes/0965/noticias/nada-como-bom-comeco-544487>. Acesso em: 10 jun. 2012.
58. MACHADO, E. M.; UMBELINO, L. M. A questão da estabilidade do servidor público no Brasil: perspectivas de flexibilização. **ENAP**, n. 2, jul. 1995.
59. UM EM CINCO empregados investiga vida de candidatos na web. **Globo.com**, set. 2008. Disponível em: <http://g1.globo.com/Noticias/Concursos_Empregos/0,,MUL756437-9654,00-UM+EM+CINCO+EMPREGADORES+INVESTIGA+VIDA+DE+CANDIDATOS+NA+WEB.html>. Acesso em: 10 jun. 2012.
60. EMPRESAS usam redes sociais para avaliar candidatos. **Apadi**, jun. 2011. Disponível em: <http://www.apadi.com.br/noticias/empresas-usam-redes-sociais-para-avaliar-candidatos/>. Acesso em: 10 jun. 2012.
61. BLECHER, N. Máquina de vender. **Exame**, n. 811, p. 44-54, 18 fev. 2004. Disponível em: <http://exame.abril.com.br/negocios/empresas/noticias/pao-acucar-casas-bahia-fecham-novo-acordo-575097>; <http://www.istoedinheiro.com.br/noticias/37238_O+JOVEM+LIDER+DO+VAREJO+BRASILEIRO>. Acesso em: 10 jul. 2010.

Capítulo 12 Administração financeira

Objetivos de aprendizagem

1. Compreender o objetivo da empresa na ótica da administração financeira.
2. Identificar as atividades fundamentais de um administrador financeiro.
3. Descrever os três ciclos que caracterizam a atividade da empresa e suas inter-relações.
4. Compreender a relação entre empresas, instituições e mercados financeiros.
5. Descrever as etapas do processo de investimento.
6. Explicar os principais métodos de avaliação de projetos de investimento.
7. Identificar as principais modalidades de financiamento disponíveis para as empresas.
8. Compreender os conceitos de estrutura e custo de capital e as relações entre eles.
9. Discutir os principais argumentos a favor e contra a distribuição de lucros.
10. Discutir as principais métricas de análise do desempenho financeiro.

Este capítulo introduz a administração financeira, área da organização responsável pela gestão do fluxo de recursos financeiros, sem os quais é impossível desenvolver uma atividade econômica. Na primeira seção do capítulo, descrevemos os fundamentos básicos de administração financeira e contextualizamos a evolução histórica da disciplina. Posteriormente, apresentamos uma visão geral sobre o funcionamento do sistema financeiro brasileiro, suas instituições e mercados.

Em seguida, são focadas as principais decisões financeiras de uma empresa – investimento, financiamento e distribuição de dividendos. A decisão de investir requer um dispêndio inicial na aquisição de ativos que têm o potencial para gerar recursos futuros para a empresa, ou seja, que agregam valor econômico à empresa. Nesse contexto, são abordados os aspectos essenciais da elaboração de projetos de investimento e os critérios utilizados em sua avaliação.

Contudo, a decisão de investir não pode ser dissociada da decisão de financiar. Para que a empresa consiga criar valor com seus investimentos, as fontes de financiamento devem proporcionar um equilíbrio entre o custo e o risco financeiro. Nesse sentido, são destacadas as diferentes modalidades de financiamento de curto e longo prazos, disponíveis no Brasil, e são introduzidos os conceitos de estrutura de capital e de custo de capital. É também discutido o papel da política de dividendos e são apresentados os principais argumentos a favor da retenção dos lucros na empresa ou de sua distribuição aos acionistas.

Por fim, a última seção do capítulo tem como objetivo proporcionar uma visão sintética sobre o processo de diagnóstico financeiro de uma empresa. Assim sendo, são explorados diferentes aspectos do desempenho das empresas, tais como a rentabilidade, o equilíbrio financeiro e a eficiência da atividade. Essas análises permitem que os administradores e outros interessados formulem uma opinião sobre a situação financeira e o desempenho de uma organização.

›› Caso introdutório

Odebrecht controla a sua dívida para ganhar grau de investimento

A Construtora Norberto Odebrecht (CNO), maior empresa de construção da América Latina, responsável por grandes obras, como o Estádio Maracanã, o Edifício da Petrobras e a Arena Esportiva de Miami (na imagem), tem motivos para comemorar. No final de 2010, a agência de rating Fitch, elevou a nota da empresa para BBB, primeiro nível de grau de investimento. Na época, a Fitch afirmou que o rating da CNO refletia o perfil financeiro conservador da empresa e sua liderança no setor de engenharia e construção da América Latina. A elevação do rating, que representa a diminuição do risco da empresa, está diretamente relacionada com o crescimento do fluxo de caixa da companhia e com sua carteira de obras, bem como com a expectativa de que a empresa preservará sua conservadora estrutura de capital à medida que desenvolve seus projetos.

Essa conquista só foi possível devido à reestruturação financeira adotada há alguns anos e que culminou em um baixo nível de dívida da empresa. Desde 2007, a CNO vinha adotando uma série de medidas para controlar suas dívidas. Tradicionalmente, a holding da Odebrecht costumava usar o caixa da CNO como garantia para empréstimos e investimentos de outras empresas do grupo. Agora, a prioridade é encontrar parceiros para os projetos da empresa que também aportem capital e liberem o caixa da CNO. Além disso, o grupo começou a utilizar novos modelos de gestão financeira, como o *project finance* – no qual o financiamento de um projeto é dimensionado e pago pelas receitas que gerará quando entrar em operação. Segundo o diretor financeiro da Odebrecht, a Fitch reconheceu a qualidade da dívida da empresa e a maneira rigorosa como esta gerencia o fluxo de recursos financeiros.

O grau de investimento é um passo importante para melhorar a qualidade da gestão financeira de uma organização e apoiar o seu crescimento. Por um lado, como o seu risco é menor, isso lhe permite ter acesso a fontes de financiamento mais baratas e com isso reduzir os seus custos financeiros. Por outro lado, aumenta a sua atratividade perante investidores nacionais e estrangeiros, abrindo a possibilidade de novas emissões de capital próprio (ações) ou de dívida (debêntures).

Com a realização da Copa de 2014 e das Olimpíadas de 2016 no Brasil, eventos nos quais a CNO pretende participar construindo estádios e outras obras de infraestrutura, o mercado brasileiro torna-se cada vez mais atraente para os investidores estrangeiros. Com as contas em dia e o risco reduzido, a CNO posiciona-se para ser uma das empresas que mais poderá aproveitar essa onda de investimentos na economia brasileira.[1]

12.1 ›› A administração financeira nas organizações

O desempenho de uma organização não depende apenas de um bom produto, de uma estratégia de marketing eficaz e de recursos humanos competentes e motivados. A realização dos objetivos empresariais exige a administração segura e eficiente dos recursos financeiros, o 'sangue' de uma organização. Quando estes deixam de circular com a liquidez necessária, a organização enfrenta muitas dificuldades, por melhores que sejam seus produtos, seus funcionários e sua ligação com os clientes.

O caso introdutório exemplifica bem a importância da administração financeira para uma organização. Para apoiar o seu crescimento sustentado, a Odebrecht reestruturou o seu passivo para conseguir o grau de investimento, rating internacional que garante que uma empresa apresenta um baixo nível de risco financeiro. Com essa classificação, a construtora consegue acesso a fontes de financiamento mais baratas e entra no radar de investidores do mundo todo, o que lhe permitirá aproveitar as oportunidades de investimento que o mercado brasileiro atualmente oferece, principalmente devido à realização de grandes eventos internacionais, como a Copa do Mundo de 2014 e os Jogos Olímpicos de 2016.

Como a Odebrecht, toda empresa deve gerir de maneira eficaz e eficiente os recursos para que sua situação financeira permaneça sólida de forma a alcançar objetivos estratégicos. Ao longo deste capítulo, serão abordadas e discutidas as principais atividades e funções da administração financeira nas empresas.

12.1.1 ›› Fundamentos de administração financeira

> **Administração financeira**
> Área responsável pelas atividades relacionadas com a gestão do fluxo de recursos financeiros na organização.

A área financeira de uma organização lida com um dos recursos mais indispensáveis para seu funcionamento: o capital. A **administração financeira** compreende o conjunto de atividades relacionadas com a gestão do fluxo de recursos financeiros na organização e tem a dupla responsabilidade de captar os recursos necessários às atividades da empresa e alocá-los de forma a alcançar os objetivos organizacionais. Uma vez que tais recursos são indispensáveis, a administração financeira assume papel fundamental no desenvolvimento de todas as atividades empresariais, contribuindo, de forma decisiva, para o sucesso do negócio.

No contexto empresarial, as funções típicas do administrador financeiro são:[2]

- *Análise, planejamento e controle financeiro*: consiste em coordenar, monitorar e avaliar todas as atividades e fluxos financeiros da empresa por meio de orçamentos e relatórios financeiros, bem como em participar ativamente nas decisões estratégicas para estabelecer uma rentabilidade satisfatória sobre os investimentos.

- *Tomada de decisões de investimento*: trata-se da tomada de decisões que definam a melhor estrutura de ativos da organização, considerando uma relação adequada entre o risco e o retorno dos capitais investidos.

- *Tomada de decisões de financiamento*: refere-se à tomada de decisões que definam a composição das fontes de recursos financeiros da organização, procurando estabelecer uma estrutura adequada em termos de liquidez, custo e risco financeiro.

Seja qual for a natureza da atividade operacional da empresa, os administradores financeiros são, em essência, tomadores de decisões referentes à alocação de recursos (investimento) e à captação deles (financiamento). Mas qual critério deve ser utilizado para tomar essas decisões financeiras de forma racional? Para a administração financeira contemporânea, o objetivo da empresa é a *maximização da riqueza dos proprietários de capital*, ou, em outras palavras, a maximização do valor de mercado da empresa.[3] Esse objetivo reflete a capacidade da empresa de gerar recursos financeiros no longo prazo. Observe que o objetivo econômico para a administração financeira é a maximização do valor da empresa e não a maximização do lucro, que é um critério contábil e de curto prazo.

O objetivo econômico da administração financeira é válido tanto para empresas privadas como para públicas. No caso de empresas privadas, os acionistas ou proprietários têm a expectativa de alcançar um retorno compatível com o risco assumido por meio da geração de recursos de longo prazo, o que, naturalmente, se refletirá no valor da companhia. Por sua vez, nas empresas públicas, a geração de recursos financeiros é um parâmetro de desempenho importante, pois permitirá reinvestir esses recursos na melhoria do bem-estar da sociedade. No entanto, o desempenho financeiro não é necessariamente o principal objetivo desse tipo de organização.

A geração de fluxos financeiros no longo prazo, consequência da busca pela maximização da riqueza dos proprietários, contribui para que a organização cumpra algumas de suas *funções sociais* por meio do pagamento de impostos, da remuneração de seus trabalhadores, da satisfação de seus clientes, entre outras. Diversos autores argumentam que o bem-estar econômico dos acionistas promove igualmente o bem-estar econômico da sociedade.[4] Esses autores defendem que o princípio fundamental da maximização da riqueza promove uma utilização mais eficiente dos recursos, com benefícios para acionistas, consumidores, trabalhadores e sociedade.

Como área técnica, a linguagem utilizada pela administração financeira torna esta disciplina mais hermética, o que dificulta o seu estudo e compreensão. Dessa forma, com o objetivo de ajudar o leitor, o Quadro 12.1 resume alguns dos principais conceitos da administração financeira que serão utilizados ao longo deste capítulo.

Quadro 12.1 ›› Conceitos específicos de finanças

Ativo	Conjunto de bens e direitos detidos pela empresa.
Ativo circulante	Conjunto de bens ou direitos de curto prazo e com elevada liquidez (ex.: depósitos bancários e estoques).
Ativo permanente	Conjunto de bens ou direitos de longo prazo que são utilizados na geração de receitas e lucros (ex.: imóveis e equipamentos).
Passivo	Conjunto de obrigações e dívidas da empresa perante terceiros.
Passivo circulante	Conjunto de obrigações que devem ser liquidadas em um prazo inferior a um ano (ex.: dívidas a fornecedores).
Passivo permanente	Conjunto de obrigações e dívidas exigíveis à empresa no longo prazo (ex.: empréstimo bancário a cinco anos).
Patrimônio líquido	Valor contábil dos recursos próprios aplicados no negócio pelos sócios ou acionistas.
Balanço patrimonial	Demonstrativo da situação patrimonial da empresa, indicando a composição do seu ativo, patrimônio líquido e passivo.
Estrutura de capital	Composição das fontes de financiamento de longo prazo de uma empresa, identificando a relação entre recursos de terceiros (passivo permanente) e próprios (patrimônio líquido).
Orçamento de capital	Processo de seleção e avaliação dos investimentos de longo prazo que são compatíveis com o objetivo de maximização do valor da empresa.
Dividendos	Parcela do lucro líquido que é distribuído aos acionistas.
Capital de giro líquido	Folga financeira da empresa calculada pela diferença entre ativo circulante e passivo circulante.
Fluxos de caixa	Recursos financeiros (caixa) gerados pela atividade da empresa, ou seja, a diferença entre receitas recebidas e despesas pagas.

12.1.2 ›› Visão histórica da administração financeira

Assim como outras áreas funcionais, a administração financeira vem passando por um processo de evolução conceitual e técnica como consequência das transformações que afetam o mundo dos negócios. Nos seus primórdios, a área das finanças empresariais era considerada uma parte do campo das ciências econômicas, e começou a se assumir como área de estudo independente na década de

1920. O foco inicial da administração financeira centrava-se nos instrumentos e procedimentos do mercado financeiro voltados à captação de recursos, tais como os aspectos legais da emissão de títulos de dívida e de ações.

Com a recessão econômica mundial de 1929, o enfoque da administração financeira desviou-se, necessariamente, para aspectos internos, isto é, para o estudo das questões relacionadas com a liquidez e a solvência das empresas. Por outro lado, o grande número de abusos com credores e fraudes em relação aos investidores deu origem ao movimento de regulamentação e controle governamental sobre as empresas.

A década de 1940 caracterizou-se pelo redirecionamento do foco da administração financeira para a análise das decisões externas, privilegiando-se, assim, o ponto de vista do financiador ou do investidor, com mínima ênfase no processo de decisão interna e nas questões relacionadas com o equilíbrio financeiro da empresa. Essa perspectiva ficou conhecida como a *abordagem tradicional de finanças*.[5]

Durante as décadas de 1950 e 1960, a administração financeira passou a se preocupar com a eficiência da alocação de recursos, destacando-se o estudo das questões relacionadas com os investimentos empresariais e a geração de riqueza. Essa nova visão foi influenciada pela teoria geral de Keynes, que defendia o investimento como a preocupação central das nações e corporações. Nesse contexto, foram desenvolvidos dois importantes conceitos: o retorno do investimento e o custo de capital. Pela primeira vez, as decisões de financiamento e de investimento eram vistas como interdependentes. Nascia a **moderna teoria de finanças**, consolidada com os trabalhos de Franco Modigliani e Merton Miller, que receberiam o Prêmio Nobel de Economia em 1985 e 1990, respectivamente.

> **Moderna teoria de finanças**
> Perspectiva da administração financeira que analisa as decisões de investimento e financiamento como interdependentes, de forma a garantir o equilíbrio financeiro da empresa.

Nos anos 1990, diante da grande volatilidade apresentada pelos principais indicadores econômicos e financeiros de mercado (juros, câmbios, cotações de títulos e preços de mercadorias), a teoria de finanças centrou-se na gestão de riscos. As finanças corporativas passaram a adotar instrumentos e metodologias sofisticadas de avaliação de riscos e as empresas começam a desenvolver estratégias que envolviam a utilização de futuros, opções, *swaps* e *hedges*. O binômio retorno-risco passou a dominar o processo de tomada de decisão financeira nas organizações.[6]

O início do século XXI foi marcado pela tendência da globalização das empresas e dos mercados. Essas mudanças geraram a necessidade de se negociar com múltiplas moedas em mercados financeiros internacionais, onde os fluxos de investimentos se movem rapidamente pelas fronteiras, sob vários sistemas legais e de contabilidade e em ambientes de riscos políticos. Nesse contexto, as finanças corporativas centram-se na proteção contra os riscos das transações internacionais.

Em resumo, como é ilustrado na Figura 12.1, o foco da administração financeira evolui de uma abordagem descritiva, preocupada essencialmente com questões externas relacionadas com a captação de recursos, para o desenvolvimento de uma teoria normativa, que privilegia uma abordagem integrada das decisões financeiras internas da empresa, tais como a alocação de recursos, a avaliação de investimentos e a definição da melhor estrutura de capital.

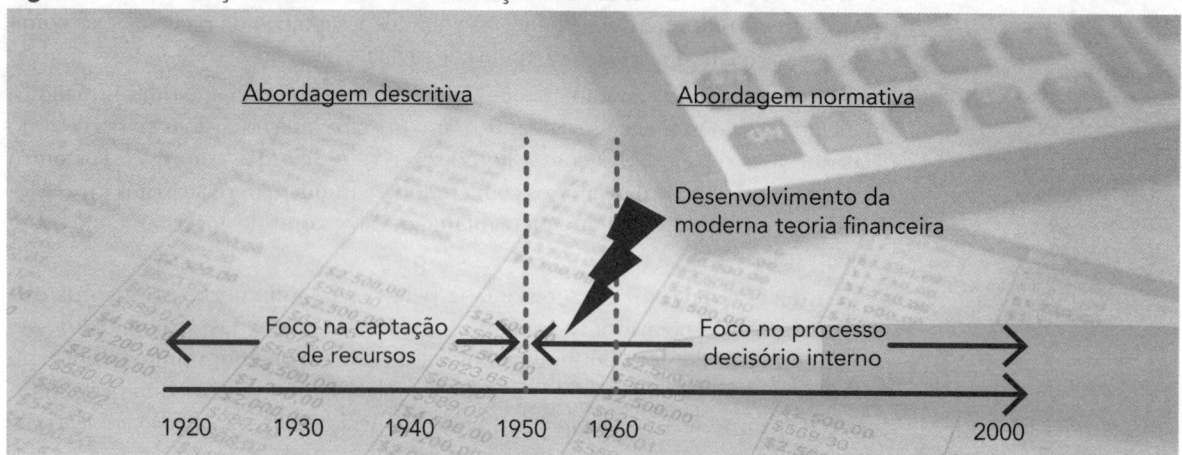

Figura 12.1 ›› Evolução histórica da administração financeira

Abordagem descritiva | Abordagem normativa

Desenvolvimento da moderna teoria financeira

← Foco na captação de recursos → ← Foco no processo decisório interno →

1920   1930   1940   1950   1960   2000

No Brasil, a evolução e o foco da administração financeira apresentou uma trajetória um pouco diferente dos países desenvolvidos. O longo período inflacionário, do final dos anos 1970 até 1994 levou à criação de mecanismos de proteção, como a correção monetária nos contratos e nos balanços patrimoniais. A administração financeira centrava-se na gestão dos fluxos financeiros de curto prazo, já que a sua preocupação estava centrada na administração do capital de giro e na variação do poder aquisitivo da moeda.

Com o Plano Real, em 1994, a inflação passou para níveis controlados o que permitiu a adoção de metodologias mais modernas e sofisticadas nas práticas financeiras das empresas. Por outro lado, o processo de privatização de grandes grupos empresariais na década de 1990 (Companhia Siderúrgica Nacional, Vale do Rio Doce, Light, Embratel etc.) teve uma enorme influência no desenvolvimento dos mercados financeiros. Atualmente, a consolidação do processo democrático, a crescente abertura comercial e a redução do risco-país tem permitido que a administração financeira no Brasil enfoque, cada vez mais, nos modelos e técnicas utilizados em economias desenvolvidas.

12.1.3 ›› A função financeira na organização

Todos os departamentos e membros organizacionais têm a necessidade de interagir com a área financeira para executar suas tarefas. Conforme referido, cabe à administração financeira gerenciar o fluxo de recursos financeiros, os quais são necessários para o desenvolvimento de qualquer atividade empresarial. No entanto, o porte e a relevância da função financeira na organização dependem de seu tamanho.

Em empresas de pequeno porte, as atividades relacionadas com a função financeira são desempenhadas pelo departamento de contabilidade e ficam sob a responsabilidade de um dos sócios. Geralmente, sua orientação temporal é de curto prazo e envolve atividades operacionais como a gestão dos pagamentos e a cobrança de dívidas. Por outro lado, à medida que a organização cresce, a função financeira torna-se um departamento independente sob a responsabilidade de um executivo de topo, o vice-presidente financeiro (CFO – *chief financial officer*) ou o diretor financeiro. Esse administrador financeiro tem como funções a formulação de uma estratégia financeira para a empresa e suas subsidiárias, a representação da organização perante órgãos públicos e instituições financeiras e a direção dos departamentos, unidades ou pessoas que desempenhem tarefas relacionadas com a gestão de recursos financeiros na organização.

A estrutura da função financeira em uma organização de grande porte pode incluir três departamentos subordinados ao administrador financeiro, como mostra a Figura 12.2. Esses departamentos são a controladoria, a tesouraria e o planejamento financeiro. A *controladoria* supervisiona as atividades de contabilidade e auditoria da empresa. Isso inclui a preparação de relatórios gerenciais internos, de demonstrações financeiras e a gestão de assuntos fiscais. Por sua vez, a *tesouraria* é o departamento responsável por administrar as atividades financeiras relacionadas ao capital de giro, como a gestão de caixa e bancos, crédito e cobrança de dívidas de fornecedores, pagamento dos compromissos da empresa, entre outras. Por último, o departamento de *planejamento financeiro* tem como responsabilidade a análise e a avaliação de fontes de financiamento e de projetos de investimentos de forma a garantir o equilíbrio financeiro da empresa e o alcance de seus objetivos.

Figura 12.2 ›› Estrutura da função financeira

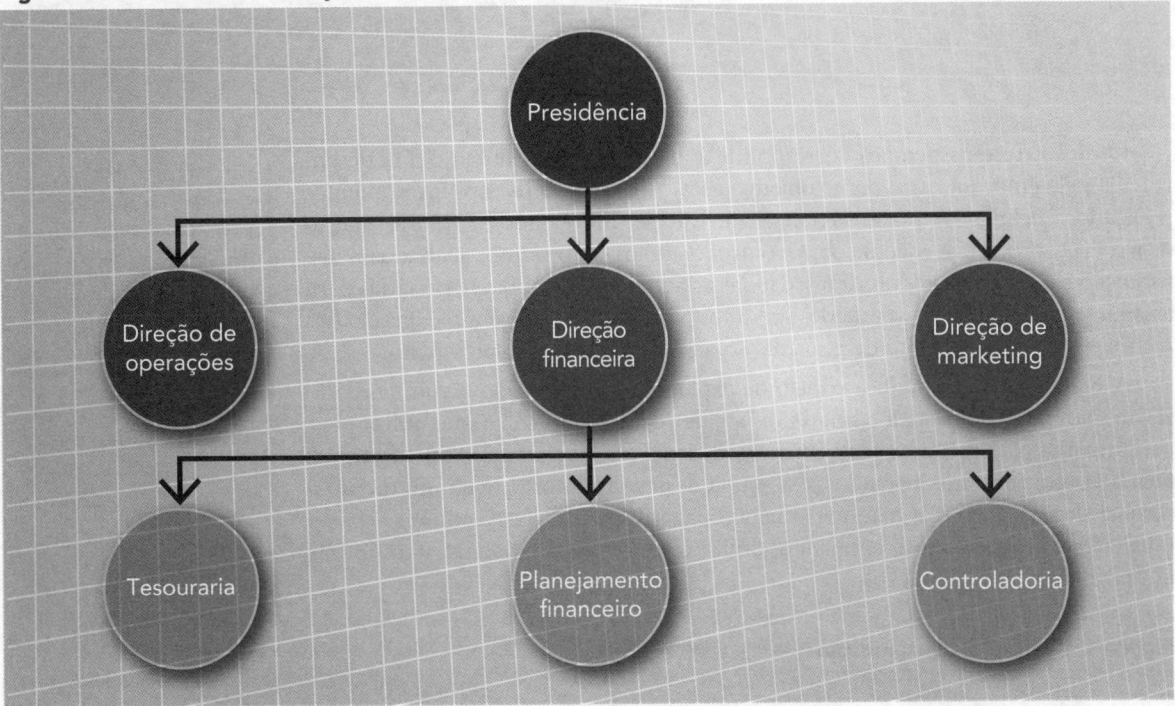

Os vários departamentos da estrutura financeira de uma empresa possuem focos diferentes, mas interdependentes. A controladoria tem como principal função a coleta, o tratamento e o controle de informação gerencial; o planejamento financeiro utiliza essas informações para apoiar a tomada de decisões de financiamento ou investimento de longo prazo; e a tesouraria executa um conjunto de tarefas operacionais relacionadas com a administração financeira de curto prazo que garantem o funcionamento normal da organização.

12.1.4 ›› Os ciclos da empresa para a administração financeira

Do ponto de vista da administração financeira, a atividade da empresa pode ser dividida em três ciclos distintos, mas inter-relacionados: o ciclo de exploração, o ciclo de investimento e o ciclo de financiamento (veja a Figura 12.3).

Figura 12.3 ›› Os ciclos da empresa

O **ciclo de exploração** corresponde à atividade propriamente dita desenvolvida pela empresa e tem como objetivo gerar um retorno para os investimentos realizados. Inclui a compra dos recursos que vão ser processados, a transformação de matérias-primas, de mão de obra e outros recursos em produtos acabados, a distribuição e a venda desses produtos, e todas as atividades de apoio necessárias para assegurar a produção e a venda dos produtos produzidos, por exemplo, gestão dos recursos humanos, sistemas de informação ou pesquisa e desenvolvimento.

A Figura 12.4 exemplifica o ciclo de exploração simplificado de uma organização. No início do ciclo, a empresa dispõe de recursos em caixa que utiliza para comprar matérias-primas de seus fornecedores. Posteriormente, estas são transformadas em produtos acabados, e a venda desses produtos origina um direito a receber de seus clientes. Quando os clientes pagam suas dívidas, a empresa recebe o valor da venda em caixa e, por fim, utiliza esses recursos em caixa para iniciar um novo ciclo de exploração.

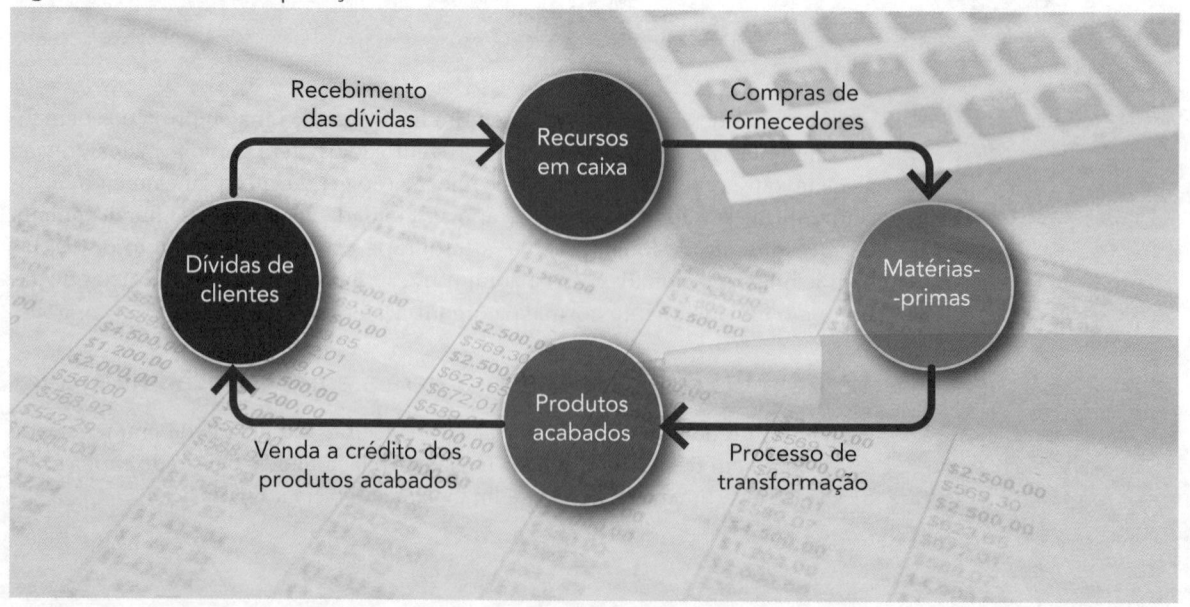

> **Ciclo de exploração**
> Conjunto de atividades relacionadas com a produção e comercialização de bens ou serviços com o objetivo de gerar um retorno para a organização.

Figura 12.4 ›› Ciclo de exploração

> **Ciclo de investimento**
> Conjunto de atividades relacionadas com o processo de identificação, avaliação e seleção das alternativas de aplicações de recursos.

Por sua vez, o **ciclo de investimento** envolve todo o processo de identificação, avaliação e seleção das alternativas de aplicações de recursos, com o objetivo de dar suporte às atividades de exploração na expectativa de gerarem benefícios econômicos futuros para a empresa. As decisões de investimento determinam a composição e o tipo de ativos da empresa e incluem o investimento em equipamentos, instalações, máquinas, tecnologias, participações em outras empresas, estoques, entre outras aplicações financeiras. As decisões de investimento devem refletir os objetivos estratégicos da organização.

> **Ciclo de financiamento**
> Conjunto de atividades relacionadas com o processo de avaliação e seleção das melhores fontes de recursos financeiros e na determinação da melhor composição da estrutura financeira.

Por último, o **ciclo de financiamento** consiste no processo de avaliação e seleção das melhores ofertas de recursos e na determinação da melhor composição entre capitais de terceiros (instituições financeiras, fornecedores etc.) e próprios (acionistas ou proprietários). As diferentes combinações de recursos, sejam próprios ou de terceiros, onerosos ou não, de curto ou de longo prazo, definem a estrutura financeira da empresa. Tal estrutura deve preservar a capacidade de pagamento de dívidas da empresa – a liquidez e o equilíbrio financeiro. As atividades de financiamento incluem captação de empréstimos, emissão de debêntures, abertura do capital, entre outras.

Como facilmente se depreende, os ciclos são totalmente inter-relacionados. Para ser realizado, o ciclo de exploração necessita de recursos materiais e humanos, além de ativos de longo prazo, tais como instalações, equipamentos, tecnologia etc. No entanto, para efetuar esses investimentos, a empresa precisa obter recursos financeiros, recorrendo, para isso, a capital próprio ou de terceiros. Depois de concluído, o ciclo de exploração deve gerar fluxos de caixa suficientes para pagar o serviço de dívida, os impostos e remunerar o capital investido pelos acionistas, além de gerar excedente que deve ser reinvestido em novos ciclos de exploração ou de investimento (veja a Figura 12.5).

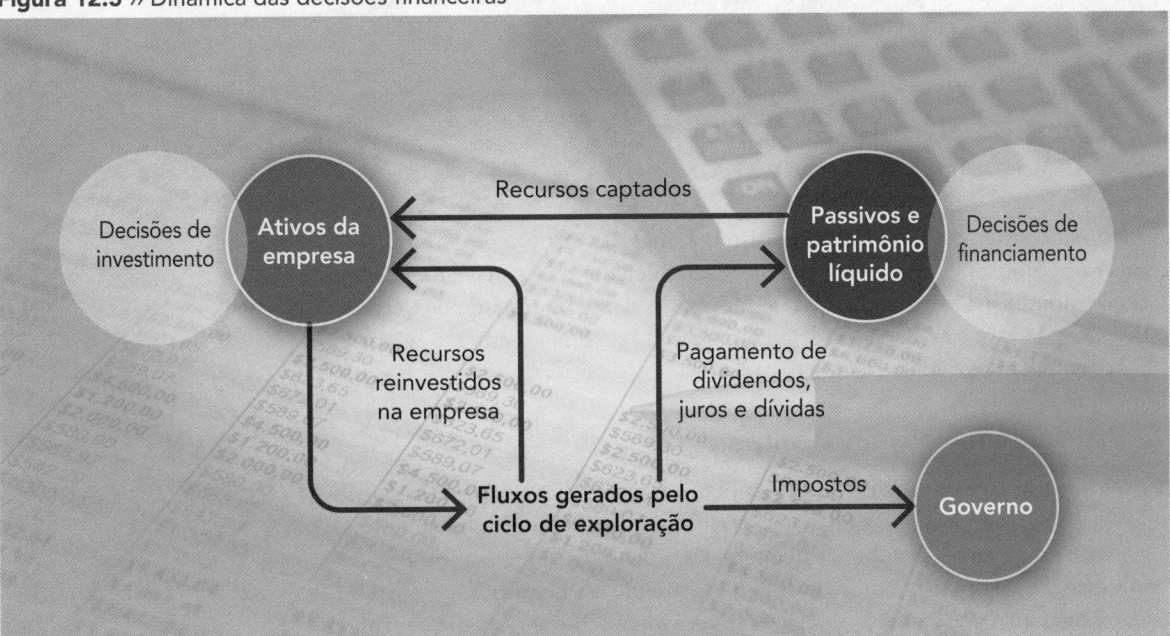

Figura 12.5 ›› Dinâmica das decisões financeiras

Na economia brasileira, as decisões financeiras são muito prejudicadas pela insuficiência de recursos de longo prazo para as empresas. As empresas têm dificuldades de captar recursos permanentes, sejam eles oriundos da abertura de capital

A gestão financeira da Companhia Siderúrgica Nacional (CSN) ilustra bem essa dinâmica e interdependência entre os três ciclos de uma empresa. Para financiar o seu crescimento, a CSN abriu o seu capital em bolsa, emitiu debêntures e contraiu empréstimos bancários. Com esses recursos financeiros expandiu a sua capacidade de produção, entrou em novos setores, como a mineração, e realizou investimentos na modernização das suas unidades e processos industriais. Esses investimentos garantiram-lhe um excelente desempenho operacional, com uma receita líquida de quase 15 bilhões de reais em 2010, e a consequente geração de caixa que lhe permite liquidar dívidas, remunerar acionistas e investir em novos projetos.[7]

em bolsa ou de instituições financeiras, que não conseguem captar poupança de longo prazo e com isso suprir as necessidades de capital das empresas.

As principais fontes de capital permanente são organismos públicos como o BNDES, mas estes disponibilizam recursos limitados, normalmente destinados a programas específicos que atendem as necessidades de um número reduzido de empresas.

Nessas condições de desequilíbrio estrutural, o endividamento das empresas brasileiras concentra-se no curto prazo, o que limita a sua margem financeira (capital de giro líquido) e consequentemente a sua capacidade de investimento. Apesar de alguns sinais que indicam uma mudança nesse contexto, como, por exemplo, a redução da taxa de juros dos financiamentos bancários, a maioria das empresas ainda privilegia a sobrevivência financeira em detrimento da melhoria da competitividade e do crescimento[8].

12.2 ›› Sistema financeiro

As finanças empresariais desenvolvem-se em um ambiente complexo, no qual se destaca o sistema financeiro. Esse sistema engloba instituições e mercados financeiros cujo principal objetivo é a alocação eficiente de recursos na economia. Como a administração financeira das empresas consiste na tomada de decisões de alocação e de captação de recursos, a compreensão do funcionamento dessas instituições e mercados é fundamental para a atividade de um administrador.

12.2.1 ›› Instituições financeiras

No Brasil, o **Sistema Financeiro Nacional** (SFN) é constituído por instituições públicas e privadas, que atuam com o objetivo de intermediar o fluxo de recursos entre agentes econômicos, sejam eles indivíduos, empresas ou órgãos governamentais. O órgão máximo do SFN é o Conselho Monetário Nacional (CMN), órgão normativo que define as diretrizes de funcionamento do sistema e formula as políticas monetárias e de crédito da economia. Vinculados ao CMN encontram-se duas entidades supervisoras do funcionamento dos mercados e suas instituições: o Banco Central do Brasil (Bacen) e a Comissão de Valores Mobiliários (CVM). O Banco Central atua como órgão executivo, fiscalizando e executando a política

Sistema Financeiro Nacional
Conjunto de instituições públicas e privadas, que atuam com o objetivo de intermediar o fluxo de recursos entre agentes econômicos.

O BTG Pactual, liderado por André Esteves, é um banco de investimento diferente da maioria. Além das funções típicas de um banco de investimentos, assessorando empresas em processos de aquisições e emissões de títulos negociáveis, como foi o caso da estruturação da venda da cervejaria Schincariol para a japonesa Kirin, em 2011, o BTG diferencia-se dos concorrentes por ser um "banco de investimento que investe". Isso significa que, além de assessorar empresas, ele as compra. Nos últimos três anos, a instituição comprou o controle ou fatias do capital de quase 30 empresas dos mais diversos setores, como foi o caso da compra de 30% da rede de academias Bodytech por 200 milhões de reais em 2010.[9]

monetária do governo, ao passo que a CVM regula e controla o funcionamento do mercado de valores mobiliários, a bolsa de valores. Essas três instituições compõem o subsistema normativo do SFN.[10]

Por outro lado, o subsistema de intermediação é composto por **instituições financeiras** cuja função é intermediar as transferências de recursos entre agentes geradores de poupança e agentes carentes de capital. Entre as principais instituições financeiras que atuam no mercado brasileiro destacam-se:

- *Bancos comerciais*: canalizam poupança e aplicações de agentes superavitários para operações de crédito ou financiamento a agentes deficitários.
- *Bancos de investimento e desenvolvimento*: atuam em operações de maior escala, como a montagem de operações de financiamento complexas ou a colocação de títulos de dívida emitidos por empresas.
- *Sociedades de arrendamento mercantil*: realizam operações de leasing de bens de produção.
- *Sociedades corretoras de títulos e valores mobiliários*: fazem a intermediação entre investidores e empresas, por meio da colocação de títulos de empresas e órgãos governamentais.

12.2.2 ›› Mercados financeiros

Os **mercados financeiros** são espaços de transação entre agentes fornecedores e demandantes de recursos. Ao contrário das instituições financeiras, os mercados financeiros permitem o fluxo de capital diretamente entre indivíduos, empresas e órgãos governamentais. Os principais mercados do sistema financeiro nacional são: o mercado monetário e o mercado de capitais.

O **mercado monetário** tem como objetivo realizar operações de curto e curtíssimo prazo, de forma a controlar a liquidez monetária da economia. É um espaço utilizado essencialmente por órgãos governamentais e instituições financeiras para aplicar excedentes ou financiar necessidades financeiras de curto prazo. Nele, são negociados títulos emitidos pelo Banco Central destinados à execução da política monetária e os emitidos pelo Tesouro Nacional, com a finalidade de financiar as necessidades orçamentárias da União. São ainda negociados os certificados de depósitos interfinanceiros (CDI) entre instituições financeiras.

O **mercado de capitais** permite a realização de transações de recursos de longo prazo entre agentes superavitários e agentes carentes de recursos. Nele, são negociados títulos de empresas e órgãos governamentais de longo prazo, que permitem o fluxo direto de fundos entre os agentes econômicos. A espinha dorsal desse

---

Instituições financeiras
Organizações cuja função é intermediar as transferências de recursos entre agentes geradores de poupança e agentes carentes de capital.

Mercados financeiros
Espaços de transação entre agentes fornecedores e demandantes de recursos permitem o fluxo de capital diretamente entre indivíduos, empresas e órgãos governamentais.

Mercado monetário
Espaço utilizado para a realização de operações de curto e curtíssimo prazo, de forma a controlar a liquidez monetária da economia.

Mercado de capitais
Espaço utilizado para a realização de transações de recursos de longo prazo, na forma de títulos negociáveis, entre agentes superavitários e agentes carentes de recursos.

Fundada em 1890, a Bolsa de Valores, Mercadorias e Futuros de São Paulo (BM&FBovespa) é o maior centro de negociação de valores mobiliários da América Latina. Atualmente, as negociações são realizadas exclusivamente por meio de seu sistema eletrônico. Em 2011, a bolsa registrou uma média diária de 7,5 bilhões de reais em transações. Em junho de 2012, o valor de mercado das 373 empresas com títulos negociáveis era de aproximadamente 2,3 trilhões de reais. Uma tendência positiva é o aumento consistente da participação do segmento de *home broker* no volume de transações, que, em junho de 2012, era de 26%. Isso significa que cada vez mais, pequenos investidores particulares participam ativamente nesse mercado, conferindo-lhe maior liquidez e democratizando-o.[11]

mercado são as bolsas de valores, que atuam como um espaço para a realização de negócios entre investidores e captadores de fundos. Os principais valores mobiliários negociados no mercado de capitais são as ações e as obrigações ou debêntures.

12.2.3 ›› Títulos negociáveis

As **ações** são títulos nominativos negociáveis que representam frações do capital social de uma empresa. O acionista é um coproprietário, não um credor da empresa, com direito à participação em seus lucros mediante o recebimento de dividendos. A emissão de ações permite à empresa financiar sua atividade com capital não oneroso. As ações podem ser ordinárias ou preferenciais. As *ações ordinárias* concedem a seus titulares o poder de voto nas assembleias deliberativas da companhia, enquanto as *ações preferenciais* garantem a prioridade na distribuição de resultados ou no reembolso do capital em caso de liquidação da empresa, mas não concedem direito de voto.

Por outro lado, as **debêntures** ou *obrigações* são valores mobiliários representativos de dívida de médio e longo prazos utilizados por empresas e órgãos governamentais para captar volumes substanciais de recursos financeiros. Suas características podem se ajustar às necessidades de captação e ao fluxo de caixa das empresas, visto que são um importante instrumento para obtenção de recursos das empresas. As obrigações pagam, normalmente, um juro periódico (que depende

> **Ações**
> Títulos nominativos negociáveis que representam frações do capital social de uma empresa que dão direito à participação em seus lucros ao seu detentor.

> **Debêntures**
> Valores mobiliários representativos de dívida de médio e longo prazos utilizados por empresas e órgãos governamentais para captar volumes substanciais de recursos financeiros.

O conselho de administração da Anhanguera Educacional, uma das maiores redes de ensino superior no Brasil, aprovou, no final de 2011, a emissão de debêntures da empresa no valor total de 400 milhões de reais e com vencimento em sete anos. O objetivo da empresa com a oferta de debêntures foi o reforço de caixa da empresa, a reestruturação do perfil de dívida total e o investimento na expansão das atividades. A remuneração será feita com base em 100% da taxa DI, acrescida de um spread de 1,95% ao ano. A amortização da dívida será realizada em oito parcelas semestrais, iguais e consecutivas, a partir do 42º mês contado a partir da data de emissão.[12]

do risco da empresa emissora), além de reembolsarem o capital investido no prazo de vencimento do título.

12.2.4 ›› Relação entre empresas, instituições e mercados financeiros

Conforme dito anteriormente, as empresas precisam de fundos para financiar sua atividade. Elas podem obter esses fundos diretamente com agentes econômicos nos mercados financeiros, emitindo debêntures ou ações, ou por meio de instituições financeiras que captam poupanças de agentes excedentários para emprestar às empresas.

A Figura 12.6 ilustra como se processa o fluxo de fundos entre empresas, instituições e mercados.

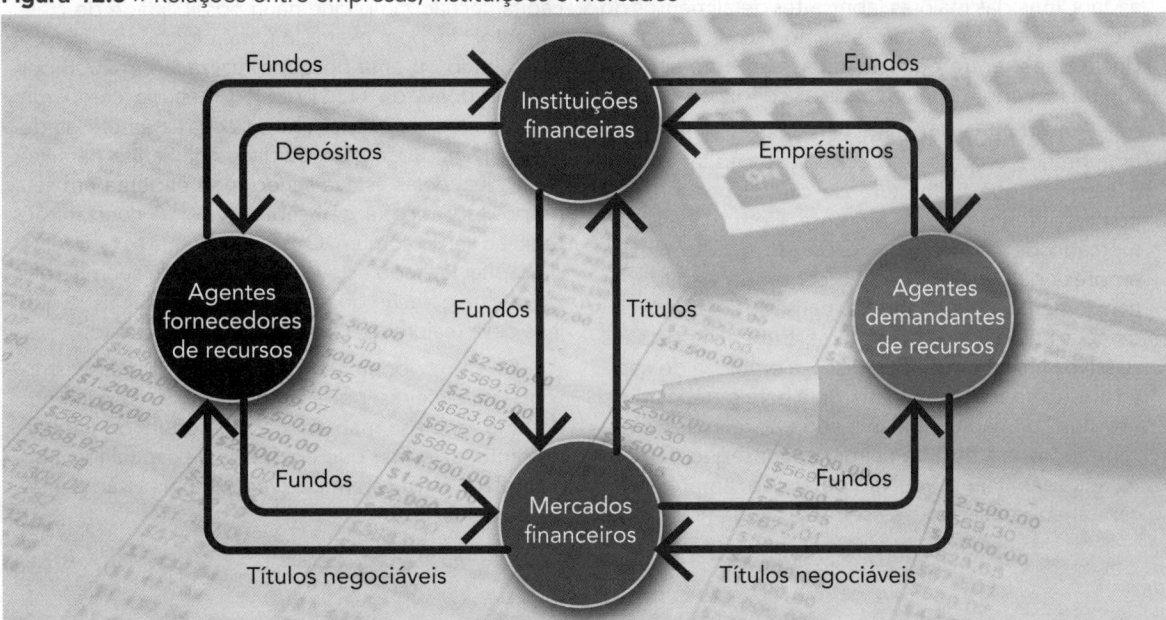

Figura 12.6 ›› Relações entre empresas, instituições e mercados

Uma empresa é considerada de *capital aberto* quando promove a colocação de valores mobiliários no mercado de capitais. Para isso, deve cumprir diversos requisitos, definidos na Lei das Sociedades Anônimas e nas regulamentações da Comissão de Valores Mobiliários. Quando uma empresa opta por captar recursos no mercado de capitais, ela faz uma oferta pública de títulos, isto é, promove a venda de ações ou debêntures para agentes econômicos em geral. Esses títulos são emitidos no *mercado primário* – mercado no qual os títulos novos são transacionados. Após a emissão de títulos, estes passam a ser negociados no *mercado secundário*, no qual as transações dão-se entre investidores, não implicando o fluxo de recursos para a empresa. No entanto, as transações no mercado secundário conferem liquidez aos títulos das empresas e promovem a eficiência dos mercados.

Os mercados e as instituições financeiras são mecanismos por meio dos quais as empresas podem obter recursos para financiar sua atividade. Por outro lado, possibilitam a alocação de recursos em atividades produtivas com maior eficiência. Nesse contexto, compete ao administrador financeiro identificar as melhores oportunidades de aplicação, assim como as melhores fontes de recursos para a companhia, de forma a agregar valor à organização.

> ## Mito ou ciência
>
> ### Para ser grande é preciso ter o capital aberto
>
> Imagine uma empresa que está presente nos cinco continentes e emprega mais de 160 mil pessoas em 67 países. Será essa empresa de capital aberto ou fechado? Pense agora em uma companhia com cerca de 70 mil funcionários, com receita de US$ 70 bilhões e mais de 100 anos de existência. Você apostaria que essas empresas têm capital aberto ou fechado?
>
> A primeira empresa é a Cargill, uma das maiores empresas de agronegócios do mundo. A segunda é a Mars, uma das maiores fabricantes de alimentos do mundo, que detém marcas como M&M, Pedigree, Uncle Ben's, entre outras. Ambas são empresas de capital fechado e isso em nada as condiciona.
>
> É, portanto, um mito acreditar que para ser uma grande empresa é preciso ter o capital aberto. É inegável que a abertura de capital pode ajudar no crescimento de uma empresa. Com o acesso ao mercado de capitais para captação de recursos, a empresa ganha visibilidade e consegue viabilizar financiamento de projetos, expansão, diversificação de seus negócios ou mesmo reestruturação de seus passivos financeiros. Além disso, a empresa de capital aberto consegue uma margem para gerenciar sua estrutura de capital, balanceando as relações entre capital próprio e de terceiros, e, consequentemente, seu risco financeiro. Não por acaso, empresas de capital aberto são, quase sempre, de grande porte.
>
> Parece que nesse caso existe uma relação entre tamanho e negociação das ações na bolsa.
>
> Mas existem desvantagens na abertura do capital. Talvez a principal delas seja a perda de controle sobre o rumo da organização. O caso clássico foi a saída forçada de Steve Jobs e Steve Wozniak da Apple, empresa fundada pelos dois. Muito embora abrir o capital possa ser, dependendo das circunstâncias, uma estratégia interessante para fazer com que uma empresa se torne grande, isso não significa que manter o capital fechado implique na impossibilidade de crescimento. Um bom exemplo para reforçar essa ideia é o resultado de uma pesquisa realizada em 2008 por pesquisadores da FGV-EAESP. O estudo comparou as empresas de capital aberto com as empresas de capital fechado da base de dados da Serasa para verificar qual delas estava sendo mais eficiente em seu propósito básico, a geração de valor. A constatação fugiu ao senso comum. Observou-se que as empresas de capital fechado estavam conseguindo ser mais eficientes na geração de resultados operacionais, o que lhes dava maiores perspectivas de crescimento.[13]
>
> De fato, podemos concluir que diversas estratégias financeiras podem sustentar o crescimento de uma empresa, não apenas a abertura do capital. Portanto, acreditar que empresas de capital fechado estão fadadas a serem pequenas é uma visão limitada e equivocada.

12.3 ›› Demonstrações financeiras

Periodicamente, as empresas devem preparar relatórios padronizados que registram, do ponto de vista financeiro, suas operações e atividades. Esses relatórios são denominados **demonstrações financeiras** e são utilizados por órgãos reguladores, credores, acionistas, investidores, entre outros, para analisar e controlar a situação e o desempenho financeiro da empresa. As demonstrações financeiras são também utilizadas pelos administradores da empresa como fonte de informações para auxiliá-los no processo de tomada de decisão gerencial.

No Brasil, de acordo com a Lei das Sociedades por Ações, as demonstrações financeiras obrigatórias devem ser elaboradas anualmente e são constituídas dos seguintes relatórios:[14]

- *Balanço patrimonial* (BP): relatório que apresenta a situação patrimonial da empresa em determinado momento, mostrando os saldos dos bens, dos direitos e das obrigações.

- *Demonstração do resultado do exercício* (DRE): relatório que apresenta uma síntese financeira dos resultados das operações e atividades da empresa durante dado período.

> **Demonstrações financeiras**
>
> Relatórios padronizados que registram, do ponto de vista financeiro, as operações e atividades de uma empresa.

- *Demonstração das mutações do patrimônio líquido* (DMPL): relatório que apresenta os acréscimos e as diminuições, que se deram durante o exercício, em todas as contas que integram o patrimônio líquido.
- *Demonstração de origens e aplicações de recursos* (DOAR): relatório que explica a variação do capital de giro líquido ocorrida no exercício, visualizada pela diferença entre fontes de financiamento de longo prazo e os investimentos de longo prazo.
- *Demonstração de fluxos de caixa* (DFC): relatório que evidencia a variação de caixa e as disponibilidades financeiras na empresa. Apesar de não ser obrigatória no Brasil, é considerada uma das mais importantes declarações do ponto de vista da administração financeira da empresa.

Essas demonstrações financeiras são normalmente acompanhadas por um *relatório da administração*, que informa os acionistas sobre o desempenho e as perspectivas da empresa, pelas *notas explicativas*, que incluem um conjunto de informações complementares às demonstrações financeiras, e por um *parecer de auditores independentes*, que expressa opinião sobre a qualidade e a veracidade das demonstrações financeiras apresentadas.

12.3.1 ›› Balanço patrimonial

O *balanço patrimonial* apresenta uma síntese da situação financeira da organização com base em seus ativos, passivos e patrimônio líquido. É um instrumento contábil que revela tudo o que a empresa possui ou a que tem direito (ativos), tudo o que a empresa deve a seus credores (passivos) e o valor do capital investido na empresa pelos proprietários (patrimônio líquido). A Figura 12.7 apresenta a estrutura do balanço patrimonial.

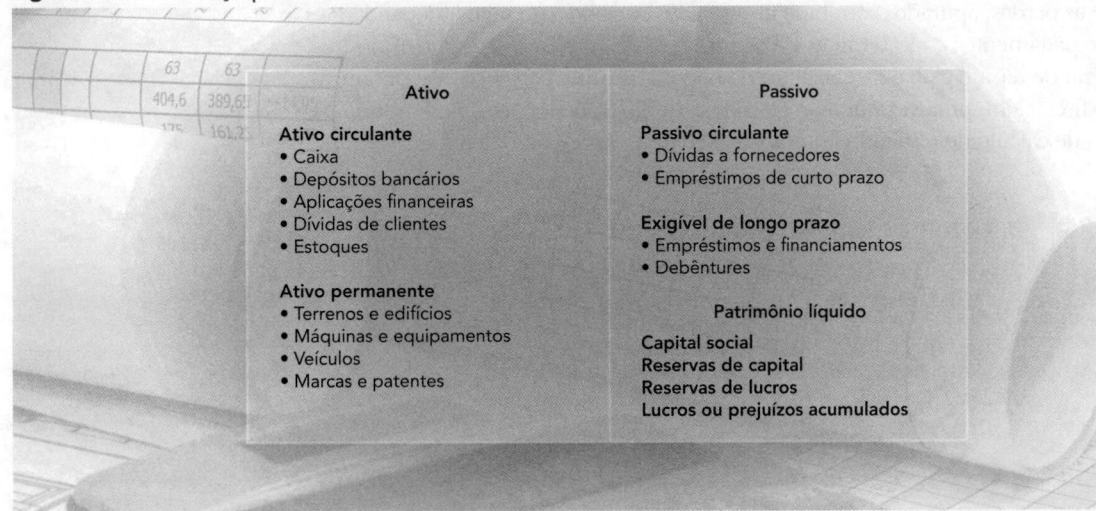

Figura 12.7 ›› Balanço patrimonial

Ativo	Passivo
Ativo circulante • Caixa • Depósitos bancários • Aplicações financeiras • Dívidas de clientes • Estoques	**Passivo circulante** • Dívidas a fornecedores • Empréstimos de curto prazo
Ativo permanente • Terrenos e edifícios • Máquinas e equipamentos • Veículos • Marcas e patentes	**Exigível de longo prazo** • Empréstimos e financiamentos • Debêntures
	Patrimônio líquido Capital social Reservas de capital Reservas de lucros Lucros ou prejuízos acumulados

O *ativo* inclui todas as aplicações de recursos feitas pela organização, os bens e os direitos, tais como caixa, depósitos bancários, contas a receber de clientes, aplicações financeiras, estoques, prédios, terrenos, equipamentos, e até mesmo ativos intangíveis, como marca e patentes. Em geral, é dividido em *ativo circulante* (ativos de curto prazo com elevada liquidez, como estoques e caixa) e *ativo permanente* ou fixo (aquele que foi imobilizado, como prédios e equipamentos).

O *passivo* engloba todas as obrigações da organização, ou seja, todas as dívidas que a empresa tem perante terceiros. Assim como o ativo, é dividido em *passivo circulante*, ou seja, as contas a pagar, impostos e empréstimos de curto prazo, e o *passivo exigível de longo prazo*, composto por obrigações financeiras da empresa que se realizarão no período superior a um ano, como hipotecas, debêntures e outras dívidas passíveis de quitação gradativa.

Por sua vez, o *patrimônio líquido* representa os direitos dos proprietários da empresa, ou seja, o valor dos ativos da organização depois de pagar todas as suas obrigações. O patrimônio líquido é composto pelo capital investido pelos sócios (ações ordinárias e preferenciais), pelas reservas e pelos lucros ou prejuízos acumulados, os quais poderão ser reinvestidos na organização ou distribuídos aos sócios na forma de dividendos. O patrimônio líquido é também conhecido como passivo não exigível, pois constitui uma obrigação da empresa perante seus proprietários, porém sem data de vencimento.

O valor total do ativo de uma empresa é igual à soma do passivo com o patrimônio líquido. Ou seja, o valor total das aplicações financeiras da empresa é igual ao somatório das fontes de recursos. Quando o valor do passivo é superior ao valor do ativo, o patrimônio líquido é negativo, o que significa que está em uma situação de **falência técnica**. Isso acontece quando a empresa não fez bons investimentos, não conseguindo gerar lucros em sua atividade, o que vai depreciando o valor do patrimônio dos proprietários.

> **Falência técnica**
> Situação patrimonial negativa que reflete um passivo superior ao ativo.

12.3.2 ›› Demonstração do resultado do exercício

A *demonstração do resultado do exercício* tem como finalidade apresentar o desempenho financeiro das operações realizadas pela empresa em determinado período, geralmente um ano. Enquanto o balanço patrimonial oferece uma visão estática da situação financeira da empresa, a demonstração do resultado do exercício apura o lucro ou prejuízo das atividades da empresa em dado intervalo de tempo.

A demonstração do resultado do exercício engloba as receitas, as despesas, os ganhos e as perdas, apurados com base no *regime de competência*, ou seja, independentemente de pagamentos e recebimentos. Por isso se pode afirmar que essa demonstração é o grande retrato global da eficiência do negócio de uma perspectiva econômica, mas não financeira, uma vez que não considera os fluxos de recursos na empresa. A dinâmica de cálculo do resultado líquido do exercício é apresentada na Figura 12.8.

Figura 12.8 ›› Demonstração de resultados do exercício

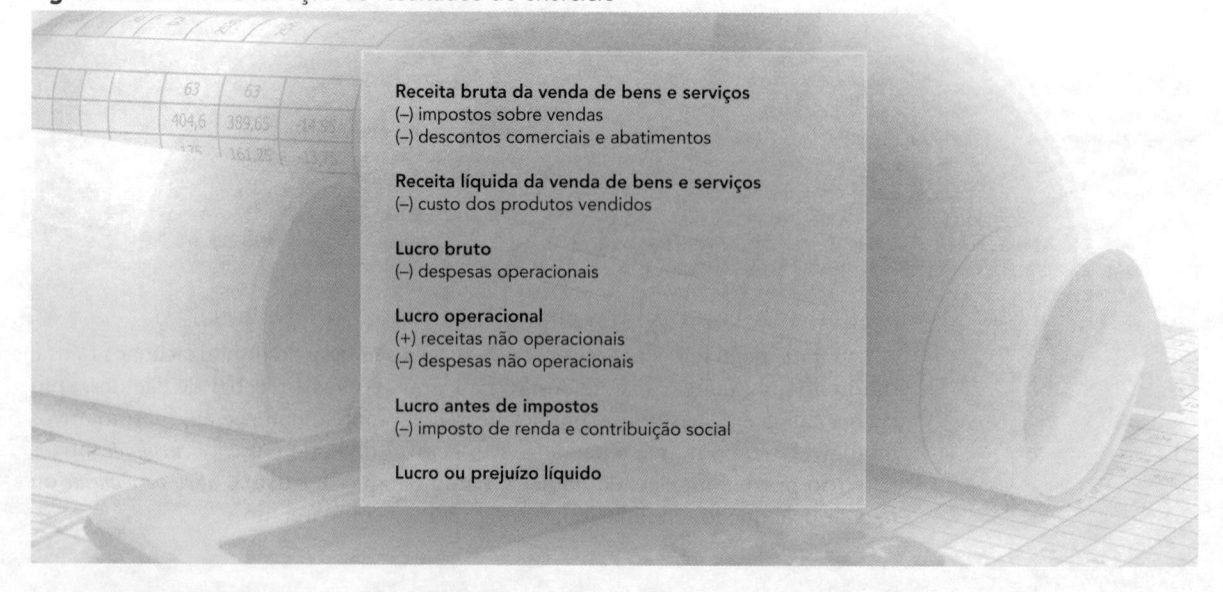

Receita bruta da venda de bens e serviços
(–) impostos sobre vendas
(–) descontos comerciais e abatimentos

Receita líquida da venda de bens e serviços
(–) custo dos produtos vendidos

Lucro bruto
(–) despesas operacionais

Lucro operacional
(+) receitas não operacionais
(–) despesas não operacionais

Lucro antes de impostos
(–) imposto de renda e contribuição social

Lucro ou prejuízo líquido

A partir de 2011, todas as instituições financeiras, empresas de capital aberto e empresas com faturamento anual superior a 300 milhões de reais ou ativos superiores a 240 milhões de reais passaram a ser obrigadas a divulgar seus balanços patrimoniais de acordo com o IFRS (*International Financial Reporting Standards*). As novas normas internacionais de contabilidade têm como objetivo tornar mais fácil a comparação de empresas brasileiras e estrangeiras. De acordo com um estudo do Itaú BBA, as empresas de distribuição de eletricidade, entre as quais se incluem a Light e a Eletropaulo, serão as mais afetadas. O impacto, no entanto, será positivo na maioria das empresas analisadas.[15]

12.3.3 ›› Demonstrações do fluxo financeiro

Tanto o balanço patrimonial como a demonstração do resultado do exercício são declarações de *natureza econômica*. O balanço apresenta a posição patrimonial (estoque de riqueza e os financiadores dessa riqueza), ao passo que a demonstração do resultado apura o lucro do exercício com base nas receitas e despesas, sem considerar os pagamentos e recebimentos, ou seja, sem levar em conta os fluxos de caixa.

Dessa forma, é importante que a organização disponha de relatórios que evidenciem os fluxos financeiros do período, isto é, a movimentação de dinheiro na empresa. Os relatórios que têm essa *natureza financeira* são a demonstração de origens e aplicações de recursos e a demonstração de fluxos de caixa.

A *demonstração de origens e aplicações de recursos* (DOAR) tem como objetivo resumir a variação do capital de giro líquido, o que permite analisar a situação financeira da empresa no curto e médio prazos. Em essência, a DOAR evidencia movimentações de recursos relativas às operações de financiamento de longo prazo – as origens de fundos – e operações de investimentos de longo prazo – aplicações de recursos –, e o consequente efeito sobre o capital de giro da empresa.

A *demonstração de fluxos de caixa* (DFC) tem como objetivo resumir os movimentos de entrada e saída de caixa em determinado período. Apesar de não ser obrigatória no Brasil, muitas empresas de capital aberto vêm publicando essa demonstração em caráter suplementar, em virtude das pressões internacionais para a padronização das demonstrações financeiras divulgadas pelas empresas. A DFC classifica os fluxos de caixa em três categorias de atividades correspondentes aos três ciclos da empresa mencionados anteriormente:

- *Atividades operacionais*: movimentos de caixa relacionados com as atividades de produção e venda de bens e serviços (por exemplo, recebimento de dívida de cliente).
- *Atividades de investimento*: movimentos de caixa relacionados com gastos de capital, ou seja, com aquisições e vendas de ativos de longo prazo (por exemplo, compra de um caminhão).
- *Atividades de financiamento*: movimentos de caixa relacionados com os credores e investidores da empresa (por exemplo, distribuição de dividendos).

Como se pode concluir, com base na análise da DFC da empresa Alfa, exemplificada na Figura 12.9, durante o período considerado verificou-se uma diminuição do caixa de R$ 50 mil. Apesar de o ciclo operacional ter gerado fluxos de caixa

Figura 12.9 ›› Demonstração de fluxos de caixa da Alfa (em milhares de reais)

Fluxo de caixa das atividades operacionais		
• Lucro líquido do exercício	1.300	
• Depreciações e amortizações	800	
• Aumento de contas a receber de clientes	(250)	
• Redução de estoques	200	
• Aumento de contas a pagar a fornecedores	300	
• Aumento de outras despesas (ex.: salários)	150	
Caixa gerado pelas atividades operacionais		2.500
Fluxo de caixa das atividades de investimento		
• Aumento de bens do ativo permanente	(1.200)	
• Aumento dos investimentos permanentes	(250)	
Caixa gerado pelas atividades de investimento		(1.450)
Fluxo de caixa das atividades de financiamento		
• Pagamento de serviço de dívida em empréstimos	(850)	
• Aumento de capital social	500	
• Pagamento de dividendos aos acionistas	(750)	
Caixa gerado pelas atividades de financiamento		(1.100)
Aumento líquido de caixa		(50)

na ordem dos R$ 2,5 milhões e a empresa ter realizado um aumento de capital de R$ 500 mil, esse montante foi: (1) investido no aumento do ativo permanente (R$ 1,45 milhão), (2) utilizado para pagar dívidas a credores (R$ 850 mil) e (3) distribuído aos acionistas na forma de dividendos (R$ 750 mil). No final, verificou-se uma variação negativa de R$ 50 mil no caixa da empresa.

De todas as declarações financeiras, a demonstração de fluxo de caixa é a mais relevante do ponto de vista da administração financeira, pois permite avaliar a capacidade da empresa de gerar recursos financeiros e, consequentemente, implementar suas decisões de investimento e financiamento.

12.4 ›› Decisões de investimento

Uma das decisões mais importantes de um administrador financeiro diz respeito ao investimento de capital. Por ser uma das alavancas fundamentais do crescimento das empresas, as decisões de investimento devem ser consideradas no âmbito da estratégia global da empresa. A ação de investir consiste em um dispêndio de recursos financeiros na aquisição de ativos permanentes, tendo em vista a obtenção de benefícios econômicos futuros.

Essas decisões são muito importantes porque definem o rumo estratégico da empresa, e seus resultados se farão sentir por muitos anos. Um investimento de capital bem-sucedido gerará fluxos de caixa futuros que contribuirão para melhorar o desempenho financeiro da empresa no longo prazo. No entanto, um investimento malsucedido pode prejudicar o equilíbrio financeiro e a capacidade competitiva da empresa, além de reduzir a flexibilidade dos dirigentes. Diante da importância dessas decisões, é necessário um processo específico para determinar onde, quando e quanto investir. Esse processo é chamado **orçamento de capital** ou *investimento de capital*.

> **Orçamento de capital**
> Processo específico para determinar onde, quando e quanto investir tendo por base a análise econômico-financeira de oportunidades de investimento.

12.4.1 ›› Tipos de investimento

As empresas realizam investimentos de capital por muitos motivos, mas o objetivo final é sempre a agregação de valor à empresa. Esses investimentos podem ser classificados como:[16]

- *Expansão*: investimento no aumento do nível de operações da empresa por meio da aquisição de ativos produtivos. Pode envolver a compra de equipamentos, a ampliação ou criação de instalações ou a aquisição de uma empresa.
- *Substituição*: investimento que visa renovar ativos obsoletos ou desgastados pelo uso. A análise do projeto de investimento consiste na comparação dos gastos na aquisição e dos benefícios da substituição.
- *Renovação*: investimento alternativo à substituição que envolve reconstrução, reforma ou ajuste dos ativos permanentes de forma a melhorar a eficiência da empresa.
- *Outros*: investimentos que envolvem o dispêndio de recursos em atividades de longo prazo na expectativa de obter benefícios futuros, como investimentos em publicidade, em pesquisa e desenvolvimento ou em consultoria de gestão.

Todos os projetos de investimento têm origem nas orientações estratégicas da empresa, uma vez que, independentemente do tipo de investimento, a decisão de investimento de capital deve ser tratada como uma decisão de longo prazo, cuja principal preocupação é a preservação ou melhoria da capacidade competitiva da empresa.

12.4.2 ›› Processo de investimento de capital

A decisão de investimento de capital representa gastos substanciais de fundos que comprometem a empresa em determinada direção. Por essa razão, o processo de investimento de capital deve compreender um conjunto de procedimentos destinado a fundamentar a decisão de investir. Especificamente, o processo de orçamento de capital pode ser desdobrado em quatro etapas, tal como ilustrado na Figura 12.10.

Figura 12.10 ›› Processo de investimento de capital

Identificação de oportunidades de investimento → Avaliação econômico-financeira → Aprovação ou seleção → Implementação e acompanhamento

A primeira etapa do processo de investimento consiste na *identificação de oportunidades de investimento* que possam ser convertidas em propostas de investimento compatíveis com o objetivo de maximização do valor da empresa. Os administradores devem promover um clima de trabalho que propicie a geração de ideias e a descoberta de oportunidades que possam ser transformadas em investimentos em todos os níveis organizacionais.

A orientação estratégica do Banco do Brasil consiste em ampliar a presença geográfica e cobrir todos os municípios brasileiros até 2015. Para suportar essa estratégia de expansão, um dos principais investimentos feitos foi o acordo com os Correios, em 2011, para colocar seus produtos e serviços nas 6.170 agências dos Correios, por um prazo de cinco anos. O investimento foi de R$ 2,3 bilhões pela concessão, R$ 500 milhões pelo uso das agências, R$ 200 milhões pelas agências franqueadas e um valor estimado em R$ 350 milhões ao ano como repasse de tarifas. Dessa forma, aproveitando a abrangência nacional oferecida pela capilaridade da rede dos Correios, o BB elevou a sua presença para 96% das cidades brasileiras.[17]

Depois de identificada uma oportunidade, os projetos de investimento devem ser analisados. Essa análise consiste na *avaliação de sua viabilidade econômico-financeira*, o que inclui o dimensionamento dos fluxos de caixa esperados para a vida útil do projeto e a seleção da taxa de desconto apropriada para calcular o valor presente do fluxo de caixa. A taxa de desconto deve refletir o risco do investimento. Assim, investimentos de alto risco devem apresentar taxa de desconto elevada, enquanto investimentos de baixo risco resultam em taxa de desconto reduzida.

Estimados os parâmetros financeiros do projeto, é necessário definir um critério ou uma regra de decisão para a *aprovação do projeto* ou *seleção da melhor proposta*. Os principais métodos de avaliação econômico-financeira de investimentos são o valor presente líquido e a taxa interna de retorno.

Por fim, os projetos aprovados deverão ser *implementados*. Durante sua implementação, o projeto deve ser auditado regularmente e seus resultados devem ser monitorados, comparando-se os custos e benefícios reais com as projeções efetuadas. Em algumas situações, pode ser recomendado o abandono do investimento, caso os benefícios esperados não sejam alcançados.

12.4.3 ›› Avaliação financeira de projetos de investimento

A avaliação financeira de projetos de investimento é uma tarefa complexa e desafiadora que começa com a estimação dos fluxos de caixa associados ao projeto. Dimensionar os fluxos de caixa de um projeto consiste em projetar os dispêndios iniciais de capital e os fluxos de caixa líquidos periódicos esperados. É muito difícil projetar os custos e as receitas relacionadas com um projeto grande e complexo; no entanto, a confiabilidade de uma avaliação depende da qualidade de suas projeções. Os erros de projeção podem ter consequências desastrosas para a empresa.

Vale ressaltar que todo projeto é avaliado com base nos *fluxos de caixa* e não no lucro contábil, apurado pelo regime de competência. Os fluxos de caixa são mensurados de acordo com as efetivas movimentações de todas as entradas e saídas de recursos, pelo que refletem o potencial efetivo da empresa em implementar suas decisões financeiras.[18]

Há três grupos de movimentações financeiras que devem ser considerados na avaliação de uma decisão de investimento: o desembolso ou investimento inicial; os fluxos de caixa intermediários; e o fluxo de caixa final ou valor residual.

Considere o exemplo de uma empresa que está analisando um projeto de lançamento de um produto no mercado. Sabe-se que esse projeto implica a expansão de suas instalações e a aquisição de equipamentos, o que totaliza um investimento inicial de 2 milhões de reais. No entanto, esse investimento gerará um fluxo líquido de recursos de 500 mil reais por ano durante cinco anos até o produto ficar obsoleto. No final dos cinco anos, a empresa poderá vender os equipamentos por um valor residual de 350 mil reais. A Figura 12.11 representa as entradas e saídas de caixa previstas na linha do tempo.

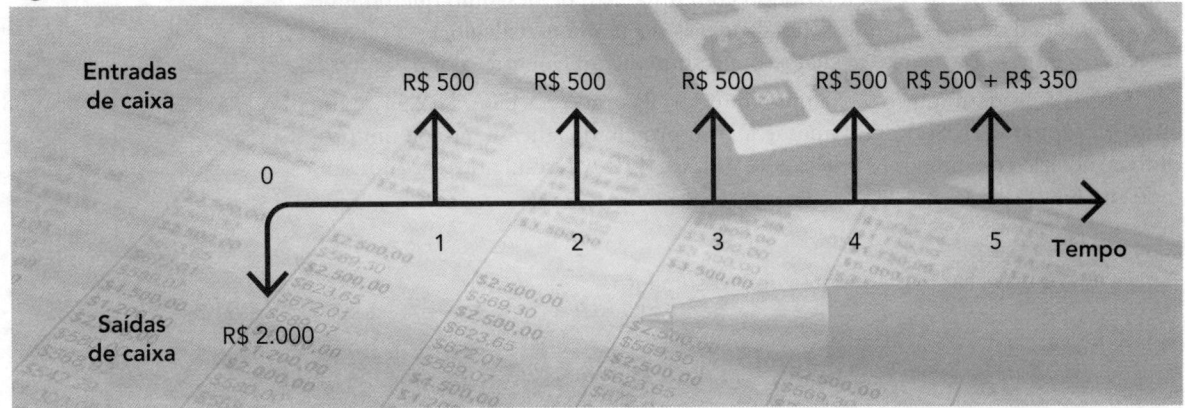

Figura 12.11 ›› Fluxos de caixa de um investimento

Entradas de caixa: R$ 500 (1), R$ 500 (2), R$ 500 (3), R$ 500 (4), R$ 500 + R$ 350 (5)
Saídas de caixa: R$ 2.000 (0)

> **Custo de oportunidade**
> É a taxa esperada de rentabilidade oferecida nos mercados de capitais para empreendimentos com o mesmo risco, traduzindo o valor associado à melhor alternativa não escolhida.

A estimação dos fluxos de caixa associados ao projeto não é suficiente para avaliar sua viabilidade financeira. Uma vez que os dispêndios de capital e os benefícios financeiros decorrentes do projeto ocorrem, geralmente, em momentos diferentes, é necessário utilizar métodos de análise de investimentos e regras de decisão que considerem o valor temporal do dinheiro ou o **custo de oportunidade** do capital – mil reais a serem recebidos hoje valem mais que mil reais a serem recebidos daqui a um ano.

De modo geral, a avaliação financeira de um projeto é estabelecida pelo valor dos fluxos de caixa esperados atualizados para o presente mediante a taxa de desconto que reflete o risco do investimento. Essa **taxa de desconto**, que deve ser estimada pelo administrador, representa a taxa de retorno que remunera adequadamente a empresa, tendo em conta o risco do projeto. Só depois de estimados os fluxos de caixa e a taxa de desconto se pode avançar para a análise econômico-financeira dos investimentos. Os principais métodos de análise de investimentos que consideram os valores descontados dos fluxos de caixa em sua avaliação econômico-financeira são o valor presente líquido e a taxa interna de retorno.

> **Taxa de desconto**
> Taxa de retorno que remunera adequadamente a empresa, tendo em conta o risco do projeto.

O **valor presente líquido** (VPL) representa o valor monetário corrente do projeto e é calculado pela diferença entre o valor presente dos fluxos líquidos de caixa previstos e o valor do investimento ou desembolso inicial. Na prática, o *VPL* mede a variação do valor da empresa resultante do investimento. O cálculo do *VPL* depende de quatro parâmetros: a vida útil do investimento (n), os fluxos de caixa projetados ($FC_{t=1,...,n}$), o investimento inicial (I_0), e a taxa de desconto (k), que deve refletir o risco do investimento.

> **Valor presente líquido**
> Valor atual dos fluxos de caixa futuros associados ao investimento, descontado o investimento inicial.

$$VPL = \sum_{t=1}^{n} \frac{FC_t}{(1+k)^t} - I_0$$

> **Taxa interna de retorno**
> Taxa de rentabilidade que a empresa obterá ao investir no projeto e receber os fluxos de caixa estimados.

A **taxa interna de retorno** (TIR) representa a taxa de rentabilidade que a empresa obterá ao investir no projeto e receber os fluxos de caixa estimados. A TIR é a taxa de desconto que iguala o valor atual dos benefícios de um projeto ao valor do investimento inicial. Seu cálculo depende apenas dos três primeiros parâmetros: a vida útil do investimento (n), os fluxos de caixa projetados ($FC_{t=1,...,n}$) e o investimento inicial (I_0).

$$I_0 = \sum_{t=1}^{n} \frac{FC_t}{(1+TIR)^t}$$

Enquanto o cálculo do VPL depende de uma taxa de desconto externa ao projeto (k), o cálculo da TIR, também baseado na capitalização, não exige, *a priori*, a escolha da taxa de desconto. Em vez disso, procura determinar a taxa de rentabilidade relativa ao projeto. No entanto, a avaliação do projeto com base na TIR é feita comparando-se o resultado obtido com uma taxa de desconto que reflita o risco do projeto de investimento. Apesar de não ser usada no cálculo, essa taxa de desconto é indispensável para avaliar se o investimento adicionará valor à empresa.

Assim, considerando-se o exemplo anterior, ilustrado na Figura 12.11, e um custo de capital de 10%, poderíamos avaliar o projeto de lançamento de um produto de acordo com ambos os critérios, o VPL e a TIR. Os resultados são apresentados na Figura 12.12.

Figura 12.12 ›› Avaliação de projetos de investimento

Cálculo do VPL e da TIR						
Ano	0	1	2	3	4	5
Fluxos de caixa	–R$ 2.000	R$ 500	R$ 500	R$ 500	R$ 500	R$ 850
Fluxos de caixa descontados	–R$ 2.000	R$ 455	R$ 413	R$ 376	R$ 342	R$ 528
Valor presente líquido	= 455 + 413 + 376 + 342 + 528 – 2.000 = **R$ 114**					
Taxa interna de retorno	TIR = 12% > Taxa de desconto = 10%					

Analisando os resultados de ambos os métodos de avaliação de projetos, pode-se concluir que o lançamento de um produto é um projeto que agrega valor à empresa, já que apresenta um VPL positivo, ou seja, gera excedente de riqueza no valor de 114 mil reais e apresenta uma taxa de retorno (TIR) superior à taxa de desconto: 12% > 10%.

Pesquisas sobre quais métodos de análise de investimentos são mais usados na prática pelas empresas têm-se multiplicado nos últimos anos. Essas pesquisas têm concluído que existe uma tendência para a crescente utilização de métodos de avaliação de investimentos sofisticados, como o VPL e a TIR, apesar de as empresas utilizarem uma combinação de várias técnicas e métodos de análise, e não apenas uma.[19]

O grupo BR Malls, presidido por Carlos Medeiros (na foto), maior *holding* integrada de *shopping centers* do Brasil, sempre baseia as suas decisões de investimento ou desinvestimento nos métodos de avaliação de investimentos, como TIR e VPL. Por exemplo, em 2012, adquiriu 33% do Itaú Power Shopping em Contagem, Minas Gerais, por 87,5 milhões de reais. A BR Malls acredita que poderá contribuir para melhorias no resultado do shopping por meio da adoção de práticas comerciais e implementação do padrão de gestão da companhia o que se traduzirá em fluxos de caixa operacionais superiores a 10 milhões de reais por ano e uma TIR de 14,2%.[20]

12.5 ›› Decisões de financiamento

> **Estrutura financeira**
> Composição das fontes de recursos próprios e de terceiros, de curto e longo prazo, que serão utilizados no financiamento das atividades de uma organização.

O financiamento é uma operação de captação de recursos. A política de financiamento de uma empresa fundamenta-se na definição da melhor composição de recursos que serão utilizados no financiamento de suas atividades. Em outras palavras, consiste na definição da **estrutura financeira** mais adequada. Isso implica a escolha dos recursos mais apropriados às necessidades da empresa em termos de liquidez, custo e risco financeiro. Esses recursos podem ser classificados como:

- *Recursos próprios ou de terceiros*: os recursos próprios são aqueles investidos pelos sócios ou lucros retidos na empresa (patrimônio líquido), ao passo que os recursos de terceiros correspondem a compromissos e dívidas contraídas perante terceiros (passivo circulante e do exigível no longo prazo).
- *Recursos permanentes ou temporários*: os recursos permanentes são os recursos próprios ou exigíveis no longo prazo, enquanto os recursos temporários são dívidas e compromissos de curto prazo.
- *Recursos onerosos ou não onerosos*: os recursos onerosos obrigam a empresa ao pagamento de encargos financeiros, e os recursos não onerosos, não.

12.5.1 ›› Fontes de financiamento

Quanto à origem dos recursos, é comum fazer uma distinção entre financiamento interno e externo. O *financiamento interno* corresponde à retenção do caixa líquido gerado internamente pelas operações da empresa, ou seja, o que sobra após quitar as obrigações com os credores (pagamento de juros e dívidas), com o governo (pagamento de impostos) e com os acionistas (pagamento de dividendos). O financiamento interno é uma fonte de recursos não onerosa e não reembolsável e, por essa razão, é a principal fonte de recursos para a maioria das empresas.

Quando o caixa gerado internamente não é suficiente para manter os ativos atuais e financiar as novas oportunidades de investimento que criam valor, a empresa recorre a fundos de fontes externas, na forma de capital próprio ou capital de terceiros – ou seja, *financiamento externo*. A principal fonte externa de capital próprio são as subscrições de aumentos de capital pelos acionistas ou proprietários da empresa. Já as fontes externas de capital de terceiros incluem empréstimos e financiamentos de curto e longo prazos contratados com instituições financeiras ou a emissão de títulos de dívida (debêntures) no mercado de capitais.

No caso dos capitais de terceiros, a empresa assume a obrigação de seu reembolso em um prazo predeterminado e obriga-se a pagar um custo de utilização destes capitais: os juros. No caso de financiamento com capitais próprios, não há reembolso desses recursos (exceto em caso de liquidação da empresa); no entanto, existe o pagamento de uma remuneração aos acionistas: os dividendos.

A seleção das fontes de financiamento mais adequadas para uma empresa é uma tarefa complexa que é influenciada por uma diversidade de fatores, tais como as condições da economia, a disponibilidade de fundos, a capacidade de endividamento da empresa, o risco financeiro da empresa, o custo do financiamento, entre muitas outras.

De modo geral, o gestor financeiro deve procurar o *equilíbrio financeiro* da empresa, privilegiando o financiamento das *necessidades conjunturais* com fundos temporários (por exemplo, empréstimos bancários de curto prazo ou dívidas a fornecedores), enquanto as *necessidades estruturais*, constituídas pela parte fixa do capital de giro (por exemplo, níveis mínimos que têm de ser mantidos em estoques), e os investimentos em ativos permanentes devem ser financiados com fundos permanentes, sob a forma de capital próprio e de dívidas de longo prazo.

12.5.2 ›› Financiamento de curto prazo

As decisões de financiamento de curto prazo baseiam-se no **orçamento de tesouraria**. Nesse documento, são descritos os recebimentos e pagamentos previstos, geralmente com periodicidade mensal, e apura-se o respectivo saldo de tesouraria. Além disso, também com base nesse documento, é possível identificar os períodos de carência (ou de excesso) de disponibilidades, o que permite antecipar as necessidades e negociar melhores condições em termos de custo e prazo para os diferentes produtos de financiamento disponíveis. As principais fontes de financiamento de curto prazo podem ser agrupadas em três grupos: crédito de fornecedores, crédito bancário e *factoring*.[21]

> **Orçamento de tesouraria**
> Documento que descreve os recebimentos e pagamentos previstos para um determinado período e que apura o saldo de tesouraria.

CRÉDITO DE FORNECEDORES ›› O crédito de fornecedores refere-se ao prazo concedido pelos fornecedores para pagamento das despesas da empresa. Esse crédito é especialmente interessante dado seu volume, a ausência de encargos financeiros e a fácil renovação. Desde que não prejudique a imagem da empresa, o crédito de fornecedores é uma excelente opção de financiamento das atividades da organização. No entanto, há que ponderar se os eventuais descontos concedidos pelo fornecedor não compensam a antecipação do pagamento. É importante também levar em conta que seu uso em excesso poderá prejudicar as relações comerciais (prazos de entrega e qualidade dos produtos).

CRÉDITO BANCÁRIO ›› O crédito bancário é uma das principais formas de financiamento das empresas, sobretudo das pequenas e médias. A diversidade de produtos de curto prazo oferecidos pelos bancos comerciais é grande, não só em termos de custo, como também no que se refere às características de cada produto. Podem-se destacar as seguintes modalidades:[22]

- *Empréstimos de capital de giro*: operações tradicionais de empréstimos que atendem às necessidades de capital de giro das empresas. São feitos por meio de um contrato que estabelece prazos, taxas, valores e garantias.
- *Desconto de títulos*: adiantamento de recursos feito pelo banco às empresas, sobre valores referenciados em duplicatas de cobrança ou notas promissórias, antecipando, assim, os fluxos de caixa da empresa.
- *Contas garantidas*: contas vinculadas à conta corrente da empresa, usadas quando o saldo se torna devedor. Quando isso acontece são feitos saques automáticos para que os débitos sejam supridos.
- *Crédito rotativo*: linha de crédito aberta com um limite, podendo ser utilizada pela empresa conforme suas necessidades, mediante a apresentação de garantias em duplicatas.
- *Hot money*: empréstimos de curtíssimo prazo destinados a suprir as necessidades momentâneas de caixa. Os encargos financeiros cobrados por esse tipo de operação apresentam um custo financeiro muito elevado.

FACTORING ›› O *factoring*, denominado no Brasil como atividade de fomento comercial, consiste na tomada, por um intermediário financeiro, de créditos comerciais de curto prazo de uma empresa. Trata-se de um produto que permite a antecipação do recebimento de dívidas comerciais, por meio de uma cessão de ativos, inclusive do risco de pagamento. Logicamente, os juros e comissões cobrados à empresa pelo adiantamento refletem o risco do crédito. O *factoring* tem importantes vantagens, como:[23]

> **Factoring**
> Modalidade de financiamento que consiste na tomada, por um intermediário financeiro, dos créditos comerciais de curto prazo de uma empresa.

- disponibiliza recursos financeiros imediatos (na prática, trata-se da venda de créditos a terceiros) sem implicações nos limites de crédito bancário;

- produz maior flexibilidade nas opções de financiamento, especialmente se for necessário expandir o volume de atividades da empresa;
- dispensa a manutenção de saldos médios e outras formas de reciprocidade exigidas pelas instituições bancárias;
- garante o recebimento das dívidas, uma vez que elimina o risco do crédito.

Apesar de todas essas vantagens, nem sempre é a opção de financiamento mais atrativa. Os encargos financeiros associados às operações de *factoring* são normalmente mais elevados que os de outras formas de financiamento, e por isso os custos e as vantagens envolvidos devem ser analisados cuidadosamente de forma a determinar a atratividade da operação.

12.5.3 ›› Financiamento de longo prazo

As decisões de financiamento de longo prazo têm como objetivo definir uma estrutura de capital permanente que preserve uma tesouraria estruturalmente equilibrada. Para isso, devem ser analisadas as fontes de financiamento de longo prazo disponíveis, os respectivos custos para a empresa e o impacto que têm no risco financeiro da empresa.

FINANCIAMENTO COM CAPITAIS PRÓPRIOS ›› O capital próprio representa uma importante fonte de fundos para financiar aplicações de maior risco ou de longa maturação. O financiamento por meio de capitais próprios assume duas formas essenciais: abertura ou aumentos de capital (oferta pública de ações) ou retenção de lucros líquidos (autofinanciamento).

A **abertura ou aumento de capital** por meio da oferta pública de ações consiste na obtenção de meios financeiros permanentes com os sócios ou proprietários da empresa. Esses recursos apenas serão reembolsáveis em caso de dissolução da sociedade, o que significa que se trata de meios fianceiros sem prazo de reembolso. No entanto, isso não exclui a possibilidade de os sócios alienarem suas participações a outros investidores em bolsa de valores e, assim, recuperarem o investimento efetuado.

O detentor de ações terá o direito a receber dividendos, a remuneração exigida pelos acionistas por investirem seus recursos na empresa. Da ótica de empresa, os dividendos representam o *custo de capital próprio*. Logicamente, ao levantar recursos no mercado de ações, a empresa espera investi-los em projetos e ativos que produzam um retorno capaz de remunerar adequadamente seus acionistas. Além de ter direito

> **Abertura ou aumento de capital**
> Modalidade de financiamento com capitais próprios que consiste na obtenção de meios financeiros permanentes com os sócios ou proprietários da empresa.

O Groupon, empresa líder mundial em compras coletivas, utilizou uma oferta pública de ações para conseguir recursos permanentes para sustentar os seus investimentos. Na sua oferta pública inicial de ações (IPO), o Groupon vendeu 35 milhões de ações por 20 dólares cada, levantando 700 milhões de dólares, a maior abertura de capital de uma companhia de internet desde que o Google captou 1,7 bilhões de dólares, em 2004. A abertura de capital da companhia, realizada em novembro de 2011, era uma das mais esperadas pelo mercado. No entanto, a quantidade de ações colocadas à venda representa uma pequena fatia do total de ações da empresa, apenas 5,5%.[24]

a uma remuneração, os acionistas também têm direito a participar nas assembleias gerais, nas quais são discutidas as principais questões que governam a atividade da empresa.

O **autofinanciamento** é uma fonte interna de capital próprio, que tanto pode ser utilizada no financiamento das necessidades operacionais, como de investimentos. Os lucros retidos encontram-se registrados nas contas de reservas de lucros e de lucros acumulados, constantes do patrimônio líquido. O autofinanciamento reduz a necessidade de captar recursos adicionais em fontes externas, e por isso as empresas devem procurar reinvestir, a cada exercício, uma parte dos resultados líquidos nas atividades da organização. Contudo, a retenção de lucros é uma decisão que está relacionada com a política de dividendos da empresa, analisada em seguida.

> **Autofinanciamento**
> Modalidade de financiamento que consiste na retenção de lucros e seu reinvestimento nas atividades da organização.

FINANCIAMENTO COM CAPITAIS DE TERCEIROS » O financiamento com recursos de terceiros consiste em uma forma de endividamento de longo prazo. A principal diferença com relação ao financiamento com capitais próprios são as dívidas com terceiros, que devem ser reembolsadas em um prazo acordado e geram encargos financeiros periódicos para a empresa: os juros.

As principais modalidades de financiamento com capitais de terceiros, disponíveis para empresas brasileiras, são:[25]

- *Empréstimos bancários de longo prazo*: operações tradicionais de empréstimos que atendem às necessidades estruturais das empresas. São feitos por meio de um contrato que estabelece prazos, taxas, valores e garantias. Em virtude da dificuldade de captação de poupança pelas instituições financeiras, a disponibilidade de fundos para empréstimos é reduzida e apresenta custos elevados.

- *Repasses de recursos internos*: operações de captação de recursos oficiais alocados para o financiamento de atividades consideradas de interesse nacional. Os encargos financeiros desse tipo de financiamento são reduzidos e os fundos provêm de dotações governamentais. Os principais executores dessas operações são o BNDES, os Bancos de Desenvolvimento Regional, as Caixas Econômicas e o Banco do Brasil.

- *Arrendamento mercantil (leasing)*: o leasing financeiro constitui uma modalidade de financiamento na qual uma empresa tem o direito de utilizar determinado ativo permanente (equipamento ou instalações) mediante o estabelecimento de um contrato de aluguel de longo prazo com um intermediário que detém a propriedade do ativo. Nesse caso, a empresa não precisa fazer um

Criado em 2009, o Programa de Sustentação do Investimento (PSI), gerenciado pelo BNDES, oferece linhas de crédito com juros subsidiados a micro, pequenas e médias empresas para estimular a produção, a aquisição e a exportação de bens de capital, e o investimento em inovação tecnológica. O PSI, que tinha uma dotação inicial de 12 bilhões de reais, teve esse montante ampliado em 2012 para 14 bilhões de reais. Esses recursos foram transferidos para as linhas de crédito especiais a empresas que faturam até 90 milhões de reais por ano, que assim poderão pegar empréstimos com juros de apenas 6,5% ao ano, em condições muito vantajosas relativamente aos financiamentos bancários.[26]

desembolso inicial para adquirir o ativo, pagando apenas uma renda periódica para sua utilização.

- *Subscrição de debêntures*: operação que consiste na colocação de títulos de dívida da empresa no mercado à disposição de investidores interessados. As debêntures remuneram o investidor com um juro correspondente ao risco financeiro da empresa e podem ser transacionadas entre os investidores no mercado secundário. No vencimento, reembolsam o valor em dívida (debêntures simples) ou são convertidas em ações da empresa (debêntures conversíveis).

A opção pelo financiamento da empresa com capitais de terceiros tem vantagens e desvantagens. Por um lado, o endividamento (capitais de terceiros) não representa direitos de propriedade sobre a empresa. Desse modo, os credores não interferem na condução dos negócios desta. Por outro lado, o pagamento de juros da dívida é tratado, do ponto de vista fiscal, como uma despesa, sendo integralmente dedutível para fins de pagamento de imposto de renda, o que diminui seu custo real. Entretanto, uma dívida constitui uma obrigação de pagar, pelo que, em caso do não pagamento nas datas acordadas, os credores poderão reclamar judicialmente a posse dos ativos da empresa, podendo resultar em sua liquidação e falência. Resumindo, o endividamento perante terceiros possui vantagens do ponto *vista fiscal* e do *controle*, mas tem a desvantagem de aumentar o *risco financeiro* da empresa.[27]

> **Estrutura de capital**
> Composição das fontes de recursos permanentes da empresa, isto é, dívidas de longo prazo e os recursos próprios, que serão utilizados no financiamento das atividades de uma organização.

12.5.4 ›› Estrutura e custo de capital

Como já apresentado, no financiamento de suas atividades, as empresas empregam uma combinação de capital próprio e de terceiros, de curto e longo prazos. Essa combinação de diferentes recursos define a *estrutura financeira* da empresa. A parte da estrutura financeira que é composta pelos recursos permanentes da empresa, isto é, dívidas de longo prazo e os recursos próprios, denomina-se **estrutura de capital**. A Figura 12.13 ilustra esses dois conceitos.

Figura 12.13 ›› Estrutura de capital de uma empresa

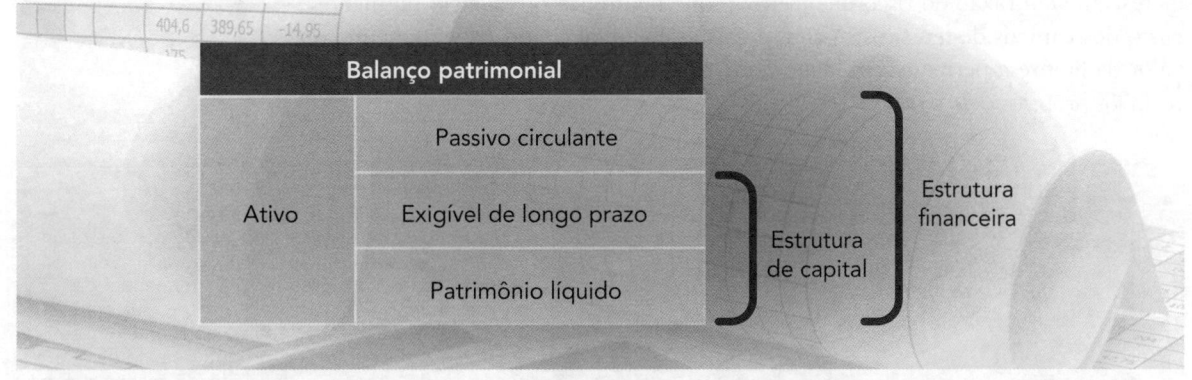

> **Custo de capital**
> Custos dos recursos postos à disposição da empresa, oriundos das diferentes fontes de financiamento, representando o retorno esperado pelos investimentos de credores e proprietários.

Independentemente de serem recursos próprios ou de terceiros, quem empresta ou aplica os fundos na empresa espera receber um retorno sobre seus investimentos. Esse retorno pago pela organização chama-se **custo de capital**. Uma vez que a empresa agrega valor econômico na medida em que o resultado de suas operações excede seu custo total de captação, as decisões de financiamento geram valor para a empresa quando promovem a redução do custo de capital ao mínimo.

O custo de capital de terceiros é o retorno esperado pelos investidores que concederam empréstimos à empresa ou que aplicaram recursos em seus títulos de dívida.

Na prática, são os encargos financeiros pagos pela empresa pela utilização do capital de terceiros. Por sua vez, o *custo de capital próprio* é o retorno esperado pelos investidores que aplicaram recursos em ações da empresa, pagos na forma de dividendos. O custo de capital de terceiros é geralmente inferior ao custo de capital próprio, uma vez que:

- os credores têm maior prioridade sobre os acionistas na reivindicação sobre os lucros ou ativos da empresa;
- os credores têm condições de exercer pressão legal, exigindo que a empresa faça os pagamentos estipulados no contrato de empréstimo;
- os encargos financeiros das dívidas são dedutíveis da base de cálculo do imposto de renda, reduzindo, substancialmente, seu custo final.

Portanto, seria natural que as empresas favorecessem o endividamento em detrimento do capital próprio em sua estrutura de capital. Dessa forma, poderiam alavancar suas operações. No entanto, a opção por um nível maior de endividamento aumenta o **risco financeiro** da empresa, ou seja, aumenta o risco de a empresa não conseguir cumprir suas obrigações. O maior risco financeiro, por sua vez, leva os acionistas e os novos credores a elevar suas expectativas de retorno como forma de compensar a incerteza.

Risco financeiro
Risco de uma empresa não conseguir cumprir suas obrigações, tornando-se insolvente.

É por causa desse conflito entre custo e risco que, nos últimos 50 anos, a estrutura de capital tem sido um dos temas mais debatidos e pesquisados no campo das finanças empresariais. Alguns autores defendem que é possível encontrar uma combinação ótima de fontes de financiamento. Em outras palavras, de acordo com esses autores, é possível alcançar uma **estrutura ideal de capital**, na qual se minimiza o custo de capital e se maximiza a riqueza dos acionistas.

Estrutura ideal de capital
Composição de fontes de recursos permanentes da empresa que minimiza o custo de capital e maximiza a riqueza dos acionistas.

Uma visão contrária foi proposta por Franco Modigliani e Merton Miller em um estudo no qual defendem que, em mercados de capitais eficientes e sem impostos, a combinação entre dívida e capital próprio, na estrutura de capital, é irrelevante.[28] Para Modigliani e Miller, não existe uma estrutura de capital ótima, pois à medida que se eleva o endividamento, o custo de capital próprio também é crescente em razão do risco financeiro, o que neutraliza o benefício do menor custo dos capitais de terceiros. Assim, o custo de capital e, consequentemente, o valor da empresa permanecem inalterados, qualquer que seja a proporção entre recursos próprios e de terceiros.

A Braskem, empresa presidida por Bernardo Gradin (na foto), é uma das maiores petroquímicas da América Latina com uma receita bruta anual de 35 bilhões de reais em 2010. Para manter a sua competitividade, a organização realiza constantes investimentos nas suas unidades produtivas para os quais necessita de grande quantidade de recursos. Em 2010, as principais fontes de financiamento utilizadas pela Braskem eram dívidas a fornecedores (R$ 5,2 bilhões, sua principal fonte de recursos de curto prazo) e empréstimos bancários (R$ 12,2 bilhões, dos quais 90% eram dívidas de longo prazo). A Braskem consegue assim gerir as suas fontes de recursos de forma equilibrada, permitindo-lhe controlar o seu risco financeiro e com isso pagar menos juros.[29]

No Brasil, a grande maioria das empresas, especialmente as de médio e pequeno porte, opera com baixos níveis de endividamento quando comparados com os de empresas de outros países. Isso acontece porque as taxas de juros reais são muito elevadas, e em virtude da escassez de capitais de longo prazo disponíveis. Os administradores financeiros, dependentes de recursos bancários de curto prazo, tendem a adotar uma posição mais conservadora, caracterizada pela maior presença de capitais próprios na estrutura de capital.

Por outro lado, ao contrário do exposto anteriormente, nem sempre as empresas com maiores níveis de endividamento apresentam um menor custo de capital no Brasil. As taxas de juros, elevadas e o acesso a financiamentos subsidiados fazem com que, por vezes, o aumento do nível de endividamento não esteja relacionado com a diminuição do custo de capital, como acontece com as empresas dos países desenvolvidos. Ainda assim, de um modo geral, é possível verificar que empresas que utilizam quase exclusivamente capitais próprios apresentam um custo de capital mais elevado, enquanto empresas com estruturas de capital mais dependentes de capitais de terceiros apresentam um custo de capital mais reduzido.

12.6 ›› Política de dividendos

> **Política de dividendos**
> Determinação da parcela dos lucros líquidos que devem ser distribuídos aos acionistas, como forma de remuneração por seu investimento na empresa.

A definição da **política de dividendos** de uma empresa consiste na determinação da porcentagem dos lucros líquidos que devem ser distribuídos aos acionistas, como forma de remuneração por seu investimento na empresa. Em outras palavras, a política de dividendos envolve uma decisão sobre os lucros líquidos da empresa: que parte desses lucros deve ser distribuída aos sócios e que parte deve ser reinvestida na empresa.

A política de dividendos está intimamente relacionada com as decisões de financiamento, uma vez que a distribuição dos lucros aos sócios retira da empresa recursos que seriam aplicados para financiar suas atividades. Assim, quanto menos lucros distribuir, melhor para a empresa, pois reduz a necessidade de captar recursos adicionais em fontes externas. No entanto, a decisão de reter lucros impede os acionistas de usufruírem de uma remuneração sobre seu investimento. Essas duas pressões contraditórias fazem com que a decisão de distribuir ou reter lucros seja um verdadeiro dilema para os administradores financeiros.

Em termos teóricos, a política de dividendos tem sido outro tema muito debatido no campo das finanças empresariais. Uma corrente defende que, em um mercado perfeito, a política de dividendos é irrelevante, porque não tem implicações sobre o valor da empresa. O dividendo em dinheiro seria compensado por uma perda de igual montante no valor da ação.[30]

Outros autores discordam dessa posição, afirmando que existe uma relação direta entre a política de dividendos e o valor de mercado da empresa. Para esses autores, o pagamento de dividendos reduz a incerteza do acionista, o que diminui o retorno exigido por ele e, consequentemente, aumenta o valor da empresa.[31] Outro argumento teórico utilizado reside no tratamento fiscal diferenciado dos dividendos perante os ganhos de capital. Estando os dividendos sujeitos à menor carga fiscal, é natural que os investidores prefiram sua distribuição. Por outro lado, a política de dividendos é vista pelos investidores como um sinal revelador da saúde econômico-financeira da empresa. Apesar dos argumentos contra e a favor da relevância da distribuição de lucros no valor da empresa, os estudos empíricos não oferecem evidências conclusivas que suportem qualquer uma das posições teóricas.[32]

Na prática, os administradores financeiros, ao formularem a política de dividendos, devem considerar os argumentos apresentados, bem como alguns aspectos adicionais que também exercem influência significativa na decisão de distribuir ou reter lucros. Em primeiro lugar, devem avaliar a existência de alternativas de investimento, retendo lucros sempre que as oportunidades de investimento nos negócios da empresa forem economicamente mais atraentes que aquelas disponíveis aos acionistas no mercado. Depois, devem considerar o equilíbrio financeiro, apenas distribuindo dividendos se isso não causar problemas de liquidez na empresa. Por último, devem avaliar a disponibilidade de fontes de financiamento externo e sua capacidade para captar esses recursos externos.[33]

O Quadro 12.2 resume os principais argumentos a favor da retenção e da distribuição de lucros que os administradores financeiros devem considerar em sua decisão.

Quadro 12.2 ›› Argumentos favoráveis e contrários à distribuição de dividendos

Argumentos a favor da retenção de lucros	▪ Permite o aproveitamento de oportunidades de investimentos de elevada rentabilidade para a empresa. ▪ Evita sérios problemas na liquidez da empresa, especialmente se esta tiver muitos recursos aplicados em ativos permanentes. ▪ Representa uma importante fonte de financiamento, especialmente se a empresa tiver uma baixa capacidade e flexibilidade para captar recursos no mercado.
Argumentos a favor da distribuição de lucros	▪ Diminui a incerteza e o risco dos investidores relativamente a ganhos futuros – mais vale um dividendo na mão do que dois voando. ▪ Permite uma renda corrente aos investidores que não têm de vender ações, pagando para isso os respectivos custos de transação e impostos sobre ganhos de capital. ▪ Apresenta vantagens em termos de custos de corretagem nas transações e de tributação – a alíquota do imposto de renda sobre os dividendos é nula. ▪ É um sinal revelador da saúde econômico-financeira da empresa que sinaliza boas perspectivas.

Independentemente dos interesses dos acionistas ou das necessidades da própria empesa, no Brasil, a legislação societária determina que as empresas de capital aberto distribuam um dividendo mínimo obrigatório de 25% do lucro líquido.

Um dos maiores grupos empresariais do setor energético brasileiro, atuando nos três segmentos básicos da indústria de energia elétrica, geração, transmissão e distribuição, a Cemig, controlada pelo governo de Minas Gerais, tem uma política de dividendos considerada muito atrativa pelos investidores. A empresa distribui 50% do lucro líquido anualmente e, a cada dois anos, ainda utiliza sua reserva de lucros para a distribuição de dividendos extraordinários. Apesar disso, a empresa tem conseguido manter o seu crescimento por meio de aquisições de outras empresas do setor. Dessa forma, também consegue aumentar os seus fluxos de caixa que lhe permitirão pagar ainda mais dividendos no futuro.[34]

12.7 ›› Diagnóstico financeiro da empresa

Diagnóstico financeiro
Análise do desempenho e da evolução da situação econômico-financeira de uma organização, tendo por base as suas demonstrações financeiras.

O **diagnóstico financeiro** da empresa consiste na análise do desempenho e da evolução da situação econômico-financeira de uma organização, tendo por base as suas demonstrações financeiras.

Do ponto de vista interno, a análise financeira tem como objetivo avaliar o impacto e as consequências das decisões financeiras da empresa, assim como auxiliar os administradores na concepção, avaliação e controle das estratégias da companhia. Do ponto de vista externo, a análise financeira permite que os diferentes *stakeholders*, sejam eles acionistas ou credores, tomem decisões que maximizem seu retorno (os investidores efetuam avaliações financeiras das empresas para melhor gerir suas carteiras de títulos) ou reduzam seus riscos (os fornecedores e as instituições financeiras avaliam a capacidade de a empresa pagar suas dívidas).

De modo geral, o diagnóstico financeiro da empresa deve incluir a análise de, pelo menos, três períodos consecutivos e procurar comparar o desempenho da empresa com outras do mesmo setor de atividade, de preferência da mesma dimensão.[35] Uma das abordagens mais populares do diagnóstico financeiro é aquela baseada no cálculo e na interpretação de um conjunto de indicadores, denominados índices.

O diagnóstico financeiro deve privilegiar a avaliação da capacidade da empresa para gerar resultados de forma a remunerar os investidores – ou seja, sua *rentabilidade* –, a capacidade para honrar seus compromissos – ou seja, seu *equilíbrio financeiro* – e a *eficiência* com que a empresa administra suas atividades operacionais.

12.7.1 ›› Análise da rentabilidade

Análise de rentabilidade
Análise que tem como objetivo avaliar se a empresa aplica de maneira eficiente os recursos financeiros captados de forma a remunerar os seus acionistas e credores.

A **análise da rentabilidade** tem como objetivo avaliar se a empresa aplica de forma eficiente os recursos financeiros que lhe foram confiados pelos credores e acionistas. Uma análise baseada apenas no lucro líquido não reflete se o resultado gerado foi ou não condizente com o potencial econômico da empresa.

Utilizando alguns indicadores que relacionam o lucro com o ativo, o investimento total ou o patrimônio líquido, é possível tirar conclusões mais precisas quanto à capacidade da empresa de gerar recursos e resultados com sua atividade. Os principais indicadores de rentabilidade são:

- *Retorno do patrimônio* (*ROE*): representa o resultado gerado por unidade de capital investido pelos acionistas. O retorno sobre o patrimônio líquido

Os bancos brasileiros são os que apresentam maior rentabilidade sobre patrimônio (ROE) entre os bancos de capital aberto, na América Latina e nos Estados Unidos. Segundo levantamento feito pela Economática, em 2011, Banco do Brasil, Bradesco e Itaú Unibanco estavam no topo de uma lista dos 19 maiores bancos do continente americano. Em 2010, o Banco do Brasil, mesmo sendo o único estatal na lista, era o que tinha o melhor ROE com 26,46%. Isso significa que para cada 100 reais de patrimônio do banco, ele gera 26,46 reais de lucros líquidos. Os bancos brasileiros superam em muito gigantes norte-americanos como o Morgan Stanley, Citibank, Goldman Sachs, entre outros.[36]

permite ao acionista comparar o rendimento obtido com outros investimentos disponíveis no mercado. É obtido dividindo-se o lucro líquido pelo patrimônio líquido.

- *Retorno do investimento (ROI)*: representa o retorno obtido por unidade de capital total investido independentemente de sua origem. É obtido dividindo-se os resultados operacionais pelo passivo oneroso mais o patrimônio líquido.
- *Retorno do ativo (ROA)*: reflete o retorno produzido pelo total de aplicações realizadas por uma empresa em seus ativos. É a medida básica de eficiência da alocação dos recursos da empresa. É obtido dividindo-se os resultados operacionais pelo ativo total.

12.7.2 ›› Análise do equilíbrio financeiro

Uma empresa revela **equilíbrio financeiro** quando tem a capacidade de pagar seus compromissos nas datas dos respectivos vencimentos. O confronto de ativos com obrigações de igual maturidade permite avaliar o equilíbrio financeiro de uma empresa em determinada data. Assim, não é aconselhável financiar ativos ilíquidos, ou seja, bens do imobilizado, com recursos de curto prazo, uma vez que as dívidas vencerão antes que os ativos gerem caixa suficiente para quitá-las.

> **Equilíbrio financeiro**
> Capacidade de pagar seus compromissos e dívidas nas datas dos seus respectivos vencimentos.

Uma empresa garante a manutenção do equilíbrio financeiro de curto prazo quando consegue disponibilizar fundos por meio da conversão dos ativos circulantes em meios líquidos nas datas de vencimento de suas obrigações de curto prazo. Essa capacidade de pagamento dos compromissos de curto prazo é chamada de *liquidez* e é analisada a partir de alguns indicadores:

- *Liquidez corrente*: indica quanto a empresa possui em bens e direitos de curto prazo para cada um real de obrigações vencíveis no curto prazo. É obtido dividindo-se o ativo circulante pelo passivo circulante.
- *Liquidez seca*: indica quanto das dívidas de curto prazo poderia ser resgatado, caso a empresa lançasse mão apenas de seus ativos de maior liquidez. É obtido dividindo-se as disponibilidades financeiras e as dívidas de terceiros de curto prazo pelo passivo circulante.
- *Liquidez imediata*: reflete a porcentagem das dívidas de curto prazo que pode ser quitada por suas disponibilidades financeiras (caixa, depósitos e aplicações financeiras). É obtido dividindo-se as disponibilidades pelo passivo circulante.

Os indicadores de liquidez permitem avaliar a capacidade da empresa de cumprir suas obrigações financeiras no curto prazo e garantir a manutenção da atividade operacional. A falta permanente de liquidez é uma das principais causas de falência das empresas.

A existência de um desequilíbrio de curto prazo indica a necessidade de uma reestruturação financeira. Quando isso acontece, a empresa deve reforçar os capitais permanentes ou redimensionar o ciclo de exploração, pela renegociação dos prazos médios de pagamentos e de recebimentos.

Com referência ao equilíbrio financeiro de longo prazo, a análise centra-se na estrutura de capital indicando a forma como a empresa está sendo financiada. O objetivo principal agora é avaliar a *solidez da estrutura de capital*, analisando quais as principais fontes de recursos de caráter permanente utilizadas pela empresa (capital próprio e o passivo permanente). Os principais indicadores utilizados nessa análise são:

- *Nível de endividamento*: revela a porcentagem dos recursos permanentes da empresa que se encontra financiada por capital de terceiros. É obtido dividindo-se o passivo permanente pelo total do passivo permanente e patrimônio líquido.

Os elevados investimentos realizados pela Petrobras, que a transformaram em uma das maiores petrolíferas do mundo, estavam começando a preocupar seus gestores e investidores, em 2009, uma vez que o seu nível de endividamento superava os 30%. Para reverter a situação e voltar para a sua zona de conforto, a companhia fez uma emissão pública de ações, em 2010, captando 120 bilhões de reais. Com isso, a Petrobras fechou 2010 com 55 bilhões de reais em caixa e um endividamento de apenas 17%. Dessa forma, melhorou a sua estrutura de capital, criando condições para pôr em prática o seu plano de negócios que prevê investimentos de quase 500 bilhões de reais até 2015.[37]

- *Autonomia financeira*: atesta o grau de endividamento da empresa em relação aos recursos próprios. É obtido dividindo-se o passivo pelo patrimônio líquido. Um resultado superior a 1 revela maior dependência financeira da empresa em relação a recursos de terceiros.
- *Cobertura do imobilizado*: revela a porcentagem dos recursos permanentes que se encontra imobilizada em ativos permanentes. É obtido dividindo-se o ativo permanente pelo total do passivo permanente e patrimônio líquido. Se o índice for superior a 1, significa que os recursos permanentes não são suficientes para financiar os ativos permanentes.

12.7.3 ›› Análise da eficiência da atividade

> **Análise de eficiência**
> Avaliação da eficiência com que a empresa gerencia as atividades de seu ciclo de exploração e a transformação de seus ativos em receitas.

A **análise da eficiência** da atividade consiste na avaliação da eficiência com que a empresa gerencia as atividades de seu ciclo de exploração, que vai desde a aquisição de matérias-primas até o recebimento das vendas realizadas. Concretamente, são utilizados indicadores que demonstram em que medida a empresa está conseguindo transformar seus ativos em receitas e indicadores de prazos médios que, conjuntamente, possibilitam dimensionar a duração do ciclo de exploração e de caixa da empresa.

Esses indicadores de atividade são:

- *Giro do ativo*: indica a eficiência com que a empresa usa seus ativos para gerar vendas. É obtido dividindo-se o valor líquido das vendas pelo ativo total.
- *Prazo médio de pagamento*: expressa o tempo médio que a empresa leva para pagar suas dívidas a fornecedores. O prazo médio de pagamento demonstra o poder de barganha da empresa em relação a seus fornecedores. É obtido dividindo-se as dívidas com fornecedores pelo valor das compras, multiplicado por 360 dias.
- *Prazo médio de recebimento*: expressa o tempo médio decorrido entre a venda e o recebimento. É obtido dividindo-se os créditos a receber de clientes pelo valor das vendas líquidas, multiplicado por 360 dias.
- *Prazo médio de estocagem*: expressa o tempo médio necessário para a completa renovação dos estoques da empresa. Quanto menor for esse indicador, maior a eficiência com que os estoques são administrados pela empresa. É obtido dividindo-se os estoques pelo custo dos produtos vendidos, multiplicado por 360 dias.

A soma do prazo médio de estocagem e prazo médio de recebimento revela a duração do *ciclo de exploração*, ou seja, o tempo decorrido entre a compra e o recebimento da venda da mercadoria. Paralelamente, a duração do *ciclo de caixa* é calculada deduzindo-se o prazo médio de pagamento ao ciclo de exploração. O ciclo de caixa indica o número de dias de que a empresa necessitará de financiamento para seu ciclo de exploração, normalmente com recursos de curto prazo. No entanto, quando o ciclo de caixa é muito elevado, a empresa precisa financiar esse desequilíbrio operacional com recursos permanentes, evidenciando assim um problema na gestão das atividades operacionais. A Figura 12.14 ilustra graficamente os ciclos da empresa.

Figura 12.14 ›› Ciclo de exploração e de caixa

12.7.4 ›› Limitações da análise de indicadores

O diagnóstico do desempenho de uma empresa não pode ser reduzido ao cálculo de uma série de indicadores. A análise do desempenho empresarial deve considerar outras informações, de caráter qualitativo e quantitativo, que não se encontram nas demonstrações financeiras. Assim, o diagnóstico do desempenho deve incluir a análise dos produtos, mercados, concorrentes, participação de mercado, clientes, fornecedores, trabalhadores, conjuntura econômica, entre outros.

Entretanto, alguns cuidados devem ser observados na análise econômico-financeira baseada em indicadores. Às vezes, a sazonalidade pode exercer um efeito significativo em algumas empresas ou em alguns setores. Nessas circunstâncias, é aconselhável utilizar demonstrações financeiras referentes a períodos mais curtos, geralmente, semestres ou trimestres. Fazer generalizações a respeito dos indicadores também é desaconselhável. Uma empresa pode apresentar alguns índices bons e outros nem tanto, dificultando a formação de uma opinião conclusiva. Por último, a confiabilidade das demonstrações financeiras nem sempre é a melhor. A 'maquiagem' e o embelezamento das demonstrações financeiras são, infelizmente, artifícios bastante comuns em casos de fraudes e manipulações.[38]

Contudo, apesar de todas as limitações, as demonstrações financeiras constituem as fontes de informação mais sistematizadas e elaboradas de que administradores, investidores e credores dispõem. Por outro lado, o fato de essas informações estarem sujeitas a regras comuns (como as normas do IFRS) permite sua comparação com outras empresas. Por essas razões, a análise de indicadores continua sendo um dos principais instrumentos de avaliação e controle do desempenho organizacional.

>> Resumo do capítulo

O presente capítulo procurou oferecer uma visão integrada da função financeira nas organizações. Apesar de não ser uma atividade diretamente relacionada com a produção e venda de bens ou serviços, a administração financeira desempenha papel crucial no sucesso de uma empresa. De fato, sem uma adequada gestão do fluxo de recursos financeiros, qualquer iniciativa empresarial está condenada ao fracasso.

Por outro lado, como a maioria das decisões é avaliada por seus impactos financeiros, todos os administradores, independentemente de sua área de atuação, têm necessidade de conhecimentos básicos da função de administração financeira.

De modo geral, pode-se dizer que a administração financeira consiste na tomada de decisões de investimento – alocação de recursos – e de financiamento – captação de recursos. Estas são, aliás, duas faces da mesma moeda. Ambas têm como objetivo a maximização da riqueza dos proprietários, principal meta da empresa na ótica da administração financeira. A geração de riqueza pode ser verificada a partir das decisões de investimentos pela seleção de ativos que produzam os melhores fluxos de caixa no futuro; e a partir das decisões de financiamento pela redução dos riscos empresariais e dos custos das fontes de capital.

Ao longo do capítulo foram apresentadas algumas metodologias e técnicas que auxiliam os administradores financeiros em seu processo de tomada de decisão. Enquanto as decisões de investimento devem privilegiar projetos que apresentem um valor presente líquido positivo ou uma taxa interna de retorno superior ao custo de capital, as decisões de financiamento devem definir uma estrutura de capital equilibrada em termos de custo e de risco. O resultado final das decisões financeiras deve gerar um retorno para a empresa que exceda o custo total de captação, agregando, assim, valor econômico à empresa.

Posteriormente, foram discutidas a política de dividendos e suas implicações no valor da empresa. Uma vez que o pagamento de dividendos aos acionistas retira recursos da organização que seriam utilizados no financiamento de suas atividades, a decisão de distribuir ou reter lucros deve ser analisada em conjunto com as decisões de investimento e financiamento, de forma a avaliar seu impacto no risco, retorno e valor da empresa.

O capítulo termina com a apresentação de algumas técnicas de diagnóstico financeiro. Apesar de suas limitações, essas ferramentas permitem avaliar o progresso em direção aos objetivos estabelecidos. Por meio da análise de rentabilidade, do equilíbrio financeiro e da eficiência da atividade, os administradores monitoram o desempenho da organização e coletam informações essenciais para fundamentar decisões presentes e futuras que agreguem valor à empresa.

Questões para discussão

1. O que é administração financeira? Quais são as funções de um administrador financeiro?

2. Segundo a administração financeira, o objetivo da empresa é a maximização da riqueza dos proprietários. Você concorda com esse objetivo? Justifique.

3. Quais os ciclos em que a atividade da empresa pode ser dividida de acordo com uma perspectiva financeira? Como estes se inter-relacionam?

4. Quais são os principais elementos do sistema financeiro? Como estes se inter-relacionam?

5. Qual é a diferença entre lucro contábil e fluxo de caixa? Qual é o mais relevante para a administração financeira? Justifique.

6. Em que consiste a avaliação econômico-financeira de projetos de investimento? Por que o VPL e a TIR são considerados métodos de avaliação de investimentos sofisticados?

7. Uma empresa sem dívidas no curto prazo é uma empresa financeiramente equilibrada. Você concorda com essa afirmação? Justifique.

8. O que é a estrutura de capital e qual sua importância? Qual é sua relação com o custo de capital e o risco financeiro?

9. A melhor política de dividendos é aquela que distribui a totalidade dos lucros aos acionistas porque eles correram riscos ao investir no negócio. Você concorda? Justifique.

10. Em que consiste o diagnóstico financeiro de uma empresa? Por que ele é tão importante? Que dimensões do desempenho devem ser privilegiadas na análise?

Ponto e Contraponto

Financiamento com capital de terceiros: propulsor ou freio?

O endividamento é um aspecto de fundamental importância para sustentar o crescimento das empresas. A utilização de capital de terceiros para financiar os investimentos tem diversas vantagens e pode atuar como um *propulsor* da atividade econômica.

Primeiro, os juros pagos são dedutíveis para fins tributários, o que reduz o custo efetivo da dívida. Segundo, como os portadores de títulos de dívidas obtêm um retorno fixo, os acionistas não precisam partilhar seus lucros se os negócios forem extremamente bem-sucedidos.

Na prática, ao utilizar recursos de terceiros no financiamento das atividades, as empresas conseguem alavancar o seu crescimento, porque não precisam depender dos sócios sempre que se configura uma nova oportunidade de investimento.

Além das vantagens que já foram apresentadas, o endividamento também pode funcionar como um propulsor da eficiência e disciplina da gestão financeira na empresa. A rigidez dos mapas de dívidas impõem uma maior atenção à gestão financeira do negócio, focando os executivos no cumprimento do acordado com os credores.

A Crown Cork & Seal Company, uma empresa de 4,5 bilhões de dólares transacionada na Bolsa de Valores de Nova York, é um bom exemplo de utilização vantajosa de capital de terceiros. Durante um período de dez anos, de 1983 a 1993, a Crown aumentou sua dívida de 15,6 milhões para 860 milhões de dólares, ou seja, em mais de 5.000%. Nesse meio tempo, seu capital acionário aumentou em apenas 148%. Como a Crown ganhou muito mais sobre seus ativos do que o custo de sua dívida, seus lucros cresceram exponencialmente, o que levou o preço de suas ações de US$ 3 para US$ 40 cada.[39]

De fato, podemos concluir que, se uma empresa consegue gerar lucros superiores aos custos pagos no financiamento, então o endividamento com capitais de terceiros é sempre a solução melhor e menos arriscada.

As desvantagens do capital de terceiros são muito maiores que as vantagens e essa forma de financiamento das atividades pode atuar como um *freio* da atividade econômica de uma organização.

Primeiro, quanto mais alto for o grau de endividamento, mais alta será a taxa de juros, pois o seu risco financeiro aumenta. Segundo, diminui a flexibilidade da organização que, com o aumento do endividamento, terá de reservar parte dos seus fluxos financeiros para o pagamento de juros e da dívida.

Além disso, se uma empresa enfrenta tempos difíceis e o lucro operacional não é suficiente para cobrir os pagamentos de juros, os acionistas terão de cobrir a diferença e, se não puderem fazê-lo, a empresa irá à falência.

Além disso, o excesso de dívidas pode impedir a empresa de conseguir ultrapassar crises e momentos de situação financeira complicada, e ainda arruinar os acionistas nesse meio-tempo.

O endividamento já representou a destruição para diversos grandes varejistas, incluindo a Macy's, a mais tradicional loja de departamento norte-americana. O problema começou em 1986, quando Edward Finkelstein, ex-presidente do conselho da Macy, realizou uma aquisição financiada por capital de terceiros que deixou a Macy tão endividada que mais tarde a empresa se viu à beira da falência. A solução foi realizar uma fusão com outra empresa, reduzir o quadro de funcionários, cortar custos, entre outras medidas de austeridade, o que evidentemente prejudicou a companhia.[40]

De fato, podemos concluir que quanto maior a participação de capital de terceiros em relação ao capital próprio, mais vulnerável a empresa se torna. Não podemos nos esquecer que o que produz valor não é o passivo, mas sim os ativos. Sendo assim, se a empresa que capta dinheiro no mercado não consegue gerar valor em suas operações, então o endividamento não é apenas inútil, mas também prejudicial à empresa.

Dilema ético

›› Contabilidade criativa: maquiagem ou fraude?

Considerando que o objetivo da contabilidade é oferecer aos interessados, que podem ser investidores, credores ou clientes, relatórios contábeis com informações fidedignas que são utilizadas para a tomada de decisão, como devem os gestores financeiros proceder quando as normas contábeis permitem a flexibilidade na sua interpretação ou quando existem omissões nestas?

Algumas empresas, aproveitando-se de eventuais ambiguidades ou omissões contidas na interpretação das referidas normas, dão voltas às legislações para apresentar uma informação contábil mais favorável à organização. Elas "maquiam" as cifras sem deixar de cumprir os princípios de contabilidade, e com isso conseguem resultados melhores. Chamam a esse processo de manipulação da realidade patrimonial de uma empresa de *contabilidade criativa*.

Os motivos que levam as empresas a fazer essa contabilidade criativa são muitos. Podem ser aumentar o valor patrimonial da empresa (e o valor das ações) no mercado de capitais, a redução dos lucros ou aumento das despesas para pagar menos impostos ou tarifas, reduzir o perfil de risco da empresa (e com isso conseguir melhores taxas nos empréstimos) ou simplesmente apresentar melhores indicadores de liquidez e rentabilidade.

Essa prática – cada vez mais comum – envolve aspectos controversos. Alguns defendem que por não desrespeitar ou descumprir os requisitos da lei, a prática não pode ser considerada ilegal, e portanto não está passível de punição. Outros argumentam que, apesar de não violar diretamente a lei, esta maquiagem tende a modificar a situação real econômico-financeira da empresa e, assim, deve ser considerada ilícita.

O que deveria ser um processo neutro, o de reportar simples informações contábeis, fica assim sujeito a variações e interpretações. Em alguns casos, essas práticas têm elevados prejuízos para os usuários e sociedade em geral, como comprovam os casos da Enron (inflou artificialmente seus lucros e ocultou seu endividamento), Worldcom (retificou os balanços em US$ 4,2 bilhões, registrando custos fixos como investimentos) e da Parmalat (envolveu-se em um esquema de desvios contábeis, orçamentos falsos e lucros fictícios). O pior é que muitas vezes essas práticas são sancionadas por empresas de auditoria que deveriam assegurar aos investidores e credores a fidedignidade dessas informações.

Levantar essa discussão é importante porque as consequências da utilização de práticas dessa natureza afetam diretamente todas as partes interessadas nas informações geradas pela contabilidade, podendo trazer distorções significativas na interpretação dos dados pelos usuários e consequentemente prejuízos para eles.

Questões para discussão

1. Na sua opinião, contabilidade criativa é uma simples maquiagem ou é uma fraude?
2. Será eticamente correto fazer contabilidade criativa desde que não viole nenhuma legislação?
3. Como você reagiria se o seu chefe lhe pedisse para maquiar as contas da empresa para melhorar os resultados da empresa perante os acionistas?
4. Como os órgão reguladores podem evitar problemas relacionados com a maquiagem da contabilidade de uma empresa?

Estudo de caso

>> Gestão financeira de um gigante do varejo

A história da organização

O Grupo Pão de Açúcar (GPA), a maior empresa de varejo do Brasil, iniciou sua atividade em 1948, quando Valentim dos Santos Diniz, imigrante português, inaugurou em São Paulo a Doceira Pão de Açúcar. Uma década depois, em 1959, o Pão de Açúcar inaugurava seu primeiro supermercado e, dez anos mais tarde, o grupo já ocupava uma posição de destaque no varejo nacional, com mais de 50 lojas, em 17 cidades do estado de São Paulo.

Desde essa época, a organização adotou uma estratégia de crescimento baseada fundamentalmente na aquisição de outras redes de supermercados. Sempre apostando na inovação e no adequado posicionamento perante os diferentes tipos de consumidores, o Grupo Pão de Açúcar foi o primeiro grupo varejista a inaugurar no Brasil um novo modelo de loja: o hipermercado Jumbo. Esse novo conceito tinha como objetivo alavancar as vendas no país e permitir a entrada da organização em novos mercados, concretamente em Portugal, Espanha e Angola. A partir de 1989, essa marca foi substituída por uma nova bandeira, os hipermercados de segunda geração Extra, com maior diversidade e variedade de produtos.

O enorme crescimento pelo qual passou a empresa, entretanto, também trouxe diversos problemas. A excessiva burocratização e o aumento dos custos de manutenção da infraestrutura administrativa e operacional, decorrentes do elevado número de aquisições, precisavam ser solucionados. Com esse objetivo, na década de 1990, foram feitas diversas reestruturações na empresa, de modo a garantir o aumento da eficiência e a centralização de algumas operações, visando obter economias de escala.

Nesse contexto, o grupo criou uma poderosa divisão comercial que passou a ser responsável pela comercialização com todos os fornecedores, fortalecendo o poder de barganha da organização. Além disso, buscou reduzir o número de redes dentro do grupo. Analisando os segmentos de consumidores e as semelhanças existentes entre as cadeias de supermercados, foi possível restringir as operações a apenas quatro redes de supermercados: Pão de Açúcar, Extra, Eletro e Superbox.

Em 1998, o grupo passou por uma nova reestruturação. Naquele ano, o GPA adquiriu os supermercados Barateiro, focados no público de menor poder aquisitivo das classes C e D. A venda permitiu viabilizar a estratégia anteriormente frustrada de popularização da rede, fazendo uso de uma marca plenamente identificada com os clientes da base da pirâmide. Simultaneamente, essa reestruturação permitiu que a companhia reformulasse o posicionamento da rede Pão de Açúcar, oferecendo serviços e produtos diferenciados voltados para os consumidores de maior poder aquisitivo.

A estratégia de crescimento continuou nos anos seguintes, por meio de investimentos na compra de outras redes e na abertura de novas lojas das redes existentes. Em 2004, deu-se a fusão operacional com a rede de supermercados fluminense Sendas, que teve como objetivo aumentar a participação do grupo no importante mercado varejista do Rio de Janeiro, onde a organização possuía apenas 38 lojas e uma pequena participação de mercado (contra 68 lojas da rede Sendas). Além disso, a estratégia de crescimento foi acompanhada por grandes investimentos na construção de centros de distribuição e depósitos regionais para facilitar a logística de armazenamento, distribuição, transporte e reposição de mercadorias.

No final de 2007, a empresa dá um importante passo e compra uma participação da Assaí, tradicional rede atacadista paulista, com lojas nos estados de São Paulo, Rio de Janeiro e Ceará. O negócio permite a entrada da empresa em um segmento de forte expansão no país, impulsionado pelas melhores condições econômicas que estimulam o empreendedorismo e a expansão dos pequenos negócios – público-alvo da rede adquirida. Dois anos depois, o grupo adquire os restantes 40% de participação no Assaí e assume integralmente a empresa.

Em 2009, o Grupo Pão de Açúcar anuncia a compra da rede Ponto Frio e reafirma seu compromisso em ampliar a participação de bens duráveis, especialmente eletroeletrônicos, dentro do seu portfólio. No ano seguinte, reforçando essa aposta nesse segmento de mercado, a empresa assina um acordo de fusão operacional entre a companhia e a Casas Bahia e criando a maior rede de distribuição da América Latina, com mais de 1.500 lojas, cerca de 150 mil colaboradores e um faturamento anual de 50 bilhões de reais.

Abertura de capital

A estrutura societária da organização estava totalmente nas mãos da família Diniz até 1995. Desde sua fundação até esse ano, o patriarca Valentim dos Santos Diniz participava ativamente das decisões empresariais com seus filhos. Dentre estes, destacava-se Abílio Diniz, que trabalhava com o pai desde 1956, antes da criação do primeiro supermercado.

Ana Paula Paiva/Valor

Em 1995, Valentim abandonou o controle operacional, tornando-se presidente do Conselho de Administração, passando o poder executivo para seu filho Abílio, que, entretanto, assume a posição de acionista majoritário da empresa. Nesse mesmo ano, com o objetivo de arrecadar fundos para financiar a expansão do grupo, foi organizada a oferta pública inicial, com a qual se obteve 112 milhões de dólares. A partir daí, o valor das ações tem crescido continuamente. Em janeiro de 1999, o papel era comercializado por cerca de 20 reais e, em junho de 2012, estava avaliado em mais de 75 reais, um aumento de quase 300%.

Em maio de 1997, os papéis da companhia passaram a ser comercializados na Bolsa de Valores de Nova York (Nyse), sob a forma de ADRs – títulos que possibilitam o acesso de empresas estrangeiras ao mercado norte-americano. Essa foi a primeira oferta de um varejista brasileiro no mercado acionário norte-americano e resultou em uma captação de 172,5 milhões de dólares. Esse papel também sofreu forte valorização, saltando de 10 dólares, em janeiro de 1999, para 38 dólares, em junho de 2012.

Estrutura acionária

Em 1999, o Grupo Pão de Açúcar assinou um contrato de investimento com o Grupo Casino, um gigante varejista francês. A associação ocorreu por emissão de debêntures conversíveis em ações preferenciais, seguida de uma subscrição privada de ações. Em maio de 2005, o Grupo Casino, que já detinha 24% das ações, investiu mais 900 milhões de dólares para partilhar o controle acionário da empresa com Abílio Diniz. Após essa operação, nasceu uma nova controladora, chamada Wilkes, cujo controle é dividido entre Abílio Diniz e o grupo francês. Apesar de haver outras participações acionárias, um acordo entre os acionistas deu poder de voto único à holding Wilkes, restringindo o controle à organização francesa e ao empresário brasileiro. Em 2012, as ações livremente negociadas em bolsas de valores (free float) representavam 37,2% do total de ações emitidas, quase todas ações preferenciais.

Toda essa estrutura foi fundamentada em uma sólida governança corporativa, pautada na transparência, ética e segurança na divulgação de informações. Além disso, a existência de um conselho de administração, um conselho fiscal, um conselho consultivo e de diversos comitês de gestão, auditoria, marketing institucional, responsabilidade ambiental, entre outros, garantem a adequação das práticas operacionais e a claridade da relação da empresa com seus acionistas. Por essas razões, o GPA participa, desde 2003, do Índice de Ações com Governança Diferenciada da Bovespa.

Política de investimentos

Conforme referido anteriormente, a estratégia de crescimento do Grupo Pão de Açúcar está alicerçada em uma política de investimentos arrojada baseada na aquisição de redes varejistas consolidadas e na expansão das redes atuais. Com base em informações financeiras e mercadológicas, os dirigentes do grupo avaliam as diferentes alternativas de investimento, o retorno esperado de cada alternativa e a disponibilidade de capitais para a operação.

Só em 2010 e 2011, o Grupo Pão de Açúcar realizou vários investimentos no valor de 3 bilhões de reais. Esses investimentos incluíram a aquisição de redes varejistas independentes; a abertura de novas lojas do grupo e de centros de distribuição regionais; a reforma e modernização das lojas da rede; e o desenvolvimento de infraestrutura tecnológica e logística.

Em 2012, o GPA planeja investir aproximadamente 2 bilhões de reais de forma a aproveitar as expectativas positivas em relação ao desempenho da economia brasileira, priorizando o crescimento orgânico da rede. Nesse sentido, a companhia planeja abrir cerca de 420 novas lojas até 2014, sendo a maior parte de unidades de pequeno formato, sob a bandeira Extra.

Política de financiamento

Para sustentar os ousados planos de investimento do grupo e financiar as atividades operacionais, a empresa teve de recorrer a fontes de financiamento externas. No entanto, seu endividamento precisava ser mantido em níveis razoáveis para não desequilibrar a empresa e aumentar o seu risco financeiro.

Uma das principais fontes para garantir os recursos necessários ao seu crescimento foi a emissão de ações nos mercados nacional e internacional, como mencionado. Nesse contexto, destacaram-se duas fases de captação de recursos: a abertura inicial de capital no Brasil, em 1995, e nos Estados Unidos, em 1997, e a parceria estratégica com o Grupo Casino, que injetou grandes somas de capital na companhia brasileira que foram utilizadas na redução de seu endividamento.

No entanto, o aumento dos capitais próprios não foi a única fonte utilizada para financiar o crescimento da organização. As dívidas com os fornecedores e o reinvestimento dos lucros, ambos consequência do aumento das vendas, foram igualmente fontes de recursos importantes.

Por outro lado, entre 2002 e 2006, foi possível reduzir o passivo oneroso da empresa, estimado em quase 3 bilhões de reais, em 2002, para menos de 2 bilhões de reais, em 2006. A injeção de capital feita pelo grupo francês em 2005 contribuiu muito para conseguir alcançar esse bom resultado. Como consequência dessa mudança da estrutura financeira do grupo, foi possível diminuir a relação entre a dívida onerosa e o patrimônio líquido de 81% para 40% no período considerado.

No entanto, as aquisições das redes Ponto Frio e Casas Bahia fizeram com que a empresa voltasse a aumentar a sua dívida para financiar essas aquisições, recorrendo à emissão de debêntures e a financiamentos bancários. No final de 2011, a dívida bruta da companhia ascendia a 6 bilhões de reais.

Ainda assim, o Grupo Pão de Açúcar consegue ter uma estrutura financeira equilibrada uma vez que o seu grau de endividamento é mais baixo do que a média do setor e equivalia, em 2010, a 1,9 vez a sua geração de caixa. Segundo a Bloomberg, o nível médio de endividamento entre as principais varejistas do mundo era, em 2010, de 2,05 vezes a geração de caixa, medida pelo EBITDA.

Política de dividendos

Quanto ao desempenho financeiro do grupo, verificou-se um aumento das vendas brutas de 11 bilhões de reais, em 2002, para 46,6 bilhões de reais, em 2011, já incluindo o faturamento consolidado das redes Ponto Frio e Casas Bahia. Entretanto, essa elevação das vendas não foi acompanhada pelo aumento proporcional dos lucros. O lucro líquido tem crescido a um ritmo mais lento do que as vendas, em função da necessidade de reestruturação do grupo devido às aquisições realizadas. Ainda assim, o lucro líquido do grupo em 2011 era de 718 milhões de reais quase três vezes mais do que no início do milênio. Por sua vez, os dividendos distribuídos aos sócios acompanharam a variação dos lucros. De fato, pode dizer-se que o Grupo Pão de Açúcar tem mantido uma política de dividendos estável ao longo dos anos. O *payout ratio*, ou seja, o percentual do lucro líquido que é distribuído aos acionistas, tem permanecido constante na ordem dos 24%, totalizando, em 2011, 170 milhões de reais.

O futuro incerto do Grupo Pão de Açúcar

Abílio Diniz conseguiu transformar uma pequena rede regional de supermercados no maior grupo varejista da América Latina. A sua estratégia de crescimento agressiva foi baseada na aquisição de redes de supermercados menores. Recentemente, decidiu apostar na diversificação de negócios entrando no setor de varejo de bens duráveis, adquirindo o Ponto Frio e a Casas Bahia, o que lhe permitiu chegar à liderança desse setor.

Para financiar todos esses investimentos nas aquisições e as reestruturações dessas redes, Abílio precisou recorrer a diversas fontes de financiamento externo, das quais se destaca a abertura do capital da empresa e a entrada de um novo acionista, o Grupo Casino, liderado por Jean-Charles Naouri, com o qual passou a compartilhar o poder (cada um detém 50% das ações da Wilkes).

No entanto, essa parceria parece atravessar agora um período difícil. Em 2005, a condição imposta pelo sócio francês para a injeção de capital na rede era a de ter o direito de comprar uma ação da Wilkes, controladora do GPA, pelo valor simbólico de 1 real em junho de 2012. Ao exercer esse direito, o Grupo Casino passa a deter o controle majoritário sobre a companhia. Isso, muito provavelmente, implicará na saída de Abílio Diniz da presidência do conselho.

Naturalmente, Abílio pretende continuar à frente do grupo que ajudou a criar, mas também sabe que não pode vencer todas as batalhas e o mais importante é que a empresa continue crescendo.[41]

> **Questões**
>
> 1. Como você classificaria a estratégia corporativa do Grupo Pão de Açúcar?
> 2. Quais foram as principais mudanças que ocorreram na organização com a entrada do Grupo Casino na estrutura acionária do Pão de Açúcar? Você acha que essa parceria tem sido benéfica para o grupo?
> 3. Qual é a relação entre a estratégia do Grupo Pão de Açúcar e sua política de investimentos? Quais os riscos dessa política de investimentos?
> 4. Quais são as principais fontes de financiamento pelo Grupo Pão de Açúcar? Por que a organização adotou uma política de financiamento baseada nessas fontes de recursos?
> 5. Você concorda com a política de dividendos da organização? Por que você acha que o Grupo Pão de Açúcar apenas paga o dividendo mínimo previsto na lei?

Dinâmica de grupo 1

De olho nas letras miúdas

Imagine que você faz parte da equipe de analistas de planejamento financeiro da Footênis, uma fabricante brasileira de calçados esportivos, que está avaliando algumas alternativas de investimento. A seguir, são apresentados os fluxos de recursos esperados, em milhares de reais, já considerando todas as receitas e despesas envolvidas.

Período	Lançamento de novo produto	Compra de concorrente	Reforma da fábrica	Abertura de filial no exterior
0	–4.000	–8.000	–5.000	–2.000
1	–500	1.000	1.000	–2.000
2	2.000	1.100	900	200
3	2.000	1.200	800	400
4	1.000	1.300	700	600
5	1.000	1.400	600	800
6 em diante	500	1.500	600	1.000

Os acionistas da empresa não aceitam que o endividamento cresça mais do que R$ 8 milhões no ano 0, logo, não é possível realizar alguns investimentos conjuntamente. Ou seja, apenas um dos investimentos pode ser realizado. Além disso, eles não desejam abrir o capital da Footênis nem emitir títulos de dívida, condicionando os investimentos à tomada de empréstimos em bancos. Foram pesquisadas três instituições financeiras que ofereceram diferentes condições. Os dados foram compilados na tabela a seguir em:

Condições	Banco BRM	Banco Pirata	Banco Ninja
Valor do empréstimo	R$ 7 milhões	R$ 10 milhões	R$ 10 milhões
Taxa de juros anual	15%	20%	17%
Prazo de pagamento	10 anos	20 anos	5 anos
Taxa de abertura de crédito	R$ 100 mil	R$ 0	R$ 25 mil

Atividade de grupo

Em grupos de três, com base nas informações prestadas e em seus conhecimentos sobre administração financeira, discuta com os outros membros de seu grupo e escolha as melhores alternativas de investimento e financiamento para a Footênis.

Dinâmica de grupo 2

Viajando na análise contábil

Suponha que você trabalha em um fundo de investimentos com atuação global e que o seu grupo é responsável pela análise das ações de empresas fabricantes de aviões comerciais. Desde sua criação, a empresa onde trabalha adota uma estratégia de investimentos baseada em dois princípios fundamentais de seu fundador, Washington Bufete: a análise fundamentalista contábil e o foco em empresas únicas. Dessa forma, as decisões de investimentos realizadas pelos analistas precisam ser baseadas em indicadores contábeis e não devem resultar em diversificação dentro de um mesmo setor. Isso significa que, após analisar diferentes empresas de um mesmo segmento, apenas uma deve ser escolhida para receber todo o capital disponível para investimento.

Como a sua unidade é responsável pelo setor de fabricação de aeronaves comerciais, o seu grupo precisa decidir em qual empresa o fundo de investimentos deve aportar 50 milhões de dólares. Esse valor será usado para comprar ações da organização, as quais serão mantidas por um longo prazo na carteira do fundo. As três opções possíveis são a fabricante americana Pong, a franco-holandesa Volebus e a brasileira Embracéu. A seguir, foram compiladas diversas informações contábeis das três companhias, dos últimos três anos de atividade, que deverão ser utilizadas como critério de fundamentação para a escolha do seu grupo.

Atividade de grupo

Em grupos de três, identifique os índices que considerar mais importantes na análise das empresas. Com base nessas informações, escolha a fabricante de aeronaves que receberia o investimento do fundo onde vocês trabalham. Depois, debata com os outros grupos as razões de sua decisão.

Empresa	Pong			Volebus			Embracéu		
	Ano 2	Ano 1	Ano 0	Ano 2	Ano 1	Ano 0	Ano 2	Ano 1	Ano 0
Rentabilidade do patrimônio	18%	16%	16%	14%	13%	13%	28%	−5%	7%
Rentabilidade do ativo	9%	8%	8%	8%	7%	8%	15%	−1%	3%
Liquidez corrente	1,55	1,46	1,60	1,31	1,25	1,29	1,85	1,90	1,87
Liquidez imediata	1,11	1,20	1,18	1,85	1,90	1,67	0,88	0,95	0,79
Nível de endividamento	43%	38%	32%	45%	49%	52%	71%	62%	69%
Giro do ativo	0,35	0,41	0,38	0,28	0,30	0,27	0,45	0,49	0,39
Prazo médio de recebimento	25	30	29	35	45	42	65	75	70
Prazo médio de estocagem	38	42	41	45	39	38	21	23	19

Administrando a sua empresa

Fazendo contas à vida – outubro do ano 3

Comece por analisar os resultados de sua empresa obtidos nesse último trimestre.

Demonstrações – ano 3	Jul.	Ago.	Set.
Receitas	R$ 170 mil	R$ 225 mil	R$ 190 mil
Despesas operacionais	R$ 80 mil	R$ 100 mil	R$ 105 mil
Despesas financeiras e tributárias	R$ 33 mil	R$ 41 mil	R$ 31 mil
Resultado	R$ 57 mil	R$ 84 mil	R$ 54 mil

Como está chegando o final do ano, o departamento financeiro enviou-lhes os Balanços Patrimoniais dos dois últimos exercícios, bem como a prévia desse ano (ano 3) para que vocês avaliassem a saúde financeira de sua empresa. Vejam os dados a seguir:

Nesse mesmo período, vocês estão avaliando duas opções de investimento que podem vir a ser implantadas. Uma delas refere-se ao aluguel do direito de uso de um satélite, que permitiria a rápida troca de informações entre seus centros de produção no Brasil e na Índia. Isso exigiria um considerável volume de recursos, mas poderia trazer grandes melhorias às operações de sua fabricante de jogos, já que aceleraria o fluxo de dados e possibilitaria o envio e recebimento de gráficos detalhados em alta qualidade de imagem. A outra opção é a criação de uma filial nos EUA, o grande centro de consumo mundial de games. Atualmente, seus produtos são vendidos por representantes, que os importam e distribuem nos estados de Nova York, Califórnia e Texas. Isso ocasiona uma dupla ineficiência para sua empresa: primeiramente, porque esses centros norte-americanos são distantes, o que ocasiona maiores custos de distribuição e estocagem, além disso, devido à margem de lucro da distribuidora norte-americana, que impede sua organização de auferir maiores ganhos de exportação.

(em milhares de R$)	Ano 3*	Ano 2	Ano 1
Ativo circulante	1.100	685	445
Caixa	790	330	220
Aplicações	85	55	50
Clientes	175	150	100
Estoques	50	150	75
Ativo permanente	8.425	6.710	4.400
Edifícios	1.700	1.700	1.200
Computadores	700	400	300
Máquinas	3.000	2.500	1.900
Patentes	3.025	2.110	1.000
Total do ativo	9.525	7.395	4.845

* Previsão para o final do ano 3.

(em milhares de R$)	Ano 3*	Ano 2	Ano 1
Passivo circulante	4.870	2.100	1.450
Fornecedores	100	200	150
Empréstimos de CP	4.770	1.900	1.300
Exigível a LP	2.600	4.000	2.400
Empréstimos de LP	2.600	4.000	2.400
Patrimônio líquido	2.055	1.295	995
Capital social	1.295	1.000	1.000
Reservas de lucros	760	295	(5)
Total do passivo + PL	9.525	7.395	4.845

* Previsão para o final do ano 3.

Veja os fluxos previstos, em milhares de reais, de entradas e saídas de caixa decorrentes desses dois investimentos.

	Aluguel de satélite		Filial nos EUA	
	Entradas	Saídas	Entradas	Saídas
Ano 0	0	1.200	0	1.100
Ano 1	400	150	150	120
Ano 2	400	150	300	120
Ano 3	450	150	450	150
Ano 4	500	150	600	180
Ano 5	500	150	750	180

Como pode ser observado pelas propostas apresentadas, sua empresa tem sede por crescimento e deseja se tornar um grande player mundial. Essa meta, entretanto, vem cobrando seu preço. Seu nível de endividamento está bastante elevado e, em decorrência disso, os bancos estão elevando as taxas dos capitais emprestados a vocês (para um empréstimo de 1,2 milhão de reais, as instituições estão oferecendo prazos de dois anos e taxas de 20% ao ano). Visto isso, seu departamento financeiro apresentou-lhe duas opções: a emissão de títulos no mercado ou a venda de 10% do capital de sua empresa para um fundo de participações do empresário Delinício Filho. Esses títulos terão um custo de emissão de 200 mil reais, visarão arrecadar 2 milhões de reais e pagarão juros de 15% ao ano. Já a abertura do capital ao fundo de participações injetará 1,25 milhões de reais ao caixa da empresa, mas incluirá um novo sócio à tomada de decisão estratégica. Além disso, o novo investidor terá direito a elevar sua participação para 25% daqui a dois anos, caso queira fazê-lo.

Atividades e decisões

Diante de todas essas indagações nesse período, siga o roteiro apresentado abaixo para tentar encontrar as melhores saídas para as questões levantadas.

1. Façam uma análise crítica ao seu balanço patrimonial:

    a) Observem a evolução do caixa e das aplicações e proponham alguma mudança, caso considerem necessário.

    b) Analisem a estrutura do ativo (circulante vs. permanente) e comentem sobre possíveis problemas gerados por ela.

    c) Sua empresa possui mais de R$ 3 milhões em patentes. Discutam um pouco sobre esse ativo, falando sobre sua origem, importância e liquidez.

    d) Analisem a sua estrutura de capital e tentem identificar algum problema. Observem a evolução de seus passivos circulantes e exigíveis a longo prazo e façam um comentário crítico.

2. Analisando as informações do texto, escolham o investimento que deve ser realizado e justifiquem essa decisão.

3. Por último, como vocês financiariam suas atividades? Justifiquem essa decisão.

Notas

1. JULIBONI, M. A Estratégia da construtora da Odebrecht para não se endividar. **Exame.com**, out. 2010. Disponível em: <http://exame.abril.com.br/negocios/empresas/noticias/a-estrategia-da-construtora-da-odebrecht-para-nao-se-endividar>. Acesso em: 22 jun. 2012.

2. GITMAN, L. G. **Princípios de administração financeira**. 10. ed. São Paulo: Pearson Addison Wesley, 2004.

3. ROSS, S.; WESTERFIELD, R.; JAFFE, F. **Administração financeira**. 2. ed. São Paulo: Atlas, 2007.

4. BRIGHAM, E. F.; GAPENSKI, L. C.; ERHARDT, M. C. **Administração financeira**: teoria e prática. São Paulo: Atlas, 2001.

5. ASSAF, A. Neto. **Finanças corporativas e valor**. 2. ed. São Paulo: Atlas, 2006.

6. ASSAF, A. Neto. **Finanças corporativas e valor**. 2. ed. São Paulo: Atlas, 2006.

7. DEMONSTRAÇÕES financeiras da empresa. Disponível em: <www.csn.com.br>. Acesso em: 22 jun. 2012.

8. ASSAF, A. Neto. **Finanças corporativas e valor**. 2. ed. São Paulo: Atlas, 2006.

9. BRONZATTO, T. André Esteves viu antes dos outros. **Exame.com**, maio 2012. Disponível em: <http://exame.abril.com.br/revista-exame/edicoes/1016/noticias/ele-viu-antes-dos-outros>. Acesso em: 22 jun. 2012.

10. ASSAF, A. Neto. **Finanças corporativas e valor**. 2. ed. São Paulo: Atlas, 2006.

11. Disponível em: <www.bovespa.com.br>. Acesso em: 22 jun. 2012.

12. SALIM, M. Anhanguera Educacional fará emissão de R$ 400 mi em debêntures. **Exame.com**, set. 2011. Disponível em: <http://exame.abril.com.br/mercados/noticias/anhanguera-educacional-fara-emissao-de-r-400-mi-em-debentures>. Acesso em: 22 jun. 2012.

13. EMPRESAS de capital fechado x Empresas de capital aberto, quem cria mais valor? **Fundação Getulio Vargas**. Disponível em: <http://eaesp.fgvsp.br/node/1168>. Acesso em: 22 jun. 2012.

14. ASSAF, A. Neto. **Finanças corporativas e valor**. 2. ed. São Paulo: Atlas, 2006.

15. SANDRINI, J. As ações que ganham e perdem com as novas normas contábeis. **Exame.com**, jan. 2011. Disponível em: <http://exame.abril.com.br/seu-dinheiro/acoes/noticias/as-acoes-que-ganham-e-perdem-com-as-novas-normas-contabeis>. Acesso em: 22 jun. 2012.

16. GITMAN, L. G. **Princípios de administração financeira**. 10. ed. São Paulo: Pearson Addison Wesley, 2004.

17. A CARTADA do BB. **IstoÉ Dinheiro**, n. 713, jun. 2011. Disponível em: <http://www.istoedinheiro.com.br/noticias/59024_A+CARTADA+DO+BB>. Acesso em: 22 jun. 2012.

18. ROSS, S.; WESTERFIELD, R.; JAFFE, F. **Administração financeira**. 2. ed. São Paulo: Atlas, 2007.

19. PIKE, R. H. A longitudinal surveyon capital budgetingpractices. **Journal of Business Finance and Accounting**, v. 23, p. 79-92, n. 1, jan. 1996.

20. FREITAS, F. BR Malls adquire 33% de shopping de Contagem. **Exame.com**, fev. 2012. Disponível em: <http://exame.abril.com.br/negocios/empresas/aquisicoes-fusoes/noticias/br-malls-adquire-33-de-shopping-de-contagem>. Acesso em: 22 jun. 2012.

21. MARTINS, A. et al. Contabilidade e gestão financeira. In: LISBOA, J. et al. **Introdução à gestão das organizações**. Porto: Vida Económica, 2005.

22. CERETTA, P. S.; DENARDIN, A. P. G.; ANDRADE, C. L.; SCHERER, I. S. Capital de giro: fontes de financiamento às micro, pequenas e médias empresas. In: **VII Seminários em Administração**. São Paulo, 2004.

23. ASSAF, A. Neto. **Finanças corporativas e valor**. 2. ed. São Paulo: Atlas, 2006.

24. BARR, A.; BALDWIN, C. Groupon levanta US$ 700 mi em maior IPO de Internet desde Google. **Exame.com**, nov. 2011. Disponível em: <http://exame.abril.com.br/mercados/noticias/groupon-levanta-us-700-mi-em-maior-ipo-de-internet-desde-google>. Acesso em: 22 jun. 2012.

25. ASSAF, A. Neto. **Finanças corporativas e valor**. 2. ed. São Paulo: Atlas, 2006.

26. MÁXIMO, W. Pequenas empresas terão R$ 2 bi a mais em empréstimos. **Exame.com**, mar. 2012. Disponível em: <http://exame.abril.com.br/pme/noticias/pequenas-empresas-terao-r-2-bi-a-mais-em-emprestimos>. Acesso em: 22 jun. 2012.

27. ROSS, S.; WESTERFIELD, R.; JAFFE, F. **Administração financeira**. 2. ed. São Paulo: Atlas, 2007.

28. MOGLIDIANI, F.; MILLER, M. The cost of capital, corporate finance, and the theory of investment. **American Economic Review**, v. 49, n. 3, p. 261-297, 1958.

29. RELATÓRIO anual 2010. Disponível em: <www.braskem.com.br>. Acesso em: 22 jun. 2012.

30. MOGLIDIANI, F.; MILLER, M. The cost of capital, corporate finance, and the theory of investment. **American Economic Review**, v. 49, n. 3, p. 261-297, 1958.

31. GORDON, M. J. Optimal investment and financing policy. **Journal of Finance**, v. 18, n. 2, p. 264-272, 1963.

32. GITMAN, L. G. **Princípios de administração financeira**. 10. ed. São Paulo: Pearson Addison Wesley, 2004.

33. SALIM, J. J. **Administração financeira**: decisões de financiamento e investimento, 2006. (Material desenvolvido para a FGV Online).

34. Disponível em: <www.cemig.com.br>; SALIM, M. Ganhos em novas aquisições abrem caminho para ações da Cemig. **Exame.com**, jul. 2011. Disponível em: <http://exame.abril.com.br/mercados/noticias/ganhos-em-novas-aquisicoes-abrem-caminho-para-acoes-da-cemig>. Acesso em: 22 jun. 2012.

35. MARTINS, A. et al. Contabilidade e gestão financeira. In: LISBOA, J. et al. **Introdução à gestão das organizações**. Porto: Vida Económica, 2005.

36. OLIVON, B. Bancos brasileiros lideram em rentabilidade sobre patrimônio na AL e EUA. **Exame.com**, maio 2011. Disponível em: <http://exame.abril.com.br/negocios/empresas/noticias/bancos-brasileiros-lideram-em-rentabilidade-sobre-patrimonio-na-al-e-eua>. Acesso em: 22 jun. 2012.

37. JULIBONI, M. Petrobras voltou ao "nível de conforto" em relação a dívida. **Exame.com**, fev. 2011. Disponível em:

<http://exame.abril.com.br/negocios/empresas/noticias/petrobras-voltou-ao-nivel-de-conforto-em-relacao-a-divida>. Acesso em: 22 jun. 2012.

38. SALIM, J. J. **Administração financeira:** decisões de financiamento e investimento, 2006. (Material desenvolvido para a FGV Online).

39. BRIGHAM, E. F.; HOUSTON, J. F. **Fundamentos da moderna administração financeira.** Rio de Janeiro: Campus, 1999.

40. BRIGHAM, E. F.; HOUSTON, J. F. **Fundamentos da moderna administração financeira.** Rio de Janeiro: Campus, 1999.

41. DEMONSTRAÇÕES financeiras da empresa. Disponível em: <www.grupopaodeacucar.com.br>; MEYER, C. Conformado com o segundo lugar. **Exame**, 896, 2007; BARBOSA, D. 4 anos cruciais na relação entre Abílio Diniz e o Casino. **Exame.com**, jun. 2012. Disponível em: <http://exame.abril.com.br/negocios/empresas/varejo/noticias/4-anos-cruciais-na-relacao-entre-abilio-diniz-e-o-casino> Acessos em: jun. 2012.

Índice remissivo

A

Abertura ou aumento de capital, 563, 568, 572, 579, 593
Abordagem(ns)
    comportamental, 45, 66, 68, 70-74
    contemporâneas para a liderança, 303
    de portfólio, 193, 220-224
    estratégicas ao controle comportamental, 384-386
    tradicional de qualidade, 434-435, 443
Abrangência das funções da administração, 10-12
Ações, 86, 103, 121, 134, 144, 146, 148, 165, 169, 446, 448, 475, 533, 534, 556, 559, 566, 567, 568, 570, 579, 581, 582, 584, 587, 590, 591, 593, 594, 596
Administração
    da diversidade, 539-540
    científica, 49, 53, 54, 55-58, 59, 61, 64, 65, 67, 72, 76, 79, 92
    de estoques, 13, 407, 412, 430-432, 433, 440, 443
    de marketing, 455-500
    de operações, 12, 407-449
    de recursos humanos (ARH), 233, 507-549
    estratégica, 193, 205-207, 208, 210-212, 224, 233, 234, 235, 412
    financeira, 555-594
        nas organizações, 556-558
    no Brasil, 21-29
    no contexto contemporâneo, 31-32
    por objetivos (APO), 200, 204, 205, 235, 236, 529
Administrador
    funções típicas do, 557
    financeiro, 555, 557, 560, 561, 567, 572
    papéis do, 16-18, 329
    competências do, 20-21
Administradores ou gestores, 7
Alpargatas, 232, 347-349
AmBev, 10, 102, 181, 182, 216, 304, 354, 420, 456, 475, 489, 523, 532, 541
Ambiente
    contextual, 101, 104, 105, 112-119, 130, 213
    externo, 7, 69, 73, 78, 79, 82, 83, 101, 103, 104, 105, 106, 109, 113, 118, 122, 124, 125, 126, 129, 130, 197, 198, 211, 213, 214, 224, 236, 252, 260, 265, 266, 273, 279, 285, 286, 337, 363, 516
    da tomada de decisão, 147-148
    das organizações, 104-105

    interno, 101, 103, 104, 105-112, 126, 129, 130, 131, 197, 214, 266, 278, 511
    operacional, 101, 104, 105, 119-122, 126, 130, 131, 213
    organizacional, 18, 26, 29, 30, 31, 101-138, 207, 208, 211, 213-215, 235, 249, 348, 363, 488, 539,
        brasileiro, 26
América Latina Logística (ALL), 326
Amostragem por aceitação, 434
Amplitude de controle, 61, 234, 249, 255, 259, 260, 279, 291,
Análise
    ambiental, 101, 104, 122, 123, 129, 130, 210, 213, 216, 462, 463
    de eficiência, 587
        da atividade, 587-588
    de rentabilidade, 585, 589
    de risco, 138, 158, 548
    de *stakeholders*, 101, 126-129, 130
    do equilíbrio financeiro, 586-587, 589
    e diagnóstico da situação, 152-153
    estratégica do ambiente organizacional, 213-215, 235
    interna, 210, 214, 216, 512
    SWOT, 193, 214-215, 235
Ancoragem, 163, 164, 168
Aprendizagem, 84, 109, 114, 197, 208, 209, 278, 303, 307, 313, 322, 327, 329, 365, 519, 524, 526
    organizacional, 197
Aracruz Celulose, 380, 430
Área
    comercial e de marketing, 12, 13-14
    de produção ou de operações, 12-13
    de recursos humanos, 12, 14-15, 546
    financeira, 14, 233, 539, 557, 560
Áreas funcionais da
    administração, 405-594
    organização, 12-15, 261, 276, 363, 443
Árvore de decisão, 156
Assédio
    moral, 304, 538, 540-543
    sexual, 540-543, 544
Atitudes, 13, 19, 20, 24, 34, 54, 73, 88, 92, 113, 114, 146, 291, 293, 303, 304, 307, 308-309, 312, 339, 347, 387, 421, 439, 440, 446, 462, 465, 469, 473, 497, 515, 516, 522, 524, 535, 544, 545, 552
Auditoria, 28, 261, 262, 269, 357, 374, 377, 378, 423, 430, 436, 561, 591, 593

interna, 377, 378, 430, 436
externa, 377, 378, 436
Autocontrole, 306, 310, 373, 385, 388
Autofinanciamento, 579, 580
Autoridade, 5, 10, 16, 22, 24, 30, 39, 51, 52, 58, 60, 61, 62, 64, 68, 69, 70, 71, 91, 234, 236, 249, 251, 252, 254, 255, 257, 258, 259, 265, 268-269, 270, 271, 272, 276, 277, 279, 282, 283, 287, 291, 306, 314, 316, 319, 322, 329, 330, 332, 333, 338, 340, 341, 347, 362, 409, 552
  de assessoria, 268, 269
  de linha, 268, 269
  racional-legal, 51, 52, 64
Avaliação 360 graus, 529
Avaliação de
  alternativas, 151, 155-158, 469
  desempenho, 15, 111, 262, 263, 312, 368, 386, 387, 507, 511, 525, 526-530, 540
  financeira de projetos de investimento, 574-576

B

Balanced scorecard, 357, 374, 379-380
Balanço patrimonial, 558, 568, 569-570, 571, 581
Banco Real, 397, 536
Bases do comportamento
  em grupo nas organizações, 314-317
  individual nas organizações, 303, 307-313
Benchmarking, 357, 374, 380-382
Benefícios, 15, 30, 94, 155, 294, 304, 320, 326, 476-477, 480, 485, 486, 490, 492-493, 512, 531, 532, 534, 538, 540, 545, 547, 548
Boca a boca, 485, 490, 493
Boticário, 433, 461, 523, 535
Bradesco, 36, 233, 260, 395-397, 585
Brainstorming, 17, 153
Braskem, 582
Broker, 86, 566

C

Cadeia de
  comando, 61, 106, 234, 249, 252, 254, 255, 257-259, 265, 268, 272, 276, 279, 282, 283, 291, 297
  suprimentos, 408, 409, 438, 440, 441, 447
    just-in-time, 409, 440-441
  valor, 407, 438-440, 443
  produção, 217, 391, 441
Capitalismo, 50, 51, 52, 53, 54, 58, 61, 62, 64, 65, 67, 85, 90, 277, 278, 458, 538

Características dos
  administradores, 33
    brasileiros, 24-25
  mercados locais, 94
  objetivos eficazes, 202-203
  sistemas, 371, 372
Casas Bahia, 547-549, 592, 594
Centralização, 33, 50, 60, 62, 64, 106, 107, 214, 234, 249, 255, 265-266, 274, 287, 332, 347, 592
  e descentralização, 107, 265-266, 287
Certeza, 147, 149, 151, 160, 161, 338
Certificação de qualidade, 435-437
Ciclo
  de exploração, 415, 561, 562, 563, 586, 587, 588
  de financiamento, 561, 562, 563
  de investimento, 561, 562, 563
  de vida do produto, 479-480, 488
Cinco Ps da estratégia, 209-210
Coesão, 23, 24, 67, 69, 109, 303, 307, 314, 315, 316--317, 342, 348, 508
Companhia Siderúrgica Nacional (CSN), 52, 508, 560, 564
Companhia Vale do Rio Doce (CVRD), 30, 36, 37, 52, 115, 128, 152, 217, 220, 508, 524, 532, 560
Competências
  do administrador, 20-21
  essenciais, 224-225, 414, 439
Complexidade cognitiva, 170, 171
Comportamento
  burocrático, 383
  do consumidor, 455, 466, 467-471, 495, 497
  dos membros organizacionais, 267, 364, 382, 383
  em grupo, 303, 307, 314-317
  individual, 303, 304, 307-313, 314, 316, 319, 327, 344
  organizacional, 72, 303, 306-307, 311
  tático, 383
Conceito de
  administração, 6, 193, 206, 208, 409
    de operações, 409
    estratégica, 193, 206, 208
  controle, 359-360
  decisão, 145-147
  direção, 305,
  liderança, 303, 329-330
  marketing, 457-458, 467
  motivação, 317-318
  planejamento, 195-196
Concentração de poder, 22, 23, 24, 114
Condicionantes da estrutura organizacional, 83, 249, 284--288, 289,

Condições geradoras do pensamento administrativo, 50-52
Confiabilidade, 91, 135, 160, 161, 206, 368, 371, 377, 378, 414, 415, 417, 418, 420, 429, 433, 574, 588
Conflito, 22, 23, 24, 57, 68, 76, 111, 153, 154, 171, 174, 277, 315, 316, 518, 582
  afetivo, 153, 154
  construtivo, 111, 153, 154, 277,
Conformidade, 174, 303, 316, 369
Consideração, 334
Consistência da qualidade, 415
Consolidação do capitalismo, 50, 52, 54, 65
Consumo consciente, 455, 493, 494, 495
Contrato psicológico, 538
Contribuição da
  perspectiva contingencial, 82
  teoria
    da contingência, 84,
    institucional, 87
    dos sistemas, 130
Controladoria, 273, 561
Controle
  burocrático, 69, 361, 362
  comportamental, 108, 357, 384, 385, 386, 387, 388, 392, 393, 394
    nas organizações, 357
  da produção, 407, 424, 425, 427, 429-430, 443
  de clã, 361, 362
  de compras, 429
  de custos de produção, 429
  de manutenção, 429
  de mercado, 361-362
  de processo, 434
  de qualidade, 76, 148, 149, 214, 281, 429, 430, 434
  do desempenho, 14, 264, 266, 275, 357, 363, 368, 374--382, 384, 391, 392, 588
    socioambiental, 391
  estratégico, 210, 212, 233-234, 362, 363
  financeiro, 357, 374, 375-376, 557
  no contexto da flexibilidade, 388-391
  operacional, 363, 372, 593
  por imposição externa, 384, 385, 386
  por motivação interna, 385, 386
  por nível organizacional, 362-363
  posterior, 363, 364, 365-366, 429
  preventivo, 363, 364-365
  simultâneo, 363, 364, 365, 408, 429, 434
  social, 121, 122, 396
  tático, 363
Críticas ao planejamento, 197

Cultura organizacional, 101, 104, 105-112, 129, 130, 147, 211, 214, 215, 260, 280, 333, 362, 372, 373, 387, 437, 439, 440, 520
  adaptativa, 129
  forte, 108, 109, 129, 215, 280
Curva ABC, 431
Custo
  de capital, 555, 559, 576, 579, 581-583, 589
  de oportunidade, 148, 440, 575
  irrecuperável, 164, 165, 168
Customização, 278, 407, 416, 423, 424, 442, 459, 485, 488, 493, 494
  e produção flexíveis, 442
  em massa, 442

D

Debêntures, 556, 563, 564, 566, 567, 569, 570, 577, 581, 593, 594
Decisão(ões)
  de financiamento, 557, 559, 561, 563, 577-583, 589
  de investimento, 557, 559, 563, 572-576, 589
  não programadas, 150, 151, 153
  organizacionais, 147, 148, 153, 159, 173, 178, 271
  programadas, 143, 148, 149, 150, 151, 153, 178
Delegação, 68, 82, 159, 260, 265, 288, 291, 329, 332, 339, 348
Demografia, 112, 514
Demonstração do resultado do exercício, 568, 570-571
Demonstrações
  do fluxo financeiro, 571-572
  financeiras, 561, 568-572, 585, 588
Departamentalização, 61, 234, 249, 252, 253, 254, 255, 260-264, 272, 273, 281, 282, 283, 288, 292
  funcional, 261, 263, 264, 273, 283
  geográfica, 262-263
  por cliente, 262
  por processo, 263-264
  por produto ou serviço, 261-262
Departamento Administrativo do Serviço Público (Dasp), 63, 64
Dependência ambiental, 101, 122, 123, 130
Desafios da administração, 29-32, 93-95, 507
Descrição do cargo, 516
Desempenho organizacional, 14, 21, 34, 81, 83, 84, 104, 107, 108, 109, 122, 129, 130, 152, 197, 234, 250, 284, 287, 290, 309, 343, 359, 365, 368, 370, 371, 374-382, 391, 392, 444, 510, 588
Desenho
  de sistemas de controle, 357, 370-372
  estrutural das organizações, 272-282

Desenvolvimento
  organizacional, 523, 524, 530
  pessoal, 66, 71, 523, 524, 526
  de alternativas, 151, 153-155, 178
  de uma força de trabalho adaptada, 512, 522-530
Desligamento, 490, 507, 511, 512, 513, 514, 515, 537-538, 542
Diagnóstico financeiro da empresa, 585-588
Diferenciação, 31, 83, 181, 225, 227, 228, 229, 230, 231, 232, 237, 252, 257, 260, 285, 286, 287, 288, 414, 423, 448, 449, 459, 528, 532
Dimensão da organização, 11-12, 16, 284, 372, 373, 457
Direção, 3, 7, 9, 10, 11, 15, 17, 28, 33, 49, 59, 60, 86, 89, 103, 111, 193, 196, 200, 201, 202, 234, 250, 260, 261, 263, 267, 274, 293, 303-349, 357, 358, 359, 360, 361, 367, 382, 384, 409, 416, 435, 509, 516, 517, 541, 560, 561, 573, 589
Disciplina, 60, 78-79, 387, 388
Disfunções da burocracia, 64, 91
Dissonância cognitiva, 309
Distribuição, 14, 86, 94, 121, 154, 181, 201, 214, 218, 224, 225, 226, 228, 232, 273, 279, 421, 427, 432, 433, 442, 443, 448, 455, 457, 462, 463, 472, 475, 476, 480-482, 484, 488, 492, 495, 529, 530, 562, 592, 593,
Divisão do trabalho, 5, 12, 47, 50, 55, 56, 58, 91, 252, 253, 256, 257, 258, 259, 275, 278, 282, 289, 423

E
Efeitos comportamentais do controle nas organizações, 382-384
Eficácia, 3, 6, 16, 25, 30, 32, 53, 103, 106, 145, 151, 152, 153, 159, 164, 171, 172, 178, 179, 193, 209, 211, 234, 242, 261, 265, 283, 332, 333, 334, 336, 337, 357, 360, 365, 371, 372, 374, 375, 376, 377, 378, 382, 387, 395, 396, 409, 410, 416, 433, 435, 438, 463, 468, 476, 484, 486, 491, 495, 515, 522, 525, 529, 530
Eficiência, 3, 6, 7, 16, 25, 53, 54, 55, 56, 57, 58, 62, 68, 70, 71, 73, 86, 87, 91, 103, 120, 133, 151, 180, 196, 201, 206, 211, 214, 219, 239, 240, 241, 255, 256, 261, 264, 272, 273, 275, 277, 282, 285, 292, 318, 326, 332, 335, 347, 363, 374, 375, 376, 377, 380, 381, 383, 387, 396, 408, 409, 410, 411, 414, 426, 427, 429, 430, 433, 438, 439, 440, 441, 443, 445, 446, 458, 459, 468, 491, 499, 515, 522, 525, 535, 555, 559, 567, 570, 573, 585, 586, 587-588, 589, 590, 592
Elementos do processo de organização, 249, 255-268
Embraer, 30, 37, 115, 240, 280, 323, 446-449

Empirismo, 54
Empowerment, 266, 329, 388, 435
Empregabilidade, 538
Enfoque
  comportamental, 49, 67
  contingencial, 45, 49, 78, 81-83, 84, 90, 249
  na qualidade, 407, 434-437
Entrevista de avaliação, 527
Equalização, 103
Equifinalidade, 80
Equilíbrio financeiro, 14, 375, 555, 559, 561, 563, 572, 577, 584, 585, 586-587, 589
Escaneamento ambiental, 213
Escola
  clássica de administração, 45, 52-65, 67, 68, 69, 71, 74, 76, 90, 256, 318
  comportamental, 45, 65, 66-74, 90, 92, 305-306
  de relações humanas, 70, 271, 318
  quantitativa, 45, 49, 74-78, 79, 90
Espaços e formas de manifestação de poder, 270-272
Especialização
  do trabalho, 50, 51, 54, 234, 249, 255, 256-257, 283, 288
  horizontal, 257
  vertical, 252, 257
Especificação de cargo, 516
Estereótipo, 312, 313, 521
Estilo
  analítico, 170, 171, 173, 184
  brasileiro de administração, 3, 21-24
  comportamental, 171
  conceitual, 170, 171, 172,
  diretivo, 170, 171, 173, 340,
  de liderança, 24, 107, 147, 332, 333, 334, 335, 336, 337, 338, 340, 341, 342, 372, 373
  de tomada de decisão, 170, 171, 172, 173, 183
  e o nível organizacional, 148, 149, 172-173
Estoques, 12, 13, 76, 238, 243, 375, 407, 408, 409, 412, 414, 415, 426, 427, 428, 430-433, 439, 440, 441, 443, 464, 482, 486, 558, 563, 569, 572, 577, 587
Estratégia(s)
  competitiva(s), 213, 229, 230, 233
    de Porter, 229-231,
  corporativa, 212, 213, 215, 220, 274, 436
  de acompanhamento, 420
  de antecipação, 420
  de crescimento, 194, 216, 217, 220, 397, 592, 593, 594,
  de descentralização, 81
  de desenvolvimento de
    mercado, 216

produto, 216
de diferenciação, 230, 231, 232
de diversificação, 181, 217, 218
    não relacionada, 217
    relacionada, 217
de estabilidade, 217, 218
de expansão direta, 216, 217
de foco, 229, 230, 231
de integração
    horizontal, 217
    vertical, 217
de liderança em custos, 229, 232
de marketing, 232-233, 455, 457, 458, 459, 462, 463, 467, 471, 472, 475, 476, 479, 490, 556,
de nível corporativo, 212, 224
de negócio, 213, 225, 231, 232
funcional, 213
de penetração de mercado, 216
de produção, 182
de reação, 420
de recursos humanos, 233
de retração, 219, 220
de saída, 219
de saneamento, 219
deliberada, 208, 209
de nível corporativo, 212, 224
emergente, 208, 209
empresarial, 193, 206, 206-207, 233, 235
financeira, 233, 560
funcional, 213
Estrutura
de capital, 555, 556, 558, 559, 568, 579, 581, 582, 583, 586, 587, 589
de iniciação, 334
divisional, 274-275, 277, 285, 286
e custo de capital, 555, 581-583
em rede, 249, 272, 277-281, 285, 286, 538
financeira, 561, 563, 577, 581, 594
funcional, 234, 272, 273, 274, 275, 277, 285, 286
ideal de capital, 582
informal, 270, 271, 282
matricial, 275-277, 285, 286, 325
organizacional, 5, 7, 8, 10, 11, 31, 61, 82, 83, 88, 104, 178, 211, 214, 219, 234, 249, 250, 252, 253, 254, 255, 257, 258, 259, 260, 262, 263, 264, 268-272, 273, 276, 277, 278, 281, 284-288, 289, 291, 292, 329, 330, 347, 348, 349, 360, 369, 372, 373, 381, 446, 461, 482

Estudo(s)
dos tempos e movimentos, 57
críticos em administração, 45, 84, 88-89, 90
Evidência confirmadora, 164, 165-166
Evolução do
conceito de estratégia empresarial, 207-210
pensamento em administração, 45-95
Excesso de confiança, 164, 166-167, 169

F

Factoring, 578-579
Falência técnica, 570
Fator humano no processo de controle, 382-388
Fatores
contingenciais, 249, 284, 337, 357, 372-374, 392
    dos sistemas de controle, 372-374
democráticos, 105, 112-113, 514
econômicos, 104, 105, 114-116, 512
higiênicos, 72, 322
motivacionais, 73, 322
político-legais, 105, 116-118
socioculturais, 105, 113-114
tecnológicos, 105, 118-119
Feedback, 80, 151, 159-160, 178, 202, 205, 233, 264, 326, 327, 342, 365, 366, 370, 373, 382, 412, 481, 527, 529
Finanças, 12, 14, 15, 33, 147, 212, 213, 258, 261, 268, 272, 273, 274, 276, 363, 410, 417, 432, 459, 478, 558, 559, 564, 582, 583
Financiamento
de curto prazo, 578-579
de longo prazo, 579-581
fontes de, 446, 555, 556, 557, 558, 561, 569, 577, 578, 579, 581, 582, 584, 593, 594
Flexibilidade,
de produto, 416, 424, 425
de volume, 416
Foco de controle, 367
Fontes
de informação, 166, 367, 368, 455, 465, 588
primárias, 466
secundárias, 465, 466
Ford Motor Company, 57, 472, 486
Formalismo, 22, 23, 24, 91, 114
Formalização, 24, 62, 63, 64, 111, 196, 200, 234, 249, 266, 267-268, 283, 285, 287, 288, 291, 342, 347, 348, 387, 423, 434

Formulação
  de estratégias de negócio, 193
  estratégica de nível
    corporativo, 215-224
    de negócio, 224-231
    funcional, 231-233
Funções
  da administração, 3, 9-12, 15, 16, 47, 59, 61, 111, 145, 147, 191, 193, 195, 252, 305, 357, 360, 557
  de liderança, 332
Fundamentos
  da administração
    de operações, 408-416
    financeira, 555, 557-558
  da estratégia empresarial, 206-207
  da tomada de decisão, 144-151
  de controle, 358-363
  de direção, 304-307
  de organização, 249, 250-255
  de planejamento, 194-197

G
Gerenciamento de relacionamento com o cliente, 490, 491-492
Gestão
  administrativa, 49, 53, 59-61, 65
  da cadeia de suprimentos, 438
  da cadeia de valor, 407, 438, 439, 440, 443
  de operações, 75, 76
  pela qualidade total, 434-435, 443, 449
Gestores, 7, 9, 16, 20, 28, 34, 35, 46, 61, 68, 69, 76, 103, 104, 108, 115, 125, 149, 153, 154, 158, 161, 173, 175, 178, 179, 194, 197, 209, 211, 220, 222, 228, 229, 236, 253, 254, 260, 268, 277, 288, 289, 290, 300, 303, 309, 327, 328, 341, 357, 361, 375, 376, 378, 384, 386, 389, 390, 393, 444, 492, 508, 532, 587, 591
Globalização, 29, 31, 74, 84, 85, 95, 169, 278, 287, 437, 509, 512, 559
Gol, 8, 217, 229, 238-241
Grade gerencial, 334-336
Grande Depressão, 67
Groupthink ou pensamento de grupo, 146, 174
Grupo(s)
  de comando, 314
  de interesse especiais, 122
  de referência, 314, 468
  formais e informais, 314, 318
  formal, 314, 342
  informal, 314

H
Habilidades
  conceituais, 19, 20, 33
  do administrador, 19-20
  genéricas, 20
  humanas, 19, 20, 33, 547
  técnicas, 19, 20, 33, 264, 538
Hering, 467, 482
Heurística, 163, 166, 178,
  da disponibilidade, 163, 166
  da representatividade, 163
Hierarquia
  das necessidades, 319, 320, 321
  dos objetivos, 202
Homem
  complexo, 66, 71, 73, 92, 319
  funcional, 80, 81
  social, 66, 71, 80, 92, 318, 319
Homo economicus, 54, 58, 66, 70, 92

I
IBM, 108, 290, 520
Implementação
  de medidas corretivas, 366, 369-370
  e controle, 208, 242, 435
    estratégico, 233-234
  estratégica, 210, 211, 233, 234
Importância
  da administração
    de operações, 409-410
    de recursos humanos, 507, 509, 510
  do controle, 358, 360-362, 429
  do planejamento, 34, 196-197, 288
Impunidade, 22, 23-24, 25, 33, 34, 114, 537
Incentivos, 30, 56, 58, 69, 113, 116, 147, 234, 318, 319, 321, 387, 484, 490, 530, 531, 532, 533-534, 535, 537, 548
Incerteza, 23, 24, 66, 76, 82, 83, 87, 91, 101, 106, 117, 122, 123, 124, 125, 128, 129, 130, 145, 146, 147, 148, 149, 151, 156, 158, 178, 197, 210, 270, 278, 279, 280, 285, 289, 343, 360, 390, 419, 430, 441, 518, 582, 583, 584
  ambiental, 123, 124, 125, 127, 128, 285
Indicadores de rentabilidade, 585
Individualismo, 21, 24, 54

Influências ambientais na ARH, 512-514

Instituições financeiras, 17, 105, 119, 121, 126, 213, 395, 396, 560, 563, 564-565, 567, 571, 577, 580, 585

Instrumentos de controle do desempenho organizacional, 374-382

Integração, 7, 12, 23, 32, 36, 61, 68, 70, 83, 92, 106, 110, 111, 122, 180, 196, 197, 202, 213, 217, 218, 227, 228, 252, 286, 289, 320, 383, 416, 439, 461, 476, 512, 539, 549

Inteligência
  competitiva, 124, 132,
  emocional, 310-311

Intrapreneurship, 266

Intuição, 143, 146, 148, 150, 158, 160, 167, 168, 169, 170, 178, 313

J

Johnson & Johnson, 263, 487

Joint-venture, 125

K

Klabin, 391

L

Layout
  celular, 425
  de processo, 424-425, 426
  de produto, 424, 425-427
  posicional, 424, 425, 426

Lealdade às pessoas, 23

LEC, 431, 441

Legislação, 27, 116, 118, 148, 211, 215, 511, 513, 514, 541, 542, 584

Lei da situação, 68

Lembrança, 164, 166, 179

Liberalismo, 51, 54

Líder
  transacional, 342
  transformacional, 342, 343

Liderança
  comportamental, 331-337, 345
  contingencial, 337-341

Limitações da análise de indicadores, 588

Logística, 27, 28, 29, 49, 75, 94, 117, 239, 274, 326, 381, 407, 408, 421, 427, 433, 443, 448, 509, 592, 593
  operacional, 27, 28, 29

Lojas Americanas, 194

Lote econômico de compra, 431

M

Magazine Luiza, 109, 194

Marca, 13, 23, 52, 57, 61, 65, 74, 95, 102, 121, 122, 131, 134, 150, 155, 181, 182, 194, 196, 202, 214, 215, 220, 224, 225, 130, 231, 232, 240, 349, 390, 456, 458, 467, 469, 471, 474, 475, 476, 477, 480, 489, 493, 494, 496, 497, 499, 547, 569, 592

Marcopolo, 427

Marketing
  de massa, 458, 459, 460, 492
  de relacionamento, 455, 490-491, 495
  digital, 455, 494, 495
  e as organizações, 456-463
  social, 455, 458, 494, 495
  um a um, 455, 459, 460, 493, 495

Matriz
  BCG, 193, 220-222, 224, 235
  de prioridades, 155-156
  de resultados, 157-158
  GE/McKinsey, 193, 220, 222-224

McDonald's, 93-95, 488

Medição do desempenho real, 366, 367-368

Medidas corretivas, 10, 205, 212, 234, 359, 360, 365, 366, 368, 369-370, 371, 372, 376, 377, 434, 491

Meios de comunicação social, 105, 119, 121-122, 213

Mercado(s)
  de capitais, 36, 565, 566, 567, 577, 591
  financeiros, 36, 161, 555, 559, 560, 564, 565-566, 567-568
  monetário, 565

Mercadologia, 457

Mercedes-Benz, 165, 230

Miopia de marketing, 460

Missão, 110, 200, 201, 202, 210, 211, 215, 219, 257, 268, 293, 359, 363, 414, 515, 549

Mix de comunicação, 483

Mix de marketing, 455, 462, 463, 466, 476-489, 495

Modelo(s)
  das cinco forças competitivas, 193, 225-228, 231, 235
  de Fiedler, 337, 338
  de Porter, 228
  de Vroom-Jago, 143, 175-177, 178
  mecanicista, 282, 286, 287, 289
  orgânico, 83, 282, 286, 287, 289
  organizacional(is), 282-283, 289, 293
  racional de tomada de decisão, 143, 160-161, 178

Moderna teoria de finanças, 559

Monitoramento e *feedback*, 151, 159-160

Monopólio, 53, 116, 133

Motivação, 10, 11, 17, 24, 38, 57, 69, 70, 71, 72, 73, 74, 90, 92, 93, 114, 175, 197, 233, 234, 236, 260, 266, 291, 303, 304, 305, 317-329, 330, 332, 333, 339, 344, 346, 347, 348, 365, 369, 374, 384, 385, 386, 393, 409, 426, 465, 493, 510, 511, 518, 521, 531, 540, 542, 544, 545, 548

Movimento(s)
   de administração científica, 53, 55-58, 76
   de estudos críticos, 45, 84, 88-89, 90
   de relações humanas, 51, 66, 67, 69-71, 73, 81

Mudança
   conjuntural ou cíclica, 115
   estrutural, 115

N

Natura, 108, 250, 251, 343, 472, 481, 498-500, 513, 523, 532

Nível(is)
   de atuação da ARH, 510-511
   de decisão estratégica, 193, 206, 212-213
   organizacionais, 3, 7-9, 18, 22, 77, 173, 195, 200, 212, 236, 254-255, 362, 573
   estratégico, 7, 8, 11, 18, 19, 20, 21, 198, 255, 363, 510, 511
   hierárquico(s), 10, 11, 17, 18, 172, 255, 258, 265, 363, 372, 373, 375, 518, 541, 547, 548
   e a administração, 7
   operacional, 8, 11, 18, 19, 21, 30, 33, 173, 198, 255, 325, 363, 388, 461, 511
   tático, 7

Normas, 23, 24, 52, 56, 57, 70, 91, 106, 113, 116, 118, 149, 154, 168, 199, 266, 267, 268, 288, 303, 306, 307, 314, 315, 316, 338, 362, 369, 378, 381, 387, 390, 436, 437, 541, 571, 588, 591

O

Objetivos, 9, 63, 152, 160, 177, 193, 195, 198, 200--205, 232, 236, 283, 305, 326-327, 360, 363, 379, 387, 512, 524, 525

Orçamento
   de capital, 558, 572, 573
   de tesouraria, 578

Organização(ões), 249-294
   como sistemas de operações, 412-413
   de manufatura, 410-412
   de serviços, 412,
   Globo, 222, 292-294, 383, 496

Organograma, 249, 254, 271, 273, 276, 289

Orientação, 170, 198, 387, 512, 522-523
   do controle, 357, 361-362
   para o cliente, 21, 455, 460-461

P

Pão de Açúcar, Grupo, 14, 194, 201, 334, 433, 475, 549, 592, 593, 594

Papel
   da intuição na tomada de decisão, 160, 167-170
   de compra, 469-470
   decisórios, 16, 17-18
   do administrador, 16-18, 329
   dos objetivos no planejamento, 193, 200-205, 235
   informacionais, 16, 17
   interpessoais, 16, 17, 33

Paradigma, 48, 70, 84, 85, 109, 281, 455, 460, 461, 509

Parâmetros
   da ação gerencial, 102-104
   de desempenho, 196, 365, 366, 367, 369, 371, 383, 385, 386

Parmalat, 591

Paternalismo, 22, 23, 24, 25, 114

Pensamento estratégico, 208, 209

Percepção, 52, 84, 107, 109, 146, 161, 162, 169, 181, 209, 264, 269, 270, 303, 307, 311-313, 316, 320, 326, 329, 432, 475, 478, 489, 496
   seletiva, 312

Perpetuação do *status quo*, 164, 165

Personalidade, 25, 30, 106, 130, 153, 170, 181, 303, 307, 309-311, 331, 337, 387, 456, 469, 472, 496, 519, 520, 541

Personalismo, 22, 23, 24, 34

Perspectiva
   comportamental, 331, 336, 341
   de liderança, 331, 336
   contingencial de liderança, 337

Pesquisa
   de marketing, 455, 463-467, 495
   de mercado, 13, 273, 413, 455, 465-467
   descritiva, 466
   experimental, 466
   exploratória, 466
   operacional, 75, 76, 77, 150

Petrobras, 37, 52, 115, 133-136, 149, 200, 262, 293, 358, 380, 458, 524, 525, 556, 587

Petrópolis, cervejaria, 121, 182

Planejamento
   agregado de produção, 427, 428

da capacidade, 417, 419
da localização, 417
da produção, 13, 15, 232, 410, 427-428
de necessidades de materiais (MRP), 76, 427, 428, 431, 432, 441
de recursos humanos, 507, 515-517, 548
do arranjo físico – layout, 15, 417, 424-427
do processo de produção, 422-424
e controle das operações, 407, 427-433, 444
e estratégia, 193-241
estratégico, 25, 34, 125, 207, 208, 210, 427, 547
  do sistema de operações, 416-427
financeiro, 561
formal, 196, 197, 198, 208
informal, 196
Planos
  estratégicos, 198, 199
  operacionais, 21, 198, 199
  táticos, 198, 199
Poder, 22, 23, 24, 25, 31, 33, 50, 54, 60, 62, 64, 68, 111--112, 114, 129, 130, 169, 174, 249, 254, 258, 264, 265, 268-272, 277, 289, 293, 306, 311, 316, 322, 323, 329, 330, 338, 343, 540, 542
  de barganha, 126, 225, 226, 227, 228, 396, 587, 592
  e estrutura organizacional, 268-272
Política
  de comunicação, 232, 482-485
  de distribuição, 14, 147, 480-482
  de dividendos, 233, 555, 580, 583-584, 589, 594
  de preço, 476, 486-489
  de produto, 476, 477, 480
  de remuneração, 316, 369, 530, 531-535, 548
Posicionamento de marketing, 106, 455, 462, 471-475
Posicionamento mercadológico, 474-475
Pós-modernismo, 84-85
Postura de espectador, 22, 23, 24
Princípio(s)
  da administração, 57, 196
  da exceção, 368
  de Peter, 536
  heurísticos, 162
Prioridades competitivas da administração de operações, 407, 414-416, 419, 434
Problemáticas da administração, 3
Processo
  de administração
    de marketing, 455, 461-463, 495
    de recursos humanos, 507, 511-512, 544

  estratégica, 193, 206, 210-212, 233, 234
  de controle, 268, 314, 357, 360, 366-370, 377, 382-388, 392, 395-397, 429
  de investimento de capital, 573-574
  de modernização da sociedade, 52
  de organização, 10, 249, 252-253, 255-268, 289
  de tomada de decisão, 46, 63, 77, 78, 107, 111, 143, 151, 153, 158, 160, 161-163, 167, 169, 170, 173, 174, 175, 176, 178, 255, 265, 274, 285, 332, 334, 376, 392, 435, 466, 544, 559, 568, 589
  de transformação, 76, 82, 407, 408, 409, 410, 411, 412, 413, 422, 429, 433, 434, 439, 442, 443, 445, 562
  decisório, 22, 63, 76, 145, 146, 147, 148, 150, 151-160, 161, 162, 166, 170, 171, 172, 174, 175, 177, 178, 179, 180, 265, 268, 348, 465, 469, 560
Produtibilidade, 417, 418
Produto, 13-14, 80, 216, 225, 226-227, 228, 230, 237, 261-263, 264, 276, 412, 414, 415, 416, 417-418, 422, 424, 425, 426, 428, 429, 434, 436, 438, 455, 462, 463, 474, 476-477, 478-480, 487, 488, 489, 495, 562
Programas
  de produção detalhados, 427, 428
  de recolocação, 537
Projeção, 133, 312, 448, 574
Projeto de produto ou serviço, 417-418
Promoção, 14, 15, 34, 73, 91, 122, 136, 213, 230, 232, 266, 325, 332, 346, 387, 408, 456, 457, 464, 472, 475, 476, 482, 483, 484, 494, 496, 518, 527, 535, 536, 537, 539, 542
  de vendas, 483, 484
Promoções e transferências, 512, 535-537
Prudência, 164, 167
Psicologia de administração, 57
Publicidade, 14, 15, 94, 121, 181, 227, 257, 258, 273, 277, 367, 456, 457, 463, 465, 466, 470, 483, 484, 485, 493, 496, 499, 573

R
Racionalidade e intuição na tomada de decisão, 160-170
Racionalidade limitada, 146, 161, 162, 178
Rapidez
  da entrega, 415
  da operação, 415
  do desenvolvimento, 415
Recrutamento, 15, 62, 114, 147, 233, 273, 387, 507, 509, 510, 511, 512, 514, 515, 517-519, 521, 546, 547

Recursos
  de transformação, 413, 424, 425
  transformados, 412, 413, 425
Relação organização-ambiente, 101, 122-126, 130
Relações públicas, 14, 121, 125, 128, 258, 273, 463, 483, 484, 485
Rentabilidade, 14, 15, 167, 197, 200, 201, 202, 214, 218, 219, 221, 222, 223, 225, 226, 227, 237, 240, 241, 363, 367, 375, 379, 381, 389, 423, 455, 463, 486, 490, 491, 510, 555, 557, 575, 576, 584, 585, 589, 591
Resistência ao controle, 383
Responsabilidade, 5, 12, 20, 21, 23, 24, 29, 30, 33, 60, 69, 122, 125, 126, 135-136, 174, 136, 252, 254, 255, 258, 259, 265, 287, 292, 305, 306, 310, 314, 320, 322, 329, 362, 391, 494, 516, 520, 522, 538, 540, 542, 593
Revolução Industrial, 47, 50-51, 53, 509
Risco, 14, 15, 24, 25, 131, 147-148, 149, 155, 414, 447, 518, 535, 536, 548, 556, 559, 560, 568, 574, 575, 576, 578, 579, 584, 585, 589, 591
  financeiro, 555, 557, 568, 577, 579, 581, 582, 590, 593

S
Sabesp, 372
Sadia, 94, 114, 197
Salário, 7, 14, 15, 30, 56, 94, 114, 205, 253, 269, 294, 316, 318, 319, 320, 321, 322, 324, 325, 410, 429, 510, 511, 513, 531, 532, 533, 534, 535, 536, 538, 545, 548, 550, 572
Schincariol, 28, 121, 181-182, 456, 496, 565
Segmentação
  e posicionamento de marketing, 455, 471-475
  de mercado, 462, 472-473
Seleção, 515, 519-522
  do mercado-alvo, 455, 462, 473
    e implementação da melhor alternativa, 158-159
Serasa, 253, 325, 568
Sistema(s)
  de ação cultural brasileiro, 22
  de controle, 147, 197, 212, 280, 357, 358, 360, 362, 370, 371, 372, 373, 374, 380, 382, 383, 384, 385, 388, 442
  de crenças, 389, 390
  de definição de objetivos, 204-205
  de informação de marketing (SIM), 455, 464, 495
  de informação gerencial (SIG), 377, 395
  delimitadores, 389, 390
  especialista, 158
  financeiro, 555, 564-568

Financeiro Nacional, 564, 565
flexíveis de manufatura, 442, 443
interativos de controle, 389, 390
just-in-time, 407, 408, 431, 432, 438, 440-441
Socialismo, 51
Stakeholders, 21, 69, 80, 101, 126-129, 130, 131, 132, 133--135, 213, 378, 391, 435, 585
Status, 16, 25, 31, 64, 89, 111, 164, 165, 171, 174, 253, 303, 307, 314, 315, 316, 320, 468, 473, 476, 487
Substitutos de liderança, 341, 342
Supervisão direta, 364, 365, 386, 387
Suzano Petroquímica, 369

T
TAM, 125, 167, 238, 239, 240, 362
Taxa
  de desconto, 574, 575, 576
  interna de retorno, 574, 575, 576, 589
Taylorismo, 55, 68
Técnica do advogado do diabo, 166
Tecnologia, 13, 21, 26, 29, 31, 73, 75, 77, 80, 82, 83, 85, 104, 118, 121, 129, 133, 135, 152, 155, 159, 160, 167, 169, 196, 202, 206, 209, 211, 213, 214, 215, 224, 225, 229, 230, 232, 238, 249, 262, 264, 266, 267, 274, 275, 278, 280, 281, 284, 287, 288, 289, 293, 294, 306, 365, 376, 383, 394, 396, 408, 412, 413, 414, 416, 418, 421, 422, 427, 429, 439, 440, 441, 442, 444, 445, 447, 448, 449, 475, 492, 497, 512, 513-514, 515, 516, 547, 563
Telemar, 377, 437, 458, 461, 484
Tendências contemporâneas
  de controle, 388-391
  em marketing, 493-494
  na administração, 3
    de operações, 407, 438-442
  da administração de recursos humanos, 538-543
Teoria(s)
  administrativa, 65, 68, 72, 79, 84, 88, 89, 90
    e organizacionais, 45, 46, 47, 48, , 90
    tradicionais, 89
  caminho-meta de Evans e House, 337, 339-341
  complementares, 48
  comportamentais, 79, 303, 319, 333, 336
  da aceitação da autoridade, 69
  da burocracia, 49, 53, 62-64, 65
  da cooperação, 68
  da ecologia populacional, 85, 86-87, 123
  da equidade, 324, 326
  da expectativa, 324-326, 339

da hierarquia das necessidades, 319-320
da informação, 75
da liderança, 338, 341, 342-343
   carismática, 341, 343
   situacional, 338
   transformacional, 341, 342-343
da racionalidade limitada, 161, 162
das três necessidades, 322-323
de aprendizagem social, 313
de conteúdo da motivação, 319-324
de contingência de Fiedler, 337-338
de contingência de liderança, 337
de processo da motivação, 324-327
do condicionamento operante, 313
do estabelecimento de objetivos, 324, 326-327
do reforço da motivação, 327-328
dos custos de transação, 85-86
dos dois fatores, 322
dos sistemas, 45, 49, 65, 78, 79-81, 83, 90, 101, 104, 130, 271
dos traços, 331
em administração, 45, 46-48
ERC, 320-321
institucional, 85, 87-88
organizacionais, 47, 84, 85-88, 101, 305, 318, 331, 388
situacional de Hersey e Blanchard, 337, 338-339
X, 72, 303, 305, 306
Y, 72, 303, 305, 306
Timing do controle, 367, 368
Tipo de organização, 5, 10, 11, 91, 104, 279, 282, 558
Tipologia de
   estilos de tomada de decisão, 170-172
   estratégias competitivas de Michael Porter, 193
Tipos
   de autoridade na organização, 268-269
   de controle, 357, 363-366
   de decisões, 148, 149, 178
   de investimento, 147, 573-576
   de planos, 193, 198-199, 235
   e fontes de poder, 269-270
Títulos negociáveis, 565, 566-567
Tomada de decisão
   em grupo, 143, 173-175, 178
   organizacional, 173-177, 178
   vantagens e desvantagens da, 143, 175
Toyota, 408, 409, 440
Traços de liderança, 331
Trade-offs, 441
Transferência, 23, 24, 228, 265, 293, 507, 511, 512, 515, 535-537, 538, 565
Treinamento, 15, 31, 32, 33, 35, 46, 55, 56, 57, 58, 87, 93, 94, 110, 114, 147, 154, 196, 202, 219, 238, 253, 256, 263, 273, 279, 325, 331, 336, 352, 369, 387, 396, 410, 436, 465, 507, 508, 509, 510, 511, 512, 515, 517, 518, 522, 523-526, 527, 538, 540, 547, 548, 552

U
Unibanco, 397, 585
Unidade de comando, 60, 258
Universidade corporativa, 524

V
Valor
   percebido, 463, 486, 487, 489
   presente líquido, 574, 575, 576, 589
Vantagem competitiva, 31, 121, 169, 193, 206, 213, 224-225, 229, 230, 231, 232, 233, 280, 376, 415, 416, 436, 444, 467, 473, 493, 499, 508, 510, 531, 548
Venda direta, 484, 485
Visão
   contemporânea da
      liderança, 341-343
      motivação, 328-329
   equalizadora da administração, 103
   geral das teorias de
      liderança, 330-331
      motivação, 318-319
   histórica da administração
      de marketing, 458-460
      de recursos humanos, 509-510
      financeira, 558-560
   onipotente da administração, 102, 103
   simbólica da administração, 103
Volkswagen, 8, 46, 81, 229, 364
Volvo, 265, 309, 72